COMENTÁRIO BÍBLICO-APOLOGÉTICO

HOLMAN

Evangelhos e Atos

JEREMY ROYAL HOWARD, ORG.

MICHAEL WILKINS . CRAIG EVANS . DARRELL BOCK . ANDREAS KÖSTENBERGER

hagnos

1ª edição: novembro de 2023

Tradução
Wilson Almeida

Revisão
Dourival de Souza Lima Filho (copidesque)
Luiz Werneck Maia (provas)

Capa
Julio Carvalho

Diagramação
Letras Reformadas

Editor
Aldo Menezes

Coordenador de produção
Mauro Terrengui

Impressão e acabamento
Imprensa da Fé

Editora Hagnos Ltda.
Rua Geraldo Flausino Gomes, 42, conj. 41
CEP 04575-060 — São Paulo, SP
Tel.: (11) 5990-3308

E-mail: hagnos@hagnos.com.br
Home page: www.hagnos.com.br

Editora associada à

abdr
Associação Brasileira de Direitos Reprográficos

Dados Internacionais de Catalogação na Publicação (CIP)
Angélica Ilacqua CRB-8/7057

Comentário bíblico-apologético Holman: Evangelhos e Atos / organizado por Jeremy Royal Howard; coordenado por Michael Wilkins...[et al] ; tradução de Wilson Ferraz de Almeida. – São Paulo: Hagnos, 2023.

Bibliografia
ISBN 978-85-7742-458-0
Título original: The Holman Apologetics Commentary on the Bible: The Gospels and Acts

1. Bíblia – Comentários
2. Apologética
3. Atos bíblicos
I. Howard, Jeremy Royal
II. Wilkins, Michael
III. Almeida, Wilson Ferraz de

23-6029 CDD-220.7

Índice para catálogo sistemático:
1. Bíblia – Comentários

Este projeto é dedicado aos leitores da Bíblia que se sentem atraídos por assuntos difíceis e que levam questões difíceis e pontos de vista críticos suficientemente a sério para envolvê-los com honestidade e integridade em uma tentativa de oferecer respostas que confirmem a fé. Como Jesus disse: “Conhecereis a verdade, e a verdade vos libertará” (João 8:32).

Sumário

Agradecimentos

Darrell Bock expressa sua gratidão à equipe da B&H Publishing, especialmente a *Jeremy Howard* por seu trabalho cuidadoso neste comentário bíblico.

Craig Evan expressa sua gratidão aos editores da B&H, incluindo *Jeremy Howard* por seu trabalho neste projeto.

Jeremias Howard expressa sua gratidão a *Ray Clendenen* por seus sábios conselhos e sua assistência editorial neste projeto. *David Stabnow* também prestou assistência importante. Ele agradece a sua esposa, *Simone*, e seus filhos *Isaac*, *Josie*, *Silas* e *Peter* por tolerar as horas extras de trabalho que este projeto exigiu.

Andreas Köstenberger expressa sua gratidão a *Josh Chatraw* por sua competente assistência de pesquisa na preparação do manuscrito do Evangelho de João. Josh tem uma mente apologética aguçada que lhe serve muito bem enquanto defende e anuncia o evangelho em sua futura carreira de professor e escritor.

Michael Wilkins reconhece o trabalho fiel e diligente de três assistentes de pesquisa que trabalharam diretamente com ele no comentário de Mateus ou em outros projetos para liberar seu tempo: *Jeanette Hagen, Hayoung Kim e Andrew Yee*. E ele apresenta também seus agradecimentos especiais a *Jeremy Howard* da B&H por suas ideias criativas na concepção do projeto e seu magistral trabalho editorial.

Abreviaturas

AB	Anchor Bible
ABD	*Anchor Bible Dictionary*. Edit. por David Noel Freedman, 6 vols. Nova York: Doubleday, 1998.
ABRL	Anchor Bible Reference Library
ACCS	Ancient Commentary on the New Testament
ACNT	Augsburg Commentary on the New Testament
AGJU	Arbeiten zur Geschichte des antiken Judentums und des Urchristentums
AJSR	*Association for Jewish Studies Review*
AnBib	Analecta Biblica
ANTC	Abingdon New Testament Commentaries
AT	Antigo Testamento
BAA	*Griechisch-Deutsches Wörterbuch zu den Schriften des Neuen Testaments und der frühchristlichen Literatur*, por W. Bauer, K. Aland e B. Aland. 6ª ed. Berlin: de Gruyter, 1988.
BAGD	*A Greek-English Lexicon of the New Testament and Other Early Christian Literature*, por W. Bauer, W. F. Arndt, F. W. Gingrich e F. W. Danker. 2ª ed. Chicago: University of Chicago Press, 1979.
BAR	*Biblical Archaeology Review*
BBR	*Bulletin for Biblical Research*
BDAG	*Greek-English Lexicon of the New Testament and Other Early Christian Literature*, por W. Bauer, F. W. Danker, W. F. Arndt e F. W. Gingrich. 3ª ed. Chicago: University of Chicago Press, 2000.
BDF	*A Greek Grammar of the New Testament and Other Early Christian Literature*. F. Blass, A. Debrunner e R. W. Funk. Chicago: University of Chicago Press, 1961.
BDR	*Grammatik des newtestamentlichen Griechisch*. F. Blass, A. Debrunner e F. Rehkopf Göttingen: Vandenhoeck & Ruprecht, 1984.
BECNT	Baker Exegetical Commentary on the New Testament
BETL	Bibliotheca ephemeridum theologicarum lovaniensium
Bib	*Biblica*
BNTC	Black's New Testament Commentaries

BRev *Bible Review*
BSac *Bibliotheca Sacra*
BTB *Biblical Theology Bulletin*
BurH *Buried History*
Biz *Bizantinos (manuscritos)*
BZ *Biblische Zeitschrift*
BZNW Beiheft zur Zeitschrift für die neutestamentliche Wissenschaft und die Kunde der älteren Kirche
c. circa [cerca de]
CBQ *Catholic Biblical Quarterly*
CC Continental Commentaries
CD Cairo Genizah cópia do *Damascus Document*
CGCT Cambridge Greek Testament Commentary
CGTSC Cambridge Greek Testament for Schools and Colleges
CIG *Corpus inscriptionum graecarum*. Edit. por A. Boeckh. Berlin: Georg Reimer, 1828-77.
CIL *Corpus inscriptionum latinarum*
ConBNT Coniectanea neotestamentica or Coniectanea biblica: New Testament Series
DBI *Dictionary of Biblical Interpretation*. Edit. por J. Hayes. Nashville: Abingdon, 1998.
Did *Didaskalia*
DJBP *Dictionary of Judaism in the Biblical Period*. Edit. por J. Neusner e W. S. Green. Peabody, MA: Hendrickson, 1999.
DJG *Dictionary of Jesus and the Gospels*. Edit. por J. B. Green, S. McKnight e I. H. Marshall. Downers Grove, IL: InterVarsity, 1992.
DLNT *Dictionary of the Later New Testament and Its Developments*. Edit. por R. P. Martin e P. H. Davids. Downers Grove, IL: InterVarsity, 2012.
EBC *The Expositor's Bible Commentary*
EDBT *Evangelical Dictionary of Biblical Theology*. Edit. por W. A. Elwell. Grand Rapids: Baker, 1996.
EDNT *Exegetical Dictionary of the New Testament*. H. Balz e G. Schneider, 3 vols. Grand Rapids: Eerdmans, 1978-80.
EJR *Encyclopedia of Jewish Religion*. Edit. por R. J. Zwi Werblowsky e Geoffrey Wigoder. Nova York: Adama, 1996.

EKKNT Evangelisch-katholischer Kommentar zum Neuen Testament
EstBib *Estudios Bíblicos*
ESV English Standard Version
EvQ *Evangelical Quarterly*
ExpTim *Expository Times*
GNS *Good News Studies*
Gr Grego
Hb Hebraico
HNT Handbuch zum Neuen Testament
HTKNT Herders theologischer Kommentar zum Neuen Testament
IBD *Illustrated Bible Dictionary*. Edit. por J. D. Douglas. Downers Grove, IL: InterVarsity, 1980.
ICC International Critical Commentary
IEJ *Israel Exploration Journal*
IG *Inscriptiones graecae*. Editio minor. Berlin, 1924-.
ILS *Inscriptiones Latinae Selectae*. Edit. por Hermann Dessau. Berolini: apud Weidmannos, 1906.
ISBE *International Standard Bible Encyclopedia*
JBL *Journal of Biblical Literature*
JETS *Journal of the Evangelical Theological Society*
JSNT *Journal for the Study of the New Testament*
JSNTSup *Journal for the Study of the New Testament: Supplement Series*
JSP *Journal for the Study of the Pseudepigrapha*
JTS *Journal of Theological Studies*
KEK Kritisch-exegetischer Kommentar über das Neue Testament
KJV King James Version
L.A.B. *Liber Antiquitatum Biblicarum*
LCL Loeb Classical Library
Lit. literalmente
LXX Septuaginta
m. *Mishnah*
MM Moulton e Milligan. *The Vocabulary of the Greek Testament*. Londres, 1930. Reed., Peabody, Mass., 1997.
MS(S) Manuscrito(s)
n nota (nota de rodapé)
NAC New American Commentary

NASB New American Standard Bible (1995)

NBD *New Bible Dictionary*

NCB New Century Bible

Neot *Neotestamentica*

NETS *A New English Translation of the Septuagint*. Edit. por Albert Pietersma e Benjamin Wright. Oxford: Oxford University Press, 2009.

NewDocs *New Documents Illustrating Early Christianity.* Edit. por G. H. Horsely e S. Llewelyn. North Ryde, N.S.W., 1981-.

NIB *The New Interpreter's Bible*

NIBCNT New International Biblical Commentary on the New Testament

NICNT New International Commentary on the New Testament

NICOT New International Commentary on the Old Testament

NIDNTT *New International Dictionary of New Testament Theology*. Edit. por C. Brown. Grand Rapids: Zondervan, 1986.

NIGTC New International Greek Testament Commentary

NIV New International Version [original em inglês]

NIVAC The NIV Application Commentary

NKJV New King James Version

NLT New Living Translation

NovT *Novum Testamentum*

NovTSup Novum Testamentum Supplements

NRSV New Revised Standard Version

NT New Testament

NTL New Testament Library

NTS *New Testament Studies*

NTT *Norsk Teologisk Tidsskrift*

OGIS *Orientis graeci inscriptiones selectae*. Edit. por W. Dittenberger, 2 vols. Leipzig, 1903-1905.

ÖTK Ökumenischer Taschenbuch-Kommentar

pc poucos manuscritos

PGM *Papyri graecae magicae: Die griechischen Zauberpapyri*. Edit. por K. Preisendanz. Berlin, 1928.

PNTC Pelican New Testament Commentaries

PNTC Pillar New Testament Commentary

Q	*Quelle*, que significa "source" in German. Tradições usadas pelos escritores dos Evangelhos.
RB	*Revue Biblique*
RNT	Regensburger Neues Testament
SB	*Sammelbuch griechischer Urkunden aus Aegypten*. Edit. por F. Preisigke et al. Vols. 1- , 1915-.
SBLSP	*Society of Biblical Literature Seminar Papers*
SE	*Studia evangelica*
SecCent	*Second Century*
SNTSMS	Society for New Testament Studies Monograph Series
SP	Sacra Pagina
Str-B	*Kommentar zum Neuen Testament aus Talmud und Midrasch*, por H. L. Strack e P. Billerbeck, 6 vols. Munich: Beck, p. 1922-61.
TCGNT	*Textual Commentary on the Greek New Testament*. Edit. por Bruce M. Metzger. 2ª ed. United Bible Societies, 1994.
TDNT	*Theological Dictionary of the New Testament*. Edit. por G. Kittle e G. Friedrich. Trad. por G. W. Bromiley, 10 vols. Grand Rapids: Eerdmans, p. 1964-76.
Tg.	Targum
THKNT	Theologischer Handkommentar zum Neuen Testament
TM	Texto Massorético (hebraico)
TNTC	Tyndale New Testament Commentaries
TR	Textus Receptus
t.	tractate of the Tosefta
TynB	*Tyndale Bulletin*
WBC	Word Biblical Commentary
WJK	Westminster John Knox
WUNT	Wissenschaftliche Untersuchungen zum Neuen Testament
ZNW	*Zeitschrift für die neutestamentliche Wissenschaft*
ZRGC	*Zeitschrift für Religions- und Geistesgeschichte*

Manuscritos gregos

א	Codex Sinaiticus, século 4
A	Codex Alexandrinus, século 5
B	Codex Vaticanus, século 4
Biz	Maioria dos mss Bizantinos, séculos 10-16

C	Ephraemi Rescriptus, século 5
D	Bezae Cantabrigiensis, século 6
K	Uncial ms em Paris, século 9
L	Regius, século 8
P	Papyrus
T	Uncial ms em Roma, século 5
W	Freer Gospels, século 5
Z	Codex Dublinensis Rescriptus, séculos 6/5
Γ	Uncial ms no Leningrad e Oxford, século 10
Δ	St. Gall, século 9
Θ	Koridethi, século 9
Π	Codex Petropolitanus, século 9
Ψ	Athos, séculos 8/9

Introdução ao *Comentário bíblico-apologético Holman*

O objetivo principal do *Comentário bíblico-apologético Holman* é prover subsídios aos leitores para defender a confiabilidade das Escrituras e a compreensão evangélica histórica de seus ensinamentos. Ele foi projetado para ser usado por leitores em geral, embora os estudiosos também o considerem um recurso de pesquisa bem-vindo. Este comentário mostrará que muitas das críticas apresentadas contra as Escrituras são comprovadamente incorretas. Nossos colaboradores são eruditos bíblicos reconhecidos mundialmente, cujas publicações os impulsionaram ao topo de sua área. Em muitos casos, eles são capazes de responder aos desafios de forma definitiva, expondo erros ou preconceitos nas abordagens adotadas por críticos da Bíblia ou seitas. Em outras situações, as propostas sugeridas são provisórias ou até mesmo especulativas. Em todos os casos estudados, os colaboradores levam os desafios a sério e procuram descrever soluções viáveis que apoiam a fé e se alinham com uma visão elevada das Escrituras.

Um propósito secundário deste comentário é encorajar a conscientização e a discussão das dificuldades bíblicas que não são comumente mencionadas no púlpito ou mesmo nas classes do seminário. Como apologista e editor, muitas vezes fico impressionado com a falta de conscientização sobre essas questões. Para os incrédulos, esse estado de coisas é tomado como uma indicação de que nos apegamos à fé de forma acrítica ou mesmo contra as evidências. Mas a ignorância cristã sobre as dificuldades bíblicas não é de todo surpreendente, assim como não é incomum que os incrédulos muitas vezes ignorem as soluções que confirmam a Bíblia. Os cristãos costumam ler suas bíblias devocionalmente e sequencialmente (do começo ao fim de um livro) em vez de fazê-lo de forma crítica e horizontal (lendo cronologicamente ou com o emprego de relatos paralelos, de modo que se possa descobrir como vários autores tratam o mesmo evento). A melhor educação que possa ser oferecida pelo seminário normalmente ainda deixa os graduados não preparados para enfrentar alguns dos desafios mais importantes para a confiabilidade da Bíblia.

Alguns podem dizer que é prudente não agitar águas tranquilas. Se tantos discípulos e ministros desconhecem as dificuldades apresentadas por textos bíblicos, e se sentem felizes sem esse tipo de preocupação, por que agitar as águas? Pode-se responder a esse argumento ao se descobrir que há inúmeros críticos bastante ansiosos para fazer esse movimento em nosso lugar, e o fariam com o objetivo claro de nos convencer de que a Bíblia não é confiável. É bem melhor poder enfrentar tais dificuldades com a ajuda de guias de confiança, cujo objetivo é sempre fortalecer a fé. Outra resposta é que somos chamados por Deus para sermos conhecedores da Bíblia. Se aquilo que nós, como evangélicos, acreditamos acerca da Bíblia é a verdade, certamente ela pode resistir a um exame sem se intimidar. Isso não significa que vamos julgar a Palavra de Deus. Antes, implica que não nos esquivaremos de enfrentar desafios lançados à sua precisão e autoridade. Leitores da Bíblia de todos os tipos — sejam eles crentes ou incrédulos — merecem as melhores soluções que podem ser oferecidas em resposta a perguntas, dúvidas e preocupações sobre a confiabilidade da Bíblia.

Por todas essas razões mencionadas, este comentário provê um contexto de afirmação da fé para explorar as dificuldades bíblicas. É nosso desejo que, lendo este volume, os cristãos se tornem mais bem equipados para apresentar a razão para sua esperança (1Pe 3:15), e que os céticos fiquem impressionados com a extensão em que podemos defender a confiabilidade dos relatos bíblicos.

Premissas básicas deste comentário

A inspiração divina e a inerrância das Escrituras são convicções básicas para este comentário. Costuma-se dizer que a doutrina da inerrância bíblica deve basear-se no testemunho bíblico em lugar de um estudo indutivo de todos os pontos de elementos atualmente disponíveis para nós, pois (1) a inerrância se aplica aos manuscritos originais, todos os quais estão perdidos, e (2) a inerrância não pode ser demonstrada como a conclusão necessária do estudo indutivo de evidências manuscritas, literárias, científicas ou históricas. Por essa razão, este comentário não tenta provar a inerrância, mas opera dentro dessa convicção e defende a confiabilidade bíblica à luz das evidências atualmente disponíveis.

Cada autor escreve de acordo com o que pode ser chamado de um modelo concursus de inspiração. Esse modelo nega que Deus tenha ditado as palavras aos escritores bíblicos (de modo que os autores fossem apenas meros instrumentos autômatos cuja mente e vontade foram capturadas e empregadas como se fossem robôs a serviço de Deus); em lugar disso, afirma a participação plena e genuína de Deus, do autor humano e de qualquer editor que desempenhou um papel no desenvolvimento da forma final do texto, com o resultado de que a Bíblia é a Palavra infalível de Deus dada por meio de autores humanos. Em razão dessas origens para os textos bíblicos, não admira que a Bíblia reflita formas e padrões literários comuns ao contexto antigo. A Bíblia não desceu do céu, como um texto atemporal sem contextos históricos e humanos. Ao contrário, as Escrituras se originaram através da obra e da vontade de Deus e de autores humanos (e.g., Lc 1:1-4), tendo o próprio Deus, de forma providencial e milagrosa, assegurando que o texto recebido era sua palavra verdadeira e confiável para a humanidade (e.g., 2Tm 3:16; 2Pe 1:20-21).

Cada um de nossos autores mantém a anterioridade do texto de Marcos, endossando a teoria de que o Evangelho de Marcos foi o primeiro a ser escrito, e que Mateus e Lucas fizeram uso extensivo do texto de Marcos ao compor seus próprios relatos. A evidência da anterioridade de Marcos é brevemente discutida nas introduções de Mateus, Marcos e Lucas, mas nossos autores assumem principalmente a anterioridade de Marcos, em vez de argumentar sobre essa posição. Neste ponto, eles se alinham ao consenso claro e de longa data aceito entre os eruditos estudiosos dos Evangelhos.

Outra convicção decisiva é a informação de que cada um de nossos autores faz a distinção entre *ipsissima vox* (a própria voz) e *ipsissima verba* (as próprias palavras). Essa é a diferença entre citação aproximada (*vox*) e citação precisa (*verba*). Os colaboradores deste comentário acreditam que a Bíblia frequentemente, e de forma apropriada, reflete o conceito de *vox* ao invés de *verba*. Os elementos do caso para *vox* incluem...

- A tradução do aramaico ou hebraico (as línguas que Jesus e a maioria dos judeus teriam falado) para o grego exclui a genuína *verba*, pois não há sequer duas línguas que tenham correspondência exata entre si; se a *verba* deve ser qualificada, teremos *vox* em lugar de *verba*.

- Os autores condensaram significativamente os eventos que narraram (e.g., o Sermão da Montanha pode ser lido em poucos minutos, porém, a pregação de Jesus teria sido muito mais longa).
- Relatos paralelos mostram variação de citações que não podem ser contabilizadas simplesmente observando aspectos do processo de tradução.
- A variação da citação muitas vezes se dá em conformidade com temas e ênfases encontrados em outras obras do autor, e que são em maior ou menor grau distintos dos temas e ênfases dos outros escritores do Evangelho.
- *Vox* foi a abordagem padrão e universalmente aceita na escrita da história antiga.
- *Vox* se encaixa melhor com o modelo concursus de inspiração bíblica, ou seja, os autores humanos escreveram de acordo com a abordagem regular da escrita da história, o que lhes permitiu transmitir o significado ou a essência de declarações e ensinamentos, bem como não ter de lidar com a obrigação de transmitir essas coisas sem qualquer condensação ou edição.

Modelos para inerrância e apologética

Os autores deste volume não se envolvem no debate sobre abordagens indutivas em comparação com as dedutivas quanto à inerrância bíblica, e nem se intrometem em pontos de debate entre abordagens sobre pressuposições e evidências da apologética. Em lugar disso, usando as ferramentas comuns aos estudos do NT, eles tentam defender a verdade e a confiabilidade dos textos bíblicos que são vistos como de difícil entendimento. Eles também dão atenção aos versículos que oferecem evidências positivas para a verdade da Bíblia, como por exemplo a revelação de Lucas sobre seu propósito e metodologia em Lc 1:1-4.

Erros habitualmente cometidos por críticos do texto bíblico

Os leitores do texto bíblico que não se apegam à inspiração e à veracidade das Escrituras muitas vezes afirmam que eles se veem em posição de vantagem sobre os leitores crentes. Entendem que são objetivos na tarefa de leitura, são capazes de ver as origens meramente humanas e a falibilidade dos escritos bíblicos, enquanto os crentes são considerados irremediavelmente tendenciosos, como uma mãe que não percebe as deficiências de seu filho. Certamente os evangélicos devem admitir que há alguma verdade na acusação de que podemos ler a Bíblia de maneira tendenciosa, e além disso o leitor incrédulo traz seus próprios preconceitos ao texto, em muitos casos descartando as conclusões mais bem fundamentadas.

Uma leitura cuidadosa deste comentário revela que os críticos geralmente cometem os mesmos erros repetidas vezes quando argumentam que um determinado texto bíblico está equivocado ou aparenta contradição com outro texto bíblico. Por exemplo, os críticos frequentemente...

- Falham em explicar de modo adequado os contextos literários e/ou históricos.
- Deixam de lado sinais hermenêuticos (interpretativos) sobre como o texto deve ser lido.
- Assumem que o silêncio sobre um fato em determinada narrativa equivaleria a uma contradição com o não silêncio em uma narrativa paralela.
- Assumem que a variação de detalhes entre dois ou mais relatos acarreta necessariamente uma contradição.
- Admitem uma preferência injustificada por relatos não bíblicos.
- Mostram uma suspeita exagerada pelos relatos bíblicos.
- Assumem o empréstimo de ideias, por um livro bíblico, que precederam sua composição.
- Não distinguem *ipsissima vox* de *ipsissima verba*.
- Assumem a ideia de que apenas *ipsissima verba* teria sido uma abordagem autoral apropriada para textos inspirados por Deus.
- Enxergam no texto conceitos ou significados que são estranhos à cosmovisão bíblica.
- Assumem que as Escrituras são obrigadas a falar a partir de uma perspectiva onisciente dos olhos de Deus.
- Não admitem permitir que os autores bíblicos diminuam, condensem ou reformulem eventos — abordagens que são comumente aceitas em antigos escritores seculares da história.

- Não admitem que autores bíblicos permaneçam fiéis à história e ainda assim transmitam temas preferidos ou adaptem seus relatos para seu público específico.
- Deixam de reconhecer que, ao longo da história, os relatos de testemunhas oculares foram considerados confiáveis mesmo quando as variações se mostram presentes (e as variações estão *sempre* à mostra).
- Não permitem abordagens temáticas em vez de cronológicas para ordenar narrativas históricas.
- Querem exigir um nível de precisão estranho à historiografia antiga.
- Insistem que o *sitz im leben* ("situação na vida") do autor acaba distorcendo seu relato de eventos passados.
- Incorretamente esperam que a Bíblia seja literariamente distinta dos escritos não bíblicos.
- Deixam de ver que as variações nos relatos paralelos realmente confirmam a veracidade dos relatos, pois as variações indicam que os autores não conspiraram entre si para apoiar uma história falsa.
- Ignoram o fato de que Jesus certamente teria duplicado ensinamentos e atos significativos em várias cidades, levando a relatos semelhantes, mas genuinamente distintos.

Harmonização

Ao longo da história da igreja tem sido uma pratica popular procurar estabelecer harmonizações entre relatos bíblicos paralelos. Em maior ou menor grau, este projeto visa mostrar que relatos bíblicos aparentemente díspares realmente estão dizendo a mesma coisa, ou que suas afirmações distintas são compatíveis e não contraditórias. Em sua forma extrema, o projeto de harmonização pode levar a uma espécie de *déjà vu*, em que alguns eventos ou declarações ocorrem repetidamente e de forma não natural, embora com pequenas variações. Por exemplo, alguns já disseram que havia quatro inscrições diferentes penduradas acima da cabeça de Jesus durante sua crucificação. A base para tal afirmação é que cada um dos quatro Evangelhos cita a inscrição de forma diferente (Mt 27:37; Mc 15:26; Lc 23:38; Jo 19:19). As variações dessa abordagem correm o risco

de desqualificar o texto bíblico, bem como zombar da tarefa interpretativa. Significativamente, muitos críticos extremos da Bíblia têm antecedentes cristãos fundamentalistas que os levaram a tentar harmonizações herméticas de relatos bíblicos variáveis. Ao perceber a futilidade da abordagem de harmonização maximalista, eles desistiram da confiabilidade bíblica em vez de deixar de lado a abordagem defeituosa que os levou à sua desilusão.

Este comentário procura evitar os extremos da harmonização descontrolada, enquanto explora a harmonização onde parece legítimo fazê-lo. Nós pressupomos a compatibilidade de relatos que claramente pretendem cobrir o mesmo evento histórico, embora endossemos as liberdades razoavelmente concedidas aos narradores.

Finalmente, nenhuma tentativa é feita para harmonizar as soluções sugeridas e oferecidas pelos quatro autores deste comentário. Você descobrirá que eles concordam substancialmente, mas em alguns casos eles favorecem soluções diferentes — soluções que podem não ser compatíveis. Sentimos que isso é um sinal de força para este comentário, pois reflete as verdadeiras condições do engajamento evangélico nos desafios à confiabilidade bíblica. Nem todos estamos convencidos das mesmas soluções, mas estamos de acordo na conclusão de que a Bíblia pode ser confiável.

Os Evangelhos e Atos

Os quatro Evangelhos canônicos são notáveis tanto por sua concordância sobre a pessoa, vida e obras de Jesus, como também por sua variação nos detalhes. Exemplificando a unidade de seus ensinamentos está o fato de que a igreja primitiva abraçou todos os quatro testemunhos e não procurou editá-los para que pudessem apresentar maior conformidade entre si, e ao longo da história da igreja, os principais intelectuais cristãos aceitaram como inspirados e verdadeiros todos os quatro relatos do evangelho, sem encontrar nenhuma causa para rejeitar um ou mais deles por falta de acordo. Numerosos exemplos poderiam ser citados para demonstrar a variação nos detalhes entre os Evangelhos e Atos. Por exemplo, apenas Mateus e Lucas têm algo a dizer sobre o nascimento e os primeiros anos de Jesus; as diferenças entre seus relatos são impressionantes e, em alguns casos, não são obviamente compatíveis. Jonathan Pennington, professor associado de interpretação do Novo Testamento no Southern Baptist Theological Seminary, comentou com precisão (e de modo ousado) as diferenças entre as narrativas do nascimento de Jesus encontradas em Mateus e Lucas: de fato, as histórias não se sobrepõem. "Se Jesus não aparecesse como uma figura nomeada em ambos os relatos, nunca se poderia suspeitar que fossem histórias sobre a mesma pessoa" (2012, p. 56).

João coloca uma purificação do templo no início do ministério de Jesus, enquanto os outros Evangelhos (os Sinóticos Mateus, Marcos e Lucas) relatam uma purificação do templo posicionada no final. Deveríamos entender que Jesus executou essencialmente a mesma tarefa duas ou mesmo três vezes, ou devemos inferir que João ou os Sinóticos se sentiram à vontade para mudar esse evento único por algum objetivo acerca do qual podemos somente fazer um exercício de imaginação? Ao ler Lucas 24 isoladamente de Atos 1, o leitor haveria de concluir que Jesus ascendeu ao céu em um período de 24 horas após sua ressurreição. Por outro lado, ler Atos 1 isoladamente de Lucas 24 levaria alguém necessariamente a entender que 40 dias se passaram entre esses eventos. Como relacionar esses dois relatos, aparentemente escritos pelo mesmo autor? Esses são os tipos de perguntas que surgem quando os leitores são apresentados a vários relatos dos mesmos eventos, e este comentário oferecerá sugestões para entender as diferenças.

A base textual para este comentário

A versão Holman Christian Standard Bible (HCSB) forma a base textual deste comentário. A HCSB adota uma abordagem de tradução conhecida como equivalência otimizada. O resultado pretendido é que a tradução se mantenha sempre fiel ao significado dos manuscritos bíblicos (hebraico, aramaico, grego) e, no entanto, seja expressa de acordo com os padrões de fala modernos. Os autores às vezes comentam sobre as decisões de tradução tomadas pela versão HCSB e outras traduções da Bíblia, e em alguns pontos você verá como esse fato tem relação com questões apologéticas.

O formato deste comentário

Este não é um comentário que analisa versículo por versículo. Os autores receberam um índice que identificou versículos conhecidos por serem relevantes para os tópicos de apologética e confiabilidade bíblica. Eles restringiram seus comentários a esses versículos, além de quaisquer outros que reconhecessem como pertinentes aos objetivos deste projeto.

Normalmente, cada nota de comentário começa declarando um desafio ou desafios em relação ao texto em questão. Tentamos expor o caso em todo o seu potencial, como diria um crítico. Essa abordagem leva a sério o ponto de vista crítico e ajuda a garantir que o leitor sinta todo o peso do desafio. Declarar o desafio de forma atenuada, ou apontar apenas para os elementos mais fracos do desafio, fraudaria o resultado e deixaria de interagir verdadeiramente com aqueles que apresentam queixas contra o ponto de vista do crente.

Os colaboradores

Quero agradecer aos nossos colaboradores por sua ousadia em assumir este projeto. Há um risco inerente em oferecer soluções para sérios desafios contra a confiabilidade da Bíblia. Terão eles apoiado inadvertidamente a incredulidade se as suas respostas se apresentarem insuficientes? E se alguns dos tópicos que abordam não estiverem exatamente de acordo com os seus conhecimentos? Será realmente proveitoso concentrar-se tanto nas dificuldades? Estas e outras preocupações poderiam tê-los mantido afastados, mas Andreas Köstenberger, Craig Evans, Darrell Bock e Michael Wilkins aceitaram o desafio e deram respostas de alto nível, mundialmente reconhecidas, a alguns dos maiores desafios que podem ser apresentados contra a confiabilidade das Escrituras. Se você ler o material que se segue, acredito que concordará comigo quando digo que esses colaboradores nos prestaram a todos um magnífico serviço.

Jeremy Royal Howard, Ph.D. Editor geral,
Comentário bíblico-apologético Holman
Publisher de Bíblia e livro de referência do
Grupo Editorial B&H

Comentário bíblico-apologético ao
Evangelho de Mateus

Introdução

O Evangelho de Mateus conta a história da chegada de Jesus de Nazaré. A julgar pelas citações encontradas nos primeiros escritores cristãos, Mateus foi o mais lido e frequentemente o mais utilizado dentre os quatro Evangelhos nos anos de formação da igreja. Há muitas razões para a sua popularidade, mas uma das principais razões pelas quais esse Evangelho se apresenta de tal forma importante é devido à sua afirmação de Jesus ser reconhecido como o Messias há muito esperado, o cumprimento profetizado da promessa de Deus de verdadeira paz, libertação, salvação e vida nova no reino de Deus para toda a humanidade, tanto do judeu quanto do gentio.

Autoria

Características amplamente reconhecidas do primeiro Evangelho incluem seus aspectos distintivos judaicos e interesses gentios. A pessoa responsável por escrever esse Evangelho aparentemente tinha ambos os grupos em vista, sugerindo que o autor estava familiarizado com questões que eram importantes tanto para judeus quanto para gentios. Isso nos leva a averiguar a identidade do autor. À medida que abrimos algumas de nossas traduções modernas, geralmente encontramos o título "Mateus" ou "O Evangelho segundo Mateus" como um título que introduz o primeiro capítulo. Porém, muitos leitores de longa data se mostram surpresos ao saber que todos os quatro Evangelhos são tecnicamente anônimos. Os títulos agora atribuídos a cada um provavelmente não eram títulos que constavam no manuscrito original. Ao contrário, os nomes foram adicionados mais tarde às cópias dos manuscritos originais, a fim de distinguir os quatro Evangelhos um do outro. Dessa forma, nenhum dos evangelistas (designação de autores dos Evangelhos) declara seu nome explicitamente no texto para se identificar como autor.

A partir desse fato, muitos estudiosos modernos deduzem que as identidades dos autores dos quatro Evangelhos nunca foram conhecidas, que os textos circularam por décadas como documentos anônimos, e só muito, muito mais tarde receberam denominações autorais em função de concílios eclesiásticos formais na tentativa de dar autoridade a esses documentos para neutralizar igrejas rivais e seus "Evangelhos".

Em relação ao primeiro Evangelho em particular, muitos estudiosos modernos sugerem que o autor viveu algumas décadas depois do apóstolo Mateus. Eles admitem que Mateus pode ter sido a inspiração original para o Evangelho que agora leva seu nome, mas eles continuam sugerindo que a forma final do Evangelho se deu mediante o trabalho de um cristão judeu que escreveu bem mais tarde e não foi uma testemunha ocular da vida de Jesus (e.g., Luz 2007, p. 58-60). Alguns outros acadêmicos procuram apontar que o autor era um cristão gentio bem versado nas Escrituras Hebraicas, cujos erros sobre o mundo hebraico (cf. 21:2 e 21:7) indicam o conhecimento típico de um estrangeiro (e.g., Crosby 2002, p. 16-17).

No entanto, a verdadeira identidade dos autores dos quatro Evangelhos nunca foi historicamente questionada. Desde as primeiras testemunhas encontramos os nomes dos autores associados a cada Evangelho. O anonimato dos próprios Evangelhos não causa surpresa, pois os evangelistas não estavam escrevendo cartas para comunidades distantes da igreja cristã. As cartas do Novo Testamento escritas por Paulo, Pedro e João incluíam a identificação do autor e dos destinatários porque era necessário nomear todos os escritores e indicar o propósito da carta, uma vez que as duas partes não estavam presentes naquele momento. Por razões muito diferentes disso, provavelmente os evangelistas estavam compilando histórias do evangelho para igrejas nas quais eram participantes e líderes ativos. Eles podem até ter feito parte da assembleia e lido seu relato do evangelho em voz alta depois de completá-lo por escrito. Anexar seus nomes como autores teria sido desnecessário porque seu público obviamente conhecia bem sua identidade. Além disso, os evangelistas podem ter achado inapropriado anexar seu nome aos relatos do evangelho, pois a intenção principal deles não era afirmar sua própria liderança ou autoridade, mas registrar para seu público a história incomparável da vida e do ministério de Jesus Cristo.

Citações mais antigas dos Pais da Igreja: em face do anonimato dos Evangelhos, devemos olhar para os registros da história da igreja para encontrar evidências de sua autoria. A tradição mais antiga da igreja atribui unanimemente o primeiro Evangelho a Mateus, o cobrador de impostos a quem Jesus chamou para ser um de seus doze discípulos originais.

Embora a atribuição de um texto específico a Mateus, com o seu nome, não seja encontrada até a época de Apolinário de Hierápolis (c. 175), a influência literária do primeiro Evangelho sobre os escritos cristãos fora do NT é inconfundível desde os primeiros dias da igreja. Além disso, a atribuição da autoria do primeiro Evangelho a Mateus, o apóstolo, remonta aos primeiros testemunhos patrísticos sobreviventes, e não há evidência patrística de que alguém mais tenha sido proposto como autor.

Provavelmente escrito no final do primeiro século ou início do segundo (Ehrman 2003, p. 411), os estudiosos têm tradicionalmente recorrido à *Didaquê* para demonstrar conhecimento direto do primeiro Evangelho, especialmente o Sermão da Montanha e o Discurso do Monte das Oliveiras (e.g., citando o Pai-Nosso: cf. *Didaquê* 8.2; Mt 6:9-11). De fato, a *Didaquê* parece se basear apenas em Mateus, e talvez em Lucas, dentre todos os escritos do NT (Holmes 2007, p. 338), embora os temas do NT sejam abundantes.

Alguns anos depois, a carta do Pseudo-Barnabé cita o primeiro Evangelho como Escritura divinamente inspirada (*Barnabé* 4.14 [Mt 22:14]). A primeira menção explícita desse Evangelho data da terceira década do século 2, por Pápias, bispo de Hierápolis na Ásia Menor (c. 135), e um pouco mais tarde no século 2 por Irineu, bispo de Lyon na Gália (c. 175).

Pápias viveu aproximadamente entre 60 e 130; Irineu afirmou que ele era um ouvinte do apóstolo João, e mais tarde foi companheiro de Policarpo (Irineu, *Contra as heresias* 5.33.4). Pápias foi citado e endossado por Eusébio, historiador da igreja (c. 325), como alguém que fez a seguinte afirmação: Mateus, por sua vez, compilou/coletou (*sunetaxato*) os oráculos (*to logia*) no dialeto hebraico [aramaico] (*Hebraidi dialekto*) e cada pessoa os traduziu/interpretou (*hermeneusen*) como pôde" (Eusébio, *História eclesiástica* 3.39.16).

Embora tenha sempre havido céticos, parece que há pouca dúvida de que Inácio (que morreu por volta do ano 110) realmente conhecia e usava o livro de Mateus como seu Evangelho principal (Schoedel 1985, p. 9).

Embora não cite extensivamente o texto, ele o usa como uma plataforma a partir da qual lançou seus argumentos teológicos e éticos (Jefford 2005, p. 44-47). Por exemplo, em sua carta aos Efésios, Inácio escreve: "Ninguém se engane. Quem não está dentro do santuário carece do pão de Deus. Pois se a oração de uma ou duas pessoas tem esse 'tal' (*tosautēn*) poder, quanto mais a do bispo e de toda a igreja?" (Inácio, *Carta aos Efésios* 5:2). Massaux (1990, p. 87) afirma que, uma vez não havendo menção no contexto anterior de qualquer outro "tal" poder, quando Inácio usa o demonstrativo ele assumiu que essa expressão era familiar para seus leitores. No entanto, apenas o texto de Mateus 18:19-20 declara que o poder da oração de duas ou três pessoas reunidas é eficaz, tornando provável que Inácio esteja argumentando com base na autoridade do Evangelho de Mateus.

Irineu nasceu na Ásia Menor aproximadamente no ano 135, estudou com Policarpo, bispo de Esmirna, e segundo a tradição morreu como mártir por volta do ano 200. Em um de seus cinco livros monumentais contra as heresias gnósticas (c. 175), Irineu afirma: "Mateus também publicou um Evangelho escrito entre os hebreus em seu próprio dialeto, enquanto Pedro e Paulo estavam pregando em Roma e lançando os fundamentos da Igreja" (*Contra as heresias* 3.1.1).

Esses líderes da igreja primitiva conheciam a comunidade apostólica diretamente ou eram ensinados por aqueles irmãos associados aos apóstolos e, portanto, estavam diretamente cientes das origens dos Evangelhos. Embora o significado completo de suas declarações ainda esteja aberto à discussão, nenhuma tradição concorrente sobreviveu, a qual atribuísse o primeiro Evangelho a qualquer outro autor, se é que alguma vez tenha existido. Autores subsequentes (e.g., Hipólito, Tertuliano, Cipriano, Novaciano) citam o Evangelho de Mateus regularmente como Escritura inspirada no mesmo nível do AT (Simonetti 2001, xxxvii).

Não podemos ignorar o significado do testemunho dos Pais da Igreja primitiva sobre a autoria apostólica dos Evangelhos Sinóticos, Mateus, Marcos e Lucas. Todas as evidências sustentam uniformemente a crença de que Mateus (o cobrador de impostos que se tornou discípulo), Marcos (o companheiro de Pedro e Paulo) e Lucas (o "médico amado" de Paulo) foram os autores dos Evangelhos atribuídos a eles. É difícil conceber alguma razão por que os cristãos já no segundo século haveriam de atribuir esses Evangelhos anônimos a três candidatos tão improváveis, a menos que soubessem com certeza que eles eram de fato os autores. Marcos e Lucas não estavam entre os doze apóstolos de Jesus e, portanto, é improvável que fossem apresentados como autores, a menos que houvesse uma boa evidência de sua autoria. Mais grave ainda, é ser Marcos mais conhecido por ter abandonado Paulo durante uma missão (At 13:13; cf. 15:37-40), e Lucas é particularmente um personagem obscuro, sendo mencionado pelo nome apenas uma vez no NT (Cl 4:14). Mateus, embora um apóstolo, também é mais conhecido por uma característica negativa — seu passado inescrupuloso como cobrador de impostos (Mt 9:9-13). Os cobradores de impostos eram considerados traidores de sua nação. Se a igreja primitiva tivesse sido motivada a inventar uma autoria para os Evangelhos Sinóticos, fica claro que Mateus, Marcos e Lucas seriam os últimos homens que haveriam de ter sido escolhidos.

Em contraste, os autores dos Evangelhos apócrifos consistentemente escolheram figuras mais conhecidas e exemplares (como Filipe, Pedro, Tiago, Bartolomeu ou Maria) e os repassaram como sendo seus autores em uma tentativa de que seus escritos fossem levados mais a sério. Mesmo Tomé, apesar de suas famosas dúvidas sobre a ressurreição de Jesus (Jo 20:25), parece uma pessoa mais provável a quem atribuir um evangelho do que Mateus, Marcos ou Lucas, porque Tomé finalmente fez uma declaração tão profunda de fé no Jesus ressuscitado (cf. Jo 20:28). Isso é consistente com o evangelho gnóstico de Tomé, supostamente escrito por esse apóstolo. A falsa atribuição do primeiro Evangelho a um apóstolo relativamente obscuro como Mateus parece ter sido improvável até uma data posterior, quando a canonização dos apóstolos era comum.

Conclusão: Alguns estudiosos modernos negam que Mateus tenha sido o autor do Evangelho que leva seu nome com base em uma teoria de que o Evangelho de Marcos foi o primeiro Evangelho a ser escrito e que os autores do Evangelho de Mateus e do Evangelho de Lucas tomaram emprestado significativas informações do Evangelho de Marcos. Eles acham improvável que, como apóstolo e testemunha ocular, Mateus tenha escolhido depender tanto de um documento escrito por um homem que não era apóstolo e que testemunhou apenas uma parte do ministério de Jesus (Marcos). Porém tendo Mateus acesso ao Evangelho de Marcos, ele saberia que as reminiscências apostólicas de Pedro estavam por trás do texto de Marcos, garantindo que o Evangelho de Marcos seria confiável e uma fonte disponível para reforçar suas próprias reminiscências sobre a vida e as obras de Jesus Cristo. À medida que os apóstolos reconheceram que relatos escritos com autoridade sobre a vida e o ministério de Jesus eram necessários para garantir a exatidão futura das crenças da igreja sobre Jesus, era natural que eles consultassem outros Evangelhos conhecidos e confiáveis para suplementar e complementar seus próprios Evangelhos. Consultar outros relatos oficiais daria ainda maior peso apostólico aos seus relatos.

Outro argumento usado contra o fato de considerar Mateus como o autor do Evangelho de Mateus tem a ver com a datação do texto, o que discutiremos mais adiante. Muitas reconstruções da definição de vida do primeiro Evangelho (*Sitz im Leben*), muitas vezes baseadas na rígida crítica de redação do século 20, colocam-no nas últimas décadas do primeiro século (e.g., 80-100 d.C.), com o templo destruído, a igreja espalhada e afastada de Israel. Uma data tão tardia muitas vezes exclui Mateus como um possível autor, uma vez que ele não teria vivido tanto tempo assim (cf. Luz 2007, p. 45-60).

No entanto, é desnecessário basear os propósitos, temas e teologia primários em uma reconstrução tardia da comunidade de Mateus. Se Mateus pode recordar com precisão e registrar eventos da vida e ministério de Jesus, e ter boa memória é uma característica importante das culturas orais, então ele está principalmente empenhado em registrar o modo de vida de Jesus, não o modo de vida da igreja para a qual ele escreve. Embora poucos duvidem de que Mateus escreve olhando para as necessidades de sua comunidade, que seria pelo menos um dos propósitos para a escrita do quarto evangelista (Jo 20:30-31), esse é um horizonte secundário para Mateus. Ele escreve principalmente para dar à sua comunidade um registro preciso das palavras e ações de Jesus, que é seu primeiro horizonte. Esse é o propósito declarado e explícito para Lucas, ao escrever seu Evangelho (Lc 1:1-4), e revela um propósito significativo para a escrita de cada um dos Evangelhos.

Portanto, com o testemunho unânime da igreja primitiva da autoria do primeiro Evangelho, e as acusações anteriormente respondidas satisfatoriamente, a posição deste comentário é de que Mateus, apóstolo e testemunha ocular da vida e obras de Jesus, é o autor de o Evangelho que levou seu nome ao longo da história da igreja.

Data e destinatários

Data: Nenhuma data precisa para a escrita de Mateus é conhecida, embora os estudiosos tenham usado o registro de Mateus para a profecia de Jesus sobre a queda de Jerusalém (24:1-28) para indicar que o Evangelho deve ter sido escrito após a destruição da cidade em 70 (e.g., Saldarini, 1994). No entanto, tal conclusão é necessária apenas se alguém quiser negar a Jesus a competência de prever o futuro e a Mateus a capacidade de registrar essa profecia. Uma vez que Irineu (c. 175), pai da igreja primitiva, indica que Mateus escreveu seu Evangelho enquanto Paulo e Pedro ainda estavam vivos (Irineu, *Contra as heresias* 3.1.1), a datação tradicional geralmente estabeleceu o final dos anos 50 ou início dos anos 60. Mateus nos diz que, na época em que ele está escrevendo, o "Campo de Sangue" em Jerusalém continuou a ser chamado por esse nome (27:8), mostrando sua conexão contínua com as condições na Palestina e sugerindo que o fato é anterior à destruição de Jerusalém em 70 (cf. Blomberg 1992, p. 41-42; Carson 2010, p. 43-45; França 2007, p. 18-19; Gundry 1994, p. 599-609).

Procedência: A igreja altamente influente em Antioquia na Síria, com seus grandes contingentes judeus cristãos e gentios (cf. At 11:19-26; 13:1-3), tem sido frequentemente reconhecida como o lugar a partir de onde Mateus escreveu e a igreja à qual ele se dirigiu. Isso é confirmado em parte por causa da influência do primeiro evangelho de Inácio, o bispo de Antioquia, e com base na *Didaquê*. Mas a mensagem de Mateus foi de igual modo relevante para a igreja incipiente em todo o mundo antigo, e parece ter sido disseminada com bastante rapidez.

Fontes (orais e escritas)

Os quatro Evangelhos são documentos complexos que compreendem uma mistura de histórias e ditos compartilhados e únicos de Jesus. É o que se espera de autores que escrevem em épocas e lugares diferentes e com propósitos semelhantes, porém específicos. Como testemunha ocular dos eventos da vida e do ministério de Jesus, o Messias, e como apóstolo na igreja primitiva, Mateus estava em uma posição única e tinha preocupações significativas que motivaram a escrita de seu relato do Evangelho. Pelo menos três questões nos ajudam a entender as fontes por trás do texto do Evangelho de Mateus.

Tradição oral: Mateus fez parte da comunidade apostólica centralizada em Jerusalém por cerca de 20 anos, desde o estabelecimento da igreja em Pentecostes (c. 30 d.C.) até o concílio de Jerusalém (c. 49 d.C.). Durante esse tempo desenvolveu-se a tradição oral da vida e ministério de Jesus, que incluía a pregação básica, ensino e interpretação do evangelho. Podemos nos referir a isso como a tradição padronizada oral e fixa. Foi padronizada, por ter sido contada repetidas vezes pela nova igreja apaixonada. Tornou-se fixa porque qualquer variação errônea seria rapidamente corrigida pelos apóstolos, que foram testemunhas oculares. Por outro lado, havia liberdade para variar o seu enredo básico a fim de se adaptar às necessidades de um determinado público sempre que a história fosse relatada. Por exemplo, se contada a judeus helenísticos, a história poderia variar. Teria outras variações se fosse narrada para judeus ortodoxos. Seria contada de forma diferente se dirigida a um gentio temente a Deus. E teria ainda outros contornos se fosse contada para crianças ou para idosos. Essa era uma cultura oral, em que contar histórias era o costume habitual da vida cotidiana. À medida que tudo isso se desenvolveu ao longo de 10 a 20 anos, cada pessoa que fazia o relato da história, especialmente os apóstolos, seria capaz de descrever todo o relato da vida de Jesus.

Conteúdo: Quando comparamos o conteúdo do Evangelho de Mateus com os outros Sinóticos, encontramos as seguintes estatísticas. Mateus tem 18.293 palavras. Aproximadamente 20% delas (3.102) representam um conteúdo que é encontrado apenas no Evangelho de Mateus, a chamada tradição M (M significa Mateus). Aproximadamente 10% referem-se ao conteúdo que é compartilhado entre Mateus e Marcos. Aproximadamente 45% se referem ao que está relatado em Mateus, Marcos e Lucas, que é a chamada "tradição tripla". E aproximadamente 25% dos versículos de Mateus relacionam-se ao conteúdo que é compartilhado entre Mateus e Lucas e não encontrado em Marcos, que é a chamada tradição "Q" (Q significa a palavra alemã *Quelle*, "fonte").

Fontes: A teoria mais amplamente aceita para entender as fontes de Mateus é que elas incluem Marcos, o próprio material especial coletado por Mateus (M) e tradições frequentemente designadas como Q. A anterioridade de Marcos é defendida principalmente porque parece mais fácil explicar Mateus usando e expandindo o conteúdo de Marcos em vez de Marcos usar e condensar Mateus. Enquanto alguns postulam que Q era uma tradição de fonte escrita, cada vez mais estudiosos entendem Q como simplesmente aqueles motivos no desenvolvimento das tradições da igreja (oral e escrita) sobre as quais Mateus e Lucas se basearam e não são encontradas em Marcos. As diferenças na colocação, estrutura e redação desse material "Q" compartilhado não sugerem que Mateus ou Lucas usaram o evangelho um do outro, mas sim que eles compartilhavam uma tradição comum, provavelmente oral e escrita.

No entanto, os primeiros Pais da Igreja concluíram que Mateus era a fonte em que Marcos e/ou Lucas se basearam, e essa visão tem se fortalecido recentemente. Podemos pedir alguma cautela sobre esse ponto de vista, ao defender uma ou outra teoria das fontes de Mateus.

Estabelecimento no Cânon

Vimos anteriormente que as primeiras tradições da igreja que citam o Evangelho de Mateus, ou fazem alusão a ele, aceitam-no como um evangelho autêntico e autoritativo. Ele nunca foi alvo de nenhum debate com respeito à sua autoria como tem havido com alguns outros livros do NT, o caso de Hebreus, por exemplo. Portanto, desde a sua origem, o Evangelho de Mateus tem sido aceito como um texto inspirado e autoritativo, e considerado como Escritura legítima. F. F. Bruce declara categoricamente: "Não pode haver dúvida... sobre a forma canônica do Evangelho de Mateus, nem ainda acerca de sua posição canônica" (Bruce 1988, p. 289).

Gênero

Mateus, Marcos, Lucas e João são chamados de "Evangelhos". No grego do primeiro século, a palavra "evangelho" (*euangelion*) se referia à mensagem de um rei ou a um relatório favorável sobre determinado evento significativo. A tradução grega do AT (LXX) usa várias formas da palavra com o sentido de "anunciar ou levar as boas-novas" (*euangelizō*, Is 40:9; cf. 52:7; 61:1) como um tempo de alegria, paz e salvação através da intervenção de Deus.

Jesus identificou suas próprias atividades e ensinamentos como "boas-novas" (e.g., Mt 11:5; Mc 1:14, 15) e chamou as pessoas para fazer sacrifícios por causa dele e em prol das boas-novas (Mc 8:35; 10:29). O restante do NT, além dos evangelistas, concentra sua atenção na morte e ressurreição de Jesus como contendo as "boas-novas" (e.g., Rm 1:15-16; cf. 1:1-4). Toda a vida e ministério de Jesus foram vistos no contexto de sua morte e ressurreição. A aplicação do termo "boas-novas" aos registros escritos da vida e ministério de Jesus tanto pelos autores originais quanto pelos primeiros cristãos é uma pista importante para a compreensão do gênero desses escritos. Não se tratam de biografias (*bioi*) no sentido formal da palavra, mas proclamações da pessoa e dos acontecimentos que compõem a boa notícia de que Deus interveio na história para levar a salvação ao seu povo. Como tal, "evangelho" é um gênero de escrita semelhante às biografias antigas, mas ao mesmo tempo difere vastamente delas (cf. Alexander 2006, p. 13-33).

O Evangelho de Mateus tem sido um livro fundamental ao longo da história da igreja para ajudá-la a entender a relação entre o Antigo e o Novo Testamento. Colocado em primeiro lugar nas coleções iniciais do cânon do NT, o Evangelho de Mateus é uma ponte natural entre o AT e o NT. Mateus demonstra repetidamente que a pessoa e o ministério de Jesus cumpriram as esperanças e profecias do AT. Mateus começa com o "cumprimento" da genealogia messiânica no nascimento de Jesus (1:1-17), e então passa a demonstrar o cumprimento na vida e ministério de Jesus de várias profecias e temas do AT (e.g., 1:22-23; 2:4-5, 15, 17, 23 etc.) bem como o cumprimento da Lei do AT (5:17-48). A igreja primitiva muito provavelmente colocou Mateus em primeiro lugar no cânon do NT precisamente por causa de seu valor como uma ponte entre os testamentos.

A pessoa de Mateus

A lista dos 12 discípulos no Evangelho de Mateus se refere a seu autor como "Mateus, o cobrador de impostos", o que remonta ao incidente quando Jesus o chamou para ser seu discípulo no momento em que Mateus estava sentado na coletoria de impostos (cf. 9:9; 10:3). Ao relatar o chamado, o primeiro Evangelho se refere ao discípulo como "Mateus" (9:9), enquanto o Evangelho de Marcos se reporta ao personagem como "Levi, filho de Alfeu" (Mc 2:14), e o Evangelho de Lucas o apresenta como "Levi" (Lc 5:27). A especulação envolve o motivo da variação. Por exemplo, Bauckham (2006, p. 108-12) argumenta que é improvável que um homem tivesse dois nomes judaicos comuns e conclui que o autor desconhecido do primeiro

Evangelho sabia que Mateus era um cobrador de impostos, assim como Levi, e assim coletou o material a respeito deles. No entanto, uma sugestão mais provável é que esse cobrador de impostos teria dois nomes, Mateus e Levi desde o nascimento ou a partir do momento de sua conversão. Por exemplo, Hagner (1993, p. 237-38) sugere que o nome "Mateus" foi dado a Levi após sua conversão. Por outro lado, Carson (2010, p. 224, 262-63) se inclina para "Levi Mateus" ser um nome duplo dado a ele desde o nascimento, considerando que ele não vê nenhuma evidência de que "Mateus" seja um nome cristão. Alguns tentaram mostrar que Levi não era um dos Doze e, portanto, alguém diferente de Mateus, mas France argumenta que se trata de uma especulação injustificada, pois a circunstância da vocação é a mesma em Mateus e Marcos-Lucas (2007, p. 352).

O nome Levi pode ser uma indicação de que ele era da tribo de Levi e, portanto, estava familiarizado com as práticas levíticas (Albright e Mann 1971, clxxvii-clxxviii, clxxxiii-clxxxiv). O registro do seu chamado em Marcos se refere a ele como "filho de Alfeu" (Mc 2:14), o que levou alguns a entenderem que ele era irmão do apóstolo "Tiago, filho de Alfeu" (cf. Mc 3:18). Mas como os outros pares de irmãos são especificados como irmãos consanguíneos e estão ligados como tal, é improvável que Mateus, Levi e Tiago fossem irmãos.

Levi Mateus foi chamado para seguir Jesus enquanto ele estava sentado na coletoria de impostos. Esse posto de cobranças provavelmente estava localizado em uma das principais rodovias comerciais perto de Cafarnaum, com o objetivo de arrecadar pedágios para Herodes Antipas no tráfego comercial que passava por essa área. Mateus imediatamente seguiu Jesus e organizou um banquete em homenagem ao Mestre na sua casa, para o qual uma grande multidão de publicanos e pecadores foi convidada (Mt 9:10-11; Lc 5:29-30). Como os cobradores de impostos geralmente eram bastante ricos e desprezados pela população local (cf. Zaqueu, Lc 19:1-10), o chamado e a resposta de Mateus foram completamente fora do padrão comum e exigiram nada menos do que uma mudança milagrosa na vida desse cobrador de impostos.

Pouco mais se sabe de Levi Mateus, exceto pela tradição amplamente atestada de que ele é o autor do evangelho que agora leva seu nome. Como cobrador de impostos, ele teria sido treinado em técnicas seculares de escribas e, como judeu-cristão galileu, seria capaz de interpretar a vida de

Jesus a partir de uma perspectiva das expectativas do AT (cf. France 2007, p. 10-15). Eusébio disse que Mateus primeiro pregou para "hebreus" e depois para "outros", incluindo lugares como Pérsia, Pártia e Síria (Eusébio, *História eclesiástica* 3:24.6). As tradições são misturadas em relação à morte de Mateus, com alguns dizendo que ele morreu como mártir, enquanto outros dizem que ele morreu de morte natural.

Comentário apologético

Mateus 1:1-16

Registro da genealogia de Jesus Cristo (1:1): Aos olhos modernos, uma genealogia tão detalhada como esta, abrangendo tantos séculos, pode parecer artificial. Os judeus realmente rastreavam seus ancestrais assim com tanto cuidado? O conhecimento das genealogias era importante nos tempos antigos e desempenhava um papel especialmente significativo para Israel. O AT revela que os judeus mantinham extensas genealogias, que serviam geralmente como um registro dos descendentes de uma família, mas seu significado se estendia além do fato de simplesmente conhecer os laços familiares. As genealogias estabeleciam a linhagem, a herança, a legitimidade e direitos de uma pessoa, garantindo que a propriedade fosse destinada para a pessoa certa (cf. Joson 1988).

Mateus provavelmente se baseou em algumas genealogias do AT (e.g., Gn 4:17-18; 5:3-32; 10:1-32; 46:8-27; 1Cr 1:34; 2:1-15; 3:1-24; Rt 4:12-22; Nolland 1996, p. 115-22, sugere que ele estudou as genealogias de Gênesis e modelou o seu próprio relato de linhagens com base nelas), e ele usa palavras semelhantes (cf. Mt 1:2: *Abraam egnennēsen ton Isaak* com 2Cr 1:34 LXX: *egennēsen Abraam ton Isaak*). Para a listagem de indivíduos depois de Zorobabel, quando o AT se encerra, Mateus provavelmente usou registros que já teriam sido perdidos. Fontes históricas, como Josefo, indicam que existiam extensos registros genealógicos durante o primeiro século, e que os registros de algumas famílias políticas e sacerdotais foram mantidos no templo (e.g., Josefo, *Vida* 6; *Contra Ápio* 1.28-56). A tradição rabínica posterior tentou estabelecer a descendência de Davi a partir de um contemporâneo próximo a Jesus, o rabino Hillel, através de um rolo genealógico que foi supostamente encontrado em Jerusalém (*Genesis Rabbah* 98:8; j. *Ta'anit* 4:2). As genealogias extrabíblicas oficiais foram perdidas com a destruição do templo e de Jerusalém em 70 d.C., porém as genealogias particulares foram mantidas em outros lugares.

Jesus Cristo, Filho de Davi, Filho de Abraão (1:1): A linhagem do Messias era de particular importância. A audiência judaica de Mateus teria entendido o significado do título com o nome e a ascendência de Jesus. As expressões "filho de Davi" e "filho de Abraão" são uma justaposição a "Jesus Cristo", indicando que ambos os títulos são uma explicação adicional da identidade de Jesus.

Comumente, uma pessoa tinha um único nome pessoal, que muitas vezes carregava um significado religioso ou social. Mateus escreveu sobre "Jesus" (Gr. *Iēsous*), que é seu nome histórico geralmente usado. O nome é *Yeshua* em hebraico ("Yahweh salva"; cf. Ne 7:7), uma forma abreviada de Josué (*Yehoshua*), "Yahweh é salvação" (Êx 24:13), que virá a ter noções profundas de salvação associadas com o nome em Jesus (cf. 1:21; cf. também Gerhardsson 1999, p. 16-17).

"Cristo" (Gr. *Christos*) é um título derivado do hebraico *mashiach* ("ungido"), que remete a Davi como o rei ungido de Israel. O termo passou a ser associado com a promessa de um "ungido" que seria a luz da esperança de Israel. Deus havia prometido a Davi através do profeta Natã que sua casa e seu trono seriam estabelecidos para sempre (2Sm 7:11b-16), uma promessa que agora é vista como cumprida em Jesus como o Ungido, ou Messias.

Filho de Davi é uma expressão importante no Evangelho de Mateus (9:27; 12:23; 15:22; 20:30-31; 21:9, 15; 22:42, 45). Mateus usa o nome do grande rei 17 vezes, mais do que qualquer outro livro do NT. O rei Davi foi o reverenciado guerreiro conquistador da história de Israel. "Filho de Davi" expressa uma figura prometida que perpetuaria o trono de Davi, apontando assim para a linhagem do Messias e expectativa real (veja 2Sm 7:11b-16). O título alude à esperança messiânica de um reino restaurado que era visto como o cumprimento da promessa divina a Davi.

Mas Jesus é também o "filho de Abraão". Ao traçar a ascendência não apenas para Davi, mas também para Abraão, Mateus traz uma luz de esperança para o mundo todo. A aliança que Deus fez com Abraão estabeleceu Israel como um povo escolhido, mas também foi uma promessa de que sua linhagem abençoaria todas as nações (Gn 12:1-3; 22:18; veja, e.g. Carroll 2000, p. 17-34; Erickson 2000, p. 35-51).

O padrão que Mateus usa ao detalhar sua genealogia oferece pistas sobre a identidade e o ministério de Jesus. Ele estabelece o padrão básico na primeira lista: "Abraão gerou Isaque" (1:2). Isto está de acordo com as palavras típicas do AT, como na tradução LXX de 1Cr 1:34: "Abraão gerou Isaque". Ao longo do restante da genealogia, o mesmo padrão ocorre 40 vezes, usando a voz ativa do verbo *gennaō*, traduzido como "gerar" na HCSB. Essa expressão enfatiza a descendência humana de cada geração, o que abre caminho para uma dramática mudança de construção em 1:16, onde ocorre a voz passiva, pela qual Mateus apontará a origem divina de Jesus.

A ascendência de Jesus serve como uma chave importante para interpretar os escritos de Mateus. O escritor enfatiza a maneira pela qual o ministério de Jesus trouxe o cumprimento da aliança de Deus ao povo de Israel (e.g., 10:6; 15:24), mas também o cumprimento da promessa de Deus de trazer esperança a todos os povos (cf. 21:43; 28:19). Esse tema da promessa a todas as nações torna-se cada vez mais pronunciado no Evangelho de Mateus, e chegará ao clímax na conclusão da Grande Comissão (cf. 28:18-20).

Rei Davi (1:6): Uma das características mais significativas do registro de Mateus é a ênfase na linhagem real de Jesus. Davi não é simplesmente o filho de Jessé, como apresentado na genealogia de Lucas (Lc 3:31-32), mas é Davi, o rei (Mt 1:6), uma ênfase explícita na realeza. A partir daqui, Mateus mantém uma ênfase na realeza, usando o título "rei" 22 vezes, mais do que qualquer outro livro do NT (veja 2:2; 27:11, 29, 37, 42). Esse aspecto também é enfatizado pelo contraste com o rei Herodes e seu filho Arquelau (2:1-23), a menção do rei na parábola (22:1-13), e o Filho do Homem sentado como Rei no trono em dia do julgamento (25:31-46).

Mateus traça a genealogia de Jesus através do filho de Davi, Salomão (1:6), que sucedeu seu pai como rei de Israel, enquanto Lucas segue a linhagem através do filho de Davi, Natã (cf. 1:6; Lc 3:32; 2Sm 5:14). Mateus demonstra que a linhagem que culmina com o nascimento de Jesus é a linhagem real dominante. O Filho mais importante de Davi chegará com o nascimento de Jesus (cf. 22:41-46; 2Sm 7:12-16; Sl 89:19-29, 35-37; 110:1-7; 132:11-12). Temos aqui uma das várias diferenças básicas entre o registro genealógico encontrado no Evangelho de Mateus (1:2-17) e o que é observado no Evangelho de Lucas (Lc 3:23-38). Uma lista dessas diferenças inclui:

Primeiro, Mateus apresenta uma genealogia descendente na ordem de sucessão, com o ancestral mais antigo, Abraão, colocado à frente e as gerações posteriores, dispostas em uma linhagem de descendência anteriores, culminando com o nascimento de Jesus. Essa é a abordagem mais comum para genealogias no AT (e.g., Gn 5:1-32). Em contraste com Mateus, Lucas mostra uma configuração de descendência que inverte a ordem, começando com Jesus e a retrocedendo até Adão (Lc 3:23-38; cf. Ed 7:1-5). Essa ordem inversa é mais comumente encontrada em genealogias greco-romanas.

Segundo, Mateus dá ênfase especial às alianças feitas com Israel, traçando a linhagem de Jesus até Davi (1:6) e Abraão (1:2). Lucas oferece uma ênfase especial à relação de Jesus com toda a humanidade e com o próprio Deus, traçando sua linhagem até "... Adão, filho de Deus" (Lc 3:38).

Terceiro, as genealogias incluem vários nomes diferentes após a deportação babilônica. Por exemplo, Mateus segue a linhagem através de Jeconias, Salatiel e Zorobabel, enquanto Lucas adota a linhagem através de Neri, Salatiel e Zorobabel.

Quarto, Mateus deixa fora vários nomes que se encontram em Lucas, passíveis de alcançar simetria literária para fins de memorização (veja em Mt 1:17). O verbo "gerar" (*gennaō*) é usado em cada veículo do registro da genealogia de Mateus, sendo frequentemente empregado para indicar um ancestral mais remoto (e.g., avô ou bisavô), não simplesmente um pai imediato.

Quinto, como mencionado há pouco, Mateus enfatiza a linhagem real de Jesus mais do que Lucas.

Os estudiosos oferecem duas explicações básicas para as diferenças entre as genealogias, embora as variações sejam numerosas. A primeira visão ressalta que Mateus apresenta a linhagem de Jesus através de seu pai José, enquanto Lucas mostra a linhagem de Jesus através de Maria. A segunda visão básica propõe que ambas as genealogias se concentram em José, mas para propósitos diferentes.

Não podemos explicar totalmente as diferenças entre as genealogias com as informações que possuímos hoje, mas parece claro que Mateus pretende demonstrar a reivindicação legal de Jesus ao trono de Davi. O Filho mais importante de Davi, o esperado rei messiânico davídico chegou com o nascimento de Jesus (cf. 22:41-46; 2Sm 7:12-16; Sl 89:19-29, 35-37; 110:1-7; 132:11-12). (Veja mais comentários em Lc 3:23-38, especialmente 3:31.)

Jorão gerou Uzias (1:8): Teria Jorão gerado Uzias (Mt 1:8) ou Acazias (1Cr 3:11)? Mateus se move diretamente de Jorão para Uzias, omitindo qualquer referência a Acazias (2Rs 8:25-26), Joás (também chamado Jeoás, 2Rs 12:1-3) e Amazias (2Rs 14:1-4), que foi o pai biológico imediato de Uzias ou Azarias (2Rs 14:21-22). Mateus pode ter modelado essa seção (1:6-11) seguindo 1Cr 3:10-14, porque as genealogias em Crônicas e Mateus omitem vários reis encontrados na narrativa dos livros de Reis e Crônicas. Como na listagem de Abraão a Davi, os nomes foram omitidos para torná-la uniforme com o objetivo de facilitar a memorização (veja em 1:17).

E Josias gerou Jeconias e seus irmãos (1:11): Mateus observa que Jesus é descendente de Jeconias, ou Conias, que em 1Cr 3:16 é declarado descendente de Jeoiaquim. Jeremias 36:30 diz: "Portanto, assim diz o SENHOR a respeito de Jeoiaquim, rei de Judá: "Ele não terá ninguém para se sentar no trono de Davi". Visto que Jeconias era descendente de Jeoiaquim, como podemos entender o relato de Mateus sobre a linhagem de Jesus através daquele sobre quem foi declarado que não haveria descendente no trono de Davi? Com uma maldição profética tão incisiva sobre Jeconias e sua descendência, podemos supor que isso poderia invalidar a reivindicação de Jesus ao trono de Davi.

Uma maneira de resolver a dificuldade é reconhecer que a LXX às vezes usa o nome grego *Ioakim* tanto para Jeoaquim quanto para seu filho Joaquim/Jeconias (2Rs 24:6, 8, 12, 15; 25:27; Jr 52:31). A referência de Mateus a "Jeconias e seus irmãos" pode ter um duplo sentido, destinado a fazer com que os leitores pensem no fim do domínio davídico em Jerusalém com Jeoiaquim, e na história contínua da linhagem de Davi com seu filho Joaquim. Isso também ajudaria a estabelecer o conjunto tríplice de 14 gerações que Mateus usa para estruturar sua genealogia (veja 1:17). Se esse conceito estiver correto, então a expressão "Jeconias e seus irmãos" é uma referência inclusiva ao fim do governo davídico com Jeoiaquim, e a linhagem contínua de Davi a Jeoaquim. Tal como acontece com a expressão Judá "e seus irmãos" (1:2), a referência a Jeconias "e seus irmãos" é uma referência inclusiva a toda a nação da aliança. Mas agora a nação vai para o exílio e retorna sem um rei governante, devendo aguardar a chegada do herdeiro do trono, o Jesus Messias.

Em resumo, se Mateus seguiu a reivindicação legal de José ao trono, e Lucas seguiu a reivindicação biológica de Maria ao trono, que inclui a reivindicação legal de José como herdeiro adotivo de Eli, isso ajuda a explicar como Mateus reconhece que a maldição contra Jeconias não invalida a linhagem legal. A maldição teria impedido um filho natural e biológico de ascender ao trono, enquanto a reivindicação legal ao trono aparentemente ainda poderia vir através da linha de Jeconias.

Matã gerou Jacó, e Jacó gerou José, marido de Maria (1:15-16): Uma comparação com o relato de Lucas revela uma aparente discrepância em relação à linhagem de José. Mateus relata que "Matã gerou a Jacó, e Jacó gerou a José" (Mt 1:16), enquanto Lucas se refere a "... José, filho de Eli, filho de Matate" (Lc 3:23-24). Aqui devemos determinar o que ambos os evangelistas pretendiam comunicar sobre a identidade do pai de José — Jacó ou Eli.

Uma explicação plausível pode ser encontrada na compreensão de que Mateus traça a linhagem biológica de José, que demonstra a reivindicação legal de Jesus ao trono real por meio de Davi, seu filho Salomão e seus descendentes, enquanto Lucas enfatiza a linhagem biológica de Maria, que também traça a linhagem biológica de Jesus até Davi, mas por meio de seu filho Natã, o qual na verdade não governou sobre Israel. O *status* de um judeu é determinado pela mãe, enquanto todas as demais caraterísticas — como filiação tribal, status sacerdotal ou *realeza* — dependem da linhagem do pai (veja Ed 10:1-44; Ne 10:28-30, que pode significar o que está por trás da expressão tradicional: "Se sua mãe é judia, você é judeu; se sua mãe é uma estrangeira, você é um estrangeiro"; cf. "Judeu", *EJR*, p. 211). Portanto, Mateus enfatiza a descendência legal de Jesus a partir de Davi e Abraão, enquanto Lucas ressalta a descendência biológica de Jesus partindo de Davi e Adão. No entanto, quando Lucas afirma que José é filho de Eli, é possível que ele indique que José também seja o herdeiro legal desse lado da linhagem davídica. Se Maria não tinha irmãos, então ela era a herdeira biológica de Eli (cf. Nm 27:1-11; 1Cr 2:34-35), mas pode ser que Eli tenha solidificado a herança familiar ao adotar José como seu filho quando José se casou com sua filha Maria (veja Nolland 1989, p. 169-71; Bock 1994, p. 922-23). Essa prática teria ocorrido também em outros eventos em que um pai não tinha filhos biológicos como herdeiros (Ed 2:61; Ne 7:63). Se esse for o caso, então Eli é o pai natural de Maria e o pai adotivo e sogro de José (muitas vezes referido como seu pai). (Veja mais comentários em Lc 3:23.)

José, marido de Maria, da qual nasceu Jesus (1:16): Mateus exibe regularmente uma precisão intencional em seu relato da vida terrena e do ministério de Jesus, a fim de acentuar as verdades que são importantes para a devoção e a doutrina. Quando ele chega à menção de nome de Jesus, Mateus diz: "... e Jacó gerou a José, marido de Maria, que deu à luz a Jesus" (1:16). A tradução inglesa empregada aqui obscurece dois pontos importantes que Mateus revela sobre Jesus no texto grego.

Primeiro, por trás da palavra "da qual" está um pronome relativo feminino grego (*hēs*). O gênero feminino do pronome relativo aponta para Maria como aquela da qual Jesus nasceu. A genealogia enfatiza regularmente o homem que gera uma criança, mas aqui Mateus muda e faz uma declaração precisa sobre o relacionamento de Jesus com José e Maria. Mateus estabelece que José é o pai legal de Jesus, todavia enfatiza que Maria é a genitora biológica "da qual nasceu Jesus", preparando o leitor para o anúncio do nascimento virginal, mudando a atenção de José para Maria. Em segundo lugar, a expressão "nasceu" traduz um verbo (*gennaō*) que está na voz passiva (*egennēthē*) e dá mais esclarecimentos sobre a origem de Jesus. Como observamos anteriormente, de 1:2 a 1:16 há 40 ocorrências do mesmo verbo. Todos os outros estão na voz ativa (e.g., 1:2: "Abraão gerou" ou "deu à luz" Isaque), enfatizando a ação humana em gerar a criança. Mas em 1:16 o verbo está na voz passiva, em que o sujeito, Maria, recebe ou sofre a ação. Com isso Mateus especifica que não foi a única ação de Maria que deu à luz, preparando o leitor para o anúncio angélico da ação divina na concepção e nascimento de Jesus (1:18-25). Essa é uma construção bastante comum no NT, que muitos gramáticos chamam de "divino passiva", em que Deus é o agente de ação, não declarado, mas presumido (BDF, p. 72 [§130.1]; Wallace 1996, p. 437). Em contraste, Mateus usa outro verbo (*tiktō*) na voz ativa em que Maria é o *sujeito* que dá à luz a Jesus (1:25).

Pelo uso da forma feminina do pronome relativo "da qual", e pelo uso da forma passiva do verbo "nasceu", Mateus enfatiza que Maria é a mãe de Jesus, mas que ela exerceu "uma ação passiva" para dar nascimento ao filho. Vemos aqui um indício de que a concepção e o nascimento de Jesus são obra de Deus. Mais tarde, Mateus esclarece que a concepção de Jesus foi milagrosa, provocada pelo Espírito de Deus vindo sobre Maria (1:18-25). Jesus é de fato o Cristo, o Messias, o filho de Davi, o filho de Abraão (1:1), mas também é o Filho de Deus, Emanuel, "Deus está conosco" (1:23).

Catorze gerações [...] catorze [...] catorze (1:17): Mateus constrói sua genealogia em três grupos de 14. Essa estilização intencional (inspirada provavelmente pela soma de consoantes do nome de Davi; veja mais sobre isso no texto adiante) conduz à questão de sua precisão? E por que o terceiro grupo de 14 na verdade inclui apenas 13 nomes?

Mateus revela ainda que a própria estrutura da genealogia pretende culminar em Jesus. As genealogias eram frequentemente organizadas para facilitar a memorização. Mateus estrutura a genealogia para contar 14 gerações desde a aliança feita com Abraão até a aliança feita com Davi, 14 gerações desde o fim do reinado de Davi até a deportação para a Babilônia e 14 gerações desde a deportação babilônica até Jesus.

Existem 41 nomes na genealogia, o que cria uma dificuldade, pois 14 gerações multiplicadas pelos três grupos de gerações equivalem a 42 nomes obrigatórios. Isso provavelmente indica que um nome precisa ser contado duas vezes. Nesse cálculo, os 14 nomes do primeiro grupo começam com Abraão e terminam com Davi. O segundo grupo vai de Davi até a deportação para a Babilônia, e os 14 nomes a serem contados neste grupo começam com Salomão e terminam com Jeconias. O terceiro grupo de 14 gerações, da deportação até Jesus, começa contando novamente Jeconias e termina com o nome de Jesus. O nome "Jeconias" pode servir como um duplo sentido para indicar tanto Jeoiaquim e o fim do segundo grupo de gerações, como também para indicar Joaquim e o início do terceiro grupo de gerações após a deportação. Em tal suposição, o nome "Jeconias" é contado duas vezes para indicar os dois governantes e períodos diferentes na genealogia de Mateus. A divisão dos três grupos de 14 seria a seguinte: Abraão a Davi; Salomão a Jeconias/Jeoiaquim; Jeconias/Joaquim a Jesus.

Algumas gerações na linhagem foram ignoradas a fim de que a estrutura pudesse ser uniformizada para fins de memorização, enquanto outros membros receberam certos tipos de destaque com o objetivo de estabelecer um ponto específico. Davi é mencionado duas vezes, embora contado apenas uma vez, para enfatizar que Jesus é o Messias davídico. O número 14 parece ser uma referência sutil a Davi porque o valor numérico das consoantes hebraicas de seu nome é 14 (*dwd* = 4 + 6 + 4). A prática judaica de contar o valor numérico das letras é chamada de *gematria* ("Gematria", *EJR*, p. 154). Em sua forma mais básica, a prática ajudava na memorização e na codificação do significado teológico.

MATEUS 1:18-19

Ela estava grávida pelo Espírito Santo (1:18): Mateus afirma simplesmente que a criança foi concebida pelo Espírito Santo. Alguns, incluindo mórmons e muçulmanos, tentam afirmar que isso implica relações sexuais entre Maria e Deus. Os mórmons consideram literalmente esse fato uma verdade, e os muçulmanos avaliam como um absurdo. Essa abordagem literal, no entanto, deturpa o que a passagem diz sobre a natureza miraculosa da concepção de Jesus. O Espírito Santo é o agente, ou a fonte da concepção de Jesus, mas as narrativas do Evangelho deixam claro que Maria era uma virgem que nunca antes tivera relações sexuais. Foi com base em sua virgindade que José teve a certeza de receber Maria como esposa depois de ter sido visitado por um anjo que proclamou a concepção milagrosa (cf. Mt 1:20-25; Lc 1:26-35).

José, sendo um homem justo, e não querendo desonrá-la publicamente, decidiu se divorciar dela secretamente (1:19): Se a Lei exigia o apedrejamento das adúlteras (Lv 20:10), como é que José foi considerado justo por querer proteger Maria da vergonha pública? Em primeiro lugar, é provável que o apedrejamento fosse reservado aos reincidentes que recusassem a correção (veja também comentários sobre 5:18). Em segundo lugar, como um homem justo, era apropriado que José obtivesse uma certidão de divórcio. O divórcio por adultério não era uma questão meramente opcional, mas obrigatória entre muitos grupos judeus (Bockmuehl 1989,

p. 291-95). A preocupação de José por Maria o compeliu a protegê-la da desgraça pública. Portanto, ele não considerou o divórcio público como uma opção, pois ela estaria sujeita à desgraça e possível apedrejamento (Lv 20:10; 22:23-24; Dt 22:13-21). Sua única opção era divorciar-se dela secretamente. A Lei não exigia que a escritura fosse tornada pública, permitindo o divórcio privado (duas ou três testemunhas; Nm 5:11-31; Dt 24:1; conforme interpretado em *m. Sotah* 1.1-5; *m. Gitin* 9.1-5, 10).

Mateus 1:20-25

A virgem ficará grávida (1:23): Várias questões surgem a partir desse texto. De importância primordial, o termo "virgem" seria uma tradução exata do original hebraico, ou a designação de uma "jovem donzela", não necessariamente virgem, seria mais adequada? Mateus declara (v. 22) que os eventos que cercam a concepção de Jesus cumprem a profecia de Isaías (Is 7:14) feita durante os dias de ameaça nacional sob o reinado de Acaz, rei de Judá. Em 734 a.C. Acaz temia que seu reinado terminasse com um ataque do norte. Peca, rei de Israel, e Rezim, rei de Aram (Síria), formaram uma aliança e ameaçaram invadir Judá e substituir Acaz por um rei fantoche, filho de Tabeel (Is 7:6). Isaías declarou que o Senhor não permitiria que isso acontecesse, assegurando a Acaz que Deus manteria sua promessa de que um descendente de Davi se sentaria para sempre em seu trono (2Sm 7:11-17). Para confirmar que os dois reis do norte não conquistariam Judá, Isaías profetizou que o Senhor daria um sinal a Acaz: uma virgem daria à luz.

Existem duas palavras primárias para "virgem" em hebraico. O termo *almah*, que ocorre na profecia de Is 7:14, significa "donzela" ou "jovem", e a maioria dos estudiosos afirma que quase sempre se refere a uma mulher solteira e virgem (e.g., Gn 24:43; Êx 2:8; Sl 68:25; a passagem debatida é Pv 30:19; veja Ross 1991, 5:1124). O outro termo primário é *betulah*, que pode indicar uma "virgem" (Gn 24:16; Lv 21:3), mas também uma "viúva velha" (Jl 1:8). Os tradutores judeus do texto de Is 7:14 (LXX) traduziram o termo hebraico *almah* com o termo grego *parthenos*, que quase sem exceção especificava uma mulher sexualmente madura e solteira que era virgem (a exceção é Gn 34:4).

A história da interpretação de Is 7:14 e sua relação com Mateus 1:22-23 é extensa e variada, mas dela emergem três visões básicas. Primeiro, alguns sugerem que o sinal original se destinava apenas às circunstâncias históricas de Acaz e Judá, e que Mateus o considera tipologicamente para se referir a Jesus (e.g., Watts 1985, p. 98-104; Davies e Allison 1988, p. 213; Carter 2000, p. 503-20). Nessa visão, Isaías tinha em mente uma jovem que era virgem na época, mas que mais tarde se casaria e teria um filho que ela chamaria de Emanuel como sinal da presença de Deus. Isaías estava se referindo apenas a uma criança de sua época, quer fosse o filho real Ezequias que já nasceu como herdeiro do trono do rei Acaz, ou Maher-Shalal-Hash-Baz (cf. Is 8:4, 8), ou ainda alguma outra criança anônima nascida de uma mulher que Acaz conhecia. No momento em que essa criança nascesse e recebesse o nome de Emanuel, Acaz saberia que as profecias de Isaías estavam corretas e que a libertação estava próxima. Nessa visão, o uso do texto por Mateus vai além das intenções originais da profecia. Uma variação dessa visão sugere que não havia sequer uma referência à virgindade da mãe dessa criança no texto de Isaías. Apenas diz que Isaías tinha em vista uma jovem, e que o hebraico *almah* não significa "virgem". A fraqueza dessa visão é que ela não faz justiça ao uso majoritário de *almah* para significar "virgem".

Em segundo lugar, outros sugerem que não houve cumprimento real no nascimento de qualquer criança na época de Acaz, mas que a profecia se destinava estritamente a uma profecia messiânica que só foi cumprida uma vez, no nascimento de Jesus. O termo *almah* deve ser entendido como referindo-se a uma "virgem", o que significa que a profecia não foi cumprida por um nascimento no tempo de Isaías, mas poderia apenas apontar para o cumprimento na concepção milagrosa e nascimento de Jesus (e.g., Carson 2010, p. 102-6, citando um trabalho anterior de Motyer 1970, p. 118-25).

Terceiro, uma interpretação mais satisfatória extrai o melhor desses pontos de vista e reconhece que Deus estava dando por meio de Isaías um sinal que teve significado histórico e cumprimento nos dias de Acaz, mas que Ele também estava dando por meio de Isaías uma profecia de um futuro libertador messiânico que foi cumprida na concepção e nascimento de Jesus (e.g., Grogan 1986, 6:62-65; Hagner, 1993, p. 20-21; Blomberg 1992, p. 58-59; Sailhamer 2001, p. 5-23). Os tradutores judeus da LXX, centenas de anos antes do nascimento de Cristo, parecem optar pelo uso de *parthenos,* que algo mais profundo foi entendido pelo profeta do que teria sido completamente cumprido nos eventos dos dias de Isaías. E mais tarde, escribas judeus viram um significado mais profundo no contexto, quando interpretaram Emanuel, "Deus está conosco", como uma promessa da idade de ouro (cf. Is 2:2-4; 9:2-7; 11:1 -16) quando o messiânico filho de Davi traria julgamento sobre os ímpios e bênção sobre os justos.

E dará à luz um filho (1:23): Quando essa profecia foi cumprida? Isaías profetizou que uma mulher virgem na época de Acaz (734 a.C.) teria um filho chamado Emanuel. Visto que nem a rainha nem a esposa de Isaías eram virgens, e levando em conta, como argumentamos há pouco, que Isaías pretendia indicar especificamente uma virgem e não apenas uma jovem, o profeta muito provavelmente se referia a uma jovem solteira dentro da casa real, conhecida por Acaz. Ela logo se casaria e conceberia um filho, e lhe daria o nome de Emanuel como uma esperança simbólica da presença de Deus em tempos de dificuldade nacional. Antes que a criança tivesse idade suficiente para saber a diferença entre o certo e o errado, Judá seria liberto da ameaça de invasão dos dois reis do norte (Is 7:14-17). A aliança do norte foi quebrada em 732 a.C. quando Tiglate Pileser III da Assíria destruiu Damasco, conquistou Aram e matou Rezin. Tudo isso estava dentro do prazo previsto como o sinal para Acaz, tempo suficiente para a virgem se casar, ter um filho e criá-lo por aproximadamente doze anos, tempo que levaria para o menino aprender o discernimento moral. Assim houve um cumprimento imediato da predição de Isaías no tempo de Acaz.

Mateus declara que o nascimento de Jesus cumpre a profecia de Is 7:14. Assim, o sinal dado a Acaz e à casa de Judá ("vocês" em Is 7:14 é plural) foi a previsão de Deus da salvação militar, mas também revelou a profecia de uma futura figura messiânica que proporcionaria a salvação espiritual. O sinal de Isaías funcionou tanto como uma indicação da maneira que um menino chamado Emanuel representaria para Acaz e a casa de Davi a libertação da invasão prometida de Deus, mas também um futuro libertador messiânico chamado Emanuel, verdadeiramente Deus conosco.

Essa leitura de duplo cumprimento leva a sério tanto o contexto imediato da predição de Acaz em 7:14, quanto também o contexto mais amplo da profecia de Isaías, em que uma futura era messiânica honraria a Galileia dos gentios (9:1-2) com uma criança nascida que seria chamada: "Maravilhoso Conselheiro, Deus Forte, Pai Eterno, Príncipe da Paz" (Is 9:6).

E eles o chamarão de Emanuel, que é traduzido como "Deus está conosco" (1:23): Anteriormente, o anjo instruiu José a dar ao menino o nome de Jesus (1:21), que é como o encontramos nomeado pela Escritura no decorrer de sua vida terrena, bem como nos escritos da igreja primitiva. Não temos registro de Jesus ter sido chamado de "Emanuel" por sua família ou seguidores. Isso não indica que Mateus estava errado ou que a profecia de Isaías não se aplicava a Jesus. Em lugar disso, como Mateus traduz o nome para nós, vemos que "Emanuel" não é um nome pessoal, mas um título que significa a identidade messiânica de Jesus: "Deus conosco". Tanto o nome comum de Jesus quanto seu nome titular indicam verdades profundas: *Jesus* especifica o que Ele faz ("Deus salva") e *Emanuel* especifica quem Ele é ("Deus conosco").

José [...] não a conheceu intimamente até que ela deu à luz um filho (1:24-25): Algumas tradições afirmam que Maria permaneceu virgem por toda a vida. Que influência tal versículo tem sobre esse assunto? Quando José acordou do sonho, ele obedeceu à ordem do anjo e realizou a segunda fase do processo conjugal realizando uma cerimônia formal de casamento. Na conclusão dos ritos, José levou Maria para casa, como sua esposa, para morar com ele (e talvez com sua família estendida). Eles se tornaram um casal totalmente casado, exceto que José "não a conheceu intimamente até que ela deu à luz um filho" (1:25). A expressão de Mateus (lit. "ele não a conheceu"), era uma forma comum de se referir à relação sexual. A abstinência sexual durante a gravidez era amplamente observada no judaísmo. O antigo poema de sabedoria pseudepigráfico judaico Pseudo-Focílides 186 (c. 100 a.C.-100 d.C.) declara: "Não coloque a mão em sua esposa quando ela estiver grávida". Josefo escreveu uma nota semelhante: "Pela mesma razão, ninguém que tenha relações sexuais com uma mulher que está grávida pode ser considerado puro" (*Contra Ápio* 2.202-203).

A nota de Mateus sobre a abstenção de José não é uma sugestão de celibato contínuo entre ele e Maria após o nascimento de Jesus. De fato, a expressão "até" (*heos hou*) indica mais naturalmente que Maria e José tiveram relações sexuais conjugais normais após o nascimento de Jesus, das quais nasceram outras crianças (veja 12:46 e 13:55; Allison 1993, 6n16). Para mais informações, veja os comentários em 12:46-50 e 13:55.

MATEUS 2:1-12

Nos dias do rei Herodes (2:1): É correto chamar Herodes de "rei"? A Palestina, uma região que compreende o Israel bíblico e Judá, foi uma das muitas regiões que caíram sob o Império Romano que estava em constante expansão. Em 63 a.C., Pompeu capturou Jerusalém e o restante da Palestina. Os romanos instalaram figuras locais para governar os judeus em seu lugar e, eventualmente, Herodes ganhou destaque e governou sob Roma de 37 a 4 a.C. Herodes nasceu da linhagem nobre de uma família idumeia (pai, Antípatro II) e nabateia (mãe, Cipro). Seu avô por parte de pai, Antipas (ou Antipater I), converteu-se ao judaísmo durante o reinado de Hircano I no reinado dos asmoneus (Richardson 1999, p. 52-55). Seu pai, Antípatro II, foi nomeado conselheiro de Hircano II. Depois que Pompeu invadiu a Judeia e depôs a dinastia asmoneana (63 a.C.), Antípatro II foi feito *epitropos*, procurador da Judeia por Júlio César (47 a.C.) (Josefo, *Antiguidades* 14.127-55).

Antípatro nomeou Herodes governador da Galileia quando jovem (aos 25 anos de idade; c. 47 a.C.), e mais tarde Herodes recebeu dos romanos um papel de supervisão na Celessíria. Antípatro II foi envenenado em um jantar no palácio real em 42 a.C. (Josefo, *Antiguidades* 14.281; Richardson, *Herodes*, p. 116-17). A aristocracia asmoneana tentou impedir Herodes de obter mais poder, mas depois de viajar para Roma, Herodes foi nomeado rei da Judeia pelo Senado Romano (39 a.C.). Ele foi capaz de garantir o trono após uma luta de dois anos. O reinado de Herodes era um cargo político sob o domínio de Roma e poderia ser retirado se ele decepcionasse o governo romano. Herodes governou com firmeza, e às vezes implacavelmente, por 33 anos. Ele provavelmente morreu em março de 4 a.C. (veja exposição a seguir). Como Herodes ainda estava vivo quando os magos chegaram a Jerusalém, dois anos depois do nascimento de Jesus, a data do nascimento de Jesus é colocada pela maioria dos estudiosos entre 6-4 a.C. (veja em 2:16).

Os magos do oriente chegaram inesperadamente a Jerusalém (2:1): Quem eram os magos, e como eles poderiam saber sobre a expectativa messiânica judaica? Mateus nos diz apenas que eles vieram do "Oriente" e que estavam procurando "aquele que nasceu rei dos judeus" (2:2). Eles aparentemente tomaram contato com as profecias do AT em colônias judaicas no oriente. Muitos judeus retornaram à Palestina após a deportação babilônica, porém inúmeros outros permaneceram no oriente, especialmente na Babilônia. Os líderes pagãos, tanto políticos quanto religiosos, estavam bem cientes das características religiosas judaicas, como a observância do sábado e as restrições conjugais (Josefo, *Antiguidades* 18.318-19, p. 340, 449-52). É dito que Hillel, o Velho, estudou todo o conhecimento judaico na Babilônia antes de viajar para Israel (b. *Pesaḥim* 6:1; cf. j. *Pesaḥim* 6:1, 33a), fato que nos informa que havia significativos centros judaicos de aprendizado na Babilônia no tempo dos sábios. Muitos assentamentos judaicos também estavam localizados na Arábia, estabelecendo contato regular entre judeus e árabes, como os nabateus. Os líderes religiosos gentios no oriente tinham regularmente contato com as Escrituras Hebraicas, com as profecias e com os mestres. À luz desses fatores, não admira que os sábios tivessem conhecimento da expectativa judaica de um Messias vindouro.

Vimos a sua estrela no oriente e viemos adorá-lo (2:2): Às vezes é dito que a razão pela qual os sábios sabiam procurar uma estrela que anunciaria o nascimento do Messias era uma profecia (Nm 24:17) em referência a uma estrela que subiria de Jacó. Sendo não-hebreus, seu conhecimento dessa predição sugere que os próprios hebreus estariam bem cientes da profecia e conseguiram espalhar a palavra de Deus nas comunidades pós-exílicas. Supondo-se o contrário, seria preciso imaginar que os homens orientais de alguma forma acessaram as Escrituras Hebraicas e passaram a entendê-las melhor do que os próprios hebreus. De qualquer forma, porém, os sábios teriam levado vantagem sobre os hebreus ao reconhecer o surgimento da estrela e seus prodígios. Como isso poderia acontecer? Teria Mateus feito uma busca através do AT, procurando uma profecia e seu cumprimento para apoiar a inclusão de gentios (Mt 28:19)?

Mateus diz que os magos foram a Jerusalém para encontrar aquele "que nasceu Rei dos Judeus" (2:2). O povo de Israel havia muito esperava o legítimo herdeiro do trono (e.g., Nm 24:17; 1Sm 7:12-16), mas Deus escolheu anunciar a chegada do Messias primeiro através desses sábios gentios. Uma expectativa circulou no mundo do primeiro século de que um governante surgiria da Judeia. Suetônio escreve: "Por todo o Oriente havia se espalhado uma crença antiga e persistente: o destino havia decretado que naquela época os homens vindos da Judeia tomariam o poder [e governariam o mundo]" (Suetônio, *Vespasiano* 5). Os profetas de Israel havia muito falavam de um período de paz e prosperidade mundial que seria instituído por um futuro libertador davídico (e.g., Ez 34:23-31). Essa crença havia se espalhado para além das fronteiras de Israel a fim de que outros, como esses sábios gentios, também procurassem um (ou uns) governante(s) que surgiriam da terra da Judeia (Josefo, *Guerra judaica* 3.399-408; 6.310-15; Tácito, *História* 5.13). Josefo (*Guerra judaica* 3.399-408; 6.310-15) e Tácito (*História* 5.13) fazem menção semelhante a essa expectativa generalizada (o debate inclui a questão de se esses historiadores romanos teriam lido Josefo). Eles afirmam que os judeus estavam errados, e que a expectativa foi realmente cumprida com a ascensão de Vespasiano ao trono após suas vitórias na Palestina. Suas próprias agendas políticas estão obviamente envolvidas, então sua advertência não pode diminuir a expectativa bem conhecida de que um (ou uns) governante(s) surgiriam na Palestina. Assim, é seguro dizer que o aparecimento da estrela não foi a única razão para os sábios estarem interessados no Messias de Israel, e a declaração em Nm 24:17 ("Uma estrela virá de Jacó") pode não ter sido empregada para indicar o sinal de uma estrela que acompanharia a vinda do Messias.

Várias sugestões têm sido propostas quanto à natureza da estrela que os sábios viram (veja Brown 1993, p. 170-74). Primeiro, muitos sugerem que foi um fenômeno natural que pode ser rastreado até algum evento astronômico conhecido que ocorre periodicamente, seja um cometa (e.g., o cometa Halley, visível em 12 e 11 a.C.), uma supernova ou uma conjunção de planetas. Uma possibilidade amplamente discutida é que a atenção dos sábios foi atraída por uma conjunção incomum de planetas que ocorreu em 27 de maio de 7 a.C. (Hughes 1979). Na antiga astrologia babilônica, Júpiter representava a divindade primária. Quando Júpiter se aproximou de Saturno (que representava os judeus), na constelação de Peixes (que era a representação da Palestina), essa teoria diz que os sábios se referiam a Júpiter como a estrela do rei que procuravam, e a associação com Saturno e Peixes mostrou a eles em que nação (a Judeia) e onde (Palestina) deveriam procurá-lo. Júpiter ficou visível em 11 de março de 7 a.C., então essa teria sido a data referida pelos sábios sobre quando sua estrela apareceu. Uma sugestão relacionada a isso baseia-se nessa conjunção, mas liga a estrela específica a uma supernova que os astrônomos chineses e coreanos registraram em março-abril de 5 a.C. Um astrônomo conclui que a conjunção alertou os sábios para alguma aparição sobrenatural, porém a supernova desencadeou sua jornada para Jerusalém (Kidger 1999). Embora essas visões forneçam alguma corroboração externa da atividade astral naquela época, elas não explicam a maneira pela qual a "estrela" se movia pelo céu, fornecendo orientação para os sábios e identificando não apenas a pequena vila de Belém, mas a própria casa no "lugar onde a criança estava" (2:9).

Segundo, outros sugerem que a "estrela" seria um fenômeno astral sobrenatural que Deus usou para anunciar o nascimento de Jesus. Isso é sugerido pelo comportamento da estrela. O fato de que ela foi capaz de aparecer e reaparecer, além de mover e dirigir os sábios em sua jornada, certamente não descreve uma estrela comum ou um fenômeno estelar. Portanto, o evento foi um milagre, e alguns até sugerem que apenas os sábios foram capazes de observar esse fenômeno semelhante a uma estrela. Em terceiro lugar, uma sugestão útil do contexto mateano é que o fenômeno sobrenatural teria sido um anjo tomando a forma de uma estrela. O anjo foi enviado aos magos para anunciar o nascimento do Messias e guiá-los até Ele para que fossem testemunhas de seu nascimento por meio de sua adoração. Os anjos bons são comumente chamados de estrelas (e.g., Jó 38:7; Dn 8:10; Ap 1:16, 20; 2:1; 3:1; Jesus é referido como a "Estrela da Manhã" em Ap 22: 16; cf. 2:28; 2Pe 1:9; para fontes extrabíblicas, veja *1Enoque* 43:1-4; 90:20-27; *2Enoque* 29; *3Enoque* 46; Pseudo Filo 32:13-15; *José e Asenate* 14:1-14; Testamento de Salomão 20:14-17; b. *Avodah Zarah* 43a-b). E os anjos caídos também são chamados de estrelas (Ap 8:10, 11; 9:1; *1Enoque* 86:1-6; 90:20-27; *2Enoque* 29; Satanás é chamado de estrela da manhã caída em Is 14:12-13). Os anjos foram usados para guiar e proteger Israel em seu caminho para a Terra Prometida (Êx 14:19; 23:20), e muitas vezes aparecem na literatura judaica e cristã como guias (e.g., *1Enoque* 1:2 e seguintes; Testamento de Levi 2—5; *História dos recabitas* 1:3 e seguintes). Dale Allison cita o apócrifo *Evangelho árabe da infância*, que apresenta o relato de Mateus sobre os sábios, mas o expande para dizer: "Na mesma hora, apareceu a eles um anjo na forma daquela estrela que antes os guiara em sua jornada". Allison conclui: "Isso, acredito, apenas torna explícito o que está implícito em Mateus, ou seja, que a estrela era um anjo guia" (Allison 1993, p. 24).

Esta última visão é consistente com o lugar proeminente de um anjo do Senhor na narrativa geral da infância: anunciar a José a concepção virginal de Jesus (1:20), a advertência dada aos magos em sonho para não retornarem a Herodes (2:12), avisar José para fugir com a família para o Egito (2:13), e dizer-lhes que voltassem para Israel (2:19), muito provavelmente foi um anjo, através de um sonho, que os guiou para Nazaré (2:22). Essa visão resolve as dificuldades de enquadrar o comportamento das estrelas com as ações atribuídas à estrela de Belém.

Viemos adorá-lo (2:2): Os magos teriam entendido que Jesus era divino? Nesse caso, eles teriam capturado uma verdade doutrinária que até mesmo muitos judeus religiosos tiveram dificuldade de entender ou aceitar. Com sua provável mistura de influência do paganismo, da astrologia e das Escrituras Judaicas, pode-se ter alguma dúvida de que os sábios tenham conscientemente adorado a Jesus em reconhecimento de sua natureza encarnada como o Deus-homem. O termo grego por trás de "adorá-lo" é literalmente "prestar-lhe homenagem". Os sábios provavelmente desejavam adorar o "Rei dos Judeus" de uma maneira semelhante à forma como figuras importantes de um país subserviente prestavam homenagem ao rei de um país governante. Suetônio descreve a homenagem que o principesco mago Tirídates da Armênia prestou ao imperador Nero: "Quando Tirídates se aproximou ao longo de uma plataforma inclinada, o imperador primeiro o deixou cair a seus pés, mas o ergueu com a mão direita e o beijou" (Suetônio, *Nero* 13; cf. Dio Cassius, *História romana* 63.1.7). Tirídates até se dirigiu a Nero como "deus", o que indica o tipo de homenagem que ele prestou ao imperador. Os sábios estavam prestando justa homenagem a Jesus como o governante prometido que haveria de surgir em Israel, mas à luz da plenitude da revelação, sua adoração é muito mais significativa do que pretendiam (veja Peterson 1992, p. 85; Albright e Mann 1971, p. 13-14).

Ao ouvir isso, o rei Herodes ficou profundamente perturbado, e toda Jerusalém com ele (2:3): A reação de Herodes à busca dos sábios a princípio aparenta surpresa. A notícia do nascimento do Messias seria assim

tão perturbadora? Os magos provavelmente viajaram em companhia de um grupo bastante considerável. Foi uma longa jornada, que exigiu suprimentos e um grande número de criados. Os presentes que eles trouxeram consigo teriam atraído ladrões itinerantes, o que provavelmente exigia que os sábios contassem com a proteção de guardas e/ou uma escolta militar. Esse grupo bastante numeroso, vindo do oriente, provavelmente foi algo que motivou Herodes a ficar perturbado quando o viu chegar a Jerusalém. Além disso, Herodes não era o herdeiro legítimo do reino davídico; ele havia usurpado o trono, alinhando-se com Roma. Assim, com o anúncio dos sábios de que eles estavam procurando o Rei dos judeus que havia nascido, Herodes provavelmente percebeu que os sábios e sua comitiva indicavam que exércitos invasores do oriente estavam unindo forças dentro de Israel para derrubá-lo e colocar um rei no trono, que era da verdadeira linhagem do Messias esperado.

"Em Belém da Judeia", disseram-lhe, "porque assim foi escrito pelo profeta: 'E tu, Belém, terra de Judá, de forma alguma és a menor em meio aos principais líderes de Judá; porque de ti virá o líder que, como pastor, conduzirá Israel, o meu povo" (2:5-6): Surgem várias perguntas sobre como Mateus lida com Mq 5:1-2. Quando Herodes perguntou aos líderes religiosos onde o Messias deveria nascer, eles prontamente citaram o profeta Miqueias e incluíram um importante tema de pastoreio davídico de 2Sm 5:2 como uma previsão direta do local de nascimento. Embora a forma da LXX de Mq 5:2 seja uma tradução exata do texto hebraico, a tradução de Mateus difere tanto do TM quanto da LXX em pelo menos quatro maneiras.

Primeiro, Mateus mostra "Belém, na terra de Judá", enquanto o TM apresenta "Belém Efrata" e a LXX, "Belém casa de Efrata". Mateus combina mais de perto com a leitura da LXX "casa de Judá" como talvez em consonância com outros lugares onde "Belém de Judá" (Jz 17:7-9; 19:1-2, 18; Rt 1:1-2; 1Sm 17:12) diferencia-se de Belém de Zebulom na Galileia (Js 19:15). Em segundo lugar, Mateus usa a palavra "líderes" ou "governantes" para fazer no TM e na LXX uma referência aos "clãs" (lit. "milhares"), o que pode antecipar o aparecimento da forma participial cognata do verbo "liderar" que Mateus usa na próxima linha. Terceiro, Mateus também inclui a conjunção "pois" na terceira linha da citação como uma explicação da razão pela qual o significado de Belém foi transformado. Em quarto lugar, uma diferença mais significativa é que tanto o TM como a LXX afirmam que Belém é insignificante entre os clãs de Judá, enquanto Mateus afirma o contrário com a expressão "de forma alguma" para que se leia "de forma alguma és a menor em meio aos principais líderes de Judá". Podemos explicar a diferença entendendo que Miqueias prevê que o Messias surgirá de uma cidade geograficamente insignificante, enquanto Mateus olha para a profecia de Miqueias do ponto de vista de seu cumprimento e observa que o nascimento de Jesus transformou o significado de Belém (Turner 2008, p. 83-84).

Nem os líderes religiosos tampouco Mateus alteraram o significado das profecias do AT, mas enfatizaram certas características que tiveram relevância para sua situação. Isso é típico da exegese do AT no Judaísmo do Segundo Templo. Aparentemente, os líderes religiosos confundiram a profecia de Miqueias com uma alusão em 2Samuel a um famoso tema de pastoreio citado na instalação de Davi como rei de Israel: "Você apascentará o meu povo Israel e será o governante de Israel" (2Sm 5:2). Essa fusão de profecias para entender a vinda do Messias davídico também são encontradas nos *Salmos de Salomão* 17, e Mateus se baseia nessa compreensão do papel de Belém no nascimento do Messias.

Mateus apresenta uma ênfase davídica significativa à identidade, bem como ao papel de Jesus, e o tema do pastor está associado a Jesus em todo o NT: Jesus mais tarde se referirá a si mesmo como "o bom pastor" (Jo 10:11); o escritor do livro de Hebreus chama Jesus de "o grande Pastor das ovelhas" (Hb 13:20); o apóstolo Pedro enfatiza que os líderes da igreja devem "pastorear" o rebanho (1Pe 5:2; cf. Jo 21:16) para Jesus, "o sumo pastor" (1Pe 5:4); e quanto aos mártires que saem da grande tribulação, "... o Cordeiro que está no centro do trono os apascentará" (Ap 7:17).

A expectativa profética do nascimento do Messias davídico em Belém tornou-se bastante difundida em Israel (cf. Jo 7:42). Isso levanta uma questão interessante: se Mq 5:2 fosse amplamente entendido tendo profetizado Belém como o local de nascimento do Messias, não teria todo o Israel vigiado de perto essa pequena aldeia em antecipação ao cumprimento de sua maior esperança? Pode parecer difícil terem acontecido as duas coisas — que a profecia foi amplamente compreendida e ainda que seu cumprimento (o nascimento de Jesus) pegou a aldeia de surpresa e passou despercebido pela nação. Além disso, visto que Herodes sempre foi paranoico com a segurança de seu trono, e levando em conta que os sacerdotes e mestres da lei foram prontamente capazes de lhe dizer onde o Cristo nasceria, por que o rei não perguntou a eles antes e montou guarda sobre Belém?

A expectativa de que Herodes e os líderes religiosos de Israel teriam montado uma vigília ao redor de Belém para assistir ao nascimento do Messias parece ser bastante razoável. Ninguém pode ter certeza por que isso não aconteceu. Talvez fosse apenas impraticável, considerando que não havia garantia sobre o momento do cumprimento. Além disso, uma coisa era os líderes religiosos terem um conhecimento cabal das designações proféticas das Escrituras Hebraicas, e outra era reconhecer seu cumprimento na chegada de Jesus como Messias. Suas expectativas religiosas, políticas e militaristas da vinda do Messias muitas vezes os levavam a ignorar completamente aquele por quem estavam esperando.

E lá estava a estrela que eles tinham visto no oriente! Conduziu-os até que veio e parou acima do lugar onde a criança estava (2:9): A estrela que levou os magos à Palestina aparentemente reapareceu e os conduziu cerca de dez quilômetros até o menino em Belém. A atividade da estrela implica um fenômeno sobrenatural ao invés do aparecimento de uma estrela literal, pois é difícil reproduzir como qualquer forma de estrela poderia ir adiante deles e parar ou se fixar sobre o lugar onde a criança estava. Como os magos já haviam sido informados de que o Messias nasceria em Belém, a estrela não os guiou para a cidade de modo genérico, mas para o local exato da cidade onde a criança e a família estavam naquele momento localizadas. Isso seria consistente com o que sugerimos há pouco: que se trata de algum tipo de orientação angélica sobrenatural (veja em 2:2).

Entrando na casa, viram o menino com Maria, sua mãe, e, caindo de joelhos, o adoraram (2:11): Quantos anos tinha Jesus nesse tempo? O movimento de Herodes de matar todos os meninos de dois anos ou menos indicaria ter Jesus cerca de dois anos nessa época? Jesus, com Maria e José, estavam agora em uma casa em Belém. Não se sabe se essa era a mesma casa ligada ao estábulo em que Jesus nasceu (cf. Lc 2:7), mas como a jovem família ficou em Belém em vez de retornar a Nazaré para criar seu filho, isso implica que José havia providenciado um alojamento permanente. O termo usado para se referir a Jesus (*paidion*, "criança") normalmente designa uma criança pequena ou bebê (2:8, 9, 11, 13, 14, 20, 21; BDAG, p. 749). O mesmo termo é usado por Lucas para se referir a Jesus em seu nascimento e apresentação no templo quando Ele tinha poucos dias de vida (Lc 2:17, 27). Visto que Herodes mais tarde tentaria matar todos os meninos com menos de dois anos de idade, a criança agora provavelmente teria perto de dois anos (Mt 2:11).

***Quantos sábios havia? Eles eram reis?* (2.11):** Apesar da referência popular a "três sábios", há pouca precisão histórica sobre quantos sábios estavam presentes. Já no século 3, os sábios passaram a ser considerados reis, interpretados como o cumprimento da profecia do Sl 72:11: "Todos os reis se curvam a ele". Mas os sábios provavelmente seriam na verdade conselheiros religiosos da corte em sua terra natal. O número real desses homens sábios é incerto. A tradição oriental define seu número em 12, mas a tradição ocidental os apresenta em número de três, com base nos três presentes de ouro, incenso e mirra (2:11). Os nomes tradicionais dos magos — Baltasar, Melchior e Gaspar (ou Caspar) — aparecem pela primeira vez num mosaico em uma igreja do século 6 em Ravena, na Itália, mas não há suporte histórico conhecido para reconhecer essas designações. Muito provavelmente os sábios, qualquer que fosse o seu número, viajaram em companhia de criados e guardas para a longa jornada.

MATEUS 2:13-23

Para que se cumprisse o que o Senhor disse por meio do profeta: "Do Egito chamei meu Filho" (2:15): Os 11:1-3 tinha o Messias em mente ao escrever? No contexto original Oseias está falando sobre o povo de Israel errante. Poderiam os críticos apresentar um forte argumento quando dizem que Mateus percebeu pela primeira vez o texto de Os 11:1, tomou-o como uma profecia messiânica e depois teria *inventado* a história da permanência egípcia da sagrada família?

É difícil ver como a referência de Oseias ao Êxodo pode implicar para Mateus que a vida de Jesus cumpre o que o profeta havia dito. Isso nos permite notar que Mateus tem uma perspectiva multifacetada sobre as diferentes maneiras pelas quais Jesus "cumpre" as Escrituras do AT. Primeiro, o termo "cumprir" em Mateus pode indicar a maneira pela qual os eventos da vida e ministério terreno de Jesus cumprem alguma profecia preditiva. Esse caso em questão pode se tratar de uma predição particular, como em Mt 1:22-23, em que Jesus cumpre a predição de um libertador messiânico nascido de uma virgem, ou pode ser um tema preditivo coletivo, como em 3:15, em que o ministério de Jesus atualiza a profecia coletiva do AT sobre a justiça histórica da salvação. Segundo, Mateus pode usar a expressão "cumprir" para indicar que Jesus traz ao seu significado pleno pretendido todo o AT, como Ele declara no Sermão da Montanha: "Não pensem que eu vim abolir a Lei ou os Profetas. Eu não vim abolir, mas cumprir" (5:17). Terceiro, o uso do termo "cumprir" por Mateus pode indicar que a vida e o ministério terrenos de Jesus correspondiam analógica ou tipologicamente (os atos recapitulados ou repetidos) a aspectos-chave da história nacional de Israel. Isto é aparentemente o que Mateus tem em vista no momento (2:15; cf. 2:17-18; veja Howard 1986, p. 314-28). No contexto de sua profecia, Oseias relata como Deus fielmente tirou Israel do Egito no êxodo. O ponto de comparação de Mateus é a solidariedade corporativa entre Israel como filho de Deus sendo resgatado e libertado por Ele, e Jesus como aquele que é revelado como o "Filho" de Deus *por excelência* (Kaiser 1995, p. 35; sobre revelações públicas vindas do céu de que Jesus é o Filho de Deus, veja 3:17; 17:5).

Além disso, os autores do AT muitas vezes lembravam aos hebreus que olhassem para trás para sua redenção quando Deus os tirou do Egito (e.g., Sl 78; 81; 105; 106; Jr 2:6; 7:22-25; Ez 20:1-20 ; Mq 6:1-4; etc.). A Páscoa anual era um lembrete e uma promessa de que Deus havia providenciado um cordeiro sacrificial para seu povo. Ao apontar para o relato de Oseias sobre a libertação de Deus no êxodo (Os 11:1), Mateus observa que a infância de Jesus corresponde analogamente à história de Israel. A vida de Jesus é a conclusão histórica do processo de redenção. Nenhuma ameaça de um governante público pode frustrar o plano de Deus. A saída de Jesus do Egito é a recapitulação da promessa a Israel de que a redenção está próxima.

Certos críticos acusam Mateus de compor um relato da vida de Jesus, o qual se trata de uma manipulação fantasiosa de fatos para se adequar ao que os profetas haviam previsto. Eles afirmam que Mateus fabricou detalhes ou manipulou fatos verdadeiros da vida de Jesus para fazer parecer que Cristo cumpriu as profecias do AT sobre a vinda do Messias. Por exemplo, alguns sugerem que Mateus, escrevendo para um público judeu, inventou uma história de vida sobre Jesus que cumpria profecias, como o fato de ter nascido de uma virgem em Belém, de ter fugido para o Egito ou ser criado em Nazaré (e.g., Crossan 1994, p. 15-21). Mateus escreveu um relato preciso do que aconteceu na história que cumpriu profecias antigas, ou ele teria criado histórias sobre Jesus para fazer parecer que o Mestre cumpriu essas profecias? Nossa posição segue a afirmação anterior: Mateus registrou com precisão o que aconteceu na história da vida e no ministério de Jesus, e esses eventos foram o cumprimento milagroso de profecias messiânicas. Estudiosos evangélicos têm respondido satisfatoriamente às acusações de críticos ao longo de quatro premissas básicas.

Em primeiro lugar, a criação de relatos históricos falsificados para fundamentar uma reivindicação de cumprimento profético não é um elemento básico da história interpretativa judaica. Como um autor judeu, Mateus não teria um precedente para cometer um desrespeito tão flagrante em relação à interpretação judaica das profecias do AT. Ademais, ele estaria sujeito a críticas da comunidade interpretativa judaica por falsificar uma profecia preditiva. Em segundo lugar, os apóstolos, incluindo Mateus, ficaram tão apegados à realidade de Jesus como o Messias que sofreram perseguição nas mãos dos judeus, e a maioria deles mais tarde experimentou o martírio. Eles não estariam dispostos a morrer por causa de uma mentira que eles mesmos teriam ajudado a inventar. Terceiro, quando os Evangelhos foram escritos e divulgados, havia muitas pessoas que ainda estavam vivas quando ocorreram os eventos da vida de Jesus. Eles teriam confrontado Mateus com alguma eventual invenção sua. Mas nenhum registro desse tipo de acusação contra Mateus aparece nos escritos antigos. Quarto, o povo judeu teria usado esses tipos de invenções como forma de desacreditar as justificações de que Jesus era o Messias. Se Jesus não tivesse nascido em Belém, ou se sua afirmação de ser o Messias não estivesse de acordo com as profecias do AT, elas teriam sido prontamente negadas pelos judeus que estavam familiarizados com os detalhes. No entanto, não ouvimos falar de tais acusações, nem mesmo no Talmude, que em alguns pontos faz relatos depreciativos sobre Jesus, mas nunca acusa seus seguidores de falsificação de sua vida para se adequar às profecias messiânicas. (Para uma refutação da acusação acadêmica de que Mateus era um intérprete midráshico criativo, veja France 1981, p. 239-66; Quarles 1996, p. 457-64; idem 1998, p. 139-49; Blomberg 2007, p. 76-87. Para uma visão geral das profecias do AT e seu cumprimento em Jesus, veja Kaiser 1995, p. 13-35; p. 231-35, passim. Para uma visão geral popular, veja a entrevista em Strobel 1998, p. 171-87.)

A ordem de Herodes para massacrar as crianças do sexo masculino (2:16): Nenhuma fonte extrabíblica menciona o massacre de todas as crianças do sexo masculino com idade de dois anos ou menos em Belém e seus arredores. Nem sequer Josefo, que fez extensos comentários sobre as maldades de Herodes, diz algo a esse respeito. Esse silêncio sugere que o relato de Mateus seria fictício?

Quando Herodes construiu a fortaleza/palácio/tumba conhecido como "Herodium" por volta de 23 a.C., a vida tornou-se mais opressiva para o povo de Belém. O Herodium era uma montanha artificial, cônica e íngreme, na qual se integrava uma vila palaciana para as visitas de verão de Herodes, e uma fortaleza para sua segurança. Como Belém está localizada a apenas cinco a seis quilômetros a noroeste do Herodium, os moradores locais teriam sido forçados a prover mão de obra para sua construção. Não havia fonte natural de água para a fortaleza, então Herodes construiu um canal de água partindo de uma nascente ao sul de Belém. O destacamento militar baseado na fortaleza foi encarregado de guardar a principal rota comercial de Jerusalém a Hebrom. Belém ficava nessa rota, o que teria causado uma constante presença militar opressiva na vila (Netzer, *ABD* 3:176-80). Apenas 123 homens retornaram a Belém após a deportação babilônica (Ed 2:21), e a população parece não ter crescido para além de uma pequena aldeia com talvez mil pessoas na época do nascimento de Jesus. A mão pesada de Herodes havia cobrado um alto preço de Belém por décadas, mas agora caía sobre a aldeia com um horror impensável.

A paranoia e a vingança de Herodes por causa de ameaças ao seu trono estão bem documentadas. Ele percebeu que os sábios de alguma forma ficaram sabendo de suas verdadeiras intenções e fugiram, por isso ele decidiu tomar a situação em suas próprias mãos, destruindo qualquer potencial desafiante ao seu trono. Sua pergunta anterior aos sábios sobre a época do aparecimento da estrela deu-lhe uma estimativa bastante exata do nascimento da criança (2:7). Herodes ordenou a execução de todos os meninos nas proximidades de Belém que pudessem ter nascido dentro do período de dois anos. Isso teria resultado na morte de aproximadamente entre 10 e 30 meninos, considerando o tamanho da cidade (Cazelles, *ABD* 1:712; Hagner 1993, p. 37). Embora essa fosse uma perda de cortar o coração para a aldeia, a magnitude do incidente talvez não tenha se destacado significativamente em escala nacional quando vista à luz de outros eventos horríveis na infame carreira de Herodes. O rei assassinou seus próprios filhos e sua esposa Mariane, além de ordenar que dois mil líderes judeus fossem executados após sua morte para que a nação fizesse um lamento naquela ocasião, embora essa ordem não tenha sido cumprida. A tragédia de Belém foi mais uma de uma longa sequência de atrocidades praticadas por Herodes e, portanto, é compreensível que ela tenha sido ignorada sem chamar a atenção dos historiadores (Osborne 2010, p. 99) ou que uma menção extrabíblica tenha desaparecido.

Então se cumpriu o que fora dito pelo profeta Jeremias (2:17-18): teria Mateus deturpado o significado apresentado por Jeremias ao aplicá-lo ao massacre de Belém (Mt 2:18; cf. Jr 31:15)? Na verdade, Mateus está olhando para séculos antes, quando o exército de Nabucodonosor reuniu em Ramá todos os cativos de Judá antes de serem exilados para a Babilônia (Jr 40:1-2). Jeremias retratou Raquel, a personificação das mães de Israel, chorando por seus filhos enquanto eram levados. Não havia conforto para Raquel porque eles "não existiam mais" — ou seja, não mais seriam uma nação e estavam sendo considerados como mortos. Porém mesmo quando Jeremias imaginava esse luto pelo Israel exilado, ele ofereceu uma palavra de consolo. Havia esperança para o futuro deles porque Deus restauraria os filhos de Raquel à sua terra (31:16-17), e a alegria messiânica viria no futuro estabelecimento da nova aliança com Israel (Jr 31:31-34).

O uso de Jeremias por Mateus é semelhante à sua citação anterior de Miqueias (cf. Mt 2:15). Ele não está apontando para o cumprimento no sentido de predição-realização, mas para o cumprimento no sentido de correspondência analógica. A tentativa de Herodes de eliminar o recém-nascido rei dos judeus correspondia a uma tentativa anterior de uma potência estrangeira de exterminar o povo escolhido de Deus.

Naquele tempo, novamente, por causa das atrocidades de Herodes, Israel experimenta sofrimento e angústia em Belém, mas a promessa anterior será agora cumprida. Raquel havia morrido e fora sepultada em Zelza, perto de Ramá, enquanto viajava para Belém (Gn 35:19; 48:7; cf. 1Sm 10:2. A tradição posterior confundiu essas referências para sugerir que Belém era o local real do túmulo de Raquel; veja Wenham 1994, p. 327). Mateus liga o local da deportação e o local do massacre, onde em ambos os casos as forças inimigas tentam frustrar o plano de salvação de Deus.

Arquelau governava a Judeia no lugar do seu pai Herodes (2:22): Estaria Mateus correto sobre o nome do governante e a região do governo? E Arquelau teria uma reputação de violência que justificasse a avaliação de José? Herodes se tornou famoso por sua indecisão quanto à sucessão do seu reinado, refazendo a sua vontade pelo menos sete vezes (Richardson 1999, p. 33-38). Ele decidiu dividir o reino entre três dos seus filhos: Arquelau, Herodes Antipas, e Herodes Filipe (cf. Josefo, *Antiguidades* 17:188-89).

Arquelau, filho de Maltace, foi nomeado aos 19 anos de idade sucessor do trono de Herodes, com poder sobre a Judeia, incluindo Samaria e Idumeia (Mt 2:22). Herodes queria que Arquelau fosse chamado rei, como ele próprio tinha sido, mas Augusto César contentou-se em chamá-lo de etnarca. Ele reinou de 4 a.C. até 6 d.C. Arquelau seguiu no caminho da crueldade do seu pai. Exagerou ao conter uma revolta no templo na Páscoa após a morte do seu pai em 4 a.C., enviando tropas e cavalaria, o que resultou na morte de cerca de 3 mil peregrinos (Josefo, *Antiguidades* 17.9.3 §§213-18; *Guerra judaica* 2.6.2 §§88-90). Ele se notabilizou pelo tratamento tirânico dispensado a judeus e samaritanos (Josefo, *Guerra judaica* 2.7.3 §111), utilizando medidas opressivas para colocar fim às insurreições. O medo que José sentia de Arquelau enquadra-se no contexto histórico, pois havia temor e ódio generalizados dele entre os judeus, de tal forma que Augusto temia uma revolução. Por essa razão, o imperador depôs Arquelau e baniu-o para a Gália em 6 d.C. O domínio sobre a Judeia foi depois repassado aos governantes romanos chamados prefeitos, um dos quais foi Pôncio Pilatos, que se tornou um personagem abominável por causa do julgamento de Jesus (26-36 d.C.; Lc 3:1; 23:1).

Então ele foi e se estabeleceu em uma cidade chamada Nazaré (2:23): Mateus não mencionou anteriormente a vila de Nazaré, e a razão de tê-la citado aqui pode indicar que Nazaré não tivesse feito parte da vida de José e Maria, no entanto Lucas (1:26 e 2:4) coloca Maria e José tendo vivido em Nazaré antes do nascimento de Jesus. Será que o tratamento dispensado por Mateus a Nazaré indica que ele desconhecia a residência anterior do casal naquela vila, e que ele e Lucas apresentam posições conflitantes sobre esse aspecto?

Cada um dos evangelistas se detém em detalhes que não são encontrados nos outros Evangelhos, mas juntos eles fornecem um registro mais completo. Aqui, Mateus se concentra apenas no *fato* da concepção miraculosa de Maria, enquanto Lucas entra em maiores detalhes sobre as *particularidades* do nascimento e primeiros anos de Jesus. Lucas vai mais longe, relatando mais eventos históricos do que qualquer um dos evangelistas, incluindo o anúncio da concepção de João Batista a Isabel e Zacarias (Lc 1:5-25), o anúncio do anjo Gabriel a Maria de sua próxima concepção milagrosa (1:26-38), a viagem dela para visitar sua parente Isabel na região montanhosa de Judá (1:39-45), seu famoso *Magnificat* em que ela louva a Deus pelo privilégio de ter em seu ventre o menino Jesus (46-55), sua estadia com Isabel por três meses (1:56), e depois o nascimento de João Batista, tendo como pais Isabel e Zacarias (1:57-80). Lucas também é o único evangelista a registrar a viagem de Nazaré a Belém para o censo, os eventos reais do nascimento de Jesus, o coro celestial dos anjos e a visita dos pastores (2:1-20), a apresentação do menino Jesus no templo (2:21-38), e a visita a Jerusalém quando Jesus tinha 12 anos de idade (2:41-52). Por outro lado, apenas Mateus registra a visita dos magos cerca de dois anos após o nascimento de Jesus, a viagem ao Egito e a posterior fixação de moradia em Nazaré. Para Mateus, não mencionar o lugar da concepção de Jesus em Nazaré é simplesmente um detalhe omitido — outro exemplo da maneira como os evangelistas se concentram em detalhes que se encaixam em seus propósitos gerais — o que não acarreta conflito. (Veja mais comentários em Lc 2:39.)

Para cumprir o que foi dito pelos profetas, que Ele será chamado Nazareno (2:23): Duas questões surgem a partir desse texto. Primeiro, quais são os profetas que Mateus tem em mente? Nenhuma profecia no AT previu que o Messias seria chamado nazareno. Em segundo lugar, o que significaria Jesus ser chamado nazareno? A observação mais direta é que pela expressão "nazareno" Mateus está identificando Jesus como alguém que veio de Nazaré. Isso não capta a plenitude da intenção de Mateus, mas é provavelmente parte do seu significado. As pessoas não tinham apelidos nos tempos antigos, sendo identificadas de outras formas, tais como a sua vocação, relações familiares, ou residência. "Nazareno" (Gr. *Nazōraios*) deriva de "Nazaré" (Gr. *Nazaret*) para indicar uma pessoa oriunda daquela cidade. Outros autores do NT também utilizaram os termos de forma intercambiável: "Jesus de Nazaré", usando o termo *Nazareno* (Lc 4:34; cf. Mc 1:24; 10:47) que é equivalente a "Jesus, o Nazareno" com o emprego de *Nazōraios* (Lc 18:37). Veja também a ocorrência de *Nazōraios* para especificar Jesus como sendo da cidade de Nazaré (Jo 18:5, 7; 19,19; At 2:22; 3:6; 4:10; 6:14; 22:8; 2:9). Os seguidores de Jesus foram mais tarde identificados como a "seita dos nazarenos" usando o termo *Nazōraios* (At 24:5) para os definir como seguidores de Jesus.

O fato de não encontrarmos nenhuma profecia direta do AT prevendo que o Messias seria chamado de Nazareno sugere que Mateus pretende que a expressão "o que foi falado pelos profetas" seja uma forma de discurso indireto. Ele não tem a pretensão de citar qualquer profeta em particular, mas dá a substância de várias profecias do AT que se relacionam com o jogo de palavras evocado por "Nazaré/Nazareno". Muito provavelmente, os que haviam retornado do cativeiro babilônico fundaram a cidade de Nazaré e lhe deram um nome derivado de uma palavra vernácula aramaica ou hebraica. Os estudiosos têm oferecido várias sugestões para explicar a origem do nome "Nazaré" e sua relação com o uso de Mateus aqui.

Primeiro, "*Observe o lugar*". Alguns sugerem que a localização da vila está por trás da origem do nome Nazaré. Como está situada em um alto vale acima da planície de Esdraelon e com vista para as principais rotas comerciais, o nome "Nazaré" pode ter derivado da raiz hebraica *nsr*, que significa "vigiar" ou "guardar", ou ainda do aramaico para "torre de vigia" (*naserat*) (Rousseau e Arav 1995, p. 214; Strange, *ABD* 4:1050-51). Porém parece que mais algum significado esteja ligado ao nome do que simplesmente um local.

Segundo, "*Aqueles que fazem um voto*". Outros sugerem que "Nazaré" vem de uma palavra aramaica para "voto" (*nzr*), indicando que os fundadores da aldeia eram membros de uma seita religiosa cujos votos incluíam o foco de suas práticas, como os votos nazireus de separação ascética encontrados em Nm 6:1-21: abster-se de bebida forte, não cortar o cabelo e evitar contato com os mortos. Essa visão sugere ainda que, levando-se em conta que a expressão "Nazareno de Deus" era usada de forma intercambiável com "santo de Deus" na LXX (cf. Jz 13:7; 16:17), "Nazareno" está ligado a "Nazireu" (*nazir*; cf. Jz 13:7; 16:17) para indicar que Jesus era um nazireu, uma espécie de segundo Sansão (cf. Nm 6:1-21 com Jz 13:5, 7; 16:17). Nesse caso, Mateus pode estar enfatizando que Jesus fez certos votos como "o santo de Deus" (cf. Mc 1:24): Ele estava empenhado em viver em pureza e santidade. Aqueles que entendem que Jesus seria um judeu observante desses princípios recentemente adaptaram essa visão (e.g., Brown 1993, p. 210-13; Davies e Allison 1988, p. 276-77). No entanto, o retrato de Jesus dos Evangelhos não combina com ser Ele um "nazireu". Por exemplo, Ele teria violado o voto quando bebeu vinho (e foi falsamente acusado de ser um bêbado em 11:19), bem como quando tocou os mortos ao ressuscitá-los (9:23-26; Veja Hagner 1993, p. 41, para uma refutação dessa visão).

Terceiro, "Aqueles que esperam 'o Ramo'". Uma sugestão mais provável é que os colonos originais possam ter pertencido à linhagem de Davi, e deram ao assentamento um nome conscientemente messiânico, ligando o estabelecimento da cidade com a esperança da vinda do *nezer*, o "ramo" de Is 11:1: "Um ramo surgirá do tronco de Jessé, e das suas raízes brotará um renovo". A profecia de Is 11:1-5 foi um dos textos mais populares do messianismo davídico no início do judaísmo (Bauckham 1995, p. 202-16), portanto não é improvável que um grupo que retornasse do exílio e estabelecesse uma nova aldeia desse à sua cidade um nome que refletisse essa esperança. O remanescente crente de Israel também é chamado de "o ramo" em Is 60:21, demonstrando a solidariedade do remanescente com o ramo prometido de Is 11:1.

Embora *nezer* ocorra apenas em Is 11:1 e 60:21 em um sentido messiânico, o conceito de ramo tornou-se uma importante designação do Messias na literatura rabínica (e.g., Dezoito Bênçãos 15 [14]) e Targuns, e a comunidade de Qumran , onde "Ramo de Davi" tornou-se uma denominação favorita para o Messias esperado (e.g., 4QWar Scroll[g] 5:3-4; 4QIsaiah Pesher[a] 3:18 (4Q161 [4QpIsa[a]]). O tema de um "ramo" ou "broto" messiânico aparece notavelmente em outros contextos e profetas do AT, usando sinônimos para *nezer*, especialmente *tsemach*, "broto, ramo, chifre" (e.g., Is 4:2; Jr 23:5; 33:15; Zc 3:8; 6:12), mas também *choter*, "rebento" (Is 11:1), *yoneq*, "planta jovem" (Is 53:2), e *shoresh*, "raiz" (53:2). Alusões a um rebento ou ramo descrevendo uma era messiânica são encontradas no DSS em 1QH[a] 14:15; 15:19; 16:5-10 [=1QH[a] 6:15; 7:19; 8:5-10] e 4QIsaiah Pesher[a] 3:15-26 (4Q161 [4QpIsa[a]]).

Juntas, essas ligações apontam para um tema significativo e reconhecível do AT de um ramo messiânico da linhagem de Davi que traria libertação a Israel. O discurso indireto da alusão de Mateus aos "profetas" permite que ele se baseie tanto na profecia *nezer* de Is 11:1 quanto na substância de várias profecias do AT que se relacionam com o jogo de palavras evocado pelo motivo "ramo". Os fundadores de Nazaré aparentemente eram membros de um movimento que se identificava com essa tradição profética. Eles estavam esperando pelo "Renovo" messiânico (Is 11:1) e vivendo o papel dos fiéis de Israel como o "renovo [que Deus] plantou" (Is 60:21). Portanto, Mateus apela para um jogo de palavras entre Nazaré, a esperança da conhecida profecia de Isaías, e o tema mais amplo do "ramo" do AT, e afirma que a identidade e o ministério de Jesus cumprem essa grande esperança profética. O conteúdo messiânico da passagem de Isaías deve, por sua vez, estar relacionado ao anúncio da concepção de Jesus: a figura messiânica de Is 11:1 é o Emanuel de Is 7:14 (veja discussão em Brown 1993, p. 211-13, 217-19; Hagner 1993, p. 41; Davies e Allison 1988, p. 277-79).

Mateus também usa "Nazareno" como expressão idiomática para um indivíduo de uma área remota e desprezada. Ele traça uma conexão entre a associação divinamente arranjada de Jesus com Nazaré e vários profetas do AT que predisseram que o Messias seria desprezado (Sl 22:6-8, 13; 69:8, 20-21; Is 11:1; 49:7; 53:2-3, 8; Dn 9:26; especialmente Is 53). O Messias não veio com alarde ou glória, mas nasceu em relativa obscuridade em Belém. Ele e sua família fugiram para o Egito com humildade impotente durante a noite, e a chegada do Messias à história é cercada de tristeza e aflição devido ao massacre de Belém. A criança não seria criada nem mesmo em Belém com suas conotações davídicas, mas sim divinamente direcionada para viver na ainda mais obscura vila de Nazaré. Natanael mostra a opinião popular quando pergunta: "Pode vir alguma coisa boa de Nazaré?" (Jo 1:45-46; cf. Jo 7:42, 52). Mateus consistentemente retorna ao tema de

Jesus como uma figura despretensiosa (8:20; 11:16-19; 15:7-8), e, portanto, como aquele que cumpre as profecias do AT de que o Messias seria desprezado (e.g., Is 53:3). A referência consistente a Jesus, o Nazareno, presumia algum tipo de tom negativo como expressão de desprezo e desdém. Esse desprezo também foi associado aos seguidores de Jesus quando foram ridicularizados como "a seita dos Nazarenos" (At 24:5).

Por fim, a reflexão de Mateus sobre o início da vida de Jesus pretende que seus leitores vejam um duplo sentido na expressão "Jesus, o Nazareno", reunindo o uso de "Nazareno" como "Ramo" ou "Broto" messiânico e o uso de termos discutidos no parágrafo anterior. Por um lado, Jesus é o cumprimento da esperança de um *nezer* messiânico — o "ramo" da linhagem de Davi. Por outro lado, a associação de Jesus com a humilde vila de Nazaré indica que sua vinda não acontece em glória. Ele veio como o prometido Renovo de Davi, mas sua existência ocorreu em ambientes humildes, não na grandeza e glória de reis como Herodes. Como o Ramo da linhagem real, Jesus seria "cortado até o tronco e criado em um ambiente que fosse próprio para receber desprezo" (Carson 2010, p. 125-26). Usada por seus seguidores, a expressão "Jesus, o Nazareno" era uma expressão de fé nele como o libertador messiânico (At 2:22; 3:6; 10:38). No entanto, empregada por seus inimigos era um título de escárnio usado para negar sua identidade messiânica (Mt 26:71; Mc 14:67).

Mateus 3:1-6

Pois ele é aquele mencionado por meio do profeta Isaías (3:3): Teria Mateus alterado a citação original de Is 40:3, e o contexto de Isaías permitiria a aplicação feita por Mateus? Assim como Mateus encontra apoio no AT para os primeiros anos de Jesus em Belém e Nazaré, ele também encontra apoio no AT para o passado de obscuridade de João Batista no deserto. Mateus cita Is 40:3 para explicar que João é o personagem predito para preparar o caminho para o Senhor (cf. Is 40:3). Em seu contexto imediato, Is 40:3 conforta os exilados na Babilônia com a esperança de que o Senhor os trará de volta através do deserto da Babilônia (Oswalt 1998, p. 51). Mas o contexto maior de Is 40—66 descreve a profecia da restauração escatológica de Israel com o resultado de que toda a humanidade verá a glória do Senhor (Is 40:5). O amplo retrato que Isaías pinta nos capítulos 40—66 inclui o Messias cheio do Espírito (Is 42:1-4/Mt 8:17) e o Servo Sofredor (Is 65:17; 66:22; Mt 19:28) com a consumação do reino nos novos céus e uma nova terra (Is 65:17; 66:22/Mt 19:28).

Francis Beare critica Mateus por manipular equivocadamente a citação original de Isaías (1981, p. 89-90). Ao examinar mais de perto, descobrimos que o texto de Mateus é bastante semelhante ao TM e à LXX, porém Mateus concorda mais com a LXX. Três pequenas diferenças são notadas. Primeiro, a frase "no deserto" modifica a "voz" na LXX e em Mateus enquanto modifica o verbo "preparar" no TM. Em segundo lugar, a LXX e Mateus se referem ao deserto apenas uma vez, enquanto o TM se refere a ele duas vezes. No terceiro ponto, Mateus diverge tanto da LXX quanto do TM, citando "seus caminhos" em vez de citar do TM e da LXX os caminhos retos "para nosso Deus" (Turner 2008, p. 108). Como observamos em 2:5-6, o método interpretativo de Mateus nem sempre segue uma citação estritamente palavra por palavra. No entanto, essas variantes menores não sugerem qualquer desarmonia entre a citação original de Isaías e a versão usada por Mateus aqui.

Além disso, Beare parece sugerir que o contexto original de Isaías não permite a aplicação que Mateus faz nesse caso (1981, p. 90). Blomberg explica, no entanto, que o ministério de João deveria proclamar o início da visão escatológica que Isaías predisse (1992, p. 72-75). Entendemos que isso significa que o cumprimento da profecia de Isaías começou com João e Jesus. Ao relatar a proclamação de que "o reino dos céus está próximo" (3:2), Mateus usa o tempo perfeito (*engizō*), apontando para o presente como o momento da chegada do reino (Blombberg 1992, p. 73). João Batista proclama que Jesus *já* inaugurou o reino, mas este *ainda não* atingiu sua forma final. O reino está agora presente com a chegada do rei messiânico da linhagem de Davi, e sua vinda irá confrontar uma variedade de expectativas entre aqueles que vivenciam seu impacto. No entanto, parte do que outros esperavam que ocorresse de imediato — especialmente julgamento e restauração completos — ainda aguarda cumprimento final futuro (cf. Mark Saucy 1997). Jesus realmente cumprirá a esperança profética. Mas Ele trará essa esperança para o cumprimento completo somente quando retornar como o Filho do homem em glória (cf. 24:29-31).

Onde Beare vê pequenas diferenças de redação na citação de Isaías por Mateus, Turner aponta a especificidade que Mateus fornece à luz de seu propósito mais amplo, ao descrever o cumprimento da Lei e dos Profetas do AT em Jesus Messias e, neste caso, mesmo no precursor de Jesus, João Batista: "Para Mateus, o 'caminho do nosso Deus' de Isaías é o 'caminho do Senhor' Jesus. Se Jesus é Emanuel, 'Deus conosco' (Mt 1:23), então seu caminho é 'o caminho de nosso Deus'" (Turner 2008, p. 108-9). (Veja mais comentários em Mc 1:2-3).

Mateus 3:7-17

Por que Jesus foi batizado? (3:13-17): Se Jesus era o Filho de Deus sem pecado, por que Ele aceitaria o batismo de João, que era um chamado ao arrependimento à luz da chegada do Messias? João ficou surpreso com o pedido de Jesus e até tentou impedir que Ele fosse batizado (v. 14). Em resposta à objeção de João, Jesus disse: "Deixe por enquanto, porque esse é o caminho para cumprirmos toda a justiça" (3:15).

O termo "cumprir" (*pleroō*) continua o tema do cumprimento que tem sido tão proeminente na narrativa inicial do Evangelho de Mateus. A concepção, o nascimento e a infância de Jesus cumpriram profecias específicas e gerais (Mt 1—2), o aparecimento de João cumpre as expectativas do precursor do AT (3:3), e agora o batismo de Jesus "cumprirá toda a justiça". Justiça (*dikaiosune*) é um conceito importante no Evangelho de Mateus (cf. 3:15; 5:6, 10, 20; 6:1, 33; 21:32). Alguns sugerem que Jesus quer dizer isso em um sentido ético, que o batismo cumprirá todas as justas expectativas da Lei, semelhante ao que Jesus declarará no Sermão da Montanha (cf. 5:17; veja Przybylski, 1980), mas o contexto não implica uma submissão ética aos mandamentos de Deus. Em nenhum lugar do AT há uma ordem divina para se submeter ao batismo de João. Portanto, dificilmente podemos pensar na sua submissão ao batismo como um ato de justiça, e certamente não como um cumprimento de *toda* a justiça.

É mais provável que Jesus indique "cumprir toda a justiça" no sentido histórico-salvífico. A atividade salvadora de Deus profetizada em todo o AT está agora sendo cumprida com a inauguração do ministério de Jesus e culminará em sua morte na cruz. Isso é apoiado pela referência histórica de salvação semelhante a João Batista em 21:31-32 (Hagner 1992, p. 116-17). Jesus está expressando sua obediência ao plano de salvação de Deus que foi revelado nas Escrituras (Keener 2009, p. 132).

O batismo público ilustrou a continuidade histórica da salvação entre os ministérios de João Batista e Jesus. Ao identificar-se com João através do batismo, Jesus endossou o ministério e a mensagem de João e ligou sua própria causa à de João ("esse é o caminho para *nós* cumprirmos toda a justiça" 3:15; grifo nosso). Além disso, ao entrar nas águas do batismo, Jesus se identificou com seu povo em sua necessidade (ou seja, Ele se identificou com a humanidade pecadora que veio salvar, e especialmente nesse [naquele?] tempo histórico, para se identificar com o remanescente crente de Israel que veio para ser batizado; Beasley-Murray 1962, p. 45—67). Jesus é *Emanuel*, "Deus está conosco", e *Jesus*, aquele que "salvará seu povo de seus pecados" (1:21-23). (Veja mais comentários em Mc 1:9 e Lc 3:21.)

Ele viu o Espírito de Deus descendo como uma pomba e descendo sobre Ele. E veio uma voz do céu: "Este é o meu Filho amado. Eu me alegro nele!" (3:16-17): Com Deus Pai (falando), Deus Filho (sendo batizado) e Deus Espírito Santo (descendo na forma de uma pomba) todos presentes e distinguíveis ao mesmo tempo, esses eventos sugerem que o cristianismo é uma religião triteísta e não trinitária? O triteísmo afirma que Pai, Filho e Espírito são três deuses separados, enquanto o trinitarianismo afirma que são três distinções pessoais dentro da essência de um Deus.

Na data de início do ministério de Jesus, Mateus está apenas insinuando o que posteriormente ficará mais claro em seu Evangelho e no restante do NT — que há um Deus, mas dentro dessa unidade de essência existem três pessoas: Pai, Filho e Espírito Santo. O triteísmo certamente não é uma opção bíblica. O AT repetidamente afirma que há apenas um Deus: "Ouça, Israel: O SENHOR nosso Deus, o SENHOR é um" (Dt 6:4), e tanto Jesus quanto os apóstolos repetem essa verdade (Mc 12:29; 1Co 8:4, 6). Da mesma forma, Jesus enfatizará a natureza divina do Pai, Filho e Espírito, e Mateus começará a apontar para essa verdade estupenda. Como Morris afirma, "Mateus tem certo interesse trinitário" (Morris 1992, p. 68). Mateus conclui seu Evangelho com outra alusão trinitária na instrução de Jesus de que os novos discípulos devem ser batizados no nome singular do Pai, Filho e Espírito Santo (28:19). Esta é a unidade de Deus em três distinções pessoais.

Mateus apresenta uma imagem clara da divindade de Jesus, baseando-se nas profecias do AT. Antes da encarnação, a forte linguagem divina de algumas das profecias não podia ser adequadamente compreendida, levando a diversas visões sobre a natureza do Messias (veja Kaiser 1995). Mas para Mateus, a realidade da encarnação agora deixa clara a revelação de Deus por meio dos profetas: Jesus é Deus Filho, que está em relacionamento vital com seu Deus Pai, no poder do Espírito de Deus. O fato de todos os três membros da divindade compartilharem a mesma essência não leva à expectativa de que Eles não possam estar presentes e ativos na mesma cena. Se Eles não pudessem participar simultaneamente de uma cena como essa, na verdade não seriam três pessoas. (Veja mais comentários em Marcos 1:10-11.)

MATEUS 4:1-11

A ordem das tentações (4:1-11): Mateus e Lucas têm narrativas de tentação semelhantes (cf. Lc 4:3-12), mas invertem a ordem da segunda e terceira tentações. Os críticos alegam que isso representa uma contradição, mas essa é uma conclusão desnecessariamente cética. Ao contrário, as diferenças ilustram como cada evangelista escolheu narrar os incidentes para seu propósito particular. Não há razão para supor que eles não tivessem esse tipo de liberdade; não há dois historiadores que relatem o mesmo evento sem variação de ênfase ou perspectiva. No caso em questão, Mateus tem a intenção de narrar a sequência cronológica, enquanto Lucas tem um propósito mais teológico ao colocar a tentação do templo por último (cf. Marshall 1978, p. 166-67; Nolland 1989, p. 180-81). Para conectar a primeira e a segunda tentações, Mateus usa o advérbio sequencial "então" (4:5), que ele usa regularmente em outros lugares para observar a progressão cronológica (e.g., 3:13; 41). Para conectar a segunda e a terceira tentações, ele usa o advérbio "novamente" (4:8), que dá continuidade ao pensamento de progressão cronológica. Por outro lado, Lucas usa conectores simples, "e" (*kai* 4:5; *de*, 4:9), que não implicam progressão cronológica. Lucas estava comprometido em preservar com precisão o relato histórico da vida e ministério de Jesus (Lc 1:1-4), mas a cronologia não era sua preocupação aqui, e isso não significa que ele estivesse em conflito formal com Mateus ou que tenha alterado o registro histórico das tentações, como está implícito para alguns estudiosos (e.g., Taylor 2001, p. 27-49). (Veja mais comentários em Lucas 4:1-13.)

Jesus foi levado pelo Espírito ao deserto para ser tentado pelo Diabo (4:1): Tiago 1:13 diz que "Deus não é tentado pelo mal, e ele mesmo não tenta a ninguém". Sob essa luz, a Escritura contradiria a si mesma quando Mateus diz que Jesus foi levado ao deserto pelo Espírito para ser tentado pelo Diabo? A palavra "tentou" é o verbo *peirazo*, que pode significar tanto "eu provo" quanto "eu testo" (BAGD, p. 646). Uma *tentação* é uma sedução para levar uma pessoa a violar a vontade de Deus. Um *teste* busca fazer com que uma pessoa se mostre fiel à vontade de Deus, com a boa intenção de que a pessoa passe no teste. As Escrituras dizem que Deus nunca *tenta* ninguém para fazer o mal (Tg 1:13), mas Deus usa as circunstâncias para *testar* o caráter de uma pessoa ou esclarecer o propósito pretendido de promover bons fins (e.g., Hb 11:17).

Tentação e teste são dois lados da mesma moeda. Satanás intencionou que Jesus se voltasse contra a vontade do Pai. Mas em meio a essas circunstâncias, o Pai usou a má intenção de Satanás para um bom propósito de fortalecer Jesus para seu papel messiânico. A Escritura é clara ao afirmar que Satanás não age independentemente de Deus. Por exemplo, Satanás tentou fazer com que Jó amaldiçoasse a Deus e agisse contra a vontade divina, mas Deus estava sempre no controle da situação (Jó 1). A tentação deve ser vista no contexto do teste, porque Deus está no controle tanto do tentador quanto das circunstâncias, e Ele nunca permitirá que alguém seja tentado além do que pode suportar (1Co 10:13).

As Testemunhas de Jeová acreditam que essa passagem indica que Jesus não poderia ser considerado Deus. Afinal, eles argumentam, Jesus foi tentado, enquanto Deus não pode ser tentado pelo mal (Tg 1:13). É importante perceber que, embora as tentações de Jesus fossem exclusivas de sua missão como o inaugurador messiânico do reino, suas tentações também são comuns à experiência humana e nos dão um exemplo do que podemos fazer em nossa própria guerra espiritual. Em sua divindade Jesus não pôde ser tentado, mas em sua humanidade Ele foi tentado em todos os pontos como nós, mas sem pecado (Hb 2:18; 4:15-16). As tentações foram direcionadas à sua natureza humana, e Jesus experimentou o nível máximo de tentação que o mundo demoníaco poderia lançar sobre Ele. A cena do jardim do Getsêmani indica claramente que a tentação foi uma experiência muito real e agonizante (veja Lc 22:44).

O Diabo o levou a um monte muito alto e mostrou a Ele todos os reinos do mundo (4:8): Como Jesus e Satanás puderam ver "todos os reinos do mundo" de um lugar alto? Não é possível ver todos os locais ao mesmo tempo em um planeta esférico. Alguns tomaram esse versículo como evidência de que toda a cena da tentação é uma ficção e que os autores bíblicos acreditavam em uma terra plana. Leitores menos críticos perguntam se os aspectos da tentação eram em forma de visão em vez de literais, ou talvez uma mistura de ambos.

O detalhe de ver todos os reinos pode indicar que pelo menos essa tentação veio por meio de algum tipo de experiência em forma de visão. Quanto a se os autores bíblicos acreditavam em uma terra plana, é provável que sim. Pitágoras postulou a esfericidade da terra no século 6 a.C. e Aristóteles a adotou dois séculos depois, mas esse conhecimento era privilégio da elite instruída. Se as massas nos dias de Jesus assumiam um modelo de terra plana, é apropriado que a tentação de Jesus seja descrita de acordo com esse modelo.

Da mesma forma, é difícil imaginar como o Diabo literalmente levou Jesus do deserto para o pináculo do templo para a segunda tentação. No entanto, visto que o alcance dos poderes do Diabo é imenso, podemos presumir com segurança que Satanás usou quaisquer forças à sua disposição para tentações muito reais. Alguns poderes sobrenaturais certamente estavam trabalhando aqui para tentar o Filho de Deus (cf. Carson 2010, p. 142-43). (Veja mais comentários em Lucas 4:5.)

Mateus 4:12-25

Jesus se retirou para a Galileia. Ele deixou Nazaré para trás e foi morar em Cafarnaum à beira-mar (4:12-13): Nazaré e Cafarnaum estão ambas na Galileia. Se assim é, em que sentido Jesus se retirou "para a Galileia" em sua viagem de Nazaré para Cafarnaum? Os críticos disseram que Mateus comete um erro geográfico aqui. Essa acusação é uma leitura errada do que Mateus está dizendo. A declaração de Mateus não significa que Jesus "se retirou para a Galileia" deixando Nazaré para trás e viajando para Cafarnaum. Em vez disso, Mateus está dizendo que Jesus se retirou para a Galileia, parando primeiro em Nazaré e depois indo para Cafarnaum. Assim, após seu batismo e tentação, bem como a prisão de João Batista, Jesus voltou para a região da Galileia. Ele foi primeiro para sua cidade natal de Nazaré, fato que Mateus menciona de passagem. Lucas fornece mais detalhes sobre a visita a Nazaré. Jesus frequentava a sinagoga e, como pregador bem-sucedido que retornava, lia as Escrituras. No entanto, Ele ofendeu as sensibilidades étnicas das pessoas da cidade quando revelou que seu ministério incluiria gentios, então eles tentaram matá-lo (cf. Lc 4:16-31). Assim, deixando a hostil Nazaré, Jesus fez de Cafarnaum sua base de operações e sua nova cidade natal durante seu ministério na Galileia (4:13).

Isso foi para se cumprir o que foi dito pelo profeta Isaías (4:14-16): Nos versículos 15-16, Mateus cita Is 9:1-2 (parte da passagem de Is 9:1-7) para sua sexta menção da profecia do AT na narrativa, e a quinta usando sua fórmula de cumprimento distinta. Teria ele usado mal a passagem de Isaías ao aplicá-la à retirada de Jesus para a Galileia? Is 9:1-7 tem claramente conotações messiânicas (veja especialmente o versículo 6), justificando o uso de Mateus. Zebulom e Naftali eram tribos de Israel que se estabeleceram na região mais ao norte, perto do mar da Galileia. Nazaré ficava no território de Zebulom, na região da Galileia inferior, enquanto Cafarnaum ficava em Naftali, na região da Galileia superior. A "estrada do mar" (4:15) era a rota comercial que percorria aquela região até o mar Mediterrâneo (a "Via Maris" romana). Mateus reconhece que o ministério de Jesus se estenderá muito além dos limites da Galileia. Isso influenciará aqueles que viajam pela região, pessoas de além do Jordão e, finalmente, os gentios.

Desde que caiu sob o controle assírio em 732 a.C. (2Rs 15:29), essa região experimentou turbulência e infiltração forçada da influência gentia. Os habitantes são chamados de "o povo que vivia nas trevas" (4:16), uma descrição dos judeus que aguardam a libertação enquanto vivem em meio à desesperança dos gentios. Aqui, onde a escuridão é mais densa, esses judeus são os primeiros a ver a grande luz do livramento de Deus em Jesus. Essa luz pressagia a mensagem universal de esperança, porque dessa mesma região da "Galileia dos gentios" Jesus enviará os discípulos para cumprir a comissão de fazer discípulos de todos os povos (28:18).

O chamado dos primeiros discípulos (4:18-22): À primeira vista, podemos supor que esse é o primeiro encontro de Jesus com esses dois irmãos, e que Ele os está chamando para responder à sua mensagem para se arrepender e entrar no reino (4:17). Visto dessa maneira, o chamado e a resposta foram percebidos como uma indicação da influência evangelística de Jesus; Ele está chamando esses quatro para a salvação, e quando eles respondem, eles se tornam crentes. Mas o Quarto Evangelho indica que os dois grupos de irmãos, Pedro e André, Tiago e João, tinham um extenso conhecimento prévio de Jesus, e até acreditavam nele como Messias (cf. Jo 1:41; 2:11). É difícil determinar quando é que esses indivíduos foram "salvos" de acordo com nossas atuais categorias de pós-ressurreição. Talvez devêssemos enfatizar mais que a verdadeira natureza da identidade de Jesus era tão incompreensível que é difícil determinar o quanto esses quatro entendiam sobre Jesus neste momento. Mas também devemos enfatizar que eles estavam respondendo tanto quanto podiam e tanto quanto entendiam.

Lucas 5:1-11 nos dá um relato mais completo do chamado dos primeiros discípulos. A versão mais breve de Mateus deixa espaço para os detalhes no relato de Lucas? No relato de Lucas, quando Pedro viu a pesca milagrosa produzida por Jesus, ele caiu de joelhos aos pés dele e disse: "Afasta-te de mim, porque sou um homem pecador" (Lc 5:8). É difícil conciliar a cronologia desses incidentes, mas é provável que sejam semelhantes, que tenham efeitos pretendidos diferentes sobre os irmãos. Ao longo do ministério de Jesus, há uma compreensão crescente de quem Ele era, e essa compreensão crescente exigia um ajuste correspondente do compromisso deles com Jesus. Comparando incidentes no ministério posterior, vemos Pedro fazendo uma confissão sobre a identidade de Jesus que só mais tarde lhe foi revelada (16:16), e o Quarto Evangelho conta um incidente algum tempo depois, quando Pedro faz uma declaração de compromisso com Jesus para a vida eterna (Jo 6:66-68). Ao assistirmos ao encontro de várias pessoas com Jesus, devemos sempre reconhecer que esse foi um momento único, em que o pleno significado da entrada do Deus-homem na história só foi lentamente compreendido. De fato, seria necessária a ressurreição para finalmente romper e trazer plena compreensão. Embora a intenção explícita do chamado tenha sido juntar-se a Jesus na pesca de homens, esses irmãos foram, antes de tudo, chamados a se comprometerem com Jesus. (Veja mais comentários em Lc 5:1-11.)

As notícias sobre Ele se espalharam por toda a Síria (4:24): "Por toda a Síria" parece implicar a região romana da Síria. Os críticos argumentam que não parece plausível que a palavra sobre Jesus tenha chegado tão longe e que as pessoas tenham sido trazidas de lá para ver Jesus. Um erro de identificação está por trás desse desafio. Além de ser entendida politicamente como a província romana que incluía a Palestina (cf. Lc 2:2-5; At 15:23), "Síria" também pode ser entendida geograficamente como a região ao norte da Galileia. É nessa região que a palavra sobre Jesus se espalhou, e não há nada de inviável sobre isso ter acontecido.

Então eles trouxeram a Jesus [...] os endemoninhados, os epilépticos... (4:24): A linha entre a doença física e espiritual nem sempre foi claramente demarcada no mundo antigo, e os críticos costumam dizer que a Bíblia incorretamente atribui doenças como a epilepsia à atividade demoníaca. Embora essa indefinição de argumentos possa em parte ser atribuída a limites antigos na ciência médica, também indica uma compreensão mais holística da condição humana. O pecado não é necessariamente a causa imediata de uma doença específica, mas a história da queda de Gênesis nos informa que o pecado está na base da entrada da morte e da doença na condição humana. A ênfase recorrente de Mateus na cura destacará ao longo da narrativa que a chegada do reino é confirmada pelo poder de Jesus sobre todas as esferas da existência humana, seja espiritual, física ou emocional.

À medida que as notícias do ministério de Jesus se espalhavam para fora das fronteiras da Galileia, as pessoas começaram a trazer a Jesus aqueles envolvidos por todos os tipos de aflições. Mateus enfatiza o impacto do ministério de cura abrangente de Jesus, elencando uma lista de doenças. De particular interesse para a presente questão, Mateus distingue entre pessoas que estavam "possuídas por demônios" (*daimonizomai*) e "epilépticos" (*selēniazomai*, lit. "lunático", "enlouquecido", "maníaco"), uma doença que será associada à possessão demoníaca em 17:14-21. Assim, fica claro que o NT às vezes vê a epilepsia como causada por demônios, e outras vezes atribui a causas naturais. (Veja também comentários em 17:18.)

Mateus 5:1-2

O Sermão da Montanha (5:1—7:27): Uma mensagem com notável semelhança ocorre no Evangelho de Lucas (Lc 6:17-49), e uma comparação das duas versões leva alguns a questionar se elas são o mesmo evento ou se são contraditórias. As semelhanças incluem:

- Ambos os sermões vêm no contexto do amplo ministério de pregação e cura de Jesus entre as multidões (4:23-25; Lc 6:17-19).
- Ambos começam com bem-aventuranças.
- Ambos apresentam ensinamentos éticos significativos sobre amor e julgamento.
- Ambos enfatizam a necessidade de se produzir frutos.
- Ambos concluem com a parábola do construtor sensato.

Também existem diferenças significativas entre os dois relatos:

- Mateus não inclui os "ais" das bem-aventuranças de Lucas (Lc 6:24-26).
- Lucas não inclui a maioria das antíteses encontradas em Mateus (5:21-48).
- A versão de Lucas da "oração do Senhor" não ocorre em seu sermão, mas em outros lugares (Lc 11:1-4).
- Lc 6:17 coloca o cenário em um "lugar plano", enquanto Mateus descreve um cenário de "montanha" (5:1).

Essas semelhanças e diferenças têm conduzido a diferentes conclusões sobre como as narrativas estão relacionadas. Primeiro, as semelhanças levam alguns a afirmar que Mateus e Lucas apresentam dois resumos distintos do mesmo sermão (e.g., Bock 1994, p. 553; Carson 2010, p. 154; Osborne 2010, p. 160-61). Em segundo lugar, as diferenças levam outros a sugerir que Mateus e Lucas registram dois sermões diferentes, que Jesus apresentou em ocasiões separadas, mas incluíam conteúdo semelhante (e.g., Blombberg 1992, p. 96; Morris 1992, p. 93). Qualquer bom pregador repetirá ilustrações e pontos de pregação eficazes, fato que dá suporte a esse ponto de vista. Terceiro, outros ainda propõem que Mateus ou Lucas (talvez ambos) reuniram ensinamentos que Jesus ofereceu em ocasiões distintas e os apresentou como se fossem dados em um sermão (e.g., Betz 1995, p. 44-45; França 2008, p. 154-155; Guelich 1982, p. 35; Hagner 1993, p. 69). O último ponto é geralmente sugerido porque há paralelos com o sermão de Mateus espalhados por todo o Evangelho de Lucas (e.g., cf. 5:13 em Lc 14:34-35; 5:14 em Lc 11:33, etc.; veja Hagner 1993, p. 83, para uma listagem completa).

Uma vez que Mateus e Lucas implicam que seus sermões foram dados em uma ocasião, a terceira visão é menos provável. A primeira visão é fortalecida pela observação do mesmo contexto comum, da ordem geral e do cenário geográfico semelhante (uma área montanhosa pode apresentar pontos planos) de ambos os sermões. A segunda visão é fortalecida ao lembrarmos que Jesus andou ensinando e pregando por todo o interior da Galileia por quase dois anos, e é quase certo que Ele repetiu muito do mesmo conteúdo em várias ocasiões. Uma vez que nada de grande importância depende da solução para essa questão, pode ser melhor dizer que, até que uma visão mais aprofundada seja obtida, a primeira ou a segunda visão é preferível. (Veja mais comentários em Lc 6:17-49.)

Mateus 5:3-16

Vocês são a luz do mundo (5:14): A afirmação de Jesus poderia entrar em contradição com outras passagens nas quais Ele se identifica como "a luz do mundo" (Jo 8:12; 9:5), que veio como a luz que ilumina todas as pessoas (Jo 1:4-14), para que os que nele cressem não mais estivessem nas trevas (Jo 12:46)? Em lugar de uma contradição, Jesus está dizendo que da mesma forma que sua vida e mensagem de salvação traz luz para aqueles em trevas (Mt 4:15-16), seus discípulos são uma demonstração viva da chegada do Reino dos céus. A luz da revelação de Deus que acompanha o anúncio do reino de Jesus não é apenas levada por seus discípulos; eles são essa luz ao representá-lo e transmitir sua mensagem de esperança (Mt 5:14-16; cf. Ef 5:8; Fp 2:15).

Deixe sua luz brilhar diante dos homens, para que eles vejam suas boas obras (5:16): Os críticos alegam que a declaração de Jesus contradiz o que Ele haverá de dizer pouco tempo depois em Mt 6:1, em que adverte seus seguidores: "Tenha cuidado em não praticar sua justiça na frente das pessoas, para ser visto por elas. Caso contrário, você não terá recompensa de seu Pai no céu." Esses críticos estariam corretos em ver alguma contradição aqui? A motivação é o principal diferencial nesses dois ensinamentos. Em 5:16, Jesus fala sobre o propósito do discipulado. Jesus chama seus seguidores para serem a luz do mundo, e quando agem de acordo com os propósitos de Deus, eles o fazem para a glória de Deus e não para a sua própria. Mais tarde, Ele contrasta essa motivação com o motivo dos líderes religiosos e hipócritas religiosos que exibem sua piedade diante dos homens não para a glória de Deus, mas para a sua própria glória (6:1, 5).

Mateus 5:17-20

Eu não vim para destruir, mas para cumprir (5:17): Alguns interpretam Jesus desta forma: "Vocês ouviram o que foi dito... Mas eu lhes digo" — são declarações para indicar que Ele se opôs à Lei e às Escrituras do AT (para mais informações sobre esse assunto, veja comentários em 5:21-48). Todavia Jesus declara categoricamente: "Não pensem que vim destruir a Lei ou os Profetas" (5:17). A expressão "Não pensem" (*Mē nomisēte*) reflete uma suposição contrária ao fato, indicando que Jesus está contrariando uma suspeita que circulava em resposta aos seus ensinamentos. Uma tentativa de deixar de lado a revelação anterior de Deus teria sido vista como a marca final de um herege (Keener 2009, p. 176n46). Assim, Jesus deixa claro desde o início de seu ministério que a chegada do reino (4:17) não anula a revelação prévia de Deus por meio da Lei e dos Profetas. A "Lei" ou a "Torá" refere-se aos cinco primeiros livros do AT, também conhecidos como os livros de Moisés ou o Pentateuco. Os "Profetas" incluem os profetas maiores e menores do AT. A expressão "a Lei ou os Profetas" (cf. 7:12; 11:13; 22:40; Rm 3:21) é uma forma abreviada de se referir a toda a Bíblia hebraica, que os cristãos chamam de AT. Em vez de acabar com o que Deus havia revelado anteriormente sobre sua vontade para o seu povo, o propósito de Jesus para seu ministério terreno está encerrado na fórmula: "Eu vim para cumpri-los" (Carter 1998, p. 44-62).

Nem a menor letra ou um traço de uma letra passará da lei (5:18): Se nem uma única letra, nem mesmo um traço de uma letra passará da lei até que o céu e a terra passem, os cristãos deveriam aderir a todos os mandamento do AT, mesmo as partes que exigem a pena de morte para ofensas como a quebra do sábado e o adultério? Jesus afirma que "a Lei" (aqui uma referência a todo o AT) dura para sempre como uma revelação da vontade de Deus para os humanos ao longo da história, até que tudo seja "cumprido" (*genētai*). Isso não significa que todos os aspectos do AT tenham aplicação permanente após a vinda de Cristo. Alguns detalhes foram realizados no ministério de Jesus. Por exemplo, o ensino da morte e do derramamento de sangue para expiar o pecado não é mais expresso por meio de sacrifícios no templo, mas foi realizado de uma vez por todas na expiação de Cristo na cruz (cf. Hb 9:11-14). Não há mais necessidade de seguir as diretrizes do AT para sacrifícios. No entanto, o princípio do AT de penalidade e pagamento pelo pecado permanece válido e precisa ser ensinado e entendido como a vontade de Deus (Dorsey 1991, p. 321-34). Isso também é verdade para a responsabilidade de Israel de exercer julgamento pelo pecado, como o apedrejamento de um adúltero e adúltera (Lv 20:10). Hoje a igreja não cumpre tais leis. Não há nenhum versículo instruindo a cessação de tal punição. Entendemos que o princípio da punição pelo pecado ainda está em vigor, mas pode ser realizado por Deus de outras maneiras nesta vida ou na eternidade. Além disso, Deus usa governos nesta era para executar a punição dos malfeitores (cf. Rm 13:1-5).

Mateus 5:21-48

Vocês ouviram o que foi dito [...] mas eu lhes digo (5:21-48): Esta seção do Sermão da Montanha é comumente chamada de "as antíteses" porque seis vezes Jesus diz uma variação de: "Vocês ouviram o que foi dito... mas eu lhe digo." Isso foi erroneamente interpretado como significando que Jesus faz de seu ensino a antítese do próprio AT (e.g., Luz 2007, p. 277-79), como se Ele estivesse derrubando e declarando incorretos os testemunhos do AT. Porém, na realidade, Jesus está contrastando sua interpretação do AT com *interpretações* errôneas e/ou *aplicações* igualmente errôneas do AT. Em cada uma das antíteses, Jesus demonstra como o AT deve ser adequadamente interpretado e aplicado, e assim, como a Lei e os Profetas são cumpridos (cf. 5:17). Isso eleva Jesus acima de todos os intérpretes, tornando seus pronunciamentos equivalentes às próprias Escrituras. Os escribas e fariseus dominavam as pessoas comuns, traçando um caminho para alcançar a justiça por meio de sua interpretação e aplicação do AT. Eles enfatizavam a obediência legalista e externa à Lei sem chamar a atenção para uma obediência interior do coração. Eles eram, portanto, "hipócritas" em sua prática da Lei (veja em 6:1-18), e eram responsáveis por conduzir o povo a práticas hipócritas. Jesus examina vários exemplos de como eles fizeram isso e demonstra como a correta interpretação e aplicação da Lei deve ser baseada na *intenção* e *motivo* apropriados. Jesus não diz: "Ouçam o que diz o AT", mas sim: "Vocês ouviram dizer". Ele não está negando o AT, mas falando sobre compreensão e aplicação incorretas das pessoas.

Quem disser a seu irmão: "Tolo!" estará sujeito ao Sinédrio (5:22): Quando Jesus começa a expor a Lei, Ele condena não apenas as ações externas, mas o estado do coração. Por exemplo, Cristo condena qualquer um que chame outro discípulo de "tolo". O termo grego por trás de "tolo" é *raca*, uma transliteração de um termo aramaico que implica "cabeça vazia, oca". Os críticos sugeriram que Jesus violou sua própria regra em Lc 11:40, onde Ele chama de "tolos!" os fariseus. Porém um termo grego diferente (*afrōn*) está subjacente à expressão "tolos" nesse caso. Jesus usou *afrōn* para descrever líderes religiosos que pervertiam as atividades religiosas para parecerem justos. Eles são realmente tolos religiosos, pois Deus vê sua falsa justiça pelo que é. A proibição de Jesus contra nomes vazios em Mt 5:22 não tem relação com o uso de *afrōn* em Lc 11.

Quem diz, "seu idiota!" estará sujeito ao fogo do inferno (5:22): O termo *moreh* é uma transliteração de uma palavra aramaica que significa "rebelde", indicando uma pessoa que agia de forma rebelde persistentemente contra Deus (Tasker 1961, p. 68-69), ou, mais provavelmente, vem do termo grego *mōros* (a origem do termo atual para "idiota"), indicando uma pessoa que consistentemente agia como um idiota, imbecil. Poderia ser realmente que chamar alguém de "idiota" ganhasse uma sentença no inferno, e o próprio Jesus estaria em perigo de fogo do inferno à luz de seu uso de *mōros* em outros lugares?

"Idiota" não é um simples xingamento, mas uma tentativa de caluniar ou difamar uma pessoa. Tratar o irmão com tanto desprezo tira sua identidade pessoal. Fazer isso com seu irmão sugere que você adota uma posição errada contra Deus. Além disso, devemos entender o pronunciamento de Jesus à luz de suas declarações em outros lugares. Na conclusão do Sermão, ele aplica o adjetivo *mōros* ao homem que construiu sua casa na areia (7:26), e depois o aplica às cinco virgens que se esqueceram de levar um suprimento de óleo para manter suas tochas acesas (25:2-3). Jesus aqui proíbe o uso do epíteto contra um "irmão" (ou seja, um condiscípulo), enquanto os últimos casos em que Jesus usa o termo, ele é dirigido contra aqueles fora do reino e que se tornaram tolos em rejeitar o reino (Gundry 1994, p. 463). Assim, Jesus não é inconsistente com seus próprios ensinamentos. Para comentários adicionais sobre este tópico, veja os comentários em 23:17. (Veja mais comentários em Lc 11:40.)

Estará sujeito ao fogo do inferno (5:22): Que papel teria desempenhado um depósito de lixo perto de Jerusalém nas imagens populares do inferno? Se as imagens do inferno foram extraídas do lixão no vale de Hinom, isso faz com que a origem dessa doutrina pareça infundada como uma ideia humana e não uma revelação de Deus? "Fogo do inferno" vem do termo *geennan*, de onde temos a transliteração em português "Geena". É uma transliteração da forma aramaica do hebraico *gebenhinnom* ("vale do Filho de Hinom"), um vale a oeste e sudoeste de Jerusalém. Ali Acaz e Manassés sacrificaram seus filhos a Moloque (2Rs 16:3; 21:6; Jr 32:35; cf. 7:31-32; 19:1-13), fazendo com que Josias profanasse um espaço que seria inaceitável como um lugar santo (2Rs 23:10). O vale era uma imagem apropriada do inferno porque era o local de sepultamento em massa para os mortos em batalha pelo julgamento de Deus (Jr 7:30-34). Mais tarde, o vale foi usado para queimar o lixo de Jerusalém, de modo que a queima constante fez do vale uma referência apropriada aos fogos de punição.

Escritores apocalípticos judeus começaram a chamar o vale de Hinom de entrada para o inferno, mais tarde de o próprio inferno (*4Esdras* 7:36), e na época de Jesus o termo era usado para indicar o estado de punição final (cf. Mt 18:9). Queimar no fogo evoca imagens de julgamento que faz juz à exigência da santidade de Deus, mas também causa o sofrimento daqueles que sofrem punição. Jesus deixa claro que as imagens fornecem uma ilustração adequada de como seria queimar por toda a eternidade (e.g., 7:15-23). O fato de os autores se basearem nas condições bem conhecidas do lixão próximo em seus retratos do inferno não sugere que o lixão em si tenha sido a inspiração para a doutrina do inferno. Naturalmente, os autores devem apontar para condições análogas na terra para retratar estados eternos. Veja também os comentários em 8:12 e 13:42.

Você nunca vai sair de lá até pagar o último centavo! (5:26): Esse versículo apoiaria a doutrina católica romana do purgatório? Ludwig Ott, por exemplo, entende essa passagem como uma parábola ensinando uma "condição de punição por tempo limitado no outro mundo" expressa através da "punição por tempo limitado da prisão" (1962, p. 484). O problema com a visão de Ott é que a passagem não oferece nenhuma indicação de que seja uma parábola. Em vez disso, Jesus está apresentando um ensino prático sobre reconciliação. O contexto é um litigante levando um discípulo ao tribunal, aparentemente por causa de uma disputa sobre dinheiro (5:26). Isso provavelmente assume um cenário legal gentio, já que não há registro na lei judaica de prisão por dívida. Antes que o processo legal seja colocado em ação, os discípulos de Jesus devem "resolver as questões rapidamente" (5:25; *isthi eunoōn*), que significa literalmente "fazer amizade" rapidamente com o adversário (BDAG, p. 409).

Se o seu olho direito faz com que você peque, arranque-o e jogue-o fora (5:29): Os críticos disseram que essa e outras declarações relacionadas nesta seção do Sermão ilustram o extremismo de Jesus em face do fracasso dos cristãos em viver de acordo com seus ensinamentos. Nessa segunda antítese (Mt 5:27-30), Jesus cita o sétimo mandamento (Êx 20:14; Dt 5:17) e alude ao décimo (Êx 20:17; Dt 5:21). Ele ilustra a seriedade da luxúria destruindo o casamento através de dois exemplos gráficos, arrancando o olho e cortando a mão (v. 30). Algumas figuras da igreja primitiva tomaram literalmente os ditos aqui e em 19:12. Orígenes de Alexandria fez-se eunuco, em um ato extremo proibido pelo Concílio de Niceia (325 d.C.). Jesus não está defendendo a automutilação física, mas por meio de dramáticas figuras de linguagem Ele indica que a autodisciplina rigorosa marca o discípulo comprometido.

Não faça nenhum juramento: nem pelo céu, porque é o trono de Deus (5:34): Esse versículo proíbe que o cristão faça juramentos, incluindo juramentos em um tribunal? Na quarta antítese, Jesus continua a se concentrar na pureza interior dos discípulos, enfatizando que eles não precisam fazer um juramento como confirmação adicional de sua confiabilidade, porque sua vida fiel deve confirmar a segurança de sua palavra. Um discípulo confiável proferirá palavras confiáveis, sem necessidade de juramento. Porém, Jesus não está sugerindo que todos os juramentos estão errados. Ele mesmo testemunhou sob juramento no tribunal perante o Sinédrio (26:63-64). Paulo também fez juramentos onde invoca Deus como testemunha para tentar convencer seus leitores de que sua palavra é verdadeira (2Co 1:18; Gl 1:20). Por se tratar de um tribunal de justiça, uma pessoa está operando sob a jurisdição de autoridades governamentais que estão tentando estabelecer normas humanas. Submeter-se ao juramento nesse contexto é obedecer a Deus (Rm 13:1-7; cf. Hb 6:16-18).

Não resista a um malfeitor... (5:39-42): Os cristãos devem adotar o pacifismo absoluto com base nessa passagem? "Dar a outra face" tornou-se um ditado proverbial usado para promover o pacifismo, estereotipar os cristãos como covardes ou até mesmo desculpar a covardia. Mas Jesus não está contrariando a lei de retribuição do AT. A justiça é um tema tratado por Jesus tanto quanto o era no AT. O pecado não deve ficar impune, para não arruinar vidas. Jesus defende a necessidade de justiça, tendo pagado por ela, afinal, na cruz.

A lei de retaliação deveria ser imposta pelas autoridades civis e tribunais civis para proteger as pessoas, punir os infratores e impedir o crime (cf. Êx 21:23-25; Lv 24:18-20; Dt 19:20-21). Indivíduos não deveriam administrá-la porque a pessoa ofendida estava sujeita a reagir exageradamente (cf. Pv 20:22; 24:29; Hartley 1992, p. 412; Kalland 1992, p. 126). No entanto, no mundo turbulento dos dias de Jesus, tornou-se fácil usar a lei da retaliação para justificar a vingança pessoal. Sob o domínio romano, os líderes judeus tinham pouco poder para executar justiça para o seu povo. Aqueles que eram feridos queriam revidar, especialmente quando não havia justiça aparente para protegê-los, então a retaliação pessoal por meio de resistência violenta se tornou uma questão tensa entre os judeus.

O que Jesus contraria é a forma como a lei da retaliação foi usada para desculpar a retribuição *pessoal*. É certo querer que a justiça prevaleça, mas é errado quando retaliamos para provar que somos fortes, superiores ou que somos policiais justos para Deus. Pode haver momentos em que Deus nos usará para trazer justiça, mas na maioria das vezes isso é deixado para as autoridades governamentais. Paulo diz aos crentes da igreja em Roma que não retribuam mal com mal, que estejam em paz com todas as pessoas e não se vinguem (Rm 12:17-19). Ele está dizendo a eles para não promoverem *retaliação pessoal*. Por quê? Porque a ira de Deus é o elemento vingador (12:19-20), e Ele estabeleceu autoridades governamentais para a tarefa de executar o julgamento dos malfeitores (Rm 13:1-7). A responsabilidade individual do cristão é fazer o bem aos nossos inimigos (12:20-21). Nada disso requer, entretanto, pacifismo inerte por parte dos cristãos.

Você já ouviu o que foi dito, ame seu próximo e odeie seu inimigo (5:43): Quem Jesus está citando aqui? O amor ao próximo foi ordenado por Deus por meio de Moisés (Lv 19:18), mas a frase "odeie o seu inimigo" não é encontrada explicitamente no AT. Moisés instruiu o povo a ajudar um inimigo em necessidade (Êx 23:4-5). O amor ao próximo estava no centro do ensino do AT, mas o ódio de Deus ao mal também era um tema central. Por exemplo, o salmista declara: "Tu não és um Deus que te deleitas na maldade; o mal não pode habitar em ti" (Sl 5:4; cf. 45:7; Dt 7:2; 30:7). Ele dá um passo adiante no versículo seguinte, afirmando: "Os orgulhosos não podem ficar na tua presença; tu odeias todos os malfeitores" (Sl 4:5). Aqueles que desejam ser justos aprendem a adotar o ódio de Deus para com o mal, para que o salmista possa dizer em outro lugar: "Senhor, não odeio os que te odeiam e detesto os que se rebelam contra ti? Eu os odeio com ódio extremo; eu os considero meus inimigos" (Sl 139:21-22; cf. 26:4-5). Porque Deus odeia o mal, aqueles que encarnam o mal eram entendidos como inimigos de Deus. Jesus está citando o mau uso popular dessa atitude e procurando corrigi-la.

Portanto, seja perfeito como é perfeito seu Pai celestial (5:48): Os mórmons entendem que esse versículo significa que os humanos podem se tornar deuses. Alguns cristãos entendem que podemos ser totalmente santificados nesta vida. Jesus quis dizer alguma dessas coisas? A leitura mórmon ignora o domínio do monoteísmo nas Escrituras. No contexto de outra passagem comumente citada em apoio a esse ensinamento dos Santos dos Últimos Dias, descobrimos que Paulo afirma inflexivelmente: "não há Deus senão um" (1Co 8:4-6). Quanto à questão da santificação total, a distinção teológica entre perfeição posicional e experiencial ajuda a resolver a dificuldade. A perfeição posicional é a "justiça imputada" de Cristo, que é a base da justificação do cristão de maneira forense ou legal. A justiça experiencial é a "justiça conferida" por Cristo, experimentada pelo cristão no processo de santificação através da obra do Espírito. A última está em vista em 5:48, mas assume a primeira e se baseia nela. Isso implica um processo imperfeito que se estende por toda a vida, sendo aceito como um objetivo que só será plenamente realizado no futuro. Guthrie escreve: "A busca do ideal nunca será compreendida a menos que algum elemento do impossível seja reconhecido nas exigências de Jesus. Nenhum homem que considera ter atingido a perfeição poderá ter um entendimento correto da perfeição" (1981, p. 663).

Mateus 6:1-34

Tenham cuidado para não praticar sua justiça na frente das pessoas, para serem vistos por elas (6:1): Isso estaria em conflito com o que Jesus disse em 5:16 ("deixem sua luz brilhar diante dos homens, para que vejam suas boas obras")? À primeira vista, parece que sim, mas há uma diferença no *motivo* dos discípulos em realizar atos públicos de piedade nesses dois casos. No primeiro caso, a exibição pública de boas obras não é para a atenção pessoal dos discípulos, mas para as pessoas "darem glória ao Pai de vocês que está nos céus" (5:16). Em 6:1, Jesus aborda a vaidade religiosa, caso em que os discípulos enfrentam a tentação de realizar atos públicos de piedade e boas obras para ganhar a admiração de outras pessoas. Como John Stott observa: "Nossas boas obras devem ser públicas para que nossa luz brilhe; nossa devoção religiosa deve ser secreta para que não nos vangloriemos dela". Bruce sugere uma maneira de equilibrar a tentação tanto da covardia (timidez) pessoal quanto da vaidade religiosa: "Mostre quando você é tentado a *esconder*, e esconda quando é tentado a se *mostrar*" (1976, p. 116).

Quando você orar, vá para o seu quarto privado, feche a porta e ore ao seu Pai que está em segredo (6:6): Excluiria esse versículo a oração pública, como alguns têm concluído? Assim como praticar sua justiça publicamente (6:1) ou dar aos necessitados (6:2), as pessoas podem perverter a oração de um ato de verdadeira piedade para um ato de hipocrisia quando o ato externo mascara motivos corruptos. Quando um tempo determinado de oração chegava, os judeus piedosos nos tempos do NT paravam o que estavam fazendo e oravam. Isso poderia ser feito discretamente, mesmo em público, ou ser feito com exibição pública pretensiosa, uma motivação contra a qual Jesus aconselha nesse versículo. Jesus orienta seus discípulos a irem para seu "quarto particular" (*tameion*), um termo que vem de um verbo que significa "cortar, distribuir", com substantivos relacionados, como distribuição, tesoureiro, sala do tesouro, depósito (BDAG, p. 988). Era um lugar isolado onde eram guardados objetos preciosos. Como as pessoas comuns não costumavam possuir tais quartos, o significado visa metaforicamente enfatizar a privacidade. Jesus indica por suas próprias orações públicas que não proíbe ou condena toda e qualquer oração pública, como ao dar graças diante dos discípulos e das multidões pelos pães e peixes que Ele multiplicou milagrosamente (14:19; 15:36). E na oração modelo a seguir, os discípulos devem se dirigir a Deus como "Pai nosso" (6:9), o que indica um tipo corporativo de oração.

E não nos deixe cair em tentação (6:13): Mateus suporia, ao contrário de Tg 1:13, que Deus pode tentar alguém a pecar? Uma vez que Deus não tenta seu povo para fazer o mal (Tg 1:13), e a palavra traduzida como "tentação" (*peirasmos*) pode ser usada tanto para tentação quanto para teste (cf. Mt 4:1-11; Tg 1:12, 13), a petição indicaria que os discípulos deveriam orar para que Deus remova os testes de sua fé ou então eles deveriam orar para que seus testes não se tornem uma ocasião para tentação. Isso é semelhante a uma oração judaica padronizada da manhã e da noite: "Não me deixes cair no poder do pecado, no poder da culpa, no poder da tentação, e também não no poder de qualquer coisa vergonhosa" (b. *Berakoth 60b*, citado em Jeremias 1971, p. 202). Jesus orientou os discípulos a orarem assim no jardim do Getsêmani: "Fiquem atentos e orem, para que não caiam em tentação. O espírito está pronto, mas a carne é fraca" (26:41).

Pois teu é o reino, o poder e a glória para sempre. Amém (6:13): Esse final doxológico da Oração do Senhor não é original do texto. Os melhores e mais antigos manuscritos carecem dele (א B D Z 0170 f^1 205 *pc* lat mae b^{pt}), assim como os primeiros comentários sobre o Pai Nosso (Tertuliano, Orígenes, Cipriano). A oração paralela de Lucas omite esse final (Lc 11:2-4). A terminação ocorre em várias formas em manuscritos posteriores (K L W Δ Θ Π f^{13} al 33. 892. 1006. 1342. 1506. M f g^1 k q sy sa bo^{pt}). Embora não tenha sido originalmente incluído em Mateus, está de acordo com outros conceitos bíblicos e provavelmente reflete a prática cristã primitiva de adaptar a oração para uso litúrgico na igreja, talvez com base em 1Cr 29:11 (veja *TCGNT*, 13—14; Betz 1995, p. 414-15).

Se você perdoar os erros das pessoas, seu Pai celestial também o perdoará. Mas se você não perdoar as pessoas, seu Pai não perdoará seus erros (6:14-15): Jesus ensina obras de salvação aqui? Afinal, se o pecado de falta de perdão de uma pessoa o afasta do céu, enquanto o perdão dos outros (uma boa obra) os leva, não seria então o caso da salvação pelas obras? Uma vez que os discípulos tenham recebido a salvação, eles devem perdoar com o mesmo perdão com que foram perdoados. Essa não é uma questão de obras de salvação, mas sim evidência de que elas são perdoadas por Deus. Uma pessoa que realmente experimentou a misericórdia e graça de Deus experimentará um coração transformado que oferece a mesma misericórdia e graça aos outros (cf. Is 40:2). Essa transformação será evidente em suas palavras e ações (12:33-37; 13:8, 23; 15:17-20). Uma pessoa que não experimentou e não se apropriou verdadeiramente da graça e misericórdia de Deus não experimentará seu perdão, nem o mostrará aos outros.

Mateus 7:1-29

Não julgue, para que você não seja julgado (7:1): Esse versículo proíbe os cristãos de fazer julgamentos morais sobre as ações dos outros? Jesus não identifica a questão específica que está sendo julgada, permitindo uma ampla aplicação. O verbo "julgar" (*krinō*) tem várias nuances, que vão desde o discernimento ordinário ou avaliação (cf. Lc 7:43) ao litígio judicial (Mt 5:40), outorga de recompensa (Mt 19:28), pronunciamento de culpa (Jo 7:51) e determinação absoluta do destino de uma pessoa (Jo 5:22; 8:16). Os dois últimos sentidos estão em vista aqui. Jesus adverte seus discípulos contra se colocarem acima dos outros e fazerem um pronunciamento de sua culpa diante de Deus.

A advertência sobre o julgamento é o inverso da bênção positiva que Jesus preconizou na quinta bem-aventurança: "Bem-aventurados os misericordiosos, porque alcançarão misericórdia" (5:7). A advertência também recapitula o ponto da quinta petição do Pai Nosso: "E perdoa-nos as nossas dívidas, assim como nós perdoamos aos nossos devedores" (6:12). Os verdadeiros discípulos exibem misericórdia uns para com os outros, não julgamento. Envolver-se em um padrão de vida em que julgamos os outros é mostrar que não somos verdadeiros membros do reino dos céus. A voz passiva divina no versículo 2, "você será julgado", aponta para Deus como o juiz, o único que pode julgar absolutamente. O aviso continua com uma advertência paralela: "com a medida que vocês usarem, vocês serão medidos". A "medida" (*metron*) poderia ser uma balança, vaso ou uma vara usada para calcular peso ou distância, mas era muito usada figurativamente, como aqui para designar a justiça uniforme de Deus (cf. 23:32).

Continuem pedindo, e será dado a vocês. Continuem procurando, e vocês acharão. Continuem batendo e a porta será aberta para vocês (7:7): Alguns apelam para este versículo como suporte para o ensino de dar um nome a alguma coisa e clamar por ela, mas o contexto não suporta essa explicação. O que Jesus quer dizer é o seguinte: para a aplicação pessoal dos princípios que Ele acabou de compartilhar (não julgar injustamente, mas avaliar os outros com sabedoria e propriedade), os discípulos devem se aproximar do Pai com a confiança de que Deus concederá seu pedido de transformação. Por meio da capacitação divina fornecida por Deus, o discípulo que ora poderá evitar os extremos de 7:1-5 e 7:6.

Portanto, tudo o que vocês quiserem que os outros façam por vocês, façam também o mesmo por eles (7:12): Essa máxima é uma base comumente aceita da civilização humana e foi expressa em outros contextos ao longo da história, tanto de forma positiva quanto negativa. O filósofo e estadista romano Sêneca (4 a.C. - 65 d.C.) expressou positivamente o princípio: "Mostremos nossa generosidade da mesma maneira que gostaríamos que ela nos fosse concedida" (*De Beneficiis* 2.1.1), enquanto o filósofo chinês Confúcio (551— 479 a.C.) afirmou negativamente: "Não faça aos outros o que você não gostaria que os outros fizessem a você!" (*Analectos* 15:23; para outros exemplos, veja Betz 1995, p. 509-16). O preceito parece ter sido um tema comum no judaísmo na época de Jesus. Tobias dá uma forma negativa do princípio: "Cuidado, meu filho, em tudo o que você faz, e discipline-se em toda a sua conduta. E aquilo que você odeia, não o faça a ninguém" (Tobias 4:14b-15 NRSV). Hillel, o Velho, uma autoridade em Lei Judaica (c. 70 a.C. — 10 d.C.), supostamente mantinha este lema: "O que é odioso para você, não faça ao seu próximo". O único texto em toda a literatura rabínica que atribui o ditado a Hillel, o Velho, continua dizendo: "Essa é toda a Torá. O restante é comentário. Vá e aprenda!" (b. Šabb. 31a; veja Alexander 1997, p. 363-88).

Os críticos negaram a singularidade do ensino de Jesus porque essa Regra de Ouro foi expressa em outros contextos ao longo da história. Embora a ideia básica possa ser encontrada em outro lugar, a expressão de Jesus da Regra de Ouro representa uma interpretação mais exigente do amor ao próximo do que era normal entre outros professores da época (France 2007, p. 284). Os ensinamentos de Jesus foram significativos por causa da autoridade com que Ele ensinou como o Filho de Deus que veio para cumprir a Lei (5:17-20; 7:28). Enquanto outras expressões desse ditado indicam *aspiração ética*, Jesus declara que a Regra de Ouro é a *manifestação normativa* do discipulado de seus seguidores.

Mateus 8:1—9:8

O homem com uma doença de pele (8:1-4): A ordem desses eventos é inconsistente entre os Sinóticos (comp. Mc 1:40-44; Lc 5:12-14). Isso indica que existiriam contradições entre os relatos? O Sermão da Montanha e os dois capítulos subsequentes estão entre dois resumos quase idênticos do ministério de pregação, ensino e cura de Jesus (cf. 4:23-25 e 9:35-36). Esses resumos são um *inclusio* literário. Como se fossem suportes para livros, eles separam o material entre eles. Isso leva muitos a concluir que o Sermão da Montanha e os capítulos dos milagres de Jesus formam um díptico literário, ou painel duplo, do ministério de Jesus (cf. Clemente, *Pedagogos* 1.2.6; Twelftree 1999, p. 102-24). Mateus reúne várias histórias de milagres para mostrar que Jesus não só tem uma grande mensagem messiânica, mas também uma extensa missão messiânica. Jesus não é apenas o Messias na Palavra (Mateus 5—7), mas o Messias em ação por meio de seus atos milagrosos (Mateus 8—9).

Os milagres como são encontrados nos capítulos 8—9 não estão na ordem cronológica seguida pelas harmonias padrão da vida de Jesus (veja, por exemplo, a disposição dos milagres em Thomas e Gundry 1988, p. 22-26). Isso indica que Mateus tinha propósitos teológicos em mente ao reunir e ordenar essas histórias de milagres, colocando-as como coleções de três grupos de histórias de milagres, cada uma seguida por afirmações de Jesus. Como é típico da ênfase de Mateus, esse arranjo destaca tanto a cristologia autorizada quanto o discipulado. Cada milagre destaca aspectos particulares da pessoa e missão de Jesus, e então os ditos esclarecem como o discipulado a Jesus exige uma fidelidade a Ele que é surpreendentemente díspar de outras formas de discipulado no mundo antigo (cf. Blomberg 1992, p. 136-37). (Veja mais comentários em Mc 1:29-34, 40-45.)

Quando Ele entrou em Cafarnaum, um centurião se aproximou dele, suplicando-lhe (8:5): Foi o centurião (Mt 8:5) ou seu servo (Lc 7:1-11) que veio a Jesus? Além disso, é Jo 4:46ss um paralelo, ou é um evento distinto? Em cada uma das cenas de milagres nos capítulos 8—9, Mateus abrevia a narrativa para chegar à figura ou ação principal do incidente. O relato de Lucas faz com que o centurião envie anciãos judeus da sinagoga para fazer o pedido em seu nome, porém Mateus se concentra no próprio centurião, embora outros realmente tenham trazido seu pedido. Isso é semelhante ao modo como Marcos (10:35) narra que Tiago e João apresentam a Jesus seu pedido ambicioso, sem fazer qualquer menção à mãe, enquanto Mateus (20:20) relata que ela veio com eles e atuou como seu porta-voz (Broadus 1886, p. 177). Também é semelhante à maneira como o açoitamento de Jesus por Pilatos foi registrado. Mateus afirma que ele açoitou Jesus (27:26), embora, obviamente, Pilatos não tenha executado o açoite, mas sim os seus soldados. Em vez de uma contradição entre Mateus e Lucas, vemos abordagens diferentes em como eles escolhem narrar o evento. (Veja mais comentários em Lc 7:2-10.)

Um incidente semelhante no Evangelho de João (Jo 4:46-54) é provavelmente uma cura à parte. A pessoa que se aproxima de Jesus não é um centurião militar, mas um "oficial real" (*basilikos*), o que provavelmente se refere ao seu serviço dedicado a um rei (*basileus*), possivelmente referindo-se a Herodes Antipas que não era de fato um rei, mas era popularmente assim considerado (cf. Mc 6:14). Ao contrário do centurião gentio na história de Mateus, não há evidência de que o oficial real na história de João fosse um gentio. Além de que, na história de João, é o filho do oficial real, não seu servo, que está à beira da morte (Carson 1991, p. 238). (Veja mais comentários em Lc 7:2-10 e Jo 4:43-54.)

Mas os filhos do reino serão lançados nas trevas exteriores. Nesse lugar haverá choro e ranger de dentes (8:12): Anteriormente, Jesus falou do lugar de punição como "fogo do inferno" (5:22), mas aqui Ele se refere ao lugar como um local de "trevas exteriores". Essas descrições são compatíveis? A intenção de Jesus nessas descrições é usar imagens que transmitam o pavor do inferno. Uma região de escuridão indica caos e medo, onde uma pessoa é excluída da presença de Deus. A queima pelo fogo evoca imagens de agonia e julgamento por ofensas contra Deus. Juntas, as imagens de fogo e escuridão apontam para uma realidade do inferno mais horrível do que qualquer figura possa transmitir por si só. Exatamente como essas imagens se juntam é desconhecido, mas não devemos pensar no inferno como algo fictício ou não literal por esse motivo. (Veja também comentários em 5:22 e 13:42.)

Para que se cumprisse o que foi dito pelo profeta Isaías (8:17): Mateus novamente diz que a vida e o ministério de Jesus é o cumprimento do AT (cf. 1:23; 25, 15, 23; 4:14), especificando que seu ministério de cura confirma Is 53:4. Teria Mateus identificado corretamente o significado e a aplicação de Isaías? Essa é outra alusão à profecia do Servo de Isaías (veja 2:23, o "Renovo" de Is 53:2; cf. 12:15-21; 26:28; 27:12; 27:38), agora focando no papel do Servo como aquele que trará cura. A citação de Mateus atinge o cerne do significado da profecia, que tem em vista o pecado e a doença. A citação é do "Cântico do Servo" de Is 52:13—53:12, em que a expiação substitutiva é um tema central. O Servo carrega as doenças dos outros através de seu próprio sofrimento e morte. Mateus liga o ministério de cura de Jesus com o tema substitutivo. Jesus não fica doente, mas toma sobre si e remove a doença pelo seu poder de cura. Isso não introduz explicitamente o sofrimento e a morte vicária de Jesus pelo pecado, mas prepara o caminho para isso (Erickson 1998, p. 836-41). Jesus veio para salvar seu povo dos pecados deles (1:21); suas curas apontam para a cruz e seu início da Nova Aliança em seu sangue que é derramado para o perdão dos pecados (26:27-28). Doença e morte estão enraizadas na entrada do pecado na existência humana, então o ministério de Jesus começa a reverter o ciclo de morte e sofrimento. "A cura e o perdão estão ligados, não apenas em uma perícope (recorte, trecho) como em 9:1-8, mas pelo fato de que o reino consumado, no qual não há doença, é possibilitado pela morte de Jesus e a nova aliança que sua morte promulgou (26:27-29)" (Carson 2010, p. 244).

Estudiosos críticos duvidam que os judeus do primeiro século teriam interpretado Is 53:4 messianicamente (e.g., Hooker 1998, p. 88-103), mas textos rabínicos posteriores apresentam uma interpretação messiânica da passagem — e.g., *b. San.* 98a-b: "Certamente ele carregou nossas dores e carregou nossos pecados, mas nós o consideramos ferido de lepra, e ferido por Deus e aflito" (Hill 1972, p. 161). Muito provavelmente alguns judeus contemporâneos de Jesus viram o significado messiânico do servo sofredor de Isaías 53, como indica Mateus.

O Filho do Homem (8:20): O uso da expressão "Filho do Homem" por Jesus seria uma prova de que Ele não afirmou ser divino? Afinal, a frase é comumente usada no AT para designar meros homens, e teria provocado uma atitude relativamente ambígua no escriba, que teria lembrado que em Ezequiel Deus se refere ao profeta como "filho do homem" mais de 90 vezes (e.g., Ez 2:1, 3, 6, 8, etc.; cf. Dn 8:17), apontando para a fragilidade de Ezequiel como humano (Allen 1994, p. 38). Mas o escriba também teria lembrado como "Filho do Homem" foi usado na profecia de Daniel para se referir a um Soberano glorificado, a figura messiânica apocalíptica que governa para sempre com o Ancião de Dias (Dn 7:13-14). Este último sentido da expressão era conhecido no judaísmo e ocorre nos escritos pseudepígrafos *1Enoque* e *2Esdras* 13 (ou *4Esdras* 13). A referência em *1Enoque* provavelmente antecede o tempo de Jesus, e claramente tem tons divinos: "... a dor os dominará quando virem aquele Filho do Homem sentado no trono de sua glória. (Esses) reis, governadores e todos os proprietários devem (tentar) abençoar, glorificar, exaltar aquele que governa sobre tudo, aquele que foi ocultado. Pois o Filho do Homem estava oculto desde o princípio, e o Altíssimo o preservou na presença de seu poder; então o revelou aos santos e eleitos" (62:5-7).

Porém, mesmo assim o título não foi amplamente utilizado. Em face da ambiguidade, foi para Jesus um veículo conveniente para transmitir sua identidade messiânica sem suscitar oposição extrema e prematura ao seu ministério. Não tinha as associações populares de títulos como "Messias" ou "Filho de Davi" ou mesmo "Filho de Deus". Em lugar disso, Jesus ensinou sua verdadeira identidade referindo-se a si mesmo como "Filho do Homem", sua autodesignação favorita. Ninguém mais usou a expressão para se referir ao próprio Jesus, e no restante do NT o título é usado apenas uma vez (At 7:56), exceto por três referências ou citações do AT (Hb 2:6 = Sl 8:5; Ap 1:13 e 14:14 = Dn 7:13). Em todos os casos, exceto em dois, o título é encontrado apenas nos lábios de Jesus, mas mesmo nesses casos deve-se notar que o público usou esse título porque Ele o havia usado anteriormente como uma autodesignação (Jo 12:23), e o anjo está simplesmente repetindo as próprias palavras de Jesus (Lc 24:7). Jesus usou a expressão para ensinar três coisas sobre sua identidade e ministério. Primeiro, o Filho do Homem é o Servo humilde que veio para perdoar pecados (8:20; 9:6; 11:19; 12:8, 32, 40). Segundo, o Filho do Homem é o Servo sofredor, cuja morte expiatória e ressurreição redimirão seu povo (16:13, 27-28; 17:9, 12, 22; 20:18, 28; 26:2, 24, 45). Terceiro, o Filho do Homem é o glorioso Rei e Juiz que retornará para trazer o reino dos céus à terra (10:23; 13:37, 41; 19:28; 24:27, 30, 37, 39, 44; 25:31; 26:64).

A missão de Jesus nem sempre foi compreendida por causa de percepções populares errôneas e expectativas falsas. Porém no final, depois de ter usado o título suficientemente ambíguo "Filho do Homem" para esclarecer sua identidade e ministério, Ele o usa pela última vez em seu julgamento e deixa perfeitamente claro que ele está afirmando ser divino (cf. 26:63-68; e.g., Gerhardsson 1999, p. 20-21).

Os homens ficaram perplexos e perguntaram: "Que tipo de homem é este?" (8:27): Essa é a primeira de duas tempestades que Jesus acalma. Mateus, Marcos e Lucas registram a primeira bonança da tempestade (Mt 8:23-27; Mc 4:35-41; Lc 8:22-25), e Mateus, Marcos e João registram o segundo tempestade acalmada (Mt 14:22-33; Mc 6:45-51; Jo 6:16-21). Há semelhanças e diferenças entre esses registros, mas os discípulos estão uniformemente perplexos com a identidade de Jesus (cf. Mt 8:27; Mc 4:41; Lc 8:25). A reação a Jesus acalmando a segunda tempestade encontra os discípulos no Evangelho de Mateus adorando Jesus como Filho de Deus (14:33), ao passo que em Marcos os discípulos ficaram surpresos e pareciam ter o coração duro (Mc 6:51-52); e em João, os discípulos recebem Jesus no barco depois que Ele se identifica como "sou Eu" (Jo 6:20-21). A nota importante nos relatos da tempestade acalmada é que era difícil para os discípulos entender a identidade de Jesus. Isso pode surpreender o leitor, no caso de eventos anteriores, como o ministério preparatório de João Batista (3:1-12), o batismo de Jesus (3:13-17), a cura de muitos por Jesus (4:24; 8:5-17); assim, os ensinamentos autorizados de Jesus (caps. 5—7) parecem ter sido indicações de sua identidade divina. No entanto, nessas e em outras coisas Jesus excedeu qualquer concepção que os discípulos pudessem ter sobre o que o Messias deveria ser. Porém, mesmo ainda, a pergunta persiste: "Que tipo de homem é este?", e isso indicaria que eles ainda não haviam chegado a acreditar que Jesus seria algo mais do que um mero homem?

A maioria dos discípulos era composta de pescadores profissionais, então essa tempestade deve ter sido impressionante para causar tanto medo no coração deles. Eles gritaram: "Senhor (*kurie*), salva-nos!" (8:25; Mc diz "professor" *didaskale* e Lucas diz "Mestre, Mestre" *epistata*). Seu apelo indica que eles entendiam que Jesus era poderoso o suficiente para colocarem confiança nele em uma situação desesperadora. Se Ele fosse um simples mortal, o que poderia fazer por aqueles marinheiros experientes que eles não pudessem fazer por si mesmos? Além disso, longe de indicar que eles não haviam começado a entender a verdadeira identidade de Jesus, sua reação depois que Jesus acalmou a tempestade ("Os homens ficaram surpresos e perguntaram: 'Que tipo de homem é este? — até os ventos e o mar lhe obedecem!'"), mostra que eles já estão no caminho da compreensão. No entanto, o termo "surpresos" (*thaumazo*) indica que eles ainda têm algo a aprender sobre Jesus. O verbo demonstra estarem extraordinariamente impressionados ou perturbados, e assim "espantar-se, admirar-se, abismar-se". Ainda seria muito para eles entenderem completamente, porque Jesus fez o que só Deus pode fazer. Quando Jonas tentou fugir de seu chamado, Deus fez com que a tempestade se acalmasse, o que produziu uma reação semelhante nos homens (Jn 1:16). Nos Salmos, Yahweh é celebrado como o mestre da tempestade e do mar (Sl 65:7; 89:9; 104:6-7; 107:23-32). Os discípulos se voltaram para Jesus quando estavam com medo, mas vê-lo realmente acalmar a tempestade furiosa parecia algo incompreensível.

Quando Ele veio para o outro lado, para a região dos gadarenos (8:28): Poderia existir uma contradição entre os "gadarenos" (Mateus) e os "gerasenos" (Mc 5:1; Lc 8:26)? A expressão "outro lado" (*eis to peran*) se repete, continuando o movimento iniciado em 8:18. A expressão muitas vezes marca o movimento de um território judeu para um gentio e vice-versa (cf. 9:1). Jesus está agora na região predominantemente gentia de Decápolis, o que explica a razão pela qual os porcos estavam sendo criados, um animal que era impuro para os judeus (Lv 11:7; Dt 14:8). "Gadarenos" refere-se à vila de Gadara, oito quilômetros a sudeste do mar da Galileia, bem como a região circundante (Josefo, *Vida* 9 §42), que provavelmente incluía uma pequena vila chamada Gerasa (moderna Khersa ou Kursi), o local tradicional do exorcismo. Essa é a melhor explicação para as leituras variantes nos Sinóticos. Para um resumo útil das leituras textuais, veja *TCGNT*, p. 18—19. O comitê tradutor preferiu *Gadarenon* (Gadara/Gadarenos) com base em certificação externa superior e na probabilidade de que *Gergesenon* (Gergesa) seja uma correção e *Gerasenon* (Gerasa) poderia ser uma assimilação do escriba ao texto predominante de Mc 5:1 e /ou Lc 8:26, 37. (Veja mais comentários em Mc 5:1-2 e Lc 8:26.)

Dois endemoninhados (8:28): Todos os três relatos Sinóticos registram esse exorcismo, porém Marcos (5:1-20) e Lucas (8:26-39) especificam apenas um endemoninhado. Em vez de assumir que Mateus inventou um endemoninhado adicional para um propósito teológico ou para fundamentar um mínimo legalmente aceitável de duas testemunhas (Hagner 1993, p. 225), podemos inferir que Mateus tinha conhecimento independente de um segundo homem (Carson 2010, p. 256). Mateus muitas vezes se preocupa apenas em fornecer detalhes gerais da narrativa, então ele apenas menciona a existência de dois endemoninhados, enquanto Marcos e Lucas, dando um relato mais detalhado, destacam o porta-voz dos dois e o descreve com mais detalhes. Ele era possivelmente o mais notável dos dois. Isso é semelhante ao incidente em que Mateus descreve a cura dos dois cegos (Mt 20:29-34), enquanto Marcos (10:46-52) e Lucas (18:35-43) mencionam apenas um. Mais uma vez, eles entram em mais detalhes no incidente, com Marcos até identificando explicitamente o cego como Bartimeu, filho de Timeu (Mc 10:46). (Veja mais comentários em Marcos 5:8 e Lucas 8:27.)

Envie-nos para a manada de porcos (8:31): O apelo dos demônios para serem enviados a uma manada de porcos próxima não teria perturbado os judeus, que consideravam os porcos detestáveis, nem a presença dos porcos é problemática para a precisão do relato de Mateus, pois a margem leste do mar da Galileia era uma região gentia e, portanto, não estava sob restrições judaicas em relação aos suínos. No entanto, os proprietários gentios dos porcos ficariam chateados com a perda de cerca de 2 mil animais (Mc 5:13). Por que Jesus atendeu ao pedido dos demônios se sabia que destruiria tantos porcos? Por que os demônios fizeram o pedido? Mateus não aborda nenhuma dessas questões, deixando-nos dar bons palpites.

Embora os demônios aparentemente prefiram habitar um corpo vivo (cf. 12:43-45), seu pedido para entrar nos porcos pode não indicar que eles achavam que os animais seriam uma habitação permanente. Que os porcos enlouquecessem e imediatamente se afogassem pode ter sido o objetivo dos demônios, pois eles causam ferimentos e dor às criaturas de Deus (e.g., 17:14-20) e fazem o que podem para se opor a Jesus. Nesse caso, o testemunho de Jesus aos gentios da região fica tão perturbado pelo incidente que eles pedem que Jesus vá embora (8:34). Em vez de se alegrar com a vitória sobre os demônios de Satanás, o povo "implorou-lhe que deixasse sua região" (8:34). Um comentarista afirma: "Ao longo de todas as eras, o mundo tem recusado Jesus porque prefere os porcos" (Paul P. Levertoff, citado em Tasker 1961, p. 94). Jesus não estava mostrando desprezo pela vida animal; Ele estava apenas permitindo que o mal seguisse seu curso neste mundo até "aquele dia" quando tudo será retificado. (Veja mais comentários em Marcos 5:12-13.)

Mas percebendo seus pensamentos, Jesus disse: "pensam maldosamente em seu coração" (9:4): Hoje falamos de pensamentos como sendo originários da mente, todavia Mateus observa que a fonte dos maus pensamentos desses líderes religiosos vinham de seu coração. Isso não implica em algum tipo de concepção primitiva do papel da mente, porque as Escrituras diferenciam a mente do coração, e em outros lugares conecta os processos de pensamento com a mente (Mt 22:37; Lc 1:51; Ef 4:18; Cl 1:21). O ponto aqui é que o coração é a fonte do mal ou do bem de uma pessoa. Mais tarde, Jesus especificará aos líderes religiosos que os maus pensamentos vêm dos maus corações (15:19). (Veja mais comentários em Lucas 5:22.)

MATEUS 9:9-38

Ordem dos acontecimentos, antes ou depois do exorcismo em Gadara? (9:9): Mateus coloca o seu próprio chamado, o jantar em sua casa e a cura do paralítico *após* o exorcismo em Gadara, enquanto Marcos e Lucas descrevem esses eventos como tendo acontecido *antes* do exorcismo. Isso seria uma contradição? Conforme observado anteriormente (veja em 8:1), nos capítulos 8—9 Mateus reuniu várias histórias de milagres que não estão em ordem cronológica. É amplamente reconhecido que Mateus tinha propósitos teológicos em mente ao reunir essas histórias em um só lugar. Esperaríamos encontrar conectores narrativos se Mateus estivesse dando um relato cronológico, mas eles estão ausentes. Ao contrário, encontramos uma coleção de três grupos de histórias de milagres, cada uma seguida por pronunciamentos de Jesus. Esse arranjo destaca tanto a cristologia autorizada (dominante) quanto o discipulado. Cada milagre destaca aspectos particulares da pessoa e missão de Jesus como a figura central da narrativa, e então suas palavras esclarecem como o discipulado de Jesus exige uma fidelidade a Ele e ao seu chamado que é notavelmente diferente de outras formas de discipulado no mundo antigo. Mateus comunica que Jesus é o Messias em suas palavras no Sermão da Montanha — esclarecendo a natureza do discipulado (caps. 5—7), e que Jesus é o Messias que realiza atos milagrosos nas histórias de milagres que destacam a identidade de Jesus e indicam o que o discipulado representa para Ele (caps. 8—9).

Um homem chamado Mateus (9:9): O primeiro Evangelho se refere ao cobrador de impostos como "Mateus" (9:9), enquanto Marcos se refere a ele como "Levi, filho de Alfeu" (Mc 2:14) e Lucas alude a ele como "Levi" (Lc 5:27). Alguns estudiosos argumentam que Levi não era um dos Doze e, portanto, é distinto de Mateus, mas isso não se justifica, pois as circunstâncias do chamado são as mesmas em Mateus e Marcos-Lucas (França 1989, p. 66-70). Por que existe a variação no nome? A maioria dos estudiosos sugere que esse cobrador de impostos tinha dois nomes, Mateus e Levi. Isso não seria um fato incomum no mundo antigo. Alguns especulam que "Levi" era seu nome de nascimento judeu, e que "Mateus" foi o nome dado a ele após sua conversão, em circunstância semelhante ao caso Saulo-Paulo (Hagner 1993, p. 237-38). Outros sugerem que "Levi Mateus" era um nome duplo dado a ele desde o nascimento, uma vez que há pouca evidência de que "Mateus" seja um nome cristão (Carson 2010, p. 263). O nome Levi pode ser uma indicação de que ele era da tribo de Levi e, portanto, estava familiarizado com as práticas levíticas (Albright e Mann 1971, p. clxxvii—clxxviii, clxxxiii—clxxxiv). (Veja mais comentários em Mc 2:14 e Lc 5:27.)

Mateus como autor do relato de seu próprio chamado (9:9): O fato de o autor falar sobre Mateus na terceira pessoa refutaria a autoria de Mateus deste evangelho? O anonimato é típico de todos os autores dos Evangelhos. Assim, o fato de Mateus não se referir a si mesmo como autor e também de não utilizar a primeira pessoa ("eu") não é argumento contra sua autoria. Muito provavelmente ele se referia a si próprio na terceira pessoa ("ele") para que o foco total estivesse em Jesus. Como cobrador de impostos, ele teria sido treinado em técnicas de escribas seculares e, como cristão judeu galileu, seria capaz de interpretar a vida de Jesus da perspectiva das expectativas do AT (cf. France 2007, p. 15-19; Gundry 1994 , p. 609-22; Osborne 2010, p. 33-35).

Ele lhe disse: "Siga-me!" Então Mateus se levantou e o seguiu (9:9): A resposta de Mateus à ordem de Jesus, "Siga-me", é impressionante em seu imediatismo e tem sido criticada como sendo algo irreal (9:9). Embora seja possível que esse tenha sido o primeiro encontro entre Jesus e Mateus, e que a força da pessoa de Jesus exigisse obediência imediata (Long 1997, p. 103-4), é mais provável que seja o ponto culminante de um relacionamento anterior, semelhante ao chamado dos dois conjuntos de irmãos — Pedro e André, Tiago e João (McKnight 2002, p. 40-43). Os irmãos tiveram um relacionamento anterior com Jesus que durou talvez um ano antes de seu chamado para se tornarem pescadores de homens (4:18-22; Jo 1:35-51). A redação do chamado de Mateus é diferente daquela usada para os quatro ("Segue-me" [*akolouthei moi*] [9:9]; "sigam-me" [*deute opiso mou*] [4:19]), mas carrega a mesma conotação, e as palavras usadas para descrever sua resposta são idênticas — ele "o seguiu" (*ekolouthesen auto*). Isso sugere que Mateus estava sob a influência da missão de autoridade de Jesus antes desse chamado. As curas públicas, exorcismos, pregações e ensinos aconteciam na Galileia havia algum tempo, e aconteciam principalmente na região de Cafarnaum. Mateus provavelmente os testemunhou e agora está pronto para se juntar a Jesus.

Minha filha está à beira da morte, mas venha e coloque a mão sobre ela, e ela viverá (9:18): Mateus não menciona vários detalhes compartilhados pelos outros Sinóticos (Mc 5:21-43; Lc 8:40-56). Um exemplo de falta de informação é que Marcos e Lucas mencionam o nome do pai como Jairo (Mc 5:22; Lc 8:41), enquanto Mateus simplesmente se refere a ele como um "governante" (*arconte*), provavelmente um líder comunitário ou um chefe de um conselho de sinagoga. Outro exemplo é que Marcos revela ao leitor que Jesus permitiu que os pais da menina estivessem presentes quando Ele a levantou (ressuscitou) (5:40). Lucas acrescenta que Pedro, João e Tiago foram autorizados a comparecer (8:51), enquanto Mateus dá a impressão de que Jesus tirou todos da sala (v. 24-25). Em vez de contradizer os outros Sinóticos, Mateus condensou a narrativa e ampliou os fatos. Ele não era obrigado a relatar tudo o que sabia ou tudo o que era conhecido na tradição, e seu silêncio sobre alguns detalhes não representa uma refutação dos fatos compartilhados por Marcos ou Lucas.

Que seja feito segundo a fé que vocês têm! (9:29): Esse versículo justificaria os ensinamentos modernos do evangelho da saúde e da riqueza, os quais dizem que Deus removerá todas as nossas doenças e pobreza se tivermos fé suficiente? Como sempre, o contexto de um versículo da Bíblia determina seu significado apropriado. Os cegos tinham acabado de saudar Jesus como "Filho de Davi". Isso trouxe à mente o prometido libertador davídico e a era messiânica que prometia trazer cura aos cegos (Is 29:18; 35:5; 42:7). Jesus disse a João Batista que esse era um dos sinais de que Ele realmente era o esperado que viria (11:2-6). O AT não registra nenhuma cura de cegueira, tampouco o NT relata algum dos seguidores de Jesus curando cegos. Em contraste, a cura de cegos é um dos milagres mais frequentes de Jesus e, portanto, serve como um sinal não duplicado de sua identidade messiânica (9:27-31; 12:22-23; 15:30-31; 20:30-34; 21:14-15). Qualquer ideia de que Jesus esteja nesse versículo fazendo uma promessa geral de que os crentes podem obter cura ou riqueza simplesmente pedindo com fé viola seu significado contextual. Jesus enfatiza aos cegos que sua fé em sua capacidade e desejo de curá-los os levou a vir para onde pudessem receber seu dom milagroso. Fé é simplesmente acreditar no que Deus pode fazer, mas não no que queremos que Ele faça. Não é tanto o tamanho da fé em uma pessoa, mas o alinhamento de nossa fé com a vontade de Deus (cf. em 17:14-20).

Um homem endemoninhado incapaz de falar foi trazido a Ele (9:32): Nessa história, Jesus cura um homem mudo exorcizando um demônio dele. Isso pode indicar que Mateus acreditava que os demônios causavam doenças? A possessão demoníaca pode causar uma variedade de sintomas. No caso dos dois endemoninhados próximos aos gadarenos, a manifestação produziu um comportamento violento (8:28). Aqui o fenômeno de alguma forma impedia o homem de falar (veja também 12:22). O termo para "incapaz de falar" é *kophos*, "mudo", que também pode ser usado para descrever o impedimento de alguém de ouvir (i.e., surdo; 11:1-5), ou com impedimento para falar (i.e., mudo), como o contexto indica aqui (BDAG, p. 580). Enquanto outras formas de impedimento da fala são simplesmente limitações físicas, aqui a causa era demoníaca. Ao contrário de hoje, onde muitas pessoas no mundo ocidental esperam encontrar apenas explicações fisiológicas para várias doenças, o mundo antigo via uma conexão mais holística entre as realidades físicas e espirituais. O exorcismo do demônio e a cura concomitante da mudez é uma das mais poderosas demonstrações de que o reino dos céus havia chegado. A multidão o reconhece como único na história de Israel. "As multidões ficaram maravilhadas, dizendo: 'Nunca se viu nada parecido em Israel'" (9:33). Para mais informações sobre a relação entre possessão demoníaca e doença, veja comentários em 4:24.

MATEUS 10:1-42

Estes são os nomes dos doze apóstolos (10:2): Não são apenas os "doze discípulos" (10:1), eles também são "apóstolos" (10:2). *Discípulo* designa todos aqueles que creram em Jesus, enquanto o *apóstolo* representa aqueles a quem Ele comissionou para serem seus representantes. O termo "apóstolo" tem significados estritos e amplos no NT. O sentido estrito, como aqui, é o significado usual, nominando os representantes autorizados especiais escolhidos por Jesus para desempenhar um papel fundamental no estabelecimento da igreja (cf. Gl 1:17, 19; 1Co 9:1-5; 15:7; Ef 2:19-22). Mateus usa a palavra "apóstolo" somente aqui, e ele é o único escritor do evangelho a usar a expressão "os doze apóstolos" (cf. Ap 21:14).

Existem quatro listas separadas dos Doze no NT, e há notáveis semelhanças e diferenças entre elas. Uma visão geral das listas é a seguinte:

LISTAS DOS DOZE

Mateus 10:2-4	Marcos 3:16-19	Lucas 6:14-16	Atos 1:13
PRIMEIRO GRUPO DE QUATRO			
1. Primeiro, Simão, que se chama Pedro, e	A Simão Ele deu o nome de Pedro; e a	Simão, a quem também chamou Pedro, e	Pedro
2. André, seu irmão;	Tiago, o filho de Zebedeu, e a seu irmão	André, seu irmão;	João
3. Tiago, filho de Zebedeu, e	João, Ele deu o nome de 'Boanerges' (isto é, 'Filhos do Trovão');	Tiago e	Tiago
4. João, seu irmão;	André;	João;	André

Mateus 10:2-4	Marcos 3:16-19	Lucas 6:14-16	Atos 1:13
SEGUNDO GRUPO DE QUATRO			
5. Filipe e	Filipe e	Filipe e	Filipe
6. Bartolomeu;	Bartolomeu;	Bartolomeu	Tomé
7. Tomé e	Mateus e	Mateus e	Bartolomeu
8. Mateus, o cobrador de impostos;	Tomé;	Tomé;	Mateus
TERCEIRO GRUPO DE QUATRO			
9. Tiago, filho de Alfeu, e	Tiago, o filho de Alfeu, e	Tiago, o filho de Alfeu, e	Tiago, o filho de Alfeu
10. Tadeu;	Tadeu	Simão, chamado o zelote	Simão, chamado o zelote
11. Simão, o Zelote, e	Simão, o Zelote, e	Judas, filho de Tiago, e	Judas, filho de Tiago
12. Judas Iscariotes, que também o traiu.	Judas Iscariotes, que também o traiu.	Judas Iscariotes, que se tornou um traidor.	

Mateus organiza os nomes em pares, correspondendo à declaração de Marcos de que Jesus enviou os Doze em grupos de dois a dois (Mc 6:7; veja Carson 2010, p. 277; Guelich 1989, p. 321). Todas as quatro listas têm três divisões. O primeiro, quinto e nono nomes de todas as quatro listas são os mesmos (Pedro, Filipe e Tiago, filho de Alfeu, respectivamente). A ordem dos nomes dentro dos grupos varia, exceto o primeiro nome. A sequência dos grupos é a mesma em cada lista. Carson observa que esse agrupamento sugere que os Doze foram organizados em unidades menores, cada uma com um líder (2010, p. 277; veja também Meier 2001, p. 130-31).

O primeiro grupo é composto por dois pares de irmãos que foram os primeiros chamados — Pedro, André, Tiago e João (Mt 4:18-22). Pedro aparece primeiro em todas as listas, e Mateus se refere a ele como "primeiro", indicando seu lugar de liderança. Judas Iscariotes sempre ocorre por último, exceto na lista de Atos, onde ele é omitido. Tadeu é mencionado no terceiro grupo de discípulos por Mateus (10:3) e Marcos (3:18), enquanto Lucas se refere a "Judas, filho de Tiago" (lit. Judas de Tiago) em suas duas listas (Lc 6:16 e At 1:13). A uniformidade do restante dos nomes de lista em lista sugere que esses dois nomes, Tadeu e Judas, se referem à mesma pessoa. "Judas" é provavelmente o nome original e "Tadeu" é um apelido ou nome de lugar. Carson sugere que Tadeu seja um apelido, com significado aproximado de "amado" (1994, p. 239), enquanto Mann sugere que uma etimologia aramaica indica um nome de lugar (1986, p. 250). Vários sugerem que depois que o nome Judas foi estigmatizado por causa do traidor Judas Iscariotes, Judas, filho de Tiago, mudou seu nome para Tadeu (e.g., Mounce, 1990, p. 90). Nesse caso, Mateus e Marcos forneceram o nome mais seguro e alternativo, enquanto Lucas manteve o nome controverso em Lc 6:16. (Veja comentários adicionais em Mc 3:13-19 e Lc 6:12-16.)

Questão textual: Alguns textos têm o nome Lebbaeus ou conflações (combinação, fusão de nomes). Metzger relata a dificuldade das variantes textuais, mas o acordo dos primeiros representantes de testemunhas de Alexandria, das Cesareias ocidentais e do Egito sugerem que Tadeu (*Thaddaios*) era a leitura original (cf. *TCGNT*, p. 21).

Não peguem a estrada que leva a outras nações e não entrem em nenhuma cidade samaritana. Em vez disso, vão para as ovelhas perdidas da casa de Israel (10:5-6): Jesus enviou seus discípulos primeiro exclusivamente aos judeus, como essa passagem deixa claro. Como alguns críticos têm alegado, a missão acabaria se voltando para os gentios apenas porque o plano original de Jesus (evangelizar os judeus) falhou? Essa acusação ignora o fato de que Jesus foi primeiro a Israel (cf. 15:21-28) para cumprir a ordem histórica da salvação que Deus estabeleceu, com o povo de Israel sendo a ferramenta que Deus usaria para abençoar o mundo (e.g., Gn 12: 2-3; 22:18). O mundo não poderia ser abençoado se os mensageiros judeus sempre guardassem a mensagem de salvação para si mesmos, e assim o plano sempre envolvia um eventual direcionamento para os gentios.

Por que foi necessário que Jesus declarasse a proibição em primeiro lugar (Mt 10:5-6)? De qualquer maneira, os Doze provavelmente não teriam escolhido por sua própria vontade ir aos gentios e samaritanos, em face de sua antipatia por esses grupos (e.g., Jo 4:27; Lc 9:51-54; Mt 15:23).

Mesmo a igreja primitiva demorou para aceitar uma missão universal do evangelho (cf. At 10; 11:1-4; 15). Talvez Jesus tenha declarado a proibição como uma forma de dissipar qualquer dúvida de que Ele realmente era o Messias que viria em cumprimento das promessas dadas a Israel. Mas há também uma advertência na proibição. Essa é a oportunidade de Israel para abraçar o cumprimento do plano de salvação de Deus, e daqui em diante será totalmente responsável por sua própria decisão. A comissão de Jesus aos Doze para irem somente a Israel é uma razão apologética aos discípulos e multidões em sua fidelidade ao programa de Deus, mas também uma advertência indireta a Israel (Kingsbury 1989, p. 22-23; Broadus 1886, p. 219).

Não levem uma mala de viagem para a estrada, nem um manto extra, sandálias ou bordão, pois o trabalhador é digno de sua comida (10:10): O relato que Marcos faz dessa cena difere do que Mateus apresenta, por isso os principais críticos dizem que as versões são incompatíveis. No relato de Mateus, os discípulos são proibidos de levar consigo provisão para as necessidades básicas de vida e da viagem, incluindo um bordão, enquanto o relato de Marcos permite que eles levem um bordão (Mc 6:8-9). Uma possível solução é que o relato de Marcos assume que eles já possuem provisão para suas necessidades básicas, como bordão e sandálias. O relato de Mateus também pressupõe que eles já tenham esses itens, mas enfatiza que os Doze não devem gastar tempo comprando suprimentos extras. A partícula negativa *me* mais o subjuntivo (*me ktesesthe*) é o subjuntivo proibitivo, que guarda forte relação com um imperativo, mas a ênfase está em proibir antecipadamente a ocorrência de uma ação que possa ser contemplada. Não se trata de "não possua", mas "não adquira ou obtenha" para si mesmo o que você não tem agora (cf. Wallace 1996, p. 469). (Veja mais comentários em Mc 6:8-9 e Lc 9:3.)

A previsão de perseguição de Jesus para seus seguidores (10:16-22): Essas previsões se assemelham às apresentadas no Sermão no monte das Oliveiras (Mt 24). Jesus se repetiu, ou Mateus recorta algum material do Sermão do monte das Oliveiras e o coloca aqui? O tema do julgamento de Israel por rejeitar a missão dos Doze leva Jesus a inverter a metáfora das ovelhas. Aqueles a quem Jesus anteriormente interpretou como ovelhas agora são chamados de lobos: "Eu os envio como ovelhas entre lobos" (10:16). Antes disso, os discípulos deveriam ir até as ovelhas, o povo perdido de Israel (9:36—10:6). Na primeira parte do comissionamento (10:5-15), Jesus deu instruções aos discípulos sobre sua missão de curto prazo a Israel durante seu ministério terreno. Na segunda parte (10:16-23), Ele os instrui sobre sua missão de longo prazo em todo o mundo até seu retorno. É por isso que as previsões aqui se assemelham a seus ditos no Sermão do monte das Oliveiras, que foi seu discurso sobre eventos que acontecerão até seu retorno. Não há razão para pensar que Jesus não repetiu várias dessas palavras em diversas ocasiões durante seus três anos de ensino aos discípulos.

A declaração de Jesus em Mt 10:16-22 se encaixa bem na situação da igreja primitiva. Os críticos acreditam que isso indica que Mateus criou axiomas que eram aplicáveis à era da igreja para a qual ele escreveu, mas isso pressupõe que Jesus teria sido incapaz de prever eventos futuros. Antecipando as perseguições futuras, Jesus prepara os discípulos para as dificuldades que virão. Não há evidências de que os Doze sofreram esse tipo de perseguição durante o ministério terreno de Jesus, e assim o foco está de fato no futuro, nos primeiros anos da igreja. O envio dos Doze por Jesus ao povo de Israel proporcionou uma ocasião para Ele também estabelecer instruções para a futura missão cristã a todas as nações.

Vocês não terão coberto as cidades de Israel antes que o Filho do Homem venha (10:23): Por meio dessa declaração, Jesus teria predito que sua segunda vinda ocorreria durante a vida dos discípulos? Esse é um dos versículos mais difíceis da Bíblia para se interpretar. A dificuldade é identificar o contexto temporal. Os intérpretes defendem várias opções diferentes, incluindo que Jesus estava prometendo que os discípulos testemunhariam a vinda escatológica do Filho do Homem enquanto estivessem em sua missão, em sua ressurreição, no Pentecostes ou na destruição de Jerusalém em 70 d.C. (veja discussão em Carson 2010, p. 290-93). Outros argumentam que Jesus estava apontando para sua segunda vinda no final dos tempos. Este último parece se encaixar melhor no contexto maior. Como Jesus oferece conforto aos discípulos em missão sobre sua salvação final até o fim (10:22), Ele os adverte a não abandonar Israel. Quando perseguidos em uma cidade, eles devem fugir para a próxima, porque a missão a Israel não terminará antes do retorno do Filho do Homem. Haverá uma missão contínua a Israel ao lado da missão aos gentios até a parúsia (Blombberg 1992,

p. 176; Davies e Allison 1991, p. 189-90. Assim também Gundry 1994, p. 194, que duvida da autenticidade da declaração). Concluindo, a promessa de Jesus parece fazer referência à sua segunda vinda, mas Ele não estava dizendo que os Doze veriam isso pessoalmente. Ao contrário, Ele pretendeu incutir um senso de urgência na missão a Israel, afirmando que ela não estará completa até o momento de seu retorno. Essa leitura faz sentido para as coisas como elas estão agora, mas é certo que os primeiros crentes podem ter entendido que Jesus queria dizer que seu retorno seria dentro do tempo da vida deles.

Não temam os que matam o corpo, mas não podem matar a alma; em vez disso, temam aquele que é capaz de destruir a alma e o corpo no inferno (10:28): A afirmação de Jesus de que Deus é capaz de destruir a alma e o corpo no inferno tem sido usada por muitos para apoiar a doutrina do aniquilacionismo ou imortalidade condicional (a visão de que os incrédulos deixam de existir no julgamento final). Os aniquilacionistas concluem que o verbo *apolesai* ("destruir") refere-se a um julgamento final dos incrédulos onde eles são "aniquilados". No entanto, a maioria dos intérpretes ao longo da história da igreja reconheceram que a "destruição" de que Jesus fala aqui é um estado de punição para toda a pessoa, corpo e alma; o "destruir" — não quer dizer "matar" — trata-se de Deus entregar a alma à tortura eterna (Luz 2001, p. 103; Osborne 2010, p. 397). O castigo eterno é uma doutrina terrível, mas essa é a motivação dada por Jesus para um discipulado fiel diante da perseguição (10:22, 28, 33). Como Turner afirma: "Para ser franco, se não houver inferno a evitar, haveria menos uma razão para ser fiel a Jesus e mais uma razão para negá-lo" (2008, p. 279).

Todo aquele que me reconhecer diante dos homens, Eu também o reconhecerei diante de meu Pai que está nos céus (10:32): A afirmação contradiz o que Jesus diz em 7:23, onde Ele contou uma história sobre afastar as pessoas que reconheciam a Ele o seu senhorio na hora do julgamento? O argumento de Jesus no Sermão da Montanha foi que a simples confissão dele como Senhor pode mascarar um coração impenitente. Esse não é o caminho da salvação, e assim Jesus deixou claro que a entrada no reino dos céus está reservada para "aquele que faz a vontade de meu Pai que está nos céus" (7:21). A mesma frase básica ocorre mais tarde para indicar a qualificação para entrada na comunidade familiar do discipulado de Jesus (12:50; cf. 6:10; 21:31; 26:42).

O contexto atual tem em vista a perseguição. Isso representa um teste do compromisso de um discípulo com Jesus. Aqueles cujo compromisso com Jesus é meramente superficial irão negá-lo para evitar o sofrimento. Os verdadeiros discípulos não temem a morte (10:28), pois assim eles reconhecerão ou confessarão publicamente (*homologeō*) Jesus como seu Mestre (10:24-25) e Deus, o Filho do Pai celestial (10:32).

Não pensem que vim trazer paz à terra. Não vim trazer paz, mas espada (10:34): Estaria sendo Jesus inconsistente sobre se Ele veio para trazer a paz ou para o conflito (cf. Jo 14:27; Mt 26:52)? O propósito final de Jesus é promover reconciliação entre Deus e os seres humanos, mas o próprio evangelho causa divisão. Por um lado, o evangelho promove a paz entre os verdadeiros crentes e Deus (Jo 14:27), e entre os verdadeiros crentes entre si (Ef 2:14-18). No entanto, por outro lado, o evangelho separa aqueles que creem daqueles que lhe são hostis. Alguém acredita em Jesus, ou o rejeita. Não há meio-termo. A crença no evangelho pode até dividir os membros da família (10:21, 34-36). Até a própria família de Jesus se opôs a Ele por um tempo (13:53-58; Mc 3:21; Jo 7:3-5). A menção de Jesus a uma espada não é uma previsão de violência, embora sem dúvida isso tenha ocorrido. Essa é uma espada metafórica, como é indicado pela repreensão de Jesus àqueles que pegaram a espada para defendê-lo no jardim do Getsêmani (26:52).

Jesus deve ter supremacia incondicional na vida de seus discípulos (10:37-39). "A pessoa que ama o pai ou a mãe mais do que a mim não é digna de mim; quem ama filho ou filha mais do que a mim não é digno de mim" (10:37). Os discípulos devem dar a Jesus supremacia acima dos pais ou filhos, algo que nem mesmo os rabinos mais estimados exigiam. Portanto, esta é uma declaração implícita da divindade de Jesus, porque somente Deus merece um lugar de honra maior do que o do pai e o da mãe.

Aquele que recebe vocês, recebe a mim, e quem me recebe, recebe aquele que me enviou (10:40): Pode ser Jesus plenamente divino e ainda ser "enviado" pelo Pai, o que parece retratar o Pai como superior (de alguma forma) ao Filho? A linguagem afirmando que Jesus foi enviado se repetirá em Mt 15:24 e 21:37. Isso chega ao que os teólogos chamam de "relação econômica" na Divindade, ou subordinacionismo funcional. As três pessoas da Divindade — Pai, Filho e Espírito — são reveladas como sendo ontologicamente de uma essência (veja em 28:19), mas cada uma delas tem papéis diversos na realização da obra de Deus. No passado da eternidade, as três pessoas da Divindade formularam a obra de Deus. Na execução desse plano, as três pessoas desempenham funções diferentes, mas isso não implica um grau diferente de importância dentro da Divindade. Classicamente essas funções indicam que o Pai é a "fonte" ou "originador" da obra de Deus, o Filho é o "mediador" da obra de Deus e o Espírito é o "consumador" ou aquele que energiza a obra de Deus. Enquanto Jesus estava na terra, isso pôde ser visto mais claramente, como o Pai iniciou e definiu os planos, o Filho os executou, e o Espírito forneceu o poder. Deve-se observar que esses relacionamentos são atividades eternas e incessantes, necessárias à Divindade, e não implicam pessoas maiores ou menores.

Mateus 11:1-6

Quando João ouviu na prisão o que o Messias estava fazendo... (11:2): A prisão de João Batista foi o impulso para que Jesus iniciasse seu ministério galileu (4:12). Herodes Antipas havia aprisionado João na fortaleza Maquero, onde finalmente foi morto (veja 14:1-14). Uma importante corroboração histórica de Mateus vem por conta de Josefo. Maquero era uma importante fortaleza a leste do mar Morto, perto da fronteira sul da região da Pereia (Bruce, *IBD* p. 2:928-29; Loffreda, *ABD* p. 4:457-58). Foi originalmente construída pelo governante asmoneu Alexandre Jannaeus (Josefo, *Guerra judaica* p. 7.171) por volta de 90 a.C., destruída pelo comandante romano Gabinius em 57 a.C. e depois reconstruída por Herodes, o Grande (Josefo, *Guerra judaica* p. 7.172) por volta de 30 a.C. como uma da série de fortalezas que guardam a fronteira oriental da Palestina (Massada, Herodium etc.). Plínio, o Velho, chamou Maquero de "a mais importante fortaleza judaica de pedra imediatamente depois de Jerusalém" (Plínio, *Historia natural p.* 5.15.72). O nome da fortaleza provavelmente deriva de *machaira*, "punhal", e fica no topo de uma montanha rochosa com encostas íngremes elevando-se a uma altitude de aproximadamente 700 metros acima do nível do mar, protegida por ravinas profundas em três lados (cf. Josefo, *Guerra judaica* p. 7.163-70). Após a morte de Herodes, o Grande, a fortaleza foi atribuída à tetrarquia de seu filho Herodes Antipas. Aqui, de acordo com Josefo, Herodes Antipas aprisionou João Batista e depois o condenou à morte (veja comentários sobre 14:1-12; cf. Josefo, *Guerra judaica* p. 7.163-70). (Veja também comentários em 14:9-10.)

És tu aquele que haveria de vir ou devemos esperar algum outro? (11:3): Os discípulos de João se reuniram ao redor dele para ajudá-lo como o profeta que estava preparando o caminho para o Messias (Jo 1:35-42; 3:22—4:3; Mt 9:14). Junto com João, eles estavam cada vez mais alarmados quanto ao curso do programa messiânico. Anteriormente, eles haviam questionado Jesus sobre a incongruência de sua própria prática de jejuar com a falta de participação dos seus discípulos nessa atividade (Mt 9:14-17). Há uma crescente desconexão entre a compreensão da mensagem do profeta sobre o ministério do Messias vindouro e a demonstração do ministério messiânico de Jesus.

A pergunta de João parece desconectada de um personagem com sua declaração anterior ousada de Jesus como aquele que está vindo (cf. 3:1-14). Como João poderia duvidar agora quando, no início da vida pública de Cristo, ele parece ter entendido que a messianidade de Jesus implicaria sofrimento? Afinal, ele havia chamado Jesus de "Cordeiro de Deus, que tira o pecado do mundo" (Jo 1:29). Muito provavelmente, a experiência atual de João não corresponde à mensagem que ele havia dado sobre a chegada daquele Messias vindouro, que prometia bênção para os que se arrependessem e julgamento para os que não se arrependessem. Seria bastante natural que João experimentasse um sentimento de perplexidade ao definhar na prisão, assim como os profetas anteriores, como Elias (e.g., 1Rs 19:1-18), quando sua experiência não correspondeu totalmente à mensagem de Deus por meio deles. O julgamento divino e o tempo da bênção messiânica não parecem ter chegado da maneira que João havia projetado. Ele sabia de antemão que o Messias sofreria, e provavelmente deduziu que seus seguidores também, mas devido às suas circunstâncias, João precisava ter sua compreensão do programa messiânico reconfirmada (Witherington 1990, p. 43). (Veja mais comentários em Jo 1:29.)

Mateus 11:7-10

É sobre esse que está escrito: "Veja, estou enviando meu mensageiro adiante de você; ele preparará o seu caminho diante de você" (11:10): Jesus citou Ml 3:1 corretamente, e Ele teria justificativa para aplicá-lo a João Batista? João era como os profetas do AT por ser ele o porta-voz de Deus que chamou a nação ao arrependimento e declarou o programa de salvação de Deus. Mas ele foi mais do que qualquer profeta do AT. Jesus diz que João era o profeta que anunciaria a chegada do Messias e a instalação do reino dos céus. Porque a profecia de Ml 3:1 se refere a preparar o caminho de Deus, Jesus dramaticamente implica seu próprio status divino, embora seja improvável que as multidões ou mesmo os discípulos de Jesus tenham entendido essa distinção nesse ponto de seu ministério (Gundry 1994, p. 214; Keener 1999, p. 338). A forma da citação pode refletir a influência de Êx 23:20 (Gundry 1994, p. 214), mas a citação primária vem de Ml 3:1. Ao adicionar "seu" à segunda frase — "ele preparará o *Seu* caminho diante de Ti" — Jesus faz de sua própria vinda a vinda de Yahweh e o dia escatológico de Yahweh.

Mateus 11:11-14

Entre os nascidos de mulher, não apareceu ninguém maior do que João Batista (11:11): Jesus "nasceu de uma mulher". Ele estaria, portanto, dizendo que João Batista era maior do que Ele? Devemos entender que Jesus está fazendo um contraste entre duas eras, não entre realizações humanas. Certamente Jesus não está dizendo que João era maior do que Ele. "Entre os nascidos de mulher" era uma expressão idiomática judaica que contrastava o nascimento humano comum (Jó 14:1; 15:14; 25:4) com o nascimento daqueles que nasceram de novo no reino dos céus. A chegada do reino inicia uma era incomparavelmente maior. João era uma figura de transição que preparou o caminho para o que haveria de vir, mas ele não viveu para ver e experimentar a plena chegada do reino. Por isso a declaração de Jesus: "mas o menor no reino dos céus é maior do que ele" (v. 11). A instituição de Jesus da nova aliança em seu sangue, que é derramado para o perdão dos pecados, é uma linha divisória. O complexo de eventos incluindo a cruz, ressurreição, ascensão e envio do Espírito no Pentecostes traz a chegada da vida redentora do reino, quando João já havia sido executado. João é o maior dos nascidos durante a era do AT por causa de seu papel crucial na preparação do caminho para o Messias e seu reino. A missão de João foi grande por causa da grandeza de quem ele apresentou. Os que estão no reino dos céus são maiores por causa de seu privilégio de ter realmente entrado no nesse reino. Mesmo o menor no reino dos céus pode apontar para Jesus como o libertador messiânico mais claramente do que João. Além disso, os menores no reino experimentaram em primeira mão o perdão de seus pecados e a transformação da regeneração pelo Espírito que caracteriza esta era. A grandeza de acordo com Jesus não está relacionada à realização, mas à aquisição de sua obra redentora e ao serviço de alguém para promover a causa do reino (cf. 18:1-4; 20:20-28).

Se vocês estiverem dispostos a aceitá-lo, ele é o Elias que haveria de vir (11:14): Jesus aqui afirma a reencarnação? Estaria contradizendo João Batista, que disse em João 1:21 que ele não era Elias? Jesus testifica do papel vital que João desempenhou como a culminação da profecia durante todo o período do AT que aguardava a chegada do reino messiânico. Essa esperança profética foi realizada na preparação de João para a inauguração do reino dos céus por Jesus. Assim, Jesus diz à multidão: "Se vocês estiverem dispostos a aceitá-lo, ele é o Elias que haveria de vir" (11:14). Malaquias havia profetizado que Elias prepararia o caminho para o Messias (Ml 3:1; 4:5). Isso não implica uma reencarnação literal de Elias, pois a reencarnação não é uma ideia bíblica, mas talvez algumas pessoas tenham entendido mal esse ponto, exigindo a negação do próprio João em Jo 1:21. João cumpriu a profecia de Malaquias, sendo designado como aquele que ministraria no "espírito e poder de Elias" (Lc 1:17). O apelo de Jesus para que o povo reconhecesse João como o cumprimento da profecia de Malaquias é especialmente dramático quando lembramos que Elias deveria preparar a vinda do próprio Senhor no grande e terrível dia do Senhor (cf. Ml 3:1; 4:5-6). Jesus equipara seu ministério como Messias com a própria chegada de Deus, outra revelação de sua divindade (cf. 11:10; França 2007, p. 431-33; França 1971, p. 91-92, 155). (Veja mais comentários em João 1:21.)

Mateus 11:16-24

Ai de você, Corazim! (11:21): Em meados do século 19, C. W. M. Van de Velde identificou o local da antiga Corazim (Yeivin 1987, p. 22-39; esp. 24). Corazim (Khirbet Kerazeh) fica a quatro quilômetros ao norte de Cafarnaum. Poucas evidências para a cidade da época de Jesus ainda permanecem, mas entre os séculos 3 e 4 ela foi descrita na literatura rabínica como uma "cidade de tamanho médio" (*t. Makkoth* 3.8; b. *Menahoth* 85a, 85b). As ruínas de basalto negro de uma grande sinagoga daquela época posterior foram escavadas, com o famoso "assento de Moisés" (cf. 23:2) descoberto nas ruínas. A cidade foi destruída por um terremoto e reconstruída no século 5, apenas para ser destruída novamente no século 7 ou 8 (Neusner e Green 1999, p. 118-19; Rousseau 1995, p. 52-54).

Os céticos afirmam que Corazim não existia nos dias de Jesus e que sua menção em Mateus prova que o texto foi escrito mais tardiamente do que os evangélicos geralmente afirmam. Embora muitas das ruínas que os arqueólogos descobriram datem do terceiro ou quarto século, temos boas razões para confirmar a existência de Corazim no primeiro século. O Talmude refere-se à existência de Corazim no primeiro século com referência às leis da oferenda do ômer. O rabino Yose disse que eles teriam trazido o trigo de Corazim para o templo para a oferenda do ômer se estivesse mais perto de Jerusalém (*b. Menahoth* p. 85a). Como o templo ainda estava de pé, esse ditado aponta para uma cidade estabelecida no início do primeiro século. Além disso, escavações em Corazim sugerem que não havia mercado. Nos primeiros séculos a.C. e d.C. as forças do mercado ainda não haviam levado à criação de um mercado onde as pessoas compravam e vendiam mercadorias, como era típico das cidades helênicas e romanas posteriores. Isso leva muitos estudiosos a concluir que Corazim e as cidades de Caná, Cafarnaum e Betsaida foram estabelecidas antes do início do ministério de Jesus (Charlesworth, 2006, p. 127-28). Zeev Yeivin, que participou de uma escavação de Corazim no século 20, explica que a cidade teve seus primórdios antes do ministério de Jesus na parte norte da colina e depois se desenvolveu ao sul e oeste. No final do século 3 ou início do século 4 d.C., estendia-se pela maior parte da colina (Yeivin 1987, p. 22-39). Ao contrário da opinião cética, as evidências sugerem que Corazim era uma cidade que rejeitou o ministério milagroso de Jesus e haveria de colher julgamento por rejeitar seu anúncio da chegada do reino dos céus. É preocupante notar que essas três cidades da Galileia condenadas por Jesus — Corazim, Betsaida e Cafarnaum —, muitas vezes chamadas de "triângulo evangélico" (Pixner 1992, p. 33-35) por causa de seu privilégio de experimentar tanto do ministério de Jesus de pregação e milagres, estão desabitadas hoje (Evans 2012, p. 242-43).

Mateus 11:25-30

Naquele tempo, Jesus disse: "Eu te louvo, Pai, Senhor do céu e da terra, porque ocultaste estas coisas aos sábios e instruídos e as revelaste aos pequeninos" (11:25): Será que Jesus quis dizer que ser "sábio e instruído" é espiritualmente perigoso e inerentemente ruim? No contexto do questionamento, rejeição e julgamento ("naquele tempo"; 11:1-24), Jesus louva o Pai por seu sábio plano de redenção. "Estas coisas" (*tauta*) que estão ocultas e reveladas são as atividades das boas-novas da presença do reino dos céus que exigiram olhos humildes de fé para ver a mão de Deus nelas. Jesus não está aqui condenando a sabedoria, nem está sugerindo que a ignorância seja uma virtude espiritual. Os "sábios e instruídos" a quem Jesus se refere não são especialistas acadêmicos, mas aqueles que teimosamente se recusam a se arrepender e aprender com Jesus o verdadeiro caminho para Deus. Jesus condenou a presente geração de pessoas em Cafarnaum, Corazim e Betsaida — assim como os líderes religiosos — por essas atitudes (cf. 23:25-28). "Crianças" são aqueles que inocentemente (não ingenuamente) recebem a revelação de Jesus do Pai (cf. 18:1-5). A soberania divina do Pai e a responsabilidade dos que assim respondem são mantidas em perfeito equilíbrio.

Todas as coisas me foram confiadas por meu Pai. Ninguém conhece o Filho exceto o Pai, e ninguém conhece o Pai exceto o Filho e qualquer um a quem o Filho deseja revelá-lo (11:27): Essa declaração foi chamada de "a passagem mais importante para o estudo da cristologia sinóptica" (Ladd 1993, p. 164). Revela a profunda autoconsciência divina de Jesus. Em Mateus, Jesus é validado no batismo como Filho (3:17), provado como Filho de Deus (4:2-10), adorado como Filho de Deus (14:33), confessado como Filho do Deus vivo (16:16), validado na Transfiguração como o Filho (17:5), alude a si mesmo como o Filho nas parábolas do proprietário de terras e do banquete de casamento (21:23-46; 22:1-14), refere-se a si mesmo como o Filho do Pai (24:36), enfatizado como Filho de Deus no julgamento e crucificação (cf. 26:39, 63; 27:43, 54), e associado ao Pai e ao Espírito Santo como o Filho no batismo de novos discípulos.

Jesus é o único mediador a quem "todas as coisas foram confiadas" (11:27), o que se refere à revelação do conhecimento do Pai, à qual Jesus se referiu na oração anterior (11:25-26). Em seu estado encarnado e eterno como Filho, Jesus e o Pai se conhecem de maneira exclusiva. Para Jesus como Filho, o Pai é "meu Pai", não "o Pai". Eles desfrutam de um conhecimento direto, intuitivo e imediato que se baseia em seu relacionamento como Pai e Filho. Como tal, o que o Pai e o Filho compartilham se destaca de todos os relacionamentos humanos e de todo o conhecimento humano (Ladd 1993, p. 165-66).

Alguns, como as Testemunhas de Jeová, leem nesse versículo uma subordinação ontológica de Cristo. A Escritura explica uma subordinação funcional do Filho ao Pai. O ato de o Filho se tornar carne é um exemplo dessa subordinação. No entanto, essa subordinação não é uma questão de essência, mas de função. Jesus, como Deus em carne, não é ontologicamente inferior ao Pai. Eles são igualmente divinos em sua natureza. Em seu estado encarnado, Jesus recebeu do Pai a autoridade exclusiva para revelar o Pai, o que não implica a inferioridade do Filho ao Pai, mas o processo de revelação (Guthrie 1981, p. 307). Os seres humanos podem conhecer o Pai somente através da vontade soberana da revelação do Filho. Portanto, um elemento crucial da missão messiânica de Jesus é transmitir às pessoas um conhecimento mediado de Deus, o que indica que filiação e messianidade não são a mesma coisa. A filiação precede a messianidade e é a base de toda a missão messiânica.

Mateus 12:1-8

Pois o Filho do Homem é o Senhor do sábado (12:8): Como o ensino de Jesus aqui se encaixa com sua afirmação de que nem a menor letra da lei passará até que o céu e a terra passem (5:18)? A presente controvérsia surgiu porque os fariseus viram os discípulos de Jesus "trabalhando" no sábado. Jesus cita dois exemplos do AT que tornam ineficaz a acusação dos fariseus (11:4; 11:5-6), e então dá uma terceira resposta que esclarece seu uso desses exemplos (11:7-8). O argumento de Jesus é que sua vinda e ensino autoritativos cumpriram a Lei, levando-a ao resultado pretendido. Jesus não está revogando a Lei, mas declarando como sua correta interpretação liberta seus discípulos do legalismo farisaico.

O primeiro exemplo que Jesus cita é o incidente quando Davi estava fugindo do rei Saul (cf. 1Sm 21:1-7 [21:2-8 MT]; 22:9-23). O "pão consagrado" era apenas para ser comido pelos sacerdotes (Lv 24:5-9). Jesus indica que, tecnicamente, Davi e seus homens fizeram o que era ilegal (*exestin*), mas é importante notar que a Escritura não os condena por comerem o pão sagrado, nem condena o sacerdote Aimeleque por permitir que o façam. Jesus não tolera a quebra da Lei apontando para o precedente de Davi. Davi e seus homens tecnicamente violaram a Lei, mas aparentemente Aimeleque entendeu que, como o ungido de Deus, Davi estava servindo a Deus, e ele tinha direito ao pão naquele momento de necessidade. Aimeleque serviu aos propósitos de Deus alimentando o Davi em fuga (Klein 1983, p. 212-14). A intenção da Lei é servir ao povo de Deus e não que o povo de Deus sirva à Lei.

O segundo incidente do AT ao qual Jesus se refere não é encontrado na narrativa de Marcos ou de Lucas (cf. Mc 2:27; Lc 6:5): "Ou não leram na Lei que aos sábados os sacerdotes no templo violam o sábado e são inocentes?" (Mt 12:5). Aqui Jesus alude à diretiva do Pentateuco que exigia que os sacerdotes fizessem ofertas de sacrifício no sábado (e.g., Nm 28:9-10). Essas figuras do AT violavam regularmente o sábado quando cumpriam seus deveres no sábado, mas eram consideradas inocentes. Visto que a Lei exigia que eles trabalhassem nesse dia, Deus fez concessões dentro da Lei. Como o incidente de Davi e seus homens, a Lei permitia violações quando Deus chamava as pessoas para uma tarefa que as colocava em conflito com a Lei.

A terceira resposta de Jesus conduz o argumento um passo adiante, citando uma segunda vez Os 6:6 (cf. 9:13): "Se você soubesse o que isso significa: desejo misericórdia e não sacrifício, você não teria condenado o inocente" (12:7). Os discípulos de Jesus são os inocentes que mereciam a misericórdia dos fariseus, não sua condenação. Deus em sua grande misericórdia havia dado o sábado para aliviar suas criaturas dos fardos diários, não para que as pessoas realizassem sacrifícios semanais. Os discípulos não eram culpados de acordo com a Lei do AT, mas apenas de acordo com a interpretação farisaica da Lei. Se os fariseus não apenas lessem o profeta, mas o entendessem, eles saberiam que em seu julgamento acerca do sábado eles deveriam ter estendido misericórdia, não exigido mais sacrifício. Jesus ataca o próprio cerne da tendência farisaica de adicionar peso à vida diária das pessoas pelo acúmulo de tradições orais.

Mateus 12:16-21

Para que se cumprisse o que foi dito pelo profeta Isaías (12:17): Os críticos questionam se Mateus está correto ao identificar Jesus como o Servo messiânico de Is 42:1-4. Como ele faz com outras profecias do AT, Mateus mostra como Jesus é o cumprimento da profecia de maneiras que afirmam o contexto original e o levam ao que até mesmo o profeta pode não ter percebido completamente. A identidade do Servo nos Cânticos do Servo de Isaías (Is 40—52) é desconcertante porque vacila entre Israel como o Servo (41:8-10; 44:1-3, 21; 45:4 [49:3?]), e um indivíduo que lidera a nação como o Servo (42:1-4; 49:5-7). Esse indivíduo surge como o Servo Messias que tem um ministério para Israel e as nações. Mateus retoma a profecia de Isaías para dar uma das declarações mais claras da intenção de Jesus como Messias: ele é o Servo Sofredor, dotado do Espírito, que promove uma missão de justiça para as nações (Beaton 1999, p. 5-23). A era que Jesus inaugurou com a chegada do reino dos céus é a era do Espírito. A "justiça" (*krisis*) que Jesus traz às "nações" (*ta ethnē*) combina o senso de graça e julgamento que caracterizou o tema da justiça interior que acompanha a chegada do reino dos céus (e.g., 5:20). O Servo pronunciará a chegada do reino que é um convite à vida do reino, mas que também é uma sentença de julgamento sobre os governantes deste mundo.

Mateus 12:22-32

Então foi trazido a Ele um endemoninhado, cego e incapaz de falar. Ele o curou, para que o homem pudesse falar e ver (12:22): Se a cegueira e a mudez do homem haviam sido causadas por um demônio, por que Jesus o curou em vez de exorcizar o demônio? Estaria Mateus misturando categorias (exorcismo de demônios e cura de doenças físicas)? Em tal situação, a possessão demoníaca do homem resultou em cegueira e incapacidade de falar, portanto, embora não declarada, a cura deve ter envolvido um exorcismo. Não há registro no AT de qualquer cura milagrosa de cego, mas é um dos milagres mais comuns de Jesus e uma assinatura de sua identidade messiânica (cf. 9:27-31; 12:22-23; 15:30-31; 20:30-34; 21:14-15). Para comentários adicionais sobre a relação entre cura e exorcismo, veja comentários em 4:24 e 9:32.

Quem disser uma palavra contra o Filho do Homem, isso lhe será perdoado. Mas quem falar contra o Espírito Santo, não será perdoado, nem nesta era nem na vindoura (12:32): Indicaria Jesus aqui que Ele não é Deus, mas que o Espírito Santo o é? Se não, por que Ele parece levar mais a sério aqueles que blasfemam contra o Espírito? O AT ensina que o pecado deliberado e desafiador contra Deus e suas ordenanças é blasfêmia, e que a culpa fará com que os que assim procedem sejam extirpados do povo (Nm 15:30-31). O judaísmo considerava imperdoável esse pecado desafiador: "E, portanto, não há para eles remissão ou perdão, para que sejam remidos e perdoados de todos os pecados deste erro eterno" (*Jubilees* 15:34). O ensinamento de Jesus na presente passagem é que a rejeição de seu ministério, conforme validado pelo Espírito, é o mesmo tipo de pecado desafiador e deliberado. Os ouvintes que atribuíam a obra e o poder de Jesus a Satanás estavam demonstrando a mais alta desonra a Deus. Considerando que a realidade da presença do reino de Deus é evidenciada por meio de exorcismos, curas e milagres, todos produzidos pelo Espírito com o qual Jesus foi ungido, rejeitar essa evidência é rejeitar a oferta do reino de perdão dos pecados (9:1-8). Enquanto os fariseus continuarem a rejeitar essa evidência e atribuir a operação do Espírito a Satanás, eles não poderão entrar no reino e receber o perdão.

Jesus não descarta a importância da blasfêmia contra si mesmo, mas reconhece que falar contra Ele implica que a pessoa não conhece sua identidade plena. Através de uma maior revelação e compreensão, essa deficiência pode ser superada: a pessoa pode se arrepender, e então pode encontrar o perdão do pecado. Ao ceder à obra de evidência e convicção do Espírito, uma pessoa pode ser levada a esse ponto. O único verdadeiro "pecado imperdoável" é quando uma pessoa consciente e voluntariamente rejeita a operação do Espírito dando testemunho da realidade de Jesus como o Salvador, e rejeita o poder convincente do Espírito em sua vida. (Veja mais comentários em Mc 3:28-29.)

MATEUS 12:33-45

Pois por suas palavras você será absolvido, e por suas palavras você será condenado (12:37): Nosso destino eterno se resume às palavras que usamos? Esse versículo pode parecer dizer isso, o que implica que nossa salvação se dá pelas obras (escolhendo nossas palavras com cuidado). A declaração de Jesus não sugere que nosso destino eterno seja baseado em obras promovidas por boas palavras, mas sim que nosso falar indica o estado de nosso coração. Jesus disse aos fariseus: "Raça de víboras! Como vocês podem falar coisas boas quando vocês são maus? Pois a boca fala do que transborda o coração. O homem bom tira coisas boas de seu depósito de bens, e o homem mau tira coisas más de seu depósito de males" (12:34-35). As víboras são conhecidas por sua abordagem e ataque sutis, assim como a serpente original (Gn 3). De maneira semelhante, os fariseus tentaram esconder sua própria blasfêmia chamando Jesus de blasfemador. Mas Jesus revelou o cerne do problema dos fariseus — eles blasfemavam contra o Espírito porque o coração deles era mau. As palavras de acusação com as quais caluniaram Jesus revelaram seu coração maligno.

Uma geração má e adúltera exige um sinal, mas nenhum sinal lhe será dado, exceto o sinal do profeta Jonas (12:39): Isso contradiz Mc 8:12, onde Jesus diz que nenhum sinal seria dado? O contexto é a resposta de Jesus à tentativa dos fariseus de prendê-lo. Ele os confronta sobre sua dupla motivação e condenação iminente. Em resposta ao pedido deles por um sinal, Jesus diz que "nenhum sinal será dado... exceto o sinal do profeta Jonas". O relato de Marcos é abreviado e simplesmente mostra Jesus afirmando: "Nenhum sinal será dado a esta geração!" (Mc 8:11). Os estudiosos têm oferecido uma variedade de explicações para essa diferença. Muitos concluem que Jesus não pronunciou a referência a Jonas, mas que Mateus a acrescentou (Lucas também o fez; Lc 11:29). Outros sugerem que Marcos abreviou a declaração original de Jesus que incluía a menção a Jonas. A teoria diz que Marcos teria feito isso para se manter fiel ao seu tema secreto messiânico, onde Jesus mantém sua identidade como um segredo bem guardado, exceto entre os Doze. O fato de Mateus e Lucas mencionarem Jonas é uma forte evidência de que eles tiveram acesso a fontes que remontavam à declaração original de Jesus.

Carson sugere que a diferença entre Marcos e os outros Sinóticos é mais sutil: "Entendido corretamente o que é o sinal, que é a exceção em Mateus e Lucas, não se trata absolutamente de um sinal como os oponentes de Jesus entenderam a palavra. Torna-se um sinal apenas para quem tem olhos para ver" (2010, p. 340). Jonas não é algum tipo de sinal que ele traz em si próprio. Em vez disso, ele foi o sinal para o povo de Nínive de que sua mensagem era do Deus que o havia resgatado da morte (Jn 3:1-5). Da mesma forma, a geração que ouviu a mensagem de Jesus e viu seu ministério teve provas suficientes de validação em seus milagres de que Ele era o Messias. Em vez de se arrependerem ao ver seus milagres, eles tentaram usá-los como base para a acusação de que Ele estava aliado a Satanás (12:24). Por causa de sua má intenção, o único outro "sinal" que Jesus daria a eles era um "sinal" do julgamento vindouro de Deus sobre eles, como Jonas foi para o povo de Nínive. Os autores Sinóticos concordam que Jesus não produziria um sinal sob demanda para satisfazer os duvidosos.

Pois assim como Jonas esteve três dias e três noites no ventre do grande peixe, assim o Filho do Homem estará três dias e três noites no coração da terra (12:40): Os críticos acusam que o sepultamento de Jesus não foi análogo ao de Jonas, pois Jonas esteve "três dias e três noites" no ventre do peixe, enquanto Jesus foi enterrado no final da tarde de sexta-feira e ressuscitou na manhã de domingo. Jesus disse que seria ressuscitado "no terceiro dia". Se fossem literalmente três dias e três noites no túmulo, ele teria ressuscitado no quarto dia. Em vez de ver uma incompatibilidade aqui, devemos levar em conta o cálculo judaico do tempo, que era mais flexível do que o nosso. O AT considerava uma parte de um dia como um dia inteiro (cf. Gn 42:17-18; 1Sm 30:12-13; 1Rs 20:29; 2Cr 10:5, 12; Et 4:16; 5:1). No pensamento rabínico, uma parte de um dia era considerada um dia inteiro (cf. *y. Šab.*, 12a, 15, 17; cf. *b. Naz.* 5b; b. *Pesahd.* 4.2; citado em Delling, *TDNT*, 2:949-50). Em conclusão, três dias e três noites é quase uma expressão proverbial que significa não mais do que três dias ou a combinação de qualquer parte de três dias separados.

Quando um espírito imundo sai de um homem, ele vagueia por lugares áridos procurando descanso, mas não encontra (12:43): O que é um espírito impuro? Eles precisam literalmente descansar? Também é feita referência ao "espírito imundo" em 10:1 (cf. 8:16), e é sinônimo de "espírito maligno" e "demônio". Os demônios são frequentemente associados a lugares desérticos (sem água) como seu lar (Is 13:21; 34:14; Tobias 8:3; *1Enoque* 10:4). O "descanso" implica que, embora um demônio possa existir em um estado desencarnado, ele realiza melhor seu propósito maligno em um estado corporificado. O demônio exorcizado busca, assim, a retomada da pessoa, tanto em seus aspectos materiais quanto imateriais. Observe a declaração no versículo 44: "Voltarei para minha casa de onde saí". É por isso que se chama *possessão* demoníaca. O demônio toma posse da pessoa e a controla. O demônio usa manifestações espirituais e físicas para realizar suas más intenções.

Mateus 12:46-50

Sua mãe e seus irmãos estavam do lado de fora (12:46): Aqueles que acreditam que Maria permaneceu virgem ao longo de sua vida (o que é conhecido como "virgindade perpétua") argumentam que "irmãos" (*adelphoi*) se refere aos filhos de José por um casamento anterior ou primos de Jesus. Não há evidência histórica de que José tenha sido casado anteriormente, muito menos de que tenha tido filhos. Se José tivesse filhos de um casamento anterior, o primogênito desse grupo, e não Jesus, teria sido o herdeiro legal do trono de Davi por meio de José (Carson 2010, p. 345). Obviamente, isso não se encaixaria na abordagem de Mateus, que enfatiza Jesus como herdeiro de Davi. Embora "irmão" possa ter um significado mais amplo para incluir primo, não há garantia contextual para ler esse significado em seu uso aqui. Os principais estudiosos católicos romanos de Mateus reconhecem a dificuldade de ler "irmãos" como algo diferente dos filhos de Maria. Por exemplo, Harrington comenta: "É duvidoso que Mateus conhecesse a tradição sobre a virgindade perpétua de Maria" (1991, p. 191). A leitura mais natural desta passagem, especialmente à luz da narrativa da infância (veja comentários em 1:24-25) e a menção posterior dos irmãos e irmãs de Jesus (13:55-56), é que uma vez que Jesus nasceu, José e Maria tiveram relações sexuais e tiveram outros filhos os quais eram meios-irmãos e irmãs de Jesus. Veja também comentários sobre 1:24-25 e 13:55.

Quem é minha mãe e quem são meus irmãos? (12:48): Jesus estaria sendo desrespeitoso com sua família aqui? Em vez de mostrar desrespeito, Jesus mostra que não será dissuadido de sua missão messiânica, mesmo que isso signifique romper as lealdades familiares. Apontando para seus discípulos, Ele disse: "Aqui estão minha mãe e meus irmãos" (12:49). Jesus já mencionou que a separação pode ocorrer entre membros da família por segui-lo (10:34-39; cf. 8:21-22). Jesus não veio para abolir a família; Ele defende a lei que exige que os filhos honrem o pai e a mãe e repreende aqueles que desenvolvem tradições que lhes permitem contornar as obrigações familiares (15:3-9). Após o discurso em parábolas, Jesus retorna a Nazaré, onde sua família ainda morava, para pregar na sinagoga (13:54-58). Em vez de rejeitar sua família, Jesus está demonstrando a preeminência do compromisso de uma pessoa com Ele e com o reino dos céus. Isso forma uma nova família espiritual em relação a Ele e ao Pai, cuja característica central é fazer a vontade do Pai (12:50).

Mateus 13:10-17

Os segredos do reino dos céus foram dados para vocês conhecerem, mas não foram dados a eles (13:11): As pessoas costumam dizer que Jesus ensinava por parábolas para que pudesse ser prontamente compreendido. Afinal, as parábolas simplificam conceitos e os exemplificam em termos cotidianos. Mas Jesus diz que fala à multidão por meio de parábolas porque Deus deu os segredos do reino dos céus aos discípulos, não à multidão. É crucial reconhecer a distinção entre os discípulos e a multidão para entender o propósito de Jesus ao falar em parábolas. Jesus usava as parábolas para levar o ouvinte a tomar uma decisão sobre o reino de Deus.

Os céticos questionam a ética da razão de Jesus usar parábolas. Outros comentam que sua tática se assemelha à ênfase gnóstica no conhecimento secreto que conduz à salvação. Para entender adequadamente como Jesus emprega as parábolas, devemos desvendar o significado de sua linguagem aqui. A palavra "segredos" é o grego *musteria* ("mistérios"), que se baseia em um pano de fundo semítico que fala de um segredo escatológico transmitido em linguagem velada aos escolhidos de Deus. Encontramos o termo em Daniel: "O mistério foi então revelado a Daniel em uma visão à noite" (2:19; cf. 2:27-30, 47; 4:9). A ideia de Deus revelando seu segredo também é encontrada em outro lugar como um tema poderoso no AT (e.g., Jó 15:8; Sl 25:14; Pv 3:32; Am 3:7). A mensagem de Jesus desde o início de seu ministério declarou que o reino dos céus havia chegado, mas nem sempre foi aparente para aqueles que observaram. Jesus dá a seus discípulos uma compreensão do reino como é agora e será, existindo e operando no mundo. O reino está presente, mas não em seu poder plenamente manifestado. George Ladd observa:

O mistério é uma nova revelação do propósito de Deus para o estabelecimento de seu Reino. A nova verdade, agora dada aos homens e mulheres por revelação na pessoa e na missão de Jesus, é que o Reino que há de vir finalmente em poder apocalíptico, conforme previsto em Daniel, de fato entrou no mundo antecipadamente em uma forma oculta para trabalhar secretamente dentro e entre os humanos (1993, p. 92).

Os mistérios não dizem respeito ao estabelecimento divino do reino de Deus, o qual era uma esperança profética bem conhecida dentro de Israel, mas que ele havia chegado de uma forma diferente da que havia sido prevista. Jesus revelou esse segredo em palavras veladas aos escolhidos de Deus. Assim, por um lado, as parábolas revelam aos discípulos como o reino de Deus operará neste mundo antes de sua manifestação final e poderosa, que Ele revelará mais adiante no discurso final em Mateus (caps. 24—25). Por outro lado, a verdade que é revelada aos discípulos é escondida da multidão por causa de sua indiferença espiritual. A frase traduzida como "porque olhando eles não veem" (13:13) é introduzida pela conjunção subordinativa *hoti*, que normalmente é causal. Isso indica que a força ofuscante das parábolas é resultado da própria dureza espiritual do coração do povo. Deus conhece aqueles que endurecerão seu coração contra a mensagem de Jesus, então as parábolas são usadas para endurecer seu coração até o ponto onde eventualmente eles serão incapazes de responder (13:15). Deus também conhece aqueles que responderão à mensagem do evangelho, então as parábolas provocam uma resposta positiva para vir a Jesus, tornar-se seu discípulo e pedir explicação (cf. 13:10).

Em conclusão, Jesus alcançou dois objetivos por meio de parábolas. Primeiro, Ele testou o coração dos ouvintes. As parábolas atuam como um exame espiritual, levando a uma resposta que indica se o coração do ouvinte está aberto à mensagem de Jesus ou se está endurecido. Se o ouvinte está endurecido para a mensagem de Jesus, a parábola estimula confusão ou rejeição total e o leva a se afastar de Jesus e da verdade (13:11-15). Se, em vez disso, o coração da pessoa estiver aberto, ela virá a Jesus para maiores esclarecimentos sobre o significado da parábola — como faziam os discípulos (13:10) — e eventualmente compreenderá a verdade contida nas parábolas (13:51).

Em segundo lugar, as parábolas dão instruções àqueles que são sensíveis. As parábolas revelam e instruem os discípulos de Jesus sobre a natureza do reino dos céus, mostrando como Ele opera neste mundo de maneira muito diferente do que os líderes religiosos e as multidões esperavam. Por meio de parábolas, Jesus dá indicações sobre o desenvolvimento do reino (semeador: 13:18-23, 36-43; joio: 13:24-30; grão de mostarda: 13:31-32; fermento: 13:33), o valor incomparável do reino (tesouro: 13:44; pérola: 13:45-46), participação no reino (rede de pescar: 13:47-50; cf. vinha: 21:43; dois filhos: 21: 28-32) e serviço no reino (mestre da lei: 13:51-52). A resposta positiva dos discípulos é vista em seu pedido de mais explicações (13:10, 36), cuja recompensa é a explicação de Jesus sobre as parábolas (13:18-23, 37-43) e o ensino de parábolas dirigido a eles que revela verdades adicionais sobre os mistérios do reino (13:44-52). Embora os discípulos não sejam perfeitos no entendimento, eles possuem o potencial e o desejo de progredir. Por fim, eles *irão* entender porque foram obedientes em prestar atenção e ouvir (13:51).

Neles se cumpre a profecia de Isaías, que diz... (13:14-15): Jesus cita Is 6:9-10 para indicar que, assim como Israel tinha um longo histórico de incredulidade e rejeição dos profetas de Deus, a multidão agora está endurecida contra Ele (Mt 13:14-15). Jesus não está sugerindo que Isaías profetizou essa situação exata. Em vez disso, Ele quer dizer que a multidão reflete o povo de Israel a quem o profeta Isaías ministrou. Como nos dias de Isaías, o povo rejeitou a mensagem de Deus porque estava espiritualmente morto. A conjunção subordinada *mepote*, "para que não" ou "caso contrário" (13:15) denota o propósito do endurecimento divino e é paralelo ao pensamento no relato de Marcos (Mc 4:12). Conforme observado nos comentários sobre 13:11, as parábolas estimularam um endurecimento naqueles que rejeitaram Jesus, o que os proibia de se voltarem para Deus para curá-los. Deus não força ninguém a aceitar a mensagem do reino, então a resposta da multidão às parábolas era ditada pela natureza de seu coração. (Veja mais comentários em Mc 4:11-12 e Lc 8:10.)

Mateus 13:31-35

O reino dos céus é como um grão de mostarda [...] a menor de todas as sementes (13:31-32): Jesus teria cometido algum erro aqui? Afinal, o grão de mostarda não é a menor de todas as sementes. Se Jesus fosse divino, certamente Ele saberia disso. Primeiro, observe que Jesus não está ensinando ciência ou agricultura aqui. Em vez disso, Ele está citando uma atividade familiar (semear) para ilustrar a atividade do reino dos céus. A literatura rabínica fornece metáforas contrastantes semelhantes envolvendo sementes de mostarda. Por um lado, o grão de mostarda exemplifica a menor quantidade de seiva (*j. Ber.* 5.8d; *b. Ber.* 31a), enquanto, por outro lado, o rabino galileu Simeon ben Halafta (final do segundo século d.C.) afirma que ele escalou um arbusto de mostarda que era tão alto quanto uma figueira (*j. Pe'ah* 7.20b).

Em segundo lugar, Jesus estava falando dentro de um contexto específico e para um público específico. A semente de mostarda era a menor semente conhecida na Palestina naquela época e, portanto, Jesus apelou ao entendimento deles para ilustrar o contraste dos pequenos começos da semente de mostarda com seus resultados finais. Aparentemente, o contraste notável dos pequenos começos da semente com seus resultados finais assumiu um status proverbial no judaísmo (cf. 17:20). A parábola enfatiza que o reino dos céus está presente no mundo, mas em uma forma minúscula e aparentemente insignificante. Mas resta a certeza de que crescerá até a grandeza profetizada. "O que pode não parecer muito para o mundo, de fato cumprirá todas as promessas de Deus" (Blomberg 1992, p. 220). (Veja comentários adicionais em Mc 4:31-32.)

Jesus não falava nada com eles sem uma parábola (13:34): A declaração de Mateus não pretende sugerir que todo o ministério de ensino de Jesus foi feito por parábolas, mas sim fala do fato de que Ele ensinou principalmente as multidões por meio de parábolas. Seus discípulos haviam notado isso anteriormente, e Jesus explicou seu raciocínio (veja 13:10-17). As parábolas são um dos meios pelos quais Jesus testa o coração das pessoas na multidão, levando-as a estar com Ele ou contra Ele (12:30).

Abrirei a minha boca em parábolas; Eu declararei coisas mantidas em segredo desde a fundação do mundo (13:35): Mateus quis dizer que Asafe (no Sl 78:2-3) profetizou sobre o Messias? O salmo não diz nada sobre coisas mantidas em segredo. Mateus está acrescentando ao seu significado? Em vez de afirmar que Asafe fez uma profecia preditiva, Mateus se baseia em um precedente do AT para descrever o relacionamento de Jesus com a multidão. Asafe refletiu sobre a história de Israel e esclareceu por meio de parábolas o significado dos eventos históricos da salvação passada de Deus, para que o povo aprendesse com sua história e não fosse também um povo teimoso e rebelde com corações duros para a obra salvadora de Deus (Sl 78:2, 8). A fórmula de cumprimento padrão de Mateus diz que Jesus prestou um serviço semelhante a Israel em seus dias, revelando em suas parábolas os segredos do reino dos céus que estavam ocultos desde o início (Morris 1992, p. 354-355). Todo o AT tem aguardado a chegada de Jesus com a inauguração do reino dos céus, e em seu ministério Ele reuniu os muitos fios da esperança profética que pareciam díspares para alguns (Ito 1992, p. 29-30).

Mateus 13:36-43

Eles os lançarão na fornalha ardente, onde haverá choro e ranger de dentes (13:42): Jesus indica regularmente que a consequência do pecado nesta vida é o castigo eterno na vida após a morte. No Sermão da Montanha, Ele falou dele como um lugar de "fogo do inferno" (5:22), e em outros lugares, como um lugar de "trevas exteriores" (8:12). Em ambos os lugares, Jesus indica que "choro e ranger de dentes" apontam para luto pessoal e desespero consciente quando o indivíduo reconhece seu destino eterno.

As imagens do fogo e da escuridão podem parecer contraditórias, pois o fogo produz a luz, enquanto o fogo dissipa a escuridão. Mas juntas essas imagens apontam para a terrível realidade do inferno. As Escrituras usam a luz para se referir ao que está associado a Deus, e as trevas se referem ao reino oposto de Satanás. O salmista exalta o Senhor que "envolve-se na luz como se fosse um manto" (Sl 104:2) e a exortação em Provérbios é trilhar o caminho dos justos em contraste com aqueles que "andam nos caminhos das trevas" (Pv 2:13). No NT, a situação humana de pecado e julgamento é comparada a um estado de escuridão (e.g., Rm 1:21; Mt 22:13; Jo 3:19). Satanás finge ser um anjo de luz, mas na verdade ele é um ministro das trevas (2Co 11:14), e o mal é vividamente entendido como um reino de poderes das trevas (Ef 6:12) do qual aqueles que estão em cativeiro precisam ser libertados (Cl 1:13). O mundo está em trevas até que a luz do evangelho irrompa, transformando os filhos das trevas em filhos da luz (1Ts 5:4-5). O inferno implica a escuridão do banimento da gloriosa presença e luz de Deus e envolverá intenso sofrimento pessoal. Para mais considerações sobre as imagens do inferno, veja os comentários em 5:22 e 8:12. (Veja mais comentários em Mc 9:44,48 e Lc 12:5.)

Mateus 13:44-52

O reino dos céus é como um tesouro enterrado em um campo, que um homem encontrou e enterrou novamente (13:44): Encontrar um tesouro na propriedade de outra pessoa, escondê-lo em outro lugar dessa propriedade e, em seguida, organizar a compra da propriedade sem revelar ao vendedor a presença do tesouro parece antiético pelos padrões de hoje. Jesus está tolerando um comportamento antiético ao contar esta parábola? Os tesouros costumavam ser escondidos em campos nos tempos antigos, já que não havia bancos formais como os conhecemos hoje. Foi isso que o servo preguiçoso fez na parábola dos talentos (25:25). Além disso, não era incomum que as pessoas escondessem objetos de valor quando um exército saqueador se aproximava. Se o dono da casa não sobrevivesse à invasão, o tesouro seria esquecido e não reclamado. A terra poderia mudar de mãos várias vezes sem que ninguém soubesse do tesouro escondido. Assim era a conduta para os "descobridores, proprietários". Isso não é diferente das leis modernas que regem os naufrágios. Para destroços de uma certa idade, o proprietário perde os direitos sobre a carga e os bens, enquanto os caçadores de tesouros podem reclamar e recuperar os bens.

MATEUS 13:53-58

Não é este o filho do carpinteiro? Sua mãe não se chama Maria, e seus irmãos Tiago, José, Simão e Judas? (13:55): Os críticos se aproveitaram de Jesus ser chamado de "o filho do carpinteiro" nesse versículo, como se fosse uma prova de que o próprio NT nega a concepção milagrosa de Jesus. Não há mérito nisso. Em primeiro lugar, o próprio Mateus é claro sobre as origens milagrosas e divinas de Jesus (Mt 1—2). Em segundo lugar, é compreensível que os habitantes da cidade se referissem a Jesus como o filho do carpinteiro.

Os críticos também disseram que se Jesus fosse realmente Deus encarnado, as pessoas da cidade deveriam saber disso sobre Ele. Afinal, eles acompanharam seu crescimento por muitos anos. Assumindo que Jesus não fez milagres quando criança (o NT não registra nenhum milagre e diz que Jesus realizou seu primeiro sinal nas bodas de Caná; Jo 2:1-11), o povo da cidade o teria visto como um filho da cidade que estava tentando se tornar mais do que Ele realmente era. Se a notícia chegasse a Nazaré sobre os eventos em torno do nascimento de Jesus em Belém e a recepção ali e no templo, os habitantes da cidade poderiam esperar grandes coisas de Jesus. Aparentemente, sua infância completamente normal havia entorpecido todas essas expectativas.

Os estudiosos apresentaram várias hipóteses sobre a relação de Jesus com aqueles que são chamados de seus irmãos e irmãs. Alguns sugeriram que eles eram meios-irmãos e irmãs de Jesus (Orígenes, entre outros), ou primos (Jerônimo). Mas, conforme discutido anteriormente (cf. 1:24-25; 12:46-50), a leitura mais natural das narrativas da família é que uma vez que Jesus nasceu por meio da concepção milagrosa de Maria pelo Espírito Santo, José e Maria tiveram relações sexuais e tiveram outros filhos que são meios-irmãos e irmãs mais novos de Jesus (Tertuliano e Clemente de Alexandria). (Veja comentários adicionais em Mc 6:2-3.)

E Ele não fez muitos milagres lá por causa da incredulidade deles (13:58): Jesus *escolheu* não fazer muitos milagres aqui (possível implicação do texto de Mateus) ou Ele "não foi capaz" de fazer milagres (Mc 6:5)? Por causa da dureza de coração, o povo de Nazaré não estava aberto ao ministério de Jesus. O "não foi capaz" citado por Marcos não é realmente exclusivo, pois ele acrescenta: "exceto que Ele impôs as mãos sobre alguns enfermos e os curou" (Mc 6:5). Portanto, Mateus e Marcos não discordam se Jesus realizou milagres. Quanto a saber se o número de milagres que Ele realizou foi limitado por sua escolha ou seu poder, observe que Jesus curou pessoas em outros lugares cuja fé não era um fator significativo no milagre (e. g, os endemoninhados gadarenos [8:28-34] e o homem coxo em Jo 5). Em Nazaré, a dureza de coração e a rejeição não atraíam o ministério da cura do Espírito, mesmo impedindo, inclusive, o perdão dos pecados (Mt 12:31-32). (Veja também os comentários sobre Mt 24:36 e Mc 6:5.)

Mateus 14:1-36

O rei [...] enviou ordens e mandou decapitar João na prisão (14:9-10): O antigo historiador judeu Josefo corrobora o relato de Mateus sobre a execução de João Batista. Quando Antipas se casou com Herodias, o altamente popular João o condenou publicamente por se casar com a esposa de seu meio-irmão, que também era sua meia-sobrinha. Tal casamento era considerado uma afronta incestuosa à Lei (Lv 18:16; 20:21). Tanto Josefo quanto os evangelistas concordam que Herodes Antipas prendeu e executou João por causa de sua influência sobre o povo. Além disso, eles fornecem perspectivas diferentes e úteis sobre a motivação subjacente para prender João. Josefo assumiu a perspectiva de um soldado e político, enquanto os evangelistas adotaram uma perspectiva moral e espiritual. O relato de Josefo segue sua descrição da derrota de Herodes Antipas nas mãos de Aretas IV, seu ex-sogro, que havia travado uma guerra, em parte, para buscar vingança pelo repúdio de sua filha por Antipas. Josefo supõe que Deus julgou Herodes por seu tratamento para com João. Para saber mais sobre a execução de João por Herodes, veja os comentários em 11:2.

Mateus 14:15-21

Este lugar é um deserto (14:15): O lugar isolado onde a multidão se reuniu para Jesus curar seus enfermos tornou-se o cenário da alimentação culminante dos 5 mil, o único milagre do ministério terreno de Jesus registrado nos quatro Evangelhos. (Veja Mc 6:32-44; Lc 9:10-17; Jo 6:1-15). O registro de Mateus é o relato mais simples. O local tradicional do milagre fica a oeste de Cafarnaum, acima do Heptapegon ("Sete Fontes") na atual Tabgha, apenas cerca de um quilômetro e meio além da "Enseada das Parábolas" (cf. 13:1-3). Essa área era um refúgio favorito para Jesus. Um antigo relato do peregrino Egeria (ca. 383-395) apoia a autenticidade do local:

> Acima do lago há também um campo de grama com muito feno e várias palmeiras. Junto a ela estão as Sete Fontes, cada uma das quais fornece uma enorme quantidade de água. No campo o Senhor alimentou o povo com os sete pães... A Pedra sobre a qual o Senhor colocou o pão foi transformada em altar. Os visitantes retiram pequenos pedaços de rocha desta pedra para o seu bem-estar e isso traz benefícios para todos (citado em Pixner 1996, p. 36).

Essa tradição é reiterada pelo comentário geográfico em Marcos de que, depois de alimentar os 5 mil, Jesus disse aos discípulos que atravessassem para o outro lado, para Betsaida (Mc 6:45).

Uma dificuldade geográfica surge quando notamos que Lucas coloca a alimentação em Betsaida (Lc 9:10), localizada a nordeste de Cafarnaum, no lado leste do rio Jordão. Seguindo essa pista, alguns defendem o conceito de que as curas milagrosas e a alimentação ocorreram do outro lado do mar da Galileia, de Cafarnaum. Nesse caso, Jesus aparentemente foi para o leste de barco e multidões se reuniram ao longo do caminho e o encontraram quando Ele desembarcou no outro lado do Jordão, na região de Betsaida-Júlias. Para explicar a referência de Marcos sobre viajar para Betsaida após a alimentação (Mc 6:45), uma segunda Betsaida foi postulada a oeste de Cafarnaum, talvez localizada perto de Tabgha (e.g., Thomas e Gundry 2003, p. 103 n.z). Outros teorizam que se o rio Jordão seguia um curso mais oriental naquela época, então o antigo ancoradouro de pesca de Betsaida-Júlias localizado em el-Araj pode ter estado na margem oeste na província da Galileia (e. g., Rasmussen 2010, p. 208-10). Qualquer uma dessas teorias sobre a notação de viagem de Marcos explicaria a referência do quarto evangelho a "Betsaida na Galileia" (Jo 12:21), uma vez que Betsaida-Júlias tecnicamente pertencia à divisão política de Gaulanitis ou Traconitis, e a divisão política da Galileia não se estendia a leste do Jordão (Strange, *ABD* 1:692). No entanto, a referência do quarto evangelho pode ter sido uma alusão geral à região geográfica da Galileia, não pretendida no sentido técnico. Em ambos os casos, essa visão afirma que a alimentação ocorreu na região isolada a leste da cidade de Betsaida-Júlias (Lc 9:10), então os discípulos foram para o oeste em direção ao ancoradouro de pesca de Betsaida ou para Betsaida-Tabgha (Mc 6:45), e depois da tempestade eles desembarcaram em Genesaré (Mt 14:34; Mc 6:53). A fraqueza dessa visão explica a declaração de Marcos de que, após a alimentação, os discípulos viajaram para Betsaida (Mc 6:45). Se a alimentação ocorreu em Betsaida, então outra cidade ou subúrbio deve ser postulado, mas não há evidência histórica ou arqueológica de uma Betsaida a oeste do Jordão.

Outros argumentam que, como não há suporte histórico ou arqueológico para um local chamado Betsaida no lado oeste do Jordão, as referências geográficas de Lucas e Marcos implicam em Betsaida-Júlias, a conhecida cidade natal de Pedro, André e Filipe no leste do Jordão (Jo 1:44; 12:21). Sustentado pelo forte apoio tradicional e arqueológico (para discussão, veja Pixner 1985, p. 196-206), essa visão sugere que depois que a alimentação ocorreu em Tabgha, os discípulos viajaram para o leste através do mar em direção a Betsaida-Júlias (Mc 6:45). Como os ventos predominantes sopram de leste a oeste, a furiosa tempestade contra a qual eles lutaram durante a noite os levou para mais perto da costa oeste, e eles decidiram desembarcar em Genesaré (Mt 14:34; Mc 6:53). A fraqueza desse ponto de vista é sua explicação para a declaração de Lucas de que a alimentação ocorreu em Betsaida, não simplesmente que eles estavam viajando para Betsaida (Lc 9:10).

Até descobrirmos mais evidências para ajudar a resolver o enigma, é difícil determinar como pesar as evidências, embora o local tradicional de Tabgha pareça mais plausível. De qualquer maneira, no entanto, multidões poderiam facilmente ter seguido Jesus de Cafarnaum para o oeste até Tabgha (cerca de três quilômetros) ou para o leste até Betsaida (cerca de seis quilômetros), embora uma multidão tão grande carregando os doentes e tentando atravessar o Jordão teria sido mais difícil no último caso. (Veja mais comentários em Mc 6:32-44 e Lc 9:10-20.)

Todos comeram e ficaram satisfeitos (14:20): Os céticos dizem que o "milagre" de Jesus aqui foi que Ele incentivou mais compartilhamento e franqueza sobre quanta comida estava realmente disponível. Essa não é uma explicação plausível, pois ela vê no relato detalhes que contradizem o texto. Se tudo o que Jesus fizesse fosse para inspirar as pessoas a compartilhar, o texto diria isso. Aqueles que desejam rejeitar o miraculoso devem simplesmente dizê-lo, em vez de violar o claro significado do texto. Além disso, se a multidão de fato começou a oferecer comida que de alguma forma estaria escondida, é duvidoso que sobrassem 12 cestos cheios. Onde eles estavam escondendo tamanha quantidade de comida? Uma leitura direta do texto revela que Jesus milagrosamente multiplicou os cinco pães e dois peixes para prover abundantemente para as multidões. Mateus escreve que Jesus tomou os pães e os peixes e ergueu os olhos ao céu, postura típica da oração (cf. Jo 17:1). Ele deu graças, ou ofereceu uma bênção (*eulogeo*), e partiu os pães (14:19). Jesus não abençoa o pão, mas bendiz a Deus pelo que será o milagroso suprimento de pão.

Então eles pegaram 12 cestos cheios de sobras! (14:20): Os 12 cestos do versículo 20 indicam que Mateus estilizou esta história para se adequar à imagem das 12 tribos de Israel ou dos 12 discípulos? Doze é obviamente significativo para Israel por ambas as razões indicadas, mas seu significado exato neste relato é incerto. O fato de ser talvez outra indicação do cumprimento do ministério messiânico de Jesus a Israel (cf. 10:1-6; 19:28) não significa que seja um detalhe inventado por Mateus para fins teológicos. Foi Jesus quem criou o milagre e, portanto, a quantidade de restos de comida pode ter sido mais um sinal intencional de sua parte. Veja também comentários em 15:33. (Veja comentários adicionais em Mc 6:32-44.)

MATEUS 14:22-36

Jesus veio até eles andando sobre o mar (14:25): Alguns argumentam que os discípulos viram Jesus andando na praia e pensaram erroneamente que

Ele estava andando sobre as águas. Sua distância da costa torna isso improvável. Mateus narra prodigamente que eles foram "açoitados pelas ondas, porque o vento era contra eles" (14:24). Por mais de nove horas eles navegaram e lutaram contra a tempestade, desde antes do pôr do sol até "por volta das três da manhã" (14:25). A versão HCSB afirma que eles "já estavam a mais de 1600 metros da terra" (14:24). Literalmente, o texto grego reza "muitos estádios". Um *stadion* ("estádio", "hipódromo") tem 185 metros (aproximadamente 600 pés), o que teria colocado os discípulos de 1600 metros e até mesmo de 3 a 5 quilômetros para dentro do lago, que hoje tem cerca de 11 quilômetros em seu ponto mais largo (Freyne, *ABD* 2:901).

A caminhada de Jesus sobre as águas tinha como objetivo suscitar fé em sua verdadeira identidade como o Filho de Deus. Os discípulos tiveram medo de morrer na tempestade anterior (8:25), mas dessa vez seu medo foi agravado pela visão de Jesus fazendo o impossível, tão impossível que eles pensaram que Ele era um fantasma (*phantasma*; 14:26). Na literatura grega, o termo é usado para aparições de sonhos, de espíritos ou fenômenos, mas no AT significa "engano" (Is 28:7; Jó 20:8 LXX; cf. Sabedoria 17:14). O termo ocorre no NT apenas aqui e no paralelo em Mc 6:49. Os discípulos podem ter pensado que algum espírito maligno estava tentando enganá-los. Essa reação só faz sentido se os discípulos soubessem que estavam longe da margem e que não havia chance de Jesus estar apenas caminhando à beira do lago. (Veja comentários adicionais em Mc 6:48-52.)

Pedro começou a andar sobre a água e veio em direção a Jesus (14:29): Os relatos paralelos (Mc 6:45-52; Jo 6:15-21) não mencionam a aventura de Pedro na água. Isso seria algo notável de se omitir, se de fato tanto Marcos quanto João soubessem que isso é um fato. O silêncio deles questiona a veracidade de Mateus? A chave para explicar seu silêncio é reconhecer a liberdade de cada narrador em seguir diferentes ênfases. Mateus repetidamente enfatizou Pedro e continua a fazê-lo ao longo desta seção (e.g., 15:15-20; 16:16-23; 17:24-27). É comum que diferentes narradores extraiam detalhes diferentes de eventos iguais ou semelhantes. Os diferentes detalhes geralmente destacam os propósitos específicos de cada narrador na escrita. Nesse caso, vemos a ênfase única de Mateus no papel de liderança de Pedro e seu comportamento às vezes impetuoso. Pedro é repreendido nesta história por ter "pouca fé", que é uma queixa comum de Mateus sobre os discípulos de Jesus (6:30; 8:26; 16:8; 17:20; France 2007, p. 567). Mais tarde, Jesus ensinará a seus discípulos sobre a fé que move montanhas (17:20), uma fé que teria mantido Pedro seguro na água se ele não tivesse deixado o medo tomar conta dele. A inclusão desse incidente por Mateus fornece uma "ilustração da vulnerabilidade do discípulo que permite que a dúvida, a perspectiva humana natural, substituía a fé que se baseia no poder sobrenatural de Deus" (France 2007, p. 567).

Outra razão provável pela qual Mateus incluiu essa interação com Pedro é que Mateus revela Jesus como divinamente poderoso e como o sustentador de seu povo (Morris 1992, p. 382-383). Pedro chama Jesus de "Senhor" (*kurios*), o mesmo título usado em outros lugares para se dirigir a Jesus com respeito (e.g., 8:21) ou como uma falsa declaração de fé (e.g., 7:21). Mas aqui significa muito mais. Jesus está andando sobre as águas no meio de uma furiosa tempestade, algo que o eleva acima de qualquer outra figura que Pedro já havia conhecido.

Os que estavam no barco o adoraram e disseram: "Verdadeiramente Tu és o Filho de Deus!" (14:33): Essa confissão da divindade de Jesus não está presente nos relatos paralelos (Mc 6:45-52; Jo 6:15-21). Se a confissão realmente ocorreu, como Marcos e João poderiam optar por não incluir uma declaração tão importante? Essa é a primeira vez que os discípulos usam o título "Filho de Deus" para se referir a Jesus, e é incerto o quanto eles realmente entenderam, pois foi somente na ressurreição que eles se tornaram totalmente apegados à verdade radical da vida de Jesus, sua identidade divina e ontológica. Os três relatos dos Evangelhos testemunham sua compreensão crescente, ainda que imperfeita, da identidade de Jesus. O relato de Marcos mostra que os discípulos ainda tinham apenas uma compreensão rudimentar de quem era Jesus como Messias. Marcos narra: "Eles ficaram completamente surpresos, porque não haviam entendido sobre os pães. Em vez disso, o coração deles estava endurecido" (Mc 6:51-52). O relato paralelo de João diz simplesmente: "Então quiseram levá-lo a bordo, e logo o barco chegou à margem para onde iam" (Jo 6:21). O relato de Mateus como testemunha ocular enfoca a compreensão crescente, porém imperfeita, de ambos. Os três relatos paralelos são testemunhos históricos que nos permitem ver que, na época desse evento, ainda era difícil demais para os discípulos compreenderem plenamente Jesus como o Deus encarnado. Mas a compreensão deles certamente está aumentando, porque Mateus diz que eles o adoram em resposta ao fato de Ele acalmar o mar. Reconhecer que Jesus é o Filho de Deus fará parte da revelação divina contínua que é expressa mais tarde na confissão culminante de Pedro: "Tu és o Messias, o Filho do Deus vivo!" (16:16). Eles estão entendendo mais claramente que Jesus está exclusivamente relacionado com Deus Pai, como aqueles no batismo de Jesus ouviram, e eles próprios ouvirão na transfiguração (3:17; 17:5).

Mateus 15:1-20

Comer sem lavar as mãos não contamina o homem (15:20): Jesus não estava tolerando falta de higiene aqui. Ao contrário, Ele seguiu sua declaração anterior contrastando a pureza física e espiritual (15:10-11), explicando aos discípulos o papel central que o coração espiritual desempenha na pureza espiritual. A comida ou os ritos cerimoniais de purificação que acompanham a alimentação não afetam a pureza espiritual de uma pessoa. Portanto, as tradições dos fariseus eram ineficazes. Limpo ou impuro tem a ver, em última análise, com o julgamento de Deus. A preocupação farisaica com as leis de pureza alimentar não tem nada a ver com a verdadeira limpeza espiritual, porque as leis de pureza se concentram apenas nas atividades físicas externas. Estas nunca poderiam tornar uma pessoa impura diante de Deus. O julgamento avaliativo de Deus diz respeito ao comportamento que se origina no coração de uma pessoa. A implicação é que o coração espiritual é naturalmente mau (cf. 7:11) e precisa da justiça que Jesus iniciou com a chegada do reino de Deus. A atividade pecaminosa no mundo ao seu redor, e em sua própria vida, não poderia ser purificada pelas tradições religiosas dos anciãos.

Mateus 15:21-28

Quando Jesus saiu dali, retirou-se para a região de Tiro e Sidom (15:21): Ezequiel 26—28 diz que Tiro seria totalmente destruída e que as pessoas que a procurassem não a encontrariam. Mateus 15:21 indicaria que a profecia de Ezequiel falhou? Uma breve análise da história de Tiro nos levará a algumas soluções possíveis. Tiro, a aproximadamente 600 metros da costa da Fenícia e 40 quilômetros ao sul de Sidom, era a capital da ilha da Fenícia, que é o atual Líbano. Heródoto traça a história de Tiro até 2700 a.C. (*Histórias* 2.44), mas a história significativa da cidade em relação a Israel começou sob a monarquia unida (Block 1998, p. 29). O império comercial de Tiro foi fundado pelo rei Hirão I, que obteve o monopólio do transporte marítimo no décimo século a.C. Atribui-se a Tiro a fundação de Sabarth na África, Lesser Leptis e Hadrumentum. Estrabão registrou que Tiro tinha 300 cidades na costa da Mauritânia (África Ocidental) (*Geografia* 17.826). Embora seja provável que o relato de Strabão não passe de um enfeite retórico, provavelmente se originou da atividade comercial incomum naquela região. No início do século 7 a.C., no entanto, o reino consistia apenas da cidade-ilha e seus subúrbios no continente.

Na última parte do século 7 a.C., a Babilônia alcançou a hegemonia no antigo Oriente Médio. Nabucodonosor forçou Tiro a se submeter ao seu governo. Tiro e Sidom logo conspiraram juntos contra a Babilônia, mas a dominação da Babilônia parece ter sido mantida (Block 1998, p. 31). Josefo registra que no tempo do rei Etbaal III (ca. 591/590-573/572), Nabucodonosor sitiou Tiro por 13 anos (*Contra Ápio* 1.21, §156; *Antiguidades* 10.11.1, §228). Embora o resultado desse cerco não seja detalhado, o "Registro do Tribunal" de Nabucodonosor lista "o rei de Tiro" e, portanto, podemos inferir que ele forçou a cidade a se submeter novamente. Josefo indica que Etbaal III foi deportado para a Babilônia e nos anos seguintes ao cerco houve uma contínua alteração do governo de Tiro (*Contra Ápio* 1.21, § 157). Alexandre, o Grande, por fim, conquistou Tiro em 332 a.C. (Block 1998, p. 32).

Então, o que exatamente aconteceu com a profecia de Ezequiel? As profecias de Ezequiel 26—28 indicam que a Babilônia vem com força contra Tiro. No entanto, a profecia sobre a destruição de Tiro não sugere conclusivamente que a Babilônia seria a causa da morte final de Tiro. De fato, a predição indica que o Senhor levantaria muitas nações contra Tiro (Ez 26:3-6). Com base nas informações históricas há pouco citadas, o papel da Babilônia no julgamento de Deus contra Tiro foi cumprido. Ez 29:17-18 indica que, embora a Babilônia saquearia Tiro, ela acabaria falhando em conquistar a cidade-ilha.

A profecia geralmente tem mais de um cumprimento. Tiro foi reconstruída e reconquistada várias vezes depois de Alexandre, o Grande, de modo que o cumprimento completo desta profecia não veio imediatamente, conforme testemunhado pela referência de Jesus à existência dela em seus dias. Uma Tiro moderna agora existe perto do local antigo. Arqueólogos descobriram que as ruínas da antiga Tiro estão espalhadas por muitos hectares. Nenhuma cidade foi reconstruída sobre essas ruínas, cumprindo assim a profecia de Ezequiel de que Tiro desapareceria da Terra. (Veja mais comentários em Mc 3:8.)

Não é certo pegar o pão dos filhos e jogá-lo aos cachorrinhos (15:26): Os leitores geralmente questionam por que Jesus inicialmente ignorou o pedido de ajuda da mulher e por que Ele a comparou a um cachorro no versículo 26. Estaria Ele sendo rude ou mesmo racista, uma vez que ela era cananeia? Alguns comentaristas foram contundentes em suas críticas a Jesus por sua falta de sensibilidade étnica (e.g., Beare 1981, p. 341-42). Talvez sugestionados pelo silêncio inicial de Jesus, os discípulos exortaram-no a "mandá-la embora porque ela clama atrás de nós" (15:23). Em vez de viés étnico, o que provavelmente motivou os discípulos foi a lembrança da ordem anterior de Jesus, que os orientava a não irem aos gentios, mas apenas às ovelhas perdidas de Israel (cf. 10:5-6). Devido a essa diretiva anterior, os discípulos tentaram afastar a mulher e sentiram que Jesus havia sinalizado isso como uma reação apropriada por sua falta de resposta à mulher. Em vez de preconceito étnico, Jesus estava mantendo seu compromisso de cumprir a missão para a qual foi enviado. Como Ele disse: "Fui enviado apenas às ovelhas perdidas da casa de Israel" (15:24). Isso foi em cumprimento das promessas feitas à nação (cf. Is 53:6-8).

A menção de Jesus ao "pão dos filhos" pode aludir ao banquete messiânico (Hagner 1995, p. 442), porém, mais provavelmente enfatiza o cuidado que Deus prometeu prover para seus filhos da aliança, Israel (cf. Dt 14:1-2; Os 11:1). "Cães" é um rótulo humilhante para aqueles de fora ou hostis à comunidade da aliança de Israel (1Sm 17:43; Sl 22:16; Pv 26:11). Jesus usou essa metáfora de maneira semelhante no Sermão da Montanha para indicar que a mensagem do evangelho não deve ser contaminada por aqueles que não são receptivos ou rejeitaram o convite de Jesus (7:6). Jesus usa uma metáfora comum para indicar o contraste entre o cuidado de Deus por sua família e os de fora de sua família. Os cães geralmente não eram domesticados e limpos para alimentação (Sl 59:14-15). Alguns foram treinados para guardar rebanhos (Jó 30:1) e humanos (Is 56:10; Tobias 6:2; 11:4), mas normalmente não eram trazidos para casa. No entanto, alguns foram domesticados e treinados como cães de guarda domésticos que eram alimentados em casa (cf. *José e Asenate* 10:13). A perspicaz mulher cananeia, que já havia confessado Jesus como o filho messiânico de Davi (v. 22), pressionou Jesus invocando as bênçãos estendidas prometidas aos gentios (esse é o significado de sua declaração no v. 27: "até o os cães comem as migalhas que caem da mesa dos seus donos!"). Embora Israel recebesse as principais bênçãos da aliança, os gentios também deveriam ser abençoados por meio deles, uma promessa central da aliança abraâmica (Gn 12:3; veja o comentário em Mt 1:1; 8:5-13).

A expressão vocativa "Mulher" (*O gunai*) no versículo 28 expressa a profunda emoção de Jesus diante da interação humilde e perspicaz dela. Mesmo que Deus tenha um programa, Ele responde à verdadeira fé em qualquer caso. Em resumo, Jesus não demonstra fanatismo étnico contra os gentios em geral ou contra a mulher cananeia especificamente, mas o privilégio histórico da salvação para Israel. Sua missão é inicialmente para Israel, mas a salvação de forma histórica para o mundo inteiro será uma bênção por meio de Israel. (Veja comentários adicionais em Mc 7:24-30.)

Mateus 15:29-39

Os discípulos disseram-lhe: "Onde poderíamos conseguir pão suficiente neste lugar deserto para alimentar tamanha multidão?" (15:33): Esta é a segunda vez que Jesus alimentou milagrosamente uma multidão de milhares depois de passar um tempo curando os que foram trazidos a Ele. O incidente anterior foi registrado em todos os quatro Evangelhos, enquanto apenas Mateus e Marcos (8:1-10) registram a segunda alimentação. Uma pergunta óbvia surge: por que os discípulos fizeram no versículo 33 uma pergunta parecendo indicar que eles não têm noção de que Jesus pode alimentar as multidões milagrosamente, assim como havia feito anteriormente? Eles já haviam visto Jesus nessa situação antes.

Alguns acham a situação tão improvável que sugerem que essa segunda alimentação é uma duplicidade de Mateus da alimentação anterior, mas isso é improvável, pois o próximo capítulo relata esses eventos como dois incidentes separados (16:9-10). Além disso, existem diferenças significativas que apontam para dois incidentes separados. Os locais dos dois incidentes são diferentes, sendo o primeiro em uma região judaica, enquanto este se localiza na área predominantemente gentia de Decápolis. O número de pessoas é diferente, as quantidades de comida e sobras são diferentes, assim como as palavras para "cestos". A multidão na segunda alimentação ficou com Jesus por três dias (15:32), enquanto na primeira alimentação a multidão experimentou o ministério de cura de Jesus por um dia. Na primeira alimentação, a grama era verde (Mc 6:39), indicando a primavera, enquanto neste incidente o solo parece duro (Mt 15:35), talvez indicando o final do verão (Morris 1992, p. 406-7).

O fracasso dos discípulos em antecipar a resposta de Jesus às necessidades da multidão não indica que não houve segunda alimentação, nem indica falta de inteligência. Em vez disso, Mateus, como parte do grupo, está apontando que os Doze ainda careciam de astúcia espiritual. O problema com os discípulos é mais uma questão de letargia espiritual do que de defeito intelectual, e pode ser que no centro de seu fracasso aqui esteja uma crença errônea de que Jesus não faria por uma multidão predominantemente gentia o mesmo milagre que havia feito para a multidão judaica anterior.

Nesta segunda alimentação, Jesus usa sete bolinhos de pão e, quando chega a hora de recolher as sobras, há sete cestos cheios (15:37). Anteriormente, discutimos a possibilidade de que os 12 cestos que sobraram na primeira alimentação eram um fato verdadeiro que simbolizava Israel (14:20). Aqui o número é sete, que normalmente simboliza a perfeição ou conclusão. Poderia simbolizar a conclusão ou plenitude de Deus atendendo às necessidades de todos os povos, agora incluindo os gentios (cf. Hagner 1995, p. 451-52). Como na alimentação dos 5 mil, Mateus sozinho especifica que os 4 mil que foram alimentados eram homens, além das mulheres e crianças. Novamente, isso indica um número provavelmente próximo a 10 mil pessoas.

Ele entrou no barco e foi para a região de Magadã (15:39): Jesus mais uma vez atravessa o mar da Galileia de barco. Se Jesus estava na margem leste para alimentar os 4 mil, então Ele pode ter retornado ao território judeu na costa noroeste. O nome Magadã ocorre apenas aqui no NT, enquanto o paralelo em Mc 8:10 tem Dalmanuta, também mencionado apenas ali no NT. A identidade da cidade ou região é intrigante porque não há registros históricos ou arqueológicos para confirmar a identidade. Uma sugestão é que seja um antigo nome cananeu, "magadã" ou "may-gad", que pode significar "as águas de [o deus cananita das fontes] Gad" ou talvez "Águas da Boa Sorte" (Riesner, *DJG*, p. 38). Essa identificação o liga ao lugar chamado em grego *Heptapegon*, "as Sete Fontes", mais tarde abreviado para o árabe, *Tabgah*. Essa identificação se encaixaria na preferência de Jesus pelo local, que provavelmente era próximo aos locais do Sermão da Montanha (cf. 5:1ss.), da alimentação dos 5 mil (cf. 14:13-21) e a aparição pós-ressurreição aos apóstolos (cf. Jo 21:1ss.).

Por outro lado, vários manuscritos substituem "Magdala" em Mt 15:39, o que levou à proposta de que Magadã é uma grafia variante de Magdala, a casa de Maria Madalena (27:55; cf. Lc 8:2; Keener 1999, p. 420; Rousseau e Arav 1995, p. 189-90). Magdala é geralmente identificada com Migdal Nunya ("Torre de Peixe") dos tempos talmúdicos (*b. Pesahim* 46b), localizada a cerca de cinco quilômetros ao norte de Tiberíades na planície de Genesaré. Alguns conjeturam que a remoção da primeira sílaba de *Migdal Nunya* poderia dar origem a uma forma Dalnunya, semelhante a Dalmanuta, o nome da cidade no relato de Marcos (Mc 8:10; cf. Edwards 2002, p. 234-35; Gundry 1994, p. 322; Blomberg 1992, p. 247n87). As consoantes hebraicas de Dalmanuta, *dylm'*, são encontradas no Talmude (*y. Kil.* 32d) com o significado de "parede". Isso poderia fornecer mais uma pista para identificar Dalmanuta com Magadã/Magdala, uma vez que a última fica diretamente abaixo da parede maciça ou penhasco de Arbel, com vista para a costa ocidental do mar da Galileia (Edwards 2002, p. 234).

Esse local é geralmente conectado com a cidade que Josefo especifica em grego como Taricheae, traduzida aproximadamente como "o lugar onde o peixe era salgado" (Josefo, *Guerra judaica* 2.21.8-10 §634-641; 3.9.7-3.10.5 §§ 443-503). O nome sugere que durante a época de Jesus e até os tempos talmúdicos, essa cidade era o centro da indústria de processamento de peixe da Galileia, tornando-se um dos mais importantes centros de pesca no mar da Galileia e a sede administrativa da região circundante (Strange, *ABD* 4:463-64).

Arqueólogos descobriram aqui um mosaico decorativo representando um barco com mastro para velejar e remos para remar nas ruínas de uma casa do século primeiro d.C. (Shenhav 1984, p. 22-31) e descobriram cerca de um quilômetro e meio ao norte da cidade os restos do famoso "barco Kineret" do primeiro século. Essas descobertas foram inestimáveis para recriar a vida na Galileia durante o primeiro século. Magdala-Taricheae era o local do porto da cidade em que Josefo coletou 230 barcos, depois os navegou sem a presença de soldados, fingindo estar atacando a cidade de Tiberíades que havia se revoltado contra ele (Josefo, *Guerra judaica* 2.21.8-10 § 634-641).

Se estivermos corretos sobre a identificação de Magadã/Dalmanuta com Magdala, foi uma importante cidade ribeirinha do mar da Galileia, e é a cidade natal de uma das mais importantes discípulas que seguiram Jesus durante seu ministério terreno (veja comentários em 27:55-56, 61). (Veja mais comentários em Mc 8:10.)

Mateus 16:13-20

Tu és o Messias, o Filho do Deus vivo! (16:16): Pedro faz uma declaração dramática sobre a identidade de Jesus, mas qual versão, se houver, é a correta? Mc 8:29 faz com que Pedro responda: "Tu és o Messias!". Lc 9:20 o faz responder: "O Messias de Deus!". Tanto Marcos quanto Lucas carecem de referência à frase "o Filho do Deus vivo", algo que é um tema-chave em Mateus. Essa variação leva alguns estudiosos a duvidar da precisão dos evangelistas (e.g., Ehrman 2004, p. 275-84). No entanto, observe que cada evangelista sustenta a declaração central de que Jesus é o Messias/Cristo que veio para cumprir as esperanças de Israel. Além disso, a citação adicional de Pedro em Mateus se encaixa com a crescente compreensão de Pedro sobre a identidade de Jesus, e o que Mateus enfatiza não foi sua própria percepção, mas uma revelação do Pai (16:17). Mateus acentuará isso novamente para Pedro na transfiguração de Jesus, onde o Pai mais uma vez afirma que Jesus é seu Filho amado (Mt 17:5).

A expressão de Pedro — "o Filho do Deus vivo" — tinha um significado especial na área de Cesareia de Filipe, que era sede da adoração de Baal, Pan e César. Jesus é o Filho do Deus que vive, ao contrário dos deuses míticos gravados em pedra. A expressão também faz referência ao relacionamento que caracterizou Jesus e Deus ao longo da narrativa de Mateus.

Jesus é exclusivamente o Filho de Deus por meio da concepção (1:21-23), como foi cumprido no retorno de Jesus do Egito (2:15), reiterado pelo Pai no batismo de Jesus (3:17), desafiado pelo Diabo nas tentações (4:2, 5), e reconhecido por demônios que estavam para ser exorcizados (8:29). Ao longo da narrativa de Mateus, Jesus reivindica um relacionamento único com seu Pai celestial (7:21; 10:32-33; 11:25-27; 12:50; 15:13; 18:35; 20:23; 24:36; 25:34; 26:39, 42, 53; 28:19). A expressão de Pedro também aponta para a profecia da linhagem de Davi: "Eu serei um pai para ele, e ele será um filho para mim" (2Sm 7:14), que se referiu primeiro a Salomão, mas, finalmente, ao futuro Messias. O Salmo 2, um salmo real que fala da unção e coroação do Ungido do Senhor, o Rei Davídico, afirma: "Declararei o decreto do Senhor: Ele me disse: 'Tu és Meu Filho; hoje me tornei teu Pai'" (Sl 2:7; cf. 89:27).

Em vez de diminuir a precisão dos evangelistas, a variação em seus registros da confissão de Pedro nos dá uma apreciação de suas perspectivas únicas. Os evangelistas são historiadores cuidadosos que estão comprometidos em transmitir registros precisos, e suas perspectivas únicas nos dão uma imagem multifacetada do ministério de Jesus. A historicidade desse incidente é ainda afirmada ao observar tanto a cautela com que Jesus aceita a declaração de Pedro (por que os evangelistas inventariam uma história na qual Jesus recebe cautelosamente tal testemunho?), quanto também a repreensão embaraçosa que Pedro recebe quando tenta redirecionar o ministério de Jesus (Mt 16:23).

Você é Pedro, e sobre esta pedra edificarei a minha igreja (16:18): Com essa declaração, Jesus teria instituído o papado e instalado Pedro como o primeiro papa? Esse versículo contém um jogo de palavras em grego: "Tu és Pedro (*Petros*), e sobre esta pedra (*petra*) edificarei a minha igreja". Em aramaico, provavelmente a língua que Jesus falava aqui, a palavra *kepha* teria sido usada tanto para "Pedro" quanto para "rocha". Traduzindo para o grego, Mateus usou o substantivo feminino *petra* para "rocha", o equivalente mais próximo de *kepha*. Ele teve que usar o substantivo masculino *petros*, menos comum, na primeira metade do jogo de palavras, pois não se referiria a Pedro com um substantivo feminino. A forma masculina presta-se como uma designação da *pessoa* de Pedro, e a forma feminina para uma *característica* dele sugerida pelo sentido do aramaico *kepha*. Isso ajuda a entender o significado do jogo de palavras, que foi interpretado de três maneiras principais.

Primeiro, baseando-se na estreita relação dos termos em aramaico e grego e a proeminência sintática da pessoa que confessa, uma visão enfatiza que o jogo de palavras se refere a Pedro: que ele desempenhará um papel fundamental no estabelecimento da igreja de Jesus. Essa foi a interpretação da maioria dos Pais da Igreja e mais tarde da Igreja Católica Romana, embora muito cedo muitos lutaram contra seu uso para estabelecer qualquer tipo de papado (e.g., Inácio, Justino, Orígenes, Tertuliano, Cipriano, Firmiliano; veja Cullmann 1962, p. 159-62). É também a visão dominante sustentada por aqueles com um histórico confessional mais amplo (cf. Carson 2010, p. 418-19; France 2007, p. 620-22; Morris 1992, p. 422-24).

Uma segunda visão rejeita qualquer noção da igreja sendo construída sobre uma pessoa humana e argumenta que o jogo de palavras em grego faz uma distinção entre *Petros* e *petra*, e que o pronome demonstrativo "esta" aponta para além de Pedro como uma pessoa e especifica um *aspecto* dele. Nessa visão, é a verdade da confissão de Pedro (Mt 16:16) que é a rocha sobre a qual a igreja será construída (e.g., Caragounis 1990).

Uma terceira visão também afirma que Jesus pretende um contraste entre *Petros* e *petra*, observando que outras passagens do NT se referem a Cristo como a "rocha" (e.g., 21:42, mas o termo usado é *lithos*; cf. 1Co 10:4, onde o termo usado é *petra*) e o "fundamento" (e.g., 1Co 3:11; 1Pe 2:4-8). Essa visão diz que o pronome demonstrativo "este" aponta para Jesus em vez de Pedro. Jesus refere-se a si mesmo como a rocha sobre a qual a igreja será construída (essa visão foi mantida já em Orígenes e Agostinho; cf. Cullmann 1962, p. 162).

Várias considerações apontam para a primeira visão, que Jesus pretendia colocar Pedro como o antecedente de "esta rocha". Primeiro, Jesus dirige seu pronunciamento a Pedro pessoalmente, antes e depois do jogo de palavras, e é improvável que uma mudança de referência tenha sido feita sem alguma indicação explícita. Em segundo lugar, "Pedro" é o antecedente explícito mais próximo de "pedra", e o antecedente explícito mais próximo é preferível a um antecedente implícito ou mais distante, a menos que algo no contexto especifique o contrário. Terceiro, o substrato aramaico quase certamente identifica Pedro como o antecedente pretendido (assim como a permutabilidade dos termos *petros* e *petra*). A possibilidade de

Jesus estar falando aramaico nessa ocasião é mais provável do que postular que Jesus estivesse falando grego.

Em resumo, a leitura mais natural é que Jesus indicou Pedro como alguém que desempenharia um papel fundamental no estabelecimento de sua igreja. Isso é consistente com o papel de Pedro como porta-voz e líder dos Doze. Jesus apareceu a Pedro após a ressurreição e deu-lhe um incentivo especial para alimentar as ovelhas de Jesus (Jo 21). Pedro ocupou uma posição de liderança entre os discípulos antes do Pentecostes (At 1:15ss) e foi a figura principal/pregador no Pentecostes e demais eventos (cf. At 2:14, 37-38; 3:4, 6, 12; 4: 8; 5:3ss.; 8:14, 18ss.; 9:32ss.; 10:9ss.; 11:2ss.; 12:3ss.; 15:6ss.). Pedro recebeu uma função e posição únicas na fundação da igreja. Isso não significa que *Pedro* edificou a igreja (Jesus diz "eu edificarei a minha igreja"), mas que ele foi importante nos primeiros dias de sua fundação. Na verdade, ele desaparece da narrativa de Atos depois que o fundamento é lançado (At 16 em diante).

Mais tarde, a Igreja Católica Romana levou o papel fundamental de Pedro ao extremo para investi-lo com uma autoridade e uma sucessão de liderança. Porém, não devemos reagir e ir ao extremo oposto e negar a leitura natural do jogo de palavras. Como observa D. A. Carson, "... se não fosse pelas reações protestantes contra os extremos da interpretação católica romana, é duvidoso que muitos tivessem considerado 'rocha' como algo ou qualquer pessoa que não fosse Pedro" (Carson 2010, p. 418).

Eu edificarei minha igreja (16:18): Os críticos acusam que o uso de Jesus para "igreja" é anacrônico e sugerem que Mateus colocou falsamente essa palavra na boca de Jesus para estabelecer relevância com o cenário da igreja primitiva. Mas isso é mais bem entendido como uma predição de Jesus sobre a igreja que estaria por vir. Ele não deu uma descrição completa de como seria ou como funcionaria. Isso ficou para a igreja primitiva confirmar ao receber orientação de Deus. Para uma discussão mais completa sobre o uso de "igreja" por Jesus, veja os comentários em 18:17-18.

Ele deu ordens aos discípulos para não contarem a ninguém que Ele era o Messias (16:20): A ordem de Jesus para manter segredo sobre sua identidade e missão pode parecer contraditória com a Grande Comissão, mas Ele geralmente pedia sigilo (veja 8:4; cf. 9:30; 12:16; 16:20; 17:9).

Um dos propósitos era evitar provocar nas multidões um mal-entendido sobre sua identidade messiânica. A população esperava que o Messias fosse uma figura militar que os libertaria do domínio romano, e Jesus desejava minimizar esse mal-entendido. Até mesmo seus próprios discípulos eram propensos a mal-entendidos, como Pedro logo demonstrou (16:22).

Jesus aceitou a declaração de Pedro, mas o fez com duas ressalvas. Primeiro, Jesus expressou cautela na declaração pública do título de Messias por causa do possível equívoco de que Ele estava estabelecendo um reinado militarista. Jesus também expressou cautela porque alguns líderes religiosos e políticos teriam intensificado prematuramente sua oposição a Ele. A segunda qualificação foi relacionada ao conteúdo. A declaração de Pedro era correta até certo ponto, mas precisava ser ampliada para incluir a natureza única da identidade messiânica de Jesus como alguém que sofreria. Jesus não é um Messias conquistador político ou militarista, mas um Messias sofredor, crucificado e moribundo, como Ele revelará então (v. 21).

Mateus 16:21-23

A partir de então, Jesus começou a mostrar aos seus discípulos que Ele deveria [...] sofrer muitas coisas [...] ser morto e ressuscitado ao terceiro dia (16:21): Se Jesus foi tão claro em suas predições sobre essas coisas, por que os discípulos falharam em entender e aceitar sua prisão e execução? Por que eles ficaram tão desanimados após sua execução se Ele já havia dito a eles que seria ressuscitado? Os críticos têm dito que foi porque Jesus, primeiramente, nunca fez essas previsões. Essa foi a primeira das quatro vezes que Jesus predisse sua prisão e crucificação (16:21; 17:22-23; 20:17-19; 26:2), mas os discípulos continuamente entenderam mal seu significado. Enquanto outros ao longo da história judaica experimentaram o martírio, para eles foi uma *consequência* de suas convicções; para Jesus foi o *propósito* de sua entrada na história (cf. 20:28). Os discípulos esperavam um Messias conquistador e não estavam preparados para as verdades transformadoras de Jesus como o Messias que sofreria, morreria e ressuscitaria. Após a primeira predição de Jesus sobre sua crucificação,

Pedro tenta dissuadi-lo (16:22-23). Após a segunda predição, eles ficaram angustiados (17:23). Após a terceira, Tiago e João pediram para sentar-se à sua direita e à esquerda quando Ele viesse em seu reino (20:20-24). Após a quarta, os discípulos ficaram indignados quando a mulher ungiu os pés de Jesus com óleo caro, que Jesus declarou ser uma preparação para seu sepultamento. E eles ainda não haviam entendido.

As profecias do AT sobre o Messias como um Servo Sofredor (e.g., Is 53) não foram amplamente reconhecidas no judaísmo do Segundo Templo. Ninguém, especialmente seus seguidores, esperava que o Messias fosse rejeitado e morto. Foi somente com a ressurreição que seus olhos foram abertos para entender.

Oh não, Senhor! Isso nunca vai acontecer contigo! (16:22): Nas relações judaicas mestre-discípulo, era impensável que um discípulo corrigisse seu mestre, quanto mais o "repreendesse", como Pedro o fez aqui. Pedro realmente se atreveria a repreender o homem que ele havia acabado de identificar como Deus em carne (Mt 16:16)? Se Pedro realmente confessasse que Jesus é divino, não estaria ele apto a aceitar *qualquer coisa* que Jesus dissesse, por mais absurdo que parecesse? A justaposição da confissão e da repreensão leva alguns críticos a acusar que toda a sequência de eventos seria uma ficção.

A melhor resposta a essa crítica é admitir que Pedro era irracional e apontar a causa. A fonte do mau pensamento de Pedro é demoníaca. Jesus diz a ele: "Para trás de mim, Satanás! Você é uma ofensa para mim porque não está pensando nas preocupações de Deus, mas nas dos homens" (16:23). Satanás havia tentado afastar Jesus de cumprir a vontade do Pai no início de seu ministério terreno (veja em 4:1-11), e agora ele usa uma estratégia diferente. Ele tenta impedir sua missão por meio de Pedro, um seus próprios discípulos, aquele que pouco antes disso teve conhecimento de uma revelação de Deus Pai (16:17).

Além desse fator, notamos novamente que nenhum dos discípulos esperava que o Messias sofresse e morresse. Eles colocaram toda a sua esperança em Jesus como o Messias, incorrendo na rejeição de muitos companheiros hebreus, e agora Ele lhes diz que será executado? É compreensível que Pedro tenha achado inacreditável. (Veja comentários adicionais em Mc 8:31-33.)

MATEUS 16:24-28

Há alguns aqui que não provarão a morte até que vejam o Filho do Homem vindo em seu reino (16:28): Os críticos veem uma predição fracassada da segunda vinda de Jesus aqui. Isso tem fundamento? Embora o Filho do Homem vá morrer (16:21), Ele também virá em glória, uma alusão à profecia de Dn 7:13-14, um tema que Jesus abordou mais amplamente quando se aproximou da cruz (cf. 19:28; 24:30-31; 25:31). A justaposição de morrer e vir em glória provocou mal-entendidos em pelo menos alguns de seus primeiros discípulos (cf. 20:17-22) e provoca discussão sobre o significado pretendido por Jesus hoje. Por trás da expressão "há de vir" (16:27) está o verbo *mello*, que significa "estou prestes a", que é ambíguo quanto ao tempo. Pode indicar algo que será realizado em breve. Por exemplo, é usado nas previsões da próxima crucificação de Jesus (17:12, 22; 20:22), e foi usado anteriormente para se referir à busca iminente de Herodes pelo menino Jesus (2:13) e para anunciar a chegada de João Batista como o Elias profetizado (11:14). Mas o verbo também pode se referir a um tempo indeterminado, como o tempo do julgamento que João Batista disse que estava "para vir" (3:7), a era vindoura (12:32), ou as guerras e rumores de guerras que os discípulos estavam prestes a ouvir ao longo desta era até o fim (24:6).

Como princípio geral, a chegada do Filho do Homem em glória com seus anjos significará julgamento para aqueles que não seguiram o Messias e recompensa para aqueles que seguiram. Por outro lado, Jesus dá uma aplicação específica aos Doze que estão ali com Ele: "Eu garanto a vocês: alguns dos que estão aqui não provarão a morte até que vejam o Filho do Homem vindo em seu reino" (16:28). A expressão "provar a morte" era uma expressão idiomática para "morrer". Alguns dos Doze que estavam com Jesus lá em Cesareia de Filipe permaneceriam vivos até que vissem o Filho do Homem vindo em seu reino. Assim, Jesus restringe o período de julgamento e recompensa a um evento futuro próximo para os Doze; mas isso também é debatido. Jesus se referia à sua transfiguração que se segue imediatamente (17:1-8), sua ressurreição, a vinda do Espírito no Pentecostes, a expansão do reino na pregação da igreja primitiva, a destruição do templo e de Jerusalém em 70 d.C., ou à segunda vinda e julgamento e estabelecimento final do reino?

O contexto imediato sugere que o evento que Jesus tem em mente é a transfiguração, que segue a declaração de Jesus em cada um dos Evangelhos Sinóticos (cf. Mc 9:2-10; Lc 9:28-36). Muitos acham estranho que Jesus dissesse "alguns que estão aqui... não provarão a morte" se Ele estivesse apontando para um evento que ocorreria apenas seis dias depois. Mas lembre-se da urgência com que Jesus está chamando para responder à sua missão. Mesmo seus seguidores mais próximos tentaram impedi-lo sob a influência de Satanás (16:23), e Judas o trairá sob a posse de Satanás (26:21-25, 47-50; cf. Jo 13:27). Tomar a cruz no discipulado não é algo que uma pessoa possa adiar, porque a morte ou a vinda do Filho do Homem trará consigo certa responsabilidade e julgamento. Jesus está dizendo, agora, aos Doze, que eles devem pesar cuidadosamente se realmente tomaram ou não sua cruz, porque o julgamento é mais cedo do que eles pensam. Mais tarde, Pedro conectou a transfiguração com a vinda de Jesus em poder:

> Pois não seguimos mitos engenhosamente inventados quando lhes demos a conhecer o poder e a vinda de nosso Senhor Jesus Cristo; em vez disso, fomos testemunhas oculares de Sua majestade. Pois quando Ele recebeu honra e glória de Deus Pai, uma voz veio a Ele da Majestosa Glória: "Este é Meu Filho amado. Eu me deleito nele!" E ouvimos esta voz quando veio do céu, enquanto estávamos com Ele no monte santo (2Pe 1:16-18).

A fala de Jesus aponta para a urgência de seus discípulos carregarem suas cruzes. Como eles verão, Jesus será transfigurado na glória do reino em apenas alguns dias. Eles não devem demorar, porque, de certa forma, todo dia traz consigo a possibilidade de recompensa ou julgamento iminente. O comentário de Pedro também traz congruência entre a predição de Jesus em Mateus e a de Marcos, que registra Jesus dizendo: "Alguns dos que aqui estão não passarão pela morte até que vejam o reino de Deus *chegar com poder*" (Mc 9:1 ênfase adicionada). A transfiguração de Jesus é uma demonstração do estabelecimento autoritativo do reino com todo o poder de Deus, que exige obediência imediata ao seu chamado em suas vidas (cf. France 2007, p. 640-41).

MATEUS 17:1-9

Depois de seis dias (17:1): Mateus e Marcos indicam que a transfiguração ocorreu "depois de seis dias" a partir dos eventos da declaração de Pedro e da primeira predição de Jesus sobre seu sofrimento e morte (Mc 9:2ss), enquanto Lucas diz, mais geralmente, "cerca de oito dias depois dessas palavras" (Lc 9:28), que reflete uma maneira grega de dizer "cerca de uma semana depois" (Carson 2010, p. 436). Os críticos veem uma inconsistência aqui, mas indicadores precisos de tempo são raros nos Sinóticos, com exceção da Narrativa da Paixão. A expressão "seis dias" liga a transfiguração à confissão de Pedro e à declaração de Jesus sobre a vinda do Filho do Homem (16:16-28). A sequência do pronunciamento de Jesus sobre sua vinda seguida pela transfiguração é consistente em cada um dos Evangelhos Sinóticos (cf. Mc 9:2-10; Lc 9:28-36). (Veja comentários adicionais em Mc 9:2 e Lc 9:28.)

Jesus tomou Pedro, Tiago e seu irmão João e os conduziu sozinhos a uma alto monte (17:1): Lucas fornece detalhes não encontrados nem em Mateus nem em Marcos: Jesus subiu ao monte para orar e, durante o tempo na montanha, Pedro, Tiago e João caíram em um sono profundo (Lc 9:32). Embora os críticos vejam tensão e contradição aqui, uma característica regular das narrativas do evangelho é que cada evangelista fornece detalhes não encontrados nos outros relatos. Um autor enfatiza certos aspectos da história para seus próprios propósitos. Como é demonstrado aqui, Lucas tem um interesse especial pela oração. Ele registra nove orações de Jesus, das quais os outros Evangelhos registram apenas duas. Essas orações estão associadas a eventos importantes, como o batismo de Jesus (Lc 3:21) e a escolha dos discípulos (6:12). Duas das parábolas especiais de Lucas tratam da oração (do amigo à meia-noite [11:5-7] e o juiz injusto [18:1-8]). Somente Lucas registra que Jesus orou por Pedro durante sua prova (22:31, 32), que exortou os discípulos a orar no Getsêmani (22:40), que orou por seus inimigos (23:34) e que orou para si mesmo (22:41). Aqui, apenas Lucas registra que Jesus subiu ao monte para orar (9:28-29), e é bem provável que seus discípulos se uniram a Ele em oração.

Ele se transformou diante deles (17:2): A transformação de Jesus foi meramente uma visão, sonhada por discípulos sonolentos e supersticiosos? O termo *metemorphothe*, "foi transformado", é a forma passiva de *metamorphoo*, indicando que Deus estava por trás da transformação. Paulo usa o mesmo termo para descrever a transformação espiritual que os crentes experimentam como resultado da regeneração (Rm 12:2; 2Co 3:18). De forma singular, os que estão na presença de Deus frequentemente experimentam um semblante radiante, como Moisés no monte Sinai (Êx 34:29-35; cf. Dn 12:3; 2 Es 7:97). E o anjo na ressurreição teve uma aparência como um relâmpago e vestes brancas como a neve (Mt 28:3), uma figura de pureza.

Jesus experimentou uma transformação física real que foi visível para os discípulos. Foi um lembrete da glória pré-encarnada de Jesus (Jo 1:14; 17:5; Fp 2:6-7) e uma prévia de sua exaltação vindoura (2Pe 1:16-18; Ap 1:16). O Pai transfigurou Jesus para revelar sua natureza divina e irradiar a glória que é sua como Deus.

Então Pedro disse a Jesus: "Senhor, é bom estarmos aqui! Se queres, farei aqui três tendas: uma para ti, uma para Moisés e outra para Elias" (17:4): Como Pedro e seus companheiros, recém-acordando de um sono profundo (Lc 9:32), reconheceriam que os dois homens com Jesus eram Moisés e Elias? Certamente eles não tinham visto fotos ou retratos. Não nos é dito se Moisés e Elias se identificaram ou se Jesus os identificou. Mateus, como narrador onisciente, poderia conhecer detalhes como sua identidade, seja escrevendo ficção ou fato, mas como os homens adormecidos descobriram a identidade de Moisés e Elias?

Embora não declarado no texto, pode ser que os discípulos ouviram uma conversa entre Jesus e os homens, e que a conversa revelou que os homens eram Moisés e Elias. A presença deles faz sentido. Eles representam a Lei e os Profetas testemunhando Jesus como o Messias que cumpre o AT (cf. 5:17) e que tem o papel escatológico de iniciar o reino de Deus (4:17). Moisés foi considerado o profeta modelo (Dt 18:18) e Elias o precursor do Messias (Ml 4:5-6; cf. Mt 3:1-3; 11:7-10). Ambos tiveram visões da glória de Deus em um monte — Moisés no monte Sinai (Êx 24:15) e Elias no monte Horebe (1Rs 19:8). Ambos tiveram finais únicos — Elias foi levado diretamente para o céu (2Rs 2:11-12), enquanto Moisés, cujo túmulo nunca foi encontrado (Dt 34:6), é mencionado pela tradição rabínica tendo sido levado diretamente para o céu (cf. *Assunção de Moisés*; *b. Sota* 13b). (Veja mais comentários em Mc 9:2.)

Mateus 17:10-13

Por que os escribas dizem que Elias deve vir primeiro? (17:10-13): A profecia de Malaquias (Ml 4:5-6) se baseou na memória de Elias como uma voz profética de fogo para apontar para o tempo em que outra voz profética, uma que lembrou a de Elias, anunciaria a restauração de Deus e julgamento através da chegada do Messias. Aparentemente, alguns líderes religiosos e escribas interpretaram mal a profecia de Malaquias como significando que Elias voltaria pessoalmente. A esperança deles estava focada principalmente em um Elias militarista/político para um Messias também militarista/político. Mas João Batista esclareceu que ele não era um Elias reencarnado (Jo 1:19-27). A reencarnação é uma crença pagã supersticiosa, como a de Herodes Antipas (cf. Mt 14:1-2), que Malaquias nunca pretendeu apoiar. (Veja comentários adicionais em Mc 9:13 e Lc 9:19.)

O entendimento correto da profecia é que João veio "no espírito e poder de Elias" (Lc 1:17). João foi o cumprimento da chegada do esperado Elias, visto que ele era o profeta enviado por Deus para preparar o caminho para Jesus como o Messias (Mt 3:1-3; 17:12-13). Mas ele não era um Elias reencarnado (Jo 1:21). Se o povo e a liderança religiosa tivessem se arrependido totalmente e aceitado a mensagem de João e Jesus sobre o evangelho do reino, João teria sido o cumprimento completo da profecia de Malaquias (11:14). Mas nem o ministério de João nem o de Jesus foram aceitos plenamente. Em vez disso, ambos foram executados e, portanto, o cumprimento completo da promessa de restauração e julgamento de Malaquias aguarda o fim dos tempos. Outra figura do tipo de Elias terá que vir no futuro (17:11), novamente preparando o caminho, mas então para a consumação final do Dia do Senhor profetizado em Malaquias, preparando o caminho para o retorno do Filho do Homem que irá naquele tempo restaurar todas as coisas e trazer a ira de Deus sobre os impenitentes (Ml

4:5-6; possivelmente uma referência a Ap 11:3-13). (Veja mais comentários em Jo 1:21.)

MATEUS 17:14-21

Jesus repreendeu o demônio, e este saiu dele, e a partir desse momento o menino ficou curado (17:18): Esse é outro incidente em que a expulsão de um demônio produz a cura de uma enfermidade física (cf. 4:24; 9:32-33). Isso revela uma compreensão holística da interação das forças espirituais e naturais neste mundo. Embora nem todas os males ou doenças sejam resultado direto da atividade demoníaca, a queda deste mundo afeta todo o nosso ser. A verdadeira cura envolve a pessoa como um todo, física, emocional e espiritual. A tendência das pessoas modernas é fragmentar as pessoas por não reconhecer que a condição humana está entrelaçada com uma natureza decaída e forças demoníacas ativas. Um exemplo dessa fragmentação é encontrado em um artigo editorial sobre as causas da esquizofrenia no prestigiado *The New England Journal of Medicine*. A autora reconheceu as complexidades que cercam a causa da esquizofrenia, mas concentrou-se quase exclusivamente em encontrar causas neurológicas, sem mencionar outras causas possíveis, inclusive espirituais ou emocionais (Andreasen 1999, p. 645-47).

Mas não devemos ir longe demais e sugerir que sempre há uma fonte demoníaca direta em cada doença. Uma compreensão equilibrada da interação das forças espirituais tem sido a marca do cristianismo desde os primeiros dias, até o movimento missionário moderno, em que missões médicas e evangelísticas trouxeram cura física e espiritual para milhões.

***Questão textual* (17:21):** Vários manuscritos antigos (2א C D L W TR etc.) acrescentam essa frase (v. 21). Muitas traduções, incluindo a versão HCSB, colocam a frase entre colchetes, indicando que provavelmente não era original do Evangelho de Mateus. Uma variedade impressionante e ampla de testemunhos antigos omite a frase (א* B Θ 33 $syr^{s,c}$ etc.). Visto que não há razão satisfatória para ter sido omitida se for original do Evangelho de Mateus, parece que os manuscritos em que se encontra foram assimilados ao paralelo em Mc 9:29. Copistas posteriores às vezes inseriram material derivado de outro Evangelho para fins de harmonização. Mesmo em Marcos, a leitura original provavelmente se refere apenas à oração e não ao jejum (א, B, it^{k}, geo^{1} e Clement; Osborne 2010, p. 657; Metzger 1994, p. 35; Blomberg 1992, p. 268).

Mateus 17:22-23

E eles ficaram profundamente angustiados (17:23): Se os discípulos ficaram "profundamente angustiados" com a predição da morte de Jesus, é claro que eles levaram isso a sério. E, no entanto, durante a Semana da Paixão, eles aparentemente esqueceram tudo sobre isso, até discutindo no caminho para Jerusalém sobre quem conseguiria posições de honra. Essas evidências díspares podem ser explicadas e harmonizadas? Na verdade, a angústia deles é mais bem explicada pelo fato de que as predições de Jesus não correspondiam às expectativas deles sobre o Messias. O paradigma que Jesus continuava explicando a eles, de um Messias sofredor e ressuscitado, os angustiava porque não fazia sentido e não se encaixava nas obras de poder que eles viram-no realizar. Para uma discussão mais aprofundada, veja os comentários em 16:21-23; 20:17-19; e 26:2.

Mateus 17:24-27

Vá até o mar, lance um anzol e pegue o primeiro peixe que pegar. Ao abrir a boca, você encontrará uma moeda (17:27): Mateus é o único evangelista a registrar esse incidente. Para causar uma impressão surpreendente em seus discípulos, da qual eles se lembrariam por muito tempo, Jesus instruiu Pedro a lançar um anzol a fim de que ele encontrasse a moeda para pagar o imposto. Embora os peixes geralmente engulam objetos brilhantes, como moedas, foi um milagre da presciência (cf. 21:2) que Jesus soubesse que tal peixe estava por perto, e um milagre da provisão divina ter sido aquele exatamente o peixe que foi pescado. É um sinal para os discípulos, como a maldição da figueira (21:19), mas aqui o sinal é uma indicação da superioridade de Jesus sobre o templo.

MATEUS 18:1-9

Se sua mão ou seu pé causar sua queda, corte-o e jogue-o fora [...] E se seu olho causar sua queda, arranque-o e jogue-o fora (18:8-9): Semelhante à hipérbole das palavras do Sermão da Montanha, Jesus indica que cortar a mão ou o pé de alguém ou arrancar um olho nesta vida (18:8-9) não se compara ao julgamento que virá eternamente por permitir que as paixões da carne levem um discípulo ao pecado. Para uma discussão mais aprofundada, veja os comentários em 5:29-30. Essa é outra indicação de que Jesus deu muitas de suas declarações em mais de uma ocasião para diferentes públicos ou propósitos.

MATEUS 18:10-14

***Questão textual* (18:11):** Uma vez que a transição entre a declaração de Jesus sobre o cuidado angelical pelos discípulos e a parábola das ovelhas parece um tanto difícil, vários manuscritos inseriram um versículo adicional: "Porque o Filho do Homem veio salvar o perdido" (D L^{c} W TR lat sy^{c,p,h} bo^{pt}). Copistas posteriores aparentemente acrescentaram isso para conectar a parábola mais intimamente com o versículo 13, ou o versículo foi emprestado de Lc 19:10 para fazer uma transição mais suave entre 18:10 e 18:12-14. A frase está ausente nos melhores manuscritos (א B L* Θ f^{1,13} 33 sa mae bo^{pt}; Metzger 1994, p. 36).

Se um homem tiver 100 ovelhas e uma delas se perder, ele não deixará as 99 num lugar seguro e irá procurar a que se perdeu? (18:12): Lc 15:3-7 coloca essa mesma parábola em um cenário diferente e aplica um significado diferente (em Lucas, a ovelha perdida representa pecadores não salvos, enquanto em Mateus as ovelhas são crentes rebeldes). Os críticos sugerem que um dos evangelistas teria inventado um contexto para sua narração, mas essa é uma conclusão injustificada. A imagem do povo de Deus como suas ovelhas está presente em todo o AT, e não é de surpreender que Jesus tenha usado essa imagem em várias ocasiões.

Não é a vontade de seu Pai no céu que um desses pequeninos pereça (18:14): Se não é a vontade de Deus que nenhum dos "pequeninos pereça", por que eles de fato perecem? Essa declaração de Jesus ilustra uma distinção entre o que é frequentemente chamado de vontade revelada ou expressa de Deus e sua vontade declarada ou decretada. Como Hendricksen observa: "Que é a vontade revelada de Deus que nem um único pereça, mas que todos sejam salvos, que este é o seu *deleite*, é a doutrina da Escritura por toda parte (Dt 5:29; Sl 81:13; Is 45: 22; 48:18; Ez 18:23, 32; 33:11; Mt 11:28, 29; Jo 7:37; 2Pe 3:9; Ap 22:17)" (1973, p. 696-97). No entanto, o Pai não obrigará ninguém ao arrependimento, como Judas tão dolorosamente ilustrará. O Pai comissionou a comunidade de discípulos a fazer todo o possível para resgatar seus irmãos e irmãs rebeldes, porque eles devem ter o mesmo coração que seu Pai celestial tem.

MATEUS 18:15-20

...diga à igreja... (18:17-18): Essa é a segunda vez que a palavra "igreja" (*ekklesia*) ocorre no Evangelho de Mateus (16:18; 18:17), ambas as vezes usadas por Jesus, e as únicas vezes que o termo ocorre nos Evangelhos. O uso aqui parece para alguns estudiosos indicar que a passagem é de origem tardia e que reflete o interesse de Mateus pela igreja, em vez do ensino real de Jesus. Mas o uso do termo por Jesus é uma extensão natural do uso do termo no AT. Ocorre frequentemente na LXX para traduzir a palavra hebraica *qahal* (e.g., Dt 23:3; 1Rs 8:55), onde é usada para o povo de Deus, reunido ou não. Não devemos ser enganados por usos posteriores de igreja. Jesus pretendia que seus seguidores fossem um grupo contínuo e usou esse termo pronto para designá-lo como tal (Morris 1992, p. 468). Esse foi um olhar de Jesus para o futuro funcionamento de sua família de discípulos como a comunidade de crentes na era atual.

A autenticidade do uso do termo é reforçada pela observação de que Jesus está dando apenas um vislumbre parcial da operação da igreja. O pleno funcionamento e organização da igreja permanecem para os escritores posteriores do NT uma vez que ficou claro que os discípulos de Jesus deveriam ser distintos de Israel e da operação da sinagoga e do templo. Na seleção dos Doze discípulos/apóstolos para levar sua mensagem de cumprimento a Israel (Mt 10:1-6), que julgará as tribos (19:28), Jesus primeiro aponta para o tempo em que seus discípulos, sua família de fé (12:48-50), será chamada de "Minha igreja" (16:18). Esta será a comunhão dos discípulos que, ao contrário do Israel nacional, acreditarão na identidade de Jesus como o Messias, o Filho do Deus vivo (16:16), e deixarão todas as outras fidelidades para trás ao receberem misericórdia e perdão dos pecados, e da mesma forma demonstrarão misericórdia e perdão uns para com os outros (18:21-22). Jesus edificará sua igreja por meio da atividade fundacional dos apóstolos e profetas (Ef 2:20). Pedro será o líder entre os apóstolos que desempenhará um papel fundamental na igreja primitiva, mas uma vez que tenha cumprido esse papel, ele sairá de cena.

MATEUS 18:21-35

"Eu lhe digo, não até sete", disse-lhe Jesus, "mas setenta vezes sete" (18:21-22): Pedro está sendo mesquinho ou generoso aqui? E quanto a Jesus? Além disso, Jesus respondeu 77 ou 70 vezes sete? As pessoas podem ser apanhadas em um padrão regular de pecar e buscar restauração. O judaísmo posterior reconheceu que os ofensores reincidentes podem não estar realmente se arrependendo, e traçou a linha em quantas vezes uma pessoa poderia buscar restauração e perdão: "Se um homem comete uma transgressão, a primeira, segunda e terceira vez ele é perdoado, a quarta vez ele não é" (*b. Yoma* 86b, 87a). Em outro caso, a literatura rabínica é ainda menos indulgente: "Se um homem disser: 'Vou pecar e me arrepender, e pecar novamente e me arrepender', ele não terá chance de se arrepender... para as transgressões que existem entre um homem e seu próximo, o Dia da Expiação efetua expiação apenas se ele tiver apaziguado seu próximo" (*m. Yoma* 8.9).

A pergunta de Pedro segue nessa linha, imaginando quantas vezes ele deve perdoar uma pessoa que repetidamente pecou contra ele. À luz do exposto, sua oferta de perdoar um ofensor sete vezes é magnânima, refletindo um desejo de completude que o número sete geralmente evoca. Mas ele se pergunta onde deve ser traçado o limite de sua generosidade de espírito. A resposta surpreendente de Jesus é que Pedro deve perdoar não o número magnânimo de sete, mas perdoar sem contar, assim como Deus perdoou totalmente aqueles que responderam ao convite para o reino dos céus.

A razão pela qual há variação nas traduções (77 *versus* 70 vezes sete) é que há ambiguidade no número que Jesus usa (*hebdomekontakis hepta*). O MT e a LXX de Gn 4:24 o traduzem como 77, enquanto as primeiras traduções de Mateus (BDF§248[2], 130) o traduzem como 70 vezes sete. É possível que a LXX de Gn 4:24 já pretendesse aumentar a retórica usando o número maior (Nolland 2005, p. 755). De qualquer maneira, Jesus parece estar dizendo que o número não importa. Pedro e os demais discípulos devem continuar a perdoar sem contar.

Mateus 19:1-9

Quem repudiar sua esposa, exceto por imoralidade sexual, e se casar com outra, comete adultério (19:9): o relato de Mateus inclui uma cláusula de exceção ("exceto por imoralidade sexual"), enquanto Mc 10:11 e Lc 16:18 não incluem. Mateus afrouxou os ensinamentos de Jesus ao inventar essa cláusula? Nos dias de Jesus, os principais fariseus debatiam as bases para o divórcio estabelecidas por Moisés, que permitia que um homem se divorciasse de sua esposa se encontrasse "algo impróprio a respeito dela" (Dt 24:1). O debate centrou-se no significado de "impróprio". O tratado da *Mishnah Gittin* ("Listas de Divórcio") reflete sobre o debate e registra as diferentes interpretações (*m. Giṭ.* 9:10). A escola mais conservadora de Shammai dizia: Um homem não pode se divorciar de sua esposa, a menos que tenha encontrado falta de castidade nela". A escola mais liberal de Hillel interpretava o termo "impróprio" como significando que "ele pode se divorciar dela, mesmo que ela apenas estragasse um prato para ele". O estimado rabino Akiba, que pertencia à escola de Hillel, acrescentou mais tarde: "Mesmo que ele encontrasse outra mais bela do que ela", demonstrando que o divórcio estava sendo concedido por motivos superficiais.

Assim como Moisés (cf. Dt 24:1-4), Jesus nomeou uma exceção para proteger o parceiro inocente e para proteger a instituição do casamento de ser uma farsa indecente. Tal ocasião é quando uma pessoa comete *porneia*, traduzida como "imoralidade sexual" na versão HCSB ou, apropriadamente, "infidelidade conjugal" na NVI. Como "adultério" já é especificado por outra palavra (*moicheuo*; 5:27-28; 19:9), *porneia* deve ser algo menos específico do que a infidelidade sexual, mas, seguindo a intenção mosaica, mais do que uma desculpa frívola. A gama semântica de *porneia* inclui tudo o que intencionalmente divide o relacionamento conjugal, possivelmente incluindo, mas não limitado, a pecados sexuais relacionados, como incesto, homossexualidade, prostituição, abuso sexual ou exposição indecente (Blomberg 1992, p. 177; Janzen 2000, p. 66-80). Rabinos posteriores declararam que o divórcio era imperativo quando o adultério era cometido (não era mais praticado o ato de matar a parte ofensora, como Moisés havia prescrito em Dt 24:1-4), porque o adultério produzia um estado de impureza que, como fato legal, dissolvia o casamento (*m. Sotah* 5:1; *m. Yebam.* 2:8). Jesus não exigiu o divórcio, mas o permitiu para proteger a pessoa que havia sido violentada.

Olhando para o silêncio de Marcos e Lucas sobre a cláusula de exceção, alguns estudiosos sustentam que Jesus não a pronunciou e que Mateus a inseriu porque esse era o costume em sua igreja (ou por algum motivo semelhante). Outros estudiosos argumentam que foi tão amplamente aceita que a *porneia* era uma causa suficiente para o divórcio que não precisava ser declarada; isto poderia simplesmente ser presumido e Marcos e Lucas estão fazendo exatamente isso (Blomberg 1992, p. 13; Morris 1992, p. 484). Como vimos há pouco, entre os judeus da época, o divórcio por motivo de adultério não era simplesmente permitido — era exigido (cf. Mt 5:32). Há, portanto, boas razões para aceitar a cláusula de exceção como parte autêntica do ensinamento de Jesus. (Veja mais comentários em Mc 10:11 e Lc 16:18.)

Mateus 19:16-30

História do jovem rico (19:16-22): O incidente do jovem rico aparece em todos os três Evangelhos Sinóticos (19:16-22; Mc 10:17-22; Lc 18:23). Existem semelhanças e variações intrigantes. Embora cada escritor do Evangelho revele que a pessoa é rica, eles revelam sua identidade adicional de maneira um pouco diferente: Mateus o chama de "jovem" (19:20), Marcos simplesmente afirma que ele é um "homem" (10:17) e Lucas apenas o chama de "um governante" (18:18: *tis archon*). "Governante" é encontrado em outro lugar em Lucas para um administrador de uma sinagoga (8:41), um magistrado legal (12:58), um líder religioso dos fariseus (14:1) e várias vezes para se referir a líderes religiosos que participaram do julgamento e execução de Jesus (23:13, 35; 24:20; At 3:17; 5:26).

Em vez de representar contradições, essas descrições variadas se complementam, dando um retrato completo. Esse jovem (indicando 20-40 anos de idade) era algum tipo de líder religioso leigo, possivelmente um fariseu por causa de sua adesão escrupulosa à Lei, e estava entre a elite religiosa. Esse tipo de pessoa geralmente era bem de vida porque estava entre a classe de servidores, bem acima das pessoas comuns. A situação política na Palestina do primeiro século era tal que os ocupantes romanos permitiam uma forma de autogoverno e, dentro do judaísmo, os líderes religiosos exerciam grande parte dessa liderança (Saldarini 2001, p. 277-97). Finalmente, além de dar corpo ao retrato do homem envolvido, as variações nos relatos indicam como três autores diferentes traduziram para o grego a essência de um diálogo originalmente falado em aramaico.

Existe apenas um que é bom (19:17): Jesus estaria negando sua santidade e divindade com essa declaração? Em Mateus, o líder pergunta sobre que coisa boa ele deve realizar para obter a vida eterna, enquanto Marcos e Lucas enfatizam Jesus como o "Bom Mestre" que é questionado sobre a obtenção da vida eterna (Mc 10:17-22; Lc 18:18-23). O jovem parece acreditar que há algo deficiente em obedecer à Lei para ganhar a vida eterna. Jesus faz com que ele se concentre apenas em Deus como o Bem, a quem ele deve vir para ganhar a vida eterna. Jesus não está negando que Ele é bom, ou negando que Ele é igual a Deus Pai. Em vez disso, Ele está tentando fazer com que o jovem rico veja que somente compreendendo Deus como bom ele pode descobrir que boas ações além da Lei não obtêm a vida eterna. Marcos e Lucas lançam mais luz sobre isso ao enfatizar que Jesus está tentando fazer o jovem rico ver que Ele só é bom se for Deus. (Veja mais comentários em Mc 10:17-31.)

Ame o seu próximo como a si mesmo (19:19): Qual dos Dez Mandamentos (Êx 20) diz: "Ame o seu próximo como a si mesmo"? Jesus inventou um mandamento? O jovem respondeu à orientação de Jesus de obedecer aos mandamentos perguntando: "Quais?" Jesus então respondeu dando uma lista representativa da lei, incluindo cinco dos Dez Mandamentos que vêm principalmente da segunda tabela do Decálogo (sexto, sétimo, oitavo, nono, depois quinto; cf. Êx 20:1-17; Dt 5:7-21), e o segundo dos dois maiores mandamentos (Lv 19:18; cf. Mt 22:36-40): "Não mate; não cometa adultério; não roube; não dê falso testemunho; honre seu pai e sua mãe; e ame o seu próximo como a si mesmo" (19:18-19). O último desta lista não vem diretamente do Decálogo conforme registrado em Êx 20 e Dt 5, mas é citado em Lv 19:18 em meio ao Código de Santidade. No início de Lv 19, Deus ordena a Moisés que diga às congregações de Israel: "Sede santos, porque eu, o SENHOR, vosso Deus, sou santo" (Lv 19:2). Essa frase é recorrente nos capítulos 17—27, que detalham as prescrições para uma vida santa em vários contextos. O mandamento de "amar o próximo como a si mesmo" é um princípio fundamental da Torá, que Jesus explica mais tarde como o segundo maior mandamento após o primeiro, que é: "Ame o Senhor seu Deus com todo o seu coração, com toda a sua alma, e com toda a sua mente" (veja comentários sobre Mt 22:37-39).

"Se quer ser perfeito", disse-lhe Jesus, "vá, venda os seus bens e dê-os aos pobres, e você terá um tesouro no céu" (19:21): Tanto os críticos como os cristãos viram um mandamento para a pobreza na declaração de Jesus, mas isso julga mal o contexto. Jesus chamou esse jovem para resolver a falta central em sua vida. Sua riqueza tornou-se sua identidade, seu poder, seu propósito e significado. Jesus não o chamou para realizar obras para obter a salvação, mas sim para trocar o deus da riqueza e seguir o Messias como o único Deus verdadeiro. A declaração de Jesus sobre ser "perfeito" reflete sua declaração no Sermão da Montanha, segundo o qual a entrada no reino se dá apenas por meio de "maior justiça" do que os escribas e fariseus (5:20). Em nenhum dos casos Jesus está pedindo obras pessoais para a salvação; ao contrário, em ambos os casos Ele está se preparando para o que Paulo chamará de "justificação", uma justiça declarada que vem somente por meio da justiça imputada de Cristo (Rm 3:20-26).

Para os homens isso é impossível, mas para Deus todas as coisas são possíveis (19:26): Isso implica que Deus pode fazer qualquer coisa, como fazer um círculo quadrado? Os críticos assumiram que sim e apontaram para esse versículo como prova da incoerência lógica do teísmo bíblico, mas o contexto não apoia sua alegação. Em questão aqui está a questão de como alguém pode ser salvo. Os discípulos ficaram chocados ao saber que é difícil para as pessoas ricas entrar no reino de Deus, porque a riqueza era muitas vezes igualada à bênção do favor divino (Dt 28:1-14). Se aqueles que aparentemente são os mais abençoados por Deus não podem ser salvos, então quem pode ser? (Mt 19:25). Jesus sabe que as riquezas podem desviar os olhos das pessoas de Deus. Mas Ele também sabe que Deus pode fazer o que é difícil ou mesmo impossível para os humanos, ou seja, salvá-los de seus pecados (19:26).

Assim, vemos que essa passagem não tem nada a ver com questões filosóficas sobre se Deus pode fazer qualquer coisa, como fazer um círculo quadrado. A onipotência de Deus não significa que ele pode fazer algo que seja uma lógica contradição ou contrário ao seu caráter. Um círculo quadrado é uma contradição lógica; o fato de Deus não realizar tal façanha não nega sua onipotência.

Tomás de Aquino abordou essa questão em seu esclarecimento sobre a onipotência de Deus. Aquino explica que algo pode ser possível de duas maneiras: "Primeiro em relação a algum poder, assim, tudo o que está sujeito ao poder humano é dito possível ao homem. Em segundo lugar, absolutamente, por conta da relação em que os próprios termos estão entre si" (Aquino, *Suma teológica: Tratado sobre o Deus Único*, Questão 25, Artigo 3). Dizer que Deus é onipotente no primeiro ponto acima cria um "círculo vicioso", pois isso seria dizer nada mais do que: "Deus é onipotente, porque Ele pode fazer tudo o que é capaz de fazer". A solução, de acordo com Tomás de Aquino, é que Deus é onipotente com base no segundo ponto já citado; Deus é onipotente porque, "Ele pode fazer todas as coisas que são absolutamente possíveis".

Pois uma coisa é dita possível ou impossível absolutamente, de acordo com a relação em que os próprios termos estão entre si, possível se o predicado não for incompatível com o sujeito, como aquele em que Sócrates se apoia; e absolutamente impossível quando o predicado é totalmente incompatível com o sujeito, como, por exemplo, que um homem é um burro. Portanto, tudo o que não implica uma contradição em termos é contado entre aquelas coisas possíveis, em relação às quais Deus é chamado onipotente: enquanto tudo o que implica contradição não entra no escopo da onipotência divina, porque não pode ter o aspecto de possibilidade.

Portanto, é melhor dizer que tais coisas não podem ser feitas, do que Deus não pode fazê-las. Nem isso é contrário à palavra do anjo, dizendo: "Nenhuma palavra será impossível para Deus". Pois tudo o que implica uma contradição não pode ser uma palavra, porque nenhum intelecto pode conceber tal coisa (Aquino, *Suma teológica: Tratado sobre o Deus Único*, Questão 25, Artigo 3).

Que Deus pode fazer todas as coisas que são possíveis sem uma contradição lógica pode não parecer suficiente para alguns, como se Deus pudesse fazer o que é logicamente impossível. Embora ser capaz de fazer o que é logicamente impossível possa parecer impressionante, não transmite nada de significativo. Somos incapazes de conceber um círculo quadrado porque se for quadrado não é círculo e vice-versa. Portanto, há limites, limites lógicos, para o que um ser onipotente pode fazer, e não é nada contra a concepção bíblica de Deus dizer isso.

Todos os que deixaram casas, irmãos ou irmãs, pai ou mãe, filhos ou campos por causa do meu nome... (19:29): Jesus estaria defendendo o abandono da família e das responsabilidades domésticas para servir ao reino? Jesus mencionou anteriormente a separação que ocorrerá entre alguns membros da família por causa da decisão de segui-lo (10:34-39; cf. 8:21-22). Jesus não veio para abolir a família, pois sustentou a lei que exige que os filhos honrem seus pais e repreendeu aqueles que desenvolveram tradições que lhes permitiam contornar as obrigações familiares (15:3-9). Em vez de abolir ou rejeitar a família, Jesus demonstrou a preeminência do compromisso de um discípulo com Ele e com o reino dos céus. Isso forma uma nova família espiritual em relação a Ele e ao Pai, na qual a característica central é fazer a vontade do Pai (12:46-50).

... receberão 100 vezes mais e herdarão a vida eterna. Mas muitos que são os primeiros serão os últimos, e os últimos, os primeiros (19:29-30): Os críticos dizem que Jesus está dando um incentivo material para segui-lo, mas na verdade Ele mostra que servi-lo com o propósito principal de receber recompensas e a proeminência é a menos nobre das motivações para um discípulo. Aqueles que servem com o propósito de ganhar recompensas serão os últimos, mas aqueles que serviram apenas pela motivação de responder em obediência à convocação de Jesus serão os primeiros (cf.

20:1-16). A resposta de Pedro mostra que ele também foi movido por um desejo nada puro por um tesouro no céu (19:23-30). O governante rico recusou-se a trocar sua riqueza por seguir a Jesus, e Jesus então alertou seus discípulos sobre o perigo que as riquezas representam para a salvação eterna de uma pessoa. Pedro ostentou o sacrifício que ele e os outros discípulos fizeram para seguir Jesus ("Eis que nós deixamos tudo e te seguimos") e perguntou com ousadia: "Então, o que haverá para nós?" (19:27). Sua pergunta revelou um motivo errado. Jesus reconheceu o sacrifício de Pedro e disse que ele seria recompensado, mas essa é a menos nobre das motivações para um discípulo.

Mateus 20:1-16

O reino dos céus é como um proprietário de terras que saiu de manhã cedo para contratar trabalhadores para sua vinha (20:1-16): Os críticos (e alguns cristãos) dizem que esta parábola sobre os trabalhadores e a vinha retrata Deus como injusto e despótico. Essa seria uma leitura correta? A parábola surge do encontro entre Jesus e o jovem rico (19:16-22) e especialmente da reação de Pedro (19:23-30). Jesus demonstra como servir a Ele e ao reino dos céus, com o objetivo principal de receber recompensas e ganhar destaque pessoal, é a menos nobre das motivações. Há uma igualdade no reino que torna ridícula qualquer tentativa de ganhar riqueza, posição ou preeminência. Jesus enfatizou poderosamente esse ponto ao contar uma parábola na qual todos os trabalhadores recebem o mesmo, não importa quanto tempo tenham trabalhado.

Comentaristas que se inclinam para questões de justiça econômica têm usado essa parábola como uma história que desmascara a pretensão daqueles que são injustos e que controlam as alavancas do poder. E como a parábola é uma instrução sobre o reino de Deus, eles veem um Deus que controla injustamente as alavancas do poder. O fazendeiro frustrou a justiça ao tratar os que trabalharam apenas uma hora da mesma forma que aqueles que suportaram o peso e o calor do dia (Luz 2001, p. 532). Se o quadro de referência fosse o que é merecido ou o que foi conquistado, então o ressentimento dos trabalhadores seria justificado. Mas o proprietário de terras foi tratando as reivindicações de uma forma diferente. Com certa delicadeza, ele chamou o primeiro trabalhador contratado de "amigo" ou "companheiro" (*hetairos*). O trabalhador se mostrou egocêntrico, pensando apenas em si mesmo e não na generosidade e intervenção do fazendeiro nem no bem dos outros trabalhadores.

A declaração final de Jesus — "Assim os últimos serão primeiros, e os primeiros últimos" (20:16) — inverte a ordem da declaração de 19:30 para enfatizar a conclusão da parábola, que aqueles que foram contratados por último foram os primeiros. Os últimos contratados não eram dignos do que receberam, mas foram pagos primeiro e receberam com igualdade como se fossem os primeiros contratados. E aqueles que foram contratados primeiro foram pagos por último e, do seu ponto de vista, tratados injustamente como se fossem iguais aos últimos. A aplicação pretendida a Pedro (19:27) e a seu pedido de tratamento preferencial e recompensa é óbvio. Embora ele e os Doze tenham sido os primeiros a desistir de tudo o que tinham para seguir a Jesus, todos os verdadeiros discípulos são incluídos por Jesus como tendo feito a mesma coisa (19:29).

Essa parábola é uma lição sobre gratidão e motivação no serviço, não sobre salvação ou ganhar a vida eterna, porque a salvação não é conquistada por obras (Ef 2:8-9; Tt 3:5-6). A parábola também não é sobre recompensas pelo serviço, porque Deus realmente recompensará os crentes de maneira diferente de acordo com o serviço deles (1Co 3:8; Jo 4:36). Ao contrário, é uma parábola sobre qual deve ser a motivação do discípulo para o serviço. Devemos servir por gratidão, porque é somente por meio da intervenção de Jesus que qualquer discípulo recebe alguma coisa.

MATEUS 20:17-21

Outra predição de morte e ressurreição (20:17-19): Mais uma vez, Jesus prediz claramente sua morte, mas os discípulos ainda não entenderam. Estaria Mateus simplesmente voltando atrás e inserindo previsões de morte nos ensinamentos de Jesus para retratá-lo como estando plenamente ciente de seu destino, uma vítima voluntária da injustiça? Essa é a terceira de quatro vezes que Jesus predisse sua prisão e crucificação, mas o drama é intensificado pela primeira referência a Jerusalém, a primeira menção da condenação de Jesus à morte pelos líderes religiosos e a primeira menção dos gentios que realizarão a execução (veja mais detalhes nos comentários sobre 16:21; cf. 17:22-23; 20:17-19; 26:2). Como mencionado anteriormente, a identidade de Jesus como um Messias crucificado não foi facilmente entendida pelos discípulos. Durante todo o ministério de Jesus, suas atividades declararam que Ele estava se preparando para estabelecer o reino, e os discípulos esperavam que isso significasse chegar a Jerusalém para assumir o poder dos líderes religiosos e de Roma.

O pedido de posição favorecida (20:20-21): A palavra "então" liga a predição da terceira paixão de Jesus com o pedido de posição favorecida. Se Jesus realmente anteviu sua morte nos versículos 18-19, especificamente nomeando os esquemas planejados pelos escribas e sacerdotes, não teriam os discípulos entrado em Jerusalém em alerta, nervosos demais para perguntar de forma egoísta sobre quais privilégios poderiam ter para eles? Quando o pedido é visto de um ponto de vista a partir de todos os eventos que ocorreram em Jerusalém, sem dúvida seria um pedido absurdo. Quanto à situação daquele momento, o pedido é um pouco mais compreensível à luz de duas coisas: a contínua incapacidade dos discípulos de compreender plenamente as predições da morte de Jesus e o relacionamento entre Jesus e os filhos de Zebedeu (Tiago e João). A mãe deles era uma fiel seguidora de Jesus, mas evidentemente também parente dele. Ela estava entre as mulheres que assistiram a Jesus na cruz e mais tarde testemunharam o túmulo vazio, o que a identificaria como Salomé (cf. 27:56; Mc 15:40; 16:1). O melhor esclarecimento das listas das mulheres identifica Salomé como irmã de Maria, mãe de Jesus (cf. Jo 19:25). Então ela é tia de Jesus, e seus filhos, Tiago e João, são seus primos por parte de mãe. Aparentemente, enquanto Jesus viajava pela Galileia, e agora em viagem para Jerusalém, sua mãe e tia viajaram com o grupo de discípulos, o que explicaria, pelo menos em parte, por que não há nenhum indício de escândalo com as outras mulheres que viajavam com eles (Cheney 1997, p. 13-21).

Ao se ajoelhar diante de Jesus, a mãe de Tiago e João mostra sua deferência a Jesus como seu mestre messiânico, mas ela também vem, aparentemente, para exercer sua vantagem terrena de parentesco com Jesus. Marcos mostra os discípulos pedindo o favor para si mesmos (Mc 10:35-36). Isso obviamente difere do relato de Mateus, mas é resolvido pela probabilidade de Marcos estar falando sobre o fato de que o desejo de posições favorecidas vinha dos filhos e não apenas da mãe. A mãe era o instrumento por meio do qual o pedido foi feito, mas ainda é correto dizer que o pedido foi feito pelos filhos. (Veja mais comentários em Mc 10:35-37.)

Mateus 20:29-33

Ao saírem de Jericó (20:29): Enquanto Mateus diz que essa cura ocorreu quando eles estavam "saindo" de Jericó, Lucas afirma que aconteceu enquanto eles "se aproximavam" de Jericó (Lc 18:35). Como essa diferença pode ser reconciliada é uma questão difícil até hoje. Alguns sugerem que a diferença pode ser harmonizada pelo entendimento de que o milagre foi aparentemente realizado quando Jesus deixou a cidade (20:29; Mc 10:46), embora Jesus tenha encontrado os homens pela primeira vez quando se aproximou da cidade (Lc 18:35), ou que os homens estavam implorando a Jesus quando Ele entrou em Jericó, mas eles não foram realmente curados até depois que Ele saiu. Por outro lado, pode ser entendido mais facilmente à luz do fato de que duas Jericós eram habitadas naquela época. Parece mais fácil postular que a cura ocorreu depois que Jesus deixou a velha Jericó e estava se aproximando da nova Jericó (e.g., Morris 1992, p. 513-14).

Jericó foi um lugar importante durante o tempo de Jesus (Wilkins 2002, p. 125). A estrada da travessia do rio Jordão para Jerusalém passava por ela, de modo que se tornou um ponto de parada para os peregrinos galileus a Jerusalém. Eles viajavam para o sul através da Pereia para evitar contato com os samaritanos. Jesus provavelmente passou por Jericó com frequência. Nos tempos do NT, a cidade de Jericó mais notável não era a antiga e decadente cidade famosa do AT (e.g., Js 5:13ss.), mas um lugar com empreendimentos que cercavam um enorme e complexo palácio construído pela primeira vez pelos asmoneus em um terreno de 12 mil m^2 a cerca de um quilômetro e meio ao sul do antigo monte da cidade. (Veja mais comentários em Mc 10:46 e Lc 18:35.)

Havia dois cegos sentados à beira da estrada (20:30): Mateus menciona dois cegos, enquanto Marcos e Lucas falam de apenas um, a quem Marcos identifica como Bartimeu (Mc 10:46; Lc 18:35). Em vez de uma contradição com Mateus, Marcos e Lucas colocaram seu foco no mais proeminente dos dois homens. O fato de ele ser nomeado indica sua proeminência. Não seria incomum encontrar cegos em pares, porque eles geralmente procuravam companhia entre outros como eles. Mas Mateus pode incluir esse aviso mais para destacar seu tema sobre o depoimento de duas ou três testemunhas (Blomberg 1992, p. 309). (Veja mais comentários em Mc 10:46 e Lc 18:35.)

MATEUS 21:1-11

Vocês encontrarão uma jumenta amarrada lá, e um jumentinho com ela (21:2): a profecia de Zacarias (Zc 9:9) especifica que o rei de Israel que traz a paz entraria em Jerusalém "montado em uma jumenta, em um jumentinho, filho de uma jumenta." Marcos e Lucas afirmam que o animal sobre o qual Jesus montou era um jumento, "no qual ninguém jamais montou" (Mc 11:2; Lc 19:30). Somente Mateus menciona que dois animais estavam presentes (cf. Mc 11:4, 7; Lc 19:33, 35), e ele diz ainda que quando os discípulos trouxeram os animais e colocaram suas vestes sobre eles, Jesus sentou-se sobre "eles" (21:7). Em vez de afirmar desajeitadamente que Jesus montou em dois animais, Mateus está captando o paralelismo sinônimo da profecia de Zacarias. Além disso, seu relato acrescenta um toque de autêntica reminiscência histórica: um potro jovem e intacto seria mais bem controlado se sua mãe ficasse ao lado para acalmá-lo em meio ao tumulto da entrada de Jerusalém (cf. Gundry 1994, p. 409-10; Hagner 1995, p. 594-95). Os discípulos puseram os seus mantos (cf. 5:40) sobre ambos os animais, visto que ambos estavam na procissão, mas Jesus sentou-se apenas sobre os mantos colocados sobre o jumentinho. (Veja comentários adicionais em Mc 11:2 e Lc 19:30.)

Se alguém lhes disser alguma coisa, vocês devem dizer que o Senhor precisa dele (21:3): O termo "Senhor" (*kurios*) pode ser entendido de maneira comum para significar o mestre terreno de alguém, ou pode ser entendido como referindo-se à divindade. É usado para se referir ao senhor de escravo (10:24), mas também a Deus como o Senhor da seara (9:38), Senhor da vinha (20:8), Senhor do céu e da terra (11:20; 11:25), e Jesus como o Messias (At 10:36). É difícil dizer se os discípulos ou outros entenderam a referência neste contexto, mas Jesus claramente pretendia referir-se a si mesmo como aquele que supervisiona soberanamente esses eventos. Este foi um arranjo intencional de Jesus para declarar sua identidade à nação.

Aquele que vem em nome do Senhor é o bendito! (21:8-11): Quando a multidão estendeu mantos e ramos de palmeira sobre a estrada no versículo 8 e gritou uma citação do Salmo 118 no versículo 9, eram esses os sinais de que eles receberam Jesus como o Messias, como rei, ou eram apenas coisas comumente feitas para todos os peregrinos que entravam em Jerusalém para a semana festiva? A multidão que compareceu à entrada era mista, portanto nem todos pretendiam transmitir a mesma recepção. Lucas relata que "toda a multidão dos discípulos" estava presente e que eles "começaram a louvar a Deus com alegria" e a saudar Jesus dizendo: "O Rei que vem em nome do Senhor é o bendito" (Lc 19:37). As discípulas que seguiram Jesus desde a Galileia provavelmente faziam parte da multidão (Mt 27:55-56), mas também do contingente de crentes na região de Jerusalém, entre eles possivelmente Lázaro, Marta, Maria e outros que haviam crido quando Jesus ressuscitou Lázaro (cf. Jo 12:1-3). No meio da multidão havia também outros que não eram discípulos de Jesus, mas que faziam parte das típicas multidões que o seguiram ao longo do seu ministério. Muitos deles provavelmente esperavam que Jesus viesse libertar Jerusalém da opressão romana. Outros estavam lá por curiosidade e foram apanhados pela emoção. Lucas revela ainda que no meio da multidão estavam alguns dos líderes religiosos, entre eles o habitual contingente farisaico que se opunha à reivindicação de autoridade de Jesus e o vigiava (Lc 19:39).

O fato de alguns na multidão jogarem roupas no caminho de Jesus certamente simbolizava sua submissão a Ele como rei (2Rs 9:13). O estender de folhas de palmeira simbolizava a recepção de Jesus como libertador nacional (cf. Morris 1992, p. 522n12; France 2007, p. 779). As palmas simbolizavam o nacionalismo e a vitória judaica, como quando Judas Macabeu e seus seguidores recuperaram Jerusalém e o templo profanado por Antíoco (2Macabeus 10:7; cf. 1Macabeus 13:51). As multidões também gritavam: "Hosana", que é a transliteração da expressão hebraica que significa "Salve" (cf. 2Sm 14:4; 2Rs 6:26). Isso atraiu alguns na multidão para fazer uma conexão com o Hallel (Sl 113—118) cantado durante a época da Páscoa, expressando esperanças messiânicas expressas no Sl 118:19-29 (especialmente 118:25, "Senhor, salva-nos"). Embora alguns sustentem que esta cena retrata apenas a prática comum dos peregrinos durante a semana festiva, as ações específicas de colocar suas vestes e folhas de palmeira para Jesus cavalgar revelam que, no geral, essa multidão não estava apenas agindo de acordo com o ritual. A multidão, auxiliada pelos seguidores de Jesus entre eles, identificou Jesus como o Messias. Eles ainda clamaram a Jesus como "Filho de Davi" (21:9). Ligado a Hosana, o título "Filho de Davi" é inequivocamente messiânico.

A concepção confusa da multidão sobre Jesus é revelada quando Ele entra na cidade: "Toda a cidade tremeu, dizendo: 'Quem é esse?'" (21:10). Isso lembra a reação de Jerusalém quando os magos vieram procurar aquele que havia nascido rei dos judeus — toda a cidade havia estado "perturbada" (2:3; *etarachthe*). Agora, quando Jesus entra em Jerusalém, a cidade "foi abalada" (*eseisthe*). A expressão "toda a Jerusalém" na narrativa da sua infância (2:3) indicava a liderança política e religiosa ameaçada pela chegada do recém-nascido rei dos judeus. Eles haviam se alinhado politicamente com Herodes, e se sua base de poder estava ameaçada, a deles também estava. Da mesma forma aqui "toda a cidade" indica que a ordem religiosa estava novamente em estado de paranoia com este que eles acreditavam que poderia tentar usurpar seu poder.

Mateus narra que as multidões respondiam em geral: "Este é o profeta Jesus, de Nazaré da Galileia" (21:11). A resposta indica a natureza mista dos que assistiram à entrada de Jesus. Alguns na multidão o chamavam de profeta, como muitos em seu ministério o viam (16:14; 21:46). Isso não parece implicar que eles o entendessem como *o* profeta escatológico da profecia de Moisés (Dt 18:15-18; cf. Jo 6:14; 7:40, 52; At 3:22; 7:37), mas sim o profeta que tem causado tanto rebuliço na Galileia, cuja cidade natal era Nazaré. Aqueles que bradaram "Hosana" parecem ter esperado que Jesus trouxesse a libertação, como fizeram os reis do antigo Israel e os Macabeus dos tempos mais recentes.

Este é o profeta Jesus de Nazaré da Galileia! (21:11): Os críticos perguntam como a identificação de Jesus como profeta aqui se encaixa com a afirmação de que nenhum profeta surgirá na Galileia (Jo 7:52). O contexto de João 7 transmite um longo e acalorado debate sobre quem é Jesus: um profeta, o Messias ou um enganador. Em conversa com Nicodemos, os fariseus afirmavam: "Investiguem e verão que não surge nenhum profeta da Galileia" (Jo 7:52). Em suas mentes, eles não podiam esperar nenhum profeta da Galileia, já que nenhum profeta jamais havia vindo de lá antes (Bruce 1983, p. 186). Os habitantes de Jerusalém menosprezavam os da região da Galileia (cf. At 2:7), e assim era geralmente sentido no sul, que a religião pura só poderia ser encontrada na Judeia (Bruce 1983, p. 186). Os referidos nessa passagem poderiam não saber que Jesus realmente nasceu na Judeia. E, no entanto, os fariseus provaram estar errados em sua afirmação; profetas vieram da Galileia, mais especificamente Jonas (2Rs 14:25).

O que esta passagem revela não é um erro na transmissão da história pelos escritores do evangelho, nem é um texto de prova de que Jesus não poderia ser o cumprimento da expectativa messiânica por causa de sua residência. Pelo contrário, revela mais uma vez as atitudes pietistas dos fariseus em contraste com o reinado humilde do Rei-Servo que fez sua entrada não em um cavalo de guerra, mas em um jumentinho.

Mateus 21:12-13

Purificação do complexo do templo (21:12-13): João narra uma purificação do templo no início do ministério de Jesus (Jo 2:13-17). A maioria dos estudiosos sustenta que João narrou o mesmo evento que os Sinóticos, mas que ele o colocou no início do ministério de Jesus, e não no fim, para fins temáticos (e.g., Beasley-Murray 1999, p. 38-42; Hagner 1995, p. 599-600). Não é incomum que os escritores dos Evangelhos quebrem a cronologia e organizem o material tematicamente. Os fatores que argumentam contra a existência de duas purificações separadas do templo incluem (a) a dificuldade de ver como os líderes religiosos teriam deixado Jesus escapar impune duas vezes, (b) o fato de que nenhum dos Sinóticos menciona que a purificação foi feita uma vez antes, e (c) a semelhança muito próxima dos eventos.

No entanto, a sugestão de que Jesus foi duas vezes ao templo com uma mensagem para Israel e sua liderança é muito louvável (cf. Morris 1995, p. 166-69; Carson 1991, p. 176-78). Podemos afirmar que no início de seu ministério Jesus fez uma declaração sobre seu ministério messiânico, que poderia incluir uma advertência aos líderes religiosos de Israel no templo. Que isso não foi esquecido pelo estabelecimento religioso é revelado em uma declaração de Jesus durante o primeiro incidente no templo que mais tarde foi usado contra Ele falsamente em seu julgamento (Mt 26:61; Mc 14:58; Jo 2:19; cf. At 6:14). O primeiro incidente pegou os líderes de surpresa, enquanto no segundo as multidões estavam tão alinhadas com Jesus que as autoridades do templo não ousaram agir contra Ele em público. À luz da agitação da atividade, as ações de Jesus também podem ter sido consideradas relativamente menores. Mas agora a liderança religiosa não pode ignorar a óbvia natureza revolucionária da rejeição de Jesus à sua liderança. Eles tentaram enredá-lo em um debate religioso para que Ele fosse denunciado (21:23-27; 22:15-46). Falhando, eles planejaram prendê-lo e matá-lo (21:46; 26:3-5) para evitar a ameaça tanto da população quanto do corpo governante romano. (Veja comentários adicionais em Mc 11:15 e Jo 2:13-25.)

MATEUS 21:14-17

Vocês nunca leram: "Vocês prepararam louvores da boca de crianças e recém-nascidos?" (21:16): As atividades de cura de Jesus levaram as crianças no templo a imitar o canto "Hosana ao Filho de Davi", que eles ouviram anteriormente da multidão durante a dramática entrada de Jesus em Jerusalém (21:9, 15). Jesus reconheceu a honra tão inadvertidamente concedida a Ele pelas crianças e a vinculou ao Sl 8:2 (MT/LXX 8:3), repreendendo os líderes religiosos por algo que eles deveriam saber, se realmente conhecessem o testemunho bíblico. O salmista aplicou o louvor das crianças a Deus, mas aqui as crianças estão atribuindo o louvor a Jesus como o Filho de Davi. Jesus reconheceu sua messianidade ao receber o louvor e foi além do que até mesmo as crianças sabiam ao receber pessoalmente o que era aplicável no salmo somente a Deus (21:16).

A maioria dos estudiosos concorda que Jesus aqui cita o grego da LXX em vez do texto hebraico de Sl 8:3, porque o hebraico é frequentemente traduzido para o inglês semelhante à versão HCSB: "Você estabeleceu uma fortaleza da boca de crianças e recém-nascidos para silenciar o inimigo e o vingador" (Sl 8:2), enquanto muitas traduções em inglês da LXX fornecem uma tradução ligeiramente diferente: "Da boca de crianças e recém-nascidos criaste louvor para ti mesmo" (Sl 8:3 NET). O debate se concentra em se as crianças e os lactentes estabelecem uma "fortaleza" de suas bocas ou oferecem "louvor" a Deus. Alguns afirmam que Mateus escolheu a tradução da LXX porque queria justificar as ações de Jesus no templo por meio do cumprimento das Escrituras, e foi apenas a LXX que atendeu a esse propósito (e.g., Buchanan 1996, p. 810). Eles acusam Mateus de retratar Jesus citando uma passagem da LXX que difere do hebraico original, violando assim o significado pretendido do texto inspirado. Embora haja dificuldades em entender o texto hebraico do Salmo 8:2-3, muitos estudiosos afirmam que a LXX é uma tradução precisa do hebraico e que o uso de Jesus em 26:16 traz mais profundamente seu significado inicial (e.g., Gundry 1967, p. 121; Craigie 1983, p. 109; Hagner 1995, p. 602; France 2007, p. 789). O salmo declara como Deus silencia seus inimigos por meio da "força" que sai da boca das crianças. France observa: "'Força' é frequentemente atribuída a Deus em uma fórmula de louvor (e.g., Sl 29:1; 59:16-17; 68:34-35), e quando essa 'força' sai de bocas, não é difícil ver por que a LXX traduziu como 'louvor'" (France 2007, p. 789). Nesse sentido, a LXX torna explícita a relevância do texto para a situação de Jesus, mas o hebraico subjacente também é uma vindicação do que as crianças dizem. É desse sentido que depende a citação de Jesus.

MATEUS 21:18-22

Cronologia para a maldição do secamento da figueira (21:18-20): Quando a figueira teria sido amaldiçoada — antes da purificação do templo (Mt 21:18-20) ou depois (Mc 11:11-19; Lc 19:45ss)? E quando murchou? "Imediatamente" (Mateus) ou no dia seguinte (Mc 11:20)? Teria sido uma atitude intempestiva da parte de Jesus amaldiçoar uma figueira por não produzir frutos tão cedo na estação (Mc 11:13)? Em resposta às duas primeiras perguntas, Marcos oferece a cronologia mais provável dos fatos — Jesus amaldiçoou a árvore na manhã de segunda-feira, a caminho da cidade para decretar o julgamento sobre a liderança do templo. Eles voltam para Betânia na noite de segunda-feira (Mc 11:19), e na manhã de terça-feira os discípulos reagem ao ressecamento no caminho de volta a Jerusalém (cf. 11:12-14.20-26). Mateus simplesmente resumiu os dois incidentes para um impacto literário e teológico.

Jesus e os discípulos, viajando de Betânia para Jerusalém, teriam passado por Betfagé, que significa "casa dos primeiros figos". Conhecida pela sua abundante produção de figos temporões, o aparecimento de folhas numa figueira nesta região era uma promessa do especialmente doce figo temporão, que também era uma promessa de frutificação posterior quando a safra normal de figos fosse produzida (cf. Mc 11:13, que afirma que nessa época não era a estação dos figos, significando a colheita normal). Mas a árvore que deveria estar produzindo os figos mais doces era improdutiva, sem nenhum figo.

O fato se torna um objeto apropriado para Jesus utilizar como ilustração da condição espiritual de Israel, fornecendo uma lição marcante para os discípulos. A fertilidade e a sombra de uma figueira a tornam um símbolo pronto para Deus mostrar seu relacionamento de aliança com o povo de Israel. Deus é retratado como encontrando a produtividade potencial de Israel, "... como as primícias da figueira" (Os 9:10). Assim como a frutificação da figueira era um sinal de ela estar saudável, a produção de frutos era um garantia da fidelidade de Israel aos padrões da aliança. Agora que Israel, especialmente representado por sua liderança religiosa, havia pervertido as práticas do templo e não tinha se arrependido com a aparição de Jesus, o Messias, proclamando a chegada do reino dos céus; Israel estava sendo julgado por Deus. Jesus havia acabado de demonstrar isso no templo, e agora estava apresentando uma lição surpreendente para os discípulos. "Jesus usa uma figueira estéril, mas frondosa, para ilustrar como Israel, tipificado em sua liderança, tinha uma religião vistosa mas sem valor e era digna de julgamento porque não produzia frutos em sua vida" (*DBI*, 283).

O fato de Jesus amaldiçoar a figueira não foi num acesso de ira, mas a expressão de um ato simbólico, demonstrando que as criaturas de Deus devem produzir aquilo para o qual foram criadas. Esse é o único milagre de julgamento relatado por Jesus, uma indicação de que se trata de um símbolo representado altamente significativo (Keener 2009, p. 504). A figueira foi projetada por Deus para fornecer figos para satisfazer a fome humana e, quando aquela se mostrou infrutífera, serviu como uma lição objetiva apropriada para mostrar que o julgamento divino recairá sobre todos os que não produzirem frutos de acordo com o desígnio de Deus para eles. Mesmo assim, Deus criou os humanos para cumprir sua vontade. O fruto da obediência será demonstrado em uma vida de fé fortalecida pela oração (21:21-22). E como Jesus declarou tão graficamente o tempo todo, ele exige nossa lealdade interior à vontade do Pai, de modo que os humanos que não produzirem o fruto de uma vida transformada por meio da vida do reino de Deus sofrerão o julgamento eterno (cf. 7:21-23). (Veja mais comentários em Mc 11:11-20.)

Eles ficaram surpresos e disseram: "Como a figueira murchou tão rapidamente?" (21:20): Em face de todas os milagres que eles viram até então, podemos nos surpreender que os discípulos ainda estivessem "maravilhados" (*thaumazo*) com os prodígios feitos por Jesus. No entanto, essa não é uma invenção de Mateus, mas uma tentativa de transmitir o impacto incompreensível do ministério de Jesus. Através de uma variedade de expressões diferentes de uma multiplicidade de pessoas diferentes, Mateus transmite que Jesus nunca poderia ser colocado em qualquer tipo de protótipo. As multidões ficaram maravilhadas (*ekplesso*) com seu ensino no Sermão da Montanha (7:28), porque Ele ensinava com uma autoridade muito diferente da dos líderes religiosos. Os discípulos ficaram maravilhados (*thaumazo*) com o fato de Ele acalmar a tempestade porque o Mestre era diferente de qualquer homem que eles jamais haviam conhecido (8:27). E mais tarde eles se prostraram e o adoraram quando Ele acalmou o mar pela segunda vez, porque isso lhes deu uma visão de sua natureza como o Filho de Deus (14:33). Quando Jesus ministrou em sua própria cidade natal, o povo "se admirou e disse: 'De onde lhe vem esta sabedoria e estes poderes milagrosos?'" (13:54). Quando Jesus exorcizou um demônio publicamente, as multidões ficaram maravilhadas (*thaumazo*) porque "nada parecido jamais havia sido visto em Israel!" (9:33). Quando Jesus curou multidões na Galileia, o povo ficou maravilhado e todos "deram glória ao Deus de Israel" (15:31). Quando Jesus confunde com seu ensinamento os discípulos dos fariseus e dos herodianos, "eles ficaram maravilhados [*thaumazo*]. Então eles o deixaram e foram embora" (22:22). E em seu julgamento diante de Pilatos, Jesus se recusou a fazer o jogo político, e então Mateus narra: "Mas Ele não lhe respondeu nem uma só acusação, de modo que o governador ficou muito surpreso [*thaumazo*]" (27:14).

Os discípulos agora ficam maravilhados com o milagre do julgamento contra a figueira porque ainda estão surpresos com a natureza da pessoa e do ministério de Jesus. A pergunta que eles fazem aumenta a autenticidade do incidente, uma vez que é uma "pergunta aparentemente irrelevante" (Hagner 1995, p. 606), feita a partir de sua própria perplexidade. Eles ainda estão tentando entender completamente Jesus e suas ações, porque tudo o que ele faz é único.

Se vocês acreditarem, receberão tudo o que pedirem em oração (21.22): Essa frase tem sido usada para propagar um "evangelho da prosperidade", o qual afirma que Deus deseja fazer os indivíduos prosperar material e fisicamente; se alguém tiver fé suficiente, receberá tudo o que pedir, incluindo riqueza e saúde. Embora a saúde e a riqueza às vezes possam indicar a bênção de Deus, não é assim em todos os casos. Vimos anteriormente no caso do jovem rico que a riqueza era o seu "deus" que o mantinha longe da vida eterna (19:22-23). Jesus reafirma aos discípulos que a verdadeira crença é a confiança de que eles podem fazer tudo o que Deus os chama a fazer — é "aceitar a palavra de Deus" em vez de "nomeá-la e reivindicá-la". Portanto, os discípulos devem ter confiança de que, se Deus os chama para fazer algo, eles podem fazê-lo na força dele. Mover uma montanha é uma forma proverbial na literatura judaica para fazer o que é virtualmente impossível (Is 40:4; 49:11; 54:10; b. *Sanh.* 24a; cf. Mt 21:21-22; Keener 2009, p. 442). Podemos realizar até as coisas aparentemente mais absurdas do ponto de vista do mundo se Deus nos chamar para isso.

MATEUS 21:23-27

Nem eu lhes direi com que autoridade faço estas coisas (21:27): A evasiva de Jesus aqui poderia ser uma tática para garantir que o plano divino permanecesse no caminho certo ou, em vez disso, seria uma revelação de que Ele não fez grandes reivindicações sobre sua autoridade? No dia anterior, Jesus havia julgado simbolicamente os líderes religiosos, e então eles responderam perguntando: "Com que autoridade fazes essas coisas?" (21:23). Afinal de contas, Jesus não era uma autoridade sacerdotal ou um escriba oficial de acordo com seus padrões sectários. A isso Jesus respondeu: "Eu também farei uma pergunta a vocês e se me responderem, direi com que autoridade faço estas coisas" (21:24). Ele estava envolvendo os líderes religiosos em um debate do tipo rabínico que seguia um padrão típico: uma pergunta hostil seguida por uma resposta em forma de pergunta, admissão e réplica final (Keener 2009, p. 506).

Jesus rebateu a questão perguntando: "De onde veio o batismo de João? Do céu ou dos homens?" (21:25). Ele estava perguntando se eles achavam que João tinha autoridade divina ou humana para realizar seu ministério. Ao transferir o questionamento de volta para os líderes religiosos, Jesus lhes preparou uma armadilha (21:25b-26). Eles sabiam que indisporiam o povo se dissessem que o ministério profético popular de João não era de Deus. Eles temiam que o povo se voltasse contra eles e causasse uma revolta (21:26), o que colocaria em risco o apoio romano à sua liderança. Mas também não podiam endossar o próprio profeta que os havia condenado por não se arrependerem (cf. 3:7-10). A implicação de Jesus queria que eles admitissem ser a autoridade de João derivada de Deus, e João havia apontado para Jesus como o Messias (cf. 3:11-17; 11:1-6; Jo 1:19, 26-27). Essa admissão validaria a autoridade de Jesus para dizer e fazer o que quisesse, mesmo no templo. Percebendo seu dilema (21:25-26, 31-32), os líderes religiosos se recusaram a responder a Jesus. Portanto, Jesus não tinha obrigação de responder à pergunta deles sobre sua autoridade.

Mateus 21:28-32

Os cobradores de impostos e as prostitutas estarão entrando no reino de Deus antes de vocês! (21:31): Alguns já disseram que a afirmação de Jesus contradiz 1Co 6:9, que diz: "Nenhuma pessoa sexualmente imoral, idólatra, adúltera ou qualquer pessoa que pratique homossexualidade, nem ladrões, gananciosos, bêbados, pessoas verbalmente abusivas ou vigaristas herdarão o reino de Deus". Enquanto o apóstolo Paulo se referia a pessoas impenitentes dessas várias descrições, Jesus estava fazendo referência a cobradores de impostos e prostitutas que obedeciam à intimação para se arrepender e entrar no reino. Eles agora havia se tornado discípulos de Jesus e *ex* cobradores de impostos e prostitutas. "Cobradores de impostos" aqui tem a conotação de quem trapaceou, arrecadando mais do que devia ou retendo uma parte para si.

MATEUS 21:33-46

Questão textual **(21:44):** Alguns manuscritos importantes omitem este versículo (D 33 it sy^{s} Or Eus^{syr}), levando muitos estudiosos a sugerir que esta é uma interpolação inicial de Lc 20:18. No entanto, é encontrado em muitos manuscritos importantes (ℵ B C L W Z (Θ) 0102 $f^{1, 13}$ M lat $sy^{c,p,h}$ co). Visto que as palavras não são idênticas em Lucas, não é conclusivo que se trate de uma interpolação. Isso levou o comitê textual do UBS a mantê-lo entre colchetes, postulando que talvez o olho do copista possa ter escorregado de *autes* no final de 21:43 para *auton* no final do verso 44 em disputa, omitindo tudo entre as expressões (Metzger 1994, p. 47). Como praticamente todas as questões textuais, nada de doutrinariamente relevante depende da inclusão ou exclusão do versículo.

MATEUS 22:1-14

Joguem-no nas trevas exteriores, onde haverá choro e ranger de dentes (22:13): Para uma discussão sobre as imagens aparentemente inconsistentes do inferno, veja os comentários em 5:22 e 13:42.

MATEUS 22:23-33

Vocês estão enganados porque não conhecem as Escrituras nem o poder de Deus (22:29): A repreensão de Jesus aos saduceus é baseada na falta de familiaridade deles com o AT e na falha em compreender o poder de Deus, mas como a familiaridade com o AT e a compreensão do poder de Deus exigiriam a conclusão de que “na ressurreição nem se casam nem se dão em casamento, mas são como os anjos no céu” (v. 30)?

Os saduceus tentaram criar uma armadilha apelando para o casamento levirato (cf. Dt 25:5-10) com o intuito de demonstrar que Jesus sustentava doutrinas antibíblicas. Eles supõem que a pergunta deixaria Jesus perplexo (22:28), demonstrando que Ele não era qualificado como líder teológico.

Os saduceus não acreditavam na ressurreição, pois se baseavam apenas no Pentateuco como doutrina. A ressurreição é ensinada com mais clareza posteriormente no AT e tornou-se uma característica regular na literatura judaica do Segundo Templo (e.g., 2Macabeus 7; *1En* 102; *2Bar* 49—51), vindo a ser uma crença central no pensamento rabínico posterior (e.g., m. *Sanhedrin* 10:1; *b. Rosh Hashaná* 16b-17a). Os saduceus deveriam reconhecer que o restante do AT também é verdadeiramente Escritura, onde a doutrina da ressurreição é mais clara (e.g., Is 26:19; Dn 12:2; cf. Jó 19:25-27).

O AT não afirma explicitamente que o casamento não existe no céu. No entanto, o ensinamento judaico posterior concluiu de forma semelhante a Jesus: "No mundo vindouro não há comida, nem bebida, nem procriação" (*b. Berakhot* 17a). Esta afirmação e a declaração de Jesus vêm da mesma coleção de ideias judaicas, mas os estudiosos têm diferentes interpretações da declaração de Jesus. Alguns afirmam que Ele quis dizer que não haverá novos casamentos iniciados no céu, mas que aqueles que são casados quando vão para a vida de ressurreição permanecem casados (e.g., Witherington 2006, p. 415), enquanto a maioria sustenta que o casamento não continua no céu, embora uma forma diferente de relacionamento amoroso permanecerá (e.g., France 2007, p. 839; Carson 2010, p. 520; Osborne 2010, p. 817).

A interpretação mais natural da declaração de Jesus é que não há casamentos no céu, assim como os anjos não se casam. Jesus não sugere que os humanos se tornem anjos, mas que o estado ressurreto acaba com a prática do casamento e resulta em relacionamentos inteiramente novos. Isso não significa que os relacionamentos terrenos anteriores sejam eliminados ou que os relacionamentos ressurretos não tenham algum apego especial. A esposa (ou marido) de vários cônjuges nesta vida terá uma capacidade e compreensão do amor igualmente alteradas, o que permitirá a ela (ou a ele) amar a todos sem medida, ciúme ou possessividade (cf. Blomberg 1992, p. 333; Carson 2010, p. 520).

Quanto à ressurreição dos mortos, vocês não leram o que vos foi dito da parte de Deus: "Eu sou o Deus de Abraão, o Deus de Isaque e o

Deus de Jacó"? Ele não é o Deus dos mortos, mas dos vivos" (22:31-32): Jesus apela para Êx 3:6 como se isso fornecesse evidência clara para a ressurreição dos mortos, mas ela existe? Jesus talvez tenha usado uma tática retórica em vez de uma exegese histórico-gramatical? O caso de Jesus repousa sobre o tempo presente "eu sou" (*ego eimi*) da declaração de identificação de Deus, a implicação sendo que o tempo presente significa que, embora os patriarcas já tivessem morrido fisicamente havia muito tempo, eles ainda estavam vivos em algum sentido quando Deus falou a Moisés. Se eles ainda estão vivos, embora estejam fisicamente mortos, e se o restante das Escrituras aponta para a realidade da ressurreição, então os saduceus deveriam acreditar no poder de Deus para ressuscitar os mortos.

A suposição de que os patriarcas continuam a desfrutar das bênçãos da aliança, embora tenham falecido muito tempo atrás, é encontrada em várias referências do AT (cf. Gn 24:12, 27, 48; 26:24; 28:13; 32:9; 46:1, 3-4; 48:15-16; 49:25). Fontes contemporâneas a Jesus corroboraram essa crença (e.g., Filo, *Abraão* 50-55; 4Mac 7:18-19; 16:25). Ao debater os pontos de vista dos saduceus em relação à ressurreição, rabinos posteriores basearam seus argumentos nos livros de Moisés e concluíram que "os justos são chamados vivos mesmo em sua morte" (*Qoheleth Rabbah* 9:5, §1; cf. Êxodo Rabbah 1:8; *Deuteronômio Rabá* 3:15). O Quarto livro de Macabeus, um escrito judaico provavelmente do início do primeiro século, afirma: "Somente aqueles que de todo o coração fazem da piedade sua primeira preocupação são capazes de vencer as paixões da carne, acreditando que para Deus eles não morrem, como os nossos patriarcas Abraão, Isaque e Jacó não morreram, mas vivem para Deus" (4Macabeus 7:18-19). Assim, tanto o ensino de Jesus quanto 4Macabeus apontam para uma crença judaica generalizada de que os patriarcas não estão realmente mortos (Keener 2009, p. 528-29; Charlesworth 1985, p. 78-79).

O uso que Jesus faz de Êx 3:6 vai ao cerne do pensamento e da prática judaica, incluindo a dos saduceus, porque é em Êx 3 onde Deus se apresenta a Moisés como "EU SOU O QUE SOU" (Êx 3:6, 14-16). Jesus lembrou aos saduceus que a rica ambiguidade dessa fórmula em Êx 3:6 (empregando a construção nominativa sem verbo "Eu sou o Deus de") permite que ela se refira não apenas ao passado como em "Eu era o Deus de", mas também para o presente. Moisés teria entendido que Deus estava dizendo que no momento Ele ainda era o Deus das quatro pessoas mencionadas. Eles não deixaram de existir, embora não estivessem mais entre os vivos na terra. Se Moisés teria entendido isso, então com razão os saduceus deveriam entender (cf. Stuart 2006, p. 115).

Mateus 22:34-40

Ame o seu próximo como a si mesmo (22:39): Esta segunda parte da resposta de Jesus sobre o maior mandamento não é um dos Dez Mandamentos. Isso indica que Jesus não estaria familiarizado com os Dez Mandamentos ou que se sentia livre para fazer uma adição a eles? A compreensão adequada da pergunta que Jesus fez é a chave para responder a este desafio: "Mestre, qual é o maior mandamento da lei?" (22:36). A expressão "a Lei" é uma abreviação para todo o AT, não apenas para os Dez Mandamentos, permitindo assim que Jesus extraísse material de fontes fora dos Dez Mandamentos. Sua citação é de uma parte de Lv 19:18, que diz: "Não se vingue nem guarde rancor contra os membros de sua comunidade, mas ame o seu próximo como a si mesmo; Eu sou o Senhor." O venerável rabino Akibah havia declarado Lv 19:18 como um "grande princípio da Torá" (*Gênesis Rabbah* 24.7).

Mateus 22:41-45

O Senhor declarou ao meu Senhor: "assenta-te à minha direita, até que eu ponha os teus inimigos debaixo dos teus pés" (22:44): Jesus lida corretamente com o Sl 110:1? No hebraico original, o segundo uso de "Senhor" é *adon* em vez de YHWH. Isso indica que o "Senhor" em questão aqui não seria divino, de modo que Davi estaria falando com um senhor e não com o Senhor? Os fariseus, vistos como especialistas bíblicos, foram francos em suas críticas a Jesus desde que Ele se declarou o intérprete autorizado do AT (cf. 5:17-48). Nessa passagem, Jesus desafiou a capacidade deles de interpretar corretamente um dos textos messiânicos mais importantes do AT. Se eles não pudessem decifrar corretamente esse texto, eles não poderiam entender perfeitamente sua identidade. Daí a sua pergunta: "O que pensam vocês sobre o Messias? De quem é Filho?" (22:41-42).

Os fariseus responderam: "De Davi" (22:42), com base nas profecias de que o Messias seria da linhagem de Davi (cf. 2Sm 7:12-14; Sl 89:4; Is 11:1, 10; Jr 23:5 : cf. *Salmos de Salomão* 17:21). Isso se encaixa com declarações recorrentes da identidade messiânica de Jesus como "Filho de Davi" (1:1, 20; 9:27; 12:23; 15:22; 20:30-31; 21:9, 15). A resposta de Jesus aos fariseus foi extraída do Sl 110:1, onde Davi se refere ao futuro governante messiânico — seu descendente, seu "filho" — como *kurion*, "senhor". Esse é um salmo messiânico e não um salmo de coroação, considerando que Davi não se referia a seu filho Salomão como "senhor". A LXX, que é quase literal ao que Mateus registra aqui, tem *kurion* em ambas as ocorrências da palavra "Senhor". É verdade que o hebraico subjacente tem Yahweh para a primeira, e *adon* para a segunda ocorrência de "Senhor", mas os judeus não leriam o termo Yahweh e o teriam substituído por *adonai* quando o lessem em voz alta, ficando assim o Sl 110: "O *adonai* diz ao meu *adon*..." O conhecimento comum disso é o motivo pelo qual a tática de Jesus teve tanta força (Mt 22:46).

O Messias é muito mais do que os fariseus esperavam que o "filho de Davi" fosse. Ele não é um mero descendente humano de Davi. Eles não entenderam a identidade do Messias em relação a Yahweh. O Messias é o "*adon*" de Yahweh, o "Filho do Homem" que recebe autoridade do Ancião de Dias (Dn 7:13-14). Os judeus geralmente não acreditavam que o Messias seria divino, mas aqui Jesus os confundiu mostrando que, como Davi chamou o Messias de "filho" e "Senhor", o Messias é de fato seu descendente humano, mas Ele mantém um relacionamento divino com o Senhor (veja também Evans 2001, p. 272-75). (Veja mais comentários em Mc 12:35-37.)

Mateus 23:1-7

Obedeçam-lhes e façam tudo o que eles dizem a vocês. Mas não façam o que eles fazem, pois não praticam o que pregam (23:3): A declaração de Jesus é surpreendente, devido à maneira como Ele criticava regularmente os escribas e fariseus, especialmente ao longo do capítulo 23. Ele estaria sendo inconsistente ou Mateus inventou descuidadamente essa afirmação?

É possível que a declaração de Jesus aqui tenha sido apresentada em forma de sarcasmo ou de uma ironia amarga, mas provavelmente ele quis dizer que toda e qualquer interpretação precisa das Escrituras deve ser obedecida. Os fariseus nem sempre estavam errados e, de fato, sua doutrina estava mais próxima de Jesus em muitas questões do que dos saduceus (e.g., ressurreição, autoridade de todo o AT como Escritura etc.). Jesus não negou que o ensino dos fariseus pudesse em alguns pontos ser benéfico para a vida espiritual. O que Ele condenou foi a tradição oral deles quando interpretou incorretamente a intenção do AT,suplantando-a inadequadamente (cf. 15:1-9) e aplicou-a hipocritamente para fins hipócritas (e.g., 5:20; 6:1-18).

Mateus 23:8-12

Não sejam chamados de "Rabi" [...] Não chamem ninguém na terra de pai [...] também não sejam chamados de mestres (23:8-10): Jesus aqui estaria nos proibindo de chamar alguém de "Rabi", "mestre", ou "pai"? Não. Em vez de proibir o uso de tais títulos, Jesus estava abordando o emprego de títulos públicos honoríficos para alardear a posição religiosa de alguém. Como ele diz no versículo 7: "Eles amam [ser cumprimentados] nas praças e ser chamados de 'Rabi' pelas pessoas". O rabino, por exemplo, era geralmente um mestre da Torá, e o título era usado com mais frequência para se referir ao diretor de uma escola rabínica. A associação com essas escolas tendia a diferenciá-los da população. A escola era uma comunidade sagrada e o povo considerava os membros com grande deferência (*DJBP*, p. 516; Levine 2000, p. 440-70). Essas instituições acadêmicas eram distintas da sinagoga, sendo a academia um local para promover o estudo da Torá e a sinagoga um local para promover a oração (e.g., *b. Meg.* 27a; Levine 2000, p. 449-51). Uma posição tão inebriante pode levar à hipocrisia e a um senso de direito.

O maior entre vocês será seu servo. Quem se exaltar será humilhado, e quem se humilhar será exaltado (23:11-12): Alguns céticos afirmam que o NT é produto de sacerdotes inventivos que queriam se estabelecer como a nova elite religiosa. Essa acusação é difícil de conciliar com ensinamentos como a declaração de Jesus aqui. O Mestre adverte seus discípulospara não tentarem contrariar seu novo paradigma de servo-líder. Se seguirem a sede de poder e prestígio do mundo e tentarem se exaltar, serão humilhados. Aqueles que, a exemplo de Jesus, que não veio para ser servido, mas para servir (20:28), vivem o humilde papel de servo, serão exaltados como verdadeiros filhos e filhas do reino dos céus. Isso não indica exaltação de uns sobre os outros, mas a igual exaltação que todos os discípulos de Jesus desfrutam, que não estão acima uns dos outros, mas que são irmãos e irmãs uns dos outros com Jesus como Mestre e com o Pai de Jesus como de todos.

Mateus 23:13-32

***Suporte textual para o versículo 14* (23:14):** Alguns manuscritos incluem este versículo, mas está faltando em ℵ B D L Θ *f*[1]. O comitê textual da UBS julgou que é uma interpolação derivada do paralelo em Mc 12:40 ou Lc 20:47, com base na "sua ausência nas primeiras e melhores autoridades dos tipos de texto alexandrino e ocidental, e (*b*) fato de que os registros que incluem a passagem a têm em lugares diferentes, seja após o versículo 13 (assim o Textus Receptus) ou antes do versículo 13" (Metzger *TCGNT*, p. 50).

Insensatos cegos! Pois qual é maior, o ouro ou o santuário que santificou o ouro? (23:17): Estaria certo chamar alguém de tolo (Mt 23:17), ou não (Mt 5:22)? Ao longo deste capítulo (os "ais"), Jesus usa expressões duras. Esse é um exemplo que devemos seguir hoje ao lidar com os incrédulos? Em Mt 5:22, Jesus adverte contra chamar um irmão de "tolo!" O uso do termo "tolo" era altamente ofensivo na cultura judaica porque conotações morais estavam ligadas a ele. O provérbio diz: "Assim como a conduta vergonhosa é prazer para o tolo, igualmente a sabedoria é para o homem de entendimento" (Pv 10:23). O termo *moreh* vem do termo grego *mōros* (a origem do termo moderno "idiota"), indicando uma pessoa que consistentemente agia como um idiota. Isso não é um simples xingamento que podemos ouvir de crianças imaturas, mas sim uma tentativa real de caluniar ou difamar uma pessoa. De qualquer maneira, tratar o irmão com tanto desprezo era despojar sua identidade pessoal e transformá-lo em algo que ele não era. Para saber mais sobre *mōros*, veja os comentários em 5:22.

Jesus está lastimando a condição miserável dos fariseus, mas também está pronunciando o destino que eles trouxeram sobre si mesmos. Eles são realmente tolos porque não estão cientes do julgamento que os espera, vivendo em um paraíso de tolos enquanto pensam que são o epítome da bem-aventurança religiosa, o tempo todo eles continuam no caminho da destruição com o povo de Israel seguindo de perto. Sua condição lamentável reside especialmente em sua hipocrisia e cegueira, nas quais eles desfiguraram a verdade da revelação de Deus por meio de seu autoengano e inconsistência. Mas sua tristeza também resulta de abusar de sua responsabilidade pela liderança da nação, por recusar o convite para o reino de Deus e por conduzir Israel à condenação que também foi profetizada para Corazim, Betsaida e Cafarnaum (11:20-24).

As palavras severas de Jesus no capítulo 23 não nos dão licença para chamar os incrédulos de "tolos", mas nos dão ímpeto para identificar maneiras que levam as pessoas à destruição. Essas advertências e imprecações são dirigidas à liderança falha dos escribas e fariseus. É a coleção mais abrangente das advertências e ais pronunciados de Jesus, informadas a nós por Mateus que as registrou com a intenção de fornecer orientação aos líderes da igreja ao longo dos tempos.

MATEUS 23:33-39

Alguns deles vocês matarão e crucificarão, e alguns deles vocês açoitarão em suas sinagogas e perseguirão de cidade em cidade (23:34): Quando Jesus enviou esses "profetas, sábios e escribas"? E quando eles foram crucificados, açoitados e perseguidos de cidade em cidade? Mateus está apresentando essas declarações na vida de Jesus desde o início da igreja para encorajar seus leitores, que estavam enfrentando tais perseguições? Ou Jesus realmente fez uma profecia sobre o ministério e os sofrimentos que viriam depois de sua ressurreição e ascensão? Essas palavras são mais bem vistas como declarações proféticas de Jesus que apontam para a era cristã, implicando a contínua rejeição judaica de sua mensagem. A liderança judaica não tinha permissão para aplicar a pena de morte sem a autorização de Roma, mas com o apoio deles eles foram capazes de executar Estêvão (At 7:54-60). A crucificação de cristãos teria ocorrido nas mãos dos romanos, mas provavelmente instigada por oficiais judeus. A linguagem aqui ecoa a declaração profética anterior de Jesus sobre o destino dos missionários cristãos (cf. 10:16-25) e acrescenta que eles serão rejeitados e perseguidos (23:34-35). O açoitamento (23:34) foi prescrito como punição para vários pecados, como caluniar uma mulher (Dt 22:13-19), incesto (Lv 20:17-21) ou entrar impuro no templo (Nm 5:1-4) (veja *m. Mak.* 3.1-2). A suspensão da proibição de comer certas carnes (e.g., At 10:9-16) faria um judeu convertido a Cristo impuro aos olhos dos oficiais da sinagoga e sujeito a açoitamento (m. *Mak.* 3.2; Wilkins 2002, p. 69).

Assim, todo o sangue justo derramado sobre a terra será cobrado de vocês, desde o sangue do justo Abel até o sangue de Zacarias, filho de Berequias, a quem vocês assassinaram entre o santuário e o altar (23:35): Jesus (ou Mateus) teria misturado dois homens diferentes do AT chamados Zacarias? Lc 11:51 não é tão problemático porque Lucas simplesmente menciona "Zacarias" (veja os comentários ali para um entendimento mais completo). A declaração de Jesus destina-se a fazer referência a toda a extensão da história do AT. O primeiro justo a ser morto na história foi Abel, morto por seu irmão Caim em um ato de ciúme (cf. Gn 4:8-11). O último assassinato registrado no AT na ordem canônica da Bíblia Hebraica (Lei, Profetas, Escritos) é o do *sacerdote* Zacarias, filho do sumo sacerdote (2Cr 24:20-22). A linguagem ali se encaixa na declaração de Jesus porque Zacarias foi assassinado no pátio do templo. A dificuldade com essa visão é que o cronista nomeia o pai de Zacarias como Joiada, enquanto Jesus o chama de Berequias, o que se encaixa melhor com o profeta Zacarias, que é chamado de filho de Berequias, filho de Ido, em Zacarias (1:1). Tal situação leva alguns a sugerir que Jesus realmente quis se referir ao profeta Zacarias, o que descreveria o intervalo de tempo da referência de Jesus desde a criação até o último profeta registrado (Blomberg 1992, p. 349). Isso faria sentido, mas em nenhum lugar do AT é relatado que o profeta Zacarias foi assassinado. Assim, alguns concluem que há um erro em Mt 23:35, quer da parte de Mateus quer de Jesus.

Como uma solução proposta, alguns afirmam que o profeta Zacarias cujo assassinato 2Crônicas registra foi identificado por uma tradição em desenvolvimento como o *profeta* Zacarias, em vez do sacerdote Zacarias (Hagner 1995, p. 677; Davies e Allison 1997, 3:319; Keener 2009, p. 56).

Outros sugerem que o cronista deu o nome do avô de Zacarias em vez de seu pai, uma prática bastante comum (Morris 1992, p. 589n45). Nesse caso, ambos os Zacarias tiveram pais chamados Berequias, e Jesus e/ou Mateus forneceram informações biográficas sobre o sacerdote Zacarias que não foram declaradas no AT. (Veja mais comentários em Lc 11:51.)

Mateus 24:1-2

Não ficará aqui pedra sobre pedra (24:2): Alguns avaliaram a declaração de Jesus como uma profecia não cumprida, uma vez que uma parte da área do templo conhecida como Muro das Lamentações não foi destruído e ainda permanece hoje. No entanto, Jesus tinha acabado de sair do templo e os discípulos estavam chamando sua atenção para os edifícios do templo (24:1). Esses foram os objetos da profecia de Jesus, e essa profecia foi cumprida quando os prédios foram completamente destruídos em 70 d.C. Josefo narra os terríveis eventos que ocorreram durante o cerco de Jerusalém que levaram à destruição do templo e de grande parte da cidade. Ele relatou os conflitos entre os que defendiam a cidade como alguns sofreram tão horrivelmente que depois cometeram suicídio, e ele conta uma história horrível sobre uma mulher chamada Maria que matou seu filho bebê, assou o corpo e o comeu (Josefo, *Guerra judaica* 6.201-208). Josefo também registra o fim definitivo do templo e dos edifícios: "Os romanos, pensando que era inútil poupar os edifícios circundantes, agora que o templo estava em chamas, incendiaram todos eles, tanto os restos dos pórticos quanto os portões, exceto dois, um ao leste e outro ao sul; estes também eles subsequentemente arrasaram" (Josefo, *Guerra judaica* 6.281). A parte do Muro Oeste que restou é chamada hoje de "Muro das Lamentações", tornando-se um local de luto pela destruição dos edifícios do templo e pelo exílio de Israel.

Mateus 24:32-35

Esta geração certamente não passará até que todas essas coisas aconteçam (24:34): Jesus estava querendo dizer que todos os sinais anteriores à sua segunda vinda foram cumpridos no primeiro século? Em caso afirmativo, sua segunda vinda não deveria ter acontecido há muito tempo? Os intérpretes estão divididos quanto ao significado do termo "esta geração". Alguns o consideram uma referência à geração dos discípulos de Jesus que estavam vivos quando ele falou, que testemunhariam a destruição de Jerusalém em 70 d.C. (e.g., Davies e Allison 1997, p. 365-66; France 2007, p. 929-30). Outros concluem que se refere ao povo judeu, em particular àqueles que estariam vivos no tempo do retorno do Filho do Homem (e.g., Schweizer 1975, p. 458). Existem ainda os que consideram uma referência a pessoas perversas, muitas vezes referidas como "esta geração" (e.g., Mt 11:16; 12:39). Essas pessoas se opuseram a Jesus em seu ministério terreno e se oporão novamente a seus discípulos antes de seu retorno (e.g., Gundry 1994, p. 491; Morris 1992, p. 612-13).

Como nenhuma dessas opções satisfaz plenamente o contexto, talvez seja mais fácil ver uma referência dupla em "esta geração", como Jesus fez ao longo do discurso. Os discípulos a quem Jesus falou no Monte das Oliveiras seriam "esta geração" que veria o templo destruído, o que mostra a aplicabilidade do discurso ao ano 70 d.C. Além disso, dentro do contexto das declarações de Jesus sobre a vinda do Filho do Homem no fim dos tempos, "esta geração" deve se aplicar àqueles nos últimos dias que verão os eventos que cercam a abominação da desolação. Os que aguardam a chegada de Jesus devem reconhecer que a sua redenção se aproxima ao verem os sinais (Lc 21:28). A palavra de Jesus é uma palavra de advertência — para seus contemporâneos e para aqueles que não se arrependerem no futuro — de que a chegada do Filho do Homem trará julgamento. Sua afirmação também visa encorajar os crentes, deixando claro que a tribulação não durará para sempre.

Mateus 24:36-44

A respeito daquele dia e hora ninguém sabe, nem os anjos no céu, nem o Filho (24:36): Essa confissão de ignorância indicaria uma falta de onisciência e prova contra a divindade de Jesus? Em vez de um sinal de que Jesus carece dos atributos da divindade, sua ignorância aqui é um exemplo de sua limitação voluntária de seus atributos divinos. Ele está voluntariamente desinformado sobre o momento exato de seu retorno. A doutrina teológica da *kenosis* diz que na encarnação de Jesus Ele voluntariamente limitou o uso de seus atributos divinos para que pudesse experimentar a autêntica vida humana. Ele não desistiu de sua divindade ou de seus atributos divinos, mas limitou voluntariamente seu uso.

O uso de Jesus de seu conhecimento sobrenatural estava limitado a compreender se era a vontade do Pai que Ele o usasse. Jesus veio para fazer a vontade de seu Pai e agiu principalmente em sua humanidade e foi capacitado pelo Espírito durante seu ministério terreno. Não era a vontade do Pai que Ele soubesse a data de seu retorno durante seu tempo aqui. Em sua consciência humana, Jesus restringiu-se ao conhecimento humano normal, embora sempre retivesse o atributo da onisciência em sua natureza divina e pudesse usá-lo se fosse a vontade do Pai (Erickson 1984, p. 769-72; Grudem 1994, p. 547-53). Em algumas ocasiões, Ele demonstra conhecimento sobrenatural do presente e do futuro (e.g., Jo 2:4; 4:17-18; 6:70; 11:4, 11; 13:10-11, 38). Outros exemplos do uso limitado ou não uso dos atributos divinos por Jesus incluem onipresença e onipotência (cf. 13:58; Mc 6:5). (Veja mais comentários em Mc 13:32.)

Assim como foi nos dias de Noé [...] Eles não sabiam até que veio o dilúvio e os levou a todos (24:37-39): Se as pessoas dos dias de Noé "não sabiam até que veio o dilúvio" que a destruição estava próxima, em que sentido Noé seria um "pregador da justiça" (2Pe 2:5)? O povo nos dias de Noé não deu ouvidos às advertências de julgamento que lhes foram dadas. A ignorância deles sobre o dilúvio foi devido à sua negligência em relação à mensagem de Noé. O texto de 2Pe 2:5 nos diz que Noé era "um pregador da justiça", o que chama nossa atenção porque o AT não afirma que Noé pregou a seus contemporâneos. No entanto, a ideia de que Noé implorou que sua geração se arrependesse é comum na tradição judaica (Josefo, *Antiguidades* 1.74; *Jub.* 7:20-29; *Sib. Or.* 1:128-29, 150-98; cf. *1Clem.* 7:6; 9:4). Josefo declarou: "Mas Noé, indignado com a conduta deles e vendo seus conselhos com desagrado, instou-os a chegar a um estado de espírito melhor e corrigir seus caminhos" (*Antiguidades* 1.74). A noção de que Noé proclamou a justiça de Deus para sua geração é uma dedução justa, pois é bastante improvável que ele não tenha compartilhado com seus contemporâneos por que estava construindo a arca. "Os ímpios se recusam a ouvir a palavra de julgamento de Deus contra eles, insistindo, como fizeram os contemporâneos de Noé, que qualquer noção de uma condenação futura é risível" (Schreiner 2003, p. 339).

MATEUS 24:45-51

Quem é, pois, o servo fiel e sensato... (24:45-51): Mateus e Lucas parecem colocar essa parábola em contextos diferentes. Eles estariam se contradizendo? Como acontece com muitas das parábolas e ensinamentos de Jesus, Ele aparentemente contou essa parábola em mais de uma ocasião. Em Lucas, Cristo apresentou a parábola principalmente aos seus discípulos, mas também grandes multidões estavam presentes (cf. Lc 12:1; 41-48) enquanto viajava para Jerusalém para a Semana da Paixão. No Evangelho de Mateus Ele a apresenta unicamente aos seus discípulos (cf. Mt 24:1-3.45) durante a Semana da Paixão no Monte das Oliveiras. Em ambos os cenários, Jesus está fazendo advertências escatológicas. Como sua crucificação iminente garante, o Mestre insiste em enfatizar o aviso de como serão as circunstâncias intermediárias até seu retorno. Esteja preparado!

MATEUS 25:14-30

Também será como um homem que sai de viagem. Ele chamou seus próprios servos e entregou-lhes seus bens (25:14): Lucas apresenta uma parábola idêntica (Lc 19:11-27). Essas são duas parábolas diferentes e semelhantes apresentadas em ocasiões distintas com ênfases diferentes. No relato de Mateus, Jesus continua compartilhando parábolas com seus discípulos em Jerusalém, no monte das Oliveiras, apontando para as qualidades de caráter proveitosas daqueles que aguardam seu retorno. A preparação daqueles que aguardam a vinda do Filho do Homem, o tema da parábola anterior das 10 virgens, será concretizada em produtividade e diligência, em que a fidelidade no serviço deve acompanhar a vigilância. Em Lucas, a parábola está sozinha e é apresentada antes da entrada de Jesus em Jerusalém. Ele continua interagindo com as multidões e acabara de chamar o cobrador de impostos Zaqueu para a salvação (Lc 19:1-10). Lucas introduz a parábola como uma correção de Jesus para aqueles que pensavam que "o reino de Deus estava prestes a aparecer" (Lc 19:11). Mais uma vez, Jesus apresenta parábolas semelhantes, mas com diferentes ênfases em distintos contextos para preparar seus seguidores para o atraso de sua segunda vinda e a chegada completa do reino de Deus (cf. Garland 2011, p. 754-55).

Pois a todo aquele que tem, mais será dado, e ele terá mais do que o suficiente (25:29): Alguns dizem que essa parábola contradiz a proibição de Mt 6:19 sobre ajuntar tesouros na terra, mas o ponto central desta história não é sobre ganhos terrenos. Em vez disso, essa máxima é paralela ao ditado em 13:12, ilustrando um ponto semelhante sobre a capacidade de resposta espiritual. Aqui ele enfatiza que o uso sábio e consciente das habilidades dadas por Deus é uma responsabilidade que acompanha um relacionamento correto com o Senhor.

A punição não é simplesmente tirar o talento do servo perverso. O mestre indica que ele deve ser lançado "nas trevas exteriores. Ali haverá choro e ranger de dentes" (25:30). O contraste é entre salvação e condenação. Os dois primeiros servos são verdadeiros discípulos; o terceiro não é, como indica seu destino. Semelhante às outras parábolas, a fidelidade de uma pessoa é a evidência externa de se ela é ou não verdadeiramente um dos filhos de Jesus. Enquanto os discípulos aguardam a volta de Cristo, eles devem ensinar que a diligência do discipulado é um testemunho do amor e da confiança em Jesus como Senhor. Essa diligência não deve vir de uma motivação de autopromoção; deve ser demonstrada em servir aos outros como Jesus os serviu (20:20-28).

Mateus 25:31-46

E irão eles para o castigo eterno (24:46): Alguns veem essa referência ao castigo eterno como contraditória a passagens que parecem implicar a aniquilação. Por exemplo, em Mt 10:28, quando Jesus prepara seus discípulos para a missão, Ele lhes diz: "Não temam os que matam o corpo, mas não podem matar a alma; antes, temam aquele que pode fazer perecer no inferno tanto a alma como o corpo". O ensino de 25:46 fala de punição contínua para os perdidos, que é contrastada com a vida eterna concedida aos justos. A confusão vem em consideração à palavra "destruir" (*apollumi*) em Mt 10:28 (veja os comentários ali). O ensinamento cristão ortodoxo entende que essa "destruição" é tão contínua quanto a vida dos justos será no céu (cf. Turner 2008, p. 279; Morgan e Peterson 2007, p. 67-90). A profecia de Daniel sobre uma futura grande tribulação menciona a vida eterna e o castigo: "Muitos dos que dormem no pó da terra ressuscitarão, alguns para a vida eterna, e outros para vergonha e desprezo eterno. Os sábios resplandecerão como o resplendor dos céus, e os que conduzem muitos à justiça, como as estrelas, para todo o sempre" (Dn 12:1-3; cf. *2Bar* 51:5-6). A profecia de Daniel ecoa aqui nas palavras finais do discurso conclusivo de Jesus no Evangelho de Mateus.

Mateus 26:1-5

Vocês sabem que a Páscoa será daqui a dois dias, e o Filho do Homem será entregue para ser crucificado (26:2): a declaração de Jesus, "a Páscoa será daqui a dois dias" (lit. "depois de dois dias") no cálculo judaico poderia apontar para o dia seguinte (o dia atual conta como um; o dia seguinte conta como o segundo), mas a versão HCSB segue corretamente a ordem tradicional dos eventos, com a conclusão do Sermão do Monte (26:1) e a trama para prender Jesus (26:3-5) no final da tarde de terça-feira, dois dias antes da Páscoa. Ela está apontando para a noite de quinta-feira ao pôr do sol, quando Ele e os discípulos celebrariam a Páscoa juntos, após o que Ele iniciaria a "Ceia do Senhor".

Essa é agora a quarta e última vez que Jesus prediz sua prisão e crucificação (26:2; veja discussões anteriores em 16:21; 17:22-23; 20:17-19). Jesus sempre apontou para seu sofrimento futuro, mas os eventos que cercavam os discípulos nem sempre pareciam coerentes com uma atmosfera ameaçadora. Apenas dois dias antes, a multidão havia aplaudido a chegada de Jesus a Jerusalém (21:1-11). E quando Jesus protestou contra a liderança religiosa e sua perversão do templo, ninguém o impediu (21:12-13). Acrescente a isso a expectativa de um Messias triunfante, e é compreensível que os discípulos não entendam verdadeiramente o significado das predições de Jesus.

Embora essa seja uma previsão mais breve do que as outras, Jesus relaciona sua morte com a celebração da Páscoa. Mais tarde, o apóstolo Paulo reconhecerá o significado espiritual e se referirá a Jesus como "nossa Páscoa" (1Co 5:7).

MATEUS 26:6-16

Enquanto Jesus estava em Betânia [...] uma mulher se aproximou dele com um vaso de alabastro com um óleo perfumado muito caro (26:6-13): Uma história da unção de Jesus por uma mulher ocorre em cada um dos quatro Evangelhos, e muitos dos estudiosos consideram todos os relatos com sendo a mesma unção. Mas a história de Lucas (Lc 7:36-50) contém muitas diferenças para considerá-la como o mesmo incidente registrado nos outros Evangelhos: por exemplo, ocorre antes no ministério de Jesus e se localiza na Galileia, é realizado por um mulher "pecadora", e ocorre na casa de Simão, o fariseu. Os outros três relatos (Mt 26:6-13; Mc 14:3-9; Jo 12:1-9) parecem referir-se à mesma unção: ocorre durante a Semana da Paixão de Jesus em Betânia, perto de Jerusalém; é realizado por uma mulher (chamada Maria, irmã de Lázaro e Marta no Evangelho de João) pouco antes de Jesus ser preso; Mateus e Marcos nos dizem que ocorre na casa de Simão, o leproso. Como Simão está fazendo uma refeição em sua própria casa, ele provavelmente foi curado de lepra por Jesus, porque os leprosos eram obrigados a viver longe da população comum (Evans 2012, p. 425). Os relatos de Mateus e Marcos são bastante semelhantes, enquanto João revela detalhes únicos adicionais que os outros não mencionam (cf. Keener 2009, p. 617-20; Morris 1992, p. 46).

A contribuição única de Mateus é que ele narra a história tematicamente, colocando-a no contexto da conspiração para prender Jesus, enquanto João a narra cronologicamente, mostrando que ocorreu na noite de sábado antes da entrada triunfal em Jerusalém. Esse tipo de arranjo temático é típico do estilo de Mateus. Colocada nesse contexto, a unção fornece um elo entre a conspiração dos líderes religiosos (26:3-5) e a traição de Judas (26:14-16). O ato de homenagem da mulher se destaca contra a conspiração do sumo sacerdote Caifás e seus comparsas e a duplicidade do próprio discípulo de Jesus, Judas. (Veja mais comentários em Mc 14:3-9 e Jo 12:1-8.)

MATEUS 26:17-25

No primeiro dia dos pães sem fermento, os discípulos aproximaram-se de Jesus e perguntaram: "Onde queres que preparemos a Páscoa para que a comas?" (26:17): A visão tradicional sobre em que dias da semana cada um dos eventos da Semana da Paixão ocorreu deriva da declaração em todos os quatro Evangelhos de que Jesus foi crucificado no "dia da preparação". Marcos dá um esclarecimento explícito, dizendo "era dia de preparação (isto é, véspera do sábado)" (Mc 15:42; cf. Mt 27:62; Lc 23:54; Jo 19:14, 31, 42) . Isso aponta para sexta-feira. Quando o sábado começou ao pôr do sol na sexta-feira, todo o trabalho deveria cessar. Portanto, isso indica que Jesus morreu na tarde de sexta-feira.

No entanto, várias passagens no Evangelho de João parecem indicar que a refeição da Páscoa ainda não havia sido comida pelos judeus quando Jesus foi levado para julgamento e execução; isso implicaria que a refeição final de Jesus com seus discípulos não era a refeição oficial da Páscoa (cf. Jo 13:1-2; 13:27-29; 18:28; 19:14, 31). Vários pontos devem ser conciliados com essa perspectiva. Primeiro, todos os quatro Evangelhos afirmam que Jesus comeu a Última Ceia um dia antes de sua crucificação (Mt 26:20; Mc 14:17; Lc 22:14; Jo 13:2; cf. 1Co 11:23). Em segundo lugar, os Evangelhos Sinóticos colocam os preparativos para a Páscoa na quinta-feira à tarde (14 de nisã), com Jesus comendo a refeição da Páscoa com seus discípulos após o pôr do sol na quinta-feira à noite (em 15 de nisã) e então instituindo a Última Ceia mais tarde naquela noite. Jesus foi então crucificado no dia seguinte, sexta-feira (ainda em 15 de nisã) (Mt 26:17; Mc 14:12; Lc 22:7-8).

Alguns dizem que os Sinóticos ou João estão errados, mas há uma explicação plausível para as diferenças (para uma visão geral das tentativas de explicação, veja Donfried *ABD*, 1:1015-16). Uma sugestão diz que a Última Ceia não era uma refeição pascal, mas uma refeição na noite anterior à Páscoa (Jo 13:1, 20). No entanto, os Sinóticos afirmam explicitamente que a Última Ceia foi uma refeição pascal (Mt 26:2, 17-19; Mc 14:1, 12,

14, 16; Lc 22:1, 7-8, 13, 15). Outros sugerem que Jesus e seus discípulos tiveram uma Páscoa privativa. No entanto, o cordeiro pascal tinha que ser abatido dentro do recinto do templo, e os sacerdotes não teriam permitido o abate do cordeiro pascal para uma Páscoa privada. Outros sugerem que a Páscoa era celebrada em dois dias consecutivos, porque seria impossível matar todos os cordeiros da Páscoa em um dia, mas não há evidências de que tal situação tenha impactado a celebração da Páscoa de Jesus.

Uma visão convincente sugere que Jesus e seus discípulos celebraram a Páscoa de acordo com um calendário solar conhecido dos *Jubileus* que possivelmente foi usado pela comunidade de Qumran (Jaubert 1965; Morris 1992, p. 654). Essa visão repousa na suposição de que os Evangelhos Sinóticos seguiram o método dos galileus e dos fariseus, por cuja contagem o dia era medido de nascer a nascer do sol, enquanto o Evangelho de João seguiu o método dos judeus, especialmente os saduceus de Jerusalém, ao calcular o dia de pôr do sol a pôr do sol. Assim, para os Sinóticos, Jesus e seus discípulos tiveram seu cordeiro pascal abatido no final da tarde de quinta-feira, 14 de nisã, e comeram a páscoa mais tarde naquela noite, enquanto para João, os judeus da Judeia mandaram abater o cordeiro pascal no final da tarde da sexta-feira. No dia 14 de nisã, e comeu a Páscoa com os pães sem fermento naquela noite, que então se tornou 15 de nisã. Assim, Jesus havia comido a refeição da Páscoa quando seus inimigos, que ainda não haviam celebrado a Páscoa, o prenderam (Hoehner *DJG*, p. 121; Thomas e Gundry 1988, p. 312-13).

Outra visão promissora sugere que as passagens em João que parecem indicar que a Páscoa propriamente dita ainda não havia ocorrido quando Jesus celebrou a Páscoa (e.g., Jo 18:28; 19:14, 31) usam o termo "Páscoa" para apontar para a uma série de eventos de uma semana, não apenas a refeição oficial da Páscoa em si. Nesse caso, Jesus e seus discípulos comeram a Páscoa na quinta-feira, o início de 15 de nisã e a festa de uma semana, ao mesmo tempo que o restante dos reunidos em Jerusalém (essa visão é melhor apresentada por Carson 1991, p. 455-58; assim também Blomberg 2007, p. 221-29). O marcador cronológico de Marcos concorda com o de Mateus — "No primeiro dia dos pães ázimos, quando sacrificam o cordeiro pascal" (Mc 14:12). Visto que o cordeiro pascal era sacrificado na tarde de 14 de nisã, pouco antes da refeição pascal após o pôr do sol, alguns sugerem que isso implica que o dia dos pães sem fermento precedeu a Páscoa. No entanto, a melhor resolução é que, embora os cordeiros fossem mortos na tarde de 14 de nisã, e a refeição da Páscoa, iniciando a Festa dos pães sem fermento, fosse comida após o pôr do sol, iniciando o dia 15 de nisã, o uso popular considerava a matança dos cordeiros iniciando oficialmente a Páscoa. Isso se deve em parte ao texto de Êx 12:6, onde os animais deveriam ser abatidos no crepúsculo. O uso popular via o início da Páscoa com o abate dos animais, enquanto tecnicamente a própria Páscoa era a refeição, que começava após o pôr do sol. Josefo usa esse cálculo popular com frequência, quando se refere ao início da Páscoa em 14 de nisã (Josefo, *Antiguidades* 14.21; 17.213; 18.29; *Guerra judaica* 2.10; Stein 1996, p. 200-201). Se os cálculos do calendário moderno da sexta-feira 15 de nisã estiverem corretos, a crucificação de Jesus ocorreu na sexta-feira, 7 de abril de 30 d.C.

O Filho do Homem irá, conforme está escrito a seu respeito (26:24): Sobre "Filho do Homem", veja comentários em 8:20.

Então Judas, o traidor, respondeu: "Certamente não sou eu, Rabi?" (26:25): O Evangelho de João observa uma interação quase particular entre Jesus e o discípulo amado quando o Mestre insinua que Judas é o traidor (Jo 13:24-26), enquanto Mateus aponta para uma interação que aparentemente foi ouvida pelo restante dos Doze. Os Evangelhos seriam inconsistentes nesta questão? Possivelmente o discípulo amado sentou-se à direita de Jesus, o lugar de maior honra, enquanto Judas sentou-se à esquerda do Mestre, o segundo lugar de maior honra (cf. Beasley-Murray 1999, p. 237-38). Nesse caso, enquanto Jesus introduziu abertamente o tema de sua traição, na presença de todos os discípulos (Mt 26:21), a troca de palavras entre Jesus e Judas (v. 25) poderia ter sido privada.

Mateus 26:26-30

"Eu lhe garanto", disse-lhe Jesus, "esta noite, antes que o galo cante..." (26:34): No relato de Marcos, Jesus diz a Pedro que ele o negará "antes que o galo cante duas vezes" (Mc 14:30), enquanto Mateus e Lucas parecem indicar que o galo só terá cantado uma vez (Mt 26:34; cf. Lc 22:34;

Jo 13:38). Esses relatos não são contraditórios, mas oferecem diferentes níveis de especificidade. Os leitores judeus da era da igreja primitiva teriam entendido isso mais prontamente do que os leitores ocidentais modernos. O dever dos guardas militares romanos era organizado em torno de "vigílias" iniciadas ao nascer do sol, ao meio-dia, ao pôr do sol e à meia-noite. O canto do galo é proverbial para a chegada do dia. Assim, a negação ocorreria antes do final da quarta vigília, ao amanhecer. Thomas e Gundry explicam: "A terceira das quatro 'vigílias' de uma noite (da meia-noite às 3h00) era chamada de o 'cantar do galo' (cf. Mc 13:35). O galo cantava no início desse período e novamente no final do período" (Thomas e Gundry 2003, p. 220 §225). O relato de Marcos oferece um momento mais específico com sua referência ao segundo canto, enquanto Mateus oferece uma previsão mais geral, referindo-se apenas a um canto. Ambos os relatos transmitem a ideia de que antes do amanhecer Pedro deveria negar Jesus três vezes. (Veja mais comentários em Mc 14:68, Lc 22:34 e Jo 13:38.)

Você me negará três vezes! (26:34): Lucas coloca a predição de Jesus sobre a negação de Pedro no Cenáculo durante a Última Ceia (Lc 22:34-39), enquanto Marcos e Mateus posicionam o prognóstico da negação de Pedro, junto com uma predição dos discípulos sendo dispersos, depois de saírem do Cenáculo e se dirigirem ao jardim do Getsêmani (Mt 26:30-34; Mc 14:26-30). João também define a previsão da negação de Pedro no Cenáculo durante a Última Ceia (Jo 13:36-38), e enquanto Jesus e os discípulos estavam a caminho do jardim, Ele revelou que os discípulos seriam dispersos (Jo 16:32; cf. 14:31; 18:1). Embora alguns sugiram que Jesus predisse duas vezes as negações de Pedro, é mais provável que Mateus e Marcos, que são bastante semelhantes em suas descrições, tenham deslocado o prognóstico para manter intacta a coerência teológica do início da Ceia do Senhor na perícope anterior. Parece provável que a descrição mais ampla de João nos dê a sequência histórica desses eventos (Carson 2012, p. 605). Durante a ceia (Jo 13:2) Jesus previu as negações de Pedro (Jo 13:36-38), chamou os discípulos para deixarem o Cenáculo (14:31), indicou a dispersão dos discípulos (16:32), então com eles atravessou o vale do Cedrom e entrou no jardim (18:1). (Veja mais comentários sobre Mc 14:17-31.)

Mateus 26:47-56

Amigo [...] por que você veio? (26:50): A resposta de Jesus aqui poderia fazer parecer que Jesus ignorava os propósitos de Judas. No entanto, a maioria das traduções traduz a frase como uma ordem: "Amigo, faça o que você veio fazer", continuando o tema da inevitabilidade divina que permeia a narrativa da paixão (cf. Jo 13:27b). Judas manipula amigos e inimigos para alcançar seus objetivos, mas dentro do engano Jesus mantém o controle de seu próprio destino para reconciliar amigos e inimigos com Deus e uns com os outros. Jesus sabia o tempo todo que Judas o trairia e, tragicamente, que Judas cedeu à influência de Satanás ao fazê-lo: "Depois que Judas comeu o pedaço de pão, Satanás entrou nele. Por isso Jesus lhe disse: 'O que você está fazendo, faça-o depressa'" (Jo 13:27).

Guarde a espada! (26:52): Esse versículo implicaria que a pena capital seria errada ou que os cristãos devem ser pacifistas? Jesus estava preparando os discípulos para a mudança de circunstâncias que ocorreria após sua morte uma vez que eles iniciassem sua missão mundial. Em vez de depender de vizinhos judeus para suprir suas necessidades, como fizeram em sua curta missão durante o ministério galileu de Jesus (cf. Mt 10:5-15), eles seriam obrigados a levar provisões adequadas (cf. Lc 22:35-36). Ele também os advertiu de que tempos perigosos poderiam estar por vir, quando a responsabilidade irá exigir uma espada para autodefesa (22:36). A resposta de Pedro mostra que os discípulos interpretaram mal Jesus ao Ele sugerir que deveriam estar prontos para enfrentar a oposição com agressão armada (cf. Nolland 1993, 3:1075-78).

Esses versículos (26:52-54) são em sua maioria exclusivos do Evangelho de Mateus e devem ser comparados com os pensamentos de Paulo, onde Deus usa autoridades governantes para punir os malfeitores (Rm 13:1-4). Isso parece justificar a pena capital como uma resposta viável ao assassinato. O caminho do mundo é impor sua vontade sobre os outros por meio do poder humano, até mesmo da violência; mas, da mesma forma, a forma de agir do mundo é que os indivíduos reajam à violência com violência. Jesus não está oferecendo um endosso geral ao pacifismo, o que exigiria um apoio bíblico mais amplo do que este (France 2007, p.

375-76). Mas Ele rejeita a noção de que a vontade de Deus é imperativa ou deve ser imposta aos outros por meios violentos. Um princípio geral para orientar o uso da força é que a fidelidade deve ser dada aos objetivos do reino de Deus (cf. 5:38-42). O uso da força por Pedro não é guiado pelas prioridades do reino, mas pelo desejo humano de retaliação.

Como, então, se cumpririam as Escrituras que dizem que assim devem acontecer? (26:54): Jesus não está indefeso, nem resignado ao destino. Ele veio com um propósito: realizar o plano de redenção de Deus que havia sido profetizado. Jesus não aponta para uma passagem profética em particular, mas para "as Escrituras" como um todo que indica o propósito de seu ministério terreno, que "deve" (*dei*) conduzi-lo à cruz. Essa é uma necessidade divina. Não há desvio ou exceção aberta para Ele. Como foi o ponto crucial nas orações no Getsêmani, a obediência à vontade do Pai para sua vida é o desejo supremo de Jesus.

Então todos os discípulos o abandonaram e fugiram (26:56): Agora que as predições de Jesus começaram a se tornar realidade, por que os discípulos ficaram com medo em vez de se sentirem encorajados? Tendo visto Ele realizar muitos milagres, tendo confessado sua declaração em várias ocasiões, e tendo ouvido várias predições de morte e ressurreição (16:21; 17:22-23; 20:17-19; 26:2), eles não deveriam ser capazes agora de entender e raciocinar algo como: "Certo, as coisas impensáveis que Ele predisse estão começando a se tornar realidade. Antes não estávamos dispostos a aceitar os fatos, mas agora eles estão claros. Vamos nos manter juntos. Não vai dar tudo certo no final, como Ele disse"?

A tentativa de retaliação de Pedro empunhando a espada complicou a situação, tornando os discípulos vulneráveis à prisão junto com Jesus. Portanto, eles provavelmente ficaram com medo e também por causa do fato de estarem associados a Jesus. Jesus havia predito a covardia deles (26:31-34), que eles rejeitaram com bravata, mas a palavra profética de Jesus começa a se tornar realidade. O comportamento deles aqui é coerente com a maneira como eles consistentemente interpretam mal as predições de Jesus sobre sua crucificação. Do nosso ponto de vista, parece que eles finalmente deveriam ter juntado tudo aqui e reagido de maneira diferente, mas seus preconceitos sobre a missão e o destino do Messias não permitiam isso. O paradigma no qual eles consistentemente encaixavam as predições de Jesus os levaram a rejeitar o sentido claro de suas palavras e presumir que Ele estava falando sobre risco e oposição em sua tentativa de expulsar os romanos e estabelecer o reino.

Mateus 26:57-68

Os que prenderam Jesus levaram-no à casa do sumo sacerdote Caifás, onde estavam reunidos os escribas e os anciãos (26:57): Os estudiosos há muito que notam as irregularidades do processo judicial judaico contra Jesus, de acordo com os procedimentos da Mishná posteriores (especialmente o *Sanhedrin* 4-7). Alguns críticos veem isto como prova de que Mateus e os outros escritores do Evangelho teriam escrito uma ficção de qualidade duvidosa. Seis anomalias comumente notadas são:

- O julgamento foi realizado à noite (*m. Sanh.* 4:1).
- Foi realizado na casa do sumo sacerdote, não no pátio do templo (*m. Sanh.* 11:2; *m. Mid.* 5:4).
- Foi realizado na véspera de um dia festivo (*m. Sanh.* 4:1).
- Começou com razões para a condenação em vez de razões para absolvição (*m. Sanh.* 4:1).
- As testemunhas discordaram umas das outras e prestaram falso testemunho (*m. Sanh.* 5:2).
- O veredito da testemunha foi confirmado no mesmo dia em vez de esperar até o dia seguinte após uma noite de sono (*m. Sanh.* 4:1).

Uma dificuldade em enfatizar esses desvios dos padrões da Mishná é o fato de que esses padrões foram compilados quase 200 anos depois desses eventos, tornando incertos exatamente quais eram as práticas do Sinédrio na época do julgamento de Jesus. Da mesma forma, era improvável que as práticas do julgamento controladas pelo sumo sacerdote saduceu seguissem as práticas farisaicas, que foram encontradas posteriormente na Mishná (para discussão, consulte Brown 1994, p. 357-63; Carson 2010, p. 618-19; Garland 1995, p. 291). Assim, as anomalias desse julgamento, portanto, não invalidam a historicidade dos registros do Evangelho mas, no entanto, indicam a conveniência tortuosa pela qual o julgamento foi conduzido (para uma defesa clássica e vigorosa da historicidade do relato dos Evangelhos sobre os julgamentos de Jesus, veja Sherwin-White 1963, p. 24-47).

O julgamento foi uma farsa, mas em face da urgência da situação e o momento, isso não seria nenhuma surpresa. A traição inesperada e fortuita de Jesus por Judas levou as autoridades religiosas a agir rapidamente para aproveitar a chance de se livrar dele antes que Ele viesse a causar mais problemas durante o Festival. O sábado estava se aproximando, e as autoridades romanas aparentemente apoiaram as tentativas dos principais sacerdotes de silenciar Jesus antes que Ele ganhasse ainda mais apoio da multidão. Mateus destaca a fraude do processo ao observar que os escribas e os anciãos já haviam se reunido com o sumo sacerdote Caifás (26:57) em uma tentativa de conseguir uma condenação rápida. Nenhum dos evangelistas faz um relato completo do processo judicial que levou à morte de Jesus, o que dá origem a lacunas e questões sobre a compatibilidade, mas o padrão geral que emerge é que as autoridades judaicas primeiro julgaram Jesus e o condenaram por blasfêmia. Mateus condensa as cenas do julgamento em apenas uma ocasião, mas aparentemente o Mestre foi levado primeiro para aparecer a Anás, o ex-sumo sacerdote e sogro de Caifás (Jo 18:13-24), então o Sinédrio parcialmente reunido o questionou (26:57-68), depois, após o amanhecer, Jesus apareceu perante a reunião plena do Sinédrio, que pronunciou seu veredito (27:1-2). Em seguida, eles o levaram às autoridades romanas e mudaram a acusação para traição, a fim de despertar a oposição romana contra Jesus (Brown 1994, p. 357-63; Morris 1992, p. 678-80). (Veja mais comentários em Mc 14:53.)

Enquanto isso, Pedro o seguiu de longe até o pátio do sumo sacerdote. Ele entrou e sentou-se com a polícia do templo para ver o resultado (25:57): Em Jo 18:10 descobrimos que foi Pedro quem golpeou com uma espada o escravo do sumo sacerdote, e Jo 18:16 levanta o problema de que Pedro teve que passar por um guarda no portão para entrar no pátio. A polícia do templo realmente teria permitido a Pedro tal acesso depois de seu ato anterior? Esse aparente desafio é muito atenuado quando consideramos a comoção de idas e vindas nessa cena. O termo que a versão HCSB traduz como "polícia do templo" é o substantivo *huperetes*, que é um termo geral que indica "servo", "atendente", "assistente", "ajudante" ou "guarda"

(BDAG). Ele ganha seu sentido específico a partir de seu contexto. O que é significativo aqui não é necessariamente o mesmo grupo que prendeu Jesus, mas o séquito de "pessoal de apoio" que permaneceu com o sumo sacerdote, membros do Sinédrio e o complexo sacerdotal. Nolland comenta: "Vindo de famílias diferentes, nem todos se conheciam. Isso tornaria razoavelmente possível para Pedro esperar ser capaz de entrar ali anonimamente e se misturar" (Nolland 2005, p. 1124). João também nos informa que Pedro havia entrado no pátio com outro discípulo (tradicionalmente entendido como o apóstolo João) que o sumo sacerdote conhecia e que apresentou Pedro e o ajudou a se misturar (Carson 1991, p. 581-82).

Chegará o dia em que vereis o Filho do Homem sentado à direita do Poderoso e vindo sobre as nuvens do céu (26:64): Quando Jesus queria dizer que Caifás o veria sentado à direita de Deus? Seria uma previsão não cumprida considerando que Caifás morreu antes da segunda vinda de Jesus? Por esta declaração, Jesus declarou que Ele é o divino Filho do Homem predito por Daniel (Dn 7:13-14), e a figura divina que está sentada à direita de Deus (Sl 110:1-2; cf. citação de Jesus deste texto em 22:41-46). Os judeus geralmente não acreditavam que o Messias seria divino, mas aqui Jesus os confunde ao mostrar que mantém um relacionamento divino com Yahweh (para uma discussão completa das imagens, consulte Bock 2000). O título que Jesus usou ao longo de seu ministério para esclarecer sua identidade, Filho do Homem, agora esclareceu inequivocamente para Caifás e o Sinédrio que a próxima vez que eles veriam Jesus seria quando Ele vier como o rei eterno que será adorado e que reinará para todo sempre. Não há nenhuma implicação necessária de que Jesus quis dizer que isso aconteceria durante a vida deles e, portanto, o atraso no cumprimento não é um problema. Tanto os vivos como os mortos contemplarão o Cristo exaltado em julgamento.

MATEUS 26:69-75

A negação de Jesus por Pedro (26:69-75): Jesus predisse que Pedro o negaria, e essa passagem narra o cumprimento, mas como a predição e o cumprimento se encaixam com a afirmação de Jesus de que Ele havia orado por Pedro e que a fé de Pedro não falharia? "Simão, Simão, cuidado! Satanás pediu para peneirar você como trigo. Eu, porém, roguei por você, para que a sua fé não desfaleça" (Lc 22:31-32). A oração de Jesus teria sido ineficaz? Esse desafio é resolvido ao notar que, além de predizer que a fé de Pedro não falharia, Jesus também disse: "E tu, quando voltares, confirma os teus irmãos" (Lc 22:31-32). Olhando para todo o complexo de eventos, vemos que a oração de Jesus por Pedro não era para que ele evitasse a tentação e as negações. A oração de Jesus por Pedro foi que uma vez que se arrependesse das negações, ele seria restaurado. Visto que Pedro se arrependeu e foi restaurado, sua fé não falhou de modo final. (Veja mais comentários em Lc 22:31.)

Outra mulher o viu e disse aos que ali estavam: "Este homem estava com Jesus, o Nazareno!" (26:71): Mateus observa que a segunda negação de Pedro foi motivada pela pergunta de uma mulher, enquanto Lucas cita Pedro respondendo a um homem (Lc 22:58). Em vez de concluir que os relatos são contraditórios, podemos razoavelmente presumir que a pergunta da mulher instigou outros a questionarem Pedro também. O relato de Marcos explica que a primeira mulher que interrogou Pedro também o identificou com os que estavam presentes durante a prisão de Jesus (Mc 14:69-70). João nos relata que o grupo perguntou a Pedro: "Você também é um dos discípulos dele, não é mesmo?" (Jo 18:25). A pressão pública estava esquentando. As mulheres agitaram a multidão, e Pedro negou sua associação com Jesus à multidão tanto de mulheres quanto de homens (cf. Bock 1996, p. 1784-85). (Veja mais comentários em Lc 22:58.)

Imediatamente um galo cantou (26:74): Para a questão de quantas vezes o galo cantou, veja os comentários em 26:34.

Mateus 27:3-10

O relato do remorso e da morte de Judas (27:3-5): Esse relato entraria em conflito com At 1:18-19? Entre as aparentes discrepâncias estão as seguintes: Quem comprou o campo, Judas ou os sacerdotes? Judas jogou o dinheiro no templo e o deixou, ou ele o guardou e o usou para comprar o campo? Judas morreu por uma queda ou por enforcamento? Foi o local conhecido depois disso como "Campo de Sangue" porque Judas morreu no campo ou porque os sacerdotes o compraram com dinheiro de sangue? Mateus e Lucas (que, acredita-se, usou Pedro como seu informante) parecem discordar em todas as questões acima.

As duas narrativas parecem ser tradições independentes. Um ponto muitas vezes esquecido é que a existência de duas tradições distintas sugere que a morte escandalosa de Judas era um fato amplamente conhecido na igreja primitiva. Claramente, não temos certeza de todos os detalhes, em face das diferenças entre Lucas e Mateus. A harmonização tradicional dos textos, que remonta a Agostinho, é a seguinte: os sacerdotes compraram o campo com o dinheiro que haviam dado a Judas. Eles fizeram a compra em seu nome, ou então o conhecimento de que era o dinheiro de Judas levou as pessoas a descrever a compra como tendo sido realizada por Judas. Mais tarde, Judas se enforcou por remorso, nesse campo ou em outro lugar. Se Lucas pretende indicar que era esse mesmo campo, pode ser que o remorso de Judas o tenha levado a cometer suicídio no mesmo campo que havia sido comprado com seu dinheiro sangrento. Parte da estrutura na qual ele se enforcou (talvez um galho de árvore) pode ter se quebrado, resultando em sua carcaça podre caindo de cabeça no chão e estourando (e.g., Leen e Ritmeyer, 1994, p. 22-35, 76-78, esp. 25).

Mateus nos conta que na época em que escreveu o campo ainda era chamado de "Campo de Sangue" (27:8). No entanto, a localização do campo parece ter se tornado desconhecida e assim permaneceu até que mais tarde os peregrinos viajaram para Jerusalém. Já nos séculos 3 e 4, os cristãos que visitaram Jerusalém identificaram o campo com um terreno localizado a cerca de oitocentos metros ao sul da Cidade Velha de Jerusalém — no extremo sudeste do vale de Hinom, perto de onde ele se junta ao vale de Cedron. Essa identificação foi baseada no fato de que a área contém cerca de 80 cavernas funerárias, a maioria das quais data da época de Jesus. A maioria dos estudiosos acredita que esse campo é identificado erroneamente. É de fato um antigo cemitério, com alguns túmulos que datam da era do Primeiro Templo, mas restaurado em sua segunda fase como um complexo de túmulos para a rica aristocracia de Jerusalém. A maioria dos estudiosos sustenta que a localização do Campo de Sangue permanece desconhecida até hoje. (Veja mais comentários em At 1:18-20.)

Então se cumpriu o que foi dito pelo profeta Jeremias (27:9): Mateus teria feito uma atribuição equivocada dessa profecia? E a profecia prediz legitimamente as ações de Judas, ou estava falando sobre outra coisa? Mateus resume a morte de Judas e as ações dos principais sacerdotes fazendo sua citação final de cumprimento: "Eles levaram as 30 moedas de prata, o preço dele, cujo valor fora determinado pelos israelitas, e deram-no pelo campo do oleiro, como o Senhor me ordenou" (27:9-10). Mateus diz que está citando Jeremias, mas a citação é em grande parte de Zc 11:13. Já vimos essa abordagem antes. Mateus anteriormente agregou temas messiânicos de "ramo" de vários profetas (2:23), e Marcos combina citações de Isaías e Malaquias, mas apenas cita Isaías porque este era o profeta mais proeminente (cf. Mc 1:2; Is 40:3; Ml 3:1). Uma situação semelhante pode explicar a citação de Mateus, pois Jeremias é o mais proeminente dos dois profetas, especialmente no Evangelho de Mateus (Mt 2:17; 16:14; 27:9).

Em Jeremias, Mateus se baseia nas referências a um vaso de barro e um oleiro (Jr 19:1, 11), o sangue da aliança (19:4), a renomeação do lugar no vale de Ben Hinom, o vale da matança (19:6), violência e matança (19:4, 7), e o julgamento e sepultamento por Deus dos líderes judeus (19:11). De Zacarias, Mateus extrai o preço da traição sendo lançado ao oleiro na casa do Senhor. As 30 moedas de prata foram pagas para se livrar de Deus como Pastor de Israel (Zc 11:11-12), o que prefigura tipologicamente o preço pago para se livrar de Jesus como Pastor de Israel. Portanto, Mateus não está afirmando que o AT estabeleceu uma expectativa anterior de que o Messias seria traído pelo preço de 30 moedas de prata. Em vez disso, é uma realização tipológica.

Mateus 27:11-12

"Você é o rei dos Judeus?" Jesus respondeu: "Tu o dizes" (27:11): Jesus estava negando a sua divindade ou então perdeu uma oportunidade de afirmá-la claramente aqui? A pergunta de Pilatos é semelhante à de Caifás: "Dize-nos se tu és o Messias, o Filho de Deus!" (26:63). Jesus responde da mesma maneira indireta que havia respondido a Judas (26:25) e a Caifás (26:64). Sua resposta confirma a pergunta, mas devolve a Pilatos a responsabilidade de discernir adequadamente o que a pergunta implica. A resposta de Jesus é uma afirmação direta, que no Evangelho de João é expandida para incluir a explicação de Jesus de que Ele não é o rei mundano rival de César que o sumo sacerdote e o resto do Sinédrio o acusaram de afirmar ser (cf. Jo 18:34-37).

Mateus 27:15-26

Na festa, o costume do governador era soltar para a multidão um prisioneiro que eles desejassem (27:15): Há pouca verificação extrabíblica para esse costume, conhecido como perdão pascal, levando alguns a concluir que o incidente é uma criação apologética do evangelista (e.g., Rigg 1945; Maccoby 1970, p. 55-60). No entanto, há evidências de que a libertação de prisioneiros selecionados em épocas de festivais era uma prática difundida no mundo antigo (Merritt 1985, p. 53-68). O perdão pascal pode se encaixar com uma regra rabínica sobre matar um cordeiro pascal para os necessitados, incluindo uma pessoa presa: "Eles podem matar por aquele que chora por seu parente próximo, ou por aquele que remove uma ruína; assim também para alguém a quem eles prometeram tirar da prisão, para um homem doente ou para um homem idoso que pode comer o volume de uma azeitona" (*m. Pesahd.* 8.6; Corley, *DJG*, p. 849). Aparentemente, o perdão pascal era um costume que se originou na Judeia com Pilatos como forma de criar boa vontade com o povo. (Veja comentários adicionais em Mc 15:6, Lc 23:17 e Jo 18:39.)

Que o sangue dele caia sobre nós e sobre nossos filhos! (27:26): Essa declaração seria evidência de antissemitismo no Evangelho de Mateus? O termo "multidão" (*ochlos*) tem sido a palavra normalmente usada por Mateus para designar as massas que testemunharam o julgamento e que pediram a crucificação de Jesus (27:20-24). A multidão foi o objeto da apresentação do Evangelho de Jesus em seu ministério terreno (e.g., 4:25; 5:1), mas eles não acreditaram nele para se tornarem seus discípulos (cf. 13:2, 10ss.). A multidão é inconstante: eles gritam Hosana em sua entrada em Jerusalém (21:8-9), mas clamam para que Jesus seja crucificado quando Ele não atendeu às suas expectativas (27:15, 20-24).

Quando Mateus muda para uma palavra diferente, "povo" (*laos*), na expressão "Todo o povo respondeu" (27:25), ele enfatiza que a multidão e os líderes religiosos tiveram sua oportunidade — agora eles deveriam assumir a responsabilidade pela rejeição de Jesus. "Povo" (*laos*) é a palavra que Mateus normalmente usa para designar Israel (e.g., 1:21; 2:6; 4:16; 15:8). A frase como empregada aqui, traz implicações sinistras. Os líderes judeus e a multidão reivindicam a responsabilidade pela morte de Jesus com sua declaração: "O sangue dele caia sobre nós e sobre nossos filhos!" Essa frase — "o sangue dele caia sobre nós" — é uma expressão comum que indica responsabilidade pela morte de alguém (e.g., Lv 20:9; Js 2:19; 2Sm 1:16; Ez 18:13; At 5:28; 18:6); a adição de "e sobre nossos filhos" indica solidariedade entre gerações (e.g., Gn 31:16). As pessoas estavam de tal modo convencidas de que Jesus merecia a morte que estenderam a responsabilidade a seus descendentes.

Não é difícil acreditar que as pessoas, empolgadas com o fervor da Semana do Festival e os eventos que cercam a polarizadora figura de Jesus, fariam uma declaração tão ousada. Assim, não há razão para inferir que Mateus tenha inventado a declaração. Tampouco há razão para acusá-lo de antissemitismo. As pessoas presentes naquele evento compartilharam com os romanos a responsabilidade pela morte de Jesus. Pilatos tentou fugir da responsabilidade, mas ao ordenar a execução de Jesus, apesar de não encontrar culpa nele, tornou-se tão culpado quanto qualquer um. O apóstolo Pedro acusa os líderes religiosos, a multidão judaica e os romanos pela morte de Jesus (cf. At 2:23, 36; 3:17). É importante notar que a declaração precipitada das pessoas no julgamento de Jesus não significa que o povo judeu tenha sido excluído da salvação. Milhares de judeus, envolvendo muitos sacerdotes, receberam a salvação nos primeiros dias após o Pentecostes (At 2:41; 4:4; 6:7).

Essa declaração no versículo 25 foi chamada de "o versículo mais sombrio e difícil do Evangelho de Mateus" (Smith 1990, p. 421). Foi usado vergonhosamente como base para perseguir os judeus, mas Mateus claramente não está invocando uma maldição infligida a si mesmos pelos judeus, nem está insinuando que Deus colocou uma maldição eterna sobre Israel. Mateus apenas mostra como os líderes religiosos e alguns do povo judeu assumiram a responsabilidade pela morte de Jesus. Eles pensaram que estavam do lado da justiça, executando alguém que consideravam um blasfemador. Israel tem a responsabilidade de rejeitar seu Messias, mas isso não significa que os judeus posteriores devam ser rotulados com títulos racistas como "matadores de Cristo", ou que os cristãos devam abusar dos judeus em nome da vingança de Deus. Devemos seguir o exemplo do apóstolo Paulo. Ele chorou por seus compatriotas porque sabia que eles haviam sofrido as consequências de rejeitar a Cristo, que não estavam participando das bênçãos que teriam desfrutado se o tivessem aceitado (e.g., Rm 9:1-5; 10:1-4). Israel estava naquele momento experimentando um endurecimento porque eles rejeitaram o Messias, um endurecimento que continuará até a conclusão do cronograma de Deus em relação aos gentios (Rm 11:25). Mas o amor de Deus por Israel continua; ainda aguarda um momento em que Israel retornará àquele a quem rejeitou e experimentará um despertar nacional (Zc 12:10-13:1; Rm 11:26-32; Mt 23:39).

Ninguém pode apoiar a intolerância racial contra os judeus apelando para o registro de Mateus. Como os próprios estudiosos judeus observam: "Apesar do uso cristão de Mateus para ataques antissemitas, as duras polêmicas no Evangelho não atacam os judeus como um grupo, mas os líderes dos judeus (escribas, fariseus, saduceus, sumo sacerdote, anciãos) e aquelas pessoas que foram induzidas a hostilizar Jesus" (Neusner e Green *DJBP*, p. 416).

Então ele soltou Barrabás para eles. Mas depois de mandar açoitar Jesus, entregou-o para ser crucificado (27:26): É uma ideia realista que Pilatos se curvaria à pressão de seus súditos, como Mateus retrata aqui? Era ele um governante assim tão fraco? Uma chave para responder a essa questão é observar que a multidão estava prestes a se rebelar, algo que acontecera durante a Páscoa no passado. Arquelau reagiu exageradamente a uma revolta na Páscoa após a morte de seu pai Herodes, o Grande, em 4 a.C., enviando tropas e cavalaria que mataram cerca de 3 mil peregrinos (Josefo, *Antiguidades* 17.9.3 §§213218; idem *Guerra judaica* 2.6.2 §§88-90). Uma revolta refletiria mal no governo de Pilatos e, portanto, ele atendeu aos desejos deles. Ele lavou as mãos na frente da multidão e disse: "Estou inocente do sangue deste homem. Cuidem dele vocês mesmos!" (27:24). Existem abundantes antecedentes de fontes judaicas e helenísticas para a prática de lavar as mãos como forma de alegar inocência.

Filo apresenta Pilatos como um sujeito implacável, sem coração e cruel. Josefo também retrata Pilatos negativamente. Ao chegar a Jerusalém como prefeito, Pilatos aparentemente instituiu uma série de normas militares e governamentais religiosamente ofensivas. Josefo escreve que "Pilatos... decidiu derrubar as leis dos judeus" (Josefo, *Antiguidades* 18.55). Suas ações ofensivas incluíram a apreensão de dinheiro do tesouro sagrado para a construção de um aqueduto em Jerusalém, a introdução de estandartes militares com símbolos idólatras e a cunhagem de moedas com *lituus* e *patera*, instrumentos usados pelos sacerdotes na religião romana (Josefo, *Antiguidades* 18.60-62). Pior ainda foi o assassinato dos galileus que procuravam oferecer sacrifícios (Lc 13:1-2).

As ações pomposas e beligerantes de Pilatos levantaram suspeitas entre o povo (Filo, *Legado a Gaio* p. 299-305), o que provavelmente também explica as crescentes insurreições na Palestina. Por fim, o imperador Tibério começou a questionar a administração opressiva de Pilatos, depois que este despachou forças militares romanas contra os samaritanos, que se reuniram para uma cerimônia religiosa no monte Gerizim. Tibério ordenou que Pilatos viesse a Roma para prestar contas do tratamento severo de seus soldados (Josefo, *Antiguidades* 18.60-62). Nesse ponto, Filo dá uma visão que pode explicar a disposição diferente descrita de Pilatos nos Evangelhos:

> [Pilatos] temia ser exposto por sua conduta como governador... [pelos] subornos, insultos, roubos, ultrajes e injúrias arbitrárias; execuções sem julgamento constantemente repetidas, a crueldade incessante e supremamente dolorosa... sua vingança e temperamento furioso (Filo, *Legado a Gaio* p. 301-302).

Na época do julgamento de Jesus, o governo de Pilatos provavelmente estava vulnerável. Quando Pilatos assumiu o cargo de governador da Judeia, L. Aelius Sejano governou em Roma como imperador *de facto*, enquanto Tibério, imperador apenas no nome, vivia na ilha de Capri (Barnett 1999, p. 146). Filo expõe o antissemitismo de Sejano, escrevendo que ele "desejava acabar com [nossa] nação" (Filo, In *Flaccum* 1.1; *Legado a Gaio*p. 160). Segue-se que na época em que Sejano governava Roma, Pilatos também governava os judeus com severidade. No entanto, o clima político mudou quando Sejano foi executado em 31 e Tibério recuperou o controle de seu império. Tibério simpatizava com os seus súditos judeus, e ao saber que estavam sofrendo opressão, ele escreveu aos governadores provinciais exigindo que os tratassem os judeus com justiça (Filo, *Legado a Gaio* p. 160-61). Fica claro então que a posição vulnerável de Pilatos sob o imperador Tibério explica por que ele cederia ao sumo sacerdote judeu em relação a Jesus.

Mateus 27:27-31

O jogo de zombaria e o manto militar escarlate (27.27-31): As evidências sugerem que os soldados romanos em Jerusalém tendiam a jogar um jogo cruel com prisioneiros condenados, especialmente bandidos revolucionários. Escavações sob o Convento das Irmãs de Sião na Cidade Velha de Jerusalém, na área geral onde ficava a Fortaleza Antônia, descobriram desenhos gravados de vários jogos, incluindo pavimentos da era romana ou lajes inscritas com um "B" (β) que podem bem estar relacionado com *basileus* ("rei"), evidência do jogo de tabuleiro *basilinda*, "o jogo do rei" (Miller 1971, p. 309-13). O prisioneiro estava vestido como um rei burlesco e usado como peça de jogo. A cada jogada de "dado", o "rei" prisioneiro movia-se em torno de um tabuleiro de jogo gravado no chão. Para o entretenimento das tropas, eles lançavam insultos verbais e físicos ao falso rei (para fotos do pavimento, veja Wilkins 2002, p. 177; p. 1995, 149-51).

Embora esse "jogo" possa ter sido usado com outros prisioneiros, as acusações contra Jesus o tornaram um esporte especialmente interessante. Os soldados o vestiram e zombaram dele como o "Rei dos Judeus", título que será pregado acima de sua cabeça (27:37). Um dos mantos escarlates (*chlamuda kokkinen*) usado pelos soldados romanos tornou-se um falso manto real. Marcos e João enfatizam a ligação com a realeza chamando o manto de "púrpura", a cor da realeza. A púrpura de Tiro obtida a partir de marisco era cara e estava além dos recursos de soldados comuns. Às vezes, o adjetivo "púrpura" poderia ser usado para a sombra escarlate (e.g., o manto militar de César em Apiano, *Guerra civil* 2.21; # 150), portanto, explicando as descrições sobrepostas em Marcos ("púrpura", *porfuran*; Mc

15:17, 20), João ("manto púrpura" *porfuran periballo*; Jo 19:2), e Mateus ("escarlate"). (Veja comentários adicionais em Mc 15:17 e Jo 19:1-2.)

Ramos trançados com espinhos tornaram-se a imitação de uma coroa, talvez infligindo feridas em sua cabeça, mas certamente se tornando uma reprodução maldosa da coroa de um imperador romano. Um bastão de madeira comum (*kalamos*, "junco", mas aqui implicando um bastão de madeira; *BDAG*) era uma farsa desagradável para o cetro de um governante. Esse cajado foi usado para bater na cabeça de Jesus repetidas vezes enquanto eles cuspiam nele e zombavam dele. Jesus havia sofrido tratamento cruel semelhante na casa de Caifás depois que Ele foi condenado. Lá, os guardas do sumo sacerdote jogaram um jogo brutal com Jesus para ridicularizar sua pretensão de profecia (26:68); aqui os soldados romanos jogam um jogo ainda mais brutal para ridicularizar sua afirmação de ser o rei messiânico de Israel (27:29; cf. Brown 1994, p. 862-77).

Mateus 27:32-44

"Um lugar chamado Gólgota" (27:33): Lc 23:33 na versão King James diz que Jesus foi crucificado no "Calvário", enquanto os outros três Evangelhos dizem que foi no "Gólgota". Isso poderia ser uma discrepância? E o local foi identificado? "Gólgota" é uma transliteração da palavra aramaica para "caveira", que Mateus esclarece ao fornecer uma tradução grega, "(que significa Lugar da Caveira)", que em grego é *kraniou topos*. Marcos (15:22), Lucas (23:33) e João (19:17) também usam o termo grego *kranion*, do qual deriva o termo português "crânio". A designação comum, "Calvário" vem do latim para caveira, *calvaria*, então não há discrepância entre Lucas e os outros Evangelhos. O termo provavelmente designa uma elevação arredondada, semelhante à prática alemã de se referir a uma pequena colina como "cabeça" (Luz 2005, p. 530). A identidade e a localização do Gólgota receberam muita atenção ao longo da história, mas nunca foram identificadas positivamente. Três razões principais para o nome foram propostas: (1) era um local de execução; (2) era uma área conhecida por ter várias tumbas, ou (3) o local de alguma forma se assemelhava a uma caveira na aparência.

As pistas mais importantes para a identidade do Gólgota são as seguintes. (1) O local tinha que ser fora de Jerusalém, porque a lei romana (e a lei judaica, Lv 24:14) determinava que a crucificação ocorresse fora da cidade. (2) Deve ter sido um local bastante visível, perto de um portão da cidade ou da estrada, porque os romanos usavam a crucificação como um impedimento e queriam que a cena horrível fosse testemunhada pelo maior número possível de pessoas (veja comentários em 27:39). (3) Um jardim contendo uma tumba estava próximo. A tumba pertencia a José de Arimateia, que reivindicou o corpo de Jesus e o enterrou (Jo 19:41-42). A tradição que aponta para a Igreja do Santo Sepulcro como o local da crucificação e sepultamento de Jesus foi substanciada como o melhor candidato. (Veja mais comentários em Lc 23:33.)

Deram-lhe a beber vinho misturado com fel. Mas quando Ele provou, Ele não quis beber (27:34): Enquanto Mateus descreve a bebida como vinho misturado com "fel" (*chole*), Marcos descreve o aditivo como "mirra" (Mc 15:23). Além disso, Mateus diz que Jesus provou, mas rejeitou a bebida, enquanto Marcos diz mais categoricamente: "Ele não a tomou" (v. 23). Lucas o chama de "vinho azedo" e não menciona nem um aditivo nem a reação de Jesus (Lc 23:36). João 19:30 diz que Jesus "recebeu o vinho azedo" e não faz menção de rejeitá-lo. De fato, a leitura mais natural de João parece ser que, depois de anunciar sua sede (v. 28), Jesus ficou satisfeito com o que lhe foi oferecido e anunciou: "Está consumado!" (v. 30). Os Evangelhos seriam inconsistentes nesses detalhes?

Uma tradição rabínica indica que quando um prisioneiro era levado à execução, ele recebia uma taça de vinho contendo um grão de incenso para entorpecer seus sentidos (*b. Sanh.* 43a, citando Pv 31:6). Isso era feito por misericórdia e realizado por simpatizantes judeus. Alguns estudiosos sugeriram que, se Jesus recusou tal atenção compassiva, foi porque Ele queria experimentar seu sacrifício expiatório sem sentidos entorpecidos (e.g., Morris 1992, p. 715; Keener 2009, p. 678).

Os soldados que levaram Jesus ao Gólgota foram os que lhe ofereceram a bebida (o relato de Marcos deixa isso mais claro; veja Mc 15:16-24), e por isso dificilmente estavam fazendo um gesto de simpatia. Eles já haviam açoitado Jesus e zombado dele. Apresentaram a bebida como mais uma tentativa de crueldade. Fingindo que estavam oferecendo refrigério a Jesus, o vinho foi misturado com fel, uma erva amarga que pode até ser venenosa. O fato de Marcos dizer que o vinho foi misturado com mirra (Mc 15:23) chega ao mesmo ponto: a bebida tornou-se inconsumível com amargura. É claro que os romanos não teriam relatado exatamente o que misturavam no vinho, então os espectadores fizeram inferências. Ao usar o termo "fel" para descrever o amargor da bebida, Mateus leva o leitor ao contexto do Sl 69:20-21, onde o rei Davi também foi escarnecido e tratado com crueldade por seus inimigos, que lhe deram fel e vinagre para comida e bebida.

As diferentes descrições da recepção da bebida por Jesus dificilmente são contraditórias. Quando Jesus provou a bebida amarga, Ele percebeu que a amargura apenas intensificaria sua sede ressequida, então ele se recusou a beber (veja Sl 69:20-21). Um autor dizer que Jesus provou e deixou de lado, outro dizer que recebeu e outro dizer que recusou pode ser facilmente conciliado em um único evento, pois dizer que alguém se recusou a beber não é o mesmo que dizer que alguém se recusou a receber a bebida oferecida e prová-la. O relato de João parece ter um tom diferente, mas sua leitura pode ser enquadrada nos eventos descritos por Mateus e Marcos, tendo em mente que relatos abreviados, como os de João, podem levar os leitores a ler demais os detalhes. (Veja mais comentários em Mc 15:23-24.)

Questão textual **(27:35):** O Textus Receptus (seguindo Δ Θ 0250 f^{1} f^{13} 1424 *al*) adiciona uma fórmula de cumprimento ao final deste versículo, que é traduzido na versão King James "para que se cumprisse o que foi falado pelo profeta, repartiram entre si as minhas vestes e lançaram sortes sobre a minha túnica". Pode-se argumentar que a fórmula de cumprimento adicional caiu quando o olho do copista passou da primeira ocasião de "lançara sortes" (grego *klēron*) para a última. No entanto, esta leitura está ausente dos primeiros registros dos tipos de texto alexandrino e ocidental (א A B D L W Γ Π 33 71 157 565 700 892c it^{ff2}, l vg^{mss} syr^{s}, p, $^{hmg, pal}$ eth $pers^{p}$). Uma explicação mais provável é que copistas posteriores foram influenciados pela passagem paralela em Jo 19:24, assimilando-a à fórmula de citação usual de Mateus (Metzger 1994, p. 57).

ESTE É JESUS, O REI DOS JUDEUS (27:37): A inscrição varia em todos os Evangelhos (Mc 15:26; Lc 23:38; Jo 19:19), o que é explicado pela observação de João de que foi escrito em hebraico, latim e grego (19:20). (Veja mais comentários em Mc 15:26, Lc 23:38 e Jo 19:19.)

Até mesmo os criminosos que foram crucificados com Ele continuaram zombando dele (27:44): Mt 27:44 e Lc 23:42 estariam fazendo afirmações contraditórias sobre os criminosos, considerando que Lucas fez um deles se arrepender e Mateus não? Em vez de uma contradição, o que temos aqui é um evangelista escolhendo compartilhar mais informações do que o outro. Haveria uma contradição apenas se Mateus fizesse uma afirmação que se opusesse à informação que Lucas compartilha. (Veja mais comentários em Mc 15:32 e Lc 23:32-43.)

Mateus 27:45-56

Do meio-dia até as três da tarde, a escuridão cobriu toda a terra (27:45): Uma série de perguntas podem ser feitas a este texto fascinante. Primeiro, isso poderia ser visto como cumprimento de Am 8:9-10? Em segundo lugar, há confirmação extrabíblica dessa escuridão? Terceiro, o evento foi um milagre ou um evento natural cujo tempo foi providencialmente guiado?

Mateus provavelmente está ciente da escuridão mencionada em Am 8:9-10, e talvez Êx 10:21-22 também. Amós menciona o pôr do sol ao meio-dia e a transformação das festas em luto, e tem uma declaração cativante que lembra Jesus, o filho único de Deus: "Farei dessa dor como o luto por um filho único e seu resultado como um dia amargo " (Am 8:10). Este não é um tipo direto de cumprimento profético, mas como a recapitulação tipológica de Os 11:1 em Mateus 2:15, Jesus é aqui o sujeito de aspectos do cumprimento. Na desolação de Jesus vemos aspectos do julgamento de Israel.

Este fenômeno não se limitou a Jerusalém, pois todos os três Evangelhos Sinóticos nos dizem que estava sobre toda a terra, possivelmente uma referência a "toda a terra", porém mais provavelmente uma referência a toda a terra de Israel. Devido a que o fenômeno pode não ter envolvido outras partes da terra além de Israel, é questionável se devemos esperar uma confirmação não hebraica do evento, embora possa haver a menção de um possível testemunho grego nos comentários sobre Lc 23:44.

Esse não foi um eclipse solar, pois a Páscoa caiu durante a lua cheia. Estudiosos sugeriram que a escuridão se devia a uma tempestade de areia, mas isso é improvável; nada na passagem indica areia ou qualquer outra variedade de causa natural. É melhor concluir que esse foi um ato sobrenatural de Deus, indicando seu julgamento (Morris 1992, p. 719-20).

Quaisquer que sejam os detalhes exatos, a escuridão é profundamente simbólica. "Escuridão" tanto no AT (Hb *hashak*) quanto no NT (Gr *skotos*) é evocativa. A luz simboliza Deus, e as trevas evocam tudo que é contra Deus: os ímpios (Pv 2:13-14; 1Ts 5:4-7), o juízo (Êx 10:21; Mt 25:30) e a morte (Sl 88:13). A salvação traz luz aos que estão nas trevas (Is 9:1; Mt 4:16). O tempo do juízo final de Deus é retratado como um dia de trevas (Jl 2:2; Am 5:18, 20; Sf 1:15; Mt 24:29; Ap 6:12-17). Embora a escuridão frequentemente acompanhe a concepção de morte nas Escrituras (cf. Jó 10:21-22), a escuridão na cena da crucificação mostra uma limitação do poder de Satanás (cf. Lc 22:53), o desagrado de Deus com a humanidade por crucificar seu Filho e, mais importante, o julgamento de Deus sobre o mal (Wilkins, *EDBT*, p. 142-43; Conzelmann, *TDNT* 7:423-45; Hahn, *NIDNTT* 1:420-25). (Veja comentários adicionais em Mc 15:33 e Lc 23:44.)

***"Eloí, Eloí, lamá sabactâni?"* isto é, "Meu Deus, Meu Deus, por que me abandonaste?" (27:46):** As pequenas diferenças entre Mateus e Marcos 15:34 sobre o clamor de abandono de Jesus poderiam constituir uma contradição? E por que Jesus pensaria que Deus o havia abandonado se Ele sabia o tempo todo que sua vida terminaria em um autossacrifício voluntário na cruz? Toda a frase no Evangelho de Marcos é uma transliteração do aramaico, que é provavelmente a língua que Jesus falou na cruz. A expressão no Evangelho de Mateus é uma transliteração que parece representar em parte o hebraico e em parte o aramaico (Metzger, *TCGNT*, p. 58-59, 99-100), embora seja possível que todo o dito seja uma variação do aramaico (Davies e Allison 1997, 3:624). Essa possível diferença de abordagem explicaria a variação na redação. Em qualquer dos casos, o significado é o mesmo em ambas as narrativas.

O clamor de abandono de Jesus não indica que sua morte o pegou de surpresa ou que Ele sentiu que as coisas haviam saído do rumo. Jesus sabia que seria vindicado em sua ressurreição, mas Mateus pretende fazer com que seus leitores compreendam algo do sentimento de abandono de Jesus no momento em que Ele foi submetido à separação do Pai por ele carregar o pecado humano (Mt 1:21; 20:28; 26:28). Jesus suportou a retribuição divina e o castigo pelo pecado, e isso deve ter custado a Ele uma agonia indescritível. O abandono de Jesus pelo Pai não afetou sua relação ontológica. O Filho não foi separado em sua essência ou natureza do Pai. Eles mantiveram a unidade ontológica completa, de modo que a separação não afetou o relacionamento trinitário dos membros da Divindade. Em vez disso, a humanidade divinamente sustentada de Jesus experimentou conscientemente toda a pena de morte pelos pecados da humanidade. Anteriormente, Jesus havia dito que a missão de sua vida era ser um "resgate por muitos" (Mt 20:28). Agora a previsão é realizada. Isso estabelece o fundamento para a doutrina teológica da expiação na qual o sacrifício de Jesus na cruz é uma "substituição penal" ou "expiação vicária" — Jesus sofre nossa punição por nossos pecados. A pena para o pecado é a morte (Rm 6:23), e na separação de Jesus de Deus, Ele experimentou a punição mortal pelos pecados da humanidade.

Os túmulos também foram abertos e muitos corpos de santos que haviam adormecido foram ressuscitados. E eles saíram dos túmulos depois de sua ressurreição (27:52-53): Se os túmulos de muitos santos abriram na hora da morte de Jesus na sexta-feira e os corpos foram ressuscitados naquele momento, por que eles esperaram até depois da ressurreição de Jesus no domingo para emergir dos túmulos? O que eles fizeram nesse intervalo de tempo? Eles ficaram com fome? Teriam recebido corpos humanos glorificados ou simplesmente corpos humanos revividos? Se eles estivessem mortos por um ano ou mais, seus ossos provavelmente teriam sido transferidos para uma caixa de ossuário, deixando-os sem roupas funerárias. Sendo o caso, o que eles fizeram para se vestir quando saíram e entraram em Jerusalém? E por que nenhum registro histórico menciona a convulsão social que certamente teria ocorrido se muitos ressuscitados chegassem a Jerusalém? Jesus teria sido apenas um entre muitos que retornaram dos mortos. Certamente teria sido um dos eventos mais notáveis da história. Em face dessas questões difíceis, os elementos desse relato seriam mais bem compreendidos se tivesse sido usado como uma lenda ou um artifício literário que Mateus usou para retratar o significado da morte de Jesus?

Devido ao fato de parecer estranho que os santos ressuscitados permaneceram ociosos em seus túmulos abertos por alguns dias, olhando para fora, mas permanecendo imóveis, os intérpretes consideraram se esse detalhe é um mal-entendido sobre a melhor forma de traduzir o grego. Talvez a melhor explicação alternativa seja colocar um ponto final após a frase: "Os túmulos também foram abertos" (27:52a), com uma nova frase começando. Nessa abordagem, o texto ficaria assim: "Os túmulos também foram abertos. E muitos corpos de santos que haviam adormecido foram ressuscitados, e eles saíram dos túmulos após sua ressurreição, entraram na cidade santa e apareceram a muitos" (cf. Wenham 1981, p. 150-52). Com essa tradução, Mateus indica a seguinte sequência: (1) os túmulos foram abertos na crucificação de Jesus; (2) Jesus ressuscitou três dias depois; (3) os corpos dos santos foram ressuscitados após a ressurreição de Jesus, e não imediatamente após sua morte.

Se essa sequência for exata, os túmulos que se abriram na morte de Jesus serviram como uma prolepse (antecipação) da ressurreição de Jesus e dos santos, e não implica o tempo em que os santos foram ressuscitados. Além disso, a aparição dos santos ressuscitados às pessoas em Jerusalém serviu como testemunho da eficácia da obra de Jesus na cruz e da declaração de sua vitória sobre a morte. Isso antecipa o ensino de Paulo sobre Jesus ser as primícias dos mortos (1Co 15:20-23).

Mateus não aborda outras questões que possamos ter, tais como se os santos ressuscitados já estavam mortos há tanto tempo que não tinham parentes conhecidos em Jerusalém, como foram recebidos por aqueles a quem saudaram, como foram assimilados de volta à sociedade ou se foram, em vez disso, levados para o céu logo após aparecerem em Jerusalém. O fato de nenhum registro histórico sobrevivente além de Mateus mencionar esse evento talvez seja explicado pelo fato de que uma história maior estava circulando: o galileu que foi crucificado como um pretendente messiânico e blasfemo, Jesus de Nazaré, ressuscitou dos mortos vindicando suas previsões.

Alguns estudiosos concluem que a ressurreição dos santos é uma lenda, uma narrativa teológica (teologia apresentada como história) ou dispositivo poético em vez de uma história literal. Os céticos movem-se nessa direção por razões óbvias, mas mesmo os estudiosos crentes perguntam sobre as intenções de Mateus devido a questões sobre a plausibilidade histórica desses eventos se lidos literalmente, e aspectos sobre como a linguagem do texto de Mateus pode se relacionar com textos bíblicos e não bíblicos que empregam linguagem semelhante figurativamente. O estudioso do Novo Testamento e apologista cristão Michael Licona lidou com essa questão longamente (Licona 2010) e está aberto a leituras não literais de Mt 27:52-53. Em particular, Licona observa que os autores históricos da era do NT, como Virgílio e Josefo, mostraram uma tendência a relatar fenômenos cósmicos e ocorrências sobrenaturais que acompanhavam a morte de reis e outros homens poderosos. Estes eram vistos como sinais que atestavam a grandeza dos que partiram. Diz Licona: "Parece claro que os escritores bíblicos estavam familiarizados e empregavam esse tipo de linguagem" (Licona 2010, localização 5666). Ele observa que o apóstolo Pedro, em At 2:15-21, cita Jl 2:28-32 e indica que a profecia de Joel, que descreve eventos cósmicos abrangentes, como a lua sendo transformada em sangue e a terra sendo visitada por sangue, fogo e colunas de fumaça foram cumpridos nos eventos de Pentecostes, embora não houvesse nenhum exemplo literal da lua se transformando em sangue etc. Portanto, a linguagem não literal foi empregada para descrever eventos importantes na história da salvação. Licona conclui: "Dada a presença da linguagem fenomenológica usada de maneira simbólica na literatura judaica e romana relacionada a um evento importante como a morte de um imperador... parece-me que uma compreensão da linguagem em Mt 27:52-53 como 'efeitos especiais' com textos e pensamentos judaicos escatológico sem mente é mais plausível" (2010, localização 5685). Mateus usou "dispositivo poético" para "comunicar que o Filho de Deus havia morrido e que o julgamento iminente aguardava Israel" (Licona 2010, localização 5699).

Uma preocupação com essa abordagem é que pouco de tudo nos eventos que cercam a crucificação e ressurreição de Jesus faz sentido no nível histórico normal. Todos esses são eventos únicos que testificam uniformemente os atos mais únicos de Deus na história humana — a morte vicária de Jesus na cruz e sua ressurreição vindicante. A escuridão da cena da crucificação, a cortina do templo de nove metros de altura sendo rasgada de alto a baixo, um terremoto que abre tumbas e a ressurreição dos santos do Antigo Testamento são todos testemunhos sobrenaturais extraordinários e "confirmação de que Jesus é quem ele reivindicou" ser e que seu ministério é vindicado perante a nação" (Bock 2002, p. 391).

A narração de Mateus sobre a ressurreição dos santos é congruente com as outras cenas, e defender a plausibilidade histórica de uma delas é defender todas elas. Recordando a imagem de Ezequiel, que profetizou que o Senhor soberano abriria sepulturas e ressuscitaria pessoas para a vida no vale de ossos secos (Ez 37:11-14), Mateus deixa esse evento sem adornos porque seu significado é claro. Derek Tidball relata: "A ressurreição desses santos é uma amostra da ressurreição que todos os crentes podem esperar. Por meio da morte de Jesus, um novo dia chegou, um dia em que a morte foi derrotada pela morte e a ressurreição para a vida eterna se tornou possível" (2001, p. 133).

Este homem realmente era o Filho de Deus! (27:54): O centurião, um oficial encarregado de 100 soldados, pode ter comparecido a todos os eventos desde o julgamento romano de Jesus e subsequente açoitamento e zombaria dos soldados. Ele provavelmente havia testemunhado muitas crucificações, mas os eventos cataclísmicos da escuridão, o terremoto e os túmulos abertos, mais a maneira como Jesus morreu, concorreram para evocar a confissão dele e daqueles que estavam com ele: "Este homem realmente era o Filho de Deus!" O grego subjacente a essa confissão é ligeiramente diferente em Mateus e Marcos, mas o significado é o mesmo. A versão HCSB torna isso explícito traduzindo o texto da mesma forma: "Este homem realmente era o Filho de Deus!" (Mt 27:54; cf. Mc 15:39). A única diferença entre os dois textos é que Marcos especifica que foi o centurião quem fez a confissão sobre a identidade de Jesus, enquanto Mateus atribui a confissão tanto ao centurião quanto aos soldados próximos.

Lucas expressa a confissão do centurião de maneira diferente de Mateus e Marcos: "Quando o centurião viu o que aconteceu, começou a glorificar a Deus, dizendo: 'Este homem realmente era justo!'" (Lc 23:47). É possível aqui tornar o termo *dikaios* "justo" como traz a versão HCSB, mas também é possível torná-lo "inocente" (ESV; NASB). É importante considerar a ênfase de Lucas na inocência de Jesus. O veredito do centurião afirma o caráter de Jesus e a injustiça da execução. Jesus é um sofredor inocente, um tema adicional e importante que Lucas desenvolve tanto em seu Evangelho (cf. Lc 23:4, 14, 15 [duas vezes], 22, 41) quanto em At (cf. 3:14; 7:52; 13:28; 22:14). Esta sétima confissão de inocência registrada no Evangelho de Lucas é o comentário final sobre esses eventos: Jesus está diante de Deus sem culpa (Bock 1996, p. 1864).

Várias alternativas possíveis podem explicar as diferenças entre Mateus/Marcos e Lucas, mas a escolha mais provável, dada a preferência de Lucas pelo termo *dikaios*, é que ele enfatiza explicitamente a força da confissão do centurião. Se Jesus é confessado como Filho de Deus, Ele é claramente inocente e sofreu injustamente. Portanto, a nota final sobre a morte de Jesus é que Ele morreu como um homem inocente. Ele sofreu injustamente nas mãos dos humanos. Ele era quem afirmava ser — o Rei dos Judeus, o Cristo de Deus. Para os gentios nesse cenário, a declaração tem um significado real e funcional, em vez de uma força ontológica. Os soldados aceitam as reivindicações de Jesus sobre a filiação por causa dos sinais que acompanham sua morte. Ele está exclusivamente relacionado com Deus e é seu representante inocente para o povo (Bock 1996, p. 1864; cf. Marshall 1978, 876). (Veja mais comentários em Mc 15:39 e Lc 23:47.)

Muitas mulheres que haviam seguido Jesus desde a Galileia e ministrado a Ele estavam lá, olhando de longe (27:55): Todos os quatro evangelistas mencionam um grupo de mulheres que seguiram e serviram a Jesus na Galileia e em Jerusalém, testemunhando os eventos da última semana (27:55-56, 61; Mc 15:40-41, 47; Lc 23:49, 55; Jo 19:25). Suas listas divergem sobre quem estava presente na morte e sepultamento de Jesus. Uma lista das mulheres inclui as seguintes:

MULHERES QUE SEGUIRAM A JESUS				
NA CRUCIFICAÇÃO				NA MISSÃO DA GALILEIA
MATEUS 27:55-56	**MARCOS 15:40-41**	**LUCAS 23:49**	**JOÃO 19:25**	**LUCAS 8:1-3**
Muitas mulheres ... haviam seguido Jesus desde a Galileia, para o servir	Algumas mulheres... muitas outras mulheres que vieram com Ele para Jerusalém também estavam lá.	As mulheres que o haviam seguido desde a Galileia	Perto da cruz de Jesus	Jesus ia passando pelas cidades e povoados... Os Doze estavam com Ele e algumas mulheres
(1)Maria Madalena	(1)Maria Madalena		(4)A mãe de Jesus	(1) Maria, chamada Madalena, de quem haviam saído sete demônios
(2) Maria, mãe de Tiago e de José	(2) Maria, mãe de Tiago, o mais jovem, e de José.		(3) a irmã da mãe de Jesus	(5) Joana, mulher de Cuza
(3) A mãe dos filhos de Zebedeu	(3) Salomé		(2) Maria, esposa de Clopas	(6) Suzana
			(1)Maria de Magdala	Muitas outras mulheres

O SEPULTAMENTO				
MATEUS 27:61	**MARCOS 15:47**	**LUCAS 23:55**	**JOÃO**	
(1)Maria Madalena	(1)Maria Madalena	As mulheres que haviam acompanhado Jesus desde a Galileia		
(2) a outra Maria	(2) Maria, mãe de José			

Muitas dessas mesmas mulheres testemunharam o túmulo vazio e as aparições pós-ressurreição de Jesus (Mt 28:1; Mc 16:1; Lc 24:1, 10-11; Jo 20:1-18). Pelo menos seis são identificadas, mas Mateus e Marcos indicam que um grupo ainda maior de mulheres não identificadas assistiu à crucificação. Isso é fundamental para entender por que as listas têm algumas diferenças. Cada evangelista era livre para escolher quais mulheres nomear. Lucas escolheu não citar nenhuma delas (Lc 23:49). No quadro listamos um numeral com o nome de cada mulher; o numeral é sua identificação única em todas os relatos e ajuda o leitor a localizá-la nas cinco listas diferentes.

João indica que em algum momento a mãe de Jesus, três outras mulheres e um dos discípulos de Jesus estavam bem perto da cruz para que Jesus pudesse falar com eles e dar orientações sobre os cuidados de sua mãe (Jo 19:26). Mas na maior parte do tempo eles ficavam à distância, possivelmente porque ainda havia perigo de serem abordados pelos guardas romanos. Ser associado a alguém condenado por traição era uma questão perigosa (Keener 2009, p. 691-94).

As várias listas das mulheres junto à cruz sugerem que todas elas se conheciam bem, especialmente pela maneira como as três mulheres em Mateus e Marcos são essencialmente duplicadas na lista de João, junto com Maria, a mãe de Jesus. Isso implica ainda que a mãe e a irmã de Jesus também viajaram ocasionalmente com Jesus, os Doze e o grupo de mulheres. A presença delas ajudaria a explicar a não existência de escândalo enquanto as mulheres viajavam com Jesus e os Doze (Cheney 1997, p. 13-21).

Uma vez que as mulheres estavam presentes na ocasião da morte de Jesus na cruz e no seu sepultamento por José de Arimateia (cf. 27:55-56, 61), elas puderam verificar que Ele estava realmente morto, não apenas inconsciente. (Veja comentários adicionais em Mc 15:40,47 e Jo 18:25.)

Mateus 27:57-61

A liberação do corpo de Jesus por Pilatos **(27:57-58):** Os críticos afirmam que Pilatos nunca liberaria o corpo de um criminoso condenado, mas várias considerações colocam essa acusação de lado. Primeiro, a alta posição de José dentro da comunidade judaica pode tê-lo tornado uma pessoa conhecida de Pilatos. A familiaridade pessoal, ou mesmo a consciência da influência de José, pode ter sido um fator decisivo na consideração de Pilatos. A intervenção de José pode ter sido crucial, pois os romanos frequentemente recusavam o enterro dos crucificados, deixando seus corpos na cruz para se decompor e serem comidos pelos pássaros, ou simplesmente empilhados no chão onde os cães pudessem se alimentar deles (e.g., Suetônio, *Augusto* 13.1-2; Tácito, *Anais* 6.29; Eusébio, *História eclesiástica* 5.1.61-62). Esta prática romana está longe de ser uniforme, e este é o segundo ponto atenuante contra a acusação do crítico. Visto que Jesus não era cidadão romano, Pilatos teria tido considerável discrição pessoal sobre como trataria o caso de Jesus. Estava em seu poder atender ao pedido de José. Em terceiro lugar, as concessões romanas às sensibilidades judaicas não eram improváveis na Judeia, e o contexto mostrou que Pilatos não estava convencido de que Jesus representava uma ameaça ou mesmo merecia sua sentença (Nolland 2005, p. 123031). (Veja mais comentários em Mc 15:45.)

O silêncio de Mateus sobre Nicodemos **(27:57-61):** O Evangelho de João acrescenta que José não foi o único discípulo secreto que ajudou a cuidar do corpo de Jesus. Nicodemos também estava lá (Jo 19:39). Ele é a figura religiosa judaica de alto escalão que veio secretamente a Jesus (3:1-21). Ele também protestou contra o fato de que os líderes religiosos não estavam dando ouvidos a Jesus (7:50-52). Nicodemos desempenha um papel significativo no Evangelho de João, mas não aparece nos Sinóticos, provavelmente porque Nicodemos aparece em cenas da Judeia em João, enquanto os Sinóticos se concentram no ministério de Jesus na Galileia. O silêncio de Mateus sobre o papel de Nicodemos no enterro se encaixa no fato de que ele também não falou sobre os outros fatos conhecidos sobre Nicodemos. Seu silêncio não refuta o testemunho de João.

Mateus 27:62-66

Os fariseus teriam levado a predição da ressurreição de Jesus mais a sério do que seus próprios discípulos? **(27.63-64):** Em resposta ao pedido deles por um sinal, Jesus já havia predito sua ressurreição aos escribas e fariseus (12:38ss). O fato de os principais sacerdotes e fariseus terem ido a Pilatos no dia seguinte à crucificação de Jesus mostra que eles não haviam esquecido sua enigmática predição. Há pelo menos duas razões pelas quais eles levaram a previsão a sério o suficiente para solicitar um guarda.

Primeiro, eles ouviram falar ou testemunharam os poderes milagrosos de Jesus e queriam ter certeza de que qualquer poder habilitado de Jesus não fosse liberado. Eles já haviam acusado Jesus de agir sob influência satânica (12:24) e podem ter antecipado sinais e maravilhas mais enganosos. Além disso, os eventos da crucificação, incluindo a escuridão, o rompimento da cortina do templo e os terremotos devem tê-los feito pensar. Isso impactou o centurião romano e seus homens (levando-os a fazer uma contundente confissão sobre a identidade de Jesus em 27:54), bem como as multidões, que se afastaram da crucificação "batendo no peito" (Lc 23:48), expressando talvez o início da culpa e contrição que preparou o caminho para os milhares que se arrependeram no Pentecostes (At 2:41; cf. Nolland 1993, p. 1159).

Em segundo lugar, os discípulos de Jesus permaneceram livres. Os principais sacerdotes e fariseus presumiram que os discípulos ouviram a predição de Jesus e a levaram a sério e que, portanto, poderiam fingir um cumprimento roubando seu corpo. Essa foi uma atitude sensata dos líderes religiosos, mas, ironicamente, eles julgaram mal os discípulos, que parecem não ter se lembrado da predição da ressurreição de Jesus em meio ao medo, à dor e à desilusão.

E então eles foram e tornaram a sepultura segura, selando a pedra e colocando a guarda. (27.66): Mateus é o único evangelista a relatar a colocação da guarda. Isso, mais o fato de que os Evangelhos retratam as mulheres indo para a tumba esperando acesso desimpedido, exceto pela pedra, leva alguns a duvidar da historicidade da tumba guardada (e.g., Brown 1994, p. 1310-13; Davies e Allison 1997, p. 652-53). Uma explicação provável para o fato de Mateus mencionar apenas a guarda é que ele escreveu para um público judeu-cristão em particular. Eles estariam intimamente familiarizados com a alegação, circulada entre os judeus pelos principais sacerdotes e fariseus nas décadas após a ressurreição, de que os discípulos de Jesus roubaram seu corpo (28:11-15). Assim, Mateus tinha mais motivos para mencionar o fato da guarda do que os outros evangelistas, cujas audiências podem não estar tão familiarizadas com tais acusações (Marcos é comumente considerado ter escrito principalmente para os cristãos romanos, Lucas para um homem chamado Teófilo e João é visto como uma obra amplamente evangelística). Portanto, Mateus abordou uma situação que era uma preocupação premente para seus leitores (cf. Keener 2009, p. 696-97; Carson 2010, p. 654).

***Os guardas mencionados seriam soldados romanos ou guardas do templo judeu?* (27:66):** Uma vez que não tinham autoridade para colocar guardas em volta do cemitério de um criminoso executado pelas autoridades romanas, os oficiais religiosos tiveram de pedir a Pilatos um contingente de soldados. A resposta aparentemente vaga de Pilatos: "Vocês têm uma guarda de soldados", disse-lhes Pilatos. "Vão e torne-o o mais seguro possível", levou a um debate sobre a identidade dos guardas colocados no túmulo. No entanto, um contingente de soldados romanos havia sido designado anteriormente para as autoridades do templo para segurança, usado na prisão de Jesus (cf. 27:47). Muito provavelmente essa é a mesma tropa de soldados que Pilatos tinha em mente quando disse aos oficiais judeus: "Vocês têm uma guarda de soldados". A expressão de Pilatos significava que os judeus agora estavam autorizados a usar as tropas como segurança no túmulo. Os oficiais judeus não tinham permissão para usar as tropas, exceto para os propósitos autorizados pelo governador romano (Keener 2009, p. 696). Isso explica por que os guardas irão mais tarde às autoridades do templo para relatar a ressurreição de Jesus, e não ao próprio Pilatos (28:11).

As entradas das tumbas eram comumente seladas com pedra e argila. No entanto, o "selo" aqui provavelmente era um dispositivo de segurança oficial, talvez uma corda presa tanto à pedra que bloqueava a entrada quanto à face rochosa da tumba, com cera impressa com o selo romano ancorando ambas as extremidades, de modo que qualquer adulteração poderia ser detectada (cf. Dn 6:17). O evangelho apócrifo de Pedro expande o tema do túmulo guardado, dizendo que os anciãos, escribas e soldados "... rolaram ali uma grande pedra e a colocaram à entrada do sepulcro e puseram nela sete selos, armaram uma tenda e vigiaram" (8:32-33). Ao tomar medidas para impedir o roubo do corpo de Jesus, os líderes religiosos e Pilatos inadvertidamente forneceram evidências para o fato do túmulo vazio e da ressurreição de Jesus. (Veja mais comentários em Mc 14:43.)

MATEUS 28:1-10

***Visão geral das aparições pós-ressurreição de Jesus Cristo* (cap. 28):** As diferenças entre os relatos pós-ressurreição nos Evangelhos e Paulo (especialmente 1Co 15:1-8) são bem conhecidas e têm sido assim ao longo da história da igreja. Não temos informações suficientes para resolver todas as diferenças, mas é razoável dizer que as variações indicam que os evangelistas são testemunhas independentes que não tentaram reproduzir um engano forjado (cf. Morris 1992, p. 733; Hagner 1995, p. 868). As variações levaram os céticos a propor explicações de como uma lenda da ressurreição se originou e se espalhou, mas, como N. T. Wright declara: "A proposta de que Jesus ressuscitou corporalmente dentre os mortos possui um poder incomparável para explicar os dados históricos no coração do cristianismo primitivo". (Wright 2003, p. 718). Portanto, cada escritor deve ter permissão para apresentar sua perspectiva única, o que aumenta a plausibilidade histórica dos eventos narrados.

Muita ênfase é colocada nas variações entre os relatos, mas são as semelhanças que são mais impressionantes. Todos os quatro Evangelhos concordam (Morris 1992, p. 733; Hagner 1995, p. 868) nos seguintes pontos:

a. O túmulo de Jesus foi encontrado vazio.

b. A ressurreição foi anunciada às mulheres.

c. Os discípulos encontraram-se com o Jesus ressuscitado.

Uma sincronização plausível dos eventos que cercam a ressurreição de Jesus e as aparições pós-ressurreição, conforme relatado nos Evangelhos e em Paulo, é a seguinte (cf. também Wenham 1992, p. 139 e passim; Blomberg 2009, p. 413-18):

1. Um grupo de mulheres chegou ao túmulo por volta do amanhecer, com Maria Madalena possivelmente chegando primeiro (Mt 28:1; Mc 16:1-3; Lc 24:1; Jo 20:1).
2. Maria e as outras mulheres foram recebidas por dois jovens (anjos), um dos quais anunciou a ressurreição de Jesus (Mt 28:2-7; Mc 16:4-7; Lc 24:2-7).
3. As mulheres saíram sentindo medo e alegria, e inicialmente não estavam dispostas a dizer nada, mas depois resolveram relatar aos Doze (Mt 28:8; Mc 16:8). Maria Madalena pode ter ido adiante, dando a notícia a Pedro e João antes que as outras mulheres chegassem (Jo 20:2).
4. Pedro e João correram ao sepulcro, tendo ouvido o relato de Maria Madalena, e descobriram que ele de fato estava vazio (Lc 24:12; Jo 20:3-5).
5. Maria voltou ao túmulo depois que Pedro e João saíram e viram os anjos. Jesus então apareceu a ela, a qual inicialmente supôs que Ele fosse um jardineiro (Jo 20:11-18).
6. Jesus encontrou as mulheres restantes e confirmou sua comissão de contar aos discípulos, com o lembrete de sua promessa de encontrá-los na Galileia. As mulheres obedeceram (Mt 28:9-10; Lc 24:8-11).
7. No final do dia, Jesus apareceu a Cleopas e seu companheiro não identificado na estrada para Emaús. Eles voltaram a Jerusalém para contar aos Onze (Mc 16:12-13; Lc 24:13-35).
8. Durante a tarde de domingo do dia da ressurreição, Jesus apareceu a Pedro em ou perto de Jerusalém (Lc 24:34; 1Co 15:5). Quando Cleopas e seu companheiro voltaram, Jesus já havia aparecido a Pedro (Lc 24:33-34).

9. Na noite do domingo da ressurreição, Jesus apareceu aos 10 discípulos (os Doze menos Judas e Tomé) e outros atrás de portas trancadas no Cenáculo em Jerusalém (Lc 24:36-43; Jo 20:19-25).
10. Domingo à noite, uma semana depois, Jesus apareceu aos 11 no mesmo lugar em Jerusalém, com Tomé agora presente (Mc 16:14; Jo 20:24-29; 1Co 15:5).
11. Talvez três dias depois, Jesus apareceu a sete dos discípulos junto ao mar da Galileia (Jo 21:1-14).
12. Jesus apareceu aos apóstolos, bem como a cerca de 500 irmãos nas colinas da Galileia (1Co 15:6). Outras aparições ocorreram em um período de 40 dias (Lc 24:44-47; At 1:3; 1Co 15:6).
13. Provavelmente durante este tempo na Galileia, Jesus apareceu a Tiago, seu meio-irmão (1Co 15:7).
14. Jesus deu sua Grande Comissão aos discípulos em uma montanha na Galileia, ordenando-lhes que fizessem discípulos em todas as nações (Mc 16:15-18; Mt 28:16-20).
15. De volta à área de Jerusalém, Jesus deu suas instruções de despedida aos discípulos e depois ascendeu ao céu perto de Betânia, no monte das Oliveiras, fora de Jerusalém (Mc 16:19-20; Lc 24:44-53; At 1: 4-12).

Ao amanhecer do primeiro dia da semana (28:1): As mulheres foram ao túmulo ao entardecer ou ao amanhecer? E "ao amanhecer do primeiro dia da semana" pode contradizer a afirmação de João de que as mulheres foram ao sepulcro "enquanto ainda estava escuro" (Jo 20:1)? O advérbio de tempo, *opse*, que começa em 28:1, tem uma história única de uso (cf. BDAG p. 746; Abbott-Smith 1937, p. 331-32). Muitas vezes significa "muito depois" ou "tarde", especificando um tempo após o pôr do sol e antes do anoitecer completo, o que pode especificar "tarde do dia" ou "tarde" (Mc 11:11, 19; 13:35). Nesse sentido, alguns interpretam o advérbio como "na noite após o sábado", o que indicaria que as mulheres foram ao túmulo logo após o pôr do sol do sábado (Gundry 1994, p. 585-86; Winger 1994, p. 284-88; Brown 1990, p. 161-62; Bin 1988, p. 3-4). Nessa abordagem, a frase subsequente seria traduzida como "ao amanhecer do primeiro dia da semana", apontando para o início não da luz do dia, mas da nova semana no final do sábado (proposto por Grintz 1960, p. 32-47). Uma representação judaica comum do tempo faz com que o início da nova semana comece com o pôr do sol no final do sábado, então essa visão especificaria que o "alvorecer" do primeiro dia da nova semana é no sábado à noite após o pôr do sol.

No entanto, *opse* também costuma funcionar como uma preposição irregular com o genitivo para significar "depois", agindo como um marcador de um ponto de tempo subsequente a outro ponto de tempo (cf. BDAG p. 746; Lohse, *TDNT*, 7:20-21) . Em conexão com a frase "ao amanhecer do primeiro dia da semana", é melhor entender que Mateus indica que as mulheres compraram os suprimentos de unção restantes logo após o término do sábado (final do sábado) e as lojas foram reabertas. Com a escuridão da noite se aproximando, elas voltaram para suas casas e esperaram até a manhã de domingo para visitar o túmulo. Mateus apresenta as mulheres como chegando após o fim do sábado, e "amanhecer" significa o primeiro nascer do sol da nova semana. Isso está de acordo com os outros relatos do Evangelho com as mulheres chegando cedo no domingo de manhã, que é a raiz da prática posterior de os cristãos se reunirem no domingo de manhã para adorar Jesus ressuscitado (e.g., 1Co 16:2). O fato de João dizer "enquanto ainda estava escuro" não entra em conflito com Mateus, pois o alvorecer do dia é uma gradação de luz crescente. Certamente estava mais escuro quando as damas partiram e ficou cada vez mais claro com o passar do tempo. (Veja mais comentários em Mc 16:1-2 e Jo 20:1-2.)

De repente, houve um violento terremoto (28:2): Mateus coloca terremotos tanto na morte quanto na ressurreição de Cristo, enquanto nenhum dos outros Evangelhos menciona terremotos em ambos os casos. A intervenção sobrenatural de Deus é um tema regular em Mateus, e isso foi demonstrado especialmente nos eventos que cercam a crucificação (cf. 27:51-53). Mateus não poderia deixar mais claro que Deus, por iniciativa própria, está intervindo na história (Luz 2005, p. 595-96). Os terremotos claramente se encaixam na abordagem de Mateus, mas como não são mencionados nos outros Evangelhos, deveríamos concluir que ele criou os terremotos, talvez para significar o envolvimento de Deus e o significado cósmico da morte e ressurreição do Messias?

A Palestina é propensa a terremotos, e o vale do Rift do Jordão faz parte de uma grande zona de falha que se estende para o norte desde a entrada do Golfo de Aqaba por quase mil quilômetros até o sopé da cordilheira Taurus. Isso estabelece a plausibilidade inicial de que terremotos ocorreram, como diz Mateus. Esses terremotos em particular parecem ter sido sobrenaturais, no entanto. A conjunção "porque" (*gar*) que começa a frase "porque um anjo do Senhor desceu do céu" (28:2), sugere que o terremoto acompanhou a aparição do anjo e pode ter sido o meio pelo qual ele rolou a pedra, embora também seja possível que o anjo, movendo a pedra, tenha causado o terremoto (veja Wright 2003, p. 636). Nesse caso, o terremoto foi violento, mas de alcance limitado.

O anjo do Senhor acompanhou a concepção milagrosa, o nascimento e a infância de Jesus (1:20-21; 2:13, 19), portanto não é de surpreender que o anjo do Senhor agora supervisione os eventos da ressurreição, enquadrando assim a história de Mateus do Filho divino. Por que os outros evangelistas não relataram os terremotos é desconhecido, mas não devemos tomar seu silêncio como refutação do relato de Mateus, ou necessariamente como evidência de que Mateus criou esses eventos como elementos literários para transmitir a importância da morte e ressurreição de Jesus.

Ele ressuscitou, exatamente como disse (28:6): Jesus disse que ressuscitaria no "terceiro dia" (Mt 16:21; 17:23; 20:19; 26:1-2) e ainda assim, ao ressuscitar na manhã de domingo após uma crucificação na tarde de sexta-feira, Ele não ficou morto por três dias completos. Isso representa uma imprecisão na predição de Jesus? Essa crítica ignora o fato de que o AT regularmente considerava uma parte de um dia como um dia inteiro (cf. Gn 42:17-18; 1Sm 30:12-13; 1Rs 20:29; 2Cr 10:5, 12; Et 4:16; 5:1). Além disso, o pensamento rabínico também considerava uma parte do dia como um dia inteiro (y. Šab., 12a, 15, 17; cf. b. *Naz.* 5b; *b. Pesaḥ* 4.2; citado em Delling, *TDNT*, 2:949- 50). Jesus ficou na tumba por parte de três dias e, portanto, no pensamento judaico, isso foi considerado três dias. Morrendo por volta das 15 horas na sexta-feira, Ele foi colocado na tumba antes do pôr do sol (um dia). Jesus permaneceu no túmulo durante todo o sábado (segundo dia), e desde o pôr do sol do sábado até sua ressurreição na manhã de domingo (terceiro dia). Assim, ressuscitou ao terceiro dia, conforme profetizou, e esteve no sepulcro por partes de três dias e três noites (veja comentários sobre 12:40; 26:16).

Um anjo do Senhor desceu do céu [e] disse às mulheres... (28:2, 5-6): Mateus tem "um anjo do Senhor" anunciando a ressurreição de Jesus, enquanto Mc 16:5-6 traz a notícia vinda de um "jovem" dentro da tumba. Lucas inclui um segundo anjo na cena (Lc 24:4), enquanto Mateus e Marcos aparentemente se concentram naquele que falou. Assim, Mateus inverteu sua prática anterior, como quando relatou dois endemoninhados quando Marcos e Lucas se concentraram apenas em um (cf. Mt 8:28; Mc 5:1-20; Lc 8:26-39). Que o anjo é chamado de "jovem" na narrativa de Marcos pode significar que o autor relatou esta cena da perspectiva das mulheres: ou seja, elas viram o que a princípio lhes pareceu ser simplesmente um jovem.

Não é fácil entender como as mulheres puderam (a) confundir o anjo com apenas um jovem, conforme retratado no relato de Marcos, e também (b) ver esse mesmo ente descer do céu, manifestar uma aparência como um raio, rolar para trás a pedra e incutir medo nos corações dos guardas, conforme retratado no relato de Mateus. Uma resposta a esse problema pode começar pela observação de que Mateus não afirma especificamente que as mulheres testemunharam esses eventos. É verdade que a leitura mais natural nos leva a supor que elas viram todas essas coisas, mas é possível que Mateus tenha se concentrado entre os versículos 4 e 5, trazendo as mulheres imediatamente à presença do anjo quando na verdade elas não estavam presentes nos eventos que tanto oprimiram os guardas. O versículo 5 retrata o anjo dizendo às mulheres que não tivessem medo. Embora isso pareça implicar que elas estavam com medo de sua aparição, pode ser que ele estivesse apenas falando sobre o medo delas sobre o destino do corpo de Jesus. Na verdade, sua resposta completa a elas (v. 5-6) se encaixa nessa explicação. Observe também que, como os anjos são seres espirituais, eles são capazes de assumir várias manifestações físicas que comunicam mensagens diferenciadas àqueles a quem aparecem. É possível que o anjo tenha manifestado uma aparição aos guardas e outra bem diferente às mulheres.

***Local de onde o(s) anjo(s) fez(em) o anúncio da ressurreição* (28.5-6):** No versículo 2, Mateus nos diz que o anjo assentou-se na pedra quando a rolou para fora do sepulcro. Aparentemente, esse é o mesmo lugar que ele ocupou quando, nos versículos 5-6, anunciou a ressurreição de Jesus às mulheres. Marcos 16:5-6 traz a notícia da ressurreição vinda de um "jovem" que estava sentado dentro da tumba e à direita. Finalmente, Lc 24:5-6 traz a notícia vinda de "dois homens" que estavam de pé (não sentados, como em Mateus e Marcos) dentro do sepulcro.

Essas diferenças são impressionantes, e pode ser que os detalhes não possam ser harmonizados em um relato que nos dê uma tradução literal dos detalhes do anúncio. Mas com certeza o propósito e principal reivindicação de cada evangelista é o mesmo: as mulheres receberam uma mensagem angelical afirmando que Jesus havia ressuscitado. Detalhes sobre a postura exata e a posição dos participantes pouco importam, e podem estar sob a licença do narrador para montar a cena. (Veja comentários adicionais em Mc 16:5-6, Lc 24:4-6 e Jo 20:12.)

Assim, saindo apressadamente do sepulcro com temor e grande alegria, correram para dar a notícia aos discípulos (28:8): Uma nota de autenticidade é dada por Mateus quando ele diz que as mulheres partiram para dar a notícia aos discípulos "com temor e grande alegria" (28:8). Mateus enfatizou o tempo todo a natureza incompreensível de Jesus e sua missão de estabelecer o reino de Deus. Morris (1992, p. 738) afirma:

> O fato de terem ido *com medo* indica que estavam nas garras do temor que havia sido despertado nelas pelo contato com o visitante de outro mundo. Mas elas não estavam simplesmente com medo; elas foram com *muita alegria*. Vieram para aquele lugar lamentando a morte de seu grande líder e querido amigo; elas foram embora sabendo que Ele não estava mais morto.
>
> Elas entenderam completamente todos aqueles eventos? Provavelmente não. Era simplesmente demais para elas entenderem completamente. "Temor e grande alegria" é uma reação realista.

Nesse momento, Jesus encontrou-se com elas e disse: "Bom dia!" (28.9): Mateus mostra as mulheres encontrando Jesus ressuscitado, mas Lc 24.9 mostra as mulheres voltando para falar com os discípulos sem ainda terem visto Jesus. Esses seriam testemunhos conflitantes? Lucas não menciona que as mulheres viram Jesus nesse ponto da cronologia, o que aumenta o drama do encontro seguinte na estrada de Emaús com Cléopas e seu companheiro. O relato de Emaús é exclusivo do Evangelho de Lucas, e nele ele reserva a primeira aparição de Jesus como o evento confirmador da ressurreição. Lucas pode ter assumido o conhecimento tradicional da aparição anterior às mulheres e salvou o drama da revelação do Jesus ressuscitado para o relato de Emaús (cf. Bock 1996, 1898). (Veja comentários adicionais em Lc 24:9-10.)

Vão e digam a meus irmãos que vão para a Galileia, e eles me verão lá (28:10): Jesus diz às mulheres que mandassem os discípulos partirem para a Galileia e que Ele os veria lá. Mateus então faz os discípulos viajarem para a Galileia (v. 16), onde de fato eles veem Jesus ressuscitado, aparentemente pela primeira vez, como Mateus conta (v. 17). No entanto, de acordo com outros Evangelhos (Lc 24:34ss; Jo 20:19ss), em vez disso, Jesus encontrou seus discípulos em Jerusalém ao longo de um dia ou mais após a ressurreição, o que pode parecer estar em desacordo com Mateus. Na verdade, Lucas não narra a ida de Jesus para a Galileia após sua ressurreição e, em vez de o anjo dizer às mulheres para enviarem os homens à frente para a Galileia, o anjo lhes diz: "Lembrem-se de como Ele falou com vocês quando ainda estava na Galileia...?" Essas diferenças podem ser reconciliadas? Reconstruir muitos dos eventos das aparições pós-ressurreição de Jesus é difícil, mas não impossível. Conforme explicamos acima na sincronização plausível dos eventos que cercam a ressurreição de Jesus e as aparições pós-ressurreição, cada evangelista registrou eventos que são centrais para seus propósitos. O registro de Mateus sobre a aparição de Jesus aos discípulos na Galileia não implica que esta foi a primeira vez que eles o viram, mas enfatiza (1) a obediência deles ao mandamento de Jesus (28:10) e (2) sua reação crescente a Jesus nos status da ressurreição: alguns adoraram, enquanto outros duvidaram (28:16-17). Isso prepara o terreno para a declaração de Jesus de que toda autoridade foi dada a Ele, que seus discípulos deveriam agora terminar a tarefa de fazer discípulos de todas as nações e que Ele estaria sempre com eles (28:18-20). Mateus restringiu sua narração das aparições pós-ressurreição de Jesus para se concentrar no Jesus como autoridade, comissionado e ressuscitado na Galileia, mas isso não significa que ele ignorava as aparições pós-ressurreição aos discípulos em Jerusalém. (Veja comentários adicionais em Lc 24:36.)

Mateus 28:1-15

Alguns dos guardas entraram na cidade e relataram aos principais sacerdotes tudo o que havia acontecido (28.11): Nenhum dos discípulos estava presente para ouvir e relatar a conversa entre os líderes judeus incrédulos e os guardas romanos, então como Mateus sabia o que foi dito entre eles? Além disso, Mateus relata sozinho este incidente, o que leva alguns a duvidar de sua historicidade.

Primeiro, como foi mencionado em vários casos acima, o silêncio dos outros Evangelhos não deve ser considerado como refutação. Cada evangelista teve que decidir quais eventos narrar e quais eventos não mencionar (cf. Jo 21:25). Em segundo lugar, Mateus escreveu para um público judeu-cristão que teria ouvido de outros judeus (1) as acusações que circulavam entre os judeus de que os discípulos de Jesus haviam roubado seu corpo e (2) que os guardas e líderes religiosos haviam conspirado para espalhar a mentira. Portanto, Mateus abordou uma situação que preocupava seus leitores (Craig 1984, p. 273-81; Wright 2003, p. 638-40; Keener 2009, p. 713-15). Terceiro, At 6:7 relata que "um grande grupo de sacerdotes tornou-se obediente à fé" em resposta à pregação da igreja primitiva. É provável que muitos desses sacerdotes recém-convertidos tivessem acesso a informações "privilegiadas" sobre a oposição a Jesus.

"Digam isto: 'Os seus discípulos vieram durante a noite e roubaram-no enquanto estávamos dormindo'" (28:13): O plano específico que os principais sacerdotes e anciãos inventaram era extremamente duvidoso. Primeiro, é improvável que todos os guardas tivessem ousado dormir durante o serviço de guarda porque a penalidade por dormir durante o serviço poderia ser a execução (cf. Petrônio, *Satíricon*, 112; At 12:19). Em segundo lugar, se os discípulos tivessem conseguido passar furtivamente pelos homens adormecidos e chegar à tumba, eles teriam acordado todos eles com o esforço de rolar a pedra. Isso teria sido o fim de sua invasão de tumbas, é claro. Terceiro, se os guardas estavam todos dormindo durante o roubo, como eles sabiam o que havia acontecido com o corpo de Jesus? Quarto, os discípulos fugiram em pânico da prisão de Jesus, negaram conhecer Jesus e não compareceram à crucificação. Nada em seu estado de espírito sugere que eles estavam dispostos a ou capazes de invadir o túmulo bem guardado de Jesus.

A dúvida desse plano sugere que Mateus teria inventado uma ficção improvável? Na verdade, o plano mal elaborado é crível à luz do desespero que os líderes religiosos e os guardas enfrentavam. Se os guardas aceitassem esse plano, eles se colocariam em perigo com seus superiores romanos. Mas, ao mesmo tempo, eles já estavam em perigo porque falharam em proteger a tumba. Explicar o túmulo vazio descrevendo o anjo certamente não ajudaria no caso deles! Assim, com o apoio dos líderes religiosos judeus, eles sentiram que tinham pelo menos uma chance de escapar da punição.

Se isto chegar aos ouvidos do governador, lidaremos com ele e manteremos vocês fora de problemas (28.14): Os críticos dizem que não é realista pensar que a liderança judaica exerceu influência suficiente para manter os guardas longe de problemas com Pilatos, especialmente dada a gravidade de sua falsa confissão sobre adormecer. Mas isso ignora o fato de que não seria bom para Pilatos ter rumores circulando de que Jesus havia ressuscitado dos mortos. Os líderes judeus entenderam isso e, portanto, estavam confiantes de que poderiam colaborar com Pilatos para esconder uma verdade que ambas as partes desejavam suprimir.

E essa história foi espalhada entre o povo judeu até aos dias de hoje (28:15): Mateus escreveu seu Evangelho cerca de 30 anos depois dos eventos narrados no capítulo 28. Que o boato do "corpo roubado" ainda estava se espalhando indica que os guardas, Pilatos, e a liderança religiosa judaica mantiveram sua história, e que havia uma necessidade contínua de espalhá-la à medida que a crença na ressurreição de Jesus continuava a crescer. Quase um século depois, o boato ainda se espalhava entre os judeus, como é evidente nos escritos de Justino Mártir (*Diálogo com Trifão*, 108.2).

Mateus 28:16-20

Quando o viram, eles o adoraram, mas alguns duvidaram (28.16-17): Isso marca a primeira aparição pós-ressurreição de Jesus aos discípulos do sexo masculino no Evangelho de Mateus e, não surpreendentemente, a resposta deles é adorar o Senhor. O que surpreende à primeira vista é que "alguns duvidaram". Wright diz que a referência à dúvida tem "a marca mais forte de autenticidade neste parágrafo" (Wright 2003, p. 643). Se Mateus estivesse criando ficções sobre a ressurreição de Jesus, é quase impensável que ele introduzisse o tema da dúvida. Se ele estivesse relatando uma história verdadeira, entretanto, o evangelista se sentiria obrigado a transmitir com precisão as primeiras respostas dos discípulos ao Jesus ressuscitado, mesmo quando algumas dessas respostas não fossem lisonjeiras.

A causa da dúvida não pode ser explicada, mas a reticência em acreditar que um morto voltou à vida é compreensível. Presumivelmente, as dúvidas desapareceram quando os discípulos se lembraram e finalmente entenderam as predições da ressurreição de Jesus. O fato de terem sido ativos na divulgação das notícias da ressurreição de Jesus e no crescimento da igreja primitiva prova que todos eles passaram a acreditar (At 1:12-14; 2:1-47).

Toda autoridade me foi dada no céu e na terra (28:18): Essa declaração levou alguns a questionar se Jesus só nesse momento recebeu a autoridade divina ou se Ele foi admitido aqui pelo Pai. Durante seu ministério terreno, Jesus declarou autoridade como o Filho do Homem para perdoar pecados (9:6) e revelar o Pai (11:27). Agora, como o Messias ressuscitado, Ele alude ao cumprimento da profecia de Daniel sobre o Filho do Homem que recebe toda autoridade, glória e poder, e que é adorado por todos os povos e nações, e cujo domínio e reino duram para sempre (Dn 7:13-14). Durante seu ministério terreno Ele teve autoridade absoluta, mas o exercício dela era restrito à sua consciência encarnada. Em seu estado ressuscitado, Ele exerce sua autoridade absoluta em todo o universo.

Façam discípulos de todas as nações (28:19): Os críticos dizem que se Jesus falasse tão claramente nessa época sobre a missão aos gentios ("Façam discípulos de todas as nações"), a igreja primitiva não teria lutado tanto sobre o assunto (e.g., At 15). Isso sugere que Mateus colocou nos lábios de Jesus uma declaração que foi útil para a situação na época em que Mateus escreveu seu Evangelho? E esta declaração é evidência de antissemitismo (i.e., Jesus está dizendo: "Vão às nações, mas não aos judeus")?

O Evangelho de Mateus reflete a dificuldade que os judeus tiveram em entender sua distinção no programa de Deus junto com a inclusão dos gentios. O ministério de Jesus aos judeus durante todo o seu ministério foi um cumprimento das promessas de bênçãos messiânicas a Israel (veja comentários em 10:5-15, 23). Mas, ao longo de seu ministério, Jesus revelou cada vez mais que agora era a hora de incluir os gentios também (veja comentários em 8:5-13; 10:16-22). Essa comissão final do ministério terreno de Jesus é coerente com a sua intenção de incluir os gentios, que logo é enfatizada novamente no livro de Atos em seu encargo aos discípulos antes de sua ascensão: "sereis minhas testemunhas em Jerusalém, em toda a Judeia e Samaria, e até os confins da terra" (At 1:8). Durante seu ministério terreno, os seguidores de Jesus lutaram para compreender como Israel poderia manter sua distinção no programa de Deus, mas incluir os gentios no reino que Jesus estava estabelecendo. E essa dificuldade permaneceu na igreja primitiva. Um avanço significativo veio com a visão do Senhor a Pedro de ir ao centurião gentio Cornélio com o evangelho (At 10:1-48). A igreja primitiva continuou lutando contra a inclusão dos gentios (At 11:1-18; 15:1-6) até que Pedro e os outros líderes eclesiásticos finalmente reconheceram que a intenção de Deus era que a igreja fosse composta de discípulos de todas as nações, tanto judeus quanto gentios (At 15:7-29).

Alguns sugeriram que "todas as nações" significa apenas "gentios", visto que Mateus normalmente se refere aos gentios como "as nações". Eles também veem essa visão como adequada às duras declarações de Jesus sobre a rejeição da nação judaica ou à descrição de Mateus da multidão no julgamento de Jesus (e.g., 27:25). O resultado é a suspeita de que Mateus seria um evangelho antissemita. No entanto, rejeitamos as acusações de antissemitismo mencionada há pouco, e a maioria dos estudiosos reconhece que Jesus pretende incluir judeus em sua comissão e que Mateus pretende que seus leitores entendam sua inclusão (e.g., Davies e Allison, 1997, 3:684; Keener 2009, p. 719-20).

Batizando-os em nome do Pai e do Filho e do Espírito Santo (28:19): Esta é a única fórmula batismal no NT que tem convertidos sendo batizados em nome da Trindade e não apenas no nome de Jesus. O testemunho de Mateus sobre a Trindade é historicamente plausível ou reflete uma tradição posterior? Embora esta seja a linguagem trinitária mais clara (nota: não "triteísta") nos Evangelhos e frequentemente acusada de ser uma "fórmula" teológica posterior inserida por Mateus, devemos observar que não é a expressão trinitária mais antiga do NT (cf. Gl 4:4-7; 1Co 12:4-6; 2Co 13:14; embora a expressão "Pai" não seja precisamente paralela, o tema "Filho" defende o reconhecimento inicial de Paulo; cf. Wright 2003, p. 644n38). Além disso, o ministério e o ensino anteriores de Jesus ofereciam indícios da pluralidade da natureza da Divindade (e.g., o batismo de Jesus em 3:16-17; a revelação mútua do Pai e do Filho em 11:27; a menção de Jesus sobre o papel Espírito no exorcismo em 12:28).

Comentário bíblico-apologético ao

Evangelho de Marcos

Introdução

O Evangelho de Marcos, o mais curto dos quatro Evangelhos canônicos, conta a história de Jesus, desde o batismo até o túmulo vazio, de uma forma impressionante e convincente. Embora negligenciado nos primeiros séculos da Igreja, esse Evangelho tem atraído grande atenção atualmente por parte dos estudiosos ao longo do século 20.

Autoria

O testemunho mais antigo que temos sobre a autoria do Evangelho de Marcos vem de Pápias (60-130 d.C.), um pai da igreja do início do século 2 que foi bispo de Hierápolis, na Ásia Menor. Pápias relata uma tradição que recebeu de um ancião ("presbítero") que conhecia alguns dos apóstolos:

> E o bispo costumava dizer o seguinte: "Marcos, tendo-se tornado intérprete de Pedro, escreveu com exatidão tudo o que lembrava, embora não em ordem, das coisas ditas ou realizadas por Cristo. Pois ele não ouviu o Senhor nem o seguiu, mas depois, como eu disse, seguiu Pedro, que adaptou seus ensinamentos conforme a necessidade, mas não tinha intenção de prover um relato ordenado das palavras do Senhor. Consequentemente, Marcos não cometeu nenhum erro ao escrever algumas coisas conforme se lembrava delas, pois ele tomou como única preocupação não omitir nada do que ouviu nem fazer qualquer declaração falsa a respeito delas". Assim é, portanto, o relato feito por Pápias a respeito de Marcos (Eusébio, *História eclesiástica* 3.39.15).

Eusébio extraiu essa declaração do livro em cinco volumes de Pápias, *Exegesis of the Lord's Oracles* (*História eclesiástica 3.39.1*). Hoje tudo o que resta da obra são diversas citações, mencionadas principalmente em Eusébio. Pápias escreveu sua obra em algum momento entre 110 e 120 d.C.

É notável que a igreja primitiva tenha atribuído a autoria a Marcos, figura que se pensa ser a de João Marcos, primo de Barnabé (At 12:12), e não a Pedro, a fonte do material preservado no Evangelho de Marcos. A tradição de que Marcos foi o seu autor deve ter sido bem reconhecida, pois não seria fácil explicar a atribuição do evangelho a ele se houvesse alguma incerteza a respeito. Caso pairasse alguma dúvida, certamente teria sido melhor atribuir a autoria a Pedro, a pedra sobre a qual Jesus estava construindo a sua Igreja (Mt 16:16-19), do que a Marcos, cujo fracasso na primeira viagem missionária causou um atrito entre Paulo e Barnabé (At 15:36-39) e aquele que, segundo alguns acreditavam, seria o homem que fugiu despido na noite em que Jesus foi preso (Mc 14:51-52). A atribuição pela Igreja desse Evangelho a Marcos, e não a uma figura famosa como Pedro, contrasta fortemente com o hábito dos autores de evangelhos ficcionais tardios e de escritos semelhantes aos evangelhos, os quais regularmente atribuíam suas obras a figuras importantes, geralmente apóstolos e às vezes ao próprio Jesus.

Data e propósito

Um estudo cuidadoso de Marcos 13 (Hengel 1985, p. 14-28) e algumas passagens relacionadas sugerem que o Evangelho de Marcos foi publicado nos primeiros estágios da guerra judaica com Roma (66-70 d.C.). Marcos 13 começa com a predição de Jesus sobre a destruição do templo de Herodes (v. 2). Os discípulos perguntam quando isso aconteceria (v. 4), e o longo discurso que se segue descreve os sinais que precederiam a vinda do "Filho do Homem" (v. 26). Entre esses sinais figuraria o aparecimento de falsos messias e falsos profetas (v. 5-6, 21-22), bem como guerras e rumores de guerras (v. 7-8). Mas o principal sinal indicando que o fim estava próximo seria o estabelecimento do "sacrilégio terrível" no templo (v. 14).

Os acontecimentos dos anos 40-60 correspondem em muitos aspectos a esses sinais. Todavia, se Marcos escreveu algum tempo depois do ano 70, como muitos estudiosos acreditam, então a predição da abominação não poderia ser cumprida dessa forma. Percebendo tal problema, alguns intérpretes argumentam que a abominação foi a ocupação dos recintos do templo pelos rebeldes, ou a entrada de Tito no santuário enquanto este queimava. Mas essas propostas não são elucidativas. Jesus diz a seus discípulos que fugissem de Jerusalém quando vissem o sacrilégio sendo feito. Mas já era tarde demais para fugir da cidade quando os rebeldes ocuparam o recinto do templo, e certamente tarde demais para sair quando o exército romano invadiu o monte do Templo e o general Tito entrou no santuário. Além disso, o versículo 18 exorta os crentes a orarem para que isso não acontecesse no inverno. Porém a tomada de Jerusalém e os horrores que daí resultaram ocorreram no verão. Em qualquer leitura atenciosa de Marcos 13, portanto, os acontecimentos de 70 d.C. não parecem estar por trás das advertências.

É mais provável que Marcos 13 reflita o início da guerra, possivelmente até pouco antes do início dela. Era um tempo de rumores de guerra, talvez os primeiros estágios da própria revolta. Reflete uma época em que vários pretensos profetas e libertadores ofereciam sinais de salvação. Foi um período em que os cristãos acreditavam que o sacrilégio de que Jesus falou seria instalado no templo, tornando assim impossível adorar ali. Era o momento para fugir da cidade, pois o julgamento e o aparecimento do Filho do homem estariam bem próximos (v. 14-27).

Se o Evangelho de Marcos foi realmente escrito em meados dos anos 60, então foi produzido num tempo de severa perseguição cristã sob as mãos de Nero (que governou entre 54 e 68 d.C.). Esse imperador, cada vez mais odiado e desprezado pelo seu próprio povo, promoveu a sua deificação. Mais do que qualquer imperador antes dele, Nero determinou que as pessoas se referissem a ele como "deus", "filho de deus", "senhor", "salvador" e "benfeitor". Escrito nos últimos dois ou três anos da vida de Nero, quando a rebelião judaica estava em seus estágios iniciais, quando a perseguição aos cristãos era severa e quando muitos profetas e libertadores surgiam, Marcos apresenta Jesus como o verdadeiro Filho de Deus.

O versículo inicial de Marcos deixa claro o propósito do Evangelho: "Princípio do evangelho de Jesus Cristo, o Filho de Deus" (Mc 1:1). Marcos escolheu sua linguagem com muito cuidado, ecoando deliberadamente a linguagem do culto ao governante imperial, como pode ser visto numa inscrição em homenagem a César Augusto: "o aniversário do deus Augusto foi o começo para o mundo das boas-novas". Marcos desafia esse mito imperial, afirmando que as boas-novas para o mundo começaram com

Jesus Cristo, o verdadeiro Filho de Deus (veja Mc 15:39, onde o centurião romano admite ao ver a impressionante morte de Jesus: "Realmente este homem era o Filho de Deus!").

Desde essa afirmação extraordinária no início da sua narrativa, até à súbita e dramática descoberta do túmulo vazio, Marcos se esforça por mostrar que Jesus é verdadeiramente o Filho de Deus, apesar da rejeição pelas autoridades religiosas do seu tempo e da sua execução pelas mãos do governador romano. Os imperadores Julianos, cuja última e mais infeliz manifestação na ocasião da publicação de Marcos era o insano Nero, não puderam apresentar candidatos convincentes ao reconhecimento como o Filho de Deus, cuja vida e morte fossem verdadeiramente benéficas para a humanidade. Ao mundo romano, Marcos apresenta Jesus e a sua mensagem do reino de Deus e, ao fazê-lo, encoraja os fiéis a permanecerem firmes e exorta os críticos e opositores da fé cristã a reconsiderarem sua posição.

Procedência

Os estudiosos geralmente concordam que o Evangelho de Marcos foi provavelmente escrito em Roma, ou pelo menos na Itália. Isso se baseia principalmente em um testemunho patrístico bastante consistente (France 2002, p. 37-38), na presença de latinismos (Gundry 1993, p. 1044) e na conexão entre Marcos e o ministério de Pedro em Roma (1Pe 5:13; Irineu, *Contra as heresias* 3.1.1). O testemunho patrístico inclui Eusébio (*História eclesiástica* 2.15-16), Epifânio (*Contra as heresias* 6.10), Clemente de Alexandria (em Eusébio, *História eclesiástica* 6.14.6-7; *Adumbrationes* em 1Pedro 5:13; *Carta de Clemente de Alexandria sobre o Evangelho secreto de Marcos*) e o Prólogo antimarcionita.

Confiabilidade geral dos manuscritos disponíveis para nós

A lista abaixo identifica os primeiros e mais importantes testemunhos gregas do Evangelho de Marcos. Com as exceções dos manuscritos L e 33 dos séculos 8 e 9, que evidentemente são cópias de manuscritos antigos e confiáveis, as testemunhas listadas datam dos séculos 3 e 6 (π^{45} pode datar do final do século 2).

MS	Século	Conteúdos de Marcos
π^{45}	3	36-40; 5:15-26; 5:38-6:3; 6:16-25, 36-50; 7:3-15; 7:25-8:1; 8:10-26; 8:34-9:9; 9:18-31; 11:27-12:1; 12:5-8, 13-19, 24-28
π^{84}	6	2:2-5, 8-9; 6:30-31, 33-34, 36-37, 39-41
π^{88}	4	2:1-26
א	4	1:1—16:8
A	5	1:1—16:20
B	4	1:1—16:8
C	5	1:17-6:31; 8:5-12:29; 13:19-16:20
D	5	1:1-16:14 (16:15-20 acrescentado posteriormente)
L	8	1:1-10:15; 10:30-15:1; 15:20-16:20
N	6	5:20-7:4; 7:20-8:32; 9:1-10:43; 11:7—12:19; 14:25-15:23, 33-42
P	6	1:2-11; 3:5-17; 14:13-24, 48-61; 15:12-37
W	5	1:1—15:12; 15:39—16:20
S	6	1:1—16:13
F	6	1:1—14:62
059 + 0215	4/5	15:20-21, 26-27, 29-38
064 + 074	6	1:11-22; 1:34—2:12; 2:21—3:3; 3:27—4:4; 5:9-20
067	6	9:14-22; 14:58-70
069 (= POxy 3)	5	10:50-51; 11:11-12
072	5/6	2:23—3:5
080	6	9:14-18, 20-22; 10:23-24, 29
083 + 0112	6/7	13:12-14, 16-19, 21-24; 14:29-45; 15:27—16:8; final curto; 16:9-10
087	6	12:32-37
0143	6	8:17-18, 27-28
0184	6	15:36-37, 40-41
0187	6	6:30-41
0188	4	11:11-17
0212	3	15:40, 42 (do *Diatessaron*)

0213	5/6	3:2-3, 5
0214	4/5	8:33-37
0263	6	5:26-27, 31
0274	5	6:56-7:4, 6-9, 13-17, 19-23, 28-29, 34-35; 8:3-4, 8-11; 9:20-22, 26-41; 9:43—10:1, 17-22
0292	6	6:55-7:5
33	9	1:1—9:30; 11:12—13:10; 14:60—16:20

Embora não bem evidenciado como os evangelhos de Mateus, Lucas, e João, a comprovação para Marcos é antiga e substancial. É ainda possível que testemunhos adicionais de Marcos sejam encontrados entre os numerosos papiros Oxyrhynchus. O tempo da descoberta dos manuscritos ainda não terminou. Por último, deve-se salientar que o Evangelho de Marcos e outros escritos do NT não foram encontrados na caverna de Qumran 7. (Esses pequenos fragmentos gregos, alguns dos quais vários estudiosos há algum tempo identificaram como pertencentes a Marcos e outros escritos do NT, são agora reconhecidos como escritos judaicos e pré-cristãos.) Diversos pequenos fragmentos gregos têm sido identificados como pertencentes ao livro de *Enoque.*

A relação de Marcos com Mateus e Lucas

Atualmente, a maioria dos estudiosos está corretamente convencida de que os Evangelhos Sinóticos são os Evangelhos mais antigos. Mas qual desses três é o mais antigo? Agostinho (430 d.C.) acreditava que Mateus foi escrito primeiro e que Marcos é em essência um resumo dele. Johann Jacob Griesbach em 1776 propôs que Mateus foi composto primeiro, que Lucas foi produzido em seguida fazendo uso de Mateus, e que Marcos foi escrito por último como uma fusão e resumo de Mateus e Lucas. A hipótese de Griesbach teve influência por um século, mas começou a perder terreno para a precedência de Marcos nos anos que se seguiram após a publicação do trabalho de Heinrich Julius Holtzmann em 1863. Holtzmann argumentou que uma primitiva versão de Marcos ("fonte A") foi escrita primeiro e que Mateus e Lucas, independentemente um do outro, se serviram de outra fonte ("fonte B"). A última fonte veio a ser chamada "Q", uma abreviação para palavra alemã *Quelle,* significando fonte.

Seguindo o influente estudo de B. H. Streeter em 1924, os princípios básicos de Holtzmann sobre a explicação do relacionamentos entre os Evangelhos Sinóticos tornaram-se a visão predominante. Embora nos últimos 35 anos, William Farmer e um pequeno número de colegas com a mesma opinião tenham defendido vigorosamente o regresso à hipótese de Griesbach, a maioria dos estudiosos do evangelho ainda defende a anterioridade de Marcos.

A precedência de Marcos parece para ser a posição mais prudente por diversas razões: (1) O estilo literário de Marcos, às vezes, carece da sofisticação e do polimento frequentemente vistos em Mateus e Lucas. Esse fenômeno é mais facilmente explicado como melhorias de Mateus e Lucas em relação a Marcos, em vez da classificação menos erudita do estilo marcano em relação a Mateus e Lucas.

(2) No Evangelho de Marcos, Jesus e os discípulos às vezes são retratados de uma maneira que parece imprópria. Na maioria das ocasiões, essas passagens potencialmente embaraçosas são retocadas ou omitidas por Mateus e Lucas. Novamente, é mais fácil explicar o fenômeno como melhorias feitas por Mateus e Lucas em relação a Marcos e não o contrário.

(3) Os fenômenos dos acordos e desacordos entre os Evangelhos Sinóticos são mais facilmente explicados tendo como referência a anterioridade de Marcos. Entre outras coisas, observamos que onde não há o texto de Marcos para seguir (e.g., nenhuma narrativa da infância, nenhum material "Q") é onde Mateus e Lucas divergem um do outro. Essa observação é mais facilmente explicada pela anterioridade de Marcos, pela independência de Mateus e Lucas um do outro, do que por Marcos escrevendo por último e fazendo uso de Mateus e Lucas. A anteposição de Marcos também evita o problema de se tentar explicar o uso inconsistente de Mateus por Lucas.

(4) A pequena quantidade de material que é exclusiva do de Marcos também apoia a anteposição de Marcos. Esse material consiste em 1:1; 2:27; 3:20-21; 4:26-29; 7:2-4, 32-37; 8:22-26; 9:29, 48-49; 13:33-37; 14:51-52. Ao analisarmos esses textos, devemos nos perguntar qual explicação parece mais provável: que Marcos os tenha acrescentado ou que Mateus e Lucas os tenham encontrado em Marcos e optado por omiti-los. A natureza do material apoia a segunda hipótese. A natureza dos

textos apoia a última alternativa, pois parece mais provável que Mateus e Lucas tenham optado por omitir a fuga do jovem despido (14:51-52); o estranho comentário sobre ser "salgado com fogo" (9:48-49); o singular milagre em que Jesus efetua a cura em duas etapas (8:22-26); o milagre ainda mais incomum em que Jesus coloca o dedo nos ouvidos de um homem, cospe e toca sua língua (7:32-37); e o episódio em que Jesus é considerado louco e sua família tenta contê-lo (3:20-22). Se aceitarmos a Hipótese de Griesbach-Farmer, teremos que explicar por que Marcos escolheria acrescentar esses materiais estranhos e potencialmente embaraçosos, apenas para omitir o Sermão da Montanha/Planalto, a Oração do Senhor e vários outros ensinamentos e parábolas encontrados nos Evangelhos maiores.

(5) A consideração final que acrescenta peso à probabilidade da anterioridade de Marcos tem a ver com os resultados das respectivas hipóteses. O verdadeiro teste de qualquer hipótese é sua eficácia. Nos estudos bíblicos, uma teoria deve auxiliar a tarefa exegética. A teoria da precedência de Marcos forneceu exatamente esse tipo de ajuda. Não somente a interpretação sinótica avançou significativamente por causa da conclusão — e agora a suposição generalizada — da primazia de Marcos, mas também o desenvolvimento de métodos críticos exitosos como a crítica da forma e a crítica da redação orientados para a pesquisa do Evangelho pressupõem a anterioridade de Marcos. Em inúmeros estudos, seja lidando com esta ou aquela perícope, ou tratando um dos Evangelhos Sinóticos em sua totalidade, reconheceu-se notadamente que Mateus e Lucas fazem sentido como interpretações de Marcos; porém Marcos faz pouco sentido como uma fusão e uma interpretação de Mateus e Lucas.

As evidências são convincentes de que Marcos representa o relato mais antigo que sobreviveu acerca da vida, do ministério, da morte e da ressurreição de Jesus. Saber quais fontes o evangelista Marcos utilizou, se é que utilizou alguma, provavelmente permanecerá um mistério. Parece provável que ele tenha feito uso de algum material escrito. O fato de ter usado algum depoimento de testemunha ocular também é possível e não pode ser descartado. O quão cedo esse Evangelho foi escrito será considerado em breve. Mas agora devemos nos perguntar como classificar a literatura de Marcos.

Que tipo de literatura é Marcos?

Marcos é o único Evangelho que se autodenomina "evangelho" (veja 1:1, "O princípio do evangelho" ou "boas-novas"). Essa palavra tem suas origens em Isaías (veja 40:9; 41:27; 52:7; 61:1), mas também apresentava conotações importantes no mundo greco-romano (veja comentários sobre 1:1-3 a seguir). O gênero de Marcos é, em sua maior parte, biográfico, semelhante à biografia de Elias e Eliseu no Antigo Testamento (1Rs 17—2Rs 9) ou exemplos de biografia popular encontrados nos pseudepígrafos (como *Vidas dos Profetas ou José e Asenete*). As características distintivas da biografia de Marcos são o foco exclusivo em Jesus e a ênfase na proclamação de sua mensagem. As "boas-novas" foram concretizadas com a aparição de Jesus. Agora a história deve ser contada e a mensagem deve ser proclamada (Guelich 1989, xix-xxii).

Marcos pode ser uma forma um tanto nova de biografia, mas não se deve esperar dele o que nós, em tempos modernos, geralmente consideramos uma biografia. Ao contrário de Mateus e Lucas, Marcos não nos conta nada sobre o nascimento e a educação de Jesus. O evangelista não revela absolutamente nada sobre a aparência ou a personalidade de Jesus. Além de seus ensinamentos e de um ou dois detalhes, Marcos não menciona coisa alguma sobre os hábitos, gostos, aversões ou interesses de Jesus. O evangelista está preocupado principalmente com o ministério público de Jesus, o impacto que Ele exerceu sobre os outros e seu destino em Jerusalém. Mas esse relato não está em uma ordem estritamente cronológica e de desenvolvimento. A ordem é temática. As histórias e os ensinamentos às vezes são agrupados em torno de temas comuns. Muitas vezes não é possível determinar quando e onde essas coisas aconteceram ou foram ditas. A apresentação de Marcos é amplamente guiada por interesses literários e teológicos.

Citações mais antigas

O Evangelho de Marcos é citado e mencionado muitas vezes em textos no início do século 2 até o século 3 pelos Pais da Igreja, como Tertuliano, Irineu, Clemente de Alexandria, Hipólito, Orígenes e Cipriano.

Estabelecimento no cânone

Desde seu início em locais isolados no mundo antigo, os evangelhos individuais se espalharam até que, de acordo com F. F. Bruce, "provavelmente bem no início do século segundo, o evangelho em quatro livros começou a circular entre as igrejas no lugar de um único escrito evangélico" (*DJG*, 1992, p. 94). De acordo com Justino Mártir, em meados do século 2, dois grupos de escritos eram lidos na igreja (com o mesmo status ou valor): os Evangelhos (chamados de "as memórias dos apóstolos") e os profetas do AT (*Primeira apologia* 67). Inspirada pelo cânone herético marcionita, que apareceu em 144, a igreja respondeu identificando sua própria lista. O Cânone Muratoriano, que se acredita ser a lista mais antiga de livros canônicos do NT, que data de aproximadamente 170, relaciona quatro. Embora Mateus e Marcos não sejam mencionados (a documentação é fragmentária), o "terceiro" Evangelho é Lucas e o "quarto" é João. Embora outros evangelhos fossem conhecidos na época (o evangelho de Pedro e o evangelho dos hebreus, por exemplo), Taciano, por volta de 160, reuniu os quatro Evangelhos de Mateus, Marcos, Lucas e João e fez uma única harmonia evangélica chamada *Diatessaron*. Irineu (*Contra as heresias* 3.11.8) respondeu ao surgimento de outros Evangelhos com o argumento de que havia quatro e somente quatro Evangelhos.

Comentário apologético

Marcos 1:1-3

O início do evangelho de Jesus Cristo, o Filho de Deus (1:1): As palavras iniciais de Marcos, "o princípio [*arche*] do evangelho [*euangelion*] de Jesus Cristo, o Filho de Deus [*huios theou*]", servem mais ou menos como o título da obra como um todo. Essa é a função normal das palavras de abertura (o *incipit*, "o começo") dos livros da Antiguidade. Toda a história do ministério de Jesus, incluindo sua crucificação, é o evangelho ou "boas-novas" para o mundo. Mas as palavras iniciais de Marcos também lembram a linguagem do culto imperial romano, enraizada especialmente em César Augusto (30 a.C.—14 d.C.). A inscrição Priene (9 a.C.) é nesse caso muito significativa:

> A Providência... deu-nos Augusto, a quem ela encheu de virtude para que pudesse beneficiar a humanidade, enviando-o como salvador [*soter*], tanto para nós quanto para nossos descendentes, para que ele pudesse acabar com a guerra e colocar todas as coisas em ordem... César, por seu aparecimento [*epiphanein*] superou nossas expectativas e superou todos os benfeitores anteriores, e nem mesmo deixando para a posteridade qualquer esperança de superar o que ele fez... o aniversário do deus [*theos*] Augusto foi o começo [*archesthai*] para o mundo das boas-novas [*euangelia*] que vieram por causa dele.

Qualquer pessoa familiarizada com a cristologia do NT reconhecerá imediatamente vários paralelos importantes, pois os escritores do NT falam da *epifania* de Jesus (2Ts 2:8; 1Tm 6:14; 2Tm 1:10; 4:1, 8; Tt 2:13), o *salvador* do mundo (Lc 2:11; Jo 4:42; At 5:31; 13:23; Ef 5:23; Fp 3:20; 2Tm 1:10; Tt 1:4; 2:13; 3:6; 2Pd 1:1, 11; 2:20; 3:2, 18; 1Jo 4:14).

A linguagem de Marcos (especialmente "princípio", "evangelho" e "Filho de Deus") ecoa deliberadamente a doutrina romana do imperador divino. (Sobre seus antecedentes do AT, veja comentários em 1:14-15 a seguir.) Com efeito, o evangelista está dizendo ao mundo romano: César não é nem o princípio do evangelho (ou boas-novas) para o mundo, nem o filho de Deus; o Messias é Jesus. Como tal, as palavras iniciais de Marcos desafiam diretamente o culto ao imperador romano (veja comentários sobre Mc 15:39 a seguir) e oferecem uma poderosa apologética em apoio ao movimento cristão e sua fé em Jesus.

Se o Evangelho de Marcos foi composto e distribuído no final dos anos 60, então a identificação do evangelista sobre Jesus como o verdadeiro "Filho de Deus" seria destacada no contexto do declínio do mito do divino imperador romano. Depois que o Senado o declarou uma ameaça pública, Nero cometeu suicídio em 68. Ele foi seguido em rápida sucessão por Galba, Otho e Vitellius. O primeiro e o último foram assassinados; o segundo suicidou-se. Nenhum deles governou por mais de alguns meses. Vespasiano, que ascendeu ao trono no final de 69, foi o quinto imperador romano e "filho de Deus" em dois anos. A dúvida do mito imperial romano tornou-se evidente para muitos. Nesse cenário, Marcos apresentou ao público romano um novo modelo de liderança divina, o verdadeiro "Filho de Deus", com quem realmente começam as boas-novas para o mundo.

O silêncio de Marcos sobre o nascimento de Jesus **(1:1)**: Ao identificar a intersecção de Jesus com João Batista como "o princípio do evangelho de Jesus Cristo", estaria Marcos indicando que as narrativas do nascimento de Mateus e Lucas são irrelevantes ou lendárias? Marcos começa seu Evangelho com uma citação de Is 40 para mostrar que seu foco estará em Jesus, o guerreiro divino que conduzirá seu povo da escravidão e do exílio. É comumente entendido que em suas profecias de restauração do exílio Isaías retrata a restauração como um novo êxodo. Rikki E. Watts mostrou que "para Marcos, a tão esperada vinda de Yahweh como Rei e Guerreiro começou e, com ela, a inauguração do consolo escatológico de Israel" (1997, p. 90). A ação do Evangelho começa no deserto, indicando que o povo de Deus ainda está no exílio, fora da terra prometida e abençoada (cf. Evans 1997, p. 317-18).

Os evangelhos de Mateus e Lucas, por outro lado, começam com as narrativas do nascimento em parte para enfatizar a linhagem davídica de Jesus, que está vindo para o seu povo em cumprimento dessa aliança. Marcos também mostra a linhagem davídica de Jesus (Mc 10:47-48; 11:10;

12:35-37), mas não dá a ênfase que Mateus e Lucas deram. É por isso que Marcos não apresenta uma genealogia ou narrativa de nascimento. Para essa situação e outras que surgirão durante nosso exame do Evangelho de Marcos, é importante observar que o silêncio de um autor sobre um determinado evento ou fato não conta como negação desse evento ou fato.

O Filho de Deus (1:1): Alguns manuscritos antigos omitem as palavras "Filho de Deus". Muitos outros as contêm. Alguns estudiosos acham que as palavras foram adicionadas posteriormente, argumentando que os primeiros escribas cristãos eram mais propensos a adicionar essas palavras do que omiti-las. No entanto, alguns escribas antigos podem ter acidentalmente omitido essas palavras por causa das terminações *ou* (genitivo) para Jesus, Cristo, Filho e Deus. Não é difícil imaginar tal omissão devido ao olho do escriba retornar ao lugar errado, especialmente se essas palavras fossem apresentadas de forma abreviada (como *nomina sacra*, "nomes sagrados"). Dois fatores apoiam fortemente a originalidade das palavras. Primeiro, o paralelo das palavras iniciais de Marcos com a linguagem do culto imperial do imperador divino (com quem "começa" o "evangelho" para o mundo) apoia a inclusão original e intencional de "Filho de Deus" no texto. Em segundo lugar, a confissão culminante do centurião romano no momento da morte de Jesus de que Ele "realmente era o Filho de Deus!" (Mc 15:39) apoia fortemente a originalidade de "Filho de Deus" em Mc 1:1. O evangelista Marcos enfatiza a identidade de Jesus (veja 8:27 "Quem dizem as pessoas que eu sou?") ao longo de sua narrativa. Faz sentido que ele identificasse Jesus completamente — como o Messias e o Filho de Deus — em sua linha de abertura (para argumentos em apoio à originalidade das palavras "Filho de Deus" em Mc 1:1, consulte Boring 2006, p. 30, 32, 250-51; Guelich 1989, p. 6).

Como está escrito no profeta Isaías (1:2): O evangelista Marcos começa sua narrativa com um apelo à Escritura, nesse caso "o profeta Isaías". No entanto, a citação na verdade começa com as palavras de Malaquias: "Eis que envio à tua frente o meu mensageiro, que preparará o teu caminho" (Ml 3:1). A parte de Isaías segue: "Uma voz que clama no deserto: 'Preparai o caminho para o Senhor; endireitai as suas veredas!'" (Is 40:3). Se a citação é um conglomerado de várias passagens do AT, por que Marcos a atribui apenas a Isaías? Alguns críticos assumem que Marcos errou, sem saber que a primeira parte de sua citação realmente não deriva de Isaías. Eles acreditam que é por isso que Mateus e Lucas omitem a parte de Malaquias da citação em suas respectivas citações (Mt 3:3; Lc 3:4-6). No entanto, essas cobranças dificilmente seriam consideradas justas. Na antiguidade tardia, a citação e interpretação judaica das Escrituras frequentemente envolvia a ligação de passagens relacionadas das Escrituras (uma prática conhecida como *gezera shawa*). Watts encontrou outros exemplos de citação de mais de um texto sob o nome de apenas um autor nos Pais da Igreja. Por exemplo, Irineu (*Contra as heresias* 3.20.4) atribui citações de Mq 7:19 e Am 1:2 apenas a Amós, e Justino (*Primeira apologia* ca. 32) atribui citações de Números e Isaías apenas a Isaías (Watts 1997, p. 88). Tanto Malaquias 3 quanto Isaías 40 contêm as palavras "preparar... caminho". Essa linguagem comum une as duas passagens. Mas porque Ml 3 se refere ao "mensageiro" de Deus, é perfeitamente adequado para servir como uma introdução à citação de Is 40. O evangelista deixou claro que João Batista, cuja voz é ouvida no deserto, é de fato o profeta mensageiro de Deus, predito nas Escrituras. Assim, a citação de Marcos aqui não é um exemplo de exegese inconsistente ou descuidada com os fatos. Ele aplica as passagens do AT de acordo com seu sentido original e "prepara o caminho" para que seus leitores compreendam o relato do evangelho. (Veja mais comentários em Mt 3:3.)

Marcos 1:4-8

Batismo de arrependimento para o perdão dos pecados (1:4): A descrição de Marcos sobre o batismo de João não deve ser entendida como significando que o batismo confere perdão. O significado é que aqueles que se arrependem testificam publicamente de seu arrependimento por meio do batismo, que no pensamento judaico provavelmente se relacionava com a pureza ritual. Ao descrever o batismo de João, o apologista e historiador judeu do primeiro século, Josefo, diz essencialmente a mesma coisa. Ele diz que o batismo de João não foi empregado "para obter perdão por quaisquer pecados cometidos (por alguém), mas como uma consagração do corpo, implicando que a alma já estava completamente purificada pelo comportamento correto" (*Antiguidades 18*.117). Embora seja possível que em algum momento de sua vida João tenha tido alguma ligação com os essênios (a seita cujos pergaminhos foram encontrados em Qumran), o João que encontramos nos Evangelhos, que convida o povo judeu a vir a ele e se arrepender, não está associado a esse grupo.

Toda a região da Judeia e todo o povo de Jerusalém (1:5): Devemos entender literalmente "toda a região da Judeia" e "todo o povo de Jerusalém"? Essas expressões são exageros óbvios e teriam sido reconhecidas como tal pelos leitores originais. Palavras como "todos" em grego, hebraico e na maioria dos idiomas são comumente entendidas como tendo várias nuances que nos acostumamos a reconhecer de acordo com o contexto. Expressões como "todos os americanos conhecem o Juramento de Fidelidade" são entendidas como tendo muitas exceções. Por outro lado, entende-se que ao dizer "todas as bolinhas neste saco são pretas" não há exceções. Às vezes, a palavra grega para "todos" (*pas*) era entendida como significando "todos os tipos de".

João usava uma roupa de pelo de camelo com um cinto de couro (1:6): Elias em 2Rs 1:8 vestia-se de forma semelhante. João imitou Elias conscientemente ou Marcos simplesmente inventou esse detalhe para apoiar o tema João-como-Elias? Mc 9:13 é o único versículo em Marcos que sugere uma identidade entre Elias e João Batista. Não há razão para supor que um item da narrativa de Marcos fosse apoiar um tema de João como Elias. Além disso, sendo João Batista tão popular quanto Marcos sugere (e Josefo confirma sua popularidade), fatos como a aparição de João seriam amplamente conhecidos. Finalmente, a ética questionável de inventar fatos para apoiar uma afirmação não se encaixaria nos ensinamentos daquele sobre quem Marcos estava escrevendo, que foi considerado verdadeiro (cf. Mc 12:14).

Mas Ele os batizará com o Espírito Santo (1:8): Marcos estaria colocando palavras na boca de João aqui? Afinal, o batismo no Espírito Santo não ocorreu senão no Pentecostes. Será que João Batista realmente previu esse evento? Falando do tempo da restauração, Ez 36:27 descreve Deus declarando: "Porei dentro de vocês o meu Espírito e farei com que vocês sigam os meus estatutos e observem cuidadosamente as minhas ordenanças". A certa altura de seu ministério, Jesus expressou surpresa por Nicodemos, um "mestre de Israel", não saber sobre essa experiência do novo nascimento (Jo 3:10). Sob essa luz, certamente João Batista, um profeta, saberia dessas profecias. Assim, não é de todo implausível que João tenha feito referência a um batismo vindouro do Espírito Santo.

Marcos 1:9-11

Jesus veio de Nazaré da Galileia e foi batizado por João no Jordão (1:9): Se o batismo de João era "um batismo de arrependimento para remissão dos pecados" (v. 4), por que Jesus, que "não conheceu pecado" (2Co 5:21; Hb 4:15), foi a João para ser batizado? A pergunta não é facilmente respondida. O evangelista Mateus expande a narrativa (Mt 3:14-15) para mostrar que João relutou em batizar Jesus e que Ele insistiu em ser batizado. Era necessário que Jesus endossasse o ministério de João e estabelecesse continuidade com ele. João exortou Israel a se arrepender e "preparar o caminho para o Senhor". Ao submeter-se ao batismo de João, Jesus demonstrou humildade, não orgulhando-se em nada. Isso contrasta fortemente com as tradições apócrifas posteriores que tendem a negar a plena humanidade de Jesus. Por exemplo, em um evangelho apócrifo do segundo século, encontramos um Jesus muito presunçoso: quando seus irmãos disseram que João batizava as pessoas "para o perdão dos pecados", Jesus teria perguntado: "Em que pequei para ir e ser batizado por ele?" (*Evangelho do Nazareno* §2). (Veja comentários adicionais em Mt 3:15 e Lc 3:21.)

Ele viu [...] o Espírito descendo sobre Ele como uma pomba (1:10): A descida do Espírito "como uma pomba" implica que o Espírito era visível para Jesus. Mas não está claro por que se diz que o Espírito apareceu como uma pomba. Na verdade, "como uma pomba" pode indicar apenas a maneira pela qual o Espírito desceu, não sua aparência real (veja comentários em 1:12). Alguns sugerem que a descrição visa lembrar a pomba enviada por Noé depois que as águas do dilúvio começaram a baixar (Gn 8:8-12), mas isso não é convincente. A pomba pode contrastar com a águia romana, que era uma ave de rapina. Como Filho ungido de Deus, Jesus traria paz, não a guerra.

Tu és o meu Filho amado; de ti me agrado! (1:11): Essa declaração separa Jesus de todos os outros e deixa claro que Ele deve ser identificado como o esperado, o "poderoso" de João que batizará "com o Espírito Santo". A abertura dos céus pode muito bem ter sido o momento em que Jesus é apresentado diante de Deus como "alguém semelhante a um filho do homem", descrito em Dn 7:13-14. Isso pode explicar a frequente autorreferência de Jesus como o "Filho de Deus", que na terra tem autoridade para perdoar pecados (veja Mc 2:1-10 e comentários).

***A quem foi dirigida a voz do Senhor?* (1:10-11):** A voz do céu se dirigiu a Jesus ou à multidão? Os paralelos diferem nesse assunto. De acordo com Marcos e Lucas, a voz dirigiu-se a Jesus: "Tu [singular] és o meu Filho amado". Mas em Mateus a voz declara: "Este é o meu Filho amado", no entanto, sem indicação de quem o ouviu. Na verdade, nenhum dos evangelhos indica quem ouviu a voz. Pode ter sido apenas Jesus, ou João Batista, ou todos os presentes. A voz está citando uma combinação do Sl 2:7 ("Tu és meu Filho") e Is 42:1 ("Este é o meu escolhido; deleito-me nele"). O que exatamente a voz disse ou se foi dirigida a um ou a todos é incerto. Os métodos de citação não precisavam ser exatos naquela cultura, tanto quanto usamos hoje a citação indireta. Os pronomes podiam ser alterados para contextualizar uma citação, e nenhum leitor antigo pensaria em acusar um autor de imprecisão por fazê-lo.

***O evento do batismo de Jesus apoia o triteísmo sobre o trinitarianismo?* (1:10-11):** Com o Pai (falando), o Filho (sendo batizado) e o Espírito (descendo na forma de uma pomba), todos presentes e distinguíveis ao mesmo tempo, esse evento sugere que o cristianismo é uma religião triteísta em vez de uma religião trinitária? Devemos reconhecer que o batismo ocorreu durante o estado encarnado de Jesus na terra. Durante esse tempo, a distinção das três pessoas da Trindade era mais aparente. Ainda temos que contar com textos que destacam a unicidade de Deus, como aqueles que identificam Jesus com Yahweh no AT (Mc 1:3), a instrução de Jesus para batizar "em *nome* do Pai e do Filho e do Espírito Santo" (Mt 28:19), e o testemunho de Jesus,

"O Pai e Eu somos um" (Jo 10:30). (Veja mais comentários em Mt 3:16-17.)

MARCOS 1:12-13

Imediatamente o Espírito o impeliu para o deserto (1:12): O Espírito teria impelido Jesus para o deserto enquanto ainda apresentava a forma de uma pomba, de modo que um espectador teria visto uma pomba perseguindo Jesus, levando-o para a desolação? E "impelir" significaria que Jesus resistiu e o Espírito teve que persuadi-lo para que fosse para o deserto? Em primeiro lugar, o texto bíblico não diz que o espírito assumiu a forma de uma pomba. Apenas diz que o Espírito desceu "como uma pomba". O significado é incerto, mas provavelmente significa apenas que havia algo parecido com uma pomba na visão do Espírito descendo sobre Jesus. Uma vez que o Espírito desceu, a semelhança com a pomba provavelmente acabou.

Em segundo lugar, o termo grego empregado aqui, "expulsar" (*ekballein*), é frequentemente usado para descrever a expulsão de demônios (cf. Mc 1:34, 39; 3:15, 22, 23; 6:13; 7:26; 9: 18, 28, 38). Não é surpreendente, portanto, que tanto Mateus (4:1) quanto Lucas (4:1) substituam "expulsar" por formas de "impelir ou guiar". No entanto, o uso de Marcos não indica que Jesus teria resistido. Muito provavelmente, Marcos desejava enfatizar o poder do Espírito. Isto é, quando o Espírito se move, coisas dramáticas acontecem. O uso de Marcos também pode sugerir que a experiência de Jesus no deserto não seria fácil. Além disso, a maioria dos 18 usos de "expulsar" (*ekballō*) em Marcos fala de Jesus expulsando demônios (veja 1:34). Portanto, o uso do verbo em 1:12 pode prenunciar a demonstração posterior do poder de Jesus sobre o reino demoníaco.

Sendo tentado... (1:13): Se o Espírito levou Jesus ao deserto para ser tentado, isso contradiria Tg 1:13? O texto indica claramente que Deus não tentou Jesus no deserto, mas sim Satanás. O propósito de Deus era demonstrar que Jesus estava qualificado para ser o filho messiânico. Era a vontade de Deus que Jesus fosse testado, mas Jesus teria sucesso onde Adão falhou. (Veja mais comentários em Mt 6:13.)

***Os detalhes escassos de Marcos sobre a tentação no deserto* (1:12-13):** Visto que Marcos fornece poucos detalhes sobre a tentação no deserto, de onde Mateus e Lucas — os quais usaram Marcos como fonte primária

— obtiveram seus dados detalhados? Mateus e Lucas tiveram outras fontes além de Marcos, como fica claro pelas muitas passagens encontradas em Mateus e Lucas, mas não em Marcos. Isso incluiria fontes escritas como "Q" (disponível tanto para Mateus quanto para Lucas) e também fontes orais. Visto que Mateus foi uma testemunha ocular e Lucas baseou sua obra na pregação de Paulo, podemos confiar no testemunho deles. (Veja comentários adicionais em Lc 4:1-13.)

***Marcos imitou os temas do AT?* (1:12-13):** A referência a "quarenta dias" lembra uma designação comum na literatura bíblica. Especialmente relevante é o jejum de 40 dias de Elias (1Rs 19:4-8). Os "animais selvagens" podem estar incluídos em uma tipologia Adão-paraíso. Mas também podem fazer parte do pano de fundo do deserto, talvez até mesmo como aliados de Satanás (Ez 34:5, 8, 25; *Testamento de Naftali* 8:4 ["o Diabo fugirá de você; animais selvagens terão medo de você"]; *Testamento de Benjamim* 5:2). O argumento de Marcos pode ter enfatizado os perigos que Jesus enfrentou durante sua permanência no deserto. Jesus encontrou perigos do mundo espiritual e do mundo natural (cf. Daniel na cova dos leões; Dn 6:1-28).

A comida que sustentou Elias foi fornecida por um anjo. Esse é provavelmente o pano de fundo contra o qual devemos entender a declaração de Marcos de que "os anjos começaram a servir" Jesus. Assim, com a assistência angelical — cuja presença acrescenta mais uma corroboração de sua aprovação divina — Jesus sobreviveu às suas tentações naturais e sobrenaturais.

Esses paralelos entre Jesus e Elias não indicam que Marcos tenha criado elementos fictícios para a vida de Jesus. As experiências de Elias podem ter ajudado a moldar como Marcos escolheu narrar a tentação de Jesus, extraindo semelhanças. Pelo desígnio de Deus, as experiências de vida de Jesus mostram que Ele é a recapitulação e o cumprimento dos temas e eventos do antigo Testamento.

Marcos 1:14-15

O reino de Deus está próximo. Arrependam-se e creiam nas boas-novas! (1:15): As "boas-novas" são um conceito emprestado dos romanos? Se, ao contrário, está enraizado no AT, Jesus seria inconsistente com seu significado no AT? "boas-novas" (*euangelion*) no cristianismo primitivo provavelmente derivam de Isaías (Hb. *basar*) e não do uso greco-romano (embora Marcos tenha feito uso dos paralelos; cf. comentários sobre Mc 1:1 há pouco). Is 40, 52 e 61 contribuíram para a substância e maneira da pregação e ensino de Jesus (Mt 11:2-6 = Lc 4:16-30; 7:18-23). Isaías havia prometido as boas-novas do reino de Deus (52:7), que Jesus agora proclama. A "boa notícia", ou evangelho, é que já chegou o prometido e esperado reino de Deus.

O uso de *euangelion* por Marcos é um tanto curioso. Ocorre apenas sete vezes; três vezes no capítulo 1 (v. 1, 14, 15), depois quatro vezes na segunda metade do Evangelho (8:35; 10:29; 13:10; 14:9). Uma oitava ocorrência é encontrada em 16:15, no que é um final secundário posterior (veja comentários sobre 16:9-20 adiante). Todas essas ocorrências parecem refletir a descrição do cristianismo primitivo da essência da mensagem de Jesus e, posteriormente, a essência de sua pregação sobre o próprio Jesus. Mas seria injustificado inferir disso que Jesus não pensou em sua proclamação como constituindo as boas-novas do reino de Deus, conforme prometido em Isaías. O uso de Isaías por Jesus, especialmente 52:7 e 61:1-2, e a coerência com a dicção aramaica, como visto no Targum de Isaías, são fortes indícios de que desde os tempos mais remotos a proclamação do reino (ou reinado) de Deus como "boas-novas" se originaram com Jesus e se tornaram padrão na comunidade cristã. Devemos entender o reino de Deus como uma forma de falar da presença e do reino de Deus, como visto em Lc 11:20, onde Jesus diz: "Se Eu expulso os demônios pelo dedo de Deus, então o reino de Deus chegou até vocês."

Marcos 1:16-20

Mar da Galileia (1:16): O "mar da Galileia" de Marcos é um coloquialismo. Essa porção de água é um lago, não um mar. No entanto, Marcos não está enganado, pois o lago era frequentemente chamado de "mar da Galileia". Lucas fornece o nome tecnicamente correto quando o chama de lago Genesaré (Lc 5:1).

Eu farei com que vocês pesquem pessoas (1:17): A expressão "pescar pessoas" ou "pescadores de pessoas" é uma frase inteligente que inquestionavelmente se originou com Jesus, pois não foi adotada nem usada pelos cristãos na igreja primitiva. Antes de conhecer Jesus, esses homens eram pescadores. Jesus agora os chamou para pescar pessoas, trazendo para o reino de Deus pessoas cujo tempo chegou. Um paralelo da obra fictícia *José e Asenate* é apropriado: "Por sua beleza (de José) ele me pegou, e por sua sabedoria ele me agarrou como um peixe em um anzol, e por seu espírito, como uma isca de vida, ele me enlaçou" (21:21).

Imediatamente eles deixaram suas redes e o seguiram (1:18): Uma das características distintivas de Marcos é o uso repetido de "imediatamente, de uma só vez" (*euthus*). Ele usa a expressão cerca de 40 vezes em oposição a cinco vezes em Mateus, uma vez em Lucas e três vezes em João. Se as preferências pessoais e os estilos literários moldam os relatos do Evangelho, devemos concluir que os fatos da vida de Jesus teriam sido distorcidos pelos evangelistas que tomaram a liberdade de desenvolver seus temas preferidos? Ou mesmo que as liberdades tomadas fossem um tanto circunspectas, isso é compatíveis com a inspiração divina?

Muito cedo, Pais da Igreja como Irineu reconheceram que os quatro Evangelhos, embora diferentes em estilo e conteúdo, também estavam unidos no fato de que todos continham o único evangelho. Eles começaram a falar do "evangelho *segundo* Marcos". Eles também reconheceram que a história de Jesus era grande demais para ser contada de apenas uma perspectiva, que precisava de quatro perspectivas diferentes para transmitir adequadamente a pessoa e a mensagem de Jesus. Mesmo acontecimentos mundanos como eventos esportivos ou políticos são mais bem representados por mais de um relato. A doutrina tradicional da inspiração divina leva em consideração o fato de que Deus usa a personalidade, o caráter, a experiência e o conhecimento de autores individuais de tal forma que os livros bíblicos inspirados variam em estilo e abordagem.

Marcos pode ter desejado impressionar seus leitores com a autoridade de Jesus pelo uso da expressão "imediatamente". Quando Jesus fazia uma convocação, as pessoas reagiam. Pouca ou nenhuma cerimônia era necessária. O mais impressionante é o comentário de que Tiago e João "deixaram seu pai Zebedeu no barco com os empregados e o seguiram" (v. 20). A menção dos "empregados" pode significar que Zebedeu não tinha mais filhos; apenas os trabalhadores pagos permaneceram. Em face dos valores da cultura judaica, onde se esperava que os filhos ajudassem e até apoiassem os pais, a saída de Tiago e João para seguir Jesus poderia parecer uma irresponsabilidade, até mesmo desrespeito. (Tal crítica pode ser insinuada no relato em 10:29-30.) Mas, para Marcos, mais uma vez é mostrada a autoridade de Jesus.

O versículo 18 é um bom exemplo de como a preferência de Marcos pelo tema do "imediatismo" corre o risco de dar aos leitores uma impressão errada se eles o lerem isoladamente dos outros Evangelhos. O relato de Marcos diz que Pedro largou tudo e seguiu Jesus desde o primeiro momento em que o conheceu, mas Jo 1:35-42 (e possivelmente Lc 5:1-11) indica que um processo mais longo estava envolvido e que Pedro e Jesus não estariam se encontrando pela primeira vez nesse episódio. Isso não põe em questão a confiabilidade de Marcos. No Evangelho de Marcos, a palavra grega *euthus* é um advérbio ("rapidamente", "prontamente", "assim que", "de uma vez só" e às vezes "imediatamente"), mas quando precedida por *kai* ("e") pode ser um advérbio ou uma conjunção ("então") (Decker 1997, p. 90-120). De acordo com R. T. France, seu uso em 1:18 "pode ter a intenção de sublinhar o imediatismo da resposta dos novos discípulos, mas seria insensato basear-se demais nessa característica, considerando que no v. 20 a mesma frase introduz o chamado de Jesus em vez em vez do fato de os discípulos terem começado a segui-lo ; seu papel é mais para manter a história com vigor do que para comentar sobre a natureza específica da resposta deles" (2002, p. 97).

Nada no relato de Marcos nega que Simão Pedro e André tivessem conhecido Jesus anteriormente (Jo 1:42). Ele dá uma impressão de imediatismo para enfatizar a autoridade de Jesus, e também é possível que o evangelista tenha reunido dois eventos em um só. Quanto a Lc 5:1-11, muitos estudiosos o consideram um relato paralelo, mas há variações suficientes para que outros concluam que ele registra um evento separado.

Marcos 1:21-28

Eles chegaram a Cafarnaum, e imediatamente Ele entrou na sinagoga no sábado e começou a ensinar (1:21): Foi afirmado que na época de Jesus não havia edifícios de sinagoga com essa finalidade, e que esses edifícios não se materializaram até depois da destruição do templo em Jerusalém em 70 d.C. Se essa afirmação negativa fosse verdadeira, então os evangelhos, o livro de Atos e os escritos de Josefo seriam todos anacrônicos ao falar de sinagogas anteriores ao ano 70. Como se vê, há evidências arqueológicas de várias sinagogas antes do ano 70 na terra de Israel (veja Evans 2012a, p. 38-62, 158-62).

Esse versículo sugere que era costume de Jesus entrar em uma cidade e ensinar na sinagoga (cf. Lc 4:15-16). A referência à propagação de sua fama "por toda a região da Galileia" (v. 28) e a ausência de oposição declarada, pelo menos nesse ponto da narrativa de Marcos, sugerem que Jesus ensinava livremente na sinagoga de Cafarnaum (cujas fundações de basalto são provavelmente aquelas agora expostas sob as ruínas maiores da sinagoga de calcário do terceiro ou quarto século que fica acima) e talvez em outras sinagogas da Galileia. Sobre a possibilidade de que as fundações de basalto abaixo da sinagoga de calcário pertençam à sinagoga na qual Jesus ministrou, veja Shanks and Strange 1983, p. 24-31.

Eles ficaram surpresos com seu ensino porque, ao contrário dos escribas, Ele os ensinava como alguém que tem autoridade (1:22): Personalidades poderosas frequentemente reúnem uma multidão de seguidores. Se os fiéis na sinagoga de Cafarnaum ficaram maravilhados com o porte influente de Jesus, será que seu sucesso se deveu ao fato de Ele ter muito carisma pessoal e confiança? Embora Jesus provavelmente tivesse uma personalidade influente com carisma e confiança, Ele também tinha muito mais do que isso. Ao contrário dos escribas, Ele possuía autoridade e poder sobre o reino espiritual e o reino das enfermidades. Ele era capaz de apoiar seus ensinamentos e reivindicações com alguma ação sobrenatural.

A autoridade dos escribas nem se compara à autoridade de Jesus. Por "ensinar" Marcos quer dizer praticar atos de poder, bem como o ensino verbal. As duas facetas andavam juntas, como vemos na história do exorcismo. Jesus falava a palavra e a ação era feita. Não surpreendentemente, a multidão ficava maravilhada com a autoridade de Jesus (*exousia*). Ao contrário de outros exorcistas que expulsavam demônios por meio de encantamentos e bobagens (e.g., Josefo, *Antiguidades* 8.46-49), Jesus falava e o espírito maligno obedecia. Para Marcos, esse é o ponto principal da história. Reconhecido por Deus e capacitado pelo Espírito, Jesus possuía autoridade em uma ordem nunca antes testemunhada. Ele estava autorizado a proclamar as boas-novas do reino (1:14-15), chamar seguidores (1:16-20) e guerrear contra Satanás (1:21-28). O poder de Jesus era tal que as pessoas começavam a invocar seu nome (9:38-40).

Sei quem tu és — o Santo de Deus! (1:24): A exclamação "Sei quem tu és" provavelmente deve ser entendida como a tentativa do espírito de obter o controle ou afastar Jesus. O espírito sabe que Ele é Jesus de Nazaré e tem consciência de que Ele é o "Santo de Deus". Esse conhecimento não veio por onisciência, algo que falta a Satanás e aos demônios como seres criados. Talvez sua observação da santidade de Jesus os tenha alertado sobre sua identidade. Na antiguidade, acreditava-se que possuir o nome de alguém era uma vantagem. Nas relações sobrenaturais, saber o nome era necessário para manipular um espírito ou deus. Jesus, porém, repreende o espírito, manda-o calar-se e o expulsa. Uma inscrição no Egito, datada do século 6 a.C., mostra um demônio, por meio de suas hostes, falando ao exorcista: "Tu vens em paz, grande Deus, destruidor dos malignos... eu sou teu servo; eu partirei para a terra de onde vim..." (Bentresch Stele).

Cala-te e sai dele! (1:25): A ordem de Jesus encontra um paralelo exato nos papiros relacionados com exorcismos (e.g., PGM IV.3013; veja Deissmann 1927, p. 256). Josefo (*Antiguidades* 8.46-49) e outros autores da Antiguidade descrevem as atividades de vários exorcistas (e.g., Philostratus, *Vita Apollonius* 4.20). O Gênesis apócrifo de Qumran descreve Abraão impondo as mãos sobre a cabeça do Faraó, resultando na remoção de um espírito maligno (1QapGen 20:28-29). Luciano de Samósata (século 2 d.C.) relata o que lhe foi dito quando o exorcista interroga o possuído: "O próprio enfermo fica em silêncio, mas o espírito responde em grego ou na língua de qualquer país estrangeiro de onde vem, contando como e por onde ele entrou no homem; pelo que, esconjurando o espírito e se este não obedecer, ameaçando-o, expulsa-o. Na verdade, eu realmente o vi saindo, preto e de cor esfumaçada "(*O amante das mentiras* 16).

Marcos 1:29-31

A casa de Simão e André (1:29): A casa de Simão e André em Cafarnaum pode ter sido identificada. As fundações e o piso de uma casa do século 1, construída em pedra negra de basalto vulcânico, foram descobertas. As escavações e o estudo indicam que essa habitação privada foi convertida em casa de reunião pública (com paredes interiores rebocadas e inserção de vários candeeiros, todos destinados a aumentar a iluminação interior). Posteriormente, esse local de reunião pública foi expandido para uma igreja octogonal, completa, com batistério (veja Shanks e Strange, 1982: 26-37).

A febre a deixou e ela começou a servi-los (1:31): Os leitores modernos provavelmente não entenderão o significado dessa cura. Em uma tradição rabínica, curar alguém com febre era considerado um milagre maior (porque seria enviado do céu) do que o milagre dos três homens que sobreviveram à provação da fornalha (porque o fogo havia sido feito pelo homem): "quem pode extinguir" uma febre? (*b. Nedarim* 41a). A versão de Lucas, "Ele... repreendeu a febre" (Lc 4:39), poderia implicar que se pensava que a febre era de origem demoníaca. Portanto, a cura da sogra de Simão pode ter sido vista tanto como um exorcismo quanto como uma cura.

***Cronologia das curas* (1:29-34, 40-45):** Marcos e Mateus apresentam esses eventos em ordem diferente. Os Evangelhos podem ser confiáveis mesmo que apresentem dados cronológicos conflitantes? Na verdade, os evangelhos não apresentam uma ordem *cronológica* diferente, porque não há marcadores cronológicos. Eles estão apenas apresentando eventos em uma ordem diversa por causa de seus diferentes temas e abordagens. A cronologia raramente é uma questão genuína nos Evangelhos. Quando se torna um problema, é notada por referências ao tempo ou por advérbios temporais como "antes" e "depois". (Veja mais comentários em Mt 8:1-4.)

Marcos 1:32-34

Todos os que eram enfermos e endemoninhados (1:32): A possessão demoníaca é relatada em todos os Evangelhos Essa condição era mais comum nos dias de Jesus ou simplesmente as pessoas em uma era pré-científica a superestimavam? O Evangelho de Marcos dá atenção especial ao tema de Jesus como o guerreiro divino que veio para destruir o reino demoníaco e libertar seu povo em um novo êxodo. De acordo com Longman e Reid, a chave para o significado dos exorcismos de Jesus pode ser encontrada em suas palavras em Mt 12:28: "Se eu expulso demônios pelo Espírito de Deus, então o reino de Deus chegou a vocês" (1995, p. 107). O judaísmo reconheceu que por trás dos inimigos físicos de Israel estavam os espíritos malignos representados pelos ídolos das nações (11QMelch 4-6; *1Enoque* 54:4-5; TDan 5:10-13). Nesse caso, não deveria ser surpreendente se houvesse mais atividade demoníaca do que o normal durante a vida de Jesus na terra. Muito estava em jogo no reino espiritual durante o ministério terreno de Jesus e, portanto, a oposição a Jesus era frenética. Por fim, deve-se afirmar que a atividade demoníaca provavelmente é mais difundida até hoje do que comumente se imagina. Temos paradigmas não espirituais nos quais encaixamos muitas de nossas experiências modernas, e talvez um resultado disso seja que identificamos erroneamente as principais realidades.

Ele não permitia que os demônios falassem, porque eles o conheciam (1:34): Por que Jesus estava tão preocupado em silenciar as confissões demoníacas e humanas de sua identidade (veja também 1:25; 1:44)? Não devemos supor que Jesus estivesse tentando manter sua identidade em segredo; em vez disso, devemos entender que Jesus não dá trégua aos espíritos malignos. Ele não discute nem barganha com eles. Com efeito, Jesus está ordenando-lhes: "Calem-se e saiam!" A ordem de "não dizer nada a ninguém" (1:44) no contexto pode significar que o homem curado não deveria alegar que foi purificado até que fosse oficialmente declarado limpo por um sacerdote. Também pode ser outra tentativa de Jesus para reprimir a publicidade contraproducente. O fato de evitar esse tipo de publicidade é vista em sua posterior recusa em realizar ou produzir um sinal, em resposta às exigências de alguns fariseus (veja comentários em 8:11-12). Talvez Jo 2:4; 6:15; e 7:3-6 também ajudem a responder à pergunta, sugerindo que Jesus evitou que outros decidissem seu tempo, métodos e mensagem. Apesar de tais injunções de silêncio, a fama de Jesus se espalha por toda parte e, de acordo com 1:45, "de modo que Jesus não podia mais entrar abertamente em uma cidade". Podemos supor, a partir de nosso conhecimento de Jesus, que Ele previu o fracasso de suas ordens de silêncio.

Marcos 1:40-45

Uma doença de pele grave (1:40): O estigma associado à lepra era bem conhecido e frequentemente visto como um julgamento de Deus (e.g., Nm 12:10; 2Rs 5:27; 15:5; 2Cr 26:19; mas também em fontes não bíblicas, e.g., Heródoto, *Histories* 1.138: "O cidadão que tem lepra ou a doença branca não pode entrar em uma cidade ou se associar com outros persas. Eles dizem que ele está tão aflito porque pecou de alguma forma contra o sol"). Muitas doenças de pele eram chamadas de "lepra" no final da Antiguidade. Tem sido alegado que a verdadeira lepra (doença de Hansen) não existia em Israel nos dias de Jesus, mas evidências arqueológicas recentes mostraram o contrário (veja Gibson 2009, p. 145-147; Evans 2012, p. 110).

Movido de compaixão (1:41): A maioria dos manuscritos diz "movido pela compaixão" (*splagchnistheis*), mas alguns descrevem que Ele "ficou irado" (*orgistheis*). Se a segunda leitura for aceita (Guelich 1989, p. 72-72, entre outros, pensa que é a leitura original), então devemos perguntar o que significa essa ira. Jesus estaria zangado por causa da impertinência do leproso, um homem que deveria manter a distância? Provavelmente não, pois isso entraria em conflito com a disposição de Jesus de tocar o leproso e curá-lo. Uma explicação melhor é que Jesus foi movido à ira por mais um exemplo de sofrimento humano. Irritado com a condição lamentável do homem e com o afastamento da adoração de Israel que essa condição acarretava, Jesus tocou o homem e o curou.

Marcos 2:1-12

Quando Jesus entrou em Cafarnaum [...] foi noticiado que Ele estava em casa (2:1): De quem era essa casa? Jesus cresceu em Nazaré, vários quilômetros a sudoeste. Mas Nazaré parece não ter sido sua base de operações (veja comentários em 6:1-6a). A casa (ou sede) de Jesus evidentemente ficava em Cafarnaum, mas não se pode determinar se era sua casa ou a casa de um de seus seguidores. Devido ao ministério itinerante de Jesus, a casa provavelmente não era dele.

Filho, os seus pecados estão perdoados (2:5): Alguns escribas (Lc 5:21 acrescenta "os fariseus") consideraram as palavras de Jesus como "blasfêmia". Eles raciocinavam: "Quem pode perdoar pecados senão somente Deus?" (v. 7). Por que os escribas pensaram isso? Para responder à essa questão, devemos perguntar em que sentido Jesus perdoou os pecados desse homem. Seu pronunciamento seria um exemplo de passividade divina? Se assim fosse, Jesus estaria dizendo: "Seus pecados estão perdoados (por Deus)". Mas, nesse caso, os escribas deveriam estar acusando Jesus de presunção, por assumir prerrogativas sacerdotais (e. g., "Quem esse homem pensa que é — um sacerdote?"). O pronunciamento de Jesus foi baseado em sua própria autoridade, caso em que os pensamentos de blasfêmia dos escribas fazem mais sentido. A segunda opção seria a resposta correta, o que é sugerido pelo versículo 10, onde Jesus disse "o Filho do Homem tem autoridade na terra para perdoar pecados". A autodesignação "Filho do Homem" e o qualificador "na terra" apontam para Dn 7, onde um humano ("alguém como um filho do homem"), vindo com as nuvens do céu, se aproxima de Deus (o "Ancião de Dias") e recebe autoridade (Dn 7:9-14). As "nuvens do céu" são antitéticas a "na terra", com as últimas pressupondo as primeiras. Ou seja, porque o "Filho do Homem" recebe autoridade do céu, Ele possui autoridade na terra, entre outras coisas, para perdoar pecados.

Apenas duas vezes em Marcos Jesus é acusado de blasfêmia, e nas duas vezes Jesus se identifica como o "Filho do Homem". A outra passagem é encontrada na audiência perante Caifás, o Sumo Sacerdote. Jesus declara que Ele é o "Filho do Homem" que estará "sentado à direita do Poderoso e vindo com as nuvens do céu" (14:62). Caifás reage com horror e chama a declaração de blasfêmia (14:64; veja comentários em 14:53-65). Como o ser humano descrito em Dn 7, o ser humano a quem a autoridade divina é concedida, Jesus tem autoridade para perdoar pecados ou, no caso de alguém como Caifás, Ele tem autoridade para julgar. Jesus não afirmou explicitamente ser Deus aqui (se o tivesse feito, os escribas teriam reagido com muito mais violência); Ele afirmou ser o vice-regente de Deus na terra, proclamando o governo de Deus e oferecendo perdão àqueles que respondem com fé à proclamação.

Ele está blasfemando! Quem pode perdoar pecados senão somente Deus? (2:7): O fato de que os escribas acreditavam que somente Deus poderia perdoar pecados é uma indicação indireta de que eles não esperavam que o Messias fosse divino. Isso levanta a questão das expectativas messiânicas. Existe alguma evidência de que os judeus antes da era de Jesus esperavam que o Messias fosse divino? Se não (ou se os judeus estavam divididos sobre isso), o AT não estava claro sobre a divindade do Messias?

Como aponta R. T. France, "A Mishná tem uma definição muito rígida de blasfêmia, como a pronúncia real do nome divino (*m. Sanh.* 7:5), e claramente Jesus não fez isso, mas é claro que no período que precedeu o ano 70, o termo foi usado de forma mais ampla... Pretender fazer o que só Deus poderia fazer e constituir-se como porta-voz de Deus ao declarar os pecados perdoados era infringir a prerrogativa divina" (cf. Jo 10:33) (França 2002, p. 126).

Quanto a saber se os judeus esperavam um messias divino, a resposta breve é, provavelmente, não. Os Manuscritos do Mar Morto mostram evidências de dois messias esperados: um rei real davídico que expulsaria os inimigos de Israel e os derrotaria, e um sumo sacerdote justo e ungido que purificaria o templo e instituiria reformas de culto de acordo com as Escrituras. Não se esperava que nenhum deles fosse divino. E o tipo de messias esperado em Qumran não é muito diferente daquele esperado pelos judeus em outros lugares (Evans 2003b, p. 85-101). É significativo que um dos principais rabinos, Aqiba, tenha chamado o revolucionário Bar Kokhba (revolta em 132-136 d.C.) de messias. Era claro o ensino do AT sobre o messias ser divino? Não, não era. O NT é claro (Jo 1:1; 8:58; 10:30), mas não há nenhuma passagem do AT cuja interpretação *exija* a divindade do messias (com a possível exceção de Is 9:6-7). Portanto, não é surpreendente que o judaísmo do Segundo Templo não esperasse um messias divino.

O que é mais fácil dizer ao paralítico: "os seus pecados estão perdoados", ou dizer: "levante-se, apanhe a sua maca e ande"? (2:9): Para defender sua afirmação de que Ele realmente possuía autoridade divina para perdoar pecados, Jesus fez uma pergunta interessante a seus críticos. A palavra de cura é mais difícil, porque pode ser verificada empiricamente; a palavra de perdão é mais fácil, porque não pode ser verificada claramente. Portanto, para provar que Ele realmente poderia fazer o mais fácil (perdoar os pecados do homem), Ele fez o mais difícil (curou a paralisia do homem). Jesus ordenou ao paralítico que se levantasse, pegasse sua maca e fosse para casa (v. 11).

Filho do Homem (2:10): Embora seja comumente assumido que "filho do homem" era um termo técnico referindo-se a algum tipo de figura apocalíptica messiânica, esse não é o caso nem nos Evangelhos nem na literatura judaica primitiva. O termo era genérico para "homem" ou "humanidade". Embora no Evangelho de João a expressão seja usada para a encarnação do Logos divino, não há evidências de que "filho do homem" seja usado como um título messiânico ou apocalíptico para Jesus em Marcos. "No máximo, 'filho do homem' é entendido como uma referência específica a Jesus" (Evans 2000, lxxv).

Mas e quanto a Dn 7:13-14? Isso garante uma referência divina para o Filho do Homem? Algumas das declarações do "filho do homem" feitas por Jesus envolvem a identificação com o personagem em Dn 7, embora o termo ainda seja genérico em vez de ser um título. Há alguma leve evidência de que alguns círculos judaicos (pelo menos no primeiro século a.C.) consideravam o filho do homem em Dn 7:13-14 como o Messias, embora a evidência esteja longe de ser certa. Mas, como afirmado anteriormente, o filho do homem em Dn 7 não é apresentado como Deus, mas como o vice-regente de Deus.

Marcos 2:13-17

Levi, filho de Alfeu (2:14): Enquanto Marcos e Lucas (5:27ss) usam o nome "Levi", Mt 9:9-13 e 10:3 usam "Mateus". Qual deles é o correto? Pode ser os dois? Levi, filho de Alfeu, é quase certamente a mesma pessoa que "Mateus". Não era incomum as pessoas terem dois nomes. Simão Pedro é o exemplo mais conhecido entre os discípulos. (Veja mais comentários em Mt 9:9 e Lc 5:27.)

Por que Ele come com cobradores de impostos e pecadores? (2:16): Os críticos dizem que versículos como Pv 13:20 justificam o ponto de vista dos fariseus e que Jesus estava errado. Em tempos posteriores, 1Co 15:33 disse: "As más companhias corrompem a boa moral". Jesus estava vivendo o contrário dessa afirmação? Os cobradores de impostos e os pecadores eram considerados pessoas não observadoras da Torá. Eles falhavam em cumprir os mandamentos escritos de Moisés ou em observar muitas das tradições orais que eram importantes para os escribas farisaicos. O reconhecimento por Marcos de que Jesus se associava com "cobradores de impostos e pecadores" atesta a franqueza dos relatos do Evangelho A tentativa teria sido retratar Jesus na companhia de pessoas importantes, célebres, reconhecidas. Embora os críticos do cristianismo primitivo reclamassem que, por Jesus se associar com os humildes, Ele não deveria ser altamente considerado, os evangelistas, no entanto, recontaram a história com veracidade.

Os escribas e fariseus se opunham a que Jesus comesse com judeus não observadores da Torá, porque, como mestre religioso, era esperado que Jesus evitasse a impureza ritual. Ao comer com pessoas não observadoras dos rituais, Jesus corria o risco de comer alimentos que não cumpriam os requisitos das leis alimentares (especialmente como entendiam os fariseus) e de entrar em contato com pessoas impuras (e.g., mãos lavadas incorretamente e outros aspectos da impureza). Se Jesus realmente fosse o arauto do reino de Deus que se aproximava, então deveríamos esperar que seus padrões de pureza fossem exemplares. Por que então Ele comeu com essas pessoas?

Os fariseus estavam preocupados com as leis alimentares e outras leis de pureza, que Jesus não honrou. Comportamento imoral provavelmente não era um problema. Além disso, o argumento de Pv 13:20 é que não é sábio colocar-se sob a tutela de tolos. E o contexto de 1Co 15:33 é a negação da ressurreição. Como Fee explica, o ponto de visa nesse caso é provavelmente que "conversas malignas como aquelas que negam a ressurreição dos mortos só podem ter um efeito corruptor em seu bom caráter" (Fee 1987, p. 773). Jesus não estava no papel de discípulo, mas de mestre do evangelho. Além disso, Paulo reconhece que a associação com "os imorais deste mundo ou os gananciosos e vigaristas ou idólatras" é inevitável para as pessoas que vivem no mundo (1Co 5:10).

Eu não vim chamar os justos, mas os pecadores (2:17): Quem são "os justos" aqui, pois não diz a Escritura que ninguém é justo (Mc 10:18; Rm 3:10)? É importante notar que Jesus considera essas pessoas como pecadoras. Ele não considera o pecado delas levianamente. Ele convoca os pecadores ao arrependimento e adverte os judeus observadores da Torá a apreciarem sua missão. Várias pessoas nas Escrituras são referidas como "justas" em algum sentido: Noé (Gn 6:9), Abraão (pela fé; Gn 15:6), Jó (tendo "perfeita integridade, o qual temia a Deus e se desviava do mal"; Jó 1:1), e Zacarias e sua esposa ("justos aos olhos de Deus, vivendo irrepreensivelmente segundo todos os mandamentos e preceitos do Senhor"; Lc 1:6). Significava que eram pessoas de fé que seguiam os mandamentos de Deus e, quando falhavam, arrependiam-se e traziam os sacrifícios apropriados. Mas eles não eram justos em um senso absoluto de que não tinham pecado. Somente Deus é perfeitamente justo.

Marcos 2:18-20

Por que os discípulos de João e os discípulos dos fariseus jejuam, mas os teus discípulos não jejuam? (2:18): As pessoas perguntaram por que os discípulos de Jesus não jejuavam (um sinal de fervor religioso, humildade espiritual e preparação para o trabalho religioso), quando os discípulos de João e os discípulos dos fariseus jejuavam. A questão não era necessariamente crítica. A falta de jejum era vista como excepcional e precisava de explicação. Afinal, se Jesus comia e bebia regularmente, às vezes com cobradores de impostos e pecadores, e aparentemente nunca jejuava (pelo menos não desde as tentações no deserto), alguém poderia concluir que Jesus não levava muito a sério a condição pecaminosa da humanidade e que Ele percebia não haver razão para se lamentar na presença de Deus.

Jesus fornece a explicação no versículo 19: "Os convidados do casamento não podem jejuar enquanto o noivo está com eles". Sua presença é motivo de comemoração. A autoidentificação implícita de Jesus como o "noivo" é coerente com sua autoidentificação anterior e posterior como o "filho do homem" de Dn 7. Enquanto Ele está presente, anunciando as boas-novas do reino de Deus e estendendo o perdão e a salvação para

Israel, não pode haver luto. Quando Ele sofrer e for tirado de seus discípulos, haverá luto e jejum.

Marcos 2:23-28

Olhe, por que eles estão fazendo o que não é lícito no sábado? (2:24): A acusação de que eles estavam fazendo algo não permitido no sábado não tinha nada a ver com roubo, pois esse tipo de coleta era permitido na Lei (Dt 23:25). A acusação se relacionava com a "colheita", isto é, trabalhar no sábado (Êx 20:10; 34:21; Dt 5:14), pelo menos de acordo com a tradição oral (e.g., *m. Shabbat* 7:2; CD 10:14-11:18). Jesus rebateu a crítica com um exemplo de Davi (v. 25), em um momento de privação de direitos e dificuldades. Ele e seus homens entraram na casa de Deus e comeram o pão da Presença (1Sm 21:1-6), que era reservado aos sacerdotes (Lv 24:5-9). A lógica da resposta de Jesus sugere que os fariseus não poderiam criticar seus discípulos que respigaram e comeram no sábado, assim como não poderiam criticar Davi e seus homens que comeram o pão consagrado da Presença.

Na época do sumo sacerdote Abiatar (2:26): Mencionar Abiatar, em vez de Aimeleque, como o "sumo sacerdote" quando Davi e seus homens receberam o pão sagrado é problemático. De acordo com 1Sm 21:1-6, Aimeleque, e não Abiatar, era o sacerdote quando Davi se aproximou. Essa discrepância levou alguns estudiosos a concluir que o próprio Jesus estava errado ou que Marcos (ou suas fontes) estavam enganados. Tanto Mateus quanto Lucas omitem a referência a Abiatar (veja Mt 12:3-4; Lc 6:3-4). Com toda a probabilidade havia duas tradições em relação às figuras sacerdotais Aimeleque e Abiatar. A tradição principal narra Abiatar como filho de Aimeleque. Assim, este último é o sacerdote que deu o pão a Davi e a seus homens. Essa é a tradição de 1Sm 21-22. Mas há também uma tradição menor, na qual Aimeleque (ou Abimeleque em alguns manuscritos) é mencionado como sendo o filho de Abiatar, que sobreviveu e serviu a Davi ao lado de Zadoque (2Sm 8:17; 1Cr 18:16; 24:3-31; compare 1Rs 4:4, onde é Abiatar quem serve ao lado de Zadoque; veja também 4Q245 frag. 1, col. i, linha 7). Mc 2:26 segue a tradição menor (veja Bock 2005, p. 423-424, para uma explicação alternativa).

O sábado foi feito para o homem e não o homem para o sábado (2:27): Os fariseus pareciam pensar que a lei do sábado era uma restrição sem graça e não um meio de lhes dar descanso. A revelação do AT leva mais naturalmente à interpretação de Jesus ou à dada pelos fariseus? Jesus contesta seus críticos com um apelo à criação (Gn 2:1-3; Êx 31:12-17). O sábado foi reconhecido no AT como um dia de descanso e refrigério, não como um fardo ou tempo de negação. Um paralelo notável com a declaração de Jesus aparece em um midrash rabínico antigo: "O sábado é entregue a você, não você ao sábado" (*Mekilta* em Êx 31:13). Jesus pode ter feito alusão a uma interpretação semelhante, ou talvez o midrash ecoe as palavras de Jesus. (Para outros paralelos judaicos, veja 2Macabeus 5:19: "O Senhor não escolheu a nação por causa do lugar santo, mas o lugar por causa da nação"; *2Baruque* 14:17: "O homem... não foi criado para o mundo, mas o mundo para ele.")

MARCOS 3:7-12

***A existência de Tiro nos dias de Jesus é problemática?* (3:8):** Ez 26—28 diz que Tiro seria completamente destruída e que as pessoas que a procurassem não a encontrariam. Mc 3:8 (e Mt 15:21) indicaria que a profecia de Ezequiel falhou? A antiga Tiro tinha duas partes, uma no continente e outra em uma ilha rochosa a quase um quilômetro da costa. Era um grande centro de comércio no Mediterrâneo oriental. Os assírios derrotaram a Tiro continental em 722 a.C., após um cerco de cinco anos. Mas mesmo depois de outros 13 anos (587-572 a.C.), Nabucodonosor ainda não havia conseguido conquistar a fortaleza ao largo do mar. Alexandre, o Grande, finalmente conquistou e destruiu a fortaleza em 332 a.C., construindo uma passagem para a ilha. Hoje Tiro nada mais é do que uma vila de pescadores, embora os romanos a tenham reconstruído com seu tamanho e influência originais. Muito pouco trabalho arqueológico tem sido feito lá. (Veja mais comentários em Mt 15:21.)

Ele os advertia fortemente para não torná-lo conhecido (3:12): Como antes, Jesus ordenou aos espíritos malignos "que não o tornem conhecido" (1:25, 34). Por que essas ordens para silenciar? Devido ao contexto, onde Jesus fazia um grande esforço para controlar a multidão e evitar ser esmagado, seu silenciamento dos espíritos malignos deve ser entendido como mais uma tentativa de amordaçar a publicidade indesejada (e não tanto para manter sua identidade messiânica e divina como um segredo até a sua ressurreição). Jesus também silenciou os espíritos que gritavam porque o reconhecimento deles poderia ser ameaçador.

Marcos 3:13-19

***A nomeação dos Doze* (3:16-19):** A nomeação dos "doze" apóstolos é certamente histórica, pois em todas as listas aparece o nome "Judas Iscariotes", que dificilmente é o que a imaginação piedosa levaria Marcos ou outros evangelistas a incluir. A traição de Judas a Jesus foi um embaraço para a igreja e era frequentemente mencionada pelos primeiros críticos da igreja. Se a ideia de "doze" discípulos/apóstolos foi uma invenção, por que incluir Judas na lista?

Existem várias diferenças notáveis entre as listas dos Doze. Isso porque alguns dos discípulos tinham mais de um nome. É também porque um ou dois dos discípulos podem ter desistido durante o ministério e foram substituídos por outros. O versículo 18 lista "Bartolomeu" (do aramaico, que significa "filho de Tolmai"). Nada se sabe sobre ele, e seu nome aparece nas listas sinóticas apostólicas (Mt 10:3; Mc 3:18; Lc 14; At 1:13), mas não na de João. Alguns sugeriram que ele é o Natanael de Jo 1:45-46. Köstenberger argumenta que "uma vez que o nome 'Natanael' não é mencionado nos Sinóticos, é provável que esse fosse o nome pessoal de Bartolomeu... que está ligado a Filipe em todas as três listas apostólicas sinóticas... ainda que não seja mencionado no Evangelho de João... Como 'Bartolomeu' era um patronímico, é muito plausível que esse homem também fosse conhecido por outro nome" (2004, p. 79-80).

"Mateus" provavelmente deve ser identificado com Levi, cujo chamado foi relatado em Mc 2:14 (Mt 9:9). Além do chamado em si, nada se sabe sobre essa pessoa. A igreja primitiva sustentava que ele era o autor do

Evangelho de Mateus, e deve ter tido bons motivos para fazer essa atribuição, já que ele não era uma figura muito conhecida. Sobre "Tadeu" (v. 18), veja o comentário sobre Mt 10:2. (Veja mais comentários em Mt 10:2-4 e Lc 6:12-16.)

MARCOS 3:20-35

Ele está fora de si (3:21): Por que a própria família de Jesus diria isso dele? Em particular, como Maria poderia duvidar de Jesus depois de experimentar todas as revelações e eventos envolvendo sua concepção, nascimento e primeiros anos? Às vezes, eram feitas acusações de loucura contra profetas, exorcistas e curandeiros. Uma das Sibilas reclama de ser chamada de "mentirosa maluca", mas ela sabe que será justificada quando suas palavras acontecerem (*Oráculos sibilinos* 3:811-818). Pensava-se que muito aprendizado poderia levar à loucura (At 26:24: "Muito estudo está te deixando louco!"; Alcifrão, *Cartas de Cortesãs*, "Tais para Eutidemo" 1.34.1-2: "... desde que você colocou na cabeça estudar filosofia, você assumiu ares... Você enlouqueceu...").

Cranfield sugere que a suposição de que Jesus estava "fora de si" (*exestē*) pode ter sido um exagero. Mas ele explica que a intenção da família de colocar Jesus sob seu controle "indica pelo menos um profundo mal-entendido por parte deles e é uma evidência notável desse 'ocultismo' ou 'velamento' do Messias... Não é necessário, é claro, supor que a suspeita sombria refletida na palavra [*exestē*] deva ter se originado na mente de Maria; mas pelo menos está implícito que sua fé em Jesus não era forte o suficiente para resistir à determinação de seus filhos" (1959, p. 134-135). Apesar das revelações especiais que Maria recebeu a respeito de seu filho, a vida de Jesus não estava saindo como ela esperava e isso a deixou confusa e triste.

Ele tem Belzebu dentro dele [...] Ele expulsa demônios pelo governante dos demônios! (3:22): Belzebu refere-se à divindade cananeia, a quem os israelitas chamavam ironicamente de "Senhor das Moscas". A literatura rabínica primitiva (70-200 d.C.) reflete o mesmo tipo de acusação em relação aos poderes de Jesus: "Na véspera da Páscoa, Yeshu [Jesus] foi enforcado. E um anunciante saiu na frente dele por quatorze dias [dizendo]: 'Ele será apedrejado, porque praticou feitiçaria e desviou Israel!'" (*b. Sanhedrin* 43a, pc. 107b; *b. Sota* 47a; *t. Shabbat* 11:15; cf. Justino *Diálogo com Trifão* 69:7). A fonte rabínica fornece importante confirmação de uma origem adversa de que Jesus foi lembrado como um operador de milagres.

Alguns escribas eram exorcistas, ou pelo menos tentavam ser. Como escribas, eles às vezes possuíam encantos e encantamentos destinados a expulsar os maus espíritos. É por isso que os escribas "de Jerusalém" (a capital do aprendizado judaico e da prática religiosa) vieram à Galileia para examinar Jesus.

***O pecado imperdoável* (3:28-29):** Jesus levava mais a sério aqueles que blasfemam contra o Espírito? E ensinaria essa passagem que todas as pessoas serão salvas, desde que não blasfemem contra o Espírito Santo? De acordo com o contexto, a blasfêmia contra o Espírito Santo equivale a atribuir a Satanás o que o Espírito Santo faz. A suposição subjacente é que Jesus realizava seus milagres pelo poder do Espírito. Portanto, a blasfêmia contra o Espírito envolvia a rejeição de Jesus como filho/servo de Deus. Lane generaliza que "a blasfêmia é uma expressão de hostilidade desafiadora para com Deus" (1974, p. 145). Sobre a declaração de Jesus de que "as pessoas serão perdoadas por todos os pecados e quaisquer blasfêmias que possam blasfemar", France diz que isso "não é um ditado autônomo com validade própria, mas o contraste para a declaração negativa que se segue" (2002, p. 176). O ponto a ser considerado é que um tipo de pecado/blasfêmia é imperdoável, não que todos serão salvos se evitarem esse pecado. (Veja mais comentários em Mt 12:32.)

Aqui estão minha mãe e meus irmãos! (3:34): Jesus estaria sendo rude com sua família aqui? Anteriormente, sua família havia tentado capturá-lo, dizendo: "Ele está fora de si" (v. 21). Incapazes de chegar até Jesus, por causa da multidão que o cercava, eles agora mandaram uma mensagem. Jesus foi informado: "tua mãe, teus irmãos e tuas irmãs estão lá fora e te procuram" (v. 32). Jesus perguntou retoricamente: "Quem são minha mãe e meus irmãos?" (v. 33). A pergunta é indicativa do distanciamento que se desenvolveu entre Jesus e sua família. Respondendo à sua própria pergunta, Jesus olhou para os que estavam assentados ao seu redor e disse: "Aqui estão minha mãe e meus irmãos!" Jesus assim definiu sua verdadeira família: "Quem faz a vontade de Deus, esse é meu irmão, irmã e mãe" (v. 35). O uso da hipérbole por Jesus deve ser levado em consideração aqui. Ele literalmente rejeitou sua família? Provavelmente não, pois sua família passaria a acreditar nele, e seu irmão Tiago tornou-se apóstolo e uma das "colunas" da igreja (Gl 1:19; 2:9). Mas sua linguagem indicava a seriedade de sua mensagem e a necessidade de se comprometer com ela. A missão de Jesus era criar uma nova família que não fosse apenas unida por uma força mais forte que o sangue — o Espírito — mas que também fosse eterna.

Marcos 4:1-9

Produziram uma colheita que aumentou 30, 60 e 100 vezes (4:8): Alguns críticos afirmaram que o rendimento da boa terra é muito alto. Essa não é uma objeção de peso. Muitas das parábolas de Jesus (e também as primeiras parábolas rabínicas) usam hipérboles para enfatizar o argumento. A "boa terra", cuja identidade será explicada nos v. 19-20, será extremamente frutífera, além de todas as expectativas normais.

Marcos 4:10-13

***O uso de parábolas por Jesus* (4:10-13):** Costuma-se dizer que Jesus ensinava por parábolas para que pudesse ser prontamente compreendido. Afinal, as parábolas simplificam conceitos e os exemplificam em termos cotidianos. Mas Jesus poderia dar a impressão de nomear um propósito diferente para sua escolha de ensinar em parábolas, que era esconder o significado para certos grupos. As parábolas são compatíveis com os propósitos declarados de Jesus nessa passagem? Existe um problema ético com a razão de Jesus usar parábolas? A tática de Jesus se assemelha à ênfase gnóstica no conhecimento secreto e na salvação por meio da iniciação? E Jesus mudou o significado de Is 6:9-10?

Muitas das parábolas eram fáceis de entender, mas algumas pareciam intrigantes. Às vezes, elas eram intencionalmente misteriosas. A maioria de nós pensa nas parábolas como simples ilustrações tiradas da vida cotidiana. Mas a compreensão hebraica da parábola (Hb. *mashal*) é ampla e se aplica à maioria das formas de fala não prosaica e não literal. Canções, poemas, enigmas, parábolas, fábulas, alegorias e provérbios, todos se enquadram nessa categoria. Portanto, enquanto a parábola do semeador de Jesus é bastante simples em um nível, em outro nível ela é misteriosa. Para alguém que não aceitou Jesus e sua mensagem, o significado completo da parábola não será aparente. Nesse caso, corre-se o risco de cair sob o julgamento pronunciado pelo profeta Isaías há muito tempo.

Ao explicar por que "aos que estão fora" não são dados os "segredos do reino de Deus" (como os discípulos), mas apenas "parábolas", Jesus parafraseia (Ele não coloca isso como uma citação) Is 6:9-10, uma palavra de julgamento proferida contra um Israel obstinado nos dias do rei Acaz (c. 734 a.C.). Deus instrui Isaías a dizer ao obstinado Israel: "Continue ouvindo, mas não entenda; continue olhando, mas não perceba", porque o julgamento está se aproximando. Apenas um remanescente se arrependerá e será salvo (Is 6:13). Essa citação é apropriada porque a recusa em ouvir a pregação de Jesus traz cegueira espiritual. Em contraste, aqueles que seguem Jesus — um remanescente, por assim dizer — são mais capazes de entender as parábolas; e, mesmo que não as entendam, recebem explicação particular (4:34 ; 7:17-23). Não há nenhum problema ético com a abordagem de Jesus e não se assemelha ao "conhecimento secreto" dos cultos gnósticos. Aqueles que respondem com fé ao pouco que sabem recebem ainda mais compreensão. (Veja mais comentários em Mt 13:10-17 e Lc 8:10.)

Marcos 4:14-20

***A explicação de Jesus sobre a parábola do Semeador* (4:14):** Porque Jesus dá uma interpretação alegórica da parábola (i.e., o semeador é o evangelista que proclama a palavra de Deus; os quatro tipos de solo representam quatro tipos de resposta humana à proclamação), alguns críticos afirmam que essa é a interpretação da igreja primitiva, não a de Jesus. Tal visão ignora o fato de que a maioria das primeiras parábolas judaicas continham elementos alegóricos. Alguns dos detalhes da própria parábola são extraídos do AT. Outros desses detalhes já possuem valores alegóricos. Alguém poderia pensar que se a explicação da parábola foi gerada pela igreja, o conteúdo da "palavra" semeada teria refletido a proclamação da igreja de Jesus, o Filho de Deus, ressuscitado ao terceiro dia. No entanto, não há nenhum indício de cristologia ou da proclamação da Páscoa. A interpretação é mais bem compreendida como oferecida pelo próprio Jesus.

Marcos 4:21-23

Pois [...] nada está oculto senão para ser revelado (4:22): À parábola do semeador, Marcos acrescenta três parábolas e duas afirmações (4:21-23, 24-25) que qualificam a fala de julgamento em 4:11-12. Para que ninguém imagine que o propósito das parábolas de Jesus é velar a verdade (e a linguagem de 4:11-12 poderia sugerir isso), as declarações em 4:21-23 deixam claro que a luz não deve ser escondida. O ensino de Jesus é como uma lâmpada e, como tal, deve ser "colocada no candelabro" e não "colocada debaixo de um cesto ou debaixo da cama" (v. 21). O versículo seguinte (v. 22) explica que tudo será revelado. O argumento disso parece ser que tudo o que a princípio pode parecer obscuro (para estranhos e até mesmo para os discípulos) se tornará claro por meio do discernimento espiritual e, conforme necessário, por meio de explicação particular (para os discípulos). Qualquer um que esteja disposto a ouvir a palavra de Jesus ganhará entendimento.

Marcos 4:30-32

É como um grão de mostarda [...] menor do que todas as sementes (4:31): Teria feito Jesus uma afirmação falsa sobre o grão de mostarda ser o menor de todos os grãos? O que Jesus quis dizer é que o reino de Deus começa de forma pequena e aparentemente insignificante, mas cresce em grandes proporções. Isso é análogo ao grão de mostarda, que começa minúsculo e cresce surpreendentemente tornando-se grande. A semente de mostarda é literalmente "menor do que todas as sementes" que conhecemos? Não, mas é a menor em comparação com outras sementes que normalmente eram usadas em Israel na época de Jesus. O argumento que Jesus apresentou foi adequado, especialmente para seu público original, mas Ele não fez nenhuma tentativa de ensinar botânica ali e, portanto, não pode ser culpado de erro.

Marcos 4:33-34

E não lhes falava sem uma parábola (4:34): Marcos parece exagerar aqui, pois Jesus frequentemente ensinava por métodos diferentes de parábolas (as bem-aventuranças, por exemplo). E, novamente, o ensino particular aos discípulos — isso se assemelharia à ênfase gnóstica no conhecimento secreto e na iniciação? Em vez de fazer uma afirmação exagerada, Marcos está enfatizando que Jesus normalmente usava parábolas e não que Ele só usasse parábolas. Quanto à necessidade de ensino particular, nada tem a ver com gnosticismo. Muitas das parábolas de Jesus exigiam mais explicações (4:11-13). Seus discípulos, que incluíam outros além dos Doze, foram beneficiados com mais instrução particular porque o desejavam, tendo escolhido segui-lo na fé. Algumas parábolas exigiam explicação porque não eram simplesmente ilustrações e nada além disso. As parábolas judaicas geralmente continham um significado alegórico e interno. Mas tornar-se um discípulo era uma simples questão de fé, enquanto os não-discípulos eram cegados por sua própria incredulidade.

Marcos 4:35-41

Mestre! Não te importa que vamos morrer? (4:38): A autenticidade desse incidente é fortemente apoiada pela aspereza da história, incluindo especialmente a aparente falta de respeito que os discípulos mostraram a Jesus quando perguntaram se Ele se importava que a vida deles estivesse em perigo. O mesmo realismo é visto quando Jesus pergunta a seus discípulos: "Vocês ainda não têm fé?" (v. 40). Essa não é a troca que se deve esperar encontrar em uma ficção pós-pascal que glorifica Jesus e os seus discípulos.

Quem então é este? Até o vento e o mar lhe obedecem! (4:41): Em face de tudo o que os discípulos viram e ouviram até então, por que eles ficaram tão surpresos com o poder de Jesus aqui? Muitos episódios nos evangelhos retratam os discípulos como se tivessem visto Jesus realizar um milagre pela primeira vez. Seria porque os escritores do Evangelho inventaram as histórias? Nada faz alguém se sentir tão impotente quando diante de uma forte tempestade no mar. Os discípulos nunca tinham visto Jesus (ou qualquer outra pessoa) dominar o vento e ficaram naturalmente apavorados com tal autoridade. Cada vez que viam Jesus realizar um milagre, ficavam ainda mais maravilhados, principalmente quando era mais impressionante do que o anterior. Se os escritores dos Evangelhos tivessem inventado as histórias, eles certamente deixariam de fora suas próprias expressões de incredulidade. Eles repetidamente se retratam como lentos para compreender, um sinal de que esses relatos são autênticos.

Marcos 5:1-20

A região dos gerasenos (5:1): Há incerteza quanto à localização precisa desse incidente, razão pela qual os copistas introduziram nomes de lugares, como Gadara, Gergesa e outros semelhantes. Gerasa é provavelmente a leitura original. Como a cidade ficava vários quilômetros a leste do mar da Galileia (e, portanto, fora do alcance da manada de porcos), alguns copistas procuraram outros locais. O texto de Marcos, no entanto, diz "região dos gerasenos", tanto quanto hoje falaríamos de um país ou distrito. Não devemos imaginar uma manada de porcos dentro dos limites da cidade. (Veja mais comentários em Mt 8:28-34 e Lc 8:26.)

Um homem com um espírito imundo saiu dos túmulos (5:2): Marcos e Lc 8:27 dizem que um endemoninhado saiu dos túmulos para encontrar Jesus, mas Mateus coloca dois indivíduos (Mt 8:28). Se Marcos foi o primeiro Evangelho, e Mateus e Lucas o usaram como fonte, o que fazemos com essa discrepância? Mateus teria usado uma fonte alternativa que revelou a presença de dois homens possuídos por demônios, ou ele simplesmente inventou um segundo homem? Reconhece-se que Mateus e Lucas tiveram outras fontes além de Marcos. É difícil ver que tipo de motivação Mateus teria para inventar um segundo homem possuído por demônios. Aparentemente ele tinha uma fonte que indicava a presença de dois homens. O fato de Marcos e Lucas não mencionarem um segundo homem não refuta o relato de Mateus. Entende-se como uma diferença, não como uma contradição. (Veja mais comentários em Mt 8:28-34 e Lc 8:27.)

Saia desse homem, espírito imundo! (5:8): A autoridade de Jesus sobre os espíritos imundos é inigualável. Enquanto outros exorcistas antigos provocavam demônios com amuletos, encantamentos, feitiços, ervas e misturas, Jesus simplesmente ordenou que eles fossem embora. Mesmo à distância, sua presença aterroriza e subjuga o mal. Jesus exige saber o nome do endemoninhado (ou do demônio), que sem hesitar se identifica. A alternância entre o singular e o plural é interessante (cf. v. 10-13). Em um momento é o possuído que fala; em outro momento é a legião demoníaca que fala. O nome "Legião" é em si interessante, pois faria os leitores do primeiro século pensarem nas legiões romanas que impõem a vontade do imperador. Ele também coloca seu número em até 6 mil. O fato de que Jesus pudesse enfrentar e derrotar toda uma legião de demônios seria muito impressionante para seus contemporâneos. Lançar os demônios nos porcos, que então mergulham no mar e perecem (e os demônios perecem com os porcos; cf. *Testamento de Salomão* 5:11, onde um demônio implora: "Não me condene à água"), prenuncia o destino sombrio que aguarda Satanás e seus aliados do mal. A derrota de Satanás nas mãos de Jesus prossegue.

E rogava-lhe que não os mandasse para fora da região (5:10): Por que os demônios estariam preocupados que Jesus pudesse levá-los para uma região geográfica diferente? Esse é um elemento intrigante nesse evento. A sugestão de que os demônios são territoriais também é levantada por Mt 12:43-44 e Lc 11:24. Por que isso acontece é inexplicável. Gundry explica que os demônios "são retratados como estúpidos ao cumprir seu propósito de destruir a vida... porque a destruição os rouba de seus novos hospedeiros" (1993, p. 263).

Uma grande manada de porcos (5:11): A presença de uma manada de porcos, localizada no lado oriental do mar da Galileia, indica que Jesus e seus discípulos se encontravam em um ambiente gentio. Os porcos, é claro, estavam sendo criados como alimento. Sua destruição foi, portanto, inevitável e repentina. Acontece que, no entanto, sua destruição ocorreu antes do previsto. Não devemos interpretar esse evento à luz das sensibilidades modernas sobre a crueldade contra os animais, sensibilidades que muitas vezes pressupõem pouca diferença entre humanos e animais. No contexto agrário antigo, as únicas sensibilidades sobre os suínos nesse evento são pragmáticas: a perda de renda e recursos.

O endemoninhado implorava-lhe para que pudesse permanecer com ele (5:18): O liberto queria permanecer com Jesus, tão completa foi a sua cura. Mas Jesus queria que ele ficasse em sua terra como sua testemunha. Ele fez isso, pois começou a "proclamar em Decápolis" (lit. "dez cidades"; cidades gregas fundadas principalmente na terra a leste do mar da Galileia e do rio Jordão) "quanto Jesus havia feito por ele e todos ficaram maravilhados" (v. 20). Jesus não permitiu que o homem se juntasse ao seu grupo de discípulos porque, nessa fase de seu ministério, sua proclamação era dirigida apenas a Israel (veja Mt 10:5-6; Mc 7:27). No entanto, ele recebeu a ordem de compartilhar sua experiência na terra a leste de Israel.

Marcos 5:21-43

Ela veio por trás dele no meio da multidão e tocou em seu manto (5:27): Em outro lugar nos Evangelhos, as pessoas tocam as roupas de Jesus esperando pela cura (Mt 14:36; Mc 6:56; Lc 6:19). Em Atos nos é dito que as pessoas colocavam os enfermos na rua esperando que a sombra de Pedro passasse sobre eles e os restaurasse (At 5:15). Os críticos sugerem que essas crenças representam superstição, que as roupas e as sombras dos mensageiros de Deus seriam enfeitiçadas. No entanto, podemos ver que a realização dos milagres não era mecânica ou mágica pelo fato de outros tocarem em Jesus sem que nada acontecesse (5:31). A cura era voluntária. Além disso, Jesus nos assegura que não foi o toque que a curou, mas sua fé (5:34) (veja France 2002, p. 237). At 5:12 fala de "sinais e maravilhas... sendo feitos entre o povo pelas mãos dos apóstolos". Deveríamos concluir que o povo tinha crenças supersticiosas sobre as mãos dos mensageiros de Deus? Claro que não. As pessoas entenderam que Deus havia escolhido conceder curas, fosse por meio de seu Filho ou por meio dos apóstolos.

Quem tocou nas minhas vestes? (5:30): Se Jesus é Deus, por que Ele simplesmente não revelou quem o havia tocado, tanto quanto demonstrou conhecimento divino em outros momentos? Jesus não perguntou quem o tocou porque Ele não sabia quem era. Em vez disso, Ele perguntou porque queria que a mulher escolhesse se dar a conhecer. Ela estava com medo devido ao poder divino que experimentou e pelo fato de ter decidido tocar em Jesus enquanto estava em estado impuro. Ele a encorajou em vez de repreendê-la (v. 34), dando-lhe mais benefícios do que se tivesse permitido que ela fosse embora com uma cura, mas sem uma palavra pessoal de garantia.

Sua filha está morta. Por que incomodar mais o Mestre? (5:35): Enquanto Jesus ainda falava com a mulher curada, as pessoas vieram da casa do oficial da sinagoga para relatar que a menina havia morrido (v. 35). Jesus se atrasou demais, ou assim eles presumiram. Na versão da história de Mateus, Jairo diz a Jesus logo no início que sua filha havia morrido (Mt 9:18-19). Essa versão da história poderia contradizer a versão da história de Marcos (e de Lucas)? Não, pois o evangelista Mateus resumiu essa história, bem como a da mulher que sofria de hemorragia. Ao condensar as histórias, alguns detalhes e sequências foram reorganizados. Nesse caso, o anúncio da morte da menina (Mc 5:35) funde-se com o pedido inicial de ajuda do pai (Mc 5:22-23).

A criança não está morta, mas dormindo (5:39): O comentário de Jesus de que a menina não estava morta, mas apenas dormindo, parecia tolo à família enlutada (v. 39-40), e os críticos consideram isso uma evidência de que a menina nunca esteve morta. No entanto, é claro que a menina realmente morreu. Os enlutados reunidos estavam "chorando e lamentando em alta voz" (v. 38). A declaração de Jesus de que ela "não estava morta, mas dormindo" pode ser uma dica de que, para Deus, ressuscitar os mortos não é mais difícil do que acordar uma pessoa adormecida. Sem qualquer enrolação ou ritual mágico, Jesus simplesmente fala em aramaico: "Menina, eu digo a você, levante-se!" (v. 41). "Imediatamente" a menina se levantou e começou a andar (v. 42), significando assim a conclusão da ressuscitação. Jesus ordena aos pais que a alimentem antes que os de fora saibam de sua ressurreição (v. 43). A demora em relatar sua recuperação também tornaria mais fácil para Jesus sair dali e continuar seu caminho. Essa preocupação talvez esteja por trás da ordem de Jesus de que "ninguém soubesse disso" (v. 43).

Marcos 6:1-6a

Eles ficaram escandalizados por Ele (6:3): A experiência de Jesus em sua cidade, Nazaré, contrasta fortemente com sua experiência em outros lugares da Galileia. Nas histórias anteriores de Jairo e da mulher com hemorragia, testemunhamos milagres surpreendentes facilitados pela fé. Em Nazaré havia pouca fé e, portanto, pouca operação de milagres. A falta de fé e respeito por Jesus por aqueles que o conheciam bem sugere que Ele realmente não seria ninguém especial?

O evangelista Marcos nos conta que, quando o povo de Nazaré ouviu Jesus ensinar, ficou "admirado" (v. 2). Mas o espanto deles não é positivo. Eles fazem uma série de perguntas, todas as quais implicam e questionam a missão de Jesus. "Onde esse homem aprendeu essas coisas?" Isto é, de onde Jesus tirou essas noções (provavelmente do reino de Deus e seu direito de proclamá-lo), bem como sua capacidade de realizar milagres? Essa pergunta antecipa as duas seguintes: "Qual é a sabedoria que lhe foi dada?" Ou seja, que tipo de educação Jesus adquiriu? Tem alguma validade? E quanto a "esses milagres realizados por suas mãos"? Ou seja, onde Jesus adquiriu a habilidade de curar e exorcizar? O fato de que os cidadãos da cidade de Jesus ficaram tão surpresos com sua sabedoria e obras é uma forte prova de que Ele não fez milagres quando menino, conforme descrito em vários evangelhos não canônicos. Os moradores de Nazaré fazem essas perguntas porque, para eles, Jesus não é ninguém especial. Ele é "o carpinteiro, filho de Maria e irmão de Tiago, José, Judas e Simão" (v. 3). Suas irmãs ainda moravam na cidade. Jesus vinha de uma família comum. Ele era de Nazaré, como pode ser especial? Lembre-se da tensão anterior entre Jesus e sua família em 3:21, 31-35. Se a própria família de Jesus o tinha por louco, por que os outros em Nazaré o considerariam como alguém especial?

***A família de Jesus* (6:2-3):** Como Jesus poderia ter irmãos se nasceu de uma virgem? E quanto à virgindade perpétua de Maria, mantida por muitos na tradição cristã? A ideia de que Maria permaneceu virgem foi amplamente ensinada no século 4 e posteriormente confirmada pelos concílios da igreja. É ensinada hoje pelos católicos romanos e ortodoxos orientais, mas não pelos protestantes (embora Martinho Lutero a tenha defendido). Mt 1:25 declara que José "não conheceu [Maria] intimamente, até que ela deu à luz um filho". O "até" naturalmente implica que Maria e José tiveram intimidade sexual em algum momento após o nascimento de Jesus, levando ao nascimento de filhos que teriam sido meios-irmãos de Jesus.

Não é esse o carpinteiro... (6:3): Mt 13:55-56 traz "o filho do carpinteiro" em vez de "o carpinteiro". A diferença representa uma contradição entre os relatos? Essa é uma citação do que "eles disseram", então alguns podem ter dito uma coisa e outros disseram outra. Mas da pergunta "Onde esse homem aprendeu essas coisas?" sabemos que o argumento era que Jesus não cresceu na casa de um rabino, mas na casa de um carpinteiro e foi treinado como carpinteiro. Alguns manuscritos de Mc 6:3 têm "o filho do carpinteiro", porém a maioria dos estudiosos considera que o original provavelmente era "o carpinteiro" (cf. Cranfield 1959, p. 194-95).

Um profeta não fica sem honra, senão em sua própria cidade (6:4): Apesar de seu sucesso em outros locais, quando Jesus volta para casa, Ele é recebido com desrespeito e incredulidade. Seus ex-vizinhos ficam ofendidos (v. 3). Um paralelo com a resposta de Jesus é encontrado no *Evangelho de Tomé* (§31: "Nenhum profeta é aceito em sua própria aldeia; nenhum médico cura aqueles que o conhecem"). A frase em Tomé não deriva de uma tradição independente, mas é mais bem explicada como uma fusão de ditos tirados da versão de Lucas da experiência de Jesus em Nazaré (Lc 4:23: "Médico, cura-te a ti mesmo"; Lc 4:24: "Nenhum profeta é aceitável em seu próprio país").

Ele não foi capaz de fazer nenhum milagre ali (6:5): Jesus *escolheu* não fazer milagres aqui (Mt 13:58), ou era *incapaz* de fazê-los (Marcos)? Sendo o Filho de Deus, Jesus podia fazer milagres quando quisesse, mas não curaria ninguém que não acreditasse nele. Portanto, é apropriado dizer que Jesus foi "incapaz" (não quis) de curar muitos porque poucos creram.

Isso também fica claro em Mc 6:6: "E admirou-se da incredulidade deles". Mateus e Marcos apresentam o mesmo argumento.

MARCOS 6:6b-13

As instruções de Jesus para o caminho **(6:8-9):** De acordo com Marcos, os discípulos de Jesus deveriam andar com um bordão e calçar sandálias. De acordo com Mateus e Lucas, eles não deveriam aceitar nenhum dos dois (Mt 10:10; Lc 10:4). Nenhuma solução amplamente aceita para essa discrepância foi encontrada, embora muitas tenham sido sugeridas (cf. Ahern 1943, p. 332-37). A recomendação de todas as três passagens é que os discípulos deveriam viajar com pouca bagagem e contar com aqueles a quem eles iriam para se alimentar. As diferenças parecem incidentais para esse aspecto. (Veja mais comentários em Mt 10:10.)

As instruções de Jesus o marcam como um filósofo cínico? **(6:8-9):** Por causa dessas instruções e dos ensinamentos nos quais Ele critica o materialismo e a vaidade, alguns estudiosos acham que Jesus era um judeu cínico. As instruções de Jesus aqui em Mc 6 (e os paralelos em Mt 10 e Lc 9) estariam de acordo com o código de vestimenta dos cínicos? Não, essas instruções de fato não concordam com a vestimenta e a conduta dos cínicos; elas os contradizem. As mesmas coisas que Jesus diz a seus discípulos para não levarem consigo (nenhuma bolsa, nenhuma túnica — e nenhum cajado também, se seguirmos a versão em Mateus e Lucas) são os marcadores característicos do verdadeiro cínico, como um observador da antiguidade tardia colocou isto: "O que faz um cínico é sua bolsa e seu bastão e sua boca grande" (Epíteto 3.22.50; cf. Luciano, *Peregrino* 15; Diógenes Laércio, *Vidas de filósofos ilustres* 6.13; Pseudo Diógenes 30.3). Não há nada de cínico nas instruções de Jesus aos seus discípulos.

O único paralelo com Jesus é simplesmente dar instruções sobre o que vestir e o que levar na jornada. O único acordo específico é levar o bordão (se seguirmos Marcos; se não o fizermos, então não há acordo algum). O bordão, no entanto, dificilmente é distintivo dos cínicos. Ao contrário, no contexto judaico, o bordão tem uma longa e distinta associação com os patriarcas, como Jacó e Judá (Gn 32:10; 38:18), e o grande legislador Moisés e seu irmão Arão (Êx 4:4; 7:9). Além disso, o bordão também é um símbolo da autoridade real, figurando em textos que, em interpretações posteriores, assumem significado messiânico e escatológico (e.g., Gn 49:10; Is 11:4; Ez 19:14).

Problema textual **(6:11):** Alguns manuscritos acrescentam: "Eu lhes asseguro que haverá menor rigor para Sodoma e Gomorra no dia do juízo do que para aquela cidade". Essa adição a alguns manuscritos geralmente tardios é de Mt 10:15 e é amplamente entendida como o resultado da harmonização com a passagem ali.

E eles ungiam muitos enfermos com azeite de oliva (6:13): Os antigos judeus ungiam doentes com azeite de oliva por acharem que o próprio azeite teria um efeito medicinal? Foi usado para tornar a oração mais eficaz? De acordo com R. T. France, "o óleo era usado medicinalmente nos tempos do Antigo Testamento (Is 1:6; Jr 8:22; 51:8) e em outras sociedades antigas, e a ação do samaritano em derramar óleo e vinho nas feridas do viajante na parábola de Jesus (Lc 10:34) provavelmente era uma prática comum... Mas o óleo também era usado de maneira mais simbólica, às vezes para expressar alegria ou honra (e.g., Sl 45:7; Is 61:3) ou para simbolizar a bênção de Deus, como quando um leproso curado era restaurado à sociedade (Lv 14:15-18)" (França 2001, p. 250-51).

Marcos 6:14-29

Rei Herodes (6:14): Herodes Antipas era realmente um "rei"? Em vez disso, ele não era tetrarca? Marcos mostra ignorância sobre a política regional? Veja comentários sobre Mt 2:1.

João, aquele que eu decapitei, ressuscitou! (6:16): A fama de Jesus se espalhou por toda a Galileia. Até mesmo Herodes Antipas, tetrarca da Galileia (não oficialmente chamado de "rei"), já ouvira falar de Jesus. Os conselheiros de Herodes repassavam todo tipo de identificação que as pessoas estão fazendo. Alguns diziam: "João Batista ressuscitou dos mortos"; outros: "Ele é Elias"; ainda outros comentavam: "Ele é um profeta — como um dos profetas" (v. 14-15). A opinião de Herodes, de que Jesus era João ressuscitado dentre os mortos, era evidentemente compartilhada por muitos. Isso mostrava uma evidência de que o ministério de Jesus foi semelhante ao de João. Mas como João não era conhecido como alguém que curava nem era exorcista, a semelhança devia residir no conteúdo de sua pregação. Ambos proclamavam o arrependimento.

O fato de as pessoas identificarem Jesus como João ressuscitado fala das obras de poder que Jesus realizou. As pessoas presumiam que apenas alguém que trouxesse de volta o poder sobrenatural do "outro lado" poderia fazer as coisas que Jesus estava fazendo. Esse testemunho extraordinário dificilmente foi obra de cristãos piedosos que esperavam embelezar as credenciais de Jesus. Os primeiros seguidores de Jesus o consideravam muito maior do que João (até mesmo João disse isso; Mc 1:7). A identificação confusa e errônea de Jesus por Herodes oferece um testemunho notável do poder inigualável que operava em Jesus.

Então ele foi e o decapitou na prisão (6:27): Josefo confirma que Herodes aprisionou e executou João Batista, mas seus detalhes divergem sobre por que exatamente João foi morto (*Antiguidades* 18.116-119). Na maioria dos pontos, os dois relatos podem ser coincidentes e, onde não podem ser conciliados, não há boa razão para dar preferência a Josefo. Embora Josefo opte por enfatizar os perigos políticos que João representava para Herodes, e Marcos opte por enfatizar a dimensão moral, os dois relatos estão em concordância essencial. A vergonhosa rejeição de Herodes de sua esposa, a filha do rei dos nabateus, e seu casamento ilegal com Herodias, sua cunhada, provocaram a condenação de João. A condenação de João se concentrava nos aspectos imorais e ilegais (que Marcos menciona), enquanto os temores de Herodes se concentravam nos perigos políticos (que Josefo relata). Mais tarde, o próprio Josefo menciona a inadequação do divórcio e novo casamento de Herodes (*Antiguidades* 18.136).

Marcos 6:30-44

Muitas pessoas iam e vinham, e não tinham tempo nem para comer (6:31): A menção de que Jesus e seus discípulos estavam tão ocupados que não tinham tempo nem para comer prepara para a eventual necessidade de alimentar a multidão. Também mostra como a situação era desesperadora para algumas das pessoas que seguiam Jesus, onde quer que Ele fosse. As exigências do ministério eram tais que Jesus e seus discípulos simplesmente não podiam parar e reservar um tempo para se reclinar e comer alguma coisa. Isso dá testemunho do poder e eficácia do ministério de Jesus, pois se Jesus não tivesse poder e não pudesse atender às necessidades do povo, não haveria esse tipo de "ir e vir"; haveria muito tempo para parar e se alimentar.

***A localização dessa alimentação milagrosa* (6:32-44):** Marcos localiza a alimentação dos 5 mil simplesmente em "um lugar remoto" (6:31, 32). Então, após o evento, Jesus faz seus discípulos irem para "o outro lado [do lago], para Betsaida" (6:45). A dificuldade é que Lc 9:10 localiza o milagre perto de "uma cidade chamada Betsaida" (embora ainda em "um lugar deserto", v. 12). Pode ser que houvesse duas cidades chamadas Betsaida, a mais conhecida Betsaida Júlias a leste do Jordão, e outra a oeste do Jordão, talvez aquela conhecida em João como "Betsaida da Galileia" (Jo 1:44; 12:21). Essa possibilidade se torna mais provável pelo significado do nome, "aldeia de pescadores". Outra possibilidade é que "o outro lado" pode se referir a se deslocar de barco para um local diferente. "Nesse caso, os discípulos deixaram o local do milagre e viajaram para o noroeste, na direção de Betsaida Júlias e Cafarnaum, mas acabaram indo para o sudoeste de Cafarnaum (Genesaré) por causa da tempestade" (Hultberg 2007, p. 1478-79).

Porque eram como ovelhas sem pastor (6:34): A linguagem de Marcos lembra Nm 27:15-17, onde Moisés pede a Deus que um homem seja designado para pastorear o povo de Deus, para que não sejam "como ovelhas sem pastor" (veja também 1Rs 22:17). Uma das tarefas do pastor é encontrar alimento para o seu rebanho (cf. Nm 27:17). Moisés fez isso no deserto através da provisão do maná (Êx 16). Eliseu o fez quando multiplicou os pães para 100 homens (2Rs 4:42-44). Agora Jesus provê comida para seu rebanho.

Vários fatores apoiam a autenticidade desse milagre. Primeiro, porque Jesus era bem conhecido como poderoso operador de milagres, as multidões o seguiam. Em segundo lugar, a alimentação aparece em todos os quatro Evangelhos, e Mateus e Marcos relatam uma segunda história semelhante. Se o milagre nunca aconteceu, é difícil explicar uma tradição tão bem atestada. Em terceiro lugar, o número e a especificidade dos detalhes apoiam sua autenticidade e sugerem o depoimento de uma testemunha ocular. Por exemplo, os discípulos se perguntam se deveriam comprar "200 denários em pão" (v. 37). O povo é instruído a sentar-se em grupos de "cem e cinquenta" (v. 40). Jesus recebe cinco pães e dois peixes (v. 38, 42). Houve 12 cestos de sobras (v. 43), e o tamanho da multidão foi estimado em 5 mil (v. 44). Alguns desses detalhes ecoam os precedentes do AT, mas a maioria não. Os detalhes derivam, em última análise, dos discípulos e das pessoas que testemunharam o evento extraordinário.

Todos comeram e se fartaram (6:42): Os céticos dizem que o único "milagre" de Jesus aqui foi que Ele incentivou mais compartilhamento e franqueza sobre quanta comida estava realmente disponível. Essa leitura é inspirada pelo ceticismo, e não por qualquer indicação no texto. O versículo 41 diz claramente que Jesus alimentou a multidão com cinco pães e dois peixes. Assim, o cético não está oferecendo uma explicação alternativa; está simplesmente rejeitando o texto.

Então eles pegaram 12 cestos cheios de pedaços de pão e peixe (6:43): Os 12 cestos de sobras indicam que essa história teria sido estilizada por Marcos para se encaixar na imagem das 12 tribos de Israel? Jesus provavelmente escolheu 12 discípulos por causa das 12 tribos de Israel, mas a razão pela qual 12 cestas de sobras foram coletadas pode ser que havia 12 discípulos para fazer a coleta, e que cada um carregava uma única cesta para fazer a coleta. Talvez ainda mais sobras pudessem ser recolhidas se houvesse mais de 12 discípulos e/ou cestas disponíveis para recolher tudo o que sobrou. Mitigando um pouco essa sugestão é que na alimentação dos 4 mil (Mc 8:1-10) havia 12 discípulos para fazer a coleta, mas eles trouxeram apenas sete cestos de sobras. Sete também é possivelmente um número simbólico. Também é possível que por providência divina um número simbolicamente significativo tenha surgido na coleta das sobras. Veja os comentários em 8:8.

Ora, os que comeram os pães eram 5 mil homens (6:44): As cidades vizinhas de Betsaida e Cafarnaum tinham talvez apenas 2 mil a 3 mil habitantes cada, então de onde veio essa grande multidão? Se apenas os homens fossem 5 mil em número, deve ter havido de 15 mil a 25 mil pessoas reunidas para encontrar Jesus. Como muitas pessoas de "todas as cidades" conseguiram se reunir e chegar perto de Jesus e seus discípulos no outro lado do lago sugere a R. T. France que "Marcos simplificou demais o processo" pelo qual uma multidão tão grande foi formada (2002, p. 265). (Veja mais comentários em Mt 14:15-21 e Lc 9:10-20.)

MARCOS 6:45-52

Ele veio na direção deles andando sobre o mar e queria passar por eles (6:48): O que significa que Jesus "queria passar por eles"? Ele iria ignorar a situação deles? O verbo grego traduzido como "queria" pode ter vários significados, dois dos quais são relevantes para essa passagem. O primeiro listado no BDAG é "ter desejo de algo, *desejar ter*, *desejar*, *querer*". O segundo significado é semelhante: "ter algo em mente para si mesmo, de propósito, resolução, *vontade*, *desejo*, *querer*, *estar pronto*". De acordo com uma interpretação, Jesus desejava ou pretendia passar por eles. Mas quando eles o viram, Ele percebeu que eles estavam apavorados, então Ele mudou seu plano. Podemos presumir que, quando Jesus visse da praia que eles estavam passando por um momento difícil, Ele iria querer ajudá-los.

Outra interpretação, talvez melhor, concentra-se no significado do verbo *parerchomai*, "passar". Ocorre muitas vezes na LXX, às vezes com o significado de "passar adiante". Mas também pode significar "passar na frente de" como o Senhor passou na frente de Moisés e Elias (cf. Êx 33:19, 22; 34:6; 1Rs 19:11). Nesse caso, o verbo em Mc 6:48 significa que Jesus queria passar na frente deles para que seus discípulos pudessem vê-lo (Garland 1996, p. 262-64).

***O silêncio de Marcos sobre Pedro andando sobre as águas* (6:48-52):** O significado do silêncio de Marcos talvez seja intensificado pelo fato de Mateus ter usado Marcos como fonte primária. Se Mateus não obteve o relato de Marcos sobre Pedro na água, de onde ele o conseguiu? Os críticos sugerem que Mateus simplesmente o inventou ou adotou uma lenda que cresceu após o relato de Marcos, mas isso pressupõe que Marcos era a única fonte confiável de Mateus. Por que assumir isso? Além disso, Marcos pode ter sabido sobre a caminhada de Pedro sobre a água, mas optou por não contá-la porque a pregação de Pedro, comumente tomada como fonte para o Evangelho de Marcos, não a incluía.

Quando o viram andando sobre o mar (6:49): Alguns argumentam que os discípulos viram Jesus andando na praia e erroneamente pensaram que Ele estava andando sobre as águas. Essa sugestão não é viável porque Jesus estava perto o suficiente do barco para falar com eles, embora soprassem fortes ventos e os discípulos estivessem "no meio do mar" (v. 47).

Pois todos o viram e ficaram apavorados (6:50): Alguns estudiosos acham que Marcos os discípulos, talvez para mostrar que a compreensão que tinham de Jesus era deficiente e que as pessoas de uma geração mais tarde na igreja de Marcos que se identificam com os discípulos são igualmente deficientes em sua compreensão de Jesus. Essa interpretação é implausível e altamente subjetiva. É realista pensar que Marcos retrataria falsamente os discípulos de Jesus como sem compreensão das coisas? Parece muito improvável. Consequentemente, a passagem de Jesus andando sobre o mar e os discípulos aterrorizados — que não lisonjearia e nem impressionaria os leitores — provavelmente reflete uma tradição antiga e confiável, não a imaginação criativa de Marcos.

Sou Eu (6:50): A declaração de Jesus "Sou eu" é equivalente à revelação divina de Êx 3:14? A frase grega é a mesma da passagem do Êxodo. Se a passagem de Jesus (v. 48) pretende aludir à passagem de Yahweh diante de Moisés e Elias, as palavras de Jesus no versículo 50 podem ser uma alusão ao nome divino. No entanto, os discípulos parecem responder de uma forma que mostra que eles não conseguiram entender a alusão.

Porque não haviam entendido sobre os pães (6:52): Seu espanto (v. 51) e falta de compreensão era porque (*gar*) "o coração deles estava endurecido" (v. 52), significando que os discípulos não tinham discernimento espiritual para entender Jesus plenamente durante seu ministério terreno pré-pascal. Sua multiplicação dos pães, corretamente compreendida, foi um sinal de que Jesus realmente era o Filho de Deus que podia andar sobre o mar e comandar até o vento e as ondas (veja Mc 4:35-41). A incompreensão por parte dos discípulos certamente não é uma invenção literária de Marcos com motivação teológica, porém é mais um sinal de sua disposição de transmitir a verdade, mesmo não sendo lisonjeira.

***O silêncio de Marcos sobre todos no barco confessarem a divindade de Jesus* (6:52):** Mt 14:33 relata que "os que estavam no barco o adoraram e disseram: 'Verdadeiramente Tu és o Filho de Deus!'". Marcos não relata esse fato e, em vez disso, diz que todos ficaram "admirados" e que "o coração deles estava endurecido". Outras traduções de Marcos dizem: "suas mentes estavam fechadas" e coisas do gênero. Isso parece totalmente diferente do que Mateus relata. Mateus e Marcos estariam se contradizendo? De acordo com Craig Blomberg, "Mc 6:52, embora totalmente diferente da conclusão de Mateus e refletindo a ênfase de Marcos na falta de compreensão dos discípulos, não é, portanto, contraditório. Os seguidores de Jesus, de fato, experimentam regularmente uma combinação de fé e dúvida". Blomberg baseia sua conclusão no mal-entendido de Pedro em Mt 16:16-23 e no fato de que "até agora a cristologia deles é baseada apenas nos atos poderosos de Jesus, dificilmente a base ideal para a fé" (1992, p. 236). Portanto, é melhor concluir que Mateus e Marcos estão capturando elementos autênticos de como os discípulos responderam a Jesus.

MARCOS 6:53-56

E rogavam-lhe que os deixasse tocar ao menos na orla de seu manto (6:56): A conversa sobre as pessoas implorando para tocar "na orla de seu manto" e serem curadas por seu toque lembra temas mágicos que eram comuns entre alguns povos antigos? Como em Mc 5:30, é a fé do enfermo que leva à sua cura, não a suposta magia do manto de Jesus. Além disso, as curas não eram automáticas apenas pelo toque. Todas as curas foram feitas por escolha de Jesus.

Marcos 7:1-23

Os fariseus e alguns dos escribas (7:1): Às vezes, afirma-se que Marcos retratou injustamente os fariseus como hiperlegalistas, mas outras fontes antigas os viam da mesma maneira. De acordo com Josefo, "Os fariseus impuseram ao povo muitas leis da tradição dos pais não escritas na Lei de Moisés" (*Antiguidades* 13.297). Tal distinção é feita pelo próprio Jesus no final de sua resposta acalorada (v. 9-13).

Qualquer benefício que vocês possam ter recebido de mim é Corbã (7:11): Marcos explica que Corbã significa "uma dádiva confiada ao templo". Ele está bem correto. Josefo entende isso de forma semelhante: "'Corbã' para Deus — significando o que os gregos chamariam de 'presente'" (*Antiguidades* 4.73); "No entanto, esse juramento (ou seja, Corbã) não será encontrado em nenhuma outra nação exceto entre os judeus e, traduzido do hebraico, pode-se interpretá-lo como significando 'presente de Deus'" (*Contra Ápio* 1.167). Uma inscrição de ossuário do primeiro século diz: "Tudo o que um homem pode encontrar para seu lucro neste ossuário é uma oferenda a Deus daquele que está dentro dele" (veja Fitzmyer 1959, p. 60-65).

***Jesus se contradiz sobre a lei não perder a validade?* (7:13):** Pode parecer que Jesus está deixando de lado as leis dietéticas do AT com sua declaração nesse versículo. Na verdade, Jesus está deixando de lado as leis alimentares, como Deus faz na visão de Pedro em At 10:9-15. O livro de Hebreus também põe de lado as leis do sacrifício como não mais válidas. Jesus declara em Mt 5:18: "Até que o céu e a terra passem, nem a menor letra ou um traço de uma letra passará da lei até que todas as coisas sejam cumpridas." A qualificação final nesse versículo é importante. A vinda de Cristo e mais tarde sua morte na cruz ("todas as coisas estão consumadas") trouxeram mudanças na lei do AT.

***Questão textual* (7:16):** O comentário textual de Metzger explica: "Esse versículo, embora esteja presente na maioria das declarações, está ausente nas importantes declarações alexandrinas (א B L Δ* al). Parece ser uma glosa de escriba (derivada talvez de 4.9 ou 4.23), introduzida como uma sequência apropriada para o v. 14" (*TCGNT*).

(Como resultado, Ele tornou todos os alimentos limpos) (7:19): Esse comentário entre parênteses foi feito por Jesus ou é algo que Marcos acrescentou ao escrever esse relato à luz dos acontecimentos posteriores? Mesmo concedendo que Jesus não fez o comentário entre parênteses, seu ensino nessa passagem parece direto o suficiente para esclarecer o assunto sobre alimentos e limpeza. Por que então a igreja primitiva (incluindo Pedro) ainda lutava para entender isso? Pedro até precisou de uma visão de Deus para finalmente entender o que Jesus já havia dito.

A declaração de Jesus no versículo 15 declara implicitamente que todos os alimentos são "puros". Mas o comentário entre parênteses no versículo 19 pode ser interpretado pelo menos de duas maneiras. Pode ser um comentário escrito por Marcos para deixar o leitor entender o significado do que Jesus disse.

Por outro lado, pode ser que Jesus realmente tenha dito essas palavras. Literalmente, a declaração é "tornar puros todos os alimentos"; "como resultado" não está no texto grego. O argumento pode ser que a comida é purificada quando é eliminada, um julgamento que se harmoniza com a Mishná (*m. Makhshirin* 6:7; *t. Miqwa'ot* 7:8). De acordo com Garland (1996, p. 276), "Jesus argumenta que se a comida contamina uma pessoa, por que não é considerada impura quando acaba na latrina — pelo menos de acordo com a tradição dos fariseus? A impureza deve vir de alguma outra fonte além da comida". Garland sugere que essa interpretação explicaria por que as palavras de Jesus não são citadas durante o debate da igreja sobre a impureza. Jesus não tornou seu julgamento explícito.

Marcos 7:24-30

Não está certo tirar o pão dos filhos e jogá-lo aos cachorrinhos (7:27): Uma mulher de língua grega, cuja filha estava possuída por um "espírito imundo", caiu aos pés de Jesus e implorou-lhe que exorcizasse o demônio (v. 25-26). A história toma um rumo surpreendente quando Jesus rejeita a mulher (v. 27). A aparente dureza e insensibilidade argumentam fortemente contra a invenção pós-Páscoa dessa história em uma igreja cada vez mais gentia. Pelo contrário, a disposição de Jesus reflete uma tradição genuína na qual Israel gozava de prioridade (veja Mt 10:56; 15:24). Pode nos parecer rude, mas a intenção de Jesus não era insultar a mulher. Em vez disso, Ele usa a analogia familiar em sua cultura em que as crianças da casa são alimentadas primeiro, depois as sobras são jogadas aos cachorros na rua (cf. Lc 16:20). Jesus ainda está alimentando o povo de Israel; os gentios terão sua vez.

Segundo France (2002, p. 296), o leitor desse encontro "fica mais vividamente consciente da realidade do problema das relações entre judeus e gentios e da importância do passo que Jesus dá aqui para superá-lo". Marcos já havia registrado o relato de Jesus curando um gentio que estava gravemente possuído por demônios em 5:1-20. Agora, essa mulher é uma "grega, siro-fenícia de nascimento", isto é, claramente uma mulher pagã gentia de uma região que era inimiga tradicional de Israel (Garland 1996, p. 288). Jesus está fazendo duas coisas com suas palavras. Uma é que Ele está retratando a atitude dos judeus para com os gentios (considerados "cães"); a outra é que Ele está testando (revelando?) a fé dessa mulher. (Veja mais comentários em Mt 15:21-28.)

Marcos 7:31-36

Foi pelo caminho de Sidom até o mar da Galileia (7:31): Esse versículo revela que Marcos não estava familiarizado com a geografia palestina? Não, significa simplesmente que Jesus fez um longo desvio ao norte antes de voltar para o mar da Galileia. France explica: "Os termos de Marcos podem nos deixar geograficamente confusos, mas eles transmitem claramente que Jesus, em seu retorno ao lago após sua jornada para a Fenícia, permanece fora do território propriamente judeu, em vez de seguir a rota mais direta para a área de Cafarnaum" (2002, p. 302).

Depois de colocar os dedos nos ouvidos do homem e cuspir, Ele tocou sua língua (7:33): Na antiguidade tardia, cuspir era associado à cura (Suetônio, *Vespasiano 7*; Tácito, *História* 4.81, onde o imperador romano restaura a visão de um homem cego cuspindo em seus olhos; veja também

Jo 9:1-7). Jesus olha para o céu e diz ao homem: "Efatá", uma palavra aramaica que significa "abra-se" (v. 34). Com isso o homem pode ouvir e falar claramente (v. 35). A vivacidade dos detalhes, incluindo a recordação da própria palavra aramaica que foi falada, argumenta em apoio do testemunho ocular. Reconhecidamente, o método de Jesus aqui é surpreendente. Não sabemos por que Ele curou o homem daquela maneira. Mas as outras curas de Jesus demonstram que Ele poderia tê-lo curado apenas com um toque ou uma palavra. Não há evidência de encantamentos mágicos nas ações de Jesus aqui. A única coisa que Ele pronunciou foi uma simples palavra aramaica.

***A ordem ineficaz de Jesus para permanecer em silêncio* (6:36):** Que Marcos relataria não apenas que o pedido de silêncio de Jesus não foi atendido, mas que "quanto mais Ele ordenava-lhes, mais eles proclamavam" a notícia de seu milagre, é forte evidência para a historicidade de seu relato, pois esse detalhe corre o risco de fazer parecer que Jesus foi incapaz de persuadir as pessoas. Aqui está outra evidência de que os evangelistas não embelezaram seus relatos nem encobriram elementos embaraçosos ou difíceis. Não é surpreendente que as pessoas se recusassem a permanecer em silêncio. A motivação de Jesus para pedir silêncio foi provavelmente um desejo de evitar publicidade indevida que prejudicaria seus propósitos e liberdade de movimento.

Marcos 8:1-10

Naqueles dias havia novamente uma grande multidão (8:1): Essa seria apenas uma versão retrabalhada da primeira alimentação milagrosa (Mc 6:30ss)? É difícil entender por que os discípulos não mostraram nenhuma compreensão sobre como as massas poderiam ser alimentadas (8:4) se de fato tivessem experimentado quase exatamente uma mesma situação anterior. Os versículos 17-20 mostram que Marcos retrata claramente as duas alimentações como eventos separados. Mateus, que foi testemunha ocular do ministério de Jesus, concorda com Marcos que houve duas alimentações milagrosas (Mt 14:13-21; 15:32-39). O apóstolo João testifica que Jesus fez muito mais coisas do que foi capaz de incluir em seu relato

(Jo 21:25), o que sugere que Jesus fez alguns milagres mais de uma vez (Bock 2002, p. 224). Um dos temas de Marcos (e de Mateus) é que Jesus foi rejeitado apesar de todos os milagres que realizou. Outro é que até os discípulos demoraram a reconhecer exatamente quem era Jesus, apesar de quantas vezes o viram demonstrar isso. Em retrospectiva, é difícil entender como os discípulos puderam demonstrar tal falha de previsão no versículo 4, mas em seu contexto, a vida e o ministério de Jesus continuamente se desenrolaram de maneiras inesperadas.

Eles recolheram sete cestos grandes com as sobras (8:8): Como em 6:43, há sobras. E mais uma vez o número de cestos parece simbólico. Indicaria isso um dispositivo literário da parte de Marcos, apontando que ele não estaria contando detalhes literais? Mais uma vez, Mateus repete o fato de que havia sete cestos de sobras, então os evangelistas concordam com o número. Há muitos lugares na Bíblia onde números como três, sete e quarenta são usados. Se Deus é soberano sobre os eventos, Ele não poderia orquestrar eventos para que certos números simbólicos ocorram com frequência? A presença do simbolismo pode, portanto, indicar a providência divina, não um detalhe criado.

Dalmanuta (8:10): Nem Dalmanuta (Marcos) nem Magadã (Mt 15:39) são conhecidos fora das referências do NT. Mateus e Marcos teriam cometido um erro de identificação? No momento, não há uma solução clara para esse problema. De acordo com Gundry, cada termo poderia ser um nome variante para a cidade de Magdala (Gundry 1993, p. 403). (Veja comentários adicionais em Mt 15:39.)

Marcos 8:11-13

Nenhum sinal será dado a essa geração! (8:12): Em Mt 12:39 e 16:4, bem como em Lc 11:29, Jesus disse que nenhum sinal, *exceto o sinal de Jonas*, seria dado. Marcos é mais restritivo, não dizendo nada sobre o sinal de Jonas. Marcos estaria contradizendo Mateus e Lucas? E por que Jesus às vezes se recusava a fazer sinais quando questionado? Parece que Ele teria conquistado muitos mais para a fé se tivesse atendido aos pedidos. Finalmente, como a posição de Jesus sobre os sinais aqui se compara à proliferação de sinais na igreja primitiva (e.g., At 4:29-30)?

O pedido dos fariseus por um sinal implica que eles contestavam o chamado e a autoridade de Jesus. Se a demanda por um sinal fosse paralelo aos contemporâneos próximos de Jesus que ofereceram sinais de libertação nacional (como Teudas e um judeu do Egito, ambos mencionados por Josefo), então os fariseus podiam ter exigido prova da proclamação de Jesus de que o reino de Deus tinha vindo. O sinal que eles exigiam não poderia ter sido simplesmente outro milagre; certamente eles sabiam do ministério de milagres de Jesus e até os tinham visto (e.g., Mc 2:1-12; 3:1-6, 22). O sinal que eles procuravam deve ter sido de maior magnitude. Novamente, se os aceitarmos como um paralelo apropriado, podemos pensar em Teudas, afirmando que o rio Jordão se dividiria e permitiria uma passagem seca, ou no judeu egípcio que afirmou que, sob seu comando, os muros de Jerusalém cairiam. Esses não foram meros milagres de exorcismo ou cura, que vários homens santos em Israel aparentemente foram capazes de fazer (fato reconhecido por Jesus em Mc 9:38-41). Esses deveriam ser sinais, modelados segundo os milagres do êxodo, que confirmariam a autenticidade do profeta e sua proclamação. Para o sinal ser "do céu" (v. 11) significa que era para ser de Deus. Buscar a prova divina das credenciais de Jesus pode ter refletido as diretrizes encontradas em Dt 13:2-6; 18:18-22.

Jesus se pergunta em voz alta por que sua geração busca um sinal (no qual, de acordo com Paulo em 1Co 1:22, os judeus insistem), especialmente considerando o fato de que seus críticos já optaram por ignorar as evidências fornecidas até agora. Vale lembrar de que quando Jesus expulsou demônios, as autoridades religiosas o acusaram de estar em conluio com Satanás (Mc 3:22, 30). Provavelmente devemos presumir que a intenção dos fariseus era embaraçar Jesus, fosse porque Deus não realizaria o sinal solicitado (indicando que Deus não endossava Jesus), ou porque o sinal em si não impressionaria e nem persuadiria. Jesus, porém, não faria o jogo deles. A falha de Marcos em incluir a menção do sinal de Jonas não é uma contradição de Mateus e Lucas. Em vez disso, Marcos escolheu enfatizar o ponto principal da declaração de Jesus: que Ele se recusou a atender às demandas incrédulas dos fariseus. A recusa de Jesus em pedir a Deus um sinal é notável e sugere um distanciamento deliberado dos vários pretensos libertadores que de tempos em tempos apareciam em cena e tentavam cortejar os que duvidavam.

Finalmente, a resposta de Jesus surpreende o leitor. Podemos esperar que Ele remova todas as dúvidas e ganhe a elite religiosa judaica para o seu lado, realizando um milagre inspirador. Sua resposta inesperada certamente será dele e não uma invenção dos evangelistas. O contraste entre a recusa de Jesus em realizar um sinal e a proliferação de sinais na igreja primitiva (e.g., At 4:29-30) é explicado com base nos diferentes contextos. O contexto aqui é de incredulidade. Jesus não se opôs a sinais em geral, mas realizou muitos deles (curas, exorcismos; Mt 11:1-6; Jo 2:11). Os sinais realizados em Atos não foram em face da incredulidade e oposição (Hb 2:4). Além disso, o fato de que Jesus veio com o propósito de se oferecer na cruz pode ser outro aspecto de sua razão para não conceder sinais para vencer toda incredulidade. Sua missão era alcançar a cruz, não o abraço de toda a nação de Israel.

Marcos 8:14-21

Cuidado com o fermento dos fariseus e com o fermento de Herodes (8:15): O que Jesus quis dizer com o "fermento" dos fariseus e de Herodes não é explicado em Marcos. Mateus entende isso em referência ao ensino dos fariseus (Mt 16:12). Lucas diz que esse "fermento" é a hipocrisia (Lc 12:1), o que se encaixaria no ensino dos fariseus (veja Mt 23). A associação de Herodes com os fariseus apenas torna a declaração de Marcos mais intrigante. Vários escribas cristãos primitivos, como visto em π45 W Θ 28, substituem Herodes por "herodianos". Quer pensemos nos herodianos (os judeus que apoiavam os governantes herodianos) ou no próprio Herodes Antipas, o "fermento" deles muito provavelmente teria a ver com a incapacidade de verem o poder de Deus operando em Jesus. O fermento poderia ser usado figurativamente para o mal (provavelmente por causa do papel negativo que desempenhavam na observância da Páscoa; veja 1Co 5:6-7; Gl 5:9). No contexto de Marcos, o fermento é provavelmente a incredulidade (como visto na rejeição de Herodes à pregação de João e na falta de fé dos fariseus em Jesus).

Marcos 8:22-26

Eu vejo pessoas — elas me parecem árvores andando (8:24): Nem Mateus nem Lucas incluem esse relato incomum de milagre. Assim como na cura do cego (7:31-37), Jesus usa saliva. O que torna esse milagre tão incomum é que ele é realizado em duas etapas. Jesus pergunta ao homem se ele pode ver alguma coisa (v. 23), o que é atípico em relatos de milagres. O homem relata que consegue enxergar, mas aparentemente de forma imperfeita. Depois que Jesus impõe novamente as mãos sobre os olhos do homem, a cura é completada (v. 25). A singularidade da cura, especialmente vista em seus dois estágios, defende fortemente a autenticidade. Uma história inventada faria com que a cura ocorresse em uma etapa imediata, para que os poderes de cura de Jesus não fossem questionados. É comumente sugerido que o primeiro passo da cura foi uma cura completa da visão do homem, e que o segundo passo foi uma cura de sua percepção ou compreensão. Isso é possível, embora o texto seja omisso sobre essa resolução sugerida.

Marcos 8:27-33

Tu és o Messias! (8:29): Quando Pedro confessa Jesus como o "Messias", o grego é "Cristo" (*christos*), uma tradução do hebraico *meshiach*, que significa "ungido". Porque a palavra é usada em referência a reis ungidos (1Sm 15:1; 16:13; Sl 2:2), profetas ungidos (1Rs 19:15-16; 1Cr 16:22 = Sl 105:15; Is 61:1) e sacerdotes ungidos (Êx 29:6-7; Lv 16:32; 1Cr 29:22), o uso da palavra não determina por si só o que Pedro quis dizer. No entanto, a crucificação de Jesus como "rei dos judeus" (Mc 15:26, 32) fornece forte apoio para a visão tradicional de que Pedro confessou que Jesus era o rei messiânico de Israel. Sobre a autenticidade da confissão de Pedro, veja Evans 2000, p. 9-15.

Então começou a ensinar-lhes que era necessário que o Filho do Homem padecesse muitas coisas (8:31): Essa é a primeira das predições formais de Jesus sobre o sofrimento e a morte. Ele irá predizer essas coisas novamente em 9:31 e 10:33-34. Os críticos sugerem que Jesus realmente não previu sua morte, mas que isso foi uma criação da igreja primitiva. No entanto, a crescente oposição a Jesus claramente sinalizou possíveis resultados. Além disso, a probabilidade de que Jesus de fato antecipou sua morte é vista em sua oração no jardim do Getsêmani: "*Abba*, Pai! Tudo te é possível. Afasta de mim este cálice. Todavia, não seja o que eu quero, mas o que tu queres" (Mc 14:36). Essa cena, na qual Jesus expressa seu pavor (veja 14:34), e quando seus discípulos falham em vigiar e orar com Ele, é tão potencialmente embaraçosa para a igreja primitiva que sua autenticidade é virtualmente garantida (veja comentários em 14:32-42). A oração de Jesus implica que Ele vislumbra sua morte e gostaria de evitá-la de alguma forma, embora estivesse disposto a sofrê-la. Sobre a autenticidade das previsões da Paixão, veja Evans 1999, p. 82-97; 2001, p. 16-18.

O Filho do Homem padecesse [...] e ressuscitasse depois de três dias (8:31): Jesus aqui diz que ressuscitará "depois de três dias", enquanto em outros lugares ele diz que sua ressurreição será "no terceiro dia" (Mt 17:23). As diferentes expressões são simplesmente maneiras diferentes de dizer a mesma coisa naquela cultura antiga, que era menos precisa com as designações de tempo do que tendemos a ser hoje.

Ele estava falando abertamente sobre isso (8:32): Se Jesus estava falando abertamente sobre sua futura execução e ressurreição, por que os discípulos nunca entenderam? Afinal, eles confessaram sua crença de que Jesus é o Messias e podiam ter percebido sua divindade. Por que não ouviram e acreditaram quando Ele predisse sua morte e ressurreição, mesmo que fosse contra todas as expectativas? Talvez Pedro tenha pensado que Jesus estava apenas sendo pessimista, prevendo que seria rejeitado. Ele achou que conhecia o cenário messiânico tão bem que Jesus devia estar enganado em sua previsão de morte. Junto com a maioria dos judeus, Pedro só conhecia um messias triunfante, não sofredor. A cegueira dos discípulos devia-se em parte aos efeitos naturais de uma ideia preconcebida — o pensamento de que poderia estar errado é inconcebível. A outra fonte da cegueira é o próprio Satanás, que é um obstáculo cósmico à missão do Messias. Os discípulos nunca aceitaram as predições de Jesus sobre sofrimento e morte até que essas coisas fossem cumpridas. Finalmente, eles nunca afirmaram inequivocamente que Jesus era Deus antes de sua ressurreição, mas apenas o Filho de Deus, o que significa "rei messiânico" e não implica necessariamente divindade.

Para trás de mim, Satanás (8:33): O relato paralelo em Mt 16:21-23 deixa claro que, depois de receber a confissão de Pedro, Jesus passou a falar sobre estabelecer sua igreja em Pedro (provavelmente significando a confissão de Pedro). Como Jesus pode então se virar e chamar Pedro de Satanás? Jesus não quis dizer que Pedro era Satanás, ou que ele estava possuído por Satanás, mas que ele involuntariamente se opunha à vontade de Deus e, portanto, estava do lado de Satanás e dos homens que falham em entender e obedecer a Deus. Pedro teria entendido isso e não teria sentido que Jesus o estava identificando literalmente com Satanás.

MARCOS 8:34—9:1

Se alguém quiser seguir-me [...] tome a sua cruz (8:34): A conversa de Jesus sobre tomar uma cruz e segui-lo seria anacrônica? Afinal, Marcos retrata Jesus falando sobre isso bem antes de qualquer um dos discípulos compreender (muito menos aceitar) que o Messias morreria na cruz. Ou "tomar a sua cruz" poderia ser uma metáfora comum para a abnegação, de modo que Jesus poderia efetivamente usá-la mesmo antes de sua Paixão?

A fala de Jesus sobre tomar a cruz encontra um paralelo interessante em Epíteto, que adverte o inconformista: "Se você quer ser crucificado, espere. A cruz virá" (*Discursos* 2.2.20). A declaração de Jesus sobre salvar e perder a vida também encontra um paralelo em uma fonte do final do primeiro século: "Por causa de que perderam os homens a sua vida e por que trocaram a sua alma os que estavam na terra?" (*2Baruque* 51:15). Quanto à questão de saber se o termo "tome a sua cruz" era metafórico para autonegação, é possível que Jesus tenha originado a própria expressão.

Não sabemos quanto disso foi entendido pelos discípulos pré-ressurreição. Em nenhum dos relatos evangélicos desse ensinamento, os discípulos ou qualquer outra pessoa tem algo a dizer em resposta. Isso pode ser uma indicação de que eles tiveram problemas para compreender e/ou aceitar a declaração de Jesus. (Veja mais comentários em Lc 9:23.)

O evangelho (8:35): O uso de Jesus do termo "evangelho" poderia ser anacrônico, decorrente da época da igreja primitiva e não da era pré-igreja? Veja "Que tipo de literatura é Marcos?" na Introdução, mais comentários sobre 1:1.

Há alguns aqui que não provarão a morte até que vejam o reino de Deus vir com poder (9:1): A impressão geral que se recebe através dos evangelhos, especialmente o presente versículo, é que Jesus presumiu que o reino de Deus viesse em sua plenitude dentro de uma geração ou mais (veja esp. Mc 13:30). Essa expectativa, reforçada pela ressurreição, é evidente em toda a literatura cristã primitiva (especialmente em Paulo). Em 9:1, Jesus está predizendo sua segunda vinda ou apenas sua transfiguração?

A predição de Jesus em 9:1 é coerente com o resumo de sua proclamação em 1:15: "O reino de Deus está próximo". Também é coerente com outra menção de Jesus: "Se eu expulso os demônios pelo dedo de Deus, então chegou a vós o reino de Deus" (Lc 11:20). Assim, Jesus entende o reino de Deus como tendo chegado e os exorcismos como prova de sua chegada. Mas por que dizer que alguns dos discípulos ainda estariam vivos se, tendo já presenciado vários exorcismos, haviam experimentado a presença do reino? O conteúdo da mensagem em 9:1, que eles "verão o reino de Deus vindo com poder", parece ir além do que foi dito em Lc 11:20. Dada a estreita associação da mensagem em 8:28, parece que a palavra em 9:1 tem a ver com *a consumação final* do reino, o tempo da segunda vinda de Jesus. Na época em que Marcos escreveu, essa consumação ainda não havia ocorrido, e alguns dos seguidores de Jesus ainda estavam vivos. No entanto, a colocação do evangelista da predição em 9:1 imediatamente anterior à narrativa da transfiguração (9:2-8) sugere que ele entendeu esse evento incomum como um prenúncio de todo o poder do reino (assim, Gundry 1993, p. 469). O cumprimento parcial da predição de Jesus em apenas uma semana após ser proferida, e a qualidade dramática desse cumprimento parcial, garantem o eventual cumprimento abrangente. Em resumo, o que os discípulos viram na transfiguração foi um cumprimento parcial da predição de Jesus em 9:1.

Marcos 9:2-8

Seis dias depois (9:2): Junto com Mt 17:1, Marcos coloca a transfiguração seis dias depois que Jesus profetizou a vinda do reino. Lc 9:28 diz "cerca de oito dias depois". Esses relatos podem ser conciliados? O significado de todos os três textos é que o evento ocorreu cerca de uma semana após a declaração de Jesus. Pelos nossos padrões, os antigos costumavam ser imprecisos com seus marcadores de tempo. Os "seis dias" de Mateus e Marcos podem refletir Êx 24:16. (Veja mais comentários em Mt 17:1 e Lc 9:28.)

Ele se transformou diante deles (9:2): Alguns argumentam que o relato de Marcos sobre a transfiguração de Jesus foi originalmente uma história de ressurreição, mas em muitos pontos o relato da transfiguração difere dos relatos da ressurreição no NT. Por exemplo, os relatos canônicos da ressurreição de Jesus não envolviam o tipo de luminosidade retratada na transfiguração (Gundry 1993, p. 471-73). Além disso, pode existir uma relação mais forte entre o relato da transfiguração e as passagens em Êx 24 e 33—34 que descrevem a ascensão de Moisés ao monte Sinai, onde ele encontra Deus e depois desce com uma face brilhante. Os seguintes paralelos são evidentes: (1) a referência a "seis dias" (Mc 9:2; Êx 24:16), (2) a nuvem que cobre a montanha (Mc 9:7; Êx 24:16), (3) a voz de Deus vinda da nuvem (Mc 9:7; Êx 24:16), (4) três companheiros (Mc 9:2; Êx 24:1, 9), (5) uma aparência transformada (Mc 9:3; Êx 34:30), e (6) a reação de medo (Mc 9:6; Êx 34:30). Além disso, em Êx 24:13, Josué é escolhido e levado ao monte com Moisés. Uma vez que o nome "Josué" no AT grego é frequentemente traduzido como "Jesus", a igreja primitiva pode ter visto em Êx 24:13 uma profecia ou tipologia velada que se cumpriu na transfiguração, onde mais uma vez Moisés está no alto de uma montanha com um Jesus.

De acordo com Marcos, Jesus se "transformou" (*metemorphothe*) e suas "roupas tornaram-se resplandecentes — extremamente brancas" (v. 2-3). O paralelo mais próximo é provavelmente com o rosto brilhante de Moisés (Êx 34:30), mas os rostos de outros santos são descritos como brilhantes (Veja 2Esdras 7:97, 125; *1Enoque* 37:7; 51:5; compare Lc 9:29, que menciona especificamente o rosto de Jesus). As vestes dos santos brilharão (Veja Dn 12:3; Ap 4:4; 7:9; *1Enoque* 62:15; *Eclesiastes Rabá* 1:7 §9:

"ele renovará seus rostos e renovará suas vestes"). Em uma tradição, é dito que, quando Elias nasceu, "homens de aparência branca e brilhante o saudaram e o envolveram em fogo" (*Vida de profetas* 21:2). Existem histórias de transfigurações dos deuses greco-romanos. Pensa-se em Deméter, cuja pessoa transfigurada encheu de luz uma casa (*Hinos homéricos* 2.275-280).

A descrição de Marcos de Jesus também é uma reminiscência da visão de Daniel do "Ancião de Dias", cujas "roupas eram brancas como a neve, e os cabelos de sua cabeça como a mais branca lã" (Dn 7:9). O ser "como um filho do homem" se aproxima do Ancião de Dias (ou seja, Deus) e recebe autoridade e reino (Dn 7:13-14). Talvez em sua transformação devamos entender que Jesus, como filho do homem, assumiu algumas das características do Ancião de Dias quando em sua presença (assim como o rosto de Moisés brilhou com a glória de Deus). Se isso estiver correto, então a transfiguração deve ser entendida como uma verificação visual da afirmação de Jesus de ser o filho do homem que virá na glória de seu Pai com os santos anjos (Veja Mc 8:38; Dn 7:10).

Uma para ti, outra para Moisés e outra para Elias (9:5): Como Pedro e seus companheiros, recém-acordados de um sono profundo (Lc 9:32), reconheceriam que os dois homens que estavam com Jesus eram Moisés e Elias? Certamente não tinham visto fotos ou retratos que lhes ensinassem como eram esses homens, mortos muito tempo atrás. Não somos informados de que Moisés e Elias se identificaram ou que Jesus os identificou. Marcos, como narrador onisciente, pode saber (ou criar) detalhes como sua identidade, mas se ele está escrevendo uma história direta, como os homens adormecidos descobriram a identidade de Moisés e Elias?

Moisés e Elias são muitas vezes emparelhados na tradição bíblica e judaica. As duas testemunhas de Ap 11:3-12 poderiam muito bem ser Moisés e Elias (para Moisés compare v. 6 com Êx 7:17, 19; para Elias compare v. 5-6 com 2Rs 1:10). No entanto, deve-se notar que Elias às vezes é emparelhado com Enoque; veja 2Esdras 6:26; *Apocalipse de Elias* 4:7-19, que parece ser dependente de Ap 11. De acordo com uma interpretação rabínica, Deus promete no futuro trazer Moisés com Elias (*Deuteronômio Rabá* 3.17 [sobre Dt 10:1]). Os rabinos comparavam Moisés e Elias em muitos pontos, como demonstra o seguinte: "Você descobre que dois profetas se levantaram para Israel da tribo de Levi; um, o primeiro de todos os profetas, e o outro, o último de todos os profetas: Moisés primeiro e Elias por último, e ambos com uma comissão para redimir Israel... Você descobre que Moisés e Elias eram semelhantes em todos os aspectos... Moisés subiu ao céu [Êx 19:3]; e Elias subiu ao céu [cf. 2Rs 2:1]... Moisés: 'E a nuvem o cobriu seis dias' [Êx 24:16]; e Elias subiu em um redemoinho [cf. 2Rs 2:1]" (*Pesiqta Rabbati* 4.2). Essa comparação rabínica é provavelmente uma elaboração de tradições mais antigas nas quais se acreditava que Moisés e Elias estavam envolvidos de alguma forma com os últimos dias. Essa expectativa pode fornecer a base para os discípulos deduzirem que eram Moisés e Elias que estavam visitando Jesus, se de fato não foram informados explicitamente de sua identidade. (Veja também comentários sobre Mt 17:4 e Lc 9:30.)

Este é o meu Filho amado; ouçam-no! (9:7): A voz do céu difere entre os três relatos sinópticos. Mt 17:5 diz: "Este é o meu Filho amado. Eu me deleito nele. Ouçam-no!" Lc 9:35 relata: "Este é meu Filho, o Escolhido; ouçam-no!" Qual dessas três versões reflete o que a voz celestial realmente disse? Não somos capazes de recuperar as exatas palavras faladas dos dados textuais claramente, e é evidente que os evangelistas sentiram que sua tarefa era transmitir o sentido das palavras em vez de citações exatas. Isso se torna óbvio pelo fato de que muito do que foi dito por Jesus e outras figuras do Evangelho provavelmente foi falado em aramaico e não em grego do NT. Portanto, os evangelistas já fizeram o trabalho de tradução em seus relatos. Além disso, a comparação das narrativas dos evangelhos sugere que os evangelistas inspirados tinham a liberdade de usar as palavras que melhor se adequavam a seus propósitos e contextos.

Marcos 9:9-13

Eles guardaram essa palavra para si mesmos, discutindo o que significava "ressuscitar dos mortos" (9:10): A transfiguração ocorreu cerca de uma semana após a confissão de Pedro em Cesareia de Filipe e a predição de Jesus sobre sua morte e ressurreição. Visto que o discurso de Jesus sobre a morte e a ressurreição causou uma forte impressão em Pedro em

Cesareia de Filipe, por que Pedro, Tiago e João precisavam considerar o que significava ressuscitar dentre os mortos após a transfiguração de Jesus? Parece que Marcos está retratando os discípulos de uma forma que os faz não demonstrar consciência de eventos e discussões anteriores.

É difícil saber o que fazer com a discussão sobre "ressuscitar dos mortos". Os discípulos ainda não conseguiam entender que Jesus realmente queria dizer que morreria e ressuscitaria? Parece provável, dada a resistência anterior de Pedro à ideia (8:31-33), além de suas reações desanimadas à execução de Jesus e sua surpresa com sua ressurreição. Ou eles estariam perplexos com questões de cronologia, como sua pergunta no versículo 11 parece sugerir? Eles se perguntam quando ocorrerá a ressurreição geral dos mortos — antes do aparecimento de Elias ou depois? Qualquer uma dessas duas questões pode estar por trás da discussão dos discípulos, ou talvez uma combinação de ambas.

Por que os escribas dizem que Elias deve vir primeiro? (9:11): Por que os escribas disseram que Elias viria primeiro? Pensa-se comumente que a base é a profecia em Ml 4:5-6, que diz: "Vejam, eu lhes enviarei o profeta Elias, *antes* que venha o grande e terrível Dia do Senhor. E Ele converterá o coração dos pais aos filhos" (grifo do autor). Jesus concorda: "Elias vem primeiro e tudo restaura" (Mc 9:12a). Aqui Jesus não apenas alude a Malaquias, mas sua linguagem é uma reminiscência do louvor da Sirácida a Elias, que diz que ele está "pronto no tempo determinado... para restaurar as tribos de Jacó" (Sirácida 48:10).

Os críticos dizem que Ml 4:5-6 foi gerado por uma mera lenda inspirada pelo fato de que Elias deixou a terra em uma carruagem de fogo. Além do ceticismo sobre a inspiração da Bíblia, não há base para supor que Ml 4:5-6 seja mera suposição baseada na ascensão de Elias na carruagem de fogo. Várias fontes judaicas testemunham a crença de que Elias virá no fim dos tempos (e.g., Sirácida 48:10). Yahweh declara que alguém no papel de Elias (como o Messias estaria no papel de Davi) viria antes de um tempo de julgamento e restauração de todas as coisas.

Eu, porém, lhes digo que Elias realmente veio (9:13): Jesus e João Batista se contradizem e Jesus estaria endossando a crença na reencarnação? Afinal, Jesus identifica João com Elias, mas o próprio João nega veementemente que ele seja Elias (Jo 1:21). João Batista aparentemente viu sua missão em termos de Is 40:1-5, mas não em Ml 4:5-6. Jesus, porém, corrigiu a percepção de João. A história é um pouco mais complexa porque em Mt 11:14 Jesus declara às multidões: "Se vocês quiserem aceitar [o testemunho da Lei e dos Profetas sobre o reino], esse é o Elias que havia de vir". Portanto, há um sentido em que João era Elias, e há um sentido em que ele não era (uma vez que os judeus não aceitaram a mensagem do reino).

João Batista não era literalmente Elias, assim como Jesus não era literalmente Davi (Jr 30:9; Ez 34:23-24; 37:24-25), e, portanto, não há suporte para a reencarnação na declaração de Jesus. (Veja comentários adicionais em Mt 17:11 e Lc 9:19.)

MARCOS 9:14-29

Quando toda a multidão o viu, ficou maravilhada e correu para saudá-lo (9:15): Por que a multidão ficou "admirada" quando viu Jesus? Gundry (1993, p. 487) sugere que o resplendor da transformação ainda estava em evidência na pessoa de Jesus. Ele pode estar correto, pois "maravilhoso" (*ekthambein*) é usado em Mc 16:5-6, onde as mulheres veem o jovem (provavelmente um anjo) no túmulo vazio, e em Mc 14:33-34, onde Jesus está apavorado e preocupado com a perspectiva da morte.

Ele o derruba no chão, espuma pela boca, range os dentes e fica rígido (9:18): Muitos comentaram que a descrição da doença do menino soa mais como epilepsia do que possessão demoníaca, especialmente devido ao fato de que a condição persistia desde a infância (v. 21). Esse versículo reflete a ignorância sobre diagnósticos médicos? Certamente é verdade que os antigos não entendiam a causa da epilepsia, e sem dúvida muitos teriam atribuído a condição à possessão demoníaca, mas não há razão para pensar que a epilepsia e a possessão demoníaca não possam coincidir, ou que a possessão demoníaca possa se manifestar em condições semelhantes à epilepsia. O fato de que o menino teve uma convulsão assim que viu Jesus (v. 20) sugere que algo mais do que mera epilepsia estava operando naquele momento.

Tudo é possível ao que crê (9:23): Alguns acreditam que essa declaração justifica um evangelho nomeado e vindicado, também conhecido como o evangelho da prosperidade. É importante ressaltar que o contexto não trata sobre a aquisição de bens. Está em questão a necessidade da fé, que torna possível a libertação.

Espírito mudo e surdo (9:25): As palavras de Jesus aqui poderiam dar a alguns leitores a impressão de que Ele estava descrevendo o próprio demônio como sendo mudo e surdo, mas é claro que ele ouviu Jesus ordenar que fosse embora, e gritou enquanto o deixava. Assim, o espírito não era mudo ou surdo, mas causava mudez e surdez em seu hospedeiro. Jesus se dirigiu ao demônio de acordo com sua imposição sobre o menino.

Esse espécie só pode sair por meio de oração [e jejum] (9:29): Existiriam diferentes classes de demônios, alguns sendo mais difíceis de expulsar do que outros, como a declaração de Jesus aqui parece sugerir? Isso pode ou não ser o que Jesus quis dizer. Em vez de diferentes classes de demônios, possivelmente alguns são mais fortes que outros e, portanto, mais difíceis de exorcizar.

[e jejum] (9:29): Bruce Metzger aponta que, porque havia uma ênfase tão forte no jejum na igreja primitiva, que "é compreensível que [*kai nēsteia*] seja um adendo que encontrou seu caminho para a maioria das testemunhas. Entre as testemunhas que resistiram a tal acréscimo estão importantes representantes dos tipos de texto alexandrino e ocidental" (*TCGNT*, p. 85). Uma adição semelhante foi feita em 1Co 7:5.

Marcos 9:30-32

Eles o matarão e, depois que Ele for morto, ressuscitará três dias depois (9:31): Pela segunda vez, Jesus prediz formalmente sua paixão (sobre a primeira predição, veja comentários em 8:31). Jesus dificilmente poderia falar com mais clareza sobre sua morte vindoura em 9:31, como já falara anteriormente; ainda assim somos informados de que os discípulos ainda não haviam entendido e que estavam com medo de abordar o assunto (v. 32).

Julgando isso irreal, alguns sugeriram que Marcos inventou as previsões de morte e ressurreição de Jesus e as incluiu em sua história de maneira descuidada, fazendo com que os discípulos parecessem idiotas. Mas, em vez de levantar a hipótese de que os evangelistas inventaram esses relatos para mostrar que Jesus estava no comando de seu destino e que a morte por crucificação não indicava uma falha de seu movimento, é melhor ver que os discípulos estavam tão comprometidos com uma expectativa diferente em relação ao Messias que eles não podiam entender as predições de Jesus sobre sua crucificação e ressurreição. As únicas coisas que poderiam convencê-los da veracidade das predições radicais de Jesus eram os próprios eventos — sua crucificação e ressurreição.

Marcos 9:33-37

Eles [...] haviam discutindo entre si sobre quem era o maior (9:34): O aparecimento dessa história pouco lisonjeira no Evangelho de Marcos atesta o compromisso do evangelista de dizer a verdade, com todos os defeitos. Se a vida, ministério, morte e ressurreição de Jesus são apenas elementos inventados ou muito exagerados pelos discípulos e evangelistas, por que eles se retratariam sob uma luz tão pobre?

Marcos 9:38-41

Vimos alguém expulsando demônios em teu nome (9:38): Jesus não foi o único exorcista na Palestina do primeiro século. De acordo com Josefo (*Antiguidades* 8.45-49), um homem chamado Eleazar seguia os encantamentos de Salomão e podia expulsar demônios pelas narinas de uma pessoa, através do uso da raiz Baaras. O pai da igreja, Orígenes, conhecia exorcistas que usavam esses encantamentos (*Comentário a Mateus* 33 [em Mt 26:63]). Jesus responde aos que o acusam de expulsar demônios com a ajuda de Belzebu, perguntando a seus críticos: "por quem seus filhos os expulsam?" (Lc 11:19). Lendas rabínicas posteriores nos dizem que o homem santo Hanina ben Dosa baniu a "rainha dos demônios" de lugares habitados (*b. Pesahim* 112b). Em vista desse material, não surpreende que houvesse outros homens expulsando demônios.

Quem não é contra nós, é por nós (9:40): Essa afirmação contradiz Mt 12:30 e Lc 11:23, que dizem: "Quem não é por mim é contra mim"; Qual frase Jesus disse? O contexto dos ditos é diferente, embora ambos tratem de exorcismo. O argumento de Mt 12:30 e Lc 11:23 é que aqueles que criticam e se opõem aos exorcismos de Jesus estão contra Ele. O argumento em Mc 9:40 é que um homem que usa o nome de Jesus para lutar contra Satanás está do lado de Jesus. Assim, Marcos não contradiz Mateus nem Lucas.

Marcos 9:42-50

Se a sua mão o fizer tropeçar, corte-a (9:43): Jesus está falando literal ou hiperbolicamente nos versículos 43, 45 e 47 quando trata sobre as medidas que alguém deve tomar para evitar o inferno? É realmente a mão ou o olho que causa pecados de roubo, luxúria etc.? A linguagem de Jesus aqui é figurativa e não literal. Ele escolhe essas imagens horríveis para enfatizar a importância do que está em jogo. "Tropeçar ou causar a queda" de qualquer pessoa, incluindo os pequenos e marginalizados, e assim levá-los a pecar (o que pode significar cair) resultará em julgamento. Melhor seria cometer suicídio ou mutilar-se do que ser culpado de tal ofensa. Esse tipo de linguagem figurativa também é encontrada fora dos círculos judaicos e cristãos. De acordo com Platão, "os homens estão preparados para ter seus próprios pés e mãos cortados se sentirem que essas posses são prejudiciais" (*Simpósio* 204E). Da mesma forma, Porfírio (final do século 3 d.C.) disse: "Muitas vezes as pessoas amputam algum membro para salvar suas vidas; você deve estar preparado para amputar todo o corpo para salvar sua alma" (*Carta a Marcela* p. 34).

***Questão textual* (9:44, 46):** As inserções, marcadas por colchetes, não são originais, mas foram acrescentadas por um escriba com base na frase que aparece no versículo 48, onde é original.

Seu verme não morre e o fogo não se apaga (9:48): O que significa "seu verme não morre"? Se o inferno é um fogo, os vermes não morreriam? Se "verme" não é literal, o que mais sobre a descrição de Jesus do inferno pode ser não literal? Essa imagem é prova de que as descrições do inferno foram extraídas significativamente da pilha de lixo no vale de Hinom? Se sim, que implicação isso tem para a doutrina da punição eterna? A descrição de Jesus sobre o Geena é tirada de Is 66:24, que provavelmente obtém sua imagem do depósito de lixo no vale de Hinom (2Rs 23:10). A associação desse versículo de Isaías com o Geena reflete a tradição aramaica conforme visto no Targum de Isaías que acrescenta: "os ímpios serão julgados no Geena".

A ideia é que o inferno é como um depósito de lixo onde os incêndios estão sempre queimando o dejeto que está em constante decomposição (daí a referência a "seu verme"). O uso de linguagem figurativa não deve ser entendido como implicando que o próprio inferno é figurativo. Jesus está usando imagens vívidas para alertar sobre uma realidade igualmente vívida. A punição do rebelde é constante e perpétua (Oswalt 1998, p. 693).

Todos serão salgados com fogo (9:49): Alguns acham que esse versículo ensina que todos experimentarão o inferno pelo menos por um tempo, mas Jesus quis dizer que todos serão purificados com sofrimento (Ml 3:2-3).

Se o sal perder o sabor, como você pode torná-lo salgado? (9:50): Esse ditado é figurativo e não deve ser forçado a se encaixar na ilustração de forma direta. O sal aqui é uma referência à amizade, como vemos em vários ditados da antiguidade tardia: "Homero chama o sal de 'divino'... o tempero mais verdadeiramente divino na mesa de jantar é a presença de um amigo" (Plutarco, *Moralia*, "Table Talk" p. 7; ver também Plutarco, *Moralia*, "Sobre ter muitos amigos" p. 3). Filo fala do "sal da hospitalidade" (*Sobre os sonhos* 2.210). A "aliança do sal" no Antigo Testamento conota a amizade entre Deus e seu povo Israel (Veja Lv 2:13; Nm 18:19; 2Cr 13:5). Portanto, diz Jesus a seus discípulos, vocês devem ter "sal entre si e estar em paz uns com os outros" (v. 50b; veja Ez 43:24-27, onde os israelitas são ordenados a colocar sal em suas ofertas "pacíficas").

Marcos 10:1-12

[e se unirá à sua esposa] (10:7): A maioria dos manuscritos têm essa frase, enquanto nossos dois primeiros manuscritos (א e B) e alguns outros não a tem. Teria sido adicionada por um escriba para harmonizar com Gn 2:24 e Mt 19:5, ou foi acidentalmente deletada por um escriba cujo olho saltava de um *kai* ("e") para outro. A maioria do comitê textual julgou o primeiro argumento mais provável (*TCGNT*, p. 88-89).

***O silêncio de Marcos sobre a cláusula de exceção* (10:11):** Mt 19:9 inclui o que ficou conhecido como a cláusula de exceção, pois diz que todo aquele que se divorciar de sua mulher, "exceto por imoralidade sexual", é culpado de adultério. A omissão dessa cláusula por Marcos indica que Mateus a teria criado? Em vez de suspeitar disso, é melhor presumir que Marcos escolheu enfatizar a permanência do casamento em vez de aceitar a exceção. Sua omissão da inclusão da cláusula não é indicação de que Jesus não a tenha falado de fato. (Veja mais comentários em Mt 19:9 e Lc 16:18.)

Marcos 10:13-31

Quem não receber o reino de Deus como uma criança, nunca entrará nele (10:15): As crianças muitas vezes aceitam os ensinamentos de uma figura de autoridade sem questionar. Jesus ensina aqui que os cristãos devem ser ingênuos e abraçar a fé sem fazer perguntas mais profundas? O argumento de Jesus é que as crianças estão inteiramente sob a autoridade de seus pais. Por mais que os adultos lutem com a convocação para o reino, eles devem chegar ao ponto em que renunciam à sua autoridade e aceitam plenamente o chamado de Deus para entrar no reino. A entrada no reino requer vir sem atitudes de autoimportância ou autocapacitação.

***Por que Marcos e Mateus diferem em seus relatos?* (10:17-22):** O breve relato de Marcos é um reflexo mais próximo do evento real? O material adicional de Mateus é algo que ele teria inventado para dar corpo à história?

A principal diferença é que Mateus acrescentou a parábola do proprietário de terras em 20:1-16. Esse material é exclusivo de Mateus, o que significa que ele o derivou de fontes escritas ou orais. (Veja mais comentários em Mt 19:16-30.)

Por que você me chama de bom? [...] Ninguém é bom, exceto Um — Deus (10:18): Jesus estaria negando sua bondade inata ou a divindade aqui? A resposta de Jesus deixou os intérpretes perplexos desde o primeiro século até o presente, mas o contexto sugere que Jesus está falando apenas sobre a impossibilidade de o homem alcançar uma boa posição diante de Deus pelas obras, e não está fazendo nenhum tipo de afirmação sobre sua própria natureza. A observação de Jesus é essencialmente a mesma em todos os três evangelhos: "Ninguém é bom senão Um — Deus", o que nos diz que os três relatos significam essencialmente a mesma coisa (Mt 19:17; Lc 18:19). Ao dizer que só Deus é bom, Jesus torna impossível para o jovem rico, ou para qualquer outra pessoa, ser bom. Nem mesmo guardando os mandamentos escritos na Lei o ser humano pode alcançar a bondade de Deus.

Não defraude (10:19): Um dos Dez Mandamentos diz "não defraude"? O mandamento de não defraudar é uma variação do mandamento de não roubar e pode ter a intenção de substituir o da cobiça (Evans 2000, p. 96). Nineham sugere que, como o homem é rico, provavelmente não tem problemas com a cobiça, mas pode ter defraudado os pobres (1963, p. 274).

Vá, venda tudo o que você tem e dá-o aos pobres (10:21): Alguns consideram isso um requisito para todos os que desejam seguir a Cristo, mas significativamente ninguém mais recebeu essa resposta para a questão de como encontrar a vida eterna. Veja Lc 10:25; At 16:30. Se, como ensinou o apóstolo Paulo, a salvação é obtida pela fé, existem muitos obstáculos à fé que cativam o coração. Aparentemente, a riqueza desse homem era seu obstáculo.

***Variante textual* (10:24):** A maioria dos manuscritos adiciona ao mais curto, "Quão difícil é entrar no reino de Deus" uma qualificação que se encaixa no contexto: "Quão difícil é para os que confiam nas riquezas entrar no reino de Deus". Tal adição é típica das expansões dos escribas. Os manuscritos mais antigos (ℵ B Δ Ψ) não possuem essa expansão.

O fundo de uma agulha (10:25): O "fundo de uma agulha" significa que se trata de uma agulha de costura? Alguns intérpretes, talvez tentando aliviar a restrição desse versículo, dizem que o termo "agulha" se refere a um portão estreito chamado Portão da Agulha. O pequeno portão em Jerusalém, que os guias mostram aos turistas crédulos, não existia antes da Idade Média. A agulha a que Jesus se refere é realmente uma agulha de costura. Exemplos extremos semelhantes são encontrados na literatura rabínica (*b. Berakhot* 55b: "uma palma de ouro ou um elefante que passa pelo fundo de uma agulha").

***A dificuldade para um homem rico entrar no céu* (10:25):** As Escrituras em outros lugares descrevem as riquezas mundanas como uma das maneiras pelas quais Deus abençoa a vida do fiel. Esse versículo contradiz aqueles? O ensinamento de Jesus aqui está de acordo com seu ensinamento em Mt 6:24 (e Lc 16:13) de que "vocês não podem ser servos de Deus e do dinheiro". A riqueza no AT era frequentemente considerada uma bênção da aliança para alguém que já tinha fé.

***Jesus e os valores familiares* (10:29-30):** Muitos acham que Jesus endossa o abandono das responsabilidades domésticas para se dedicar ao ministério. Sugere-se que isso pode até ter inspirado Agostinho a abandonar sua amante (a mãe de seu filho) em vez de se casar com ela quando se tornou cristão. Mas essa é uma leitura errada do significado dado por Jesus aqui. Ele não menciona abandonar a esposa e os filhos. Ele está falando apenas em deixar os pais e parentes para servi-lo. O que quer que tenha motivado Agostinho em sua escolha não se aplica ao ensinamento de Jesus aqui.

Marcos 10:32-34

***A predição detalhada de Jesus* (10:33-34):** A terceira predição da paixão de Jesus é notavelmente detalhada, formando um resumo preciso do que é retratado em eventos posteriores (Mc 14:53—16:8). Sua condenação à morte como o "Filho do Homem" nas mãos do Sumo Sacerdote e dos sacerdotes governantes ocorre em Mc 14:55-65. Jesus será entregue aos gentios em Mc 15:1. Os gentios zombarão de Jesus em Mc 15:20. Eles cuspirão nele em Mc 15:19 (os sacerdotes governantes também cuspirão nele em 14:65) e o açoitarão em Mc 15:15. Como nas ocasiões anteriores, Jesus prediz que "Ele ressuscitará depois de três dias".

Em face dessa notável semelhança, deveríamos supor que Marcos teria colocado esses detalhes nos lábios de Jesus em retrospectiva? Não há razão para suspeitar que Marcos tenha inventado essa passagem, quando muito do que Jesus diz aqui pode ser encontrado na profecia do servo sofredor em Is 50:6; 52:13-53:12; e Sl 22:7, textos que Jesus conhecia e propositadamente aludiu a eles. No entanto, é razoável sugerir que as palavras exatas que Marcos usa nos versículos 33-34 podem refletir a consciência pós-Páscoa do que exatamente Jesus passou.

Marcos 10:35-45

Tiago e João, os filhos de Zebedeu, aproximaram-se dele (10:35): Marcos apresenta Tiago e João fazendo a pergunta diretamente a Jesus, enquanto Mt 20:20-21 mostra a mãe deles fazendo isso em nome deles. O que devemos considerar com essa diferença? Uma solução possível é que Tiago e João a incitaram, o que Jesus reconhece, pois em Mt 20:22 Ele diz: "Vocês [pl.] não sabem o que estão [pl.] pedindo". Jesus se dirige a Tiago e João em vez de à mãe deles, e os outros discípulos ficaram indignados com os irmãos (20:24; veja também Mc 10:41). Portanto, é mais provável que o relato de Mateus esteja mais próximo do evento literal, enquanto Marcos simplesmente foi direto ao ponto e fez a pergunta pelos próprios irmãos, uma vez que eles eram a fonte última da pergunta. (Veja mais comentários em Mt 20:20-21.)

Deixa-nos sentar à tua direita e à tua esquerda na tua glória (10:37): Como é possível que Tiago e João fizessem essa pergunta egoísta imediatamente após outra das predições de morte e ressurreição de Jesus? Eles não estariam mais aptos a perguntar o que aconteceria com eles depois que Ele fosse morto, como eles poderiam ajudá-lo a evitar esse destino ou se deveriam apenas evitar Jerusalém completamente? Mais uma vez vemos que a visão de mundo dos discípulos era tão diametralmente oposta à de Jesus que, mesmo depois de três predições, eles falharam em compreender o sentido ou significado do que Ele estava dizendo. A luz embaraçosa que isso coloca sobre os discípulos é mais uma razão para afirmar a autenticidade dessa passagem, uma vez que é altamente improvável que a igreja tenha criado um episódio tão desagradável.

Somos capazes (10:39): Aqui está outro retrato nada elogiável dos discípulos que sugere fortemente a precisão de Marcos. Os discípulos não hesitam em afirmar que têm a coragem de beber o cálice de Jesus e ser batizados pelo seu batismo (ambos referindo-se ao sofrimento), mas esses mesmos homens vão abandonar Jesus no jardim (Mt 26:56), negá-lo com juramentos (v. 69-75), e tornam-se fugitivos e presumivelmente desanimados quando Ele é crucificado.

Vocês sabem que os que são considerados chefes dos gentios os dominam, e os seus superiores exercem poder sobre eles (10:42): Se os relatos do NT fossem ficções criadas pelos discípulos e outras figuras da igreja primitiva, você esperaria que eles retratassem Jesus ensinando a grandeza dos Doze e colocando-os em posições de grande autoridade e privilégio. Mas isso é o oposto do que encontramos. Jesus ensina que o estilo e a filosofia da liderança cristã devem ser substancialmente diferentes daqueles que exercem o poder no mundo secular. Eles buscam o poder e aspiram a dominar os outros, mas não é assim com seus discípulos. Os grandes entre os seguidores de Jesus devem ser servos, e o próprio Jesus é o modelo dessa liderança servil (v. 45).

Marcos 10:46-52

***Diferenças entre Mateus e Marcos* (10:46-52):** Marcos menciona apenas um mendigo cego em Jericó, enquanto Mateus menciona dois (Mt 20:30). Mateus, que usou Marcos como fonte, teria inventado um segundo cego? Ou Marcos sabia de um segundo, mas teria escolhido apenas mencionar o mais proeminente? O relato de Marcos não exclui a existência do segundo mendigo cego não mencionado. Possivelmente o próprio Marcos sabia o nome de apenas um deles, ou talvez somente um deles se tornou um seguidor de Jesus nos anos após esse evento, o que pode ter inclinado Marcos a mencionar somente Bartimeu. Mateus pode ter compartilhado tal preocupação, mas decidiu mencionar a presença de dois porque, interessado na lei, queria mostrar que havia duas testemunhas do milagre (cf. Mt 18:16) (Kaiser, Davids, Bruce, e Brauch 1996, p. 371).

Chegaram a Jericó. E quando Ele estava saindo de Jericó (10:46): Jesus estava saindo de Jericó (Marcos) ou se aproximando da cidade (Lc 18:35) quando encontrou o(s) mendigo(s) cego(s)? Muito provavelmente Lucas modificou e simplificou o relato um tanto estranho de Marcos, que mostra Jesus chegando e saindo imediatamente. "O evangelista Lucas faz essa mudança para acomodar a conversa de Jesus com Zaqueu em 19:1-10, que ocorre *em* Jericó" (Evans 2000, p. 131). De acordo com Calvino, Bartimeu começou a tentar atrair a atenção de Jesus no caminho de Jesus para Jericó e finalmente conseguiu quando Jesus estava deixando a cidade (Calvino1972, 2:278). De acordo com Blomberg, "provavelmente Lucas acabou por abreviar Marcos, como faz consistentemente em outros lugares, deixando de fora a referência à partida de Jericó" (2007, p. 128-29). Stanley Porter argumenta que o verbo em Lc 18:35 não fala de movimento, mas de localização. A questão é apenas que Jesus não estava longe de Jericó (1992, p. 91-104). (Veja mais comentários em Mt 20:29-34 e Lc 18:35.)

Filho de Davi! (10:48): A descendência davídica de Jesus é traçada nas respectivas genealogias nos Evangelhos de Mateus e Lucas. Os céticos têm argumentado que na época de Jesus a linhagem davídica havia se perdido e que, portanto, as alegações da descendência davídica de Jesus eram apenas simbólicas. No entanto, a inscrição de um ossuário descoberto em 1971 diz: "pertencente à casa de Davi". Essa descoberta apoia os evangelhos, assim como outros testemunhos antigos que falam de membros sobreviventes da família de Davi (Veja *m. Ta'anit* 4:5; Eusébio, *História eclesiástica* 3.12-13). Para uma discussão sobre o ossuário da casa de Davi, veja Evans 2003, p. 103-4.

MARCOS 11:1-11

Encontrarão um jumentinho [...]. Desamarrem-no e tragam-no aqui (11:2): Os leitores às vezes supõem que a base das instruções de Jesus é a onisciência, em vez de um planejamento e arranjo antecipados. Nesse caso, Jesus basicamente enviou os discípulos para pegar o jumento sem permissão. No entanto, as instruções de Jesus e os eventos que se seguem mostram que arranjos haviam sido feitos. O evangelista Marcos não está a par desses arranjos (nem teria conhecimento dos arranjos que foram feitos para proteger o Cenáculo; veja comentários em 14:12-16). Não devemos assumir que Jesus demonstrou conhecimento sobrenatural. O que é mostrado aqui é o domínio de Jesus sobre a situação. Também pode sugerir sua assunção de autoridade política, pelo menos em pé de igualdade com a autoridade romana.

Marcos chama o animal de "potro" (*polos*), o que pode significar um cavalo jovem, não necessariamente um jumentinho (embora isso seja possível, é claro). Os leitores romanos de Marcos não teriam motivos para imaginar outra coisa senão um cavalo. (É Mateus que cita Zc 9:9 e fala de um jumento; veja Mt 21:1-7.) As ações dos seguidores de Jesus (v. 8) são reminiscentes das honras concedidas aos antigos governantes de Israel. Jogar as vestes sobre o jumentinho e no caminho antes da procissão nos lembra a unção real de Jeú e como os israelitas colocaram suas vestes nos degraus diante dele (2Rs 9:12-13). A colocação dos ramos diante de Jesus recorda a recepção que Judas Macabeu, o grande líder intertestamentário de Israel, recebeu após a purificação do templo (2Macabeus 10:7). Montar o jumentinho, que pode ou não ter lembrado Zc 9:9, também teria sido uma reminiscência de Salomão, filho de Davi, que montou na mula de seu pai e foi proclamado rei (1Rs 1:32-48).

***Quantos jumentos estavam envolvidos?* (11:2-3):** Marcos menciona apenas um jumento, mas de acordo com Mt 21:2, Jesus disse a seus discípulos que eles encontrariam "uma jumenta amarrada ali e um jumentinho com ela". Muitos supõem que Mateus criou o jumento extra na tentativa de retratar o cumprimento da profecia de Zc 9:9. Mas Gundry acha difícil acreditar que Mateus pensou erroneamente que o paralelismo sinônimo em Zc 9:9 implicava dois jumentos: "O fato de o potro não ter jamais sido montado (embora ele possa ter carregado outros tipos de fardos) abre a possibilidade de uma reminiscência histórica na menção de dois animais. Pois a visão de um jumentinho não montado acompanhando sua mãe permaneceu comum na Palestina até os tempos modernos" (1982, p. 409). Hagner concorda: "É quase impossível argumentar que Mateus acreditava que dois animais eram necessários, em vez do único animal de Marcos para que a profecia de Zacarias fosse considerada cumprida" (1995). É melhor concluir que Mateus lembrou corretamente a presença de dois jumentos, e que Marcos escolheu mencionar apenas um, considerando que Jesus montou apenas um. (Veja mais comentários em Mt 21:2 e Lc 19:30.)

Hosana! Bendito é aquele que vem em nome do Senhor! O reino vindouro de nosso pai Davi é abençoado! Hosana no mais alto dos céus! (11:9-10): Esse coro conta como prova de que o povo estava recebendo Jesus como o Messias? Afinal, Ele foi rejeitado por esse mesmo povo pouco tempo depois. Além disso, era esse coro comumente entoado quando os peregrinos entravam em Jerusalém para a Páscoa? Os gritos que vêm ao encontro de Jesus aludem a Salmos 118:26. A coerência com as tendências interpretativas preservadas no Targum dos Salmos sé especialmente sugestiva. No versículo 22 fala do *menino* rejeitado (em vez de *pedra*, como no hebraico) que era filho de Jessé e era digno de ser nomeado rei e governante. Embora inicialmente rejeitado pelos construtores (isto é, pelas autoridades religiosas; veja CD 4:19; 8:12; At 4:11), os construtores mais tarde abençoarão Davi do recinto do templo: "Bem-aventurado o que vem no nome da palavra do Senhor" (*Targum de Salmos* 118:26). Os sacerdotes governantes então celebravam o reinado de Davi sacrificando um cordeiro (v. 27). Quão antiga é essa tradição aramaica não pode ser determinado com certeza, mas a associação de Sl 118:26 com o reino de Davi sugere que elementos dessa tradição interpretativa estão por trás das palavras da multidão entusiástica. (Para saber mais sobre Sl 118 no pensamento de Jesus, veja os comentários sobre Mc 12:1-12.) Não pode haver dúvida de que as pessoas que compunham os seguidores de Jesus antecipavam o breve aparecimento de um reino davídico. O fato de Jesus ser crucificado apenas uma semana depois como "rei dos judeus" (Mc 15:2, 26) é uma evidência convincente de que um reino davídico era realmente o que a multidão esperava que surgisse sob a liderança de Jesus.

Marcos 11:12-14

Que nunca mais ninguém coma fruto de ti! (11:14): A figueira teria sido amaldiçoada antes ou depois da purificação do templo (Mt 21:18-20) (Lc 19:45ss; Mc 11:11-19)? A árvore secou-se imediatamente (Mateus) ou no dia seguinte (Mc 11:20)? A árvore estava fora da estação para produzir frutos (v. 13). Sob essa luz, Jesus estaria exibindo um temperamento irracional aqui? Embora seja verdade que ainda não era a estação dos figos totalmente desenvolvidos, o fato de a árvore ter folhas (v. 13) cria uma expectativa razoável de que a árvore teria brotos comestíveis, que poderiam aparecer na primavera. Porém não havia nada comestível na figueira. Isso levou Jesus a proferir uma maldição, que os discípulos ouviram. A figueira estéril e a reação de Jesus a ela prenunciam a demonstração no templo que acontecerá no final do dia. A figueira estéril, entretanto, não simboliza *Israel*. Como o contexto deixa claro, é a *instituição do templo* que é criticada e ameaçada, não o povo de Israel como um todo.

As pessoas às vezes ficam preocupadas porque Jesus realizou um milagre destrutivo (e, de fato, o evangelista Lucas omite a história). Mas a importância da advertência — tanto para os discípulos quanto para as autoridades do templo — supera em muito o valor de uma única figueira. Se as autoridades do templo não se arrependessem e aceitassem Jesus e sua proclamação, a nação enfrentaria julgamento e o próprio templo seria destruído.

E quanto à cronologia diferente entre os Sinóticos? De acordo com Blomberg, "Em seu desejo de criar uma narrativa literária mais clara, Mateus junta as duas partes da história da figueira, criando a ilusão de que tudo aconteceu em um dia (Mt 21:18-22). Ainda assim, Mateus nunca diz isso com tantas palavras, e a linguagem do secamento 'imediato' (v. 19) ainda é apropriada, mesmo que tenha ocorrido ao longo de várias horas. As árvores normalmente demoram muito mais para se decompor!" (2009, p. 368). (Veja mais comentários em Mt 21:18-20.)

Marcos 11:15-19

Momento da purificação do templo **(11:15-19):** O templo foi purificado no final (os Sinóticos) ou próximo ao início do ministério de Jesus (Jo 2:13-25)? Ou Ele fez isso duas vezes? É muito difícil determinar se Jo 2 relata o mesmo evento em um ponto diferente da vida de Jesus ou uma purificação separada. Quando examinado de perto, o relato de João é extremamente semelhante aos relatos Sinóticos. Se for o mesmo evento, é provável que João tenha reorganizado a cronologia. (Veja mais comentários em Mt 21:12-13 e Jo 2:13-25.)

Não está escrito: minha casa será chamada casa de oração para todas as nações? Mas vocês fizeram dela um covil de ladrões! (11:17): Jesus encontrou políticas ou atividades que considerava corruptas e, em caso afirmativo, quais eram? Da tradição rabínica, ouvimos falar de um protesto do primeiro século contra uma política de cobrança excessiva de pombas, o sacrifício do pobre (*m. Keritot* 1:7). Josefo nos conta sobre ações vergonhosas e violentas dos sacerdotes governantes contra os sacerdotes de baixo escalão nos anos anteriores à grande revolta de 66-70 d.C., em um esforço para roubar os dízimos (*Antiguidades* 20.181; 20.206-207). Josefo relata histórias de mestres religiosos incitando multidões a agir nos recintos do templo sobre questões de pureza (*Antiguidades* 13.372-373; 17.149 p. 167; *Guerra judaica* 1. 648-655). Esses incidentes sugerem uma série de disputas e práticas, uma ou mais das quais podem ter ocorrido no ano em que Jesus visitou Jerusalém na época da Páscoa (sobre a importância da pureza, veja Chilton 1996).

Marcos 11:20-26

Rabi, olha! A figueira que amaldiçoaste secou (11:21): Embora o relato de Marcos sobre a resposta de Pedro torne isso um pouco menos óbvio, Mateus deixa claro que os discípulos ficaram "maravilhados" (Mt 21:20) com a figueira que secou tão rapidamente em resposta à maldição de Jesus. Por que eles ficariam surpresos? A essa altura de seu discipulado, eles viram Jesus ressuscitar os mortos, curar os cegos, acalmar as tempestades, multiplicar milagrosamente alguns peixes e pães e realizar muitos outros milagres. Pode parecer que Marcos consistentemente apresenta os discípulos dando respostas que não trazem nenhum conhecimento prévio dos milagres de Jesus (e.g., seu espanto aqui; sua incapacidade de supor que Jesus alimentaria os 4 mil milagrosamente etc.).

O fato de os evangelhos compartilharem regularmente o tema da admiração dos discípulos diante dos milagres de Jesus sugere a possibilidade, por mais irracional que pareça, de que eles genuinamente ficavam maravilhados cada vez que viam Jesus realizar um milagre. Deveria alguém parar de se surpreender com essas coisas? E provavelmente seria impróprio pensar que o espanto deles é sobre a capacidade de Jesus de fazer tais coisas. Eles já haviam aceitado sua capacidade de realizar milagres. O espanto provavelmente é direcionado para os resultados não naturais. Finalmente, embora tivessem visto Jesus realizar muitos milagres de renovação e bênção, nunca o tinham visto realizar um milagre de destruição, simbolizando o julgamento. Portanto, esse milagre em particular realmente se destacou como excepcional.

Portanto, Eu lhes digo: todas as coisas por que vocês orarem e pedirem, creiam que já as receberam e as terão (11:24): Não devemos pensar que Jesus está oferecendo aos crentes uma promessa geral de dar-lhes tudo o que pedirem em oração. "A fé em Deus (v. 22), o relacionamento com o compromisso total com Deus, que sintoniza a pessoa com Deus e permite que Deus realize as tarefas redentoras de remoção de montanhas por meio do crente, fornece confiança de que tudo o que o crente pedir acontecerá (v. 24). Em vez do poder do pensamento positivo ou pensar positivamente, Jesus oferece o poder de Deus para realizar a vontade redentora de Deus por meio daqueles cujos pedidos são baseados em um relacionamento com Deus e surgiram desse relacionamento daqueles que têm fé em Deus" (Evans 2000, p. 195).

***Problema textual* (11:26):** Metzger diz que a "ausência do versículo de testemunhos que representam todos os tipos de texto torna altamente provável que as palavras tenham sido inseridas por copistas em imitação de Mt 6:15" (*TCGNT*, p. 93).

Marcos 11:27-33

Com que autoridade estás fazendo essas coisas? (11:28): Quando Jesus retorna ao recinto do templo, Ele é recebido por uma delegação de sacerdotes governantes, escribas e anciãos. Eles exigem saber de Jesus "com que autoridade" Ele fez aquelas coisas. Eles estavam se referindo, é claro, às ações e palavras de Jesus no recinto do templo no dia anterior (11:15-19). Isso pode dar suporte à ideia de que Jesus purificou o templo apenas uma vez, e que João o mudou para um período anterior ao ministério de Jesus, pois é difícil imaginar os líderes religiosos fazendo essa pergunta naquele momento se já tivessem passado por isso com Jesus alguns anos antes.

Também não direi com que autoridade faço essas coisas (11:33): Jesus estaria sendo irreverente ou evasivo aqui? Por que não dizer diretamente que sua autoridade vem de Deus? O leitor de Marcos sabe, é claro, que a autoridade de Jesus vem de Deus. Como o ser humano (i.e., "Filho do Homem") de Dn 7, Jesus recebeu autoridade real de Deus (Veja o comentário em Mc 2:10, 28). Possuidor dessa autoridade real, Ele pode ser corretamente aclamado "Filho de Davi" (10:47-48), Ele pode entrar em Jerusalém como uma figura real em meio aos clamores de libertação e a vinda do reino de Davi (11:9-10), e pode revisar as atividades dos recintos do templo (11:11, 15-19; veja 2Rs 12:1-16, onde as reformas do templo são iniciadas pelo rei Josias). Por sua resposta em forma de pergunta, Jesus basicamente declarou ser um com João Batista. Jesus, de forma característica, fez as pessoas decidirem por si mesmas quem Ele era com base em suas obras.

Marcos 12:1-12

Sabiam que Ele havia dito essa parábola contra eles (12:12): O evangelista comenta que os sacerdotes governantes reconheceram que a parábola havia sido dirigida contra eles. Como eles sabiam disso? Teriam eles se identificado nos ricos e poderosos como arrendatários? Não foi o

Cântico da Vinha de Isaías (Is 5:1-7) em sua forma hebraica original dirigido contra os "homens de Judá" e os "residentes de Jerusalém"? Nossas perguntas são novamente respondidas pela versão aramaica. O Targum de Isaías interpreta a torre como o santuário e o tonel de vinho como o altar. Quando Deus julgar sua vinha, Ele destruirá esses itens (Veja Targum de Isaías5:1-7; em 4Q500 Isaías 5 parece ser entendido como uma referência ao templo). Esse estreitamento do foco de julgamento das pessoas em geral para o estabelecimento do templo é coerente com a parábola de Jesus e sua compreensão de Is 5. O Targum de Isaías nesse caso provavelmente retém a antiga tradição interpretativa que se desenvolveu na sinagoga, com a qual Jesus evidentemente foi familiarizado (Veja Chilton 1984, p. 111-14).

A pedra que os construtores rejeitaram (12:10): Há uma diferença notável entre os textos hebraico e grego e o Targum de Salmos em Sl 118:22-23. Jesus acaba de contar uma parábola sobre o assassinato de um "filho amado" (v. 6), depois cita o salmo. O Targum de Salmos parafraseia Sl 118:22 desta forma: "O menino que os construtores abandonaram estava entre os filhos de Jessé e ele é digno de ser nomeado rei e governante". Marcos nos fornece uma citação literal da versão grega de Sl 118:22-23, que fala da "pedra" que os construtores rejeitaram. Suspeita-se que a tradição interpretativa subjacente à paráfrase aramaica era conhecida por Jesus e foi a razão pela qual Ele apelou para essa passagem logo após a parábola sobre o filho assassinado. A substituição de "menino" por "pedra" no aramaico provavelmente vem das palavras hebraicas de som semelhante *haeben* ("a pedra") e *habben* ("o filho"). Esse jogo de palavras parece estar por trás de um detalhe relatado por Josefo, que diz que quando uma pedra de cerco romano era vista sendo arremessada em direção à cidade, os vigias gritavam: "O filho vem!" (*Guerra judaica* 5.272). Embora as palavras gregas *lithos* ("pedra") e *huios* ("filho") não tenham nenhuma semelhança, as palavras hebraicas subjacentes têm. O mesmo jogo de palavras provavelmente se reflete na afirmação do Batista de que "destas pedras Deus pode suscitar filhos a Abraão" (Mt 3:9 = Lc 3:8). Provavelmente havia um jogo de palavras originalmente, mas no hebraico ou aramaico, não havia esse jogo entre as palavras gregas *lithoi* ("pedras") e *tekna* ("crianças").

Marcos 12:18-27

Não estão vocês enganados porque não conhecem as Escrituras nem o poder de Deus? (12:24): A repreensão de Jesus aos saduceus mostra a falta de familiaridade deles com o AT e a incapacidade de compreender o poder de Deus. Mas como a familiaridade adequada com o AT e a compreensão adequada do poder de Deus exigiriam a conclusão de que "quando ressuscitarem dentre os mortos, nem se casam nem se dão em casamento, mas serão como os anjos no céu" (v. 25)? O testemunho do AT sobre a ressurreição corporal é raro, mas mesmo quando ocorre não exige claramente a conclusão de que os corpos ressuscitados "nem se casam nem se dão em casamento". Além disso, a onipotência divina não implica logicamente que Deus ressuscitará corporalmente os humanos ou que eles não praticarão o casamento na ressurreição. Então, de que maneira os saduceus duvidariam do poder de Deus?

Jesus não oferece suporte bíblico para seu ponto de vista de que a vida ressurreta não envolve a continuação de condições como o casamento, por isso é difícil saber o que ele estava pensando aqui. Ele citará Êx 3:6 brevemente, mas isso parece não ter relação com a questão do casamento na ressurreição. Talvez seja melhor dizer que não temos certeza do raciocínio por trás da resposta de Jesus aqui, embora sua afirmação de que eles não conhecem as Escrituras possa ser uma referência ao fato de que os saduceus não aceitavam como autoridade nenhum dos livros do AT fora do Pentateuco.

Quanto à ressurreição dos mortos (12:26): Em resposta à descrença dos saduceus na ressurreição (todo o objetivo deles ao colocar a questão nos v. 20-23 era tentar provar o absurdo da crença na ressurreição), Jesus cita Êx 3:6, onde Deus se identifica a Moisés na sarça ardente, dizendo: "Eu sou o Deus de Abraão, o Deus de Isaque e o Deus de Jacó". Alguns acreditam que a maneira como Jesus lidou com o texto do Êxodo reflete uma tática retórica em vez de uma exegese histórico-gramatical. Será que Moisés teria entendido a declaração de Deus como significando que os patriarcas ainda estavam vivos e algum dia seriam ressuscitados, ou ele a teria entendido apenas como indicando que o Deus que estava falando com ele era o mesmo Deus que seus antepassados haviam adorado? Certamente a única pergunta na mente de Moisés enquanto ele estava diante da sarça era: "Quem está falando comigo?" Assim Deus se identificou. Costuma-se dizer que o tempo presente da declaração de Deus ("eu sou" em vez de "eu era") prova que Jesus identificou o verdadeiro significado do texto, mas se o propósito de Deus era identificar-se a Moisés, isso faz sentido que Ele se referiria a si mesmo como "eu era" em vez de "eu sou"? Aparentemente, a declaração "eu sou" de Deus em Êx 3:6 pode significar nada mais do que "eu sou o mesmo Deus que seus pais adoraram". O Deus dos pais de Moisés persiste através do tempo. Esse parece ser o ponto que Deus mostrou. E se a gramática de Êx 3:6 na melhor das hipóteses "permite" uma leitura da ressurreição é justo que Jesus retrate os saduceus como ignorantes das Escrituras?

Claramente Jesus considera que a declaração de Deus na sarça ardente era suficiente para estabelecer a ressurreição. Aparentemente, Jesus nos faria inferir a partir de Êx 3:6 que os patriarcas ainda vivem, embora seus corpos estejam mortos, e talvez essa inferência se torne mais forte ou mesmo inevitável à luz de outro testemunho do AT que apoia a ressurreição (e.g., Dn 12:2). O apelo de Jesus a uma passagem retirada de um dos livros da Lei é estratégico, pois somente esses livros eram reconhecidos pelos saduceus como totalmente inspirados e autorizados. Ter apelado para Dn 12, uma passagem de um livro provavelmente não reconhecido pelos saduceus, teria sido ineficaz. O fato de os saduceus desconsiderarem uma parte significativa das Escrituras do AT certamente ajuda a explicar parte de sua ignorância das Escrituras.

Jesus diz que Deus "não é Deus de mortos, mas de vivos" (v. 27). O fato de que Deus é o Deus dos vivos está implícito em toda a Escritura. Muitas vezes no relato da criação Deus cria e coisas "vivas" aparecem (Veja Gn 1:20, 21, 24, 28). Deus sopra em Adão e ele se torna um ser "vivente" (Gn 2:7). O próprio Deus é frequentemente referido como o "Deus vivo" (Dt 5:26; Js 3:10; 1Sm 17:26, 36; Sl 42:2; Jr 10:10; 23:36; Dn 6:20, 26; Os 1:10). Dessa estreita associação de Deus com a vida pode-se inferir que existe uma associação semelhante entre Deus e os patriarcas, cujos nomes tão frequentemente servem para identificar Deus (para "Deus de Abraão, Isaque e Jacó/Israel", veja Êx 3:15, 16; 4:5; 1Rs 18:36; 1Cr 29:18; 30:6; para

"Deus de Abraão" e "Isaque", veja Gn 28:13; 31:42, 53; para "Deus de Abraão", veja Gn 26:24; Sl 47:9).

A resposta de Jesus aos saduceus, portanto, não é simplesmente inteligente, baseada no tempo presente de Êx 3:6 (i.e., "Eu *sou* o Deus de..."), o que poderia implicar que os patriarcas ainda estão vivos (o que provavelmente é a ideia subjacente a 4Macabeus 7:19; veja Lc 20:38, que faz alusão a essa passagem). Jesus apelou para o caráter vivificante e sustentador da vida de Deus. Como o "Deus vivo", Ele não se identificaria como um Deus dos mortos. Para exemplos de engenhosidade exegética, em que muitas Escrituras dizem confirmar a esperança da ressurreição, veja *Sifre Deuteronômio* §306 (sobre Dt 32:1-3), onde o Rabi Simai diz: "Não há lição bíblica que não faça referência à ressurreição".

Marcos 12:28-30

***Jesus citou a Septuaginta?* (12:29-30)**: A resposta de Jesus parece depender em parte da versão LXX de Dt 6:5. Por que Jesus ou qualquer judeu fiel citaria a LXX em vez da versão hebraica, dado o fato de que a hebraica era o texto inspirado e que a LXX parece tomar liberdades ocasionais ao traduzir o original hebraico? Mais da metade das citações do AT no NT são tiradas da LXX, já que essa era a forma das Escrituras com a qual a maioria dos cristãos estava familiarizada naquela época. Foi traduzida por e para judeus durante os últimos dois séculos antes de Cristo. O grego era amplamente falado na Palestina durante a época de Jesus, mesmo entre os judeus. Além disso, os Manuscritos do Mar Morto nos mostraram que havia textos hebraicos no primeiro século que estavam mais próximos da Septuaginta do que do Texto Massorético, o que sugere que a LXX deve ser vista como uma tradução confiável do original hebraico. Além disso, quase não há diferença entre o hebraico e a Septuaginta de Deuteronômio 6:4-5. Mas as citações e alusões de Jesus ao AT são às vezes do que se tornaria o texto massorético (e.g., Mc 4:29), às vezes do hebraico subjacente à Septuaginta ou da própria Septuaginta (e.g., 7:6-7) e às vezes dos Targuns aramaicos (e.g., 4:12).

Marcos 12:35-37

***A maneira como Jesus lida com Sl 110:1 e sua relação com Davi* (12:35-37):** Estaria Jesus fazendo uma exegese histórico-gramatical de Sl 110:1? Ao citar o salmo, Jesus interpreta o segundo uso de "Senhor" como se fosse uma referência à divindade. No contexto original, o segundo uso de "Senhor" é *adon* ao invés de YHWH. Isso indica que o termo "Senhor" que está em vista não seria divino, um senhor em vez do Senhor? Embora *adon* normalmente tenha um humano como referência, há casos em que o divino está em vista. Ml 3:1 é um exemplo: "Eis que vou enviar o meu mensageiro, e ele abrirá o caminho diante de mim. Então o Senhor [*adon*] que você busca virá de repente ao seu templo, o mensageiro da aliança que você deseja — veja, Ele está vindo, diz o Senhor dos Exércitos."

Há alguma plausibilidade na visão de que Sl 110 seria o rei Davi escrevendo um salmo de coroação para seu filho Salomão. Nesse cenário, Davi estava basicamente chamando seu filho recém-entronizado de "senhor", mostrando respeito por seu cargo. Mas à luz da interpretação de Jesus do texto, essa visão deve ser posta de lado.

Se o Messias deve ser mais do que o filho de Davi, o que então Jesus espera que Ele seja? Jesus evidentemente definiu sua messianidade em termos da visão de Dn 7. Jesus se via como aquele ser humano (ou "filho do homem" no idioma aramaico) que recebeu de Deus autoridade e reino (Dn 7:13-14) e que iria sentar-se em um dos tronos estabelecidos no céu (observe o plural "tronos" em Dn 7:9), à "mão direita" de Deus (Sl 110:1). Sua autoridade eclipsou a conferida a Davi, seu ancestral, de modo que, embora possa ser geneticamente verdadeiro que Jesus é o "Filho de Davi" (como saudado pelo cego Bartimeu em Mc 10:47-48, e assumido por Paulo em Rm 1:3), não é correto pensar que o epíteto "filho de Davi" implique subordinação ou inferioridade em qualquer sentido. A visão corrente na época era de que o Messias seria filho de Davi, mas que seria um homem, não Deus. Se aceitarmos a suposição de Jesus e de sua audiência de que o Salmo é de Davi (da palavra inicial *lĕdāvid*), então Davi claramente chama o vice-regente de Deus de "meu Senhor" (Adoni). Assim, o Messias é de maior estatura do que o rei Davi. Em vista de outras coisas que Jesus diz sobre si mesmo, podemos presumir que devemos concluir que o Messias é sobre-humano. (Veja mais comentários em Mt 22:44.)

MARCOS 13:1-2

Não ficará aqui pedra sobre pedra que não seja derrubada! (13:2): Os críticos sugerem que se trata de uma "profecia após o fato" colocada nos lábios de Jesus por Marcos algum tempo depois da destruição do templo em 70 d.C. Além disso, sugere-se que a profecia é falsificada pelo fato de que as estruturas como o Muro das Lamentações sobreviveram praticamente intactos até hoje. Impressionados com a grandeza do recinto do templo, os discípulos apontaram para Jesus no versículo 1 a grandeza do complexo do templo. A construção do Monte do Templo estava em andamento havia meio século ("quarenta e seis anos" de acordo com Jo 2:20) e continuaria até 64 d.C. Os discípulos podem ter presumido que algum dia governariam Israel a partir de alguns desses muitos edifícios, como a promessa em Mt 19:28 e Lc 22:28-30 poderia tê-los levado a crer.

Jesus frustra suas esperanças com a profecia da destruição completa do Monte do Templo. Contra a visão cética de que esta profecia é um exemplo de *vaticinium ex eventu* ("profecia do evento"), existem argumentos convincentes em favor da autenticidade desta profecia. Por exemplo, há o difícil ajuste da profecia aos eventos reais. É verdade que o complexo do templo acabou sendo destruído (e há indícios de que levou algum tempo; *Guerra judaica* 6.413: "E quando, em um período posterior, ele demoliu o restante da cidade e arrasou os muros..."; cf. *Guerra judaica* 7.1 "César ordenou que toda a cidade e o Templo fossem arrasados"; *Guerra judaica* 7.114-115: meses depois Tito revisita Jerusalém, que ainda estava sendo escavada por soldados em busca de riquezas enterradas), mas o fogo foi o detalhe muito enfatizado (Veja Josefo, *Guerra judaica* 6.165-168, 177-185, 190-192, 228-235, 250-270, 271-284, 316, 346, 353-355, 407, 434; esp. 275: "o Monte do Templo estava fervendo desde sua base, sendo em toda parte uma massa de chamas"). A predição de Jesus no versículo 2 não diz nada sobre o fogo.

Além disso, a destruição da própria cidade de Jerusalém foi muito enfatizada por Josefo e outros escritores olhando para o passado, mas Jesus não diz nada sobre isso em Mc 13. De fato, os próprios detalhes no discurso — as advertências sobre falsos messias, guerras e rumores de guerra, a abominação desoladora, o aviso para fugir para as montanhas — não se encaixam perfeitamente nos eventos que ocorreram entre 30 e 70 (Veja

Gundry 1993, p. 754-56), embora certamente haja paralelos significativos. Finalmente, se as profecias de Mc 13 foram compostas após a destruição do templo no verão, alguém se pergunta por que o evangelista teria descrito Jesus incitando seus discípulos a orar para que esses eventos não ocorressem no *inverno* (Mc 13:18). Por essas e outras razões, vários estudiosos defendem Mc 13:2 como profecia genuína (e.g., veja Taylor 1935, 73; Lohmeyer 1951, p. 268; Hengel 1985, p. 16 ["de forma alguma pressupõe a catástrofe de 70"]; Evans 1992, p. 89-147).

Marcos 13:3-13

Pedro, Tiago, João e André perguntaram-lhe em particular (13:3): Os outros Evangelhos descrevem essa conversa como particular entre Jesus e o círculo interno (Pedro, Tiago, João e André)? Se sim, teríamos uma contradição? Lc 21:7 tem a declaração geral, "eles lhe perguntaram". Mt 24:3 tem uma descrição pouco menos geral, "os discípulos aproximaram-se dele em particular e disseram". Em ambos os casos, parece que Jesus entregou seu discurso a todo o grupo de discípulos. É difícil imaginar Jesus dando todas essas advertências apenas aos quatro que "lhe perguntaram em particular" em Mc 13:3. O que os outros discípulos estavam fazendo todo esse tempo? Provavelmente é melhor concluir que a pergunta veio a Jesus em particular dos quatro discípulos, mas que Jesus escolheu entregar sua mensagem a todo o grupo.

***A predição de Jesus sobre a perseguição de seus seguidores* (13:9-13):** A advertência de Jesus sobre perseguições vindouras (v. 9-13) se encaixa tão bem nas experiências documentadas da igreja primitiva que os críticos concluem que Marcos colocou esses detalhes no discurso de Jesus após o fato. Em Atos, os discípulos seriam ocasionalmente entregues ao Conselho Judaico (ou *synhedrion* — Sinédrio) para intimidação (At 4:1-21; 5:17-21) e em outras ocasiões seriam espancados nas sinagogas e em outros lugares (5:40; 16:22, 37; 21:32; 22:19). Os apóstolos também estariam diante de governadores (23:24, 33; 25:6-12) e reis (25:23-26:32) e seriam até mesmo enviados a César (25:12, 21; 26:32). Embora possa ser o caso de que o ponto de vista de Marcos na igreja primitiva ajude a informar como ele escreveu esse relato, não há razão para duvidar de que o evangelista transmitiu fielmente a advertência de Jesus, exceto pelo ceticismo quanto à capacidade de Jesus de prever o futuro. Além disso, mesmo um líder meramente humano provavelmente preveria com precisão considerável os tipos de dificuldades que seus seguidores enfrentariam em uma situação em que líderes religiosos e governamentais se opusessem a seu movimento.

Marcos 13:24-27

***As perturbações cósmicas "depois daquela tribulação"* (13:24-25):** Jesus diz que "o sol escurecerá, e a lua não dará a sua luz; as estrelas cairão do céu, e os poderes celestes serão abalados" (v. 24-25). Ele parafraseou uma parte de Is 13:10, que era um oráculo sobre a destruição da Babilônia. A declaração reflete imprecisões científicas se tomada literalmente, mas a linguagem apocalíptica nem sempre deve ser interpretada literalmente. Portanto, não devemos considerar que as estrelas caem do céu e a lua que dá a sua luz como evidência de erro. A linguagem de Jesus aqui, embora apocalíptica, geralmente se encaixa com o que os antigos consideravam literalmente verdadeiro sobre a cosmologia (a estrutura e a função dos corpos celestes, nesse caso). Os antigos geralmente sustentavam que o sol, a lua e as estrelas eram pequenos corpos afixados em uma estrutura em forma de cúpula, e que esses poderiam cair na terra (Horowitz, *Mesopotamian Cosmic Geography*), mas Jesus não está endossando a ciência de sua época nesse versículo. Uma situação semelhante está presente no versículo 27, onde Jesus diz que seus anjos reunirão os eleitos "desde a extremidade da terra até a extremidade do céu". Isso não significa que Jesus ensina que a terra é plana. Ele simplesmente quer dizer "os confins da terra e do céu" (France 2002, p. 537).

Marcos 13:28-32

Esta geração certamente não passará até que todas essas coisas aconteçam (13:30): Esse declaração é consistente com a predição semelhante em 9:1 ("Alguns dos que aqui se encontram não provarão a morte até que vejam o reino de Deus vindo com poder"). É evidente que a geração de Jesus esperava ver o cumprimento das coisas profetizadas no discurso. E, de fato, as previsões foram parcialmente cumpridas nos eventos do primeiro século. Essa geração viu a destruição do templo e alguns dos sinais, ou pelo menos eventos paralelos aos sinais que prenunciam a segunda vinda do Filho do Homem. Mas a geração de Jesus não viu a segunda vinda, nem viu a consumação do reino de Deus. Jesus falou da geração dos últimos tempos, não da geração de seus discípulos. Uma vez que "esta geração" em Marcos se refere em outro lugar àqueles que são rebeldes e cegos (8:12, 38; cf. Mt 11:16; 12:41, 42, 45), poderia ser usado nesse sentido aqui, implicando a condição que a maldade continuará até a vinda do Filho do Homem. Outra visão é que "esta geração" se refere à geração que vê a "abominação que causa desolação". Outra visão é que "todas essas coisas" se referem apenas aos "sinais" do fim, e não ao próprio fim (Bock 2005, p. 523).

Ninguém sabe, nem os anjos no céu, nem o Filho, exceto o Pai (13:32): A declaração de Jesus é surpreendente, o que sugere sua autenticidade. Certamente é difícil imaginar Marcos ou a igreja primitiva criando tal axioma, uma vez que corre o risco de entrar em conflito com as expectativas sobre a identidade de Jesus como o divino Filho do Homem. A ideia de que somente Deus Pai detém algum conhecimento pode ser comparada em *4Esdras* 4:44-52, onde Esdras pergunta se ele estará vivo nos últimos dias e o anjo lhe diz: "Não sei". Um paralelo interessante sobre o conhecimento do fim é encontrado em *2Baruque* 21:8, que em uma oração a Deus diz: "Só tu conheces o fim dos tempos antes que chegue". Não devemos pensar que a declaração de Jesus aqui indica que Ele não é divino. Sua declaração refere-se aos limites do conhecimento que Ele experimentou voluntariamente durante sua vida terrena. Assim como Jesus era limitado no espaço e no tempo (não podia estar em mais de um lugar ao mesmo tempo), também era limitado em conhecimento. (Veja mais comentários em Mt 24:36.)

MARCOS 14:3-9

***Relatos paralelos* (14:3-9):** Embora existam semelhanças notáveis entre Mc 14:3-9 e Lc 7:36-50, também existem diferenças claras, marcando-os como incidentes diferentes. Por exemplo, o incidente em Lucas ocorreu na casa de um fariseu. Essa é uma grande diferença de Marcos, onde ocorre na casa de Simão, um homem com uma doença de pele. O incidente de Marcos é genuinamente paralelo ao de Jo 12:1-8. João coloca o evento antes da entrada triunfal, enquanto Marcos o coloca depois. Marcos pode ter movido o evento para a última semana de Jesus por causa de sua associação com a traição de Judas (Mc 14:10-11; Jo 12:4), que em certo sentido pode ter sido desencadeada pela resposta de Jesus àqueles (principalmente Judas?) que reclamaram da extravagância da ação da mulher nesse episódio. (Veja mais comentários em Mt 26:6-13 e Jo 12:1-8.)

Simão, que sofria de uma grave doença de pele (14:3): Simão teria permissão para morar na cidade devido à sua condição? Colônias foram fundadas para o confinamento de pessoas com doenças de pele. Betânia pode ter tido um lugar para leprosos (ou aqueles com uma "doença de pele grave"), como é sugerido por 11QTemple[a] 46:16-18. Mesmo assim, Simão provavelmente não tinha mais lepra na época desse evento, pois ele ofereceu uma refeição em sua casa. Jesus pode tê-lo curado.

Vocês sempre têm os pobres consigo (14:7): Alguns críticos acham que Jesus menospreza os pobres nesse versículo, mostrando mais preocupação com sua própria honra. Jesus está aludindo a Dt 15:11 e simplesmente afirmando um fato. Ele não quer dizer que os pobres não sejam importantes e podem ser atendidos quando for conveniente. Ele quer dizer que adorá-lo era a prioridade, pois Ele logo partiria.

Ela [...] ungiu meu corpo antecipadamente para o sepultamento (14:8): Jesus interpreta a ação da mulher como uma unção para o sepultamento. É difícil imaginar que a mulher visse seu ato dessa maneira. Se pretendia ser mais do que uma unção festiva, em honra a Jesus, era provavelmente uma unção messiânica. Essa perspectiva é coerente com o contexto da narrativa de Marcos. Poucos dias antes, Jesus havia entrado na cidade montado em um jumentinho, recebido aos gritos de "Bendito é o reino vindouro de nosso pai Davi!" (11:10). Mas Jesus já predisse sua morte (8:31; 9:31; 10:33-34) e mais tarde à noite oraria sobre isso (14:36). Sob essa luz, o povo do mundo romano teria visto a unção como um presságio. Jesus disse a seus discípulos (o "vocês" no v. 9 está no plural) que onde quer que o evangelho fosse proclamado, o que a mulher fez seria contado em memória dela. Essa notável profecia continua a ser cumprida até os nossos dias.

Marcos 14:10-11

Judas Iscariotes, um dos Doze (14:10): Tem sido moda de tempos em tempos sugerir que Judas Iscariotes estava apenas tentando ajudar Jesus de alguma forma, talvez para "forçar sua mão", isto é, forçá-lo a agir contra os romanos e os governantes sacerdotais em Jerusalém. Não há evidências para essas teorias. Se os motivos de Judas fossem nobres, seria de esperar um retrato mais simpático dele nos Evangelhos e em Atos. Afinal, Pedro negou até mesmo conhecer Jesus (Mt 26:73-75), o que o posiciona para ser difamado, mas por causa de seu arrependimento ele foi totalmente restaurado na comunidade da igreja e tornou-se seu líder. Esperaríamos um tratamento um tanto semelhante para Judas se, ao se refletir na igreja primitiva, viesse à tona que ele tinha bons motivos para sua ação.

Marcos 14:12-21

***A Última Ceia foi a refeição da Páscoa?* (14:12-16):** Acontece que a última refeição que Jesus come com seus discípulos pode não ter sido a refeição da Páscoa (ou Seder), pois de acordo com o Evangelho de João, a refeição da Páscoa foi feita na noite seguinte à crucificação de Jesus (veja Jo 18:28; 19:31, 42). No entanto, mesmo que a Última Ceia não tenha sido a ceia pascal que Jesus esperava observar com seus discípulos, é provável que a Páscoa estivesse muito presente na mente de Jesus e de seus discípulos. (Veja mais comentários em Lc 22:14-23.)

Um de vocês vai me trair (14:18): Marcos e Mt 26:21 fazem Jesus prever a traição de Judas durante a ceia, enquanto Lc 22:20ss coloca a predição após a ceia. Qual é o relato correto? Isso seria uma contradição? Lucas pode ter editado o relato da Última Ceia para que a instituição da nova aliança pudesse vir primeiro, dando a impressão de que Jesus não anunciou a traição até que a ceia terminasse. Isso resulta em um discurso após a ceia sobre a traição de Judas, a discussão dos discípulos sobre quem seria o maior e a negação de Cristo por Pedro.

Conforme está escrito a respeito dele (14:21): A vaga referência de Jesus ao que está escrito nas Escrituras sobre o Filho do Homem apoia a autenticidade da declaração (veja também 14:49). A apologética das escrituras cristãs primitivas fornecia textos de prova; nenhum é fornecido aqui. Jesus pode ter tido em mente o texto de Sl 41:9, que provavelmente é aludido anteriormente no versículo 18; e em Is 53, que encontra eco aqui e ali nos Evangelhos (veja comentários sobre Mc 10:45). Também é possível, em face do interesse de Jesus em Daniel, que Dn 9:26 ("o Ungido será morto") estivesse em vista.

Se Jesus soubesse o tempo todo o que Judas faria, isso levantaria a questão de saber se presciência é o mesmo que predeterminação. Isso pode ser sugerido por At 2:23, onde Pedro declarou no dia de Pentecostes que Jesus havia sido "entregue por propósito determinado e pré-conhecimento de Deus", e então naquele mesmo versículo indicou que pelo menos os líderes judeus foram responsáveis por sua ação, dizendo: "vocês, com a ajuda de homens perversos, o mataram, pregando-o na cruz". O mecanismo pelo qual a responsabilidade opera em tal situação é desconhecido, mas o ensino bíblico é que a soberania divina e a responsabilidade humana são mutuamente verdadeiras (e.g., Gn 45:5; Fl 2:12).

MARCOS 14:22-25

Ele tomou o pão, abençoou-o e o partiu (14:22): Durante a refeição, Jesus pegou o pão (*artos*, mas talvez devêssemos presumir que esse pão seria *azumos*, i.e., pão sem fermento) e disse: "Tomem; este é o meu corpo". Devido ao contexto em que Jesus previu sua morte e interpretou a bondade da mulher como preparação para o seu enterro (14:3-9), deve-se concordar com Gundry (1993, p. 831) de que *soma* (corpo) aqui é melhor traduzido por cadáver, i.e., "Este é o meu cadáver". Essa metáfora é coerente com a oferta da Páscoa, como visto no *m. Pesahim* 10:3: "E na cidade santa costumavam trazer diante dele o corpo [*gûph*] da oferta da

Páscoa" (veja LXX 1Cr 10:12, onde *soma* traduz *gûph*). Jesus oferece seu próprio corpo, ou cadáver, como oferta pascal. Essa tradição é testemunhada em 1Co 5:7 e intensificada em Jo 19:32-36, onde mesmo na forma de sua morte (e.g., morte sangrenta na Páscoa, pernas não quebradas; veja Êx 12:46) Jesus é o cordeiro Pascal (veja também Jo 1:29, 36: "o Cordeiro de Deus").

Este é o meu corpo [...] Este é o meu sangue (14:22-24): A linguagem de Jesus aqui é impressionante e evoca forte emoção, mas será que Ele realmente queria que seus seguidores acreditassem que estavam literalmente comendo sua carne e sangue quando participavam da ceia? Algumas tradições cristãs acreditam que sim, mas os protestantes acreditam que a linguagem é metafórica, como quando dizemos "o Senhor é meu pastor" (ou se Thomas Edison dissesse: "Esta invenção é minha chave para o sucesso"). O próprio Jesus costumava falar assim, como quando se descrevia como "a videira verdadeira" (Jo 15:1), e "Eu sou a porta das ovelhas" (Jo 10:7). A ceia deve ser um lembrete simbólico do sacrifício do Senhor em nosso favor.

Marcos 14:26-31

***Momento da predição de Jesus sobre a negação de Pedro* (14:27-31):** Marcos e Mateus colocam a predição da negação de Pedro na jornada para o jardim, enquanto Lucas a coloca durante a Última Ceia. João divide as predições entre os dois períodos (a negação de Pedro predita na ceia; a dispersão dos discípulos a caminho do jardim). Isso representaria discordâncias ou contradições? A melhor solução observa que Lucas recolheu várias declarações de Jesus e as colocou depois da ceia (Lc 22:20) e antes da viagem ao monte das Oliveiras (22:39), dando a impressão de que foi nesse momento que ocorreram. Mas esse não é necessariamente o caso, uma vez que não são fornecidos marcadores cronológicos explícitos. Parte das falas pode ter ocorrido durante a ceia, e parte no caminho para o monte das Oliveiras ou depois de chegar lá. (Veja mais comentários em Mt 26:34.)

Vocês todos fugirão (14:27): Depois de predizer que seus discípulos o abandonariam, Jesus cita Zc 13:7, dizendo: "ferirei o pastor, e as ovelhas serão dispersas". Zacarias refere-se ao julgamento de Deus sobre Israel. Ao citá-lo, Jesus deu a entender que o julgamento divino cairia sobre Ele, o que é consistente com as palavras da Instituição (i.e., "Este é o meu sangue que estabelece a aliança; é derramado por muitos", v. 24). Ao ser abatido, Jesus não poderia mais proteger seu rebanho; as ovelhas seriam dispersas.

A citação de parte do oráculo de Zacarias é importante, pois como um todo (veja Zc 13:7-9), o oráculo é coerente com o contexto em que Jesus agora se encontrava. A rejeição de Jesus por Jerusalém despertou a ira de Deus. O pastor seria abatido, as ovelhas seriam dispersas e toda a terra seria julgada. Apenas um remanescente será poupado. Quando invocarem o nome do Senhor, serão atendidos. O oráculo resume os pontos principais do discurso escatológico em Mc 13.

Depois que Eu ressuscitar, irei adiante de vocês para a Galileia (14:28): A declaração de Jesus sobre ir à frente dos discípulos para a Galileia após sua ressurreição marca uma diferença interessante entre Mateus e Marcos que, por um lado ambos relatam essa fala de Jesus, enquanto Lucas não menciona essa informação dada por Ele e também não narra nenhuma aparição pós-ressurreição de Jesus na Galileia. Além disso, Mateus cita o anjo no túmulo dizendo às mulheres: "Ele está indo adiante de vocês para a Galileia", e logo o próprio Jesus pede a elas: "diga a meus irmãos que partam para a Galileia, e eles me verão lá" (Mt 28:7,10); enquanto Marcos apresenta um "jovem" falando com as mulheres dentro da tumba: "Ele vai adiante de vocês para a Galileia", Lucas revela dois anjos na tumba dizendo às mulheres: "Lembrem-se como vos falou quando ainda estava na Galileia" (Lc 24:6). O fato de Lucas então contar as aparições pós-ressurreição apenas em Jerusalém e nas proximidades de Emaús, e nenhuma na Galileia, sugere que partiu das informações de Marcos (ao contrário de Mateus) e escolheu manter seu foco em Jerusalém, que era seu hábito (Lucas menciona Jerusalém pelo nome 29 vezes; Mateus 12 vezes; Marcos 11 vezes; e João 13 vezes).

Antes que o galo cante duas vezes, três vezes você me negará! (14:30): Esse evento foi criticado como implausível devido a uma suposta proibição de manter galináceos dentro de Jerusalém. Fontes rabínicas, datadas após o primeiro século, indicam que isso não era permitido, mas não está claro se essa proibição remontava aos dias de Jesus. Além disso, alguns sugeriram que, se a proibição estivesse em vigor, ainda seria possível ouvir de dentro de Jerusalém um galo cantando nas colinas próximas fora da cidade. O canto de um galo chega longe na calada da manhã. Perguntas também envolvem quantas vezes o galo cantou. Foi uma vez (Mt 26:34; Lc 22:34) ou duas vezes (Mc 14:30)? Mateus e Lucas realmente dizem "antes que o galo cante" e não especificam que ele cantará apenas uma vez. Como os galos geralmente cantam várias vezes em um curto período, seria correto referir-se ao canto como um único evento ou dividi-lo em episódios individuais. (Veja mais comentários em Jo 13:38.)

Marcos 14:32-36

Afasta de mim este cálice (14:36): A oração de Jesus: "*Aba*, Pai... Afasta de mim este cálice" (v. 35), revela o Jesus humano que recua diante do sofrimento vindouro. Mas também pinta uma imagem impressionante. Jesus está plenamente ciente da severidade da prova que está por vir. Nenhum aspecto disso — a prisão, o abuso, os interrogatórios, os espancamentos ou a própria crucificação — o pegará de surpresa. O retrato feito por Marcos é de alguém que tem o domínio da situação, não de um fanático que, perplexo, vê seus planos darem errados.

Todas as coisas são possíveis para Ti (14:36): A oração feita por Jesus, segundo a qual Deus pode fazer todas as coisas, mesmo tirar o cálice do sofrimento, reforça a ideia de que o sofrimento de Jesus é a vontade de Deus. Não é o desejo de Jesus, mas é de Deus; e Jesus aceita. Seu anúncio abrupto de que "chegou a hora. Eis que o Filho do Homem está sendo entregue nas mãos dos pecadores" (v. 41), novamente mostra que Jesus está no controle da situação. Nada o pega de surpresa. Ironicamente, é Jesus quem anuncia a chegada do traidor (v. 42), não seus discípulos irresponsáveis que deveriam estar vigiando.

Marcos 14:43-52

Com ele estava uma turba (14:43): Várias questões surgem quando comparamos os diferentes relatos do evangelho sobre essa cena. O grupo dos que estavam nessa turba era composto por soldados romanos, membros da polícia judaica do templo ou uma mistura de ambos? A tradição diz que o grupo de prisão era romano, mas muitos acham que as palavras de Pilatos "Vocês têm uma guarda... Vão e tornem o mais seguro que puderem" (Mt 27:65), parecem mais naturalmente sugerir que ele negou o uso de seus soldados e fez os judeus usarem a polícia do templo da melhor maneira possível. Mas, novamente, Mt 28:14 parece implicar que os guardas corriam o risco de serem punidos por Pilatos por seu lapso de dever. Por que Pilatos puniria a polícia judaica do templo por falhar em uma tarefa dada a eles pelos sacerdotes? Porém, novamente, por que os soldados romanos correriam para os sacerdotes judeus em busca de conselhos antes de se reportarem ao comandante romano? Em todo o relato, temos dados conflitantes sobre a identidade dos guardas?

Aqueles que vieram prender Jesus são chamados pelos Sinóticos de "turba" (*ochlos*) que vieram dos principais sacerdotes, escribas e anciãos. Mas João se refere a eles mais especificamente como "uma companhia [*speira*] de soldados e alguns guardas do templo [*hupēretēs*] dos principais sacerdotes e dos fariseus". O termo *speira* refere-se a uma corte romana, que era um décimo de uma legião, ou cerca de 600 homens, embora o número pudesse ser um pouco menor. O texto de Jo 18:12 acrescenta que os soldados estavam sob a autoridade de um *chiliarchos*, ou tribuno militar. Bock explica: "Em um ambiente de festival, os romanos teriam sido altamente sensíveis a qualquer potencial de violência pública prolongada. Eles rapidamente disponibilizariam apoio se a liderança judaica tivesse sinalizado um potencial de perigo" (Bock 2002, p. 525). Quando os judeus se aproximam de Pilatos após a morte de Jesus e Pilatos lhes diz: "Vocês têm uma guarda de soldados" (Mt 27:65), ele usa o termo *koustōdia*, uma palavra emprestada do latim, que nomeia "um grupo de soldados fazendo serviço de guarda". (BDAG). A implicação é que se trata de guardas judeus, mas como o termo *hupēretēs* não é usado, é impossível ter certeza disso. Como aponta France, é possível ler o texto grego como Pilatos concedendo o pedido ("Vocês têm [i.e., agora lhes concedo] a guarda que pediram"), mas essa "dificilmente é a leitura natural da sentença" (França 2007, p. 1095). Além disso, o fato de os guardas relatarem aos principais sacerdotes após a ressurreição sugere que eles são soldados judeus (Mt 28:11). Mas se for esse o caso, por que a preocupação com o que o governador poderia dizer sobre a história do roubo do corpo enquanto dormiam (28:14)? France explica: "Mas a guarda havia sido estabelecida com o conhecimento do governador, se não com sua aprovação direta, de modo que, se ele ouvisse sobre isso, poderia esperar que tratasse tal falha, mesmo por guardas judeus, como uma questão de disciplina. Como eles não eram tropas de Pilatos, os sacerdotes esperavam que fosse possível mantê-los no anonimato, mas eles conheciam seus homens bem o suficiente para ter certeza de que, se necessário, eles poderiam ser mantidos felizes com um suborno adicional" (França 2007, p. 1105). (Veja mais comentários em Mt 27:62-66.)

Aproximou-se dele e disse: "Rabi!" — e o beijou (14:45): Visto que a multidão não conhecia Jesus o suficiente para reconhecê-lo no meio de uma multidão na escuridão, foi necessário que Jesus fosse identificado bem especificamente. É por isso que Judas se aproxima de Jesus, seu "Rabi" (mestre ou professor), e como um *haber* de rabino (associado ou discípulo) o beija. Assim identificado, os soldados dos sacerdotes prendem Jesus. A convulsão noturna destinava-se a tornar os seguidores de Jesus sem liderança e, assim, desencorajar um ataque coordenado (como aqueles que cumpriam as ordens dos sacerdotes podem ter temido).

As Escrituras devem ser cumpridas (14:49): Jesus é inabalável; Ele sabe que as Escrituras estão sendo cumpridas mesmo quando Ele é preso. O leitor de Marcos imediatamente pensa em 9:12: "Como, pois, está escrito a respeito do Filho do homem que Ele deve padecer muitas coisas"; ou a predição mais recente de traição em 14:21: "Porque o Filho do Homem irá, conforme está escrito a seu respeito" (para passagens do AT que podem estar em mente, veja os comentários em 14:21).

Ele deixou o lençol para trás e fugiu nu (14:52): Tradicionalmente, essa situação já foi considerada uma revelação autobiográfica da parte de

Marcos, mas isso pode estar errado. Todos os discípulos de Jesus fugiram (v. 50), assim como Jesus havia predito naquela noite (14:27). Em breve, os leitores de Marcos saberão das negações de Pedro. O colapso completo dos seguidores de Jesus é visto na fuga do jovem nu. Lane (1974, p. 527) sugere que o que podemos ter aqui é uma alusão ao quadro retratado em Amós 2:16, onde em um oráculo contra Israel, o profeta prevê que mesmo o "mais corajoso dos guerreiros fugirá nu naquele dia" do julgamento. Lane provavelmente está correto, pois essa ideia é coerente com o apelo anterior a Zc 13:7, onde o pastor é abatido e as ovelhas são dispersas (veja o comentário em 14:27). Ao rejeitar seu Messias, Israel trouxe sobre si os julgamentos descritos nos profetas.

Vários dos Pais da Igreja "conjeturaram" que o jovem era Marcos, que morava em Jerusalém (At 12:12) e cuja casa, segundo a tradição, foi o local da Última Ceia. Mas Lane diz que o "propósito principal do autor para incluir essa passagem... parece ter sido para enfatizar o fato de que todos fugiram, deixando Jesus sozinho sob custódia dos guardas. Ninguém ficou com Jesus, nem mesmo um jovem valente [*neaniskos*] que pretendia segui-lo" (Lane 1974, p. 527-28).

Marcos 14:53-65

Levaram Jesus ao sumo sacerdote (14:53): Surgem várias questões sobre a legalidade do julgamento de Jesus. Por exemplo, era legal realizar um julgamento de pena capital à noite? E eram necessários dois dias consecutivos antes que um veredito fosse proferido? Os críticos dizem que as aparentes violações nos procedimentos colocam em dúvida a precisão dos relatos do evangelho. Não está claro se o processo era realmente ilegal naquela época, mas parece claro que a reunião na casa do sumo sacerdote não foi oficial e *ad hoc*. Os líderes religiosos esperavam despachar Jesus antes que os eventos da Páscoa pudessem dar mais impulso ao seu movimento. "Todo o Sinédrio" no versículo 55 não significa que foi uma reunião formal. "O que provavelmente se quer dizer é que vários membros do Sinédrio se reuniram na casa de Caifás e que a maioria deles, talvez todos estavam interessados em buscar testemunho contra Jesus... Se essa reunião de sacerdotes e anciãos for reconhecida pelo que é — uma audiência informal destinada a obter um consenso entre as autoridades judaicas de que Jesus deveria ser entregue aos romanos com uma recomendação capital — então as objeções que foram levantadas contra sua historicidade no fundamentos de que as regras dos julgamentos capitais foram violadas (conforme estabelecido dois séculos depois no *m. Sanhedrin* 4-7) eram bastante irrelevantes" (Evans 2000, p. 444). (Veja mais comentários em Mt 26:57.)

Mateus nos informa que o sumo sacerdote era Caifás. Josefo nos diz que seu nome era "José, chamado Caifás" (*Antiguidades* 18.95; veja também 18.53). Um ossuário ornamentado foi descoberto em Jerusalém em 1990, com o nome de "José, filho de Qayapha" ou, talvez, Caifás (sobre os detalhes dessa descoberta, consulte Evans 2003, p. 204-12; Gibson 2009, p. 82- 83). A recente descoberta de um ossuário com uma inscrição que diz "Miriam, filha de Yeshua, filho de Qayapha, sacerdote de Ma'aziah, de Beth 'Imri" apoia a identificação sumo sacerdotal do primeiro ossuário (para mais detalhes, consulte Zissu e Goren 2011, p. 74-95).

Pedro o seguiu de longe, até o pátio do sumo sacerdote (14:54): em face do ato violento de Pedro no jardim (Jo 18:10), alguns questionaram se a polícia do templo realmente permitiria que ele entrasse no pátio do sumo sacerdote e então se assentasse no meio deles enquanto Jesus era interrogado. No entanto, estava escuro no jardim, o que pode ter impedido a polícia do templo de discernir quem entre a multidão de discípulos havia ferido o servo. É bom lembrar que a guarda confiou em Judas para identificar Jesus (Mc 14:45), e, portanto, é evidente que Jesus e seus discípulos não eram muito familiares ao grupo de prisão e/ou não eram facilmente reconhecidos nas condições escuras do jardim. Além disso, Jesus imediatamente curou a orelha do servo (Lc 22:51), um milagre que provavelmente desviou a atenção do ataque de Pedro.

Os principais sacerdotes e todo o Sinédrio procuravam testemunho contra Jesus (14:55): Jesus está sendo acusado pelos sacerdotes dirigentes e por todos os que compõem o Conselho (ou Sinédrio). Eles estão aparentemente localizados dentro da casa do sumo sacerdote (veja o v. 66, indicando que o julgamento ocorreu acima do pátio onde Pedro esperava). Isso leva a perguntas sobre como Marcos, comumente visto como tendo usado Pedro como fonte, poderia saber detalhes sobre o que estava sendo dito e feito durante o julgamento de Jesus. Presumivelmente, Pedro não estava perto o suficiente para ouvir tudo (ou qualquer coisa), especialmente considerando a desorientação que enfrentou no pátio e sua eventual saída dramática para chorar amargamente do lado de fora (v. 72). No entanto, Lc 22:61 indica que Jesus foi capaz de olhar para Pedro depois que o galo cantou, o que pode indicar que Pedro estava em uma posição que lhe permitia ouvir alguns dos procedimentos. Além de Pedro, as informações de Marcos podem ter vindo de uma das duas fontes. Uma delas foi o próprio Jesus, que ensinou os discípulos por 40 dias após sua ressurreição (At 1:3). Não é exagero supor que os discípulos teriam pedido a Jesus que lhes relatasse sobre o que aconteceu durante seu julgamento. A outra fonte possível para Marcos foi um ou mais dos líderes judeus que se tornaram seguidores de Jesus após sua ressurreição (At 6:7).

O Filho do Deus Bendito (14:61): O sumo sacerdote realmente identificaria o Messias como "Filho do Deus Bendito"? Parece ser uma admissão de que o Messias seria divino, o que poucos ou nenhum judeu esperava. Certamente os líderes religiosos pareciam absolutamente contrários a identificar o Messias como divino. A frase "Filho do Deus Bendito" era uma circunlocução para "Filho de Deus", que não carregava conotações divinas. Era um termo usado para o líder político e militar que os judeus esperavam, ou seja, o Messias.

"Eu sou", disse Jesus (14:62): Quando o sumo sacerdote pede diretamente a confirmação da identidade de Jesus ("És Tu o Messias, o Filho do Deus Bendito?"), Jesus responde dizendo "Eu sou". Suas palavras, "Eu sou", não têm nada a ver com o nome divino (ou seja, Yahweh = "EU SOU"), mas simplesmente significam "sim". Muitos sentiram que Marcos apresenta Jesus respondendo de uma forma muito mais clara ("Eu sou") do que Mt 26:64 e Lc 23:3 ("Tu o disseste"). Essa é uma percepção correta? Pode ser que Mateus e Lucas tenham dado uma tradução mais literal do que Jesus disse, enquanto Marcos dá um equivalente dinâmico. De qualquer forma, D. R. Catchpole demonstrou que a declaração de Mateus e Lucas é o equivalente semântico da relatada por Marcos, com a adição de estar em um estilo mais semítico (1971, p. 213-26).

O restante da resposta de Jesus qualifica em que sentido Ele é o Messias (ou Cristo), o Filho do Bendito (Deus): "todos vocês verão o Filho do Homem sentado à direita do Poderoso e vindo com as nuvens do céu" (v. 62; o "Poderoso" é uma circunlocução para Deus). Aqui Jesus novamente alude à figura de Dn 7:13-14, bem como às palavras de Sl 110:1, que em Mc 12:35-37 Ele discutiu nos recintos do templo. Naquela ocasião, Jesus questionou o hábito dos escribas de se referirem ao Cristo como o "filho de Davi". Jesus fez esse questionamento pelo fato de Davi chamá-lo de "Senhor". A implicação é que o Messias é mais do que um mero "filho de Davi" (veja comentários em 12:35-37). Em sua resposta ao sumo sacerdote Caifás, Jesus se identificou como o Messias davídico que, em cumprimento do Sl 110, se sentará à direita de Deus, e como a figura de Dn 7, que recebeu de Deus autoridade e reino. Como tal, Ele é maior do que Davi e maior do que o sumo sacerdote diante de quem agora está.

À luz de seu ensino anterior nos recintos do templo, especialmente como visto na parábola dos Lavradores da Vinha (veja comentário em 12:1-12) e predição da destruição do templo (veja comentário em 13:1-2), devemos provavelmente assumir que a resposta de Jesus traz consigo um elemento de ameaça. Da próxima vez que Caifás e seus colegas virem Jesus, Ele estará colocado à direita de Deus e virá com as nuvens do céu para julgar o estabelecimento do templo. O templo "feito por mãos humanas" será destruído (e isso provavelmente significa mais do que apenas os próprios edifícios físicos, mas se refere a toda a instituição) e será substituído por um de construção celestial (compare Ap 11:19, que fala de "santuário de Deus no céu"; e Ap 21:22, onde Deus e o Cordeiro são eles mesmos o templo).

Todos vocês verão o Filho do Homem sentado à direita do Poderoso e vindo com as nuvens do céu (14:62): Como pode o filho do homem *sentar-se*, o que implica estar parado, e ainda assim *vir com as nuvens*, que envolve movimento? Temos aqui duas tradições originalmente distintas mas desajeitadamente justapostas? De forma alguma. De acordo com Dn 7:9, o trono de Deus tem rodas ardentes. O trono ali descrito, no qual se assentará o Filho do Homem (segundo a exegese de Jesus, que se baseia no Sl 110), não é outro senão o trono da carruagem de Deus (veja Ez 1:10).

Sentado nesse trono, à direita de Deus, estará Jesus, o Filho do Homem, vindo com as nuvens.

O Filho do Homem (14:62): Jesus cita e parece interpretar de maneira errada Dn 7:13 aqui, pois Daniel disse que viu alguém "como um filho do homem vindo com as nuvens do céu". Essa pergunta assume que Jesus pretende citar Dn 7:13, mas sua declaração é provavelmente uma alusão a esse versículo e também a Sl 110:1. Em segundo lugar, quando Daniel usou a frase "alguém semelhante a um filho de homem", ela simplesmente se referia a alguém que parecia ser humano. Mas então Daniel passou a deixar claro que este era muito mais do que um mero homem. Como resultado da visão de Daniel, a expressão "o Filho do Homem" passou a se referir àquele que Daniel descreveu, a quem foi dada autoridade, glória e um reino. A "visão noturna" que Daniel teve foi um retrato de uma realidade celestial, mas a implicação é que o indivíduo descrito ali apareceria na terra e seria servido por todas as pessoas.

O sumo sacerdote rasgou suas vestes (14:63): O sumo sacerdote considerou uma blasfêmia que Jesus se igualasse ao divino. Fontes rabínicas posteriores condenaram qualquer um que ligasse o Messias à divindade. Em face de tudo isso, é seguro dizer que poucos — se é que havia algum — judeus esperavam que o Messias fosse divino? E como a descrença generalizada de que o Messias seria divino se encaixa com a pronta aceitação de sua divindade entre seus discípulos (eles aparentemente equiparam o Messias à divindade desde o início)?

É verdade que poucos judeus, se é que houvesse alguns, esperavam que o Messias fosse divino. Mas Caifás estava preparado para declarar Jesus culpado de traição se afirmasse ser o Messias. Os líderes judeus se opuseram ao messianismo de Jesus desde o início porque Ele não era um deles, submisso às suas leis. Quanto à ideia de que os discípulos aceitaram Jesus como divino desde o início de seu ministério, isso é discutível. Pode-se argumentar que eles nunca entenderam a divindade de Jesus até sua ressurreição. Afinal, por que eles ficaram desanimados depois de sua crucificação, embora Ele repetidamente tivesse predito a eles sobre sua ressurreição? Mesmo a confissão de Pedro em Cesareia de Filipe apenas declarou que Jesus era o Messias. Provavelmente nem mesmo os discípulos previram que o Messias seria divino.

MARCOS 14:66-72

Estando Pedro no pátio inferior (14:66): Em total contraste com Jesus diante do sumo sacerdote, o judeu mais poderoso em Israel, Pedro está do lado de fora, cedendo diante de uma serva, uma pessoa sem poder. Pedro é reconhecido como tendo estado com o Nazareno, Jesus (v. 67). Mas ele nega sem apresentar qualificação. Ele diz que não sabe nem entende do que ela está falando. A criada vê novamente Pedro e diz aos presentes: "Este é um deles" (v. 69). Mas Pedro nega novamente (v. 70a). Um pouco depois, os espectadores dizem a Pedro que ele certamente deve ser um dos seguidores de Jesus, pois ele é galileu (v. 70b; em 26:73 Mateus explica que foi o sotaque de Pedro que o delatou). A persistência da serva já levara vários a suspeitar que Pedro era um discípulo. Percebendo o perigo crescente, o discípulo em pânico invoca uma maldição sobre si mesmo (ou seja, "maldito seja eu se não estou dizendo a verdade") e diz que não conhece o homem de quem eles estão falando (v. 71). A disposição do evangelista de registrar o que deve ter sido uma história terrivelmente embaraçosa sobre Pedro, o líder da igreja, demonstra seu compromisso de dizer a verdade.

Mas ele negou [...] e um galo cantou (14:68): O galo não deveria cantar apenas *depois* que Pedro negou Jesus três vezes (Mt 26:34; Lc 22:34; Jo 13:38)? Marcos relata o cantar do galo antes de Pedro chegar à sua terceira negação. Porém Marcos descreve Jesus prevendo que o galo cantará duas vezes antes de Pedro completar suas três negações. Isso permite que o galo cante antes da terceira negação de Pedro, mas resolve um problema apenas para criar outro: a discrepância entre Marcos e os outros três Evangelhos quanto ao número de vezes que Jesus disse que o galo cantaria. Para uma resolução sugerida, veja comentários em 14:30.

MARCOS 15:1-15

***Discrepâncias aparentes em relação aos estágios do julgamento de Jesus* (15:1-15):** De acordo com Marcos e Mateus, o processo ocorreu em três estágios: (1) à noite diante de Caifás e do Sinédrio (Mc 14:53-65), (2) assim que amanheceu um curto julgamento de "confirmação" perante o Sinédrio (15:1), (3) pela manhã perante Pilatos e os judeus (15:2-5). Lucas também relatou três estágios, mas acrescentou um e subtraiu um. Acrescentou uma audiência perante Herodes Antipas que se seguiu à audiência perante Pilatos (23:6-12), e resumiu os dois julgamentos perante o Sinédrio em um só, ao raiar do dia, incluindo os eventos da noite anterior (22:66-71). João também mostrou três estágios. Ele acrescentou uma audiência perante Anás que precedeu a de Caifás (18:13, 19-24); apenas mencionou uma reunião diante de Caifás (18:24), deixando de fora todos os detalhes e ignorando a reunião matinal antes do Sinédrio. Nenhum evangelho contém todos os eventos que ocorreram, sendo que Lucas e João revelam sua liberdade de contá-los à sua própria maneira.

***Os evangelistas teriam exagerado a atitude indecisa de Pilatos?* (15:1-15):** Os retratos feitos pelos evangelhos sobre Pilatos como vacilante, desejando libertar Jesus, mas finalmente concordando com as exigências da elite influente de Jerusalém tem sido frequentemente questionado. Muitos supõem que esse retrato surgiu de interesses apologéticos, na esperança de colocar Jesus e o cristianismo primitivo ao lado de Roma. Afinal de contas, foram os líderes judeus, não o governador romano, que desejaram a morte de Jesus — assim continua o argumento. É bastante provável que os evangelistas exploraram a história de um Pilatos vacilante e incerto, mas sua invenção completa do caso é duvidosa. Quando nos lembramos do cenário político e social da Palestina judaica na época de Pilatos, não devemos nos surpreender que Pilatos relutasse em executar de maneira tão pública e provocativa um profeta popular da Galileia, cujos muitos seguidores estavam presentes em Jerusalém. Se Jesus não tinha intenções militares, então Ele representava pouco mais que o surto de uma peste. Uma surra e algum tempo de prisão seriam suficientes. Mas não, os sacerdotes governantes o queriam morto.

Você é o rei dos judeus? (15:2): A pergunta de Pilatos deixa claro qual acusação os sacerdotes dirigentes apresentaram contra Jesus. A afirmação de Jesus sobre o messianismo e sua filiação divina, entendida no contexto judaico, equivale a uma reivindicação inequívoca de realeza. O Senado Romano fez reis (como Herodes, o Grande). Reis autoproclamados eram vistos como rebeldes traidores e, nos últimos anos, Israel fora atormentado por vários pretensos reis. Assim, o palco estava montado para a execução de Jesus.

Tu o disseste (15:2): Ao responder dessa forma, Jesus não recusa o título de "Rei dos Judeus", mas também não diz: "Eu sou", como falou quando o sumo sacerdote perguntou se Ele era o Messias, o Filho de Deus (14:61). A resposta de Jesus não foi considerada como rejeição do título, mas é vista em sua subsequente crucificação e zombaria como "Rei dos Judeus" (15:18, 26). Jesus é de fato o Rei dos judeus, mas não no sentido entendido por Roma, seus colaboradores judeus ou vários pretensos reis judeus. A realeza de Jesus deriva inteiramente de Deus, de quem Ele, como o "Filho do Homem" de Dn 7, recebeu reino e autoridade.

Jesus ainda não respondeu nada, então Pilatos ficou surpreso (15:5): Jesus se recusa a discutir o assunto com Pilatos e se nega a responder às várias acusações feitas contra Ele (v. 3-5). Pilatos fica surpreso (v. 5a), o que lança Jesus mais uma vez sob uma luz favorável. Com calma e dignidade Jesus se coloca diante de seus acusadores.

Era costume de Pilatos soltar para o povo um prisioneiro que eles pedissem (15:6): Como não há corroboração específica do perdão pascal de Pilatos fora do NT, alguns críticos acham que esse fato não passa de uma invenção literária e teológica. Mas isso é muito duvidoso. A tradição é atestada em pelo menos duas correntes independentes, Marcos (seguido por Mateus e Lucas) e João (que é independente dos Sinóticos). Além disso, há alguma corroboração indireta do perdão pascal de Pilatos. A Mishná diz que "eles podem abater (o cordeiro pascal) por um... a quem prometeram tirar da prisão" na Páscoa (*m. Pesahim* 8:6). Quem são os "eles" não está claro (autoridades judaicas? autoridades romanas?), mas é interessante que a prometida libertação da prisão tenha o propósito expresso de participar da observância da Páscoa. Um papiro (PFlor 61, ca. 85 d.C.) "contendo um relatório de procedimentos judiciais, cita estas palavras do governador do Egito, G. Septimius Vegetus (a um Phibion): 'Você era digno de açoite... mas eu o entrego às multidões'" (ll. 59-60, 64; veja Deissmann 1927, p. 269-70 + pl., ligeiramente adaptado). De acordo com Plínio, o Jovem, "Foi afirmado, no entanto, que essas pessoas foram libertadas mediante petição aos procônsules ou seus oficiais; o que parece bastante provável, assim como é improvável que qualquer pessoa ousasse libertá-los sem autoridade" (*Epístolas* 10.31). Uma inscrição de Éfeso relata a decisão do procônsul da Ásia de libertar prisioneiros por causa dos protestos do povo da cidade (Deissmann 1927:269-70). Tito Lívio (5.13.8) fala de dispensas especiais pelas quais as correntes eram removidas dos membros dos prisioneiros. Quando o governador Albinus (62-64 d.C.) se preparava para deixar o cargo, ele libertou todos os prisioneiros encarcerados por crimes que não fossem assassinato (*Antiguidades* 20.215). Ele o fez esperando obter uma avaliação favorável dos habitantes de Jerusalém. E, finalmente, anos antes, Arquelau esperava apaziguar seus compatriotas e, assim, ganhar o reino de seu falecido pai, concordando com suas exigências de que os presos fossem libertados (*Antiguidades* 17.204: "Alguns exigiam a libertação dos prisioneiros que haviam sido acorrentados por Herodes").

A evidência como um todo sugere que os governantes romanos, bem como pelo menos um príncipe herodiano, ocasionalmente libertavam prisioneiros (assim aparentemente faziam outros governantes do Mediterrâneo oriental). Isso era feito por razões puramente políticas, para satisfazer as demandas das multidões e bajulá-las. Outro fator que apoia a historicidade da narrativa de Marcos é a improbabilidade de afirmar tal costume se não houvesse nenhum. Se Pilatos não tivesse libertado os prisioneiros na Páscoa ou em outros feriados, ou pelo menos em uma ocasião, a alegação do evangelista de que ele o fez poderia ser rápida e facilmente demonstrada como falsa e, portanto, teria ocasionado embaraço para a igreja primitiva. O fato de todos os três evangelistas posteriores assumirem o controle da história (e o quarto evangelista provavelmente o fez independentemente dos Evangelhos Sinóticos) argumenta que nenhum embaraço se apegou à história. H. K. Bond (1998, p. 199) sugere que "Pilatos, e possivelmente outros governadores, podem ter ocasionalmente libertado criminosos menores como um gesto de boa vontade romana, especialmente durante um festival potencialmente temporário como a Páscoa". Vários comentaristas concluíram que a história de Marcos sobre o perdão da Páscoa repousa em uma tradição antiga e confiável (veja Taylor 1952, p. 577; Cranfield 1959, p. 448; Johnson 1972, p. 247-48; Evans 2000, p. 479-81).

Havia um chamado Barrabás [...] a rebelião (15:7): Essa revolta não é conhecida fora do NT. Revoltas de uma escala maior ou menor eram tão comuns que não é surpresa que muitas delas tenham passado despercebidas nos registros da história judaica e romana. Josefo menciona uma revolta posterior em que alguns rebeldes judeus atacaram sentinelas romanas no monte das Oliveiras (*Guerra judaica* 6.2.8). Houve também alguma violência associada à apropriação dos fundos do templo (Evans 2000, p. 481).

***O silêncio de Marcos sobre os judeus invocando uma maldição sobre sua cabeça* (15:12-14):** Marcos não relata o incidente (mostrado em Mt 27:25) sobre os judeus falando sobre o sangue de Jesus caindo sobre sua própria cabeça. Ele deixou de fora uma parte vital da história ou seu silêncio indica que ele não teria acreditado nela? Em primeiro lugar, a ausência de um elemento da história em Marcos não significa nada a respeito do que Marcos acreditava. Como qualquer autor, ele não é obrigado a compartilhar tudo o que sabe. Além disso, Mateus aparentemente tinha fontes que Marcos não tinha. Portanto, é possível que Mateus tenha compartilhado algumas coisas que Marcos desconhecia. Terceiro, Marcos menciona Pilatos dizendo "Por quê? O que Ele fez de errado?" A resposta da multidão: "Crucifica-o!" é uma aceitação de responsabilidade em si não muito diferente de Mt 27:25.

Marcos 15:16-20

Os soldados o levaram para o pátio [...] e reuniram toda a companhia (15:16): Os soldados zombavam de Jesus, colocando sobre Ele um manto púrpura e uma coroa de espinhos trançada (v. 16-17). Eles então o saudavam ("Salve, Rei dos Judeus!"), batiam em sua cabeça com uma cana e se curvavam diante dele (v. 17-19). O que os soldados romanos estavam encenando (e eles eram romanos, como indicado por terem conduzido Jesus ao pretório) era uma saudação zombeteira do imperador romano, como se fazia durante a celebração de um triunfo. É nessa época que o imperador usaria uma coroa de hera e uma túnica com um manto púrpura. Seus soldados gritavam: "Salve, César!"

Vestiram-no com um manto de púrpura (15:17-19): A túnica era escarlate (Mt 27:27ss) ou púrpura (Mc 15:17)? Quando o manto foi colocado em Jesus? Durante o seu julgamento perante Pilatos (Jo 19:1-2, 15) ou depois de Pilatos ter proferido o seu veredito e enviado Jesus para ser crucificado (Mt 27:27-31 e Mc 15:17)? R. T. France diz: "A cor 'roxa' (*porphura*) de Marcos poderia significar um manto roxo real, como um rei poderia usar, mas, além da improbabilidade de soldados terem consigo com uma roupa tão cara, sua combinação com uma coroa feita de espinhos torna claro que isso também era uma zombaria; a explicação de Mateus de que eles usavam um manto militar vermelho parece muito provável" (2002, p. 637). Assim, o manto provavelmente era literalmente escarlate, mas estava sendo usado como se fosse um manto púrpura da realeza, um significado que Marcos captou. É impossível saber se Mateus e Marcos ou João têm a ordem real dos eventos. Um ou outro mudou o relato para saber como desejava apresentar a narrativa. Como o relato de João sobre o envolvimento de Pilatos parece ter mais detalhes, sua ordem pode ser a mais próxima dos eventos.

A zombaria de Jesus como um rei judeu encontra um paralelo aproximado em Filo (*Sobre Flaco* 36-39). Foi por ocasião da visita do rei Agripa a Alexandria, que o povo prendeu um lunático chamado Carabas, um morador de rua que muitas vezes era objeto de escárnio. Eles "levaram o pobre sujeito para o ginásio e o colocaram no alto para ser visto por todos e puseram em sua cabeça um lençol de *byblus* estendido como um diadema, vestiram o restante de seu corpo com um tapete, como se fosse um manto real, enquanto alguém que notou um pedaço do papiro nativo jogado na estrada deu-o a ele como cetro. E quando, como em alguma farsa teatral, ele recebeu a insígnia da realeza e foi enganado como rei, jovens carregando varas nos ombros como lanceiros ficaram de cada lado dele, imitando o papel de um guarda-costas. Então outros se aproximaram dele, alguns fingindo saudá-lo, outros para pedir justiça, outros para consultá-lo sobre assuntos de Estado. Então, das multidões soou um tremendo grito saudando-o como *Mari* [aramaico: 'meu senhor'], que se diz ser o nome de 'senhor' entre os sírios". A zombaria de Agripa I é bastante significativa, ilustrando bem a zombaria a que Jesus foi submetido. No entanto, isso não exige que concluamos que Marcos dependa de alguma forma desse incidente ou da própria obra de Filo.

Outros incidentes se aproximam da zombaria de Jesus. Pode-se pensar no tratamento duro e humilhante do deposto Vitélio (69 d.C.) nas mãos de soldados romanos, que zombeteiramente fizeram o ex-imperador revisitar várias estações onde outrora ele foi homenageado (veja Dio Cassius 64.20-21). Pensamos também no tratamento selvagem e humilhante de Eleazar, que foi despojado, açoitado, torturado e, em seu último suspiro, orou pela salvação de Israel (4Macabeus 6:1-30). Também é lembrado o depoimento que registra as palavras do novo imperador Adriano a uma embaixada judaica, com referência à revolta judaica que ocorreu no final do reinado de Trajano (115-117 d.C.). Nesse documento fragmentário, é feita menção à zombaria de um pretenso monarca: "Paulus (falou) sobre o rei, como eles o trouxeram e (zombaram dele?); e Theon leu o decreto de Lupus ordenando-lhes que o conduzissem para Lupus para zombar do rei..." (PLouvre 68 1:1-7; para texto, tradução e notas, veja Tcherikover e Fuks 1957-60, 2.87-99). Plutarco (*Pompeia* 24.7-8) relata uma história na qual os piratas zombaram de um prisioneiro que reivindicou os direitos da cidadania romana. Eles o vestiram ("jogaram uma toga nele"), concederam-lhe várias honras (incluindo cair de joelhos) e finalmente o fizeram andar na prancha (para uma pesquisa de exemplos de zombaria na antiguidade tardia. (Veja comentários posteriores de Brown 1994, p. 873-77). (Veja mais comentários em Jo 19:1-2.)

Marcos 15:21-41

Simão, um cireneu, pai de Alexandre e Rufo (15:21): O ossuário do filho de Simão, Alexandre, pode ter sido recuperado. Encontrado em Jerusalém em 1941, as inscrições no ossuário diziam "Alexandre (filho) de Simão" (em grego) e "Alexandre (o) cireanita" (em hebraico). A combinação do nome aramaico do pai, Simão, do nome grego de seu filho, Alexandre, a conexão com Cirene e o sepultamento em Jerusalém correspondem a todos os detalhes e inferências que encontramos em Mc 15:21 (para discussão desse ossuário, consulte Evans 2003, p. 94-96).

E levaram Jesus ao lugar chamado Gólgota (que significa Lugar da Caveira) (15:22): "Gólgota" é a tradução grega do aramaico *galgalta'*, que significa "pedra redonda", que pode se referir a uma caveira. Em Lc 23:33, o nome do lugar é dado simplesmente como "A Caveira" (gr. *kranion*). Na Vulgata latina, o termo usado para traduzir *kranion* era *calvaria*.

E quanto à localização geográfica do local da crucificação? Os evangelhos (Mt 27:33; Jo 19:20) a colocam fora da cidade, mas a tradição a situa dentro dos limites da cidade de Jerusalém. Qual é correto? De acordo com R. T. France, "Não há bases sólidas para contestar o local tradicional [da crucificação], agora encerrado na Igreja do Santo Sepulcro, embora seja improvável que haja provas convincentes; sua localização fora da linha das muralhas da cidade naquela época, e a presença de várias tumbas judaicas do mesmo período nas proximidades, são apropriadas para um local de execução pública, perto da cidade, mas fora dela" (2002, p. 642). A chave para a posição de France é que, embora o local tradicional esteja localizado dentro dos limites modernos da cidade, essa posição estava fora dos limites no primeiro século.

Tentaram dar-lhe vinho misturado com mirra, mas Ele não o tomou (15:23): Mt 27:34 diz que vinho "misturado com fel" em vez de "mirra", como revela Marcos. Isso poderia ser uma contradição? Vinho fino aromatizado com mirra era considerado uma iguaria e dificilmente seria dado a Jesus pelos soldados que o crucificaram. Provavelmente eles disseram que estava misturado com mirra como parte de sua zombaria, e Marcos transmitiu isso. O vinho provavelmente estava misturado com fel, que tinha um sabor muito amargo. Lucas diz: "Os soldados também zombavam dele. Eles vieram oferecer-lhe vinho azedo e disseram: 'Se tu és o rei dos judeus, salva-te a ti mesmo!'" (23:36). Para as questões sobre se os evangelhos são incompatíveis sobre se Jesus bebeu ou não, veja os comentários sobre Mc 15:36 e Mt 27:34.

Então eles o crucificaram (15:24): Evidências arqueológicas encontradas perto de Jerusalém, datadas da era de Cristo, confirmam que a crucificação envolvia pregar pulsos e calcanhares em vigas de madeira. "A descoberta em 1968 de um ossuário... de um *Yĕhôhānān*, que havia sido crucificado, fornece evidências arqueológicas e entendimento sobre como o próprio Jesus pode ter sido crucificado. O ossuário e seu conteúdo datam do final dos anos 20 d.C. Os restos de uma estaca de ferro (11,5 centímetros de comprimento) são vistos claramente, perfurando o osso do tornozelo direito. Aqueles que retiraram o corpo de *Yĕhôhānān* aparentemente não conseguiram remover a estaca, de modo que um pedaço de madeira (de uma oliveira) permaneceu preso ao tornozelo... O exame forense do restante dos restos mortais do esqueleto sustenta a visão de que *Yĕhôhānān* foi crucificado com os braços afastados, pendurado em uma viga horizontal ou galho de árvore. No entanto, não há evidências de que seus braços ou pulsos tenham sido pregados a essa viga transversal (como afirmado nos primeiros relatórios). No entanto, Evans cita Hengel, que menciona esse autor do século 3 d.C: "Punido com os membros estendidos... eles são amarrados (e) pregados na estaca no mais amargo tormento, comida maligna para as aves de rapina e colheita impiedosa para os cães" (2000, p. 501-2).

Repartiram as suas vestes, lançando sortes para ver o que cada um receberia (15:24): Os soldados lançaram sortes para dividir todas as vestes de Jesus (Marcos e Mt 27:35 podem dar a entender isso) ou apenas sua "túnica" (Jo 19:23-24)? O que vemos aqui são diferentes níveis de detalhe. João diz: "Eles pegaram suas vestes e as dividiram em quatro partes, uma parte para cada soldado" (v. 23). Parece que a divisão destas não envolvia lançar sortes, mas apenas o consentimento comum, embora o relato de João não exclua que estas também foram divididas por meio do lançamento de sortes. O que João toma como decisivo é que a túnica, uma peça mais cara, foi deixada ao acaso pelo sorteio.

Eram nove horas da manhã quando o crucificaram (15:25): Jo 19:14 mostra Jesus aparecendo diante de Pilatos na hora sexta. Marcos apresenta Jesus sendo crucificado já na terceira hora (a versão HCSB traduz isso como "nove da manhã"). O texto de Lc 23:43-44 mostra Jesus sendo crucificado por volta da hora sexta. Seriam essas narrativas contraditórias ou apenas maneiras diferentes de contar o tempo? Várias teorias de harmonização já foram oferecidas. Uma delas é que os números 3 e 6 foram confundidos em um manuscrito antigo. Outra é que João usou o horário romano, que iniciava o dia à meia-noite, enquanto os Sinóticos seguiam o horário judaico, que começava o dia com o alvorecer. Alguns sugeriram que João mudou intencionalmente a hora da crucificação para o final do dia, para que coincidisse com o tempo em que os cordeiros da Páscoa estavam sendo abatidos em toda a cidade. O texto de Lc 23:43-44 não relata a hora da crucificação, mas da escuridão que envolveu "toda a terra". Jesus já poderia ter estado na cruz por três horas até então.

O REI DOS JUDEUS (15:26): Todos os quatro Evangelhos descrevem de maneira diferente a redação do sinal que identifica a acusação capital contra Jesus. Marcos mostra "Rei dos judeus", Mateus diz "Este é Jesus, o rei dos judeus" (Mt 27:37), Lucas tem "Este é o rei dos judeus" (Lc 23:38), e João apresenta "Jesus, o Nazareno, o rei dos judeus" (Jo 19:20). É possível que o sinal fosse trilíngue (grego, latim e hebraico), o que geraria traduções ligeiramente diferentes. Mesmo que houvesse apenas uma inscrição, tornando menos simples explicar as diferentes traduções nos Evangelhos a doutrina tradicional da inspiração reconhece que os escritores dos evangelhos às vezes citavam indiretamente e outras transmitiam sua mensagem sem usar as próprias palavras da fonte original. (Veja comentários adicionais em Mt 27:37, Lc 23:38 e Jo 19:19.)

Com Ele crucificaram dois malfeitores (15:27): A palavra traduzida como "malfeitores" é *lēstēs*, que pode significar "ladrão", mas também pode indicar um "revolucionário" ou "rebelde" (BDAG). Eles podem ter sido companheiros de Barrabás, "que estava na prisão com os rebeldes que cometeram assassinato durante a rebelião" (Mc 15:7).

Problema textual **(15:28):** Metzger explica que os primeiros e melhores manuscritos de ambos os tipos de texto alexandrino e ocidental não têm esse versículo. "É compreensível que os copistas possam ter acrescentado a frase à margem de Lc 22:37, de onde chegou ao próprio texto; não há razão para que, se a sentença estivesse presente originalmente, ela deveria ter sido suprimida. Também é significativo que Marcos muito raramente cita de forma expressa o Antigo Testamento" (*TCGNT*).

Mesmo aqueles que foram crucificados com Ele estavam zombando dele (15:32): Mt 27:44 e Mc 15:32 seriam incompatíveis com Lc 23:42, que tem apenas um criminoso insultando Jesus, enquanto ao outro vem à fé? O fato de Mateus nem Marcos mencionarem o arrependimento e a fé de um dos criminosos não significa que eles estejam alegando que isso não aconteceu, muito menos Lucas não mencionar o fato de que ambos os criminosos insultaram Jesus implica que ele negaria o que Marcos e Mateus relataram. Aparentemente, o criminoso que se arrependeu inicialmente juntou-se ao outro criminoso para insultar Jesus, mas depois foi persuadido. Certamente ele teve muito tempo para desenvolver remorso e se arrepender, pois Jesus foi pendurado na cruz por seis horas antes de morrer. (Veja mais comentários em Mt 27:44 e Lc 23:32-43.)

Ao meio-dia (15:33): Na sexta hora (ou seja, meio-dia), a escuridão caiu sobre a terra. Na hora nona (i.e., 15 horas), Jesus clama em alta voz, citando as palavras de Sl 22:1: "Deus meu, Deus meu, por que me desamparaste?" (v. 34). A escuridão da terra significa julgamento; o fato de Jesus clamar dessa maneira sugere que o julgamento divino em parte caiu sobre Ele. Isso é consistente com sua alusão anterior a Zc 13:7 em Mc 14:27. Por terem rejeitado o seu filho (veja a parábola dos Lavradores da Vinha em 12:1-12), Deus golpeia seu próprio povo, começando pelo pastor de Israel.

Houve escuridão sobre toda a terra (15:33): Ao longo dos séculos, intérpretes tentaram identificar documentação extrabíblica para esse evento, como por exemplo a tentativa de encontrar evidências de um evento solar que correspondesse à época da crucificação de Jesus, mas tal correspondência não foi demonstrada. De acordo com R. T. France, "um eclipse solar não poderia ocorrer na época da lua cheia da Páscoa, embora uma tempestade de poeira ('siroco') ou nuvens pesadas fossem possíveis" (2002, p. 651). Sinais como essa escuridão, enviados como um julgamento de Deus, são notoriamente ambíguos, e não há garantia de que o efeito tenha se espalhado para regiões fora de Jerusalém. Alguns críticos perguntaram, se a escuridão realmente aconteceu, por que os judeus não tomaram isso como um sinal de seu erro e confessaram Jesus como o Messias, em retorno a isso? A resposta provável é que eles confundiram a escuridão como um julgamento não contra eles, mas contra um pretendente messiânico herético e seus seguidores, que, em sua opinião, corromperam a religião de Israel. (Veja mais comentários em Mt 27:45.)

***Eloí, Eloí, lamá sabactâni?* (15:34):** Os espectadores acham que Jesus chamou Elias (a palavra *eloi* ["meu Deus"] em "Eloí, Eloí, lamá sabactâni" se aproxima do som de *elia* ["Elias"]), uma figura escatológica que deveria vir e resgatar os justos. Indicaria o clamor de Jesus que Ele teria pensado que tudo deu terrivelmente errado? Se Jesus morreu voluntariamente, um autossacrifício intencional pelos pecados do mundo, por que Ele gritou como se não esperasse que as coisas terminassem assim? Essa pergunta arrisca a interpretar demais a razão pela qual Jesus pronunciou essas palavras. O importante a reconhecer aqui é que Ele estava citando o Sl 22:1, um salmo davídico expressando os sentimentos de distanciamento de Davi. Jesus estava revelando que Ele era o cumprimento da tipologia do salmo, que Ele estava experimentando o abandono por causa dos nossos pecados. O que exatamente esse abandono implicaria é incerto, mas provavelmente resultou de Jesus ter levado nossos pecados para que o pecado fosse julgado. Como o apóstolo Paulo expressou em 2Co 5:21, Deus, o Pai, "fez pecado por nós Aquele que não conheceu o pecado, para que nele fôssemos feitos justiça de Deus".

Alguém correu e encheu uma esponja com vinagre, colocou-a numa cana, ofereceu-lhe de beber (15:36): Seriam os evangelhos inconsistentes sobre qual bebida foi oferecida a Jesus e se Ele a aceitou? As passagens podem ser facilmente harmonizadas. Os soldados ofereceram a Jesus um vinho de gosto amargo, mas depois de prová-lo, Ele se recusou a beber. Para saber mais sobre esse assunto, veja os comentários sobre Mt 27:34.

Vamos ver se Elias vem para tirá-lo da cruz! (15:36): Ao passo que Marcos reproduz a fala daquele que pegou a esponja com vinho azedo: "Vamos ver se Elias vem para tirá-lo da cruz!" o texto de Mt 27:48-49 oferece essa mesma declaração vinda de espectadores, não do homem que buscou a bebida. Essas parecem ser reivindicações díspares. Elas podem ser reconciliadas? Tendo ouvido o clamor de Jesus sobre Eli, é provável que muitos espectadores tenham começado a falar sobre a vinda de Elias. De repente um deles disse: "Vamos ver se Elias vem para tirá-lo!" é provável que outros tenham ouvido o mesmo grito.

Jesus soltou um grande brado e expirou (15:37): Discípulos e críticos frequentemente perguntam como é possível que Jesus, se Ele fosse realmente Deus, tenha sido abandonado por Deus e morrido, e que impacto isso teria sobre a Trindade. No grito de abandono de Jesus na cruz, e certamente em sua morte, o mistério de Deus encarnado torna-se mais vívido. A encarnação implica que Deus Filho se fez homem sem deixar de ser Deus. Em sua morte, o Filho não pode ter morrido em sua divindade. Portanto, podemos dizer que Ele morreu apenas na medida em que era homem. Além disso, não podemos ir.

Então a cortina do santuário se fendeu em duas partes, de alto a baixo (15:38): Existe alguma confirmação não bíblica de que o véu foi rasgado? Além disso, Marcos não menciona o terremoto ou a ressurreição de "muitos" santos, mencionados em Mt 27:51-53. O silêncio de Marcos indica que ele não acreditava no que Mateus relatou?

Embora não haja confirmação extrabíblica conhecida do que aconteceu com a cortina do santuário, há confirmação extrabíblica de que tal evento seria concebível. O *Testamento dos Doze Patriarcas*, de data incerta, diz: "E você deve agir ilegalmente em Israel, com o resultado de que Jerusalém não pode suportar a presença de sua maldade, mas o véu do Templo será rasgado, de modo que não esconda mais a sua vergonha" (*Testamento de Levi* 10:3). *Vida dos profetas* diz: "E a respeito do fim do Templo ele [Habacuque] predisse: 'Por uma nação ocidental acontecerá'. 'Naquele tempo', disse ele, 'a cortina do Dabeir [o santo de santos] será despedaçada'" (*Vida dos profetas* 12:11-12).

O silêncio de Marcos sobre uma perícope que Mateus e Lucas incluem não é indicação do que Marcos pensou sobre isso. Se Marcos estava ciente disso, como provavelmente estava, ele não incluiu o relato do terremoto e das ressurreições porque isso interferiria em seu propósito de escrever seu Evangelho.

Este homem realmente era o Filho de Deus! (15:39): Ao chamar Jesus de Filho de Deus, o centurião mudou sua lealdade de César, o oficial romano "filho de Deus", para Jesus, o verdadeiro Filho de Deus (sobre a gama de significados desse epíteto, veja Hengel 1976). Uma diferença notável surge quando comparamos Mateus e Marcos com Lucas. Tanto em Mateus (Mt 27:54) quanto em Marcos, o centurião, que estava em pé diante de Jesus, viu como Ele expirou e disse: "Este homem realmente era o Filho de Deus [*huios theou*]!" Lucas cita o centurião de maneira diferente, e a frase na qual está inserida também é diferente. Até mesmo uma palavra diferente para "centurião" é usada. "Quando o centurião viu o que aconteceu, começou a glorificar a Deus, dizendo: 'Este homem realmente era justo [*dikaios*]!'" (Lc 23:47).

De acordo com Marshall, a declaração de Lucas significa que "na morte de Jesus, o centurião vê o sacrifício de um mártir que pereceu inocentemente". Ele observa que a inocência de Jesus é um tema de Lucas. "Pode ser que a ênfase de Lucas na inocência seja suficiente para motivar essa alteração" (1978, p. 876). Nolland (1993b, p. 1159) argumenta em favor de estudos mais recentes, entretanto, que em outros lugares Lucas não usa *dikaios* com o sentido de "inocente". Além disso, não faz sentido que o centurião "glorifique a Deus" porque um homem inocente acaba de ser executado. "Normalmente", diz ele, "em Lucas as pessoas louvam a Deus quando reconhecem que Deus está trabalhando em e por meio de Jesus". Nolland concorda com Matera que o sentido da declaração do centurião é que "Jesus, e não os líderes religiosos, está no relacionamento correto com Deus". Matera também acredita que a mensagem é que "por meio de sua confiança inabalável em Deus como Pai até o fim, Jesus mostrou ser o Filho de Deus". Portanto, o sentido das palavras seria essencialmente o mesmo em todos os três relatos evangélicos da confissão do centurião (Matera 1985, p. 469-85). (veja mais comentários em Mt 27:54 e Lc 23:47.)

***Variação nos relatos das mulheres que testemunharam a crucificação* (15:40, 47):** De acordo com Mateus, "muitas mulheres" vieram com Jesus da Galileia. "Entre elas" estavam Maria Madalena, Maria, mãe de Tiago e José, e a mãe dos filhos de Zebedeu. Maria Madalena e a outra Maria estavam no enterro. Marcos acrescenta Salomé e deixa de fora a mãe de Zebedeu. Ele apresenta as mesmas mulheres no sepultamento. Lucas não cita ninguém, mas menciona mulheres da Galileia na crucificação e no funeral. João menciona apenas Maria, mãe de Jesus, sua irmã, Maria, esposa de Cléopas e Maria Madalena na cruz. Havia sete mulheres ao todo, o que se qualifica como "muitas mulheres". Pode ter havido mais. Os relatos não são contraditórios, mas complementares, diferindo no nível de detalhamento compartilhado.

Maria Madalena (15:40): Uma sinagoga em Magdala, perto da costa noroeste do mar da Galileia, foi descoberta em 2009. Os arqueólogos acreditam que ela foi construída no século 1 a.C. Maria "Madalena" significa que Maria era de Magdala, assim como Jesus, o "Nazareno", significa que Jesus era de Nazaré. É provável que Jesus tenha pregado ocasionalmente na sinagoga de Magdala. Como Maria estava entre os discípulos de Jesus, vários grupos que sustentavam visões excêntricas e heréticas exageraram o significado de Maria, creditando-lhe ensinamentos secretos e exóticos (veja, e.g., o gnóstico *Evangelho de Maria*). A recente alegação de que uma tumba em East Talpiot (alguns quilômetros ao sul de Jerusalém), desenterrada acidentalmente em 1980, continha os restos mortais de Jesus, Maria e um filho chamado Judas carece de credibilidade, pois baseia-se em uma leitura grosseira equivocada das evidências arqueológicas relevantes, e não é seguido por nenhum arqueólogo respeitável (para uma discussão mais aprofundada, consulte Gibson 2009, p. 175-87, 203; Evans 2012, p. 144-47, 171-73). Deve-se notar que Gibson foi um dos arqueólogos que escavou a tumba de Talpiot. Ele não acha que esta tumba tenha algo a ver com Jesus ou seus seguidores.

Marcos 15:42-47

Quando já era noite (15:42): Se "já era noite" quando José foi a Pilatos, então não seria sábado (visto que os judeus contavam que o novo dia começava às 18 horas)? Em caso afirmativo, como Marcos continua dizendo "era o dia da preparação (isto é, a véspera do sábado)"? Se de fato já era sábado, como José estava disposto ou capaz de comprar linho em vista das restrições do sábado? Ou fazer o trabalho de transportar e enterrar o corpo? A melhor solução para esse problema é o reconhecimento de que a sintaxe de Marcos é complicada aqui. O que ele está realmente dizendo é que era o dia da preparação e que a noite se aproxima rapidamente. Jesus morreu por volta das 15 horas. Deveria ser entre 16h e 17h o momento quando José foi até Pilatos, então haveria muito pouco tempo para se preparar para o enterro de Jesus (Evans 2000, p. 518).

Entregou o cadáver a José (15:45): Costuma-se dizer que as vítimas da crucificação geralmente eram deixadas para apodrecer ou amontoadas em uma vala comum, certo? Devido à alta visibilidade da execução de Jesus, os críticos dos relatos do evangelho dizem que parece improvável que Pilatos entregasse o corpo de Jesus a um de seus seguidores. É verdade que, em face das acusações feitas contra Jesus, o governador romano poderia muito bem ter recusado dar essa permissão (veja *Digesta* 48.24.1-2; 48.16.15, 3). Mas o costume judaico se opunha a deixar corpos pendurados em forcas ou cruzes durante a noite (veja Dt 21:23; *m. Sanhedrin* 6:6; *b. Sanhedrin* 46b), e se considerava o enterro dos mortos como um ato de piedade (veja 2Sm 21:12-14; Tobias 1:17-19; 2:3-7). Além disso, Pilatos provavelmente ficou muito feliz por ter o cadáver de Jesus removido da vista do público, devido às suas aparentes dúvidas sobre a culpa de Jesus (Mc 15:14).

A descoberta, em 1968, de um ossuário que continha os restos mortais de um homem que havia sido crucificado e depois devidamente enterrado dá um apoio importante à ideia de que durante o tempo de paz as autoridades romanas acomodaram as sensibilidades judaicas em relação ao enterro, mesmo dos executados, como Josefo e testemunho de Filo (Filo, *Flaco* p. 83; *Embaixada a Gaio* p. 300; Josefo, *Guerra judaica* 2.220; 4.317; *Contra Ápio* 2.73, 211, 205) e conforme a lei judaica exigia (Dt 21:22-23; 11QTemple 64:7-13). Para detalhes relacionados ao homem crucificado, veja Evans 2003, p. 98-103. Para obter detalhes relacionados às leis e costumes funerários judaicos, consulte Evans e Wright 2009, p. 39-73, esp. 59-64.

***O silêncio de Marcos sobre o envolvimento de Nicodemos* (15:45-46):** O silêncio de Marcos (também de Mateus e Lucas) sobre Nicodemos sugere que ele contestaria o relato de João envolvendo Nicodemos (Jo 19:39)? Esse é outro caso em que o silêncio é insignificante. Marcos, Mateus e Lucas se concentraram no aspecto da história que sentiram ser mais importante transmitir. Os Sinóticos não mencionam Nicodemos em nenhum lugar, enquanto João faz referência a ele em vários contextos diferentes (Jo 3:1-9; 7:50; 19:39). Talvez João tivesse acesso a tradições sobre Nicodemos que faltavam aos outros evangelistas, ou conhecesse Nicodemos pessoalmente e assim incluiu menções a ele.

Marcos 16:1-8

Quando o sábado terminou (16:1): Quando terminava o sábado? Seria às 18 horas do próprio sábado (como Mc 16:1 parece sugerir) ou 6 horas da manhã de domingo (como Mt 28:1 pode estar indicando)? Se o sábado terminasse às 18 horas, as mulheres teriam comprado as especiarias logo ao cair da noite e depois se esconderam, esperando a chance de ir ao túmulo na madrugada de domingo? As lojas realmente abririam naquele breve período de tempo entre o final do sábado (18 horas) e a escuridão total (mais ou menos uma hora depois)?

Mateus escreve que ocorreu "depois do sábado, ao amanhecer do primeiro dia da semana", não "ao começar o primeiro dia da semana". Ele simplesmente quer dizer "ao amanhecer do primeiro dia da semana". Seus leitores saberiam que o sábado terminara ao pôr do sol. O versículo 1 implica que as mulheres compraram as especiarias assim que o sábado terminou na noite de sábado. Nesse caso, aparentemente as lojas estavam abertas. Em uma cultura acostumada a contornar as restrições do sábado, isso não seria incomum.

Maria Madalena, Maria, mãe de Tiago, e Salomé (16:1): Quais mulheres foram ao sepulcro? Os relatos dos Evangelhos não fornecem a mesma informação. Jo 20:1 parece dizer que apenas Maria Madalena foi ao sepulcro. Os Sinóticos concordam que Madalena foi, mas também dizem que outras foram, porém não listam as mesmas mulheres. João não diz nada sobre as especiarias ou a unção planejada. Ele apenas menciona Maria Madalena, talvez porque foi ela quem viu Jesus pela primeira vez. No entanto, quando Maria vê Pedro, no relato de João, ela diz: "*nós* não sabemos onde o colocaram!" (Jo 20:2, grifo do autor). Assim, ela tem companheiras não mencionadas e João não discorda dos Sinóticos. Marcos lista Maria Madalena, Maria, mãe de Tiago, e Salomé como indo para o túmulo. Mateus apenas menciona Maria Madalena e "a outra Maria", deixando de fora Salomé por algum motivo desconhecido. Lucas aponta Maria Madalena, Joana, Maria, mãe de Tiago, "e as outras mulheres com elas" (24:10). Os evangelistas compartilharam detalhes diferentes, mas não contraditórios entre si.

De manhã bem cedo, no primeiro dia da semana, elas foram ao túmulo ao nascer do sol (16:2): Era madrugada ou ainda estava escuro quando as mulheres foram ao sepulcro? Considerando que os Sinóticos parecem apresentar as mulheres chegando de madrugada (Mt 28:1; Lc 24:1), João diz: "Maria Madalena veio ao sepulcro de madrugada, enquanto ainda estava escuro" (Jo 20:1). Talvez Maria estivesse com um grupo de senhoras que chegaram antes das outras, ou talvez a expressão de João "veio ao túmulo" descreva a hora em que ela saiu de casa, e não a hora em que ela chegou ao sepulcro. A realidade é que os relatos dos Evangelhos não são específicos o suficiente para merecer a acusação de serem contraditórios nessa questão. "Foi" e "veio" não são tão precisos quanto "saiu" e "chegou" e, portanto, não devemos pressionar a evidência de especificidade que os autores provavelmente não pretendiam. (Veja mais comentários em Mt 28:1 e Jo 20:1-2.)

Quem rolará para nós a pedra da entrada do sepulcro? (16:3): O fato de que as mulheres foram cuidar do corpo de Jesus, e que esperavam que o túmulo ainda estivesse seguro, demonstra novamente que mesmo os seguidores mais próximos de Jesus não esperavam que Ele ressuscitasse dos mortos. Os críticos acreditam que isso questiona a afirmação feita em todos os quatro Evangelhos de que Jesus predisse repetidamente sua morte e ressurreição. Do nosso ponto de vista hoje, a falta de expectativa da ressurreição é difícil de conciliar com as numerosas predições de Jesus. No entanto, devemos levar em consideração a condição mental dos discípulos naquele momento. Eles esperavam que o Messias fosse triunfante. Pensar que Ele veio com o propósito de morrer em favor dos pecadores era incompreensível para eles. Assim, cada vez que Jesus predisse sua morte e ressurreição, os discípulos mostraram uma quase total falta de compreensão, especialmente de uma ressurreição. Quando julgados à luz das amplas expectativas pré-pascoais, não é surpresa que os seguidores de Jesus não esperassem que Ele ressuscitasse dos mortos.

Curiosamente, a falta de expectativa de ressurreição demonstra a inconsistência da teoria do "corpo roubado" apresentada pelos líderes religiosos judeus e céticos subsequentes. Se os discípulos desistiram de toda a esperança na crucificação de Jesus e não esperavam uma ressurreição, que motivação eles teriam para roubar o corpo de Jesus depois que Ele recebeu um enterro melhor do que se poderia esperar? A falta de motivação deles é uma forte evidência contra a teoria de que os discípulos roubaram o corpo para fazê-lo parecer uma ressurreição.

Descobertas arqueológicas mostram que uma mulher adulta média tinha um metro e meio de altura e pesava 40 quilos no primeiro século. Marcos explica que a pedra era "muito grande" (v. 4), então as mulheres, compreensivelmente, se perguntam como conseguiriam mover a pedra. Os discípulos fugiram e estavam escondidos porque Jesus foi condenado como criminoso. O fato de as mulheres se perguntarem quem rolaria a pedra para elas levanta uma questão importante: elas não sabiam que o túmulo estava sendo guardado? Se soubessem, certamente não esperariam que os guardas lhes permitissem o acesso. E em vez de se perguntarem quem rolaria a pedra, elas estariam se perguntando: "Os guardas nos permitirão o acesso?" Muito provavelmente, portanto, as mulheres não sabiam da guarda ao redor da tumba. Após uma consideração cuidadosa, isso não é totalmente surpreendente. Todos os discípulos do sexo masculino fugiram e se esconderam de vergonha, desapontamento e possivelmente com medo de retaliação. As mulheres assistiram à crucificação e ao enterro de Jesus antes de se retirarem para observar o sábado. A guarda foi colocada ao redor da tumba em algum momento após o sepultamento, presumivelmente depois que as mulheres deixaram o local. Portanto, é provável que as mulheres não estivessem em condições de receber notícias sobre a guarda antes de deixarem sua casa na madrugada de domingo.

Elas observaram que a pedra — que era muito grande — havia sido removida (16:4): Marcos, Lc (24:2) e Jo (20:1) relatam que as mulheres chegaram ao túmulo e o encontraram já aberto, considerando que Mt 28:2-7 parece apresentar as mulheres presentes para assistir a um anjo descer, rolar a pedra, sentar-se nela e depois se dirigir a elas, dizendo-lhes para não temerem e que Jesus havia ressuscitado. Essa é uma das diferenças mais marcantes nos relatos da ressurreição. Uma tentativa de harmonização sugere que Mateus não pretende retratar as mulheres como tendo visto o anjo descer e rolar a pedra, e que os leitores têm a impressão contrária porque ele resumiu os eventos em sua narrativa. É verdade que Mateus não afirma explicitamente que as mulheres viram essas coisas, no entanto, essa leitura pode ser considerada implausível porque Mateus diz que os guardas tremeram de medo do anjo no versículo 4, e então o anjo imediatamente diz às mulheres no versículo 5 que não precisam temer. Isso naturalmente conduz à suposição de que as mulheres testemunharam as mesmas coisas que causaram medo nos guardas, ou seja, o anjo e suas ações (veja comentários em Mt 28:2, 5-6 para uma visão diferente).

A dificuldade dessa questão lembra uma citação do historiador clássico alemão H. E. Stier, que disse: "As fontes para a ressurreição de Jesus, com suas contradições relativamente grandes [aparentes] sobre detalhes que apresentam para o historiador, é por isso mesmo um critério de credibilidade extraordinária. Pois se isso fosse invenção de uma congregação ou de um grupo semelhante de pessoas, então a história seria consistente e obviamente completa" (Staudinger 1981, p. 77). O fato de tais dificuldades como o presente tópico terem sido permitidas nas Escrituras indica que a igreja primitiva sentiu que era melhor preservar os escritos sagrados sem modificações, em vez de pressioná-los a ter uma maior conformidade. Para uma discussão detalhada de como as respectivas narrativas poderiam ser encaixadas, veja os comentários em Lc 24.

Viram um jovem vestido com uma longa túnica branca sentado à direita (16:5): Mt 28:5-6 apresenta um anjo que está sentado fora do sepulcro em cima da lápide anunciando às mulheres a ressurreição de Jesus; Mc 16:5-6 traz a notícia vinda de um "jovem" sentado dentro da tumba; Lc 24:5-6 noticia a vinda de "dois homens... em roupas deslumbrantes" que de repente estão de pé ao lado das mulheres depois que elas entraram no túmulo e o encontraram vazio; e Jo 20:12-13 apresenta homens ou anjos anunciando a notícia, mas Maria Madalena encontra dois anjos dentro da tumba depois que ela veio pela primeira vez à tumba, saiu para buscar Simão Pedro e voltou para o túmulo. É o próprio Jesus quem revela a ressurreição a Maria no relato de João. As diferenças acima são impressionantes. A harmonização comum diz que as mulheres foram recebidas por dois homens (como diz Lucas) vestidos com roupas brancas e/ou deslumbrantes (como afirmam

Lucas e Marcos), que na verdade eram anjos (somente Mateus se refere a um "anjo"), um que era o porta-voz (o que explica por que Mateus e Marcos mencionam apenas um dos dois).

Existe um corpo suficiente de testemunho consistente sobre a ressurreição para tornar a evidência convincente mesmo diante de desafios como esses. Certamente a igreja primitiva reconheceu os desafios apresentados pelos diferentes relatos da ressurreição. O fato de eles acreditarem apesar dessas questões, e de não rejeitarem os evangelhos nem procurarem corrigi-los para trazer uma maior harmonia, é prova de que eles sentiram que os Evangelhos eram relatos verdadeiros e deveriam permanecer inalterados e aceitos como oficiais. Além disso, o fato de as mulheres terem sido as primeiras testemunhas é uma parte importante disso, já que ninguém naquela época teria inventado tal história dependente do testemunho de mulheres. (Veja mais comentários em Mt 28:5-6, Lc 24:4-6 e Jo 20:12.)

Mas vão e digam a seus discípulos e a Pedro: "Ele vai adiante de vocês para a Galileia" (16:7): Mt 28:10 revela Jesus dizendo às mulheres: "Não tenham medo. Vão e digam a meus irmãos que se dirijam para a Galileia, e eles me verão lá". O relato de Marcos não fala de Jesus, mas do jovem que conta às mulheres uma mensagem semelhante. Depois de lhes dizer que Jesus ressuscitou (Mc 16:6), o jovem diz: "Mas vão e digam a seus discípulos e a Pedro: 'Ele vai adiante de vocês para a Galileia; lá vocês o verão como Ele lhes disse'" (v. 7). Então, quem realmente transmitiu esta mensagem, Jesus ou o jovem? A solução é encontrada observando que Mt 28:7 está em acordo substancial com Mc 16:7. Muito parecido com Marcos, esse versículo em Mateus retrata o anjo (um jovem em Marcos) dizendo: "Então, vão depressa e digam aos seus discípulos: 'Ele ressuscitou dentre os mortos. Na verdade, Ele vai adiante de vocês para a Galileia; lá vocês o verão'. Escutem o que eu já lhes disse". Assim, Mateus mostra o anjo e Jesus transmitindo uma mensagem semelhante às mulheres. Mateus simplesmente incluiu uma declaração que Marcos não compartilhou. O fato de Marcos não ter a fala de Jesus se encaixa no fato de que ele escolheu não narrar nenhuma aparição pós-ressurreição de Jesus (isso pressupõe que o v. 8 é onde o Evangelho autêntico de Marcos termina; veja os comentários abaixo).

Uma questão mais difícil surge quando extraímos o relato de Lucas. Enquanto Mateus e Marcos mostram o anjo (e Jesus em Mateus) dizendo às mulheres que fossem à frente de Jesus para a Galileia, Lucas mostra o anjo dizendo: "Ele não está aqui, mas ressuscitou! Lembrem-se de como Ele falou para vocês quando ainda estava na Galileia" (Lc 24:6). Em vez de instruir os discípulos a irem para a Galileia e encontrarem Jesus lá, o anjo em Lucas os levou a lembrar o que Jesus havia dito enquanto estava na Galileia. Lucas então passa a narrar as aparições da ressurreição de Jesus em Jerusalém e nas proximidades de Emaús, mas não menciona nenhuma na Galileia. Isso difere de Mateus, que narra as aparições de Jesus na Galileia. Pelo fato de que Lucas dedica muita atenção a Jerusalém em seu Evangelho é possível que ele tenha redirecionado a declaração em Mc 16:7 para narrar apenas as aparições da ressurreição em Jerusalém e Emaús, deixando de mencionar todas e quaisquer aparições na Galileia. Também é possível que o anjo tenha feito as duas declarações, referindo-se a algo que Jesus disse na Galileia em uma de suas falas, e orientando os discípulos a irem para lá na outra. Todos os relatos evangélicos selecionam quais eventos serão contados, em que ordem e como. Isso resulta em quatro relatos um tanto confusos.

E elas não disseram nada a ninguém, pois estavam com medo (16:8): Os primeiros manuscritos (Sinaiticus e Vaticanus) terminam no versículo 8, e essa parece ser a última porção autêntica e existente do Evangelho de Marcos. Embora vários intérpretes pensem que o Evangelho de Marcos terminou originalmente em 16:8, a narrativa original provavelmente continuou com uma descrição dos discípulos encontrando Jesus ressuscitado na Galileia, como Jesus (14:28) e o jovem no túmulo (16:7) previram. O cumprimento das outras profecias de Jesus (ao encontrar um jumentinho, sobre o cenáculo preparado, a queda dos discípulos, as negações de Pedro) foi narrado em Marcos; isso leva a esperar que o cumprimento de sua profecia sobre aparecer a seus discípulos provavelmente também tenha sido originalmente narrado. Gundry (1993, p. 1010-11, 1021) pensa que Mateus 28 incorporou parte do final original de Marcos. Não se sabe como o final original de Marcos se perdeu e por que o evangelista ou um colaborador próximo não o restaurou.

Se, de fato, Marcos terminou originalmente no versículo 8, ficamos com um final abrupto que retrata as mulheres fugindo de medo e segurando sua língua. Isso claramente difere dos relatos dados em Mt 28:8, Lc 24:9; e Jo 20:18. Uma reconciliação plausível é que Marcos decidiu interromper seu relato drasticamente, em um ponto em que o choque inicial e o medo ainda dominavam as mulheres. As boas-novas da ressurreição de Jesus foram entregues às mulheres (16:6), e assim Marcos está claramente de acordo com os outros Evangelhos no ponto central das narrativas da ressurreição. Ele não deixa dúvidas sobre a ressurreição de Jesus. O fato de ele não retratar as mulheres contando as novidades para outras pessoas não significa que ele pretendesse que seus leitores pensassem que as mulheres permaneceriam para sempre em silêncio sobre o assunto. Os leitores antigos e modernos naturalmente supõem que as mulheres logo se acalmaram e contaram aos discípulos o que haviam visto.

Dois finais do Evangelho de Marcos: Nos antigos manuscritos que contêm todo o Evangelho de Marcos, encontramos quatro finais: (1) em 16:8, "porque estavam com medo"; (2) em 16:20, o chamado final longo; (3) em 16:8, mais o chamado final curto; e (4) em 16:20, mais o final curto. Muitos dos manuscritos mais antigos têm asteriscos e marcas especiais indicando os finais longos ou curtos como duvidosos.

O final longo de Marcos — Marcos 16:9-20

O final tradicional de Marcos, o chamado final longo, fala da aparição de Jesus a Maria Madalena, de seu relato aos discípulos incrédulos, de uma aparição posterior aos 11 e da comissão para evangelizar. Essa comissão contém alguns elementos bizarros: pegar em cobras e beber veneno, e não ser ferido por nenhum dos dois (v. 18). A passagem inteira parece ter sido composta a partir dos relatos da ressurreição feitos por Mateus, Lucas e João, e até aludiu a eventos descritos no livro de Atos. Os paralelos mais óbvios são os seguintes:

v. 11: incredulidade (Mt 28:17);
v. 12: os dois no caminho (Lc 24:13-35);

v. 14: censura pela incredulidade (Jo 20:19, 26);
v. 15: a Grande Comissão (Mt 28:19);
v. 16: salvação e juízo (Jo 3:18, 36);
v. 17: falar em línguas (At 2:4; 10:46);
v. 18: serpentes e veneno (At 28:3-5);
v. 18: impor as mãos sobre os enfermos (At 9:17; 28:8);
v. 19: ascensão (At 1:2, 9);
v. 20: resumo geral dos Atos.

O versículo 14 aparece de uma forma um tanto expandida e diferente no códice W do século 5. Nessa versão, os discípulos desculpam sua falta de fé como devida à influência de Satanás e seus aliados impuros. Jesus garante a seus discípulos que o tempo de Satanás está quase no fim e que um terrível julgamento está próximo.

Os paralelos com Atos e os outros evangelhos a alta concentração de vocabulário não encontrado em nenhum outro lugar em Marcos, a ausência desses versículos em nossas cópias mais antigas de Marcos (Sinaiticus e Vaticanus) e nos primeiros pais (e.g., Clemente de Alexandria e Orígenes), e a estranha conexão entre os versículos 8 e 9 levaram a maioria dos estudiosos a concluir que o final longo de Marcos não fazia parte do evangelho original. Mc 16:19 ("Então, depois de falar com eles, o Senhor Jesus foi levado ao céu e assentou-se à direita de Deus") é citado por Irineu (*Contra as heresias* 3.10.5), mas esse é um testemunho incerto. O texto grego original desta parte de *Contra as heresias* não sobreviveu. Sobrevive em uma tradução latina posterior que pode ter incorporado esse versículo de manuscritos muito posteriores. Consequentemente, está longe de ser preciso que Irineu, escrevendo ca.180 d.C., estava familiarizado com o chamado final longo de Marcos.

Final curto de Marcos

Mas eles relataram brevemente a Pedro e aos que estavam com ele tudo o que lhes foi dito. E depois disso o próprio Jesus enviou por meio deles, de leste a oeste, a proclamação sagrada e imperecível da salvação eterna.

Alguns manuscritos preservam o chamado final curto de Marcos (L Y 099 0112). Quase todos aqueles que também contêm o final longo. O final curto não tem nenhuma reivindicação convincente de autenticidade, pois contém uma alta porcentagem de vocabulário não característico de Marcos e exibe um tom retórico não encontrado em nenhum outro lugar em Marcos.

Comentário bíblico-apologético ao

Evangelho de Lucas

Introdução

O Evangelho de Lucas está ligado ao livro de Atos (veja At 1:1) e explica como as boas-novas de Jesus Cristo se destinam tanto a judeus quanto a gentios. Embora a fé cristã fosse nova, Lucas mostra que ela estava enraizada em velhas promessas e no tão esperado programa de salvação de Deus. No mundo antigo, as pessoas viam as novas religiões com desconfiança. Lucas legitimou a fé ao mostrar como Jesus cumpriu as promessas que Deus fez aos patriarcas e profetas. O primeiro versículo do Evangelho atinge essa nota, onde Lucas fala dos "acontecimentos que se cumpriram entre nós".

Autoria

Características internas e externas ao Evangelho de Lucas e ao livro de Atos influenciam a decisão sobre a autoria desses volumes complementares. Internamente, os livros são anônimos, mas dois fatores pesam fortemente nas questões de autoria e confiabilidade. Primeiro, o autor revela imediatamente no Evangelho que não foi testemunha ocular da maioria dos eventos que narra sobre a vida de Jesus (Lc 1:2-4). Isso se encaixa com o que se sabe sobre Lucas. Mas longe de reconhecer que a obra não é confiável, o autor garante ao leitor que sua exposição da vida de Jesus se baseia nos depoimentos de "testemunhas oculares e servidores da palavra" (v. 2). Ele também afirma ter "investigado cuidadosamente tudo desde o início" (v. 3). Isso sugere que o autor teve acesso próximo aos seguidores originais de Jesus. Em segundo lugar, ele reforça ainda mais sua credibilidade mostrando ser um companheiro de Paulo nas partes de Atos conhecidas como as seções "nós" (At 16:10-17; 20:5-15; 21:1-18; 27:1—28:16). O mesmo também se encaixa com os fatos conhecidos sobre Lucas, pois o testemunho bíblico confirma que Lucas era um companheiro de viagem de Paulo em suas viagens missionárias (Cl 4:14; 2Tm 4:11; Fm 24).

Os estudiosos debatem se as seções "nós" refletem a perspectiva de uma autêntica testemunha ocular (Ellis 1974, p. 43-44; Hemer 1989, p. 312-334) ou apenas um dispositivo literário calculado para dar a impressão de que o autor era uma testemunha ocular (Haenchen 1971, p. 85-90; Vielhauer 1966, p. 33-34, 47-48). Uma forma de testar a autenticidade das seções "nós" é comparar o que o autor diz sobre Paulo com o que o apóstolo revela sobre si mesmo nas epístolas paulinas. Se esses retratos não coincidirem, teremos fortes indícios de que as seções "nós" não são autênticas. Haenchen (1971) e Vielhauer (1966) argumentam que os retratos são de fato incompatíveis em detalhes históricos e ênfase teológica. F. F. Bruce (1975-76), ao contrário, considera os retratos compatíveis. Os defensores da visão cética também observam que o autor de Lucas-Atos falha em citar ou aludir aos escritos de Paulo em descrever seu trabalho, embora Goulder conteste isso (1989, p. 129-46).

Em apoio à visão tradicional, Fitzmyer (1989, p. 1-26) argumenta que as seções "nós" vêm e vão arbitrariamente no livro de Atos. Isso não é o que esperaríamos se elas fossem apenas um artifício literário criado por um autor para dar uma falsa impressão de testemunho ocular. Certamente um autor empenhado em produzir tal engano teria mais cuidado para colocar as seções "nós" de forma consistente e estratégica ao longo de sua narrativa. Fitzmyer argumenta ainda que várias das narrativas de "navegação" (At 13:4,13; 14:26; 17:14; 18:18,21; 20:1-2) carecem do elemento "nós" mesmo que elas sejam pontos convenientes para a inserção literária. Juntos, o posicionamento inconsistente das seções "nós" e sua ausência em locais ideais, mostram que o autor não estava tentando usar um artifício literário para criar uma falsa impressão de ser uma testemunha ocular. No lugar da visão cética, Fitzmyer sugere que Lucas era um companheiro "júnior" de Paulo, não um amigo "inseparável" como Irineu havia descrito (*Contra as Heresias* 3.14.1).

Em conclusão, a evidência interna é consistente com a ideia de que o autor era um cristão de segunda geração que tinha bom acesso às tradições orais e escritas da comunidade de fé e conhecia Paulo. Não há nada sobre Lucas que o impeça de cumprir essas condições.

O testemunho externo de Lucas-Atos é consistente quanto à autoria de Lucas apesar do fato de que muitos candidatos mais conhecidos que estavam intimamente ligados a Paulo poderiam ter sido apresentados no lugar do menos conhecido Lucas. Esses candidatos mais conhecidos incluiriam Marcos, Timóteo, Tito, Silas, Epafras e Barnabé. Mesmo Aristarco e Demas podem parecer melhores candidatos do que Lucas (Cl 4:14; Fm 24). Esse leque de candidatos sugere que, se a igreja tivesse simplesmente escolhido atribuir os escritos a um autor para dar à obra um status mais elevado, Lucas não teria sido o nome natural a ser empregado. E, no entanto, Lucas, e somente Lucas, foi o nome adotado na tradição inicial.

Por volta de 160 d.C., Justino Mártir citou uma passagem do terceiro Evangelho e chamou-a de "memórias de Jesus" (*Diálogo com Trifo* 103). Pouco tempo depois, o Cânone Muratoriano (c. 170-180) nomeou Lucas, descrito como médico e companheiro de Paulo, como o autor do Evangelho de Lucas. O Prólogo antimarcionista para Lucas (c. 175) cita Antioquia da Síria como sua casa (At 11:19-30; 13:1-3; 15:30-35) e diz que ele era médico e solteiro. Irineu (ca. 175-195) o nomeou com o autor, baseando seu caso em parte em como as seções "nós" ligam Lucas a Paulo (*Contra as heresias* 3.1.1; 3.14.1). No início do terceiro século, Tertuliano chamou o Evangelho de Lucas de um resumo do evangelho de Paulo, uma descrição que se encaixa perfeitamente com a familiaridade de Lucas com Paulo (*Contra Marcião* 4.2.2; 4.5.3). Finalmente, Eusébio de Cesareia (falecido em 339 d.C.) afirmou que Lucas era companheiro de Paulo e autor de Lucas-Atos (*História eclesiástica* 3.4.2).

Data

A data de composição deste evangelho está ligada a dois outros fatores: a relação literária de Lucas com os outros Evangelhos Sinóticos (Mateus e Marcos) e a data de Atos. O último acontecimento narrado em Atos é a prisão de Paulo em Roma, que pode ser datada do início dos anos 60. O debate é se Atos termina com Paulo na prisão, porque essa é a última coisa que aconteceu antes de Lucas terminar de escrever Atos, ou se Lucas simplesmente interrompeu sua narrativa naquele evento porque a prisão de Paulo marcou a chegada da mensagem do evangelho a Roma, o que poderia ser visto como o objetivo teológico do livro. No primeiro cenário, o livro de Atos foi escrito no início dos anos 60, enquanto no segundo cenário poderia ter sido escrito muito mais tarde. Muitos colocam a composição de Atos na década de 60 e depois colocam o Evangelho de Lucas um pouco antes. Essa é uma abordagem razoável. Quanto mais tarde nos anos 60 a produção de Atos for colocada mais tarde será estabelecida a data de Lucas. Alguns até colocam Atos nos anos 70 ou 80, enquanto outros movem a obra até o segundo século.

Ligado a essa questão está o fato de saber se Lucas usou os outros Evangelhos como fontes. A visão mais comum é que ele usou Marcos; estudiosos debatem se também usou Mateus, o que eles consideram pouco provável, dadas as diferenças entre esses Evangelhos (e.g., o material da infância [de Jesus]). Os estudiosos datam Marcos, de forma variada, de meados dos anos 50 até cerca de 70 d.C. Marcos assume que a igreja está sofrendo perseguição ou pelo menos antecipa essa possibilidade, tornando uma data dos anos 60 plausível, considerando que essa foi a época da perseguição de Nero. A questão se torna, então, quanto tempo Lucas teria sido escrito depois de Lucas. Com esses fatores-chave estabelecidos, vamos olhar mais de perto no argumento para a data de Lucas.

Embora os estudiosos contestem a data da escrita de Lucas, existem alguns limites superiores e inferiores. O último evento registrado em Atos define a origem mais antiga possível, que pode ser datada por volta de 62 d.C. Lucas provavelmente não foi escrito muito antes disso, pois foi composto pouco antes de Atos. Citações indiscutíveis do Evangelho de Lucas por Irineu (falecido em ca. 202 d.C.) definem a última data possível de composição por volta de 170 d.C. (*Contra as heresias* 3.13.3; 3.15.1). Alguns estudiosos empurram a data o mais próximo possível desse *terminus ad quem*, nomeando o início e meados do segundo século como o tempo provável da composição. Eles baseiam seu argumento em uma comparação do Evangelho de Lucas com os escritos de Marcião, Josefo, Justino o Mártir e os Pseudoclementinos (Knox 1942, p. 110, 120; O'Neill 1970, p. 19; Townsend 1984, p. 47-58). Mas uma análise cuidadosa mostra que o tom de Atos difere daquele dos escritos do final do primeiro século (e.g., *1Clemente* em 95 d.C.) e do segundo século (e.g., Inácio em 117 d.C.). Outro fator que argumenta contra uma data posterior para Lucas-Atos é que Atos não mostra muito conhecimento das cartas de Paulo, que no segundo século foram amplamente divulgadas e consideradas autorizadas. Além disso, alusões aparentes em *1Clemente* 2.1 (a At 20:35), 5:6-7 (a At 26) e 18:1 (a At 13:22) argumentam que *1Clemente* foi escrito bem depois de Atos. Esses fatos empurram o limite superior para a composição de meados do século

2 até meados dos anos 90, o mais tardar, tornando Atos (e, portanto, Lucas também) como um documento do primeiro século.

Mas que data no primeiro século seria mais provável? É comum concluir que Lucas foi escrito algum tempo depois da queda de Jerusalém, com datas sugeridas entre 80 e 90 d.C. Cinco razões são dadas para esse intervalo: (1) Lucas foi escrito depois de Marcos, um documento dos anos 60; (2) Lucas-Atos não podem ter sido escritos antes de Paulo ter emergido como um herói no pensamento popular da igreja; (3) a representação de igrejas como a de Éfeso descrevem melhor o período anterior à perseguição de Domiciano em meados dos anos 90; (4) os discursos apocalípticos em Lucas relatam o cerco de Jerusalém e, portanto, devem ter sido escritos algum tempo depois da queda da cidade em 70 d.C.; e (5) a teologia de Lucas é "católica precoce", uma situação mais desenvolvida do que seria de se esperar em uma data anterior.

Como devemos avaliar esses argumentos? Três deles podem ser colocados de lado. Primeiro, por que deveríamos acreditar que levaria muito tempo para que Paulo emergisse como uma figura central na igreja? O NT apresenta explicações razoáveis (e.g., At 9:1-31) de como ele rapidamente se tornou um líder central e controverso da igreja primitiva. Em segundo lugar, o retrato das igrejas mencionado em Atos não se encaixa apenas na época do governo de Domiciano (81-96 d.C.), mas em qualquer época anterior, exceto na época da perseguição de Nero (64; Tacitus, *Anais* 15.44). Terceiro, é discutível se a teologia de Lucas realmente reflete uma teologia tardia (Marshall 1970, p. 81-83, 212-15).

Os outros dois argumentos para um intervalo de datas de 80 a 90 d.C. são mais substanciais e requerem muita atenção. Primeiro, se alguém pensa que Mateus ou Marcos foi o primeiro evangelho, muito provavelmente Lucas foi escrito depois de Marcos. Marcos é tipicamente datado nos anos 60 ou mais tarde, então isso define possíveis datas para Lucas. Quanto tempo depois da composição de Marcos Lucas poderia ter sido escrito? Alguns dizem que o Evangelho de Marcos precisaria circular por um tempo antes que um autor se sentisse à vontade para fazer uso dele. Isso é semelhante ao argumento de que Atos deve ser um documento tardio porque levaria algum tempo para Paulo emergir como um herói na igreja. Porém Marcos estava bem colocado devido aos seus laços com Pedro, então seus escritos teriam sido rapidamente aceitos pela igreja. Além disso, Lucas nos diz que muitas pessoas escreveram sobre a vida de Cristo antes dele, e dá a entender que consultou esses documentos cuidadosamente durante a pesquisa para o seu próprio relato (Lc 1:1-4). Presumivelmente, a maioria desses documentos não eram livros aceitos no cânon das Escrituras, portanto, o status "quase-canônico" não era um pré-requisito para que um documento fosse digno do uso de Lucas. Isso significa que Lucas teria se sentido livre para consultar o Evangelho de Marcos, mesmo que esse evangelho ainda não tivesse ganhado amplo reconhecimento como Escritura. Portanto, não há nada que nos proíba de concluir que Lucas usou o texto de Marcos logo após a composição de Marcos.

O segundo argumento substancial para datar Lucas no intervalo de 80-90 d.C. é que os discursos escatológicos (Lc 19:41-44; 21:20-24) que detalham o cerco e a destruição de Jerusalém sugerem uma data posterior a 70. Esler (1987) empreendeu uma vigorosa defesa dessa visão. Assumindo que a profecia sobrenatural não é possível, Esler argumenta que os detalhes que Lucas compartilha não podem ser o resultado de sua previsão de resultados de uma futura guerra com Roma. Guerras e cercos podem tomar muitas direções imprevistas, então Esler vê detalhes como a construção de uma circunvalação, a destruição total da cidade e o exílio forçado de cativos como prova de que Lucas tenha colocado esses detalhes nos lábios de Jesus *após* o fato. Isso vai contra a afirmação de Dodd (1947, p. 49) de que a linguagem de guerra dos discursos é mais geral do que específica, ajustando-se a conflitos conhecidos no passado de Israel, como o saque do templo de Salomão em 586 a.C., conforme relatado na LXX. Dodd faz uma boa argumentação. Além disso, Esler perde um ponto-chave sobre a conexão dos julgamentos do AT e a destruição que se abateu sobre Jerusalém. Os julgamentos do AT contra Jerusalém foram exercidos porque seus cidadãos haviam sido infiéis à aliança. O fato de a cidade ser novamente punida por infidelidade e ser castigada de maneira semelhante aos julgamentos anteriores não é inesperado, e justifica o uso de uma linguagem muito semelhante. Portanto, não há necessidade de assumir que a queda de Jerusalém é um *fato consumado* na perspectiva dos discursos escatológicos de Lucas.

Em resumo, mesmo que alguém desacredite da possibilidade de uma profecia preditiva, Jesus teria sido capaz de descrever com precisão a futura queda de Jerusalém com base em seu conhecimento de como Deus havia julgado a infidelidade à aliança no passado. Assim, esse argumento para datar Lucas nos anos 80-90 não é convincente, mesmo que alguém tenha pressuposições céticas. E, claro, se alguém está aberto à possibilidade de profecia sobrenatural, então, *a priori*, não há objeção à predição de Jesus sobre a queda de Jerusalém.

Isso abre caminho para uma data nos anos 60 (Hemer 1989, p. 365-410; Moessner 1989, p. 308-15; Ellis 1974, p. 57; Marshall 1978, p. 35). Em apoio a esse intervalo de datas, (1) o livro de Atos descreve Roma como, em grande parte, desconhecendo o movimento cristão, uma realidade que se encaixa em uma data anterior, mas não em uma período posterior; (2) o fato de Atos não mencionar as mortes de Tiago (62 d.C.) e Paulo (ca. final dos anos 60) sugere que foi escrito antes dessas datas; (3) se Jerusalém tivesse sido destruída no momento em que o livro foi escrito, é difícil entender por que Atos ficaria em silêncio sobre isso, especialmente em contextos onde poderia ter sido mencionado editorialmente como punição por infidelidade à aliança (e.g., At 6-7; 21-23); e (4) as muitas questões e tensões não resolvidas sobre as relações gentias-judaicas dentro da igreja são a marca dos primeiros dias da igreja e são paralelas às Cartas Paulinas, onde tensões semelhantes são abordadas (Romanos, Gálatas, 1Co 8-10, Efésios). Os pontos de tensão incluíam a aplicabilidade da lei aos gentios, a comunhão à mesa e as liberdades cristãs (At 6:1-6; 10-11; 15). Que a missão gentia ainda precisava de defesa, Atos também aponta para uma data anterior, pois na década de 80 o movimento cristão era muito gentio, portanto a participação gentia não era mais uma questão de debate. Todos esses pontos são fortes indicadores para uma data nos anos 60.

Determinar um momento exato nos anos 60 é mais difícil. Argumentos para uma origem no final dos anos 60 sustentam que textos como Lc 11:49-51 pressupõem que as tensões entre Roma e a igreja já haviam surgido. Muitos dizem que a morte de Paulo não é mencionada no final de Atos para descartar o final dos anos 60, sugerindo, em vez disso, uma data entre o início e meados dos anos 60. No entanto, pode ser que a morte de Paulo não seja mencionada porque não é relevante para o fato de que a palavra de Deus havia chegado a Roma, algo que Atos parece enfatizar. Também moderando um pouco o argumento para o início dos anos 60, seria o caso de Lucas estar precisando de tempo para receber e incorporar o Evangelho de Marcos.

Em conclusão, uma data entre o início e o final dos anos 60 é provável, mas qual data exatamente não está claro. Lucas pode ter deixado de mencionar a execução de Paulo porque ele ainda estava vivo quando Lucas terminou sua narrativa. Embora também seja possível que ele a tenha escrito depois da execução de Paulo, simplesmente para concluir a história com a prisão dele, porque o ponto focal havia sido alcançado: a entrada do evangelho na cidade-chave do mundo gentio.

Procedência

Os escritos de Lucas em nenhum lugar especificam um lugar de autoria. Por essa razão, onde se fixa o lugar da escrita de Lucas depende da data que se fixa para as próprias obras. Os candidatos incluem Cesareia (anos 60 d.C.), Roma (anos 60 ou 80), Antioquia (qualquer data) e Grécia (qualquer data). Fitzmyer (1981, p. 57) conclui que o lugar da escrita é "uma incógnita". Essa é talvez a nossa melhor resposta no momento.

Confiabilidade geral dos manuscritos disponíveis para nós

De óbvia preocupação apologética é a questão da confiabilidade dos manuscritos do Evangelho de Lucas. A tabela a seguir lista os principais manuscritos por família. Datas (por século, d.C.) são indicadas entre parênteses:

Família	Manuscritos
Alexandrino Primário	P^{75}(início do 3º);ℵ e B (4º)
Alexandrino Secundário	C, T e W (5º); Ξ (6º); L^e(8º); 33 e 892 (9º)
Ocidental	Italo, Siríaco^s, e Siríaco^c(4º); D^e(6º)
Bizantino Primário	Byz (4º); A e W (5º); N e P^e(6º); 0211 (7ª); E^e e 047 (8º), F^e,G^e, H^e, Δ e Θ (9º), Γ (10º), 055 (11º)
Bizantino Secundário	R e Φ (6º); k^e, M, U, V, Y, Λ, Π, Ω (9º); S e X (10º)

Esse gráfico revela que a maioria dos manuscritos de Lucas são tardios e da família bizantina. Mas a questão do "texto majoritário" depende do período de tempo. Aquele que é o texto majoritário hoje não era necessariamente o texto majoritário na história anterior do manuscrito. Os manuscritos anteriores caem principalmente na família alexandrina e nas versões que refletem o texto ocidental. A situação hoje se inverteu. Como os manuscritos bizantinos passaram a predominar? Pelo menos três fatores estão envolvidos: (1) a extensa perseguição romana do primeiro ao quarto século, incluindo a destruição de muitos dos primeiros manuscritos; (2) as perseguições muçulmanas após o século 7 alcançaram a mesma destruição; e (3) enquanto muitos cristãos adotaram o latim como língua religiosa após o século 4 e, assim, criaram manuscritos latinos do NT, a região bizantina da cristandade permaneceu com o grego.

Que impacto esse aspecto tem na confiabilidade de nossos textos? A base textual do Evangelho de Lucas é forte, mas as leituras bizantinas são frequentemente as mais harmônicas dos Evangelhos, provavelmente refletindo os esforços dos copistas para aliviar algumas das dificuldades que surgem quando os textos paralelos do evangelho são comparados. Por esse motivo os manuscritos bizantinos devem ser vistos com cautela, embora como um subtema para a confiabilidade geral de toda a tradição dos manuscritos do evangelho.

Fontes (oral e escrita)

Lucas teve acesso aos principais centros da atividade cristã, além de fontes escritas e orais, como ele nos conta em 1:1-2. Essas fontes provavelmente incluíam o Evangelho de Marcos, material especial (L) e tradições. O material que chamamos de “tradições” é muitas vezes referido como Q (*Quelle*, que significa “fonte” em alemão). O material Q é realmente tão variado que pode ser apropriado denotar duas variedades de Q: uma versão de Mateus e uma versão de Lucas. Essa variedade sugere que Q não é estritamente uma tradição escrita fixa, mas sim um grupo de tradições que, em alguns casos, são orais. Enquanto outros sustentam que Q é um documento *fidedigno* ou um conjunto de documentos, é melhor entender Q como um conjunto fluido de tradições do qual Lucas e Mateus se basearam. Além disso, L e Q podem ter se sobreposto nos tópicos abordados, uma vez que Mateus e Lucas compartilham uma quantidade considerável de ensinamentos e parábolas. As diferenças nesses assuntos compartilhados podem ser explicadas por Mateus usando Q e Lucas usando L. Por que alguém postularia Q? Existem cerca de 225 versículos que Mateus e Lucas compartilham. Muitos também acham que esses evangelistas não usaram um ao outro por causa das diferenças entre os Evangelhos, especialmente em sua estrutura (e.g., compare o material da infância ou a maneira como o Sermão da Montanha e a Planície são tratados). Então, se eles não usaram um ao outro, de onde veio todo esse material compartilhado? Os estudiosos propõem uma tradição circulante na igreja, possivelmente uma única fonte, ou mais provavelmente um fluxo mais complexo de tradição compartilhada, que veio a ser conhecido como Q. Embora seja uma fonte hipotética, há boas razões para pensar que algo assim existiu, pois os estudiosos não duvidam que a igreja tenha circulado tradições de Jesus das quais Q seria um exemplo.

Como Lucas se compara a Marcos e a Mateus? E quanto uso ele fez de Q e L? Cerca de 35% de Lucas (406 versículos) relacionam-se com o conteúdo de Marcos. Cerca de 21% (241 versículos) representam o material de Q que está em Mateus, mas não em Marcos, enquanto 42% de Lucas (485 versículos) provêm de L, versículos que são exclusivos de Lucas.

Que tipo de literatura é Lucas?

Lucas, como os outros Evangelhos, é mais bem visto como uma biografia antiga, uma biografia com o objetivo declarado de persuadir as pessoas a aceitar Jesus como o prometido de Deus. Isso veio a ser chamado de evangelho, ou uma obra de boas-novas. A biografia antiga destaca os atos e trabalhos das pessoas para dar uma noção do que elas realizaram (Burridge 1995).

Citações mais antigas

Nossa primeira citação possível do Evangelho de Lucas está em 1Tm 5:18; o texto não é apontado como vindo de Lucas (10:7), mas do Senhor. Assim, pode ser que Paulo estivesse citando uma tradição da qual também depende o Evangelho de Lucas e não o próprio evangelho. Alusões ao Evangelho de Lucas são encontradas já em *1Clemente* 13.2; 48.4 (ca. 95-96 d.C.) e *2Clemente* 13.4 (ca. 100). Em meados do século 2, Justino, o Mártir, citou Lucas ao discutir a Última Ceia em *Diálogo com Trifão*. Irineu (202 d.C.) forneceu uma citação clara (*Contra as heresias* 3.13.3; 3.15.1) por volta de 170 d.C.

Estabelecimento no Cânon

Irineu (*Contra as heresias* 3.1.1; 3.14.1) e o Cânon Muratoriano datam das últimas décadas do segundo século. Ambos se referem a Lucas como um evangelho reconhecido. Assim, pelo menos no final do segundo século, o Evangelho de Lucas foi aceito como um escrito inspirado e autorizado, e é provável que a ampla aceitação tenha sido alcançada ainda antes disso.

Comentário apologético

Lucas 1:1-4

Muitos se comprometeram (1:1): É um erro pensar que comparativamente poucas coisas foram escritas sobre Cristo nas décadas após sua morte e ressurreição. Como demonstra a descoberta dos Manuscritos do Mar Morto, a alfabetização e a escrita religiosa eram suficientemente difundidas na época de Jesus para permitir a transmissão de informações históricas. A sensação é de que a alfabetização estava entre 5% e 10% na região; é debatido se a alfabetização judaica especificamente era maior ou menor (Mournet 2005, p. 112-14).

Devido ao fato de que Lucas escreveu este Evangelho em algum momento entre 62 e 90 d.C., seu comentário no versículo 1 mostra que, antes dessa data inicial, a vida de Jesus já estava bem documentada. No entanto, textos escritos não são tudo o que devemos considerar aqui. Os judeus eram parte de uma cultura oral adepta da preservação da tradição oral. Lucas mencionou isso no versículo 2. A igreja estabeleceu uma situação de supervisão da tradição oral, pela qual as pessoas que conheciam bem Jesus vigiavam o que os outros diziam dele. É por isso que foi exigido que o homem que substituiu Judas como apóstolo estivesse no ministério de Jesus desde o início (At 1:21-22). Como testemunha ocular, ele podia confirmar ou negar o que estava sendo dito sobre Jesus, mantendo assim a tradição pura.

Com toda a probabilidade, essas tradições e escritos orais básicos começaram a aparecer poucos anos depois da crucificação e ressurreição de Jesus. Em 1Co 15:1-8 é apresentada a evidência de tais tradições em relação à ressurreição, pois Paulo cita uma tradição de ressurreição que ele recebeu ao se tornar um cristão.

A origem primitiva das tradições orais e escritas sobre a vida de Jesus fornece evidências contra três afirmações comuns entre os céticos: (1) que dados biográficos vitais sobre Jesus foram perdidos antes que alguém conseguisse escrever os Evangelhos, (2) que Jesus era um figura obscura até que os livros canônicos foram escritos, e (3) que Jesus nunca existiu, sendo que os livros bíblicos representam uma ficção tecida inteiramente, inventando um redentor divino modelado após as religiões gregas misteriosas. Se os autores estavam documentando ativamente a vida de Cristo logo após sua ressurreição, e se Lucas conhecia (e consultou) seus escritos, o cético enfrenta uma escalada difícil quando tenta lançar dúvidas sobre a acessibilidade à vida de Jesus de Nazaré. Além disso, os primeiros historiadores que estavam fora do movimento cristão deram evidências da existência de Jesus (Josefo, *Antiguidades* 18.63-64).

Curiosamente, o Evangelho de Marcos era provavelmente um dos documentos que Lucas tinha em mente quando disse que "muitos se comprometeram a compilar uma narrativa" sobre a vida de Jesus. A maioria dos estudiosos do NT sustenta hoje que Marcos foi o primeiro dos Evangelhos canônicos a ser escrito, e que tanto Mateus quanto Lucas consultaram o Evangelho de Marcos, até citando-o, enquanto compunham suas próprias narrativas. Nesse caso temos Lucas, um pesquisador cuidadoso (v. 3), colocando seu selo de aprovação na confiabilidade do Evangelho de Marcos.

Que se cumpriram entre nós (1:1): Dois pontos se destacam aqui. Primeiro, o termo "cumpriram" alude à vida e obra de Jesus sendo vistas como um cumprimento do AT. Esse é um tema comum em Lucas. Jesus não entrou em cena sem contexto. Como os evangelistas deixaram claro, Ele veio como o cumprimento das profecias messiânicas feitas ao longo do AT. Tal cumprimento é tanto direto (onde os textos do AT que eram apenas sobre aquele que viria são cumpridos em Cristo) quanto cumprimento padrão (onde os textos do AT admitem um cumprimento inicial no tempo do escritor, bem como um cumprimento final no qual Cristo atinge e preenche o padrão). Há muito mais cumprimento de padrões no Novo Testamento do que muitas pessoas imaginam.

Em segundo lugar, que os cumprimentos ocorreram "entre nós" significa que muitas pessoas estavam por perto para testemunhar os principais eventos da vida de Cristo. Ao contrário de Maomé, que afirmou ter recebido suas revelações em particular numa caverna, ou Joseph Smith, que baseou sua nova religião em sua suposta descoberta de placas com inscrições que convenientemente desapareceram depois que ele as traduziu, Jesus foi uma figura pública cuja vida e obras foram vividas abertamente. Essa abertura significa que a validade das afirmações de Jesus, bem como as afirmações feitas sobre Ele por outros, estão abertas ao exame crítico. Lucas convidou seus leitores a fazerem eles mesmos tal exame enquanto revisavam as evidências que ele havia compilado.

Testemunhas oculares originais (1:2): Esse texto destaca as raízes orais e pessoais do testemunho sobre Jesus. Aqueles que o conheceram compartilharam o que sabiam através da rede da igreja. Embora os críticos afirmem que os relatos da vida de Jesus refletem uma lenda construída há décadas — como resultado da propaganda religiosa e da história revisionista —, os autores do Novo Testamento comumente enfatizavam que suas fontes de informação sobre Jesus eram testemunhas oculares (e.g., Jo 1:14; At 1:1-3; 1Co15:1-8; Hb 2:3-4; 1Pe 5:1-4; 1Jo 1:1-4). O próprio Lucas não foi uma testemunha ocular da vida de Jesus, mas devido à sua ligação com o apóstolo Paulo (veja as passagens "nós" em At 16:10-17; 20:5-21:18; 27:1—28:16) ele tinha fácil acesso aos que o foram. Por exemplo, Lucas esteve com Paulo em Cesareia por mais de dois anos enquanto eles visitavam Filipe, o evangelista. Como observou Leon Morris: "Esse período passado com tais companheiros deve ter dado oportunidade para descobrir muito sobre Jesus e a igreja primitiva" (Morris 1999, p. 18). Lucas também conheceu Silas devido ao envolvimento mútuo nas viagens missionárias de Paulo (veja At 15:40 e o "nós" de 16:10). Silas era um membro da igreja de Jerusalém (At 15:22) e teria conhecimento detalhado de testemunhos oculares da vida de Cristo.

Os transmitiram a nós (1:2): Lucas recebeu relatos orais e escritos de discípulos que foram testemunhas oculares da vida e das obras de Jesus. "Transmitiram" é provavelmente um termo técnico emprestado da prática rabínica de confiar cuidadosamente tradições sagradas a estudantes de religião que, por sua vez, foram encarregados de preservá-las e transmiti-las às gerações futuras. Grande ênfase foi colocada em manter os relatos precisos (Pápias, conforme relatado na *História eclesiástica* de Eusébio 3.39.15;

Clemente, na mesma fonte, 6.14.6; Irineu, na mesma fonte, 5.20.7). Embora os detalhes compartilhados pudessem variar na recontagem (uma função das escolhas literárias e editoriais do que incluir ou omitir, bem como de que ângulo contar a história), a essência da história permaneceu constante. Assim, os destinatários da tradição podem esperar uma gama de variabilidade dentro da tradição e, ainda assim, confiar em sua precisão. É importante ter em mente esse ponto ao examinar os Evangelhos em particular, em que a variação entre relatos paralelos não deve minar a confiança do leitor na historicidade dos relatos.

Investiguei tudo cuidadosamente desde o início (1:3): As investigações de Lucas teriam incluído entrevistas pessoais de testemunhas oculares da vida de Cristo, bem como entrevistas de pessoas que as conheciam. Essas entrevistas teriam ocorrido naturalmente em Jerusalém e em vários locais durante as viagens missionárias que Lucas empreendeu com Paulo. Além disso, Lucas teria investigado os relatos orais e escritos da vida de Cristo. Tendo compilado todos esses dados, Lucas tinha muito material com que trabalhar quando começou a escrever sua biografia de Jesus.

Lucas escreveu seu Evangelho com cuidado e preocupado com a precisão porque procurou dar segurança ao destinatário, como o versículo 4 deixa claro. Foi escrito aparentemente em resposta a perguntas e questões levantadas por um homem chamado Teófilo, e sua composição envolvia Lucas no tipo de trabalho comum aos escritores de história, cujo objetivo era mostrar o caráter central de seu(s) tema(s) (veja Plutarco, *Vida de Júlio César*, Introdução).

Se Lucas estava procurando responder às perguntas específicas de um indivíduo em particular e instruí-lo sobre o cristianismo, e se ele conduziu pesquisas para fazer isso, o que isso implicaria sobre a inspiração divina dos escritos de Lucas? 2Tm 3:16 diz: “Toda a Escritura é inspirada por Deus”, mas o prólogo de Lucas (1:1-4) não demonstraria que sua escrita foi engendrada por fatores mais mundanos, como tradições orais, tradições escritas, relatos verbais, os interesses específicos de Teófilo e seus próprios desejos de estabelecer um relato coerente? O problema com essa linha de questionamento é que ela assume que os escritos bíblicos não devem trazer as marcas dos típicos escritos humanos. É mais apropriado enfatizar que a Escritura é um produto do envolvimento humano e divino, resultando em livros que compartilham características com outros escritos antigos, mesmo quando transmitem sem erro as palavras e proposições que Deus quis. Muito raramente os autores bíblicos declaram qualquer tipo de consciência de que eles eram os autores divinamente inspirados das Escrituras e, no entanto, a Bíblia afirma a realidade do envolvimento de Deus — um testemunho que a igreja abraçou desde o início.

Sequência ordenada (1:3): Alguns críticos e muitos leitores da Bíblia se apegaram a essa frase e a entenderam como significando que os méritos de Lucas como historiador devem ser julgados com base na veracidade de seu relato em relação à sequência cronológica histórica dos eventos da vida de Jesus. Encontrando inconsistências internamente ou em comparação com os outros Evangelhos, os críticos concluem que Lucas não é confiável, enquanto os leitores normais às vezes ficam preocupados com as diferenças. Mas essa "sequência ordenada" não significa necessariamente que o princípio de ordenação era a cronologia. Norval Geldenhuys entende que significa um "arranjo lógico e artístico", formando "um todo conectado" (Geldenhuys 1951, p. 53). A "sequência ordenada" também pode abordar o fato de que, ao contrário de Marcos, que escreveu seu Evangelho antes de Lucas, este pretendia dar conta de toda a história de Jesus desde a concepção até a ressurreição (Marcos não relata nada sobre a infância). É mais provável que represente a progressão geográfica da Galileia a Jerusalém que domina a estrutura do Evangelho de Lucas. Com toda a probabilidade, a cena da sinagoga de Lc 4:16-30 é apresentada em sequência para tipificar como era o ministério galileu de Jesus. Suspeitamos disso porque na cena há um chamado para que Jesus reproduza o que havia feito em Cafarnaum numa época em que, na sequência de Lucas, Ele ainda não havia estado em Cafarnaum.

Mesmo que essa cena da sinagoga seja realocada, esse tipo de movimento editorial não perturba a ordem do relato de Lucas, pois o evangelista estava dando uma prévia literária de como seria todo o período do ministério, tratando essa cena como típica e, portanto, apropriada como uma abertura. Julgamentos sobre a exatidão da Bíblia devem levar em conta a liberdade de um autor para editar e organizar seu material de acordo com seus objetivos escolhidos. Quando essa liberdade leva a quebras na cronologia ou aparentes inconsistências com relatos paralelos, isso não prova necessariamente que o(s) autor(es) errou(ram). Apenas reflete escolhas editoriais distintas.

Ilustre Teófilo (1:3): Nós não estamos certos sobre a identidade exata de Teófilo. Alguns especularam que Teófilo não era uma pessoa, mas sim um termo simbólico dos cristãos em geral, pois o nome significa "amado de Deus". Nesse caso, o Evangelho de Lucas teria sido escrito não para uma pessoa, mas para a igreja. No entanto, provavelmente Teófilo significa uma pessoa real que estava interessada no cristianismo ou um membro da fé que agora tinha novas perguntas. Lucas, portanto, o escreveu com o propósito de encorajá-lo a vir à fé ou de aumentar sua fé.

Diminuiria o valor ou a aplicabilidade do Evangelho de Lucas se ele o tivesse escrito para uma pessoa específica? De jeito nenhum. Era comum que os autores nos tempos antigos dedicassem suas obras a pessoas específicas, mesmo quando tinham a intenção de conquistar um público mais amplo (e.g., Josefo, *Contra Apion* 1.1 §§1-5). Pode até ser que Teófilo fosse uma pessoa de alta posição que ajudou a subscrever a obra, visto que Lucas o chamou de "ilustre".

Conheça a certeza (1:4): A palavra *asphaleian*, traduzida como "certeza" na versão HCSB, pode ser mal interpretada pelos leitores modernos. Em nossa época, as pessoas costumam pensar em "prova científica" quando ouvem alguém falar sobre uma busca por certeza. Aumente a temperatura da água da torneira para 100° C no fogão, por exemplo, e se você estiver no nível do mar, e pode ter certeza de que ela ferverá. Não podemos demonstrar a Bíblia de maneira tão segura. No entanto, os leitores da Bíblia podem ter certeza ao ler os relatos do NT de que as fontes descrevem Jesus com precisão, tanto seus ensinamentos quanto suas ações. O termo "certeza" refere-se à convicção, um tipo de confiança emocional, não prova absoluta. Essa certeza estava enraizada na maneira diligente como Lucas buscou suas fontes para a vida de Jesus. Essa garantia era o propósito de Lucas ao escrever.

Teófilo, provavelmente o patrono que financiou a pesquisa de Lucas e a publicação de Lucas-Atos, aparentemente era um observador interessado na vida de Cristo ou talvez até mesmo um discípulo. Ele pode ter chegado a temer que a perseguição à igreja descrita em Atos fosse o julgamento de Deus contra a igreja, por ter levado uma mensagem originalmente judaica aos gentios de maneira muito vaga. Se essa era sua suspeita, Lucas assegurou-lhe que a missão aos gentios era o plano de Deus e não uma transigência. Além disso, no mundo antigo, um novo movimento religioso geralmente era menos bem recebido porque não era testado pelo tempo. A inovação na religião era desaprovada. Lucas mostrou que, embora a fé cristã parecesse nova, ela estava enraizada em promessas que remontavam ao passado remoto.

Notas críticas de texto sobre Lucas 1:1-4: Metzger observou que alguns copistas, aparentemente preocupados com o fato de Lucas não ter mencionado o papel do Espírito Santo na composição desse evangelho, alteraram o versículo 3, para que se lesse: "Também me pareceu *bem e ao Espírito Santo...*" (Metzger 1994, p. 108). A evidência contra essa adição é definitiva. Os leitores não devem ficar preocupados com o fato de Lucas nunca dizer algo como: "Deus me disse para escrever este Evangelho". Veja acima a discussão em 1:3, "Investiguei tudo cuidadosamente desde o início".

LUCAS 1:5-6

Herodes, rei da Judeia (1:5): Frequentemente, as datas eram identificadas no mundo antigo por referência à duração dos reinados, reinos ou, como é feito aqui, reis específicos. Herodes é uma figura muito discutida em Josefo. O assassinato de sua esposa favorita e de seus muitos filhos mostrou sua paranoia política (Josefo, *Antiguidades* 15.233-237; 16.185). Herodes foi declarado rei dos judeus pelos romanos em 40 a.C., mas não veio para governar senão até 37 a.C. (Tácito, *Histórias* 5.9). Seu governo durou até 4 a.C. Assim, o nascimento de Jesus e de João ocorreu no final desse período, pois Mt 2:19 nos diz que Herodes morreu não muito depois do nascimento de Jesus. Para Lucas não há discussão sobre a conhecida violência de Herodes. Ele apenas procurou dar uma data geral para esses eventos.

Zacarias [...] Isabel (1:5): Nós não somos informados sobre as fontes do relato dos pais de João e suas experiências. João Batista, assim como seus pais, já estavam mortos havia muito tempo na época em que Lucas escreveu seu Evangelho. É possível que esse relato tenha vindo da família extensiva ou de pessoas aliadas de João Batista que conheciam sua história. Certamente os eventos foram dignos de nota e teriam sido repassados por observadores interessados. Os estudiosos estimam que havia milhares de sacerdotes durante esse período. Faria sentido para muitos deles transmitir a memória dos eventos espetaculares vividos por Zacarias durante sua única chance de oferecer sacrifício pela nação, um ato determinado pelo lançamento de sortes (*m. Tamid* 5-7 discute o procedimento de sacrifício).

Justo aos olhos de Deus, vivendo irrepreensivelmente (1:6): A descrição de Zacarias e Isabel como irrepreensíveis usa linguagem comum para indicar que eles eram pessoas receptivas e piedosas diante de Deus (Gn 6:8; 7:1; Dt 28:9; 1Sm 8:3; 1Rs 3:14; Ez 14:14). Isso não significa que eles não tivessem pecado, mas que eles responderam a todos os meios que Deus havia dado para seu crescimento espiritual. Isso incluiria oferecer sacrifícios em resposta ao pecado, algo que Zacarias estava fazendo coletivamente nessa cena.

LUCAS 1:7-22

Eles não tiveram filhos porque Isabel não podia conceber (1:7): O texto deixa claro no versículo 6 que tanto Zacarias quanto Isabel eram justos, então a falta de um filho não era um sinal de julgamento, embora a esterilidade fosse comumente vista dessa forma (Lv 20:20-21; Jr 22:30). O nascimento de João por Isabel foi como o nascimento de Isaque, Sansão e Samuel, grandes homens do AT que nasceram de mulheres antes estéreis. Esses nascimentos eram sinais de que Deus estava fazendo algo especial para promover seus propósitos.

Um anjo do Senhor apareceu a ele (1:11): Os céticos descartam imediatamente qualquer texto que envolva seres sobrenaturais e acreditam que têm a ciência a seu favor. Mas, por definição, seres sobrenaturais são seres que não estão presos ao mundo natural. O espaço e o tempo não os confinam. Uma vez que a ciência pode lidar apenas com realidades confinadas ao nosso contínuo espaço-tempo, ela não pode ter nada a dizer sobre a existência ou inexistência de seres sobrenaturais como os anjos. Assim, os leitores são jogados de volta em suas pressuposições e experiências. A visão bíblica é que os anjos existem e às vezes são usados para transmitir conhecimento da vontade de Deus (Lc 2:9; Mt 1:20; At 5:19; 1Co 4:9; Hb1:4; 1Pe 3:22; Jd 6; Ap 5:2), e qualquer leitor que aceite esse testemunho pelo seu valor nominal não é culpado de ser pré-científico.

Em outra nota, alguns céticos gostam de sugerir que eventos do NT como a visita do anjo a Zacarias foram criados para formar uma analogia com eventos influentes do AT. A ideia é que os autores do NT buscaram capitalizar os eventos do AT reciclando-os. Mas que evento do AT Lucas teria reciclado aqui? Geralmente era a mãe que recebia notícias sobre um nascimento inesperado nas histórias do AT (Jz 13:3; 1Sm 1:10, 17; 2Rs 4:15-17), mas aqui foi o pai. Abraão dificilmente seria análogo a Zacarias, pois as circunstâncias e os resultados são marcadamente diferentes. Abraão foi chamado para dar origem um grupo de pessoas que duraria para sempre; a linhagem de Zacarias provavelmente morreu com seu filho, João. Abraão havia sido escolhido por Deus para a aliança muito antes do anúncio do nascimento e era a figura humana dominante em Gênesis; Zacarias entrou e saiu do palco no espaço de apenas um capítulo. Se Lucas criou o relato de Zacarias como uma analogia com a experiência de Abraão, ele falhou em fazer a conexão.

Você o chamará de João (1:13): Assim como os essênios fizeram, João, como um profeta, convocou a nação de Israel para uma reforma e para se voltar para Deus e viver de maneira diferente. Há alguma discussão se ele pode ter conhecido a comunidade dos essênios em Qumran ou se ele era um nazireu. Com relação a Qumran, é possível que ele soubesse dos essênios que viviam lá desde que ele ministrou na região, mas não temos evidências sólidas de quaisquer conexões. Alguns de seus ensinamentos sobre a justiça e o uso do batismo para purificação correm paralelamente às coisas que vemos em Qumran, mas isso é o mais próximo que podemos chegar da ligação de João com os essênios.

Não há instrução de que João não deveria cortar o cabelo. Esse tipo de diretriz certamente faria dele um nazireu. Sem isso, qualquer sugestão de que João era nazireu é apenas especulação. O que está claro é que ele viveu uma vida muito ascética, um estilo que contrastava com o de Jesus (Lc 7:31-35).

Ele irá adiante dele no espírito e poder de Elias (1:17): Uma questão importante envolvendo João é se ele era o Elias que viria e o que isso implicava. Em Mt 11:14, Jesus disse a respeito de João: "Ele é o Elias que havia de vir". Mas o próprio João disse: "Não sou", quando perguntado diretamente se ele era Elias (Jo 1:21). A contribuição de Lucas é dizer que João agiu no "espírito e poder" de Elias.

Como devemos entender essas diversas testemunhas? Devemos descartar imediatamente que Jesus quis dizer que João Batista era literalmente Elias, pois isso envolveria uma forma de reencarnação, uma visão que contradiz a antropologia bíblica (e.g., Hb 9:27). Embora Elias nunca tenha morrido (2Rs 2:11) e tenha sido profetizado que retornaria, João nasceu e viveu como uma pessoa distinta. Em Mt 17:3 Elias apareceu ao lado de Moisés no Monte da Transfiguração. Essa breve aparição em um momento vital da história da salvação difere muito de qualquer sugestão de que Elias voltou e viveu uma vida inteira como João Batista.

Sob essa luz, parece melhor ver João como um profeta semelhante a Elias, cujo papel era anunciar a chegada de uma nova era. Ele era um tipo de Elias, não o próprio Elias. Essa semelhança com Elias é o motivo pelo qual Mc 1:2 e Lc 7:27 associam João a Ml 3:1. Elias provavelmente ainda voltará no fim dos tempos, talvez como uma das duas testemunhas-profetas de Ap 11:3.

"Como posso saber isso?" Zacarias perguntou ao anjo (1:18): Zacarias certamente estava ciente de que um anjo estava se apresentando, pois ele ficou "sobressaltado e cheio de medo" na visitação (v. 12). Enquanto sentia admiração e medo na presença do mensageiro celestial, como Zacarias ousaria expressar ceticismo sobre a próxima gravidez de Isabel? Não deveríamos esperar que Zacarias desse consentimento imediato à mensagem angelical? Achando a resposta de Zacarias irreal, os céticos sugerem que é uma evidência de que Lucas estava escrevendo uma ficção. A presunção é que qualquer um que saiba que está na presença de um anjo acreditaria rapidamente em qualquer coisa que o anjo lhe dissesse.

Pelo menos cinco considerações devem ser feitas. Primeiro, os pronunciamentos angélicos normalmente envolvem a predição de algo impossível em circunstâncias normais. A força da experiência humana cotidiana nos condiciona a não esperar o milagroso, então mesmo a pessoa mais piedosa provavelmente demoraria a aceitar um pronunciamento. Zacarias sabia que a velhice normalmente impede de ter filhos. Pode-se até argumentar que o ceticismo de Zacarias aqui é a marca da narrativa histórica autêntica, pois uma característica dos relatos lendários é que os milagres são aceitos como ocorrências cotidianas. Em segundo lugar, é crível que alguém que está "cheio de medo" (v. 12) não conseguiria dar o melhor de si ao responder. Terceiro, o padrão bíblico típico é que as pessoas fazem perguntas desafiadoras, reclamam, ou mesmo discutem em tempos de aparição angelical ou divina (e.g., Êx 3—4; 1Rs 19:10; At 14:10). Isso talvez reflita uma rebelião inata em todos nós ou simplesmente um ceticismo natural sobre eventos incomuns. Quarto, a Bíblia atribui a culpa a Zacarias por seu ceticismo (Lc 1:20). Isso ironicamente apoia a afirmação do crítico de que, idealmente, Zacarias não deveria ter duvidado da palavra do anjo. Quinto, o retrato de Lucas de um herói bíblico sob essa luz negativa argumenta a favor da precisão de seu relato.

Em conclusão, Zacarias não é um "cético ousado" aqui, mas uma pessoa normal, tentando entender circunstâncias muito incomuns. Como todos nós, ele demorou a responder às coisas incomuns que Deus às vezes faz.

Você ficará calado e não poderá falar (1:20): Embora alguns possam pensar que fosse duro, esse ato divino de julgamento realmente forneceu uma oportunidade para Zacarias refletir sobre o fato de que Deus faria o que Ele prometeu, algo que Zacarias aprendeu quando sua língua foi liberada novamente mais tarde no capítulo. Na verdade, um tema-chave do material da infância de Lucas é que Deus cumpre o que promete, por mais estranho que pareça. Zacarias teve um tempo de silêncio para contemplar o que Deus pode fazer.

O silenciamento de Zacarias também pode servir a um segundo propósito: manter a revelação em segredo até o "tempo apropriado" quando Deus cumpriria tudo o que o anjo havia dito. Deus estava posicionando as várias pessoas que desempenhariam papéis na culminação da história da redenção.

Então perceberam que ele tivera uma visão no santuário (1:22): Zacarias não podia falar sobre a visitação angélica por ter ficado mudo, mas, mesmo assim, o povo concluiu rapidamente que ele havia "tido uma visão". Indicaria a compreensão rápida da situação que as pessoas geralmente esperavam que visões e visitas angelicais fossem concedidas no templo? Ou, de forma mais cética, indicaria que Lucas estava passando a ficção por verdade, mas inadvertidamente criou um cenário no qual aqueles que esperavam do lado de fora do templo teriam a chamada onisciência do narrador — o que significa que eles saberiam as mesmas informações que o contador de histórias, embora não tenha sido dado acesso a essa informação (ou seja, eles não observaram o que ocorreu dentro do templo, nem o mudo Zacarias lhes contou)?

Várias considerações favorecem a resposta negativa a essas questões. Primeiro, Deus encontrou pessoas em todos os tipos de lugares (e.g., Ezequiel "teve visões de Deus" à beira de um rio; Ez 1:1), e é improvável que os judeus fossem pré-condicionados a esperar que as visões fossem concedidas aos sacerdotes que serviam no templo. Visões de Deus eram raras, e os sacerdotes entravam no templo sem intercorrências diariamente. Em segundo lugar, os sacerdotes realizavam esses sacrifícios diariamente e seu tempo era bastante consistente, então a demora de Zacarias sugeria que algo incomum estava acontecendo. Terceiro, o fato de Zacarias ter ficado mudo era em si um sinal de que algo extraordinário havia acontecido. Quarto, Zacarias teria sido capaz de se comunicar efetivamente por meio de gestos.

Lucas 1:26-37

Uma cidade da Galileia chamada Nazaré (1:26): Alguns críticos leem Mateus e Lucas em oposição um ao outro em termos de onde a família de Jesus viveu antes e durante seu nascimento (e.g., Erhman 2008, p. 127-29). Eles afirmam que Lucas retratou Nazaré como o lar de Jesus e Belém meramente como seu local de nascimento, enquanto Mateus apresentou Belém como o local de nascimento de Jesus e seu lar permanente. Essa visão é motivada em parte pelo fato de que Mateus nunca ter mencionado Nazaré até o momento em que a família voltou do Egito (Mt 2:23). Ele simplesmente iniciou a narrativa do nascimento de Jesus em Belém (Mt 2:1) e nunca insinuou que a sagrada família havia morado em Nazaré antes de seu retorno do Egito. Além disso, em Mt 2:11, os magos encontraram o menino Jesus (talvez com dois anos de idade, de acordo com uma opinião popular) em uma casa em Belém, o que parece sugerir que a família morava em Belém e já fazia isso havia algum tempo, enquanto Lucas mostrou a família voltando para Nazaré logo após o nascimento de Jesus (Lc 2:39). Em seguida, Mateus retratou José como inicialmente assumindo que ele retornaria sua família para a Judeia quando eles deixassem o Egito (Mt 2:22), o que parece implicar que Belém, em vez de Nazaré (que ficava na Galileia), era o lar deles. Finalmente, Mateus indicou que a família de Jesus se mudou para Nazaré para cumprir uma profecia e não mencionou que eles tivessem família ou residência anterior lá (Mt 2:23).

O silêncio de Mateus sobre a primeira estada da sagrada família em Nazaré chama nossa atenção, mas as conclusões céticas a que alguns críticos chegam parecem sem sentido. Sua leitura da situação parece esquecer o que afirmam todos os estudiosos dos Evangelhos: os relatos dos acontecimentos nos Evangelhos são seletivos. Às vezes, um autor pode deixar eventos ou detalhes não mencionados sobre os quais outro autor se debruça extensivamente. Por exemplo, o Evangelho de Marcos, assumindo que o final mais curto é o original, não fala de nenhuma aparição detalhada da ressurreição, embora Marcos tenha escrito em uma época em que as aparições eram bem conhecidas e recitadas pelos cristãos (veja 1Co 15:3-8) e mais tarde seriam narradas pelos outros autores do Evangelho (Mt 28:1-10; 16-20; Lc 24; Jo 20-21). Marcos relatou claramente a ressurreição de Cristo (Mc 16:1-8), portanto, seu silêncio sobre muitos dos detalhes indica seus propósitos como narrador, não sua suposta descrença acerca desses detalhes.

Aplicando essa lição ao presente debate, não devemos tratar nenhum dos relatos da infância como um exame exaustivo dos eventos ligados ao nascimento e infância de Jesus. Pode ser que, com o censo e a mudança para o sul para se registrar, o plano de José não fosse apenas se registrar em Belém, mas morar lá. Nesse caso, Mateus teria se sentido justificado em assumir o relato em Belém e deixar Nazaré sem ser mencionada. Mesmo que não fosse esse o plano de José, a vontade de esperar até o momento da purificação após o nascimento do primogênito deixaria a família na região por pelo menos algumas semanas, obrigando-os a encontrar um lugar para ficar até que esses dias passassem. Afinal, é impensável que eles permanecessem em uma manjedoura.

Em suma, não se deve usar a natureza seletiva e resumida desses dois relatos da infância para tratar Mateus ou Lucas como se um deles nos contasse tudo, tornando o outro relato automaticamente suspeito. Tanto Mateus quanto Lucas foram seletivos no que transmitiram, e eles estavam perfeitamente dentro de seus direitos de encurtar e resumir eventos a fim de atingir seus objetivos narrativos. Em alguns casos, isso leva a detalhes difíceis de harmonizar, mas não há contradições diretas entre Mateus e Lucas.

O anjo Gabriel foi enviado por Deus [...] a uma virgem desposada com um homem chamado José (1:26-27): Lucas contou o anúncio dessa gravidez incomum do ponto de vista de Maria, não mencionando, porém, que o anjo falou com José em sonho. Isso contrasta com Mateus, que enfatizou a perspectiva de José (Mt 1:18-25) e não mencionou o anúncio de Gabriel a Maria. Essa é uma das várias diferenças nas abordagens adotadas por Mateus e Lucas. Outro exemplo inclui Lucas não fazendo a conexão com Is 7:14 que Mateus enfatizou (Mt 1:22-23). No entanto, embora Lucas não se referisse a Isaías, ele deixou claro que Maria era virgem pela forma como ele a descreveu em Lc 1:34 e pelo uso do termo "virgem" (do grego *parthenon*) em 1:27. Lucas simplesmente relatou o evento e o anúncio, sem fazer menção a um cumprimento bíblico.

A real ênfase de Lucas estava em Jesus trazendo o governo prometido de Deus de volta ao seu povo em uma pessoa ligada à linhagem de Davi. José seria o meio de estabelecer um vínculo legal com a linhagem de Davi, pois ele era legalmente o pai da criança — não biologicamente, mas como uma realidade social. Que homem, senão o marido de Maria, seria considerado o pai de Jesus? As genealogias de Jesus (Lc 3:23-38; Mt 1:1-17) provavelmente estão ambas ligadas a José (embora isso seja alvo de debate) e passam por Davi, estabelecendo o vínculo familiar-legal entre Jesus e o rei que foi profetizado para produzir um herdeiro cujo trono Deus estabeleceria para sempre (2Sm 7:12-14; Sl 132:11). Como será notado quando eu tratar da genealogia em Lucas 3, a maldição de Conias (Jr 22:30) pode ser parcialmente responsável pelas diferenças entre as genealogias em Mateus e Lucas. Uma é uma listagem biológica (veja menção de Jeconias, também conhecido como Conias ou Joaquim, em Mateus 1:11), enquanto a outra é uma listagem legal que leva em conta a exclusão da maldição.

Uma virgem (1:27): O nascimento virginal (ou melhor, a concepção virginal) foi obviamente sem precedentes e difícil de acreditar, e o texto enfrenta esse fato observando a pergunta de Maria sobre como tal coisa poderia ser possível (Lc 1:34). Como Maria poderia ter um filho se ainda não tivesse um marido e a intimidade sexual que vem com o casamento? A resposta bíblica é que Deus proveu a gravidez, sendo que nada é impossível para Deus (v. 37). Essa frase simples resume bem o centro do debate sobre a credibilidade da concepção virginal. A crença ou descrença de uma pessoa na concepção virginal depende principalmente de ela acreditar em Deus e em sua capacidade de criar a vida da maneira que escolher. Assim, muitas vezes as pessoas rejeitam a concepção virginal por causa de pressuposições que duvidam ou limitam a atividade de Deus no mundo. Machen (1930, esp. p. 126-34, 380-81) é um tanto antiquado, mas ainda útil tanto para rejeitar explicações baseadas em uma abordagem de história das religiões quanto para avaliar os argumentos que cercam a rejeição desse ensino. Uma abordagem de religiões comparadas era muito popular na primeira parte do século 20. Numerosos paralelos com a concepção virginal foram observados entre outras religiões, embora nenhum deles seja exato. Ernst (1977, p. 76) e Marshall (1978, p. 72-75) listam tais paralelos e argumentam que tais relatos externos não são a base do relato bíblico (assim como Nolland 1989, p. 47). Esse é o consenso atual, o que quer que seja dito sobre o material.

Entre os estudiosos, o debate sobre a concepção de Jesus não foi resolvido (Brown 1977, p. 517-33; Fitzmyer 1981, p. 341-42). Mas a falta de consenso entre os estudiosos não significa que os leitores da Bíblia devam se abster de acreditar na concepção virginal de Jesus. Se, em vez de sustentar pressuposições céticas, alguém estiver aberto ao testemunho bíblico, então há fortes razões para aceitar o milagre como verdadeiro. Primeiro, a concepção virginal se encaixa facilmente com a doutrina bíblica da onipotência de Deus, que diz que Deus é todo-poderoso. Se alguém rejeita a concepção virginal de início devido a dúvidas sobre o poder de Deus, essa rejeição é baseada em pressuposições teológicas ou filosóficas, e não em qualquer coisa concreta proveniente de evidências textuais.

Em segundo lugar, a concepção virginal de Jesus é parte integrante de sua identidade como Filho de Deus, e a filiação divina de Jesus é, por sua vez, fundamental para toda a mensagem do NT e o nascimento da igreja. Esses fatos recomendam a veracidade do milagre, pois é difícil explicar a crença na divindade de Jesus e na origem da igreja além da concepção virginal.

Terceiro, embora seja verdade que além de Mateus e Lucas — o NT não aborda explicitamente a concepção milagrosa de Jesus — ninguém postulou uma explicação adequada para a origem do conceito, fora do próprio evento. Não há antecedentes na história judaica que teriam levado Mateus ou Lucas a criar o conceito. Na verdade, exatamente o oposto é verdadeiro — a teologia judaica enfatizava a unicidade de Deus (e.g., Dt 6:4; Is 45:21; Os 13:4). Qualquer ideia de Deus ter um filho igual a Ele seria vista como blasfema e, de fato, isso causou problemas a Jesus em seu ministério (e.g., Jo 5:18).

Quarto, a falta de ênfase na concepção virginal em outras partes do NT não é evidência contra sua veracidade. Não se deve esquecer que as tradições orais sobre as origens de Jesus estavam em circulação antes que o NT fosse escrito. A maioria dos estudiosos aceita que Lucas herdou material oral e o usou em seus escritos, de modo que os ensinamentos sobre o nascimento de Jesus provavelmente já circulavam antes dos escritos de Lucas. A ausência de detalhes sobre o nascimento e as origens de Jesus em outras partes do NT corresponde à ausência geral de material sobre a vida de Jesus antes de sua atividade ministerial. A vida adulta de Cristo atrai a maior parte da atenção de seus seguidores, por isso esse foi o foco dos Evangelhos e de outros escritos do Novo Testamento. Nem Marcos nem João narram nada sobre o nascimento ou a infância de Jesus. A omissão de Marcos de material da infância é um tanto surpreendente, mas podemos explicar sua omissão simplesmente como uma escolha literária para começar com a atividade de João Batista; além disso, a omissão se encaixa na brevidade geral de seu Evangelho. A omissão de João de material da infância é menos surpreendente, pois ele desejava apresentar a mais elevada cristologia imaginável no início de seu Evangelho: a identidade de Cristo como o Verbo preexistente. Assim, sua ênfase no início de seu Evangelho estava na preexistência de Jesus, não nos detalhes de seu nascimento humano.

Os críticos às vezes afirmam que os paralelos na literatura greco-romana são a fonte do ensino do NT sobre a concepção virginal de Jesus. Por exemplo, diz-se que Alexandre, o Grande, e César Augusto nasceram de deuses (Plutarco, *Alexandre* 7.2; Suetônio, *Os doze césares*, Augusto, p. 94). Esses relatos de grandes governantes se espelham e descrevem em termos muito precisos e densos sobre as concepções supostamente ocorreram. Para Alexandre, dizia-se que uma serpente estava deitada ao lado de Olímpia, enquanto no caso de Augusto, dizia-se que a serpente deslizava pelo corpo de Átia, entrava nela e deslizava para longe. Essas descrições muito literais têm pouca semelhança com o tipo de anúncio que temos no NT. Os Evangelhos não pretendem nos contar exatamente como ocorreu a concepção de Jesus. O fato de que Deus prometeu uma concepção milagrosa e o Espírito Santo a cumpriu é todo o detalhe de que precisamos (v. 35). Outro ponto de distinção é que os mitos gregos não criam antecipação para os nascimentos. No caso de Jesus, Ele é o cumprimento de séculos de profecia e expectativa nacional. Nenhuma dessas expectativas precedeu o nascimento de Alexandre ou Augusto. Em suma, não há precedente, grego ou não, para o tipo de história da concepção que temos em Mateus e Lucas.

As passagens do Novo Testamento que ligam Jesus a José (e.g., Jo 1:45) não negam sua concepção virginal, mas são expressões naturais da responsabilidade de José pela família em que Jesus cresceu. Na verdade, Marcos pode mostrar evidências sugerindo que ele assumiu a concepção virginal de Jesus quando se referiu a Ele como "o Filho de Maria" em vez de José (Mc 6:3). Tal designação seria incomum em uma sociedade patriarcal. A menção de Paulo em Gl 4:4 de Deus enviando seu Filho no tempo certo também pode aludir à origem milagrosa de Jesus, especialmente porque Paulo em outro lugar parecia descrever Jesus como tendo deixado o céu para assumir a carne (Fp 2:6-11). Se Jesus deixou o céu para se tornar um homem, sua concepção não pode ter sido pelos meios comuns.

Os críticos também perguntam: se a concepção virginal é verdadeira, por que Maria se juntou a seus outros filhos para tentar impedir Jesus de fazer algumas de suas afirmações (Mt 12:46-50; Mc 3:20-35)? Em vez disso, não defenderia ela e até ajudaria a propagar suas grandes reivindicações se soubesse que foi concebido milagrosamente? Muito provavelmente Maria estava reagindo à mais exaltada das reivindicações de Jesus. Ela sabia que Ele era especial, mas como uma judia fiel que ansiava pela restauração de sua nação, tudo o que ela esperava de Jesus era que Ele fosse aquele prometido por Deus para governar um Israel restaurado. Junto com muitos outros observadores, ela ficou surpresa e preocupada com qualquer conversa sobre Jesus ser divino ou fazer coisas, como perdoar pecados, que só Deus faria.

Em suma, a discussão sobre a historicidade da concepção virginal se resume a escolhas de cosmovisão. O que alguém pensa ser possível em termos da ação de Deus no mundo influencia se alguém aceita ou rejeita a concepção virginal. O texto apresenta claramente a concepção virginal como estando na raiz da geração terrena de Jesus. Marshall (1978, p. 76) disse apropriadamente que a crença no nascimento virginal não é irracional, se pode-se aceitar a realidade da encarnação. Essa observação perspicaz não prova a historicidade, mas mostra que o que alguém pensa que Deus é capaz de fazer afeta a forma como alguém avalia o debate.

EXCURSO:
AS HISTÓRIAS DO NT SÃO SIMPLESMENTE REFORMULAÇÕES DE HISTÓRIAS DO AT?

Alguns críticos alegam que os eventos nas narrativas da infância são apenas cenas reformuladas do AT. A seguir estão vários exemplos das alegações que eles fazem:

- Os críticos dizem que a história dos magos (Mt 2) está relacionada a uma versão da história de Balaão (Nm 22-24). Mas qual é a conexão, senão que em ambos os casos homens de fora de Israel são chamados para servir como oráculos de Deus? Pegar essas semelhanças simples e transformá-las em conexões causais é forçado.
- Diz-se que o relato de Herodes, o Grande, matando as crianças, foi extraído do exemplo de faraó matando os filhos de Israel e tentando matar Moisés. Mas essa afirmação ignora as diferenças entre os dois relatos.

Enquanto Herodes queria destruir apenas Jesus, Faraó agiu não apenas contra Moisés, mas contra todo o Israel. Também ignora-se o fato de que Herodes era conhecido por ser implacável ao lidar com rivais em potencial; ele até matou vários filhos e sua esposa favorita em uma tentativa paranoica de proteger seus interesses. Sob essa luz, o relato do NT se encaixa com o que se sabe sobre Herodes a partir de fontes extrabíblicas, de modo que não há necessidade de procurar em outro lugar senão em eventos reais para encontrar a inspiração para a história.

- Alguns dizem que o sonho de José no qual ele foi avisado para fugir de Herodes indo para o Egito (Mt 2:13), e depois o sonho dizendo-lhe para voltar do Egito (Mt 2:19-20), são ambos inspirados pelos dois sonhos que foram dados ao patriarca do AT, José (Gn 37:5-11), para quem o Egito desempenhou um papel central. Mas essa insinuação subestima o papel que os sonhos desempenham em todo o material da infância, incluindo um sonho dado aos magos (Lc 2:12) e um sonho dado a José (1:20-21) que não tem nenhuma semelhança com qualquer sonho dado ao patriarca.
- Diz-se que a descrição de Zacarias e Isabel como irrepreensíveis e inférteis foi extraída da história de Abraão e Sara (Gn 15-21). Mas é razoável pensar que a história de um velho casal infértil e piedoso deve ser uma ficção porque se assemelha a uma história anterior? Nem a piedade e nem a infertilidade são tão incomuns a ponto de levantarmos suspeitas quando duas dessas histórias são registradas nas Escrituras. Além disso, não deveria ser surpreendente quando uma linguagem quase idêntica é usada para descrever condições ou traços de caráter como infertilidade, velhice e piedade. As ligações entre esses dois casais não são suficientes ou exclusivas o suficiente para justificar as suspeitas de que um inspirou o outro.

EXCURSO: FONTES E ORIGEM DAS NARRATIVAS DA INFÂNCIA

Quais foram as fontes de Lucas para as narrativas da infância? Principalmente a tradição deve se referir a Maria e sua família. Para o nascimento de João Batista, fontes de seu círculo são possíveis. Entre os filhos de Maria, a fonte de Lucas poderia ter sido particularmente Tiago, meio-irmão de Jesus (Gl 1:19) que, como líder da igreja primitiva, teria tido todas as chances de disseminar (mesmo para Lucas diretamente, considerando que Lucas era associado com Paulo) os relatos que cercam a concepção virginal e o início da vida de Jesus.

Para isso o cético responderá que as narrativas da infância surgiram não de Maria e sua família, mas de pura invenção da igreja primitiva. Uma versão dessa visão diz que a igreja sentiu que pregar uma filiação modelada em imperadores romanos divinizados seria atraente para os gentios, aumentando assim as chances de ingressarem no movimento cristão. Existem inúmeros problemas com esse argumento.

Primeiro, o critério do constrangimento argumenta contra essa narrativa: a igreja não inventaria uma história que só lhes causaria constrangimento. Exaltar falsamente a concepção e o nascimento de Jesus, transformando em milagre o que na verdade seria um fato mundano, não teria beneficiado a mensagem sobre Jesus. De fato, tal alegação só traria escárnio e reivindicações de ilegitimidade, conforme comprovado pela opinião popular judaica sobre as origens de Jesus (Jo 8:41). Por que colocar outra pedra de tropeço na já difícil mensagem do evangelho? Portanto, a igreja não teria ensinado a concepção virginal de Jesus, a menos que tivesse um forte motivo para acreditar em sua verdade.

Em segundo lugar, a falta de ênfase na concepção virginal de Jesus no Querigma (o evangelho pregado pela igreja, conforme visto no NT) mostra quão fraco é o argumento dos céticos. A concepção milagrosa de Jesus era uma crença fixa e importante na igreja, mas se não foi enfatizada na pregação, como pode ser sensato dizer que foi inventada para ajudar a tornar a biografia de Jesus mais atraente para os gentios que estavam familiarizados com a adoração do imperador?

Terceiro, quando um imperador era elevado ao status divino, ele era posicionado na parte inferior do panteão dos deuses. Sua divinização era uma forma de proclamar sua habilidade superior à humana em governar, mas não pretendia ser uma proclamação de que ele era o Deus Criador. Em contraste, a fé cristã coloca Jesus nos céus não meramente como um deus menor, mas como uma figura totalmente divina que criou o céu e a terra (Jo 1:3, 10), que é igual ao mais alto e único Deus (Jo 1:1), e que está sentado à direita dele em seu trono (Lc 22:69). Você vê que o retrato de Jesus no NT não é de forma alguma paralelo aos precursores do mundo antigo.

Quarto, um grego, estando familiarizado com imperadores divinizados, poderia estar mais aberto a um ser humano chamado divino do que um judeu estaria, mas a exaltada posição de Jesus foi declarada de forma tão abrangente e exclusiva que a reivindicação se estendeu muito além de qualquer tipo de associação divina e adoração dada aos imperadores. De fato, enquanto um grego ou romano poderia estar disposto a adorar muitas figuras divinizadas, na nova comunidade que emergiu, Jesus foi o *único* homem a receber aclamação e honra como divino. Isso seria uma pedra de tropeço para os gregos.

Uma virgem desposada (1:27): O noivado no mundo antigo fazia parte de um processo de casamento em duas etapas. A fase inicial, o noivado, envolvia um acordo formal e testemunhado para o casamento e a entrega de um preço nupcial (Ml 2:14; *m. Ketubot* 4:4-5). A essa altura, a noiva tornava-se legalmente do noivo e podia ser chamada de esposa, embora ainda não tivessem se casado. Cerca de um ano depois, ocorria o casamento real, e o marido levava a esposa para casa e consumava o casamento. No primeiro século, o noivado podia ocorrer a partir dos 12 anos. A idade de Maria não é declarada, mas uma idade como essa seria provável. Os homens geralmente se casavam alguns anos depois das mulheres. Foi nessa fase do noivado, mas antes da consumação do casamento, que Gabriel deu a notícia a Maria.

Mulher favorecida (1:28): Maria era uma crente modelo, aceitando a palavra de Deus. Ela foi favorecida por Deus (v. 30), atenciosa (v. 29; 2:19, 51), obediente (v. 38), crente (v. 45), adoradora (v. 46) e fiel seguidora da lei de Deus (2:22-51). Deve-se enfatizar, no entanto, que apesar de todas essas qualidades, a escolha de Deus por Maria para gerar essa criança surgiu de sua graça, não de qualquer mérito inerente que ela possuísse. Maria foi o objeto da bondade imerecida e graciosamente provida de Deus. Sua descrição como alguém "favorecida" deixou claro que Deus agiu em seu nome e não *por causa* dela. Na verdade, Maria ficou totalmente perplexa com o súbito anúncio. Ela não pediu ou buscou esse papel no plano de Deus; Ele simplesmente entrou em sua vida e a trouxe para seu serviço. Seu trunfo era que ela era fiel. Ela deve ser honrada por seu modelo de fidelidade e desprendimento para servir a Deus, bem como por sua prontidão em crer em Deus mesmo quando Ele fez promessas altamente incomuns, mas isso não significa que ela deva ser adorada. Lucas queria que nos identificássemos com o exemplo de Maria, não que exaltássemos indevidamente a sua pessoa.

E lhe porás o nome de Jesus (1:31): Uma das profecias messiânicas mais importantes do AT está em Is 7:14: "A virgem conceberá, terá um filho e lhe dará o nome de Emanuel". O nome da criança em Lc 1:31 ("porás o nome dele de Jesus") entra em conflito com Is 7:14 (que o "nomeia Emanuel")?

O nome Emanuel significa "Deus conosco". Mais do que um nome próprio, é um título que descreve o significado de Jesus: que Ele é Deus caminhando entre nós como um de nós. A profecia de Isaías é cumprida na medida em que a igreja confessa Jesus como o Filho de Deus encarnado — *Deus conosco.* Jesus *é* o nosso Emanuel. Mateus não viu nenhum conflito entre chamar o bebê de "Jesus" (Mt 1:21) e citar a profecia de Emanuel de Isaías (v. 23). Ao observar isso, é importante salientar que Lucas não mencionou Is 7:14. A diferença reflete algo que vemos frequentemente nos Evangelhos: cada escritor faz escolhas sobre o que mencionar. Assim, Mateus observou a conexão com Isaías, mas Lucas simplesmente contou a história do nascimento milagroso. (Veja mais comentários em Mt1:23.)

O Senhor Deus lhe dará o trono de seu pai Davi (1:32): Embora o anjo tenha prometido a Maria que Jesus receberia o trono de Davi, Jesus nunca se tornou rei antes de sua execução da mesma maneira que os reis normalmente fazem: sentando-se em um trono terreno — mas esse é o ponto. Isso significa que o pronunciamento do anjo falhou?

O que o anjo disse em Lc 1:33 sugere a nova realidade. A respeito de Jesus, ele disse: "Reinará eternamente sobre a casa de Jacó, e o seu reino não terá fim". Claramente, isso aponta principalmente para uma realidade extramundana, pois nenhum mero rei ou reino terrestre dura para sempre. A promessa de que Jesus assumirá o trono de Davi alude, em última análise, ao reino eterno de Cristo que Deus introduzirá no fim dos tempos. Mas mesmo agora, no tempo antes da segunda vinda, Jesus governa seu povo como o cumprimento da promessa da aliança de Deus com Davi e a nação de Israel para abençoar o mundo (Gn 12:1-3; 2Sm 7:7-14). Ele expulsa demônios para mostrar que o reino de Deus chegou (Lc 11:20). Ele age com autoridade executiva messiânica da parte de Deus em At 2:30-36 ao dar o Espírito àqueles que creem. Seu governo é de uma ordem diferente e é mostrado de uma forma distinta de uma entronização terrena, embora em seu retorno isso também será evidente. Em parte, a resposta é paralela a algo que Jesus disse no Evangelho de João: "Meu reino não é deste mundo", disse Jesus. "Se o meu reino fosse deste mundo, os meus servos lutariam, para que eu não fosse entregue aos judeus. Assim como é, o meu reino não tem sua origem aqui" (Jo 18:36). Sobre a questão de como a maldição de Jeconias afeta as qualificações de Jesus para o reinado, veja os comentários em 3:23-38.

O santo que nascer será chamado Filho de Deus (1:35): Há mais ambiguidade nesse anúncio inicial sobre Jesus como Filho de Deus do que muitas pessoas imaginam, pois a frase "filho de Deus" e frases intimamente relacionadas são usadas de várias maneiras nas Escrituras. Há uma referência misteriosa a "filhos de Deus" em Gn 6:1-4, que os intérpretes identificam de várias maneiras como humanos ou anjos (veja também Jó 1:6; 38:7). O rei de Israel ou mesmo a própria nação também poderia ser visto como um filho de Deus (Sl 89:26-28; Êx 4:22).

É importante notar essa ambiguidade uma vez que ajuda a explicar por que as pessoas parecem não ter entendido imediatamente que o bebê era divino. Muito do anúncio de Gabriel poderia ter sido recebido como anunciando um rei meramente humano que se assenta sobre Israel e governa na linhagem de Davi. Sim, a origem milagrosa da criança pelo Espírito Santo sinalizava que algo diferente estava acontecendo, mas o anjo não detalhou exatamente o que isso significava para Maria. Hoje temos a vantagem de saber como as coisas se desenrolaram na vida de Jesus, mas Maria não teve esse benefício, pois ficou ouvindo o anjo. Ela teve de entender todas as implicações da mensagem de Gabriel ao longo de muitos anos, e o mesmo aconteceu com aqueles que andaram com Jesus durante seu ministério. A julgar por algumas das reações de Maria às coisas que Jesus disse e fez em seus primeiros anos, ela não entendeu a declaração do anjo ao indicar a divindade ontológica de Jesus (2:41-52; veja também Mc 3:31-33). Seu hino de louvor (Lc 1:46-55) e muito mais que ela e outros disseram nas narrativas da infância enfatizavam o papel real e libertador de Jesus, assim como o anúncio de Gabriel. Jesus *é o santo*; Ele *é nascido de Deus*; mas Maria e outros não perceberam todas as implicações dessas declarações por algum tempo.

Lucas escolheu apresentar Jesus "partindo da terra para um plano superior" — isto é, mostrando como, um passo de cada vez, as pessoas passaram a ver quem Jesus realmente era. Ele começou mostrando-se Jesus como o rei prometido e mestre que se revelou como Senhor no contexto de seu ministério. Só lentamente as pessoas entenderam tudo o que foi prometido nos eventos do capítulo inicial de Lucas. Os leitores originais de Lucas, vivendo em uma data posterior e sendo expostos a toda a igreja que veio a saber sobre Jesus, conheciam a plenitude do significado de Gabriel melhor do que Maria nesse estágio inicial da vida de Jesus.

Nada será impossível para Deus (1:37): Essa declaração não ensina, como alguns críticos acusam, que Deus pode fazer até mesmo coisas ilógicas, como fazer círculos quadrados ou criar uma pedra pesada demais para Ele levantar. A incapacidade de Deus de realizar pseudo-tarefas (tarefas que não são reais) ou violar a lógica não diminui seu poder. Em vez disso, este versículo ensina que Deus cumprirá suas promessas. Se Ele anunciar que fará algo, como conceder a concepção a um casal que já passou da idade de procriar ou mesmo a uma virgem da Galileia, Ele o fará mesmo que isso exija uma ação milagrosa.

Faça-se em mim segundo a tua palavra (1:38): A aceitação da vontade de Deus por parte de Maria é o motivo pelo qual ela é elogiada. Ela acreditava em Deus e estava disposta até mesmo a enfrentar certas repreensões pelo que estava prestes a acontecer com ela, pois os espectadores presumiriam que ela era culpada de adultério quando descobrissem que estava grávida antes do casamento. Quando Maria humildemente concordou ao dizer "Faça-se em mim segundo a tua palavra" e se apresentou como serva/escrava de Deus, ela estava confiando em Deus e se colocando a seu serviço.

Lucas 1:41-45

O bebê pulou dentro dela (1:41, 44): Os críticos às vezes desafiam a autenticidade dessa cena com base em dois argumentos. Primeiro, eles dizem que a declaração de João Batista em Jo 1:29-34 de que ele não conhecia o Messias até que o Espírito identificasse Jesus em seu batismo, mais as dúvidas do Batista em Lc 7:19 (veja os comentários lá), provam que ele não pode ter conhecido Jesus e seu significado desde o ventre. Em segundo lugar, a Bíblia parece indicar que o feto João foi capaz de reconhecer o feto Jesus, e refletiria a superstição e a antiga visão pré-científica de que o feto é um infante pré-formado, um ser humano em miniatura que já possui capacidades avançadas, como a cognição. Como agora sabemos que a superstição e a visão antiga do desenvolvimento fetal são falsas, devemos considerar essa passagem uma ficção.

Essas críticas examinam demais o texto. A cena é realmente sobre a mãe de João interpretando uma experiência que ela teve (o bebê chutando no momento da saudação de Maria) e não uma afirmação de sua parte de que seu feto havia feito um ato consciente. O texto não diz nada sobre o estado físico do feto no útero, então nada sobre tais tópicos deve ser inferido da passagem. O evento deve ser visto como cumprimento da profecia de que João seria cheio do Espírito desde o ventre (Lc 1:15), mas isso não precisa indicar um ato consciente de João desde o ventre. Além disso, o que haveria para impedir a possibilidade de que o Espírito Santo encheu o feto de João com uma alegria tão abundante que o levou a dar um chute vigoroso em sua mãe? Dado o momento, e possivelmente o testemunho do Espírito em seu próprio coração naquele instante, Isabel interpretou o chute do bebê como um sinal de Deus.

Mais difícil é a ideia de que João quando adulto não conhecesse essa história e a identificação que ela representava. Ainda assim, as observações de João sobre não conhecer o Messias em Jo 1 podem refletir a consciência e a confirmação divina direta dada a ele em termos de identificação. Ele não teve uma prova pessoal de uma identificação do Messias até que o Espírito a confirmasse para ele. Isso é provavelmente o que o Evangelho de João significa.

Você é as mais abençoadas das mulheres [...] a mãe do meu Senhor (1:42-43): Como saberia Isabel que Maria estava grávida de um bebê, muito menos um bebê a quem ela poderia legitimamente chamar de "meu Senhor", quando tudo o que Maria disse a Isabel naquele momento foi uma saudação? Isso indicaria que Lucas estaria sendo anacrônico, colocando nos lábios de Isabel uma confissão espontânea e sem suporte, dada a informação limitada que ela tinha nesse momento?

Essa é uma daquelas lacunas literárias que os textos costumam nos oferecer. Temos perguntas, mas o texto não fornece respostas óbvias. Uma vez que o texto não diz especificamente como Isabel sabia sobre o filho que Maria deu à luz, somos levados a especular. A agitação da criança em seu ventre é a única razão que a própria Isabel deu para sentir a importância do momento (v. 44). Possivelmente o Espírito Santo testificou a ela sobre Maria e sua gravidez no momento em que o feto João chutou (v. 41), capacitando-a a louvar conscientemente o menino Messias. Talvez ela tenha sido informada disso por outra revelação dada a ela ou a Zacarias. Não sabemos, e o texto não nos diz. Tudo o que podemos fazer é preencher as lacunas (e é isso que as sugestões acima fazem). O texto vê essas mulheres como estando muito conectadas com a vontade e direção de Deus, então é razoável especular que de alguma forma Deus revelou essa informação a Isabel.

Outra forte possibilidade é que Lucas tenha condensado eventos e diálogos para transmitir a essência da situação. Qualquer cronista de história é livre para fazer isso e, de fato, deve fazê-lo regularmente se quiser atingir seus objetivos em um espaço razoável. Talvez Lucas tenha avançado rapidamente após a saudação e pulado sobre o diálogo que pode ter ocorrido antes das exclamações de Isabel nos versículos 42-45, diálogo que pode ter envolvido a explicação de Maria sobre sua condição e a identidade especial do bebê para Isabel. Novamente, o texto não pergunta ou responde a essa pergunta. Portanto, podemos apenas fazer sugestões sobre o que pode ter acontecido.

O que lhe foi dito da parte do Senhor (1:45): Como Isabel soube "o que foi dito a [Maria] pelo Senhor" àquela altura? Uma leitura direta nos leva a concluir que Maria ainda não havia revelado a Isabel a história da visita de Gabriel. Como em nossos comentários sobre 1:42-43, uma solução sugerida é que essa informação foi revelada a Isabel quando ela foi cheia pelo Espírito Santo (v. 41). Outra sugestão é que esse texto contém uma lacuna literária que pula algumas das trocas que ocorreram entre Maria e Isabel. Lucas está indo direto ao ponto. Se toda a conversa estivesse disponível para nós, talvez descobriríamos que Maria revelou a Isabel informações sobre os pronunciamentos de Gabriel.

LUCAS 1:46-55

E Maria disse... (1:46–55): Maria louvou o Senhor em um hino tradicionalmente chamado de *Magnificat*, título extraído da tradução latina do termo grego *megalunei* (magnifica). Teria Maria criado espontaneamente o poema desse cântico? Isso pode parecer uma proeza extraordinária de arte se ela o fizesse, algo que não poderíamos esperar de uma garota comum da Galileia. Os críticos consideram isso um sinal de que o relato de Lucas não é autêntico.

Um exame minucioso revela que o cântico de Maria tem várias frases que lembram palavras encontradas no AT e em cânticos apócrifos. O louvor a Deus por mulheres ocorre frequentemente no AT (e.g., Débora em Jz 5). O paralelo literário mais forte com o hino de Maria é 1Sm 2:1-10, onde Ana oferece uma oração de louvor. Esse tipo de semelhança com o AT leva alguns céticos a sugerir que os autores do NT simplesmente criaram eventos como o cântico de Maria para se alinhar com o AT. Eles teorizam que a igreja criou vínculos proféticos ou bíblicos para conectar Jesus ao AT e às expectativas messiânicas populares.

Três coisas precisam ser ditas em resposta. (1) É possível que o cântico de Maria, como o temos, reflita o uso que Lucas fez da reflexão literária e da estilização (através da poesia), modelado a partir de hinos selecionados do AT. Por esse método, Lucas teria procurado resumir o que Maria disse e sentiu. Esse tipo de representação dramática da história era comum e aceitável na historiografia antiga. Por exemplo, a *Eneida* foi um famoso poema criado com o propósito de exaltar a dinastia augusta em Roma, mas seu caráter poético não necessariamente nega a historicidade de um grande governante cujas ações estão por trás do relato. Assim, se a interpretação de Lucas do cântico de Maria não é uma representação exata do que Maria cantou, não devemos concluir que todo o evento é fictício. (2) A sugestão de que elementos literários poderiam estar em jogo no cântico de Maria não é o mesmo que sugerir que o cântico foi criado ou que o que foi expresso ali não reflete poeticamente o que aconteceu no evento histórico. Os escritores de história tinham direito a tais ferramentas, desde que não representassem erroneamente a verdade. Por exemplo, Mateus usou uma ruptura literária no relato da morte da filha de Jairo (Mt 5:18-19, 23-26). Ele tem a notícia da morte da menina informada a Jesus antes de Ele chegar à casa de Jairo, enquanto Lucas (8:41-42, 49-56) tem essa notícia informada a Jesus somente quando Ele chega à casa. A liberdade de Mateus de abordar o mesmo evento de maneira diferente não alterou o resultado sobre o qual ele e Lucas concordavam: Jesus ressuscitou a filha morta de Jairo. (3) Sugerir que Lucas pode ter estilizado o cântico de Maria não significa que Maria não poderia ter se expressado dessa maneira durante sua visita a Isabel. Estando familiarizada com o AT, e talvez especialmente com os cânticos de louvor proferidos por mulheres, Maria poderia ter recorrido a sua memória para criar esse cântico de louvor. Além disso, Lucas descreve Maria e Isabel como cheias do Espírito de Deus, então é possível que Maria espontaneamente tenha louvado a Deus usando essencialmente a linguagem que temos no relato de Lucas. O que o cântico mostra é uma garota cheia de piedade que conhece as Escrituras e, ainda mais importante, uma pessoa que aprecia que Deus é fiel para fazer o que Ele diz.

Uma das pistas de que Lucas não inventou o cântico é que as associações são gerais e não indicam uma declaração profética de um evento específico. Se Lucas tivesse inventado o cântico, poderíamos esperar que ele realizasse algo mais específico com o poema, como profecias detalhadas ou proclamações sobre Jesus. Porém, em vez disso, Maria estava expressando admiração pela forma como Deus age regularmente, e isso reflete uma apreciação teológica de Deus e de sua atividade salvífica. Esse padrão de atividade divina é especialmente o foco dos versículos 50-55. O compromisso de Deus de realizar as obras da aliança e de ser fiel leva à declaração de Maria. Essas ideias fazem parte do que o povo judeu fiel acreditava sobre Deus e não exigem uma revelação "após o fato" a Lucas, muito menos uma invenção literária completa dele, para serem consideradas elementos de um cântico verdadeiramente proferido por Maria. Alguém embebido nas Escrituras e nos hábitos de louvor teria sido capaz de se expressar dessa maneira.

Também é possível que não tenhamos uma cronologia precisa entre os versículos 46-55 e os versículos que os precederam. Talvez Maria tenha passado semanas ou meses compondo seu cântico após sua chegada à casa de Isabel, pois ela ficou com Isabel por "cerca de três meses", de acordo com o versículo 56.

Uma questão final envolve a fonte de Lucas. Como ele obteve acesso ao cântico que Maria cantou? Ele não estava lá para gravá-lo enquanto ela cantava, e qualquer sugestão de que Deus deu a Lucas (no início ou meados dos anos 60 d.C.) uma recitação literal das palavras de Maria (proferidas entre 6 e 4 a.C.) aparentemente envolveria a visão desacreditada do ditado de inspiração bíblica (veja Introdução). Lucas fala de Maria ponderando em seu coração os eventos fantásticos que cercaram o início da vida de Jesus (2:19, 51), então a fonte provavelmente remonta a Maria e sua família.

Lucas 1:67-79

Zacarias [...] foi cheio do Espírito Santo e profetizou... (1:67-79): O cântico de Zacarias (v. 68-79) é conhecido como *Benedictus*. O nome vem das palavras de abertura do cântico em sua tradução latina. Muito do que dissemos sobre a origem e fonte do cântico de Maria (v. 46-55) também se aplica ao cântico de Zacarias. Alguns críticos acusaram Lucas de ter ele mesmo inventado o cântico, mas no geral essa passagem carece do estilo e ênfase comumente encontrados em Lucas, portanto o cântico não nos parece algo que Lucas criaria. O cântico de Zacarias sendo chamado de profecia (v. 67) atribui a força motriz das palavras de Zacarias à inspiração do Espírito de Deus.

Os pais de João já estavam mortos havia muito tempo quando Lucas escreveu seu Evangelho, e o próprio João foi decapitado durante o ministério de Jesus. Assim, a fonte de Lucas para esse cântico provavelmente teria sido a família de Jesus, uma fonte anteriormente ligada ao Batista, e/ou tradição oral mantida viva desde a época dos notáveis eventos que cercam o nascimento de João.

LUCAS 2:1-7

Que todo o império fosse recenseado (2:1): O censo e os detalhes relacionados (veja comentários em 2:2) representam prontamente o desafio mais complexo à precisão do Evangelho de Lucas. Um problema é a falta de evidência para um censo de *todo o império* (o grego literalmente lê "todo o mundo habitado") sob César Augusto. Sabemos que Augusto instituiu três censos regionais em todo o império (Hayles 1973, p. 120; Fitzmyer 1981, p. 400). Outros censos durante ou perto desse período foram instituídos no Egito, Síria, Gália e Espanha (Hayles 1973, p. 127-9). Sob essa luz, não é improvável que Augusto tenha instituído um censo para a Palestina (Schürmann 1969, p. 100).

A partir dessa evidência, a fala de Lucas sobre um édito para todo o império provavelmente reflete o processo de censo em andamento dessa época (Plummer 1896, p. 48; Hoehner 1977, p. 15). Em outras palavras, o efeito eventual dos censos regionais periódicos poderia ser o registro de essencialmente todo o território romano, o que aos olhos de Lucas pareceria o registro de "todo o mundo habitado".

Esse primeiro registro ocorreu enquanto Quirino governava a Síria (2:2): Os registros extrabíblicos que temos colocam o governo de Quirino em 6 d.C., nove anos após a morte de Herodes em 4 a.C. Visto que a evidência bíblica sugere que Jesus nasceu aproximadamente dois anos antes da morte de Herodes, e considerando que Lucas diz que foi o registro sob

Quirino que levou José e Maria a viajarem para Belém, onde Jesus nasceu, temos um problema de cronologia.

Josefo não mencionou nenhum censo antes do censo quiriniano que ocorreu em 6 d.C. Na verdade, ele descreveu o censo quiriniano de 6 d.C. como uma inovação tão indesejável que causou uma rebelião entre os judeus (*Antiguidades* 17.13.2 §§342-44; 17.13.5 §355; 18.1.1 §§1-10). Isso parece indicar que nenhum censo poderia ter ocorrido antes de 6 d.C. sem causar agitação e gerar alguma nota sobre isso em Josefo ou em outro lugar (mas veja os comentários sobre Lc 2:3). Além disso, argumenta-se que Quirino não era governador na época do nascimento de Jesus, pois os registros dos governadores desse período não o mencionam (Tácito, *Anais* 3.48; Josefo, *Antiguidades* 17.13.5 §355).

Uma opção para resolver o problema é afirmar que Quirino foi governador duas vezes, com o seu primeiro governo ocorrendo antes do período mais conhecido que foi iniciado em 6 d.C. (Ramsay 1898, p. 174-96; 1920, p. 275-300). Ramsay argumentou que Quirino serviu como governador da Síria de 11/10 a.C. a 8/7 a.C., bem como no período posterior e firmemente documentado que começou em 6 d.C. Ramsay relatou ainda que, antes do encerramento de seu primeiro governo, Quirino pôs em andamento o censo que Lucas colocou na Palestina em 6 a.C.

A base do argumento de Ramsay para dois governos é sua afirmação de que uma inscrição conhecida como "Lapis Tiburtinus" refere-se a Quirino. Há uma fraqueza notável nessa abordagem: a inscrição *Lapis Tiburtinus* é fragmentária e não menciona nomes. Assim, Ramsay pode sugerir que a inscrição pertence a Quirino apenas porque a parte da inscrição que especifica quem está sendo referenciado foi perdida. Com base no anonimato da inscrição, a teoria de Ramsay é impossível de se estabelecer como fato. Possivelmente ela está correta, mas não há como prová-la, a menos que descubramos as partes que faltam de *Lapis Tiburtinus*.

Em uma teoria alternativa, A.N. Sherwin-White sugeriu que Quirino foi um legatário entre Publius Quinctilius Varus e Gaius Caesar de 4 a.C. a 1 a.C. (Sherwin-White 1963, p. 162-71). Ele pôde postular isso porque esse período de tempo coincide com a única lacuna de governo que temos nos registros históricos. Assim, embora Sherwin-White negue que um censo tenha sido realizado no período de Herodes, o Grande (finalizado em 4 a.C.), ele viu como possivelmente legítimo o fato de Lucas fazer referência a Quirino nesse período. Mas o que se ganha com isso? Nessa visão Lucas erra com relação a um censo ocorrido no nascimento de Jesus, mas é correto dizer que Quirino governou de alguma forma durante esse período. Essa abordagem diminui um pouco a gravidade do problema, mas não isenta Lucas de um possível erro grave.

Variantes da proposta de Sherwin-White pode oferecer a melhor explicação. Devido ao fato de que um censo palestino sob Herodes é possível, uma vez que se encaixa com as atividades de recenseamento romano conhecidas nesse período, poderia ser que Varus tenha sido quem iniciou o censo, com os resultados completos e tributação surgindo apenas mais tarde, sob o governo de Quirino no período proposto por Sherwin-White (4-1 a.C.)? Nesse caso, o nome de Quirino foi compreensivelmente associado ao censo, uma vez que o impacto do censo foi sentido principalmente durante seu governo. Uma variação dessa teoria é que Quirino administrou o censo antes de ser governador, mais tarde tornou-se governador e, assim, em uma espécie de último recurso literário do evento, foi referido como o governador responsável pelo censo (Hayles 1974, p. 29).

Além dos argumentos históricos já mencionados, estudiosos léxico-sintáticos propõem soluções. Um argumento lexical diz que *prōtē* deveria ser traduzido como "mais cedo" em vez de "primeiro". Esse significado é encontrado em Jo 1:15, 30, por exemplo. Se essa é uma tradução legítima de *prōtē*, Lucas estaria dizendo que o censo que ele tem em mente ocorreu antes do censo de Quirino conhecido por ter ocorrido em 6 d.C. Essa visão é possivelmente correta, mas a difícil sintaxe de Lc 2:2 deixa o assunto instável.

Uma segunda solução léxica sustenta que devemos traduzir *prōtē* como "antes". Nesse caso, Lucas está dizendo que o censo ocorreu antes do governo de Quirino (Higgins 1969, p. 200-201; Nolland 1989, p. 101-2). É questionável se Lucas usou *prōtē* nesse sentido incomum, mas possivelmente ele o fez (Hoehner 1977, p. 21-22).

Essas versões alternativas de *prōtē* podem não ser necessárias. Se *prōtē* é mais bem traduzido como "primeiro", então Lucas estava chamando isso de "primeiro" censo que ocorreu durante o governo de Quirino. Isso pode indicar que Lucas sabia dos dois governos de Quirino e os dois censos associados a ele. O fato de que em At 5:37 Lucas se referiu a um censo mais bem identificado como aquele ocorrido sob Quirino em 6 d.C. fortalece essa possibilidade. Assim, se Lucas pretendia diferenciar entre dois censos separados feitos por Quirino, é melhor presumir que o censo que ele discutiu no capítulo 2 de seu Evangelho *não* deve ser confundido com o censo de Quirino, mais conhecido, de 6 d.C.

Nenhuma dessas propostas é garantida como correta. A incerteza sobre a sucessão de governadores na Síria nos impede de fazer mais do que sugestões. As melhores possibilidades são (a) que Varus (durante a época de Herodes, o Grande) iniciou o censo, mas os efeitos completos não foram sentidos até o governo de Quirino, (b) que Quirino serviu como administrador de alto escalão do censo antes de seu governo, e (c) que *prōtē* é mais bem traduzido como "antes".

Então todos foram se registrar, cada um na sua cidade (2:3): Não há evidências de que os romanos exigissem que as pessoas que viviam em território romano retornassem às suas cidades ancestrais para serem registradas. Os críticos dizem que isso sugere que Lucas poderia ter inventado esse detalhe. Mas o retorno de José a Belém pode ser explicado pelo princípio de que os romanos às vezes permitiam que os judeus aderissem às suas distinções culturais. Como os judeus teriam enfatizado a importância de serem registrados de acordo com as identificações ancestrais, é possível sugerir que os romanos fizeram essa concessão durante o censo. Outros exemplos dos romanos permitindo que os judeus praticassem alguns de seus costumes incluem a isenção de impostos do sétimo ano (Josefo, *Antiguidades*, 14.10.6 §§202-10) e a observância do sábado (*Antiguidades* 14.10.20 §§241-43).

A descrição de Josefo do censo de 6 d.C. como uma inovação é um problema significativo se assumirmos que os judeus se revoltaram naquela época porque o censo romano era inteiramente novo para sua experiência. Mas não está claro se Roma estava fazendo algo inteiramente novo. Se um censo romano anterior, ocorrido na época do nascimento de Jesus, tivesse sido modelado segundo modelos judaicos (e.g., permitindo que os judeus se registrassem em suas cidades ancestrais), provavelmente não teria produzido nenhuma reação digna de nota. Nesse caso, seria compreensível que Josefo não mencionasse o censo anterior em seus anais. Há exemplos de judeus que se submeteram a ações romanas com as quais não se sentiam confortáveis, desde que não tivessem uma conotação "agressiva" acerca deles. Assim, os escudos de Pilatos marchando (que traziam gravuras e eram vistos como ídolos) em Jerusalém provocaram uma reação, embora em outros locais eles não tivessem protestos, uma vez que os escudos eram normalmente guardados em Cesareia Marítima (Josefo, *Antiguidades* 18.55-59).

O próprio Arquelau pode ter participado da revolta em 6 d.C. Vale lembrar que José não estava disposto a se estabelecer em uma região controlada por Arquelau (Mt 2:22). Tal era a desconfiança de Arquelau entre os judeus. O envolvimento de Arquelau em um censo romano fortemente temático só o tornaria ainda mais antipático. A culminação de (1) uma forte presença romana (2) em um censo semelhante ao romano (3) que foi aceito por uma figura de proa judaica (Arquelau) poderia ter sido suficiente para desencadear a rebelião. O que os judeus estavam dispostos a suportar anteriormente (um censo favorável aos judeus na época do nascimento de Jesus) agora se transformou em uma expressão censurável da soberania romana.

Finalmente, o silêncio de Josefo sobre um censo anterior é uma base incerta para argumentar que nenhum censo anterior ocorreu, pois, como aponta Hayles (1974, p. 27-28), em sua *Guerra dos Judeus*, Josefo deixou outros censos verificados historicamente não mencionados.

Não havia lugar para eles na hospedaria (2:7): Os críticos argumentaram que Lucas retrata incorretamente a pequena Belém como sendo grande o suficiente para sustentar uma pousada pública. Mas *kataluma* pode se referir a um quarto de hóspedes ou sala de jantar (Lc 22:11; Mc 14:14), e em 10:34 Lucas usou outro termo (*pandocheion*) quando quis fazer referência clara a uma estalagem pública. A versão da HCSB "local de hospedagem" (*kataluma*) incorpora corretamente esses dados e indica que Lucas sabia que não estava lidando com uma cidade grande o suficiente para ter uma hospedaria. Belém era uma pequena aldeia com apenas algumas centenas de pessoas, então é provável que José e Maria não procurassem uma estalagem formal, mas um pequeno quarto vago em uma casa particular. Ou possivelmente eles procuraram um abrigo público onde as pessoas pudessem se alojar durante a noite (veja Êx 4:24 na LXX). De qualquer forma, eles tiveram que procurar abrigo em outro lugar, uma vez que esse não estava disponível.

O fato de Jesus ter sido colocado em um *phatēn* (provavelmente um comedouro para o gado, *TDNT* 9:53-54) sugere que o nascimento ocorreu em um estábulo. O estábulo pode ter sido localizado em um recinto de hospedagem ou mesmo dentro de uma caverna (Godet 1875, 1:130; Marshall 1978, p. 107). A antiga tradição extrabíblica apoia a possibilidade de uma caverna como local de nascimento (Protoevangelho de Tiago p. 18; Justin Martyr, *Dálogo com Trifo* 78.4; Orígenes, *Contra Célsius* 1.51). No quarto século, uma basílica foi erguida em uma caverna em Belém; esse local hoje é conhecido como a Igreja da Natividade. Lucas não especifica que o local de nascimento era uma caverna, mas isso pode realmente marcar o local de nascimento de Jesus. Essa origem humilde pode ser tomada como outra indicação de que os autores do Evangelho resistiram à tentação de distorcer a verdade na tentativa de tornar a biografia de Jesus mais desejável. O nascimento em um estábulo seria muito inesperado para o Messias e não algo inventado pelos discípulos.

Lucas 2:12-19

Paz na terra para as pessoas que Ele favorece! (2:14): Indicaria essa frase que Deus favorece todas as pessoas, contradizendo assim o ensino bíblico de que todos os humanos estão caídos e sujeitos à sentença de julgamento eterno, a menos que sejam redimidos? O grego por trás da frase "pessoas que Ele favorece" é *anthrōpois eudokias*. Em vez de designar toda a humanidade sem distinção, o judaísmo do primeiro século usou essa frase para designar os eleitos de Deus (Marshall 1978, p. 112). Portanto, a ideia de que esse versículo contradiz o ensino bíblico sobre a universalidade da necessidade humana de redenção (e.g., Rm 3:23) é incorreta.

No contexto atual, o *Magnificat* define especialmente os eleitos, onde Maria diz: "Sua misericórdia é de geração em geração sobre aqueles que o temem" (1:50). São esses tementes a Deus que responderão à vinda de Jesus (Danker 1988, p. 60). Qualquer argumento de que a frase fala de Deus favorecendo toda a humanidade perde sua força técnica e também perde a diferença entre aqueles por quem Jesus veio ("todo o povo"; 2:10) e aqueles que se beneficiam de sua vinda ("pessoas que Ele favorece"; 2:14). As pessoas de quem Deus se aproxima por meio de Jesus são os objetos especiais do amor de Deus, mesmo em meio ao seu amor por todas as pessoas do mundo (Jo 3:16). Esse amor distintivo repousa no caráter soberano e na vontade de Deus. A responsabilidade que Deus deu a suas criaturas significa que esse amor não anulará sua responsabilidade de responder a Ele e as consequências da falta de resposta, incluindo a realidade do julgamento.

Maria estava valorizando todas essas coisas em seu coração (2:19): Se Maria valorizou essas muitas experiências e revelações surpreendentes em seu coração, como aconteceu que mais tarde na vida ela tenha entendido mal Jesus e até duvidado de sua sanidade (Mc 3:20-35)? Lucas insinuou a resposta no presente versículo. Mesmo quando Maria estava ouvindo coisas extraordinárias sobre seu filho milagroso, ela estava "meditando" (grego *sumballousa*) sobre tudo isso, o que significa tentar combinar as partes em um todo. Maria estava tentando reunir todas as informações incríveis e inesperadas que chegavam a ela, e é compreensível que ela não tenha sido totalmente bem-sucedida. É verdade que o anúncio do nascimento especial a levou a esperar que Jesus fosse o prometido, mas naquele momento ela não podia antecipar tudo o que isso significaria para o futuro de Jesus. É bom Lembrar que ao longo dos Evangelhos, tanto os seguidores de Jesus, assim como seus inimigos, foram repetidamente surpreendidos e até mesmo escandalizados por suas afirmações e ações. Isso indica que os judeus não haviam previsto muitos aspectos-chave da identidade e missão do Messias. Então, quando Jesus começou a reivindicar prerrogativas divinas como perdoar pecados (Mc 2:1-12), isso foi além do que Maria havia previsto. É nesse contexto que ela ficou insegura sobre como a vida e os ensinamentos de Jesus estavam se desenrolando. Em vez de sugerir que ela não havia recebido revelações diretas sobre Jesus no início de sua vida, sua incerteza posterior destaca as direções inesperadas que a messianidade de Jesus tomou.

LUCAS 2:25-39

Foi-lhe revelado pelo Espírito Santo... (2:26): Se Deus revelou a Simeão que o Messias viria durante sua vida, não teria Simeão tornado isso amplamente conhecido (ou pelo menos conhecido entre seus associados próximos), criando maior expectativa pela chegada do Messias? E se tais expectativas elevadas foram alimentadas, como Jesus e sua família puderam voltar ao anonimato após os eventos no templo? Alguns críticos apontam para isso como evidência de que Lucas criou a história sobre Simeão como uma forma de apresentar o menino Jesus como o Messias anunciado.

Aqui está outra questão que o texto não responde diretamente, e a especulação de céticos ou apoiadores simplesmente procura preencher as lacunas. No entanto, essa objeção faz duas suposições questionáveis. Primeiro, o Espírito Santo testificando a Simeão que ele viveria para ver a chegada do Messias não significava que Simeão se sentia livre para revelar isso a qualquer outra pessoa. Afinal, a revelação do Espírito era *somente para ele*, não para a nação de Israel. Simeão pode ter tomado isso como uma indicação de que deveria manter o assunto privado até o momento do cumprimento da revelação. Ou, como alternativa, e talvez mais provavelmente, ele pode não ter se sentido à vontade para compartilhar o fato até que realmente visse sua realização, como aconteceu quando Jesus veio. Tal divulgação teria sido apenas uma reivindicação até que o evento tivesse ocorrido. Segundo, as pessoas muitas vezes ignoravam e até desprezavam os profetas. Talvez Simeão tenha sido alvo da mesma negligência, especialmente porque essa foi provavelmente a única revelação que ele recebeu e aparentemente morreu logo depois.

À luz desses pontos, não devemos nos surpreender que Jesus e sua família tenham conseguido se misturar após esses eventos, especialmente porque nada aconteceu com Jesus por mais de 30 anos. Tal observação pode simplesmente ter se perdido com o passar do tempo. Mas vale lembrar de que em tudo isso todos estão simplesmente preenchendo lacunas, e o texto não indica nem um problema nem uma solução.

Simeão o tomou nos braços, louvou a Deus e disse... (2:28-32): As questões aqui são semelhantes às comentadas em 2:26. Não teriam as pessoas presentes no templo se apegado a Jesus e sua família desde o momento do anúncio de Simeão, nunca tendo deixado que eles voltassem ao anonimato? O *fato* de a família ter voltado ao anonimato é considerado pelos críticos como evidência de que Lucas criou esse evento ou o exagerou muito. Por que o grande pronunciamento de Simeão não criou uma agitação maior?

Primeiro, a declaração de Simeão é tão pessoal e tão focada no que aconteceria com Maria que provavelmente não foi feita como um anúncio amplamente divulgado. Como a mensagem era para Maria e José, é possível que poucos tenham ouvido o que Simeão disse. Em segundo lugar, ouvir e crer são duas coisas diferentes. É provável que os espectadores que ouviram a mensagem de Simeão não acreditassem nele. Afinal, eles teriam achado difícil crer que aquela camponesa desconhecida tivesse dado à luz o Messias. Além da probabilidade de que qualquer pessoa que tenha ouvido a mensagem de Simeão para Maria o tenha ignorado, está o fato de que provavelmente viram Simeão como um estranho intruso nessa cena. Ele não era um sacerdote do templo. Como Lucas disse, simplesmente se tratava de "um homem em Jerusalém" (v. 25) que foi "guiado pelo Espírito" (v. 27) ao complexo do templo para entregar uma mensagem. Aos olhos dos espectadores, ele deve ter parecido meio louco. Finalmente, apesar de todas as grandes coisas que Simeão disse, nada de espetacular emergiu da vida de Jesus até que Ele começou a ministrar por volta dos 30 anos de idade. As palavras de Simeão restringiram-se à família.

Seu pai (2:33): Por que José é chamado de pai de Jesus se Maria era virgem quando concebeu Jesus? Os céticos sugeriram que isso é evidência de uma tradição mista — uma que vê Jesus como nascido naturalmente e outra que o vê como concebido milagrosamente. Mas como Lucas sabia claramente da concepção virginal (1:35), chamar José de "pai" de Jesus neste relato fala de como José agia em termos de relacionamentos terrenos de Jesus e não é uma contradição da concepção virginal.

Muitos manuscritos posteriores apresentam aqui "José" em vez de mencionar o termo pai (e.g., a KJV tem essa tradução). Essa variante textual provavelmente surgiu porque os escribas perceberam a tensão de chamar José de "pai" à luz da concepção especial de Jesus e queriam deixar a distinção clara. Ao fazer a alteração, os escribas sentiram que estavam trazendo clareza teológica ao invés de mudar o significado do texto. Embora bem intencionada, essa mudança era desnecessária e injustificada.

Seu pai e sua mãe ficaram admirados (2:33): Embora as proclamações de Simeão fossem surpreendentes, não eram mais do que as já feitas por Gabriel. Então, por que José e Maria ficariam "admirados" com o que

Simeão proclamou? A percepção de que pessoas que eram totalmente estranhas para eles tivesse recebido uma indicação de Deus sobre quem Jesus era, provavelmente desencadeou seu espanto. Isso mostrou a eles o alcance verdadeiramente grandioso da identidade e missão de Jesus. Além disso, o fato de que Jesus seria uma bênção não apenas para os judeus, mas também "uma luz para revelação aos gentios" (v. 32) mostrou que Deus estava tornando a salvação disponível para todas as pessoas. Essa informação teria parecido profunda para Maria e José, bem como possivelmente até controversa. Só porque eles ouviram essas coisas antes, não significa que tais pronunciamentos fantásticos evitariam de deixá-los boquiabertos.

Uma espada traspassará sua própria alma (2:35): Simeão parecia prever que, ao contrário das expectativas populares, o Messias sofreria e possivelmente até morreria. Como ele sabia disso? Isso seria um sinal de que Lucas releu nesse contexto pré-paixão verdades que ninguém poderia saber até os últimos dias de Jesus? Será que Simeão entendeu as profecias messiânicas do Servo Sofredor do AT (Is 52:13—53:12) melhor do que qualquer outro, de modo que ele entendeu pelas Escrituras que o Messias sofreria? Ou ele recebeu uma revelação especial de que o Messias sofreria?

É improvável que Simeão tenha reconhecido nas Escrituras temas que foram amplamente, se não totalmente, ignorados por Israel. Contra a ideia de que Lucas criou essa cena a partir de um contexto pós-paixão, observe que as observações de Simeão são oblíquas. Ele não afirmou nada especificamente. Não há menção de prisão, julgamento ou execução. Ele simplesmente observou que Jesus levaria à ascensão e queda de muitos em Israel e que uma espada traspassaria a alma de Maria. Se Lucas ou a igreja primitiva tivessem criado as observações de Simeão, elas não teriam sido tão indiretas. Portanto, é melhor ver Simeão como o destinatário da revelação divina. Por esse meio, Deus transmitiu a Maria, através de um mensageiro, uma prévia do sofrimento que ela suportaria. Essa mensagem teria sido um consolo para ela nos anos vindouros, quando olhou para trás e percebeu que Deus havia predito suas dificuldades. Mais que isso, a ideia de que um mensageiro de Deus dividiria o povo não surpreenderia ninguém que soubesse como os profetas do passado haviam sido aceitos por alguns e rejeitados por outros na nação.

Ficou viúva por 84 anos (2:37): Era Ana uma viúva de 84 anos, ou ela era uma viúva havia 84 anos? Se o texto significa que Ana era uma viúva de 84 anos, ela poderia ter sido viúva por até 65 anos. Se, por outro lado, ela fosse viúva havia 84 anos, alguns estimam que ela teria cerca de 105 anos (Marshall 1978, p. 123-4). Diversos intérpretes favorecem essa visão porque veem um paralelismo com o livro deuterocanônico de Judite, cujo homônimo tinha 105 anos. Entretanto, a presença de paralelismo genuíno é questionável, pois os números em Judite não são dispostos de maneira paralela (Judite 16:22-24; 8:4-8). Além disso, Judite morreu aos 105 anos, enquanto Ana ainda estava cheia de vigor nessa idade. Assim, é duvidoso que exista qualquer conexão criativa entre Judite e o retrato de Ana feito por Lucas. Judite não era responsável pela presença da idade aqui, mas isso não exclui a possibilidade de Lucas estar observando um paralelo com uma figura anterior piedosa e conhecida na história de Israel.

Então, qual visão sobre a idade de Ana é a melhor? É difícil dizer, uma vez que a frase grega, *heōs etōn ogdoēkonta tessarōn*, significa literalmente "até 84 anos". A impressão mais natural é que a viuvez de Ana durou 84 anos, considerando que a viuvez é o sujeito da sentença (Stählin, *TDNT* 9:450-51). Se sim, Ana estava ativa aos 105 anos.

A velhice de Ana se encaixa no tema recorrente de Lucas sobre pessoas idosas recebendo revelações (Zacarias, Simeão, Ana) ou milagres (a gravidez de Isabel) em conexão com Jesus. A razão de Lucas mencionar o tema de pessoas idosas recebendo revelações e milagres foi argumentar que as origens de Jesus estavam enraizadas na piedade e que Deus deu às pessoas fiéis o conhecimento de sua identidade especial. Isso definiu o contexto para as controvérsias em torno de Jesus mais tarde na vida. O envolvimento de Deus nos eventos que cercaram o início da vida de Jesus confirmou que suas origens não estavam enraizadas em um passado rebelde, como os inimigos de Jesus insinuaram quando o acusaram de ser um filho ilegítimo. Na verdade, Ele foi criado em um contexto de fidelidade e pessoas fiéis declararam sua identidade única conforme Deus lhes dava revelação.

Ela não deixava o complexo do templo (2:37): Lucas teria afirmado que Ana morava no complexo do templo? Os críticos dizem que isso indica a falta de familiaridade de Lucas com os regulamentos do templo que proibiam tais coisas. Mas tal crítica surge de uma incompreensão do que Lucas está dizendo aqui. As descrições dela não saindo do templo e de ficar "servindo a Deus noite e dia com jejuns e orações" retratam uma mulher profundamente comprometida com Deus e não devem ser interpretadas como significando que ela vivia literalmente no templo. Não haveria lugar para ela ficar lá, e os escrúpulos judaicos não teriam permitido tal coisa em primeiro lugar. Lucas usa essa linguagem de maneira semelhante à nossa frase moderna, "ele trabalhava dia e noite". Assim como a frase em português não significa que alguém trabalhou sem parar para comer e descansar, a linguagem de Lucas sobre Ana a retrata como dedicada de maneira única, mas não implica que todos os seus momentos consistissem em jejum, oração e presença no templo.

Ela [...] começou [...] a falar dele a todos... (2:38): Assim como Simeão havia feito, Ana fez um pronunciamento público sobre o menino Jesus. Não teria todo o Israel se apegado ao bebê e sua família nesse ponto, nunca mais os perdendo de vista? Poderia esperar-se que sim, mas a família voltou silenciosamente para Nazaré. Se as expectativas messiânicas foram intensificadas e difundidas naquele tempo, como poderia o menino Jesus voltar ao anonimato depois de anúncios públicos tão poderosos?

O primeiro passo para responder a essa crítica é observar que Lucas nunca disse quantas pessoas estavam presentes para ouvir as declarações de Ana. Talvez houvesse apenas algumas pessoas por perto ou ao alcance da sua voz. Além disso, ele não deu nenhuma indicação de que as declarações de Ana foram amplamente aceitas por aqueles que a ouviram falar. Embora os leitores gostem de presumir que as palavras de Ana teriam criado uma grande comoção pública, na realidade, sem algum tipo de exibição pública que confirmasse suas palavras, os espectadores provavelmente teriam interpretado sua mensagem como comentários de uma velha piedosa cuja esperança religiosa havia tirado o melhor dela. Afinal, ninguém esperava que uma camponesa carregasse o Messias.

Em segundo lugar, além de algumas cenas notáveis de abertura, o início da vida de Jesus foi em grande parte normal (Is 53:2). Assim, mesmo para os poucos que poderiam ter tomado as palavras de Ana para o coração, a subsequente monotonia da vida de Jesus os teria feito duvidar ou perder de vista esses primeiros acontecimentos. Somente os eventos muito posteriores da vida adulta de Jesus teriam deixado claro que as pessoas haviam subestimado as coisas ditas por Simeão e Ana.

Terceiro, o elogio de Ana é mais geral do que específico. O versículo 38 diz: "ela se aproximou e começou a agradecer a Deus e a falar dele a todos os que esperavam a redenção de Jerusalém". O foco em Jerusalém teria ressoado com o tipo de esperança messiânica nacionalista corrente nessa época. Pronunciamentos de desejo em uma veia semelhante provavelmente eram comuns naquela época e lugar.

Voltaram para a Galileia, para a sua cidade de Nazaré (2:39): A discussão sobre a infância termina aqui em Lucas. Como já foi observado, o relato de Lucas difere do de Mateus em aspectos importantes. Por exemplo, Lucas descreve Maria e José morando em Nazaré antes do nascimento em Belém, enquanto Mateus nunca mencionou a residência anterior em Nazaré. Mateus mostrou sábios (magos) visitando Jesus, enquanto Lucas, em vez disso, relatou pastores humildes. Mateus observou o massacre de Herodes e o exílio da família de Jesus no Egito, enquanto Lucas os apresentou de volta a Nazaré logo após a visita ao templo e nunca mencionou o massacre em Belém ou o exílio no Egito. As perspectivas a partir das quais os eventos são contados também diferem, sendo José a figura central em Mateus e Maria em Lucas. Essas diferenças seriam evidências de que Mateus e Lucas tinham opiniões conflitantes sobre o que aconteceu no início da vida de Jesus?

Em vez de apoiar conclusões céticas, as diferenças entre Mateus e Lucas são provavelmente o produto de escolhas literárias e compressão literária nessas escolhas, especialmente porque Lucas e Mateus provavelmente não sabiam ou não tinham acesso ao relato um do outro. Eles simplesmente escolheram narrar diferentes facetas de um conjunto muito maior de eventos.

Embora alguns evitem qualquer tentativa de harmonizar esses relatos e prefiram vê-los como irremediavelmente contraditórios, uma comparação cuidadosa indica prováveis períodos distintos, permitindo que ambos os relatos sejam verdadeiros. Por exemplo, provavelmente os magos de Mateus e os pastores de Lucas visitaram Jesus em momentos diferentes. O fato de Herodes matar crianças de dois anos ou menos

(Mt 2:16-18) sugere que os magos não visitaram Jesus na época de seu nascimento, mas em algum momento desde alguns meses depois (para permitir a oferta para o primogênito) até a época em que Jesus era uma criancinha (se a ação de Herodes nos der um período de tempo). Isso vai contra o retrato comum na arte e no cinema de cenas de manjedoura que incluem homens sábios e pastores. Como essas visitas foram amplamente separadas no tempo, não há contradição entre Mateus e Lucas sobre quem visitou Jesus e quando.

Detalhes sobre a alusão da viagem ao Egito ou simplesmente mencionar Jesus de volta à Galileia são questões simples de escolha do autor. Mateus, cujo público-alvo era principalmente judeu, escolheu destacar a viagem ao Egito porque para os judeus era importante o fato de Jesus ter recapitulado a história de Israel indo e voltando do Egito. Esse fato não era tão relevante para o público gentio de Lucas, então sua narração se concentrou em onde Jesus acabou morando durante a maior parte de sua infância e deixou o Egito não mencionado. Assim, os leitores poderiam estar lendo Lucas demais se entenderem que sua narrativa (Lc 2:39) significa que Maria, José e o menino Jesus se estabeleceram em Nazaré imediatamente depois de apresentarem Jesus no templo. Lucas pode ter simplesmente focado num evento posterior.

O desejo de construir uma linha do tempo exata sobre todos os eventos do início da vida de Jesus não era uma preocupação de nenhum dos escritores do Evangelho As diferenças indicam a independência de Mateus e Lucas na escolha de quais detalhes compartilhar. Assim, ficamos com algumas perguntas sem resposta sobre tempo e harmonização. A falta de certeza aqui não significa que esses eventos não aconteceram, mas é claro que nenhum dos autores estava tentando criar um relato exaustivo e cronologicamente preciso dos primeiros anos de Jesus. (Veja mais comentários em Mt 2:23.)

Lucas 2:41-52

Sentado entre os mestres (2:46): Alguns críticos disseram que os rabinos não permitiam que as crianças se sentassem em sua presença até meados do primeiro século. Isso significa que esse versículo poderia ser anacrônico ou falso? Em resposta ao episódio, o envolvimento público com os rabinos não era incomum nessa época, e a idade de Jesus (12 anos, v. 42) era avançada o suficiente para que não houvesse dificuldade em acreditar que Ele tinha permissão para sentar-se entre os mestres.

Eu tinha que estar na casa de meu Pai (2:49): A tradução desse versículo é uma questão de debate. A expressão grega aqui é estranha. O texto literalmente diz: "devo estar na casa de meu Pai". Os tradutores deveriam inferir qual palavra deveria ser fornecida aqui. Um ponto de vista sustenta que a frase deveria ser traduzida como "devo cuidar dos negócios de meu Pai" (KJV; NKJV; Erasmo veja discussão em R. Brown 1977, p. 476). Textos paralelos que são oferecidos em apoio a isso são Mc 8:33; 1Co 7:32-34; e 1Tm 4:15. Se essa for a tradução correta, a frase significa que o foco de Jesus é cumprir as tarefas que o Pai lhe deu e, por implicação, seus pais deveriam entender isso. Uma fraqueza dessa tradução é que ela não se encaixa facilmente no contexto, pois Maria perguntou por que Jesus os havia tratado dessa maneira (v. 48). Sob essa luz, é difícil ver por que Jesus falaria sobre a necessidade de se envolver nas designações do Pai quando tudo o que Maria queria saber era por que Ele havia ficado no templo. Além disso, Jesus realizou as atribuições do Pai em muitos lugares além do templo (Creed 1930, p. 46). Adicionalmente, Lc 2:49 usou uma construção (*en* e o artigo definido plural neutro) que não foi usada nos textos paralelos citados para esse ponto de vista enfraquecendo dessa forma o argumento de que esses textos estabelecem um precedente para a tradução de Lucas. À luz de todas essas considerações, é improvável que Lc 2:49 seja traduzido como "devo tratar dos negócios de meu Pai".

Uma visão mais provável sustenta que a frase deveria ser traduzida: "devo estar na casa de meu Pai". Lucas apresentou o templo como um lugar de ensino (Lc 20—21). Essa tradução também se encaixa no contexto, pois Jesus estava dizendo que seus pais deveriam , dentre todos os lugares, procurá-lo primeiramente ali dada a identidade única de Jesus e a identidade do templo como o lugar onde a presença de Deus é encontrada e onde os mestres se reúnem para falar sobre Deus. Finalmente, a construção de *en*, o artigo definido plural neutro, e um genitivo se encaixa melhor nessa visão, pois forma uma expressão para estar na própria casa (Gn 41:51; Et 7:9; Jó 18:19).

Eles não entenderam o que Ele lhes disse (2:50): Tendo recebido revelações de anjos; tendo descoberto que, assim como o anjo predisse, Maria engravidou ainda virgem; e havendo recebido várias revelações durante os primeiros dias de Jesus, o leitor poderia esperar que os pais de Jesus fossem mais rápidos para entender. A incapacidade deles em compreender seria uma indicação de que eles não receberam anteriormente revelações especiais sobre Jesus?

Algumas considerações ajudam a definir o contexto de sua incapacidade de compreensão. Primeiro, não há evidência bíblica de que Jesus tenha feito algo para verificar ou demonstrar sua identidade especial e seu chamado até esse ponto de sua vida. Ao que tudo indica, Ele viveu uma infância totalmente normal, sem realizar milagres que sinalizassem sua identidade sobrenatural. Assim, é razoável ver Maria e José serem pegos desprevenidos pelas ações e palavras de Jesus naquele evento, pois isso representaria algo como uma estreia para Ele. Em segundo lugar, as ideias judaicas pré-concebidas do senso comum sobre o Messias não incluía o aspecto de Ele ser divino. Falar de Deus como "Pai" era considerado muito íntimo para a maioria dos judeus, então a fala de Jesus sobre o templo ser sua "casa do Pai" teria confundido e possivelmente alarmado Maria e José — daí a declaração de Lucas sobre a falta de compreensão deles.

Jesus crescia em sabedoria, em estatura e em graça para com Deus e para com os homens (2:52): Como Jesus poderia ser aumentado no favor de Deus se Ele era de fato Deus o Filho? Deus Pai passaria a amar mais a Deus Filho com o passar do tempo? Alguns apontam para esse versículo como evidência de que Jesus não era divino, ou que Ele se tornou divino somente depois que o Pai o adotou, uma vez que Ele conquistou esse direito.

Nós devemos primeiro entender que Jesus era totalmente humano e, portanto, é apropriado que os autores do NT falem dele de maneiras que se encaixem na experiência humana normal. Lucas fez isso aqui, descrevendo o crescimento de Jesus como um ser humano genuíno. Segundo, em geral os Evangelhos Sinóticos diferem do Evangelho de João em sua abordagem para anunciar a divindade de Jesus. Mateus, Marcos e Lucas revelam gradualmente a profundidade da pessoa de Jesus. Eles não anunciam que Jesus é Deus desde o início, como faz o Evangelho de João (Jo 1:1-18). Assim, vemos a plenitude da pessoa de Jesus se desdobrar ao longo do tempo, à medida que suas palavras e ações revelam quem Ele é, enquanto seu nascimento, conforme narrado em Mateus e Lucas, dá uma dica de onde as coisas são comandadas, apontando para sua concepção única e deixando claro que Jesus é enviado por Deus e é o prometido. A revelação mais gradual nos Evangelhos Sinóticos se encaixa na experiência que tiveram muitas pessoas ao redor de Jesus ao perceber sua identidade completa ao longo dos anos.

Lucas 3:1-6

Lisânias, tetrarca de Abilene (3:1): Os críticos acusaram Lucas de cometer um erro quando se referiu a Lisânias como tetrarca de Abilene nesse período de tempo, pois o governante mais facilmente identificável com esse nome governou esta região em uma data muito anterior e foi executado por Marco Antônio em 36 a.C. (Josefo, *Antiguidades* 14.13.3 §330 e 15.4.1 §92).

Há evidências possíveis de inscrições (Böckh 1828-77, nº 4521, nº 4523) de um Lisânias que estava ativo na época de Tibério. As inscrições podem até sugerir que mais de um governante dessa época tinha esse nome (Creed 1930, p. 307-9; Godet 1875, 1:168-9; Plummer 1896, p. 84; Schürer 1973-87, 1:567-69). Isso pode ser confirmado por referências em Josefo que possivelmente identificam um Lisânias de uma época anterior a Herodes Agripa I, que governou de 40 a 44 d.C. (*Antiguidades* 19.5.1 §275; 20.7.1 §138). Não há nenhuma prova de que qualquer um deles possa ser identificado com o Lisânias de Lucas, mas a evidência sugere que Lucas deve receber o benefício da dúvida.

Sumo sacerdócio de Anás e Caifás (3:2): Os romanos depuseram Anás de seu papel como sumo sacerdote em 15 d.C. Nesse caso, estaria Lucas errado ao dizer que esse evento, que ocorreu entre 11 e 14 anos depois, ocorreu durante o sumo sacerdócio de Anás?

Há um aspecto surpreendente na referência de Lucas aqui: ele usou a forma singular de "sumo sacerdote" (*archiereōs*) e ainda se referiu a dois homens, Anás e Caifás. Sabemos que Anás foi deposto em 15 d.C., que alguns outros homens ocuparam brevemente o cargo de sumo sacerdote no tempo que se seguiu, e que o genro de Anás, Caifás, tornou-se sumo sacerdote e manteve esse cargo até 36 d.C. Assim, parece melhor concluir que Lucas estava falando de Anás como exercendo um papel honorífico e ainda assim muito tangível como sumo sacerdote durante o tempo do mandato de seu genro. Pense em como os presidentes do Brasil, mesmo depois de deixarem o cargo, mantêm seu título e grande parte de sua influência. Anás era o poder nos bastidores, o ancião cujo conselho tinha grande peso (Ellis 1974, p. 88; Marshall 1978, p. 134). Os eventos narrados em Jo 18:13-14, 19-24 apoiam essa sugestão. João disse especificamente que Caifás era o sumo sacerdote "naquele ano", mas também descreveu Anás como sumo sacerdote e fez com que ele conduzisse uma inquisição preliminar do Jesus preso. Semelhante a Lucas, Josefo usou referências plurais em relação ao ofício do sumo sacerdócio (sobre Anás, consulte *Antiguidades* 20.9.1 §§197-200; sobre o "colégio" dos sumos sacerdotes, consulte *Antiguidades* 20.10.4-5 §§244 -51). Assim, fica claro que Lucas não ignorava o momento do mandato de Anás, mas, em vez disso, estava ciente da influência que Anás manteve muitos anos depois de ser oficialmente destituído do cargo.

Um batismo de arrependimento para o perdão dos pecados (3:3): Se João Batista batizava as pessoas "para remissão dos pecados", eram elas salvas por participar desse rito? O batismo de João para o perdão dos pecados foi um batismo preparatório único, confirmando que a pessoa estava pronta para Deus vir em cumprimento da promessa. O perdão não vinha por causa da participação no batismo, mas por causa de um coração aberto ao programa de redenção de Deus a ser executado por meio do prometido que viria — Jesus. Essa conclusão é confirmada pelo que Paulo disse ao visitar Éfeso: "João batizou com o batismo de arrependimento, dizendo ao povo que cresse naquele que depois dele havia de vir, isto é, em Jesus" (At 19:4). (Veja comentários adicionais em Mc 1:4.)

Todos verão a salvação de Deus (3:6): Duas dificuldades surgem nesse versículo. Primeiro, há a questão da escolha de Lucas de citar a versão LXX de Is 40:5. Especificamente, a referência à "salvação" (*sōtērion*) em Lc 3:6 reflete o uso da LXX, que substitui a referência do MT à "glória" de Deus. A tradução da LXX pode ter sido motivada por um desejo de falar em termos concretos de como a glória de Deus se manifesta; isto é, a LXX explica que a glória de Deus é melhor vista em sua salvação.

Por que Lucas escolheria a interpretação da LXX? A exibição pública da salvação por parte de Deus é um tema em ambos os livros de Lucas, e algo que ele já observou (2:30-32). Isso significa que sua ênfase se encaixa em como a LXX traduz Isaías 40:5. Assim, é melhor ver a escolha de Lucas como intencional, uma escolha consciente de concretizar o significado da "glória" de Deus. E seu público não teria considerado o uso do LXX como controverso. No primeiro século, a LXX era altamente considerada uma tradução das Escrituras Hebraicas. Isso é visto pela tradução da tradição sobre o início da Septuaginta na *Carta a Aristeas*, onde a tradução é elogiada, bem como no relato de Filo, onde a tradução também é apresentada como exemplar (*Vida de Moisés* 2.7.39-43).

Um segundo desafio nesse versículo é a questão de saber se Lucas estava sugerindo a salvação universal. Alguns responderam que sim, mas isso é simples de derrubar. A declaração de Lucas de que "todos verão a salvação de Deus" se encaixa com sua ênfase acima mencionada na ampla exibição pública dos atos salvíficos de Deus, e não significa que todas as pessoas abraçarão a mensagem por trás dos atos e assim serão salvas.

Lucas 3:7-22

Ele então disse à multidão (3:7): Considerando que Lucas mostrou João se dirigindo "às multidões", Mateus o apresentou se dirigindo especificamente "aos fariseus e saduceus" com o mordaz epíteto "raça de víboras" (Mt 3:7). Isso representaria um desacordo entre os Evangelhos?

Uma vez que Lucas retratou o público-alvo como amplo e Mateus como específico, devemos perguntar se Mateus estava ciente de um grupo maior presente para esse evento. A evidência em Mt 3:5 é decisiva: "Então afluíam a ele gente de Jerusalém, de toda a Judeia e de toda a vizinhança do Jordão, e eram batizados por ele no rio Jordão, confessando os seus pecados". Assim, o Evangelho de Mateus concorda com o de Lucas que as multidões estavam presentes. Alguns sugerem que João realmente se dirigiu especificamente aos fariseus e saduceus, caso em que Lucas expandiu o público. Isso é possível porque as multidões são um tema comum em

Lucas (e.g., Lc 3:10-14), que enfatizou que a mensagem do evangelho é para todos os povos (Fitzmyer 1981, p. 467). Se Lucas fez isso, é uma escolha temática que se encaixa no cenário (a multidão estava presente) e se encaixa em seu desejo de enfatizar o alcance universal do evangelho.

Também é possível que Mateus tenha ajustado o escopo do discurso de João, pois Mateus tendia a destacar os fariseus e saduceus para as críticas (Mt 16:1, 6, 11-12; também Schürmann 1969, p. 163). Uma vez que ambos os Evangelhos concordam que as multidões estavam presentes, parece provável que Mateus tenha reduzido o escopo dos comentários de João com o propósito de destacar os líderes religiosos corruptos. Enquanto a mensagem de João exortava todos a se arrependerem e serem batizados, Mateus apontou que, ironicamente, eram os líderes religiosos em particular que precisavam dar ouvidos a essa mensagem.

O tipo de liberdade demonstrada entre Mateus e Lucas nesse evento se encaixa nas convenções da historiografia antiga. Os leitores modernos podem desejar maior precisão, mas, na realidade, ainda hoje a redação de relatórios reflete muitas das mesmas liberdades exemplificadas nos textos antigos. Em vez de acusar Mateus ou Lucas de erro, devemos considerá-los como escrevendo com veracidade e de acordo com os padrões antigos.

O que então devemos fazer? (3:10): Essa pergunta é repetida três vezes (v. 10, 12, 14) por três grupos diferentes (a multidão, os cobradores de impostos e os soldados) e remonta ao versículo 8, em que João disse: "Produzam fruto [lit. 'deem fruto'] consistente com arrependimento". A resposta de João sobre o produto do arrependimento foi extremamente prática. Contra os estereótipos que veem a moral cristã como austera e retraída, João não convocou a multidão para seu estilo de vida ascético, nem convocou para um compromisso com uma série de atos religiosos rituais, nem apontou para os sacrifícios associados à fé judaica. Em vez disso, ele assinalou para o atendimento às necessidades dos outros. Muitas vezes pensamos no arrependimento como relacionado exclusivamente a Deus. Ao contrário, Lucas estipulou que quando alguém se arrepende, isso afeta seu relacionamento com os outros, como Lc 1:16-17 também mostra. É também por isso que os Dez Mandamentos (Dt 5) se relacionam primeiro a Deus (os primeiros quatro mandamentos) e depois os outros aos seres humanos (os seis últimos). Reorientar-se para Deus significa que seus relacionamentos com outras pessoas mostrarão mais compaixão e generosidade.

Ele os batizará com o Espírito Santo (3:16): Esse é um texto-chave da apologética em Lucas, pois estabelece condições para testar se a nova era e o Messias realmente vieram na pessoa de Jesus (veja o contexto do versículo 15, exclusivo de Lucas). Jesus, sendo o Messias, batizará com o Espírito que dividirá a humanidade entre os que se aproximam de Deus e os que não lhe respondem. Assim, pode-se saber que o Messias e a libertação prometida por Deus chegaram quando o Espírito vem e cria essa divisão. Jesus deixou claro que enviaria o Espírito a seus seguidores (Lc 24:49; At 1:4-5). O fracasso em cumprir essa promessa refutaria suas reivindicações messiânicas. Mas o Espírito veio como Jesus predisse (At 2; 10:44-47; 11:15-17; 13:16-24; 15:6-8), iniciando a tempestade de fogo que foi a igreja primitiva.

Jesus também foi batizado (3:21): O fato de Jesus ter sido batizado indica que Ele seria um pecador que precisava de arrependimento? Ao invés de indicar arrependimento dos pecados, a escolha de Jesus de participar do batismo de João parece ter tido um propósito triplo. Primeiro, representava um endosso ao ministério e à mensagem de João (20:1-8). Ao aceitar o batismo, Jesus uniu sua causa à de João, que foi amplamente aceito como mensageiro de Deus. Em segundo lugar, mostrou como Jesus se identificou com as pessoas ao iniciar seu ministério. Jesus se identificou com a mensagem de arrependimento de João (1:76-77; 3:3) e assim endossou a necessidade de as pessoas se arrependerem. Em terceiro lugar, a descida do Espírito (v. 22) confirmou que Jesus era aquele que viria a quem João apontou e que trouxe um batismo maior (Lc 3:15-18; At 10:37-38).

Um possível anacronismo também surge nesse versículo. Lendo cronologicamente, Lucas parece relatar Jesus sendo batizado após a prisão de João (3:20). Além disso, Lucas nunca disse explicitamente que João batizou Jesus. Isso significa que o Evangelho de Lucas negaria que João batizou Jesus, entrando em conflito com os outros Sinóticos (Mt 3:13-17; Mc 1:9-11)? Embora o texto de Lucas não mencione João batizando Jesus, João claramente foi quem realizou os batismos, pois a passagem vem em uma seção onde Lucas está discutindo o ministério de João. O que Lucas fez no presente versículo é um lembrança de um tempo antes de Herodes prender

João. Ele mencionou a prisão de João primeiro como uma forma de terminar a seção sobre João (Lc 3:1-20) antes de começar uma grande seção sobre Jesus (3:21ss). Somos lembrados novamente de que os escritores dos Evangelhos não eram obrigados a apresentar seus materiais em sequência cronológica. (Veja mais comentários em Mt 3:15 e Mc 1:9.)

Uma voz veio do céu (3:22): Para quem a voz celestial foi dirigida — a Jesus ou aos espectadores? Mateus apresenta a voz dizendo: "Este é o meu Filho amado. Eu me deleito nele!" (Mt 3:17). Isso parece ter os espectadores em vista. Marcos e Lucas fazem a voz se dirigir diretamente a Jesus: "Tu és o meu Filho amado; Eu me deleito em Ti!" (Mc 1:11). Como as diferenças podem ser resolvidas? Nenhum dos Sinóticos descreve a multidão reagindo à voz ou à pomba que desceu. Isso parece indicar que eles não estavam a par dessas revelações. João Batista parece ter sido o único além de Jesus que viu a descida do Espírito como uma pomba (Jo 1:32-34). Assim, a expressão "Este é o meu Filho amado" de Mateus simplesmente interpreta o significado histórico do evento, e não devemos entender que isso significa a multidão ter visto ou ouvido alguma coisa. Em vez de oferecer uma tradução exata do evento, Mateus deu o significado do que a declaração da voz significava para a história: Deus havia apontado ao mundo o seu escolhido. (Veja comentários adicionais em Mc 1:10-11.)

As alusões ao AT na observação são ao Sl 2:7, um salmo real sobre o Filho apontando para sua posição real e, portanto, messiânica, e a Is 42:1 sobre o Servo de Deus.

LUCAS 3:23-38

Quando Ele começou seu ministério, Jesus tinha cerca de 30 anos (3:23): Os Evangelhos fornecem poucos ou nenhum detalhe sobre muitas das "estatísticas" que podemos desejar saber sobre Jesus. Eles não nos dizem nada sobre sua altura, peso ou aparência geral, e sua idade que (discutida apenas neste texto) foi dada apenas aproximadamente. Em vez de indicar que os biógrafos de Jesus não sabiam muito sobre Ele, essa escassez de detalhes reflete o fato de que os biógrafos antigos se preocupavam menos com esses detalhes do que os leitores modernos. Eles se concentravam na pessoa e em suas realizações, não em detalhes triviais como a aparência física.

Os críticos que acreditam que grande parte da biografia de Jesus é fictícia, muitas vezes argumentam que os escritores do Evangelho emprestaram detalhes e temas de figuras bíblicas como Moisés, Elias e Davi para criar uma imagem messiânica de Jesus. Nesse sentido, eles sugerem que a menção de Lucas de Jesus ter "cerca de 30 anos" é uma tentativa de traçar um paralelo entre Jesus e o rei Davi, já que Davi tinha 30 anos quando se tornou rei (2Sm 5:4). Mas, em resposta, podemos perguntar: se Lucas procurou reforçar a biografia de Jesus ligando-o a Davi, por que ele não disse que Jesus tinha exatamente 30 anos quando começou seu ministério? Isso tornaria a ligação muito mais clara do que a aproximação. É mais razoável concluir que Jesus iniciou seu ministério com aproximadamente 30 anos de idade, de acordo com a idade em que os levitas geralmente iniciavam seus ministérios (1Cr 23:3).

Devido às taxas mais altas de mortalidade infantil no mundo antigo, a expectativa média de vida na era de Jesus não era muito superior a 40 anos, se ainda antes alguém chegasse aos cinco anos. Mas não devemos entender que isso significava que Jesus era "velho" e teria morrido de causas naturais ou desejou o suicídio ao ver sua vida se encaminhando para o fim, como alguns críticos argumentam. É impensável que, se Jesus tivesse morrido de velhice, os discípulos teriam criado uma morte alternativa que o executaria como criminoso e blasfemador. E não é menos absurdo concluir que Jesus orquestrou sua própria crucificação em uma tentativa de suicídio. Teria Ele orquestrado também sua ressurreição, a remoção sobrenatural da lápide, sua aparição durante 40 dias para muitos discípulos e sua ascensão ao céu?

Jesus [...] e era considerado o filho de... (3:23-38): As genealogias de Jesus em Mateus e Lucas têm sido objeto de discussão há séculos por causa de suas diferenças (Bock 1994, p. 918-23). Mateus e Lucas procederam de uma ordem diferente, com Mateus avançando de Abraão a Jesus e Lucas retrocedendo de Jesus a Adão como filho de Deus. Mateus às vezes explicava sua entrada; Lucas nunca o fez. A lista de Mateus envolve três grupos de 14, provavelmente refletindo uma tática chamada *gematria* que atribui valor numérico às letras. Dessa forma, o nome de Davi foi "soletrado" uma vez que os valores de número de letra para as consoantes radicais são *D* (valor de 4) + *W* (6) + *D* (4) = 14; em distinção disso, Lucas tinha 11 grupos de sete nomes em sua genealogia de Jesus. Mateus incluiu mulheres em sua lista; Lucas não. A lista de Mateus tem 41 nomes de Abraão a Jesus; a de Lucas tem 57. Não é incomum que as genealogias pulem gerações, o que indica a insignificância dessa última diferença.

Essas distinções tornam improvável que Lucas e Mateus conhecessem a lista um do outro e levaram à discussão pelo menos desde Julius Africanus (c. 225 d.C.). Africanus, conforme citado por Eusébio em *História eclesiástica* 1.7, argumentou que Mateus forneceu a linha natural, enquanto Lucas apresentou uma linhagem real. Ele apelou para o casamento levirato como explicação para algumas das diferenças. Africanus viu ambas as linhas como lidando com a descendência legal através de José, não com a descendência biológica. Outras soluções argumentam que uma genealogia é através de Maria, enquanto a outra é através de José. Essa visão remonta a pelo menos 1490 e a Annius de Viterbo. No entanto, o problema aqui é que nenhuma identificação clara de qualquer uma das listas aponta para Maria.

Outra opção é argumentar que Lucas deu a linhagem física e Mateus deu a linhagem real, o oposto da visão de Africanus. Essa opção requer que o casamento levirato esteja presente em alguns pontos (pelo menos Jacó em Mt 1:15 não tem filhos, e provavelmente um outro casamento também). Uma opção final é que Maria era a herdeira de Eli, que não tinha irmãos, mas adotou José como filho após o casamento (Nolland 1989, p. 170). Nessa visão, a linhagem de Lucas é mais legal do que física.

Uma razão para adotar a distinção legal *versus* física pode ser a maldição pronunciada sobre Conias (também conhecido como Joaquim ou Jeconias) por meio do profeta Jeremias (Jr 22:24-30), que proibiu sua linhagem de ser a verdadeira linhagem real de descendência. Porém, deve-se considerar que o neto de Conias, Zorobabel, recebeu do profeta Ageu a notícia de que o Senhor o havia escolhido: "Eu te levarei, Zorobabel, filho de Salatiel, meu servo... e farei de ti como o meu anel de sinete, porque eu te escolhi" (Ag 2:23). Isso pode significar que Zorobabel (e, portanto, a linhagem de Conias) foi readmitido para colocar herdeiros no trono, revertendo a maldição de Jr 22:24-30 (veja Mt 1:11 para inclusão de Jeconias na genealogia de Jesus). No entanto, o que a lista de Lucas faz é banir Conias de acordo com a maldição. A posição messiânica de Jesus em Lucas é afirmada por Ele ser filho de Davi, uma vez que a promessa da aliança em 2Sm 7 era que um filho de Davi seria o beneficiário da realeza. Esses nomes refletem raízes judaicas e são todos judeus. Alguns dos nomes que parecem estrangeiros refletem o fato de que os judeus adotaram nomes comuns de outras culturas durante seus períodos de exílio.

Nenhuma das soluções acima mencionadas seria claramente a vencedora. O que as opções mostram é que existem várias possibilidades e que é prematuro insistir no erro aqui, mesmo que não surja uma solução definitiva. A nota da *Bíblia de Estudo de Apologética* sobre essa passagem diz: "Embora todas as soluções de harmonização sejam conjecturais, elas demonstram que as duas genealogias não são inerentemente incompatíveis". A lista de opções acima explica por que isso pode ser dito. Independentemente da opção tomada, o ponto da genealogia em Lucas é óbvio: Jesus tem direito ao trono por meio de Davi e está relacionado a toda a humanidade por meio de Adão.

José, filho de Eli (3:23): Lucas nomeou "Eli" (às vezes traduzido como "Heli") como o pai de José, enquanto Mt 1:16 mostra "Jacó". Uma possível solução que explicaria essa diferença é que Jacó poderia ser o pai adotivo de José. Ou talvez o casamento de levirato estivesse envolvido, onde Eli morreu sem filhos e seu irmão, Jacó, casou-se com a viúva de Eli e gerou filhos em nome de seu irmão falecido (Bock 1994, p. 920; Stein 1992, 141n38). Outra sugestão é que Mateus estava traçando a linha legal de descendência do rei Davi, enquanto Lucas traçou a linha de descendência física (Bock 1994, p. 920; France 1985, p. 74). Até este momento, não está claro qual solução é mais viável.

Filho de Natã (3:31): Os críticos dizem que Jesus não poderia ser o Messias porque Natã é seu ancestral. Por exemplo: "Natã foi excluído de qualquer reivindicação ao trono de Davi, porque seu irmão Salomão foi escolhido em seu lugar" (McKinsey 2000, p. 377). Além disso, Salomão, em vez de Natã, ocupa esse lugar na genealogia de Mateus (Mt 1:6-7). Quais possíveis explicações elucidariam as diferentes abordagens? Para mais esclarecimentos, consulte a nota anterior sobre toda a genealogia em 3:23-28.

Filho de Adão, filho de Deus (3:38): Alguns críticos acusaram Lucas de dizer que Deus literalmente gerou Adão. Essa visão se encaixa em algumas concepções religiosas não bíblicas, mas é absolutamente estranha à cosmovisão bíblica. O texto chama Adão de filho de Deus porque Deus o criou diretamente e soprou vida nele (Gn 2:7). (Veja mais comentários em Mt 1:1-16.)

LUCAS 4:1-13

A ordem das tentações e a fonte deste material: Qualquer pessoa que leia as versões de Lucas e Mateus das tentações de Cristo notará imediatamente que elas apresentam a segunda e a terceira tentações na ordem inversa. Lucas terminou com a tentação de Jesus para pular do templo, enquanto Mateus a mostrou em segundo lugar e a oferta dos reinos por último. Claramente alguém reorganizou a ordem dos desafios de Satanás. Laços mais estreitos de sequência são encontrados em Mateus com seu uso do elo "então" (grego *tote*), enquanto Lucas tem o mais solto "e" (grego *kai*). Mateus também dispensou Satanás após a última tentação, enquanto Lucas carece de um final mais claro para a sequência. Portanto, parece que foi Lucas quem fez a reorganização. Isso não questiona a confiabilidade de Lucas, porque a questão não é a ordem das tentações, mas seu conteúdo. (Veja mais comentários em Mt 4:1-11.)

Qual foi a fonte dos relatos da tentação? Como de costume, os Evangelhos não informam. A fonte deve ser inferida, e o candidato mais provável é o próprio Jesus (Carson 1984, p. 111; Nolland 1989, p. 177). É claro que Ele estava sozinho com Satanás, descartando uma testemunha ocular de terceiros como fonte, e é seguro presumir que Jesus teria dado aos discípulos um relato detalhado das tentações. O que se sabia sobre Jesus circulou oralmente entre os apóstolos com a supervisão deles e, em alguns casos, foi registrado em relatos anteriores aos Evangelhos (como nos conta Lc 1:1-4). É duvidoso que a igreja primitiva tenha criado a história. Se os autores dos Evangelhos quisessem inventar uma história de Jesus vencendo as forças demoníacas, é improvável que eles criassem uma história que descrevesse com tanta força a fragilidade humana de Jesus e que não tivesse paralelo em nenhum dos dois testamentos. Na verdade, essa diferença com qualquer outra história bíblica indica a autenticidade do evento.

A tentação de Jesus enfatiza sua qualificação como um ser humano fiel que pode representar a humanidade diante de Deus porque permaneceu fiel a Deus apesar de testes sem precedentes. Essas tentações foram reais; a fidelidade de Jesus não foi menor. Alguns, como as Testemunhas de Jeová, argumentam que Jesus não poderia realmente ter sido tentado e ser Deus ao mesmo tempo, pois Deus não pode ser tentado (Tg 1:13). Essa crença ignora inteiramente a genuína natureza humana de Jesus (Fp 2:5-7; Hb 2:17). Jesus em sua encarnação assumiu características humanas, como a fragilidade que acompanha a fome e a sede. Lucas destaca Jesus como um segundo Adão bem-sucedido (veja Lc 3:38).

Jesus [...] foi guiado pelo Espírito ao deserto (4:1): Marcos apresenta Jesus sendo levado para o deserto imediatamente após seu batismo (Mc 1:9-13). Lucas pintou um quadro diferente, uma vez que colocou a genealogia de Jesus entre o batismo e a tentação? Embora Lucas tenha separado esses eventos em seu texto, ele não os separou no tempo. Afinal, a genealogia não é um evento, mas uma lista.

Marcos disse que o Espírito "conduziu" Jesus ao deserto (Mc 1:12), enquanto Lucas disse que Jesus foi "guiado" pelo Espírito (Lc 4:1). Marcos e Lucas seriam contraditórios aqui? Afinal, quem conduz o faz por trás, enquanto quem lidera o faz pela frente. Não devemos ler os textos de maneira excessivamente literal. Embora Lucas tenha simplificado a leitura de Marcos, ambos chegam à mesma conclusão: era a vontade de Deus que o Filho fosse tentado, e foi pela orientação do Espírito que Jesus foi levado ao deserto. Se for perguntado se as ações do Espírito aqui contradizem Tg 1:13, que diz: "Deus não é tentado pelo mal, e Ele mesmo a ninguém tenta", devemos responder que não há contradição em dizer que Deus, embora Ele não tente ninguém, pode levar alguém a uma situação que o testa (Jó 1:8; Mt 6:13). (Veja mais comentários em Marcos 1:12.)

Por 40 dias [...] Ele não comeu nada (4:2): Lucas quis dizer que Jesus literalmente não comeu nada por 40 dias? Os seres humanos normalmente morrem sem água em questão de dias, especialmente se estiverem em um clima árido. Muito provavelmente, o jejum a que Jesus se submeteu permitiria a bebida (nenhum dos relatos especifica que Ele não bebeu) e pode significar simplesmente que Ele não comeu nada substancial, simplesmente subsistindo com a escassa comida disponível no deserto.

Um uso retórico da ideia de não comer nem beber nada é visto na descrição de Jesus sobre João Batista em Mt 11:18, onde Ele disse: "Pois João veio não comendo nem bebendo, e dizem: 'Ele tem demônio!'" O mesmo tipo de hipérbole pode estar presente na descrição do jejum de Jesus no deserto. Em qualquer dos casos, Jesus foi reduzido a um estado de extrema fome, que foi a base da primeira tentação relatada por Lucas (Lc 4:3).

Mostrou a Ele todos os reinos do mundo em um relance (4:5): Não é possível ver todos os reinos do mundo de nenhum lugar alto da terra. Essa impossibilidade sugere que Lucas estaria errado, talvez refletindo uma visão da Terra plana?

Devemos considerar duas opções ao responder a esse desafio. Primeiro, comentaristas desde Calvino reconheceram que nenhuma montanha oferece uma visão de toda a terra, então alguns sugerem que Satanás deu a Jesus algum tipo de visão que mostrava as nações do mundo. Visões são frequentemente concedidas na Bíblia (e.g., At 10:9-16), então essa é uma sugestão plausível. Em segundo lugar, Schürmann (1969, p. 210) argumenta que as descrições dadas por Mateus e Lucas são espaciais demais para ter apenas uma visão como assunto. Por essa razão, ele sugere que ocorreu um "arrebatamento diabólico" no qual Satanás levou Jesus para o alto para uma perspectiva de cima. Seja por visão ou por arrebatamento, Jesus recebeu uma perspectiva que lhe permitiu ver os reinos do mundo. (Veja mais comentários em Mt 4:8.)

Adora o Senhor, teu Deus, e serve somente a Ele (4:8): Grupos religiosos que rejeitam a divindade de Cristo citam esse versículo como prova de que somente Deus, o Pai, deve ser adorado e que Jesus rejeitou a adoração e, portanto, não afirmou ser Deus. No entanto, Jesus claramente aceitou a adoração em outro lugar, o que é um atestado claro de sua divindade (veja Mt 8:2; Jo 20:28; Hb 1:6; Ap 4-5). A admoestação de Jesus se encaixa em sua intenção de se submeter ao Pai e não trair sua lealdade nesse momento de teste.

LUCAS 4:14-30

Ele entrou na sinagoga no dia de sábado (4:16): Essa cena é o mesmo incidente registrado em Mt 13:53-58 e Mc 6:1-6. O relato de Lucas tem mais detalhes, e ele o avançou cronologicamente porque é muito representativo do que aconteceria a Jesus enquanto Ele ministrava. Sabemos que Lucas avançou porque o incidente tem a mesma localização básica em Marcos e em Mateus, além de haver alusões a milagres realizados em Cafarnaum (4:23), embora no relato de Lucas, Jesus ainda não tivesse ido a Cafarnaum para realizar tais obras (4:31ss). Tal movimento literário nos Evangelhos não é uma indicação de que eles não sejam confiáveis, porque a narração da história pode ser ordenada em torno de princípios organizadores além da cronologia. Por exemplo, pode ser organizado de forma tópica ou temática sem comprometer a historicidade.

***A citação de Isaías feita por Jesus é precisa e legítima?* (4:18-19)?** É bem sabido que a citação não é extraída literalmente de nenhum lugar de Isaías, mas, em vez disso, extraída de 61:1-2 e, muito provavelmente, de 58:6. Por que Jesus juntaria duas passagens diferentes e as trataria como uma só? Devemos primeiro observar a possibilidade de Lucas ter resumido o material citado por Jesus. Seria atípico misturar diferentes passagens como Jesus é retratado fazendo aqui (com uma passagem dentro da outra), e é claro que a leitura de Jesus na sinagoga provavelmente durou mais do que o breve resumo que Lucas compartilhou. Portanto, isso pode refletir a compressão literária de um evento mais longo. Em segundo lugar, as passagens naturalmente se encaixam. Isaías 58 é uma repreensão profética a Israel porque não fez justiça aos necessitados, e seu jejum foi com "contendas e rixas" (Is 58:4). Deus declarou que o jejum que Ele quer do povo é aquele em que eles tratam o próximo de maneira adequada. Is 61, que descreve o Jubileu do Messias, proclama um tempo como o imaginado (mas não realizado pelo povo) em Is 58. Jesus ligou apropriadamente os capítulos 58 e 61 porque a libertação retratada no capítulo 58 tem conotações de Jubileu e também descreve a libertação em termos de sábado, um evento tematicamente semelhante ao ano do Jubileu. Ao aplicar a passagem a si mesmo, Jesus estava afirmando que a mensagem de conforto de Isaías foi cumprida em sua pessoa. Na verdade, a totalidade da libertação descrita por Isaías foi agora posta em ação com a vinda de Jesus. Ele é o Servo *por excelência*.

Alguns críticos também acusam que Jesus deturpou Is 61:1-2 porque deixou de fora a parte dramática sobre o dia da vingança que se aproximava. Em resposta a essa acusação, parece provável que Jesus tenha deixado de fora a parte sobre o julgamento, porque o tempo em que executará o julgamento não está vinculado à fase de seu ministério que Ele estava iniciando, mas fará parte de seu retorno posterior (Hb 9:27). Jesus acabará por cumprir ambos os aspectos da mensagem de Isaías, mas o destaque neste momento foi a identidade de Jesus e o fato de que a promessa de Deus foi cumprida na missão de Jesus como o Servo.

Jesus é visto como libertador espiritual e socialmente necessitado, trazendo restauração para um mundo em que as pessoas são mantidas cativas tanto espiritualmente quanto, como resultado, socialmente. No entanto, os mórmons tomam "cativos" para se referir aos mortos que são condenados. Assim, eles veem Jesus pregando aos condenados, dando-lhes uma segunda chance de salvação. Tal não é uma leitura legítima dessa passagem. Não há noção de uma pregação aos mortos aqui. Na verdade, Lc 16:19-31 exclui essa leitura, pois quando o homem rico morreu, ele não teve uma segunda chance. O ministério que se seguiu em Cafarnaum (4:31-44; 7:1-10) ilustrou o significado das citações de Isaías feitas por Jesus. Jesus colocou palavra e ação juntas em seu ministério para mostrar o que Deus o havia chamado para fazer.

Todos na sinagoga ficaram furiosos (4:28): O que realmente irritou a multidão não foram as afirmações extraordinárias de Jesus sobre si mesmo. Eles apenas ficaram intrigados com isso, talvez pensando que Ele não estava com a mente sã. A ira deles foi provocada quando Jesus sugeriu que a bênção de Deus poderia ir para os gentios em vez de Israel, assim como acontecera no passado.

Lucas 4:33-41

Um homem com um espírito demoníaco imundo (4:33): A vitória sobre os demônios é uma maneira pela qual os judeus do primeiro século acreditavam que o reino de Deus se mostraria presente. Uma fonte para essa expectativa é o *Testamento de Moisés* 10:1, que fala de Satanás sendo derrotado quando o reino de Deus vier. Jesus disse isso em Lc 11:20, quando observou que se Ele expulsava os demônios, então o reino de Deus havia chegado. Essa foi uma maneira tangível para as pessoas julgarem que Jesus era realmente o Messias.

Todos ficaram maravilhados (4:36): A questão da autoridade de Jesus, conforme mostrada em eventos como esse exorcismo, é um tema-chave dos Evangelhos. Devemos observar duas coisas. Primeira, com cada um desses atos, Jesus declarava publicamente sua autoridade sobre a criação, incluindo o reino espiritual (veja comentários em 4:33). Segunda, em vez de apenas causar espanto, o resultado adequado das obras de poder de Jesus foi levar as pessoas a fazer perguntas como a encontrada aqui no versículo 36: "Que palavra é essa?". É uma questão sobre a qual todos devemos refletir.

Tu és o Filho de Deus! (4:41): A observação explicativa que Lucas deu para esta cena ("Ele os repreendia e não os deixava falar, porque sabiam que Ele era o Messias") sugere que a confissão dos demônios provavelmente tinha em vista a identidade de Jesus como Messias, mais do que a identidade de Jesus como a encarnação da Segunda Pessoa da Trindade.

Ele os repreendia e não os deixava falar (4:41): Uma confissão desse tipo de fonte não era algo que Jesus queria tornar público naquele momento, porque as pessoas não apreciavam a espécie de Messias que Jesus seria. Se as confissões sobre Jesus ser "o Filho de Deus" fossem divulgadas, isso só aumentaria as lutas de Jesus para definir para o povo seus verdadeiros propósitos como Messias. Por exemplo, até mesmo os discípulos de Jesus tiveram dificuldade em aprender e aceitar o vindouro sofrimento do Messias (9:44-45; 24:44-47).

LUCAS 5:1-11

O chamado dos discípulos **(Lc 5:1-11; Mt 4:18-22; Mc 1:16-20):** Tanto em Mt 4 quanto em Mc 1, Jesus chamou para o discipulado vários homens que estavam trabalhando em suas redes de pesca. Claramente, ambos os Evangelhos estão narrando o mesmo evento. Ambos os relatos são breves e enfatizam a resposta repentina dos discípulos ao chamado de Jesus. Mas qual é a relação entre esses textos e Lc 5:1-11, em que os detalhes do cenário diferem, embora Jesus pronuncie um chamado semelhante (sobre serem pescadores de homens)?

Visto que Lucas provavelmente usou Marcos como fonte, a discussão se reduz a um foco na relação entre Lc 5 e Mc 1. Apoiando a conclusão de que Lucas estava narrando um evento separado, Fitzmyer (1981, p. 560) identificou três diferenças entre Marcos e Lucas. (1) Jesus estava ensinando em Lc 5:1-3 enquanto em Mc 1:16 e Mt 4:18 Ele estava passando quando chamou os pescadores. (2) Em Lucas, Jesus estendeu o chamado para serem pescadores de homens após a pesca milagrosa ter ocorrido (5:4-9); em Mc 1:16-17, 19-20 e Mt 4:18-19, 21-22, as redes estavam apenas sendo lançadas e consertadas quando Jesus os chamou para serem seus seguidores. Em outras palavras, no Evangelho de Lucas, Jesus fez os homens pescarem, mas os outros Sinóticos já os coloca pescando. (3) O chamado em Lc 5:10 foi feito exclusivamente a Simão, mas todos o seguem, enquanto em Marcos e Mateus, todos foram chamados. Em Mc 1:17 e Mt 4:19, o chamado para serem pescadores de pessoas foi feito tanto para Simão quanto para André. À luz dessas evidências, parece mais provável que Lucas estivesse narrando um evento distinto de Marcos e Mateus.

A dificuldade com essa conclusão é que Lucas poderia simplesmente ter preenchido os detalhes do mesmo evento que Marcos contou de forma resumida. Afinal, se Lucas e Marcos estavam narrando o mesmo evento, então Lucas poderia estar tentando explicar por que esses discípulos foram tão rápidos em deixar tudo e seguir a Jesus. Tendo visto a pesca milagrosa, eles tinham muitas evidências de que Jesus era um homem cujo chamado eles deveriam obedecer.

No entanto, ver dois eventos aqui entre Lucas e Marcos pode explicar o contato anterior de Jesus com Pedro em Lc 4:38-39, pois eles também haviam tido contato anterior de acordo com o relato de Mc 1, que Lucas omitiu. Ver dois eventos também sugere que o ensino e a atividade de Jesus, conforme observado em Lc 5:1-11, ajudaram a solidificar a associação entre Jesus e esses homens. Em suma, é provável que haja dois eventos em vista entre Marcos e Lucas, com Lucas narrando o evento final do par. (Veja mais comentários em Mt 4:18-22.)

LUCAS 5:12-27

O poder do Senhor para curar estava nele (5:17): Implicaria essa declaração que às vezes o poder do Senhor para curar *não* estava em Jesus? O poder vinha e se afastava, como se fosse um empréstimo de Deus a Jesus? Se assim fosse, isso pareceria implicar que Deus usou Jesus, mas Jesus não era o próprio Deus.

Essa expressão é simplesmente a maneira de Lucas afirmar que Jesus tinha o poder curador de Deus, não que esse poder vinha a Ele e depois o deixava. A observação estabelece o tema da autoridade vinculado à afirmação de Jesus de que Ele tem o direito de perdoar pecados (v. 20). Quando os escribas e fariseus duvidaram de seu direito de fazer isso, Jesus demonstrou sua habilidade de representar uma realidade invisível (perdoar um homem por seus pecados) ao representar uma realidade que ninguém poderia contestar (curar a paralisia do homem). Veja os comentários nos versículos 22-26.

Pelas telhas (5:19): Lucas falou de "telhas", enquanto Mc 2:4 falou dos homens quebrando o telhado (lit. "cavando-o"), o que parece implicar que o telhado era construído de barro e palha com vigas transversais, um arranjo que se esperaria das casas palestinas. Os estudiosos contestaram o relato de Lucas em dois aspectos.

Primeiro, diz-se que seria uma tarefa impraticável e que a multidão reunida lá dentro não teria permitido que os homens a concluíssem. Essa crítica exagera a dificuldade de arrombamento (seja um telhado de telha, ou de lama e palha), além de supor que os detritos cairiam sobre os ocupantes. Se os homens fossem cuidadosos, no entanto, eles poderiam ter rompido a camada de lama acima das vigas sem deixar muitos detritos caírem sobre os que estavam reunidos na casa (Plummer 1896, p. 153). E a multidão teria seguido a dica de Jesus; contanto que Ele não se mexesse para deter os homens, a multidão também não o faria.

Em segundo lugar, os críticos dizem que Lucas estava errado ao falar de uma casa na Palestina como tendo um telhado de telha (Schürmann 1969, 282n17; Creed 1930, p. 79). Os estudiosos às vezes sugerem que a referência de Lucas às telhas era apenas uma acomodação para seu público grego, uma vez que os telhados eram comuns em sua experiência; essa sugestão é possível, mas não necessária. O termo traduzido como "ladrilhos" (grego *keramos*) também pode significar "argila" (2Sm 17:28; Pastor de Hermas, *Visão* 4.1.6:22). Outros sugerem que essa leitura menos natural não é necessária, pois as telhas, embora incomuns, às vezes eram usadas na antiga Palestina (Marshall 1978, p. 213; Kelso 1962, p. 544; van der Loos 1965, 441n3).

Por que vocês estão pensando isso em seu coração? (5:22): Acreditou Jesus erroneamente que as faculdades de pensamento estão no coração e não na cabeça? É questionável se as pessoas nos dias de Jesus realmente pensavam que o coração era o instrumento do pensamento. A descrição bíblica do coração como um assento-chave para a personalidade e o pensamento, pode ser um reconhecimento de que há mais para pensar do que "apenas os fatos". Pensar também envolve a orientação da pessoa para o mundo e para a vida. O coração retrata essa dimensão extra do processo intelectual. (Veja mais comentários em Mt 9:4.)

Filho do Homem (5:24): Esse título era a maneira favorita de Jesus se referir a si mesmo. Filho do Homem significa simplesmente "um ser humano". Assim como Filho de Davi significa descendente de Davi, Filho do Homem significa descendente de um humano. No entanto, um "como o filho do homem" em Daniel cavalga as nuvens (Dn 7:9-14). No AT, apenas a divindade é descrita como cavalgando as nuvens. Portanto, esse termo sugere uma composição humana transcendente. Além disso, a questão em Lc 5:18-26 é Jesus exercendo uma autoridade que só Deus possui. Jesus estava defendendo sua alegação de que Ele (sendo um homem) tinha a prerrogativa divina de perdoar pecados (indicando que Ele é mais do que apenas um homem). A natureza mista do título "Filho do Homem" ajuda a explicar como isso é possível. Em certo sentido, temos aqui uma reivindicação de encarnação. Jesus era um humano com autoridade divina, a combinação exata que "Filho do Homem" pode sugerir.

Todos ficaram assombrados (5:26): Os críticos às vezes afirmam que não podemos confiar nos milagres registrados no NT porque os antigos eram supersticiosos e acreditavam que os milagres eram comuns. Assim, os críticos afirmam que o público aceitou de forma acrítica as alegações de que milagres ocorreram na vida de Jesus. Mas a reação da multidão ("todos ficaram assombrados" e "cheios de temor") prova que os israelitas, cuja história incluía milagres famosos, não tinham uma mentalidade que esperava milagres a torto e a direito.

Um cobrador de impostos chamado Levi (5:27): Mc 2:14 e Lc 5:27 usam o nome "Levi", mas Mt 9:9-13 e 10:3 usam "Mateus". Qual seria o nome verdadeiro? Poderiam ser os dois? Não era incomum que os judeus tivessem dois nomes. Saulo (Paulo), Tomé (Dídimo) e Cefas (Pedro) são três exemplos. Assim, Levi provavelmente era um nome alternativo para Mateus. Possivelmente Levi mudou seu nome para Mateus ("dom de Javé") depois de se tornar um seguidor de Jesus. (Veja mais comentários em Mt 9:9.)

LUCAS 6:1-11

Seus discípulos estavam colhendo espigas (6:1): Os discípulos estariam roubando grãos ou quebrando o mandamento do sábado nessa oportunidade? Um texto judaico escrito cerca de dois séculos depois da época dos discípulos, *m. Shabat* 7.2, diz que todo tipo de debulha era proibida no sábado. O texto da Mishná registra a tradição oral judaica sobre a lei, e muitas de suas tradições provavelmente remontam ao primeiro século. Mas o que os discípulos estavam fazendo nesse caso era permitido pela própria lei, a qual dizia que os campos podiam ser deixados abertos para a colheita por aqueles que precisavam e que a colheita apanhada pelos transeuntes não era considerada roubo. Dt 23:25 diz: "Quando você entrar na plantação de grãos do seu próximo, você pode colher espigas com a mão, mas não deve colocar uma foice na espiga do seu próximo". Assim, os discípulos não estavam roubando.

A resposta de Jesus aos fariseus seguiu dois raciocínios: em primeiro lugar, Davi e seus homens tiveram suas necessidades atendidas num sábado com pão que tecnicamente não lhes era permitido comer.

Isso mostrava o fato de que os fariseus haviam se confundido em suas prioridades. Em segundo lugar, além de todas as outras considerações, Jesus observou que, como Filho do Homem, Ele é Senhor do sábado e aceita o que seus discípulos fizeram.

Eles, porém, ficaram cheios de ira (6:11): Aqui e em outras ocasiões, os líderes religiosos que se opunham a Jesus não contestavam que Ele havia realizado milagres. Eles reconheciam as obras, atribuindo-as ao Diabo no caso de exorcismos (Mt 12:24; Mc 3:22), mas ficaram zangados em vez de humilhados pelo que viram. Eles estavam concedendo a Jesus o status de operador de milagres, mas negando sua identidade porque Ele entrava em conflito com suas tradições e não correspondia às suas expectativas quanto ao Messias.

Lucas 6:12-16

Ele convocou seus discípulos e escolheu 12 deles. . . (6:13-16): Essa passagem fornece uma das quatro listas dos Doze Discípulos no NT (Mt 10:2-4; Mc 3:16-19; At 1:13). A segunda lista de Lucas (At 1:13) inclui os mesmos nomes fornecidos em Lucas 6:13-16, embora em uma ordem diferente. Na verdade, há diferenças de ordem em todas as listas, e há outras diferenças sobre as quais os intérpretes têm debatido.

Antes de abordar as diferenças, devemos observar três pontos de concordância em todas as quatro listas: (1) Pedro é listado em primeiro lugar e Judas é colocado por último, exceto em Atos 1:13, onde Judas é omitido porque já estava morto naquele tempo. O fato de Judas estar listado em Mateus, Marcos e Lucas mostra o fato de que os autores dos Evangelhos não estavam dispostos a esconder fatos embaraçosos, como Jesus sendo traído por um de seus seguidores íntimos. Isso fala da honestidade e confiabilidade dos Evangelhos canônicos. (2) Pedro, André, Tiago e João são os quatro primeiros a serem listados, embora nem sempre na mesma ordem. (3) Há três grupos de quatro em cada lista, com Pedro, Filipe e Tiago, filho de Alfeu, sempre na posição de liderança em cada grupo (Plummer 1896, p. 172; Carson 1984, p. 237).

Alguns nomes requerem comentários adicionais.

- É possível que Bartolomeu seja outro nome dado para Natanael, mencionado com destaque em Jo 1:45 e que parece ter sido incluído formalmente como um discípulo em Jo 21:2. A associação de Bartolomeu com o discípulo Filipe (Jo 1:43-51) e a proximidade de Bartolomeu com Filipe nessas listas apoia tal sugestão.
- Tomé, também conhecido como Dídimo, é o famoso Tomé de Jo 20:24-29 que tinha suas dúvidas. Sua inclusão nas listas é outra indicação de que os evangelistas não estavam dispostos a encobrir as falhas e embaraços dos discípulos.
- Tiago, filho de Alfeu, não é o Tiago, irmão de Jesus, mas outro Tiago.

  Nesse ponto de seu ministério, nenhum dos irmãos de Jesus ainda havia acreditado nele (Jo 7:5).
- Lucas/Atos listam Judas, filho de Tiago, mas não inclui Tadeu, enquanto Mateus e Marcos listam Tadeu, mas não Judas, filho de Tiago. Isso significa que Lucas estaria em desacordo com os outros Sinóticos sobre a lista de discípulos? É mais provável que sejam dois nomes para a mesma pessoa. A proximidade dos dois nomes nas listas (Tadeu ocupa a décima posição em Marcos e Mateus, enquanto Judas, filho de Tiago, é listado em décimo primeiro lugar em Lucas e Atos) e o fato de que vários outros discípulos tinham dois nomes (e.g., nessa pequena lista provavelmente temos Levi-Mateus, Tomé-Dídimo e possivelmente Bartolomeu-Natanael), sugerindo isso como uma possibilidade real. Essa tentativa de solução é especulativa, mas possível. (Veja mais comentários em Mt 10:2-4 e Mc 3:13-19.)

Lucas 6:17-49

Lugar plano ou montanha? Comparando Lc 6:17 e Mt 5:1: Esse discurso é a versão lucana do mais conhecido Sermão da Montanha encontrado em Mateus 5. Ele ocupa o mesmo lugar no fluxo de cada Evangelho. Os críticos citam as diferenças entre o relato de Lucas e o de Mateus como evidência de que os evangelistas apresentam testemunhos conflitantes, mas as diferenças seriam tão significativas? A primeira coisa a notar é que a versão de Lucas é abreviada, em parte porque Lucas, escrevendo principalmente para os gentios, optou por não incluir as partes que tratavam de questões da lei e costumes judaicos. Assim, sua abordagem garante que há diferenças notáveis em relação a Mateus. Outra discrepância é saber se Jesus entregou essas palavras em uma planície como sugere Lucas (Lc 6:17) ou em uma montanha como Mateus relata (Mt 5:1).

Embora à primeira vista possa parecer que essas descrições sejam incompatíveis, um local associado ao mar da Galileia perto de Tabga e Cafarnaum está em um pequeno monte que fica em uma planície à beira-mar. Não podemos ter certeza de que esse seja o local certo, mas, se for o caso, a topografia dessa área se encaixa em ambas as descrições. Outra opção para explicar as diferentes descrições geográficas é que Mateus pode ter reunido em um único discurso uma antologia dos ensinamentos de Jesus sobre o discipulado como representação do tipo de discurso que Jesus fez sobre o assunto, talvez em muitos locais e em ocasiões distintas. Uma razão para sugerir essa opção é que cerca de 30% da versão do discurso de Mateus aparece em uma variedade de cenários em Lucas. Portanto, qualquer explicação pode estar correta. Mesmo que Mateus e Lucas estejam relatando um único evento, o material de cada um é certamente uma compressão de muito mais do que Jesus disse e ensinou naquela época. O próprio discurso é realmente muito curto nos Evangelhos, tanto que pareceria desproporcional ao longo caminho que o povo havia feito para vir até Jesus para ouvi-lo. Os cronistas apresentam regularmente discursos em forma de resumo. Quanto a Jesus ser retratado em pé em Lucas (6:17) e sentado em Mateus (5:1), essa diferença pode ser explicada em qualquer um dos cenários mencionados. Se os dois relatos representam um único evento, é inteiramente razoável que, ao longo de um extenso discurso, Jesus se sentasse e se levantasse alternadamente. Se, por outro lado, um ou ambos os relatos representam uma compressão de vários eventos diferentes, obtém-se a mesma conclusão: Jesus teria se sentado ou ficado em pé de acordo com seus desejos e o ambiente. (Veja mais comentários em Mt 5:1-7:27.)

Bem-aventurados são vocês, os pobres (6:20): Lucas fala dos "pobres", enquanto Mateus fala dos "pobres de espírito" (Mt 5:3). Essa seria uma discrepância insolúvel, com Lucas pensando em termos socioeconômicos e Mateus em termos espirituais? Determinar o que Lucas quis dizer com "pobre" (gr. *ptōchos*) é fundamental.

Lucas mencionou anteriormente (4:18) os pobres em sua citação de Is 61:1 e estava se referindo àqueles a quem Jesus proclamou as boas-novas. Lucas usou "pobre" não apenas como um termo socioeconômico nessa passagem, mas como um termo de conteúdo espiritual. O contexto de Lc 4 e 6 indica o caráter dos "pobres". A história interpretativa de Is 61 no judaísmo apoia esse aspecto espiritual do uso do termo por Lucas.

Guelich (1982, p. 67-72) resumiu o pano de fundo do AT e o contexto do NT desse termo pelos seguintes pontos. Primeiro, na literatura grega, o termo *ptōchos* é considerado exclusivamente no contexto socioeconômico em vigor, mas Lucas o associou ao reino de Deus, trazendo um sabor escatológico que não apenas repetia o sentido grego (para o uso do grego, veja Hauck, *TDNT* 6:886-87). Em segundo lugar, na LXX, *ptōchos* traduz seis termos hebraicos, sendo o mais comum *'anî* (pobre), que tem conotações socioeconômicas e religiosas, sugerindo uma referência aos pobres piedosos, que buscam e dependem de Deus (Sl 14:6 [13:6 LXX]; 22:24 [21:25 LXX]; 25:16 [24:16 LXX]; 34:6 [33:7 LXX]; 40:17 [39:18 LXX]; 69:29 [68:30 LXX]; Bammel, *TDNT* 6:888). Terceiro, a Torá, os Salmos e os Profetas frequentemente falam da promessa de Deus em termos de defesa ou proteção dos pobres piedosos (Êx 22:25-27; Dt 15:7-11; 2Sm 22:28; Sl 72:2, 4,12; Is 3:14-15; 10:2; Jr 22:16; Ez 16:49; 18:12; Am 8:4; Zc 7:10). Isso leva à conclusão de que a compaixão e o amor de uma pessoa são medidos pelo tratamento que ela dispensa aos pobres. Quarto, na LXX (Sl 24:9 [25:9]; 33:2 [34:2]) e nas descobertas em Qumran (1QH 1.36; 2.34; 5.13-14), os pobres são frequentemente associados com os mansos ou humildes, temas sugeridos em Lc 1:51-53.

A definição resumida de Guelich (1982, p. 69) capta bem a situação: "*Os pobres* no judaísmo se referiam àqueles que se encontravam em necessidade desesperada (elemento socioeconômico) cujo desamparo os havia conduzido a um relacionamento de dependência de Deus (elemento religioso) para o suprimento de suas necessidades e defesa. Ambos os elementos estão consistentemente presentes, embora [pobre] coloque mais ênfase no último". Sob essa luz, fica claro que Mateus e Lucas são compatíveis no uso de "pobre" e "pobre de espírito". Para mais informações sobre esse tópico, consulte o comentário imediatamente a seguir.

Comparando as bem-aventuranças em Lucas e Mateus: Existem cinco diferenças notáveis em como Mateus e Lucas resumiram o discurso de Jesus. Primeiro, Lucas registrou apenas quatro bem-aventuranças, enquanto Mateus incluiu oito. Em vez de notar esse desacordo, essa diferença é atribuível a diferenças na fonte e no propósito. Já notamos anteriormente que a versão de Lucas é condensada. Em segundo lugar, a ordem das quatro bem-aventuranças que Mateus e Lucas têm em comum, difere com Lucas colocando as bem-aventuranças de Mateus na seguinte ordem: 1, 4, 2 e 8 (pobres, famintos, sofredores, perseguidos). Essa é uma questão de arranjo diferente, não de desacordo. Terceiro, Lucas usou a segunda pessoa enquanto Mateus empregou a terceira pessoa (Ernst 1977, p. 214-5; Marshall 1978, p. 248; Guelich 1982, p. 66). Ambas as abordagens têm precedentes no AT. Ernst observou que, das 45 bem-aventuranças do AT, três estão na segunda pessoa do singular (Dt 33:29; Sl 128:2; Ec 10:17), uma é da segunda pessoa do plural (Is 32:20) e as demais são na terceira pessoa (1Rs 10:8; 2Cr 9:7; Jó 5:17; Sl 1:1; 2:12; 32:1-2; 33:12; 34:8; 40:4; 41:1; 65:4; 84:4-5, 12; 89:15; 94:12; 106:3; 112:1; 119:1-2; 127:5; 128:1; 137:8-9; 144:15; 146:5; Pv 3:13; 8:32, 34; 14:21; 16:20; 20:7; 28:14; Is 30:18; 56:2; Dn 12:12). Quarto, somente Lucas apresenta os quatro ais. A omisão dos ais em Mateus não equivale a uma afirmação sua de que Jesus não os tenha pronunciado. Quinto, Mateus usou "pobres de espírito" (Mt 5:3), enquanto Lucas usou uma referência espiritual menos explícita, "os pobres" (Lc 6:20). Os pobres são frequentemente descritos no AT como piedosos e perseguidos (e.g., Sl 72:12-13), então a diferença entre Mateus e Lucas é mais superficial do que real (veja comentários em 6:20). A orientação espiritual dos pobres fica clara na comparação de Lucas aos abençoados com os profetas do AT (6:23), enquanto o grupo que sofre aflição é comparado aos falsos profetas (6:26). Assim, Lucas estava se referindo a categorias espirituais, embora a referência aos "pobres" pareça ter caráter puramente social e econômico. Tais referências abreviadas à bem-aventurança em referência aos pobres são comuns no NT (1Co 1:26-29; Tg 2:5). Talvez Lucas tivesse as palavras originais de Jesus ou algo próximo a elas, enquanto Mateus parafraseou a referência para tornar explícita a força espiritual pretendida do ensino de Jesus. O resumo e a expansão de Mateus são apropriados à luz de comentários como Lc 6:23, 26.

Amem seus inimigos (6:27): Se Jesus nos ensina a amar nossos inimigos e a fazer o bem àqueles que nos odeiam, por que Deus não pode fazer o mesmo no julgamento do fim dos tempos e simplesmente perdoar a todos? Uma resposta enfatiza que Deus permite que as pessoas mantenham a escolha de rejeitá-lo. Em outras palavras, Deus nos dá liberdade genuína e permite que sigamos nosso próprio caminho, se assim escolhermos, e apropriadamente Ele nos considera responsáveis por essa escolha e pelas consequências morais que ela representa (Rm 2:5-6; cp. Rm 3:26). Outro fator que devemos mencionar é que para um ser humano amar e perdoar outro representa uma transação entre dois pecadores. Nenhuma das partes se posiciona acima da outra como moralmente superior. Deus, por outro lado, se relaciona conosco não como uma criatura pecadora, mas como nosso santo Criador. Para Ele simplesmente aceitar pecadores sem exigir satisfação por seus pecados seria declarar que nossos pecados realmente não importam e que sua santidade é uma coisa insignificante que não deveria atrapalhar os humanos de fazer o que bem entendem. Isso inverteria a estrutura moral de todo o universo (Êx 23:7; Pv 17:15).

Outra crítica que às vezes encontramos é que o mandamento de Jesus de amar os inimigos não é exclusivo dele. É verdade que a ordem é semelhante a algumas palavras do AT (Êx 23:4-5; Jó 31:29-34; Pv 17:5; 24:17; 25:21-22), mas é claro que os méritos de Jesus sobre os ensinamentos não dependem de Ele ser único em tudo o que ensina. No entanto, a expressão de Jesus desse comando é incomparável em seu tom enfático (Fitzmyer 1981, p. 637-38).

Assim como vocês querem que os outros os tratem, façam o mesmo por eles (6:31). Desde o século 18, esse princípio é conhecido como a Regra de Ouro. Trata-se de uma ideia antiga e é declarada em muitos ditados e sistemas morais diferentes da tradição judaico-cristã. Por exemplo, o rabino Hillel disse: "O que é odioso para você, não faça ao seu próximo; isso é toda a Torá, enquanto o restante é comentário" (b. *Shabat* 31a). Nessa forma, o texto é muito próximo de Mt 7:12. Sirácida 31:15 instrui: "Julgue as necessidades de um hóspede pelas suas próprias". Essa afirmação é dada de forma positiva, embora seu escopo seja limitado ao tema da hospitalidade. Tobias 4:15 diz: "O que você odeia, não faça a ninguém". Heródoto 3.142 declara: "Eu mesmo não farei o que considero censurável em meu próximo". Essa declaração é realmente uma ética pessoal e não é claramente dirigida aos outros. É a Regra de Ouro declarada de maneira bastante autocentrada. Assim, o tom não é exatamente o mesmo que Jesus ensinou. Sêneca admoestou: "Deixe-nos dar da maneira que seria aceitável se estivéssemos recebendo" (Sobre *Benefícios* 2.1.1). Essa ideia é afirmada de forma positiva e tem um tom muito próximo das observações de Jesus. Confúcio, em *Analectos* 15.23, afirmou de forma negativa formar a Regra de Ouro: "O que você não quer que façam a si mesmo, não faça aos outros" (Credo 1930, p. 94).

Não é nenhum descrédito para Jesus que alguns de seus ensinamentos sejam princípios morais universalmente reconhecidos. Talvez os aspectos mais notáveis da expressão de Jesus sobre a Regra de Ouro sejam que, em contraste com qualquer outra pessoa que tenha professado essa regra, Ele viveu em perfeita conformidade com ela e a adotou como alguém que tinha autoridade divina para ensiná-la como um princípio que é obrigatório para todas as pessoas.

Não julgue e você não será julgado (6:37): Jesus estaria nos proibindo de fazer julgamentos morais sobre as ações dos outros? O tipo de julgamento que Jesus proibiu aqui não é uma avaliação ética, pois numerosas passagens do NT comandam esse tipo de discernimento. Em Mt 7:1-6 temos o paralelo com o relato atual de Lucas, e depois de dizer "Não julguem, para que não sejam julgados" no versículo 1, no versículo 6 Jesus disse: "Não dê o que é santo para os cães ou jogue suas pérolas aos porcos". No espaço de apenas algumas frases, Jesus nos ensinou a não julgar e ainda nos advertiu para discernir quando estamos lidando com pessoas imorais. Em Lc 20:46-47, Jesus admoestou seus ouvintes contra a imoralidade dos escribas, o que obviamente implica que devemos reconhecer (julgar) suas falhas morais. Em outras partes do NT somos instruídos a discernir a imoralidade e agir para corrigi-la (1Co 5:5, 11-13; Fp 3:2); reconhecer o falso ensino e resistir a Ele (Gl 1:8-9; 1Jo 4:1); e ainda ter cuidado para não caluniar em nossos julgamentos (Tt 3:2).

O que Jesus proíbe em Lc 6:37 não é o discernimento moral, mas uma perspectiva de julgamento e censura em relação aos outros, uma atitude sem misericórdia que não busca levar o culpado à reconciliação com Deus e as pessoas. Em vez de sermos rápidos em condenar e lentos em perdoar, Jesus nos pede que sejamos lentos em condenar e rápidos em perdoar. Novamente, o que Jesus proíbe é uma arrogância que reage com hostilidade às pessoas mundanas e moralmente negligentes, considerando-as fora do alcance de Deus. Jesus censura uma atitude como a do fariseu em Lc 18:11-14 (também 5:29-32; Ellis 1974, p. 116; Marshall 1978, p. 265-66). Buchsel definiu bem o ensinamento de Jesus sobre o julgamento *(TDNT* 3:939):

> O que é exigido incondicionalmente é que tais avaliações estejam sujeitas à certeza de que o julgamento de Deus recai também sobre aqueles que julgam, de modo que a superioridade, a dureza e a cegueira em relação às próprias faltas são excluídas e salvaguardada a disponibilidade para perdoar e interceder. A maneira enfática com que Jesus estendeu a lei do amor nessa direção tem consequências de longo alcance. Significa que a Igreja não pode praticar a disciplina com severidade impiedosa (2Co 11:24). Implica que ela não pode assumir uma atitude dura, desdenhosa e arrogante para com aqueles que considera pecadores.

Tal atitude é realmente farisaísmo e usurpa o papel de Deus como o único Juiz infalível e final (Rm 14:10-13; Tg 2:4; 4:11-12).

Lucas 7:2-10

Quem falou com Jesus — os líderes ou o centurião? (Lc 7:1-10; Mt 8:5-13): Uma comparação entre Lc 7:1-10 e seu paralelo em Mt 8:5-13 revela uma diferença significativa entre os relatos. Em Mateus, o centurião e Jesus têm uma conversa direta, enquanto em Lucas ocorre a conversa entre Jesus e os enviados que também recomendam o centurião a Jesus. Praticamente tudo o mais no relato do milagre é o mesmo, exceto por uma conclusão mais longa que Mateus tem com o ditado adicional sobre muitos convertidos vindos do leste e do oeste para se sentar no reino (Mt 8:11). Mateus é conhecido pela abreviação literária e simplificação em suas histórias. Por exemplo, na ressurreição da filha de Jairo, Mateus simplificou o relato encurtando-o (Mt 9:18-26; compare Mc 5:21-43; Lc 8:40-56). Ele pôde fazer isso porque queria chegar ao ponto em que a menina estava morta quando

Jesus a encontrou. Ele estava menos preocupado com detalhes nesta sequência. De maneira semelhante, Mateus simplificou o presente relato ao fazer com que o centurião encontrasse Jesus diretamente. Essa é uma tática legítima, pois os anciãos judeus servem como enviados que representam o centurião. Um paralelo moderno é o secretário de imprensa da Casa Branca falando em nome do presidente, de forma que podemos dizer legitimamente "o presidente disse" mesmo que na verdade tenha sido o secretário de imprensa quem falou. (Veja mais comentários em Mt 8:5-13.)

Lucas 7:1-10 é paralelo a João 4:46-54? Outra questão que surge nesse relato é se as narrativas em Lc 7:1-10 e Mt 8:5-13 são paralelas a Jo 4:46-54. Existem sete diferenças principais as quais sugerem que João não é um relato paralelo. Primeiro, enquanto Jo 4:46 mostra Jesus em Caná e o centurião vindo de Cafarnaum, Lc 7:1 e Mt 8:5 colocam Jesus em Cafarnaum. Em segundo lugar, enquanto Mt 8:5 e Jo 4:46-47 mencionam a abordagem direta do suplicante ("centurião" em Mateus e "oficial real" em João), Lucas menciona o centurião enviando emissários a Jesus em seu nome (Lc 7:3, 6). Embora Mateus e João pareçam estar de acordo neste assunto, o termo de João para o suplicante (gr *basilikos,* Jo 4:46, 49) difere do termo usado em Mt 8:5, 8 e Lc 7:2 (gr *hekatontarchēs*). Embora os termos possam ser sinônimos (Wegner 1985, p. 57-72), portanto, ambos tendo em vista o centurião, a escolha diferente também pode sugerir que João e Mateus tinham pessoas diferentes em mente e estavam narrando eventos diferentes. Terceiro, Mt 8:6, 8, 13 diz que um *pais* (criança ou servo) está doente. Lucas apresenta *pais* em Lc 7:7 e *doulos* (escravo) em Lc 7:2, 3, 10. Ao lado dessa potencial diversidade sinótica está o relato aparentemente mais divergente de João, que fala de um filho: *huios* (Jo 4:46, 47, 50, 53) e *paidion* (Jo 4:49), mas limita o uso do termo *pais,* mais ambíguo em Jo 4:51. Quarto, a principal diferença entre os relatos é que em Mt 8:7 e Lc 7:6a, Jesus prontamente concordou em ir, respondendo a um pedido inicial de ajuda; todavia em Jo 4:48 Jesus inicialmente emitiu uma repreensão e então concordou em curar o rapaz, mas não o atendeu pessoalmente. Essa é uma divergência notável entre João e os Sinóticos, sugerindo que diferentes eventos estão em vista. Quinto, outra diferença fundamental é a reação posterior de Jesus. Em Mt 8:10 e Lc 7:9, Ele se maravilhou com a fé do centurião. João observou a cura, mas não disse nada sobre Jesus se admirar com a fé de alguém. Sexto, a notação da cura difere em todos os relatos. Mt 8:13 observa que a cura veio na mesma hora em que Jesus falou (Mateus também contém um ditado adicional sobre os gentios nesse ponto, semelhante ao que Lucas relata em 13:28-29). Lc 7:10 apenas menciona a cura. Por outro lado, Jo 4:51-53 observa que os servos relatam a hora da cura, para que possamos entender que a cura ocorreu na mesma hora em que Jesus falou. Sétimo, apenas João menciona que toda a família creu por causa da cura (Jo 4:53).

Embora se possa argumentar que João estaria narrando o mesmo evento que Mateus e Lucas, as diferenças observadas anteriormente tornam provável que João esteja se referindo a uma situação distinta. (Veja comentários adicionais em Jo 4:43-54.)

Lucas 7:11-17

Jovem, Eu lhe digo, levante-se! (7:14): O fato de Jesus falar com o cadáver não indica que Ele acreditava que o homem morto ainda era capaz de ouvir. Em vez disso, Jesus falou com o cadáver por causa da multidão. Ao ouvir a ordem de Jesus e depois ver os resultados (v. 15), a multidão começou a tirar conclusões sobre a identidade incomum de Jesus (v. 16).

Lucas 7:18-35

És tu aquele que haveria de vir ou devemos esperar algum outro? (7:19): As dúvidas de João sobre a identidade de Jesus aqui deixaram muitos perplexos, devido ao seu aparente reconhecimento de Jesus ainda no ventre (Lc 1:41) e ao fato de que, como adulto, ele parecia saber algo sobre o sofrimento de Jesus. (Veja Jo 1:29, onde João Batista identificou Jesus como "o Cordeiro de Deus, que tira o pecado do mundo"). Se João reconheceu Jesus como o Servo Sofredor, aparentemente ele teria previsto que os seguidores de Jesus também sofreriam e que Jesus não desfrutaria de triunfo imediato. Então, por que João duvidou?

Alguns argumentam que por "Cordeiro de Deus" em Jo 1:29, o Batista estava esperando no tempo o triunfante Leão-Cordeiro descrito em

Apocalipse (e.g., Ap 5:5; 22:1). Nesse caso, o Batista estava predizendo o poder do Messias ao invés de seu sofrimento. Mas parece improvável que essa fosse a intenção do Batista; sua imagem do Cordeiro que tira os pecados humanos se encaixa mais facilmente no tema do sacrifício substitutivo.

Então, por que João começou a lutar por causa da identidade de Jesus se ele sabia que Jesus iria sofrer? Muito provavelmente porque Jesus não estava exercendo o tipo de autoridade cósmica sobre os outros que João havia previsto. Por exemplo, em Lc 3:17, João disse que Jesus separaria o trigo do joio, o que é claramente um ato de julgamento. Assim, surgiram as dúvidas de João, apesar de seu conhecimento prévio de que o Messias sofreria, porque sua expectativa de que o Messias traria julgamento ainda não havia sido cumprida. Pode ser que ele tenha entendido o sofrimento de Jesus como uma luta para fazer o mundo responder. Assim, Jesus enfrentaria intensa oposição semelhante à que o próprio João havia enfrentado, e não em termos específicos de um sacrifício.

Voltem e anunciem a João o que vocês viram e ouviram (7:22): Uma característica importante que separa Jesus dos fundadores de outros movimentos religiosos populares é que suas afirmações eram apoiadas por obras públicas e milagrosas. Esse foi um meio de verificar sua identidade, seu poder e a veracidade de seus ensinamentos. Em contraste com isso, as alegações de Joseph Smith, o fundador do mormonismo, dependiam de uma descoberta inverificável de artefatos antigos e da tradução secreta desses artefatos. O sigilo ocultou todas as reivindicações fundamentais feitas por Smith, tornando impossível para pessoas de fora examinar os méritos dessas reivindicações. Na verdade, parte do que torna Jesus tão distinto é que Ele mostrou quem era por meio dessas ações, tanto quanto fazendo afirmações sobre quem Ele era.

Entre os nascidos de mulher, ninguém é maior do que João (7:28): A declaração de Jesus levanta uma questão interessante. Jesus nasceu de uma mulher; será que estaria dizendo que João Batista era maior do que Ele próprio? As observações de Jesus sobre João dependem de uma demarcação temporal chave que, se for falha, cria confusão. Jesus estava apresentando João como a última das figuras divinamente encomendadas da antiga era, a época que antecedeu a chegada do reino. Como o último daquela época e o primeiro a anunciar o Messias, João foi o maior "nascido da mulher" *daquela época*. Em vez de significar que João foi o maior "nascido de uma mulher", a declaração de Jesus foi uma forma retórica de dizer que a antiga era chegou ao fim com João. Na verdade, a grandeza de João estava ligada à chegada do reino, pois ao apontar para Jesus, João apontou para o reino prometido que estava chegando.

O menor no reino de Deus é maior do que ele (7:28): Jesus não estava dizendo que João não estava no reino de Deus ou que não estaria salvo. Ele estava simplesmente observando que a vida cronológica de João caiu mais na era da antecipação e anúncio do que cumprimento e conclusão. João foi o maior da era antiga, mas a diferença que a nova era trouxe significa que o maior da era antiga não é nada comparado a viver na nova era e vivenciar sua promessa, mesmo nesta vida.

LUCAS 7:36-50

Qual deles o amará mais? (7:42): A figura principal nesse relato é a mulher sem nome que nunca fala. Tudo o que sabemos é que ela é uma pecadora (*hamartolos*). Não está explicado como ela ganhou esse rótulo de infâmia; as possibilidades incluem que ela seria uma prostituta, uma adúltera, uma devedora ou até mesmo a esposa de um homem sem honra. O que quer que ela tenha feito para ganhar esse estigma, era óbvio o suficiente para fazer com que o fariseu reagisse contra sua presença. O AT prescreve a execução de adúlteros (Dt 22:22) e aconselha que não se deveria associar com pessoas imorais e tolas (Pv 1:10-19; 13:20; 14:7). Jesus não reagiu com o mesmo desdém do fariseu nesse episódio. O fariseu estaria sendo mais piedoso do que Jesus?

Na verdade, o fariseu é culpado de farisaísmo nesse relato. Jesus expôs isso e destacou o impacto e a prioridade de oferecer perdão. Na opinião do fariseu, a aceitação de um pecador na comunhão tinha que ser precedida pelo arrependimento do pecador e adoção de um estilo de vida justo — sem receber graça ou perdão antes do arrependimento. Para Jesus, por outro lado, a extensão da graça ao pecador vem primeiro e encoraja no pecador uma mudança de coração motivada pelo amor que primeiro aceita, envolve e oferece perdão. A mulher pecadora agiu por gratidão por ter sido perdoada e mostrou seu amor ungindo Jesus. Ela apreciou a profundidade da dívida (isto é, seu pecado) que havia sido perdoada e, portanto, ela amou mais profundamente. O fariseu acreditava que pouco havia sido perdoado, por isso amou pouco.

Quanto à proibição do AT acerca da companhia de pessoas imorais, o NT repete essa admoestação (1Co 15:33-34), mas isso não é um chamado para nos separarmos do mundo. Na verdade, o apóstolo Paulo advertiu contra uma mentalidade que proibiria os cristãos de interagir com os incrédulos (1Co 5:9-13). Se quisermos ser sal e luz, devemos estar no mundo, mas não ser do mundo (Jo 17:11, 16; Rm 12:2). O fariseu confundiu a vida justa com uma vida separada dos pecadores, em vez de uma vida vivida de maneira distinta que não pratica o que os pecadores fazem.

Lucas 8:1-3

Joana, mulher de Cuza, administrador da casa de Herodes (8:3): Esse texto mostra que a mensagem de Jesus atingiu alguns indivíduos dos níveis superiores da sociedade. Pessoas como a esposa de Cuza, Joana, podem ter se tornado fontes de algumas informações privilegiadas sobre como os governantes viam Jesus e o que era dito por eles a portas fechadas.

Lucas 8:4-21

Os segredos do reino de Deus foram dados para que vocês os conheçam (8:10): As pessoas costumam dizer que Jesus ensinava por parábolas para que pudesse ser prontamente compreendido. Afinal, as parábolas simplificam conceitos e os exemplificam em termos cotidianos. Mas nesse texto Jesus definiu um propósito diferente para sua escolha de ensinar por meio de parábolas, que era esconder o significado de certos grupos. Existiria um problema ético com o motivo de Jesus usar parábolas? Sua tática se assemelharia à ênfase gnóstica no conhecimento secreto e na salvação por meio da iniciação em um grupo seleto?

A passagem deixa claro que Jesus deu aos discípulos uma visão adicional sobre o que Ele quis dizer na época. No entanto, correndo o risco de afirmar o óbvio, se isso realmente fosse um conhecimento secreto, os seguidores de Jesus não o teriam publicado para que todos pudessem ler e estudar nos Evangelhos. Portanto, não poderia ser que o propósito de Jesus fosse ocultar informações de mentes inquisitivas. Em vez disso, Ele estava dando a seus discípulos um ensino adicional para que pudessem apreciar plenamente o seu significado. Aqueles que responderam favoravelmente a Ele tiveram acesso e se beneficiaram de tais explicações; os outros que não demonstraram interesse contínuo ou que realmente se opuseram a Jesus não obtiveram o benefício dessa instrução privada. Por que eles deveriam ter acesso a uma compreensão mais profunda do ensino que estavam rejeitando? A tática de Jesus era obviamente muito diferente do tipo de instrução privada e secreta central para algumas formas de gnosticismo e outras religiões de mistério greco-romanas, onde a divulgação pública era menos comum. (Veja mais comentários em Mt 13:10-17 e Mc 4:11-12.)

Sua mãe e seus irmãos (8:19): A descrição de Jesus como tendo "irmãos" refutaria o seu nascimento virginal? A família de Jesus é descrita aqui como algo natural em seu contexto social. Para a percepção de qualquer um que observasse essa família de fora, Jesus era um irmão entre vários. Mas não há necessidade de ver isso como uma negação do nascimento virginal que Lucas afirma tão claramente em seus primeiros capítulos (e.g., Lc 1:26-38). Tampouco há motivo para descartar os "irmãos" como sendo meramente filhos que José trouxe para seu casamento com Maria, que é um argumento usado em defesa da crença extrabíblica de que Maria permaneceu virgem por toda a vida. É melhor concluir que os "irmãos" eram de fato os meios-irmãos mais novos de Jesus, os filhos biológicos de Maria e José.

Minha mãe e meus irmãos são os que ouvem e praticam a palavra de Deus (8:21): Jesus estaria sendo rude com sua família aqui? Embora Ele se tivesse mostrado enérgico, Jesus não foi rude. Em resposta à tentativa de sua família de controlá-lo (Mc 3:20-21), foi importante para Jesus esclarecer suas prioridades em meio a seu chamado para trazer o reino. Não era rude da parte dele falar de seus seguidores como sendo sua família; Ele simplesmente, de forma retórica e poderosa, disse que estava construindo uma nova família espiritual com aqueles que abraçam a vontade e a palavra de Deus. Esses laços familiares têm precedência sobre todos os outros.

Lucas 8:22-25

Quem é esse (8:25): Essa pergunta final ao acalmar a tempestade é uma pergunta-chave que Lucas quer que façamos em resposta à ação de Jesus. O testemunho da criação sobre a identidade de Jesus é um tema em Lucas (e.g., 19:40). Essa ênfase corresponde ao AT retratando repetidamente o controle sobre a natureza como um atributo de Yahweh. De particular relevância para esse evento é o fato de que se diz que Deus controla o vento (Sl 104:3; 135:7) e o mar (Gn 1:9; Jó 38:8-11; Sl 104:6-9; Pv 8:29; Jr 5:22; Na 1:4). A menção das grandes ondas expressa a proximidade de uma calamidade, a qual somente a proteção e o poder divinos poderiam superar (Sl 18:16). Em resposta às forças naturais que ameaçavam a vida humana, Jesus deu uma ordem. As ondas não se acalmaram de forma gradual, mas o fizeram imediatamente, um sinal que apontava para uma ação sobrenatural. A passagem do AT com a qual esse evento mais se assemelha é o Sl 107:23-30. Apenas alguns termos do salmo são encontrados nos relatos Sinóticos — mar (gr. *thalassa*) e barco (gr. *ploion*) — portanto, não há argumento para dependência do texto do AT, embora o paralelo conceitual seja claro (Goppelt, *TDNT* 8:323). Deus é quem livra do perigo no mar; ao libertar os discípulos do mar perigoso, Jesus mostra sua identidade divina.

Lucas 8:26-39

A região dos gerasenos (8:26): Há uma inconsistência textual entre "região dos gadarenos" (Mt 8:28) e "região dos gerasenos" (Mc 5:1; Lc 8:26) que tem sido objeto de muito estudo. A tradição textual testemunha três locais. (1) A leitura UBS-NA em Lucas 8:26 é *Gerasēmōn* (Gerasa;

geralmente identificada com a moderna Jerasa), uma cidade na região de Decápolis localizada a mais de 36 quilômetros a sudeste do mar da Galileia. Muitos intérpretes acreditam que esse lugar é muito distante para ser o local de onde os porcos mergulharam na água (8:33). No entanto, em Mc 5:1 e Lc 8:26, Gerasa parece ter o melhor suporte como a leitura original. É possível que a Gerasa referida aqui não seja identificada com a conhecida Jerasa na região de Decápolis, ou que a referência pretenda indicar nada mais específico do que a região em geral. (2) *Gadarēmōn* (Gadara; moderna Umm Qeis), a leitura mais atestada em Mt 8:28, é outra cidade da Decápolis. Está localizada há cerca de oito quilômetros a sudeste do mar da Galileia, colocando-a mais perto da água do que Gerasa, se essa Gerasa for identificada com Jerasa. (3) Outra variante-chave, *Gergesēmōn* (Gergesa), pode ter sido estabelecida por uma sugestão apresentada por Orígenes no terceiro século (*Commentary on John* 6:24), uma vez que apenas manuscritos posteriores ao seu tempo têm essa leitura (então Metzger 1975, 24n1, mas contestado por Fitzmyer 1981, p. 736-37). Apelando para a tradição local e etimologia para suporte, Bovon (1989, p. 434) optou por esta leitura. É geralmente identificada como Kersa (Kursi), que está localizada próximo ao lago perto de alguns penhascos que descem até a água (Marshall 1978, p. 337). Isso é possível, embora sua comprovação tardia seja muito difícil de superar. Em resumo, a melhor evidência indica que "Gadara" é original de Mateus e "Gerasa" de Marcos e Lucas.

Como devemos explicar essas diferenças? Sherwin-White (1963, 128n3) sugeriu que Mateus pode ter nomeado o local em termos do principal centro administrativo da região, enquanto Marcos e Lucas relataram o local específico do evento. Embora isso possa ajudar a avançar a discussão em novas direções, não resolve claramente o problema, pois é a escolha de Marcos e Lucas — Gerasa — que parece muito distante para que a manada de porcos tenha mergulhado nas águas diante da multidão.

Talvez não entendamos adequadamente os costumes locais para se referir a regiões, de modo que os autores possam se referir à localização da cena em um sentido regional ao nomear um local distante como Gerasa. Nesse caso, pode ser que nenhum dos locais (Gerasa nem Gadara) tenha a pretenção de identificar a cena desse evento. Isso me lembra situações em que alguém nomeia como sua cidade natal um lugar obscuro (e.g., East McKeesport) e, em resposta, é solicitado a citar uma cidade mais conhecida nas proximidades (e.g., Pittsburgh). Também é possível que aqueles que reagiram ao evento não fossem todos do mesmo lugar, mas estivessem espalhados por toda a área. Especificamente, o endemoninhado pode ter vindo de um local, mas o evento ocorreu em outro, visto que ele havia abandonado sua casa (8:27). Esses tipos de fatores podem facilmente gerar as diferentes tradições para nomear a cena do evento. Ou talvez houvesse outra Gerasa na região, sobre a qual perdemos todas as informações (assim, Cranfield 1959, p. 176).

Em resumo, não sabemos ao certo por que surgiu a diferença entre a Gadara de Mateus e a Gerasa de Marcos e de Lucas, nem temos certeza de onde esse evento ocorreu. Talvez a discrepância seja apenas aparente, um indicador de nosso conhecimento incompleto. O que está claro é que o evento ocorreu em território gentio oposto à Galileia, ponto assegurado pela presença dos porcos. (Veja mais comentários em Mt 8:28- 34 e Mc 5:1-2.)

Um homem endemoninhado (8:27): Uma segunda discussão sobre essa passagem diz respeito ao número de endemoninhados. Havia dois endemoninhados (Mt 8:28, 33) ou apenas um (Mc 5:2 e Lc 5:27)? Novamente temos Marcos e Lucas de um lado e Mateus de outro. Enquanto muitos argumentam que Mateus expandiu a tradição (Bultmann 1963, p. 316), isso iria contra a tendência de Mateus de restringir detalhes, outros sugerem que Mateus tinha material independente que lembrava uma segunda figura (Carson 1984, p. 217). Além dos dois endemoninhados em vez de um, o relato de Mateus aqui é mais breve do que os relatos paralelos. Marcos e Lucas simplesmente focaram em um dos personagens, o que bastou para mostrar o ponto essencial (Godet 1875, 1:381). O fato de não mencionarem um segundo endemoninhado não é uma negação de sua presença. (Veja mais comentários em Mt 8:28-34 e Mc 5:8.)

Os demônios [...] entraram nos porcos (8:33): Algumas questões intrigantes surgem desse incidente. Por que os demônios pediriam o direito de entrar nos porcos? Os animais podem realmente ser possuídos por demônios? Teria sido ético da parte de Jesus permitir que os porcos fossem possuídos?

O motivo dos demônios não se mostra claro. Possivelmente eles perceberam os porcos como um meio de fuga. Se Jesus não permitisse que eles habitassem em um homem, um animal teria que servir. Qualquer coisa era preferível ao confinamento no abismo.

A transferência dos demônios para os porcos é declarada como um fato, e nenhuma tentativa é feita para explicar como isso é possível. O estudante das Escrituras está justificado ao aceitar isso como um fato inexplicado. Não está claro por que a possessão de animais deveria parecer impossível. Quanto ao motivo pelo qual Jesus permitiu que os porcos fossem possuídos (e, portanto, destruídos), as respostas possíveis incluem que a posse deles serviu como uma demonstração visual de que o homem havia sido curado, bem como uma demonstração da autoridade de Jesus sobre o mundo espiritual. Jesus agiu diretamente, usando apenas sua palavra falada. Ao contrário de outros exorcistas da época, Ele não dependia de encantamentos, amuletos ou fórmulas. Os espectadores não deixariam de notar que Jesus era um tipo diferente de operador de milagres.

Quanto à questão ética, observe-se primeiro que o bem-estar do homem era mais importante do que o destino dos porcos. A lamentação sobre os porcos pode ser apropriada em algum nível, mas não a ponto de perdermos o alegre fato de que Jesus libertou um ser humano sofredor. Devemos também fazer uma pausa longa o suficiente para perguntar que destino os porcos teriam enfrentado se não tivessem morrido *naquele* dia. O abate estava em seu futuro em qualquer situação. Isso destaca o que é realmente maior do que a questão ética: por que Jesus permitiria a destruição do sustento das pessoas? Talvez fosse para destacar sua condição espiritual. Afinal, a reação deles sugere que estavam mais preocupados com sua perda econômica do que com seu estado espiritual, pois em massa eles pediram a Jesus que deixasse sua região (v. 37).

Em conclusão, esse episódio levanta questões interessantes, muitas das quais com respostas incertas. Deve-se contentar em tratar o relato no nível em que ele é oferecido e não insistir em respostas seguras para questões que não aborda (Hendriksen 1978, p. 447-448; Arndt 1956, p. 242).

Lucas 8:40-56

Quem me tocou? (8:45): Se Jesus é Deus e Deus é onisciente, por que Jesus precisou perguntar quem o tocou? O ato de Jesus aqui foi projetado para deixar a mulher saber que Ele estava ciente do que havia acontecido e trazer à tona sua fé fraca, no entanto, presente. Sua pergunta também teve o efeito de informar a multidão sobre o que havia ocorrido, estabelecendo o contexto para que pudessem entender a importante troca que se seguiu. Portanto, Jesus não estava literalmente buscando informações com sua pergunta; Ele estava divulgando a mulher e sua fé.

Sua filha está morta (8:49): Quando Lucas apresentou a cena com Jairo vindo a Jesus, ele apresentou Jairo relatando que sua filha estava "às portas da morte" (lit. "estava morrendo", v. 42). Assim, ela ainda estaria viva, mas gravemente doente. Jesus concordou em atender à menina, mas permitiu-se ser retido ao longo do caminho ao ajudar uma mulher cuja condição médica era mais um incômodo do que uma ameaça à sua vida. Essa demora surpreende o leitor do relato de Lucas, mas nem tanto no de Mateus, porque este parece mostrar Jairo relatando desde o início que sua filha estava morta (a versão HCSB diz "Minha filha está à beira da morte" em Mt 9:18, mas a frase literalmente pode ser traduzida como "minha filha agora chegou ao fim", o que pode indicar que ela havia expirado). O pedido de Jairo a Jesus em Mateus, "imponha-lhe a mão, e ela viverá", também se encaixa com o fato de que ela já estava morta (Mt 9:18).

Qual relato reflete a verdadeira cronologia mais de perto? A menina estava morta desde o início (Mt 9:18), ou ela morreu quando Jesus estava indo até ela (Lc 8:42)? Temos outro exemplo da ruptura literária de Mateus nesse relato, pois a menina estaria morta desde o início de seu relato e Jesus estava respondendo ao pedido de Jairo não apenas para curar a menina, mas para ressuscitá-la dentre os mortos. Lucas aqui deu mais detalhes, observando que ela morreu enquanto ocorria o incidente com a mulher que sofria de uma hemorragia (Lc 8:49). A diferença entre esses dois relatos não configura um conflito, mas uma evidência de diferentes escolhas literárias. Como costuma acontecer, Mateus foi direto ao ponto (veja comentários sobre Lc 8:27). A diferença em detalhes ilustra a necessidade de estar ciente de que alguns relatos do evangelho são compactos e resumidos. Apenas uma verificação dos paralelos pode nos permitir saber até que ponto temos todas as informações disponíveis.

A questão permanece: por que Jesus demoraria e permitiria que a menina morresse? Embora essa ação tenha aumentado a dor vivida por sua família e amigos, foi apenas temporária. O dia terminou de maneira mais gloriosa do que seria possível se Jesus tivesse apenas curado a doença da criança (Lc 8:55-56). Esse relato nos lembra da morte e ressurreição de Lázaro (Jo 11:1-44). Curiosamente, quando Jesus foi informado sobre a doença no leito de morte de seu querido amigo, Ele prontamente decidiu protelar por dois dias antes de sair para atender Lázaro (Jo 11:6). Lázaro estava morto havia quatro dias quando Jesus chegou, e Marta disse a Jesus que isso não teria acontecido se Ele tivesse chegado a tempo (Jo 11:21). Nenhum dos dois textos explica a motivação da demora de Jesus nos casos da filha de Jairo e Lázaro, mas um dos resultados é que Jesus teve uma chance em ambos os casos de mostrar seu domínio não apenas sobre a doença, mas sobre o maior inimigo de todos: a própria morte.

Eles começaram a rir dele (8:53): A leitura de Lucas isoladamente do paralelo de Mateus pode levar à seguinte impressão: Jesus entrou na casa, barrou a entrada de todos, exceto Pedro, João, Tiago e os pais da falecida menina (v. 51), e então disse a esse seleto grupo de pessoas que a menina estava apenas dormindo (v. 52), ao que eles responderam rindo "dele, porque sabiam que ela estava morta" (v. 53). Nesse caso, os leitores atentos ficam se perguntando quem é esse grupo que ousaria mudar do "choro e luto" (v. 52) para o "riso" (v. 53). Parece altamente improvável que qualquer um deles o fizesse.

O relato de Mateus, embora mais breve que o de Lucas, oferece um possível alívio para a dificuldade. Ele apresenta Jesus dizendo que a menina está dormindo não apenas para seus pais e seus principais discípulos, mas para toda a multidão que incluía "tocadores de flauta" e um número não revelado de lamentadores (Mt 9:23). Essa foi multidão que "começou a rir dele" (Mt 9:24). Jesus então ordenou que essas pessoas saíssem, presumivelmente deixando-o sozinho com os pais e seus principais discípulos (Lc 8:51).

Se não consultarmos o relato paralelo de Mateus, corremos o risco de concluir que Lucas estaria apresentando um cenário irreal. Mas, lendo Lucas à luz de Mateus, podemos razoavelmente concluir que Jesus estava se dirigindo à multidão que foi despedida da casa, não a seus discípulos e aos pais da criança. Portanto, é provável que a multidão excluída tenha rido de Jesus (v. 53). Claro, é possível que o riso em Lucas fosse de escárnio e sarcasmo produzidos pela dor do que seria considerado uma cena de morte que não pudesse ser revertida. Então, na verdade, qualquer cenário pode estar certo.

Esse episódio destaca o valor de consultar os paralelos. Essa prática pode salvar os leitores de muitas conclusões indevidamente céticas, pois a falha em consultar os paralelos pode fazer com que o leitor negligencie a compressão literária.

Ele os instruiu a não contar a ninguém o que havia acontecido (8:56): Esse pedido aos pais não parece natural. Os enlutados sabiam com certeza que a menina estava morta, e é por isso que eles vieram para se juntar ao luto! E agora eles tinham a mesma certeza de que a menina estava viva novamente graças a Jesus. E em resposta a isso, eles deviam ficar quietos? Certamente as instruções de Jesus teriam sido difíceis de honrar. De fato, Mateus nos conta que em uma situação semelhante, a multidão desobedeceu às instruções de Jesus sobre ficar em silêncio e "espalhar a notícia sobre Ele por toda aquela área" (Mt 9:30-31; Veja também Mc 1:43-45). Na ordem de silêncio, Jesus provavelmente estava se protegendo contra o sensacionalismo. Ele estava preocupado que as multidões fossem atraídas para Ele como um curador (na verdade, cercando-o, provavelmente) em vez de ir a Ele para ouvir sua mensagem. Os milagres de Jesus eram sinais e nunca deveriam ser o foco principal de sua missão. A restrição tinha esse objetivo.

LUCAS 9:1-9

Autoridade sobre todos os demônios e poder para curar doenças (9:1): A observação aqui deixa claro que Lucas distinguiu entre possessão demoníaca que exigia exorcismo e condições médicas que requeriam cura. É possível que em outros lugares a doença tenha sido atribuída a Satanás, como no caso em que a possessão demoníaca causou sintomas consistentes com epilepsia (Mc 9:14-29), mas alguma sobreposição dessas categorias não significa que os autores bíblicos cometeram o erro de assumir uma identificação completa entre os dois.

EXCURSO:
CRONOLOGIA NOS EVANGELHOS

Lucas apresenta o tributo a João Batista primeiro (7:24-28) e depois a comissão dos discípulos (9:1-5), que é a ordem oposta de Mt 10:5-15 e 12:1-8. Lucas e Mateus estariam assim se contradizendo? Como vimos nos comentários sobre Lc 4:16-30, às vezes um escritor muda a sequência de um evento por motivos temáticos ou literários. A ordem das tentações de Jesus no deserto também difere entre Mateus e Lucas. Pápias, ao descrever como Marcos apresentou a matéria que recebeu de Pedro, observou que Marcos nem sempre apresentava a matéria em ordem cronológica. Aqui está o que Eusébio relatou sobre a narrativa de Pápias: "Marcos, tendo se tornado o intérprete de Pedro, escreveu com precisão, embora não em ordem, tudo o que ele lembrou das coisas ditas ou feitas por Cristo. Pois ele nem ouviu o Senhor nem o seguiu, mas depois, como eu disse, ele seguiu Pedro, que adaptou seu ensino às necessidades de seus ouvintes, mas sem intenção de dar um relato conectado dos discursos do Senhor, de modo que Marcos não cometeu nenhum erro enquanto ele escreveu de tal modo algumas coisas como ele se lembrava delas" (Eusébio, *História eclesiástica* 3.39.15).

Portanto, devemos estar cientes, enquanto trabalhamos nos Evangelhos, de que não recebemos necessariamente um relato cronológico. Não há contradição nesses tipos de variações, apenas uma escolha diferente de como apresentar o material.

E disse-lhes [...] "nem bordão" (9:3): Uma dificuldade surge quando se compara Lc 9:3 com Mt 10:9-10 e Mc 6:8-9. Lucas era muito restritivo. Mateus também foi restritivo porém forneceu mais detalhes: ele apresentou Jesus proibindo os discípulos de levar ouro, prata, cobre, bolsa, sandálias, bordão ou duas túnicas. Marcos relatou Jesus instruindo-os a não levar nada, exceto um bordão: nenhum pão, bolsa ou dinheiro. Os discípulos podiam usar sandálias, mas não duas túnicas. Assim, o relato de Marcos permite sandálias, enquanto o de Mateus as proíbe (Lucas não estava discutindo sobre sandálias aqui, mas mencionou sua ausência em 22:35). O relato de Marcos permite um bordão, enquanto os outros Evangelhos o excluem. Abordagens sugeridas para essas diferenças (Liefeld 1984, p. 919-20; Ahern 1943) incluem o seguinte:

Primeiro, as diferenças surgem porque Lucas aceitou a redação de sua fonte, que a maioria vê como Q (Marshall 1978, p. 352). Essa abordagem explica por que existem diferenças, mas deixa o problema básico sem solução.

Em segundo lugar, alguns sugerem que os escritores dos Evangelhos tinham em mente dois tipos de bordão: um deles, um cajado, o outro, um porrete para afastar ladrões (E. Power 1923). Nesse caso, não há discordância, pois uma tradição pode permitir um bordão e a outra proibir um porrete defensivo. Embora essa solução seja possível, uma vez que *rhabdos* pode ter vários significados (Fitzmyer 1981, p. 754), o uso do mesmo termo em todos os três Evangelhos é uma evidência contra ela (C. Schneider, *TDNT* 6:966-70; 1Co 4:21; Hb 11:21).

Terceiro, Marcos adaptou suas palavras para corresponder mais de perto às instruções do êxodo (Êx 12:11) ou para fazer uma conexão com as instruções de Eliseu a Geazi em 2Rs 4:29 (Marshall 1978, p. 352). Como na primeira proposta mencionada há pouco, essa abordagem explica por que existem diferenças, mas deixa sem solução o problema básico de reconciliar os Evangelhos.

Quarto, o problema é visto como confusão na transmissão pré-Evangelhos da tradição, uma vez que as palavras aramaicas para "exceto" ('*illa*') e "e não" ('*wela*') são muito semelhantes. Essa é uma tentativa de ir atrás dos textos gregos para a origem do problema, mas também falha por meramente culpar a tradição pelo problema.

Quinto, talvez Jesus quisesse dizer que os discípulos não deveriam procurar um bordão para a viagem se eles não tivessem um, uma sugestão tornada possível pelo uso de Mateus de *ktaomai* (adquirir) em 10:9 (BAGD p. 455; BAA p. 923-24). No entanto, Lucas e Marcos usaram o verbo *airō* (tomar). É improvável que ambos os escritores tenham usado o verbo neste sentido distinto. Essa solução teria suporte mais forte se Marcos tivesse usado *ktaomai*.

Sexto, alguns sugerem que, embora as palavras sejam diferentes, o significado básico é o mesmo em cada evangelho, de modo que há concordância no sentido, mas não em detalhes (Plummer 1896, p. 239). Essa abordagem não é satisfatória porque também permite suportar a discrepância.

Uma sétima proposta é a solução mais provável. Talvez Jesus quisesse dizer que os discípulos não deveriam levar um bordão *extra* (Arndt 1956, p. 250; Hendriksen 1978, p. 472-73; Godet 1875, 1:399). Uma fraqueza dessa sugestão é que é difícil ver por que qualquer um dos discípulos teria viajado de qualquer maneira com dois bordões, mas talvez Jesus tenha usado uma hipérbole (a proibição desnecessária de levar um segundo bordão) para enfatizar a necessidade de levar pouca bagagem. Isso pode se encaixar, devido à discussão sobre sandálias. Embora Mateus tenha dito que nenhuma sandália deveria ser levada (Mt 10:10), provavelmente a ideia é que os discípulos não deveriam levar um par extra com eles. Afinal, é difícil acreditar que os discípulos viajassem descalços, em face da natureza das viagens nos tempos antigos e a referência a serem hóspedes na casa de outras pessoas (Mt 10:14; Mc 6:11; Lc 9:5). Evidência incidental em Lc 3:16 (João confessando ser indigno de "desatar a correia" das sandálias de Jesus) e 15:22 (o pai do filho pródigo ordenando que os pés de seu filho que voltava fossem calçados com sandálias) sugere que usar sandálias era a norma entre os judeus. Se as instruções de Jesus sobre o bordão são análogas às suas instruções sobre as sandálias, então Ele proibiu os discípulos de carregar um cajado extra e, assim, deixou claro que eles não poderiam levar provisões extras em sua jornada missionária. Os Doze deviam viajar com pouca bagagem e confiar em Deus para seu bem-estar nessa empreitada. (Veja mais comentários em Mc 6:8-9 e Mt 10:10.)

Quem é esse de quem ouço essas coisas? (9:9): Os críticos dizem que uma linha de evidência de que a Bíblia contém histórias fictícias é que alguns eventos-chave mencionados em uma passagem não são mencionados em outras passagens. Como exemplo, eles perguntam por que o filho de Herodes, Herodes Antipas, aparentemente não sabia (Mt 14:1-2) sobre a visita dos Magos que ocorreu durante o reinado de seu pai (Mt 2:1-12). Se ele soubesse do evento, certamente não teria confundido Jesus com um João Batista ressuscitado. A isso podemos responder perguntando: Por que Herodes, o Grande, enfatizou a história dos magos na mente de seu filho adolescente, Herodes Antipas, se ele pensava que matar os meninos de Belém resolvera o problema levantado pelos magos? Muito provavelmente ele nunca teria mencionado o assunto ao filho, pois presumiu que a ameaça havia sido anulada. Foi apenas uma das muitas ameaças ao seu trono que o cruel Herodes havia anulado, então o filho em sua ignorância compreensivelmente confundiu a identidade de Jesus (Mt 14:1-2). Também é significativo que os materiais da infância sejam sobre eventos com mais de 30 anos. Portanto, o silêncio sobre qualquer conexão é compreensível, em resultado da demora no tempo.

Lucas 9:10-20

***A localização desse milagre* (comp. Mt 14:13-21; Mc 6:32-44; Lc 9:10-17; Jo 6:1-15):** Esse milagre, que segundo todos os quatro Evangelhos relatam envolveu 5 mil homens, na verdade incluiu muito mais pessoas, pois os evangelistas não contaram as mulheres e crianças que estavam presentes (Mt 14:21). Quantas pessoas mais? Alguns sugeriram que o número deveria ser pelo menos dobrado, se não triplicado, mas quem sabe?

Uma questão mais importante envolve onde esse milagre aconteceu. Lucas mostra Jesus e os discípulos chegando a Betsaida antes que a multidão os descobrisse (Lc 9:10). Ao encontrar Jesus, a multidão "o seguiu", o que sugere que Jesus ainda estava viajando (v. 11), talvez deixando Betsaida para trás antes da alimentação milagrosa. Nesse caso, Lucas situa o milagre na região de Betsaida, mas não na própria cidade. A Betsaida mais conhecida era uma cidade no extremo nordeste do mar da Galileia, parte da tetrarquia de Filipe. Lucas não diz nada sobre para onde os discípulos foram depois da alimentação.

Marcos relata que as multidões esperaram por Jesus em vez de segui-lo (Mc 6:33-34; compare com Mt 14:22), e ele não falou sobre Betsaida senão depois do milagre. Ele relatou que Jesus instruiu os discípulos a "entrar no barco e ir adiante dele para o outro lado, para Betsaida, enquanto Ele despedia a multidão" (Mc 6:45). Isso parece colocar Betsaida no lado oeste do lago (em vez da visão comum de que estava na margem nordeste), e sugere que o milagre ocorreu no lado oposto do lago de Betsaida. De qualquer forma, os discípulos perderam Betsaida (provavelmente devido à tempestade) e desembarcaram em Genesaré (Mc 6:53).

João nunca mencionou Betsaida nesse relato, nem especificou outro local para o milagre, mas relatou que Jesus enviou os discípulos de barco para Cafarnaum em vez de Betsaida após o milagre (Jo 6:16-17). Comparando esses relatos, ficamos perguntando se a alimentação milagrosa ocorreu em ou perto de Betsaida (Lucas) ou se os discípulos só foram para lá *após* a alimentação (Mateus, Marcos). Também nos resta perguntar se Cafarnaum (João) ou Betsaida (Marcos) era o destino pretendido após o milagre.

Diante das diferenças em Marcos e Lucas, alguns intérpretes argumentam que duas Betsaidas diferentes estão em vista (Arndt 1956, p. 254). Jo 12:21, ao dizer que Filipe era de "Betsaida da Galileia", pode confirmar que existia mais de uma Betsaida desde que João especificou "na Galileia". A discussão é complicada pela descrição popular dessa Betsaida do nordeste como parte da Galileia, quando na verdade era tecnicamente parte de Gaulanitis. Se duas Betsaidas estiverem em vista, a Betsaida de Lucas poderia ser a Betsaida Júlio no lado norte da Galileia, logo a leste do Jordão. Marcos estaria então se referindo a outra Betsaida, talvez a cidade mais tradicional perto de Cafarnaum. Visto que Betsaida é um nome genérico que significa "aldeia de pescadores", pode ter havido várias cidades com esse nome ao longo da margem do lago.

Quanto aos diferentes locais nomeados como destino pós-milagre (Cafarnaum em João; Betsaida em Marcos e provavelmente Mateus), uma resolução possível é a seguinte: João nomeou Cafarnaum como o destino porque era um lugar aproximado de onde eles desembarcaram (Genesaré fica na costa a sudoeste de Cafarnaum), enquanto Marcos nomeou Betsaida (que ficava perto de Cafarnaum). Pode ser que em relação a "para o outro lado" (Mc 6:45) Marcos quis dizer que os discípulos deveriam dirigir sua embarcação ao longo da costa para Betsaida, em vez de atravessar o lago até a margem ocidental. Isso se torna mais viável se supusermos que as viagens contínuas de Jesus antes do milagre (Lc 9:11) o levaram bem a sudeste de Betsaida. Nesse caso, os discípulos estavam atravessando de um lado para o outro do canto nordeste do lago.

Finalmente, de onde teria vindo uma multidão tão grande? Betsaida e Cafarnaum tinham talvez apenas dois ou três mil habitantes cada (incluindo mulheres e crianças), não o suficiente para explicar as multidões que se reuniram em torno de Jesus. Isso torna provável que as pessoas vieram ouvir Jesus não apenas dessas cidades, mas de toda a região. (Veja mais comentários em Mt 14:15-21 e Mc 6:32-44.)

Cinco pães e dois peixes (9:13): Uma famosa explicação naturalista dessa cena é que Jesus foi tão eficaz em exortar as pessoas a amarem umas às outras durante sua mensagem que elas acabaram compartilhando livremente os pães e peixes que trouxeram consigo, de tal forma que mesmo aqueles que não trouxeram provisões foram alimentados. Nesse caso teria sido um "milagre" de partilha em vez de um milagre de multiplicação. Por mais atraente que isso possa parecer para alguém que deseja encontrar uma explicação naturalista para o milagre de Jesus, isso não reflete o evento, que o texto retrata como um milagre direto. Em Mc 8:4, os discípulos perguntaram como poderiam conseguir provisões para os 4 mil homens que estavam reunidos naquela ocasião. Se as pessoas tivessem um estoque suficiente de comida à mão, os discípulos teriam perguntado como incentivá-los a compartilhar, em vez de como poderiam encontrar pão suficiente em um lugar tão isolado. Da mesma forma, na alimentação dos 5 mil, os discípulos estavam convencidos de que não havia comida suficiente para alimentar a multidão, pois disseram a Jesus: "Manda embora a multidão, para que possam ir às aldeias vizinhas e campos para encontrar comida e hospedagem, porque estamos aqui num lugar deserto" (Lc 9:12). Mais uma vez, a questão a ser resolvida era a falta de comida, não a falta de espírito de partilha. Pela multiplicação dos pães, Jesus demonstrou sua capacidade de prover em uma cena que antecipa as celebrações do banquete messiânico em comunhão com Deus no futuro. (Veja mais comentários em Jo 6:11.)

12 cestos de pedaços que sobraram (9:17): Os críticos têm sugerido que os 12 cestos de sobras são um número estilizado não literal, indicando que Marcos criou esse detalhe para traçar um paralelo com as 12 tribos de Israel. Mas não há razão definida para desacreditar que esse número seja literal. Em Mc 8:19, Jesus lembrou aos discípulos desse número específico. Talvez cada discípulo carregasse um cesto, representando literalmente 12 cestos nas mãos. É difícil saber se esse número, tão específico, também deve ser tomado como simbólico. O significado simbólico também é possível. Alguns o relacionam com a restauração de Israel e o atendimento das necessidades das 12 tribos quando, com a vinda do reino, Jesus pede uma restauração da fidelidade. Isso se encaixaria com o fato de haver 12 discípulos em primeiro lugar, um número que Jesus provavelmente pretendia chamar a atenção para a restauração das 12 tribos de Israel. Em resumo, nada impede que o número seja literalmente verdadeiro e simbolicamente significativo.

Elias (9:19): Se uma das crenças populares sobre Jesus fosse que Ele era Elias, isso indica que os judeus acreditariam na reencarnação? Deus levou Elias ao céu em uma carruagem de fogo enquanto ainda estava vivo, de forma que ele nunca experimentou a morte (2Rs 2:1-12). Esse evento notável levou à ideia de Elias ser preservado no céu para uma tarefa futura na terra durante o fim dos tempos (Sirácida 48:10; compare Ml 3:23-24).

Mas como Elias nunca morreu, a crença judaica de que Elias voltaria não envolveria reencarnação ou mesmo ressurreição. (Veja mais comentários em Mt 17:11 e Mc 9:13.)

Lucas 9:21-36

Ele os advertiu severamente e os instruiu a não dizerem isso a ninguém (9:21): A historicidade das ordens de Jesus para que o silêncio fosse mantido é um tópico muito debatido nos estudos do NT. Wrede (1971; originalmente 1901) argumenta que Marcos inventou essas ordens, um tema apelidado de "segredo messiânico", e disse que isso explica como muitas das tradições originais do ministério de Jesus careciam de notas messiânicas. Wrede argumenta que Jesus consistentemente tirou a ênfase do ofício messiânico, enquanto a igreja primitiva o confessou abertamente após a ressurreição de Jesus. Adotando uma posição semelhante à de Wrede, o *Jesus Seminar* (Funk e Hoover 1993, p. 312) rejeita as palavras de 9:22 como tendo origem em Marcos, não em Jesus. Mas em um dos desenvolvimentos fascinantes e principalmente desconhecidos dos estudos do Novo Testamento, Wrede renunciou a suas reivindicações sobre o segredo messiânico em uma carta escrita antes de sua morte prematura. Ele percebeu que a ideia de que a igreja criou a expectativa messiânica de Jesus não poderia ser sustentada à luz de como a tradição em muitos níveis mostra Jesus sendo crucificado por afirmar ser o rei de Israel (Hengel 1995, p. 17-18, esp. n16; Hengel/Schwemer 2001, IX; Wilkins in Bock/Webb 2009, p. 332-33, especialmente n143). Assim, o próprio estudioso que criou a ideia de que Marcos teria inventado esse tema posteriormente o negou.

Então, por que Jesus alertaria os discípulos para "não contarem isso a ninguém" aqui e em outros lugares? Jesus provavelmente hesitou em que os discípulos falassem dele como o Messias desde o início, porque eles ainda não entendiam o sofrimento que Ele enfrentaria como essa figura. A expectativa judaica do Messias, que assumiu muitas formas, era consistentemente sobre uma figura triunfante de poder, fosse um rei terreno (*Salmos de Salomão* 17—18), um ser transcendente (*1Enoque* 46) ou um personagem real ao lado de um Messias sacerdotal como em Qumran (1QS 9:11-12). Ao contrário dessa expectativa, o sofrimento foi a chave para entender Jesus e sua missão. A conversa generalizada sobre a identidade de Jesus como o Messias levaria à confusão ou mesmo à oposição aos verdadeiros propósitos de Jesus, e por essa razão Ele não permitiu que falassem sobre Ele ser o Messias até que o papel do sofrimento fosse apreciado.

***A omissão de Lucas acerca do desafio de Pedro e da repreensão de Jesus* (comp. Mc 8:32-33):** Em Mc 8:32, logo após sua confissão de Jesus como o Messias, Pedro desafiou a afirmação de Jesus de que o Filho do Homem sofreria e até mesmo seria executado pelos líderes religiosos de Israel. Isso lhe rendeu uma severa repreensão de Jesus: "Para trás de mim, Satanás, porque você não está pensando nas preocupações de Deus, mas nas dos homens!" (Mc 8:33). Lucas incluiu a confissão de Pedro (Lc 9:20) e a predição da paixão de Jesus (v. 21-22), mas omitiu o desafio de Pedro e a repreensão de Jesus. Isso significa que Lucas não teria acreditado nas discussões acaloradas entre Jesus e Pedro?

Marcos habitualmente apresentava os discípulos lutando para compreender os ensinamentos e as ações de Jesus. A maioria dos estudiosos sustenta que Lucas conhecia e até usou o Evangelho de Marcos ao compor o seu próprio. É interessante, portanto, que Lucas consistentemente omitiu ou atenuou elementos que revelavam as fraquezas dos discípulos. Obviamente Lucas achou Marcos fidedigno ou então ele não teria usado seu material. Assim, em vez de uma indicação de que Lucas discordava de Marcos, a decisão de Lucas de não incluir todos os elementos encontrados em Marcos sugere que ele estava simplesmente fazendo uma escolha literal. Assim, em vez de uma indicação de que Lucas tenha discordado de Marcos, a decisão de Lucas de não incluir todos os elementos encontrados em Marcos sugerem que ele estava simplesmente fazendo uma escolha literária diferente. Talvez algo sobre o público-alvo de Lucas (Teófilo; Lc 1:1-4) o tenha levado a ser mais sensível à reputação dos discípulos do que Marcos, cuja audiência é comumente considerada como tendo sido os crentes gentios em Roma. Cada autor era livre para buscar seus próprios temas dentro da tradição recebida.

A predição de Jesus sobre sua própria morte **(9:22):** Os críticos dizem que a predição da morte e ressurreição de Jesus é inesperadamente detalhada aqui e é uma evidência de que Lucas colocou mais detalhes nos lábios de Jesus do que Ele realmente poderia ter falado. Mas, após um exame mais detalhado, essa previsão em particular é bastante genérica, afirmando que o Filho do Homem seria morto por seus inimigos óbvios (as autoridades religiosas) e ressuscitaria no terceiro dia. O que muitas vezes é ignorado sobre essa previsão de morte é que as circunstâncias político-religiosas do ministério de Jesus poderiam tê-lo levado a sentir o perigo de vida que seu trabalho estava gerando. Jesus sabia que havia um precedente para tal resultado, pois Herodes executara João Batista por desafiar suas ações imorais. Ao longo dessas linhas, Schurmann argumenta que o ministério de Jesus trouxe à tona séria oposição, o que poderia muito bem tê-lo avisado sobre seu destino vindouro (Schurmann 1973). Assim, mesmo de um ponto de vista puramente natural, não é surpreendente que Jesus pudesse prever sua execução e até nomear seus algozes.

Ficamos com o elemento de Jesus prevendo sua ressurreição depois de três dias. Depois de analisar as predições de Jesus sobre sua vindicação e ressurreição, Bayer (1986, p. 242-43, 254-56) argumenta que devemos aceitar Jesus como o originador de tais palavras porque Ele sabia que Deus vindica o justo e porque sabia que Ele mesmo suportaria o julgamento de Deus como o Filho do Homem.

Além dos pontos já descritos há pouco, os quais sugerem que Jesus poderia ter previsto suas circunstâncias e predito o que estava por vir, para aqueles que aceitam Jesus como o Filho de Deus encarnado, não há dificuldade em acreditar que Ele previu o resultado sobrenatural de sua missão messiânica.

Tome diariamente a sua cruz e siga-me (9:23): "Tome a sua cruz" era um ditado proverbial reconhecido na época do ministério inicial de Jesus, ou Lucas teria encontrado um ditado da igreja primitiva, inspirado pela execução de Jesus, de volta ao ministério de Jesus? A expressão não era tanto um provérbio quanto uma expressão idiomática, apelando para um ato culturalmente conhecido. Judeus e gentios sabiam que, à maneira romana de execução de criminosos não cidadãos, as vítimas eram obrigadas a carregar sua própria cruz até o local de sua crucificação. Carregar a cruz era um ato visível e público que demonstrava a humilhação do criminoso perante o estado e sua vergonha perante o mundo. Assim, os ouvintes de Jesus teriam entendido seu significado — que eles deveriam se humilhar e se submeter à sua autoridade — sem referência explícita à sua vindoura crucificação. Portanto, Lucas não foi anacrônico. No entanto, nos anos após a ressurreição de Jesus, o ditado foi visto como uma referência mais direta à crucificação de Jesus e tornou-se parte da linguagem regular da igreja primitiva para o discipulado. (Veja comentários adicionais em Mc 8:34-35.)

Ver o Reino de Deus (9:27): Quando Jesus prometeu a seus discípulos que alguns deles "não passariam pela morte até que vissem o reino de Deus", Ele estava se referindo à sua segunda vinda no fim dos tempos ou à transfiguração que se seguiu vários dias depois que Ele pronunciou essas palavras? Uma vez que Jesus disse que apenas alguns dos discípulos veriam o Filho do Homem antes de morrer, Ele provavelmente dirigiu essa observação à transfiguração, testemunhada apenas por Pedro, Tiago e João (v. 28-36). Assim, o assunto do versículo 26 é a segunda vinda, e então o versículo 27 faz referência à transfiguração, que serviu como uma verificação da identidade de Jesus e da mensagem escatológica para seus principais discípulos. A prévia da glória do reino de Jesus deu aos discípulos a confiança de que um dia Ele realmente viria "na sua glória e na do Pai e dos santos anjos" (v. 26).

Oito dias depois dessas palavras (28): Mt 17:1 e Mc 9:2 colocam a transfiguração seis dias depois que Jesus profetizou a vinda do reino. Lucas, porém, colocou-o "cerca de oito dias" depois das palavras de Jesus sobre o reino. A diferença é óbvia, mas qualquer acusação de que isso representaria uma contradição factual entre os Evangelhos perde de vista o fato de que os escritores antigos nem sempre se preocuparam em ser precisos com seus marcadores de tempo. Eles viveram em uma época antes que o registro do tempo fosse preciso. Além disso, ainda hoje usamos marcadores de tempo aproximados ao descrever como dois eventos se relacionam cronologicamente. Lucas estava simplesmente fazendo uma aproximação. Além disso, se Lucas estava contando de forma inclusiva, o que os antigos costumavam fazer, então os oito dias podem realmente significar apenas uma diferença de seis dias. Com relação aos relatos da transfiguração, Mateus e Marcos aparentemente procuravam ser mais precisos, enquanto Lucas estava interessado apenas em dar o tempo aproximado que separava os dois eventos. Isso não é motivo para duvidar de sua confiabilidade ou interpretá-lo como estando em oposição a Mateus e Marcos. (Veja comentários adicionais em Mt 17:1 e Mc 9:2.)

Moisés e Elias (9:30): Como Pedro e seus companheiros, ao acordar de um sono profundo (v. 32), reconheceriam que os dois homens com Jesus eram Moisés e Elias (v. 33)? Certamente eles não tinham visto fotos ou retratos que lhes descrevessem como eram esses homens mortos havia tanto tempo. Não nos é dito que Moisés e Elias se identificaram ou que Jesus os identificou a seus discípulos. Lucas, como narrador onisciente, poderia saber (ou criar) detalhes como a identidade dos visitantes, mas se ele estivesse escrevendo uma história direta, como os homens adormecidos teriam descoberto a identidade de Moisés e Elias?

Pelo menos duas sugestões podem resolver essa dificuldade. Primeiro, a natureza da discussão entre Jesus e seus convidados resplandecentes, parte da qual foi ouvida pelos discípulos acordados (Mc 9:4-5), pode ter deixado claro para os discípulos a identidade daqueles que estavam falando com Jesus. Em segundo lugar, é possível que Moisés e Elias tenham se apresentado aos discípulos, ou que Jesus tenha feito as apresentações, mas nenhum dos evangelistas se preocupou em incluir essa informação (comp. Mt 17:1-8; Mc 9:2- 8). Esse teria sido um detalhe humano, cuja exclusão era natural e ajudou a mover o relato em um ritmo mais rápido. Já vimos numerosos exemplos de compressão literária nos Evangelhos.

Esse é meu Filho, o Escolhido; ouçam-no! (9:35): A voz do céu difere entre os três Sinóticos. Mt 17:5 apresentam "Esse é o meu Filho amado. Eu me deleito nele. Ouçam-no!" Mc 9:7 é mais curto, dizendo simplesmente: "Esse é o meu Filho amado; ouçam-no!" Finalmente, Lucas relata "Esse é Meu Filho, o Escolhido; ouçam-no!" Qual dessas é a declaração original?

Uma possibilidade é que a voz do céu incluía todas estas palavras: "Esse é o meu Filho amado, o meu Escolhido; Eu me deleito nele; ouçam-no!" Mateus, Marcos e Lucas simplesmente escolheram maneiras diferentes de abreviar o que foi dito. Alternativamente, a voz do céu pode ter falado em aramaico ou hebraico, já que todos os presentes eram judeus, e a diferença entre Mateus e Lucas pode estar relacionada com a forma como eles (ou suas fontes) traduziram para o grego.

Essa variação não difere do que vimos com a voz celestial no batismo de Jesus, que também apresentava pequenas diferenças entre os Sinóticos. Em citações como essa, geralmente temos a voz (*vox*) do falante e não as palavras exatas (*verba*). Embora os críticos possam achar que resumir, parafrasear ou reformular uma citação original prejudica a confiabilidade das Escrituras, os autores podem realizar essas ações sem alterar a essência do que foi dito. Apesar da variação de palavras no presente relato, cada evangelho está afirmando a mesma coisa: Jesus é o Filho de Deus, o objeto da aprovação de Deus e deve ser ouvido. (Veja mais comentários em Mc 9:7.)

Que implicação essa abordagem (*vox* em vez de *verba*) tem para a inspiração bíblica? Simplesmente que a inspiração de Deus sobre os autores bíblicos permitia paráfrases, reformulações e resumos — técnicas que são amplamente aceitas na historiografia e na redação de relatórios. Exigir o contrário é perder de vista que os documentos bíblicos são documentos genuinamente humanos, bem como produtos da inspiração divina. As variações de um relato para outro demonstram que os autores humanos estiveram genuinamente envolvidos no processo de escrita, o que significa que trouxeram perspectivas distintas para suas obras. Isso leva à unidade em meio à diversidade. Assim, Lucas provavelmente explicou o significado de Deus estar satisfeito com Jesus em termos mais claros e menos pictóricos do que Mateus, enquanto Marcos simplesmente encurtou o que Deus originalmente disse ao seu ponto central: ouçam o Filho!

LUCAS 9:37-50

Uma grande multidão veio ao seu encontro (9:37): Cada um dos Sinóticos apresenta o cenário para esse encontro entre Jesus e a criança epiléptica de maneira um tanto diferente. O relato de Mateus (Mt 17:14-15) mostra o pai se aproximando de Jesus no meio da multidão assim que Jesus voltou da montanha com Pedro, Tiago e João. O relato de Marcos (Mc 9:14ss) é mais detalhado, observando que Jesus e os três discípulos entraram em uma disputa entre os escribas e a multidão. Vendo isso, Jesus perguntou sobre o motivo da discussão, o que levou o pai a se apresentar e defender o filho. Talvez a disputa tenha sido sobre a incapacidade dos discípulos de curar o menino (Mc 9:18). A abordagem de Lucas corresponde essencialmente à de Mateus, com o pai abordando Jesus imediatamente. A notável diferença entre Mateus e Lucas é o conteúdo dos comentários introdutórios do pai a Jesus. Em resumo, parece que tanto Mateus quanto Lucas encurtaram e simplificaram a abordagem de Marcos nesse relato.

Muitas vezes um espírito se apodera dele (9:39): O menino estava possuído por demônios, ele simplesmente tinha epilepsia ou poderia ser ambos os casos? Mateus identificou a condição da criança como *selēniazetai* (lit "lunático"; BAGD p. 746), que é identificável com epilepsia. Van der Loos (1965, p. 401-405) discutiu as atitudes judaicas em relação à epilepsia e observou que Balaão e Saulo sofriam desse distúrbio (Nm 24:4; 1Sm 19:24). Quanto ao papel da lua nessa condição, o judaísmo posterior debateu se esse corpo celeste causava diretamente a desordem, agindo sobre a vítima, ou indiretamente, fazendo com que espíritos malignos vagassem livremente pela terra e infligissem epilepsia (Targum do Sl 121:6 sugere aquele é seguro durante o dia, mas não à noite; Van der Loos 1965, p. 403). Os antigos viam a epilepsia como devastadora e difícil de curar. Dada a sua associação sobrenatural, a doença causava terror, o que explica a emoção desse relato.

Os evangelistas descreveram os sintomas do menino de uma forma que se aproxima da epilepsia. Mateus disse que a criança "cai no fogo e muitas vezes na água" como resultado de suas convulsões (Mt 17:15). Marcos descreve a criança sendo agarrada e jogada no chão, após o que ela espumava pela boca, rangia os dentes e ficava rígida. Ele também menciona que o menino era "incapaz de falar" durante esses episódios (Mc 9:17). Lucas diz que o menino gritava e caía, causando ferimentos corporais (Lc 9:39). As convulsões e a formação de espuma na boca sugerem fortemente epilepsia ou algum outro tipo de condição neurológica (*aphros,* espuma, uma palavra que ocorre apenas uma vez no NT, era comumente usada para descrever crises epilépticas; BAGD p. 127; BAA p. 256; Josefo, *Antiguidades* 6.12. 2 §245; Fitzmyer 1981, p. 808).

Temos sinais clássicos de epilepsia em todos os três relatos, mas também está claro que um espírito estava envolvido na aflição do menino. Em Mt 17:18 Jesus curou o menino repreendendo o demônio que o havia possuído; Marcos especificou que foi o espírito que tornou o menino incapaz de falar (Mc 9:17); e Lucas disse que o espírito "quase nunca o deixa", indicando a gravidade da aflição (Lc 9:39).

Devido ao fato de que essas descrições mencionam repetidamente o papel de um espírito afligindo pela epilepsia o menino, parece que a criança estava possuída por um demônio que o afligia com uma condição médica. Essa foi talvez uma das razões pelas quais os discípulos não conseguiram curá-lo por conta própria. E lembremo-nos de que em Lc 9:1 o evangelista sabia que exorcismo e cura podiam ser, e muitas vezes eram, distintos. Portanto, é falso dizer que Lucas acreditava que todas as doenças eram identificáveis com possessão demoníaca. (Veja mais comentários em Mc 9:18.)

Mas eles não entendiam o que isso significava (9:45): Essa observação mostra que as predições de morte e ressurreição de Jesus nunca se encaixaram de uma forma que realmente fizesse sentido para os discípulos até depois que Jesus ressuscitou dos mortos. O fato de terem "medo de perguntar a Ele sobre isso" significa que eles entenderam as palavras de Jesus, mas não conseguiam entender como tal coisa poderia acontecer com o Messias. Isso explica por que a prisão e execução de Jesus foi um choque para os discípulos, e por que eles não mostraram nenhuma expectativa de que Ele ressuscitaria dos mortos. Jesus havia predito essas coisas, é claro, mas as expectativas paradigmáticas dos discípulos para o Messias, que incluíam sua vitória e a tomada do trono de Israel, rejeitavam qualquer concepção do sofrimento e morte do Messias. A dificuldade de escapar desse paradigma é provavelmente o que significa a frase "foi escondido deles para que não pudessem entendê-lo". Sua falha em compreender é um tanto compreensível, mas, novamente, devemos observar que Jesus repreendeu sua falta de compreensão assim que ressuscitou dos mortos (Lc 24:25-27). Entre as revelações pré-paixão de Jesus e o testemunho das Escrituras, eles deveriam ter juntado as peças do que aconteceria a Jesus.

Então começou uma discussão entre eles (9:46): Algumas versões apresentam a conjunção "então" aqui, o que aparentemente liga cronologicamente o argumento sobre grandeza à cena anterior (v. 43-45) onde Jesus predisse sua traição. Mas se os dois eventos devem estar intimamente ligados no tempo, como os discípulos poderiam seguir os passos da previsão de paixão com uma disputa mesquinha sobre sua grandeza? A chave para responder a isso é o fato de que o termo grego traduzido como "então" (*de*) não precisa significar que os eventos estão fortemente conectados no tempo. Muitas vezes implica um contraste, que nesse caso poderia ser parafraseado: "Eles não entenderam a humildade do Messias. *Pelo contrário,* começaram a discutir sobre grandeza". As unidades curtas aqui (v. 43-45 e 46-48) não estão, portanto, relacionadas em uma cronologia justa.

Quem não é contra vocês é a favor de vocês (9:50): Em Lucas 11.23, Jesus disse: "Quem não é comigo é contra mim; e quem comigo não ajunta, espalha". A declaração de Jesus em 9:50 parece o oposto: "Quem não é contra vocês é a favor de vocês". Jesus teria entrado em contradição?

O contexto é tudo aqui. Em Lc 9, Jesus estava descrevendo pessoas que o abraçaram e estavam ministrando, embora não estivessem entre os Doze. Então Ele reafirmou o trabalho deles. Ele pode não tê-los comissionado diretamente da mesma forma que os discípulos, mas claramente eles estavam em aliança com Ele, e não em oposição. O contexto em Lc 11 é totalmente diferente (Veja os v. 14-23). Jesus estava falando para pessoas que tinham uma escolha a fazer e ainda não haviam decidido segui-lo. Em vez de permitir que eles pensassem que sua indecisão era neutra, Jesus destacou sua necessidade de escolher, afirmando que quem não o escolheu, na verdade decidiu contra Ele. (Veja mais comentários em Mc 9:40.)

LUCAS 9:51-62

Quando os dias estavam chegando ao fim para Ele ser levado, Jesus decidiu viajar para Jerusalém (9:51): Embora alguns sugiram que a referência principal aqui é a crucificação de Jesus, é provável que sua ressurreição/ascensão também esteja em vista nessa passagem (Bock 1996, p. 968). Se o texto de Mc 16:19 não for autêntico (Veja comentários sobre Mc 16:9-20), Lucas foi o único evangelista a relatar a ascensão de Cristo (Veja At 1:9-11; Veja também comentários sobre Lc 24:50-51). Nesse versículo, Ele fez um prelúdio da proximidade da ascensão. Isso foi claramente uma ênfase dada por Lucas. Sua menção repetida a esse evento, quando comparada ao silêncio dos outros Evangelhos, indica que Lucas teria criado ou transmitido uma lenda desconhecida ou desacreditada pelos outros evangelistas?

Mesmo sendo verdade que somente Lucas entre os evangelhistas mencionou diretamente a ascensão, a futura posição de Jesus à direita de Deus é afirmada em Mc 12:35-37. Isso poderia pressupor uma ressurreição/ascensão, pois de que outra forma Jesus viria para o céu? O NT em outro lugar afirma o status de Jesus como exaltado (1Co 15:25-27) e assentado à direita do Pai (Hb 1:13).

***Variante textual* (9:56):** Diversas variantes de leituras tentam fornecer o conteúdo da repreensão de Jesus, mas aparecem em formas tão distintas que é quase certo que sejam adições posteriores. Uma variante mostra Jesus perguntando aos discípulos: "Vocês não sabem de que tipo de espírito vocês são?" Outro diz: "Pois o Filho do Homem não veio para destruir as almas, mas para salvá-las". Essa variante aparece em diferentes formas e pode ser influenciada por 19:10. Os primeiros manuscritos não contêm nenhuma delas, nem uma variedade de escritas unciais. Por essa razão, é melhor deixar o versículo 56 como está, rejeitando as variantes como adições posteriores. Como Fitzmyer (1981, p. 830) e Schurmann (1994, 29n55) observaram, o texto UBS-NA omitindo o verso é apoiado por P^{45}, P^{75}, ℵ, A, B, C, L, W, Δ, Ξ e Ψ.

Seguir-te-ei para onde quer que fores! (9:57): Existem algumas diferenças entre Mateus e Lucas ao mencionarem esse evento. Mateus disse que o homem que expressou o desejo de seguir a Jesus era um escriba (Mt 8:19), enquanto Lucas não revelou nada específico sobre sua identidade. Mateus apresentou o escriba se dirigindo a Jesus como "mestre" (v. 19), enquanto Lucas não incluiu tal título. Finalmente, Mateus relatou que Jesus e as multidões viajaram de Cafarnaum para o outro lado do mar da Galileia, enquanto Lucas os mencionou indo para Jerusalém. Essas diferenças questionariam a confiabilidade dos Evangelhos?

As duas primeiras diferenças observadas acima são simplesmente diferenças no nível de detalhe. Mateus incluiu mais detalhes; Lucas apresentou menos. Quanto ao local do diálogo entre Jesus e o escriba, esse é mais um exemplo do sentimento de liberdade dos evangelistas para situar as falas de Jesus no contexto de itinerários distintos, mas relacionados. (Lucas tinha em vista um período de tempo mais longo: quando Jesus deixou Cafarnaum, seu destino final era Jerusalém.) Em vez de negligência, isso é uma indicação das prioridades dos escritores do evangelho. Eles estavam muito mais preocupados com o quê e o porquê das palavras de Jesus do que com o quando e o onde. A questão de onde a conversa aconteceu geograficamente de forma alguma condiciona o significado e o impacto da resposta de Jesus ao escriba.

Deixe que os mortos enterrem os seus próprios mortos (9:60): O que Jesus quis dizer com isso? E quanto ao mandamento de honrar pai e mãe (Êx 20:12)? Pode parecer que as instruções de Jesus foram calculadas para induzir o homem a quebrar a lei.

A linguagem do pedido do escriba se assemelha muito a 1Rs 19:19-21, em que Eliseu pediu permissão a Elias (e a recebeu!) para dar um beijo de despedida em seus pais antes de partir para seguir o profeta (Schweizer 1984, p. 171). Em sua resposta ao escriba, Jesus usou uma expressão idiomática. Ele quis dizer que os mortos espiritualmente deveriam enterrar os mortos fisicamente. Essa foi uma declaração chocante dada a prioridade que os judeus colocavam em enterrar os mortos, especialmente os pais (Ellis 1974, p. 153; Ernst 1977, p. 321; Talbert 1982, p. 118). O argumento de Jesus era que segui-lo era tão importante que mesmo uma prioridade tão alta quanto enterrar o pai de alguém ficaria em segundo plano. Ele não estava deixando de lado a importância de honrar pai e mãe, mas estava mostrando que todas as outras prioridades desaparecem em comparação com o chamado para segui-lo. Nada deve bloquear a busca do discipulado e nem deve adiar seu início. Quem não tem compromissos e prioridades do reino pode se encarregar de enterrar o pai do escriba. A resposta de Jesus é tão dura e inesperada para um cenário judaico que é amplamente aceita como autêntica (Fitzmyer 1981, p. 835).

Primeiro deixa-me ir e dizer adeus aos que estão em minha casa (9:61): A resposta de Jesus foi aparentemente compreensível a esse pedido: "Ninguém que põe a mão no arado e olha para trás é apto para o reino de Deus" (v. 62). Jesus realmente quis defender o abandono de sua família sem dar explicação aos seus para segui-lo?

Essa é outra declaração vívida e propositalmente chocante de Jesus. Em vez de encorajar o abandono de nossas obrigações, Jesus estava novamente colocando uma prioridade (obrigações familiares) em contraste com a mais alta das prioridades (seguir Jesus a todo custo e com urgência). Colocar o mundo em primeiro lugar ou olhar para trás depois de se comprometer com Cristo enfraquece sua capacidade de ser um discípulo.

***Arndt talvez estivesse correto ao dizer que a resposta de Jesus aqui não é tanto uma resposta, mas uma advertência* (Arndt 1956, p. 278).** Houve precedentes poderosos no AT após a saída do Egito (Êx 16:3), e a esposa de Ló olhou para trás depois de partir de Sodoma (Gn 19:26). Se alguém confessa Jesus, mas depois renuncia a isso permanentemente, então a aparente confissão havia sido falsa e a posição de alguém é tão perigosa após a "partida" quanto era antes da confissão (Mt 7:21-23; 22:11-13; Lc 13 :25-27; 1Co 15:2; Cl 1:21-23; Hb 6:4-8). Talvez no desejo de se despedir, Jesus sabia que o coração do homem manteria o apego aos seus antigos valores e seu antigo modo de vida. É contra essa falta de uma ruptura limpa que Jesus alertou aqui. E pode ser que Jesus soubesse algo que não sabemos sobre as intenções ou o estado de espírito daquele homem. Possivelmente o homem estivesse usando sua família como desculpa para adiar a decisão de seguir a Jesus, ou talvez seu desejo de se comprometer com Jesus mal superasse seu desejo de permanecer como estava. Devemos responder ao chamado de Deus imediatamente, não adiá-lo para quaisquer outras prioridades.

Lucas 10:1-24

Quantas missões? (10:1-12): Lucas teria repetido a missão relatada em 9:3-5 ou Jesus enviou seus seguidores duas vezes em circunstâncias semelhantes? Não há razão para duvidar que estamos lidando com uma segunda missão aqui. Lc 9:48-49 já havia preparado o leitor para essa cena, observando que outras pessoas além dos Doze estavam ministrando em nome de Jesus. À medida que Jesus expandia sua proclamação e aproximava-se de sua morte designada em Jerusalém (v. 51), só fazia sentido atrair outros para o serviço de ministrar para Ele. Lucas usou a repetição da cena de comissionamento e instrução (9:3-5; 10:4-12) para dar ao leitor uma noção do crescimento do movimento de Jesus.

O Senhor designou outros 70 (10:1, 17): Foram 70 ou 72 enviados em missão? Uma questão textual complexa está por trás dessa questão, com a mesma diferença aparecendo em dois versículos, 10:1, 17. A evidência externa no versículo 1 é quase igualmente dividida: 70 é encontrado em ℵ, A, C, L, W, Δ, Θ, Ψ, família 1, família 13, Byz, alguns Itala, copta e alguns no Siríaco; 72 é encontrado em P^{75}, B, D, alguns Itala, Vulgata e alguns siríacos. P^{45} é fragmentário em 10:1, embora Metzger (1958-59, p. 299) afirmasse que lia 70.

Tem havido muita discussão sobre a possibilidade de que o número tenha um significado simbólico. Se 70 for a leitura original, pode traçar seu significado a vários antecedentes, incluindo os 70 anciãos de Moisés (Êx 24:1, 9; Nm 11:16-17, 24-25); as 70 nações da terra (Gn 10-11; mas observe que a LXX lista 72 aqui); uma tradição rabínica sustentando que os mandamentos de Moisés foram ouvidos em 70 línguas *(b. Shabat* 88b, embora tenha sido mais tarde); e os 70 membros do Sinédrio, excluindo o sumo sacerdote (*m. Sanh.* 1.5-6).

Se a leitura original for 72, pode ter sido influenciada pelos conselhos locais de 72 (*m. Zevahim* 1.3; *m. Yadayim* 3.5; 4.2); os 72 tradutores da LXX (*Carta de Aristeas* 46-50); a tradição LXX das 72 nações em Gênesis 10—11 (Marshall 1978, p. 415; Ernst 1977, p. 331); ou os 72 príncipes e reis do mundo (*3Enoque* 17.8; 18.2-3; 30.2).

Essas listagens sugerem que 70 é de maior significado canônico do que 72 (também Rengstorf, *TDNT* 2:634). Assim, um copista procurando significado no número seria mais provável mudar 72 para 70 do que vice-versa. No entanto, se Lucas pretendia genuinamente fazer uma alusão ao AT, é mais provável que 70 tenha sido o número original.

Mas Lucas pretenderia que seus leitores interpretassem o número simbolicamente? Os dois eventos do AT que os estudiosos mais fortemente sugeriram como pano de fundo conceitual para um uso simbólico não são convincentes. Primeiro, contra a sugestão de que a lista LXX de 72 nações em Gn 10—11 é um pano de fundo: a missão de Lc 10 não reflete o contexto universal de Gn 10—11. Embora Jesus não tenha restringido explicitamente a missão a Israel aqui (como fez na missão de Mateus com os Doze; Mt 10:5-6), fica claro nos escritos de Lucas que uma missão ativa aos gentios se desenvolveu apenas mais tarde, conforme relatado no livro de Atos (Schmid 1960, p. 184; Fitzmyer 1985, p. 846). Assim, é difícil ver uma conexão entre Lc 10 e a Tabela das Nações em Gênesis. Em segundo lugar, contra a sugestão de que a seleção de 70 anciãos por Moisés é um pano de fundo, Lucas não desenvolve a seleção de 70 por Moisés em qualquer lugar em Atos, o que pareceria um local ideal para ele desenvolver esse tema dado o foco de implantação de igrejas pela igreja primitiva. À luz da fraqueza de ambos os antecedentes sugeridos para o simbolismo, é improvável que Lucas tenha atribuído um significado simbólico ao número de pessoas enviadas em missão.

Embora não possamos estabelecer uma escolha definitiva entre as variantes, a ausência de uma referência simbólica clara nos remete à prática de buscar a leitura mais difícil. Devido ao significado canônico mais óbvio de 70, e em razão do que os copistas provavelmente não converteriam a leitura do mais óbvio para o menos óbvio, a leitura mais difícil parece ser 72. Por esse motivo, 72 é um pouco mais provável de ser original.

Vi Satanás cair do céu como um relâmpago (10:18): Embora Jesus estivesse respondendo claramente aos 72 sobre sua saída ministerial bem-sucedida, costuma-se dizer que nesse versículo Jesus também estava falando da queda original de Satanás do céu, ligando-a talvez com Is 14:12. Essa é uma conclusão exegética viável?

Ellis (1974, p. 157) traduziu *etheōroun* como "estava observando", o que sugere que uma derrota atual está em vista. Lc 11:20 também fala de uma derrota atual quando Jesus falou sobre expulsar demônios pelo dedo de Deus. No entanto, a derrota de Satanás e dos demônios é mais frequentemente associada à cruz ou ao retorno de Cristo (Jo 12:31-32; Cl 2:14-15; Ap 12:10-12; 20:1-3). É melhor ver a derrota de Satanás como parte de uma longa série de eventos (Hendriksen 1978, p. 581). A obra dos enviados em missão fazia parte de um conjunto cada vez mais significativo de realidades teológicas ligadas à chegada e ao triunfo do reino de Deus. No judaísmo, havia uma expectativa de que o reino derrotaria Satanás (*Testamento de Moisés* 10:1). Em conclusão, esse evento não relembra a expulsão de Satanás do céu, mas celebra a vitória que Jesus obtém sobre Satanás.

Eis que lhes dei autoridade para pisarem em cobras e escorpiões (10:19): Esse versículo justificaria a prática de manipulação de cobras na igreja? Embora responder que o versículo não deve ser interpretado literalmente resolveria esse problema de imediato, a promessa de Jesus aqui provavelmente foi intencional, dada a experiência de Paulo em At 28:1-6. Mas que tipo de expectativa Jesus estava realmente estabelecendo? Quase certamente a passagem pretendia apenas retratar, apelando para uma circunstância rara (Deus protegendo um crente de cobras e escorpiões), a proteção que Deus dá de forma mais ampla (Deus protegendo os crentes de ameaças em geral). Jesus fez algo semelhante em Lc 21:16-18 quando disse a seus seguidores: "Eles matarão alguns de vocês. Vocês serão odiados por todos por causa do meu nome, mas nem um fio de cabelo de sua cabeça será perdido". A rara circunstância ("Eles matarão alguns de vocês") não anula o fato mais geral da proteção de Deus ("Nem um fio de cabelo de sua cabeça se perderá"). O presente texto adota uma abordagem ilustrativa semelhante, e não devemos tomá-lo como uma prescrição para o manuseio de cobras como um ato de adoração.

Escondeste estas coisas aos sábios e instruídos (10:21): Jesus quis dizer que a educação é um risco e que Deus prefere que sejamos ignorantes? Essa passagem é retórica e aponta que os sábios mundanos, que confiam apenas em sua própria razão e não dependem de Deus, muitas vezes não respondem a Deus e, portanto, não desfrutam do benefício do conhecimento de Deus. Eles são muito orgulhosos para se voltarem para Deus, e o Senhor escolhe não dar nenhuma iluminação a mentes como essas. O texto não condena a educação nem é contra a aprendizagem. Em vez disso, é uma recomendação do caminho da humildade diante de Deus, que leva ao privilégio do verdadeiro conhecimento de Deus.

Aquele a quem o Filho o quiser revelar (10:22): Essa frase se assemelharia ao gnosticismo e sua ênfase no conhecimento secreto a ser revelado apenas aos iniciados que são considerados dignos? Deus é visto como dirigindo o processo pelo qual as pessoas chegam à fé. Não se trata de um mistério secreto escondido das pessoas, como o gnosticismo, pois o convite para pertencer vai para qualquer um que queira ouvir. Isso tem a ver com um processo mais misterioso em que Deus trabalha no coração das pessoas.

LUCAS 10:25-37

Lucas 10:25-37 é paralelo a Mateus 22:34-40 e Marcos 12:28-34? A cena de Lucas é semelhante aos relatos de Mt 22 e Mc 12. Todos os três relatos envolvem um escriba inquisitivo, uma resposta de Jesus e a citação de Dt 6:5 e Lv 19:18 como um resumo da lei. Mas também existem diferenças. Mateus e Marcos apresentaram o escriba perguntando a Jesus qual é o maior mandamento, enquanto em Lucas, o escriba perguntou o que ele deveria fazer para herdar a vida eterna. Em Lucas foi o escriba que citou as passagens do AT, enquanto Mateus e Marcos mostraram Jesus fazendo isso. Lucas colocou o relato fora de Jerusalém no momento em que Jesus estava partindo para a cidade de Davi e para a Paixão que Ele experimentaria lá, enquanto os relatos em Mateus e Marcos são postos em Jerusalém durante o período que antecedeu a Paixão de Jesus. Em Lucas, Jesus respondeu ao escriba dizendo: "Vá e faça mesmo", enquanto os outros Sinóticos apresentam Jesus respondendo à pergunta sobre o maior mandamento. Em Lucas, o escriba queria se justificar (10:29). Por essa razão, Talbert (1982, p. 120) falou de um "diálogo controverso" (Veja também Bultmann 1963, p. 51). Em contraste com isso, em Mc 12:34 o escriba foi elogiado no final. Somente Lucas incluiu a parábola (v. 30-37), que se relaciona claramente com o "diálogo controverso" que nem Mateus nem Marcos incluíram. A inclusão da controvérsia e da parábola torna a ênfase de Lucas diferente da de Mateus e de Marcos.

Muitos estudiosos sustentam que Lucas retrabalhou a versão de Marcos desse relato, mas provavelmente, devido às diferenças listadas anteriormente, Lucas estava narrando um evento separado. Manson (1949, p. 260) sugere plausivelmente que as questões que cercam os mandamentos e a vida eterna são tão básicas que Jesus teria sido atraído para esse tipo de discussão em muitas ocasiões diferentes:

> O principal elo de conexão, a conjunção dos grandes mandamentos, é precisamente o tipo de coisa que poderia aparecer repetidamente. Se um professor moderno de religião pensasse em algo assim, ele o imprimiria e o texto entraria na mente de milhões. Mas no primeiro século d.C., na Palestina, a única maneira de publicar grandes pensamentos era repeti-los em palestras ou sermões.

LUCAS 11:1-13

***O local da oração* (11:2-4):** Essa oração é apresentada em dois locais distintos: Mt 6:9-13 e Lc 11:2-4. Mateus o colocou em um contexto público (Sermão da Montanha), enquanto Lucas o apresentou como um ensinamento particular que Jesus entregou aos discípulos. Esses são eventos distintos que devemos ver como tal. A cena em Lucas é uma resposta a um pedido para que Ele ensinasse uma oração, feito por esse grupo. Mateus simplesmente apresentou um exemplo de oração compartilhada com o público. Devido à importância de orar adequadamente, não há razão para pensar que Jesus não estaria disposto a ensinar esse modelo de oração em muitos ambientes diferentes.

***Problema textual: a omissão de* "Livra-nos do maligno" (11:4):** A versão HCSB não inclui a frase contestada, "Mas livra-nos do maligno" no versículo 4. A evidência que apoia a exclusão é forte: os primeiros manuscritos com o texto mais curto incluem P^{75}, א*, B, L, Marcião, Tertuliano e Orígenes. Provavelmente, os copistas que tentaram fazer a versão de Lucas concordar com a de Mateus acrescentaram a frase à versão lucana da oração. Um problema semelhante surge no versículo 2, onde Lucas não incluiu outros elementos encontrados em Mateus ("no céu" e "seja feita a tua vontade assim na terra como no céu"). É difícil explicar a omissão dessa frase mais longa nos primeiros manuscritos de Lucas se ela fosse original.

Todo aquele que pede recebe (11:10): A experiência pode parecer não confirmar a promessa de Jesus aqui. É assim, ou as pessoas costumam entender mal sua promessa sobre a oração? Não devemos tomar o ensinamento de Jesus aqui como um cheque em branco que garante aos crentes tudo o que eles pedirem em oração. Em vez disso, a promessa está relacionada a um pedido de provisão de direção espiritual do Espírito de Deus (v. 13). Isso é o que Jesus promete que será fornecido a qualquer um que pedir.

Lucas 11:14-30

Um demônio mudo (11:14): Lucas por certo não acreditava que esse demônio fosse mudo literalmente. Ele estava simplesmente descrevendo o demônio de acordo com o efeito que causava em sua vítima. Isso fica claro quando a multidão respondeu com espanto que o homem podia falar depois que Jesus exorcizou o demônio.

Quem não está comigo está contra mim (11:23): Sobre a questão de saber se Jesus aqui contradiz o que disse em Lc 9:50 ("Quem não é contra vocês é a favor de vocês"), veja comentários em 9:50.

Um espírito imundo [...] vagueia por lugares sem água em busca de descanso (11:24): Os espíritos impuros realmente precisam de descanso? Muito provavelmente Jesus estava falando antropomorficamente, falando de uma entidade não-humana em termos que apelam para a experiência humana. Dessa forma, Jesus comunicou com sucesso o estado de desconforto enquanto o demônio procura uma nova habitação onde a existência possa ser mais calma e pacífica.

Nenhum sinal lhe será dado [...] exceto o sinal de Jonas (11:29): Essa afirmação é paralela a Mt 12.39; 16:4; e menos diretamente a Mc 8:12. As ênfases são ligeiramente distintas, no entanto, o que ajuda a explicar algumas diferenças nos textos. Em Mateus o sinal de Jonas é a morte e ressurreição de Jesus (Mt 12:40), enquanto em Lucas é o ensino que se destaca como o sinal de Jonas, pois Jesus apontou que a Rainha de Sabá veio ouvir a sabedoria de Salomão (Lc 11:31) e Jonas proclamou arrependimento a Nínive (v. 32). O paralelo de Marcos carece de qualquer referência a um sinal, pois Jesus respondeu: "Nenhum sinal será dado a esta geração!" (Mc 8:12). Possivelmente a falta de referência ao sinal de Jonas em Marcos decorre dos fariseus pedindo especificamente por um sinal cósmico ("um sinal do céu", Mc 8:11). O julgamento do fim dos tempos, a segunda vinda de Jesus, será acompanhado por sinais cósmicos; a primeira vinda de Jesus não teria sinais cósmicos além da estrela que os magos seguiram.

Marcos e Mateus colocaram essa observação antes da confissão de Pedro em Cesareia de Filipe (Mt 16:13-16; Mc 8:27-29), enquanto Lucas a colocou depois (Veja Lc 9:18-20 para a confissão de Pedro). A colocação de Lucas parece ser temática. Em seu ministério, Jesus fez o chamado para obedecer no mesmo contexto em que alertou sobre as consequências da rejeição. A colocação de Lucas se encaixa nessa justaposição de obediência e advertência, que foi tão básica no ministério de Jesus. E nos capítulos 9—19, Lucas enfatizou que a rejeição fazia parte da experiência de Jesus durante toda a jornada para Jerusalém e que a rejeição era uma parte fundamental e consistente do ministério de Jesus.

Outra questão de colocação envolve Lucas posicionando a declaração sobre o retorno do espírito imundo (Lc 11:24-26) antes da passagem do sinal de Jonas, enquanto Mateus colocou a passagem de Jonas primeiro. Alguns acreditam que a ordem de Lucas é original, uma vez que a conclusão de Mateus da passagem sobre o espírito imundo é vista como um elemento que ele acrescentou (Manson 1949, p. 87). Outros concluem que Mateus apresentou a ordem original, com Lucas tendo feito alguma reorganização temática. Uma resposta definitiva não está disponível, mas a probabilidade de Lucas ter realocado a perícope de Jonas (veja menção já citada) torna um pouco mais provável que Mateus tenha mantido a ordem original.

Finalmente, alguns têm questionado por que Jesus se recusou a conceder sinais quando solicitado a fazê-lo. Ele não poderia ter ganho muito mais pessoas para a fé se tivesse concedido sinais a qualquer um que pedisse? Jesus teve o cuidado de não enfatizar sinais para que seus milagres não se tornassem o foco no lugar de seus ensinamentos sobre o reino. Do contrário, seu movimento seria mais sensacionalista do que substantivo. Essa abordagem reservada aos sinais difere do contexto da igreja primitiva, conforme visto no livro de Atos, em que a mensagem dos apóstolos precisava ser apresentada com mais frequência com a confirmação milagrosa de que eles realmente eram os porta-vozes e intérpretes aprovados de Cristo e da nova era de cumprimento vindo dele (e.g., At 4:29-30). Mesmo assim, vale lembrar que Jesus deu o maior sinal de sua divindade e da veracidade de seus ensinamentos: sua ressurreição no terceiro dia após sua execução. (Veja mais comentários em Mc 8:12.)

Lucas 11:37-54

A ordem dos ais: comparando Lucas 11 e Mateus 23: De que maneira o material de Lucas aqui se relaciona com Mt 23? Existem semelhanças, mas também diferenças impressionantes. O mesmo pode ser dito de uma comparação de Lucas com Mc 7 e Mt 15.

A consideração de quatro pontos sugere que Lucas não deve ser associado a Mt 15 ou Mc 7. Primeiro, em Mc 7:2 e mais claramente em Mt 15:2, o cenário é uma discussão sobre hábitos alimentares, enquanto Lc 11:37 estabelece a discussão durante uma refeição com um fariseu. Parece improvável que Lucas tenha criado um ambiente de refeição, pois em outro lugar ele abordou tópicos relacionados sem criar um ambiente de refeição (cf. Lc 5:33-39). Segundo, em Mateus e Marcos os fariseus e escribas reclamaram dos discípulos, enquanto em Lucas os fariseus reclamaram do próprio Jesus (Lc 11:38). Pode-se argumentar que Lucas usou realce literário mas ele poderia facilmente ter apresentado Jesus se defendendo enquanto respondia a uma acusação contra seus discípulos. Portanto, a razão para converter a acusação de ser contra os discípulos para ser contra Jesus não é clara (comp. 5:33-39; 6:1-5, onde as acusações são contra os discípulos). Terceiro, enquanto Mateus e Marcos incluíram uma repreensão aos fariseus por sua falha em guardar os mandamentos de Deus, essa repreensão não é encontrada em Lucas. É difícil entender por que Lucas eliminaria a repreensão, o que se encaixa em seu tema muito bem, se ele estivesse narrando o mesmo evento que Mateus e Marcos. Quarto, Lucas não incluiu a citação de Is 29:13, uma alusão encontrada em ambos os supostos paralelos. Novamente, é difícil entender por que Lucas omitiria isso se seu relato fosse verdadeiramente paralelo a Mateus e Marcos. Schweizer (1984, p. 199) claramente exagera sua afirmação de que existem conexões marcantes entre Lc 11 e Mc 7:4. Na verdade, são as diferenças gritantes que mais impressionam.

Contra uma conexão entre Lc 11 e Mt 23 estão as seguintes considerações: primeiro, o cenário em Mateus é um discurso em Jerusalém, enquanto em Lucas, Jesus está à mesa com um fariseu. Em segundo lugar, as palavras de Lucas não correspondem às de Mateus. Apenas um dos seis ais tem frases sobrepostas (Lc 11:42 com Mt 23:23). O acordo entre Mateus e Lucas é conceitual, não verbal. Isso defende um evento e uma fonte distintos para os dois relatos. Não há dificuldade em sugerir que Jesus teria repetido ensinamentos semelhantes inúmeras vezes ao envolver a hierarquia religiosa ao longo de seu ministério. O fato de haver diferentes audiências em vista (Mateus se dirige mais para o mais público, enquanto Lucas oferece uma discussão mais privada) também apoia a conclusão de que os eventos são distintos. Em terceiro lugar, a ordem dos ais é surpreendentemente diferente. Seguindo a ordem de Lucas de apresentar os ais, os de Mateus aparecem nesta ordem: ai 4, observação 2 (onde "observação" significa um paralelo conceitual não apresentado como um ai), ai 6, observação 1, ai 7, ai 1. Ou seguindo a ordem de Mateus, Lucas segue assim: ai 6, sem paralelo, ai 1 sem paralelo, observação, ai 3, ai 5. A discordância dificilmente poderia ser maior. Isso torna altamente improvável que os dois relatos tenham suas origens no mesmo evento e tradição.

Em resumo, muito provavelmente Mt 15 e Mc 7 são paralelos um ao outro e originam-se no início do ministério de Jesus, enquanto Lc 11 é distinto deles e é mais provável que seja atribuído à fonte especial de Lucas em vez de Q. Quanto a Mt 23, pertence à última semana de Jesus e resume a repetida rejeição que Ele experimentou dos líderes religiosos de Israel. Não existem confusões entre esses vários relatos.

Tolos! (11:40): O uso da expressão "tolos" por Jesus contradiria seu ensinamento em Mt 5:22, onde Ele disse: "Qualquer que disser a seu irmão: 'tolo!' estará sujeito ao julgamento do Sinédrio". O contexto de Mt 5 é Jesus falando sobre os perigos de ficar zangado com o irmão. Aqui em Lc 11:30, como figura profética, Jesus desafiou a hipocrisia dos escribas e fariseus. Esse é um desafio profético que fala contra a falta de sabedoria e é apropriado. É uma advertência que pode levar a uma mudança de comportamento, enquanto o uso de "tolo" em Mt 5 é simplesmente um rótulo condenatório proferido com raiva. (Veja mais comentários em Mt 5:22.)

O sangue de Zacarias (11:51): Costuma-se dizer que Mt 23:35 confunde dois homens diferentes do AT chamados Zacarias ao nomear o pai de Zacarias como Berequias, pelo que ele aparentemente identificou

Zacarias como o profeta escritor que escreveu o livro de Zacarias (Zc 1:1, "Zacarias, filho de Berequias"), mas que não era conhecido por ter sido martirizado, em vez do sacerdote assassinado de 2Cr 24, que obviamente se encaixa no contexto da declaração de Jesus. Lc 11:51 não é tão problemático porque Lucas simplesmente disse: "Zacarias". Portanto, é fácil reconciliar Lucas com fatos conhecidos sobre o assassinato do sacerdote (2Cr 24) e não nos apresenta nada que sugira que qualquer outro Zacarias esteja em vista. No entanto, preocupados em livrar Mateus da acusação de ter confundido os Zacarias, os intérpretes têm procurado demonstrar que tanto Mateus quanto Lucas têm uma única pessoa em mente. Como devemos avaliar a situação?

Uma sugestão é que o Zacarias de Mateus e Lucas não deve ser identificado nem como o sacerdote martirizado (2Cr 24) nem como o profeta escritor (Zc 1), mas alguém que foi morto nos arredores do templo em 68 d.C. (Josefo, *Guerras judaicas* 4.5.3 §§334-44). Por acaso, o pai desse homem pode ter se chamado Berequias, levando os intérpretes a pensar erroneamente no profeta escritor. Mas essa identificação seria anacrônica com o ministério de Jesus e, portanto, parece um movimento improvável (Liefeld 1984, p. 957; Garland 1979, p. 182-83n69). Na verdade, a fonte de Mateus pode ter sido muito precoce para incorporar uma referência a eventos posteriores a 68 (Gundry 1967, p. 87n1). Além disso, Josefo não retratou o homem morto como profeta ou mártir. Além disso, não há conexão que possa ser demonstrada entre esse homem e a igreja. Devido a esses fatos, é improvável que Mateus ou Lucas tivessem esse Zacarias em mente.

Uma sugestão mais plausível é que o Zacarias de Mateus deve realmente ser identificado com o Zacarias morto de 2Cr 24:20-22 (Nolland 1993a, p. 668-69; Schurmann 1994, p. 325). Essa identificação tem várias vantagens: esse Zacarias se encaixa tematicamente com Abel como um homem justo que foi martirizado, ele era um profeta, sua posição em Crônicas o torna o último profeta do AT assassinado de acordo com a ordem canônica da Bíblia hebraica, e sua história era repetida frequentemente entre os judeus (Str-B 1:940-43; Beckwith 1985, p. 215-16). Mas um problema com essa identificação é que o cronista nomeou o pai de Zacarias como Joiada (2Cr 24:20), enquanto Mateus identificou o pai de Zacarias como "Berequias" (Mt 23:35). Carson (1984, p. 485-486) tentou aliviar essa dificuldade sugerindo que Joiada era na verdade o avô de Zacarias.

Outros intérpretes procuram harmonizar Mateus e Lucas sugerindo que ambos têm em vista o profeta escritor. Isso inicialmente parece ser uma forte possibilidade, pois o profeta é identificado como "filho de Berequias, filho de Ido" (Zc 1:1), embora alguns textos simplesmente o chamem de filho de Ido (Ed 5:1; 6:14; Ne 12:16). A leitura textual em Zc 1:1 é bem atestada. A Septuaginta lê Ido como um avô,mas a referência hebraica a Berequias é segura na tradição do manuscrito. Dois problemas consideráveis acompanham essa identificação, no entanto. Primeiro, não há registro explícito de que Zacarias, o profeta escritor, tenha sido martirizado. Em segundo lugar, não está claro por que ele se encaixaria como o ponto terminal para a gama temática a que o autor está aludindo.

Muitos intérpretes concluem que Mateus simplesmente confundiu os dois Zacarias (Plummer 1896, p. 314; Luce 1933, p. 224; Garland 1979, 183n69). Isso parece improvável, pois a distinção entre um sacerdote e um profeta era clara no AT, embora devamos reconhecer que outros textos mostram evidências de uma confusão semelhante. Por exemplo, o Targum em Lm 2:20 diz: "Zacarias, filho de Ido, o sumo sacerdote". O sacerdote de Crônicas provavelmente atuou como profeta em 2Cr 24:19-22, mas sua função sacerdotal foi fundamental em sua identificação como filho de um grande sacerdote.

Uma opção final digna de consideração é oferecida por Gundry (1982, p. 471), que defende uma fusão teológico-literária para reunir as predições do profeta Zacarias com a morte do sacerdote-mártir Zacarias. Se for assim, Mateus não é culpado de confundir as identidades de dois Zacarias, mas, em vez disso, os juntou propositalmente. Essa opção pode parecer excessivamente sutil, mas há evidências de que a homilética judaica pode ter incluído tais combinações (Beckwith, 1985, p. 217-21). (Veja mais comentários em Mt 23:35.)

Lucas 12:4-12

Temam aquele que tem autoridade para lançar as pessoas no inferno (12:5): Essa é a única vez que Lucas usou o termo *Gehenna* (inferno), o lugar onde os mortos são lançados no juízo final. Geena recebe esse nome de um local no vale dos Filhos de Hinom, uma ravina a sudoeste de Jerusalém que servia como uma pilha de lixo onde, entre outras coisas, os corpos de criminosos mortos eram descartados e queimados. Além disso, os reis perversos usaram esse local no início da história de Israel para a adoração de Baal-Moloque, que incluía o sacrifício de crianças em holocaustos (2Rs 16:3; 23:10; 2Cr 28:3; 33:6; Is 66:24; Jr 7:31-32; 19:4-6; 32:34-35). Geena tinha uma conotação terrível e extremamente desonrosa (Arndt 1956, p. 312; Danker 1988, p. 245; Jeremias, *TDNT* 1:657-58; Str-B 4:1022-1118; Mt 5:22; 10:28; 18:9; 23: 33; Mc 9:45, 47; BAGD 153; BAA 306).

Porém, Mateus teria pintado um quadro menos terrível para o destino dos condenados quando falou sobre Deus ser "capaz de destruir a alma e o corpo no inferno" (Mt 10:28)? Esse versículo leva alguns a defender uma doutrina de aniquilação, onde os condenados são destruídos em vez de punidos eternamente. No entanto, um olhar mais amplo sobre o tema mostra que Geena é um lugar onde os julgados são lançados não para serem destruídos, mas para serem punidos. Por exemplo, o próprio Mateus em outro lugar descreveu Geena como sendo um lugar de choro e ranger de dentes (Mt 8:12; 13:42, 50; 22:13; 24:51; 25:30). Portanto, Mateus e Lucas concordam em descrever o Geena como um lugar de sofrimento com a alma incapaz de ser renovada. Isso se encaixa na expectativa judaica em 4Macabeus 13:14-15: "Não temamos aquele que pensa que está nos matando, pois grande é a luta da alma e o perigo do tormento eterno que está diante daqueles que transgridem o mandamento de Deus". (NRSV; Manson 1949, p. 107).

Textos judaicos posteriores ensinam a aniquilação (*t. Sanhedrin* 13.3-4 [= Neusner 1977-86, 4:239]; Manson 1949, p. 107):

> Os ímpios de Israel em seus corpos, e os ímpios das nações do mundo em seus corpos descem ao inferno e são punidos nele por doze meses. Depois de doze meses, suas almas se extinguem e seus corpos são queimados, e eles se transformam em cinzas, e o vento os dispersa e os espalha sob as solas dos pés dos justos.

Mas a data tardia e o caráter de tais textos de aniquilação os tornam improváveis como pano de fundo para os Evangelhos canônicos. (Veja comentários adicionais em Mt 13:42, 50 e Mc 9:44, 48.)

***Blasfêmia contra o Filho do Homem versus blasfêmia contra o Espírito* (Lc 12:10):** Por que a blasfêmia contra o Espírito deveria aparentemente ser levada muito mais a sério do que a blasfêmia contra o Filho? O Filho não é menos divino nem escatologicamente menos significativo do que o Espírito, então não podemos atribuir a diferença ao objeto da blasfêmia. Em vez disso, a resposta pode estar no que é implicado por essas variedades de blasfêmia. Embora falar contra o Filho do Homem seja algo que muitos crentes o fizeram antes da conversão (e.g., Saulo de Tarso), a blasfêmia contra o Espírito é uma rejeição persistente e decisiva da mensagem do Espírito sobre Jesus. A rejeição do Filho é uma consequência do problema mais profundamente enraizado. Quando uma pessoa recusa firmemente a mensagem de Deus revelada pelo testemunho íntimo do Espírito, essa pessoa não é perdoada (Plummer 1896, p. 321; Manson 1949, p. 110). Marshall (1978, p. 518-19) viu Jesus alertando seus oponentes para não negarem a obra do Espírito e argumentou que 12:8-9 trata da apostasia, enquanto 12:10-12 trata de estranhos. Nolland (1993a, p. 679-680) disse que a blasfêmia contra o Espírito é "a negação ou rejeição da manifesta intervenção salvadora de Deus em nome de seu povo... Aquele que se endurece a si mesmo contra o que Deus está fazendo enquanto age para o salvar, coloca-se fora do alcance da disposição presente do perdão escatológico de Deus".

Sempre que os levarem às sinagogas, aos governantes e às autoridades (12:11): Alguns acreditam que Lucas transferiu a linguagem e os temas da igreja primitiva *Sitz im leben* (contexto vital) para o ministério de Jesus, especialmente a conversa sobre aparecer "diante das sinagogas, governantes e autoridades" e receber instruções do Espírito Santo sobre o que dizer. Diante dessa conclusão cética, é razoável concluir que Jesus estava prevendo a futura oposição e como Deus equiparia seus seguidores para lidar com ela. Ele tinha o precedente da execução de João Batista para informá-lo sobre a severidade das lutas que viriam, e a oposição continuou a crescer contra Jesus durante todo o seu ministério. Os leitores evangélicos concedem o conhecimento sobrenatural de Jesus como o Filho divino e o incluem nesta discussão como uma explicação para sua presciência do que aconteceria a seus seguidores. Deixando isso de lado, um observador astuto nesse momento poderia ter tirado conclusões precisas sobre a futura perseguição dos seguidores de Jesus com base nas evidências de João Batista e na resistência dos líderes religiosos de Israel a Jesus.

LUCAS 12:36-48

Uso de Jesus de parábolas com tema escravo: O uso repetido do termo escravos [ou servos] por Jesus em ilustrações e parábolas contaria como um endosso da instituição da escravidão, especialmente porque Ele nunca falou contra ela? Em vez de sinalizar seu apoio à escravidão, o hábito de Jesus de fazer referência a elementos na prática da escravidão ilustra sua prática de comunicação eficaz. Ao ilustrar seus ensinamentos com alusões às instituições e práticas da cultura antiga, Ele aumentou as chances de seus ouvintes entenderem e se lembrarem dos pontos que Jesus queria transmitir. A categoria de mestre e escravo em particular foi eficaz em enfatizar a responsabilidade que uma criatura tem para com o Criador, uma vez que nessas parábolas o mestre ou Senhor é Deus ou Jesus e os escravos nos representam. O uso da imagem de escravo e mestre por Jesus não foi um endosso político da escravidão, mas simplesmente uma maneira vívida de retratar a responsabilidade que todos os humanos devem a Deus.

Quanto ao motivo pelo qual Jesus nunca visou especificamente a eliminação da escravidão, uma possível razão é que Ele não desejava estabelecer um movimento de reforma social que o distraísse e a seus seguidores de sua missão como o Messias que veio para morrer em nome do mundo. E os historiadores muitas vezes observaram que, embora Jesus não tenha feito campanha pessoalmente pelo fim da escravidão, aqueles que o fizeram nos séculos posteriores o fizeram em seu nome e foram levados a fazê-lo através de seus ensinamentos.

Ele o cortará em pedaços (12:46): Estava Jesus defendendo que os criminosos devem ser cortados até a morte como punição? Essa é uma parábola, não uma narrativa histórica nem um ensinamento sobre crime e punição. Como em muitas das parábolas de Jesus, há aqui um "homem estranho", alguém que inicialmente parecia estar em uma posição privilegiada, mas acabou sendo julgado por ser negligente ou mesmo abusivo com as responsabilidades que lhe foram atribuídas pelo mestre (que representa

Jesus ou Deus). Isso mostra que o escravo nunca confiou ou amou verdadeiramente o mestre, mas, em vez disso, era obstinado e egoísta. Ele ser "cortado" por seu comportamento arrogante e abusivo é uma forma figurativa de retratar sua completa rejeição por Deus, em oposição ao espancamento comparativamente brando infligido ao escravo que de forma consciente era desobediente (v. 47) e o leve espancamento daquele que foi desobediente por ignorância (v. 48). O escravo desmembrado não apenas desobedecia ao mestre; fazia exatamente o contrário do que lhe foi pedido, abusando das responsabilidades que lhe foram confiadas.

LUCAS 12:49-53

Não, Eu lhes digo, e sim divisão! (12:51): Alguns textos dizem que Jesus traz paz (Is 9:6; Lc 2:14; At 10:36), enquanto outros falam de trazer divisão (Lc 12:49-53; paralelo em Mt 10:32-39). Em vez de serem contraditórios, esses diversos textos falam do fato de que o que Jesus traz é determinado pelas respostas que recebe. Ele traz paz a todos os que respondem favoravelmente a Deus. Para aqueles que rejeitam a paz de Deus, porém, Jesus traz uma mensagem de julgamento e divisão. Simeão previu essa dupla realidade quando disse que Jesus seria "salvação", "luz" e "glória" (Lc 2:30-32), mas também "um sinal de oposição" (2:34).

LUCAS 13:1-5

Historicidade de Pilatos profanar os sacrifícios e a queda da torre de Siloé: Nenhum desses incidentes é registrado fora do NT. Os críticos sugerem que isso implica em sua historicidade ser duvidosa. Mas a atrocidade atribuída a Pilatos se encaixa facilmente com o que se sabe sobre seu caráter e ações ao longo de seu reinado, e pelo menos cinco incidentes documentados foram propostos como estando por trás da referência de Jesus no versículo 1 (veja Bock 1996, p. 1205). Eles podem não ser esse evento, mas mostram que era o tipo de coisa que Pilatos poderia fazer. E é duvidoso que devamos esperar que os anais históricos registrem um acidente de construção ou falha estrutural que matou apenas 18 pessoas.

A maioria dos que foram mortos provavelmente eram trabalhadores comuns ou cidadãos comuns, pessoas cuja morte teria parecido banal para os cronistas.

A falta de documentação extrabíblica para esses eventos ou casos semelhantes não é surpreendente uma vez que a maioria dos acontecimentos antigos, mesmo os notáveis, não foram registrados, para não mencionar a falha em estar presente em múltiplas fontes atestadas. A documentação não era abrangente naquela época, e mesmos aqueles eventos documentados podiam ser perdidos na história com a destruição dos materiais não permanentes nos quais foram registrados. Para exemplo de como os registros são incompletos, apesar de nossa certeza de que Pilatos existiu e governou para Roma na Judeia de 27 a 36 d.C., não temos um único documento do período que seja diretamente dele. Tudo o que temos é uma inscrição com o nome dele. Portanto, o fato de alguns eventos, como os de Lc 13:1-5, serem registrados apenas no NT não é motivo para rejeitar sua historicidade.

LUCAS 13:10-17

Estava lá uma mulher que tinha se tornado incapacitada por um espírito (13:11): Se um espírito causou a condição dessa mulher, por que sua cura não foi alcançada por meio de exorcismo? Esse versículo indica que Jesus acreditava que a atividade demoníaca estaria por trás de todas as doenças? Os Evangelhos reconhecem claramente que a doença não está necessariamente ligada à atividade demoníaca. Lucas, por exemplo, tinha três categorias para a relação entre atividade demoníaca e doença: condições médicas naturais que não estão relacionadas a demônios (8:43-48; 18:35-43), aflição demoníaca que não causa doença (4:31-37) e uma combinação dos dois (9:37-45). A aflição da mulher caiu na última categoria. Como o menino curado de epilepsia, a doença dessa mulher era complexa e envolvia mais do que apenas uma condição médica. Alguns especulam que o demônio que a estava oprimindo a fez sofrer de depressão. Seus sintomas envolviam uma postura excessivamente curvada ou desleixada, que por sua vez pode levaria a uma condição médica na qual a vítima não conseguia se endireitar.

Pode ser mais correto pensar na mulher como influenciada ou oprimida pelo demônio, em vez de realmente possuída por ele, pois o foco da passagem é sua condição médica e não diz nada sobre sua manifestação de comportamentos típicos de possessão demoníaca. Sobre a fraqueza corporal causada por espíritos malignos, veja 1Qap Gen 20.17, 21-29; Stahlin, *TDNT* 1:493; Marshall 1978, p. 557.

Venham, portanto, nesses dias e sejam curados (13:14): Lucas retrata o chefe da sinagoga indignado porque Jesus curou a mulher no sábado, mas a cura era realmente proibida no sábado? Enquanto o líder da sinagoga desafiou a escolha de Jesus de curar no sábado porque ele considerava isso um ato de trabalho, não temos um texto judaico específico desse período que proíba a cura no sábado (Meier 2009, p. 235-67, questiona a autenticidade da cena nesta base). Mas não pode haver dúvida sobre a abordagem estrita que muitos adotaram em relação ao sábado. Temos textos que listam uma série de coisas proibidas, como o famoso texto "40 menos um" do *m. Shabbat* 7.2 (Bock/Herrick 2005, p. 80) que lista 39 ações proibidas no sábado. A repreensão do governante aparentemente depende de uma leitura tradicional de Êx 20:8-11 e Dt 5:12-15 (Danker 1988, p. 261; Tiede 1988, p. 250; Schneider 1977a, p. 300). Tais regras proibiam 39 formas de trabalho no sábado. Outros tipos de trabalho limitado eram permitidos, como levar o gado à água, um ponto semelhante ao que Jesus levanta (Lc 6:2; Manson 1949, p. 189-90, 275; Str-B 2:199-200; Schweizer 1984, p. 222). A Mishná permitia que o gado fosse conduzido no sábado, desde que não carregasse uma carga (*m. Shabbat* 5). Além disso, um animal poderia ser amarrado para evitar que ficasse vagueando (*m. Shabbat* 15.2).

Os essênios eram ainda mais rígidos que os fariseus; CD 11.13-14 diz: "Ninguém deve ajudar um animal em sua entrega no dia de sábado. E se cair em um poço ou vala, não se deve levantá-lo no sábado". No entanto, os essênios permitiam que uma pessoa viajasse até dois mil côvados (cerca de 900 metros) para levar seu gado para pastar (CD 11.5-6; Marshall 1978, p. 558-559; Manson 1949, p. 275).

A reclamação do dirigente da sinagoga reflete a reação dos escribas e fariseus a uma cura realizada no sábado anterior por Jesus (Lc 6:6-11). O governante é retratado como não tendo aprendido nada com as advertências anteriores de Jesus. Para o líder da sinagoga, qualquer dia, menos o sábado, era bom para a cura. Para Jesus, não há dia melhor para Deus mostrar sua bondade do que o sábado.

Lucas 14:1-24

Certo sábado (14:1): Mais uma cura sabática (compare 4:38-41; 6:6-11; 13:10-17) mostrando que Jesus repetida e propositadamente estabeleceu situações que trariam à tona a questão de sua autoridade. Isso deu a Israel ampla chance de responder, mas apesar dos repetidos sinais e advertências de Jesus, nada mudou entre a liderança religiosa.

Os pobres, aleijados, cegos e coxos! (14:21): Entre seus contemporâneos judeus, uma das evidências mais importantes da identidade de Jesus como Messias foi seu papel como curador e defensor dos humildes, o que cumpriu as expectativas messiânicas estabelecidas por passagens como Is 61:1-2: "O Espírito do Senhor Deus está sobre mim, porque o Senhor me ungiu para levar boas-novas aos pobres. Ele me enviou para curar os quebrantados de coração, para proclamar liberdade aos cativos e liberdade aos prisioneiros; proclamar o ano da graça do Senhor e o dia da vingança do nosso Deus; para consolar todos os que choram". Este versículo (Lc 14:21), com sua ênfase nos "pobres, aleijados, cegos e coxos", é paralelo às observações encontradas anteriormente em Lucas (4:16-18 e 7:22-23), em que a obra de Jesus entre essa classe de pessoas mostrou que Ele estava trazendo a prometida nova era e que Ele era o enviado de Deus.

Faça-os entrar (14:23): Esse versículo não significa que Deus leva as pessoas ao céu por compulsão. Em vez disso, a ideia aqui é urgência. Deus fixa a hora do banquete. Ele não ajustará o horário só porque o escravo não estava tendo sucesso em atrair as pessoas. A falta de resposta dos pecadores não alterará a tempo divino, fato que aumenta a gravidade de nossa resposta ao convite. O banquete retrata o cumprimento do reino do fim dos tempos com a vinda de Cristo (Ap 19:9).

Lucas 14:25-35

Odeie seu próprio pai e mãe (14:26): Devemos realmente odiar nossos entes queridos para seguir a Jesus? Em vez de estabelecer o ódio à família como uma ética literal aqui, Jesus usou linguagem retórica para abordar quais lealdades deveriam ter prioridade. Deve-se amar a Deus e buscá-lo como prioridade máxima. Portanto, o apelo ao "ódio" não tinha em vista um ódio literal. Caso contrário, Ele estaria contradizendo seu próprio ensinamento de que devemos amar nosso próximo como a nós mesmos (Lc 10:25-37). O chamado para odiar significa simplesmente "amar menos", como visto em outras partes das Escrituras (Gn 29:30-31; Dt 21:15-17; Jz 14:16). A imagem é propositadamente forte, destacando a prioridade de colocar Deus como sua maior busca. Todas as outras preocupações devem ficar em segundo plano em relação a seguir a Jesus (Lc 8:19-21; 9:59-62; 12:4, 49-53; 16:13). Os Evangelhos de Mt 10:37-39, Lc 9:24 e Jo 12:25 fazem uma observação semelhante, embora Mateus tenha suavizado a força emotiva da declaração de Jesus fazendo-o advertir contra os perigos de permitir que o amor pela família seja maior do que o amor por Ele. Esse também é o significado de Lucas, embora ele o tenha apresentado em termos muito mais rígidos.

Para colocar a declaração de Jesus no contexto, devemos lembrar que, na época, muitos viam um judeu que escolheu seguir Jesus como um traidor, resultando em possível afastamento de sua família. Devido a esse fato, qualquer um que desejasse ser aceito pela família mais do que um relacionamento com Deus poderia ter pesado os resultados e decidido contra seguir a Jesus. Essa era a indecisão contra a qual Jesus estava alertando. Os discípulos deviam estar dispostos a segui-lo mesmo que isso significasse perder tudo o mais.

Quem não carrega a sua própria cruz (14:27): Sobre a questão de saber se esse é um ditado anacrônico, emprestado do cenário da igreja primitiva e colocado nos lábios de Jesus por Lucas, veja os comentários em 9:23.

Se o sal perder o sabor (14:34): No antigo Israel, o sal (gr. *halas*) era usado como tempero, fertilizante e conservante (Jó 6:6; Lc 14:35; BAGD 35; BAA 67). Mas faz sentido falar que o sal perde o sabor ou se torna inútil? Algumas circunstâncias diferentes podem dar origem a essa situação. Primeiro, os padeiros espalhavam sal no chão de seus fornos para produzir um efeito catalisador no combustível, que geralmente era esterco de gado. O efeito acabaria desaparecendo, levando o padeiro a descartar o agora inútil sal (Marshall 1978, p. 596; Creed 1930, p. 195). Em segundo lugar, a maior parte do sal usado em Israel vinha de tanques evaporados ao redor do mar Morto e era misturado com gesso e outras impurezas. Não era tão puro quanto o sal de mesa moderno. Quando esse composto se tornava úmido, a evaporação retirava grande parte do sal, deixando para trás principalmente impurezas, resultando na perda do sabor salgado. Esse "sal" era, portanto, jogado fora (Jeremias 1963a, p. 168–69; Kistemaker 1980, p. 3-4; Hauck, *TDNT* 1:229; Nolland 1993a, p. 765).

Lucas 15:11-30

Ele ficou com raiva e não queria entrar (15:28): Críticos pertencentes ao chamado Novo Ateísmo afirmam que a Bíblia retrata Deus como um monstro moral que se preocupa mais com regras do que com pessoas. Mas essa parábola, onde o pai representa Deus, o descreve como tão misericordioso para com o filho arrependido que o filho mais velho fica irritado. A barreira entre o homem pecador e o Deus santo não é a relutância de Deus em perdoar ou a preferência pelo julgamento sobre a misericórdia. Em vez disso, é nossa recusa em nos arrepender. Como essa parábola ilustra, no entanto, assim que nos arrependemos, Deus abre as portas da misericórdia e nos dá as boas-vindas. Além de nos dar uma imagem verdadeira do coração de Deus para com os perdidos, essa parábola é um bom lembrete de que, ao envolvermos os incrédulos com nossas apresentações apologéticas, devemos ter a mesma prontidão de Deus para acolhê-los incondicionalmente quando eles têm uma mudança de coração.

Lucas 16:1-13

***O uso de Jesus de um exemplo antiético* (16:1-13):** Jesus teria elogiado o comportamento antiético nessa parábola? Afinal, a impressão que muitos leitores têm é que o mordomo desonestamente revisou as dívidas para baixo a fim de obter favores. Sugestões comuns para explicar o que o mordomo fez são as seguintes: primeiro, talvez o servo simplesmente tenha baixado o preço sem nenhuma justificativa óbvia. O mordomo teve que imaginar que esse ato provavelmente prejudicaria e irritaria seu mestre, mas ao mesmo tempo teria conquistado o favor dos devedores, o que poderia ser útil devido ao seu desemprego iminente. Em segundo lugar, possivelmente ele cancelou a cobrança de juros, que estava de acordo com a lei mosaica (Êx 22:25; Lv 25:35-37; Dt 15:7-8; 23:19-20; Derrett 1970, p. 56-63, especialmente p. 56-57). Esse ato aumentaria suas chances de conseguir um emprego e também traria o favor de seu patrão de adequá-lo à lei. Um possível golpe contra essa solução proposta é o fato de que as dívidas são reduzidas por taxas diferentes (a primeira conta é reduzida pela metade, a segunda é reduzida em 20%), mas talvez produtos diferentes tivessem taxas de juros diferentes (Derrett 1970, p. 66, 69). Terceiro, é possível que o mordomo tenha cancelado sua própria comissão do total da dívida, sacrificando seu próprio dinheiro em vez do de seu mestre. A taxa diferente de redução pode ser atribuída ao fato de ele receber diferentes taxas de comissão em diferentes produtos.

Qual dessas visões é a melhor? Derrett (1970, p. 65-72) apresentou um bom argumento de que o cenário judaico suporta melhor a segunda visão, onde o mordomo cancelou os juros das contas. Claramente, o motivo do mordomo era gerar gratidão entre aqueles que poderiam ajudá-lo após o término de seu emprego, mas dada a resposta favorável do mestre (v. 8), é duvidoso que o mordomo tenha agido desonestamente como a primeira visão implica.

Portanto, talvez a redução da dívida não envolvesse desonestidade, afinal. A referência ao mordomo como "desonesto" pode aludir apenas às acusações de 16:1 e não ao que se segue. Isso se encaixa com o mestre elogiando o mordomo por agir "astutamente" (*phronimōs*), um elogio que ele dificilmente daria se o mordomo tivesse acabado de se provar desonesto novamente. O mordomo estava pensando no futuro, que é aquilo que Jesus recomendou. Ele previu o desemprego que iria enfrentar. Assim, ele agiu generosamente para com os outros, a fim de que levassem em consideração sua situação.

LUCAS 16:14-31

Todos são fortemente exortados a entrar nele (16:16): Onde a HCSB traduz o final do versículo 16 dessa maneira, outras traduções têm "todo mundo força seu caminho para dentro dele" (ESV), "e todo homem se esforça para entrar nele" (KJV) e "todo mundo está forçando seu caminho para dentro dele" (NASB). A abordagem adotada nessas outras traduções é preferível? Se sim, o que significa que as pessoas estavam abrindo caminho para entrar no reino de Deus? Essa tradução pode parecer implicar que podemos trabalhar nosso caminho para a salvação.

Duas questões importantes para determinar a tradução e o significado do versículo 16 envolvem *biazetai* e *biazō*. Primeiro, *biazetai* é voz média ou voz passiva? Essa é a diferença entre todos agirem por si mesmos (i.e., "todos entram à força por si mesmos") e algo que é feito a todos (i.e., "todos são forçados a entrar"). Em segundo lugar, o significado de *biazō* é "entrar", "insistir" ou "chegar violentamente"?

Outra questão é a influência de Mt 11:12-13 para a interpretação de Lc 16:16. As passagens têm contextos distintos e devem ser abordadas individualmente. As palavras de Mateus são diferentes; ele também disse que o reino dos céus chega violentamente ou sofre violência (*biazetai*) e que os homens violentos o tomam à força (*biastai*). Embora o "reino dos céus" e o "reino de Deus" apresentem a mesma ideia, o restante das imagens difere significativamente. O que Mateus atribuiu especificamente aos homens violentos deve ser atribuído a todas as pessoas em Lucas, se de fato Lucas e Mateus forem tomados como paralelos aqui. É melhor concluir que Mateus não tem valor para determinar como lidar com as palavras de Lucas e que as observações ocorrem em contextos distintos.

Quanto ao significado de *biazō*, o sentido básico é "aplicar força". Várias interpretações propostas para Lucas 16:16 suportam um exame (Leaney 1958, p. 223–24; BAGD p. 140-41; BAA p. 280-81). Primeiro, o termo pode ser negativo e em voz média: "todos agem violentamente contra ele". Nessa tradução, o reino está sujeito à oposição universal (Ellis 1974, p. 203, menciona forças demoníacas). Essa visão pressupõe uma ligação com Mateus, considerando que na passagem de Mateus a força é claramente negativa, onde o mundo inteiro se opõe ao reino. Mas, como mencionado antes, a ligação entre Mateus e Lucas aqui é duvidosa.

Em segundo lugar, o termo pode ser positivo e na voz média: "todo mundo tenta forçar seu caminho para ele" (Hendriksen 1978, p. 774; Manson 1949, p. 134-35; Schrenk, *TDNT* 1:612). Mas essa perspectiva positiva combina com as experiências de Jesus? Longe de todos correrem para abrir caminho para o reino, a resistência aos ensinamentos e reivindicações de Jesus tem sido o tema comum.

Terceiro e mais provável, o verbo pode ter uma força suavizada e estar na voz passiva: "todos são instados insistentemente a entrar" (Schweizer 1984, p. 258; Fitzmyer 1985, p. 1117). A HCSB adota essa abordagem. Essa visão se encaixa no contexto, onde Jesus exortou seus oponentes constantemente em uma tentativa de persuadi-los a aceitá-lo. Jesus apresentou a mensagem a todos, e todos tiveram a chance de entrar e compartilhar dos benefícios do reino (cf. 14:15-24). Mas se alguém quiser compartilhar a mensagem do reino, deve responder à autoridade de Jesus — não zombar dela (16:14).

Essa terceira opção obviamente alivia as dificuldades levantadas anteriormente no parágrafo introdutório. Se a imagem que Lucas pretendia transmitir era de pessoas sendo instadas a entrar no reino, não há como entrar à força, sendo forçados por outro ou trabalhando seu caminho para a salvação.

Todo aquele que se divorcia de sua mulher (16:18): Os paralelos de Mateus (Mt 5:32; 19:9) incluem uma cláusula de exceção ("exceto por imoralidade sexual") que falta em Mc 10:11 e Lc 16:18. Estariam esses textos, portanto, em conflito? A observação de Lucas aqui é breve e oferecida como um exemplo de como a vinda do reino em Jesus não significa uma mudança nos compromissos éticos. Lucas deu o princípio básico em vez do ensino completo (Arndt 1956, p. 362). Dito de maneira mais simples, o princípio diz: "não se divorcie". O divórcio viola a aliança tripla entre Deus, o marido e a esposa. As palavras de Jesus em Lucas são colocadas em termos absolutos: o divórcio leva ao adultério porque pressupõe-se que uma pessoa se divorcia porque decidiu casar-se com outra pessoa, caso em que o próprio novo casamento é um ato de infidelidade aos votos originais (Marshall 1978, p. 631).

Mateus tratou de forma mais abrangente o divórcio e o novo casamento e, ao fazê-lo, mencionou que o divórcio é permitido em casos de *porneia*, que pode ser infidelidade durante o noivado, um casamento entre famílias que anula o primeiro casamento (Lv 18:6-19; 20:11-21; Dt 27:20; Ez 22:10; CD 4.20—5.10), ou, muito mais provavelmente, qualquer tipo de imoralidade sexual (BAGD 693; BAA 1389). A implicação da cláusula de exceção parece ser que, se o divórcio for concedido por causa de adultério, o parceiro fiel está livre para se casar novamente. Paulo, que conhecia o ensinamento de Jesus, acrescentou que a deserção de um incrédulo também permitia o divórcio (1Co 7:10-16). (Veja mais comentários em Mt 9:9 e Mc 10:11.)

Lucas 16:19-31 é uma parábola ou uma narrativa histórica? Várias questões importantes cercam essa história. Em relação ao gênero, é uma parábola? E deveríamos olhar para essa história em busca de detalhes verdadeiros sobre a vida após a morte? Vários fatores podem sugerir a alguns que a história não é uma parábola. Primeiro, não é chamada de parábola, e as parábolas são tipicamente identificadas como tal (e.g., 8:4; 12:16, 41; 13:6; 15:3; 18:9). Em segundo lugar, as parábolas fazem comparações com situações cotidianas para ensinar uma verdade espiritual, mas a introdução dessa história não faz essa comparação. No entanto, devemos observar que há precedentes para parábolas sem essa introdução (e.g., Mc 12:1; Lc 15:1; 19:12; Linnemann 1966, p. 16). Terceiro, nenhuma outra parábola dá nomes a seus personagens. Fato pelo qual essa passagem sugere a alguns que não é uma parábola. Quarto, a presente passagem inclui detalhes vívidos sobre a vida após a morte, algo não feito em outras parábolas. No entanto, o argumento de que esse relato é uma parábola é forte.

Juntamente com as histórias do bom samaritano (10:25-37), do rico tolo (12:13-21) e do fariseu e do cobrador de impostos (18:9-14), Linnemann chamou a história do homem rico e Lázaro, uma ilustração, um tipo especial de parábola desenvolvida (1966, p. 4-5). Notadamente, a passagem do bom samaritano também carece de uma nota introdutória especificando que o material é uma parábola. O presente relato é claramente ilustrativo e comparativo, e Fitzmyer (1985, p. 1126) corretamente o chama de uma história exemplar. Blomberg (1990, p. 73) considera exemplos de histórias como uma subclasse de parábolas, então estamos justificados a ver esse relato como uma parábola. Ele não apresenta um evento histórico literal, assim como o bom samaritano, mas mesmo assim retrata um comportamento possível. Um dos personagens mencionados nessa parábola não é uma indicação de que uma figura histórica literal está em vista, mas, em vez disso, é o meio pelo qual Jesus apontou que o homem rico sabia quem era o pobre — enquanto Lázaro estava sentado ao seu portão e o homem rico não fez nada para ajudá-lo. Essa inação enfatiza a falha moral vividamente ilustrada nessa parábola. Outra indicação de que se trata de uma parábola é o homem rico poder ver Lázaro e Abraão em seu estado abençoado. Isso convém a uma história ilustrativa, não a um retrato literal das comunicações entre o Hades e o Céu. Portanto, não devemos pressionar Lc 16:19-31 para obter descrições precisas de como é o inferno ou o estado abençoado.

No entanto, traz alguns pontos sobre a vida após a morte que são verdadeiros. Primeiro, uma vez que alguém é julgado, não há segunda chance (cf. Hb 9:27). Em segundo lugar, a vida após a morte é de tal modo terrível que ninguém deseja experimentar o julgamento.

Junto de Abraão (16:22): A expressão "junto de Abraão" seria uma tradição extrabíblica incorporada por Lucas? Uma espécie de estado pré-céu? Conforme declarado nos comentários anteriores em 16:19-31, esse relato é uma subclasse de parábolas que não devemos ler como história literal. Assim, não devemos pressionar para obter detalhes sobre o que, se houver, as realidades da vida após a morte estão em vista com a menção junto de Abraão. É simplesmente uma expressão que indica ser abençoado na vida após a morte.

A expressão junto de Abraão ("seio" em outras traduções) foi concebida como um lugar de bênção onde Abraão acolhe os fiéis. Os gregos falavam do "seio da Mãe Terra" para designar sua concepção da morada dos mortos (MM 353). Talvez o conceito do seio de Abraão tenha surgido como uma resposta a isso. Também é possível que esse conceito tenha surgido simplesmente como uma forma mais concreta de dizer que alguém foi "reunido aos pais" (Gn 15:15; 47:30; Dt 31:16; Jz 2:10; 1Rs 1:21; Ernst 1977, p. 474).

LUCAS 17:1-10

Colocação e fonte das palavras em 17:1-6: A configuração desses ditos difere de Mateus e Marcos, e os próprios ditos também são um pouco diferentes.

- Lc 17:1-3a é como Mt 18:6-7 e Mc 9:42.
- Lc 17:3b-4 é como Mt 18:15.
- Lc 17:5-6 é como Mt 17:19-21 e Mc 9:28-29.
- Lc 17:7-10 é exclusivo de seu Evangelho.

Jesus teria dito essas coisas várias vezes ou os evangelistas modificaram os relatos para seus propósitos?

A justificativa para o agrupamento dessas declarações por Lucas não é clara. Os intérpretes normalmente sustentam que Lucas estava usando Q, uma fonte compartilhada por Mateus e Lucas. A sobreposição entre Lucas e Marcos pode sugerir o contrário, mas a maioria dos intérpretes vê Q presente o tempo todo enquanto leva Marcos para influenciar 17:1-3a. Marcos ou o material lucano especial é visto como significativo em 17:5-6.

A falta de correspondência verbal e as diferenças nas ilustrações com a composição geral de 15:1—17:10 levantam outra possibilidade: talvez Lucas tenha extraído esse material de sua fonte lucana especial, o que significa que são ditos distintos usando temas semelhantes. O texto de Mt 18:6-7 discute os elementos encontrados em Lc 17:1-3a na ordem inversa. Já Lc 17:3-4 está localizado em duas seções distintas em Mateus (18:15 e 18:21-22). Mateus dá a discussão sobre perdoar um irmão setenta vezes sete em resposta à pergunta de Pedro, enquanto Lucas dá a declaração sobre o perdão como um ensinamento direto. Em Mt 17:20 Jesus disse que uma montanha pode ser movida pela fé, enquanto Lc 17:6 apresenta Jesus ensinando que pela fé um discípulo pode ordenar que uma amoreira seja arrancada e plantada no mar. Essas ilustrações são radicalmente diferentes entre Lucas e Mateus.

Em conclusão, uma vez que a maior parte de 15:1—17:10 é semelhante, mas não paralela a Mateus, é melhor concluir que o material de Lucas é distinto do de Mateus, que vem do material especial de Lucas (frequentemente designado como L) e que, portanto, temos um cenário em Lucas distinto dos relatos de Mateus e Marcos.

Se vocês tiverem fé do tamanho de um grão de mostarda (17:6): Estaria Jesus defendendo uma abordagem diga-isso, reivindique-aquilo para a oração? Na verdade, a questão que Jesus enfatizou não é quanta fé alguém tem (uma vez que é preciso apenas um pouco), mas em quem essa fé é colocada (o Deus que é poderoso para fazer tudo o que pedimos). Mesmo um pouco de fé pode realizar muito. Essa não é uma promessa de uma carta branca dizendo que receberemos de Deus tudo o que pedirmos, porque, em última análise, é a vontade de Deus que determina como nossas orações serão respondidas. Paulo é um exemplo de cristão fiel que pediu algo em oração (a remoção do espinho na carne), mas descobriu que a vontade de Deus era recusar seu pedido (2Co 12:7-9).

Somos servos imprestáveis (17:10): Os críticos às vezes dizem que a Bíblia retrata os humanos como inúteis, meros grãos para o moinho do julgamento de Deus. Às vezes, eles até dizem que a antropologia bíblica reflete a visão filosófica grega chamada hierarquia do ser, onde as coisas verdadeiramente boas são imateriais, e todas as coisas materiais são por natureza menos boas do que as realidades imateriais. A afirmação de que somos "servos imprestáveis" pode parecer apoiar isso, mas isso seria um mal-entendido desse versículo e da antropologia bíblica em geral. O presente comentário de Jesus foi retórico e falou da humildade da humanidade diante de Deus, não de nossa suposta indignidade como criaturas. Certamente caímos e nos separamos de Deus devido aos nossos pecados (Gn 3:22-23; Rm 3:23), mas ainda somos objetos do amor de Deus e sujeitos de seu plano de redenção (Sl 8:5-6; Jo 3:16; Rm 6:23).

LUCAS 17:11-19

Enquanto viajava para Jerusalém, Ele passou entre Samaria e a Galileia (17:11): Alguns críticos dizem que Lucas é culpado de confusão geográfica aqui, pois para passar ao longo da fronteira que divide a Galileia de

Samaria é preciso mover-se para o leste e para o oeste, aparentemente inconsistente com a jornada contínua de Jesus em direção a Jerusalém, que fica ao sul de Samaria. Há uma variação textual nesse versículo, sugerindo que antigos leitores de Lucas reconheceram a possível dificuldade geográfica que essa passagem levanta e tentaram esclarecê-la.

Como uma possível solução, Marshall (1978, p. 650) sugeriu que Lucas estava classificando a Pereia (que fica a leste de Jerusalém) como parte da Galileia. Nesse caso, Jesus estava de fato indo para o sul, mais ou menos diretamente para Jerusalém. Mas essa sugestão é problemática, pois, como Marshall observou em outro lugar (1970, p. 70-71), a Judeia teria incluído tanto a Pereia quanto a Galileia quando unidas sob um único governante (Plínio, *História natural* 5.15 §70; também Tácito, *Anais* 12.54; Estrabão 16.2.21 [c756]; Dio Cassius 37.16.5). Não seria uma área distinta. Esse fato histórico torna improvável que Lucas tenha confundido a Pereia e a Galileia de maneira a excluir a Judeia. Se Jesus estivesse indo para o sul, a referência natural teria sido a Judeia. Isso pressupõe que Lucas estava usando amplas descrições geográficas que se encaixam em seu tempo e que Jesus neste ponto estava viajando para o leste e para o oeste.

Após uma consideração mais aprofundada, parece que o problema geográfico é exagerado em primeiro lugar. Devemos ver o tema da viagem a Jerusalém como mais temporal ou literário do que estritamente geográfico. Sob este aspecto, seria correto dizer que Jesus estava "se aproximando" de Jerusalém, mesmo quando não se dirigia fisicamente a ela, pois o tempo todo se aproximava para Ele ir a Jerusalém. Essa passagem se refere a uma viagem de destino, não a um itinerário.

Lucas 17:20-37

O reino de Deus está entre vós (17:21): O reino de Deus havia chegado nos dias de Jesus ou ainda era uma realidade futura? Pode parecer que Jesus foi inconsistente nessa questão, pois no presente versículo Ele falou do reino como uma realidade presente, em vez de algo a ser observado, enquanto em outro lugar Ele falou dele como uma realidade futura (e.g., Lc 22:18, onde Ele disse: "Porque eu vos digo que de agora em diante não beberei do fruto da videira até que venha o reino de Deus").

Em vez de se contradizer, as declarações de Jesus indicam que o reino de Deus passou a estar presente por meio de seu ministério e, no entanto, também aguarda um cumprimento futuro e completo na época de sua segunda vinda. Esse tema já-ainda-não está presente em todo o NT, como por exemplo em 1Pe 1:5, que diz que os crentes são atualmente guardados pelo poder de Deus (o reino está presente) para uma salvação a ser revelada no fim dos tempos (o reino é futuro).

No presente contexto, Jesus estava enfatizando que o reino está ao nosso alcance. A presença e a atividade de Jesus significavam que o reino não precisava ser buscado; Jesus o trouxe consigo (Lc 11:20 é semelhante em vigor). No que se segue, Jesus indicou que o fim ou consumação da promessa do reino acontecerá na volta do Filho do Homem, mas isso não poderia ocorrer antes de seu sofrimento. Esse retorno acontecerá no meio da vida, quando muitos não estarão preparados para isso ou para o julgamento que vem com Ele.

O versículo 36 é original de Lucas? Embora alguns manuscritos (D, a maioria Itala, alguns siríacos, alguns Lect, vários minúsculos e família 13) incluam essa ilustração de dois trabalhadores de campo, importantes manuscritos alexandrinos e bizantinos não o fazem (P75, ℵ, A, B, L, Δ, Θ, Ψ, família 1, Byz, copta). Por essa razão, o versículo 36 provavelmente não deve ser considerado original do texto de Lucas (Metzger 1994, p. 142–43). Em relação ao fato de como a inserção veio estar presente em alguns MSS, muito provavelmente é uma assimilação de Mt 24:40, onde essa ilustração é textualmente segura.

Lucas 18:1-8

Orar sempre (18:1): Jesus encorajou a oração incessante aqui, mas em outro lugar Ele condenou aqueles que "balbuciam" e usam "muitas palavras" (Mt 6:7). Jesus se contradisse nessas duas passagens? A presente observação de Jesus não advoga orações prolixas ou vistosas que são a marca daqueles que desejam chamar a atenção para si mesmos, mas, ao contrário, encoraja orações consistentes e repetidas por parte dos fiéis. Os discípulos não devem se cansar de orar por justiça.

Quando o Filho do Homem vier, encontrará essa fé na terra? (18:8): As observações de Jesus mostram uma tensão. Por um lado, Jesus prometeu que Deus dará uma rápida vindicação de seus eleitos ("Ele prontamente lhes fará justiça"), o que implica que Deus não demorará em ajudar seu povo (v. 7-8). Por outro lado, Jesus falou de um atraso tão longo que é questionável se a fé terá persistido na terra. A tensão aqui é importante. Somente desconsiderando essa tensão os críticos podem dizer que Jesus prometeu a seus contemporâneos uma vindicação imediata e o cumprimento completo do reino.

Lucas 18:15-17

Quem não receber o reino de Deus como uma criança, nunca entrará nele (18:17): Os críticos dizem que o proselitismo cristão ataca a ignorância e a ingenuidade dos incrédulos. A declaração de Jesus aqui justificaria essa acusação ensinando-nos a ser ingênuos e acríticos em nossa aceitação da fé cristã? Em vez de prescrever uma aceitação irracional do reino, Jesus estava apresentando como exemplo uma confiança irrestrita em Deus, semelhante à confiança que os filhos depositam em seus pais.

Lucas 18:18-30

Ninguém é bom exceto um — Deus (18:19): Os críticos sugerem que Jesus indiretamente negou sua divindade aqui, dizendo que ninguém é bom, exceto Deus, mas um olhar mais atento ao contexto revela que Jesus não estava tentando enfatizar sua própria identidade. Há dois possíveis objetivos que Jesus podia ter em mente. Primeiro, Jesus pode ter percebido que o governante não estava sendo sincero ao chamá-lo de "Bom Mestre". Se assim for, a resposta de Jesus foi uma rejeição da lisonja do governante (Danker 1988, p. 299; Arndt 1956, p. 383). Isso teria o efeito de fazer com que o governante reconsiderasse suas palavras descuidadas. Em segundo lugar, Jesus procurou restringir o foco do governante à questão de saber se ele responderia a Deus (Fitzmyer 1985, p. 1199; Warfield 1914, p. 211).

A segunda explicação se encaixa melhor no contexto, devido ao fato de que Jesus imediatamente passou a citar os mandamentos de Deus (v. 20). O governante tentou honrar Jesus chamando-o de "Bom Mestre", mas precisava reconhecer que "bom" é um termo relativo, exceto quando aplicado a Deus. Ser bom pelos padrões humanos não é o mesmo que ser bom pelos padrões de Deus. Deus deve fornecer o tipo de bem necessário para alcançarmos a vida eterna. O governante também deveria ter percebido que, se ele realmente achava que Jesus era um bom mestre, deveria seguir suas instruções.

Em resumo, ao invés de tentar definir a si mesmo como não-divino, a declaração de Jesus de que ninguém é bom, exceto Deus, enfatizou a santidade e a justiça de Deus em oposição à vã tentativa humana de ganhar a vida eterna. Se o governante realmente queria seguir o "bom", Jesus o convidou a seguir a Deus e obedecer aos ensinos de seu "Bom Mestre".

Você conhece os mandamentos (18:20): A resposta de Jesus deixou os ouvintes perplexos, os quais esperavam que Ele falasse de graça em vez de obras em resposta à pergunta do governante sobre o que ele precisava fazer para "herdar a vida eterna" (v. 18). Jesus estaria ensinando a salvação pelas obras aqui?

Jesus estava dizendo que a salvação envolve responder corretamente a Deus, o que, de acordo com a opinião popular no judaísmo da época, significava resposta à lei (Dt 27:26). Atos de justiça eram vistos como um requisito para ganhar a vida eterna. Dt 30:15-20 pode ser visto como um comentário e resumo sobre o mesmo ponto que Jesus fez (Danker 1988, p. 300). O NT em outro lugar deixa claro que a única maneira de atender aos requisitos de Deus para a justiça é implorar pela graça, em vez de tentar ganhar uma posição justa por meio de obras (e.g., Rm 3:21-31; também Lc 18:9-17). Na passagem atual, Jesus se concentrou em revelar ao governante que ele não havia cumprido toda a lei afinal, pois Jesus identificou no ato de obediência que o governante achou muito difícil de cumprir e chamou o homem para segui-lo (v. 22-23; compare com Mt 11:28-30).

Em sua resposta, Jesus citou os mandamentos 7, 6, 8, 9 e 5 do Decálogo (Êx 20:12-16; Dt 5:16-20). Por que Ele se concentrou exclusivamente na parte ética do Decálogo (aquelas leis que regulam as relações de pessoa com pessoa), omitindo mandamentos relativos à relação vertical (homem-Deus)? Um aspecto da resposta é que a maneira como você trata os outros é uma indicação mensurável de como é seu relacionamento com Deus. Isso lembra o ensinamento de Lc 1:16-17, onde o anjo explicou a Zacarias que voltar-se para Deus levaria à reconciliação em muitos relacionamentos humanos. Outro fator pode ser a tendência de Lucas de incluir advertências aos ricos para que não sejam egoístas. A ênfase de Jesus na porção ética dos mandamentos serviu como um lembrete de que o governante deve ser centrado no outro, olhando para o bem-estar dos outros (Lc 12: 13-21; 16:19-31). As pessoas tratarão bem as outras como resultado de estarem corretamente relacionadas com Deus (10:27).

Venda tudo o que você tem e distribua aos pobres (18:22): Os críticos dizem que os verdadeiros cristãos devem seguir esse mandamento e renunciar à propriedade de todos os bens mundanos. Mas estaria Jesus declarando um requisito que se aplica a todos os discípulos?

A ordem de Jesus aqui foi um diagnóstico específico para o governante, a quem Jesus percebeu que estava colocando sua confiança na riqueza. O chamado para vender seus bens o forçaria a colocar sua confiança em Deus. Essa leitura se encaixa no tema geral desta seção de Lucas, que enfatiza a humildade diante de Deus e a confiança nele para nossas necessidades (e.g., o cobrador de impostos nos v. 9-14, as crianças nos v. 15-17 e o mendigo cego nos v. 35-43). A resposta de Zaqueu (19:1-10) mostrou uma disposição de atender ao chamado para ser generoso que contrastava com o fariseu (18:9-14), o governante (v. 18-23) e os discípulos (v. 25- 30).

O fato de Jesus não ter pedido a Zaqueu que vendesse tudo o que possuía mostra que a venda de posses não é exigida de todos os discípulos. A prescrição de como um discípulo lida com suas posses corresponderá ao diagnóstico de sua condição espiritual e, portanto, difere de pessoa para pessoa. Mas em todos os casos os discípulos devem confiar em Deus e tê-lo em primeiro lugar (16:13). A ordem radical de Jesus para que o governante vendesse todas as suas posses trouxe esse ponto para ele com força.

É mais fácil um camelo passar pelo fundo de uma agulha (18:25): Tem sido comum na história da interpretação dizer que "o buraco de uma agulha" não se refere a uma agulha de costura, mas a uma porta estreita chamada Porta da Agulha. Essa era uma porta menor situada dentro dos portões muito maiores da cidade, e os camelos só podiam passar por ela se ficassem de joelhos.

No entanto, ao contrário dessa interpretação popular, a declaração de Jesus tinha em vista uma agulha de costura e não uma porta. O ponto de Jesus era que é impossível para uma pessoa rica vir a Deus por conta própria. Em vez de uma ajuda para ganhar o céu, a riqueza mundana pode gerar uma autoconfiança e orgulho que na verdade atrapalham o relacionamento de uma pessoa rica com Deus. Isso ia contra a expectativa judaica comum, o que explica a forte reação dos discípulos: "Então, quem pode ser salvo?" (v. 26). A suposição deles era que a riqueza era um sinal de bênção de Deus e que isso implicava uma adesão assegurada ao reino de Deus. É verdade que a riqueza pode ser um sinal da bênção de Deus (Gn 24:35; Pv 10:22), mas é claro que há uma distinção entre ser abençoado e ser salvo (Lc 12:16-21; 16:19-31). A riqueza pode vir para aqueles que vivem de acordo com a boa moral e a sabedoria, e nesse sentido eles são abençoados por Deus devido ao seu estilo de vida, mas o renascimento espiritual é uma questão totalmente separada.

Lucas 18:31-43

Tudo o que está escrito pelos profetas sobre o Filho do Homem (18:31): Quais profetas e passagens do AT Jesus tinha em mente aqui? Muitos textos de nomes como Is 52—53 são colocados ao lado de textos como Dn 7:9-14 e Sl 118:22-26, mas a maioria dos estudiosos conclui que não há evidências de que os judeus pré-cristãos entendiam que Isaías estava falando sobre um Messias crucificado. Além disso, até mesmo os discípulos de Jesus não entenderam Isaías dessa maneira até depois da ressurreição de Cristo. Sob essa luz, os críticos negam que os textos do AT tenham predito Jesus e sua paixão. Onde os autores do NT citam os textos do AT como profecias de Cristo, os estudiosos críticos veem os textos do AT que a igreja primitiva (e autores como Lucas) reapropriaram ou reinterpretaram, como quando os cristãos buscaram justificar suas crenças fundamentando-as no AT. Demonstrar uma base do AT para suas crenças reforçaria muito sua credibilidade em uma sociedade que universalmente reverenciava as Escrituras do AT.

Muito provavelmente Jesus tinha em mente Is 52—53, além de outras passagens. É verdade que não temos evidências de que o judaísmo do primeiro século leu Isaías dessa maneira. Em vez de esperar que o Messias sofresse e morresse (pelas mãos dos judeus, nada menos!), eles esperavam que Ele fosse uma figura política triunfante e poderosa. Textos como as passagens do Servo Sofredor em Isaías foram totalmente compreendidos somente depois que Jesus apontou para eles e destacou o elemento de sofrimento individual no texto (Lc 24:27). Mas esse fato não justifica a conclusão cética de que Lucas e outros autores do NT são culpados de interpretar Jesus no AT. A falha geral dos judeus em discernir os textos do AT que tratam do Messias pode ser atribuída a outros fatores. Primeiro, há o embotamento espiritual. Jesus repreendeu seus seguidores por serem "insensatos e lentos" para acreditar no que foi dito pelos profetas (Lc 24:25). Podemos atribuir parte disso à complexa combinação de textos que tiveram de ser assimilados para criar um retrato messiânico sintetizado. O fracasso em enfrentar esse desafio levou a muitas visões do Messias na época, não apenas uma visão. No entanto, todas essas visões (uma poderosa figura política libertadora, uma figura poderosa enviada do céu, uma figura combinada de rei-sacerdote) careciam de uma nota de sofrimento. Isso ocorreu em parte porque Is 52—53 é o único texto em que esse tema surge e, como exceção aos textos que destacavam a libertação e o poder, não foi apreciado. Em segundo lugar, além da questão de fatores espirituais, é difícil para os intérpretes de qualquer idade escapar dos paradigmas interpretativos predominantes aos quais pertencem. Em terceiro lugar, por sua própria natureza, as profecias do AT sobre o sofrimento, morte e ressurreição do Messias caminharam sobre uma linha tênue entre o velar e o desvendar. Se os textos fossem diretos e dissessem nos termos mais claros possíveis quem seria o Messias, o que Ele experimentaria e que Ele seria rejeitado e morto por seu próprio povo, eles teriam inspirado muitos falsos cumprimentos enquanto os pretendentes tentavam viver as profecias, alegando falsamente ser o Messias. Além disso, os próprios textos poderiam ter atrapalhado o cumprimento de sua missão por Jesus, se seguidores bem-intencionados — mas equivocados — tentassem desviar Jesus para o que eles percebiam ser um resultado melhor, ou seja, aquele que não incluísse a crucificação.

Todos esses fatores podem explicar por que os leitores pré-cristãos perderam as profecias sobre Cristo e, especialmente, como elas se encaixam. Foi necessário o ministério de Jesus, mais o levantamento do véu pelo Espírito Santo, para que os leitores discernissem a verdadeira profundidade de textos proféticos como Is 52—53 e montassem um retrato coerente do Messias.

Ele será escarnecido, insultado, cuspido, depois que o açoitarem, eles o matarão (18:32-33): Novamente Jesus fez uma predição explícita e detalhada de sua execução e ressurreição (Lc 9:21-22; 13:33). Lucas representou isso corretamente, ou ele colocou palavras na boca de Jesus depois do fato? Afinal, parece difícil explicar o despreparo dos discípulos durante a prisão, julgamento, crucificação e ressurreição de Jesus se Jesus realmente tivesse sido tão explícito em suas predições.

Conforme declarado nos comentários em 18:31, os discípulos não haviam estudado as passagens do AT, como Is 52—53, apontando para um Messias sofredor. Como resultado, mesmo quando Jesus previu explicitamente sua execução, os discípulos ouviram um conceito novo e difícil. A total falta de preparação deles quando a paixão de Jesus se cumpriu não é uma indicação de que Jesus jamais fizera previsões sobre sua paixão, mas sim que os discípulos nunca foram capazes de entender e aceitar que o plano de Deus para o Messias poderia incluir sua rejeição, prisão, tortura, e execução. Para eles, o Messias deveria ser uma figura de poder. Mesmo depois que Jesus ressuscitou, eles precisavam ser lembrados de tais previsões (Lc 24:6-7).

Estas palavras foram escondidas deles (18:34): Lucas enfatizou que os discípulos falharam em entender ao declarar isso de três maneiras diferentes nesse versículo, sendo essa a maneira mais impressionante. Uma declaração semelhante ocorre em 9:45. Essa linguagem implica que Deus teria embotado as percepções dos discípulos? O verbo *kekrummenon* ("estava escondido") é passivo. Embora muitos verbos passivos na Bíblia sejam chamados de "passivos divinos" porque implicam a obra de Deus (e.g., 6:37-38), neste caso, isso apenas indica que o ocultamento era uma questão de falha em compreender, em vez de uma dissimulação ativa. Conforme discutido nas duas notas anteriores, os discípulos não conseguiram entender como a morte de Jesus poderia fazer parte do plano de Deus para o Messias. Foram necessários os próprios eventos para deixar isso claro.

Quando Ele se aproximava de Jericó (18:35): Jesus estava saindo ou entrando em Jericó na hora da cura? Mt 20:29-30 mostra Jesus saindo de Jericó ao encontrar dois cegos, enquanto Lucas mostra Jesus se aproximando de Jericó. A explicação mais provável para a diferença é que Lucas reorganizou seu relato por razões lógicas e literárias. Ao colocar a cura perto de Jericó antes do relato de Zaqueu, Lucas preservou a ordem lógica de suas duas imagens da salvação. Ao tratar o cego antes de Zaqueu, Lucas primeiro imaginou alguém vindo para a salvação e depois a resposta de alguém que já estava salvo. Dessa forma, Lucas comparou o mendigo cego à cegueira dos discípulos e à incapacidade de entender as predições da paixão de Jesus, além de compará-lo com o governante rico que se afastou sem salvação. A reorganização de Lucas deu a impressão de que Jesus estava entrando em Jericó, mas a intenção provavelmente era simplesmente apontar Jericó como a cidade próxima. O caso para essa abordagem é reforçado sintaticamente se *engizō* puder significar "estar nas proximidades de" em vez de "aproximar-se", como argumentou Porter (1992). (Veja mais comentários em Mt 20:29-34 e Mc 10:46.)

Um cego (18:35): Em sua versão desse relato, Mateus falou de dois cegos (Mt 20:29-34), enquanto Lucas e Marcos (Mc 10:46-52) mostram Jesus encontrando e curando apenas um cego. Em vez de sinalizar uma contradição, esse é apenas um caso em que um autor forneceu mais detalhes do que os outros. Marcos concentrou-se em apenas um homem cego e até se deu ao trabalho de chamá-lo de Bartimeu. Possivelmente ele deu o nome porque Bartimeu era uma figura conhecida na igreja primitiva. Bartimeu é um nome aramaico, fato que talvez explique por que em Lucas não apresenta o nome (Klostermann 1929, p. 183). Quanto à inclusão de dois homens em Mateus, isso se encaixa na tendência de Mateus de discutir pares (Mt 8:28; 9:27). E nem Marcos nem Lucas incluíram uma declaração descartando a presença de um segundo cego. Eles simplesmente se concentraram em um sem excluir a possibilidade de que um segundo homem estivesse presente. (Veja mais comentários em Mt 20:29-34 e Mc 10:46.)

LUCAS 19:1-10

Hoje a salvação chegou a esta casa (19:9): Jesus ensinou que Zaqueu foi salvo por causa das boas obras que prometeu fazer? A resposta de Zaqueu a Jesus sobre corrigir os erros que ele havia cometido mostrou um coração penitente. Então Jesus falou dele como um "filho de Abraão". Mais uma vez, como é comum em Lucas, a resposta adequada a Deus se traduz no tratamento adequado das outras pessoas. É por isso que Jesus falou da salvação chegando a Zaqueu. Não é a salvação pelas obras, mas a salvação por meio de um coração mudado, respondendo ao chamado de Deus para amá-lo e aos outros.

Os verbos que expressam os compromissos de Zaqueu expressam a resolução presente, refletindo o arrependimento e a fé de Zaqueu como resultado do encontro com Jesus (compare Lc 3:8; Marshall 1978, p. 697-98; Nolland 1993b, p. 906). Lucas não mencionou a fé de Zaqueu porque suas ações eram um fluxo de fé. Isso lembra a ênfase em Lc 3:8, onde João Batista disse: "Produzi, pois, frutos consistentes com o arrependimento". O arrependimento prova a presença da fé (veja comentários em 3:10). A mesma coisa é vista no episódio em que a mulher pecadora lavou os pés de Jesus (7:36-50). O encontro de Zaqueu com Jesus converteu não apenas sua alma, mas a maneira como ele lidava com o dinheiro. Em vez de tirar vantagem das pessoas, ele agora as serviria. Zaqueu era realmente uma pessoa mudada.

LUCAS 19:28-48

Um jumentinho [...] no qual ninguém jamais montou (19:30): Quantos jumentos estiveram envolvidos nesse episódio? Lucas mencionou apenas um, enquanto Mt 21:2 menciona uma jumenta e seu potro. Muito provavelmente, Mateus escolheu mencionar tanto um jumento adulto quanto um jumentinho para fazer uma conexão mais explícita com Zc 9:9, que diz que o Rei cavalgará "sobre um jumento, sobre um jumentinho, filho de jumenta". Quanto a Lucas mencionar apenas um animal, lembre-se da cena em Lc 18:35-43, onde Mateus apresentou dois cegos, enquanto Lucas apenas um. Mais uma vez parece que Lucas simplificou a cena ao estreitar o foco de dois participantes para um (veja comentários em 18:35). (Veja mais comentários em Mt 21:2 e Mc 11:2.)

O Rei que vem em nome do Senhor é o Bendito (19:38): Esse cântico indicaria necessariamente que esse coral estava recebendo Jesus como o Messias? Afinal, Jesus foi amplamente rejeitado pouco tempo depois.

Lucas foi específico ao observar que era "toda a multidão dos discípulos" (v. 37) que clamou e saudou Jesus como "o Rei que vem" (v. 38). A cena, que se desenrolava no meio da celebração da festa lotada, parece ter-se desenvolvido da seguinte forma: Jesus entrou na cidade montado num jumento, os seus discípulos reconheceram-no como rei, e outros na multidão que não eram discípulos juntaram-se à proclamação porque eles foram arrebatados pelo clima de celebração do festival. Isso é plausível, pois era costume saudar os peregrinos que entravam em Jerusalém durante a semana festiva.

A sequência é importante porque a multidão clamaria pela condenação de Jesus em poucos dias (23:13-25; Jo 19:13-16). Muitos veem essa reviravolta na atitude do público como improvável e difícil de aceitar. Duas questões estão envolvidas. Primeiro, não há garantia de que a multidão que pediu a condenação de Jesus durante seu julgamento, fosse a mesma multidão que o saudou quando Ele entrou em Jerusalém montado em um jumento. Em segundo lugar, conforme observado na sequência sugerida antes, foram os discípulos de Jesus que dirigiram os louvores quando Ele entrou em Jerusalém (inversamente, os inimigos de Jesus incitaram a multidão no julgamento: Mt 27:20; Mc 15:11). Concluir dos eventos de Lc 19:36-38 que os cidadãos em geral de Jerusalém se alinharam com Jesus é forçar muito a leitura do texto, especialmente porque o número de discípulos entrando na cidade não era um grupo grande — apenas 120 estavam presentes depois que Jesus morreu (At 1:15). (Veja comentários adicionais em Mc11:9-10.)

Ele entrou no complexo do templo e começou a expulsar os que vendiam (19:45): Enquanto os Sinóticos registram Jesus purificando o templo na última semana de seu ministério (Mt 21:12-13; Mc 11:15-19; Lc 19:45-48), João registrou uma purificação do templo no início do ministério de Jesus

(Jo 2:13-22). Jesus purificou o templo duas vezes, ou João talvez tenha antecipado o evento por razões literárias?

É possível que Jesus tenha purificado o templo duas vezes, uma no início e outra no final de seu ministério, em face de algumas diferenças entre as versões sinótica e joanina. Por exemplo, o Evangelho de João cita o Sl 69:9 (Jo 2:17), enquanto os Sinóticos não o fazem. No entanto, considerando tudo, é um pouco mais provável que João estivesse relatando a mesma purificação do templo que os Sinóticos e simplesmente mudou o evento para uma parte inicial de seu Evangelho por razões literárias, ou seja, para dar aos leitores um vislumbre do tipo de reações negativas que Jesus geraria regularmente. A purificação do templo se encaixa bem na última semana cheia de controvérsias de Jesus e figura com destaque em seu julgamento (Mc 14:58; Jo 2:19). (Veja comentários adicionais em Jo 2:13-23.)

LUCAS 20:1-8

Não lhes direi com que autoridade faço essas coisas (20:8): A resposta evasiva de Jesus aqui não é um sinal de que Ele desejava evitar o assunto de sua autoridade. Em vez disso, Ele estava simplesmente respondendo da mesma maneira que os principais sacerdotes, escribas e anciãos (v. 7). Se eles se recusassem a responder, Ele também o faria. Mas, em vez de adiar o assunto indefinidamente, Jesus estava apenas guardando a resposta para mais tarde. Em Lc 20:41-44 Ele levantaria a questão de sua autoridade apelando para o Sl 110:1, e em Lc 22:69 Ele respondeu mais claramente sobre sua autoridade dizendo: "Mas desde agora, o Filho de O homem estará sentado à direita do Poder de Deus", preparando o cenário para sua condenação pelo Sinédrio.

LUCAS 20:9-19

Diferenças nas apresentações desta parábola: Os outros Sinóticos (Mc 12:1-12; Mt 21:33-46) são paralelos à parábola do dono da vinha. Variações entre esses relatos provocaram discussões acadêmicas.

O Evangelho de Lucas é o mais próximo do de Marcos em palavras. Mesmo assim, existem diferenças notáveis entre eles (Ellis 1974, p. 232; Fitzmyer 1985, p. 1278). Primeiro, a introdução de Lucas é mais curta e não fornece tantos detalhes sobre a vinha, refletindo menos as palavras de Is 5 (compare Lc 20:9 e Mc 12:1). Em segundo lugar, Lucas falou de três servos sendo enviados enquanto Marcos tinha vários outros. Terceiro, em Lucas o filho foi expulso e depois morto, enquanto em Marcos ele foi morto primeiro e depois jogado fora (compare Lc 20:15 e Mc 12:8). Como resultado dessa diferença, Lucas retratou o filho morrendo fora de Jerusalém. Quarto, apenas em Lucas o filho foi o único morto. Quinto, Lucas é único em sua descrição da reação exclamativa da multidão (20:16b). Sexto, Lucas incluiu uma forte declaração sobre o julgamento. Sétimo, a conclusão de Lucas para a parábola (20:19) foi dada em suas próprias palavras (compare Mc 12:12).

A principal diferença entre o Evangelho de Lucas e o de Mateus é que Mateus colocou a parábola entre a parábola dos Dois Filhos e a parábola do Casamento do Filho do Rei — nenhuma das quais Lucas incluiu. Mateus 21:39 concorda com Lucas em ter o filho primeiro expulso e depois morto, mas Mateus difere de Lucas (e concorda com Marcos) ao dar uma longa descrição da vinha, ao discutir mais de três servos e ao retratar a morte dos servos. Mateus tem uma variedade de punições para os servos (espancar, matar, apedrejar), enquanto Marcos tem uma escalada (espancar, bater na cabeça, matar, alguns espancados, outros mortos).

O que devemos fazer com essas variações? Aparentemente, a parábola circulou amplamente na igreja primitiva e incluiu a diversidade que vemos nos Sinóticos. A flexibilidade no detalhe e na apresentação não chega a um nível que torne as versões incompatíveis. Apesar da diversidade, cada versão descreve claramente a mesma ocasião, e o ponto-chave é o mesmo em cada versão: Israel rejeitou repetidamente aqueles que Deus lhe enviou, e agora eles estavam prestes a rejeitar o filho de Deus. Essa parábola em seus paralelos mostra a flexibilidade na apresentação que às vezes ocorre nos Sinóticos. Essas diferenças refletem escolhas literárias de cada versão, inclusive em alguns casos trazendo à tona coisas que em outras versões podem ter sido mais implícitas.

LUCAS 20:27-40

Ele não é Deus dos mortos, mas dos vivos (20:38): Apelou Jesus para Êx 3:6 como se fornecesse evidência clara para a existência pessoal contínua após a morte, bem como futura ressurreição corporal, mas uma leitura cuidadosa de Êx 3:6 realmente leva a essa conclusão? Alguns céticos duvidam disso, assim como os não céticos. No episódio em questão, Deus revelou sua identidade a Moisés dizendo: "Eu sou o Deus de teu pai, o Deus de Abraão, o Deus de Isaque e o Deus de Jacó" (Êx 3:6). Observe o tempo presente aqui, expresso muito depois da morte dos patriarcas. (O MT carece de um verbo, mas a LXX tem a forma presente de "ser".) Claramente essa observação ensina que Deus tem existência contínua desde sua presença que atravessa muitos séculos, e estabeleceu para Moisés que ele estava sendo confrontado pelo mesmo Deus que apareceu em tempos passados aos patriarcas. No entanto, de que maneira isso implicaria que os patriarcas falecidos têm vida após a morte? A questão da vida após a morte não surge explicitamente nessa passagem; no entanto, o contexto sugere que Deus ainda está funcionando como Deus para os patriarcas. Essa ideia assume alguma forma de vida após a morte. A maneira como Jesus lidou com esse texto foi uma tática retórica em vez de uma exegese histórico-gramatical? Não, ela desenvolveu uma implicação do texto e a tornou explícita.

O uso que Jesus fez de Êx 3:6 carregava uma premissa: se Deus é o Deus dos vivos e os patriarcas vão experimentar todas as promessas de Deus expressas para eles, então eles devem ter uma existência pessoal contínua e participarão de uma futura ressurreição corporal. Jesus poderia ter apelado para Dn 12:2 para apoio bíblico para a doutrina da ressurreição, mas como os saduceus tinham a Torá em alta consideração, seu uso de Êxodo foi extremamente persuasivo e foi planejado para gerar alguma reflexão sobre o assunto, trazendo à tona uma implicação do texto de Êx 3.

Não importa que abordagem alguém pense que Jesus estava adotando para o texto do AT, o impacto de seu uso de Êx 3:6 em "alguns dos escribas" foi instrutivo. Eles reconheceram que Ele havia "falado bem" e "não ousavam mais perguntar-lhe coisa alguma" (Lc 20:39-40). Portanto, seja o que for que pensemos da maneira como Jesus lidou com a passagem do Êxodo, uma audiência hostil afirmou sua legitimidade e eficácia.

LUCAS 20:41-44

Davi o chama de "Senhor" (20:44): Jesus citou o Sl 110:1, o salmo que os autores do NT mais frequentemente citam quando procuram fundamentar a identidade e autoridade de Jesus nas Escrituras (At 2:34; 1Co 15:25; Ef 1:20; Cl 3:1; Hb 1 :3; 7:17, 21; 1Pe 3:22). Lucas e os outros Sinóticos seguem de perto a forma LXX do Sl 110:1 (109:1 LXX). Questões importantes cercam esse texto e o uso que Jesus faz dele. Davi escreveu o Salmo 110? Foi um salmo de coroação que o rei Davi escreveu para seu filho, Salomão? No hebraico do Sl 110:1, o segundo uso de "Senhor" é *'adon* ao invés de YHWH. Isso indica que o Senhor em vista aqui não é divino? A citação em Lucas 20:42-43 realmente remonta a Jesus ou é uma criação da igreja primitiva?

Alguns argumentam que a atribuição de Jesus desse salmo a Davi foi apenas uma referência genérica a Davi como responsável pelo Saltério em geral e não deve ser entendida como significando que Davi realmente foi o autor do Sl 110. Um exemplo oferecido em apoio a essa abordagem é At 4:25, onde um grupo de primeiros cristãos atribuiu o Sl 1 a Davi, embora o TM não o faça. Uma visão comum diz que o orador no Sl 110 era um profeta (Kraus 1989, p. 346-347), mas isso entra em conflito com o argumento de Jesus (o argumento de Jesus seria inválido se Davi não apoiar o Sl 110 como pelo menos aquele que fala no v. 1) e com a crença do primeiro século de que Davi escreveu esse salmo.

O Sl 110 pode capturar a declaração inspirada de Davi dada a Salomão (Chisholm 1991, p. 271-72). Nesse cenário, a declaração de Davi poderia ter sido registrada e transmitida como uma expressão da esperança real da linhagem davídica. Se o salmo foi usado como uma declaração de esperança davídica, um profeta pode ter transmitido as palavras de Davi a cada novo rei, refletindo a esperança de Davi de que seu descendente seria digno da esperança dinástica e cumpriria as promessas de Deus. Assim, o texto aponta, em última análise, para a realização da promessa que a dinastia davídica deve trazer. Davi podia admirar tal rei, embora esse rei fosse seu descendente.

O Sl 110 (um salmo real e provavelmente também um salmo de coroação) retrata a autoridade do rei e pode estar relacionado à preparação para a batalha. A linguagem é altamente idealizada; o rei é um sacerdote-guerreiro que representa Deus na terra. A ordem de "sentar-se à minha direita" implica a transmissão de proteção, poder e autoridade para governar. A frase também lembra a presença de Deus ou o lugar de bênção (Sl 16:8, 11; 48:10) ou poder (Sl 17:7; 18:35; 20:6; 21:8; 44:3; 60 :5; 63:8; 77:10; 121:5). Um paralelo próximo é encontrado no Sl 45:9, onde a rainha fica à direita do rei. Sentar-se à direita de Deus expressa o poder confiado à pessoa nessa posição, mais sua conexão com Deus.

Quanto à identidade de "meu Senhor" no Sl 110:1, Jesus estava perguntando como isso poderia ser uma referência meramente ao filho de Davi se Davi o chamava pelo título de *Senhor*. Ao levantar essa questão, Jesus não quis negar sua filiação davídica, mas afirmou que o Messias transcende Davi como Senhor. Sob essa luz, o título-chave a ser associado à figura do Sl 110:1 é *Senhor*, não apenas *filho de Davi*. Esse título, mais sua posição à direita de Deus, sugere uma superioridade do Messias sobre o chefe na dinastia. Quem pode ser maior do que o amado rei Davi de Israel? Jesus deixou seus ouvintes ponderando sobre essa questão. O próprio Jesus forneceria maior clareza mais tarde (Lc 22:66-71).

Muitos estudiosos argumentam que Lc 20:41-44 é uma criação da igreja primitiva e não uma declaração autêntica de Jesus (e.g., Hahn 1969, p. 104-5). Uma base para esse argumento é o uso assumido da Septuaginta, com seu uso ambíguo de *kurios* para "Senhor". O hebraico do Salmo 110 distingue entre Deus e a figura que recebe a ordem de sentar-se ao seu lado direito; YHWH (Yahweh) refere-se a Deus e *'adon* (Senhor) à figura real ao seu lado. Mas esse argumento ignora a prática do primeiro século de traduzir textos oralmente e não pronunciando o nome divino YHWH. Portanto, a ambiguidade no texto de Lucas possivelmente reflete uma ambiguidade tanto no hebraico quanto no aramaico quando o texto foi apresentado oralmente (Bock 1987, p. 130-31, 331). Isso mostra que Jesus poderia facilmente ser a fonte desse ditado. Quanto à questão de saber se o uso de *'adon* no hebraico no Sl 110:1 exclui a possibilidade de que a figura à direita seja divina, observe que o Sl 114:7 e Ml 3:1 usam claramente *'adon* em referência para Deus. Outro fator que argumenta a favor de Jesus como o originador dessa declaração é o fato de que a presente passagem deixa o leitor ponderando sobre a questão: Quem é o Senhor que pode sentar-se ao lado de Deus no céu? A igreja primitiva era ávida por declarar a alta cristologia em termos claros, então se eles tivessem criado esse ditado, provavelmente teriam retratado Jesus como afirmando o ponto mais diretamente (Keener 2009, p. 270). Lida como uma declaração da maneira como Jesus a apresentou, a observação argumentava que o Senhor de Davi pode sentar-se com Deus no céu. Isso forçou o público a considerar o que aquele ato disse sobre quem é essa figura. Quem pode sentar-se com Deus e compartilhar a presença divina?

Portanto, o salmo era originalmente sobre o rei de Israel e expressava a esperança de que ele seria o único a mostrar plena autoridade como o rei-sacerdote prometido por Davi. Quando Jesus mais tarde ligou essa passagem à vindicação de Deus sobre Ele em sua ressurreição e ascensão ao céu (Lc 22:69), fica claro que por "Senhor" Jesus quis dizer não apenas um "senhor" humano, mas um Senhor que tem autoridade celestial compartilhada com Deus. Isso explica por que o ancestral (Davi) pôde atribuir honra superior a um descendente (o Senhor Jesus).

Jesus estava aplicando o salmo a si mesmo em um sentido tipológico-profético intensificado. Aplicava-se a Ele em um padrão (ou tipo) que refletia a autoridade da realeza do Israel de Deus, exceto que havia um fator a "mais" (uma escalada): Jesus viu a promessa original como implicando uma autoridade celestial exaltada e não apenas a autoridade terrena de um rei ou reino regular. Como Keener diz: "Se Ele é o 'senhor' de Davi, entronizado não apenas em Jerusalém, mas à direita de Deus, como Ele pode ser seu 'filho'?" (Keener 2009, p. 270). A resposta é que Ele é filho de Davi em um sentido menor do que Ele é o Senhor de Davi. Além disso, esse Senhor compartilhando a presença de Deus implica muito mais sobre sua pessoa do que apenas ser uma figura real normal. (Veja outros comentários em Mc 12:35-37.)

Lucas 21:5-38

Esse discurso foi uma criação da igreja primitiva? Os críticos sugerem que esses versículos, que predizem a perseguição aos crentes e a destruição do templo de Jerusalém, foram colocados nos lábios de Jesus depois que a igreja primitiva começou a sofrer perseguição e o templo foi destruído.

Dessa forma, os autores forneceram aos crentes sofredores o pensamento reconfortante de que Jesus havia previsto os seus problemas. Essa é uma avaliação correta da origem dessa passagem?

O argumento de que a igreja criou esse discurso após a destruição do templo em 70 d.C. subestima a influência do ensino da aliança como pano de fundo para as observações de Jesus. Dt 28—32 inclui declarações que ensinam que, se a nação fosse infiel a Deus, o julgamento viria sobre Israel por meio das nações. Portanto, se Jesus acreditasse que a nação havia perdido o tempo da visitação de Deus por meio do Messias (Lc 13:31-35; 19:41-44), Ele poderia facilmente ter antecipado o julgamento que delineou com base nos ensinamentos do AT. Indiscutivelmente, Ele nem precisaria de presciência divina para fazer essas previsões. A ideia de que os seguidores rejeitados de Jesus seriam levados perante sinagogas e reis foi apoiada pelo precedente de incontáveis vezes em que o povo de Deus foi rejeitado (e.g., os eventos documentados em 2 e 4Macabeus), para não mencionar a oposição que Jesus às vezes enfrentava ali. E a ideia de que Roma sitiaria Jerusalém estava de acordo com esse ser um método romano regular de guerra. Em conclusão, nenhuma das coisas que Jesus disse nessa passagem requer um ponto de vista posterior. Portanto, o argumento de que a igreja primitiva criou esse discurso não tem fundamento.

Além dos pontos anteriores que sugerem que Jesus poderia ter lido as circunstâncias e adivinhado o que estava por vir, para aqueles que aceitam Jesus como o Filho de Deus encarnado, não há dificuldade em acreditar que Ele sabia de antemão os problemas que aguardavam seus seguidores.

Diferenças nas versões desse discurso: Muita discussão envolve as diferenças entre Lc 21:5-38 e os paralelos em Mt 24 e Mc 13. As diferenças sinalizam desacordo entre os evangelistas? O discurso apocalíptico de Jesus é uma profecia baseada em um padrão (a destruição do templo retrata um tempo como o fim). Ele previu que o que aconteceria em Jerusalém no curto prazo (d.C. 70) espelharia o que aconteceria novamente a longo prazo (o fim dos tempos). Como resultado dessa semelhança e da ambiguidade resultante sobre qual parte do padrão está em vista, um autor relatando o discurso de Jesus poderia enfatizar justificadamente os eventos em qualquer extremidade do padrão. O discurso de Lucas enfatizou a desolação e a queda de Jerusalém no curto prazo, enquanto Mateus se concentrou principalmente no longo prazo: o fim do padrão nos eventos do fim dos tempos. As perguntas iniciais que estabelecem os discursos demonstram essa diferença, pois Mt 24:3 fala explicitamente da chegada do fim dos tempos de uma forma que Mc 13:4 e Lc 21:7 não falam. Lucas carece de referência à tribulação vindoura (Mc 13:8) e omite a observação expressando incerteza sobre a hora ou o dia (Mc 13:32). No geral, a versão de Lucas tem um tom menos apocalíptico, pois ele diferenciou eventos que não fazem parte do fim daqueles que fazem (Tiede 1988, p. 355). Para Lucas, a queda de Jerusalém em 70 d.C. foi parte do julgamento de Deus e representava o fim. Ao mostrar que esses eventos climáticos faziam parte do plano de Deus, Lucas reafirmou a seus leitores que Deus dirige a história. Eles veriam a confirmação disso em como os eventos de 70 d.C. se desenrolaram, e essa confirmação os asseguraria de que o restante do plano de Deus também seria cumprido.

Entre outros pontos destacados por Lucas, encontramos o mais importante no versículo 12, onde ele observou que a perseguição ocorreria "antes de todas essas coisas". Com isso ele quis dizer que os eventos de perseguição viriam antes de outros eventos que ele havia acabado de observar, e mesmo estes últimos ainda não pertenciam ao fim dos tempos. Esse marcador temporal ajuda a esclarecer o andamento do discurso em Lucas. Lucas 21:12-19 retrocede no tempo até o momento dos discípulos (como um vídeo gravado ao contrário). Os versículos 25-28 enfocam os eventos relacionados ao retorno de Jesus no fim dos tempos. Outra diferença fundamental é a menção de Lucas à "sua desolação" no versículo 20, uma referência à queda geral da cidade de Jerusalém. Isso é diferente da "abominação desoladora" de Mateus e Marcos (Mt 24:15; Mc 13:14), onde o foco está especificamente na profanação do templo. Mateus até nos disse que estava se referindo à destruição "falada pelo profeta Daniel" (Mt 24:15; compare com Dn 9:27). Essas diferenças ilustram como cada escritor olhou para lugares distintos no padrão de eventos que se espelham. O relato de Marcos parece refletir ao máximo toda a ambiguidade do discurso. Mateus enfocou o tempo do fim, enquanto Lucas chamou mais atenção para os eventos que aconteceriam em Jerusalém algumas décadas após a morte e ressurreição de Jesus.

Lucas 22:1-38

Aproximava-se a festa dos pães sem fermento, chamada Páscoa (22:1): O paralelo em Mateus mostra Jesus fazendo uma predição de traição dois dias antes da Páscoa (Mt 26:2). Marcos não apresenta Jesus fazendo a previsão, mas como o narrador Marcos declarou: "Os principais sacerdotes e os escribas procuravam um meio traiçoeiro para prendê-lo e matá-lo" (Mc 14:1). É fácil imaginar esses cenários coincidindo; Jesus previu sua traição mesmo quando os principais sacerdotes e escribas a tramavam. Como Marcos, Lucas escolheu omitir a predição da traição de Jesus neste momento, guardando-a para a Ceia do Senhor, onde Jesus novamente fez a predição (Lc 22:14-23; compare Mt 26:21; Mc 14:18). A falha de Lucas em mencionar a predição de Jesus na presente passagem não indica discordância com Mateus.

Dia dos pães sem fermento [...] quando o cordeiro pascal tinha que ser sacrificado (22:7): O momento e a identidade exata dessa refeição são muito discutidos porque João parece retratar os oponentes judeus de Jesus como preocupados com sua possível desqualificação da refeição da Páscoa na manhã da crucificação de Jesus (Jo 18:28), o que leva à conclusão que Jesus foi morto na época em que os cordeiros da Páscoa eram sacrificados. Além disso, João parece colocar especificamente a Ceia do Senhor antes da festa da Páscoa (Jo 13:1), em contraste com os Sinóticos.

Aqueles que procuram harmonizar os relatos geralmente aceitam a cronologia dos Sinóticos e argumentam que João aludiu à semana da Páscoa de forma geral e não à refeição especificamente por suas observações em 18:28. A Páscoa seguia imediatamente para a longa festa dos pães sem fermento, que durava uma semana. Tudo isso pode ser considerado o tempo da Páscoa ou o tempo dos pães sem fermento. Outros que aceitam a cronologia sinótica concluem que João mudou o evento para propósitos temáticos, o que permite a coincidência da crucificação de Jesus com o sacrifício dos cordeiros pascais em toda a cidade. Marshall, no entanto, defende a precisão da cronologia de João, dizendo que torna os eventos do julgamento mais diretos (veja Marshall em Bock e Webb 2009, p. 541-60). Se assim for, os Sinóticos relatam Jesus oferecendo essa refeição, que tecnicamente não era a refeição da Páscoa, mas tinha uma forte conexão com a Páscoa.

Essa última proposta, favorecendo João, é difícil para muitos intérpretes aceitarem, e é por isso que a maioria acredita que João está aludindo à ênfase na limpeza cerimonial durante a semana da Páscoa geralmente em Jo 18:28 e não à própria refeição da Páscoa. O fato de toda a semana do festival poder ser nomeada após um único evento (a Páscoa), cria ambiguidade no período do feriado. Isso é muito parecido com a nossa época de Natal, onde as festas de Natal e reuniões familiares ocorrem regularmente em dias diferentes de 25 de dezembro, no entanto, nos referimos a elas como celebrações de Natal. (Veja mais comentários em Mc 14:12 e Jo 18:28.)

Isto é o meu corpo [...] este cálice é [...] meu sangue (22:19-20): Quis Jesus dizer para os cristãos acreditarem que estão literalmente consumindo sua carne e sangue durante a Ceia do Senhor? A tradição católica vê uma "transubstanciação", na qual a Ceia se torna literalmente o corpo e o sangue de Jesus e serve como um sacramento que traz graça. Isso explica sua ênfase na missa. Algumas tradições protestantes falam da presença de Jesus em torno dos elementos, um conceito conhecido como "consubstanciação". Essa era a visão de Lutero. A maioria dos protestantes vê na Ceia uma conexão simbólica com Jesus, sem que nada de "especial" aconteça aos elementos. A Ceia funciona como uma forma de lembrança e está ligada à Páscoa, que comemora o Êxodo, o primeiro grande ato de salvação divina para Israel. A refeição tinha associações simbólicas e pactuais que Jesus reconfigurou em torno de sua morte. Isso sugere uma visão simbólica dos elementos. Ainda assim, a Ceia também servia como uma refeição pactual, um tipo de declaração corporativa e afirmação de associação com Deus que esta morte e simbolismo trazem. Em outras palavras, a refeição é mais do que apenas um memorial. É também uma declaração corporativa de fidelidade daqueles que dela participam. (Veja comentários adicionais em Mc 14:22-24.)

***Variações no texto da Ceia* (22:14-23):** Existem duas versões do texto em questão: Mt 26:26-29 e Mc 14:22-25 são paralelos, enquanto 1Co 11:23-25 e Lc 22:19-20 são semelhantes. As diferenças apontam para divergência interpretativa e explicativa na tradição oral em torno desse evento. Houve alguma flexibilidade em relatar as palavras e seu significado. Não é diferente das variações de palavras que vimos em outras partes dos Evangelhos (veja comentários sobre 1:2; 1:3). As variações não alteram o sentido do texto original, mas servem para extrair sua força.

Relacionado a essa discussão, alguns manuscritos lucanos carecem dos versículos 19b-20. Lucas originalmente representava o texto "longo" de 22:17-20, produzindo a sequência cálice-pão-cálice (P^{75}, ℵ, A, B, C, L, T, W, Δ, Θ, Ψ, família 1, família 13, Byz, Lect, algum Itala, Vulgata, algum siríaco, algum copta)? Ou o texto "curto" de 22:17-19a é o original, apresentando a sequência pão-cálice (D, algum Itala)? Westcott e Hort (1881, 1:177) e Creed (1930, p. 263-65) adotaram a leitura mais curta. A principal razão foi a dificuldade de ver como o texto mais curto poderia ter emergido do texto mais longo. Os defensores da leitura mais curta também apelam para o *Didaquê* 9 (Luce 1933, p. 330). No entanto, devemos aceitar o texto longo devido ao forte suporte nos manuscritos e porque é a leitura mais difícil, introduzindo um segundo cálice que carece de paralelos nos outros relatos. (Veja comentários adicionais em Mc 14:22-24.)

Então surgiu também entre eles uma disputa sobre quem deveria ser considerado o maior (22:24): Jesus havia predito várias vezes sua execução neste ponto, e Ele acabara de dizer que desejava comer a Páscoa com os discípulos antes que seu sofrimento ocorresse e que um dos discípulos estava prestes a traí-lo. Diante desse cenário, como os discípulos ousariam debater entre eles quem era o maior? Seria possível crer que eles pudessem ter essa mentalidade naquele momento? Marcos 10:39-45 registra um evento semelhante no qual Tiago e João disputaram posições de privilégio logo após a terceira predição de Jesus sobre sua morte. Jesus aproveitou a oportunidade para ensinar a todos os discípulos sobre a humildade. Como os discípulos poderiam precisar da mesma lição tão cedo?

Essa cena foi tão desagradável para os discípulos que fica claro que a discussão não foi uma criação da igreja primitiva. Dada a importância dos discípulos, ninguém na igreja inventaria uma história para fazê-los parecer tão egoístas. Assim, apesar da má imagem que mostra dos discípulos, devemos aceitar essa cena como autêntica. Mesmo assim, alguns intérpretes acham a cena atual tão difícil que sugerem que Lucas mudou uma discussão anterior aqui (Mc 10:39-45). Isso é possível, mas não provável. O fato de os discípulos terem entrado em Jerusalém esperando que Jesus trouxesse o reino e afirmasse seu lugar de autoridade garante a plausibilidade da cena. A entrada triunfal teria empurrado seus pensamentos ainda mais nessa direção, levando-os a discutir o reino vindouro e seus papéis nele. A tentação de ambição nesse cenário não é surpreendente, especialmente porque até esse ponto eles falharam em aceitar ou mesmo compreender as predições de Jesus sobre a morte. Não deveria nos surpreender que Jesus tivesse que repetir a lição sobre humildade. A humildade é difícil de se manifestar no contexto de tão grandes expectativas pessoais como as que os discípulos nutriam no alvorecer do reino.

Satanás pediu para peneirar você como trigo (22:31): Visto que Pedro negou a Cristo pouco tempo depois de Jesus orar por ele (22:54-62), deveríamos concluir que a oração de Jesus por Pedro não produziu efeito? Jesus orou para que a fé de Simão não falhasse no sentido último, mas isso não significa que Ele orou para que Pedro não caísse temporariamente. O fato de Jesus dizer a Pedro: "Quando você voltar, fortaleça seus irmãos" (v. 32) prova que Jesus esperava o fracasso de Pedro em curto prazo. O ministério pós-ressurreição de Pedro, conforme registrado no livro de Atos, demonstrou poderosamente a eficácia da oração de Jesus. (veja mais comentários em Mt 26:69-70.)

O galo (22:34): As pessoas eram autorizadas a criar galinhas em Jerusalém? Alguns críticos dizem que o *m. Baba Qamma* 7.7 mostra que isso não era permitido, o que questiona a historicidade da predição de Jesus sobre o canto do galo. Entretanto, Nolland (1993b, p. 1073) notou que a referência no *m. Baba Qamma* 7.7 proibindo galináceos em Jerusalém, é provavelmente uma idealização posterior e não um reflexo preciso da situação histórica nos dias de Jesus, portanto não representando nenhum desafio à predição de Jesus. (Veja comentários adicionais em Mc 14:27-31 e Jo 13:38.)

Os textos de Mt 26:34 e Jo 13:38 concordam com Lucas que Jesus previu apenas um canto do galo, mas Mc 14:30 mostra Jesus dizendo que a negação de Pedro viria "antes que o galo cantasse duas vezes". Quantas vezes o galo cantou? Essa questão provavelmente diz muito sobre o nível de precisão que esses relatos devem transmitir. O ponto que os evangelistas tentaram enfatizar foi que Jesus previu que Pedro o negaria no mesmo dia em que Pedro proclamou que daria sua vida por Jesus. Na verdade, aconteceria antes mesmo do nascer do sol, anunciado pelos galos. Possivelmente Jesus tinha em mente a terceira das quatro vigílias romanas, correspondendo à da meia-noite às 3 horas da manhã. Essa vigília era conhecida como o "cantar do galo" (Mc 13:35). (Veja mais comentários em Mt 26:34, Mc 14:68 e Jo 13:38.)

Até que você negue três vezes que me conhece! (22:34): Mt 26:30-35 e Mc 14:26-31 colocam as predições da negação de Pedro e a dispersão dos discípulos na jornada para o jardim, enquanto Lucas incluiu apenas a predição da negação de Pedro, que é colocada durante a Ceia do Senhor antes que a jornada fosse realizada (veja Lc 22:39). João dividiu as previsões entre a Ceia e a jornada, com a negação de Pedro prevista na Ceia e a dispersão prevista no caminho para o jardim. Essas diferenças representariam contradições?

Temos outro exemplo de descrição aproximada de tempo aqui. A cena da refeição é um complexo de eventos envolvendo tanto a refeição em si quanto a caminhada até o jardim do Getsêmani, enquanto os tópicos discutidos na refeição se espalhavam pela jornada. Às vezes, uma cronologia aproximada era tudo o que os evangelistas se preocupavam em dar. Isso lhes deu a chance de colocar certos detalhes em ordem diferente sem comprometer o significado e a importância dos eventos.

Aqui estão duas espadas (22:38): Em resposta aos discípulos trazendo duas espadas, Jesus declarou: "Isso basta!" Outras traduções traduzem a resposta de Jesus "É o bastante" (KJV; ESV) ou "É o suficiente" (NIV). Essas traduções são precisas, mas não sugerem a possibilidade de que a frase fosse uma expressão semítica que equivalesse a uma rejeição do gesto feito pelos discípulos. Jesus não estava interessado em um inventário de armas que apoiaria o envolvimento em violência. Na ausência de um sinal do elemento desdenhoso, os leitores poderiam chegar à conclusão errônea de que Jesus estava endossando o uso da violência em sua luta contra seus oponentes. Plummer (1896, p. 507) e Marshall (1978, p. 827) viram a expressão de Jesus como desdenhosa aqui com base na evidência de Gn 45:28; Êx 9:28; Dt 3:26; 1Rs 19:4; 1Cr 21:15; e 1Macabeus 2:33. Fitzmyer

(1985, p. 1434) e Rengstorf (*TDNT* 3:295-96), entretanto, duvidaram que tal expressão idiomática estivesse presente na resposta de Jesus. Se a declaração de Jesus em Lc 22:38 não era desdenhosa, então era uma forma figurativa de dizer que os discípulos agora precisariam cuidar de seu bem-estar. Jesus não estava dizendo que os discípulos precisariam lutar violentamente para se defender.

A consideração do contexto mais amplo apoia a sugestão de que deveríamos realmente considerar a resposta de Jesus às duas espadas como uma rejeição ao uso da violência. Lembre-se de que, quando Jesus foi preso, Pedro sacou uma espada e cortou a orelha de Malco, o servo do sumo sacerdote (Jo 18:10). Se Jesus quisesse dizer em Lc 22:38 que as espadas eram pertinentes à sua causa, Ele não teria objetado a ação de Pedro. No entanto, Jesus de fato se opôs à ação de Pedro: "Embainha a tua espada! Não devo beber o cálice que o Pai me deu?" (Jo 18:11).

Lucas 22:39-44

Seu suor tornou-se como gotas de sangue (22:44): Duas perguntas cercam tal incidente. Primeiro, há a questão de saber se o texto é original. Em segundo lugar, o texto pretende significar que Jesus literalmente suou gotas de sangue?

Primeiro, cobrimos o problema textual. A originalidade de 22:43-44 está em questão devido à evidência manuscrita dividida. Apoiando a exclusão desses versos estão em P^{69}(aparentemente), P^{75}, ℵ (1º copista), B, A, T, W, algum siríaco e Marcião. Em contraste a eles, ℵ (original e segundo copista), D, L, Γ, Θ, Ψ, Byz, mais Itala, algum siríaco, e Justino, o Mártir, todos apoiam incluir esses versos como originais de Lucas. A evidência externa também é dividida, pois as datas dos manuscritos favorecem ligeiramente a omissão dos versos, enquanto considerações de distribuição familiar favorecem sua inclusão.

Fitzmyer (1985, p. 1444) rejeitou cautelosamente os versos em disputa porque (1) sua omissão envolve a leitura mais curta, e a leitura mais curta é tipicamente preferida, (2) a qual não têm paralelo sinótico, (3) não é típico para Lucas relatar emoção, (4) o texto mais longo está ausente do manuscrito mais antigo (P^{75}), e (5) o texto mais longo mostra preocupações exortatórias, o que pode sugerir uma origem da igreja primitiva (assim como Nolland 1993b, p. 1080-81, 1084). Essas considerações não são definitivas, no entanto, e podem ser contestadas da seguinte forma: (1) A preferência pelo "texto mais curto" pode não ser válida quando faltam versículos inteiros; (2) a ausência de um paralelo sinótico é irrelevante, uma vez que esses versículos podem ter sido omitidos de alguns manuscritos lucanos por falta de tal paralelo (ou seja, um copista os omitiu em uma tentativa de harmonizar Lucas com os outros relatos do evangelho); (3) embora seja verdade que Lucas tende evitar emoções, outros detalhes, como a oração, são ênfases típicas de Lucas; (4) reduzir a decisão principalmente a um manuscrito (P^{75}) parece desaconselhável; e (5) a presença de preocupações exortatórias não é uma razão convincente para rejeição, uma vez que não há razão para o texto original de Lucas não incluir exortação. Além disso, não está claro que o texto adicional realmente deva ser tomado como uma exortação, então esse ponto pode ser irrelevante para a questão da origem do texto.

As primeiras testemunhas importantes para incluir o texto são א* e Justino, o Martir, *Diálogo com Trifo* 103.8. Numerosos estudiosos favorecem a inclusão dos versos como originais (Ernst 1977, p. 605; Marshall 1978, p. 831-832, o faz com hesitação; Danker 1988, p. 356; Goulder 1989, p. 741-42, que considera o caso de inclusão "esmagadora"). R. Brown (1994, p. 180-186) identificou pontos de estilo nesses versículos que se encaixam em Lucas e também argumentou que eles podem ter sido retirados por um escriba que sentiu que eles sugeriram que anjos ajudaram Jesus, um ponto que pode ter parecido tornar Jesus muito humano em meio às controvérsias cristológicas do segundo século (também Wiefel 1988, p. 377). Como Brown, Neyrey (1985, p. 59-62) observou detalhes que se encaixam no estilo de Lucas e concluiu que o texto é original. Ele também observou o contraste e o paralelo desses versículos com as consequências das tentações de Jesus. Em Mt 4:11 e Mc 1:13 anjos ajudaram Jesus após as tentações, mas em Lc 4:13 tudo o que é dito é que o Diabo "se afastou dele por um tempo". Então, em Lc 22:31, Jesus sinalizou o retorno de Satanás, e a presença de Satanás foi novamente indicada em 22:53 pela referência ao domínio da escuridão. A referência à ajuda angélica, que Lucas escolheu não mencionar em 4:13, é apropriada em 22:43-44, uma vez que Jesus estava enfrentando a tentação de evitar a morte.

Em conclusão, é provável que os versículos sejam originais de Lucas, mas as variantes atuais e sua distribuição indicam alguma incerteza sobre isso. Se omitirmos os versículos, a questão de saber se Jesus literalmente suou sangue torna-se discutível. No entanto, mesmo se incluirmos os versículos, os leitores não devem tomar o texto para dizer que Jesus literalmente suou sangue. Lucas está fazendo uma comparação; as gotas de suor de Jesus eram grandes como gotas de sangue escorrendo de uma ferida. A cena retrata intensa emoção quando Jesus enfrentou a morte. No geral, isso se encaixa no retrato cuidadoso de Lucas sobre a humanidade de Jesus.

Lucas 22:54-71

Homem, eu não sou! (22:58): Lc 22:58 contradiz Mt 26:71 e Mc 14:69, os quais dizem que uma mulher ou mulheres motivaram as negações de Pedro ao invés de um homem? Uma comparação detalhada dos paralelos (incluindo João) revela uma conversa envolvendo muitas pessoas diferentes ao longo da negação de Jesus por Pedro. Uma mulher deu o primeiro desafio em Lucas (Lc 22:56-57), que se encaixa facilmente com Mateus e Marcos. O segundo desafio em Lucas está em 22:58, e afirma que Pedro era "um deles também!" A resposta de Pedro deixa claro que um homem expressou o desafio: "Homem [grego *anthrōpe*], eu não sou." João 18:25 mostra que o grupo de espectadores diz a Pedro: "Você também não é um dos discípulos dele?" Isso é paralelo ao desafio do homem em Lc 22:58 e leva Pedro a declarar: "Não sou!" A questão é se homens e mulheres como um grupo fizeram a identificação em alguns momentos, algo que os "espectadores" tornam provável, mesmo que houvesse um porta-voz do grupo em alguns momentos. Dos quatro relatos de negação, João e Lucas são os mais próximos. (Veja mais comentários em Mt 26:71.)

O Senhor voltou-se e olhou para Pedro (22:61): Jesus teria sido mantido ao ar livre durante o processo? Caso contrário, como Ele foi capaz de se virar e olhar para Pedro? Mas o texto diz explicitamente que Jesus foi conduzido "à casa do sumo sacerdote" (v. 54). Nessa cena devemos pensar na estrutura comum das antigas casas dos ricos de Jerusalém. A casa do sumo sacerdote teria um átrio aberto ou pátio no meio com cômodos construídos ao redor. Essas salas se abriam para o átrio por meio de grandes arcos, permitindo fácil acesso de ida e volta a partir do átrio e circulação de ar. Dessa forma, Jesus poderia estar na casa e ainda vislumbrar Pedro, que estava no pátio.

***Fontes para o testemunho do julgamento de Jesus* (22:68-70):** Os críticos às vezes rejeitam a autenticidade das declarações de Jesus no julgamento devido à incerteza sobre as fontes. Afinal, os discípulos não estavam presentes para registrar as palavras de Jesus. No entanto, é seguro dizer que a liderança judaica estava ansiosa para tornar os detalhes do julgamento amplamente conhecidos, na tentativa de justificar sua decisão no debate público que certamente se seguiu à execução de Jesus. Devido à natureza radical das declarações de Jesus, seu caso teria parecido aberto e fechado para muitos observadores. Mesmo longe dos líderes que espalharam a palavra intencionalmente, muitas pessoas compareceram ao julgamento e teriam divulgado os detalhes sem precisar de permissão expressa para isso.

O Filho do Homem estará sentado à direita do poder de Deus (22:69): Para aqueles que negam que Jesus declarou sua divindade, sua resposta aqui e a resposta da liderança religiosa representam pedras de tropeço. A afirmação de Jesus foi tão clara que acabou sendo a base de sua condenação pelas autoridades religiosas. Ao que tudo indica, Jesus estava sujeito ao julgamento da liderança religiosa na cena em que eles o estavam examinando para apresentar provas a Pilatos, mas, ironicamente, Ele disse que o contrário era verdade. A resposta de Jesus baseou-se no Salmo 110 e respondeu ao dilema que Ele colocou sobre a messianidade em Lc 20:41-44, onde indicou que era mais importante ver o Messias como o Senhor de Davi do que como seu filho. No exame, Ele disse que daquele ponto em diante deveria ser entendido como o Filho do Homem (ou seja, Senhor) que estaria sentado ao lado do Pai. (Isso não foi tecnicamente um julgamento, uma vez que os judeus não podiam dar um veredito de morte; somente Roma poderia fazer isso.) Alguns dias depois, ficou claro que a alusão a estar sentado ao lado de Deus foi cumprida no complexo sobrenatural de ressurreição e ascensão (veja comentários em Lc 24:50-51). O discurso de Pedro em At 2:30-36 completou esse desenvolvimento usando o Sl 110 para mostrar que a ascensão à destra de Deus resultou na função de Jesus como vice-regente mediador ao lado de Deus. Um ponto importante de At 2 é que o assento de Jesus no céu inicialmente cumpre a promessa davídica de que um descendente se sentaria no trono de Davi (2Sm 7:12-16). A soberania vindoura de Jesus é declarada ao sentar-se à direita de Deus, uma figura de linguagem que indica governo (Êx 11:5; 12:29; 1Rs 1:17; 3:6; 8:25; 1Cr 17:16). O judaísmo acreditava que Deus é tão transcendente que os anjos tinham que servir como mediadores entre Deus e os humanos, então a afirmação de Jesus de que logo se sentaria à direita de Deus inevitavelmente provocaria fortes reações. Assim, o conselho declarou que nenhuma outra testemunha era necessária no julgamento de Jesus, pois Ele havia se condenado com sua própria declaração (Lc 22:71).

Porém, a menção de Jesus de estar sentado à direita de Deus não é o único gatilho sugerido para sua condenação. Os estudiosos deram pelo menos cinco sugestões diferentes para explicar o que houve nas declarações de Jesus que o condenaram (Catchpole 1965; Marcus 1989; Schaberg 1989; Gundry 1990; C. A. Evans 1991):

a afirmação de ser o Messias (Mc 14:62);
a afirmação de ser o Filho de Deus (Lc 22:70);
a palavra contra o templo (Mc 14:58);
o uso do nome divino na resposta "Eu sou" (Mc 14:62);
a reivindicação de sentar-se à direita de Deus (Lc 22:69).

Cada uma dessas declarações pode ser tomada como indicação da divindade de Jesus, mas qual foi a principal causa da condenação de Jesus? De acordo com algumas fontes judaicas, uma pessoa não era considerada culpada de blasfêmia formal, a menos que pronunciasse o nome divino, YHWH (*m. Sanhedrin* 7.5), embora algumas fontes anteriores à Mishná sustentassem que uma pessoa poderia ser acusada de blasfêmia em outros motivos, como impugnar a pessoa ou os atributos de Deus (Hooker 1967, p. 172) ou profanar a Shekiná (*m. Sanhedrin* 6.4), como o rabino Akiva teria feito quando argumentou que Davi teria um assento à direita de Deus (*b. Sanhedrin* 38b). Catchpole (1965) concluiu que meramente alegar ser o Messias não era considerado blasfêmia, e que o uso do nome divino por Jesus em sua declaração "Eu sou" é muito discutível para ter sido a causa de sua condenação.

E as palavras de Jesus contra o templo? Esse tipo de ofensa tinha o potencial de condená-lo, mas as acusações não funcionaram (Mc 14:55-59), e Lucas nem mesmo mencionou as acusações do templo, o que significa que elas não poderiam ter formado a base da convicção de Jesus em seu Evangelho. O uso que Jesus fez do título "Filho de Deus" (Lc 22:69) também não deve ter formado a base de sua convicção, pois os Sinóticos usam esse título para explicar sua afirmação de ser o Messias. A alegação de ser o Messias não era por si só considerada blasfema.

Isso deixa a opção 5, a afirmação de Jesus sobre sentar-se à direita de Deus, como a causa de sua condenação. Todos os Sinóticos mostram Jesus fazendo essa declaração. A afirmação de Jesus foi vista como blasfêmia devido à ênfase elevada na transcendência de Deus no judaísmo daquela época, uma ênfase preservando a santidade e a identidade de Deus como o único Deus verdadeiro que deveria receber honra. Os resultados práticos disso incluíam a hesitação em pronunciar ou mesmo escrever o nome divino (e.g., alguns documentos de Qumran têm reticências em substituição ao nome divino; em outros, o termo *'adonai* [Senhor] é substituído por YHWH [Yahweh]; Byington 1957) e a alteração de antropomorfismos na LXX e Targums para diminuir a impressão de que Deus tem características humanas. Nesse contexto, qualquer noção de entrar na presença de Deus sem primeiro passar pela purificação cultual e sem o propósito expresso de adorar a Deus seria vista como um insulto à singularidade da divindade. Figuras bíblicas que foram à presença de Deus foram primeiro purificadas (compare Is 6; Ez 1). Na tradição rabínica primitiva, só Deus está sentado no céu. Pode-se ficar em sua presença, mas nunca se assentar. Assim, quando Jesus disse que poderia assentar-se ao lado de Deus, Ele teria profanado a pessoa de Deus na visão dos líderes judeus, e eles entenderam as implicações que Jesus pretendia: que ele era o Juiz sobre eles, e não vice-versa.

***Ausência de alusão a Daniel 7* (22:69):** Os paralelos Sinóticos (Mt 26:64; Mc 14:62) mostram Jesus fazendo alusão a Dn 7:13 em um exame noturno perante o Sinédrio. Essa imagem clara da divindade de Jesus está ausente no relato de Lucas sobre uma audiência matinal perante o Sinédrio, embora ele tenha incluído referências a ela anteriormente (Lc 21:27). A alusão a Dn 7 em Mateus e Marcos é digna de nota por dois motivos: (1) Jesus é retratado como uma figura sobrenatural, uma vez que o AT ilustra o governo soberano de Deus sobre a terra dessa maneira (Êx 14:20; 34:5; Nm 10:34; Sl 104:3; Is 19:1; Bock 1987, p. 134-35), e (2) a ordem dos eventos deixa claro que Jesus estava falando de um retorno literal do céu e, assim, indicando seu retorno para julgar.

Duas considerações podem ajudar a explicar a ausência da alusão a Dn 7 no relato de Lucas sobre o julgamento do Sinédrio. Primeiro, pode ser simplesmente o resultado de Lucas relatar um ponto distinto no exame em que Jesus não aludiu a Daniel. Em segundo lugar, o ponto básico que Jesus destacou em todos os três Sinóticos foi sua posição celestial à direita de Deus, o que pressupõe que Ele governará do lado de Deus e irá diretamente à sua presença. Jesus é o Juiz e as autoridades religiosas não tinham autoridade final sobre Ele — um ponto destacado em todos os três Sinóticos.

Vocês dizem que Eu sou (22:70): A resposta de Jesus pode parecer vaga à primeira vista. Alguns até viram isso como uma negação de sua filiação divina. Mas a resposta de Jesus é mais bem vista como refletindo o fato de que os líderes fizeram a pergunta não com sinceridade, mas com o desejo de obter uma confissão condenatória de Jesus. Por essa razão, Jesus foi intencionalmente ambivalente em sua resposta (veja comentários em 23:3). Alguns descreveram a resposta como uma "admissão relutante" (Marshall 1978, p. 851; BDF §441:3), e Vermes (1973, p. 148-49) disse que é equivalente a "isso é o que vocês inferem". Não deve ser visto como um "sim" absoluto (*contra* Dalman 1909, p. 308-9; cf. Mt 27:11; Mc 15:2; Lc 23:3), embora R. Brown (1994, p. 493) discordasse, argumentando que Lucas voltou ao relato de Marcos enquanto fazia um paralelo com a resposta de Jesus a Pilatos em Lc 23:3. Em conclusão, Jesus respondeu tanto ao Sinédrio quanto a Pilatos indiretamente, mas com clareza suficiente para ser entendido por seus questionadores. Além da circunlocução, também pode haver ironia nas respostas de Jesus: "Vocês, embora sejam incrédulos, disseram isso!" De qualquer forma, o conselho ouviu o suficiente de Jesus para pedir que Roma o condenasse.

Lucas 23:1-17

Você disse isso (23:3): Jesus teria sido evasivo em sua resposta a Pilatos? Ele afirmou ou negou o que Pilatos disse? Embora a resposta de Jesus tenha sido enigmática (cf. 22:67c-68, 70; veja comentários sobre 22:70), deveria ter sido recebida como uma afirmação tácita de que Ele era, em certo sentido, o rei dos judeus. Jesus afirmou isso de maneira cautelosa a fim de qualificar as implicações e quais percepções estavam por trás da pergunta de Pilatos (BDR §441:4). Pilatos naturalmente entenderia que um rei se referia a alguém que detém o poder político e militar, mas esse não era o tipo de reinado que Jesus tinha em mente (Jo 18:36). Ele não tentaria derrubar Roma ou recrutar um exército terrestre. Mas Pilatos usou a resposta de Jesus e as acusações feitas contra Ele pelos líderes religiosos como inspiração para colocar um cartaz acima da cabeça de Jesus durante a crucificação que dizia: "Rei dos Judeus". Para Pilatos, isso era um meio de zombar das acusações judaicas, bem como das credenciais de Jesus para a realeza (Mt 27:37; Mc 15:26; Lc 23:38; Jo 19:19; K. Schmidt, *TDNT* 1:577). (Veja outros comentários em Mc 14:61-62.)

***O julgamento perante Herodes* (23:7-12):** Onde Lucas poderia ter obtido as informações que divulgou aqui? Certamente nenhum dos discípulos estava presente. Possivelmente a fonte de Lucas está relacionada ao mordomo de Herodes, Cuza, cuja esposa, Joana, tornou-se uma seguidora e sustentadora financeira de Cristo depois que Ele a curou (Lc 8:1-3). Pilatos também fez um breve relato sobre o encontro com Herodes (23:15), que muitas pessoas poderiam ter ouvido e, assim, tornado público. Não é surpresa que os detalhes sobre os exames de Jesus tenham se tornado bem conhecidos em Jerusalém, dada a visibilidade de Jesus e o drama público que envolveu seu conflito com a liderança. Mesmo alguém como Saulo de Tarso, que estava decididamente fora do movimento de Jesus até sua conversão, estava bem ciente da visão judaica de Jesus (At 7—9).

Herodes e Pilatos tornaram-se amigos (23:12): Não há nenhuma confirmação extrabíblica explícita de que Herodes e Pilatos se tornaram amigos naquele ou em qualquer outro momento, mas outros eventos podem indicar isso. O pano de fundo de seu relacionamento incluía Pilatos antagonizando Herodes, exigindo que Herodes pendurasse escudos romanos em seu palácio (*Embaixada para Gaio* 38 §§ 299-305). Mais tarde, eles foram removidos, possivelmente um sinal de que as tensões entre Herodes e Pilatos diminuíram. Lucas 13:1 também fala de um incidente em que Pilatos mandou matar alguns galileus na área do templo. A pressão do imperador Tibério atenuou a insensibilidade de Pilatos por um tempo (Tácito, *Anais* 3.54, 64-65; 6.27), possivelmente estabelecendo um contexto mais amplo que permitiu que Herodes e Pilatos se tornassem amigos durante seus exames entrelaçados de Jesus.

Questão textual em 23:17: Muitas traduções consideram esse versículo como não original de Lucas, uma vez que vários manuscritos o omitem. Estes incluem P^{75}, A, B, L e T. Os manuscritos que incluem o versículo são א, W, família 1, família 13, Byz, a maioria Itala e alguns siríacos. Os códices Θ e Ψ têm o versículo, mas com a ordem das palavras diferente. Outros manuscritos (D e alguns siríacos) incluem o versículo, mas o localizam após o versículo 19.

Embora alguns estudiosos defendam a inclusão do versículo 17 (Kilpatrick 1965a), é melhor concluir que não é original do Evangelho de Lucas, visto que muitos dos manuscritos são tardios e que o versículo aparece em lugares diferentes e em outra ordem de palavras. Muito provavelmente foi acrescentado para tornar Lucas conforme Mc 15:6 e Mt 27:15 (Arndt 1956, p. 463; Marshall 1978, p. 859; Metzger 1975, p. 179-80).

De acordo com a época de festa, ele tinha de liberar alguém para eles (23:17): Argumentei no comentário anterior que esse versículo provavelmente não é original do Evangelho de Lucas. O versículo parece implicar que Pilatos era obrigado a libertar um prisioneiro durante o festival. Muitos duvidaram que isso seja historicamente preciso (Fitzmyer 1985, p. 1485-86; Luce 1933, p. 347). Todavia, mesmo que o versículo não seja original, é plausível que Pilatos tenha sido obrigado a libertar um prisioneiro ou, melhor, que o tenha feito por costume pessoal. Pilatos tentou retratar Jesus como culpado de perturbar a paz, uma acusação que ele não acreditava justificar a pena de morte. Ele via Jesus como um estorvo público, não um ofensor digno de morte. Além disso, a escolha de Pilatos de ser gentil aqui refletia uma tentativa de ser sensível aos judeus. Isso não era uma obrigação para ele, mas o ato soberano de um governante que exercia a amplitude legal. Finalmente, seria desaconselhável rejeitar a autenticidade da oferta de anistia de Pilatos simplesmente porque isso não é corroborado em outro lugar. Temos fontes muito limitadas sobre Pilatos, portanto, um argumento contra a autenticidade da oferta de anistia é um argumento do silêncio que exclui essa menção como evidência.

Lucas 23:26-31

***A citação da linguagem de Oseias* (23:30):** Oseias 10:8 mostra as montanhas cobrindo e as colinas caindo. Jesus mudou isso, de modo que as montanhas caem e as colinas cobrem. Essa diferença indica que Jesus não tinha consideração pelas Escrituras e sentiu que poderia mudá-las livremente, ou talvez indique que Ele se lembrava do versículo incorretamente?

Em vez de exibir memória fraca ou desconsiderar a precisão, Jesus estava apenas jogando com o paralelismo nessa citação. Era comum em um contexto oral citar textos de uma forma que introduzisse alguma variação. A alteração do texto original por Jesus não muda o significado. Tendo conquistado a ira de Deus pela rejeição do Messias, a dor da queda de Jerusalém seria tão grande que o povo desejaria uma "morte rápida" (Klostermann 1929, p. 228). Esse é o ponto, independentemente da ordem das imagens. A morte seria melhor do que a miséria de saber que eles eram objetos da ira irreversível de Deus. (Veja comentários adicionais em Mt 27:15, Mc 15:6 e Jo 18:39.)

Lucas 23:32-38

O lugar chamado Caveira (23:33): Mateus 27:33 e Mc 15:22 nomeiam "Gólgota" como o local da execução. Todos os três Sinóticos dão o significado de "Caveira" (*kranion*) ao local, mas Lucas não mencionou o Gólgota, o que leva alguns críticos a sugerir que ele colocou a crucificação em um local diferente de Mateus e Marcos. Mas Lucas também omitiu o nome semítico de Getsêmani em 22:39-46, além disso, sua escolha de palavras aqui pode ter refletido seu público predominantemente grego. O fato de Lucas ter chamado o lugar de "A Caveira" de acordo com Mateus e Marcos mostra que todos os três estavam descrevendo o mesmo local. O nome *Calvário* vem de *calvaria*, a tradução latina de *kranion*. (Veja mais comentários em Mt 27:33.)

Questão textual em 23:34: Alguns questionam a autenticidade da oração de Jesus nesse versículo devido à atestação contestada nos manuscritos. A oração é exclusiva de Lucas, e alguns manuscritos carecem dela (numerosas testemunhas alexandrinas e ocidentais, por exemplo, P^{75}, א [1º copista], B, D*, W, Θ e siríaco).

Embora a evidência manuscrita sugira que a oração não é original, devemos considerar outras evidências internas aos escritos de Lucas e aos Evangelhos. Primeiro, a oração paralela de Estêvão em At 7:60, o outro livro de Lucas, pode favorecer a autenticidade de Lc 23:34, visto que Lucas frequentemente observa paralelismo entre os eventos. (Assim, por exemplo, Pedro e Paulo realizam curas como Jesus as fez. Jesus e Paulo pregam na sinagoga.) Em segundo lugar, o fato de essa oração não ter paralelo nos outros Evangelhos sugere que não havia motivação clara para um copista inseri-la aqui. Em terceiro lugar, Lucas comumente enfatizou que as pessoas às vezes agem na ignorância (At 3:17; 13:27; 17:30). Quarto, cada subunidade principal na narrativa da crucificação de Lucas contém uma palavra de Cristo (Lc 23:28-31, 34, 43, 46). A omissão da oração deixaria essa subunidade sem tal declaração (Marshall 1978, p. 868). Finalmente, a remoção da oração por um copista é mais fácil de explicar do que a inserção da oração por um copista. Afinal, ele poderia ter achado a oração muito indulgente com os judeus (R. Brown 1994, p. 979), ou poderia ter julgado a oração sem resposta à luz da destruição de Jerusalém em 70 d.C. e, portanto, removido para evitar constrangimento.

Esses indícios sugerem que a evidência do manuscrito não é definitiva e que a oração é original de Lucas (Ernst 1977, p. 634; Grundmann 1963, p. 432-33; Tiede 1988, p. 417; Ellis 1974, p. 267; e Marshall 1978, p. 867-868).

ESTE É O REI DOS JUDEUS (23:38): Os quatro Evangelhos colocam a redação da inscrição de forma diferente:

ESTE É JESUS O REI DOS JUDEUS (Mt 27:37)

O REI DOS JUDEUS (Mc 15:26)

ESTE É O REI DOS JUDEUS (Lc 23:38)

JESUS, O NAZARENO, O REI DOS JUDEUS (Jo 19:19)

Os críticos têm visto essas diferenças como prova de que os Evangelhos se contradizem. Embora a inscrição no cartaz varie, a essência da mensagem é a mesma em todos os quatro relatos. Somente se alguém mantiver a desacreditada visão ditatorial da inspiração divina (veja Introdução) olharia essas variações como problemáticas. Em parte, entendemos o que foi a inspiração divina das Escrituras e como ela funcionou, observando como os textos lidam com cenas paralelas. Repetidamente, vimos que os padrões da historiografia da época permitiam que os autores transmitissem verdades idênticas, mantendo a mesma essência do evento, enquanto usavam abordagens de variação e resumo. As variações não se contradizem em termos de apresentar o significado histórico, mas podem explicitar o que está implícito em outra versão. Aqui está claro que Jesus foi executado por estar associado à realeza dos judeus. (Veja mais comentários em Mt 27:37, Mc 15:26 e Jo 19:19.)

Dois outros criminosos também foram levados para serem executados com Ele (23:32-43): Mt 27:44 e Mc 15:32 têm ambos os criminosos zombando de Jesus, mas nunca mencionam que um deles se arrependeu e creu. Isso representaria uma contradição entre esses dois Evangelhos e Lucas? É importante lembrar que o tempo de Jesus na cruz durou pelo menos seis horas com base no que podemos deduzir dos Evangelhos. Cada relato menciona episódios que somam apenas uma fração desse tempo. Esse fato por si só nos leva a esperar diferenças no que está relacionado. Além disso, o arrependimento do homem não era essencial para o significado ou resultado da morte de Jesus na cruz. Ademais, detalhes adicionais nas várias fontes da tradição podem explicar as diferenças nos detalhes. O silêncio de Mateus e Marcos sobre o arrependimento de um dos criminosos não questiona a exatidão de Lucas. Ele simplesmente conta mais da história.

Lucas 23:39-43

Hoje você estará comigo no paraíso (23:43): Jesus e o ladrão arrependido foram para o céu no momento em que morreram? Em caso afirmativo, isso contradiria o que Jesus disse a Maria Madalena após sua ressurreição: "Não se apegue a mim... porque ainda não subi para o Pai" (Jo 20:17)?

Jesus se referiu em Jo 20 a uma ascensão corporal ao céu (At 1:9), que não era uma mera visitação, mas uma nova residência que não mudaria até a segunda vinda. Jesus prometeu ao criminoso penitente que o criminoso não teria que esperar para experimentar as bênçãos do reino ao qual pediu para entrar. A referência de Jesus em Lc 23:43, no entanto, claramente não tinha em mente uma experiência corporal. Assim, Lucas e João não estavam discutindo as mesmas coisas.

A ênfase no imediatismo se encaixa com a abordagem de Lucas em outro lugar (2:11; 4:21; 5:26; 13:32-33; 22:34, 61; Grundmann 1963, p. 434). Jesus estava falando de passar imediatamente para um estado intermediário onde a pessoa está consciente da bênção de Deus. Isso entra em conflito com a ideia popular de que os mortos entram em algum tipo de estado de limbo. A única demora é para a ressurreição corporal, que vem no fim dos tempos.

Como o céu e o paraíso se relacionam? Essa questão está ligada ao significado de *paradeisos* (paraíso). *Paradeisos* vem do mundo persa para o grego, embora termos relacionados apareçam em contextos não escatológicos (Gn 2:8; 13:10; Ne 2:8; Ct 4:13; Ec 2:5; BAGD 614 §2; BAA 1241 §2; Fitzmyer 1985, p. 1510-11; Jeremias, *TDNT* 5:765-73; Grelot 1967; R. Brown 1994, p. 1010-12; Josefo, *Antiguidades* 1.1.3 §37). Textos posteriores usam o termo para se referir ao jardim escatológico ou paraíso (Is 51:3; Ez 28:13; 31:8). No judaísmo extrabíblico, referia-se à morada dos justos (*1Enoque* 17—19; 32.3; 60.8; 61.12; *2Enoque* 65.10; *T. Levi* 18.10-11; *T. Dan* 5.12; *Salmos de Salomão* 14.3; *Sipre* 307.3 em Dt 32:4; Str-B 2:264). Arndt (1956, p. 471) comparou-o com o seio de Abraão, uma imagem que também destaca a recepção imediata após a morte, como vemos em Lc 16 com a vida após a morte de Lázaro. Dois outros textos do NT (2Co 12:3-4 e Ap 2:7) são relevantes, os quais parecem aludir ao reino celestial onde os justos estão reunidos.

Nós não podemos construir uma doutrina completa do estado intermediário de Lc 23:43. Realmente não podemos dizer nada mais específico do que o texto insinua que o criminoso arrependido, após sua morte, entrará em um estado intermediário consciente de algum tipo até o momento de sua ressurreição corporal. A morte é uma mera transição para esse homem, não uma cessação definitiva de sua existência. Ele experimentaria vitória e libertação por meio de sua confissão de Jesus, e essa libertação é imediata (Nolland 1993b, p. 1152).

Lucas 23:44-49

As trevas cobriram toda a terra até as três horas da tarde (23:44): Embora alguns escritores antigos (e.g., Thallus, conforme observado em George Syncellus, *Chronography* p. 391), tenham escrito que essa escuridão havia sido causada por um eclipse solar, os eclipses solares não podem ocorrer durante a lua cheia e a Páscoa ocorreu durante a lua cheia. A escuridão teria sido, portanto, um milagre? E a expressão "toda a terra" indicaria que a escuridão cobriu o mundo inteiro ou apenas a região da Palestina?

Nós poderíamos interpretar esse evento, comumente chamado de "eclipse da crucificação", como um milagre cósmico em lugar de uma ocorrência natural que simplesmente coincidiu com a crucificação de Cristo. Deus estava indicando por meio de um presságio na natureza o significado do que estava acontecendo na crucificação. Alguns têm sugerido que Deus obscureceu o sol por meio de coisas como nuvens ou uma tempestade de areia, mas isso não pode ser demonstrado de nenhuma maneira. O grego (*ekleipō*) indica que a luz foi obscurecida, mas não oferece nenhuma ideia sobre qual elemento Deus empregou.

A escuridão sobrenatural lembra as imagens do julgamento do dia do Senhor (Am 8:9; Jl 2:10, 30-31 [3:3-4 MT]; Sf 1:15; Fitzmyer 1985, p. 1517) e indica que a cruz de Cristo é um lugar de julgamento de Deus. O Filho paga pelos pecados humanos, e o Pai representa a presença divina e o exercício da sua ira contra o pecado por meio das trevas. Brown (1994, p. 1042-1043) observou que a escuridão pode ser vista como um símbolo teológico em contraste com Jesus como sendo a luz. Brown também ligou a escuridão ao motivo grego de que sinais ocorrem na morte de grandes pessoas (Plutarco, *Romulus* 27.6; Plutarco, *Caesar* 69.4; Ovídio, *Fasti* 2.493; Cícero, *República* 6.22 §24; Plínio, *História natural* 2.30 §98; Grández 1989). Tal pano de fundo não se limita aos contextos greco-romanos, pois a cultura judaica via Deus como estando ativo em todos os eventos e capaz de falar por meio de sinais na natureza. Assim, tanto judeus quanto gentios teriam reconhecido a mistura premonitória de respostas cósmicas em torno da cruz.

Quanto à extensão geográfica da escuridão, a frase "toda a terra" não é bem definida. É possível que a escuridão tenha afetado apenas a Judeia ou mesmo a própria Jerusalém. Não temos como saber exatamente quanto da terra a escuridão cobriu, pois a figura de linguagem bíblica, traduzida como "toda a terra" pela versão HCSB, poderia se referir a um evento local da perspectiva dos presentes (cf. "toda a área" em Mt 9:26, 31). No entanto, vários relatos antigos retratam a escuridão como um evento conhecido em todo o mundo grego (compare "o mundo inteiro" em Ap 3:10; 12:9). Sextus Julius Africanus e Eusébio citaram Phlegon de Tralles, o historiador grego do século 2, sobre esse ponto. O apologista cristão Tertuliano (ca. 160-220) disse aos incrédulos que a escuridão foi apontada em registros seculares os quais podiam ser vistos em sua época (*Apologia* 21.19). (Veja mais comentários em Mt 27:45, Mc 15:33 e Lc 23:44.)

Pai, em tuas mãos entrego o meu espírito (23:46): As últimas palavras de Cristo registradas nos Evangelhos variam entre eles. Isso indicaria uma contradição? Lucas observou que Jesus clamou em alta voz: "Pai, em tuas mãos entrego o meu espírito". Os paralelos Sinóticos também observam que Jesus "clamou novamente em alta voz" (Mt 28:50) ou "soltou um grande grito" (Mc 15:37) pouco antes de expirar. A diferença entre Lucas e os outros Sinóticos, portanto, está no nível de detalhamento dado a esse clamor. Tanto Mateus quanto Marcos observaram anteriormente que o penúltimo clamor de Jesus na cruz foi uma citação do Sl 22:1 (veja Mt 27:46; Mc 15:34), mas eles escolheram não dar o conteúdo do último clamor. Somente Lucas forneceu o conteúdo, embora aparentemente até ele tenha optado por omitir uma parte dele, pois Jo 19:30 apresenta uma breve observação: "Está consumado" (*tetelestai*), no v. 46. Essas variações refletem informações complementares e não contraditórias.

As palavras finais de Jesus em Lucas antes de sua morte vêm do Sl 31:5, a oração de um justo sofredor que pede para ser liberto de seus inimigos e expressa confiança de que seu destino está nas mãos de Deus. Devemos ver o uso do salmo por Jesus como texto típico-profético. Jesus se encaixou no padrão de sofrimento de um justo e foi, de fato, o sofredor justo *por excelência*. Em Lucas, ao enfrentar a morte, Ele expressou sua confiança de que Deus cuidaria dele.

Este homem realmente era justo! (23:47): Tanto Mateus quanto Marcos relataram que Jesus foi proclamado como "Filho de Deus" pelo centurião aqui (Mt 27:54; Mc 15:39). Lucas teria alterado as palavras reais do centurião, ou sua versão da declaração do centurião provavelmente está mais próxima do original? A declaração do centurião funcionou como um julgamento sobre os eventos que ele acabara de testemunhar. Embora Jesus tivesse sido executado como criminoso, o centurião julgou que Jesus era *dikaios*. A palavra normalmente significa "justo", mas também pode significar "inocente" (Pv 6:17; Jl 3:19; Jn 1:14; Mt 23:35; 27:19; Tg 5:6; 1Pe 3:18). Nesse contexto legal, o significado mais natural é "inocente", uma vez que várias confissões da inocência de Jesus precederam essa cena (Lc 23:4, 14, 22, 41; Kilpatrick 1942). Brown (1994, p. 1163-1167) preferia o termo "justo" (ou seja, reto), que ele observou corretamente, implicando inocência.

Brown viu três explicações possíveis para a mudança de Marcos (ou Mateus) em Lucas, se de fato foi isso que ocorreu. Primeiro, a mudança de "Filho de Deus" para "justo" permite uma alusão ao Sl 31:18: "Calem-se os lábios mentirosos; falam arrogantemente contra os justos com orgulho e desprezo". Em segundo lugar, o uso do título *o Justo* para se referir ao Messias (compare Is 53:11; Jr 23:5; Zc 9:9) pode ter sido comum na igreja e teria elogiado essa abordagem. Terceiro, o uso de "justo" ou "inocente" corresponde ao retrato que Lucas faz de Jesus na cena anterior do julgamento. O veredito do centurião confirmou o caráter de Jesus e proclamou que a execução foi um erro judiciário. Jesus era um sofredor inocente (um tema desenvolvido em At 3:14; 7:52; 13:28; 22:14; Neyrey 1985, p. 100). Essa sétima confissão de inocência em Lc 23 foi o comentário final sobre esses eventos (compare Lc 23:4, 14, 15 [duas vezes], 22, 41).

Mateus observou que outros soldados acompanhavam o centurião, vigiando Jesus. Eles também viram o terremoto e ficaram impressionados.

Marcos mencionou apenas o centurião, que olhava para Jesus e o viu dar seu último suspiro. Mateus e Marcos concordaram com o que foi dito (embora Mateus tenha feito uma confissão coletiva): "Este homem realmente era o Filho de Deus!" Devido ao fato de que esses homens eram gentios, essa declaração provavelmente tinha um significado real e funcional, em vez de um significado ontológico. Os soldados aceitaram as reivindicações de Jesus sobre a filiação por causa dos sinais que acompanharam sua morte.

É possível que Lucas tenha traduzido a observação do centurião de forma mais resumida, seja porque a expressão *Filho de Deus* não significaria nada para sua audiência ou porque eles poderiam interpretá-la erroneamente como indicando que Jesus era *um* filho de Deus. Por outro lado, pode ser que a versão de Lucas esteja mais próxima do original e que Mateus e Marcos tenham apresentado o resultado do que significava considerar Jesus como inocente. Também é possível que várias declarações diferentes tenham sido feitas, especialmente devido ao número de testemunhas da crucificação (observado por Mateus). A escolha mais provável, em face da preferência de Lucas pelo termo *dikaios*, é que ele demonstrou explicitamente a força da confissão do centurião. Se Jesus foi confessado como "Filho de Deus", Ele era claramente inocente e havia sofrido injustamente — um tema que Lucas desenvolveu mais do que os outros Sinóticos. Por isso, em Lucas, a nota final sobre a morte de Jesus é que Ele morreu como um homem inocente. (Veja comentários adicionais em Mt 27:54 e Mc 15:39.)

As mulheres [...] ficaram de longe, observando essas coisas (23:49): Estavam as mulheres observando de longe (Mt 27:55-56; Mc 15:40) ou estariam perto da cruz (Jo 19:25)? Em vez de indicar uma contradição, essa variação reflete o fato de que esses eventos ocorreram em um período de pelo menos seis horas. Em algum momento durante o evento, elas estavam distantes; em outro momento, provavelmente mais tarde, elas se aproximaram.

LUCAS 23:50-56

***O túmulo de José* (23:53):** Os críticos têm objetado que os criminosos executados não tinham o privilégio de serem enterrados em túmulos familiares e que o testemunho de Lucas é, portanto, historicamente impreciso. Mas Jesus não foi enterrado no túmulo de sua família. Jesus não era parente de José e, portanto, o seu sepultamento, embora incomum, não conflitava com a prática antiga (*m. Sanhedrin* 6.5).

Então voltaram e prepararam especiarias e perfumes (23:56): As mulheres teriam preparado especiarias antes do sábado (Lc 23:56) ou depois do sábado (Mc 16:1)? A sugestão de que elas fizeram as duas coisas, preparando algumas especiarias antes do sábado e depois dele, comprando especiarias adicionais após o sábado, é complicada por Lc 24:1 ("elas foram ao sepulcro, trazendo as especiarias que haviam preparado"), parecendo presumir que apenas as especiarias que as mulheres levavam ao túmulo na manhã da ressurreição eram aquelas que haviam preparado pouco antes do início do sábado (23:56).

Uma possível solução para essas dificuldades é sugerir que um dos autores resumiu seu relato dos eventos, um problema comum nos Evangelhos. Marcos pode ter reduzido o tempo, considerando que a aplicação das especiarias não ocorreria até domingo. Por outro lado, pode ser Lucas que tenha comprimido o relato, dando assim a impressão de que a preparação ocorreu após o sábado, embora na verdade pudesse ter apenas estabelecido uma transição para a ressurreição (Marshall 1978, p. 881). Não há como ter certeza. Embora o relato de Lucas não mencione nenhuma compra, é possível que as mulheres tenham levado especiarias já preparadas e também obtido especiarias adicionais no caminho. Também é possível que as mulheres tenham comprado especiarias duas vezes, o que pode indicar um desejo de honrar Jesus com muito cuidado. De qualquer modo, fica claro que as mulheres não anteciparam a ressurreição de Jesus.

Lucas 24:1-12

Elas encontraram a pedra removida do túmulo (24:2): As mulheres descobriram que a pedra de vedação da tumba já havia sido removida quando elas chegaram (Mc 16:4; Lc 24:2; Jo 20:1), ou elas estavam presentes para ver o anjo rolar a pedra (Mt 28:1)?

Como vimos em vários textos, podem surgir diferenças quando os autores optam por compartilhar diferentes níveis de detalhes. Alguns relatos resumem e reduzem o relato do que aconteceu. Lucas apresentou a pedra rolada como o primeiro indício da ressurreição (Marshall 1978, p. 884). Ele ofereceu um bom contraste literário em 24:2-3 entre o que as mulheres encontraram ao chegar (a pedra rolada) e o que surpreendentemente não encontraram ao entrar no túmulo (o corpo de Jesus).

No Israel do primeiro século, um disco redondo de pedra era frequentemente colocado em um canal esculpido na rocha para que pudesse ser rolado facilmente para cobrir a entrada da tumba geralmente retangular (Fitzmyer 1985, 1544; Abel 1925). Mas a pedra também podia apenas ser empregada para obstruir a entrada, sem canal (Nolland 1993b, p. 1189). Não há como saber qual foi o caso aqui.

Marcos é o único evangelista ao relatar que as mulheres discutiram entre si a questão de quem rolaria a grande pedra (Mc 16:3). Mateus não mencionou que as mulheres foram ao túmulo com a intenção de ungir o corpo de Jesus. Ele apenas afirmou que elas foram para "ver o túmulo" (Mt 28:1). Dillon (1978, p. 16) atribuiu o silêncio de Mateus sobre uma unção a ser feita na presença dos guardas (Mt 28:11-15). O trabalho dos guardas era impedir que alguém tivesse acesso ao corpo (visto no selamento da tumba), então Dillon argumentou que Mateus abandonou a tradição da unção porque a entendia como incompatível para ser feita na presença de guardas. Mas a ideia de as mulheres realizarem uma unção com guardas presentes no túmulo não seria impossível. De acordo com o antigo costume, as mulheres poderiam ungir um corpo, desde que não o removessem.

A questão em torno do lacre em Mt 27:66 é se ele foi projetado para impedir que alguém entrasse na tumba ou se era uma maneira de garantir que ninguém entrasse sem obter a aprovação oficial. Mesmo que o lacre destinasse a bloquear todo o acesso, as mulheres talvez não soubessem que a tumba estava lacrada e guardada dessa maneira. Assim, não há dificuldade em dizer que elas foram ao sepulcro com a intenção de ungir o corpo de Jesus.

Finalmente, o relato de Mateus é um tanto ambíguo sobre a hora exata em que o anjo abriu a tumba. As mulheres estavam se aproximando quando o terremoto começou e o anjo removeu a pedra. Elas poderiam estar muito longe para ver a tumba, mas ainda assim seria correto dizer que estavam se aproximando do local da tumba em algum momento de sua jornada. Lucas não nos diz especificamente que as mulheres testemunharam a remoção da pedra. A transição para o monólogo do anjo no versículo 5 se encaixa naturalmente com a conclusão de que as mulheres realmente estavam presentes para ver a pedra removida, mas poderíamos manter a ambiguidade do texto. (Veja mais comentários em Jo 20:1-2.)

***Tempo e locação daqueles que anunciaram a ressurreição* (24:4-6):** Mateus 28:5-6 relata um "anjo" que está *sentado do lado de fora* da tumba anunciando a ressurreição de Jesus às mulheres antes que estas buscassem os discípulos no versículo 8. Marcos 16:5-6 apresenta as notícias da ressurreição chegando às mulheres por meio de **um** "homem" jovem *sentado dentro* da tumba e não relata que as mulheres vão contar aos discípulos. Lucas 24:5-6 narra a notícia da ressurreição chegando às mulheres por meio de **dois** "homens" que estavam *dentro da tumba* antes que as elas saíssem para transmitir a notícia aos discípulos. João 20:11ss mostra Maria Madalena sozinha encontrando "dois anjos" dentro da tumba, e isso ocorre *depois* que ela foi encontrar os discípulos para relatar que o corpo de Jesus havia sido roubado. Os anjos no túmulo não anunciam a ressurreição a Maria, mas perguntam-lhe porque ela está chorando. Maria descobre a verdade da ressurreição somente quando encontra o próprio Jesus (Jo 20:14-17). As diferenças entre os Evangelhos Sinóticos individuais e entre os Sinóticos como um grupo e João parecem impressionantes, vistos na superfície. Elas representariam contradições que minam a confiabilidade dos relatos da ressurreição?

EVANGELHO	MENSAGEIRO	LOCALIZAÇÃO	RESPOSTA DAS MULHERES
Mateus	Um "anjo"	Sentado do lado de fora	Buscam os discípulos
Marcos	Um "homem"	Sentado do lado de dentro	

Lucas	Dois "homens"	Do lado de dentro	Relatam aos discípulos
João	Dois "anjos"	Do lado de dentro	Maria já havia relatado aos discípulos

Embora Lucas tenha falado de dois "homens" fazendo o anúncio de dentro da tumba em 24:5-6, ele os descreveu como "anjos" no versículo 23. Marcos 16:5 falou de um "homem" jovem vestido com uma túnica branca; a cor branca brilhante sugere uma aparência angelical, sendo que Mateus e Lucas perceberam isso. Assim, todos os quatro Evangelhos viram os mensageiros como anjos. Ao invés de contradições sobre a identidade dos mensageiros, estamos vendo múltiplas versões apresentando os mesmos detalhes de maneiras distintas. Essas são como as variações que vimos em outros textos, incluindo o momento em que a pedra é removida. O que pode ter acontecido é que dois anjos fizeram o anúncio, um inicialmente permanecendo dentro da tumba e o outro fora. Um escritor escolheu apresentar o anúncio do lado de fora, enquanto o outro combinou o anúncio com a observação de que o corpo havia saído da tumba. Implodir todo esse relato também é outra possibilidade. Mais uma vez, uma descrição fornece mais detalhes; os outros resumem e omitem o relato do ocorrido. O fato importante é que o túmulo estava vazio e a ressurreição de Jesus foi anunciada ou demonstrada de várias maneiras. (Veja mais comentários em Mt 28:5-6, Mc 16:5-6 e Jo 20:12.)

Outra questão é o momento em que Maria percebeu que Jesus ressuscitou. João 20:1-2 mostra Maria correndo de volta para Pedro e o outro discípulo com o objetivo de dizer-lhes que o túmulo está vazio. A essa altura, ela não ouvira nenhum anúncio e não sabia o que havia acontecido com o corpo. Ela encontrou Jesus apenas mais tarde, depois que os homens voltaram para casa. Maria relatou a eles sua visão do Senhor (Jo 20:18).

É difícil encontrar coerência entre João e os outros Evangelhos, pois os Sinóticos parecem ter um anúncio angélico imediato sobre a primeira viagem de Maria ao túmulo. Existem pelo menos quatro tentativas principais para resolver essa aparente discrepância:

Primeiramente, sugere-se que Maria fez duas viagens ao túmulo (J. Wenham 2005, p. 83, 90-95; Osborne 1984, p. 149n2; Westcott 1908, 2:337), algo que João revelou (20:1, 11), mas que os Sinóticos não mencionam. A sequência seria a seguinte: inicialmente, Maria viu o túmulo vazio e correu para buscar os homens imediatamente, sem se preocupar em conferir o interior antes de sair. Quando Maria voltou ao túmulo, atrás dos discípulos que estavam correndo, ela ainda não sabia o que havia acontecido. Maria então viu Jesus (Mt 28:9-10; Jo 20:11-18). Um problema aparente com essa visão é que os Sinóticos indicam que os discípulos foram ao túmulo em função do relato das mulheres sobre a ressurreição de Jesus (Lc 24:10-12). Uma observação à distância é possível: nesse caso, Maria chegou primeiro aos homens e relatou sobre o túmulo vazio, enquanto as outras mulheres trouxeram seu relato da ressurreição um pouco mais tarde, seguindo um pouco atrás de Maria. Assim, Maria voltou ao túmulo não tendo nenhuma base para a crença na ressurreição além do relato das mulheres. Mas há também a questão sobre onde Mt 28:9-10 se encaixa, uma vez que o encontro entre Jesus e as mulheres relatado ali parece ter ocorrido quando as mulheres estavam a caminho para relatar aos homens. Maria não faria parte desse grupo? Mateus e a versão mais curta de Marcos não relatam a visita de Pedro ao túmulo, fazendo com que o evento de Mateus pareça a primeira viagem ao local. A sugestão de Wenham só pode estar correta se Mateus truncar o primeiro relato, de modo que Mt 28:9-10 seja igual a Jo 20:11-18, significando que ambos os relatos relembram um evento que ocorreu depois que as mulheres se encontraram com os discípulos. O maior obstáculo é a questão de como Maria poderia estar em dúvida, em Jo 20:11-18, se Jesus tivesse aparecido às mulheres em seu primeiro retorno para casa. O truncamento de Mateus implicaria que Maria não participou da aparição da ressurreição que Mateus relata em 28:9-10 (apesar de sua semelhança com João), ou que Mateus (novamente usando uma visão telescópica) colocou a ressurreição posterior à aparição onde ele relata porque não mencionou a visita de Pedro ao túmulo.

Uma segunda solução sugerida, intimamente relacionada à primeira, diz que João truncou a resposta dos discípulos, dando a impressão de que "Simão Pedro e... o outro discípulo" foram ao sepulcro imediatamente após ouvir Maria falar sobre a tumba vazia, quando na verdade eles esperaram o tempo suficiente para ouvir o grupo de mulheres que veio depois de Maria. O segundo grupo de mulheres fez um relato mais importante do que o de Maria: relataram a aparição de Jesus a elas, e isso foi o que mais imediatamente levou os homens a visitar o túmulo. O maior problema com essa sugestão é que ela apresenta Maria Madalena como ignorando uma alegação de ressurreição até que ela ouviu as outras mulheres contarem isso aos discípulos, e ainda assim Lc 24:10-11 a menciona primeiro entre aqueles que relataram a ressurreição de Jesus aos homens. Além disso, se essa segunda solução proposta estiver correta, por que João apresentou as observações de Maria como o catalisador para os discípulos que partiram para o túmulo? Seu relato (Jo 20:3) certamente dá a impressão de que o descrição de Maria foi o que levou os homens à ação. A linguagem de João aqui poderia representar um desmonte dos detalhes, uma vez que Maria teria sido a primeira a levantar a questão do túmulo vazio e depois as outras seguiram com a reivindicação da ressurreição. Mas a dúvida de Maria em Jo 20:11-13, que parece ser de uma cena posterior, não poderia contradizer o relato da ressurreição pelas outras mulheres? Porém, se o relato da ressurreição das mulheres foi recebido com dúvidas, talvez Maria tenha ficado insegura sobre o que havia acontecido, especialmente se ela não tivesse estado no túmulo por muito tempo. Se a confirmação, especialmente se ela não estivesse no túmulo por muito tempo da ressurreição, chega até ela em Jo 20:14-18, então Jo 20:14-18 não é igual a Mt 28:9-10, mas tem uma aparição separada e semelhante. Essa combinação de eventos é possível, embora proponha uma grande compactação em todos as narrativas.

Terceiro, alguns propõem que Jo 20:1-10 e 20:11-18 descrevem o mesmo evento. Nesse caso, Jo 20:1-10 não está interessado em relatar nada sobre como Maria viu o Senhor, mas simplesmente observa que ela viu o túmulo vazio. Além disso, eles sugerem que, na tradição subjacente aos versículos 1-10, que Maria estava um pouco incerta sobre como dar a notícia da ressurreição aos discípulos de maneira verossímil. Ela optou por um "meio relatório" ambíguo e disse que alguém havia levado o corpo, uma visão que provavelmente refletia sua impressão inicial sobre o que havia acontecido quando ela viu o túmulo vazio, mas ainda não tinha visto o Senhor ressuscitado. Esse primeiro relato levou os discípulos, e mais tarde Maria depois deles, para irem ao túmulo e investigar. João 20:11-18 então traz os detalhes da aparição de confirmação que veio a Maria antes que ela fosse relatar aos homens. O maior desafio para essa solução proposta é o aparente contraste entre Jo 20:10 e 20:11 (gr. *de*), que é mais facilmente lido como uma transição para uma cena subsequente e não como uma recontagem da cena nos versículos 1-10.

Uma quarta solução sugerida diz que João começou o relato em Jo 20:2 descrevendo uma perspectiva que ele e Maria tinham em comum — a incerteza sobre onde estava o corpo de Jesus — e que as introduções de cada relato em Jo 20:2 e 20:13 são amplamente simultâneos em tempo real, mas que João conta o primeiro relato para refletir sua própria experiência e descoberta inicial ("o outro discípulo, aquele a quem Jesus amava", ou seja, o discípulo amado). A perspectiva da narrativa em Jo 20:1-10 reflete, portanto, o próprio ponto de vista de João, enquanto a perspectiva da narrativa de Jo 20:11-18 é a de Maria. Assim, João relatou sua perspectiva anterior à de Maria, embora as experiências de Maria tenham ocorrido cronologicamente primeiro. João 20:2 mostra Maria dizendo "nós" não sabemos onde eles colocaram o corpo, o que parece supor que Maria não estava sozinha. João 20:13 mostra Maria dizendo "eu" não sei onde eles colocaram o corpo. O início do relatório de Maria sobre o túmulo vazio e o corpo perdido (Jo 20:2) fez Pedro e o discípulo amado irem para o túmulo antes que Maria pudesse detalhar mais e discutir como o anúncio foi feito. Os outros discípulos que ficaram para trás ouviram de Maria o relato completo (i.e., o que é mostrado em 20:11-18 ou nos relatos Sinóticos do anúncio). Dessa forma, Jo 20:1-10 reproduz a perspectiva real de João sobre o evento quando ele aconteceu. Como ele não ouviu a história de Maria até o fim, os versículos 1-10 não incluiriam, compreensivelmente, a menção do anúncio ou a aparição da ressurreição. E João contou a história a partir da perspectiva de como *ele* vivenciou a ressurreição. Isso significaria que Mt 28:9-10 está relatando a mesma circunstância da ressurreição que Jo 20:14-18. Nesse caso, Maria fez apenas uma ida ao túmulo, que é a conclusão natural tirada da Sinóticos. João relatou sua descoberta na íntegra (20:1-10) e depois voltou para contar a história de Maria (20:11-18), que embora tenha ocorrido mais cedo no tempo, foi relacionada a ele mais tarde e recontada por João posteriormente no texto. A ligação é feita literariamente na sobreposição da nota de Maria sobre o corpo perdido em Jo 20:2 e 20:13. Na sequência real, Jo 20:13-18 faz parte e segue Jo 20:2, detalhando o que havia acontecido com Maria e as outras mulheres. Essa opção preserva o papel principal que Maria parece ter desempenhado na primeira visão de Jesus ressuscitado e como sendo a primeira a anunciar sua ressurreição aos homens, e também explica o foco em João, o discípulo amado, em Jo 20:1-10.

Os principais problemas nesse cenário são que o relato inicial das mulheres em João afirma que elas não sabiam onde estava o corpo (o que entra em conflito com o relato dos Sinóticos de que os anjos lhes contaram o que aconteceu) e que a aparição — a declaração de Jesus a Maria aponta para mais acontecimentos do que o mero relato de que os anjos explicaram que o túmulo está vazio. No entanto, se Maria completou essa imagem mais tarde em suas observações, relatando sua visão de Jesus, e se as mulheres fizeram um relatório completo de que Pedro e João não ouviram o tempo todo antes de irem verificar o túmulo, então tudo isso pode ser reconciliado.

Em suma, a sequência exata dos eventos da ressurreição permanece obscura devido à variedade de testemunhas e à diversidade de perspectivas a partir das quais os Evangelhos apresentam os detalhes. É possível harmonizar as tradições se permitirmos variações literárias. Eu prefiro um pouco a quarta opção. Os relatos se complementam e foram separados por uma razão: apresentar a ressurreição de ângulos distintos.

Lembrem-se de como Ele falou com vocês quando ainda estava na Galileia (24:6): Essa observação alude a textos como Lc 9:45 e 18:34. A questão é: se Jesus predisse sua ressurreição em numerosas ocasiões e às vezes com clareza surpreendente, por que os discípulos demoraram tanto em aceitá-la e não se prepararam para o seu retorno? É uma boa pergunta. Quando Jesus fez a predição, os textos observam que os discípulos não a entenderam, provavelmente no sentido de que não entenderam como uma predição funcional. Eles anteciparam uma ressurreição no fim dos tempos, sim, mas uma ressurreição três dias após a morte foi uma inovação na esperança da ressurreição judaica do Segundo Templo. Esse é um detalhe que eles provavelmente perderam. Mesmo que Jesus tenha dito a eles, era algo sem precedentes que Jesus estava lhes anunciando. O detalhe não foi registrado por eles até que o viram cumprido. E de novo, eles não tinham ideia do Messias sendo morto em primeiro lugar, muito menos ressuscitando dos mortos.

Além disso, enquanto Lucas relatou que os anjos se referiram ao que Jesus disse "quando ainda estava na Galileia", em Mt 28:6-7 o anjo menciona que Jesus "vai adiante de vocês para a Galileia; vocês o verão lá". O relato de Mateus segue o de Marcos, onde um anjo disse às mulheres que Jesus "vai adiante de vocês para a Galileia; vocês o verão lá, exatamente como ele lhes disse" (Mc 16:7). Mateus passou a relatar que Jesus apareceu aos discípulos na Galileia (Mt 28:16-20), o que se encaixa na expectativa estabelecida por 28:6-7. Lucas, por outro lado, não relatou nenhuma aparição na Galileia e, de fato, parecia restringir as aparições pós-ressurreição de Jesus a Jerusalém e a vizinha Emaús, com os Onze vendo-o apenas em Jerusalém. Para saber se Mateus/Marcos estão em conflito com Lucas nessa diferença geográfica, veja os comentários em 24:36.

***O relato das mulheres* (24:9-10):** Por que Lucas deixou de mencionar que Jesus apareceu às mulheres? Ele as fez voltar para relatar apenas o túmulo vazio e o anúncio angelical. Isso parece surpreendente se Lucas também soubesse que as mulheres realmente viram Jesus ressuscitado. O silêncio de Lucas indica que ele teria desacreditado ou contestado o que os outros Evangelhos dizem sobre Jesus aparecendo às mulheres? Além disso, Lucas teria entrado em conflito com Marcos, o qual relatou que as mulheres ficaram em silêncio (Mc 16:8)?

A primeira coisa a notar sobre o relato das mulheres é que os discípulos consideraram tudo como algo "sem sentido" (v. 11). Esse não é um detalhe que alguém inventaria. Isso faz com que os discípulos pareçam lentos para acreditar, um retrato nada lisonjeiro deles como futuros líderes da igreja. O fato de Lucas ter incluído essa atitude em seu relato é certamente uma indicação de que é historicamente preciso, um fato embaraçoso, mas verdadeiro, que eles não estavam dispostos a encobrir.

Nós vemos o mesmo tipo de resumo nesses relatórios que encontramos em outros lugares nos relatos da ressurreição (veja comentários em 24:4-6). As mulheres não relataram a aparição de Jesus, possivelmente porque a tradição oral que Lucas incorporou se concentrou em como elas inicialmente perceberam que o túmulo estava vazio por meio do relato angélico. Mais fascinante é pensar sobre a diferença com Mc 16:8, como o provável final original de Marcos dizendo que as mulheres "não disseram nada a ninguém, pois estavam com medo". É claro que as mulheres eventualmente tomaram coragem e contaram suas experiências aos discípulos, do contrário, nenhum dos Evangelhos teria incluído tradições sobre o túmulo vazio! Marcos não compartilhou isso com seus leitores (ele assumiu que os leitores sabiam o que as mulheres acabaram falando). A conclusão de Marcos no versículo 8 foi um final literário que efetivamente transmitiu que Deus havia feito uma obra poderosa e que o medo se seguiu, deixando todos os envolvidos (incluindo os leitores de Marcos) com a questão de como eles responderiam. Uma seção anterior em Marcos (4:42; 5:33) levantou o tema "medo ou fé" e assim antecipou o final literário do Evangelho de Marcos. Marcos terminou com uma escolha para seus leitores: eles temeriam a ressurreição ou teriam fé nela? (Veja comentários sobre Mc 16:9-20 e Mt 28:8-9.)

***Quem correu para o túmulo?* (24:12):** A falha de Lucas em mencionar "o discípulo a quem Jesus amava" (Jo 20:2-4) significaria que ele acreditava que Pedro correu sozinho para o túmulo? Lucas 24:12 é outro exemplo de resumo simplificado. Dizem que Pedro, como um discípulo-chave, correu ao túmulo para verificar. Não é que Lucas pretendesse dizer que apenas Pedro visitou o túmulo, pois em 24:24 ele indicou que outros também foram. Portanto, fica claro que o relato de Lucas no versículo 12 se concentrou apenas em Pedro, provavelmente por causa de sua proeminência. (Veja comentários adicionais em Jo 20:3-4.)

LUCAS 24:13-35

***Aparição de Emaús e outras aparições* (24:13-15):** Por que Lucas pulou as primeiras aparições pós-ressurreição e narrou a aparição de Jesus aos discípulos anônimos na estrada de Emaús como se aquela fosse a primeira de suas aparições após a ressurreição? Ou 24:34 indicaria que Lucas realmente sabia que Jesus fez algumas aparições antes do caminho para Emaús? Seria possível que a aparição de Jesus a Pedro, mencionada em 24:34, tenha ocorrido em algum momento enquanto os discípulos anônimos voltavam apressados de Emaús para Jerusalém para se encontrar com os outros discípulos, o que ainda deixaria Lucas dizendo que Jesus apareceu primeiro aos discípulos anônimos que dirigiam para Emaús?

Lucas estava ciente de que aconteceram outras aparições sobre as quais ele preferiu não fornecer detalhes em seu relato, pois aludiu a elas nos versículos 24 e 34. Ele destacou a aparição aos discípulos no caminho de Emaús, possivelmente por causa de sua vivacidade e porque envolveu dois discípulos desconhecidos. Esse é mais um exemplo de escolhas feitas por cada escritor do evangelho para nos oferecer novos ângulos sobre esses eventos.

O momento exato em que Jesus apareceu a Pedro não está claro. Pode ter ocorrido antes ou depois da aparição em Emaús. Diante das alegações de que essas cenas são criações da igreja primitiva e não eventos reais, devemos observar que não temos nenhuma tradição detalhada sobre o encontro face a face entre Jesus e Pedro ou o encontro face a face entre Jesus e Tiago. Tudo o que temos são simples declarações nos relatando que Jesus apareceu a esses homens (Lc 24:34; 1Co 15:7). Ora, se essas histórias seriam tão fáceis de criar e mostrar como verdadeiras, por que não teríamos uma história detalhada das aparições de Jesus a Pedro e Tiago? Certamente seria importante explicar exatamente como Pedro e especialmente Tiago vieram a ter seus papéis importantes na igreja primitiva.

Eles foram impedidos de reconhecê-lo (24:16): Esses dois discípulos não reconheceram Jesus porque Ele teria assumido uma forma diferente (Mc 16:12), ou foi porque suas percepções estavam de alguma forma embotadas (Lc 24:31a)? Os Evangelhos seriam inconsistentes ao descrever que os discípulos foram incapazes de reconhecer o Jesus ressuscitado? Isso faria parte do tema do assombro de Lucas (comp. 9:45; 18:34; 24:45)?

Não está claro por que algumas pessoas foram capazes de reconhecer Jesus ressuscitado imediatamente (Mt 28:9), enquanto outras, como os discípulos de Emaús (Lc 24:16) e Maria Madalena (Jo 20:14), não o reconheceram. Talvez em algumas circunstâncias houvesse algo na maneira como Jesus se mostrava que inicialmente disfarçava quem Ele era. O fato de Maria tê-lo confundido com um jardineiro pode ter sido inspirado por angústia emocional e sua presunção de que Jesus não poderia estar vivo dentre os mortos, além disso, ela aparentemente se afastou de Jesus quando Ele falou com ela pela primeira vez (Jo 20:16). A familiaridade de sua voz quando Ele pronunciou o nome dela foi o que finalmente a levou a perceber que estava na presença do Jesus ressuscitado.

A situação parece diferente no presente texto de Lucas, onde diz que os discípulos "foram impedidos de reconhecê-lo" (24:16). A declaração em Mc 16:12 de que Jesus "apareceu em uma forma diferente" aos discípulos de Emaús tem uma relação questionável com essa discussão, uma vez que o longo final de Marcos provavelmente não seja autêntico (veja os comentários sobre Mc 16:9-20). No entanto, o tema do assombro não é a explicação mais provável para a versão de Lucas. O fato de os discípulos serem impedidos de reconhecer Jesus é que Deus está no controle do processo revelatório. A ressurreição e sua divulgação são questões divinas.

É o terceiro dia desde que estas coisas aconteceram (24:21): O "terceiro dia" indica que esses discípulos se lembraram das predições de Jesus, as teriam entendido e esperavam que Ele ressuscitasse no terceiro dia? Se assim fosse, isso representaria um contraste desafiador com a falta de tal compreensão e expectativa no grupo central de discípulos de Jesus. Mas esse versículo não apresenta esse desafio. A referência ao "terceiro dia" é apenas uma declaração sobre quanto tempo se passou desde o importante evento da crucificação, sobre o qual esses dois discípulos acreditavam que seu companheiro de viagem ignorava. Além disso, eles ficaram tão surpresos com o relato das mulheres quanto qualquer outra pessoa, o que indica que eles não esperavam uma ressurreição no terceiro dia.

Como vocês são insensatos e lentos em acreditar em [...] tudo o que os profetas falaram! (24:25): Seriam as profecias sobre a morte, ressurreição, divindade etc. do Messias realmente tão claras a ponto de justificar Jesus chamar os discípulos de "insensatos e lentos" por não compreendê-las? A repreensão aos discípulos por serem lentos para entender provavelmente apelou para muitos dos textos sobre a esperança messiânica que são citados ou aludidos em Lucas-Atos. Entre eles estariam Dn 7 sobre o Filho do Homem, Sl 2, 110 e 118 sobre o Filho e Rei, e Is 53 sobre o Servo sofredor. Jesus combinou esses textos num retrato de uma única figura de uma forma inovadora para a época, mas era algo que as pessoas deveriam ter sido capazes de ver e compreender, especialmente os discípulos, que acompanhavam Jesus diariamente e tinham o privilégio de ouvi-lo apresentar mensagens privadas sobre sua identidade e propósitos.

Ele desapareceu da vista deles (24:31): Se Jesus ressuscitou corporalmente dentre os mortos, como Ele poderia simplesmente desaparecer no ar? As Testemunhas de Jeová dizem que Jesus ressuscitou como um espírito e não como um corpo, e que episódios como esse provam que Ele só assumiu a forma corporal para aparecer a seus seguidores.

O fato de que Jesus ressuscitou corporalmente e não apenas como um espírito fica claro nos relatos da ressurreição, onde o túmulo não possui o corpo em decomposição de Jesus. Ele fala (Jo 20:15), anda (Lc 24:15), come (Jo 21:13) e pode ser abraçado (Mt 28:9), suas feridas podem ser tocadas (Jo 20:27). No entanto, seu corpo não é comum. Tem novas propriedades. Seu corpo tem propriedades materiais e espirituais, algo que Paulo também explica em 1Co 15:35-59. É material o suficiente para interagir com seus seguidores de maneira comum, mas também inclui outras habilidades.

LUCAS 24:36-53

***Aparições na Galileia ou em Jerusalém?* (24:36):** A aparição de Jesus aos discípulos em Jerusalém (veja o v. 33) entraria em conflito com o Evangelho de Mateus? Afinal, em Mt 28:10, Jesus disse às mulheres que fossem aos discípulos dizer que partissem para a Galileia, onde Ele os encontraria; e os versículos 16-18 relatam que os discípulos obedeceram à mensagem e encontraram Jesus na Galileia, onde o adoraram "quando o viram", o que se encaixa especialmente bem em uma primeira aparição.

Nós vemos aqui outro exemplo de como cada escritor enfocou seus relatórios de maneira diferente. Mateus relatou aparições na Galileia (Mt 28:16-18), enquanto Lucas mencionou aparições na Judeia. Provavelmente seja errado pensar nessas cenas como relatos da "primeira" aparição, como se houvesse a intenção de apresentar a ordem literal desses eventos. Cada escritor foi selecionando exemplos de aparições e apresentando-os como impactantes. Lucas apresentou Jesus ordenando aos discípulos que permanecessem em Jerusalém (Lc 24:49), mas isso provavelmente deve ser entendido com o significado de que eles deveriam manter o local como sua base até que fossem revestidos com o Espírito para se engajar em missões em toda a Judeia e no exterior, a partir dessa cidade-chave (v. 47, 49).

Originalmente, os discípulos haviam descido a Jerusalém apenas para a semana festiva e precisariam voltar para casa na Galileia a fim de obter suprimentos e provisões para uma estada prolongada na Judeia. Mateus 28:7 fala de uma ordem para ir a um local específico na Galileia para receber mais instruções. As aparições ocorreram em cada local, conforme Jesus ordenou. Eles receberam instruções em ambos os locais. Havia um comissionamento na Galileia e uma promessa de receber o Espírito em Jerusalém. (Veja comentários adicionais em Mt 28:10.)

Assim está escrito: O Messias haveria de sofrer e ressuscitar dos mortos no terceiro dia (24:46): Que versículo do AT prediz que o Messias ressuscitaria no terceiro dia? E 16:10 não menciona três dias, nem seu contexto original parece fazer referência à vinda do Messias. Oseias 6:1-2 menciona três dias, mas não parece fazer referência ou aludir ao Messias.

É difícil ter certeza de qual passagem do AT fala de uma ressurreição no terceiro dia. É melhor ver a ideia da Escritura prometendo uma ressurreição e não especificando que ela ocorreria depois de três dias. O grego permite que a intenção de Jesus era dizer que o que estava escrito que "o Messias sofreria e ressuscitaria dos mortos". A frase "o terceiro dia" pode ser simplesmente uma elaboração de Jesus, um detalhe adicional que ele acrescentou para descrever o momento do evento sem querer citar um texto do AT.

Fiquem na cidade até receberem o poder do alto (24:49): No relato de Lucas, Jesus disse aos discípulos que ficassem em Jerusalém "até receberem o poder do alto", porém Mt 28:10, 16-18 retrata os discípulos indo para a Galileia nesse intervalo de tempo. Para saber se Mateus e Lucas estariam em conflito, veja os comentários em 24:36.

***Ascensão do monte das Oliveiras ou Betânia?* (24:50-51):** Lucas estaria sendo inconsistente sobre o local de onde Jesus ascendeu? Em Lc 24:50-51, ele declarou que Jesus "os conduziu até Betânia" e foi levado daquele local. Em At 1:9-12, no entanto, ele relatou que depois que Jesus ascendeu e dois anjos falaram aos discípulos sobre o futuro retorno de Jesus, os discípulos "voltaram a Jerusalém do lugar chamado monte das Oliveiras, que fica perto de Jerusalém — uma viagem de um dia de sábado". Além disso, Mc

16:14-20 aparentemente mostra Jesus ascendendo durante ou logo após o jantar com os discípulos "à mesa". Isso poderia se encaixar em Betânia ou no monte das Oliveiras como o local da ascensão de Jesus?

Primeiramente, é possível que Lucas estivesse narrando dois eventos distintos em Lc 24:50-51 e At 1:9-12 (veja os próximos comentários). Em segundo lugar, mesmo que Lucas estivesse narrando o mesmo evento em ambos os textos, não há problema sério envolvido se Lc 24:50-51 fala de uma ascensão de Betânia e At 1:9-12 diz que ocorreu no monte das Oliveiras, pois Betânia estava localizada ao sopé do monte das Oliveiras. Era simplesmente do outro lado daquela montanha que ficava em frente ao monte do Templo. Em uma situação, Lucas estava citando a cidade mais próxima, enquanto na outra ele nomeou o local topográfico específico. A possível tensão entre os dois relatos de Lucas e o Evangelho de Marcos é resolvida pelo fato de Mc 16:9-20 não ter sido incluído nos melhores manuscritos e, portanto, não ser considerado uma parte original de Marcos. (Sobre as questões ligadas ao longo final de Mc 16:9-20 que não foi incluído nos melhores manuscritos e, portanto, não é considerado como parte original de Marcos. (Sobre as questões ligadas ao longo final de Mc 16, veja os comentários ali descritos, e veja também Black 2008.)

***Tempo da Ascensão* (24:50-51):** Teve Jesus uma ascensão final ao céu 24 horas após sua ressurreição, como alguns acreditam que Lucas 24 ensina, ou Ele ascendeu 40 dias após sua ressurreição, como At 1:1-11 relata? A crença cristã tradicional é que Lucas foi o autor tanto do Evangelho de Lucas quanto do livro de Atos, e é improvável que ele pudesse contradizer a si mesmo entre esses dois escritos. Assim, a conclusão é que Lc 24 não pretende retratar a ascensão final de Jesus como tendo ocorrido dentro de 24 horas após a ressurreição, pois isso criaria uma tensão inevitável com At 1.

As tentativas de harmonizar a ascensão de Lc 24 com a ascensão de At 1 geralmente argumentam que eles retratam o mesmo fato e os conflitos de cronologia são apenas aparentes e não reais. Alguns sugerem que em Lc 24 há um intervalo de tempo entre os versículos 43 e 44, ou 49 e 50, de modo que as frases "Então Ele" dos versículos 44 e 50 não pretendem transmitir uma continuação cronológica imediata.

No entanto, existem dificuldades com essa teoria tradicional do "intervalo". Primeiramente, nem o versículo 44 tampouco o versículo 50 redefinem os participantes, aspecto que melhor se ajusta à conclusão de que temos uma continuação cronológica ao longo do relato. Em segundo lugar, as frases de ligação "Então Ele" nos versículos 44, 45 e 50 se encaixam melhor na continuação cronológica. Em terceiro lugar, não é típico de Lucas usar "Então Ele" ao mudar de um evento para outro que está separado no tempo. Quarto, o relato da ressurreição de Lucas, que está inteiramente contido no capítulo 24, concentra-se exclusivamente nas aparições da ressurreição em Jerusalém, nunca mencionando (e talvez nem mesmo deixando espaço para) aparições na Galileia. Isso se encaixaria na conclusão de que o Evangelho de Lucas coloca a ressurreição e a ascensão em um único dia na cidade de Jerusalém. Quinto, um estudo dos marcadores de tempo no capítulo 24 não revela nenhuma lacuna no tempo, mas sugere fortemente uma continuação que terminou tarde da noite, menos de 24 horas após a ressurreição de Jesus. Os marcadores de tempo são:

- Versículo 1 — "No primeiro dia da semana, bem cedo pela manhã".
- Versículo 13 — "Então naquele mesmo dia".
- Versículo 29 — "Fica conosco, porque já é quase noite, e agora o dia está quase terminando" (Como a segunda-feira teria começado às 18h, estamos cerca de 13 horas depois da ressurreição nesse ponto.)
- Versículo 33 — "Naquela mesma hora" (Então, estamos talvez cerca de 14 horas após a ressurreição nesse ponto, enquanto os discípulos de Emaús voltam para Jerusalém.)
- Versículo 36 — "Como eles estavam dizendo essas coisas" (Se os discípulos de Emaús demoraram duas horas para caminhar os quase 12 quilômetros de volta a Jerusalém, temos agora 16 horas após a ressurreição.)
- Versículo 44 — "Então Ele".
- Versículo 45 — "Então Ele".
- Versículo 46 — "Ele também".
- Versículo 50 — "Então Ele" (Já seria tarde da noite naquele momento.)

Em sexto lugar, uma dificuldade da visão que vê Lc 24 retratando a ascensão dentro de 24 horas após a ressurreição é que a ascensão ocorreria à noite naquele cenário. Como os discípulos observariam Jesus subir aos céus se estivesse escuro? Em resposta, alguns defensores da ascensão noturna observam que a lua estava na fase cheia na Páscoa, e as árvores no monte das Oliveiras não eram grandes e altas, então o luar poderia não estar obstruído, dando aos discípulos uma visão clara quando Jesus se elevou para o céu. Outros defensores da ascensão noturna simplesmente dizem que a ascensão noturna é mais uma prova de que Lc 24 não é histórico.

Considerando todos os pontos já citados contra a abordagem de harmonização tradicional, surgem três conclusões possíveis:

1. O Evangelho de Lucas e o livro de Atos têm variação entre si, mesmo sendo escritos pelo mesmo autor. As implicações seriam uma ou mais das seguintes: (a) que Lucas se contradisse; (b) que os escritos de Lucas, seja seu Evangelho ou Atos, foram corrompidos; ou (c) que Lucas estava escrevendo tematicamente em um relato (Lc 24) — exercendo o mesmo tipo de liberdade que João exercia se mudasse a purificação do templo para uma data diferente — e mais cronologicamente correto no outro relato (At 1). Contra essa primeira conclusão está o fato de que Lucas parece ser um autor mais cuidadoso do que essa visão sugere.
2. O Evangelho de Lucas e o livro de Atos divergem e não teriam sido escritos pelo mesmo autor. Mas a opinião de que Lucas e Atos não são escritos pelo mesmo autor não é muito comum devido aos vínculos estreitos que existem na teologia dos dois volumes (para essa teologia vinculada, veja Bock e Köstenberger, 2012).
3. O Evangelho de Lucas e o livro de Atos foram escritos por Lucas e não divergem porque, apesar das semelhanças, os dois textos não relatam o mesmo evento de ascensão. Essa conclusão rejeita a abordagem de harmonização tradicional como muito complicada e, em vez disso, vê Lc 24 narrando a partida temporária de Jesus para o céu, em vez de sua ascensão final narrada em At 1. Em Lc 24, Jesus simplesmente é levado para longe dos discípulos e vai para sua nova morada no céu, um ato que encerra essa única aparição, mas não finaliza seu tempo na terra. Atos 1:1-11 então registra mais 40 dias de aparições antes da ascensão final de Jesus ao céu. Essa é a explicação mais simples e, portanto, a mais provável para harmonizar os dois relatos da ascensão de Lucas.

Comentário bíblico-apologético ao

Evangelho de João

Introdução

O Evangelho de João foi escrito como o último dos quatro Evangelhos no cânon cristão, completando o que a igreja primitiva chamava de "Evangelho Quádruplo". Dessa forma, João completa o único Evangelho canônico de acordo com quatro testemunhas: Mateus, Marcos, Lucas e João. Embora seus relatos sejam essencialmente unificados, cada uma dessas testemunhas empresta sua voz única e distinta ao testemunho canônico a respeito de Jesus Cristo. João, em particular, é separado dos chamados "Evangelhos Sinóticos" porque abre seu Evangelho com uma referência à Palavra preexistente que estava com Deus no princípio, sendo Ele o próprio Deus. Mais tarde, João observa que a Palavra se tornou carne na pessoa de Jesus Cristo. Mais do que em qualquer outro Evangelho, a divindade de Cristo está no centro do testemunho de João sobre Jesus. Ao mesmo tempo, João enfatiza a plena humanidade de Cristo. Por essas e outras razões, o Evangelho de João teve destaque nos debates doutrinários eclesiásticos dos primeiros séculos da era cristã. Hoje, seu Evangelho continua sendo de extrema importância para estabelecer a verdadeira identidade de Jesus Cristo, a pessoa e o ministério do Espírito Santo e vários outros grandes temas bíblicos e teológicos.

Autoria

Como os Sinóticos, o Evangelho de João é formalmente anônimo. Ainda assim, o autor deixou uma série de pistas internas sobre sua identidade que, quando examinadas em conjunto com a atestação externa do livro, convergem para sugerir a autoria de João, filho de Zebedeu. O autor se identifica não pelo nome, mas pelo epíteto "o discípulo que Jesus amava" (Jo 21:20, 24). Essa pessoa não é apenas o autor, mas também uma figura proeminente na própria narrativa, incluindo a Última Ceia (13:23), a crucificação (19:26), o túmulo vazio (20:2) e as aparições da ressurreição (21:7, 20).

Como o autor nunca se refere a si mesmo pelo nome, ele não pode ser um dos discípulos nomeados no Evangelho, que incluem Pedro (e.g., 13:6-9), Filipe (e.g., 14:8-9), Tomé (e.g., 14:5), Judas, filho de Tiago (14:22), Natanael (21:2; provavelmente identificado com Bartolomeu nas listas sinóticas; veja comentários sobre 1:45 adiante) ou Judas Iscariotes (e.g., 13: 2, 26-27). Tiago, filho de Zebedeu, irmão de João, também pode ser descartado com segurança, pois foi martirizado em 42 d.C. (veja At 12:2), assim como Mateus, o autor do primeiro evangelho. Além de João, restam apenas Simão, o Zelote, e Tiago, filho de Alfeu, nenhum dos quais jamais foi considerado seriamente o provável autor do Evangelho.

Acrescente-se a isso a referência proeminente a João em outros escritos do NT (veja especialmente Lc 22:8; At 1:13; 3-4; 8:14-25; Gl 2:9), e fica claro que João não tem rival sério pela autoria do Evangelho que leva seu nome. De fato, o único desafio mais significativo à autoria apostólica joanina diz respeito à possível referência do pai da igreja, Pápias, a outro João, "João, o Ancião", que alguns consideram ser diferente de João, o apóstolo, e provável autor do Evangelho de João. No entanto, a referência de Pápias é repleta de dificuldades (Carson e Moo 2005, p. 229-54, esp. p. 233-34; Köstenberger 2009, p. 74), e incapaz de derrubar a forte probabilidade de que o autor seja João, filho de Zebedeu.

A evidência externa confirma bem a leitura acima da evidência interna. Na segunda metade do segundo século, o pai da igreja, Irineu, atribuiu o Evangelho ao apóstolo João: "João, o discípulo do Senhor, que recostou-se em seu peito, publicou o Evangelho enquanto residia em Éfeso, na Ásia" (*Contra as heresias* 3.1.2). Na mesma linha, Clemente de Alexandria escreveu: "João, por último [...] compôs um Evangelho espiritual" (citado por Eusébio, *História eclesiástica* 6.14.7). Por praticamente todo o período da história da igreja até pelo menos 1820, a igreja, sem qualquer dissidência notável, atribuiu a autoria do Evangelho de João ao apóstolo João.

Mais recentemente, alguns têm rejeitado a autoria apostólica, em alguns casos em favor da autoria de uma "comunidade joanina" ou "escola" (possivelmente fundada pelo apóstolo João) após a morte de João (Culpepper 1975; Brown 1979; Martyn 1968; 1979). No entanto, há bem pouca evidência disso nos Pais da Igreja (Hengel 1993) e qualquer ênfase interna reunida em apoio a tal ponto de vista é menos do que convincente (Köstenberger 2009, p. 55-60). Como os outros Evangelhos, o Evangelho de

João se concentra principalmente em demonstrar a verdadeira identidade de Jesus (cristologia) e a questão do que significa segui-lo (discipulado). As circunstâncias que cercam a escrita do Evangelho de João certamente devem ser consideradas adequadamente, mas não devem ser usadas para diminuir esse foco principal.

Outros têm rejeitado a autoria apostólica por diferentes motivos históricos e optaram por João, o Ancião, ou alguma outra figura não identificada como o provável autor (Hengel 1993; Bauckham 2007). R. Bauckham (1993, p. 35-69) o faz principalmente com base em sua leitura da evidência patrística (Pápias, Policrates, Irineu) e sua compreensão da referência aos "filhos de Zebedeu" em Jo 21:2 (a respeito do que ele pensa que João, como o autor, não teria se referido aos "filhos de Zebedeu" dessa forma; mas veja sobre ambos os pontos Köstenberger e Stout 2008, p. 209-32; veja também Köstenberger 2009, p. 75-79). No entanto, nenhuma dessas propostas é capaz de derrubar a leitura convincente das evidências internas apresentadas acima, indicando que João, filho de Zebedeu, escreveu o Evangelho que por tradição leva seu nome.

Data

A data mais antiga de sua escrita parece ser depois de 70 d.C., à luz da referência de João ao martírio de Pedro (c. 65/66 d.C.) em seu Evangelho (21:19) e a indicação implícita de que, na época em que foi escrito, o templo já havia sido destruído (70 d.C.). Podemos inferir o último ponto pela apresentação por João de Jesus como o novo templo (veja esp. 2:20-22; e discussão adiante). A última data de escrita é anterior a c. 135 d.C., a data de um papiro manuscrito do NT contendo partes de João (o papiro de John Rylands, rotulado como P^{52}, que inclui 18:31-32 e 37-38). No final, algum tempo deveria ser estendido para que o manuscrito fosse escrito e copiado e depois seguisse para o Egito (onde P^{52} foi encontrado), de modo que uma data de escrita nos anos 80 ou início dos anos 90 parece mais provável.

Existem várias evidências internas que sustentam essa conclusão. Em primeiro lugar, enquanto os Sinóticos e Paulo se referem à divindade de Jesus, João é ainda mais direto ao apresentar tais alegações, o que torna provável que uma certa quantidade de tempo adicional tenha decorrido entre a escrita dos Sinóticos e das cartas de Paulo e a composição de Evangelho de João.

Em segundo lugar, se o Evangelho de João foi escrito após a destruição do templo, é provável que um certo período de tempo tenha se passado entre esse evento importante e a escrita do Evangelho de João. Carson enfatiza bem esse ponto: "[É] difícil acreditar que [...] a data foi *imediatamente* após 70 d.C. [a destruição do templo] [...] As reverberações em torno do Império, tanto para judeus como para cristãos, eram sem dúvida ainda demasiado poderosas. Era necessário que decorresse um pouco de tempo [...] antes que um documento como o Quarto Evangelho pudesse estar livre para não fazer uma alusão explícita à destruição do Templo" (Carson 1991, p. 85).

Terceiro, João não se refere aos saduceus, uma seita ativa nos dias de Jesus, mas que se tornou inativa após a destruição do templo. A falta de referência de João aos saduceus, da mesma forma, faz todo o sentido se João escreve uma década ou mais depois de 70 d.C.

Quarto, o leitor atento observa a referência dupla de João ao mar da Galileia como "o mar de Tiberíades" (6:1; 21:1). Historicamente, Herodes Antipas (um dos filhos de Herodes, o Grande) estabeleceu a cidade de Tiberíades (em homenagem ao imperador Tibério, que governou de 14 a 37 d.C.) nas margens do mar da Galileia por volta de 17 a 18 d.C. (Josefo, *Antiguidades* 18.2.3). Gradualmente, então, as pessoas passaram a se referir ao mar da Galileia pelo nome de mar de Tiberíades, porque Tiberíades era a cidade mais proeminente localizada nas proximidades dele. As evidências sugerem que essa mudança provavelmente ocorreu nos anos 80 ou 90 d.C.

Quinto e último, a confissão de Tomé de Jesus como "meu Senhor e meu Deus" em 20:28 é mais facilmente entendida no contexto da insistência do imperador romano Domiciano de que ele fosse chamado *Dominus et Deus* (latim para "Senhor e Deus"). Como Domiciano governou de 81 a 96 d.C., isso também sugere a probabilidade de que o Evangelho de João tenha sido escrito em meados dos anos 80 ou início dos anos 90.

Procedência e destinatários

Onde João escreveu seu Evangelho e qual era a localização de seus primeiros leitores? Sobre a primeira pergunta, Irineu atestou que "João, o discípulo do Senhor, publicou o Evangelho enquanto vivia em Éfeso na Ásia" (*Contra as heresias* 3.1.2). Eusébio confirma que depois que a Guerra Judaica (66-70 d.C.) dispersou os primeiros apóstolos, João foi para a Ásia (*História eclesiástica* 3.1.1), o que o coloca em ou perto de Éfeso durante os anos 80 ou início dos anos 90. À luz dessa procedência provável, parece possível que as pessoas que viviam em Éfeso ou nos arredores, principalmente judeus e gentios da Diáspora, eram pelo menos parte dos leitores pretendidos por João. Além disso, parece seguro assumir que, como os outros Evangelhos canônicos, o de João era um "Evangelho para todos os cristãos" (Bauckham 1998b) destinado a um público universal: "Afinal, o Evangelho de João é um *evangelho*, anunciando as boas-novas universais da salvação em Cristo" (Köstenberger 1999, p. 26).

Ocasião e propósito

Quanto à ocasião em que João escreveu, parece sábio ter em mente pelo menos os três dados históricos importantes a seguir. Primeiro, de acordo com o livro de Atos, a igreja primitiva, liderada por Paulo, embarcou em uma missão mundial levando o evangelho cristão até os confins da terra (veja, e.g., At 1:8). Esse pano de fundo explica a visão universal de João (veja especialmente Jo 3:16), enfatizando que, embora Jesus tenha vindo primeiro e principalmente para os judeus, o significado salvífico de sua morte se estendeu também aos não judeus. Em segundo lugar, a destruição do templo em 70 d.C. constituiu um evento de abalar a terra no passado imediato (falando do ponto de vista de João ao escrever seu Evangelho). Muito provavelmente, João escreveu seu Evangelho, pelo menos em parte, para insistir que o novo templo — agora que o antigo santuário havia sido destruído — era o próprio Jesus, "em espírito e em verdade" (4:24).

Em terceiro lugar, há evidências nos escritos do NT de que os precursores do pensamento gnóstico — a primeira heresia cristã — já haviam se levantado durante o final do período apostólico (e.g., 1Tm 6:20). Assim, é possível que João, ao enfatizar tanto a plena humanidade quanto a completa divindade de Jesus Cristo se opusesse a alguma diminuição de quaisquer dos aspectos da natureza de Jesus por esses dualistas gregos (que opunham os dois elementos um ao outro e negavam tanto a plena humanidade Jesus quanto a sua total divindade). Claramente, teria sido difícil (se não impossível) para os gnósticos afirmar que a Palavra preexistente — sendo Ele mesmo Deus — "se fez carne" em Jesus como João afirma na introdução de seu Evangelho (Jo 1:14).

Talvez, então, seja melhor ver a destruição do templo como um aspecto importante da ocasião para a escrita de João (veja Köstenberger 2006, p. 69-108) no contexto do alcance universal da igreja e da crescente ameaça gnóstica.

Em termos do propósito do Evangelho, João nos faz o favor de declará-lo claramente no final de seu Evangelho. Em 20:30-31, ele diz: "Jesus realizou muitos outros sinais na presença de seus discípulos que não estão escritos neste livro. Estes, porém, foram escritos para que creiais que Jesus é o Messias, o Filho de Deus, e, crendo, tenhais vida em seu nome". Isso deixa claro que, ao escrever seu Evangelho, João procurou despertar em seus leitores a fé de que Jesus era de fato o Messias prometido, direta ou indiretamente (i.e., fazendo com que eles compartilhassem o conteúdo do Evangelho com outras pessoas fora da igreja).

A declaração de propósito também inclui muitos dos principais blocos de construção da demonstração de João de que Jesus é o Messias no corpo de sua narrativa. Mais evidentes são os sinais de Jesus, apresentados por João como as principais provas da verdadeira identidade de Jesus: a transformação da água em vinho nas bodas de Caná (2:1-11); possivelmente a purificação do templo (2:13-22; um possível sinal não milagroso); a cura do filho do centurião (4:43-54); a cura do coxo (5:1-15); a alimentação dos 5 mil (6:1-15); a cura do cego de nascença (cap. 9); e a ressurreição de Lázaro (cap. 11; Köstenberger 1995b, p. 87-103). "Crer" e "vida" também são temas importantes ao longo do Evangelho de João (o verbo "crer" ocorre quase 100 vezes; o grupo de palavras "vida" é representado mais de 50 vezes).

Comentário apologético

João 1:1-18

No princípio era a Palavra, e a Palavra estava com Deus, e a Palavra era Deus (1:1): Neste versículo inicial do Evangelho de João, Deus é colocado em relação à Palavra. A Palavra, que nos versículos 14-18 é claramente identificada como Jesus Cristo, é um ser eterno que existia antes da criação. No entanto, não é simplesmente dizer que a Palavra estava com Deus (assim como também a Palavra e a Sabedoria personificadas de Isaías), mas João refere-se à própria Palavra como sendo Deus. Essa é uma afirmação absoluta vinda de um monoteísta judeu. Desde a era patrística (Ário) até o presente (Testemunhas de Jeová), alguns argumentaram que, por não haver artigo definido antes de *theos*, esse versículo apenas identifica Jesus como *um* deus, e não como Deus. Curiosamente, por volta de 1950 houve uma mudança na forma como as Testemunhas de Jeová lidavam com esse versículo. Antes de 1950, eles carregavam uma cópia da Versão Padrão Americana da Bíblia [ASV]. No entanto, o problema que eles enfrentaram foi que essa versão traduziu o versículo 1 com precisão com o uso da frase "a Palavra era Deus". Em um esforço para resolver a dificuldade que essa tradução representava para sua teologia, a Sociedade Torre de Vigia (o grupo editorial das Testemunhas de Jeová) publicou sua própria tradução da Bíblia, que traduzia o versículo como "a Palavra era um deus" (Reed 1986, p. 71). No entanto, existem várias razões pelas quais tal tradução é imprecisa.

Primeiro, João, como judeu monoteísta, não teria se referido a outra pessoa como "um deus". Os judeus não tinham lugar para semideuses em seu sistema de crenças. Em segundo lugar, se João tivesse colocado um artigo definido antes de *theos*, ele teria abandonado a distinção entre as duas pessoas que estabeleceu na sentença anterior ("a Palavra estava *com*

Deus"). Terceiro ponto, a visão defendida pelas Testemunhas de Jeová não compreende a sintaxe grega. É comum em grego que um substantivo predicado seja específico sem ter um artigo. Por exemplo, mais adiante neste capítulo é feita referência à confissão de Natanael sobre Jesus: "tu és o Rei de Israel" (1:49), sem artigo antes de "Rei" no grego (para outros exemplos do NT dessa construção, veja 8:39; 17:17; Rm 14:17; Gl 4:25; Ap 1:20). A partir desses exemplos, é claro que a falta de um artigo em grego não implica necessariamente uma indefinição ("um" deus). Finalmente, João poderia ter usado a palavra *theios* se estivesse simplesmente tentando dizer que Jesus era "divino" (i.e., que Ele tinha qualidades semelhantes a Deus) em vez de ser o próprio Deus. O *theos* sem artigo é provavelmente usado para explicar que Jesus "compartilhava a essência do Pai, embora diferissem pessoalmente" (Wallace 1996, p. 269). Como D. A. Carson explica: "Na verdade, se João tivesse incluído o artigo, ele estaria dizendo algo totalmente falso. Ele teria então identificado a Palavra com Deus de modo que nenhum ser divino poderia existir à parte da Palavra. Nesse caso, seria absurdo dizer (nas palavras da segunda frase desse versículo) que a Palavra estava *com* Deus" (1991, p. 117).

A Palavra estava com Deus, e a Palavra era Deus (1:1): Os críticos costumam dizer que a doutrina cristã da Trindade é antibíblica. Embora seja verdade que nenhum versículo explicita especificamente que Deus é "três pessoas divinas em uma essência", como afirmaram nossos credos históricos, o fato é que o testemunho bíblico exige a doutrina trinitária. O presente versículo refuta qualquer modelo monístico de Deus, pois a Palavra está ao mesmo tempo "com" Deus, o que significa que há alguma maneira de fazer distinção entre a Palavra e Deus, enquanto ao mesmo tempo a Palavra é Deus. Portanto, a partir desse versículo, alguém concluiria que há pelo menos dois seres pessoais unidos em uma divindade. Uma amostra de outros versículos que apoiam o trinitarismo inclui Gn 1:26; Is 9:6; Mt 28:19; 1Co 2:10; e Cl 1:17.

A verdadeira luz, que dá luz a todos, veio ao mundo (1:7, 9): Alguns têm usado esses versículos para ensinar que todas as pessoas no final serão salvas por meio de Jesus, uma visão chamada "universalismo". No entanto, isso confunde o resultado *desejado* com o resultado *real* do testemunho de

João Batista a respeito de Jesus. Em outras palavras, enquanto Deus deseja que todas as pessoas acreditem (cf. 1Tm 2:4; 2Pe 3:9), esse não é o resultado real, porque nem todas as pessoas irão de fato acreditar.

João não fala aqui de iluminação interna no sentido de revelação geral (contra Morris 1995, p. 84), mas de iluminação externa no sentido de revelação objetiva exigindo uma resposta (Brown 1966, p. 9). O restante do Evangelho ilustra claramente que nem todos de fato *receberam* a luz, embora ela estivesse *disponível* a todos por meio da presença e ensino de Jesus (Borchert 1996, p 113). No presente versículo, João está enfatizando o alcance universal da vinda de Jesus e a potencial iluminação espiritual disponível para todos os que creem, uma iluminação disponível não apenas para os judeus, mas para todas as pessoas (cf. 1:12-13; 3: 16; 10:16; 12:32; cf. 1:10; 3:19-21).

Lendo os versículos que vêm após o versículo 9, torna-se cada vez mais evidente que João não está propondo uma forma de universalismo: "Ele estava no mundo, e o mundo foi criado por meio dele, mas o mundo não o reconheceu. Ele veio para os seus, e o seu próprio povo não o recebeu" (1:10-11). Embora o mundo tenha sido criado por meio da Palavra (um eco de 1:3), ele não reconheceu essa Palavra, porque estava distante dele (Ridderbos 1997, p. 44). No entanto, o mundo deveria ter reconhecido aquele por meio de quem foi feito. Keener está correto ao apontar que "Deus proveu a luz para toda a humanidade na encarnação de Jesus [e.g., *T. Levi* 14:4 diz que a lei foi dada para 'iluminar todas as pessoas'] assim como na tradição judaica Ele forneceu a luz da Torá para todas as nações no Sinai. Mas assim como as nações rejeitaram a Torá, da mesma forma o mundo rejeitou a Palavra de Deus que se tornou carne" (2003, p. 395).

A Palavra se tornou carne e passou a residir entre nós (1:14): Não se deve confundir o termo "carne" e concluir que a Palavra deve ter sido maculada pelo pecado quando se tornou homem. É importante notar que enquanto "carne" pode ter uma conotação negativa na linguagem bíblica, esse significado não está presente nesse versículo. O termo "carne" pode ser usado de diferentes maneiras nas Escrituras. Por exemplo, pode se referir a partes físicas do corpo humano (e.g., Tg 5:3; Ap 17:16; 19:18, 21); à forma humana terrena (Hb 2:14; 12:9); à humanidade (At 2:17; 1Pe 1:24); à encarnação de Jesus (1Jo 4:2; 2Jo 7); ou negativamente para a idade antiga ou presente na história da salvação (Hb 7:17; 9:13-14; 1Pe 3:18). Portanto, como é o caso de todas as palavras, o significado é finalmente determinado pelo contexto. "Carne" nesse caso denota "toda a pessoa humana na existência da criatura como distinta de Deus" (Ridderbos 1997, p. 49). Em outras palavras, a Palavra tornou-se genuinamente humana, além de ser eternamente divina.

Embora João não explique a maneira exata pela qual Jesus assumiu a carne humana, sua afirmação de que a divindade assumiu a natureza humana em Jesus teria sido anátema para os gregos, que sustentavam um dualismo espírito-matéria e dificilmente poderiam imaginar a Razão imaterial tornando-se um ser físico. O conceito de deuses aparecendo na forma de humanos não era incomum para os antigos. No entanto, João deixa claro que a Palavra não veio apenas como uma aparição — como foi alegado pelos docetistas (uma heresia cristã primitiva sustentando que Jesus apenas *parecia* ter se tornado humano) — mas que a Palavra literalmente se tornou carne.

Aqueles que concluem que Jesus era ou teria se tornado pecador se realmente tivesse se tornado humano têm mais em comum com a antiga heresia do gnosticismo do que com o cristianismo ortodoxo. O gnosticismo foi um movimento religioso predominante nos séculos 2 e 3 d.C. que os cristãos ortodoxos consideravam herético por um bom motivo. A maioria dos estudiosos acredita que "a convicção fundamental dos gnósticos é o compromisso com um dualismo anticósmico radical no qual tudo o que é material — o mundo e o corpo — é visto como algo mau e como a criação de um deus menor e inferior" (Martin e Davids 1997, p. 401).

Em contraste, a visão bíblica é que Deus criou todas as coisas e declarou a criação material como "boa", incluindo o corpo físico (Gn 1—2; veja especialmente 1:4, 10, 12, 18, 21, 25, 31; e a defesa de Paulo da bondade da criação de Deus em 1Tm 4:3-4, especialmente o v. 4: "Pois tudo o que Deus criou é bom"). No entanto, devido à rebelião da humanidade contra Deus (cf. Gn 3), os aspectos físicos e espirituais da criação de Deus estão sob a maldição da queda e não estão funcionando como deveriam. Deus promete redimir os dois aspectos de sua criação, o material e o imaterial (cf. Ap 22:3: "já não haverá nenhuma maldição").

Aqui a mensagem de João é que a encarnação é de igual importância com a criação do mundo. O mundo inteiro — incluindo o povo escolhido de Deus (1:10-11) — está caído e precisa de renascimento espiritual (1:13; cf. 3:3, 5), disponível apenas por meio da Palavra preexistente que se fez carne (cf.1:29, 36). Isso contradiz diretamente o pensamento gnóstico, que negava não apenas a encarnação de Jesus — com base no fato de que era inconcebível para Deus, que é espírito, assumir a matéria, uma vez que a matéria era considerada má — mas também a pecaminosidade humana (cf. 1Jo 2:2; 4:10).

Outra questão que tem sido colocada sobre essa passagem é determinar se a frase "a Palavra se tornou carne" indicaria que Jesus é um ser criado. Como já observamos nos versículos iniciais, embora a "Palavra" fosse de certa forma distinta de Deus, ela era preexistente e realmente era Deus. Além disso, a palavra grega traduzida "tornou-se", "fez" ou "nasceu" não significa "transformado em" no sentido de que Jesus, por se tornar humano, deixou de ser Deus. Também não significa "apareceu" como ser humano ou mesmo "assumiu" a humanidade. O ponto principal é que Deus agora escolheu estar com seu povo de uma maneira mais pessoal do que nunca. J. C. O'Neill escreve: "A Palavra não se tornou carne, não mudou sua natureza e se tornou carne, não se disfarçou como carne e não entrou em cena como carne... 'A Palavra nasceu carne' ou 'a Palavra se fez carne'" (1991, p. 127).

Com base na pergunta anterior, esse versículo parece estar conectado à característica de Deus que os teólogos identificaram historicamente como a "imutabilidade de Deus". Herman Bavinck resume bem essa doutrina ao escrever: "A doutrina da imutabilidade de Deus é da mais alta importância para a religião. O contraste entre ser e vir a ser marca a diferença entre o criador e a criatura. Toda criatura está continuamente se modificando. É mutável, constantemente lutando, buscando descanso e satisfação, e encontra descanso em Deus, somente nele, pois somente Ele é puramente um Ser e não está se tornando um (1978, p. 49).

Porque a Escritura consistentemente afirma que Deus é imutável (e.g., Sl 33:11; 102:27; Is 46:8-11; Ml 3:6; Mt 13:35; Ef 1:4, 11; 1Pe 1:20), alguns podem objetar que o versículo 14 contradiz essa doutrina. No entanto, como Carson aponta, os teólogos reconhecem que Deus não é imutável de todas as maneiras possíveis: "Ele é imutável em seu ser, propósitos e perfeições. Mas isso não significa que Ele não possa interagir com seus portadores de imagem *em seu tempo*. Os propósitos de Deus desde a eternidade passada eram enviar o Filho, mas em um determinado momento em nosso *continuum* de tempo-espaço o Filho realmente encarnou. Mesmo a leitura mais superficial das Escrituras revela que Deus é um Ser pessoal que interage conosco. Nada disso deve ser descartado pela imutabilidade" (1999, p. 55). Por essa razão, a doutrina da imutabilidade não deve ser aplicada de forma a negar a ênfase do versículo 14 e outras passagens do NT que indicam claramente que em um ponto da história do espaço-tempo, a segunda pessoa da Trindade se tornou um ser humano.

Aquele que vem depois de mim é superior a mim, porque Ele existia antes de mim (1:15): Alguns têm sugerido que João Batista não poderia ter conhecido a preexistência de Jesus como o eterno Filho de Deus. Portanto, eles têm argumentado que o versículo 15 é apenas uma afirmação cristã posterior colocada nos lábios do Batista. É possível que João Batista soubesse por revelação especial que Jesus era o divino Filho de Deus, embora estudiosos com viés não sobrenatural desconsiderem essa opção. No entanto, sem excluir o conhecimento sobrenatural do status divino de Jesus a priori, parece provável, dado o mal-entendido posterior do Batista sobre o ministério de Jesus (Lc 7:18-30), que o próprio Batista não entendeu completamente o significado de suas palavras (veja os comentários em 1:29 adiante para uma explicação do porquê o Batista questionou a messianidade de Jesus enquanto ele estava na prisão).

A informação sobre Jesus "vem depois de mim" reflete que o Batista era seis meses mais velho que Jesus (Lc 1:24, 26) e começou seu ministério antes de Jesus (Lc 3:1-20). O AT geralmente (embora não sem exceção) apoia a noção de que a posição e a honra estão ligadas à idade da pessoa (e.g., Gn 49:3; Pv 16:31). Portanto, ser o primogênito muitas vezes implicava preeminência (cf. Dt 21:17; Is 61:7). Devido à idade avançada e ao ministério anterior do Batista, tanto ele quanto o autor estão tentando mostrar que Jesus realmente existiu "antes" de João e, portanto, foi devidamente honrado acima dele.

O Batista, possivelmente inconsciente da preexistência de Jesus como a Palavra, pode simplesmente ter pretendido afirmar que Jesus "é superior". Nesse caso, ele falou melhor do que ele próprio sabia (Kruse 2003, p. 72). Pois no contexto do prólogo do Evangelho de João — onde Jesus é descrito como existindo eternamente com Deus — a confissão do Batista também aponta para a origem eterna de Jesus (1:14; cf. 8:58; 12:41) e, portanto, sua preeminência. Se o Batista aqui falasse melhor do que ele próprio sabia, essa não seria a única vez em que o evangelista mostra que as palavras ditas por um indivíduo em seu Evangelho tinham um significado mais profundo do que o orador original pretendia (e.g., 11:48-50).

Ninguém jamais viu a Deus (1:18): As palavras de João aqui não devem ser vistas como negando ou contradizendo as passagens do AT que falam de pessoas que viram a Deus, porque dentro do próprio AT há uma distinção entre Deus se revelando parcialmente através de certos meios e as pessoas vendo-o em toda a sua plenitude. No AT, Deus afirmou que ninguém poderia ver seu rosto e viver (Êx 33:20; Mowvley 1984, p. 137). Moisés recebeu um vislumbre de Deus pelas "costas" (Êx 33:23), assim como Hagar (metaforicamente; Gn 16:13). Os crentes do AT normalmente ficavam com medo de ver Deus (Êx 3:6b; Jz 13:21-22; Jó 13:11; Is 6:5). Há pelo menos duas razões pelas quais os humanos não podem ver Deus. Primeiro, Deus é espírito (Jo 4:24). Em segundo lugar, os humanos caíram em pecado e foram expulsos da presença de Deus (Gn 3; Is 59:2). No entanto, Jesus superou os dois obstáculos. Primeiro, Ele, sendo o próprio Deus, tornou-se um ser humano, para que outros pudessem ver Deus nele (Jo 1:14; 14:9-10; cf. 20:28). Em segundo lugar, sendo sem pecado, Ele morreu pelos seres humanos, para que a pecaminosidade deles não mais os impedisse de entrar em comunhão com Deus (Jo 1:29; cf. Rm 5:1-2, 6-11).

Há duas questões importantes relacionadas à tradução correta desse versículo. A primeira diz respeito a uma variante textual dentro da tradição manuscrita. A questão é se a leitura original aqui é *monogenēs huios* (primeiro e único Filho) ou *monogenēs theos* (primeiro e único [Filho, Ele mesmo sendo] Deus). Com o surgimento de P^{66} e P^{75}, ambos apresentando *monogenēs theos*, a evidência disponível agora favorece a última leitura. M. Harris (1992, p. 78-80) expressa uma "forte preferência" por *monogenēs theos* por pelo menos quatro razões: (1) tem um suporte manuscrito superior; (2) representa a leitura mais difícil; (3) serve como um clímax mais apropriado para todo o prólogo, atribuindo divindade ao Filho por meio da inclusão com 1:1 e 1:14; e (4) parece explicar melhor as outras variantes. Muito provavelmente, então, *monogenēs huios* representa uma assimilação do escriba de 3:16 e 3:18 (i.e., escribas, sabendo que *monogenēs huios* foi a leitura nessas passagens posteriores, conforme a leitura em 1:18 e 3:16 e 18). Para uma defesa de *monogenēs huios* como original, que é seguida pela versão HCSB, veja Clendenen 2012, p. 136-38.

A segunda questão é que os mórmons afirmam que essa passagem ensina que Jesus foi gerado pela união sexual entre Deus e Maria. Esse erro é perpetuado pela tradução da KJV do adjetivo *monogenēs* como "gerado". O termo é melhor traduzido como descrevendo Jesus como o "Filho único-de-um tipo" de Deus (*monogenēs*). Keener aponta que "'Único gerado'" falha no teste de etimologia, pois exigiria uma palavra diferente, *monogennētos*; ao invés, *monogenēs* deriva de uma raiz diferente, *genos*, levando ao significado 'único de um tipo'. Essa observação dificilmente estabelece o sentido joanino do termo, uma vez que o uso, e não a etimologia, determina o significado da palavra na prática; mas uma análise mais aprofundada confirma a conclusão baseada na derivação do termo" (2003, p. 412-13).

Monogenēs é usado no AT e nos Apócrifos para significar "filho único" (Jz 11:34; Tobias 3:15; 8:17). Ser filho único e, portanto, insubstituível, torna um filho de valor especial para seus pais (cf. 7:12; 8:42; 9:38; veja Pendrick 1995, p. 593-94). Portanto, a LXX frequentemente usa *agapētos* (amado) em vez de *monogenēs* (Gn 22:2, 12, 16; Jr 6:26; Am 8:10; Zc 12:10; cf. Pv 4:3; em Jz [A] 11:34, ambas as palavras são usadas). O evento decisivo na história do AT a esse respeito é a oferta de Isaque por Abraão, que em Gn 22:2, 12, 16 é chamado de "primeiro e único filho" de Abraão (Hb *yahid*; observe a provável alusão a esse texto em Jo 3:16), embora o patriarca anteriormente tivesse gerado Ismael (cf. Hb 11:17; Josefo, *Antiguidades* 1.13.1 §222: *monogenēs*). A evidência sugere, portanto, que a tradução de *monogenēs* da KJV é imprecisa e que o ensino mórmon sobre esse versículo é errôneo porque o termo não significa "unigênito", mas sim "primeiro e único" (i.e., ímpar) filho (para um argumento mais detalhado para este entendimento, veja Pendrick 1995).

João 1:19-28

***A negação de João de que ele era Elias* (1:21):** Elias, que nunca morreu (2Rs 2:11), viria "antes do grande e terrível Dia do Senhor" (Ml 4:5; Morris

1995, p. 118). Era amplamente aceito que Elias haveria de "restaurar tudo" (Mt 17:11), voltando o coração dos pais para seus filhos e vice-versa (Ml 4:6; cf. Sirácida; 48:10; Lc 1:17).

Era João, o Batista, Elias? Essa questão poderia se mostrar confusa se alguém estivesse olhando tanto para o retrato de João Batista nos Sinóticos quanto no Evangelho de João. Em Mt 11:12, Jesus parece afirmar que João Batista seria de fato Elias, e Lc 1:17 diz que João está agindo "no espírito e no poder de Elias". No entanto, no Evangelho de João, o Batista *nega* ser Elias. Teríamos uma contradição entre esses relatos?

Deveríamos observar que os Sinóticos nunca afirmam que João Batista era *literalmente* Elias. Afinal, todos eles apresentam Elias aparecendo junto com Moisés na transfiguração (Mt 17:3; Mc 9:4; Lc 9:30), e Lucas indica simplesmente que João veio "*no espírito e no poder de Elias*" (Lc 1:17). Os Sinóticos parecem ver o Batista como um cumprimento tipológico da profecia de Ml 4:5. Portanto, é possível, como Carson escreve, que o Batista simplesmente não tenha compreendido o significado total de seu ministério: "Os Evangelhos Sinóticos relatam que Jesus identificou João Batista com o Elias prometido (Mt 11:14; 17:12; Mc 9:13; cf. Lc 1:17), mas eles nunca sugerem que o próprio Batista tenha feito essa conexão. Aqui ele se recusa a fazê-lo — uma recusa que, quando colocada ao lado da evidência sinótica, sugere que ele não detectou tanta importância em seu próprio ministério quanto Jesus o fez" (1991, p. 143). Ou talvez o Batista estivesse substancialmente ciente do significado de seu papel, mas negou ser "Elias" para contrariar a expectativa (corrente em seus dias) de que o próprio Elias, que escapou da morte em uma carruagem de fogo, retornaria de maneira espetacular. (Veja mais comentários em Mt 11:14.)

"Eu batizo com água", respondeu João (1:26): Versões modernas traduzem a frase *en hudati* como "com água" (HCSB, ESV, NET, NLT, KJV, NIV) ou "em água" (NASB). Ambas as traduções do grego original são defensáveis, e nenhuma conclusão definitiva pode ser tirada dessa frase quanto ao modo (imersão ou aspersão) do batismo cristão primitivo. Assim, a acusação dos críticos de que os tradutores escolhem traduzir o versículo de acordo com sua doutrina pessoal e não com o significado do grego não tem fundamento.

Tudo isso aconteceu em Betânia, do outro lado do Jordão, onde João estava batizando (1:28): Alguns já argumentaram que esse versículo contém um erro geográfico porque não havia Betânia "do outro lado do Jordão". Em vez de ser um erro, parece que João acrescenta a frase "do outro lado do Jordão" para distinguir a que Betânia à qual ele estava se referindo da "Betânia perto de Jerusalém", que ele menciona mais tarde em 11:1 e 11:18. A Betânia aqui provavelmente não é uma vila, mas a região de Batanea no nordeste (chamada Basã no AT; veja Carson 1991, p. 147; Keener 2003, p. 450; Witherington 1995, p. 66). Isso é sugerido pelo fato de Jesus deixar Betânia e ir para a Galileia em 1:43 e aparentemente chamar Filipe para segui-lo no mesmo dia. Portanto, Betânia devia estar a um dia de viagem e, dessa forma, mais perto da Galileia do que da Judeia. Nesse caso, "Betânia" é uma grafia variante de "Batanea" usada pelo autor para enfatizar que o ministério de Jesus começou e terminou em "Betânia".

João 1:29-42

Aqui está o Cordeiro de Deus, que tira o pecado do mundo! (1:29, 36): Os críticos argumentam que esses versículos são exemplos de onde o evangelista, escrevendo na era da igreja primitiva, colocou afirmações eclesiásticas posteriores nos lábios de João Batista. Afinal, dizem os críticos, João não poderia ter feito tais declarações referindo-se a Jesus como "o Cordeiro de Deus", que tem uma conotação de sofrimento, sacrifício e expiação que se encaixa com o que Jesus acabaria experimentando e, posteriormente, questionar a identidade messiânica de Jesus quando Jesus não anunciou a vitória do reino esperado pelo Batista (Lc 17:18-23). Em outras palavras, João parece antecipar a rejeição de Jesus aqui, mas depois hesita diante dessa rejeição.

Parece que esse é outro caso em que o Batista falou mais do que sabia (Ridderbos 1997, p. 69-72, esp. 71; contra Sandy 1991). O evangelista geralmente escreve em vários níveis, onde os personagens fazem declarações que são válidas em um nível, mas também são verdadeiras em um segundo nível mais profundo (e.g., 11:49-52). Existem várias outras referências de que o Batista poderia estar pensando aqui sem estar ciente do nível mais profundo daquilo que os cristãos posteriores achariam significativo em sua declaração (veja Keener 2003, p. 452-54). As opções incluem o cordeiro guerreiro apocalíptico de *1Enoque*, o gentil cordeiro de Jr 11:19, o bode expiatório de Lv 16, a oferta pela culpa de Lv 14/Nm 16 e o cordeiro levado ao matadouro em Is 53:7.

Carson (1991, p. 150) apresenta um argumento crível de que o Batista tinha em mente o cordeiro guerreiro apocalíptico apresentado nos textos judaicos do Segundo Templo (*1Enoque* 90:9-12; *T. Jos.*19:8; *T. Benj.* 3:8) e também no livro de Apocalipse (Ap 5:6, 12; 7:17; 13:8; 17:14; 19:7, 9; 21:22-23; 22:1-3). Carson raciocina que isso se encaixaria bem com os Sinóticos, que apresentam o Batista proclamando que Jesus traria julgamento e lidaria com o pecado de Israel. Portanto, a declaração de João Batista sobre Jesus levar os pecados do mundo, pelo menos no contexto original do Batista, pode ter a ver mais com julgamento do que com expiação.

Enquanto um "cordeiro guerreiro" fornece uma explicação atraente em relação ao pano de fundo da declaração original do Batista, os cordeiros apocalípticos são escassos na literatura anterior a João Batista (Keener 2003, p. 452). Talvez seja mais provável que Is 53:7 sirva como pano de fundo. Isso significaria que o Batista estava pensando no cordeiro levado ao matadouro referido em Is 53:7, que o judaísmo contemporâneo não interpretava como um Messias moribundo, mas como um sofrimento substitutivo pelo pecado que ficava aquém da morte real (cf. Mt 11:2-3; Lc 7:18-20).

Em qualquer dos casos, independentemente de qual dos contextos citados forma o pano de fundo para a declaração do Batista, o evangelista parece colocar a declaração do Batista no contexto mais amplo da narrativa da paixão, onde Jesus é mostrado como o cumprimento final do cordeiro pascal anual (cf. Êx 12) cujos ossos não deveriam ser quebrados (Jo 19:36; cf. 19:14). (Veja mais comentários em Mt 11:3.)

Eu não o conhecia (1:31-33): Os críticos argumentam que as palavras do Batista são um caso em que o Evangelho de João contradiz os Sinóticos. Eles argumentam que o Batista aqui sugere que ele não conhecia Jesus, enquanto Mateus diz que ele o conhecia (Mt 3:13-14). E é claro que Lucas relata Maria visitando Isabel quando as duas mulheres estavam grávidas, momento em que o feto João saltou no ventre de sua mãe e Isabel foi cheia do Espírito Santo (Lc 1:39-56). As mulheres, que eram parentes, passaram os três meses seguintes juntas, e parece provável que João e Jesus pelo menos se conhecessem enquanto cresciam. Então, o que o Evangelho de João poderia significar quando retrata João dizendo que não conhecia Jesus? É mais provável, dado o contexto circundante, que o Batista esteja simplesmente reconhecendo que não sabia *que Jesus era o Messias* até que viu o sinal mencionado em 1:32-33.

A princípio, essa conclusão pode surpreender, pois é natural presumir que Isabel teria dito a seu filho que o filho de Maria, Jesus, era o Messias. Todavia, um exame mais atento revela que essa suposição não é bem fundamentada. Talvez Isabel achasse que a revelação da identidade de Jesus deveria ser mantida em segredo até o momento em que Deus considerasse adequado torná-la conhecida a João, cuja vida foi marcada para um ministério preparatório desde o início (Lc 1:16-17). Também é possível, em razão da idade avançada dos pais de João (Lc 1:7), que eles morreram cedo em sua vida e não tiveram a chance de compartilhar com ele a notável revelação sobre Jesus que veio a Isabel por ocasião da visita de Maria (Lc 1:39-56).

Cordeiro de Deus [...] Messias [...] Aquele sobre o qual Moisés escreveu [...] Filho de Deus [...] Rei de Israel! (1:36, 41, 45, 49): Cada um desses versículos inclui Jesus sendo chamado por nomes e títulos explícitos, o que poderia implicar uma consciência precoce da identidade de Jesus que pareceria contradizer o aparente mal-entendido dos discípulos ao longo do ministério de Jesus em relação à sua verdadeira identidade e missão. Assim, alguns afirmam que o evangelista colocou anacronicamente essas declarações cristológicas na boca desses primeiros seguidores de Jesus.

Em resposta, porém, afirmamos que essas confissões fornecem um motivo crível por que esses homens teriam tomado uma decisão tão dramática de deixar tudo para trás para seguir a Jesus. Se eles pensassem que Jesus era o tão esperado Messias (embora reconhecidamente, com o tempo, Jesus mudasse sua compreensão do tipo de Messias que Ele era), isso forneceria a resposta para a óbvia pergunta histórica: por que esses homens deixaram suas famílias e ocupações, renunciando a tudo, para seguir a Jesus?

Outra questão importante, semelhante, é: por que alguns dos primeiros discípulos de Jesus vieram de João Batista? João descreve esses discípulos como deixando o Batista no auge de sua popularidade para seguir a Jesus. Historicamente, surge a pergunta: o que motivaria esses homens a fazer isso? A resposta é bastante óbvia: "[Eles] mudaram sua lealdade precisamente porque foi o próprio Batista quem apontou Jesus como aquele que viria para cumprir as promessas das Escrituras. Nesse caso, as confissões de Jo 1 não são apenas plausíveis, mas quase historicamente necessárias" (Carson 1991, p. 148).

Ao mesmo tempo, conforme mencionado, não há necessidade de sugerir que, por meio dessas proclamações, os primeiros seguidores de Jesus entenderam o pleno significado de suas palavras. Entre os quatro Evangelhos, João insiste mais enfaticamente que os discípulos realmente não entenderam o que inicialmente confessaram (o "tema de mal-entendido" joanino em 2:20; 3:4; 4:10-15, 31-34; 6:32- 35, 52; 7:41-42; etc.; veja Carson 1991, p. 147-48, 153-54; Culpepper 1983, p. 161-62; Köstenberger 1999, p. 66-69; para uma lista completa, veja Köstenberger 2009, p. 141-45). Esse fato parece explicar adequadamente a crescente compreensão dos discípulos conforme descrito nos Sinóticos.

De acordo com essa compreensão, não se deve ler um entendimento cristológico posterior na referência de Natanael a Jesus como o "Filho de Deus". Enquanto "Filho de Deus" e "Rei de Israel" são ambos títulos messiânicos (Barrett 1978, p. 186; Ridderbos 1997, p. 91), a última expressão pode refletir fortes conotações nacionalistas (Morris 1995, p. 147n115). Na verdade, a resposta de Jesus em 1:50-51 pode fornecer uma correção (cf. 6:15; 12:16; 18:36). Embora o julgamento de Natanael seja justificado e sua expectativa aparentemente cumprida quando Jesus é aclamado como "Rei de Israel" em sua entrada triunfal em Jerusalém (12:13), não há razão para acreditar que a ardente confissão de Natanael revele maior percepção do que confissões anteriores de discípulos (1:41, 45; Ridderbos 1997, p. 91; cf. Lindars 1972, p. 119). Mais provavelmente, ele falou melhor do que sabia (veja comentários em 1:29, 36 já citados anteriormente).

Os dois discípulos ouviram-no dizer isto e seguiram Jesus (1:37): Os críticos alegam que essa passagem contradiz os Sinóticos, que têm os discípulos chamados em um ponto posterior do ministério de Jesus (cf. Mt 4:18;

Mc 1:6; Lc 5:1). No entanto, trata-se de um exemplo do entrelaçamento dos Sinóticos e do Evangelho de João de forma a fazer mais sentido histórico quando lidos juntos (veja a análise detalhada em Köstenberger ainda no prelo). Como mencionado anteriormente, os discípulos são descritos como seguindo Jesus com tal entusiasmo e urgência que é difícil acreditar historicamente que o chamado de Jesus nos relatos Sinóticos constituiu seu primeiro contato com Ele. Por essa razão, a harmonização tradicional dos relatos joanino e Sinóticos parece ser a mais plausível: o relato de João detalha alguns dos encontros iniciais de Jesus com os discípulos, enquanto os Sinóticos descrevem a nomeação formal de Jesus para os Doze.

João 1:43-51

Filipe encontrou Natanael (1:45): Os Sinóticos nunca mencionam Natanael, embora João se refira a ele aqui e novamente em 21:2. É provável que esse fosse o nome pessoal de Bartolomeu (Bar-Tholomaios = filho de Tholomaios). Bartolomeu não está apenas ausente do Evangelho de João, ele está ligado a Filipe em todas as três listas apostólicas sinóticas (Mt 10:3; Mc 3:18; Lc 6:14; embora não apareça em At 1:13), o que corresponde à conexão de Natanael com Filipe no Evangelho de João. Como Bartolomeu era um patronímico (um nome pessoal baseado no nome de um ancestral masculino), é muito plausível que esse homem também fosse conhecido por outro nome (Morris 1995, p. 143; Hill 1997, p. 47; cf. Carson 1991, p 159). Curiosamente, *b. Sanhedrin* 43a pode fornecer um atestado independente para a existência de um Natanael entre os discípulos de Jesus (Bauckham 1996a, p. 34; citado em Hill 1997, p. 46-47). Tudo isso fornece evidências persuasivas de que Bartolomeu e Natanael podem ser a mesma pessoa.

(e também os profetas) (1:45): Alguns já sugeriram que a frase "e também os profetas" no versículo 45 foi um acréscimo posterior de um escriba. Não há nenhuma evidência em algum manuscrito para sugerir essa conclusão. É possível que o próprio evangelista tenha acrescentado a frase como seu próprio aparte ao que Filipe havia anunciado, mas muito provavelmente essas palavras deveriam ser entendidas como vindas do próprio Filipe.

Jesus, filho de José (1:45): Embora os críticos se apeguem a essa afirmação como prova de que Jesus era visto como um mero homem gerado por José, não há razão para tirar qualquer tipo de conclusão cristológica dessa passagem. Teria sido muito cedo para Filipe saber sobre as circunstâncias do nascimento milagroso de Jesus. Ele falou de acordo com seu conhecimento na época. É evidente que as pessoas geralmente conheciam Jesus como "o filho de José" (6:42), embora Ele tivesse sido concebido no ventre de Maria por meio do Espírito Santo (Mt 1:18, 20; Lc 1:35) e existiu com Deus desde toda a eternidade (Jo 1:1-2). (Veja os comentários sobre Lc 1:27, 35.)

Pode vir alguma coisa boa de Nazaré? (1:46): Recentemente, alguns estudiosos questionaram a precisão dessa passagem porque Nazaré estava localizada a cerca de 6 quilômetros de Séforis, a capital regional e um centro próspero da cultura helenizada. É provável que os cidadãos de Nazaré tivessem conexões com seus vizinhos mais cosmopolitas e muito provavelmente também entrassem em contato com os comerciantes gentios de língua grega que passavam por Séforis, no norte, ou pelo vale de Esdraelon, no sul. No entanto, não há razão para supor que essa ligação a Séforis exclua uma atitude pejorativa em relação a Nazaré, mesmo que fosse talvez um estereótipo injusto em relação a tal cidade de não mais de duas mil pessoas. Além disso, o chamado atraso de Nazaré teria se destacado ainda mais devido à sua proximidade com a cosmopolita Séforis.

Antes que Filipe o chamasse, quando você estava debaixo da figueira, eu o vi (1:48-50): Jesus é mostrado não apenas aqui, mas em todo o Evangelho de João, como tendo conhecimento sobrenatural (1:42; 2:4, 19, 24-25; 4:17-18; 6:64, 70; 11:4, 11-14). ;13:1, 10-11, 38; 21:18-19). Enquanto no helenismo esse tipo de conhecimento era normalmente atribuído à magia ou algum tipo de ligação com os deuses, para os judeus isso era considerado uma marca de um verdadeiro profeta. Jesus foi, é claro, mais do que um profeta. O Evangelho de João é o mais explícito dos quatro Evangelhos sobre a divindade de Jesus, e esse tipo de conhecimento sobrenatural se encaixa bem com sua alta cristologia.

No entanto, não há razão para supor que Natanael tivesse em mente a divindade de Jesus quando disse: "Tu és o Filho de Deus! Tu és o rei de Israel!" Ao proclamar que Jesus é o "Filho de Deus", Natanael estava afirmando que Jesus era o Messias predito no AT (2Sm 7:14; Sl 2:7; cf. 1Sm 26:17, 21, 25), pois o termo "Filho [de Deus]" era um título messiânico corrente nos dias de Jesus. Da mesma forma, "Rei de Israel" era um título messiânico comum. Os títulos convergem na literatura judaica onde o rei davídico é descrito como filho de Deus (4QFlor 1:6-7; 1QSa 2:11-12; *1Enoque* 105:2; 2Esdras [*4Esdras*] 7:28-29; 13:52; 14:9).

João 2:1-12

No terceiro dia, um casamento aconteceu em Caná da Galileia (2:1): A menção de João a Caná com o adicional "da Galileia" presumivelmente distingue a localização atual de outra Caná, no Líbano, mencionada em Js 19:28 (cf. Js 16:8; 17:9). A localização de Caná na Galileia tem sido motivo de debate. Alguns comentaristas mais antigos propõem Kafre Kenn, que fica a pouco mais de seis quilômetros a nordeste de Nazaré, na estrada para Tiberíades. No entanto, essa proposta tem mérito duvidoso por causa da duplicação do *n* em "Kafr Kenn" (Mounce, *ISBE* 1:585). É mais provável que a localização seja Khirbet Qân na planície de Asochis, cerca de 13 quilômetros a nordeste de Nazaré (cf. Josefo, *Vida de Josefo* 16 §86; 41 §207). A planície de Asochis fazia parte do domínio real dos herodianos e era cultivada por seus arrendatários sob a supervisão de funcionários reais (cf. Jo 4:46; veja Avi-Yonah 1964:138). Khirbet Qân domina uma planície pantanosa repleta de juncos, que corresponde ao significado de Caná ("lugar dos juncos"). O local ainda não foi escavado, mas cisternas e restos de edifícios são visíveis, e túmulos próximos são escavados nas rochas. Além disso, moedas do primeiro século foram encontradas no local.

"O que essa sua preocupação tem a ver comigo, mulher?" Jesus perguntou (2:4): Mulher" (*gunai*) em contraste com "querida mulher" (original NIV) é uma tradução melhor (assim também, NIV 2011) porque não há equivalente para "querida" no original. O recado de Jesus para sua mãe não deve ser visto como rude, embora pelo contexto pareça que Ele poderia estar, no mínimo, estabelecendo uma distância educada. Esse discurso é incomum e sem paralelo na literatura judaica ou greco-romana antiga (Brown et al. 1978, p. 188). Sem negar a afeição filial de Jesus por sua mãe, é evidente ao longo do ministério de Jesus que seu relacionamento com sua mãe é limitado pelas preocupações do reino (cf. Mt 12:46-50 e paralelos; Lc 2:48-51; 11:27-28).

O significado básico da pergunta de Jesus é: "O que você e eu temos em comum (no que diz respeito ao assunto em questão)?" A resposta implícita: "Nada". Talvez surpreendentemente, exceto aqui, a expressão só é encontrada nos evangelhos nos lábios de demônios que se opõem fortemente a Jesus (veja Mt 8:29 e paralelos; Mc 1:24 e paralelos). Os paralelos do AT indicam que a frase sempre distancia duas partes e frequentemente significa desaprovação (veja Jz 11:12; 2Sm 16:10; 1Rs 17:28; 2Rs 3:13; 2Cr 35:21). Isso sugere que Jesus aqui está emitindo uma repreensão bastante direta (cf. 12:46-50), semelhante à sua repreensão a Pedro quando ele falhou em entender a natureza do chamado de Jesus (cf. Mt 16:23). Em vez disso, Jesus explica à sua mãe que Ele já havia decidido ajudar, mas que o faria da forma e no momento da sua própria escolha, em vez de como resposta ao seu pedido (cf. 2Rs 3:13).

***Jesus e o vinho* (2:9)**: Em que substância Jesus transformou a água nesse versículo? No mundo antigo, incluindo a Palestina do primeiro século, três tipos de vinho eram feitos de uvas. Vinho fermentado (*oinos*; e.g., Ef 5:18; não da colheita mais recente) era geralmente misturado na proporção de duas ou três partes de água para uma parte de vinho (*b. Pesahahim* 108b). Vinho novo (*oinos neos*; Mt 9:17; Mc 2:22; Lc 5:37–38; cf. Os 9:2; Ag 1:11; Zc 9:17; 1QS 6:4-6; e.g. p. 1QSa 2:17-18, 20; 1QH 10:24) era feito da colheita mais recente e não era fermentado. Finalmente, havia vinhos que não eram alcoólicos devido ao processo de fermentação ser interrompido pela fervura do suco de uva não fermentado (chamado "mosto"). O vinho também era, embora com menor frequência, feito de romãs (Ct 8:2) e passas (*b. Baba Batra* 97b) junto com maçãs, tâmaras, mel, ervas e figos.

Os evangelhos retratam claramente Jesus bebendo vinho fermentado (Mt 11:19; Mc 14:25). A última passagem também sugere que o vinho será bebido no céu. Em total contraste com o retrato de João Batista, Mateus e Lucas indicam que Jesus "veio comendo e bebendo" e foi prontamente acusado de ser "um comilão e beberrão" (Mt 11:19; Lc 7:34). Isso mostra que Jesus era conhecido por ter bebido vinho fermentado regularmente enquanto se associava com seus contemporâneos.

A passagem atual em João relata como Jesus transformou uma grande quantidade de água em vinho (*oinos*) em um casamento familiar em Caná da Galileia. Esse é o primeiro de uma série de sinais messiânicos selecionados por João para inclusão em seu Evangelho. Não há indicação nesses versículos de que Jesus teria transformado a água em vinho sem álcool. Em vez disso, o uso de *oinos* combinado com o uso por Jesus de vinhos fermentados ao longo dos evangelhos leva à conclusão de que Jesus transformou a água em vinho contendo álcool. O fato de o servo-chefe ter feito comentários sobre a tendência dos anfitriões de servir o vinho "inferior" por último, depois que os convidados "beberam livremente", confirma essa conclusão, pois se os convidados tivessem bebido livremente de vinho não alcoólico, eles não seriam enganados pelo vinho inferior que se seguiria (Jo 2:10).

Depois disso, Ele desceu para Cafarnaum, juntamente com [...] seus irmãos (2:12): A interpretação católica romana tradicional nega que Maria teve outros filhos além de Jesus. Essa passagem, junto com 7:3-9, sugere o contrário (veja também Mt 13:55; Mc 6:33). Devemos entender os irmãos de Jesus como meios-irmãos, pois são filhos de Maria e José. Em nenhum lugar do NT há qualquer indicação de que esses irmãos não eram filhos biológicos de Maria.

João 2:13-23

A purificação do templo **(2:13-23):** Esses versículos contêm uma série de questões que requerem uma solução. A questão mais óbvia é que João coloca a purificação do templo no início do ministério de Jesus, enquanto os Sinóticos situam um relato semelhante no início da última semana de Jesus em Jerusalém (Mc 11:15-19). Os críticos argumentam que João simplesmente entendeu errado. No entanto, supondo que João estivesse familiarizado com os Evangelhos Sinóticos (ou pelo menos a tradição), é improvável que isso tenha sido um erro de João. É difícil ver como um escritor astuto como João não tenha notado a diferença entre a apresentação dele e a dos Sinóticos da(s) purificação(ões) do templo. João tem um compromisso que é demonstrado com a precisão histórica, tanto em sua afirmação de testemunho ocular quanto em seu "tema de testemunha" (veja Lincoln 2000; Bauckham 2006). Por essas e outras razões, é provável que João tenha deliberadamente colocado a purificação do templo no início de seu Evangelho.

Os estudiosos normalmente sugerem uma das duas soluções para esse aparente problema. A maioria afirma que esse é um exemplo em que João segue um arranjo tópico em vez de cronológico porque ele não tinha obrigação de manter a ordem do material sinótico. Nesse cenário, ele mudou a purificação do templo para um ponto anterior no ministério de Jesus por razões temáticas. No entanto, também é possível que se trate de um "duplo", um tipo de evento que ocorreu mais de uma vez durante o ministério de Jesus (como alimentar as multidões; cf. Mt 14:13-21; 15:32-39). Nesse caso, Jesus pode ter purificado o templo duas vezes, com João registrando somente o primeiro evento e os Sinóticos apenas o segundo. Tendo em vista as seguintes evidências, parece que o último é mais provável.

Primeiro, embora seja comumente reconhecido que os Sinóticos e o Evangelho de João não são organizados principalmente por considerações cronológicas, no caso dos relatos da purificação do templo, ambos usam marcadores históricos e referências temporais às narrativas anteriores e posteriores. Além disso, a ausência de qualquer material sinótico nos primeiros cinco capítulos de João (exceto as seções sobre João Batista) e as diferenças nos detalhes registrados aumentam a probabilidade de que esses sejam dois eventos diferentes (Carson 1991, p. 177). Falando da purificação do templo nos Sinóticos em comparação com o relato da purificação em João, Morris (1995, p. 167) afirma que "praticamente não há semelhanças entre as duas narrativas, além do ato central"; apenas cinco palavras são compartilhadas.

Ao ponderar a possibilidade de ter havido duas purificações do templo, Keener (2003, p. 518-19) argumentou que não é razoável acreditar que Jesus pudesse desafiar o sistema do templo de maneira tão dramática e depois continuar no ministério público por dois ou três anos, até mesmo visitando Jerusalém várias vezes. No entanto, ao contrário, uma purificação no templo ajuda a explicar historicamente por que Jesus enfrentou hostilidade no início de seu ministério (5:18). Além disso, a prática comum usada por Jesus de se retirar (3:22; 6:15; 7:9-10; 8:59; 10:40) torna historicamente plausível que Ele pudesse ter continuado seu ministério por dois ou três anos após uma purificação inicial do templo.

É importante entender o propósito da purificação do templo para evitar ver as ações de Jesus como duras demais ou injustificadas. Ao purificar o templo, Jesus não estava simplesmente respondendo à existência de mercadores e cambistas ou mesmo ao fato de que eles cobravam preços exorbitantes por seus serviços (embora isso já fosse ruim o suficiente). Ele abordou principalmente a questão dos comerciantes interrompendo a adoração dos gentios no único lugar aberto a eles. O chamado "Pátio dos Gentios" era o mais próximo do templo que os gentios podiam chegar, sendo, na melhor das hipóteses, insensível e, na pior das hipóteses, evidência de arrogância religiosa para interromper sua adoração. O complexo do templo era extremamente rico na época de Jesus, o que tornava os mercadores e cambistas parte de um sistema que explorava os pobres para embelezar e administrar os negócios do templo. A venda de animais de sacrifício e a troca de dinheiro deveriam ter sido facilitadas perto do templo, e não dentro de seus muros. Isso é exatamente o que aconteceu no início da história de Israel, quando os mercadores de animais se estabeleceram no vale do Cedrom, nas encostas do monte das Oliveiras.

As ações de Jesus devem ser vistas no contexto da profecia de Zacarias de que "naquele [último] dia não haverá mais comerciantes na casa do Senhor Todo-Poderoso" (14:21, tradução do autor), e a profecia de Malaquias de que no com no dia do julgamento, "o Senhor que buscais virá repentinamente ao seu templo", para que as pessoas possam mais uma vez oferecer sacrifícios aceitáveis ao Senhor (3:1, 3; Carson 1991, p. 179). Além disso, as ações de Jesus despertam em seus discípulos a memória do justo sofredor do Sl 69:9 (cf. Jo 2:16, "casa de meu Pai", com Sl 69:9, "zelo pela tua casa"). Embora Deus tenha advertido contra o "zelo... sem conhecimento" (Pv 19:2; cf. Rm 10:2), o zelo religioso era uma parte importante da piedade judaica. No AT, é prometido a Fineias uma aliança de um sacerdócio duradouro "porque ele era zeloso por seu Deus" (Nm 25:13) e o próprio Deus é apresentado como zeloso por seu santo nome (Is 59:17; Ez 39:25).

Alguns podem questionar a ação de Jesus na purificação do templo porque pode parecer conflitante com a imagem do Messias dada em Is 42:3, que diz "Ele não esmagará a cana quebrada, nem apagará o pavio fumegante". Esse versículo é aplicado a Jesus em Mt 12:18-20. No entanto, um olhar mais atento em Is 42:3 e seu uso no NT revela que o Messias não apenas deixaria de "esmagar uma cana quebrada", mas também "faria justiça fielmente" (Is 42:3). Cuidar dos fracos e explorados implica identificar e denunciar a injustiça. Assim, a purificação do templo se encaixa bem em todo o quadro apresentado por Is 42. (Veja comentários adicionais em Mt 21:12-13 e Mc 11:15.)

Destruí este santuário, e em três dias o levantarei (2:19): A declaração de Jesus não deve ser vista em contradição com as passagens que implicam que o Pai ressuscitou Jesus dentre os mortos (Jo 2:22; At 2:24, 32; 5:30; 13:30). Ao longo do Evangelho de João, as pessoas de Deus Pai e do Filho estão completa e inextricavelmente entrelaçadas (veja Köstenberger e Swain 2008). Por essa razão, a linguagem aqui não deve ser pressionada para sugerir que João acreditava que Deus, o Pai, não teve nenhum papel ativo na ressurreição de Jesus.

Este santuário levou 46 anos para ser construído (2:20): A versão HCSB e a NIV trazem: "Levou quarenta e seis anos para construir este templo", podem ser traduções incorretas (consulte a nota de rodapé da ESV). Registros históricos indicam que Herodes, o Grande (reinou de 37 a 4 a.C.), iniciou o projeto de restauração da construção do templo no décimo oitavo ano de seu reinado, ou seja, 20/19 a.C. (Josefo, *Antiguidades* 15.11.1 §380), com conclusão dezoito meses depois, em 18/17 a.C. (*Antiguidades* 15.11.6 §421). Quarenta e seis anos depois é 29/30 d.C. (não houve ano 0), que coloca a primeira Páscoa de Jesus na primavera de 30 d.C. (Wallace 1996, p. 560). A restauração de toda a área do templo (*hieron*) não foi concluída até 63/64 d.C. sob Herodes Agripa II e o governador Albino (*Antiguidades* 20.9.7§219), pouco antes de sua destruição pelo exército romano na guerra judaica de 66-70 d.C. (cf. Schurer p. 1973-79, 1.308-9). A frase "quarenta e seis anos" está no dativo (locativo), não no acusativo (durativo), o que também fala contra as traduções há pouco mencionadas. Tomando nota do uso do aoristo passivo (Wallace 1996, p. 560-61) "foi construído", a melhor tradução dessa passagem, que remonta pelo menos até Badcock (1935, p. 40-41), é: "Este templo foi construído quarenta e seis anos atrás".

João 3:1-21

Ninguém poderia realizar estes sinais que tu fazes, a menos que Deus estivesse com ele (3:2): A declaração de Nicodemos pode conter uma hipérbole à luz do fato de que as Escrituras em outros lugares falam de falsos sinais realizados por falsos profetas (e.g., Dt 13:1-5; cf. Mt 24:23-24; At 8:9-11; 2Ts 2 :9-11; Ap 13:13-14; 16:14). A crença de que os milagres atestam a presença de Deus era muito difundida no judaísmo. As referências a "sinais" no AT agrupam-se em dois períodos principais: (1) os "sinais e maravilhas" realizados por Moisés (e.g., Êx 4:1-9); e (2) sinais — com simbolismo concomitante, mas não necessariamente miraculosos — representados por vários profetas do AT (e.g., Is 20:3; veja Köstenberger 1995b, p. 87-103).

Jesus realizou vários sinais, tanto miraculosos (e.g., 2:1-11) quanto não-milagrosos (2:14-22). Nicodemos provavelmente estava se referindo principalmente aos sinais de Jesus em Jerusalém (cf. 2:23; para um reconhecimento semelhante, veja 11:47). A natureza especial dos sinais de Jesus indicavam que Ele não é era um falso profeta, mas um verdadeiro mestre de Deus. Além disso, Ele era o tão esperado Messias que estabeleceria a nova aliança prometida e derramaria seu Espírito (3:1-21; 6:14; 7:31, 40; 20:30-31).

A menos que alguém nasça de novo, ele não pode ver o reino de Deus (3:3): A frase de Jesus "nascer de novo" não encontra paralelo no conceito de reencarnação encontrado nas religiões orientais. Nicodemos era "um mestre de Israel", não um guru hindu, e Jesus esperava que ele entendesse o que estava dizendo porque Nicodemos ensinava as Escrituras judaicas (3:10). Os profetas (e.g., Jr 31:33-34; Ez 11:19-20; 36:25-27) falam regularmente de um novo começo e transformação interior na vida de uma pessoa. "Nascer de novo/do alto" em 3:3 é ainda explicado como "nascer da água e do Espírito" em 3:5 (Louw 1986, p. 9-10). A frase provavelmente se refere ao nascimento espiritual de alguém (Carson 1991, p. 194). Isso é sugerido pelo fato de que "nascer da água e do Espírito" em 3:5 explica o significado de "nascer de novo/do alto" em 3:3; pelo uso de uma preposição (*ek*) para governar ambas as frases em 3:5; e pela teologia antecedente do AT. O pano de fundo do AT é provavelmente Ez 36:25-27, que prevê a limpeza dos corações humanos por Deus com água e a sua transformação interior pelo seu Espírito (veja também Is 44:3-5; *Jub*. 1:23–25).

Você deve nascer de novo (3:3-7): Visto que Jesus provavelmente falava aramaico, surge uma pergunta legítima: Jesus realmente teria dito "Você deve nascer de novo", visto que essa frase depende de um jogo de palavras que existe em grego, mas não em aramaico? Essa questão traz à tona a questão ainda mais fundamental de saber se os evangelhos contêm as "próprias palavras" de Jesus (*ipsissma verba*), o que significaria que temos traduções palavra por palavra do que Jesus disse, ou sua "própria voz" (*ipsissima vox*), o que significa que os evangelhos capturaram o significado dos ensinamentos de Jesus, mas não relatos de palavra por palavra. Precisamos considerar vários fatores. Primeiro, há variações óbvias entre os quatro relatos do evangelho. Darrell Bock explica: "[O] texto relata as falas de Jesus, mesmo aquelas que podem ser vinculadas ao mesmo cenário, com variação de palavras. Tais variações, ensinando para seu público, selecionando o que discutir e, às vezes, organizando seu material por razões tópicas, e não por sequência" (1995, p. 76).

Em segundo lugar, Jesus provavelmente ensinou principalmente em aramaico, enquanto os evangelhos foram escritos em grego. Portanto, a maioria dos ensinamentos de Jesus nos evangelhos já representam tradução em vez de citações literais. Em terceiro lugar, a maioria dos relatos de Jesus nos evangelhos inclui Ele dizendo apenas algumas frases de cada vez. No entanto, os evangelhos nos dizem que Jesus ensinava por horas seguidas (e.g., Mc 6:34-36). Com base nisso, parece provável que os autores dos evangelhos tenham registrado resumos mais curtos dos extensos discursos de Jesus. Finalmente, a própria Escritura, ao citar outras partes da Bíblia (e.g., o uso do NT no AT), frequentemente não usa citações palavra por palavra. Por conseguinte, não deveria ser surpresa ver os evangelhos fazendo a mesma coisa ao registrar as palavras de Jesus.

Essa evidência aponta fortemente para os evangelhos que contêm a *ipsissma vox* de Jesus (Bock 1995, p. 74-99), embora certamente haja lugares onde temos a *ipsissima verba* de Jesus (especialmente em aramaísmos como *Talitha koum!* ["Menina, levante-se!"; Mc 5:41] ou *Eloí, Eloí, lemá sabachthâni?* ["Deus meu, Deus meu, por que me desamparaste?"; Mc 15:34]). O fato de termos *ipsissima vox* dificilmente surpreende quando se considera a natureza histórica da fé cristã. Jesus viveu em uma cultura histórica (judaísmo do primeiro século), e seus ensinamentos foram ouvidos e registrados no contexto dessa cultura. Essa posição tem sido amplamente aceita por estudiosos conservadores e concorda bem com a inspiração e inerrância das Escrituras (veja Artigo XIII da Declaração de Chicago sobre inerrância Bíblica, onde os autores "não endossam que a inerrância seja negada por fenômenos bíblicos como a falta de precisão técnica moderna... ou o uso de citações livres").

Voltando à questão original, então, o que devemos fazer com o fato de que o jogo de palavras em grego entre "nascido de novo" e "nascer de novo" (3:3, 5) não funciona em aramaico? É difícil ter certeza, mas provavelmente João preservou um mal-entendido entre Jesus e Nicodemos que ocorreu, mas não dependia de nenhuma palavra aramaica, e sim do sentido da declaração original de Jesus. É aqui que ajuda a entender por que João, neste e em outros casos, não preservou necessariamente as próprias palavras de Jesus (*ipsissima verba*), mas certamente sua própria voz (ou seja, o sentido de sua declaração; *ipsissima vox*).

A menos que alguém nasça da água e do Espírito, ele não pode entrar no reino de Deus (3:5): Alguns estudiosos argumentam que a água se refere ao batismo (e.g., Brown 1966, p. 139-141), argumentando que esse teria sido o entendimento provável do público imediato de João. Podemos dizer várias coisas em resposta. Primeiro, essa visão é anacrônica, pois o batismo cristão ainda não havia sido instituído. Não faria sentido Jesus repreender Nicodemos (3:10) por não entender uma prática ainda futura. Em segundo lugar, essa interpretação não se encaixa no contexto. Jesus usa a repetição no versículo 6, mas não faz menção de "água". Se o versículo 5 pretendia ensinar o batismo como essencial para entrar no reino de Deus, parece estranho que o versículo 6 omitisse a palavra "água" completamente. Além disso, o contexto em nenhum lugar se refere a ritos ou instituições, mas sim concentra-se nas realidades espirituais internas. Terceiro, se

João estivesse se referindo ao batismo cristão, essa seria a única referência em todo o evangelho.

Outra visão defende dois nascimentos: um nascimento físico (a partir do útero materno) e um nascimento espiritual (por meio do Espírito). O suporte citado para essa interpretação é que o contexto relaciona a água com o nascimento físico (3:4, 6). Alguns defensores da teoria dos dois nascimentos argumentam que a água se refere ao líquido amniótico que se rompe antes do parto. Outros afirmam que a água se refere ao sêmen masculino. Embora se possa admitir que o contexto da passagem permite a possibilidade de dois nascimentos, a tentativa de tentar vincular a água ao líquido amniótico ou ao sêmen não é convincente. Não existem exemplos em fontes antigas que se referem ao nascimento físico como nascimento "da água". Embora existam algumas fontes antigas que usam o termo "gotas" para se referir ao sêmen, tais referências são raras e não se comparam ao uso que Jesus fez da expressão "água" em Jo 3:5.

Mais provavelmente, a sintaxe da frase aponta para um nascimento, pois a única preposição "de" governa os substantivos "água" e "espírito". Além disso, Jesus repreende Nicodemos, um mestre das Escrituras, por não entender o significado de suas palavras, o que pareceria fazer mais sentido se Jesus estivesse aludindo às Escrituras com as quais Nicodemos provavelmente estava familiarizado. Em vista dos problemas associados com os outros pontos de vista, a evidência de que Jesus estava se referindo a um nascimento, e sua repreensão de Nicodemos por não entender, parece provável que Jesus estava aludindo ao Antigo Testamento, que previa um tempo de purificação espiritual e renovação quando Deus derramaria seu Espírito. Os profetas do AT, em particular Ez 36:25-27, se reportavam a um dia futuro, quando Deus instituiria uma nova aliança e ao seu povo fosse dado um novo coração e um novo espírito (Ez 11:19-20; Jr 31:33-34, Jl 2:28).

Ninguém subiu ao céu, exceto [...] o Filho do Homem (3:13): É razoável perguntar se esse versículo contradiz as passagens que indicam que certas figuras do AT ascenderam ao céu sem morrer. Certamente Jesus está contrastando, o "Filho do Homem" (cf. Dn 7:13), com outras figuras humanas que dizem ter entrado no céu, como Enoque (Gn 5:24; cf. Hb 11:5), Elias (2Rs 2:1-12; cf. 2Cr 21:12-15), Moisés (Êx 24:9-11; 34:29-30), Isaías (Is

6:1-3) e Ezequiel (Ez 1:10). No entanto, no contexto (veja o v. 12), a ênfase no versículo 13 parece estar na autoridade única de Jesus por causa de sua descida do céu. Se Jesus desceu do céu, esse é o seu lugar de origem; assim, sua subsequente ascensão ao céu é qualitativamente diferente da ascensão de qualquer mero humano. Carson explica, "Ninguém [mais] ascendeu ao céu e lá permaneceu [para poder falar com autoridade sobre as coisas celestiais], mas apenas aquele que desceu do céu [está equipado para fazê-lo]" (1991, p. 200). Isso é semelhante ao retrato do prólogo de Jesus como a Palavra encarnada e o Filho único do Pai que prestou contas completas dele (1:14, 18).

Seu Filho Unigênito (3:16): O esmagador apoio bíblico para a filiação de Jesus está em contradição direta com o Islã. A surata 23:91 do Alcorão diz: "Nenhum filho Deus gerou, nem há qualquer Deus junto com ele". Em particular, o termo "Filho" ocupa um papel central na cristologia do Evangelho de João. Duas vezes Jesus é chamado de "filho de José" (1:45; 6:42); quatro vezes o "único Filho" (1:14, 18, 3:16, 18); oito vezes o "Filho de Deus" (1:34; 3:18; 5:25; 10:36; 11:4, 27; 19:7; 20:31); treze vezes o "Filho do Homem" (1:51; 3:13, 14; 5:27; 6:27, 53, 62; 8:28; 9:35; 12:23, 34 [2x]; 13:31); e dezoito vezes "o Filho" (3:16, 17, 35, 36 [2x]; 5:19 [2x], 20, 21, 22, 23 [2x], 26; 6:40; 8:36; 14:13; 17:1 [2x]).

A introdução do Evangelho de João refere-se a Jesus como o *monogenēs* ou "Filho unigênito" do Pai (1:14) e enfatiza seu relacionamento único com Ele (1:18). O principal uso de *monogenēs* no AT é "filho único". Ser filho único torna uma criança particularmente especial para seus pais. Portanto, a LXX frequentemente usa *agapētos* ("amado") em vez de *monogenēs*. Em Gn 22:2, 12 e 16, Isaque é chamado de "o único filho" de Abraão (Hb *yahid*), apesar do fato de que o patriarca já havia gerado Ismael. *Monogenēs*, portanto, significa com toda a probabilidade, não "unigênito", mas filho "único" (ou seja, único ou muito especial).

As referências a Jesus como o Filho de Deus são mais prevalentes no Evangelho de João do que nos Sinóticos. A confissão inicial de Natanael, a identificação de Jesus como o Filho de Deus pelo evangelista e a primeira autorreferência de Jesus em 5:25 preparam o terreno para a controvérsia cristológica que domina toda a primeira metade do evangelho, focada na questão de saber se Jesus é o Messias e Filho de Deus (cf. 10:36; 11:4, 27).

Enquanto as autoridades judaicas negam que essa seja a verdadeira identidade de Jesus (19:7), a declaração de propósito em João identifica Jesus como o Messias e Filho de Deus (20:31).

João afirma inequivocamente que a Palavra se tornou carne no Filho e Deus Pai são ambos igualmente Deus. Assim, Jesus pode dizer: "O Pai e Eu somos um" (10:30). Ao mesmo tempo, Jesus, sendo Ele mesmo Deus, mantém uma relação com Deus (Yahweh) que pode ser descrita como a de um Filho (que é "enviado") para um Pai ("o que enviou").

Deus não enviou seu Filho ao mundo para que condenasse o mundo (3:17): Essa passagem está pelo menos em aparente contradição com 5:27 e 9:39, que indicam que Jesus veio com o propósito de julgamento. No entanto, a provisão de salvação para todos os que creem implica que Jesus traz julgamento para aqueles que não creem. Além disso, embora "o propósito da vinda de Cristo fosse redentor... quando sua obra salvadora é rejeitada, o resultado é o julgamento. Mesmo que o julgamento resulte da incredulidade, o julgamento condenatório não era o propósito da encarnação" (Laney 1992, p. 82). Por essa razão, as passagens não se contradizem porque o sentido de *krinō* ("julgar") no contexto da presente passagem é fortemente negativo ("condenar"), enquanto em 5:27 e 9:39 é neutro (Carson 1991, p. 207).

As pessoas amaram mais as trevas do que a luz (3:19): Aqui, "luz" e "trevas" têm conotações morais claras, fundamentando a rejeição de Jesus pelo mundo na depravação humana, que é o resultado da queda (Gn 3; Rm 1:18-32). A partir dessa perspectiva, o pecado (incluindo o fracasso das pessoas em reconhecer o Messias de Deus) é irracional e autodestrutivo. Todas as pessoas, incluindo os judeus, são apresentadas como escravas do pecado e da cegueira espiritual, recusando-se a enfrentar sua culpa e preferindo suprimir a verdade (Jo 8:31-59; 9:39-41; cf. Mt 21:33-46 paralelos; At 7).

Alguns têm questionado o versículo 19 em vista da religiosidade penetrante que tem caracterizado a humanidade ao longo da história e as porções da Bíblia que falam sobre um conhecimento de Deus que pode ser percebido ao observar a criação (Rm 1:19-20). Historicamente, os teólogos cristãos se referem a isso como revelação geral (em contraste com a revelação especial). João não está negando um conhecimento universal de Deus no sentido geral. O problema que João está abordando aqui não é que as pessoas falham em acreditar ou desejar um ser que as transcenda, mas que as pessoas, deixadas por conta própria, não desejam se desviar de seus maus caminhos ("trevas") para o verdadeiro Deus ("luz").

João 3:22-24

João também estava batizando em Enom perto de Salim (3:23): A localização de Enom perto de Salim é contestada. Os dois locais principais que foram sugeridos ficam em Samaria: um é o Salim, cerca de 13 quilômetros a sudeste de Bete Sean (Scitópolis); outro é o Salim pouco mais de seis quilômetros a sudeste de Siquém, mais ao sul. A presença de uma cidade (conhecida desde os primeiros tempos) chamada Sâlim no último local e da moderna 'Ainûn, cerca de 13 quilômetros a nordeste de Sâlim, parece favorecer o segundo local. Além disso, este segundo local está mais ao sul e, portanto, parece mais coerente com os marcadores geográficos de 3:22 e 4:3. Em ambos os casos, assumindo que a reconstrução de "Betânia além do Jordão" em 1:28 esteja correta, João teria se mudado para o sul nessa época.

João 4:1-9

Ele teve que passar por Samaria [...] a uma cidade [...] chamada Sicar (4:4-5): Alguns argumentam que João demonstra ignorância geográfica quando indica que Jesus "teve de passar por Samaria". No entanto, "tinha que" (*edei*) pode indicar necessidade divina em vez de geográfica; a passagem de Jesus por Samaria foi de acordo com o plano e a vontade de Deus (cf. 9:4; 10:16; 12:34; 20:9). Keener está correto quando escreve: "Devido ao uso de *dei* por João em outro lugar (especialmente em 3:14, 30; 9:4; 10:16; 12:34; 20:9), a 'necessidade' que compeliu Jesus a tomar essa rota foi provavelmente a sua missão" (2003, p. 590). No entanto, viajar por Samaria também era fortemente sugerido geograficamente (cf. Lc 9:51-55).

Portanto, os viajantes que iam da Judeia à Galileia normalmente passavam por Samaria (veja Josefo, *Antiguidades* 20.6.1 §118; cf. *Guerras Judaicas* 2.12.1 §232; *Vida de Josefo* 52 §269).

Como João é o primeiro autor antigo a mencionar Sicar, alguns argumentam que a cidade nunca existiu. Apesar das alegações desses críticos, a pequena cidade provavelmente estivesse localizada no local da moderna 'Askar, cerca de três quilômetros a leste de Nablus, centralmente situada a leste do monte Gerizim e do monte Ebal. 'Askar também poderia ser o ên Soker mencionado na Mishná (*m. Menahot* 10.2; veja Avi-Yonah 1964:140). Uma identificação de Sicar com a bíblica Siquém (a cerca de um quilômetro de 'Askar) é improvável, considerando que Siquém provavelmente foi destruída em 128 a.C. (ou pelo menos antes de 107 a.C.) pelo sumo sacerdote asmoneu João Hircano I (Josefo, *Guerras judaicas* 1.2. 6 §63; *Antiguidades* 13.9.1 §§255-56). Após a conquista de Jerusalém pelo general romano Pompeu (63 a.C.), Sicar aparentemente substituiu Siquém como a cidade samaritana mais importante.

Uma mulher da Samaria veio tirar água. "Dá-me de beber", pediu-lhe Jesus (4:7-8): Os críticos dizem que o pedido de Jesus para que a mulher lhe desse um copo d'água teria sido uma atitude chauvinista. No entanto, o próprio texto não indica o motivo de Jesus fazer o pedido. Ele poderia estar tentando estabelecer uma conversa com a mulher ou talvez simplesmente precisasse de um recipiente para tirar a água. Além disso, poderia ter sido um costume que as mulheres servissem aos homens daquela maneira. Certamente a mulher não mostra nenhum sinal de ter se sentido ofendida. Possivelmente ela foi até honrada (v. 9). De qualquer forma, a acusação de chauvinismo por parte de Jesus não tem base no texto ou no contexto da passagem.

Como sendo tu, judeu, pedes de beber a mim, uma mulher samaritana? (4:9): Judeus e samaritanos eram geralmente antagônicos entre si. Isso explica por que a mulher samaritana fica surpresa quando Jesus lhe pede de beber. A mulher samaritana fica admirada por Jesus usar uma vasilha manuseada por um samaritano porque isso o contaminaria, levando em conta que os judeus consideravam os samaritanos "impuros". Além disso, ao pedir de beber a uma mulher que tinha vindo sozinha ao poço e ao fato de o próprio Jesus estar sozinho (veja v. 8), Ele teria saído fora dos limites da piedade judaica. Ao tomar a iniciativa, Jesus se expôs à acusação de agir de maneira galanteadora, uma vez que os homens nessa cultura geralmente não falavam com as mulheres em público (Borchert 1996, p. 202). Além disso, o fato de que Isaque e as futuras esposas de Jacó foram encontradas em poços (Gn 24:17; 29:10) criou o tipo de precedente que teria feito com que judeus devotos desconfiassem de se gastar muito tempo conversando com mulheres em poços. (Veja mais comentários sobre 4:27 adiante.)

João 4:24-27

Deus é espírito, e aqueles que o adoram devem adorá-lo em espírito e em verdade (4:24): Se Deus é espírito, o que dizer de todos os versículos em que Deus aparece corporalmente, como em Gn 3, onde Deus caminha no jardim? Essa passagem é consistente com todo o testemunho da Escritura em identificar Deus como um ser espiritual e não material (e.g., Is 31:3; Ez 11:19-20; 36:26-27). Porque Deus é espírito, os israelitas não deveriam fazer ídolos "na forma de qualquer coisa" como faziam as nações vizinhas (Êx 20:4). No entanto, isso não deve ser visto como uma contradição com antropomorfismos (retratando Deus em termos humanos), a encarnação (Deus tornando-se carne) ou teofanias (aparições divinas).

Parte dessa aparente contradição é resolvida quando a linguagem literal e a linguagem metafórica são devidamente distinguidas. John Frame explica isso ao escrever: "A Bíblia frequentemente fala de Deus como se Ele fosse um homem, não apenas usando imagens que o descrevem como rei, pastor, pai e juiz, mas também falando de Deus como caminhar (Gn 3:8), cheirar um aroma (Gn 8:21) etc. A Escritura também atribui partes do corpo a Deus, incluindo braços (Nm 11:23), mãos (Sl 111:7), boca (Dt 8:3) e olhos (Dt 11:12). As Escrituras descrevem Deus não apenas como um homem, mas também como animais e objetos inanimados. Mas todas as imagens criadas refletem a natureza de Deus. Então o uso de tal linguagem não é necessariamente inapropriada. Podemos falar antropomorficamente de Deus, porque Ele teomorfizou o homem" (ou seja, criou o homem à sua imagem; Frame 2002, p. 366-67).

Além disso, embora Deus seja espírito, isso não significa que Ele seja incapaz de se revelar em outras formas quando assim o desejar. Ele controla o universo. Portanto, pode, e aparece dentro de sua criação na forma que deseja.

"Eu sou Ele", Jesus lhe revelou, "aquele que fala com você" (4:26): Nessa passagem, Jesus parece ser mais franco sobre ser o Messias com essa mulher samaritana do que com os líderes religiosos judeus. Jesus é geralmente mostrado como relutante em se identificar publicamente como o Messias para as autoridades religiosas judaicas ou os judeus em geral. Pelo menos em parte, isso provavelmente está relacionado aos tons nacionalistas frequentemente associado ao termo "Messias" entre os judeus, que Jesus procurou evitar (Brown 1966, p. 173; cf. Morris 1995, p. 241). Nesse caso, Jesus aparentemente não teve a mesma hesitação ao falar com a samaritana porque, para ela, o Messias não estaria associado às mesmas expectativas nacionalistas dos judeus. Além disso, essa foi uma conversa particular, não um dos debates altamente públicos em que Jesus se envolveu com os líderes religiosos em outras ocasiões.

Admiraram-se de que estivesse falando com uma mulher (4:27): Os discípulos de Jesus ficaram chocados ao encontrar seu Mestre conversando com uma mulher (Seim 1987, p 59). Como Neyrey observa: "Já seria ruim o suficiente que uma mulher estivesse conversando com um homem que não fosse seu parente em um local público em uma hora incomum. Pior, o leitor é informado de que ela considerou o item mais significativo naquela conversa as observações de Jesus sobre seu comportamento sexual desavergonhado" (1994, p. 82; cf. Pazdan 1987, p. 148).

Alguns rabinos (como Yose ben Yohanan; veja Goldin 1980, p. 41-61) afirmavam que falar muito com uma mulher, mesmo com a própria esposa, era uma perda de tempo, distraindo a atenção do estudo da Torá. Sustentava-se que esse hábito poderia se tornar um grande mal, levando até mesmo ao inferno (*m. 'Abot* 1.5). Consequentemente, alguns rabinos ensinavam que era tão impróprio fornecer à filha o conhecimento da Torá quanto vendê-la para a prostituição (*m. Sotah* 3.4; atribuído ao rabino Eliezer [c. 90-130 d.C.]).

Jesus, entretanto, quebrou o preconceito de seus colegas rabinos ao tratar aquela mulher, como o fez em outras situações (veja 7:53-8:11; 11:17-40; Lc 7:36-50; 8:2 - 3; 10:38-42). Isso indica a importância que Ele deu a cada indivíduo como sendo criado à imagem de Deus e necessitado de salvação, independentemente de origem étnica, raça ou sexo. No presente caso, também mostra que Jesus afirmou o significado histórico-salvífico de estender as boas-novas além dos judeus aos samaritanos e aos gentios porque ele era o "Salvador do mundo" (4:42).

João 4:39-54

Pediram-lhe que ficasse com eles, e Ele ficou lá dois dias (4:40): A franqueza de Jesus aqui para com os samaritanos representa um problema potencial quando lida contra o relato sinótico de Jesus proibindo os discípulos de entrar em qualquer cidade samaritana (Mt 10:56). No entanto, há uma clara diferença entre Jesus ser acompanhado pelos discípulos a uma cidade samaritana e Jesus proibir seus discípulos de irem sozinhos naquilo que pode ser descrito como uma "missão de treinamento". Se os discípulos pensassem que deveriam ir aos samaritanos porque viram Jesus fazê-lo na presente ocasião, Jesus os teria instruído de que essa não era sua responsabilidade naquele momento (Mt 10:5-6). Carson sugere: "[Os] Doze ainda eram muito imaturos para tentar o evangelismo transcultural de pessoas que aceitariam apenas quando o tapete de boas-vindas fosse estendido: cf. Lc 9:52-56, em que pelo menos alguns discípulos estavam ansiosos por clamar fogo do céu sobre outra cidade samaritana que fechou as suas portas contra Jesus e os seus seguidores" (1991, p. 239-40).

Historicamente, a missão samaritana de Jesus pode antecipar o esforço da igreja primitiva em evangelizar esse grupo. Teologicamente, João pode tentar mostrar que a missão samaritana da igreja primitiva foi modelada segundo o próprio ministério de Jesus (cf. At 1:8; 8:4-25). O padrão de ministério de Jesus em João coincide com o da missão da igreja primitiva (At 1:8): primeiro Jerusalém e Judeia (cap. 3: Nicodemos; veja também v. 22); depois Samaria (cap. 4); a seguir os gentios (4:46-54: o oficial real provavelmente era um gentio; veja também 10:16; 11:52; 12:20-32).

***A cura do filho de um oficial nos Sinóticos e João* (4:43-54):** As semelhanças entre esse episódio e Mt 8:5-13 // Lc 7:1-10 levaram alguns a concluir que essa passagem em João contradiz os relatos Sinóticos do mesmo evento. No entanto, existem diferenças significativas que tornam provável que sejam dois incidentes totalmente separados. Primeiro, a história sinótica ocorre em Cafarnaum, enquanto a de João ocorre em Caná. Em segundo lugar, no relato sinótico, Jesus cura o servo de um gentio romano, mas no relato de João a identidade étnica e nacional do oficial não é especificada (embora ele provavelmente também fosse um gentio; veja a nota em 4:40 explicada anteriormente). Terceiro, nos Sinóticos, o centurião declara-se indigno de receber Jesus em sua casa. Em João, o oficial implora a Jesus que o faça. Quarto e finalmente, a resposta de Jesus ao oficial em João é mais negativa do que sua resposta ao centurião nos Sinóticos (Carson 1991, p. 234). (Veja mais comentários em Mt 8:5-13 e Lc 7:2-10.)

A menos que vocês vejam sinais e maravilhas, vocês não acreditarão (4:48): A resposta de Jesus ao oficial real seria insensível? Afinal, o homem estava preocupado com a vida de seu filho e acabava de pedir a Jesus que salvasse a vida do menino, e a resposta imediata de Jesus parece ignorar o estado do filho e, em vez disso, atender à fome da multidão por sinais vistosos. (Veja mais comentários em Mt 8:5-13 e Lc 7:2-10.)

Em vez de se mostrar insensível, a réplica de Jesus revela que as primeiras "boas-vindas" do povo (4:45) foram superficiais e baseadas principalmente na capacidade de operar milagres de Jesus (cf. 2:23-25). O uso de Jesus do plural "vocês" indica que sua resposta inicial ao oficial não foi dirigida apenas àquele homem, mas à multidão, cujas motivações podem ter divergido significativamente daquelas do oficial. De qualquer forma, Jesus tratou o oficial como um representante da resposta baseada em sinais pedida pelos galileus a Ele. As palavras de Jesus devem ser entendidas como destinadas a desafiar esse pai desesperado e preocupado (e, por extensão, toda a multidão) a ir além do interesse próprio e a reconhecer Jesus como mais do que um curador e operador de milagres. Em essência, Jesus está chamando os galileus para reconhecer sua verdadeira identidade (Ridderbos 1997, p. 176; observe desafios semelhantes em 2:4; 11:23-24; veja Schnackenburg 1990, 1:468). Isso, por sua vez, é parte integrante do motivo dos "sinais" joaninos como um todo, pois João consistentemente desvia a atenção do componente milagroso dos sinais para sua função de revelar a verdadeira identidade messiânica de Jesus (veja esp. 20:30- 31).

JOÃO 5:1-15

Junto à Porta das Ovelhas em Jerusalém havia um tanque chamado Betesda, em hebraico (5:2): Embora alguns tenham duvidado da historicidade do tanque de Betesda, as escavações provaram sua existência (veja Dunn 1991, p. 299; cf. Keener 2003, p. 646). O *Pergaminho de Cobre* de Qumran também pode demonstrar a historicidade de tal tanque: "Em Beth ha-Ashuhin [Betesda?], na entrada do tanque [está] o tanque de água menor" (3Q15 11.12-13). Localizado perto da Igreja de Santa Ana, no bairro nordeste da Cidade Velha (perto do "Portão das Ovelhas" de Neemias), havia dois tanques cercados por quatro colunatas cobertas em um trapézio tosco, com uma quinta colunata separando os dois tanques.

Alguns têm argumentado que a forma do tempo presente *estin* ("é") em 5:2 indica uma data anterior a 70 d.C. para a composição do evangelho, uma vez que o portão provavelmente foi destruído durante os eventos de 66-70. Isso, no entanto, provavelmente conclui muito do tempo presente (veja Blomberg 2002, p. 43; Carson 1991, p. 241; Bultmann 1971, p. 240n4; contra Wallace 1990, p. 197-205). João às vezes usa o tempo presente para se referir a eventos passados (e.g., 10:8; 19:40), que é frequentemente referido como o "presente histórico" (veja a interação em Köstenberger 2004a, p. 177-78).

Como mencionado na Introdução, que João muito provavelmente escreveu o seu Evangelho no contexto da missão gentia cristã (e.g., 20:30-31), o surgimento do pensamento gnóstico primitivo, e talvez o fato mais importante, a destruição do templo de Jerusalém em 70 d.C., um acontecimento traumático que deixou o judaísmo num vazio nacional e religioso e fez com que os judeus procurassem formas de continuar o seu culto ritual (Köstenberger 2009, p. 60-67). João aproveita a oportunidade para o evangelismo (dos judeus) e apresenta Jesus como substituto do templo (2:18-22; cf. 1:14; 4:21-24) e como o cumprimento do simbolismo inerente aos festivais judeus (veja Hoskins 2007; Draper 1997, p. 264-65). Essa reconstrução torna mais provável que o evangelho tenha sido escrito depois de 70 d.C. Se a confissão de Tomé de Jesus como "meu Senhor e meu Deus" se destina a trazer à mente o culto ao imperador sob Domiciano (81-96 d.C.), uma data após 81 d.C. parece mais provável.

Problema textual entre colchetes nos versículos 3-4: O final do versículo 3 e todo o versículo 4 são claramente inautênticos. Isso é indicado pela atestação externa pobre e pela presença de até sete palavras não joaninas nessa única frase (Brown 1966, p. 207). É provável que os versículos 3b-4 tenham sido adicionados como comentários marginais, ecoando a crença popular sobre o motivo do movimento da água.

O versículo 7, que não está em questão, indica que as águas se moviam ocasionalmente. O poder miraculoso associado ao tanque de Betesda parece refletir uma crença supersticiosa tolerada pelo judaísmo oficial como uma concessão ao sentimento popular, uma vez que os santuários de cura eram característicos de cultos pagãos, não do judaísmo tradicional. Os dois tanques podem ter sido alimentados por fontes recorrentes, o que causava a movimentação da água (Carson 1991, p. 242).

Hoje é sábado! É ilegal você carregar sua maca (5:10): Aqui, a principal objeção dos líderes judeus era que a lei supostamente proibia o homem de carregar sua maca no sábado e, portanto, Jesus estava induzindo alguém a quebrar a lei (Bultmann 1971, p. 243; Brown 1966, 208). O AT proibia o trabalho no sábado, e é provável que os líderes judeus tivessem em mente passagens como Êx 31:12-17; Ne 13:15-19; e Jr 17:21-27. No entanto, o homem não quebrou nenhum regulamento bíblico do sábado. A Mishná proibia 39 classes de trabalho, incluindo carregar um objeto "de um lugar para outro" (*m. Shabbat* 7.2; no presente caso, a maca do homem). Evidentemente, a opinião rabínica predominante permitia que uma cama fosse carregada com uma pessoa deitada nela, mas não uma que estivesse vazia (*m. Shabbat* 10.5).

Não peque mais, para que não lhe aconteça coisa pior (5:14): Jesus parece sugerir aqui que, pelo menos em alguns casos, a doença poderia ser resultado do pecado. A sintaxe do versículo enfatiza a urgência da situação e conecta as frases "não peque" e "algo pior pode acontecer com você" com a mensagem de que o que acontecera com o homem fora causado pelo comportamento pecaminoso que ele deveria parar de ter. Muitos dos contemporâneos judeus de Jesus acreditavam que o sofrimento era resultado direto do pecado (cf. 9:2). Expresso já pelos "deploráveis conselheiros" no livro de Jó, a literatura rabínica enuncia o princípio da seguinte forma: "Não há morte sem pecado, e não há sofrimento sem iniquidade" (*b. Shabbat* 55a, com referência a Ez 18:20). Esse entendimento se encaixa bem com outras passagens do NT onde algum sofrimento é visto como resultado de um pecado específico (e.g., At 5:1-11; 1Co 11:30; 1Jo 5:16).

Não se segue, porém, que toda doença ou tragédia seja consequência de um pecado particular. O AT apresenta vários casos em que o sofrimento claramente não é resultado do pecado (e.g., 2Sm 4:4; 1Rs 14:4; 2Rs 13:14). Jesus também rejeitou explicações excessivamente simplistas de causa e efeito (cf. Jo 9:3; Lc 13:1-5). Carson (1991, p. 246) se encaixa bem no ensino de Jesus dentro de uma estrutura bíblica mais ampla:

... toda doença é resultado do pecado, mas não necessariamente de algum pecado individual específico... Embora o sofrimento e a doença tenham essa profunda conexão teológica com o pecado em geral, e mesmo que João em outro lugar insista que uma doença específica não é *necessariamente* o resultado de um pecado em particular (9:3), não há nada nisso que exclua a possibilidade de que *algumas* doenças sejam o resultado *direto* das consequências de pecados *específicos*. E essa é a leitura mais natural deste versículo.

João 5:16-23

Os judeus começaram a buscar ainda mais matá-lo (5:18): Esse versículo levanta questões sobre as expectativas judaicas do primeiro século em relação à vinda do Messias. Alguns reagiam negativamente às afirmações de Jesus não apenas porque Ele não era o tipo de Messias que eles esperavam, mas, como evidenciado por esse versículo, porque Ele estava "se fazendo igual a Deus" (v. 18). Essa reação é compreensível no contexto do estrito monoteísmo do povo judeu, uma convicção firmemente fundamentada no Shemá: "Ouve, Israel: o Senhor nosso Deus é o único Senhor" (Dt 6:4). Os dois primeiros mandamentos do Decálogo proíbem os israelitas de adorar quaisquer outros deuses além de Yahweh (Êx 20:2-6; Dt 5:6-10). Como observa R. Bauckham, "o judaísmo era a única entre as religiões do mundo romano que exigia a adoração exclusiva de seu Deus. O monoteísmo judaico era definido por sua adesão ao primeiro e segundo mandamentos" (*ABD* 3:816; veja também Bauckham 1998a; p. 2008).

Ao longo das Escrituras Hebraicas, é esse Deus único que manifesta seu caráter e atua na história humana tanto em termos de redenção quanto de revelação. Isso inclui eventos seminais como o êxodo (Êx 20:2; Dt 4:32-39; Is 43:15-17), a entrega da Lei e os exílios assírio e babilônico. Esse Deus é o Criador e único Governante soberano de todas as coisas (e.g., Is 43:11; 44:6; 45:5-6, 14, 18, 21-22; 46:9). A crença e a adoração de um único Deus separa Israel das crenças e práticas politeístas de seus vizinhos pagãos (e.g., Tácito, *Historiae* 5 §5: "os judeus concebem um só Deus"). Enquanto os judeus haviam recaído na adoração de outras divindades no período anterior aos exílios, o judaísmo pós-exílico, incluindo o do primeiro século d.C., estava comprometido com o monoteísmo e a monolatria.

Como Christopher Wright (2006, p. 105) observa apropriadamente, a fé no único Deus ancorava "a cosmovisão teocêntrica e monoteísta dos judeus do primeiro século" e constituía "a suposta base de Jesus e de todos os seus primeiros seguidores". "Esse Deus", continua Wright, "foi reconhecido então por Israel, seu povo da aliança. Mas o Deus de Israel também era o Deus universal a quem todas as nações, reis e até os imperadores devem finalmente se submeter. Tendo em vista o contexto judaico do Evangelho de João e a crença judaica no monoteísmo, é evidente que uma afirmação de divindade por qualquer pessoa teria sido ferozmente contestada pelos judeus piedosos do primeiro século. João 5:18 e várias outras passagens no Evangelho de João (e.g., 8:59; 10:31-33; cf. 11:8) sugerem que isso é de fato o que ocorreu quando os contemporâneos judeus de Jesus repetidamente tentaram apedrejá-lo por blasfêmia. Além disso, no julgamento de Jesus perante Pilatos, os judeus, depois de inicialmente insinuar que Jesus era uma ameaça política ao poder imperial romano (veja, e.g., 18:33-34), finalmente insistiram que Jesus "deveria morrer, porque Ele fez de si mesmo o Filho de Deus" (19:7). Assim, Jesus morreu antes de tudo porque afirmava ser Deus (cf. Mt 26:65).

O Filho não pode fazer nada por si mesmo, mas apenas o que vê o Pai fazer (5:19): Em vista da resposta de Jesus em 5:19, pode-se perguntar como o Filho pode ser totalmente divino se só pode imitar o Pai. Quebrar o sábado era uma ofensa séria, mas tornar-se igual a Deus "era desafiar a distinção fundamental entre o Deus santo e infinito e os seres humanos finitos e caídos" (Carson 1991, p. 249). Em resposta aos judeus, Jesus afirma que Ele, embora igual a Deus, é funcionalmente subordinado a Ele como um filho é a seu pai (Morris 1995, p. 277; Borchert 1996, p. 236; Carson 1991, p. 250; cf. N. T. Wright 1986). "Não fazer nada por sua própria autoridade" é uma expressão joanina frequente, enfatizando a confiança e obediência de Jesus ao Pai "que o enviou". Em resposta à acusação de blasfêmia e sem negar sua coeternidade com o Pai, Jesus destacou sua subordinação ao Pai.

O Filho também dá vida a quem Ele quer (5:21): Na literatura do AT e do Segundo Templo, somente Deus tem a prerrogativa de ressuscitar os mortos e dar vida. Por exemplo, em 2Rs 5:7, a suposição é que somente Deus pode matar e trazer de volta à vida quando a pergunta é feita: "Sou Eu Deus, matando e vivificando... ?" O rabino Yohanan, na literatura judaica posterior, descreve as três chaves as quais Deus não confiou a seus representantes: a chave da chuva (cf. Dt 28:12), a chave do útero (cf. Gn 30:22) e a chave da ressurreição dos mortos (cf. Ez 37:13; Carson 1991, p. 254; *SB* 1:523-524, 737, 895). Como os contemporâneos de Jesus não acreditavam que o Messias seria divino (veja os comentários em 5:18) ou receberia autoridade para ressuscitar os mortos, a reação deles a Jesus é compreensível. Embora Elias às vezes fosse considerado uma exceção porque foi usado por Deus para ressuscitar os mortos, a afirmação de Jesus é muito mais ousada no sentido de que Ele declarou não apenas ser o instrumento de Deus para ressuscitar as pessoas dentre os mortos, mas também dar a vida *a quem Ele tem prazer em dá-la*. As implicações são bastante claras: Jesus estava afirmando possuir as prerrogativas de Deus.

O Pai, de fato, não julga ninguém, mas deu todo o julgamento ao Filho (5:22): Esse versículo corresponde bem às implicações dos versículos anteriores sobre a identidade divina de Jesus. No AT, assim como ressuscitar os mortos era prerrogativa unicamente de Deus, da mesma forma também era o juízo. Além disso, na literatura do Segundo Templo, embora o Messias iria desempenhar um papel no julgamento, Ele permanece em segundo plano, além de realizar o julgamento de Deus sobre os inimigos nacionais dos judeus (cf. *Salmos de Salomão* 17:21-27). Os escritos rabínicos também atribuem julgar o mundo somente a Deus. Para uma explicação de como esse versículo pode ser enquadrado com passagens onde Jesus indica que Ele não julga (e.g., Jo 8:15; 12:47 e Lc 12:14), veja os comentários em 3:17.

João 5:24-30

Aqueles que tiverem feito coisas boas, para a ressurreição da vida, mas os que tiverem feito coisas más, para a ressurreição do juízo (5:29): A futura divisão dos mortos descrita nesses versículos ocorrerá com base no que as pessoas "fizeram". Porque o acreditar muitas vezes se mostra insincero (e.g., 2:23-25), uma pessoa deve ser julgada pelo que ela faz, não apenas pelo que ela diz. Isso não é equivalente à salvação pelas obras. Afinal, mais adiante em João, Jesus insiste: "*A obra de Deus* é esta: que *creiais* naquele que Ele enviou" (6:29). Não apenas crer é o único requisito para a salvação em João, mas crer em si mesmo é considerado a "obra de Deus", isto é, no *duplo sentido* joanino característico, tanto a obra feita *para* Deus (genitivo objetivo) quanto a *obra feita pelo próprio Deus* (genitivo subjetivo). No Evangelho de João, quem fez o bem é o que veio para a luz (cf. 3:21), ao passo que quem pratica o mal o faz porque ama as trevas (cf. 3:19). Portanto, enquanto as obras não são a *base* para a salvação, a vida que alguém vive é "o teste da fé que ele professa" (Morris 1995, p. 285).

João 5:31-47

Se eu testifico de mim mesmo, meu testemunho não é válido (5:31): Em 8:14, em resposta à afirmação dos fariseus de que seu testemunho era inválido porque Ele estava testificando de si mesmo, Jesus responde: "Ainda que Eu testifique de mim mesmo... Meu testemunho é válido, pois sei de onde vim e para onde vou. Mas vocês não sabem de onde venho nem para onde vou". Embora superficialmente isso possa parecer contradizer a declaração atual de Jesus, na verdade não há nenhum problema real uma vez que o contexto de cada versículo é levado em consideração.

Em 5:31, Jesus não indica que Ele realmente testemunhará sobre si mesmo; Ele está simplesmente afirmando uma suposição para comentá-la (Wallace 1996, p. 471). Em outras palavras, Jesus está afirmando que se tudo o que Ele tivesse fossem suas próprias reivindicações, isso seria insuficiente (Carson 1991, p. 259; Morris 1995, p. 287n95). Ele não iria "posar como uma autoridade independente e autenticada por si mesmo" (Barrett 1978, p. 264), porque isso o deixaria aberto à acusação de ter seus próprios interesses em mente (Bultmann 1971, p. 263). Portanto, nos versículos seguintes (5:31-47) Jesus enumera várias testemunhas corroborantes (Brown 1966, p. 340; Bultmann 1971, p. 279).

Em 8:14, Jesus está respondendo ao ponto principal dos fariseus no versículo anterior, que é Ele não estar aderindo ao procedimento legal padrão (Morris 1995, p. 390). A lei do AT exigia várias testemunhas em casos capitais e outros crimes (Nm 35:30; Dt 17:6; 19:15). A legislação judaica posterior adotou o princípio e o aplicou a outras situações legais (*m. Ketubbot* 2.9; cf. m. *Rosh Hashaná,* 3.1).

Em 5:31, Jesus já afirmou a importância das testemunhas. Em 8:14, Jesus afirma a aceitabilidade de seu testemunho, embora mais tarde Ele novamente indique sua concordância com a lei judaica (cf. 8:17; veja Ridderbos 1997, p. 294; cf. Morris 1995, p. 390-91; Pancaro 1975, p. 264-65). Jesus baseia a aceitabilidade de seu testemunho em sua origem e destino. Uma vez que, em última análise, vem do Pai, Ele é capaz de verificar a legitimidade de suas palavras. Como Schnackenburg (1990, 2:192-93) aponta: "Palavras que em um ser humano inevitavelmente pareceriam uma arrogância exagerada, não podem assumir outra forma na boca do revelador escatológico". Jesus não é limitado por mera condição de criatura, de modo que, consciente de sua verdadeira identidade e origem divina, Ele é capaz de dar um testemunho confiável (Barrett 1978, p. 338). Colocado de forma sucinta, Jesus testifica sobre si mesmo, e outras testemunhas — incluindo Deus Pai — confirmam seu testemunho (Carson 1991, p. 260; Beasley-Murray 1999, p. 78; Ridderbos 1997, p. 202).

Não recebo o testemunho de homem (5:34): Prevendo a necessidade de seu público de testemunhas regionais adicionais, Jesus se refere a "outro".

Os judeus inicialmente podem tomar isso como uma referência a João Batista (cf. 5:33-35; assim Crisóstomo, citado em Morris 1995, p. 288n96), mas Jesus está se referindo a Deus Pai (5:37), evitando o nome de Deus como é comum nos escritos judeus. Jesus não precisava do testemunho do Batista (5:34); aquele era para o povo (Carson 1991, p. 260; Bultmann 1971, p. 264-65). A questão não é que Jesus não aceitaria ou afirmaria o testemunho de qualquer pessoa a seu respeito. Por exemplo, Ele aceita prontamente a confissão de Pedro perto de Cesareia de Filipe (Mt 16:16). Ao contrário, em vista de 5:19-30, que destacou o conhecimento íntimo de Jesus sobre o Pai, Jesus está explicando que Ele não precisa ou aceita o testemunho humano para validar sua identidade porque Ele tem o testemunho de ninguém mais do que o próprio Deus.

Vocês não ouviram sua voz em nenhum momento e não viram sua forma (5:37): Nesse versículo, Jesus não está negando que no passado as pessoas ouviram a voz de Deus, viram o Senhor de uma forma ou de outra, ou tiveram a palavra de Deus vivendo nelas. Jesus estava plenamente ciente das figuras do AT que ouviram a voz de Deus, como Noé (Gn 7:1-4), Abraão (Gn 12:1-3), Moisés (Êx 3:4-4:17; 19:3-6, 9-13; 33:11), Samuel (1Sm 3:4, 6, 8, 11-14) e Elias (1Rs 19:13, 15-18). Ele também certamente sabia que Abraão (Gn 18:1-2), Jacó (Gn 32:24-30), Moisés (Êx 33:11) e Isaías (Is 6:1-5) todos "viram" o Senhor (veja Carson 1991, p. 62; Morris 1995, p. 291). Além disso, a linguagem de Jesus sobre a palavra de Deus remonta à descrição do AT de um indivíduo temente a Deus, como Josué (Js 1:8-9) e o salmista (Sl 119:11), como alguém que tem a Palavra de Deus habitando em seu coração.

Jesus não estava fazendo uma declaração universal (ou seja, ninguém jamais havia ouvido ou "visto" Deus em algum sentido), mas uma declaração dirigida aos ouvintes judeus que o rejeitavam. Ao contrário das figuras do AT que reconheceram a voz de Deus, esses judeus não discerniram a voz de Deus em Jesus e, ao contrário das pessoas do AT que viram a forma de Deus, esses judeus não perceberam Jesus como a manifestação de Deus. Ao contrário dos indivíduos tementes a Deus no AT, eles não esconderam a palavra de Deus em seu coração. Se eles tivessem sido como os patriarcas crentes, seus ancestrais, eles teriam aceitado Jesus em vez de rejeitá-lo (Ridderbos 1997, p. 204).

Não aceito a glória dos homens (5:41): O fato de Jesus não aceitar a "glória dos homens" não deve ser confundido com Ele aceitar a resposta apropriada (ou seja, adoração) para si mesmo. Aqui Jesus está antecipando a acusação de que Ele está agindo por interesse próprio. Portanto, Ele declara que não está buscando a aclamação humana (embora a mereça), em contraste com seus interrogadores (5:41; cf. 5:44; veja Carson 1991, p. 264) que são desprovidos de amor por Deus (não "amor de Deus"; veja Bultmann 1971, p. 269n2; Moloney 1998, p. 192) e cujo amor próprio os levou a rejeitar o Messias enviado por Deus (Carson 1991, p. 264). Os humanos louvarão a Jesus; no entanto, não será porque Ele procura agradar a homens pecadores, mas porque Ele busca como objetivo final trazer glória ao Pai.

Seu acusador é Moisés [...] porque ele escreveu sobre mim (5:45-46): No AT, Moisés serviu regularmente como mediador de Israel. Todavia, tanto o "Cântico de Moisés" quanto o Livro da Lei funcionam como testemunhas contra Israel (Dt 31:19, 21, 26; cf. Rm 3:19). Nos dias de Jesus, muitos judeus, de acordo com o retrato de Moisés no AT e na literatura do Segundo Templo, viam o papel de Moisés como o de mediador e advogado contínuo. Ironicamente, enquanto os judeus depositavam suas esperanças em Moisés (cf. 9:28-29), de acordo com Jesus, foi Moisés quem serviria como seu acusador.

Jesus pode dizer que os judeus colocaram sua esperança em Moisés e, ao mesmo tempo, acusá-los de não acreditarem em Moisés porque entenderam mal tanto Moisés quanto a lei. Em vez de ser um fim em si mesma, a lei pretendia apontar para Cristo (Carson 1991, p. 266). "Moisés... escreveu sobre mim" (v. 46; cf. 5:39) pode se referir aos primeiros cinco livros do AT (atribuídos a Moisés) ou à predição de um profeta como Moisés em Dt 18:15 ou ambos. "Mas se vocês não acreditam em seus escritos, como vocês acreditarão em minhas palavras?" refere-se ao fracasso dos judeus em compreender a verdadeira essência das Escrituras, incluindo sua orientação profética para Jesus (cf. Mt 5:17).

Embora os judeus em geral e até mesmo os próprios discípulos de Jesus antes da ressurreição não reconhecessem como as Escrituras do AT apontavam para Jesus, o Evangelho de João, assim como o restante do NT, testifica a trajetória das passagens do AT apontando para e culminando em Jesus. No entanto, mesmo os próprios discípulos de Jesus não viram a orientação profética de muitas das Escrituras até depois da ressurreição e do dom do Espírito Santo (e.g., Jo 12:16; 20:9). Embora esses elementos proféticos fossem muitas vezes mal compreendidos, eles estavam contidos nos próprios textos do AT (veja Carson 2004, p. 393-436).

João 6:1-15

Então Jesus tomou os pães, e [...] distribuiu-os aos que estavam assentados, assim também fez com os peixes, tanto quanto quiseram (6:11): Embora a palavra "milagre" não seja especificamente usada na passagem, é claramente uma palavra adequada para descrever o que Jesus fez. Havia cerca de cinco mil homens (presumivelmente chefes de família; Moloney 1998, p. 200). Além disso, estavam ali mulheres e crianças (cf. Mt 14:21; vale relembrar a presença de um menino que trazia consigo seu almoço em Jo 6:9). O número total pode ter chegado até 20 mil pessoas, e Jesus alimentou a todos com apenas cinco pães e dois peixes.

Os céticos que tentam argumentar que Jesus simplesmente inspirou uma atitude de amor entre as pessoas, levando-as a compartilhar sua comida umas com as outras, falham em ler o texto com atenção. Esse tipo de interpretação naturalista provavelmente é causado por um viés contra o sobrenatural. A tradução mais natural do texto é que Jesus milagrosamente multiplicou a comida para alimentar a grande multidão, razão pela qual o povo respondeu declarando Jesus um profeta e tinha a intenção de torná-lo rei. Os relatos paralelos nos Sinóticos (Mt 14:13-21; Mc 6:30-44; Lc 9:10-17) entendem que a multiplicação do alimento também é um milagre e, portanto, também tornam altamente improvável qualquer tipo de explicação natural desse evento. Além disso, há também o precedente do AT de Eliseu alimentando 100 homens com 20 pães de cevada e algumas espigas (2Rs 4:42-44). Fica bastante claro que João deseja que o leitor entenda o presente relato tendo como pano de fundo o evento relatado no AT. Isso é indicado pelo uso da palavra *paidarion* (menino) em Jo 6:9 (sua única ocorrência no NT) e várias vezes na LXX da passagem de 2Reis (referindo-se ali ao servo de Eliseu); a menção da cevada; e o modo geral da narração, incluindo uma questão de descrença, a ordem de distribuir os pães e o fato de que todos comeram com sobras de comida. (Veja os comentários adicionais em Mt 14:15-21 e Lc 9:13.)

João 6:16-21

***Jesus caminha sobre as águas* (6:16-21):** O relato de Jesus caminhando sobre as águas também é encontrado em dois dos Evangelhos Sinóticos (Mt 14:22-33; Mc 6:45-52). Ao comparar os diferentes relatos desse evento, a primeira questão que surge é se Jo 6:17 (e Mt 14:23) contradiz ou não Mc 6:45, que mostra os discípulos partindo para Betsaida em vez de Cafarnaum. Parece que, do local onde ocorreu a alimentação dos cinco mil, "para o outro lado" significa a margem oeste, e é ali que o barco atracou (Genesaré; cf. Mc 6:53; Mt 14:34). Aqui João fornece o nome da cidade, Cafarnaum. A aparente contradição é que Mc 6:45 indica que Jesus enviou seus discípulos "à frente para o outro lado, para Betsaida, enquanto Ele despedia a multidão" (Carson 2010, p. 292-93).

Uma solução atrativa para essa dificuldade é que Jesus tenha enviado seus discípulos para o outro lado do lago, no entanto os instruiu a esperar na margem oriental apenas por um tempo limitado. Isso explicaria por que Ele não foi ao encontro deles senão até a quarta vigília (Mt 14:25; algum tempo depois das 3 da manhã), quando Jesus caminhou sobre as águas. Carson sugere que a sintaxe diferente nos dois relatos Sinóticos desse evento dá suporte a essa harmonização: "*Heōs hou* de Mateus acrescentado do verbo subjuntivo aoristo normalmente deveria ser traduzido como 'até' (como em 13:33; 17:9; 18:34; embora cf. 26:36) — ou seja, os discípulos deveriam 'ir adiante' (*proagein*) dele *até que*, não *enquanto*, Ele despedia as multidões, após o que esperava se juntar aos discípulos, depois de passar algum tempo sozinho em oração; eles então cruzariam 'para o outro lado'. Marcos (6:45) especifica Betsaida, mas tem *heōs* mais o indicativo [nos melhores manuscritos]: os discípulos deveriam ir 'para Betsaida enquanto', não 'até', que Ele despedisse as multidões" (2010, p. 293).

Outras diferenças no relato também são evidentes, ao João oferecer uma versão mais breve. Mateus e Marcos observam que os discípulos pensaram que Jesus era um fantasma (Mt 14:26; Mc 6:49). Marcos também aponta que os discípulos não haviam entendido a questão sobre os pães, pois o coração deles estava endurecido (Mc 6:52), enquanto Mateus acrescenta o episódio com Pedro e a resposta de adoração quando Jesus entrou no barco (Mt 14:28-33). No relato mais sucinto de João, ele escolheu enfatizar principalmente o efeito calmante da presença de Jesus sobre os discípulos. Seu silêncio sobre certos aspectos dos acontecimentos não deve levar alguém a questionar sua historicidade. Os escritores do evangelho, como todos os escritores da história, foram seletivos em quais detalhes escolheram incluir no seu relato (veja, e.g., 20:30-31; 21:24-25). Além disso, cada escritor optou por enfatizar temas teológicos particulares derivados de certos eventos.

Finalmente, alguns céticos têm sugerido que Jesus estava realmente andando na margem em vez de estar caminhando sobre a água, acrescentando o versículo 21 como apoio ("e logo o barco chegou à margem"). No entanto, provavelmente João, junto com os autores Sinóticos, entendeu que esse era mais um evento milagroso, e não apenas Jesus andando na praia, de modo que assim incluiu esse segundo milagre também em seus relatos (embora de maneira bastante discreta). A reação dos discípulos no encontro com Jesus testemunha ainda mais a natureza milagrosa desse evento (Mt 14:44; Mc 6:51). Muito provavelmente, portanto, a chegada do barco à costa "imediatamente" (*eutheōs)* indica um segundo milagre, caso em que a "caminhada sobre a água" seria seguida por um "desembarque milagroso" (Keener 2003, p. 674). Alternativamente, *eutheos* poderia simplesmente sugerir que logo após a milagrosa caminhada de Jesus sobre as águas, o barco chegou à margem.

João 6:30-35

Que sinal, então, tu podes fazer para que possamos ver e acreditar em ti? (6:30): Pelo menos inicialmente, parece um fato curioso que a multidão tenha pedido um sinal para autenticar a autoridade de Jesus depois que Ele acabara de alimentar os cinco mil. Embora isso não explique por que a multidão queria outro sinal, é evidente em todo o NT que os judeus esperavam caracteristicamente um sinal de autenticação (cf. 2:18; Mt 12:38 // Lc 11:16, 29; Mt 16: 1 // Mc 8:1; 1Co 1:22). No judaísmo, um "sinal do céu" era considerado a forma mais elevada de validação. A multidão estava garantindo que se Jesus realizasse o sinal que eles exigiam, eles acreditariam. A pergunta "O que tu vais fazer?" é uma expressão comum de incredulidade no AT (Jó 9:12; Ec 8:4; Is 45:9; veja Derrett 1993, p. 142-44).

É possível que a multidão tenha pedido mais um sinal porque eles teriam raciocinado que se Jesus fosse um profeta como Moisés, como eles haviam especulado anteriormente (6:14), Ele poderia realizar outros sinais. Carson observa que os rabinos posteriores acreditavam que o Messias faria descer o maná do céu, assim como Moisés o fez. Ele escreve: "Há pelo menos uma pequena evidência de que tais crenças não eram desconhecidas no primeiro século (*cf.* a referência ao 'maná escondido' em Ap 2:17 e *2Baruque* 29:8, datado de cerca de 100 d.C.). Se era isso que a multidão da sinagoga queria dizer, seria então uma exigência de que Jesus provasse seu status messiânico duplicando ou superando o milagre do maná" (1991, p. 286).

Eu Sou o pão da vida (6:35): a declaração de Jesus aqui (reiterada em 6:48, 51) é a primeira das sete declarações joaninas do tipo "Eu Sou" (*egō eimi* mais um predicado). As outras seis palavras identificam Jesus como: (1) a luz do mundo (8:12); (2) a porta (10:7, 9); (3) o bom pastor (10:11, 14); (4) a ressurreição e a vida (11:25); (5) o caminho, a verdade e a vida (14:6); e (6) a videira verdadeira (15:1, 5). Pelo faro de que João está sozinho entre os evangelistas ao destacar essas declarações "Eu Sou", elas são muitas vezes consideradas não-históricas. No entanto, a historicidade do relato feito por João dessas declarações de Jesus pode ser defendida ao longo de várias linhas (Blomberg 2007, p. 209-11).

Primeiro, muitas das declarações "Eu Sou" seriam difíceis de compreender para um judeu do primeiro século. Como Blomberg (2007, p. 209-10) observa:

> Uma audiência judaica do primeiro século ouvindo um rabino referir-se a si mesmo, digamos, como o pão da vida, provavelmente não saberia o que fazer com isso, que é precisamente a resposta que João registra (6:60). Jesus é descrito como usando a fórmula "Eu Sou" com muito mais frequência no quarto evangelho do que nos Sinóticos, mas não está claro se essas revelações tornam suas afirmações sobre si mesmo muito mais explícitas. A proclamação aparentemente não gramatical de Jesus "antes de Abraão nascer, Eu Sou" (8:58),

pode se referir ao nome divino revelado em Êx 3:14, "Eu Sou o que sou", mas não é óbvio que no contexto rigidamente monoteísta do judaísmo essa seria a única conclusão tirada. O fato de os judeus imediatamente tentarem apedrejá-lo não significa que eles entenderam sua declaração como uma equação direta de si mesmo com Deus. Afirmar que Abraão tinha visto seu próprio dia (v. 56) beirava a blasfêmia, e os judeus já haviam tentado matá-lo por "crimes" muito menores, como curar no sábado (Mc 3:6) e falar do amor de Deus para os gentios (Lc 4:29)!

Em segundo lugar, praticamente não há paralelos com as declarações "Eu Sou" de Jesus no primeiro século. Os paralelos mais próximos estão nas descrições das reivindicações da mítica deusa egípcia Ísis (uma figura bem conhecida na cultura grega). No entanto, as declarações "eu sou" de Ísis não são apenas em sua maioria escritas tarde demais para influenciar João, mas também têm um estilo diferente das declarações de Jesus (e.g., "eu sou aquela que descobriu o fruto para os homens"; "eu sou aquela que é chamada de deusa entre as mulheres" [Horsley 1981, p. 10-21; cf. Blomberg 2007, p. 210]). Por essa razão, a conclusão de Blomberg é a mais provável: "O pano de fundo muito mais natural para as declarações de 'Eu Sou' de Jesus é o nome de Deus no Antigo Testamento, mesmo que Jesus o tenha velado suficientemente para que suas afirmações nem sempre fossem consideradas blasfemas" (2007, p. 211).

Em terceiro lugar, quando os judeus perguntam a Jesus diretamente sobre sua identidade, de forma semelhante aos Sinóticos, Ele responde de forma criptografada (e.g., Jo 8:25; 10:25; 16:29).

Quarto, em pelo menos dois lugares diferentes, os Sinóticos também usam a frase "Eu Sou" de formas que podem trazer à mente o nome divino (cf. Êx 3:14; essa caracterização de Deus também é retomada na segunda metade do livro de Isaías; veja, e.g., Is 43:10). Por exemplo, em Mc 6:50, Jesus aparece andando sobre as águas e proclama: "Coragem! Sou Eu. Não tenham medo", mas o versículo também poderia ser traduzido: "Tenha coragem. 'Eu Sou.' Não tenham medo. Em Mc 13:6, Jesus fala de falsos cristos que virão dizendo: "Eu sou ele"; no entanto, as palavras poderiam novamente ser traduzidas como "eu sou".

Por essas e outras razões, as declarações "Eu Sou" de Jesus devem ser consideradas autênticas. Ao identificar-se como o "Eu Sou" — termo que se refere no AT exclusivamente a Javé, o Deus criador e cumpridor da aliança de Israel (Êx 3:14; Is 43:10) — e ao vincular essa referência a uma variedade de atributos divinos — Jesus enfatiza sua reivindicação à divindade.

João 6:41-42

Não é esse Jesus o filho de José, cujo pai e mãe conhecemos? (6:42): Alguns críticos têm citado essa passagem como suporte para a teoria de que João não sabia do nascimento virginal. No entanto, esse tipo de afirmação vai muito além da evidência. O versículo mostra que os judeus na parte da Palestina de Jesus em seus dias ignoravam seu nascimento virginal, não João quando ele escreveu décadas depois. João parece estar destacando a ironia da situação. Os judeus aqui se opõem, não à noção de que um homem como Jesus poderia receber um chamado divino, ou mesmo que alguém como Elias pudesse aparecer na terra e habitar entre os seres humanos, mas à afirmação de que Jesus desceu do céu em face de sua origem humana óbvia (ou assim parecia) (Odeberg 1968, p. 264-65n3). Ironicamente, então, tanto as conhecidas origens humanas de Jesus quanto sua afirmação de divindade provaram ser um obstáculo para a aceitação de Jesus como o Messias e Filho de Deus. A ausência de uma referência direta ao nascimento virginal não implica que João desconhecia a tradição do nascimento virginal. João escolhe abrir o seu Evangelho com a afirmação de que o Verbo (Jesus) era Deus e ao mesmo tempo distinto de Deus (1:1-18); isso se encaixa bem com a explicação sinótica da concepção milagrosa de Jesus.

João 6:52-58

***Quis Jesus dizer que devemos literalmente comer sua carne e beber seu sangue?* (6:53-58):** Jesus queria que suas palavras não fossem interpretadas nem no sentido literal tampouco no sentido sacramental. A expressão "carne e sangue" constitui uma expressão hebraica que se refere à pessoa inteira (cf. Mt 16:17; 1Co 15:50; Gl 1:16; Ef 6:12; Hb 2:14). João 6:55, em concordância com 6:27 e 6:32, enfatiza que a carne e o sangue de Jesus são reais — isto é, espirituais — comida e bebida. O resultado da participação do crente na carne e no sangue de Jesus é a habitação mútua (6:56). Isso antecipa a explicação mais completa dessa noção no capítulo 15.

No idioma joanino, "real" ou "verdadeiro" também carrega a conotação de cumprimento escatológico e tipológico em relação aos precursores do AT. Essa interpretação é validada ainda mais em 6:58 quando Jesus retorna aos eventos do relato do êxodo que Ele introduziu alguns versículos antes ao se proclamar o "pão da vida" (6:48-51). Embora o ensino rabínico posterior fale (figurativamente) de "comer o Messias" (*b. Sanhedrin* 99a; veja Talbert 1992, p. 138), uma compreensão literal das palavras de Jesus aqui se volta contra os escrúpulos das pessoas contra o consumo de sangue e o consumo de carne contendo sangue, ambos proscritos pelas Escrituras hebraicas, em particular pela lei mosaica.

Contra uma compreensão sacramental há cinco linhas de evidência: (1) o uso que Jesus faz do título "Filho do Homem"; (2) o pronome pessoal *meu* ("eu") em vez de "minha carne/sangue" em 6:57 (Carson 1991, p. 299); (3) o fato de que os judeus não teriam entendido as palavras de Jesus em um sentido sacramental; (4) o termo "carne" nunca é usado no NT para se referir à Ceia do Senhor; e (5) fazer isso atribuiria significado inapropriado a tal prática (Ridderbos 1997, p. 240-41). Em um nível secundário, no entanto, João pode esperar que seus leitores leiam as palavras de Jesus à luz da observância da Ceia do Senhor pela igreja, embora não necessariamente em um sentido sacramental (Carson 1991, p. 296-97; Beasley-Murray 1999, p. 95).

Há um claro paralelismo em 6:57 entre o relacionamento do Pai com Jesus e o relacionamento de Jesus com o crente. O fundamento de ser do próprio Jesus é o Pai vivo (cf. 5:26); da mesma forma, Jesus é a base da existência espiritual dos crentes (Carson 1991, p. 299; Moloney 1998, p. 222). No entanto, não devemos entender as duas relações como exatamente análogas a ponto de tornar Jesus uma criatura dependente. Os crentes têm vida porque o Filho a concede; Jesus tem vida em si mesmo (5:26). Como Carson coloca: "Jesus vive *por causa do Pai, ou seja,* por causa da determinação do Pai de que Jesus deveria ter vida em si mesmo (5:26); aqueles que se alimentam de Jesus vivem (diz Ele) *por minha causa*: há paralelismo e quebra de paralelismo. Claramente, eles vivem por determinação do Filho, mas ao contrário dele, eles nunca têm vida em si mesmos, mas somente nele" (1991, p. 299).

João 6:66-71

***Jesus abrevia a confissão de Pedro aqui?* (6:68-69):** Apesar de algumas semelhanças, as confissões sinótica e Joanina de Pedro parecem ser eventos separados (Morris 1995, p. 343-44n161; Witherington 1995, p. 160). Ao mesmo tempo, esta passagem representa o equivalente joanino à grande confissão de Pedro em Cesareia de Filipe nos Sinóticos (Mt 16:16 e paralelos). Uma vez que o termo *kyrios* ("Senhor") aqui introduz uma confissão de Jesus como o "Santo de Deus", não é usado simplesmente para se dirigir a Jesus como "senhor", mas sim para reconhecê-lo como Senhor. No mínimo, *kyrios* aqui significa "Mestre". O termo pode aludir ao nome usado para Deus na LXX (Morris 1995, p. 344).

A declaração de Pedro a Jesus como "o Santo de Deus" antecipa referências posteriores no evangelho a Jesus sendo separado para Deus (10:36; 17:19). Não há evidências que indiquem que a expressão funcionou como um título messiânico no judaísmo; no entanto, claramente o faz neste versículo.

João 7:1-10

Pois nem mesmo seus irmãos acreditaram nele (7:5): Alguns têm argumentado que a incredulidade dos irmãos de Jesus indica que os eventos que cercam o nascimento de Jesus foram criações posteriores dos evangelistas. Argumenta-se, afinal, se Maria e José falaram das revelações anteriores a respeito de Jesus (o que parece provável), é difícil entender o aparente ceticismo da família. No entanto, esse argumento não compreende o tipo de incredulidade que está em vista nessa passagem.

Os versículos que conduzem à declaração de João sobre a incredulidade dos irmãos de Jesus mostram-nos instando-o a exibir suas credenciais publicamente na Judeia para que seus discípulos possam testemunhar as obras poderosas de Jesus. A referência a "teus discípulos" pode ser para seus seguidores que se afastaram (6:60, 66). De acordo com os irmãos de Jesus, a próxima festa de Jerusalém seria o momento oportuno para Ele recuperar seus seguidores perdidos.

A conjunção "pois" no início do versículo 5 indica que a declaração subsequente sobre a incredulidade dos irmãos de Jesus explica por que os irmãos estavam dizendo a Jesus que fosse à Judeia para obter reconhecimento público (v. 3-4). O versículo 3 indica que os irmãos de Jesus não duvidaram de sua capacidade de realizar milagres; essas eram exatamente as coisas que eles estavam pedindo a Jesus que em Jerusalém. A incredulidade dos irmãos de Jesus não residia na falta de fé de que Ele era capaz de fazer o milagre. Em vez disso, sua incredulidade revelou falta de compreensão quanto à maneira pela qual Jesus prosseguiu em sua vocação messiânica. A atitude dos irmãos de Jesus se assemelha à de Satanás na tentação de Jesus, que interpretou mal o chamado messiânico de Jesus em termos egoístas (Mt 4:5-7 e paralelo; veja Brown 1966, p. 306-8; Borchert 1996, p. 280-81). Além disso, seria audaciosamente presunçoso da parte dos irmãos de Jesus pensar que o Messias precisava de seus conselhos. As palavras dos irmãos também revelam sua confusão: não é a falha de Jesus em se mostrar ao mundo (v. 4) que limita a recepção de sua mensagem, mas a rejeição pecaminosa do mundo ao seu Criador (Carson 1991, p. 305-6). Embora Jesus deva finalmente ser revelado como o Messias, nas atuais circunstâncias Ele escolhe uma abordagem mais gradual e criteriosa (embora isso não seja uma questão de segredo ou engano: veja 18:20; cf. 7:14). Seus irmãos, "como muitos dos discípulos superficiais em 2:23-25; 6:60ss., não puderam perceber o *significado* do que viram e, portanto, não penetraram na verdadeira identidade de Jesus e se entregaram inteiramente a Ele" (Carson 1991, p. 307). Nisso, não foram diferentes da mãe de Jesus, que anteriormente o incitou a realizar um milagre e foi severamente repelida por Jesus (2:3-4).

***Problema textual* (7:8):** A tradição textual aqui é dividida entre "não" (א D) e "ainda não" (p [66, 75] B). A leitura mais difícil é claramente a primeira, e é possível que os escribas posteriores tenham mudado o termo "não" para "ainda não" a fim de evitar a aparente discrepância, pois Jesus mais tarde de fato sobe para a festa (7:10). À luz das leituras do papiro, no entanto, se essa mudança foi feita, ela teria que ocorrer bem cedo.

No entanto, mesmo se aceitarmos a leitura mais difícil como original, a passagem não se torna problemática uma vez que o contexto é levado em conta. O comentário de Jesus: "Ainda não vou subir para a festa" não precisa indicar necessariamente que Ele não vai comparecer à festa, mas sim Ele não estaria subindo *naquele momento* (Morris 1995, p. 354-55). Ele não irá a Jerusalém até que o Pai o instrua a fazê-lo (Carson 1991, p. 308-9). Como em 2:4, Jesus não será pressionado a agir antes do tempo. A declaração em 7:10 de que Jesus subiu "não de forma pública, mas secretamente" também pode ser projetada para aliviar a aparente contradição (Ridderbos 1997, p. 259-60).

João 7:11-15

Como Ele sabe as Escrituras, uma vez que não foi instruído? (7:15): A pergunta poderia ser lida literalmente, "Como esse homem sabe letras (*grammata*)...?" Portanto, é possível traduzir a passagem como: "Como é que Ele pode ler e escrever?" No entanto, essa interpretação é bastante improvável pelas seguintes razões. Era comum que homens judeus na época de Jesus soubessem ler e escrever e tivessem um entendimento básico das Escrituras. Portanto, faz pouco sentido supor que os contemporâneos judeus de Jesus ficaram surpresos com o fato de Jesus saber ler e escrever. O que era incomum, no entanto, era que, apesar da falta de treinamento formal de Jesus com um rabino judeu, Ele tinha a capacidade de manter um discurso sustentado à maneira dos rabinos, incluindo referências frequentes às Escrituras. Ademais, enquanto os rabinos da época de Jesus ensinavam por meio de apelos frequentes a outras autoridades, Jesus regularmente introduzia seus ensinamentos declarando sua própria autoridade: "Vocês ouviram o que foi dito, mas Eu lhes digo"; "Eu digo-lhes a verdade"; "Em verdade, em verdade vos digo" (Riesner 1981, p. 97-245).

João 7:16-24

Julgue de acordo com o julgamento justo (7:24): Aqui Jesus ordena aos judeus que parem de julgar erroneamente e, em vez disso, julguem com justiça. Pode parecer que há uma tensão aqui entre outros versículos (e.g., Mt 7:1; Lc 6:37) que proíbem o julgamento. No entanto, a tensão é facilmente resolvida quando os respectivos contextos são considerados. No contexto de Jo 7:24, Jesus responde à ira que provocou ao curar um homem no sábado. Jesus levanta o problema de que dois mandamentos de Deus pareciam estar em conflito um com o outro. Os judeus foram ordenados a circuncidar seus homens no oitavo dia após o nascimento (Lv 12:3). No entanto, nenhum trabalho regular deveria ser realizado no sábado. O que deveria ser feito quando o oitavo dia após o nascimento caía em um sábado? Os judeus havia muito tinham decidido que era permitido ir em frente e circuncidar no oitavo dia, independentemente de cair ou não em um sábado. O ensino rabínico posterior geralmente concordava que, concedida a premissa menor de que a circuncisão (que "aperfeiçoa" apenas um membro do corpo humano) substitui o mandamento do sábado, a salvação de todo o corpo o transcende ainda mais.

A assunto em questão não é o julgamento, que é condenar os outros porque suas boas ações não condizem com as supostas boas ações de alguém. Em vez disso, o julgamento em vista aqui tem a ver com discernimento espiritual. Se os judeus tivessem julgado com justiça (i.e., tivessem possuído discernimento espiritual), eles teriam percebido que Jesus cumpriu a lei da maneira indicada pela lei (cf. 1:17; veja Ridderbos 1997, p. 266; Carson 1991, p. 316).

Em contraste, Lc 6:37 e Mt 7:1 parecem ter em vista um tipo negativo de julgamento — o legalismo. O argumento nessas duas passagens não é que se uma pessoa tem discernimento espiritual, Deus terá discernimento espiritual para com aquela pessoa; isso faria pouco sentido. Nessas duas passagens, julgar é melhor entendido como "legalismo hipócrita execrável" ou "caça herética censuradora" (Carson 1991, p. 307). Essas definições se encaixam bem no contexto de tirar a trave do próprio olho antes de tirar o cisco do irmão (Mt 7:3-5) e do mandamento de não condenar os outros (Lc 6:37).

Mesmo no contexto de Mt 7:1, há indicação de que Jesus está chamando seus seguidores para julgar os outros no sentido de ter discernimento espiritual. Afinal, Jesus ordena a seus ouvintes que tirem o cisco do olho do irmão depois de terem removido a trave do seu próprio olho. Além disso, o comando em apenas alguns versículos depois de 7:1 — para não dar o que é santo aos cães ou jogar pérolas aos porcos — implica que as pessoas devem usar discernimento (juízo) a fim de identificar os "cães" e os "porcos" (7 :6).

João 7:25-30

Ninguém saberá de onde Ele vem (7:27): Nessa passagem, o povo de Jerusalém pergunta: "Será que as autoridades concluíram que Ele é o Cristo?" A pergunta surge da surpresa das pessoas porque as autoridades não prenderam Jesus. Talvez, eles ponderaram, "os governantes" — isto é, o Sinédrio (cf. 7:48; 12:42; veja Schürer 1973-1979, 2:199-226) — descobriram novas evidências que sugeriam que Jesus seria de fato o Cristo (Carson 1991, p. 317; Morris 1995, p. 365; Barrett 1978, p. 321). Isso não quer dizer que o Sinédrio realmente acreditasse que Jesus era o Messias; aqui João apenas nos dá o pensamento do povo de Jerusalém, não a crença real do Sinédrio.

No entanto, a multidão descarta rapidamente a possibilidade de que Jesus seja o Cristo. Afinal, eles sabem de onde "este" (a expressão parece pelo menos levemente desdenhosa; Ridderbos 1997, p. 268) é (i.e., da Galileia; cf. 6:42); as origens do Cristo, por outro lado, serão desconhecidas. De acordo com o ensino rabínico, alguns acreditavam que o Messias nasceria de carne e osso ainda totalmente desconhecido, até que Ele se propusesse a buscar a redenção de Israel (Carson 1991, p. 317-18). Outros no judaísmo, como os sacerdotes e escribas convocados por Herodes em Mt 2:1-6, estavam bastante seguros sobre a origem geográfica do Messias (Mq 5:2; cf. Jo 7:42). Aparentemente, porém, essas autoridades pouco mais podiam contar para Herodes sobre a família, as circunstâncias ou outras informações do Messias.

Enquanto ensinava no complexo do templo, Jesus exclamou (7:28): É possível que alguém encontre uma contradição entre as palavras de Jesus aqui e a predição messiânica de Is 42:2: "Ele não gritará nem clamará, ou fará sua voz ser ouvida nas ruas". No entanto, encontrar uma contradição entre esses dois versículos só seria possível se alguém não entendesse a natureza da linguagem profética. As palavras de Isaías não deveriam ser tomadas literalmente para significar que esse servo do Senhor nunca clamaria. Seguindo essa lógica, também significaria que Jesus não poderia "fazer ouvir a sua voz nas ruas". Em vez disso, parece que Isaías estaria usando linguagem profética para explicar que os métodos desse servo serão caracterizados pela gentileza e que Ele não apoiaria suas afirmações com demonstrações barulhentas, sendo que ambas as previsões são verdadeiras sobre o ministério de Jesus.

Ninguém pôs as mãos **sobre Ele porque sua hora ainda não havia chegado (7:30):** Embora as autoridades judaicas tentassem prender Jesus, não conseguiram porque "sua hora ainda não havia chegado". Se ocorreu um milagre, o texto não diz. No entanto, a frase "ainda não era chegada a sua hora" atribui claramente o fato de Jesus ter evitado a captura à divina providência soberana (cf. 8:20).

JOÃO 7:37-39

Quem crer em mim, como diz a Escritura, do seu interior fluirão rios de água viva (7:38): Há alguma dúvida sobre qual passagem específica do AT está em vista aqui. Alguns concluíram que a referência no versículo 38 não se refere a nenhuma passagem específica da Escritura, mas ao ensino profético comum (e.g., Calvino 1959, p. 198-99). Isso é possível, mas várias passagens do AT parecem relevantes para a discussão. As alusões bíblicas potenciais incluem aquelas promessas de bênçãos espirituais, incluindo a bênção do Espírito, de acordo com a própria festa. A frase "Ele disse isso com respeito ao Espírito" parece ecoar passagens ocasionais do AT onde a água é usada como emblema do Espírito Santo (cf. Is 44:3; Ez 36:25-27; Jl 2:28). Maná ou água e o dom do Espírito estão ligados em Ne 9:20 (cf. 9:13, 15; veja Carson 1991, p. 326-28; Shidemantle 2001).

O Espírito não havia sido recebido porque Jesus ainda não havia sido glorificado (7:39): A maioria das traduções fornece corretamente a palavra "dado" ou "recebido" nesse versículo, mas o original diz literalmente: "porque o Espírito ainda não estava". João não está dizendo que o Espírito ainda não existia ou não estava operando no mundo. Afinal, o evangelista já havia escrito sobre a obra do Espírito de repousar e operar por meio de Jesus (1:32; 3:34). Carson explica corretamente o significado: "O que o evangelista quer dizer é que o Espírito do reino nascente vem como resultado — de fato, a implicação — da obra completa do Filho, e até aquele ponto o Espírito Santo *não* fora dado em sua plenitude, no sentido cristão do termo (*cf.* também as notas em 3:1-15)" (1991, p. 329).

João 7:40-44

Não diz a Escritura que o Messias vem de [...] Belém? (7:40-42): "O Profeta" (v. 40) refere-se ao profeta como Moisés (Dt 18:15-18; então, Carson 1991, p. 329; contra Ridderbos 1997, p. 276-77). Hoje pode ser difícil entender a discussão sobre se Jesus era o Profeta ou o Messias, porque os cristãos de hoje podem ver as duas designações como títulos diferentes para a mesma pessoa. No entanto, no pensamento do primeiro século, o Profeta e o Cristo eram frequentemente vistos como dois personagens separados (cf. Jo 1:21). Por exemplo, a comunidade de Qumran ansiava pela vinda do Profeta e dos Ungidos de Aarão e Israel (1QS 9:11), segundo a qual o Profeta era considerado diferente do(s) Messias(s) sacerdotal(es) e real(is). Outro exemplo é *Eclesiastes Rabbah* 1.9, que diz em referência ao futuro sucessor de Moisés: "Como o antigo redentor fez um poço para subir [Nm 21:17-18], assim o último Redentor trará água [Jl 4:18]". Carson sugere que é possível "que os cristãos tenham sido os primeiros a identificar o Messias davídico com o profeta como Moisés, precisamente porque reconheceram em Jesus aquele que cumpriu perfeitamente ambas as profecias — assim como é duvidoso que alguém sistematicamente vinculou as profecias do servo sofredor com as profecias messiânicas reais até que o próprio Jesus entrou em cena (sobre a evidência complexa, *cf.* Schürer, 2. 547-549)" (1991, p. 329).

Essa passagem atesta a crença de que o Cristo viria como descendente de Davi e da cidade de Belém, não da Galileia. Havia amplo apoio bíblico para a alegação das pessoas de que o Messias viria da família de Davi e de Belém, uma aldeia (*kōmē* [em outro lugar em João aplica apenas a Betânia: 11:1, 30]) localizada ao sul de Jerusalém, no coração da Judeia. Mateus 2:5-6 dá testemunho do fato de que, pelo menos no início do primeiro século d.C., os judeus alfabetizados nas Escrituras acreditavam que o Messias nasceria em Belém (cf. Lc 2:1-20). Não existe tal evidência para uma origem galileia (cf. Jo 7:52).

Aqui mais uma vez parece ser uma ironia joanina (Carson 1991, p. 330; Morris 1995, p. 380; contra Ridderbos 1997, p. 278). Pois enquanto aparentemente alguns dos contemporâneos de Jesus pensaram erroneamente que Jesus era da Galileia, João parece esperar que seus leitores saibam que Jesus realmente nasceu em Belém, de acordo com a profecia do AT (cf. Mt 2:5-6; Lc 2: 4, 15). Os interrogadores de Jesus são desmascarados como ignorantes (cf. Jo 7:52, onde a oposição farisaica de Jesus é mostrada como um erro). F. F. Bruce observa: "Se inferirmos dessa passagem que o quarto evangelista não sabia ou não aceitava a descendência davídica ou o nascimento de Jesus em Belém, expomos nossa própria falha em apreciar o tratamento delicado que ele deu a essa situação" (1983, p. 184; cf. Carson 1991, p. 330). A aparente dificuldade da suposta origem galileia de Jesus foi algo com que os apologistas cristãos (incluindo João) tiveram de lidar já no primeiro século.

João 7:45-52

Investigue e você verá que nenhum profeta surge da Galileia (7:52): Aqui os membros do Sinédrio estão errados. De fato, profetas haviam saído da Galileia no passado, incluindo Jonas (2Rs 14:25), possivelmente Elias (1Rs 17:1) e Naum (Na 1:1). De fato, o rabino Eliezer (c. 90 d.C.) sustentou que nenhuma tribo de Israel falhou em produzir um profeta (*b. Sukkah* 27b). Esse é um caso em que as Escrituras relatam com precisão uma declaração imprecisa de uma pessoa ou grupo, o que de forma alguma questiona a veracidade da própria Bíblia.

João 7:53—8:11

***A adúltera perdoada* (7:53—8:11):** Essa passagem provavelmente não fazia parte do evangelho original de João. A maioria das traduções usa colchetes para indicar a provável não inclusão no evangelho original. Quatorze das oitenta e duas palavras usadas nesta perícope (ou 17%) são exclusivas de João (Morgenthaler 1958, p. 60-62). Quase todos os versículos de 8:1-11 (a única exceção sendo 8:5) contém palavras não encontradas em nenhum outro lugar do evangelho (e, exceto para *presbyteros*, raramente ou nada nos outros escritos joaninos). Várias outras palavras ocorrem apenas uma ou duas vezes em outras partes do evangelho. Além disso, o vocabulário joanino padrão está visivelmente ausente (detalhado em Morgenthaler 1958, p. 61).

No entanto, um exame das 14 palavras usadas apenas aqui no Evangelho de João por si só não é conclusivo. Primeiro, a questão do adultério não é abordada em nenhuma outra parte do evangelho, o que poderia explicar por que o verbo e o substantivo para "adultério" estão limitados ao presente contexto. Em segundo lugar, três verbos intimamente relacionados que descrevem Jesus curvando-se e endireitando-se também podem ser exclusivos da presente passagem. "Sem pecado" também pode ser explicado como exclusivo da situação presente. Assim, resta apenas um punhado de palavras que podem sugerir autoria não joanina. No entanto, uma comparação das características do estilo joanino leva a uma conclusão mais definitiva. Prejudicando o argumento da inclusão, Ruckstuhl e Dschulnigg (1991, p. 185-86) identificam apenas duas das características do estilo padrão de João em toda a perícope (7:53-8:11), uma proporção de 21:1.

Uma avaliação da evidência externa para a inclusão ou não dessa perícope confirma a análise da evidência interna (veja esp. o tratamento exaustivo de Petersen 1997, p. 191-221). Petersen observa que "todos os doze versos da *perícope adulterae* estão completamente ausentes de *todos* os manuscritos mais antigos do Evangelho de João". A perícope aparece pela primeira vez no Codex Bezae (D) do século 5. Mesmo depois disso, a difusão da perícope na tradição manuscrita é muito lenta. Por essas razões, os estudiosos passaram a considerar a passagem como uma inserção posterior, pois, nas palavras de Petersen, "razões [que] são maciças, convincentes e óbvias". As seis razões a seguir apoiam persuasivamente essa conclusão (Köstenberger 2004a, p. 247):

1. Sua total ausência de todos os manuscritos anteriores ao quinto século d.C., incluindo P^{66}, P^{75}, ℵ B e provavelmente A e C (Metzger 1994, p. 187-88).

2. Seu aparecimento em nada menos que cinco lugares diferentes na tradição manuscrita (depois de Jo 7:36, 44 ou 52; no final do Evangelho de João; ou depois de Lc 21:38), trazendo todas as marcas de um "salto ao redor... um logion 'flutuante'" (Petersen 1997, p. 193); deve-se notar também

o grande número de variantes pertencentes a toda a perícope, o que também sugere uma tradição MS instável (Burge 1984, p. 144; O'Day 1992, p. 639n22; contra Sanders 1990, p. 337).

3. Recursos literários e linguísticos não joaninos (veja a discussão anterior).

4. A interrupção do fluxo narrativo de 7:52—8:12, quebrando a unidade literária 7:1—8:59. Em um nível histórico, o cenário de 7:53—8:1 sugere de maneira mais plausível o padrão de Jesus durante a semana antes de sua paixão (cf. Mc 11:11, 19; 13:3; e especialmente Lc 21:37; veja Carson 1991, 3p. 34; Burge 1984, p. 144).

5. A falta de citação nos primeiros escritos patrísticos até o século 4 (a mais antiga referência patrística grega de uma variação dessa narrativa ocorrendo em um comentário de Dídimo, o Cego [m. 398]; veja Ehrman 1988; Beck 1997, p. 102-3; mas, cf. McDonald 1995).

6. O cenário sugerido é que a perícope passou de seu lugar original no evangelho segundo os Hebreus para o Evangelho de João (Eusébio, *História eclesiástica* 3.39.17, citando Pápias).

Alguns têm argumentado a favor da inclusão devido à sugestão de Agostinho (e de Ambrósio) de que ela pode ter sido removida por "inimigos da verdadeira fé" que temiam "que suas esposas ficassem impunes no pecado" (citado em Petersen 1997, p. 199; a teoria recentemente revivida por O'Day 1992, p. 631-40; cf. Riesenfeld 1970); sua inclusão na Vulgata Latina; e suas citações em *Didascalia apostolorum,* que geralmente é datado da primeira metade do terceiro século. No entanto, nenhum desses pontos anula a forte evidência externa que leva à conclusão de que a perícope provavelmente não é joanina ou original.

A mais antiga referência existente à perícope (especificamente, a frase *oude egō [kata] krinō,* "nem eu também a condeno", 8:11) é provavelmente encontrado no Protevangelium de Tiago (segunda metade do século 2 d.C.?), um romance cristão apócrifo (Peterson 1997, p. 204-21). No entanto, em vez de considerar João como a fonte desse documento, é possível que exista uma dependência conjunta de uma fonte anterior, presumivelmente o já mencionado *evangelho segundo os Hebreus,* que atende a todos os critérios: anterior a 150 d.C.; composto em grego; preservando porções narrativas, bem como palavras de Jesus; e circulação no Egito em uma data anterior (Petersen 1997, p. 215-16). Essa teoria é atraente porque oferece uma explicação do estilo não joanino, da posição estranha e da ausência da perícope em todos os manuscritos mais antigos de João (Petersen 1997, p. 217).

Burge (1984, p. 148) chama essa perícope de "um edificante *agraphon* [não escrito, ou seja, autêntico, mas não canônico, dito] de Jesus". Ele pode estar certo, mas o fato é que o relato quase certamente não fazia parte do evangelho original. Nesse caso, a perícope não faz parte do cânone e não pode reivindicar inspiração divina. As pessoas podem se sentir edificadas ao estudar a passagem, mas o conservadorismo parece exigir que a passagem seja omitida da inclusão no corpo principal das traduções, mesmo entre colchetes.

João 8:12-18

***Por acaso Jesus se contradiz?* (8:14-15):** Veja comentários em 3:17; 5:22; e 5:31 sobre se a declaração de Jesus aqui estaria contradizendo o que Ele diz em outros lugares sobre julgar e testemunhar sobre si mesmo.

Até na lei de vocês está escrito que o testemunho de dois homens é válido (8:17-18): A teologia mórmon ensina que *Elohim* é o nome de Deus Pai, um indivíduo distinto de *Jeová*. Consequentemente, *Elohim*, ou Deus Pai, já foi um homem e ainda tem um corpo ressurreto de carne e ossos. Além disso, *Jeová* é o nome pré-encarnado de Jesus Cristo. No mormonismo, os humanos têm o objetivo de se tornarem deuses. A diferença básica entre deuses e humanos é que os humanos ainda não alcançaram a exaltação (Reed e Farkas 1992, p. 23-24). Dentro dessa estrutura teológica, os mórmons argumentam que Jo 8:17-18 indica que tanto o Pai quanto o Filho são humanos, pois Jesus está falando sobre a validade do testemunho dos humanos.

A teologia mórmon interpretou mal essa passagem e o ensino do NT sobre o assunto. A declaração de Jesus em relação ao Pai e ao Filho pressupõe o contexto da exigência de duas testemunhas do AT para um testemunho confiável (e.g., Dt 17:6). Em vez de ontologia (ser), o ponto da declaração de Jesus é que Ele e seu Pai são as duas testemunhas que atestam sua veracidade (Pancaro 1975, p. 275-78; Neyrey 1987, p. 512-15; Cory 1997, p.

104-5). Ao longo dos evangelhos, um dos termos de Jesus para Deus é "Pai" (4 vezes em Marcos; 44 vezes em Mateus; 15 vezes em Lucas e 109 vezes em João; cf. Green, McKnight e Marshall 1992, p. 271). Nem Jesus nem seus contemporâneos, como fortes monoteístas, teriam entendido Deus como qualquer tipo de ser criado. Certamente, o NT, incluindo o Evangelho de João, reconhece a humanidade de Jesus. Ao mesmo tempo, o NT, e João em particular, consistentemente deixa claro que Jesus também era Deus (veja esp. 1:1, 18; 20:28; Köstenberger e Swain 2008; Köstenberger 2011:91-114). Ironicamente, nessa passagem, que os mórmons têm procurado usar para apoiar sua teologia, pode haver um indício da divindade de Jesus em sua declaração "Eu Sou", lembrando passagens como Is 43:10 (Morris 1995, p. 393n25; Ball 1996, p. 186).

João 8:21-24

"Vocês são aqui e baixo", Ele lhes disse, "Eu sou de cima. Vocês são deste mundo; Eu deste mundo não sou" (8:23): a declaração de Jesus não deve ser confundida com o gnosticismo, que ensinava que o reino imaterial (acima) era bom enquanto o reino material (abaixo) era mau. Semelhante ao gnosticismo, o judaísmo reconhecia o contraste entre um reino celestial "superior" e um terreno "inferior". No entanto, no judaísmo, essas duas esferas eram consideradas relacionadas por meio do conceito de criação. O reino dos mortos era imaginado como estando sob a terra, e nos *Jubileus* (c. 150 a.C.) este submundo, a "escuridão das profundezas" (*Jubileus* 7:29; cf. 5:14), também era considerado como o lugar do julgamento (*Jubileus* 22:22).

Distinto de um certo mistério no pensamento judaico quanto à divisão entre o que está acima e o que está abaixo (*m. Hagigah* 2.1), e o pensamento gnóstico que atribuiu conhecimento (*Gos. Truth* 22:3-4) e salvação ao reino " acima" (*Gos. Truth* 25:35—26:1; 35:1-2), a presente passagem diferencia entre "acima" como o reino de Deus e "abaixo" como o da humanidade. Os pronomes pessoais repetidos *humeis* ("você") e *ego* ("eu") e a referência repetida a "este" mundo se combinam para acentuar a lacuna entre a orientação terrena dos judeus e a proveniência celestial de Jesus (Moloney 1998, p. 273; Morris 1995, p. 396).

JOÃO 8:30-47

Nunca fomos escravos de ninguém (8:33): Como essa afirmação se enquadra na história judaica, que incluiu a escravidão egípcia e os exílios forçados? A liberdade era considerada o direito de primogenitura de todo judeu. A lei ordenava que nenhum judeu deveria ser escravo (Lv 25:39-42). A Mishná declara: "Mesmo os mais pobres em Israel eram vistos como homens livres que perderam suas posses, pois eram os filhos de Abraão, Isaque e Jacó" (*m. Baba Qamma* 8.6; citado em Schlatter 1948, p. 212). Às vezes, as revoltas judaicas começavam devido à crença de que os judeus não deveriam obedecer a nenhum governante terreno porque Deus era seu único rei (veja Josefo, *Antiguidades* 18.1.6 §23; *Guerras Judaicas* 7.8.6 §323; cf. At 5:29).

A nação judaica havia sido submetida ao controle político de pelo menos quatro impérios: Babilônia, Pérsia, Grécia e Roma. A perspectiva judaica pode ter sido que, uma vez que essas nações estavam simplesmente operando como instrumentos de Deus, administrando seu julgamento sobre os judeus, não deveriam ser consideradas escravas por uma nação soberana. No final, Deus quebraria o domínio dessas potências estrangeiras e governaria por meio de seu povo Israel. Portanto, o povo judeu não foi verdadeiramente escravizado (pelo menos em sua mente), pois sua captura não foi permanente.

"Não nascemos como frutos da imoralidade sexual", rebateram eles. "Nós temos um Pai — Deus" (8:41): Os judeus entenderam a afirmação de Jesus de que eles não eram filhos de Abraão (8:39-40) como um ataque à sua lealdade a Deus e, assim, responderam dizendo o que pode ser literalmente traduzido como "não nascemos da imoralidade sexual". Isso pode implicar a crença na ilegitimidade do nascimento de Jesus: "*nós* não nascemos como frutos da imoralidade sexual — *tu* nasceste". No antigo Oriente Próximo (para não mencionar outras culturas), "questionar a paternidade de um homem é um claro insulto à sua legitimidade" (Morris 1995, p. 393n28, citando Merrill Tenney). A declaração mais antiga que testemunha a crença judaica de que Jesus nasceu de *porneia* (imoralidade sexual) pode ser vista em *m. Yebamot* 4.13: "Encontrei um registro de família em Jerusalém e nele estava escrito: 'Esse tal é bastardo através [uma transgressão da lei da] da mulher do teu próximo (Lv 18:20)'"

Embora em nenhum lugar João mencione explicitamente a concepção virginal de Jesus, sua alta cristologia ao longo do evangelho se encaixa bem com os relatos do nascimento milagroso em Mateus e Lucas. João escolheu usar a introdução de seu Evangelho, indo muito além dos Sinóticos, para destacar o papel de Jesus na criação e tornar explícita sua igualdade com Deus Pai.

Vocês têm por pai o Diabo, e querem realizar os desejos de seu pai (8:44): Alguns acusaram o Jesus do Evangelho de João de antissemitismo e afirmam que essa passagem é um excelente exemplo. No entanto, esse argumento não resiste a um exame minucioso. Em João, o termo "judeus" frequentemente tem em vista os líderes judeus e, no presente caso, nomeia especificamente os fariseus (8:13). O caso em pauta no capítulo 8, assim como em todo o evangelho, não é uma questão de raça ou etnia, mas se os judeus aceitam ou não a revelação de Deus em e através de Jesus: "Aqueles que respondem a Jesus, sejam judeus, samaritanos ou ' outras ovelhas' (10:16) para serem adicionadas ao rebanho de Jesus, são abençoadas; aqueles que o ignoram ou o rejeitam o fazem por descrença, desobediência (3:36) e cegueira culpável (9:39-41), não por genes" (Carson 1991, p. 92).

Os profetas do Antigo Testamento em termos rígidos exortaram consistentemente a nação de Israel a se arrepender, e seria absurdo rotular todos os profetas judeus como antissemitas. É igualmente absurdo rotular o Messias judeu de antissemita por chamar os judeus ao arrependimento de seus maus caminhos. No presente contexto, o argumento de Jesus depende significativamente do fato de que os judeus, como todas as pessoas (mas ao contrário de sua autocompreensão), são pecadores, identificando o pecado como a causa raiz de sua incredulidade no Messias (observe que nos Evangelhos Sinóticos, os judeus se opunham à confraternização de Jesus com "cobradores de impostos e pecadores" [excluindo-se assim da alçada do "pecador"]). Finalmente, o próprio João, o evangelista, assim como praticamente todos os primeiros seguidores de Jesus, era judeu; devemos considerar todos esses antijudaicos? Também deve ser notado que João, de acordo com o restante do NT, afirma que a salvação vem "dos judeus" (4:22), reconhecendo seu papel histórico-salvífico no plano de Deus.

Quando ele pronuncia uma mentira, fala de sua própria natureza (8:44): A declaração de Jesus sobre Satanás ser um assassino desde o princípio e um mentiroso de acordo com sua natureza não significa que Satanás foi criado para ser um mentiroso. Jesus não se refere à natureza de Satanás criada por Deus, mas sim à forma como as coisas têm sido desde o início da história humana, principalmente à narrativa da queda (Gn 3). Em um nível secundário, pode haver uma referência a Caim, o assassino de Abel (cf. 1Jo 3:15, a única outra referência apresentando o termo "assassino" nos escritos de João; veja Brown 1966, p. 358). Se isso estiver correto, o comentário de Jesus pode implicar que o Diabo é o pai dos "judeus" porque eles iriam matar Jesus, seu irmão judeu, assim como Caim havia matado seu irmão Abel (Díaz 1963, p. 75-80; Dahl 1963, p. 129-62). "Não se apegando à verdade" (cf. João 8:31-32) pode se referir à queda de Satanás (Is 14:12?), que ocorreu antes da queda da humanidade em Gn 3. A narrativa de Gênesis, por sua vez, deixa claro que Satanás contradisse categoricamente a veracidade da palavra de Deus (Gn 3:3-4; cf. 2:17).

João 8:50-59

Não busco a minha glória; aquele que busca também julga (8:50): Apesar das reivindicações elevadas de Jesus, Ele afirma que nenhuma de suas palavras anteriores deve ser entendida como uma tentativa de se autoelevar (Morris 1995, p. 415). Ele não busca sua própria honra, embora "há quem a busque, e Ele é o juiz" (uma tradução mais clara da segunda parte desse versículo). Jesus não estava preocupado com o que os outros pensassem; sua preocupação era buscar a glória que vem da aprovação de Deus Pai. Isso não contradiz o que Jesus diz em outros lugares do evangelho sobre Ele ser glorificado (e.g., 11:4; 12:23; 17:1, 5). Esses outros versículos não indicam que Jesus está procurando honrar a si mesmo ou encontrar a aprovação dos outros, mas afirmam que é a vontade de Deus Pai que o Filho seja glorificado.

Eu lhe asseguro: se alguém guardar a minha palavra, nunca verá a morte — jamais! (8:51): Essa declaração se refere à vida eterna, não a alguma promessa de que os seguidores de Jesus nunca experimentarão a morte física. "A segurança refere-se à vida que a morte física não pode extinguir e, portanto, à morte do espírito; o crente recebe a vida eterna, *isto é,* a vida do reino de Deus, sobre a qual a morte não tem poder e que está destinada à ressurreição" (Beasley-Murray 1999, p. 137; cf. Carson 1991, p. 355).

Jesus disse-lhes: "Em verdade lhes asseguro: antes que Abraão existisse, Eu Sou" (8:58): A linguagem de Jesus aqui ecoa a autoidentificação de Deus a Moisés em Êx 3:14. Jesus não está apenas reivindicando preexistência — do contrário, Ele poderia simplesmente ter dito: "antes de Abraão nascer, Eu *era*" — mas divindade (Motyer 1997, p. 159; observe a reação em 8:59). A presente instância de *ego eimi* ("Eu Sou") culmina nas ocorrências dessa expressão anteriormente neste capítulo (e.g., 8:24, 28; Freed 1983). Em 8:59, os adversários de Jesus reagiram pegando pedras para atirá-las contra Ele (cf. 10:31-33; 11:8). Isso é compreensível em vista da ênfase de João na reivindicação de divindade de Jesus. O apedrejamento era a punição prescrita para a blasfêmia (Lv 24:16; cf. Dt 13:6-11; *m. Sanhedrin* 7.4; veja Carson 1991, p. 358), embora a violência da turba nunca fosse permitida (Dt 17:2-7; veja Daube 1956, p. 306). Essa reação à declaração de Jesus e a sintaxe do versículo (veja anteriormente) tornam a tentativa das Testemunhas de Jeová de evitar que Jesus faça uma reivindicação à sua divindade — traduzindo a passagem atual como "Eu tenho sido" — implausível.

João 9:1-12

Rabi, quem pecou, este ou seus pais, para que nascesse cego? (9:2): É errado supor com base na pergunta dos discípulos que eles acreditavam em alguma forma de reencarnação na qual o cego tinha um "karma" ruim pelas ações de uma vida anterior. Embora a crença na reencarnação seja atestada na antiguidade, os discípulos eram judeus convictos, não hindus. É altamente improvável que os seguidores de Jesus, falando de um contexto judaico do primeiro século que não compartilhasse as mesmas suposições das religiões orientais, acreditassem na reencarnação. A premissa implícita, de que existe uma relação direta de causa e efeito entre sofrimento e pecado, se encaixa bem com as crenças gerais dos rabinos judeus (cf. *b. Shabbat*

55a; veja também o livro de Jó, e.g., 4:7). A questão parece surgir porque é difícil entender como o homem nasceu cego como resultado de seu próprio pecado, e assim os discípulos raciocinaram que a culpa poderia ser colocada nos pais. Keener (2003, p. 778) observa: "A maioria teria aceitado a proposta de que a cegueira poderia derivar do pecado dos pais (cf. Êx 20:5); alguns até associavam um defeito de nascença ou outra doença com um pecado da mãe durante a gravidez",

É obviamente verdade que todo sofrimento em um sentido geral é resultado da queda (Gn 3). No entanto, a crença implícita aqui é que todo sofrimento individual pode ser atribuído a pecados particulares. Jesus não rejeita a possibilidade de que certos casos de sofrimento individual possam estar ligados a um pecado específico (e.g., Jo 5:14), mas Ele nega que tal fosse invariavelmente o caso (cf. Lc 13:2-3a; veja Ridderbos 1997, p. 333). Da mesma forma, Paulo reconheceu que uma doença específica ou experiência de sofrimento pode ser consequência do pecado (Rm 1:18-32; 1Co 11:30), mas também deixou claro que isso não ocorre automaticamente (2Co 12:7; Gl 4:13; veja Carson 1991, p. 361). Além disso, a resposta de Jesus não nega a realidade do mal, mas afirma que mesmo o mal também pode contribuir para a maior glória de Deus. Isso é mostrado mais claramente na pecaminosidade humana resultando na crucificação de Cristo (e.g., 12:28, 37-41; 17:1, 5; cf. Rm 8:28).

Isso aconteceu para que nele se manifestem as obras de Deus (9:3): Não se deve ver a busca de Deus por sua própria glória aqui como egoísta ou indiferente, porque a glória de Deus está ligada à sua graça e fidelidade ao cumprimento da aliança. O propósito final de Jesus no Evangelho de João é trazer glória a Deus (1:14, 16), e o lugar final dessa glorificação é na cruz (12:23-33; 13:31-32; 14:13; 17:1; 4-5) onde o amor de Deus pelo mundo é mais evidente (e.g., 3:16; Köstenberger 2010, p. 107-26; 2011:141-59).

A noite está chegando quando ninguém pode trabalhar (9:4): Essa declaração (cf. 11:9-10; 12:35-36) tem o tom do bom senso, e até mesmo um ditado proverbial. Ela transmite a noção de que o tempo de Jesus para trabalhar é curto (Ridderbos 1997, p. 334). Esse versículo não implica que Jesus não seria mais a luz do mundo quando Ele não estivesse mais neste mundo. Em vez disso, Jesus estava anunciando que seu papel terreno seria limitado no tempo (cf. 7:33-36; 12:35-36; 13:33), ao contrário da noção popular de que o Messias e a era messiânica durariam para sempre (cf. 12:34). Jesus indica que sua luz é mais evidente durante sua vida humana até a glorificação: "Ao longo desse período Ele é a luz que expõe o mundo, julga o mundo, salva o mundo. Aqueles que desfrutam de sua luz serão engolfados pelas trevas quando Ele for levado (12:35)" (Carson 1991, p. 363).

Cuspiu no chão, fez um pouco de lama com a saliva e passou lama nos olhos do cego (9:6): O uso de cuspe por Jesus (9:6, cf. 9:11, 14-15) é uma reminiscência da cura do surdo-mudo em Decápolis (Mc 7:33) e do cego em Betsaida (Mc 8:23). O significado exato do uso da saliva por Jesus é incerto. Os estudiosos já propuseram várias possibilidades. Alguns viram uma conexão com a crença de certos rabinos judeus de que a saliva do primogênito tinha propriedades curativas (*b. Baba Batra* 126b). Por outro lado, na cultura pagã circundante, a saliva era frequentemente associada a práticas mágicas, de modo que muitos rabinos parecem ter condenado seu uso (e.g., Akiba, em *t. Sanhedrin* 12:10).

Outro possível pano de fundo é que, como pessoas de outras culturas, os judeus palestinos aparentemente acreditavam que os excrementos humanos (incluindo a saliva) eram formas de sujeira que tornavam uma pessoa cerimonialmente impura. Sob certas condições, porém, aparentemente se sustentava que essa "sujeira" poderia tornar-se um instrumento de bênção nas mãos de pessoas autorizadas. Assim, o sangue e a saliva geralmente poluem, mas em certos contextos o sangue limpa e a saliva cura.

No contexto judaico de Jesus, a saliva pode transmitir impureza cerimonial (Lv 15:8). Se a inversão desse tabu também se aplica, então, ao usar saliva para curar um homem, Jesus afirma possuir uma autoridade espiritual incomum. Se isso fosse correto, encontraria semelhanças com Mt 8:1-4: Jesus não se tornou impuro ao tocar no leproso, ao invés disso o curou. Seguindo a proposta de David Smith, Carson comenta: "[Os] tabus que cercam o corpo humano dão expressão simbólica a enormes restrições sociais. Atacar os símbolos, como Jesus claramente fez em algumas ocasiões (seja ou não considerado um deles), seria percebido como um ataque ao sistema social, político e religioso. Essa interpretação se encaixa com pelo menos uma leitura importante de quem eram os fariseus e o que os interessava, e com o testemunho do quarto evangelho que registra o medo que dominava as autoridades sobre a possibilidade de que seu feudo pudesse ser derrubado" (1991, p. 364).

João 9:18-23

Os judeus já haviam combinado que se alguém confessasse Jesus como o Messias, seria banido da sinagoga (9:22): A referência à expulsão da sinagoga é frequentemente considerada uma inserção anacrônica no relato de João porque é dito que o tempo era muito cedo para os seguidores de Jesus serem banidos da sinagoga. Essa afirmação é baseada nas Dezoito Bênçãos litúrgicas, que eram recitadas por todos os judeus piedosos três vezes ao dia (Schürer 1973-1979, 2:459-63). Acredita-se que a décima segunda dessas bênçãos tenha sido reescrita por Samuel, o Menor, um rabino da escola de Jamnia (ca. 85-90 d.C.), em resposta a um pedido do rabino Gamaliel II, que dirigia a escola (cf. *b. Berakot* 28b). Acredita-se que essa revisão, ironicamente chamada de "a bênção dos hereges" (*birkat ha-minim)*, foi preparada para o Sinédrio reconstituído após a queda de Jerusalém em 70 d.C. Costuma se pensar que o propósito dessa revisão era excluir Judeus cristãos da sinagoga, incluindo na liturgia uma frase que nenhum cristão poderia pronunciar. Portanto, alguns têm argumentado que, uma vez que uma exclusão formal não aconteceu durante a vida de Jesus, mas sim na vida da igreja primitiva, esse evento foi inserido no Evangelho de João.

O problema com esse raciocínio é que ele assume ser necessária uma decisão oficial para a exclusão judaica dos confessores de Jesus da sinagoga. Parece mais provável que 9:22 reflita um conjunto mais informal de circunstâncias. Historicamente, é bastante plausível imaginar que o mesmo grupo que tentou prender e matar Jesus também buscaria intimidar seus seguidores, ameaçando expulsá-los da sinagoga caso seguissem Jesus. Além disso, o advérbio *num* ("agora") sugere que a oposição a Jesus havia escalado para um estágio avançado (cf. 7:13; veja Ridderbos 1997, p. 343; Carson 1991, p. 371). A referência em 9:22 é, portanto, mais provável para "uma medida incidental adotada... tendo em vista uma situação concreta específica".

João 9:24-34

Temos certeza que Deus não ouve os pecadores (9:31): Às vezes, a Escritura é verdadeira no sentido de relatar com precisão o que as pessoas disseram, mesmo quando o que as pessoas falaram é na verdade algo incorreto (veja os comentários anteriores em 7:52).). Por exemplo, às vezes nas Escrituras, Satanás fala mentiras (e.g., Gn 3:1-5), mas ninguém deve argumentar que isso põe em risco a veracidade das Escrituras (a menos, é claro, que se argumente que Satanás não tenha proferido realmente as palavras atribuídas a ele). No caso da declaração do homem curado no versículo 31, parece que ele está pelo menos parcialmente correto. Há ampla comprovação no AT de que Deus ouve as orações dos justos (Sl 34:15; 145:19; Pv 15:29). Não há razão para sugerir que o homem pretendia limitar a capacidade de Deus de ouvir (e conhecer) todas as coisas. Pelo contrário, essa é simplesmente uma maneira de expressar que Deus prometeu receber e responder às orações daqueles que temem a Deus. Por outro lado, deve-se ter cuidado para não igualar necessariamente o poder milagroso com a bênção de Deus; até mesmo os mágicos no Egito durante o êxodo aparentemente foram capazes para realizar milagres (e.g., Êx 7:11). Carson observa sobre o homem curado: "Seus instintos espirituais são bons, mesmo que sua argumentação teológica não seja totalmente convincente. Seus 'dados' são simples: sua cegueira congênita foi curada, e o Deus que realizou a cura não responde às orações dos pecadores" (1991, p. 375).

João 9:35-41

A fim de que os que não veem vejam e os que veem se tornem cegos (9:39): Essa passagem parece sugerir que Jesus veio não apenas para dar visão aos cegos, mas também para fazer com que alguns que atualmente veem "fiquem cegos". No entanto, o argumento dessa passagem não é que Jesus torne as pessoas cegas, mas sim que Ele julga aqueles que negam sua própria cegueira espiritual. A imagem de dar visão aos cegos e cegar aqueles que veem é um tema comum do AT (Barrett 1978, p. 365-66). Os fariseus pensavam que podiam ver, então quando a verdadeira luz brilha, eles se recusam a olhar de perto (Barrett 1978, p. 366). Em outras palavras, "aqueles que veem" é a maneira sarcástica de Jesus dizer "aqueles *que pensam* que podem ver". Jesus repetidamente chama os fariseus de "guias cegos" (Mt 23:16; cf. 15:14; 23:26). Como Jesus deixa claro, não é o pecado dos fariseus, mas seu repúdio à graça, que os torna perdidos (9:41; Ridderbos 1997, p. 351). Não há cura para as pessoas que rejeitam a única cura que existe (Barrett 1978, p. 366; cf. Bultmann 1971, p. 341-42) e nenhuma esperança para aqueles que são sábios aos seus próprios olhos (Pv 26:12; Kruse 2003, p. 231). Enquanto Jesus trouxe salvação para aqueles que acreditam nele, a condenação aguarda aqueles que o rejeitam.

"Se fossem cegos", respondeu-lhes Jesus, "não teriam pecado" (9:41): Jesus não está aqui sugerindo que a ignorância espiritual torna alguém inocente do pecado. A resposta de Jesus aos fariseus se encaixa bem em seu uso frequente de ironia no Evangelho de João. A cegueira a que Ele se refere aqui é a cegueira da qual Ele falou anteriormente (9:39), ou seja, a cegueira daqueles que estavam cientes de sua cegueira espiritual e clamaram por ajuda. Se os fariseus fossem cegos dessa maneira, eles não seriam culpados do pecado da incredulidade, porque eles confessariam seus pecados e se entregariam à misericórdia de Deus e creriam em seu Messias. Em vez disso, em seu orgulho, eles afirmam que podem ver e, assim, rejeitar Jesus, e assim seu pecado permanece (Carson 1991, p. 378).

João 10:7-18

Todos os que vieram antes de mim são ladrões e salteadores (10:8): Uma questão que surge naturalmente desse versículo é a identidade dos "ladrões e salteadores" (cf. 10:1). Um provável pano de fundo do AT é encontrado em Ezequiel, que se refere aos "pastores de Israel, que se alimentam" e "não cuidam do rebanho" (Ez 34:24; veja o capítulo inteiro). A referência de Jesus a "todos os que vieram antes de mim" sugere impostores que prometeram liberdade a seus seguidores, todavia, em vez disso, os levaram a um conflito armado e à destruição. Ademais, a declaração de Jesus pode ter conotações mais abertamente políticas, evocando memórias de eventos então recentes na história judaica. O versículo certamente exclui os fiéis líderes da aliança do AT (e.g., Moisés, Davi, Jeremias etc.).

Os termos "ladrões e salteadores" também podem abranger pseudo-profetas como os mencionados por Lucas e Josefo (cf. At 5:36-37; 21:38; *Antiguidades* 20.5.1 §§97-98; 20.8.5 § §169-72; 20.8.10 §188; *Guerras Judaicas* 7.11.1 §§437-40), os zelotes e até mesmo os círculos do sumo sacerdócio que controlavam o judaísmo nos dias de Jesus. Os saduceus tinham a reputação de lucrar com a religião do templo, e em outros lugares tanto os fariseus (Lc 16:14) quanto os escribas (Mc 12:40) foram denunciados por Jesus por sua ganância.

Tenho, porém, outras ovelhas que não são deste aprisco (10:16): A alegação, proferida pelos mórmons, de que esse versículo é a prova de que Jesus veio e ensinou os índios norte-americanos não tem fundamento. Tendo como pano de fundo as Escrituras Judaicas, a declaração de Jesus é dirigida a judeus que teriam entendido "ovelhas" e "rebanho" como imagens para o povo de Deus. Essa declaração não faria sentido para os ouvintes originais se Jesus estivesse se referindo a um povo em um continente que nem mesmo era conhecido por seu público judeu. Em vez disso, essa passagem deve ser vista ante as expectativas do AT para a incorporação dos gentios entre o povo de Deus. As "outras ovelhas" provavelmente são gentios (veja esp. Is 56:8). O "rebanho" (*aulē* ; cf. 10:1) presumivelmente é "todo o Israel histórico" (Ridderbos 1997, p. 363). A passagem indica claramente que Jesus imaginou uma missão gentia completa após sua morte na cruz (Köstenberger 2002, p. 67-96).

Então haverá um só rebanho, um só pastor (10:16): Essa afirmação não deve ser usada para negar a legitimidade das denominações no cristianismo contemporâneo. Jesus parece estar se referindo especificamente a Ez 34:23; 37:2. A noção de um rebanho sendo conduzido por um pastor como uma metáfora para o cuidado providencial de Deus por seu povo unido está firmemente enraizada na literatura profética do Antigo Testamento e continuou em escritos judaicos posteriores. Embora sugerido em certas passagens proféticas posteriores do AT (e.g., Is 56:6-8; Ez 37:15-28; Mq 2:12), o AT normalmente usa essas metáforas para descrever a coligação de Israel disperso. Jesus, no entanto, aqui amplia o escopo do uso habitual da imagem no AT para se referir à união de judeus e gentios em uma comunidade messiânica (cf. Ef 2:11-22; 4:3-6; Lindars 1972, p. 363). O resultado é que, embora os méritos ou deméritos apropriados das denominações no Cristianismo hoje estejam sujeitos a debate, essa passagem não deve ser usada para apoiar nenhuma das posições. Jesus não está fazendo referência a denominações, mas está enfatizando que haverá um povo de Deus composto de judeus e gentios.

João 10:22-30

Se tu és o Messias, diga-nos claramente (10:24): O fato de os judeus "cercarem" (*kukloō)* a Jesus demonstra que eles estavam determinados a receber uma resposta definitiva à sua pergunta: "Até quando tu vais nos manter em suspense", que também poderia ser traduzido como: "quanto tempo tu irá nos irritar?" (Carson 1991, p. 392; Barrett 1978, p. 380). Se a primeira versão for aceita, o questionamento dos judeus a Jesus não é necessariamente hostil, mas simplesmente um pedido para que Ele esclareça a questão de seu status de uma vez por todas. Por outro lado, no contexto do retrato negativo do evangelho entre os líderes judeus, é provável que os judeus sejam entendidos como reunindo evidências para um ataque posterior. Independentemente de qual leitura seja aceita, surge a questão por que os judeus disseram: "Se tu és o Messias, diga-nos claramente", quando para muitos intérpretes do evangelho parece que Jesus já havia deixado bem clara a sua identidade em ocasiões anteriores. No entanto, o que é óbvio para muitos intérpretes sobre a identidade de Jesus é, pelo menos em parte, devido à retrospectiva, em virtude da recepção de mais revelações pela igreja (i.e., os documentos do NT) e a obra do Espírito Santo.

Além disso, o pedido dos judeus para que Jesus deixasse clara sua identidade revela, um tanto pateticamente, que todo o significado do discurso anterior do bom pastor havia iludido os oponentes de Jesus — uma dinâmica espiritual semelhante à encontrada nas parábolas sinóticas sugerindo a obstinação judaica (veja 10:26; cf. Mc 4:11-12 e paralelos). Devido às conotações políticas do termo "Messias" na Palestina do primeiro século, Jesus geralmente evitou usar o termo como um rótulo para si mesmo (cf. Jo 6:14-15; 11:48; veja comentários anteriores sobre 4:26). Em conversas particulares com estranhos (4:26) e em certos momentos com seus discípulos (e.g., Mt 16:13), Jesus abordou diretamente a questão de sua identidade. No entanto, publicamente em um ambiente judaico, Jesus evitou declarar explicitamente que Ele era o Messias.

Embora a retrospectiva certamente tenha contribuído para a clareza com que os intérpretes contemporâneos dos evangelhos são capazes de entender as afirmações de Jesus sobre sua identidade, também é verdade que as ações e palavras de Jesus testemunhadas por seus contemporâneos foram mais do que suficientes para levar as pessoas a acreditar nele como o Messias. É por isso que Jesus responde à pergunta dizendo: "Já lhes disse e não acreditaram" (v. 25); e "As obras que Eu faço em nome de meu Pai testificam de mim" (v. 26). Como Carson (1991, p. 392) observa, foi a cegueira espiritual dos líderes judeus que causou sua descrença:

> [M]esmo se Jesus tivesse falado com a máxima clareza, "os judeus" não teriam acreditado nele. O próprio João está convencido de que o registro real das palavras e obras de Jesus, com toda a sua restrição, foi mais do que suficiente para levar as pessoas a acreditar que o Filho de Deus era Jesus (20:30-31). De fato, para aqueles que tinham olhos para ver (João informa seus leitores), tão hábeis foram as autorreferências de Jesus, seu uso do Antigo Testamento, sua manipulação de títulos, suas discussões sobre a relação entre Deus e Ele mesmo, que Ele praticamente apontou a si mesmo como o Messias. Os judeus exigiram que Ele lhes dissesse *claramente* (a mesma palavra usada em 7:4, 13, 26); o leitor pode ver que até mesmo a descrição de Jesus de si mesmo como o bom pastor (v. 1-8) foi equivalente a tal fala franca.

O Pai e Eu somos um (10:30): a afirmação de Jesus ecoa a confissão fundamental do judaísmo "Ouve, Israel: O Senhor, nosso Deus, é o único SENHOR" (Dt 6:4). Essa afirmação se encaixa bem com a abertura do evangelho (Jo 1:1-2), onde o Verbo é um com o Pai e ainda distinto dele. A palavra no versículo 30 para "um" é o neutro *hen,* não o masculino *heis,* o que é relevante para a discussão do relacionamento de Jesus com o Pai em que o uso do neutro indica que o Pai e o Filho não são uma *pessoa,* mas uma *entidade.* Embora o Pai e o Filho estejam unidos em propósito e missão, eles são distintos em personalidade. É por isso que Jesus pode orar a seu Pai, ser comissionado por Ele e ser obediente a Ele (Carson 1991, p. 394).

Embora haja, portanto, uma distinção entre Deus, o Pai, e Jesus, o Filho, a reação dos judeus e o contexto geral do Evangelho de João indicam que Jesus claramente apresenta uma reivindicação de divindade. Enquanto a ênfase aqui está na unidade de suas obras (Ridderbos 1997, p. 371; Carson 1991, p. 394), uma unidade ontológica (em vez de meramente funcional) entre Jesus e o Pai parece pressuposta. A afirmação de Jesus de unidade com o Pai desafiou as noções judaicas estreitas de monoteísmo (Köstenberger e Swain 2008, cap. 1), razão pela qual eles tentaram apedrejá-lo (cf. 10:31, 33). No entanto, os judeus deveriam ter visto que já havia indícios no AT de uma pluralidade dentro da Divindade, alguns dos quais Jesus teve o cuidado de expor (e.g., Mt 22:41-46 e paralelos). Além disso, embora houvesse expectativas messiânicas generalizadas no primeiro século, não se esperava que o Messias fosse realmente divino. No entanto, vários textos do AT parecem descrever o Messias de algumas maneiras que não se encaixam bem com uma mera figura humana (e.g., Ez 34; Is 9:6), embora esses textos não se constituíssem em dúvida, agora mais claramente entendida em vista da autorrevelação de Jesus.

JOÃO 10:31-39

Porque tu — sendo um homem — faz-te a ti mesmo de Deus (10:33): Com essa afirmação, a controvérsia de Jesus com "os judeus" nos capítulos 5—10 deu uma volta completa (5:18; veja Ridderbos 1997, p. 372). Esse é o terceiro relato dos judeus tentando executar Jesus no Evangelho de João (cf. 5:18; 8:59). Cada uma dessas três tentativas ocorreu porque seus oponentes perceberam que Jesus estava reivindicando igualdade com Deus, o que é de fato uma verdade precisa, embora não de uma forma que violasse o monoteísmo judaico. Apesar do uso frequente de linguagem velada por Jesus em público, a fim de evitar ofender desnecessariamente sua audiência, os judeus entenderam a importância das declarações de Jesus, mas se recusaram a acreditar que fossem verdadeiras.

Alguns têm afirmado que, de acordo com a Mishná (*m. Sanhedrin* 7:5), a blasfêmia tecnicamente ocorria apenas quando uma pessoa pronunciava o nome de Deus. Portanto, continua o argumento, visto que Jesus nunca fez tal tipo de declaração, João mostra a ignorância do judaísmo do primeiro século. No entanto, contra esse entendimento, é altamente improvável que os saduceus, que controlavam os procedimentos legais no Sinédrio, o mais alto tribunal judaico, adotassem uma definição tão estreita de blasfêmia nos dias de Jesus (Carson 1991, p. 396; Barrett 1978, p. 382-83; Beasley-Murray 1999, p. 175). Em vez disso, uma interpretação mais ampla da blasfêmia prevaleceu, baseada em passagens como Nm 15:30-31 ("a pessoa que age desafiadoramente... blasfema contra o Senhor") e Dt 21:22 ("culpado de uma ofensa que mereça a morte").

Não está escrito na sua escritura, Eu disse: Vocês são deuses? (10:34-36): Essa passagem levanta várias questões pertinentes. Em primeiro lugar, não se deve concluir que ao usar a expressão "sua escritura" (lit *nomos,* "lei") Jesus esteja se distanciando da própria lei; afinal, Ele acrescenta na segunda metade do versículo 35 que a Escritura não pode ser anulada. Ao contrário disso, Jesus parece estar se distanciando da *abordagem* de seus oponentes à lei.

A segunda questão centra-se no uso que Jesus faz do AT em sua resposta. Várias questões legítimas cercam o argumento de Jesus: O que essa passagem do AT significa em seu contexto original? Por que Jesus argumentou aqui do AT da maneira que Ele o fez? Jesus está dizendo que os seres humanos são deuses? A passagem citada é o Sl 82:6. O AT frequentemente usa a frase "a quem veio a palavra de Deus" com referência àqueles que falam ou agem em nome de Deus. No contexto original, a expressão pode ter se referido a: (1) Os juízes corruptos de Israel que foram chamados de "deuses" porque a administração da justiça era uma prerrogativa divina delegada a alguns indivíduos seletos (Dt 1:17; cf. Sl 82:1-4); (2) poderes angelicais que abusaram da autoridade que Deus lhes deu sobre as nações (improvável em vista da escassez de referências a anjos em João); (3) Israel na época da promulgação da lei. Jesus parece estar usando uma técnica rabínica familiar, argumentando do menor para o maior, para fazer seu ponto: se Israel pode, em algum sentido, ser chamado de "deus" nas Escrituras, quanto mais essa designação é apropriada para aquele que realmente é? O Filho de Deus. O argumento é *ad hominem* no sentido de que Jesus não está subscrevendo a exegese de seus oponentes e não está usando o salmo para provar que Ele é o Filho de Deus. A presença de uma multidão enfurecida pode sugerir que Jesus usa essa abordagem para acalmar seus críticos, a fim de apelar mais uma vez para suas poderosas obras e palavras (Carson 1991, p. 399).

Finalmente, a alta consideração de Jesus pelas Escrituras Judaicas (nosso AT) é evidente aqui na medida em que Ele afirma sua completa veracidade; pois a Escritura "não pode ser anulada". Isso corresponde aos ensinamentos de Jesus em outro lugar, pois Ele afirma que "até que o céu e a terra passem, nem a menor letra ou um traço de uma letra passará da lei até que todas as coisas sejam cumpridas" (Mt 5:18). Nessa crença, Jesus reconheceu a si mesmo unido com seus contemporâneos judeus (cf. Mt 5:20). Paulo e Pedro concordaram (2Tm 3:16; 2Pe 1:20-21). No presente caso, Jesus afirma, contra a alegação de seus oponentes de que somente eles sustentavam a autoridade da palavra de Deus, que Ele também tem uma visão elevada das Escrituras.

João 11:1-6

Essa doença não terminará em morte, mas é para a glória de Deus (11:4): A versão HCSB está correta ao traduzir este versículo com a frase: "Esta doença não terminará em morte" em vez de "Esta doença não é para morte" (NKJV). A última tradução poderia sugerir erroneamente que Lázaro nunca morreu de fato. O restante do capítulo deixa claro que Lázaro de fato morreu e foi posteriormente trazido de volta à vida.

Para a glória de Deus, para que o Filho de Deus seja glorificado por meio dela (11:4-6): A declaração de Jesus não deve ser interpretada como uma atitude indiferente. João insiste que Jesus amava Marta, sua irmã e Lázaro (v. 5). O Filho de Deus sendo glorificado na morte de Lázaro e sua subsequente ressurreição está de acordo com o amor de Jesus por essa família. É, no entanto, verdade que, à primeira vista, a aparente atitude letárgica de Jesus parece ser um clássico *non sequitur.* Alguém poderia esperar que Jesus corresse para a cena instantaneamente. No entanto, mais uma vez, Jesus confunde o pensamento convencional (veja Schlatter 1948, p. 248; Ridderbos 1997, p. 389, citando Giblin 1980, p. 209). O que desafia o raciocínio humano prevalece quando a glória de Deus é a motivação motriz e a soberania de Deus a força orientadora. Como Ridderbos (1997, p. 388-89) observa, "O todo dos versículos 5-7 mostra como o humano e o divino — seu amor pelos seus *e* sua consideração pelos tempos que lhe foram designados pelo Pai — estão inseparavelmente entrelaçados na conduta de Jesus e, portanto, em sua glorificação como Filho de Deus (v. 4)."

Parece possível que Jesus estivesse na região de Batanea, localizada a cerca de 160 quilômetros a nordeste de Jerusalém (cf. 1:28; 10:40-42), quando chegou a Ele a notícia da doença de Lázaro. Assim, a seguinte reconstrução dos eventos relacionados à ressurreição de Lázaro melhor se ajusta à evidência (Carson 1991, p. 407; contra Morris 1995, p. 479-80). Lázaro ainda estava vivo quando as primeiras notícias sobre sua doença chegaram a Jesus (11:4). Dois dias após a chegada da notícia, Jesus, presumivelmente por meio de uma percepção sobrenatural, anuncia a seus seguidores que Lázaro havia morrido, interpretando isso como o sinal divino para partir para Betânia (Riesner 1987, p. 44-45). Um homem saudável no primeiro século poderia percorrer entre 30 e 50 quilômetros por dia a pé. Portanto, o fato de que Batanea, onde Jesus estava hospedado, ficava a cerca de 160 quilômetros de Betânia, explica por que quatro dias se passaram entre a morte de Lázaro e a chegada de Jesus ao local (11:17).

João 11:17-20

***O local da tumba de Lázaro* (11:17-20):** A atual Betânia, de onde Lázaro era natural (não mencionada anteriormente neste evangelho), é diferente da Betânia apresentada em 1:28 e aludida em 10:40-42. A aldeia mencionada aqui estava localizada a leste do monte das Oliveiras, a menos de três quilômetros de Jerusalém, na estrada para Jericó. Essa Betânia é o lugar onde Jesus se hospedou quando visitou Jerusalém (Mt 21:17; 26:6). Provavelmente deve ser identificada com a aldeia de Anatote (mencionada em Ne 11:32), que hoje é chamada de Lazariyeh em homenagem a Lázaro.

***Crenças judaicas sobre a morte* (11:17-24):** A declaração do evangelista: "Lázaro já estava no sepulcro havia quatro dias" é parte de sua maneira de enfatizar que Lázaro estava realmente morto. Fontes judaicas posteriores atestam a crença rabínica de que a morte era irrevogável três dias após a morte de uma pessoa porque era neste terceiro dia que a alma deixava o corpo (*Levítico Rabbah* 18:1 sobre Lv 15:1; cf. *Eclesiastes Rabbah* 12.6; universalmente citado por comentaristas: e.g., Ridderbos 1997, p. 393; Carson

1991, p. 411; Morris 1995, p. 485). No entanto, Keener (2003, p. 841n63) adverte que a crença de que a alma deixava o corpo três dias após a morte não é amplamente atestada no período inicial.

Na antiga Palestina, o enterro normalmente ocorria no dia da morte, seguido de luto. O Talmude prescreve sete dias de luto profundo e trinta dias de luto leve (*n. Moed Catan* 27b). Marta, de acordo com o que se sabe sobre sua personalidade em outros lugares, toma a iniciativa e vai ao encontro de Jesus, aparentemente sem ser convocada (assim Morris 1995, p. 486; cf. 11:28). Keener (2003, p. 843) argumenta que Marta, estando sentada, de acordo com a etiqueta adequada, deveria ter ficado em casa e deixado Jesus ir até ela. Keener entende que Marta estava prestando grande respeito a Jesus ao sair para encontrá-lo (observando também o paralelo verbal com 12:13). No entanto, Maria ficou em casa (o texto grego diz que ela "permaneceu sentada em casa"). Era costume nessa cultura que aqueles que lamentavam a morte de seus entes queridos se sentassem ao receber as condolências de seus amigos (Morris 1995, p. 487). A caracterização de Maria e Marta por João concorda com o Evangelho de Lucas, onde Maria se assenta aos pés de Jesus enquanto Marta está ocupada com seus deveres domésticos (cf. Lc 10:38-42; veja Lindars 1972, p. 393; contra Pollard 1973, p. 438).

João 11:28-44

É provável que Marta tenha chamado Jesus de "Mestre"? **(11:28):** "O mestre" teria sido uma maneira esperada de um discípulo se referir a Jesus no período pré-ressurreição. No entanto, não deve ser esquecido que uma mulher usa a expressão aqui (conversando com outra mulher; Morris 1995, p. 491). Os rabinos da época de Jesus regularmente se recusavam a instruir as mulheres e, em muitos casos, tinham uma visão negativa das mulheres (Scholer [1992, p. 880] observa vários exemplos do judaísmo do primeiro século). Josefo diz que a Lei coloca as mulheres como inferiores aos homens (*Contra Apion* 2.25 §201). Filo sustenta que os traços femininos são exemplos de fraqueza (e.g., *De Opificio Mundi* 151-52; *Quaestiones et Solutiones in Genesin* 1.33). Sirácida afirma que "melhor é a maldade de um homem do que uma mulher que faz o bem; é a mulher que traz vergonha e desgraça" (Sirácida 42:14 NVI). O rabínico Tosefta relata que um judeu rezou três bênçãos diariamente, incluindo uma em que ele agradeceu a Deus por não ter sido feito mulher (*t. Berakot* 7.18). Em contraste com essa postura negativa em relação às mulheres, Jesus não apenas respeita as mulheres, mas as inclui como discípulas durante seu ministério.

Então Jesus, outra vez profundamente comovido em si mesmo, foi ao sepulcro (11:38): Quando Jesus viu Maria e seus amigos judeus chorando, ficou visivelmente agitado. "Profundamente comovido" (NIV) dificilmente faz justiça à palavra grega subjacente (*embrimaomai),* que tem a conotação de bufar (em animais). Assim, Jesus é mostrado aqui não tanto para expressar empatia ou pesar, mas para se irritar com seu encontro iminente e ataque à morte (veja mais adiante). "Agitado" tem conotações de agitação interior e turbulência (cf. Et 4:4), como no caso das águas de Betesda (Jo 5:7) ou das ondas e rebentação de uma cachoeira (Sl 42:5-7).

Uma pesquisa dos principais comentaristas desse versículo revela uma vasta gama de interpretações. Alguns dizem que Jesus ficou profundamente comovido, mas negam que Ele estava com raiva (Morris 1995, p. 494). A maioria insiste que as emoções de Jesus foram além da tristeza para a indignação real (para uma pesquisa de interpretações, veja Köstenberger 2004a, p. 339n91). O objeto da ira de Jesus é identificado como a própria morte (Michaels 1989, p. 203; Whitacre 1999, p. 289); o reino de Satanás representado pela morte (Brown 1966, p. 435); a incredulidade dos enlutados (Keener 2003, p. 846); ou uma combinação dos três fatores (Brodie 1993, p. 395). No entanto, pode não haver dicotomia (observe particularmente a falta de um objeto expresso), pois a referência primária pode não ser nem ao luto nem à raiva (contra a versão da HCSB anteriormente citada). O termo *embrimaomai* pode simplesmente indicar a antecipação excitada de Jesus sobre o que Ele vai fazer enquanto se arrepia e se prepara para seu iminente ataque à morte.

Novamente em 11:38, Jesus é descrito por meio do verbo *embrimaomai.* A versão HCSB traduz isso como Jesus estando "irado consigo mesmo". Novamente, embora isso seja possível, é mais provável que esse verbo seja usado para indicar a empolgação de Jesus com a perspectiva de confrontar a morte. Isso está de acordo com o comentário de Ridderbos (1997, p. 403): "Ele caminha para a tumba, não na apatia suprema de um grande intruso, mas como aquele enviado ao mundo pelo Pai, como o Advogado que entrou na carne e no sangue humano".

***A logística da ressurreição de Lázaro* (11:43-44):** os pés e as mãos de Lázaro (a ordem das palavras no grego; invertida em várias traduções padrão, incluindo a HCSB, para "mãos e pés", embora possa haver uma razão pela qual os pés são mencionados primeiro pelo evangelista) foram envolvidos com faixas de linho. A prática de envolver os pés e as mãos de uma pessoa morta em panos de linho não é atestada em outros textos judaicos sobreviventes. Em contraste com o costume pagão, os judeus não atavam seus mortos para impedi-los de voltar à vida. Assim, não se deve concluir, como alguns críticos fizeram, que as roupas funerárias de Lázaro restringiam seus movimentos a ponto de ele ser incapaz de sair da tumba. Mesmo que os invólucros de alguma forma imobilizassem Lázaro (o que é improvável), isso só é problemático se alguém se subscrever como alguém que não acredita no sobrenatural. Se Jesus pode trazer um homem morto de volta à vida, certamente algumas roupas bem embrulhadas não seriam um problema.

Além do espantoso milagre que descreve, a presença da perícope no Evangelho de João levou alguns a questionar sua historicidade. Essa crítica é parte de um argumento maior contra a historicidade do Evangelho de João baseado em sua omissão de muitos eventos encontrados nos Sinóticos e sua inclusão de material ausente dos outros evangelhos. No entanto, essa crítica é, em última análise, pouco convincente. Pois não importa a teoria de como João compôs seu Evangelho, é evidente que ele tinha uma grande quantidade de material para escolher. Se João estava ciente dos Sinóticos enquanto escrevia, o que é provável (veja Bauckham 1997a, esp. 147-71; Köstenberger 2009, p. 553-55), então seria razoável esperar que ele presumisse muito do material que eles contêm. Por outro lado, se João escreveu sem conhecimento dos Sinóticos, é provável que pelo menos algumas das diferenças possam ser atribuídas à grande quantidade de material que ele teve de escolher. Isso corresponde ao que João escreveu mais tarde: "Jesus realizou muitos outros sinais na presença de seus discípulos que não estão escritos neste livro" (20:30). Craig Blomberg observa corretamente: "Quaisquer relatos de dois historiadores antigos sobre uma determinada pessoa ou período da história diferem um do outro pelo menos tanto quanto João difere dos Sinóticos, quando eles não dependem de fontes comuns para suas informações" (Blomberg 2007, p. 207). Além disso, é lógico que João tinha suas próprias ênfases teológicas e percepção única do significado dos eventos que cercavam Jesus, sem mencionar abrir sua própria individualidade, estilo, interesses e lembranças distintas de testemunhas oculares nas quais se baseava.

No entanto, alguns sustentam que se Jesus realmente ressuscitou Lázaro, esse teria sido um evento tão significativo que os outros evangelhos certamente o incluiriam. Porém, isso não acontece necessariamente. Por que um evento requer múltiplas atestações nos evangelhos para ser considerado histórico? Ao longo dos Evangelhos Sinóticos, Jesus realiza uma série de milagres, incluindo ressuscitar pessoas dentre os mortos (uma característica reconhecidamente rara), então os críticos certamente não podem argumentar legitimamente que a ressurreição de Lázaro falha em se adequar ao retrato sinótico geral de Jesus. Embora seja impossível saber ao certo por que um determinado autor seleciona ou omite determinado material em seu relato, uma possível razão para a omissão da história de Lázaro nos outros evangelhos é seu foco na Galileia (a ressurreição de Lázaro ocorre na Judeia).

Além disso, em *Jesus e as testemunhas oculares,* Bauckham (2006, p. 184-87) cita favoravelmente G. Theissen, segundo a qual os evangelistas procuravam proteger os indivíduos que ainda viviam sendo perseguidos, não os identificando. Se Lázaro ainda estivesse vivo quando os Evangelhos Sinóticos foram escritos, mas morreu no período entre sua publicação e a composição do Evangelho de João, isso, da mesma forma, pode explicar a não inclusão do relato sinótico e a inclusão do fato por João. A morte de Lázaro significaria que ele não precisava mais de proteção contra a perseguição, de modo que João estava livre para incluir o relato de sua ressurreição dentre os mortos por Jesus.

João 11:45-53

Caifás, que era sumo sacerdote naquele ano (11:49): "Naquele ano" não deve ser entendido como significando que o ofício do sumo sacerdócio era trocado anualmente. Caifás manteve seu cargo por um tempo notavelmente longo (18 anos [18-36 d.C.]), o que torna provável que "aquele ano" simplesmente indica que Caifás era sumo sacerdote "naquele ano fatídico" quando Jesus foi julgado e crucificado (Morris 1995, p. 503; cf. Schnackenburg 1990, p. 2:349). Alternativamente, a observação de João pode ter a intenção de transmitir que o mandato do sumo sacerdote geralmente durava um ano, mas que uma considerável incerteza estava associada ao cargo de sumo sacerdote naquele dia (Beasley-Murray 1999, p. 197). Essa incerteza é observada porque o sumo sacerdote poderia ser removido se apenas uma de suas ações desagradasse o governador romano. Por exemplo, Valério Gratus, predecessor de Pilatos, repetidamente depôs sumos sacerdotes após um curto período no cargo. Assim, os três sumos sacerdotes anteriores a Caifás (15-18 d.C.), bem como seu sucessor imediato (36 d.C.), cada um ocupou seu cargo por apenas cerca de um ano; o mesmo foi o caso com os três sumos sacerdotes sob Agripa (41-44 d.C.) e a maioria dos sumos sacerdotes de 44 a 66 d.C. (Hengel 1999, p. 332).

Sendo sumo sacerdote naquele ano, ele profetizou (11:51): Há uma tradição judaica que relaciona o sumo sacerdote com a profecia. Em Nm 27:21, o sumo sacerdote é encontrado profetizando. Em 2Sm 15:27 (MT) refere-se a Zadoque, o sacerdote, como um "vidente". Em certa época, o sumo sacerdote procurava determinar a vontade de Deus por meio do Urim e Tumim (sortes?). Josefo relata como Saul ordenou que o sumo sacerdote vestisse suas vestes sacerdotais e profetizasse se um ataque aos filisteus seria ou não bem-sucedido (*Antiguidades* 6.6.3 §§115-16; cf. 1Sm 14:15-23). Em outro momento, Josefo cita a predição do sumo sacerdote Jadua de que Alexandre, o Grande, pouparia Jerusalém (*Antiguidades* 11.8.4 §327). Josefo também aponta para o dom profético do governante asmoneu João Hircano (135-104 a.C.), que dizia reunir em si os ofícios de rei, sacerdote e profeta. Parece que no relativo vácuo de vozes proféticas no período do Segundo Templo, a classe sacerdotal reivindicou o dom de profecia para si mesmo. Filo afirma que "o verdadeiro sacerdote é necessariamente um profeta" (*On the Special Laws* 4.36 §192).

Ele [...] profetizou que Jesus iria morrer pela nação, e não apenas pela nação, mas também para unir os filhos de Deus dispersos (11:51-52): João regularmente tira proveito de declarações que, ironicamente, têm um significado mais profundo do que a maioria dos falantes ou ouvintes iniciais teria entendido (e.g., 2:19). Aqui João vê no pronunciamento do sumo sacerdote um significado mais profundo, desconhecido do próprio Caifás, que afirmava uma importante verdade divina relacionada à natureza da morte de cruz de Jesus. Caifás, por sua vez, pensa em nível político, mas João quer indicar que Caifás tenha falado melhor do que ele mesmo imagina. A visão de que as declarações podem ocasionalmente ter um significado profético mais profundo é encontrada no judaísmo (cf. Filo, *Sobre a vida de Moisés* 1.49 §274; 1.50 §277; 1.51 §283; 1.52 §286; *Midr. Ps.* 90 §4). João "convida seus leitores a pensar em termos do Cordeiro de Deus que tira o pecado do mundo" (Carson 1991, p. 422).

Então, daquele dia em diante, eles planejaram matá-lo (11:53): Conforme mencionado em 2:13-25, parece melhor supor que Jesus purificou o templo duas vezes, uma vez no início de seu ministério (registrado no Evangelho de João) e uma vez no final de seu ministério (registrado nos Sinóticos). Sendo assim, isso ainda deixa a questão sobre o que realmente levou os líderes judeus a buscar a morte de Jesus. Foi a purificação do templo (segundo os Sinóticos) ou a ressurreição de Lázaro (como parece ser sugerido no Evangelho de João)? Embora os Sinóticos e o Evangelho de João claramente definam a ênfase de forma diferente, deve-se ter cuidado para evitar uma falsa dicotomia. Historicamente, parece que numerosos eventos contribuíram para o ódio dos líderes judeus por Jesus. Não há nenhuma boa razão para negar que tanto a ressurreição de Lázaro quanto a purificação final do templo foram gatilhos críticos que levaram à sua prisão e execução. A história é uma matriz complexa de circunstâncias, e o reducionismo raramente (ou nunca) serve para apreciar o panorama completo de eventos como as condições que cercam a crucificação de Jesus.

João 12:1-8

***A unção em Betânia* (12:1-8):** Essa perícope parece referir-se ao mesmo evento narrado em Mateus e Marcos (Mt 26:6-13; Mc 14:3-9). Ambos os evangelistas indicam que a unção ocorre em Betânia, na casa de Simão, o leproso (João especifica Betânia, mas não identifica a casa de Simão, o leproso). Ambos também colocam o evento perto do fim do ministério público de Jesus. Em Mateus e Marcos, como em João, uma mulher não identificada unge a cabeça de Jesus com unguento de um vaso de alabastro de nardo, e os presentes ficam incensados (João cita especificamente Judas Iscariotes como objetando a unção). Além disso, tanto em Mateus quanto em Marcos, Jesus defende a mulher e usa a unção para discutir sua morte e sepultamento iminentes, para contrastar sua presença temporária com a presença contínua dos pobres e para enfatizar a memória duradoura do ato da mulher (novamente, as semelhanças com o relato de João são palpáveis).

As coisas são diferentes com o relato de Lucas sobre a unção de Jesus (Lc 7:36-38; para uma análise detalhada veja Köstenberger 2001, p. 49-63). Embora alguns críticos argumentem que Lucas está relatando o mesmo evento histórico, há muitas diferenças, e o evento descrito por Lucas é provavelmente outro evento completamente diferente. A principal semelhança entre os dois relatos é que ambos narram uma unção de Jesus. Mas é aqui que a semelhança termina. Os outros três evangelhos relembram uma ocasião na casa de um certo Simão, o Leproso (sem nome em João), em Betânia; Lucas relata um jantar na casa de um fariseu não identificado. A heroína principal do relato de Lucas é uma mulher com um passado imoral; não há nenhuma palavra sobre qualquer imoralidade por parte de Maria de Betânia nos outros três evangelhos (observe também que enquanto a mulher no Evangelho de Lucas, como nos outros evangelhos, usa um frasco de alabastro com perfume, em Lucas não há menção de nardo). A discussão após a unção no relato de Lucas, ao contrário dos outros evangelhos, não inclui nenhuma referência aos pobres ou ao sepultamento de Jesus, mas se concentra na resposta de Jesus à desaprovação do fariseu por sua interação com uma mulher imoral.

Apesar das semelhanças entre João, por um lado, e Mateus e Marcos, por outro, também existem algumas diferenças que não podem ser ignoradas. Em Mateus e Marcos, a história ocorre depois da entrada triunfal, enquanto em João é colocada antes dela. No entanto, ninguém deve se preocupar com as diferentes configurações, pois os evangelhos às vezes são organizados topicamente em vez de cronologicamente. Outra diferença é que o relato de Marcos inclui a mulher ungindo a cabeça de Jesus, enquanto João mostra a mulher ungindo os pés de Jesus e depois enxugando seus pés com os cabelos (cf. relato de Lucas). Isso levou alguns a concluir que esses foram dois incidentes separados que foram recontados na tradição de Jesus antes que os evangelhos fossem escritos e, na época em que os evangelhos surgiram, alguns dos detalhes históricos foram confundidos no Evangelho de João.

No entanto, se alguém evitar uma hermenêutica de suspeita e permitir que os vários relatos falem por si mesmos, os detalhes convergem para fornecer uma imagem razoável do que aconteceu (Carson 1991, p. 427). João observa que Maria usou uma *litra* (uma libra romana), e Marcos dá a entender que a jarra estava cheia, daí a necessidade de quebrar o gargalo para despejá-la. Parece que isso é muito nardo simplesmente para ser derramado sobre a cabeça de Jesus. Tanto Mt 26:12 quanto Mc 14:8 observam que o perfume foi derramado sobre o corpo de Jesus em preparação para seu sepultamento, o que parece implicar que mais do que a cabeça de Jesus foi ungida. Além disso, é possível que Mateus e Marcos se refiram especificamente à cabeça de Jesus para enfatizar que Ele está sendo honrado como rei, uma ênfase que se encaixaria bem em seus evangelhos. Por outro lado, embora o relato de João não ignore os tons reais (o próximo evento é a entrada triunfal de Jesus), João provavelmente está mencionando os pés de Jesus para destacar a humildade da mulher diante de Jesus. Carson explica: "Ela se torna um contraste não apenas para as autoridades religiosas que estavam tramando ativamente a morte de Jesus, mas também para os discípulos que, no próximo capítulo, deveriam ser *ensinados* a lavar os pés uns dos outros pelo próprio Jesus (13:1ss.)" (1991, p. 427). (Veja comentários adicionais em Mt 26:6-13 e Mc 14:3-9.)

Finalmente, alguns afirmam que a declaração de João "seis dias antes da Páscoa" (12:1) cria um problema cronológico insolúvel. No entanto, é provável que João pense na Páscoa como começando na quinta-feira à noite (como fazem os Sinóticos), e "seis dias antes da Páscoa" se refira ao sábado anterior, que começou na sexta-feira à noite. Para saber mais sobre essa questão cronológica, veja os comentários em 13:2.

João 12:9-11

Os principais sacerdotes decidiram matar Lázaro também (12:10): Essa declaração sobre os sumos sacerdotes se encaixa bem no contexto do evangelho e não pode ser simplesmente descartada como um exemplo de antissemitismo joanino sem base na história. A presença do ressuscitado Lázaro teria criado um grande embaraço para os saduceus (muitos dos quais estavam entre os principais sacerdotes), que sustentavam que não havia ressurreição dos mortos. Anteriormente, o sumo sacerdote estava falando sobre a morte de "um homem" (11:50); agora, os principais sacerdotes planejam matar um segundo homem também. A fé que "muitos dos judeus" depositaram em Jesus em 12:11 parece ser de variedade passageira, como foi para muitos judeus ao longo do Evangelho de João (assim, com razão, Schnackenburg 1990, p. 2:370; contra Morris 1995, p. 518). De qualquer forma, a acusação de antissemitismo é falsa. João, ele próprio um judeu, estava relatando a conspiração dos principais sacerdotes contra um determinado judeu, Jesus, porque outros judeus acreditavam em Jesus. Em outras palavras, esse relato é negativo em relação aos principais sacerdotes, não a todos os judeus, e é assim devido à descrença dos principais sacerdotes em Jesus, e não à sua etnia. Além disso, muitas vezes se observou que as Escrituras judaicas, em particular os escritos proféticos, estão repletas de duras acusações de incredulidade judaica. Certamente seria ilegítimo acusar as Escrituras judaicas de serem antissemitas apenas porque contêm denúncias proféticas da descrença judaica. Pela mesma razão, erra o alvo ao acusar João de antissemitismo.

João 12:12-16

Seus discípulos não entenderam essas coisas a princípio (12:16): Essa passagem é semelhante à declaração de João em 2:22 sobre a incompreensão dos discípulos das palavras de Jesus sobre a reconstrução do templo três dias após sua destruição: "Então, quando Ele ressuscitou dos mortos, seus discípulos se lembraram de que Ele havia dito isso. E eles acreditaram na Escritura e na declaração que Jesus havia feito". Em ambos os relatos, os discípulos entenderam o significado das palavras de Jesus somente após sua ressurreição dentre os mortos.

Alguns têm argumentado que há uma contradição inerente nessa passagem (e.g., Barrett 1978, p. 416-17). Eles raciocinam que se os próprios discípulos de Jesus não entendessem o evento como um cumprimento de

Zc 9:9, então certamente as multidões não o anunciariam como Rei de Israel em cumprimento dessa mesma passagem. Faz pouco sentido, afirmam esses detratores, supor que as multidões teriam entendido a conexão da passagem com o ministério de Jesus melhor do que os próprios seguidores de Jesus; assim, a passagem deve ser considerada não histórica.

No entanto, esse argumento só funciona se o mal-entendido dos discípulos estiver centrado na identidade de Jesus como rei. Porém, todos os evangelhos testificam que os seguidores de Jesus realmente o entendiam como o rei messiânico antes de sua entrada final em Jerusalém. A questão era que eles nutriam os tipos errados de expectativas para esse Messias real, e é *esse* mal-entendido que a narrativa de João tem o cuidado de expor. Portanto, Zc 9:9 é introduzido somente depois que a multidão anuncia Jesus como Rei de Israel. Jesus envia uma mensagem simbólica ao escolher entrar em Jerusalém montado em um jumento em vez de em um cavalo de batalha. Ao fazer isso, Ele desvia implicações políticas e nacionalistas incorretas e atende às expectativas do AT.

Ao montar em um jumento, Jesus expressa sua vontade de se tornar o rei de Israel (Ridderbos 1997, p. 424), embora em termos mais humildes do que os do nacionalismo predominante de sua época. Duas associações com o jumento eram dominantes na Palestina do primeiro século: humildade e paz. O jumento era um humilde animal de carga: "Forragem e um bastão e fardos para um jumento" (Sirácida 33:25; cf. Pv 26:3). Os jumentos também eram conhecidos como animais montados por aqueles que buscavam a paz, fossem pessoas comuns, sacerdotes, mercadores ou pessoas importantes (Jz 5:10; 2Sm 16:2).

Essa passagem, portanto, ajuda a explicar o crescimento do entendimento pelo qual os primeiros discípulos passaram ao compreender o pleno significado de Jesus e das Escrituras do Antigo Testamento, um processo que deu uma guinada importante com a ressurreição de Jesus. Em vez de constituir um problema, essa passagem fornece um forte argumento para a historicidade da narrativa. Como Carson observa: "Não apenas o fracasso deles em compreender a natureza da realeza de Jesus e a inevitabilidade da cruz universalmente atestada nos evangelhos, esse fracasso também foi algo que *não pode* ser mal interpretado *após* a morte e glorificação de Jesus. Os cristãos dificilmente poderiam ser considerados cristãos sem entender esses fundamentos, e os judeus em qualquer tipo de diálogo íntimo com os cristãos também entenderiam o que os cristãos queriam dizer" (1991, p. 434-35).

JOÃO 12:20-33

Então eles procuraram Filipe, que era de Betsaida na Galileia (12:21): Alguns têm argumentado que esse é um exemplo de erro histórico, uma vez que Betsaida está em Gaulanitis, não na Galileia (e.g., McKinsey 1995, p. 132). No entanto, há evidências de que as pessoas nesse período comumente se referiam a qualquer território a leste do Jordão como "Galileia". Por exemplo, Josefo (*Antiguidades* 18.4) refere-se a "Judas, o Galileu" como vindo de Gamala, a leste do lago (At 5:37; cf. Carson 1991, p. 158). Uma analogia contemporânea seria alguém alegando ser de Atlanta, Geórgia, embora tecnicamente tenha nascido em um subúrbio da cidade de Atlanta. A alegação de ser de Atlanta não é errônea para aqueles que entendem o termo "Atlanta", pois é comumente usado para descrever a região metropolitana de Atlanta e seus subúrbios vizinhos. De maneira semelhante, parece que "Galileia" passou a se referir a um território maior do que o exigido por um uso excessivamente rígido.

A menos que um grão de trigo caia na terra e morra, ele permanece por si mesmo (12:24): Ele força demais a analogia de Jesus para argumentar que, em termos da ciência moderna, é incorreto dizer que uma semente "morre" quando ela cai no chão. Jesus está simplesmente usando a semente como uma analogia. A semente é enterrada na terra, deixando de existir na sua forma anterior (análoga à morte), para brotar e dar frutos (análoga à vida). Isso ilustra o princípio da vida através da morte. Na literatura rabínica, o grão de trigo é repetidamente usado como símbolo da ressurreição escatológica dos mortos: "Se o grão de trigo, que é enterrado nu, brota em muitas vestes, quanto mais os justos, que são enterrados em suas vestes" (*b. Sanhedrin* 90b).

***João pegou emprestado dos eventos no Getsêmani para construir essa representação?* (12:27-29):** A atitude de Jesus em relação ao sofrimento que o espera certamente corresponde bem ao que se encontra nos relatos

Sinóticos do Getsêmani (Mt 26:39, 42 e paralelos.). Aqueles que afirmam que João está apenas tomando emprestado dos eventos do Getsêmani ao compor seu retrato colocam o Quarto evangelho em uma situação impossível. Se a atitude de Jesus expressa no Evangelho de João é marcadamente diferente da dos Sinóticos, João estaria em conflito com os outros evangelhos. Por outro lado, se as representações são semelhantes, como acontece no presente caso, João seria apenas um parasita dos outros evangelhos. Em vez disso, parece haver uma explicação melhor: a alma de Jesus estava realmente perturbada com o pensamento do peso do pecado da humanidade que Ele deveria carregar na cruz e essa angústia foi expressa em diferentes momentos de seu ministério.

***Por que houve confusão sobre se o som era um trovão ou um anjo?* (12:27-31):** Jo 12:28 retrata uma das três ocasiões nos evangelhos em que uma voz celestial atesta a identidade de Jesus. Aqui o Pai fortalece a determinação de Jesus e acalma sua alma atribulada, afirmando que sua oração já foi atendida. Os rabinos chamavam a voz celestial de *bath qol* (literalmente, "filha de uma voz"). A maioria acreditava que o ofício profético havia cessado e não seria renovado até o início da era messiânica. Portanto, o *bath qol,* um mero eco da voz divina, era o máximo que se poderia esperar nesse ínterim. Isso é impressionante quando comparado aos exemplos do NT da voz celestial, onde a voz que atestava Jesus era a voz do próprio Deus.

A nota de João relatando que alguns pensaram que a voz celestial era na verdade um trovão provavelmente indica que, embora nem todos tenham ouvido a voz, todos ouviram um som (Morris 1995, p. 530). O trovão foi entendido como falando do poder e da grandiosidade de Deus e tem um lugar significativo na literatura do AT e do Segundo Templo (1Sm 12:18; 2Sm 22:14; Jó 37:5). Como tal, fazia parte da teofania no monte Sinai (Êx 19:16, 19). A intervenção de Deus em favor de seu povo é retratada como uma forte tempestade caindo sobre seus inimigos (Sl 18:7-15). Em tais instâncias, o poder do Criador está ligado ao do redentor de Israel (Êx 9:28; 1Sm 7:10; Sl 29:3; cf. Sirácida 46:16-17). As manifestações do poder de Deus também destacam o contraste entre sua onipotência e a impotência dos ídolos (Jr 10:13 = 51:16).

Além disso, João acrescenta que alguns ouviram uma voz (não apenas um trovão), mas presumiram que fosse um anjo. Nos tempos do AT, os anjos (ou o anjo do Senhor) falavam regularmente com indivíduos relevantes (Gn 21:17; 22:11; At 7:38; 2Rs 1:15; Dn 10:4-11), então não surpreende que alguns tenham identificado essa voz como angelical.

Agora o governante deste mundo será expulso (12:31): O versículo 31 sinaliza que a luta pelo poder entre Satanás e Deus entrou em seu estágio decisivo (Kovacs 1995). O que está em jogo "é nada menos que a transferência de poder sobre o presente mundo que odeia a Deus para as mãos do Filho do Homem" (Ridderbos 1997, p. 438). No entanto, Satanás falha, porque com a crucificação ele perdeu todos os fundamentos de apelo contra a humanidade pecadora; a redenção foi alcançada através do sacrifício vicário de Jesus (Ridderbos 1997, p. 439). Há uma certa tensão entre a passagem atual e outras passagens do NT que sustentam que Satanás continua ativo no mundo atual. No entanto, essa tensão fica aquém da contradição real. O trabalho de Satanás continua, mas "o esmagamento fundamental de seu reinado de tirania ocorre na morte/exaltação de Jesus" (Carson 1991, p. 443). Em outras palavras, o NT indica que, embora a guerra continue, a batalha decisiva já foi vencida e a derrota final de Satanás e a vitória de Deus não estão em dúvida.

Quanto a mim, se eu for levantado da terra, atrairei todos a mim (12:32): O que Jesus quer dizer quando diz que "atrairá todos" a si mesmo. O contexto circundante, particularmente sua ênfase no julgamento final (v. 31), milita contra a possibilidade de que, segundo Jesus, todas as pessoas serão salvas. Em 12:32, "todas as pessoas" direciona o leitor de volta aos gregos que entraram em cena nos versículos anteriores. O duplo *nun* (agora) na resposta de Jesus no versículo 31 remonta à declaração de Jesus no versículo 23 (em resposta à vinda dos gregos) de que chegou a hora de o Filho do Homem ser glorificado. Outro elo entre os versículos 23 e 31 é a "conexão gentia". O que é apenas insinuado na resposta evasiva de Jesus aos gregos na passagem anterior agora é explicado com mais detalhes (Carson 1991, p. 444; Barrett 1978, p. 27): é apenas subsequente à sua morte na cruz (o terceiro elo; compare 12:24 com 12:33) que Jesus atrairá "todas as pessoas", incluindo gentios, para si mesmo (cf. 10:16; 11:51-52).

Finalmente, o uso do mesmo verbo *helkuō* ("atrair") em 6:44 se posiciona firmemente contra uma tentativa de usar 12:32 como um texto de prova para o universalismo. Em 6:44, Jesus explica que somente aqueles a quem o Pai atrai ao Filho virão a Ele e serão ressuscitados no último dia. Por essa razão, a ênfase de Jesus no julgamento no contexto circundante, a visita dos gentios a Jesus no capítulo 12, e a explicação de Jesus de como é que uma pessoa vem ao Filho em 6:44 exige que esse versículo seja interpretado como significando que todos os tipos de pessoas (ou seja, *tanto judeus quanto gentios)* serão atraídos a Jesus, ao invés de todas as pessoas *sem exceção.*

João 12:37-41

***O cumprimento da profecia de Isaías* (12:38-40):** A recusa dos judeus em acreditar remonta à incredulidade da geração do deserto que viu os poderosos atos de poder de Deus durante o êxodo (Dt 29:2-4; veja Carson 1991, p. 447; Ridderbos 1997, p. 444; Brown 1966, p. 485). Apesar dos grandes sinais que os judeus viram Jesus realizar, eles o rejeitaram por falta de fé. No entanto, como João deixa claro com sua citação de passagens do AT, em vez de frustrar os propósitos de Deus, a rejeição dos judeus ao Messias realmente cumpriu as Escrituras.

O uso da fórmula "isso deveria se cumprir" (*hina ... plērōthē)* dá início a toda uma série de citações do AT que enfatizam o cumprimento da profecia nos eventos da vida de Jesus, especialmente aqueles que cercam sua crucificação. A primeira passagem citada é Is 53:1 LXX (cf. Rm 10:16). No contexto do livro de Isaías, esse versículo refere-se ao Servo do Senhor, que o povo rejeitou, mas Deus exaltou (cf. Is 52:13-15). Em João, o versículo é aplicado a Jesus, o Messias, que é o Servo prometido, e à rejeição de sua mensagem e sinais ("braço do Senhor") por parte dos judeus. Portanto, a rejeição judaica das palavras de Deus não é novidade na história da salvação — assim como a mensagem de Isaías foi rejeitada, Jesus também foi rejeitado (Ridderbos 1997, p. 444).

Esses versículos são predestinatários, mas compatibilistas (em vez de fatalistas), pois incluem elementos da responsabilidade humana e da soberania divina (Carson 1991, p. 447; Barrett 1978, p. 431). Na citação das escrituras, a fé e a atividade divina (o "braço do Senhor") estão conectadas: "Até a incredulidade tem algum lugar no propósito de Deus"

(Morris 1995, p. 536). João explica que embora os judeus, o povo escolhido por Deus da velha aliança, tenham rejeitado seu Messias, eles não estão fora dos propósitos finais de Deus. A explicação do evangelista, longe de implicar que os judeus não são responsáveis por sua recusa em acreditar (19:11-12, 15), aponta para o propósito final do endurecimento judicial do povo judeu por parte de Deus (semelhante a Faraó, cf. Rm 9 :17). A citação é de Is 6:10 (aqui mais próximo do hebraico do que da LXX), texto frequentemente citado no NT (cf. Mt 13:13-15 e paralelos; At 28:26-27).

João 12:44-45

Quem me vê, vê aquele que me enviou (12:45): Jesus não está negando nenhuma distinção entre Deus Pai e Ele mesmo. Em vez disso, a noção principal aqui é que Jesus rejeita a ideia de que Ele veio por sua própria iniciativa e autoridade e para sua própria glória. Mais uma vez invocando uma máxima judaica comum (ainda que a transcendendo; Carson 1991, p. 451-52), Jesus pede às pessoas que acreditem nele, não por direito próprio, mas como representante do Pai (12:44; cf. 5: 23; Ridderbos 1997, p. 448). De fato, toda a seção final pressupõe ensino judaico sobre representação, segundo o qual o emissário representa aquele que o envia (veja 14:9; cf. *m. Berakot* 5.5). João enfatizou ao longo de seu Evangelho que Jesus não é apenas igual a Deus, mas subordinado ao Pai de tal forma que ele só faz o que o Pai lhe diz para fazer (3:31-36; 5:19ss.; 6:37- 40; 7:27-29; 8:14-17, 28-29, 42-43; 10:34-36).

Jesus como representante de Deus Pai é uma noção validada também nos outros evangelhos (Mt 10:40; Mc 9:37; Lc 9:48; 10:16).

João 13:1-2

***Seria essa refeição a refeição da Páscoa?* (13:2):** Alguns estudiosos têm concluído que há uma contradição entre a cronologia da Páscoa de João e a dos Sinóticos. A leitura mais natural dos Evangelhos Sinóticos coloca

Jesus e seus discípulos celebrando juntos a Páscoa na manhã de 15 de nisã (Mt 26:17; Mc 14:12; Lc 22:15). Naquele ano, possivelmente a Páscoa tenha durado da quinta-feira à noite até a sexta-feira à noite, começando e terminando ao pôr do sol. Os mesmos estudiosos afirmam que o Evangelho de João coloca a última ceia em 14 de nisã (noite de quarta-feira; Jo 13:1; 13:27; 18:28; 19:14, 31, 36, 42).

Alguns procuram harmonizar as aparentes diferenças nas cronologias evangélicas da Páscoa, atribuindo essas alegadas discrepâncias ao uso de diferentes calendários. Eles argumentam que João, tal como os judeus e saduceus, usava um calendário lunar, de pôr-do-sol a pôr-do-sol, enquanto os Sinóticos, empregam um cálculo solar, de nascer a nascer do sol, como os galileus, fariseus e Jesus e seus seguidores (e.g., Hoehner 1977:85-90: veja o gráfico na página 89 dessa obra citada; Morris 1995, p. 684-95). Alternativamente, João muda o tipo de calendário que está usando: seu tema luz/escuridão (baseado no relato do Gênesis) é fundamentado através de um calendário solar, enquanto em outro lugar um sistema lunar é usado (com base nos motivos redentores do êxodo; Busada 2003). Embora essas teorias sejam possíveis, elas não são prováveis, uma vez que há uma falta de evidência textual clara nos próprios evangelhos para apoiá-las e uma vez que complicam desnecessariamente a situação, enquanto uma solução bem simples está mais próxima.

A solução mais provável é que tanto João quanto os Sinóticos apresentam Jesus como tendo feito uma refeição final com seus discípulos — uma refeição pascal — na noite de quinta-feira, com a crucificação tendo ocorrido na sexta-feira. Em 19:31, a crucificação de Jesus é colocada no "dia da preparação", sendo o dia seguinte um sábado "especial" (i.e., o sábado da semana da Páscoa). Isso sugere que, mesmo no relato de João, a crucificação ocorre na sexta-feira, com "o dia da preparação" — tanto em João quanto nos Sinóticos — referindo-se não ao dia de preparação *para a Páscoa,* mas *para o sábado* (Mc 15:42; Lc 23:54; cf. Josefo, *Antiguidades* 16.163-64). Visto que a Páscoa durava uma semana inteira, em conjunto com a Festa dos Pães sem fermento (Lc 22:1), era apropriado falar do dia de preparação para o sábado como "o dia da preparação da semana da Páscoa" (*embora* não da Páscoa num sentido mais restrito, Jo 19:14).

João 13:21-27

Um de seus discípulos, aquele a quem que Jesus amava, estava reclinado ao lado de Jesus (13:23): Conforme observado anteriormente (veja Introdução), o epíteto "aquele a quem Jesus amava" provavelmente se refere à figura histórica de João, filho de Zebedeu. Aqui esse personagem é introduzido pela primeira vez na narrativa. Mais tarde, ele reaparece ao pé da cruz (19:26-27), no túmulo vazio (20:2-9), junto ao mar de Tiberíades (21:1, 20-23), e nos dois versículos finais identificando-o como o autor deste evangelho (21:24-25). O "outro discípulo" mencionado em 18:15-16 e 20:2-9 provavelmente também deve ser identificado como o "discípulo a quem Jesus amava", visto que 20:2 combina ambas as expressões ("o outro discípulo, aquele a quem Jesus amava").

Os Sinóticos confirmam o que João sugere: que apenas os Doze estiveram presentes com Jesus na Última Ceia (Mt 26:20; Mc 14:17; Lc 22:14; Jo 13:18; cf. 6:70). Nesse caso, "aquele a quem Jesus amava" certamente deve ser um dos Doze apóstolos. Uma comparação dos quatro Evangelhos leva à conclusão inequívoca de que João, filho de Zebedeu, é de longe o candidato mais provável a ser "aquele a quem Jesus amava". Como seus destinatários sem dúvida o conheciam bem, o autor pode dispensar seu nome próprio (Jackson 1999, p. 31); "aquele a quem Jesus amava" serve como um epíteto de modéstia autoral (veja a igualmente modesta frase *oimai*, "eu acho", no versículo final do evangelho; cf. Köstenberger 2004b, p. 72-88; veja a Introdução para um argumento mais extenso para João, filho de Zebedeu como o autor do evangelho).

O "discípulo a quem Jesus amava" é descrito como literalmente estando encostado "em seu colo" ou "ao seu lado" (*kolpos* [cf. Lc 6:38; 16:22, 23]). A referência ecoa 1:18, onde se diz que Jesus está "ao lado do Pai" (Carson 1991, p. 473; Brown 1970, p. 577; Beck 1997, p. 113). A ideia de estar perto de outra pessoa para transmitir informações importantes sobre a identidade dessa pessoa parece estar em vista em ambos os contextos (Stibbe 1993, p 149-50). A proximidade de Jesus com o Pai permitiu-lhe tornar Deus conhecido de uma maneira única e autoritativa. Da mesma forma, a proximidade (física) de João com Jesus permite que ele descubra a identidade do traidor antes que os outros discípulos saibam. Assim, a passagem valida e autoriza o autor e seu testemunho.

Recentemente, alguns sugeriram que a proximidade física dos dois homens indicava algum tipo de comportamento homossexual ou homoerótico. Essa é uma possibilidade inequivocamente errada. Ainda hoje, em muitos lugares do mundo, os homens expressam amizade de maneiras diferentes: cumprimentando-se com um abraço caloroso ou beijos nas duas bochechas etc. Isso deixa claro que não há qualquer resquício de homossexualidade entre as normas sociais do primeiro século no antigo Oriente Médio.

***Como os discípulos poderiam não ter certeza do que Jesus quis dizer?* (13:25-27):** Jesus responde ao pedido do discípulo amado para saber a identidade do traidor, dizendo: "É aquele a quem Eu der o pedaço de pão depois de molhá-lo" (v. 26). Não há razão para encontrar uma contradição com a identificação feita por Jesus de Judas como o traidor e a confusão dos discípulos sobre o que Jesus quis dizer ao dizer a Judas para que agisse rapidamente (13:27-30). A explicação mais simples é que Jesus respondeu discretamente ao discípulo amado, de forma que os outros discípulos não puderam ouvir sua declaração. Isso coloca o discípulo amado em uma posição de interlocutor privilegiado nessa conjuntura da narrativa (Ridderbos 1997, p. 471; veja também comentários sobre 13:23 já mencionados anteriormente). O comentário de João no versículo 28, "Nenhum dos que estavam reclinados à mesa sabia por que Ele lhe disse isso" é visto nesta abordagem como uma referência apenas à declaração de Jesus no versículo 27, não no versículo 26.

Satanás entrou nele (13:27): João ameaçadoramente observa que neste ponto Satanás entrou em Judas (veja 13:2; 1Cr 21:1; cf. 2Sm 24:1), descrição que encontra paralelos nos relatos Sinóticos. O termo *eiserchomai* (entrar) é usado pelos outros evangelhos com relação à possessão demoníaca (e.g., Mc 5:12; Lc 8:30; 11:26). Aqui não são os demônios, mas é o próprio Satanás que entra em uma pessoa, o que não tem paralelo no judaísmo posterior (Foerster, *TDNT* 7:162-63). No entanto, um paralelo crucial é Lc 22:3, onde se diz que Satanás entrou em Judas antes de sua traição (veja também Mt 16:23 e paralelos.). Jesus gentilmente estimula Judas a ir em frente e cumprir o que ele já havia decidido em seu coração fazer. Isso mostra que, em vez de ser uma vítima de forças além de seu controle ou se portando como uma presa involuntária do abuso divino de crianças, Jesus estava totalmente no controle da situação e voluntariamente foi para a cruz (cf. Jo 10:11, 15, 16-18; e especialmente 18:4-11).

João 13:36-18

***Onde Jesus fez a predição das negações de Pedro?* (13:38):** Enquanto Marcos e Mateus oferecem essa predição como tendo ocorrido na jornada para o jardim, Lucas e João a indicam na Última Ceia. A colocação variada dos autores do evangelho da predição de Jesus sobre a negação de Pedro não deve ser vista como problemática, pois, como mencionado, eles não afirmam ter organizado seus livros cronologicamente em todos os casos. É amplamente reconhecido que, embora seguindo uma linha do tempo geral do ministério de Jesus, os evangelistas sentiram algumas vezes a liberdade de organizar os eventos e ensinamentos de Jesus de forma tópica.

***Aves galináceas podiam ser mantidas em Jerusalém?* (13:38):** Outra alegada dificuldade com o registro bíblico é o argumento de que galináceos não eram permitidos na Palestina. No entanto, tanto quanto podemos determinar, essa informação é imprecisa. Evidências indicam que os galos na Palestina frequentemente cantavam tarde da noite, de modo que os romanos atribuíam o evento de "canto do galo" ao relógio entre meia-noite e 3 horas da manhã (cf. Mc 13:35). (Veja mais comentários em Mc 14:27-31 e Lc 22:34.)

***Quantas vezes o galo cantou?* (13:38):** Alguns manuscritos de Mc 14:30, 68, 72 indicam a ideia de dois cantos do galo, em oposição ao indicado pelos outros evangelhos. Mesmo que essa leitura fosse original, entretanto, ela não representa uma ameaça real à veracidade dos relatos do evangelho. Como Carson (citando Alexander) aponta, a questão é semelhante à diferença entre dizer "antes que o sino toque" e "antes de o segundo sino tocar" para a igreja ou para um jantar (2010, p. 607). Em outras palavras, esses textos não são problemáticos se os pressupostos e a metodologia permitirem uma harmonização simples e plausível. (Veja comentários adicionais em Mt 26:34, Mc 14:68 e Lc 22:34.)

João 14:1-6

Estou indo embora para preparar um lugar para vocês (14:2): Aqui Jesus indica que vai preparar uma morada escatológica para os discípulos. No entanto, Mt 25:34 parece indicar que o céu foi "preparado para vocês desde a fundação do mundo". Essa aparente contradição é facilmente explicada uma vez que as passagens são compreendidas nos respectivos contextos de Mt 25 e da teologia joanina. Em João, Jesus não entra em cena apenas para começar a preparar um lugar. Ao contrário, a preparação inclui a partida de Jesus, ou seja, sua morte e ressurreição, eventos que desde o início faziam parte do plano soberano de Deus. Em Mt 25:34, a ênfase está no fato de que o reino futuro sempre esteve no plano de Deus: "Jesus não está falando de alguma reflexão tardia, mas do que Deus sempre planejou realizar, e isso acontecerá. consumação no final desta era" (Morris 1992, p. 636).

Outra questão diz respeito ao tipo de lugar que Jesus vai preparar para seus seguidores. Mais tarde, em 14:23, Jesus fala do Pai e de si mesmo vindo e fazendo sua morada dentro do crente em um sentido espiritual. A presente referência, por outro lado, fala de uma realidade externa aos crentes. "Muitas" habitações sublinha o grande número de moradas e o espaço abundante disponível. Nos dias de Jesus, várias unidades habitacionais frequentemente se combinavam para formar uma família ampliada. Os filhos costumavam aumentar a casa do pai assim que se casavam, de modo que toda a propriedade se transformava em um grande complexo. Os ouvintes de Jesus também poderiam estar familiarizados com os luxuosos palácios herodianos em Jerusalém, Tiberíades e Jericó (veja Josefo, *Guerras Judaicas* 5.4.4 §§176-83). Nesse caso, a linguagem de Jesus pode ter transmitido a seus seguidores a visão de uma futura existência celestial que era superior até mesmo à usufruída pelo mais exaltado governante ou pessoa rica daqueles dias.

Como parte do discurso de despedida, a presente passagem fala da provisão de Jesus para seus seguidores após sua partida (cf. 13:33-37; Köstenberger 1998, p. 124-26). Assim como os primeiros discípulos de Jesus perguntaram onde Ele morava e Ele os convidou: "venham e vejam" (1:38-39), Jesus agora assegura a seus seguidores que não abrirá mão de sua responsabilidade como seu mestre. Na verdade, sua provisão de moradas permanentes e eternas para eles transporá esse tema para um plano eterno superior. Em outro lugar, Jesus promete recompensas eternas em troca de "casas" deixadas para trás (Mt 19:29 paralelos.). Aqui, mais do que detalhar as características da casa do Pai, Jesus se contenta em enfatizar que há muito espaço para onde Ele vai e que o futuro dos crentes está ligado a um retorno comparável ao retorno de um filho à casa de seu pai (cf. Lc 15:11-32). De acordo com a cultura patriarcal judaica, Jesus, o Filho do Pai, estabelece seus seguidores "como membros da família do Pai" e "torna sua casa acessível a eles como um local final de residência" (Schrenk, *TDNT* 5:997).

Eu sou o caminho, a verdade e a vida. Ninguém vem ao Pai senão por mim (14:6): Em uma época de pluralismo religioso, as reivindicações exclusivas do cristianismo são consideradas inapropriadamente estreitas, até mesmo intolerantes. Além disso, o próprio pluralismo tornou-se, ironicamente, o critério pelo qual todas as reivindicações de verdade são julgadas (Köstenberger e Kruger 2010). O judaísmo do primeiro século valorizava o cumprimento da lei e a observância escrupulosa dos costumes religiosos (cf. 5:10; 6:28; 9:16). Em contraste, Jesus afirmou que a lealdade a ser prestada a Ele era o caminho. Alguns tentaram argumentar que "caminho", "verdade" e "vida" devem ser lidos juntos como "o verdadeiro modo de vida". No entanto, João em outros lugares usa vários termos que permanecem distintos quando ligados à conjunção "e" (e.g., Jo 2:14; 14:6). Carson corretamente observa que, no contexto mais amplo, Jesus está afirmando ser "o Salvador (4:42), o Cordeiro de Deus (1:29, 34), aquele que fala de tal maneira que os que estão nas sepulturas ouvirão a sua voz e sairão (5:28-29). Ele intermedia tanto a verdade de Deus e a vida de Deus de modo que Ele é o próprio caminho para Deus, o único que pode dizer: *Ninguém vem ao Pai senão por mim*" (1991, p. 491).

Ao afirmar que "ninguém vem ao Pai senão por mim", Jesus declara o que os primeiros cristãos sustentavam: "Não há salvação em nenhum outro, porque debaixo do céu nenhum outro nome foi dado aos homens, através de quem podemos ser salvos" (At 4:12). No AT, as pessoas expressavam sua fé em Deus ao guardar a lei dada por meio de Moisés; depois que Jesus veio, Ele é o caminho. No mundo judaico monoteísta e na cultura greco-romana politeísta do primeiro século, bem como no clima pluralista de hoje, a mensagem de Jesus é clara: Ele não é uma entre muitas opções diferentes — Ele é o único caminho.

João 14:7-11

Quem me vê a mim, vê o Pai (14:9): Esses versículos fazem parte de um dos temas centrais do Evangelho de João: a unidade de Deus Pai e Jesus Filho. As referências à unidade de Jesus com o Pai são evidentes em todo o evangelho (veja esp. 5:18; 10:30). A apresentação de João implica claramente a unidade *ontológica* (unidade do ser), mas a ênfase recai sobre a unidade *funcional,* ou seja, a forma como Deus se revela nas palavras e obras de Jesus (chamadas por João de "sinais"; cf. 10:38). Jesus pode fornecer revelação de Deus em primeira mão precisamente porque Ele é o próprio Deus (cf. 1:18).

Por ainda não ter compreendido que Deus se deu a conhecer em Jesus, Filipe aparentemente pede alguma forma de teofania (Morris 1995, p. 571) como visto no AT (Êx 33:18; cf. 24:10; Is 6:1; 40:5). De acordo com o ensino do AT, João negou repetidamente a possibilidade de uma visão direta de Deus (não mediada por Jesus; veja esp. 1:18; 5:37; 6:46). Por essa razão, o pedido de Filipe não passa de uma completa tolice (Bultmann 1971, p. 608).

Depois de gentilmente repreender Filipe com a pergunta: "Tenho estado todo esse tempo entre vocês sem que me conhecessem, Filipe?" Jesus afirma: "Quem me vê a mim, vê o Pai". Morris escreve que a afirmação de Jesus é "impressionante em sua simplicidade e profundidade" (1995, p. 572). Embora seja verdade que a resposta de Jesus aduz o princípio judaico de representação (veja *m. Berakot* 5.5; cf. Jo 13:20; Barrett 1978, p. 459), a cristologia de João certamente transcende a mera noção do mensageiro na vida judaica (Carson 1991, p. 494). Jesus é o mensageiro paradigmático, o mensageiro *por excelência* ; ele é o "Enviado" do Pai (e.g., 9:7). Jesus continua: "Como você pode dizer: 'Mostre-nos o Pai'? Você não acredita que eu estou no Pai e o Pai está em mim?" Essa união com o Pai é expressa tanto nas palavras de Jesus — seus ensinamentos — quanto em suas obras (especialmente os "sinais"): "As palavras que eu lhes digo, não as digo de mim mesmo. O Pai que vive em mim faz as suas obras".

Essa habitação mútua do Pai e do Filho — chamada de *perichoresis* (do grego *peri*, ao redor e *corein*, conter) por alguns dos Pais da Igreja — reiterada no versículo 11 ("Eu estou no Pai e o Pai está em mim") enfatiza a unidade do Pai e do Filho sem obliterar sua singularidade (Carson 1991, p. 494). Embora permaneçam distintos em personalidade e papel, "cada um pode (em sentidos ligeiramente diferentes) estar no outro. O Pai permanecendo no Filho faz suas obras; o Filho repousa desde e até a eternidade no ser do Pai" (Barrett 1978, p. 460).

João 14:12-14

Aquele que crê em mim [...] fará obras ainda maiores do que estas (14:12): A afirmação de Jesus aqui é notável (cf. 5:20; veja Köstenberger 1995a, p. 36-45). Apenas uma leitura superficial das palavras de Jesus concluiria que elas são imprecisas devido à incapacidade de qualquer um dos discípulos de Jesus de exceder ou mesmo igualar a natureza espetacular dos muitos milagres de Jesus. Afinal, uma vez que os sinais em João servem para autenticar Jesus como o verdadeiro representante de Deus (Köstenberger 2009, p. 327), parece improvável que Jesus queira dizer aqui que as obras de seus discípulos serão "mais sobrenaturais" do que as do Messias. Assim, várias interpretações alternativas foram oferecidas.

Alguns têm sugerido que essas "coisas maiores" se referem a atos de humildade (13:15) ou amor (13:34-35). No entanto, parece não haver razão suficiente para restringir tais "coisas" dessa maneira. Como observa Carson, "as 'obras' de Jesus podem incluir mais do que seus milagres; elas nunca os excluem" (1991, p. 495). Muitos dos primeiros intérpretes tomaram as "coisas maiores" para se referir aos sucessos missionários da igreja primitiva. O livro de Atos certamente fornece suporte para essa leitura. Os seguidores de Jesus estavam em posição de influenciar um número maior de pessoas e alcançar uma área geográfica muito maior do que Jesus fez durante seu ministério terreno. No entanto, tal leitura carece de suporte adequado do contexto do próprio Evangelho de João.

Em João, "coisas maiores" têm principalmente uma dimensão qualitativa, marcando os "sinais" de Jesus como preliminares e o ministério de seus discípulos como "maior" no sentido de que o ministério deles é baseado na obra completa de Jesus na cruz (12:24; 15:13; 19:30) e, portanto, pertence a um estágio mais avançado na história da salvação. Um ensinamento semelhante pode ser visto na observação de Jesus sobre a grandeza de João Batista e o menor no reino (Mt 11:7-15; veja Carson 2010, p. 306-11). Os seguidores de Jesus estão se beneficiando do trabalho de outros, colhendo o que não plantaram e, assim, darão o fruto que permanece (Jo 4:31-38; 15:8, 16).

Essa interpretação encontra amplo apoio no contexto de motivos correntes tanto na vida judaica em geral quanto nos discursos de despedida em particular: os discípulos são designados como sucessores de Jesus, ocupando seu lugar em uma longa série de predecessores que vão desde os profetas do Antigo Testamento até João Batista, e culminando em Jesus. Em João, são os seguidores de Jesus — não apenas seus discípulos originais, mas todos os que nele crerem — que farão coisas maiores do que Jesus fez, auxiliados pela oração respondida em nome de Jesus (14:13) e realizados em estreita união espiritual com seu exaltado Senhor (15:1-17).

Se vocês me pedirem alguma coisa em meu nome, Eu o farei (14:14): Esse versículo não pretende indicar que tudo o que alguém precisa fazer é pedir algo a Deus e lhe será dado a ele ou ela com base no nome de Jesus sendo anexado ao final da oração. Outras referências nas Escrituras (e.g., 1Jo 5:14-15) impedem uma leitura tão superficial. Orar em nome de Jesus não deve ser entendido como forçar a mão de Deus por meio da recitação de palavras mágicas, mas expressa o alinhamento dos desejos e propósitos de alguém com Deus.

João 14:15-18

E Eu pedirei ao Pai, e Ele lhes dará outro Conselheiro para estar para sempre com vocês (14:16): Os muçulmanos que afirmam ser esse versículo referente à vinda de Maomé desconsideram o claro contexto dessa passagem. A seção inteira de 14:15-24 prevê a concessão do "Espírito da verdade" (mais tarde referido como o Espírito Santo; cf. 14:26) subsequente à exaltação de Jesus, momento em que Jesus e o Pai farão sua habitação nos crentes pelo Espírito. Em nenhum lugar nessa passagem há qualquer menção de um futuro profeta que substituirá a mensagem de Jesus.

João 14:23-26

Mas o Conselheiro, o Espírito Santo — o Pai o enviará em meu nome (14:26): Essa passagem antecipa a concessão do Espírito Santo aos discípulos narrada em At 2. A terminologia "enviar" integra o Espírito uma rede de relacionamentos de envio descritos neste evangelho. Primeiro, João Batista foi enviado (1:6); depois, o Pai enviou Jesus, o Enviado paradigmático do Pai (9:4, 7); mais tarde, Jesus tornou-se o remetente do núcleo da igreja primitiva (17:18; 20:21). Assim, a cadeia de relacionamentos de envio vai de João Batista a Jesus, ao Espírito e finalmente aos discípulos (Köstenberger 1998).

Aqui, o Pai envia o Espírito Santo em nome de Jesus. Em 15:26, Jesus envia "o Conselheiro... do Pai". Não há razão para ver uma contradição aqui. O Pai nunca é enviado; Ele é o remetente do Filho e do Espírito. O Espírito nunca é o remetente; Ele é enviado pelo Pai e pelo Filho. Somente Jesus é o Enviado e o remetente; enviado pelo Pai, Ele envia o Espírito e seus seguidores.

O ministério futuro do Espírito é descrito aqui em termos de ensinar aos seguidores de Jesus todas as coisas (cf. 1Jo 2:20, 27; veja Schlatter 1948, p. 302) e de lembrá-los das palavras de Jesus. A promessa de Jesus de que o Espírito lembrará seus seguidores de tudo o que Ele lhes disse tem implicações importantes para a vida da igreja e para a redação do NT. Uma das principais características do Espírito segundo João é que Ele dá testemunho de Jesus e elucida o significado de sua mensagem. Isso adverte contra qualquer elevação indevida do Espírito sobre o Filho ou qualquer oposição do Espírito contra o Filho.

João 14:27-31

O Pai é maior do que Eu (14:28): As Testemunhas de Jeová e outras seitas costumam citar essa passagem para apoiar sua afirmação de que Jesus não era divino. Claro, essa não é uma controvérsia nova. A igreja primitiva teve que defender a doutrina da Trindade contra os arianos que afirmavam que Jesus era menos que Deus. A questão fundamental é como manter juntas as verdades inseparáveis da igualdade de Jesus com o Pai e sua subordinação ao Pai, que são ensinadas não apenas no Evangelho de João, mas em todo o NT.

Por um lado, Jesus é identificado como igual a Deus (1:1, 18; 5:16-18; 10:30; 20:28). Por outro, Jesus obedece e depende do Pai (4:34; 5:19-30; 8:29; 12:48-49). O erro é introduzido quando uma verdade é aceita enquanto a outra é negligenciada. Os arianos (e seus equivalentes teológicos modernos) aceitam que Jesus se submete ao Pai e, portanto, raciocinam (incorretamente!) que Jesus não pode ser Deus. Os gnósticos, outro grupo herético primitivo, reconheceram a divindade de Jesus enquanto raciocinavam (mais uma vez incorretamente) que Jesus não poderia ser totalmente humano.

Na presente passagem, a afirmação de Jesus: "o Pai é maior do que Eu", não pretende indicar inferioridade ontológica de sua parte. Jesus afirmou anteriormente no Evangelho de João que Ele e o Pai são um (i.e., uma entidade, parte de uma Divindade; 10:30). Em vez de indicar que Ele não é Deus ou um deus menor, Jesus enfatiza sua subordinação ao Pai que, como o NT deixa claro, não é apenas parte de seu ministério encarnado, mas enraizada em sua filiação eterna (cf. esp. 1Co 15:28; veja Beasley-Murray 1999, p. 262; contra Morris 1995, p. 584).

Levantem-se; vamos deixar este lugar (14:31): Comentário de Jesus: "Levantem-se; vamos deixar este lugar" — apelidado de *aporia,* ou suposta costura literária que trai fontes subjacentes — tem sido o centro de considerável debate acadêmico. Se Jesus ordenou a seus discípulos que se levantassem e saíssem, por que então seu discurso continua ainda por mais três capítulos (15—17)? A resposta tradicional é que os capítulos

13—14 relatam o que acontece no Cenáculo, enquanto os capítulos 15—17 se desenrolam tendo como pano de fundo Jesus e seus seguidores na estrada para o monte das Oliveiras. No entanto, muitos estudiosos modernos rejeitaram essa leitura como uma tentativa forçada de harmonização, pois a maneira mais natural de entender 18:1, de acordo com esses estudiosos, é que Jesus e seus discípulos não deixaram o Cenáculo até depois de 18:1.

Consequentemente, muitos estudiosos têm sugerido que 14:31 está mal colocado e deveria surgir mais tarde no discurso. No entanto, foi corretamente observado que essas teorias de deslocamento ou rearranjo, em vez de aliviar o alegado problema, servem apenas para aumentar as dificuldades e introduzir novos problemas adicionais (Carson 1991, p. 477). Por exemplo, o capítulo 14 inclui muitas perguntas feitas pelos discípulos que fazem pouco sentido se os capítulos 15—16 vierem antes dessas perguntas. Além disso, 14:16-17 provavelmente serve como uma introdução ao restante das passagens sobre o Espírito Santo nesta seção. Todavia, se eles vieram originalmente depois do restante dos versículos sobre o Espírito Santo, isso novamente seria uma sequência bastante estranha. Outros argumentaram que o capítulo 14 foi o discurso original de Jesus, com João acrescentando os capítulos 15—16 como suas próprias meditações pessoais sobre as palavras de Jesus. No entanto, é difícil entender por que João teria feito um trabalho tão ruim de edição de seu rascunho final. Essa proposta também enfrenta o problema de responder à pergunta de por que Jesus cobre tanto do mesmo terreno nas duas unidades se a segunda seção é simplesmente a meditação de João sobre o ensino de Jesus. Há muitos problemas adicionais com essa reconstrução também.

Com base no material comum entre os capítulos 13—14 e 15—16, alguns têm sugerido que esses são dois relatos do mesmo discurso. No entanto, para que fosse esse o caso, João ou um escriba posterior teria de ser bastante inepto em termos literários, não sabendo como integrar as duas versões de forma mais harmoniosa. A maioria das obras literárias fica mais polida após os rascunhos sucessivos. Para que essas teorias se tornem plausíveis, seria preciso aceitar que o Evangelho de João se tornou menos polido após a (suposta) edição. Além disso, há pouca evidência sugerindo que os intérpretes modernos possam filtrar corretamente as várias camadas da tradição proposta. Tendo em vista a quantidade considerável de evidências sugerindo que o evangelho é baseado em testemunhos oculares, é melhor aceitar e interpretar o texto como está.

Entretanto, a questão permanece por que João citou Jesus fazendo esse comentário e depois continuando por mais três capítulos antes de narrar a sequência do movimento. Uma solução simples parece mais provável: João incluiu esta declaração porque se lembrava de Jesus dizendo isso. Dois cenários possíveis poderiam explicar a localização da declaração. Primeiro, pode ser que Jesus e seus seguidores realmente tenham saído da sala onde foi realizada a última ceia e embarcado em uma caminhada noturna que os levou ao Getsêmani, talvez passando por vinhedos no caminho. Esse local teria fornecido um cenário adequado para o ensino de Jesus sobre a videira e os ramos (veja 15:1-8). Alguns sugeriram que a metáfora da "videira" feita por Jesus foi ocasionada pela videira dourada que pende sobre a entrada principal do templo. Outra possibilidade é que Jesus teria dito a seus discípulos que era hora de partir e então acrescentou mais algumas instruções antes de finalmente sair (cf. 18:1).

No nível literário, também existem várias explicações plausíveis para o comentário de Jesus em 14:31 que não requerem o recurso a teorias críticas de fontes. Thielman (1991, p. 180) sugere que a presente passagem pode ser um exemplo de uma "tentativa proposital de obscuridade" comum aos escritores antigos (citando a transição de 5:47 para 6:1 como um possível paralelo). Kellum (2005, p. 230) sugeriu que as declarações indicando movimento no Evangelho de João servem regularmente como formas de se mover ao longo da narrativa, argumentando que quando João registrou as palavras de Jesus, "Vamos", o evangelista deixou para seus leitores inferir que Jesus e seus discípulos realmente foram sem narrar explicitamente o que fizeram. Stibbe (1993, p. 159), da mesma forma, é capaz de fazer "muito bom sentido" com a narrativa em sua forma atual. Para ele, 14:31 faz parte do tema joanino do "Cristo esquivo": depois de dizer em 14:30 que o Diabo "não tem poder" sobre Ele, Jesus, sabendo que o "príncipe deste mundo" está chegando, foge de seus captores uma última vez.

João 15:1-2

Todo ramo em mim que não produz fruto Ele remove (15:2): Isso força demais a imagem dessa passagem para concluir que Jesus está ensinando que os discípulos genuínos podem perder sua salvação. Em vez disso, Jesus está usando imagens de "videira" e "galhos" para enfatizar que os verdadeiros cristãos devem produzir frutos. Se alguém não está produzindo fruto, é somente um ramo morto. Em 15:5, Jesus deixa claro que os ramos no presente discurso simbólico representam seus seguidores. No caso dos seguidores de Jesus, "em mim" (15:2) incluía Judas (cf. 13:10-11; veja Brown 1970, p. 675-76; Morris 1995, p. 594n10; Carson 1991, p. 515). Os ramos específicos que são removidos não produziram frutos e nunca produzirão nenhum fruto real (e.g., Judas). Se tivessem produzido frutos, teriam permanecido. Essa interpretação está de acordo com os exemplos ao longo do NT de pessoas que tiveram alguma ligação com Jesus ou a igreja, mas acabaram negando a fé, demonstrando que, apesar das aparências iniciais, a pessoa nunca teve a verdadeira fé salvadora (e.g., Mt 13:18- 23; 24:12; Jo 8:31; Hb 3:14-19; 1Jo 2:19; 2Jo 9).

João 15:22-25

Se eu não tivesse vindo e falado com eles, eles não teriam pecado (15:22): Jesus não está sugerindo que o mundo teria sido melhor se Ele não tivesse vindo ou mesmo que aqueles que nunca ouviram falar dele não tenham responsabilidade pelo próprio pecado deles. Em vez disso, Jesus está apenas enfatizando a culpabilidade do mundo em rejeitar a revelação divina trazida por Ele (Carson 1991, p. 526). Ademais, Ele está enfatizando que há uma finalidade tanto para a expressão final de Deus de seu amor em Jesus (3:16) quanto para a rejeição final desse amor pelo mundo (Ridderbos 1997, p. 524). O pecado mencionado na declaração: "Agora eles não têm desculpa para o seu pecado" (v. 22), em vez de constituir uma referência genérica ao pecado, parece pertencer especificamente à crucificação de Jesus (8:40, 44).

Quem me odeia também odeia meu Pai (15:23): Jesus pode anunciar corajosamente que quem o odeia também odeia o Pai por causa da estreita identificação entre Jesus e o Pai, por um lado, e Jesus e seus seguidores, por outro, ao que Jesus já havia aludido em 15:20 (veja também 5:23; 1Jo 2:23). Embora os fariseus e saduceus tivessem zelo por Deus (Rm 10:2), eles na verdade estavam rejeitando a Deus porque rejeitaram Jesus, o representante de Deus. "Ódio" (veja 15:18-19) é um termo forte que indica rejeição. A linguagem de Jesus sugere que as pessoas devem, em última análise, escolher entre duas, e apenas duas, opções: ou elas abraçam Jesus e sua mensagem e, assim, abraçam a Deus, ou rejeitam Jesus e as boas-novas da salvação e, mostram por essa razão que de fato odeiam a Deus (veja 3:16-21).

João 16:1-15

Nenhum de vocês me pergunta: "Para onde vais?" (16:5): Há uma aparente contradição aqui entre a afirmação de Jesus de que ninguém lhe perguntou: "Para onde vais?" e Jo 14:5 ("Senhor", disse Tomé, "não sabemos para onde vais. Como saberemos o caminho?"). Alguns têm argumentado que a contradição é real e pode ser o resultado de um autor que manteve seu material de origem com tanta deferência que não resolveu o conflito. No entanto, é improvável que João, uma testemunha ocular, tivesse sido tão servilmente ligado às fontes (em qualquer extensão que ele as usasse) a ponto de não amenizar os problemas, especialmente porque o evangelho é amplamente reconhecido como tendo um estilo comum e unificado por toda parte.

Várias propostas têm procurado explicar a aparente contradição. Diversos estudiosos procuram interpretar que Jesus não está dizendo que os discípulos nunca teriam feito tal pergunta, mas sim que *agora,* naquele momento, não lhe perguntaram para onde Ele estava indo. Outros pensam que os discípulos sabiam para onde Jesus estava indo e que Ele os estava repreendendo por sua tristeza excessiva.

Carson afirma que a dificuldade decorre de não se ser sensível às nuances literárias do texto. Ele argumenta que, no contexto de 14:5, não está claro se Tomé realmente está fazendo a pergunta formalmente representada por suas palavras. Os discípulos haviam sido "absorvidos em sua própria perda" e não imaginavam uma categoria para um Messias sofredor (Carson 1991, p. 532). Assim, embora fizessem muitas perguntas, é possível que o fizessem mais por protesto ou autopiedade do que por um desejo genuíno de compreender. Carson oferece a seguinte analogia: "Um garotinho, desapontado porque seu pai foi repentinamente chamado para uma reunião de emergência quando tanto o menino quanto seu pai esperavam ir pescar juntos, disse: 'Ah, papai, onde você está indo?' mas não se importa em saber o destino. A pergunta é um protesto; a pergunta não dita é 'Por que tu estás nos deixando?'" (1991, p. 533).

Ainda tenho muitas coisas para lhes dizer, mas vocês não podem suportá-las agora (16:12): Em 15:15, Jesus diz a seus seguidores: "Tudo o que ouvi de meu Pai, Eu vos dei a conhecer". Se Jesus deu tudo a conhecer aos discípulos (15:15), como pode dizer ao mesmo tempo que ainda tem "muito para lhes dizer" (16:12)? o alegado problema é resolvido quando lemos essas duas declarações em vista uma da outra. No contexto de 15:15, Jesus está explicando que não chama mais os discípulos de servos; Ele agora os chama de amigos. Enquanto os servos ou escravos simplesmente recebem instruções sobre o que fazer, os amigos recebem mais informações, o que lhes permite obter uma compreensão mais completa em sua obediência (Carson 1991, p. 523). Com exceção das coisas que eles não podem entender (16:12), Jesus disse a seus "amigos" todas as coisas que ouviu do Pai (15:15; cf. 1:18; 5:19-20).

João 16:23-30

Tudo o que vocês pedirem ao Pai em meu nome, Ele lhe dará (16:23): Sobre a questão se essa é uma promessa geral, veja comentários em 14:14.

Até agora vocês não pediram nada em meu nome (16:24): Não é que os discípulos deixaram de pedir coisas a Jesus antes, mas eles não pediram coisas ao Pai *em nome de Jesus.* Essa nova forma de "pedir" será a marca da nova era inaugurada pela morte e ressurreição de Jesus em favor dos crentes e já foi anunciada em Jo 15 (e.g., 15:7, 11, 16). A oração de fé enraizada na submissão à palavra de Jesus levará à completa alegria dos discípulos de Jesus.

Agora tu estás falando claramente e não usas nenhuma linguagem figurativa (16:29): Apesar de sua confiança, os discípulos estavam errados. Jesus não estava falando com mais clareza aqui do que em ocasiões anteriores. Além disso, os seguidores de Jesus não estavam mais próximos do entendimento do que antes. Aparentemente, os discípulos pensavam que a promessa de 16:23a já havia sido cumprida, não percebendo que "naquele dia" aponta para o tempo posterior à ressurreição de Jesus.

O mal-entendido dos discípulos é evidente pela repreensão branda de Jesus: "Agora vocês acreditam?" (16:31). Como em 13:38, a resposta de Jesus imita as palavras do comentário dos discípulos, revelando tanto ironia quanto exasperação (com *arti,* correspondendo a *nun,* em 16:29-30; veja Ridderbos 1997, p. 544n205). A persistente falta de compreensão dos discípulos torna-se evidente quando eles se dispersaram na prisão de Jesus.

João 17:1-26

***Visão geral da oração de Jesus* (17:1-26):** A extensão dessa oração fez com que alguns contestassem sua autenticidade com base na improbabilidade de que ela fora copiada palavra por palavra ou poderia ter sido lembrada suficientemente bem pelos discípulos. Se alguém adota uma visão de mundo contra o sobrenatural, esse raciocínio talvez seja convincente. No entanto, se alguém está aberto à possibilidade de que Jesus realmente deu aos discípulos o Espírito Santo para que se lembrassem de suas palavras (14:26), a duração da oração não representa nenhum problema.

Além disso, essa crítica perde sua força quando uma expectativa moderna de precisão relatada é substituída pelo que era a norma no primeiro século. Os ensinamentos de Jesus foram ouvidos e registrados no contexto da cultura judaica do primeiro século em que Ele viveu. Os autores do evangelho, em linha com outra historiografia do primeiro século, tinham a liberdade de resumir e explicar as palavras de uma pessoa. Embora isso possa parecer estranho em uma cultura com copiadoras, gravadores de voz e a capacidade de "copiar e colar", isso era padrão na historiografia antiga (veja em 3:3-7; cf. Bock 1995, p. 74-99).

Esta é a vida eterna: que eles possam conhecer a Ti, o único Deus verdadeiro, e a Jesus Cristo, Aquele a quem tu enviaste (17:3): Muitas religiões relacionam a vida após a morte ao conhecimento de Deus ou dos deuses. No entanto, a Bíblia é distinta no sentido de que "conhecer" a Deus não se refere apenas ao conhecimento cognitivo (a concepção grega); significa viver em comunhão com Deus. É claro que Deus também pode ser conhecido de forma limitada por meio da criação (Rm 1:18-25), mas, em última análise, o conhecimento de Deus depende da salvação. Além disso, aqui Jesus é apresentado como o único representante autorizado desse único Deus verdadeiro. Ele é o Messias enviado por Deus, o Ungido de Deus, o Cristo. Assim como há apenas um Deus verdadeiro, há apenas um caminho para o Pai: Jesus Cristo (14:6; Carson 1991, p. 556; Morris 1995, p. 638).

A expressão "Jesus Cristo" é usada neste evangelho somente aqui e em 1:17 (veja também 1Jo 4:2). Pode parecer improvável ao leitor moderno que Jesus, em uma referência de terceira pessoa, chamasse a si mesmo de "Jesus Cristo". No entanto, a autorreferência na terceira pessoa era comum na antiguidade (cf. 21:24; veja Jackson 1999, esp. p. 24-31). Também pode revelar retrospectiva. Para saber mais sobre o uso das palavras exatas de Jesus *versus* a voz exata, veja os comentários em 3:3-7.

O* "filho da destruição"** ***indica que Judas foi predestinado a trair Jesus? **(17:12):** As ações de Judas levantam uma série de questões: em que sentido Judas cumpriu as Escrituras do AT? Qual é a relação entre a responsabilidade de Judas e a soberania de Deus? Judas perdeu sua salvação? Primeiro, em que sentido Judas cumpriu as Escrituras do AT? O NT usa o AT de várias maneiras. Às vezes, o AT é cumprido no que tem sido tradicionalmente entendido como cumprimento direto de promessa. No entanto, muitas vezes as passagens do NT referem-se ao cumprimento de um padrão anterior de pessoas, eventos ou instituições. Isso é chamado de cumprimento tipológico e parece ser como João está usando o AT neste caso. A passagem do AT em mente é provavelmente o Sl 41:9 (aplicado a Judas em Jo 13:18). Outras Escrituras cumpridas por meio de Judas são os Sl 69:25 e

109:8 (citados em At 1:20). "Destruição" (*apōleia*) comumente refere-se no NT à condenação final; da mesma forma, "filho da destruição" ocorre em 2Ts 2:3, ali com referência ao "homem da iniquidade", o anticristo. Isso sugere que "filho da destruição" rotula Judas Iscariotes como parte de uma tipologia de personagens malignos que procuram frustrar os propósitos soberanos de Deus em toda a extensão da história da salvação (cf. 1Jo 2:18, 22; 4:3; veja Carson 1991, p. 563; Borchert 2002, p. 199).

Em segundo lugar, qual é a relação entre a responsabilidade de Judas e a soberania de Deus? Esse é um exemplo da apresentação consistente de João da compatibilidade entre a soberania de Deus e a responsabilidade humana (Carson 1981). Diz-se que a traição de Judas ocorreu "para que a Escritura se cumprisse". No entanto, isso não altera o fato de que Judas tomou sua decisão como um agente responsável e que ele será responsabilizado e julgado por seu ato maligno (veja Mc 14:2 = Mt 26:24; portanto, com razão, Calvino 1961:143). No entanto, Deus, de sua parte, anulou soberanamente os maus desígnios de Judas para realizar seus próprios bons propósitos (cf. Gn 50:20; veja Morris 1995, p. 645; veja também comentários sobre 12:37-40).

Judas perdeu sua salvação? Ele não foi salvo. Judas fez parte de um momento único na história da salvação. Embora Jesus estivesse instituindo a nova aliança, os benefícios completos do NT, em particular, o dom do Espírito Santo, como um depósito que garante a salvação (Ef 1:14), ainda não habitava em seus discípulos. Portanto, não se deve olhar para trás para aqueles que seguiram Jesus durante seu ministério terreno e considerá-los "discípulos" no sentido pleno da nova aliança até depois do dom do Espírito Santo (At 2:1-4). Devido à era da história da salvação da qual ele fazia parte, Judas, como os outros seguidores de Jesus, não possuía a habitação do Espírito Santo e, portanto, não era regenerado. Portanto, ele não poderia perder o que em primeiro lugar nunca teve (o Espírito Santo), e como Paulo diz em Rm 8:9b: "Mas, se alguém não tem o Espírito de Cristo, esse tal não é dele". Além do mais, Judas nunca parece ter abraçado totalmente a verdadeira identidade de Jesus ou depositado sua confiança nele de todo o coração. Por outro lado, Judas é um pouco análogo àqueles que pareciam fazer parte da igreja primitiva, mas devido à sua deserção posterior, descobriu-se que nunca foram verdadeiros crentes (1Jo 2:19).

JOÃO 18:1-6

A "companhia de soldados" ***indicaria que os romanos estavam envolvidos na prisão de Jesus?*** **(18:3):** Somente João observa que os soldados romanos também estiveram envolvidos na prisão de Jesus. O termo grego *speira* indica que o destacamento de soldados consistia em uma batalhão de soldados romanos. Uma batalhão completo era liderado por um "chiliarca" (literalmente "líder de mil", significando "tribuno" ou "comandante") e era composta por mil homens, embora na prática geralmente chegasse a apenas 600. O substantivo *speira* aqui poderia se referir a um grupo menor, pois é possível que nem toda o batalhão tivesse sido enviado. No entanto, os romanos podiam usar um número surpreendentemente grande de soldados, mesmo para lidar com uma única pessoa (como os 470 soldados que protegiam Paulo em At 23:23), especialmente quando temiam uma rebelião. As tropas romanas estavam estacionadas em Cesareia, mas durante os festivais os soldados se reuniam a noroeste do templo, perto da fortaleza de Antônia, a fim de vigiar de perto as grandes multidões e suprimir rapidamente qualquer potencial violência da turba.

Desse modo, Jesus [...] disse-lhes: "Quem é que vocês estão procurando?" (18:4): Todos os evangelhos indicam que Jesus tinha conhecimento do que iria acontecer em seguida com Ele. João, em particular, enfatizou o conhecimento sobrenatural de Jesus ao longo de seu Evangelho (veja esp. 13:1, 3), de modo que o fato de Jesus saber antecipadamente "tudo o que estava para acontecer com Ele" não surpreende o leitor. No entanto, embora Jesus soubesse exatamente o que aconteceria, Ele fez a pergunta: "Quem é que vocês estão procurando?" Não é anormal que Jesus ou Deus Pai (e.g., Gn 3) façam perguntas mesmo já sabendo das respostas. O fato de perguntar é um meio de estar em relação aos humanos.

Eles recuaram e caíram por terra (18:6): A resposta "Eu Sou" de Jesus no versículo 6 é uma de uma série de declarações "Eu Sou" (cf. 6:20; 8:24, 28, 58; 13:19) denotando uma alta cristologia. Em vista da resposta ("eles recuaram e caíram por terra"), é provável que Jesus esteja apresentando outra reivindicação de sua divindade nesse versículo. É possível que a queda dos soldados no chão tenha sido uma resposta a uma afirmação tão ousada. Carson explica: "Se eles já haviam ficado impressionados com Jesus antes, se ficaram estupefatos com seus ensinamentos, sua autoridade, sua franqueza em plena luz do dia nos arredores do templo onde eles mais se sentiam em casa, não é difícil acreditar que eles ficam desconcertados por sua autorrevelação aberta em uma encosta inclinada no meio da noite — ainda mais se alguns deles tivesse ouvido as conotações da autorrevelação de Deus na profecia de Isaías" (Carson 1991, p. 578). Além disso, sua queda pode ter sido o resultado de um poder avassalador sentido na presença de Jesus depois que Ele apresentou sua reivindicação à divindade, pois cair no chão era regularmente uma reação à revelação divina (e.g., Nm 22:31; 2Cr 5 :14; Ez 44:4).

João 18:12-14

Primeiro, eles o levaram a Anás, pois ele era o sogro de Caifás, que era o sumo sacerdote naquele ano (18:13): A audiência preliminar de Jesus perante Anás está registrada apenas em João. Não há razão para considerá-lo não confiável simplesmente porque os outros evangelhos não o registraram. Além disso, esse versículo é completamente compreensível em vista da situação histórica. Anás havia sido o sumo sacerdote de 6 a 15 d.C., quando o predecessor de Pilatos, Valerius Gratus, o depôs. Embora não estivesse mais formalmente no cargo, Anás continuou a exercer imensa influência nos dias de Jesus. De fato, muitos o consideravam o "verdadeiro" sumo sacerdote (cf. a provável referência a ele como "sumo sacerdote" em 18:19). A adequação de tal designação, mesmo depois que tal oficial fora removido do cargo, é confirmada tanto pela Mishná (*m. Horayot* 3.1-2, 4) quanto por Josefo (*Guerras Judaicas* 2.12.6 §243; cf. 4.3.7-9 §§151-60). Além disso, Anás era o patriarca de uma família de sumo sacerdotes que viu nada menos que cinco dos seus filhos, bem como Caifás, seu genro, ocupar o cargo em um momento ou outro. Pode até ter havido um elemento de desafio na prática judaica de continuar a chamar os sumos sacerdotes anteriores por esse nome, desafiando o direito romano de depor funcionários cujo mandato deveria ser vitalício de acordo com a legislação mosaica (cf. Nm 35:25). Lucas reforça essa visão quando situa o início do ministério de João Batista "durante o sumo sacerdócio de Anás e Caifás" (Lc 3:2; cf. At 4:6). Portanto, Jesus foi aparentemente levado a Anás primeiro devido ao poder e estatura contínuos de Anás. A ausência de testemunhas sugere que essa audiência foi informal. Na narrativa que se segue, João alterna entre o ouvir de Jesus diante de Anás (18:12-14, 19-24) e as negações de Pedro (18:15-18, 25-27).

João 18:15-18

***Pedro nega Jesus* (18:15-18, 25-27):** Alguns citam essa passagem como um caso em que João e os Sinóticos se contradizem. No entanto, uma comparação próxima das passagens paralelas demonstra que não é necessário chegar a uma conclusão tão negativa. Mateus, Marcos e Lucas (Mt 26:69-75; Mc 14:66-72; Lc 22:54-62) listam as negativas diante de uma criada no pátio (aparentemente, segundo Lucas, a cena ocorreu perto uma fogueira); depois diante de outra moça na porta de entrada (Lucas não especifica a pessoa nem o local); e, finalmente, diante de um grupo de curiosos no tribunal (Lucas menciona apenas uma pessoa, não o grupo). Em João, as três negações ocorrem em resposta a uma criada em uma porta; a um grupo de pessoas; e ao servo do sumo sacerdote, um parente de Malco. Ao comparar João e os Sinóticos, não há razão para encontrar contradições entre um grupo que faz uma acusação e um indivíduo que a faz, pois um autor tem a prerrogativa de se concentrar em um indivíduo dentro de um grupo sem tornar seu relato historicamente impreciso. Com relação à localização das duas primeiras negações, Carson sugeriu que a "ordem das duas primeiras negações pode ser invertida entre João e os Sinóticos, mas cada evangelho tem uma ordem histórica que não pode ser facilmente determinada. João menciona a 'menina no portão' fazendo a primeira pergunta e sugere, mas não afirma, que isso ocorre durante a entrada de Pedro. Mateus e Marcos relatam Jesus voltando para o portão como cenário para sua segunda negação. Várias possibilidades vêm à mente, mas nenhuma maneira adequada de testá-las" (2010, p. 623).

João 18:19-24

Eu falei abertamente para o mundo [...] não falei nada em segredo (18:20): O objetivo da referência de Jesus à natureza pública de sua instrução parece ser o fato de que as autoridades judaicas teriam sido mais do que capazes de reunir testemunhos oculares daqueles que ouviram Jesus ensinar. O Mestre não estava tentando manter sua mensagem em segredo, mas ensinava publicamente. Embora às vezes Ele ensinasse seus discípulos em particular, isso era feito para explicar melhor ou para desenvolver o que Ele havia falado anteriormente em público.

Em contraste com as religiões que foram fundadas com base em reivindicações de revelações privadas e não verificáveis de Deus (como o islamismo e o mormonismo), o cristianismo se originou em reivindicações que estavam abertas à verificação por testemunhas oculares. Ainda hoje, praticam-se religiões ou seitas que exigem que a pessoa aceite certos ritos de iniciação antes de poder receber os ensinamentos completos do grupo. Esse tipo de segredo contrasta com os ensinamentos de Jesus e as origens do cristianismo.

Ao responder às perguntas de Pilatos, Jesus não contradiz Is 53:7: "Ele foi oprimido e afligido, mas não abriu a boca. Como um cordeiro levado ao matadouro e como uma ovelha muda diante de seus tosquiadores, Ele não abriu a boca". Jesus não estava refutando seus acusadores ao responder às perguntas de Pilatos. Quando foi acusado pelo sumo sacerdote em seu julgamento judaico (Mt 27:12-14; Mc 15:1-4), Jesus permaneceu em silêncio em cumprimento de Is 53:7.

João 18:28-38

Eles próprios não entraram no quartel-general; pois do contrário, eles ficariam contaminados e estariam impedidos de comer a Páscoa (18:28): A passagem atual indica que os judeus não entravam no palácio a fim de evitar a impureza cerimonial para que pudessem comer a Páscoa. A questão de como entender o retrato sinótico de Jesus comendo a refeição da Páscoa e depois sendo crucificado que teve no dia seguinte já foi discutido anteriormente (veja comentários em 13:2). Sugeriu-se que a solução mais provável é que João e os Sinóticos apresentam Jesus como tendo feito uma refeição final com seus discípulos, uma refeição pascal, na noite de quinta-feira, com a crucificação tendo ocorrido na tarde de sexta-feira. Sendo assim, a presente referência não é para a Páscoa em um sentido restrito, porém mais amplamente para a Festa dos Pães Sem Fermento, que incluía a Páscoa e em sua totalidade durava sete dias (veja Lv 22:1: "a Festa dos Pães Sem fermento, que se chama Páscoa"), e em particular à oferta festiva (*hagigah)*, que era trazida na manhã do primeiro dia da festa (cf. Nm 28:18-19). "Comer a Páscoa" provavelmente significa simplesmente "celebrar a festa" (cf. 2Cr 30:21).

Estudiosos evangélicos diferem em sua avaliação da legitimidade da transposição de um determinado relato por um autor bíblico de seu cenário histórico real para um ponto diferente em sua narrativa. Se um arranjo tópico em vez de cronológico é indicado de alguma forma na narrativa, isso parece ser inquestionável, uma vez que a inerrância é medida pela intenção autoral conforme refletida no texto. Surgem problemas, entretanto, onde marcadores temporais sugerem um certo ponto histórico no tempo em um caso onde outra passagem da Escritura especifica um local diferente no tempo. Em tais casos (e.g., a purificação do templo, sobre a qual veja comentários sobre 2:13-22 citado anteriormente), parece importante levar a sério os indicadores de tempo e respeitar a precisão histórica da narrativa em seu suposto cenário, em vez de recorrer à teoria de que o evangelista transpôs seu relato de um determinado evento por supostas razões teológicas. (Veja comentários adicionais em Mc 14:12 e Lc 22:7.)

"Não é lícito para nós matar ninguém", declararam os judeus (18:31): Há vários casos em que as autoridades judaicas estiveram envolvidas em execuções. Por exemplo, pensamos nos apedrejamentos de Estêvão (At 7) a morte de Tiago, meio-irmão de Jesus, em 62 d.C. (Josefo, *Antiguidades* 20.9.1 §200), bem como na queima da filha de um sacerdote acusada de adultério (*m. Sanhedrin* 7.2), todos os quais envolviam linchamento ou quebra de autoridade. No entanto, o Sinédrio não tinha legalmente o poder da pena capital (Barrett 1978, p. 533-35; Morris 1995, p. 695-97; Hengel 1999, p. 330; Winter 1974). Josefo relata: "O território de Arquelau [6 d.C.] não foi reduzido a uma província, e Copônio, um romano da ordem equestre, foi enviado como procurador, acreditado por Augusto com plenos poderes, incluindo a imposição de pena capital" (*Guerras Judaicas* 2.2.4 §117). Josefo também fala de um caso em que o sumo sacerdote condenou certas pessoas à morte por apedrejamento, sentença que foi contestada por alguns, aparentemente porque o Sinédrio não tinha autoridade para impor a pena de morte durante o domínio romano na Judeia. Com certeza, o sumo sacerdote foi deposto por sua presunção (*Antiguidades* 20.9.1§§ 197-203). Isso é consistente com a literatura talmúdica, que reconhece que os judeus perderam esse poder "quarenta anos" antes da destruição de Jerusalém (*m. Sanhedrin* 1:1; 7:2).

"Meu reino não é deste mundo", replicou Jesus (18:36): Anteriormente, em João, Jesus rejeitou os esforços das pessoas para torná-lo rei (6:15). Em João, Jesus renuncia regularmente às aspirações políticas, principalmente na presente referência. No entanto, mesmo Jesus não aceitando uma agenda política, Ele não nega ser um rei. Se o fizesse, deixaria de testemunhar a verdade. Além disso, Jesus não está sugerindo que seu reino seja inoperante ou não relacionado a este mundo (cf. Beasley-Murray 1989, p. 331). João afirma que o mundo atual será mudado pelo poder do Reino de Jesus (e.g., 1Jo 5:4). Portanto, João não está em contradição com passagens como Lucas 1:32-33 que indicam que o reino de Jesus terá uma dimensão terrena. Tampouco o apóstolo está em conflito com as passagens do AT que predizem que o reino do Messias será terreno (e.g., Sl 72:8; Dn 7:14, 27; Zc 9:10). O argumento na presente passagem é que a batalha pelo tipo de reino de Jesus não é travada com exércitos terrestres (cf. a prisão de Jesus pelos soldados armados e a breve resistência de Pedro em 18:1-11, que é prontamente repreendido por Jesus).

João 18:39-40

Vocês têm por costume que eu liberte um prisioneiro para vocês na Páscoa (18:39): O costume de libertar um prisioneiro na Páscoa pode remontar aos tempos dos asmoneus e continuou a ser praticado pelos romanos após a conquista da Palestina (veja Josefo, *Antiguidades* 20.9.3 §209; Tito

Lívio, *História Romana* 5.13; *b. Pesahim* 91a). A libertação provavelmente servia como um gesto de boa vontade destinado a diminuir o conflito político. Uma passagem da *mishná* (*m. Pesahim* 8.6) sugere que tais libertações eram comuns o suficiente para justificar a legislação. A lei romana previa dois tipos de anistia: perdoar um criminoso condenado (*indulgentia)* e absolver alguém antes do veredicto (*abolitio)*. No caso de Jesus, o último estaria em vista (Keener 1993, p. 309). (Veja comentários adicionais em Mt 27:15, Mc 15:6 e Lc 23:17.)

João 19:1-4

Pilatos prendeu Jesus e mandou açoitá-lo (19:1): Parece estranho que, embora Pilatos tenha afirmado que Jesus era inocente (18:38), ele o açoitou (*emastigōsen)*. O relato de João é paralelo a Lc 23:13-16, onde Pilatos anuncia: "Não encontrei motivos para acusar este homem", mas então conclui: "Portanto, vou mandar açoitá-lo e soltá-lo". Uma questão relacionada surge quando Mc 15:15 afirma que Jesus foi açoitado (*phragellōsas)* depois que a sentença capital foi dada. Como a flagelação registrada em Mc 15:15 (cf. Mt 27:26) se relaciona com a registrada em João (veja também Lucas)?

Havia três formas de flagelação administradas pelos romanos no primeiro século: (1) a *fustigatio,* uma surra menos severa reservada para ofensas menores, como vandalismo; (2) o *flagellatio,* uma flagelação mais brutal a que eram submetidos os criminosos cujas ofensas eram mais graves; e (3) a *verberatio,* a forma mais terrível dessa punição, regularmente associada a outras represálias, como a crucificação. Com a *verberatio,* o criminoso era amarrado a um poste sem roupas e espancado por vários algozes por um longo período de tempo. Muitas vezes a vítima morria durante o açoitamento.

Em João, a flagelação em vista é provavelmente a forma menos severa, a *fustigatio,* que pretendia em parte apaziguar os judeus e em parte ensinar uma lição a Jesus. Após a sentença de crucificação, Jesus foi açoitado novamente, conforme relatado em Marcos (e Mateus), dessa vez na forma mais severa, a *verberatio.* Isso explica por que Jesus estava fraco demais para carregar sua própria cruz para muito longe.

***Os soldados zombam de Jesus* (19:2-3):** A saudação dos soldados imita o "Ave César" estendido ao imperador romano. Sua zombaria de Jesus como rei parece copiar cenas frequentemente apresentadas no palco e nos circos romanos (Winter 1974, p. 148-49). O jogo do "rei simulado", cujos rabiscos estão preservados no pavimento de pedra da fortaleza de Antônia, era praticado por soldados durante a Saturnália romana. Se Marcos e João estão realmente falando sobre dois tipos de chicotadas diferentes, parece que eles jogaram esse jogo durante as duas formas de chicotadas. João provavelmente inclui essa zombaria "real" para enfatizar a ironia: Jesus realmente é o rei de Israel. (Veja comentários adicionais em Mt 27:27-31 e Mc 15:17.)

JOÃO 19:5-16

Jesus não lhe deu uma resposta (19:9): Provavelmente existem várias razões pelas quais Jesus não deu resposta a Pilatos. Ele e Pilatos ocupavam mundos totalmente diferentes, e nenhuma resposta, curta ou longa, teria sido suficiente para responder adequadamente à pergunta de Pilatos (Carson 1991, p. 600). Nicodemos e as autoridades judaicas não tinham entendido de onde Jesus viera; seria ingênuo esperar que esse governador romano compreendesse sua verdadeira origem. O panteão greco-romano estava cheio de deuses fazendo sexo com mulheres resultando em descendentes humanos; alguém que tivesse abraçado esses mitos teria grande dificuldade em compreender o relacionamento de Jesus com seu Pai. Além disso, o silêncio de Jesus recorda o Servo sofredor de Isaías (53:7; cf. 1Pe 2:22-23).

Em resposta ao silêncio de Jesus, Pilatos o lembra que tem autoridade para libertá-lo. A resposta de Jesus é "típica do compatibilismo bíblico, mesmo o pior mal não pode escapar dos limites externos da soberania de Deus — ainda assim a soberania de Deus nunca mitiga a responsabilidade e a culpa dos agentes morais que operam sob a soberania divina, enquanto suas decisões voluntárias e sua rebelião maligna nunca tornar Deus totalmente contingente" (Carson 1991, p. 600). Pilatos se encontra no comando por causa da ação soberana de Deus, e ainda assim ele é responsável por não agir de acordo com a verdade e a justiça (para uma exploração completa do assunto, veja Köstenberger 2005, p. 19-51).

Ao ouvir essas palavras, Pilatos levou Jesus para fora (19:13): Aparentemente, Pilatos não estava convencido da culpa de Jesus (cf. 18:38; 19:4, 6). Talvez também por sua natureza supersticiosa (19:8) e por ter ficado impressionado com a coragem de Jesus diante da morte (considerada virtuosa no mundo greco-romano), ele relutou em mandar crucificar Jesus. No entanto, como em outras instâncias, Pilatos, apesar de se gabar para Jesus de que ele tinha poder para libertar e poder para crucificar (19:10; veja Brown 1970, p. 894), acabou cedendo às exigências judaicas (veja Filo, *Gaius* p. 38 §§301- 2).

Os críticos argumentam que o medo de Pilatos dos judeus não pode ser reconciliado com documentos históricos, os quais indicam que Pilatos odiava os judeus e foi chamado de volta por Roma porque seu preconceito e relações tensas enfraqueceram sua eficácia como líder. É mais provável que Pilatos, sabendo que os judeus haviam anteriormente comunicado ao imperador seu descontentamento com sua liderança e reconhecendo que Tibério era conhecido por agir de forma decisiva quando suspeitas eram lançadas sobre a conduta ou lealdade de seus subordinados, ele tinha boas razões para temer os judeus. Na época de Vespasiano (69-71 d.C.), "amigo de César" havia praticamente se tornado um título oficial; mesmo nos dias de Jesus, o termo pode ter tido força semitécnica. É possível que Pilatos tenha adquirido o status de "amigo de César" por meio de seu mentor Sejano. No entanto, como Sejano havia caído recentemente em desgraça (foi executado em 18 de outubro de 31 d.C.), Pilatos teria muitos motivos para se preocupar com a remoção de seu status de favorecido pelo imperador. Na verdade, ele foi chamado de volta três anos após a crucificação de Jesus em 36 d.C.

Era o dia da preparação para a Páscoa (19:14): Alguns argumentam que *paraskeuē* (Dia da Preparação) refere-se ao dia anterior à Páscoa, ou seja, o dia em que as pessoas faziam os preparativos para a Páscoa (no presente caso, quinta-feira de manhã). Sendo assim, parece que para João, Jesus é enviado para ser executado no momento em que os cordeiros da Páscoa estavam sendo abatidos no templo. Os Evangelhos Sinóticos, no entanto, retratam Jesus e seus discípulos celebrando a Páscoa na noite anterior à crucificação. Além disso, Mateus, Marcos, Lucas e Josefo usam *paraskeuē* para se referir ao dia anterior ao sábado. O termo, portanto, deve ser usado para se referir ao dia de preparação *para o sábado* (i.e., sexta-feira).

Se isso for preciso, então *tou pascha* significa não "da Páscoa", mas "da *semana da Páscoa*". De fato, "Páscoa" pode se referir a (o dia da) refeição real da Páscoa ou, como no caso presente, toda a semana da Páscoa, incluindo o dia da Páscoa, bem como a Festa dos Pães Sem fermento associada a ela. "Dia da preparação da semana da Páscoa" é, portanto, melhor entendido como o dia da preparação para o sábado (ou seja, sexta-feira) da semana da Páscoa (com razão Carson 1991, p. 603-4). Assim, todos os quatro Evangelhos concordam que a última ceia de Jesus foi uma refeição pascal feita na noite de quinta-feira (pelos cálculos judaicos, o início da sexta-feira; veja comentários sobre 13:2 e 18:28 sobre os problemas cronológicos associados à reconciliação da representação da crucificação feita por João e pelos Sinóticos; veja também o estudo detalhado de Köstenberger 2010, p. 6-30).

Eram cerca de seis horas da manhã (19:14): A presente passagem levanta pelo menos duas questões. A primeira está ligada à questão de como os antigos contavam o tempo. Os judeus começavam a contar um novo dia ao pôr do sol (i.e., às 6 horas da manhã, no caso em questão) enquanto os romanos começavam à meia-noite. Assim, a "sexta hora" pelo cômputo judaico seria meio-dia, enquanto pelo cômputo romano seriam 6 horas da manhã. Dependendo de seu julgamento sobre se João usou o método judaico (como fizeram os Sinóticos) ou o modo romano de contagem do tempo, as versões existentes diferem em sua tradução da frase "a sexta hora" na presente passagem. Algumas traduções da Bíblia simplesmente fornecem uma tradução literal: "a sexta hora" (KJV, NKJV, ESV; embora se possa ver a nota ESV: "cerca do meio-dia"). Outros têm "seis da manhã" (HCSB; cf. nota da NASB: "Talvez seis da manhã", no cálculo romano). Essa era a opinião de AT Robertson (1950, p. 284-87) e BF Westcott (1958, p. 282). No entanto, outras traduções traduzem a frase "por volta do meio-dia" (NIV, NLT, NRSV; cf. nota ESV; cálculo judaico). Em suma, parece mais provável que todos os quatro Evangelhos tenham usado o método judaico de contar o tempo, uma visão favorecida pela maioria dos comentaristas. Nesse caso, a frase traduzida como "por volta das seis da manhã" na versão HCSB na verdade significaria "por volta do meio-dia" (conforme traduzido na NIV, NLT, NRSV; assumido no parágrafo seguinte).

A segunda questão tem a ver com indicações aparentemente contraditórias quanto ao tempo do julgamento de Jesus perante Pilatos e a especificidade das referências bíblicas de tempo em geral. No presente caso, Jesus foi julgado perante Pilatos na hora terceira (Mc 15:25) ou na hora sexta (Jo 19:14)? Como as pessoas relacionavam o tempo estimado ao segmento de três horas mais próximo, qualquer horário entre 9 horas e meio-dia pode ter levado uma pessoa a dizer que um evento ocorreu na terceira (9 horas) ou na sexta hora (meio-dia). Assim, Blomberg explica: "Quando se reconhece que a falta generalizada de dispositivos precisos de contagem de tempo no mundo antigo levou à prática de dividir o dia em quatro, de modo que as pessoas muitas vezes não se preocupassem em falar mais especificamente do que isso, tornando plausível a interpretação da 'terceira hora' de Marcos como significando qualquer horário entre 9 horas e meio-dia. A 'hora sexta' de João também se referiria a algum momento antes do meio-dia, talvez dentro de uma hora ou mais" (2007, p. 228). No contexto de sua narrativa mais ampla, a preocupação de Marcos provavelmente era fornecer o cenário para as três horas de escuridão (15:25, 33), enquanto João procura enfatizar a duração do processo, começando na "manhã cedo" (18:28) perante Pilatos. (Veja mais comentários em Mc 15:25.)

"Não temos rei senão a César!" responderam os principais sacerdotes (19:15): Os críticos dizem que esse versículo retrata falsamente os judeus como devotos do governo romano, o que é historicamente incorreto. No entanto, esse ato falha em entender a atitude e intenção judaica no contexto restrito representado nesses versículos. No fato de os mestres reconhecerem apenas César como seu rei, os judeus fazem política para conseguir o que querem. Em outras palavras, os líderes judeus estavam traindo toda a sua herança nacional, bem como negando suas próprias expectativas messiânicas com base nas promessas das Escrituras, para que Jesus fosse morto. Esse, então, é o argumento de João, especialmente para seus primeiros leitores judeus: a rejeição judaica do Messias envolvia transigência religiosa e uma falha em adorar a Deus. No entanto, os judeus falaram ainda mais do que imaginaram. Pois, na verdade, os judeus se juntaram ao mundo em sua rejeição ao Messias enviado por Deus, fracassando assim em prestar homenagem a Deus e mostrando que eles não tinham, de fato, outro rei senão César (Morris 1995, p. 710).

João 19:17-24

Levando Ele a sua própria cruz (19:17): Segundo os Sinóticos, Simão de Cirene ajudou Jesus a carregar a cruz (Mt 27:32; Mc 15:21; Lc 23:26). No entanto, João aqui observa que Jesus carregou sua própria cruz. Apenas uma leitura antipática necessita de uma contradição real entre os Sinóticos e João. É provável que João não queira dizer nada além de que o próprio Jesus carregou a cruz quando "saiu" para o local da crucificação. Depois de carregar a cruz até o portão da cidade, Jesus presumivelmente desmaiou, enfraquecido pela perda de sangue, e os soldados obrigaram Simão que, segundo Marcos, estava "chegando do campo". A falta de referência de João a Simão de Cirene pode ser devido ao fato de que a menção de Simão teria desviado a atenção dos temas centrais de João. Uma dessas ênfases é o retrato consistente que João faz de Jesus como responsável pelos eventos ao longo da Narrativa da Paixão (e.g., 18:4; cf. 13:1-3).

Ele [...] foi conduzido para o chamado Lugar da Caveira, que em hebraico se chama *Gólgota* (19:17): A redação da frase "Lugar da Caveira" (Gólgota em hebraico ou aramaico) lembra a descrição anterior de "um lugar chamado Pavimento de Pedra " (Gabbatha em hebraico ou aramaico) em 19:13. O termo grego "Gólgota" translitera a expressão aramaica para "caveira". O equivalente latino (encontrado na versão Vulgata de todos os quatro Evangelhos) é "Calvário". O local pode ter recebido esse nome devido à sua aparência de caveira. Um local fora do Portão de Geena, perto da Igreja do Santo Sepulcro, é a opção mais provável.

JESUS, O NAZARENO, O REI DOS JUDEUS (19:19): Os sinais em os outros evangelhos fazem afirmações semelhantes: "ESTE É JESUS, O REI DOS JUDEUS" (Mt 27:37); "O REI DOS JUDEUS" (Mc 15:26); "ESTE É O REI DOS JUDEUS" (Lc 23:38). As pequenas diferenças podem ser devidas ao fato de que os dizeres possivelmente foram escritos em três idiomas diferentes (aramaico, latim e grego). O aramaico era a língua mais amplamente compreendida em uso na Judeia; o latim era a língua oficial da força de ocupação romana; e o grego era a "língua internacional" do império, compreendida pela maioria dos judeus da diáspora, bem como pelos gentios. Outras fontes observaram esse tipo de postagem trilíngue nas crucificações (Bauer 1933:173) era destinada a emitir um aviso severo à população em geral, independentemente do idioma, para evitar crimes graves. (Veja comentários adicionais em Mt 27:37, Mc 15:26 e Lc 23:38.)

Não vamos rasgá-la, mas lancemos sortes, para ver quem fica com ela (19:24): João conta que os soldados dividiram as "roupas" de Jesus (*himatia*; a forma é plural) em quatro partes. Alguns entenderam *himatia* para se referir apenas à roupa exterior, que os soldados rasgaram em quatro partes. No entanto, devido à sua forma plural, é mais provável que "roupas" se refira ao cinto, sandálias, cobertura de cabeça e roupa exterior de Jesus (Carson 1991, p. 612). Era uma prática romana comum despir as pessoas crucificadas. Esta leitura também corresponde bem aos Sinóticos (Mt 27:35; Mc 15:24). De acordo com os outros evangelhos, um centurião também estava presente. É possível que soldados adicionais estivessem envolvidos na preparação dos outros dois homens para a crucificação. (Veja mais comentários em Mc 15:23-24.)

[Eles] fizeram isso para cumprir a Escritura (19:24): Em vez de constituir uma promessa-cumprimento direta, o uso que João faz de Sl 22:18 é parte de um padrão tipológico maior do AT que antecipa a morte de Jesus identificado pelos autores do NT. Além disso, a cena faz parte do retrato de João da crucificação de Jesus, de acordo com a experiência do justo sofredor nos Salmos (cf. 19:28, 36, 37; veja o extenso tratamento do uso do AT nessas passagens em Köstenberger 2007, p. 500-506). De acordo com o quarto evangelista, dividindo as vestes de Jesus entre eles e lançando sortes sobre seu manto, os soldados romanos involuntariamente cumpriram as Escrituras. O raciocínio dos soldados era que eles não queriam rasgar a túnica de Jesus, que era tecida como um único pano (19:23-24). Na soberania de Deus, os soldados fizeram exatamente o que foi predito nas Escrituras séculos antes.

JOÃO 19:25-27

***Por que três dos evangelhos mostram mulheres diferentes na cruz?* (19:25)**: Várias pessoas ficaram ao lado da cruz de Jesus. Embora haja pouca evidência direta para confirmar isso, parece que as pessoas crucificadas poderiam estar cercadas por familiares, amigos e parentes. Embora nenhum dos autores do evangelho pretenda fornecer uma lista exaustiva de mulheres que estavam perto da cruz, os relatos individuais dos evangelhos diferem ligeiramente no que diz respeito à lista de mulheres mencionadas. Mateus lista Maria Madalena, Maria, mãe de Tiago e José, e mãe dos filhos de Zebedeu (Mt 27:55-56); Marcos menciona as duas primeiras mulheres, mas revela Salomé como a terceira (Mc 15:40); Lucas menciona as mulheres, mas não fornece nomes, a não ser para dizer que eram as mulheres que haviam seguido Jesus desde a Galileia (Lc 23:49; cf. 8:2-3, que menciona Maria Madalena, Joana a esposa de Cuza, mordomo de Herodes, Susana, e muitas outras; cf. Mc 15:41, que também menciona "muitas outras mulheres").

João refere-se a um grupo de mulheres composto pela mãe de Jesus, a irmã de sua mãe, Maria, esposa de Clopas, e Maria Madalena, pelo que o grego permite que sejam duas, três ou quatro mulheres. A redação adotada poderia ser plausivelmente interpretada para denotar quatro mulheres: (1) Maria, mãe de Jesus (não mencionada aqui, como em outras partes deste evangelho); (2) a irmã de sua mãe (talvez Salomé, a mãe dos filhos de Zebedeu, mencionada em Mateus e Marcos); (3) Maria (a esposa) de Clopas (cf. Lc 24:18?); e (4) Maria Madalena (cf. Jo 20:1-18). Se a irmã da mãe de Jesus era de fato Salomé, a mãe dos filhos de Zebedeu (o que, aliás, tornaria Jesus o primo materno de João, sobrinho de sua mãe, uma possibilidade que torna a atribuição de Jesus de cuidar de sua mãe a João, o "discípulo a quem Jesus amava", ainda mais plausível), e Maria, esposa de Clopas, deve ser identificada com a mãe de Tiago e José, as listas em Mateus, Marcos e João são virtualmente idênticas.

Finalmente, os escritores Sinóticos mencionam que em certo ponto as mulheres ficaram à distância enquanto João fala do grupo de mulheres como "em pé junto à cruz". No entanto, durante as várias horas de vigília é possível, até provável, que houvesse um certo vaivém por parte dos seguidores de Jesus. (Veja comentários adicionais em Mt 27:55-56 e Mc 15:40.)

Jesus [...] disse à sua mãe: "Mulher, aqui está o teu filho" (19:26): A mãe de Jesus, provavelmente viúva e com pouco mais de cinquenta anos e com pouca ou nenhuma renda gerada por si mesma, teria dependido muito de Jesus, seu filho mais velho. Coerente com o mandamento bíblico de honrar os pais (Êx 20:12; Dt 5:16), Jesus providencia o cuidado de sua mãe. Por que Jesus confiaria seus cuidados a alguém que não fosse seus outros filhos? Pode ser pela razão de que, naquele momento, os irmãos de Jesus não acreditavam nele (7:5; assim, e.g., Laney 1992, p. 348). João era parente de Jesus (veja menção anterior), então isso dá plausibilidade ao fato de Jesus ter confiado sua mãe aos seus cuidados. A exegese católica romana entende esse versículo simbolicamente como João representando um modelo de todos os verdadeiros discípulos, com Maria servindo como a mãe da igreja. No entanto, isso é duvidoso, considerando que Maria não levou o discípulo amado para *sua* casa. Em vez disso, o discípulo amado levou Maria para *sua* casa, e foi ele quem foi instruído por Jesus a cuidar de sua mãe, e não o contrário.

João 19:28-30

Jesus [...] disse: "Está consumado!" Então, inclinando a cabeça, entregou o espírito (19:30): Embora as palavras finais de Jesus sejam registradas de forma diferente nos evangelhos, não há razão para supor que Ele não tenha proferido cada expressão antes de sua morte. De fato, os evangelhos registram até sete declarações de Jesus na cruz: (1) "Pai, perdoa-lhes, porque não sabem o que fazem" (Lc 23:34); (2) "Eu te asseguro: hoje estarás comigo no paraíso" (Lc 23:43); (3) "Mulher, aqui está o teu filho. Aqui está a tua mãe" (Jo 19:26-27); (4) "Meu Deus, meu Deus, por que me desamparaste?" (Mt 27:46; Mc 15:34; tradicionalmente referido como o "grito de abandono"); (5) "Estou com sede!" (Jo 19:28); (6) "Está consumado!" (Jo 19:30); e (7) "Pai, em tuas mãos entrego o meu espírito" (Lc 23:46; veja Köstenberger, Kellum, Quarles 2009:315).

João 19:31-37

Um dos soldados perfurou seu lado com uma lança, e imediatamente saíram sangue e água (19:34): De acordo com especialistas médicos, a lança pode ter perfurado o coração de Jesus, resultando, diretamente ou através do peito e pulmão, em um fluxo de sangue e água (Barbet 1953; Edwards, Gabel, Hosmer 1986, p. 1455-56; cf. Carson 1991, p. 623). O fluxo de sangue e água ressalta que Jesus morreu como um ser humano completo. Talvez "sangue e água" também apontem para as duas naturezas de Jesus, humana e divina. O paralelo em 1Jo 5:6-8 refere-se a espírito, água e sangue; Jesus entregou seu espírito quando morreu (19:30), deixando para trás sangue e água.

João também poderia estar aludindo a Êxodo 17, especialmente o versículo 6: "Quando você bater na rocha, água sairá dela e o povo beberá" (cf. Nm 20:11; veja Carson 1991, p. 624). Uma alusão à Páscoa também pode estar em vista (*m. Pesahim* 5:5-8; cf. *m. Ohalot* 3.5), consistindo de (1) o hissopo (19:29), (2) os ossos intactos (19:33, 36) e (3) o sangue misturado (19:34; Barrett 1978, p. 557; Burge 2000, p. 532). Se isso estiver correto, então João pode testemunhar todos os três eventos que descrevem Jesus como o cordeiro pascal. Além disso, a lei sacrificial judaica exigia que o sangue da vítima não fosse coagulado, mas fluísse livremente no momento da morte para que pudesse ser aspergido (*m. Pesahim* 5.3, 5).

Aquele que viu isso deu testemunho para que vocês também acreditem (19:35): Por meio dessa declaração, nosso autor afirma ter sido uma testemunha ocular da crucificação, o que se encaixa bem com sua afirmação consistente de ser uma testemunha ocular da vida e ministério de Jesus.

Estas coisas aconteceram para que a Escritura se cumprisse: Nenhum dos seus ossos será quebrado (19:36): Parece que João está se referindo a dois conjuntos de Escrituras: (1) Sl 34:20, descrevendo o cuidado de Deus com o homem justo: "Ele protege todos os seus ossos; nenhum deles está quebrado"; (2) Êx 12:46 e Nm 9:12, especificando que nenhum osso do cordeiro pascal poderia ser quebrado. Aparentemente, "no pensamento judaico, a desfiguração era um obstáculo à ressurreição", o que pode explicar ainda mais por que João se esforça para enfatizar que nenhum osso foi quebrado.

A referência a ossos não quebrados em Êx 12:46 vem no contexto dos requisitos para a observância da Páscoa. Nenhum osso do animal sacrificial poderia ser quebrado, porque, entre outras razões, era um símbolo da unidade da família adoradora e de toda a comunidade da aliança. A ordem de Êx 12:46 é reiterada em Nm 9:12. O Sl 34, um salmo davídico, constitui um poema acróstico (ligeiramente irregular) centrado na certeza de que o Senhor livrará os justos.

A única diferença entre Êx 12:46 e Nm 9:12 é que o verbo no texto anterior está na segunda pessoa do plural (*suntripsete* [cf. Êx 12:10 LXX]), enquanto o último o tem na terceira pessoa do plural (*suntripsousin).* Há três diferenças entre esses textos e a citação em Jo 19:36: (1) a omissão do *kai* inicial ; (2) a omissão da preposição *apo* (Hb bô ; presumivelmente devido à influência do versículo do salmo; cf. Menken 1996, p. 152); (3) a forma verbal, que é uma terceira pessoa do singular passiva em Jo 19:36 ao invés de uma segunda terceira pessoa do plural ativa como nos textos do Pentateuco. A esse respeito, é interessante notar que a versão Septuaginta do Sl 34:20 (Sl 33:21 LXX) apresenta exatamente a mesma forma verbal de Jo 19:36: *suntribēsetai.* Isso torna provável que o Sl 33:21 LXX seja a fonte da forma verbal na citação de João. Portanto, é mais provável que a citação de João no AT represente uma combinação de Êx 12:46/Nm 9:12 e Sl 34:20.

A citação, juntamente com as outras referências de cumprimento em referência à sua crucificação, autentica a afirmação de Jesus sobre sua identidade messiânica. No presente caso, um vínculo poderoso é estabelecido entre a morte sacrificial de Jesus e a Páscoa judaica, que comemorava a libertação dos israelitas de sua escravidão no Egito (Êx 12:46; Nm 9:12). Isso marca Jesus como o "cordeiro de Deus" que tira os pecados do mundo (1:29, 36), de acordo com o testemunho do Batista. Esse padrão de tipologia também é parte integrante do tema da substituição joanina, segundo o qual Jesus cumpre o simbolismo inerente a uma variedade de festivais e instituições judaicas. Além disso, Jesus, de acordo com a tipologia davídica, é apresentado como um homem justo que é preservado por Deus de acordo com a garantia expressa pelos servos de Deus no passado (Sl 34:20).

Além disso, outra Escritura diz: Eles olharão para Aquele que traspassaram (19:37): A presente passagem cita Zc 12:10 como sendo cumprido pela perfuração romana do lado de Jesus em Jo 19:34. O texto de Zc 12:10 diz: "Então derramarei um espírito de graça e oração sobre a casa de Davi e os moradores de Jerusalém, olharão para mim, aquele a quem traspassaram, e chorarão por ele como quem chora a perda de um filho único, e lamentarão amargamente por ele como quem lamenta a perda do filho mais velho". Isso resultará em grande luto em Jerusalém e pela família da casa de Davi (Zc 12:11-14).

A passagem de Zc 12:9-10 faz parte do segundo e último oráculo, abrangendo 12:1—14:21, que se concentra, por meio do discurso divino, na ação de Yahweh contra as nações. Enquanto 12:1-8 descreve os eventos externos que ocorrerão em Jerusalém "naquele dia", 12:9-14 descreve a condição interna do povo de Deus. Em particular, Yahweh derramando um espírito de graça (cf. Ez 36:25-26?) E a súplica está ligada a pessoas que olham para alguém que traspassaram. Um indivíduo foi morto, que é seguido por um período de luto profundo. No contexto (observe as referências da primeira pessoa em 12:9-10), a frase "para mim" pode se referir apenas ao próprio Yahweh.

O conceito da "traspassamento de Yahweh" em Zc 12:10 sugere que o sofrimento não é uma experiência desconhecida de Deus, mas que Ele a conhece em primeira mão. Isso sugere um mistério que pode ser compreendido mais plenamente apenas à luz da encarnação e crucificação do Verbo feito carne, Jesus, que, como o Deus-homem, foi traspassado por nossas transgressões (Is 53:5) como o messiânico pastor e o servo sofredor de acordo com o padrão da profecia do AT a respeito de um Salvador sofredor.

Juntamente com o cumprimento de outras passagens do AT em conjunto com a morte de Jesus na cruz, como Is 53, João viu o cumprimento de Zc 12:10 na crucificação como confirmação de que o Messias era Jesus (cf. 20:31). A apropriação de João de Zc 12:10 na presente passagem opera com base no axioma hermenêutico de que Yahweh age na pessoa de seu representante autorizado, o pastor messiânico, de modo que golpear e matar o pastor, ou perfurá-lo, está em um sentido de perfurar o próprio Yahweh (para uma discussão mais completa, veja Köstenberger 2007, p. 504-6).

João 19:38-40

Nicodemos [...] também veio, trazendo uma mistura de cerca de 75 libras de mirra e aloés (19:39): Parece que José de Arimateia e Nicodemos trabalharam juntos para cuidar do corpo de Jesus, com José cuidando dos assuntos legais e Nicodemos trazendo as especiarias. Nicodemos trouxe uma mistura de mirra e aloés literalmente, 100 *litrai.* Os intérpretes geralmente consideram isso equivalente a 30 quilos (portanto, HCSB, NET, NIV, ESV), enquanto as tradições mais antigas o colocam em "cerca de cem quilos" (portanto, KJV e NKJV). A entrada para "Pesos e Medidas" no *Anchor Bible Dictionary* (6:907) é útil.

A "libra" ***(litra)*** de unguento usado por Maria nos pés de Jesus em Jo 12:3 e as "cem libras" de unguentos de embalsamamento trazidos por Nicodemos em 19:39 não pretendem ser medidas precisas, mas são expressas em peso porque unguentos e os perfumes, sendo caros, geralmente eram calculados em peso e não em capacidade; a unidade conceitual subjacente é provavelmente a libra romana de ca. 326,4 g (= 96 denários) ou a mina de ca. 340 g (= 100 denários).

Se isso estiver correto, então um *litra* seria 0,72 ou 0,75 lb (uma vez que uma libra equivale a 453,6 gramas), e 100 litras seriam, portanto, 75 libras [34 quilos]. A simples quantidade de especiarias parece inviável para alguns intérpretes, mas não há necessidade de presumir que Nicodemos iria carregar as especiarias sozinho. Provavelmente foram usados servos para transportar a mistura aromática, tirar o corpo de Jesus da cruz, conduzi-lo para o local do sepultamento e prepará-lo para o enterro. O uso intenso de especiarias não é sem precedentes no contexto judaico. Durante os tempos da monarquia de Israel, o rei Asa morreu e foi colocado em "um caixão cheio de especiarias e várias misturas de unguentos preparados" (2Cr 16:14). Mais tarde, "quinhentos servos carregando especiarias" participaram da procissão fúnebre de Herodes, o Grande (Josefo, *Antiguidades* 17.8.3 §199).

João 20:1-10

Quem foi ao túmulo e quando? A pedra foi rolada? **(20:1-2):** Marcos indica que o tempo era "ao nascer do sol" (16:2; Mt 28:1: "ao amanhecer"; Lc

24:1: "muito cedo pela manhã"); João menciona que "ainda estava escuro". Existem várias maneiras possíveis de explicar as diferenças. Talvez Maria Madalena tenha sido a primeira entre um grupo de mulheres a chegar ao túmulo. Ou João pode se referir à saída de Maria de casa enquanto Marcos fala de sua chegada ao túmulo. O plural "nós" na declaração de Maria, "não sabemos onde o puseram!" pode indicar que ela foi na companhia de outras mulheres (Maccini 1996, p. 208-10). Isso corresponde bem aos outros evangelhos que apresentam Maria como parte de um grupo no túmulo vazio. É ainda sugerido aqui, pelo fato de que Maria foi ao túmulo enquanto ainda estava escuro (20:1), ela dificilmente teria ido sozinha, especialmente durante as festas religiosas, quando Jerusalém estava lotada de visitantes de caráter duvidoso. No entanto, em algum momento, após a chegada de Maria, ela aparentemente se separou dos outros e naquele momento viu o Senhor ressurreto (20:10-18). (Veja comentários adicionais em Mt 28:1 e Mc 16:1-2.)

João indica que a pedra já havia sido removida quando Maria chegou ao túmulo ("Ela viu que a pedra havia sido removida", v. 1). No entanto, o relato de Mateus parece indicar mais naturalmente que a pedra foi removida na presença das mulheres, que ficaram chocadas e com medo na presença do anjo (Mt 1:1-7). Lido isoladamente dos outros evangelhos, haveria poucos motivos para duvidar dessa impressão. No entanto, a existência de relatos paralelos leva-nos a um olhar mais atento, o que revela que a leitura inicial de Mateus pode ser posta em questão. Como observa Blomberg, o rolar da pedra "provavelmente precedeu a chegada das mulheres, pois Mateus parece relacioná-lo com a vinda do anjo, que [talvez] já estivesse no lugar quando eles chegaram ao túmulo (cf. Mc 16:3-4)" (2001, p. 426-27). Essa leitura assume que a expressão "foi ao túmulo" no versículo 1 não indica que as mulheres já teriam chegaram ao túmulo, além de assumir que as mulheres estavam com medo por causa do túmulo aberto e da presença do anjo, e não porque viram o anjo descer e rolar a pedra (nenhuma delas testemunhou nessa visão).

O fato de todos os quatro Evangelhos apontarem mulheres como as primeiras testemunhas oculares da ressurreição vai contra aqueles que afirmam que esses relatos são lendas míticas produzidas pelos discípulos que sofreriam de dissonância cognitiva. Se os judeus do primeiro século fossem inventar uma história, não seria intuitivo fazer das mulheres as primeiras testemunhas oculares. Naquela cultura, as mulheres não tinham permissão para testemunhar em um tribunal (e.g., Trites 1977, p. 54-55; O'Collins 1995, p. 94; Bauckham 2002, p. 268-77; cf. Wright 2003, p. 607). Por exemplo, Josefo escreveu: "Das mulheres não se aceite nenhuma evidência, por causa da leviandade e temeridade de seu sexo" (*Antiguidades* 4.219). O fato de todos os quatro Evangelhos incluírem mulheres como as primeiras testemunhas oculares aponta para a historicidade da ressurreição. N. T. Wright argumentou de forma convincente: "Se eles [os evangelistas] pudessem ter inventado histórias de boas, honestas e confiáveis testemunhas masculinas sendo as primeiras a chegar ao túmulo, eles o teriam feito. O fato de não terem feito isso nos diz que todos na igreja primitiva sabiam que as mulheres, lideradas por Maria Madalena, foram de fato as primeiras a chegar, ou que a igreja primitiva não era tão inventiva quanto os críticos costumam imaginar, ou ambos os casos. Os outros evangelistas [assumindo a prioridade de Marcos] teriam sido tão tolos a ponto de copiar a história, a menos que estivessem convencidos de que, apesar de ser uma responsabilidade apologética, era historicamente confiável?" (2003, p. 608).

Pedro e o outro discípulo se dirigiram ao sepulcro (20:3): Com Lc 24:12 mencionando apenas Pedro correndo para o túmulo, alguns argumentaram que o relato de João sobre os dois homens correndo para o túmulo contradiz Lucas. Porém, Lucas também relata (Lc 24:24) que os dois companheiros no caminho de Emaús disseram: "*Alguns* dos que estavam conosco foram ao sepulcro e acharam assim como as mulheres tinham dito, mas não o viram". O plural "alguns" confirma o relato de João.

O outro discípulo [...] entrou no sepulcro, viu e acreditou (20:8): Parece que, para o "discípulo a quem Jesus amava", as faixas de linho (*ta othonia)* eram evidências suficientes de que o corpo não havia simplesmente sido movido. Os olhos do discípulo amado então pousaram sobre o lenço que estava em volta da cabeça de Jesus. Em contraste com Lázaro, que saiu da tumba ainda vestindo suas roupas funerárias (11:44), o corpo da ressurreição de Jesus aparentemente passou pelas faixas de linho da mesma maneira que Ele mais tarde pôde aparecer a seus discípulos em um recinto trancado, significando que as paredes não apresentavam barreira à sua entrada (20:19, 26). O pano (*soudarion)*, presumivelmente usado para manter a mandíbula de Jesus no lugar (cf. *b. Moed Catan* 27a; veja Morris 1995, p. 735n18), foi dobrado (ou enrolado) em um lugar (*eis hena topon)* à parte, separado do linho. João chama a atenção para o cuidado que teve na forma como o túmulo foi deixado. Faria pouco sentido que ladrões de túmulos deixassem invólucros de linho caros ou especiarias. No entanto, mesmo que supostos ladrões de túmulos, por algum motivo, os tenham deixado para trás, o cuidado de dobrar o linho exclui qualquer possibilidade de tal teoria, pois sem dúvida eles teriam agido com pressa.

Eles ainda não entendiam pela Escritura que era necessário que Ele ressuscitasse dos mortos (20:9): Esse comentário pode apontar para uma passagem específica do AT (sugestões incluem Sl 16:10; Is 53:10-12; e Os 6:2), embora seja possível que a referência esteja relacionada à Escritura em sua totalidade (cf. Lc 24:25-27, 32, 44-47). Ainda que Jesus tivesse dito aos discípulos que seria morto e ressuscitaria, estes falharam em compreender as predições de Jesus. Todos os evangelhos, de várias maneiras, descrevem os discípulos como incapazes de entender as declarações de Jesus sobre sua morte, sepultamento e ressurreição antes desses eventos e do dom subsequente do Espírito Santo.

O AT antecipou a vinda do Messias e os eventos envolvendo sua morte e ressurreição, mas os discípulos demoraram a entender essas Escrituras. Esses mal-entendidos provavelmente se deveram a vários fatores, incluindo sua própria cegueira espiritual, sua posição na história da salvação (ou seja, antes da concessão do Espírito Santo) e expectativas errôneas sobre o Messias e sua identidade e as circunstâncias que cercam sua vinda. Aparentemente, os discípulos, junto com outros judeus do primeiro século, acreditavam que o Messias viria como libertador nacional, participaria de uma conquista militar e estabeleceria um reino na Terra. O fato de Ele morrer na cruz e depois ressuscitar da sepultura simplesmente não correspondia às suas expectativas.

João 20:11-18

Maria viu dois anjos vestidos de branco sentados ali, um à cabeceira e outro aos pés (20:12): Aqui, no relato de João, Maria vê *dois* anjos *sentados* no sepulcro onde o corpo de Jesus jazia. A passagem de Mt 28:5-6 fala de *um* anjo que estava *sentado do lado de fora* da tumba anunciando a ressurreição de Jesus, enquanto Mc 16:5-6 revela a notícia vinda de *um* jovem *sentado dentro* da tumba e Lc 24:5-6 apresenta a chegada de *dois* homens *que estavam dentro* da tumba. O que se pode dizer sobre uma possível harmonização desses detalhes?

Embora seja possível harmonizar essas narrativas de várias maneiras diferentes (para uma harmonização plausível, veja Wenham 2005), é difícil ter certeza sobre como fazer uma reconstrução precisa. Em linhas gerais, ninguém deve se surpreender com a presença de diferentes perspectivas sobre um evento tão significativo como a ressurreição. Consideremos a seguinte analogia contemporânea: "O reitor da universidade deste autor morreu no final de um discurso que estava sendo apresentado para o corpo estudantil. Uma hora depois do evento, um professor de sociologia pede que seus trinta alunos escrevam, individualmente, seu próprio relato do que aconteceu. Cada um foi instruído a escrever um relato honesto e o mais detalhado possível, dado o tempo limitado do período de aula. Quando as narrativas foram compostas posteriormente, havia inúmeras diferenças em detalhes, embora todos concordassem que o reitor havia morrido no final de seu discurso" (Kaiser, Davids, Bruce, Brauch 1996). O ponto da analogia não é que alguns dos alunos estivessem necessariamente errados (embora alguns pudessem estar), mas que cada um percebeu e relembrou os eventos que ocorreram de seu próprio ponto de vista único, de modo que qualquer reconstrução dos detalhes históricos exatos e a cronologia dessas diferentes perspectivas deve ser feita com cautela.

No presente caso, parece que João narra o que aconteceu quando Maria Madalena ficou para trás após a descoberta inicial do túmulo vazio (Jo 20:1). A diferença de número (um anjo contra dois) nas narrativas é um tipo padrão de variação encontrada nos evangelhos (e.g., Mc 10:46-52 e Mt 20:29-34). Não há razão para assumir uma contradição quando um determinado autor menciona menos personagens do que outro autor descrevendo o mesmo evento. Toda escrita de história é necessariamente seletiva, de modo que a referência de um autor a menos personagens do que outro autor em um relato paralelo não exclui a possibilidade de que ambos os autores soubessem que vários personagens estavam presentes. Da mesma forma, é trivial discutir se os personagens que deram a notícia estavam sentados ou em pé e se estavam fora ou dentro da tumba. É preciso pouca imaginação para apreciar o fato de que os anjos estavam, sem dúvida, se movendo durante os eventos descritos e, portanto, poderiam ser descritos com precisão como estando em um ponto enquanto sentados em outro, ou como estando dentro ou fora da tumba, dependendo da localização precisa, do momento em que uma dada narrativa é colocada. (Veja comentários adicionais em Mt 28:5-6, Mc 16:5-6 e Lc 24:4-6.)

Ela se virou e viu Jesus ali em pé, embora não soubesse que era Jesus (20:14): Como é comum nas narrativas da ressurreição, Jesus não é reconhecido imediatamente (veja 21:4; Lc 24:16; cf. Mt 28:17). Embora o corpo da ressurreição de Jesus pudesse ser visto e tocado (Jo 20:27; Lc 24:39) e ainda carregasse as marcas da crucificação (Jo 20:20, 25, 27), e também que Jesus pudesse continuar compartilhando refeições com seus seguidores (21:9, 13; Lc 24:41-43), seu corpo ressurreto aparentemente ressuscitou através das faixas de linho (20:6-8); foi capaz de passar por portas fechadas (20:19, 26); e muitas vezes não foi reconhecido imediatamente. O argumento das Testemunhas de Jeová de que Jesus ressuscitou como um espírito e assumiu um corpo temporário e desconhecido para interagir com Maria faz pouco sentido, especialmente porque Jesus ainda carregava as marcas da crucificação.

Além de ladrões de túmulos ou outros enlutados, nenhum dos quais provavelmente seriam visitantes àquela hora da manhã, os jardineiros que cuidavam do terreno onde a tumba estava localizada (cf. 19:41) seriam os únicos que poderiam estar por perto. A suposição de Maria indica que, à primeira vista, o Jesus ressuscitado era indistinguível de uma pessoa comum.

Aqui em João, Maria Madalena vê Jesus no túmulo. Mateus 28:8-9 mostra algumas das mulheres vendo-o depois que Ele saiu do túmulo. Lucas nunca menciona Jesus sendo visto pelas mulheres. É indiscutível que os evangelhos incluem detalhes diferentes sobre os relatos da ressurreição. A questão mais importante é se esses eventos podem ser harmonizados de forma responsável (veja comentários em 20:12 sobre a harmonização dos relatos da ressurreição). O fato de Lucas não mencionar alguma mulher vendo Jesus não sugere necessariamente que Lucas acreditava que nenhuma mulher viu Jesus ressuscitado, Lucas apenas escolheu não incluir esse detalhe. Além disso, é plausível que Jesus tenha encontrado as mulheres depois que elas deixaram o túmulo e também foi visto por Maria no túmulo.

***O valor apologético de Maria ser a primeira testemunha do Jesus ressurreto* (20:16-17):** À luz das limitações impostas ao testemunho das mulheres no judaísmo do primeiro século (*m. Rosh Hashaná* 1.8), o papel de Maria como uma das primeiras testemunhas oculares e Jesus confiando a Maria esta importante mensagem certamente é significativo (para saber mais sobre Maria e outras mulheres sendo as primeiras testemunhas oculares e a evidência que isso fornece para a historicidade da ressurreição, veja comentários em 20:1-2).

"Não me detenhas", disse-lhe Jesus (20:17): Maria, após Jesus se identificar para ela, presumivelmente passou a abraçar Jesus (cf. Mt 28:9 onde ela se agarra a seus pés). Sua reação é totalmente natural, mas revela um mal-entendido. Aparentemente, Maria estava decidida a não perder uma segunda vez o que lhe custara tanto esforço reencontrar; mas ela não deveria agora se apegar a Jesus, pois sua ascensão ao Pai ainda era um acontecimento futuro. As traduções "Não se agarre a mim" ou "Não se apegue a mim" são superiores à tradução "Não me detenhas" ou "Não me toque" (KJV). Embora as frases sejam semelhantes, "Não me detenhas" falha em trazer atenção adequada ao provável significado de Jesus: Maria não deveria esperar que Ele permanecesse com ela na forma atual. Por necessidade histórico-salvífica, Jesus deve seguir em frente; o Espírito tomará seu lugar (14:16-17). A declaração de Jesus ("Não me detenhas") nada tem a ver com a visão gnóstica de que o material corrompe o imaterial e, portanto, não pode se corromper ao entrar em contato com seres não elevados, como Maria. Em contraste com o gnosticismo, João prontamente fala da Palavra tornando-se carne (1:14) e deixa claro que o corpo ressurreto de Jesus era um corpo físico (e.g., 21:1-14).

Meu Deus e vosso Deus (20:17): A distinção de Jesus entre "meu Pai e vosso Pai" e "meu Deus e vosso Deus" destaca o sentido diferente em que Deus é Deus e Pai tanto de Jesus quanto dos crentes (cf. 1:12, 14, 18, 34).

Deus é o Deus e Pai do Senhor Jesus Cristo dentro do contexto de sua divindade compartilhada; Ele é o Deus e Pai dos crentes no sentido de que é o Criador deles e que agora eles são trazidos de volta a um relacionamento correto com Ele por meio do sacrifício de uma vez por todas de Jesus, seu Filho. A distinção de Jesus entre "meu Pai e vosso Pai" e "meu Deus e vosso Deus" é útil e importante, porque mantém a distinção entre Ele mesmo e os crentes, preserva o sentido único em que Jesus é tanto Filho de Deus quanto Ele mesmo é o próprio Deus (e.g., 1:1, 14, 18), evitando a confusão de sentido e referência que resultaria se as naturezas de Jesus e dos crentes fossem indevidamente equiparadas simplesmente porque Deus, propriamente entendido, pode ser considerado o Deus e Pai de ambos.

João 20:19-23

Então Jesus aproximou-se, pôs-se no meio deles e disse-lhes: "A paz esteja com vocês!" (20:19): Ao observar que as portas estavam "fechadas", João enfatizou a natureza milagrosa da entrada de Jesus. Ele ressuscitou corporalmente dentre os mortos e ainda assim, como fica evidente nessa passagem, tinha a capacidade de aparecer e desaparecer milagrosamente. Novamente, o uso dessa passagem pelas Testemunhas de Jeová como suporte para sua crença de que Jesus ressuscitou apenas como um espírito é equivocado. O relato de João se concentra nas mãos e no lado de Jesus, que teriam mostrado a ferida infligida pela lança do soldado romano (19:34). As cicatrizes de Jesus provaram aos discípulos que a pessoa diante deles realmente era seu Senhor ressuscitado corporalmente, não algum impostor ou fantasma (que Lucas menciona, os discípulos a princípio imaginavam erroneamente que tinham visto; Lc 24:37).

Soprou sobre eles e disse: "Recebam o Espírito Santo" (20:22): As palavras de Jesus aqui mostram semelhanças com as comissões em Mt 28:18-20 e Lc 24:47. No entanto, parece que aqueles são eventos distintos com configurações diferentes. A presente referência provavelmente representa uma promessa simbólica do dom do Espírito que logo seria dado, não a entrega real dele 50 dias depois no Pentecostes (cf. At 2; veja Carson 1991, p. 649-55; cf. Witherington 1995, p. 340-41). Sendo o contrário, torna-se difícil ver como João não estaria em conflito real com a narrativa do Pentecostes de Lucas em At 2.

O próprio Evangelho de João afirma essa harmonização, pois o evangelista inclui a afirmação de Jesus de que o Espírito seria dado somente após a glorificação de Jesus (7:39), que implicava em seu retorno ao Pai. O comportamento dos discípulos, subsequente ao presente incidente, também seria bastante intrigante se eles já tivessem recebido o Espírito (e.g., 20:26: portas trancadas; 21:2-3: Pedro e seis outros vão pescar, não pescam nada e, a princípio, não reconhecem Jesus). O presente gesto é feito para o grupo em sua totalidade, em vez de separar indivíduos, assim como a autoridade para perdoar ou reter pecados é dada à igreja como um todo.

Como a versão HCSB traduz corretamente, o verbo grego (*enephusēsen)* significa "soprou *sobre*" em vez de "soprou *dentro*". O antecedente teológico é claramente Gn 2:7, onde exatamente a mesma forma verbal é usada. Lá, Deus sopra seu Espírito em Adão na criação, o que o torna em um "ser vivente". Aqui, por ocasião da comissão de seus discípulos, Jesus os constitui como a nova comunidade messiânica em antecipação à efusão do Espírito posterior à sua ascensão.

Se vocês perdoarem os pecados de alguém, eles serão perdoados (20:23): Em Mateus, o poder de perdoar ou reter pecados é atribuído a Pedro em um sentido universal, histórico-salvífico (Mt 16:19; cf. At 1—12) e aos discípulos em contexto interno da igreja (Mt 18:18). Tanto Mateus quanto João podem ecoar a referência àquele a quem é dada "a chave da casa de Davi" em Is 22:22 (cf. Ap 3:7). Sendo assim, o que está em jogo é a autoridade para conceder ou negar o acesso ao reino de Deus. No entanto, enquanto em Mateus o foco está na autoridade didática e intracomunitária de Pedro e da nova comunidade messiânica, a ênfase de João está no pronunciamento do perdão ou retenção de pecados dependendo do arrependimento de uma pessoa ou falta dele (Ridderbos 1997, p. 644; Witherington 1995, p. 343).

No contexto judaico, a expressão "ligar e desligar" descrevia a atividade de um juiz que declarava um indivíduo inocente ou culpado e, assim, "ligava" ou "desligava" as acusações feitas contra eles. Essa passagem não está estabelecendo nenhum tipo de sacerdócio como aquele encontrado na Igreja Católica Romana. A voz passiva nos verbos *aphēntai* ("perdoado") e *kekratōntai* ("eles não serão") implica que, em última análise, é Deus quem está operando. O contexto desse versículo é a missão dos discípulos e a obra do Espírito em capacitá-los. Como observa Carson: "As testemunhas cristãs proclamam e declaram e, capacitadas pelo Espírito, vivem pela mensagem de sua própria proclamação; é Deus quem *efetivamente* perdoa ou retém o pecado" (1991, p. 656).

João 20:24-29

***O Tomé duvidoso* (20:25-27):** No início da narrativa, Jesus não reforçou a necessidade das pessoas em ver "sinais e maravilhas" (4:48). No presente caso, Tomé pede não apenas um sinal, mas uma evidência concreta. Talvez ele pensasse que os discípulos tivessem visto um fantasma, não o Jesus ressurreto em carne e osso (cf. 6:19-21 e paralelos), e sua declaração expressaria falta de confiança no julgamento de seus condiscípulos tanto quanto ceticismo quanto à possibilidade de Jesus haver ressuscitado dos mortos.

Do ponto de vista do evangelista, a objeção de Tomé torna-se um contraste bem-vindo para impedir a incipiente noção gnóstica de que Jesus apenas *apareceu* como humano (a heresia mais tarde chamada de "docetismo", de *dokeō*, parecer) e, nos debates contemporâneos, aqueles que insistem em uma mera ressurreição *espiritual*. Assim como no caso do prólogo (1:14), João se preocupa em afirmar que Jesus "veio em carne" (uma grande preocupação nas epístolas de João; cf. 1Jo 4:2-3; 2Jo 7), tal como Tomé é convidado: "Coloque o dedo aqui e observe minhas mãos. Estenda a mão e coloque-a no meu lado. Não seja um incrédulo, mas um crente". Isso indica claramente que o corpo ressurreto de Jesus não era apenas um fantasma ou uma aparição espiritual, mas um corpo "carnal" (embora transformado).

Como na ocasião anterior (veja 20:19), as portas estavam trancadas (não apenas fechadas), o que parece implicar que os temores dos discípulos em relação aos líderes judeus não haviam diminuído (cf. 20:19). Esse medo contínuo, juntamente com a dúvida de Tomé e a descrição generalizada da lentidão dos discípulos em entender e crer, fornece evidências poderosas da confiabilidade dos evangelhos (sem mencionar o fato apoiando a noção de que a dádiva real do Espírito Santo ainda era um evento futuro; veja em 20:22 citado anteriormente). Em outras palavras, se um pequeno grupo de pessoas decidisse formar um movimento e reunir seguidores em torno de seus ensinamentos, por que eles se retratariam de maneira tão negativa? A resposta mais óbvia é que eles estavam relatando os eventos que realmente aconteceram.

João 20:30-31

Jesus realizou muitos outros sinais [...] que não estão escritos neste livro (20:30): Essa declaração se encaixa bem com as narrativas encontradas nos quatro Evangelhos canônicos. Fica claro até para o leitor casual que os evangelistas são seletivos no que incluem. Isso é verdade para todos os escritores de história. Por exemplo, todos os quatro Evangelhos fornecem bem pouca (ou nenhuma) informação sobre a infância de Jesus e, embora cada evangelho inclua histórias paralelas durante o ministério de Jesus, os evangelistas às vezes escolheram incluir eventos diferentes. Nada disso é surpreendente, e aqui o evangelista indica que está bem ciente de que eventos adicionais poderiam ter sido incluídos em seu relato.

***O texto de 20:31 teria sido o final original do Evangelho de João?* (20:31):** Esse versículo contém talvez a declaração de propósito mais clara encontrada em qualquer um dos evangelhos. Essa passagem conclusiva é seguida pelo que pode ser considerado o epílogo do Evangelho de João, ou seja, o capítulo 21. Outros lugares nos escritos joaninos incluem conclusões resumidas semelhantes que são seguidas de material adicional (e.g., Jo 12:36-37; 1Jo 5:13; Ap 22:5; Keener 2003, p. 1221; cf. Whitacre 1999, p. 489). Já se propôs que João tenha planejado originalmente terminar seu Evangelho nesse ponto e só mais tarde acrescentou um capítulo adicional. Alternativamente, foi sugerido que alguém que não seja João, talvez alguns de seus discípulos, acrescentou o capítulo 21 após a morte do apóstolo. Ambos os cenários são possíveis.

No entanto, a presença de um epílogo parece ser exigida pelo prólogo de abertura para preservar o equilíbrio e a simetria da estrutura. O prólogo, por sua vez, está tão intimamente ligado ao restante do evangelho que sua composição não pode ser facilmente relegada a um seguidor posterior de João. Consequentemente, tanto o prólogo quanto o epílogo enquadram o evangelho de tal maneira que formam uma parte essencial do tecido teológico e literário de toda a narrativa. Particularmente notável é a resolução do relacionamento entre Pedro e o discípulo amado e a identificação do discípulo amado como o escritor do Evangelho de João. Além disso, a linguagem e o estilo do capítulo 21 não diferem significativamente dos capítulos 1—20. Na verdade, existem ligações terminológicas positivas entre esse capítulo final e o restante do evangelho. Além disso, não há evidência textual de que o evangelho tenha circulado em qualquer forma diferente da atual, canônica. Finalmente, terminar o evangelho imediatamente após o encontro de Jesus com Tomé teria parecido bastante abrupto (para uma análise completa, veja Köstenberger 2004a, p. 583-86).

Por essas e outras razões, deve-se sustentar que o epílogo constitui parte integrante do Evangelho de João. Faz parte do plano literário geral de João e fornece a culminação de vários fios cuidadosamente tecidos anteriormente no evangelho. De fato, tanto o prólogo quanto o epílogo podem ser mostrados como estando integralmente conectados ao corpo do evangelho por meio de antecipação e resolução.

João 21:4-14

Os discípulos não sabiam que era Jesus (21:4): Não se sabe por que os discípulos não reconheceram Jesus nesse caso. Muito provavelmente, como em ocasiões anteriores, eles foram impedidos de identificá-lo (e.g., Lc 24:16). Além disso, a hora da madrugada pode ter dificultado o reconhecimento de Jesus à distância.

***Essa passagem seria um dublê do texto de Lucas 5:1-11?* (21:4-14):** Alguns têm questionado a historicidade desse evento com base no argumento de que o presente relato é uma cópia de Lc 5:1-11. No entanto, a única parte sobreposta do diálogo é a ordem aos discípulos para lançarem suas redes. Além disso, Carson observa que a incapacidade dos discípulos de puxar a rede devido à maior quantidade de peixes é um "resultado bastante diferente do episódio de Lc 5:1-11, onde dois barcos estavam tão cheios de peixes que correm o risco de afundar" (1991, p. 673).

Simão Pedro [...] amarrou sua capa em volta de si (porque estava despido) e mergulhou no mar (21:7): Simão Pedro amarrando "sua capa em volta de si" e mergulhando "no mar" pode parecer confuso para os leitores modernos. Por que se vestir antes de mergulhar na água? Alguns até consideraram isso um sinal de que Pedro estava novamente agindo de forma imprudente. Era comum que os trabalhadores dobrassem e amarrassem suas roupas para que tivessem liberdade de movimento. A "roupa exterior" no presente caso era provavelmente um casaco de pescador que Pedro usava no frio da manhã. O grego subjacente "pois estava despido" significa literalmente "porque ele estava nu", mas isso provavelmente significa que Pedro usava apenas sua roupa de baixo, a túnica curta do trabalhador grego (Avi-Yonah 1964, p. 155). Ele colocou sua capa para poder nadar (em vez de caminhar — a linha da costa diminui rapidamente na maior parte do lago) até a praia com mais facilidade e para se vestir adequadamente a fim de receber Jesus.

Cheio de peixes grandes — 153 deles (21:11): Numerosas tentativas foram feitas para interpretar a rede cheia, e especificamente o número 153, simbolicamente, mas é mais provável que 153 represente simplesmente o número de peixes realmente capturados e contados (para uma lista virtualmente exaustiva de interpretações, veja Keener 2003, p. 1231-33). A inclusão do número específico provavelmente reflete a lembrança de uma testemunha ocular e aponta para a generosa provisão de Jesus. O fato de, mesmo com tantos peixes, a rede não ter se rompido parece ser atribuído por João à intervenção divina (Morris 1995, p. 766) — mais um detalhe em sua narrativa que exala a aura de um encontro com Jesus ressuscitado.

João 21:15-19

Ele disse isso para indicar com que tipo de morte ele glorificaria a Deus (21:19): De acordo com Clemente de Roma (c. 96 d.C.), Pedro sofreu o martírio sob Nero (54-68 d.C.; *1Clem* 5:4), provavelmente durante os anos finais do reinado de Nero (ca. 64-66). No entanto, embora a explicação do autor sobre o comentário de Jesus tenha sido escrita após a execução de Pedro, isso de forma alguma diminui a autenticidade da declaração de Jesus no versículo 18. Em vez disso, o comentário explicativo do autor realmente aponta para a historicidade da declaração de Jesus. Afinal, por que o evangelista incluiria o comentário de Jesus e sentiria a necessidade de explicá-lo se Jesus realmente não proferiu sua observação em primeiro lugar? Parece não intuitivo incluir uma declaração que poderia ser mal interpretada e exigiria uma explicação adicional se Jesus não tivesse realmente feito tal previsão.

JOÃO 21:20-23

"Se eu quero que ele fique até que eu venha", respondeu Jesus, "o que lhe importa?" (21:22): A resposta de Jesus aparentemente levou alguns entre "os irmãos" (i.e., os crentes) a entender que isso significava que o discípulo amado não morreria antes da volta de Jesus. Não é impossível que esses versículos finais tenham sido escritos pelos discípulos de João depois de sua morte, a fim de refutar a acusação de que a predição de Jesus havia se mostrado errônea com a morte de João. Mais provável, talvez, seja a sugestão de que o próprio João, enquanto ainda vivo, procurou acabar com o boato de que Cristo havia prometido retornar durante sua vida. Isso seria ainda mais plausível se o antigo testemunho patrístico estiver correto de que a duração da vida de João se estendeu até o reinado de Trajano (98-117 d.C.; Irineu, *Contra as heresias* 2.22.5; 3.3.4). Como observa Carson: "Do jeito que está, parece mais simples pensar que o boato circulante estava circulando enquanto o amado discípulo ainda permanecia vivo, mas avançando em anos, e ele estava determinado a abafá-lo da melhor maneira possível, por medo de o dano que seria causado se ele morresse antes da volta do Senhor. Se o boato se baseasse em uma falsa interpretação de Jesus que estivesse circulando pelas igrejas, parece razoável supor que, se o discípulo amado já estivesse morto, a falsidade dessa interpretação poderia ser instantaneamente estabelecida apontando o túmulo do discípulo" (1991, p. 682).

João 21:24-25

Declaração final no Evangelho de João **(21:24-25):** Esses versículos finais devem ser lidos no contexto da narrativa anterior. O discípulo amado, aquele que esteve próximo de Jesus na Última Ceia (21:20), é de fato aquele que escreveu todo o evangelho; sua "permanência" (em vez de morrer como mártir, semelhante a Pedro) permitiu que ele fizesse isso e, assim, serviu a um propósito importante. Portanto, 21:24 deve ser entendido como parte da resposta à pergunta de Pedro em 21:21: "Senhor, e quanto a ele?" (Carson 1991, p. 683; cf. Barrett 1978, p. 587) — embora agora não seja mais Jesus falando, mas o evangelista.

A declaração em 21:24, "Este é o discípulo que dá testemunho destas coisas e as escreveu. Sabemos que o seu testemunho é verdadeiro" (veja 19:35; 1Jo:1-4), representa a assinatura e declaração de autógrafos também comuns em pós-escritos epistolares. Seguem-se duas referências retrospectivas ao "discípulo a quem Jesus amava" em 21:7 e 21:20 e uma terceira passagem resumida em 21:14. A função de todo o capítulo é "confirmar o Discípulo Amado como autor do corpo do documento e substanciar a credibilidade de sua autoridade de testemunha ocular para seu conteúdo" (Jackson 1999, p. 9).

O presente versículo identifica o quarto evangelista, o autor do Evangelho de João, com o personagem literário do "discípulo a quem Jesus amava". Essa figura, por sua vez, relaciona-se historicamente com o apóstolo João, filho de Zebedeu. O versículo está escrito na terceira pessoa para afirmar a confiabilidade do próprio testemunho do autor. Na segunda parte do versículo, o evangelista muda para a primeira pessoa do plural e, no versículo seguinte, para a primeira pessoa do singular (*oimai,* suponho). Aqui, o autor usa um tom mais informal e familiar para enfatizar seu envolvimento pessoal e não parecer indevidamente separado dos eventos registrados anteriormente (Jackson 1999, p. 8).

A identidade do "nós" em 21:24 tem sido o centro de muitos debates, com muitos identificando a expressão como referindo-se à "comunidade que se formou em torno do discípulo amado, à qual ele deixou seu Evangelho e seu legado" (assim, e.g., Ridderbos 1997, p. 671; cf. Brown 1970, p. 1125). Outros o viram como uma referência à "igreja apostólica" (Barrett

1978, p. 588). Nesse caso, seria a comunidade traçando sua origem até o discípulo amado, ou a igreja maior, que procura atestar a confiabilidade do testemunho do evangelista (Ridderbos 1997, p. 672). No entanto, "nós" é provavelmente uma autorreferência do evangelista, com a primeira pessoa do plural funcionando editorialmente, como em outros lugares no Evangelho de João ou em outras partes do NT.

Por fim, o versículo 25 reitera o princípio da seleção operante na composição do evangelho (cf. 20:30-31), fator importante para compreender as diferenças entre João e os Sinóticos. O verbo *oimai* (suponho) constitui um epíteto de modéstia autoral e sugere que o capítulo 21 forma uma unidade literária com o restante do evangelho, que foi escrito pelo quarto evangelista e não por um grupo posterior de seguidores (Köstenberger 2004b, p. 72-88). Esse, então, é o ponto final no argumento de que o Evangelho de João foi escrito por João, filho de Zebedeu, seguidor mais próximo de Jesus durante seu ministério terreno, e assim constitui o testemunho ocular em primeira mão. Como tal, o Evangelho de João é confiável e corretamente ocupa seu lugar ao lado dos três outros evangelhos canônicos como um relato autêntico e historicamente confiável da vida, ministério, morte e ressurreição do Senhor Jesus Cristo.

Comentário bíblico-apologético a

Atos dos Apóstolos

Introdução

Atos trata com foco específico da missão da igreja primitiva. Não é um volume exaustivo, mas seletivo, olhando para a igreja em Jerusalém por um período, depois em Antioquia antes de se voltar para a missão de Paulo. Assim, prossegue geograficamente à medida que a narrativa se move de Jerusalém para Roma. Esse relato mostra como o evangelho saiu de Israel para o mundo conhecido. Procura explicar como essa "nova" religião é realmente "antiga", remontando às promessas que Deus fez aos patriarcas. A inclusão dos gentios no programa também fazia parte dessa promessa e plano. Portanto, o que realmente parecia uma religião nova e perigosa, transformando grupos anteriormente distintos em uma nova comunidade, era na verdade parte de um antigo plano divino e de um esforço para reconciliar a humanidade com Deus e entre si. Em um mundo que via as religiões mais antigas como testadas pelo tempo e em que os grupos étnicos tendiam a funcionar separadamente e em tensão uns com os outros, essa mensagem legitimou um novo movimento como parte de um plano antigo de Deus para reconciliar sua criação. Daremos uma visão geral das questões-chave da introdução no que se refere à confiabilidade de Atos. Este material introdutório deve muito a uma introdução mais completa que aparece em nosso comentário exegético sobre Atos (2007, p. 24-47).

Com 1.003 versículos, Atos está entre os livros mais longos do NT. Em comparação, Lucas tem 1.149 versículos e Mateus 1.071. Atos cobre 88 páginas do texto grego Nestle-Aland, enquanto Lucas cobre 96 e Mateus 87. Witherington (1998, p. 6) observa que Atos tem 18.374 palavras em comparação com as 19.404 de Lucas. Dos 5.436 termos *hapax* no NT (palavras que ocorrem apenas uma vez), 2.038 deles ocorrem em Atos (Culy e Parsons 2003, p. xiii).

Autoria

Muitas questões aqui são paralelas ao que dissemos sobre a autoria do Evangelho de Lucas. O testemunho externo de Atos vem de títulos escritos nos manuscritos e também comentários de figuras históricas do segundo e terceiro séculos. Os manuscritos do quarto ao nono século usam o título *Atos* (p^{74}, א, B, D [*Ato* provavelmente por erro de audição] e Ψ). Há versões mais longas do nome do título de Lucas (33, 189, 1891, 2344). Irineu fala de Lucas como o autor em *Contra as heresias* 3.13.3. Tertuliano também menciona Lucas em *Sobre o jejum* 10, assim como Clemente de Alexandria (*Stromata* 5.12). Eles escreveram no final do segundo e início do terceiro século. O Cânon Muratoriano (linhas 34-39) nomeia Lucas como o autor de Atos. Portanto, nossos materiais apontam para uma autoria consistentemente ligada a Lucas a partir do final do segundo século.

A evidência interna da autoria lucana envolve antes de tudo olhar os dois volumes (o Evangelho de Lucas e o livro de Atos) como um relato em duas partes (Cadbury 1922). Embora alguns críticos desafiem essa ideia (Parsons e Pervo 1993), o entrelaçamento dos livros com a ascensão em Lc 24 e At 1, bem como os prólogos (Lc 1:1-4; At 1:1-3), apontam para uma única obra de um único autor. Existe alguma variação estilística entre os livros, mas isso se deve em parte a mudanças no assunto. Lucas enfoca um indivíduo (Jesus), enquanto Atos discute a missão da comunidade cristã primitiva. As variações estilísticas também podem ser devidas às origens distintas das tradições que o autor usou. Os paralelos com Jesus, Pedro e Paulo também apontam para uma unidade de projeto e, portanto, unidade de autoria.

Internamente para Atos, a evidência de autoria mais importante envolve as menções "nós" (Bruce 1990, p. 3-5; Ellis 1974, p. 43-44; Hemer 1989, p. 312-34). Elas aparecem em 16:10-17; 20:5-15; 21:1-18; 27:1—28:16. Alguns têm afirmado que sua frequência parece cair em partes aleatórias de Atos (Fitzmyer 1989, p. 1-26), mas um exame mais atento revela que esse não é inteiramente o caso, pois cada texto com a expressão "nós" envolve uma viagem marítima. O fato de a presença do recurso "nós" ser limitada a cenas de viagem enfraquece a alegação de que essas são descrições meramente retóricas e apenas criadas para efeito (Vielhauer 1966, p. 33-34, 47-48). Se um autor estivesse criando esse recurso na tentativa de estabelecer sua credibilidade como testemunha ocular, ele não o limitaria apenas a esses momentos. Assim, as seções "nós" ou são o diário de alguém relatando esses momentos que o autor incorporou, ou então as seções pertencem ao próprio autor, que esteve presente nas viagens. A posição tradicional aceita a última possibilidade e argumenta que isso indica que um companheiro de Paulo foi o autor dos volumes. A prática antiga apoia essa conclusão. Fitzmyer (1998, p. 100-102) observa que não há precedente literário para uma narrativa de viagem ser uma criação literária. Em vez disso, como Fitzmyer argumenta, as seções "nós" indicam que o escritor de Atos esteve presente em alguns dos eventos retratados, parte do valioso "motivo como testemunha ocular" que era comum na historiografia grega. Com essa limitação, os candidatos à autoria também ficam limitados. Uma lista inicial pode incluir Marcos, Aristarco, Demas, Timóteo, Tito, Silas, Epafras e Barnabé. Podemos excluir alguns deles (como Timóteo, Tito, Silas e Barnabé) porque Atos os nomeia, mas não os inclui entre o "nós".

Lucas é interessante como candidato porque sabemos muito pouco sobre ele (Bruce 1990, p. 6). Há material que diz que ele era médico (Cl 4:14), e seu nome pode indicar que ele era gentio. Alguns têm sugerido que Lucas veio a ser identificado como o autor apenas por um processo de eliminação, e que o nome foi atribuído à escrita para dar-lhe credibilidade ao texto (Haenchen 1987, p. 14). No entanto, não há nada sobre Lucas que seja tão notável ou proeminente, portanto não haveria motivação para anexar seu nome à obra. Acrescente-se a isso a consistência da antiga tradição de nomear Lucas como autor, e a defesa de sua autoria parece bem fundamentada.

Um argumento às vezes apresentado contra a autoria de Lucas diz que a teologia de Paulo encontrada em Atos não combina com a teologia de Paulo encontrada em suas próprias cartas. Se o autor fosse Lucas e sendo ele um companheiro de Paulo, não esperaríamos que Atos retratasse com precisão a teologia de Paulo? Diz-se que a incompatibilidade envolve questões de lei natural, lei judaica, cristologia e escatologia (Vielhauer 1966). Primeiro, alguns colocam At 17 e sua abertura para observar Deus na criação contra Rm 1, que parece implicar que a revelação de Deus na criação é apenas suficiente para formar uma base de nossa culpa diante de Deus. Em segundo lugar, eles contrastam a falta de discussão de Lucas sobre o papel da cruz na salvação com a ênfase de Paulo nela. Terceiro, os críticos dizem que Lucas tem uma cristologia adocionista, onde Jesus *se torna* Filho de Deus durante sua vida terrena. Quarto, alguns notam quão pouco Lucas fala sobre o fim dos tempos, em contraste com Paulo, que o enfatiza.

As respostas a essa linha de argumentação são abundantes (Ellis 1974, p. 45-47; Bruce 1976; Fitzmyer 1998, p. 145-47). Primeiro, Rm 1, não menos que At 17, diz que a criação testifica de Deus, mas a questão é que Rm 1 aponta que as pessoas (neste caso, politeístas) resistem a esse testemunho e se recusam a glorificar a Deus ou mostrar-lhe gratidão (Rm 1:21). As diferentes configurações dessas duas passagens são importantes; At 17 representa o alcance de Paulo em um ambiente evangelístico, pedindo às pessoas que considerem Deus, enquanto em Rm 1 ele está preocupado em explicar a rejeição de Deus e a culpa da humanidade. Em segundo lugar, Lucas observa a cruz brevemente em dois textos (At 20:28; Lc 22:18-20). O segundo texto é contestado em termos de crítica textual, mas a parte contestada é provavelmente original. Terceiro, a cristologia de Lucas não é adocionista (Moule 1966, p. 159-86; Gathercole 2006). Jesus aparece como Filho desde o início de Lucas (Lc 1:30-35). Quarto, Lucas tem uma teologia do fim dos tempos, como mostra o discurso de At 3. Por fim, a questão de como a lei é vista entre Lucas-Atos e os escritos de Paulo é mais complexa, mas a chave é ver o que o próprio Paulo diz, ou seja, que ele é judeu para os judeus e grego para os gregos (1Co 9:19-23). Portanto, sua abordagem variava dependendo da circunstância, e isso pode explicar as diferentes abordagens observadas entre esses corpos de escrita.

Além das diferenças teológicas, existem outros argumentos baseados em diferenças não teológicas. Um desses desafios à autoria lucana observa que Paulo se apresenta como um apóstolo (e.g., Rm 1:1), enquanto Lucas não o nomeia sob essa perspectiva (Haenchen 1987, p. 112-6). Outro diz que Lucas apresenta Paulo como um operador de milagres e grande orador, enquanto Paulo não se apresenta como nenhuma dessas características. No entanto, Paulo é um operador de milagres de acordo com seu próprio material (Rm 15:18-19; 1Co 5:4-5; 2Co 4:7; 12:9, 12; 1Ts 1:5). Embora ele não reivindique ser um orador, suas cartas são evidências de suas habilidades retóricas. Além disso, a descrição de Heanchen do retrato feito por Lucas de Paulo como um orador é exagerada; Lucas mostra Paulo falhando em persuadir os atenienses (At 17), falhando em manter Êutico acordado (20:7-12) e dando a Festo a impressão de que ele enlouqueceu (26:24). A hesitação de Paulo sobre seus próprios dons em alguns pontos reflete sua humildade (Ef 3:1-9). Por último, os críticos afirmam que a causa da perseguição de Paulo difere entre Atos e as Epístolas Paulinas.

Eles dizem que no livro de Atos, Paulo é perseguido por causa da ressurreição, enquanto no Evangelho de Lucas é porque ele rejeita a Lei. No entanto, isso ignora a causa da prisão de Paulo em At 20 e também reflete um reducionismo que destaca apenas uma razão-chave de cada obra. Além disso, as diferentes ênfases podem indicar uma diferença entre o aspecto que Paulo mais queria enfatizar e o argumento que um observador interessado (Lucas) mais queria apontar. Essas diferenças de foco dão profundidade ao retrato de Paulo e seu ministério e não indicam uma contradição. Nas suas cartas Paulo se concentra em como Jesus salva por meio da justificação pela fé, enquanto Lucas se concentra em quem faz a salvação em Atos. No entanto, Lucas claramente retrata Paulo falando da salvação pela fé em Cristo durante seu discurso pisidiano (veja At 13:13-41, especialmente v. 38-39).

Uma questão final é a falta de citação das cartas de Paulo em Atos. Bruce (1990, p. 52-59) argumenta que Atos foi escrito muito perto da época das cartas de Paulo para que tenham sido usadas, e que as questões sobre missões que prevalecem em Atos são distintas das questões tratadas nas cartas de Paulo. Dois assuntos que se sobrepõem são a circuncisão e o relacionamento de Paulo com a comunidade em Jerusalém. Esses relatos também podem ser reconciliados, especialmente se alguém considerar At 15 ocorrendo após Gl 2 (Witherington 1998, p. 88-97).

Em conclusão, o ponto mais forte no caso de Lucas ser o autor dos livros Lucas-Atos é a evidência do testemunho da igreja primitiva. As questões que surgem de uma comparação de Lucas-Atos com as cartas paulinas não chegam ao nível de subverter esse testemunho. De fato, explicar como a igreja primitiva passou a mencionar Lucas consistentemente como o autor, quando existiam outros candidatos mais conhecidos, sugere que deve ter havido uma forte razão para identificá-lo como autor.

Data

A data de Atos está ligada à de Lucas e à sequência em que os Evangelhos foram escritos. Como observa Conzelmann (1987, p. xxvii-xxxiii), as alusões do segundo século a Atos incluem *1Clem.* 2.2 (At 2:17); *1Clem.* 5.4, 7 (At 1:25); Pol. *Fil.* 2.3 (At 20:35); Pol. *Fil.* 6.3 (At 7:52); Pol. *Fil.* 12.2 (At 2:5; 4:12; 8:21; 20:32); Justino Mártir, *1Apol.* 50.1 (At 1:8). Alusões em

Clemente descartam uma data do segundo século para Atos, embora alguns defendam isso (O'Neill, 1961, p. 1-58).

Uma opção é colocar Atos após a destruição do templo em 70 d.C. Nessa visão, Marcos foi escrito logo antes ou logo após a destruição e os outros Evangelhos vêm depois, então Atos seguiria Lucas nesse período de tempo. Nós detalhamos e avaliamos esses argumentos no tratamento da data de Lucas. Embora possível, a visão tem algumas suposições sobre como ler o Sermão do Monte como tendo uma perspectiva pós-70 as quais não são prováveis. Como esse é um dos principais motivos para uma data tardia, isso levanta questões sobre tal datação, embora seja possível que Mateus e Lucas tenham passado dos anos 70, tornando essa opção uma possibilidade. (Bock 2007, p. 25-27, tem detalhes sobre essa discussão ao optar pela alternativa a seguir.)

A outra opção é uma data nos anos 60, antes da destruição de Jerusalém. Para obter essa datação, as datas dos Evangelhos Sinóticos (Mateus, Marcos e Lucas) também precisam ser colocadas antes da destruição. Em apoio a essa data, observa-se que o último evento discutido por Lucas é a prisão de Paulo em Roma. Isso aconteceu no início dos anos 60, antes da destruição. Portanto, a alegação é que Atos termina com Paulo na prisão porque o livro foi escrito enquanto ele ainda estava preso e antes de Jerusalém ser destruída (Hemer 1989, p. 383). Isso é possível, mas pressupõe que Lucas teria escolhido narrar o resultado do aprisionamento de Paulo em Roma se estivesse escrevendo em um tempo após o resultado ser conhecido. No entanto, é possível que Lucas tenha escrito em uma época em que o resultado já era conhecido, mas decidiu não narrá-lo porque seu objetivo em Atos era concluir com a confirmação de que o evangelho havia chegado a Roma (Fitzmyer 1998, p. 52-53; Bock 2007, p. 676-77). Em face dessa incerteza sobre o propósito de Lucas para o final de Atos, uma data em algum lugar em meados ou final dos anos 60 é mais provável do que no início dos anos 60.

Procedência

Não sabemos onde Atos foi escrito ou para qual comunidade foi dirigido. Numerosos locais foram sugeridos, como Roma (Irineu, *Contra as heresias* 3.1.1.14) e Acaia (Prólogo Antimarcionita), enquanto Cesareia,

Corinto e Éfeso também receberam consideração mais recentemente (Pesch 1986, p. 28). Mas o fato é que não sabemos. Teófilo parece ser alguém de posição proeminente, mas ele poderia ter vivido em qualquer lugar do Império Romano.

Confiabilidade dos manuscritos

A evidência dos MSS para Atos é forte. Existem três famílias de texto: alexandrino, ocidental e majoritário (usamos a sigla "Byz" para esta última família; Barrett 1994, p. 21-22; Fitzmyer 1998, p. 69). Em geral, o texto ocidental é mais longo e perifrástico do que o alexandrino e é objeto de muito debate. Boismard e Lamouille (1984) defenderam a originalidade do texto ocidental (Barrett 1998, p. xix-xxii). Uma visão semelhante, também discutida por Barrett, sustenta que duas versões de Atos circularam inicialmente (Barrett 1994, p. 22-23). A visão é problemática porque exige que os Atos não tenham circulado até meados do segundo século, pois acredita-se que o texto ocidental data dessa época.

A maioria dos estudiosos considera o texto ocidental como obra de um copista posterior que procurou melhorar a qualidade literária da versão original de Atos. Os estudiosos discutem se isso foi feito em meados do século 2 ou ainda nos séculos 3 ou 4, mas pode ter sido cedo o suficiente para que algumas das leituras reflitam o original. As evidências sugerem que o texto alexandrino é o mais próximo do original, todavia, mesmo assim, devemos avaliar as variantes caso a caso.

A discussão dos MSS para Atos inclui observar quais textos existem e observar a situação especial do texto ocidental. Aqui examinamos principalmente os principais MSS gregos.

As principais testemunhas unciais e versionais da família alexandrina incluem א ou Sinaiticus (quarto século); A, ou alexandrino (quinto século); e B, ou Vaticanus (quarto século). O texto bizantino (Byz) é melhor representado por H (século 9), L (século 9), P (século 9), Ψ (século 8 ou 9) e 049 (século 9). O texto ocidental tem testemunhas em D, também conhecido como Codex Bezae (século 5), e Harclean Siríaco (século 7). O Codex D não contém At 8:29-10:14; 21:2-10, 16-18; 22:10-20; e 22:29—28:31. O Codex E (século 6 ou 7) é um texto grego e latino com uma mistura de leituras principalmente ocidentais e algumas bizantinas. Chaves minúsculas incluem 614 (século 8, mistura ocidental e bizantina) e 1739 (século 10, eclético).

A maioria dos quinze papiros de Atos contém porções fragmentárias do livro (Fitzmyer 1998, p. 66-67, tem a lista completa e identifica os versículos ligados a cada um). Entre os mais importantes estão p^{8} (quarto século, At 4:31-37; 5:2-9; 6:1-6, 8-15), p^{29} (terceiro século, At 26:7-8, 20, Ocidental), p^{38} (ca. 300 d.C.; At 18:27-19:6, 12-16, ocidental), p^{45} (uma testemunha importante contendo grandes porções de 4:27—17:17, é uma mistura do século 3 de ocidental e principalmente leituras alexandrinas; às vezes chamadas de cesarianas), p^{48} (final do terceiro século, At 23:11-17, 23-29, ocidental), p^{53} (terceiro século, At 9:33—10:1), p^{74} (sétimo século, grandes porções de Atos de 1:2—28:31, Alexandrino) e p^{91} (terceiro século, At 2:30-37; 2:46—3:2). Outros papiros são $p^{33+58,}$ p^{41}, p^{50} (Alexandrino), p^{53}, p^{56} e p^{57}. Os minúsculos alexandrinos incluem 33 (At 11:26-28:31), 81, 104, 326 e 1175. Os minúsculos ocidentais são 383 e 614. O texto bizantino domina os minúsçulos, incluindo MS 33 para Atguesswork 1:1—11:25.

Em suma, a tradição manuscrita de Atos é sólida. Podemos ter certeza de que temos o texto central de Atos.

Fontes

Observamos acima que as seções "nós" ajudam-nos a entender as origens de Atos, mostrando quando o próprio autor esteve presente nos eventos e serviu como fonte em primeira pessoa em algumas cenas. É mais difícil determinar até que ponto Lucas usou outras fontes e se podemos identificar tais fontes. Bruce (1990, p. 40) observa que alguns estudiosos chamaram corretamente esses esforços de "trabalho em grande parte de suposições". Não há uma boa maneira de determinar a existência de tais fontes.

Em At 1—12, parece haver fontes da comunidade de Jerusalém e talvez também de comunidades judaicas helenísticas, uma vez que At 6:8—8:40 parece refletir a última perspectiva, enquanto quase tudo o mais até esse ponto tem uma perspectiva de Jerusalém. O capítulo 12 de Atos parece ser baseado em Jerusalém, e a fonte de At 9 poderia muito bem ser Paulo. Mais difícil de determinar é a origem de At 10—11. Qualquer local para a fonte (a Jerusalém judaica ou a comunidade helenista de Jerusalém) pode estar presente aqui. O que torna a discussão mais difícil é que Lucas assumiu suas fontes e colocou toda a história em seu próprio estilo.

Paulo provavelmente foi uma fonte em At 13—28, mas, além disso, é difícil saber se Lucas trabalhou com as tradições locais (fossem orais, escritas ou ambas). Barrett (1994, p. 51-56) propõe Filipe, Cesareia, Antioquia e Paulo como fontes potenciais, com Antioquia tendo um papel fundamental até mesmo no relato da conversão paulina, na jornada inicial e no Concílio de Jerusalém (Barrett 1998, p. xxiv). A tese de Antioquia remonta ao trabalho de Harnack (1908, p. 131-58, 169-73), que defende duas fontes distintas, uma de Jerusalém e outra de Antioquia (Fitzmyer 1998, p. 82-83). Hengel (1990, p. 4) apresenta uma variação disso, com uma fonte sobre Pedro e uma fonte antioquena para At 1—15. Para a segunda e terceira jornada, temos a "fonte envolvendo nós" e, portanto, possível contato com Paulo ou seus associados. Essa fonte estava familiarizada com Corinto e Éfeso, pois há muitos detalhes locais nessas seções. As cartas de Josefo e Paulo parecem fontes improváveis (Bruce 1990, p. 43-44).

Marshall (1980, p. 37) observa corretamente a dificuldade de descobrir as fontes de Atos e levanta a questão de como podemos julgar a confiabilidade quando as fontes são desconhecidas. Ele apresenta dois pontos. Primeiro, há boas evidências de que a igreja tem uma tradição confiável e bem divulgada, como argumenta Jervell (1972, p. 19-39). Segundo, em lugares onde podemos comparar Lucas com suas fontes, como seu provável uso de Marcos, ele é cuidadoso com elas.

Gênero de Atos, natureza de sua apresentação da história e os discursos

Na literatura helenística, o gênero de "atos" normalmente narra a ação de um único grande indivíduo, como Alexandre, o Grande (Diodorus Siculus, *Biblioteca histórica* 17.15; 18.1.6) ou Augusto (*Res gestae divi Augusti).* Em alguns casos, no entanto, abrange um grupo, como "Atos dos primeiros reis" (Diodorus Siculus, *Biblioteca histórica* 3.1.1; Wikenhauser 1921, p. 94-104; Talbert 1997, p. 7; Fitzmyer 1998, p. 47-48). Tais "atos" muitas vezes foram planejados para apresentar o herói como uma espécie de homem divino ou, pelo menos, um homem enviado por Deus. Esse gênero normalmente detalha os atos do herói, incluindo milagres e anedotas.

Muitos desafiam a categoria de um homem divino. É melhor apreciar que tal "divinização" greco-romana não tem nada a ver com ontologia, mas apenas era a maneira de homenagear um governante ou uma grande figura em uma cultura de honra-vergonha, como alguém que tinha habilidade humana excessiva, como um deus. Portanto, esse pano de fundo não é nada parecido com o que está acontecendo com Jesus e realmente não se aplica ao livro ou ao Evangelho.

É provável que o título "Atos dos Apóstolos" tenha a intenção de destacar que os personagens que Deus usa em Atos devem ser vistos como enviados por Ele. Atos, no entanto, se concentra menos nos indivíduos do que no crescimento da comunidade e em sua mensagem. Seu ator principal é Deus, cujo plano e ações dirigem os movimentos do livro. O livro se move de um local para outro conforme a direção de Deus, começando em Jerusalém e culminando nas viagens de Paulo a Roma. Na verdade, o personagem-chave em Atos não é Paulo ou nenhum dos outros apóstolos, mas Deus — sua atividade e seu plano para propagar o evangelho.

Atos segue as regras básicas das histórias helenísticas. Van Unnik (1979, p. 37-60) identifica 10 regras de tal escrita, a maioria das quais Lucas segue em Atos. As regras são (1) um assunto nobre, (2) a utilidade do assunto para os leitores, (3) independência de espírito e ausência de parcialidade, (4) boa construção narrativa, (5) coleta adequada de material preparatório, (6) a seleção e variedade de tratamento desse material, (7) disposição e ordenação correta do relato, (8) narração viva, (9) moderação no detalhamento topográfico e (10) composição de discursos adaptados ao orador e situação retórica. Marguerat (2002, p. 14) afirma que Lucas segue oito dessas dez regras, sendo seus pontos de partida a escolha do assunto e sua falta de imparcialidade. Mas, como Marguerat está ciente (2002, p. 22), é precisamente porque Lucas está apresentando atos *divinos* e seu significado que o assunto é nobre e a perspectiva não é imparcial. Nisso, Lucas adota uma perspectiva que está de acordo com a historiografia judaica.

Atos apenas destaca alguns dos Doze: Pedro e João são proeminentes nesse grupo, mas outros atores importantes não fazem parte dos Doze. Estes incluem Estevão, Filipe, Paulo e Tiago. Paulo é chamado de apóstolo em apenas uma cena em Atos (14:4, 14), e é quando ele aparece com Barnabé. Alguns comentaristas destacam o Espírito Santo como o personagem-chave em Atos, mas Deus, o Pai, dirige soberanamente a obra do Espírito. Jesus é o mediador da distribuição do Espírito (At 2:32-36).

Atos é um trabalho sociológico, histórico e teológico que explica as raízes dessa nova comunidade que Deus está construindo, e é uma continuação da história de Jesus retratada no Evangelho de Lucas. Não faz tanto parte do gênero de "atos" o sentido greco-romano; é, antes, uma "monografia histórica" no sentido antigo do termo (Hengel 1979, p. 13-14, 36; Sterling 1992; Witherington 1998, p. 2-39). Essa classificação também rejeita a ideia de que Atos é um épico antigo (*pace* Bonz 2000). Atos carece da natureza poética de tais obras, está preocupado com o relacionamento da igreja com Israel mais do que com Roma, e dá evidência, onde podemos verificar a obra de Lucas, de estar em contato com detalhes históricos em vez de ser tão criativo com tais detalhes como a classificação épica sugere (Hemer 1989).

Lucas é um historiador nos moldes antigos cuja historiografia está enraizada em modelos judaicos. Atos é seletivo em seu tratamento das origens, destacando temas e paralelos que Lucas deseja que o leitor aprecie. O fato de ele não preencher as lacunas distingue seu trabalho dos "Atos" apócrifos posteriores e fala de sua autenticidade (Hengel e Schwemer 1997, p. 106, p. 385n554). Lucas revela a natureza seletiva de seu tratamento ao contar sua história. Por exemplo, ele não nos dá a origem de todas as comunidades de que trata, mesmo as importantes como Antioquia e Roma. Os precedentes para tal história da obra de Deus entre seu povo são as várias obras sobre o período dos Macabeus (e.g., 1-2Macabeus). Atos, entretanto, é um relato único das origens da nova comunidade de Deus e é mais bem compreendido como parte dos dois volumes que Lucas compôs. Lucas foi inovador ao contar como Deus trabalhou para trazer uma nova era e comunidade (Roloff 1988, p. 1). Nada indica mais claramente a natureza sequencial da obra do que a referência ao "primeiro relato" em At 1:1, uma referência que remonta ao Evangelho de Lucas. A ligação entre as obras é ainda reforçada pelos relatos sobrepostos da ascensão de Jesus no final de Lucas e no início de Atos (Lc 24:50-53; At 1:9-11).

Alguns contextos acadêmicos comumente definem a história apresentada em Atos como "história poética" em contraste com a história documental ou história explicativa (Marguerat 2002, p. 5-13). A história documental olha para os fatos. A história explicativa olha para os pontos de vista social e cultural. A história poética está enraizada em mitos e visa dar identidade. Estudiosos como Marguerat observam que, embora Atos inclua todos os tipos de história, a atividade de Deus torna as seções-chave "poéticas" no seu impulso.

O que devemos fazer com essa distinção? Há uma visão de mundo importante e um problema de definição aqui. Como alguém trata a aparição de Jesus pós-ressurreição a Paulo — como metafórica e poética ou como uma descrição documental genuína? Em Gl 1, Paulo trata isso como um evento revelador, bastante real e não apenas poeticamente adornado. Em se tratando de um evento documental, por que deveríamos classificar eventos semelhantes em Atos como poéticos? O que se deve fazer com a miríade de cenas em Atos em que Deus é a razão pela qual os eventos acontecem? A descrição "poética" realmente seria suficiente? Tal movimento pode refletir uma cosmovisão que declara a atividade de Deus historicamente fora dos limites. Essa abordagem em Atos se seculariza antes que uma página seja lida ou um único evento seja narrado.

Para alguns, a distinção poética *versus* documental é uma forma de separar a teologia da história e apontar que a teologia reivindica mais do que a história pode demonstrar. Em certo sentido, isso é correto. Afinal, como alguém "prova" que os pecados foram perdoados? A "prova" está no caráter vindicado daquele que faz a afirmação ou em qualquer raiz reveladora que eles nomeiem como suporte para sua afirmação. A história, como a concebemos, não possui ferramentas adequadas para avaliar tais afirmações. Mas mover partes de Atos para categorias poéticas anula as características documentais e explicativas do texto simplesmente porque apresenta uma causa divina. O que você acredita sobre Deus e sua atividade afeta diretamente como você lê o retrato dos eventos em Atos, especialmente naqueles lugares onde Deus está ativo.

Ao dizer isso, não negamos que Atos tenha uma característica construída. Muitas obras de história apresentam esse recurso, pois os autores escolhem narrar eventos selecionados de uma massa maior de acontecimentos. Em Atos, Lucas encadeia cenas selecionadas e as relaciona umas com as outras por meio de suas escolhas e da estrutura que fornece. Isso não significa que ele deturpe a história. As percepções do historiador fazem parte do que é a história e de como ela se desenvolve. As percepções históricas de autores bem posicionados podem ser úteis para nos mostrar para onde a história foi ou o que pode tê-la conduzido. Pode haver mais de uma interpretação de um determinado conjunto de eventos, e interpretações particulares são úteis para identificar o que o autor esperava e o que ele acreditava resultar de um conjunto de eventos. A história pode envolver mais do que desenterrar fatos brutos, uma vez que esses fatos são interpretados, mas algumas interpretações e pontos de vista refletem com precisão o que os eventos produziram, esclarecendo e/ou revelando o significado histórico posterior dos eventos.

Para avaliar Lucas adequadamente, é importante familiarizar-se com as fontes judaicas e greco-romanas relevantes, incluindo especialmente o judaísmo do Segundo Templo e a literatura clássica. Os historiadores clássicos respeitam Lucas como historiador (Nobbs 2006), e uma análise cuidadosa dos detalhes de Atos mostra que, onde podemos verificá-lo, Lucas é confiável. As obras de Sherwin-White 1963; Hemer 1990; e a série de seis volumes lançada por Winter e Clarke em 1993 sugere que não devemos ser céticos em relação a Lucas. Devemos ler Atos estando abertos para uma visão equilibrada de sua abordagem histórica — em termos de sua poesia, história e cenário cultural — bem como à presença da atividade divina.

Alguns estudiosos têm lido Atos como sendo amplamente criativo, seguindo as linhas do antigo romance ou lenda (e.g., Pervo 1987). Em vários graus, escritores como Dibelius, Conzelmann, Haenchen e outros tratam Atos como tendo pouco valor histórico. As raízes dessa visão remontam à antiga escola de Tübingen e a F. C. Baur no século 19. Eles retratam o cristianismo em conflito e Lucas como o mediador da tensão em Atos, tentando amenizar as diferenças entre Pedro e Paulo. De acordo com essa visão, Lucas tenta apresentar uma imagem mais idealizada da igreja do que realmente era.

Outro grupo de estudiosos, que remonta a Ramsey e se estende a Bruce, Gasque, Hemer, Hengel, Marshall, Sherwin-White e Witherington, considera altamente os méritos de Lucas como um historiador antigo. Ramsey em particular, em um estudo cuidadoso de Atos, descobriu que muitos de seus detalhes são mais confiáveis do que ele esperava antes de seu estudo. Argumentar pela confiabilidade de Lucas não é negar que ele escreve uma teologia ou traz uma perspectiva para o relato, nem é fazer a nítida disjunção entre história e teologia feita pela outra abordagem de Atos. Uma consideração detalhada da historicidade requer passar pelos dados de Atos, unidade por unidade. As restrições de espaço determinam que façamos apenas observações gerais aqui. Ainda assim, esses detalhes destacam o fato de que as abordagens conservadoras e moderadas de Atos falam com respeito pela abordagem de Lucas como historiador.

Com relação aos eventos que têm comprovação documental ou histórica, o consenso é que Lucas se sai bem. Fitzmyer (1998, p. 126-127) observa nove elementos de Atos que têm atestado externo, seja por meio das epístolas paulinas ou de fontes históricas externas. Esses nove são:

1. A fuga de Paulo de Damasco
2. A viagem de Paulo a Roma
3. Como Paulo ganhava seu sustento
4. A morte repentina de Herodes Agripa
5. Gálio como procônsul da Acaia
6. Félix e Festo como procuradores na Judeia
7. Drusila como esposa de Félix
8. Berenice como esposa de Herodes Agripa II
9. Ananias como sumo sacerdote

Fitzmyer também observa detalhes menores que estão corretos, como descrições apropriadas de cidades (Filipos como uma "colônia" em 16:12) e oficiais da cidade (poliarcas em Tessalônica; veja 17:6, 8). Muito do que podemos testar mostra que Atos é uma fonte histórica confiável. A obra de Hemer (1989) mostrou como Lucas é cuidadoso em inúmeros detalhes. Hengel (1979, p. 60) afirma que Lucas não é menos confiável do que outros historiadores da antiguidade, uma avaliação que pode parecer um elogio fraco, mas no ambiente de ceticismo extremo, isso diz muito. Hengel diz que as comparações com escritos em grande parte fictícios, semelhantes a romances, são um desserviço. Neste comentário, nosso tratamento das passagens e unidades que foram criticadas confirmará a conclusão de Hengel.

Então, que tipo de história é Atos? Frequentemente, assume-se que os escritores que têm um propósito apologético são menos precisos no que escrevem. Penner (2004) argumenta que a historiografia antiga era sobre persuasão, enredo e caracterização — até mesmo a reescrita da história para fazer um caso convincente — e ele desafia abordagens menos céticas da história antiga, como as de Hengel e Witherington. Penner também argumenta que a história antiga não é sobre a veracidade do evento descrito, mas sobre a verossimilhança enraizada na experiência pessoal posterior (2004, p. 110). No entanto, um apelo direto e precoce à experiência também se encaixa na escrita histórica antiga, um ponto que Penner minimiza. Penner também enfatiza como todos reconhecem que Lucas é o criador das palavras do texto, o que torna difícil alcançar a história sem a apresentação de Lucas (2004, p. 108, 111). Mas a boa escrita da história é mais do que apenas declarar o que aconteceu e quando; também discute causas e efeitos e revela motivações e fundamentos. Deve-se evitar apelar para falsas oposições aqui. A criatividade de Lucas não significa que ele inventou fatos, e sim que sua perspectiva e propósito influenciaram sua maneira de resumi-los, algo que vale para todo escritor de história.

Atos busca ensinar e persuadir por meio da escolha seletiva de eventos e resumos intencionais. Não há dúvida de que Atos tem um caso a argumentar, como sugerem os prefácios do evangelho e de Atos. Atos procura dar segurança, mas tal segurança está enraizada no caráter essencial dos eventos que Lucas retrata. Pode não ser o único ponto de vista possível sobre esses eventos, mas é aquele pelo qual Lucas luta. O livro de Atos é como outras histórias antigas em sua abordagem. Os antigos entendiam a história como o relato de feitos para edificação, como mostra a discussão de Luciano de Samósata em *Como escrever história* 49-55, p.63, e também as observações de Políbio (*Histórias* 2.56.11) e Quintiliano (*Institutio oratoria* 2.4. 2). Luciano diz que um historiador deve acertar seus fatos. Os historiadores gregos valorizavam a observação pessoal e a participação em eventos onde pudessem encontrar tais fontes. Um contraste lucano com essa tradição greco-romana é que os principais eventos que ele narra não são políticos ou militares, como é o caso na maior parte da história grega; em vez disso, são sociais e comunais, mostrando onde Deus está trabalhando.

Atos também se encaixa no gênero da historiografia judaica. Aqui, a principal preocupação é contar "a história de um subgrupo de pessoas em uma extensa narrativa em prosa" (Sterling 1992, p. 17) enquanto destaca a atividade de Deus. Como diz Marguerat (2002, p. 25), "*a história* judaico-cristã não tem outra ambição senão apontar para Deus por trás do evento". No entanto, uma diferença entre Lucas e essas narrativas étnicas é que ele está tentando explicar como Deus orquestrou a expansão do evangelho de suas raízes judaicas para incluir pessoas de todos os tipos de origens. Finalmente, um tema-chave na historiografia judaica é mostrar que o que as pessoas estão experimentando é parte da maneira como Deus agiu por eras. Isso explica por que tais histórias recorrem constantemente às Escrituras por meio de citações e alusões.

Em resumo, Atos é um exemplo de historiografia helenista e judaica. Ele enfatiza que a crescente comunidade cristã está enraizada nas promessas de Deus do AT, na atividade atual do Senhor Jesus e na presença efetiva do Espírito. Atos também se concentra nos principais atores humanos, incluindo Pedro, Estevão, Filipe, Paulo e Tiago. O livro coloca esses personagens e eventos no contexto da história mais ampla do mundo. Seus detalhes estão corretos em relação a províncias, governadores, tonalidade local e prática judicial (para o último, veja Sherwin-White 1963).

O material discursivo fala constitui cerca de um terço de Atos. A avaliação acadêmica desse material segue as mesmas linhas das avaliações feitas sobre o material narrativo. Aqueles que duvidam da precisão geral dos discursos dizem que o estilo e os temas paralelos encontrados nos discursos, juntamente com as maneiras convencionais pelas quais os antigos historiadores lidavam com o material discursivo, significam que Lucas tinha apenas um mínimo de preocupação com o que foi originalmente dito. Dibelius expôs essa posição (1956, p. 138-85), e muitos estudiosos a defenderam (Schweizer 1966). Dibelius apresentou sua visão já em 1926, mas sua declaração clássica é um ensaio de 1944 publicado em inglês em 1956. Wilckens (1974) reafirma essa posição em uma monografia sobre os discursos. Uma versão atualizada desse argumento vem de Marion Soards (1994, p. 1-17). Ele argumenta que os discursos são um dispositivo literário, uma convenção da historiografia e um dispositivo ideológico-teológico que ajuda os Atos a formar uma unidade em seu argumento.

Do outro lado estão aqueles que dizem que, embora as palavras exatas dos discursos venham de Lucas, ele está resumindo suas fontes com a preocupação de relatar o que foi realmente dito (Dodd 1936; Bruce 1942; Ridderbos 1962; Marshall 1980, p. 39-42; Bruce 1990, p. 34-40; Witherington 1998, p. 46-49). A favor dessa posição está o fato de que Lucas circulou pelas comunidades da igreja, dando-lhe bom acesso às fontes, além da oportunidade de ouvir pessoalmente os discursos apostólicos.

Mais importante, o conteúdo desses discursos e sua cristologia diferem o suficiente para indicar que a entrada da tradição é provável. Basta comparar o uso pesado do AT em At 2 ou 3 com a falta de tal uso em Atos 10, ou a mudança nesses mesmos capítulos de Messias, Santo ou servo para um apelo singular ao Senhor ou juiz dos vivos e dos mortos para ver a diferença (Bruce 1990, p. 37-39). A extensão dos discursos, em sua maioria curtos, fala de seu caráter em resumo. Witherington argumenta que os discursos lucanos estão bem ajustados em seus cenários, sugerindo autenticidade.

Quando se trata de identificar as convenções da historiografia antiga, o debate gira em torno dos comentários de Tucídides na *Guerra do Peloponeso* 1.22.1, onde o autor admite não conseguir lembrar as palavras exatas, mas afirma que seu objetivo é colocar na boca dos oradores sentimentos apropriados para a ocasião e para dar o significado geral do que foi realmente dito (Bruce 1990, p. 34). Assim ele reivindica a liberdade de resumir o que foi dito. Dionísio de Halicarnasso (*Carta a Pompeu* 3) critica Tucídides por ser tão comprometido com a precisão histórica em detrimento do entretenimento (Witherington 1998, p. 48). Políbio (*Histórias* 2.56.10-12) também adota a abordagem factual da história, observando que o historiador deve "instruir e convencer para sempre os estudantes sérios pela verdade dos fatos e dos discursos que narra". Ele enfatiza que a verdade tem precedência para o historiador sobre o objetivo de entreter. Fornara (1983) em uma monografia sobre escrita histórica antiga afirma esta técnica em alguns, mas não em todos, autores clássicos. Então a questão se torna: "Que tipo de escritor histórico antigo é Lucas?"

Para responder a essa pergunta, primeiro notamos que Lucas mostrou que pode seguir cuidadosamente as fontes onde podemos testá-lo — ou seja, em seu uso de fontes nos evangelhos (e.g., At 17:1-9). Além disso, Lucas viveu mais próximo de suas fontes do que Tucídides, dando a Lucas uma boa oportunidade de saber o que os apóstolos pregavam. Bruce (1990, p. 39) refere-se a Lucas como um escritor tucididiano, mas com "considerável moderação". Citando Foakes-Jackson e Lake (1931, p. xvi), Bruce (1990, p. 39) argumenta que os discursos nos dão "uma imagem extraordinariamente precisa da teologia subdesenvolvida dos primeiros cristãos, e assim nos permitem determinar o caráter da apresentação mais primitiva do evangelho". Hengel (1979, p. 61) diz assim:

> Por outro lado, dificilmente se pode acusá-lo [Lucas] de simplesmente ter inventado eventos, criado cenas do nada e as retratado em uma tela ampla, falsificando deliberadamente as tradições em um desenfreado caminho por uma questão de efeito barato. Ele não é apenas um "escritor edificante", mas um historiador e teólogo que precisa ser levado a sério. Seu relato sempre permanece dentro dos limites do que era considerado confiável pelos antigos padrões da antiguidade... É verdade que os discursos intercalados por Atos sempre servem também para desenvolver as próprias ideias teológicas de Lucas, mas como regra ele faz isso usando tradições mais antigas e frequentemente tenta dar uma caracterização apropriada de oradores individuais.

E quanto ao papel da retórica em Atos? Sua presença deve impactar a forma como julgamos sua precisão histórica? A presença de estilo e persuasão retórica, que certamente prevalecem em Atos, não significa necessariamente que Lucas não se mantém fiel aos eventos que relata. Os dois prólogos de Lucas (Lc 1:1-4 e At 1:1-3) indicam que ele estava igualmente preocupado com representação e persuasão precisas. Devemos julgar seu uso da retórica à luz dessas preocupações declaradas.

Em resumo, Lucas é um antigo historiador cuidadoso. Ele escreve com estilo e talento, geralmente resumindo eventos mais complexos. Mas ele também está interessado em mais do que apenas entreter seus leitores. Ele deseja informar e persuadir ao mesmo tempo. O que aconteceu é tão importante para ele quanto envolver o leitor em seu tópico. Lucas é seletivo ao apresentar sua história e funciona muito como autor, mas também é cuidadoso ao fazê-lo.

Canonicidade

Se Atos foi escrito com o propósito restrito de informar Teófilo sobre a propagação inicial do evangelho, alcançou um propósito muito mais amplo, uma vez que circulou amplamente na igreja e foi reconhecido como canônico (Bruce 1990, p. 19-21). Como os quatro Evangelhos, Atos parece ter sido bem estabelecido como uma fonte autorizada no final do segundo século. Está listado no Cânon Muratoriano, nos Prólogos Antimarcionitas e em Irineu (*Contra as heresias* 3.15.1, onde ele defende o retrato de Atos da conversão de Saulo diante de alguns que desafiaram a autoridade apostólica de Paulo). A presença de versões apócrifas de Atos parece presumir que a versão original existia cedo e era considerada autoritativa, caso contrário, por que cooptá-la? Atos é o elo entre os evangelhos e as cartas de Paulo. Isso é importante porque nessa época as cartas de Paulo e os quatro Evangelhos também estavam bem estabelecidos como autoridades. Quando Tertuliano escreveu contra os pontos de vista heréticos, ele afirmou duas vezes a autoridade de Atos (*Prescrição contra os hereges* 22.11; 23.3).

Comentário apologético

Atos 1:1-3

Muitas provas convincentes (1:3): A palavra grega para prova (*tekmērion*) significa aquilo que faz com que algo seja conhecido de maneira convincente. As provas que aconteceram ao longo de 40 dias de aparições pós-ressurreição convenceram os discípulos de que Jesus literalmente ressuscitou dos mortos. A prova tinha de ser forte, pois seus pontos de partida foram a fuga em pânico (Mt 26:56) e a negação covarde em relação a Jesus (Lc 22:54-62). No final, eles mantiveram a firme convicção de que Jesus lhes havia ensinado a verdade sobre o reino de Deus e que Ele estava vivo novamente.

Com poucas exceções, Jesus escolheu aparecer apenas para seus seguidores durante os 40 dias após sua ressurreição. Os críticos sugeriram que essa seletividade prova que a ressurreição seria fictícia. Afinal, por que Jesus escolheria visitar apenas audiências receptivas quando sua ressurreição era uma prova forte o suficiente para convencer até mesmo o mais cético? Na verdade, há pelo menos dois exemplos de Jesus aparecendo para incrédulos resolutos, a saber, Tiago e Saulo. Jesus apareceu a seu irmão incrédulo (Jo 7:3-5) Tiago em um evento que é mencionado, mas não narrado (1Co 15:7). A prova foi convincente o suficiente para que Tiago se tornasse o líder da igreja em Jerusalém (At 15:13-21). Mais tarde, Jesus apareceu a Saulo de Tarso, que ficou tão convencido da divindade de Jesus que deixou de perseguir a igreja para se tornar um apóstolo-chave e proclamador da esperança do evangelho (At 9).

Além desses exemplos, uma possível explicação para o hábito de Jesus de aparecer aos crentes em vez dos incrédulos é que Ele pretendia que desde o início a mensagem da ressurreição fosse divulgada por porta-vozes designados, aqueles em quem Ele já havia investido por vários anos. Esses mensageiros escolhidos foram treinados em seus ensinamentos e métodos. Se Jesus tivesse ido a um desfile para se mostrar à massa de incrédulos, todo tipo de superstição e desinformação teria se espalhado, talvez ofuscando a verdade.

Além disso, milagres não eram garantia de crença. Jesus realizou muitas dessas obras e ainda encontrou incredulidade. Muitas vezes as pessoas veem o que querem ver. A passagem de Lc 16:31 observa que aqueles que não acreditam em Moisés não acreditarão se alguém for ressuscitado dos mortos.

Finalmente, devemos observar que o método escolhido por Jesus foi eficaz. O evangelho se espalhou rapidamente quando seus seguidores receberam os poderes de cura e sinais milagrosos ao proclamar sua ressurreição (At 3—4).

Atos 1:4-8

Batizados com o Espírito Santo (1:5): Essa observação é muito importante para Lucas, tanto em Lucas como em Atos. Em Lc 3:16, João Batista havia notado a maneira pela qual alguém poderia reconhecer a vinda do Messias (veja Lc 3:15, que define o contexto de suas observações). O maior, aquele que batizava com Espírito e fogo, era o Messias. Portanto, o fato de Jesus trazer o Espírito aponta para seu papel como Messias. O ungido também unge os seus. Em Lc 24:49 repete-se essa ideia, assim como em At 11:15-18 e 15:8-9. Em At 2 relata-se o seu cumprimento.

Em Jerusalém, como em toda a Judeia e Samaria e até os confins da terra (1:8): Isso fornece o contorno geográfico de Atos. A história se move de Jerusalém para a Judeia e Samaria e depois para os confins da terra, concluindo com uma viagem marítima (At 27), cujo perigo captura adequadamente os riscos e desafios que ocorreram em Jerusalém, Roma e entre todos os pontos. Todo o movimento de Atos é uma apologia à missão na igreja, mostrando que o evangelho é triunfante mesmo diante do risco e da rejeição.

Atos 1:9-11

Ele foi elevado (1:9): Somente Lucas nos fala sobre a ascensão de Jesus. Mateus e João não o relatam e, embora o final mais longo do Evangelho de Marcos o mencione (Mc 16:9-20), provavelmente não é original de Marcos, pois não está entre os melhores manuscritos anteriores que, além do final extenso, resumem principalmente o que encontramos em outros lugares e o fazem de uma forma a criar tensão. Um escriba, sentindo que o final abrupto em 16:8 era problemático, provavelmente acrescentou o final mais longo de Marcos. Portanto, embora a observação (16:14-19) de que Jesus ascendeu ao céu a partir de uma sala em Jerusalém seja inconsistente com os testemunhos de Lucas, ela não representa uma contradição bíblica, visto que o final alongado de Marcos não é autêntico.

Quando e a partir de onde Jesus subiu ao céu? As respostas dependem se Lucas estava narrando o mesmo evento em Lc 24 e At 1. A diferença de localização (Betânia em Lc 24:50-51 e o monte das Oliveiras em At 1:9) não é uma indicação definitiva de que os eventos são distintos desde que o monte das Oliveiras ficava entre Jerusalém e Betânia, com Betânia no lado oriental do monte. É possível que em um caso Lucas estivesse citando a cidade mais próxima, enquanto no outro ele citasse o local topográfico chave.

A questão do tempo é mais complexa. O texto de Lc 24:51-53 parece colocar a ascensão no dia da ressurreição de Jesus, enquanto At 1 a coloca 40 dias após a ressurreição. Esses são o mesmo evento ou dois acontecimentos distintos? Os defensores da visão de evento único explicam a diferença de várias maneiras. Alguns dividem a cena em Lc 24 em duas partes, com Lc 24:36-43 narrando fatos no dia da ressurreição e Lc 24:44-53 antecipando os eventos de 40 dias depois, culminando na ascensão de Jesus ao céu (Osborne in Bock /Webb 2009, p. 793). Outros veem um colapso literário da cena em um cenário em Lc 24. Nesse caso, Lucas está resumindo a ascensão no final de seu Evangelho antes de narrá-la em detalhes no capítulo inicial de Atos. Isso permite a ligação com a ascensão entre Lc 24 e At 1 (Bock 1996, p. 1928). A discussão do possível resumo literário gira em torno de se a cena da refeição de Lc 24:44-49 ocorreu no dia da ressurreição ou 40 dias depois. No caso de uma simplificação literária em que a palavra de ligação temporal em Lc 24:44 e 24:50 é simplesmente "então" em ambos os casos, qualquer uma das opções é possível.

Talvez seja melhor ver dois eventos distintos em Lc 24 e At 1. Para obter mais detalhes sobre essa opção, consulte o comentário sobre Lc 24:50-51.

Uma nuvem o encobriu (1:9): O envolvimento por uma nuvem indica que essa cena seria mítica e que o autor acreditava que o céu era um lugar físico localizado no espaço celeste?

Devemos entender a referência à nuvem no contexto mais amplo das Escrituras. Provavelmente alude ao Filho do Homem cavalgando nas nuvens em Dn 7:13-14. É uma forma de mostrar que Jesus está indo para o lado de Deus no céu, além de ser um sinal de sua autoridade para falar, pois o Filho do Homem recebe autoridade do Ancião de Dias (Deus) em Daniel. O anjo diz aos discípulos em At 1:11 que Jesus voltará da mesma forma que partiu. Em At 3:20-21, Pedro fala de um retorno físico de Jesus para julgar, enquanto Paulo fala de Jesus vindo nas nuvens em 1Ts 4:17.

A jornada pelo céu descreve o movimento em direção ao céu e à vida, não em direção ao submundo e à morte. A Escritura descreve Deus como sendo onipresente, localizado em todos os lugares, mas quando Ele é representado de forma localizada, sua morada é descrita como estando acima da terra. Portanto, o ponto da ascensão é que Jesus sobe para estar com Deus no céu, que por convenção é retratado como estando acima da terra. A Escritura não pretende ensinar uma cosmografia física, sendo o céu um lugar físico no espaço acima da terra.

A imagem da ascensão — sendo física, literal, visível e pública — antecipa um retorno semelhante de Jesus. A linguagem não é meramente espiritual, nem aponta para um retorno secreto de Jesus, como, por exemplo, argumentam as Testemunhas de Jeová.

Atos 1:12-14

Uma jornada de um sábado (1:12): Os críticos observaram que o monte das Oliveiras fica a apenas alguns quilômetros de Jerusalém e, portanto, não fica a um dia de caminhada e, com base nisso, acusam Lucas de ignorância geográfica. No entanto, se alguém está guardando as restrições do sábado judaico, então a caminhada de um dia de sábado é de mil (CD 10.21) ou 2 mil côvados (*m. Sotah* 5.3) em distância, dependendo de qual tradição judaica está sendo seguida (e essas são apenas as que conhecemos). Essa distância se traduz em 500 ou mil jardas. A distância mais longa é de cerca de um quilômetro, uma viagem possível de Betânia ou certas partes de Jerusalém no sábado, novamente dependendo de qual regra de distância do sábado está sendo seguida. Josefo coloca a distância entre o monte e Jerusalém alternadamente como cinco (*Antiguidades* 20.8.6 §169) ou seis estádios (*Guerra Judaica* 5.2.3 §70), onde um estádio equivale a 192 metros ou cerca de 219 jardas. O fato de haver variação nessas distâncias significa que o cálculo exato não é possível, mas não estamos falando dos 15 a 30 quilômetros que uma viagem normal a pé pelos antigos poderia abranger por dia.

***A lista de nomes* (1:13):** Essa lista de discípulos é contraditória com as outras listas de discípulos (Mt 10:2-4; Mc 3:16-19; Lc 6:13-16)? Atos tem apenas 11 nomes, pois na época em que foi escrito Judas havia desertado e se suicidado, como a próxima cena nos dirá. Atos agrupa a lista em dois grupos de quatro, e depois os três últimos, conforme mostrado pela forma como o termo grego para "e" (*kai*) é usado na lista. João pode ser promovido na lista porque ele é proeminente em Atos (3:1, 3, 4, 11; 4:13, 19; 8:14; Barrett 1994, p. 87). A lista de Lucas em At 1 tem os mesmos nomes de sua lista em Lc 6, embora em ordem diferente. Na verdade, existem diferenças de ordem em todas as listas. Isso nos diz que Lucas está usando uma fonte diferente de sua fonte de informação em seu Evangelho ou trabalhou de memória. O fato de esses nomes aparecerem em várias fontes nos diz que a ideia dos Doze é antiga e teve ampla circulação.

Para a questão sobre possíveis contradições entre as quatro listas de discípulos no NT, veja os comentários sobre Lc 6:12-16.

Maria, mãe de Jesus e seus irmãos (1:14): O termo grego nesse contexto (*adelphos)* é mais naturalmente usado para se referir a irmãos biológicos, não apenas a irmãos espirituais. Por que fazer menção especial a esse grupo se ele faz referência a irmãos espirituais? Os irmãos "espirituais" são distintos dos discípulos? Não há base para tal distinção e, de fato, a sala estava cheia de pessoas que poderiam ser descritas como irmãos espirituais, pois essa era a comunidade de fé. Portanto, o versículo sugere que Jesus tinha meios-irmãos e Maria era a mãe deles. Tal visão não é um problema bíblico (como esse versículo mostra) ou teológico. Somente aqueles que aderem à tradição extrabíblica da virgindade perpétua de Maria sentiriam a necessidade de ler essa passagem de uma maneira diferente.

ATOS 1:15-26

Convinha que se cumprisse a Escritura (1:16): Qual versículo da Escritura Pedro tem em mente quando fala aqui? Lucas como autor geralmente se refere vagamente à Escritura ou a uma seção dela como os Salmos, deixando as passagens específicas não identificadas (como em Lc 9:31; 24:43-47; veja os comentários sobre At 1:20 a seguir). Os textos bíblicos não tinham marcações de capítulos ou versículos nos tempos antigos (eles foram adicionados no final da Idade Média), então é compreensível que autores e oradores tenham feito referências gerais ao invés de específicas às Escrituras em seus discursos e escritos.

Alguns comentaristas acreditam que Pedro/Lucas fazem aqui uma alusão ao Sl 41:9, onde Davi é traído por alguém que se senta à mesa com ele. Esse salmo apela à misericórdia de Deus por causa do pecado (41:4), algo que não se referiria a Jesus. No entanto, pode-se ler o salmo de Davi como um tipo de pessoa piedosa que é rejeitada e traída. O salmo não é apenas sobre Jesus; é sobre o salmista que em aspectos de sua experiência reflete um padrão de atividade que Jesus também compartilha (portanto, um tipo). Mesmo assim, o Sl 41 pode não estar em vista em At 1:16. Pedro pode estar apenas apresentando os textos que ele cita mais adiante no versículo 20. Na verdade, é mais provável que isso esteja acontecendo aqui. A alusão ao Sl 41 se encaixa melhor na Última Ceia.

***A Morte de Judas* (1:18-20):** Esse relato entra em conflito com Mt 27:3-10 sobre os detalhes da morte de Judas? Os principais aspectos em Mateus incluem:

- Judas sentiu remorso por sua traição a Jesus e devolveu o dinheiro (v. 3).

- Os principais sacerdotes e anciãos rejeitaram o arrependido Judas (v. 4).
- Judas jogou o dinheiro no santuário e foi se enforcar (v. 5).
- Os principais sacerdotes se opuseram ao uso do "dinheiro de sangue" no tesouro do templo (v. 6).
- Os principais sacerdotes usaram o dinheiro para comprar um cemitério para estrangeiros (v. 7).
- "Portanto" o cemitério ficou conhecido como "Campo de Sangue", inferindo-se que o nome deriva do uso de "dinheiro de sangue" para comprá-lo (v. 8).
- Mateus vê tudo isso como cumprimento de Zc 11:13.

Os principais aspectos do relato de Atos incluem:

- Judas comprou um campo com seu "pagamento injusto" (v. 18).
- Judas "caiu de cabeça e se abriu pelo meio", aparentemente enquanto caminhava pelo campo comprado (v. 18).
- A morte sangrenta de Judas tornou-se amplamente conhecida em Jerusalém (v. 19).
- O conhecimento da morte de Judas fez com que o campo se tornasse conhecido como o "Campo de Sangue" (v. 19).
- Lucas vê tudo isso como passagens cumpridas nos Salmos (69:25 e 109:8).

As principais diferenças entre Mateus e Atos incluem:

- Mateus diz que Judas sentiu remorso; Atos não menciona o remorso de Judas.
- Em Mateus, os principais sacerdotes compram o campo; em Atos, Judas o compra.
- Em Mateus, Judas comete suicídio; em Atos, Judas morre acidentalmente.
- Em Mateus, o campo é chamado de "Campo de Sangue" devido ao uso de "dinheiro de sangue"; em Atos, o nome parece atribuível ao fato de Judas ter sangrado até a morte no campo.

O que provavelmente temos são relatos complementares, cujos detalhes diferem porque os autores enfatizavam pontos diferentes. É evidente que Mateus quer discutir mais do que apenas o destino de Judas; ele também quer tornar conhecido o envolvimento da liderança judaica na traição de Jesus. Isso se encaixa na polêmica de Mateus contra a liderança. Diferentemente dessa abordagem, Atos está interessado apenas no destino final de Judas, não em qualquer atividade intermediária, incluindo qualquer arrependimento (por mais temporário ou permanente) que Judas possa ter sentido. Seja como for, o dinheiro e as ações de Judas levaram à compra do campo pelos sacerdotes. Assim, pode ser que, em sentido "causativo, Judas tenha comprado o campo, visto que o dinheiro que os sacerdotes usaram foi ganho e devolvido por Judas. Outro exemplo do sentido causativo seria um juiz que condena um criminoso à morte, mas não o executa pessoalmente.

Alguns têm sugerido uma resolução que faz o próprio Judas comprar o campo, como observa At 1, e então, com remorso, ele devolve aos sacerdotes uma quantia equivalente à sua recompensa em dinheiro de sangue e ao preço de compra do campo. Os sacerdotes então compraram um campo separado, ou mesmo o próprio campo que Judas havia comprado (nesse caso, comprado da propriedade de Judas).

Considerando o testemunho bíblico mais amplo, a terrível morte de Judas indica que Deus julgou sua injustiça (como o julgamento divino que recaiu sobre Ananias e Safira em At 5). Tais julgamentos de destruição corporal são comuns, especialmente associados a hidropisia, condições de grave inchaço corporal ou graves danos corporais (2Sm 20:10; Pv 20:30; At 12:20-23; Bruce 1990, p. 109).

E quanto aos detalhes da morte de Judas? A localização tradicional atual do Campo de Sangue em Jerusalém é uma área com uma grande saliência acima de um pequeno penhasco. É possível que Judas tenha se enforcado no topo do penhasco e finalmente caído no chão a uma distância abaixo, com seu corpo se abrindo. O fato de Mateus e Lucas apresentarem razões diferentes para a associação do campo com o sangue, pode ser atribuído ao fato de existirem várias razões apropriadas para chamá-lo de Campo de Sangue, pois através de Judas o campo é associado à traição e morte de Jesus, a morte de Judas, e pagamentos injustos por uma casta sacerdotal que procurava destruir Jesus.

Pode-se também perguntar por que Lucas ou Mateus criariam um relato falso sobre a morte de Judas e a nomeação do campo. Isso apenas os desacreditaria, pois, os fatos do ato infame e da morte de Judas eram amplamente conhecidos. Assim, pode ser que os leitores contemporâneos foram capazes de ler ambos os relatos e entender que os dois eram compatíveis com os fatos conhecidos do assunto.

Em resumo, é melhor ver diferentes propósitos e preocupações levando a diferentes detalhes. Podemos reconciliar as diferenças por meio de harmonizações sugeridas, mas em última análise, não podemos ter certeza da sequência exata dos eventos. A incerteza sobre esses detalhes não deve prejudicar nossa confiança nos pontos centrais do texto.

***Uso do Salmo 69:25 e 109:8* (1:20):** Pedro cita ou aplica mal o Sl 69:25 (68:26 LXX) e o Sl 109:8? O Sl 69 é um apelo a Deus para o resgate dos inimigos. É também um pedido de julgamento de Deus, para que o acampamento inimigo fique desolado. Pedro aplica o salmo tipicamente profético para indicar que Judas experimentou tal julgamento. Jesus, tendo sido perseguido, espelha a experiência do salmista nesse ponto. O salmo é profético porque o padrão que Jesus demonstra é visto como planejado por Deus para ligar os dois eventos um ao outro. O tipo de morte que Judas experimentou deixou o campo desolado para ele e para os outros. A passagem de Mt 27:7 observa que o campo se tornou um cemitério. A redação difere da LXX de duas maneiras principais. Primeiro, Atos simplifica a passagem ("suas tendas" se torna "nela", referindo-se à habitação ou propriedade). Em segundo lugar, a tradução foi transformada de um plural (*autōn*, deles) em um singular (*autou*, dele) de para focar a aplicação em Judas. O traidor é incluído e especificado como um daqueles de quem fala o salmo. O julgamento caiu sobre esse inimigo do justo Jesus.

A segunda passagem é do Sl 109:8 (108:8 LXX). A ligação entre as duas passagens que Pedro cita é o uso do pronome de terceira pessoa *autou* (dele). Essa ligação de passagens por meio de uma palavra compartilhada é comum no judaísmo e foi chamada de *gezerah shewa*, que se traduz como "uma regulação equivalente". Mais uma vez o salmo no TM é um lamento do salmista pedindo o julgamento de Deus. O pedido é que os dias do inimigo sejam poucos e "outro possa tomar sua posição [ou bens]". Pedro também usa esse texto de maneira tipológico-profética para declarar Judas julgado no padrão pelo qual os justos são vindicados. A posição de Judas como um dos Doze está livre para ser ocupada por outro, conforme justificado pela própria Escritura. Novamente, o texto difere ligeiramente da LXX. A mudança aqui é de um optativo na LXX ("outro pode levar") para um imperativo em Atos ("deixar que outro leve"). O ponto é semelhante, mas um pouco mais enfático em Atos.

Barrett exagera quando diz (1994, p. 100) sobre o uso que Pedro faz dos Salmos: "[dele] não pode ser dito que qualquer atenção é dada ao contexto, menos ainda ao significado original e referência, da passagem citada". Podemos concordar que Pedro não fez a exegese do texto de acordo com os métodos modernos. Mas isso não é o mesmo que dizer que o contexto e o significado originais não importam para Pedro. Ele entendeu que essas passagens estão no Saltério para que o povo de Deus reflita sobre a forma como Deus age e cuida dos justos que clamam a Deus. Os salmos eram lidos não apenas como uma experiência individual, mas como algo com o qual o leitor do salmo deveria se identificar, caso se encaixasse na categoria descrita.

O que Pedro fez foi usar o princípio expresso no salmo como um resumo de como Deus age em favor dos justos e aplicá-lo a um evento em que Deus julgou um perseguidor injusto. Se o princípio capta a abordagem de Deus em vários pontos da história, é arquetipicamente verdadeiro em sua resposta ao(s) perseguidor(es) de Jesus. Assim, Pedro opera dentro do significado e espírito do salmo, e contra Barrett seu uso do texto não é exagerado. Falando sobre o uso do Sl 69, Marshall (1980, p. 65 e também n3) diz: "Seria natural encontrar nesse Salmo uma profecia ou tipo do traidor de Jesus". Ele também observa que ambas as passagens poderiam ser usadas dessa maneira a partir de sua redação no TM (assim também Pesch 1986, p. 89; *pace* Haenchen 1987, p. 161, que diz que o texto está enraizado em uma leitura cristã helenística). Bruce (1990, p. 110) fala de Jesus como um tipo de Davi, como um pano de fundo hermenêutico de como Pedro lê o salmo.

Testemunha (1:22): Em Atos, a palavra "testemunha" (gr. *martus,* aqui acusativo *martura)* é um termo técnico para alguém que foi testemunha do ministério e ressurreição de Jesus. Muitas pessoas sabiam o que Jesus disse e fez durante seu ministério. Os Doze estavam entre as pessoas mais importantes. Eles deveriam ter um papel na pregação pública e no ensino da igreja como supervisores da tradição (Lc 1:1-2 alude ao seu papel como "testemunhas oculares e servos da palavra", onde "palavra" não se refere à Bíblia, mas ao ensino e pregação da igreja). Isso sugere um tipo de controle e cuidado com a tradição sobre o que Jesus disse e ensinou. Essa tradição apresenta o que Jesus disse ou fez, ou representa o desenvolvimento de implicações que estão diretamente ligadas ao que Ele disse ou fez. A tutela praticada pelas testemunhas oculares (os Doze, bem como o grupo maior de testemunhas oculares) garantiu que a mensagem fosse mantida exata.

Lançar sortes **(1:26):** Alguns leitores têm perguntado se esse versículo indica que os primeiros cristãos praticavam uma forma de adivinhação, pela qual os suplicantes buscam a vontade de Deus por meio dos resultados de eventos fortuitos. Essa é uma das duas notas sobre lançar sortes no NT. A outra ocorrência é quando os soldados romanos lançaram sortes em uma tentativa de ver quem reivindicaria as mortalhas de Jesus (Mt 27:35; Mc 15:24; Lc 23:34b; Jo 19:24, em alusão ao Sl 22:18).

Numerosos textos do AT mencionam uma abordagem similar. Em Lv 16:8, Arão lançou sortes para determinar o destino dos bodes no Dia da Expiação. Em Js 18:6 e 19:51, Josué determinou a distribuição para as tribos da nação lançando sortes. Em vários textos, o lançamento de sortes está associado ao julgamento, como quando os despojos são divididos (Jl 3:3; Ob 11; Na 3:10). Outros exemplos do AT de lançar sortes são encontrados em Js 23:4; 1Sm 14:42; 1Cr 6:65; 24-26; Ne 10:34; 11:1; Is 34:17; e Jn 1:7.

Os hebreus viam o lançamento de sortes como um meio de comprometer uma decisão com o Soberano Senhor que dirige todos os resultados. O texto de Pv 16:33 diz: "A sorte se lança no regaço, mas do Senhor procede toda decisão". Já Pv 18:18 indica que as disputas eram resolvidas lançando-se sortes: "Lançar a sorte acaba com as contendas e separa adversários poderosos."

Fernando (1998, p. 79) observa que as sortes deixaram de ser usadas após a vinda do Espírito Santo, pois as próximas duas seleções que são feitas em Atos (6:1-7 e 13:1-3) são feitas por oração e não por lançamento de sortes. Essa evidência pode sugerir que a prática de lançar sortes foi substituída na igreja primitiva depois que o Espírito veio. Certamente a Bíblia não apresenta o lançamento de sortes como normativa e, de fato, a Escritura nos instrui a buscar a vontade de Deus por meio da oração nessa era do Espírito que guia.

O uso de sortes em At 1 e em outras partes da Escritura não é adivinhação; representa um ato de fé onde os suplicantes confiam a decisão a Deus. Tudo sobre a cena em At 1 — a unidade do grupo, bem como o uso da oração e das Escrituras — aponta para uma comunidade piedosa e fiel.

Como funcionava o lançamento de sortes? Os nomes podem ter sido colocados em uma pedra cada e postos em um saco ou vaso de pano, e então a primeira pedra retirada nomeava a selecionada (Conzelmann 1987, p. 12). Se não fossem usadas pedras, outras possibilidades incluem madeira, ossos de animais, flechas ou peças de cerâmica (Le Cornu e Shulam 2003, p. 49; *m. Yoma* 4.1).

Atos 2:1-13

Cheio do Espírito Santo (2:4) ***e sua relação com João 20:22:*** Lucas conta essa história porque teria dúvidas ou desconhecia a vinda do Espírito relatada em Jo 20? O Espírito veio duas vezes?

O capítulo 2 de Atos discute a distribuição do Espírito a todo o grupo de crentes. Em Jo 20:22, por outro lado, é discutido um dom semelhante em um grupo menor, aparentemente dos Doze menos Tomé. O evento em João foi privado, enquanto At 2 narra um evento público. O Pentecostes cumpre Jl 2:28-32 porque o Espírito vem sobre todos os crentes, homens e mulheres, não apenas líderes.

A passagem de Jo 20:22 tem sido chamado de Pentecostes joanino, mas é realmente um evento muito mais restrito do que o Pentecostes. Alguns sugerem que o enchimento do Espírito em João foi temporário, mas nada explícito no texto aponta para essa ideia. Na verdade, a prestação de autoridade aos líderes que vem com a concessão do Espírito sugere o contrário. E assim a distinção entre Atos e João não é uma questão de duração do enchimento do Espírito, mas o escopo. O Pentecostes em At 2 foi uma demonstração pública de que o Espírito veio sobre todos os crentes equipando toda a igreja com capacitação (ou poder como Lc 24:49 coloca) para a missão. (Veja mais comentários em Jo 20:22.)

É possível que o livro judaico do Jubileus veja o Pentecostes e a entrega da lei como tendo caído no mesmo dia (Weiser, *EDNT* 3:70; BDAG 796; Betz, *TDNT* 9:296; Tobias 2:1; 2Macabeus 12: 32). O próprio Lucas não faz nada disso. No entanto, se for o caso de ambos os eventos acontecerem no mesmo dia, então a vinda do Espírito aponta para um segundo grande evento de libertação que guia o povo. O que Lucas vê aqui é a realização do programa divino vinculado à obra prometida do Messias, como deixa claro o discurso de Pedro mais adiante em At 2.

Sua própria língua (2:6): As línguas de Atos são línguas humanas que as pessoas ouvem e entendem sem intérpretes. Elas serviram nesse contexto para apresentar a esperança e a mensagem de Deus. Essas línguas eram compreendidas imediatamente e não precisavam da presença de alguém com o dom de ser intérprete da língua. Essa disponibilidade direta de entendimento difere das línguas em 1Co 12 e 14, que eram ininteligíveis sem a presença de alguém com o dom de interpretação. Isso deve sugerir uma pequena diferença entre as línguas em Atos e as línguas em 1Coríntios.

Atos 2:14-40

***A citação de Joel 2* (2:17-21):** Os críticos têm sugerido que Pedro aplicou mal Jl 2:28-32 aqui. Afinal, Joel fala de "depois disso" em vez de "últimos dias"; ele não menciona escravos profetizando, e ele parece estar falando de eventos destrutivos. Uma resposta comum diz que Pedro está apontando para um cumprimento *parcial* de Joel.

O texto de At 2:16 inicia uma defesa bíblica e uma descrição do evento de Pentecostes usando quatro textos: Jl 2:28-32 e Sl 16:8-11; 132:11; e 110:1. Os versículos refletem em grande parte os textos da LXX, o que significa que nessa tradução estamos olhando para os Sl 15, 131 e 109, pois os capítulos são numerados de forma diferente (na LXX, os Sl 9 e 10 são combinados em um salmo, o que significa que todos os salmos seguintes são numerados um a menos do que em nossas Bíblias).

O texto de Joel é apresentado com uma fórmula "isto é o que foi dito" (gr. *touto estin),* que aponta pelo menos para o cumprimento inicial. Uma vez que a citação também alude a eventos no julgamento final (pela menção da vinda do dia do Senhor), o texto é apresentado como *inicialmente* realizado com mais cumprimento por vir. Pedro não o cita apenas por analogia. A fórmula é muito forte para ler o texto apenas como ilustrativo. Mais do que isso, os demais textos citados também são textos que se cumprem. Então Pedro está afirmando que esses eventos são coisas que Deus predisse que aconteceriam.

É o derramamento do Espírito que eles estão vendo e que Joel declara que acontecerá nos últimos dias. A interpretação judaica posterior conectou a citação de Joel a outros textos do AT que explicavam a vinda do Espírito na escatologia, uma ligação que era conceitual (Is 32:15; Jr 31:31-33; Ez 34-37, especialmente 36:22-32). Qumran também expressa a ideia de como o Espírito possibilita o discernimento nessa comunidade escatológica (1QH 15.6-7 [= 7.6-7]; 1Q35; 4Q428.6-7; 1QS 4.2-4; Larkin 1995, p. 52, nota sobre 2:17). Esse acesso ao Espírito cumpre o desejo, expresso em Nm 11:29, de que Deus coloque o Espírito em todo o povo de Deus. Uma exposição judaica posterior, *Números Rabá* 15.25, declara que no "mundo vindouro todo o Israel será feito profeta", enquanto cita Jl 2. Portanto, a declaração pode não ser tão surpreendente para um público judeu.

Esse pano de fundo explica por que Pedro muda o "depois disso" de Joel para "nos últimos dias". Ele está lendo o texto como foi lido na época, como sendo sobre o que aconteceria no final, quando Deus começasse a se mover em direção à salvação abrangente de seu povo. Uma vez que Jesus veio ao mundo, os últimos dias começaram e a distribuição do Espírito é a garantia de que esse tempo chegou junto com o Messias (Lc 3:15-16).

Outra mudança que Pedro faz no texto de Joel é que ele acrescenta que os servos profetizarão (v. 18), enquanto Joel havia dito apenas que Deus derramaria seu Espírito sobre os servos. Embora não seja uma menção exata das palavras de Joel, Pedro parafraseou o texto de Joel de maneira aceitável, pois certamente o ponto adotado por Joel era que o derramamento do Espírito seria indiscriminado. Pedro simplesmente fez uma declaração mais ampla sobre o impacto do derramamento. Pedro está explicando que o que eles estão ouvindo sobre as obras de Deus (At 2:11) é uma revelação de Deus.

A menção do Dia do Senhor aponta para o julgamento no final. O texto de Joel abrange toda a carreira de Jesus em ambas as vindas, algo que Pedro explicará em At 3:18-22. Nessas passagens do AT, frequentemente acontecia que toda a carreira de Jesus foi apresentada em um único texto onde salvação e juízo aparecem lado a lado, ainda que em sua carreira estejam ligados a vindas distintas (veja Is 61:1-2 como outro exemplo). O julgamento do fim dos tempos é, obviamente, a parte do texto que ainda não foi cumprida. Pedro usa a abordagem desse julgamento para alertar seu público a responder a Jesus, aquele que Deus enviou e agora vindicou. A distribuição do Espírito mostra não apenas que horas são no calendário divino, mas quem é o Messias e Senhor (v. 36).

O plano determinado e a presciência de Deus (2:23): A Bíblia diz que Deus planejou os eventos que cercaram o julgamento e a crucificação de Jesus. Textos como Is 53 nos dizem que o próprio povo do Servo o rejeitaria antes que Deus finalmente o exaltasse. Isso levanta uma questão óbvia: se Deus pré-ordenou a rejeição e a crucificação de Jesus, a responsabilidade humana por esses atos é deixada de lado?

Nas Escrituras, a preordenação de Deus nunca elimina a responsabilidade humana. Como exatamente isso funciona é um mistério oculto na pessoa, no desígnio e na presciência de Deus. O que Deus nos chama a nos preocupar não é a natureza de como isso funciona, mas como respondemos a Ele, pois Deus nos considera responsáveis por nossa resposta.

Deus o ressuscitou (2:24): Na maioria dos textos do NT que abordam o assunto, Jesus é mencionado sendo ressuscitado por Deus (At 2:24, 32; 4:10; 13;30; Gl 1:1; Cl 2:12; 1Ts 1:10). Isso ocorre porque Deus, por meio da ressurreição do Filho crucificado, está vindicando as alegações e a obra do Filho. Uma exceção é Jo 2:19, onde Jesus diz que Ele mesmo levantará "este santuário" depois de três dias. Em vez de indicar uma contradição entre o Evangelho de João e o restante do testemunho do NT, o texto de João está falando do fato de que Jesus e Deus trabalham em unidade, algo que João afirmou em outro lugar (Jo 10:30). O que Deus faz, Jesus faz.

***A citação do Salmo 16* (2:25-28):** A citação de Pedro do Sl 16:8-11 (Sl 15:8-11 LXX, combinando com sua redação) levanta questões, incluindo:

O salmo tem legitimamente aplicação messiânica ou faz referência apenas ao rei Davi? O salmo fala de ser ressuscitado dentre os mortos ou de ser salvo da morte em primeiro lugar?

Pedro apresenta o Sl 16 como sendo de autoria de Davi. O salmista (observe a primeira pessoa do singular) sempre vê o Senhor diante dele, e a presença de Deus à sua direita significa que ele não será abalado. Pedro usa o salmo porque o tipo de defesa que Deus deu ao salmista é como o que Jesus recebeu, um uso profético tipológico. A proteção de Deus e a certeza dela são a chave para o tom e o uso da citação. Tal confiança é refletida na cena da crucificação como Lucas a apresenta (Lc 23:46 usa Sl 31:5 [30:6 LXX]; cf. Larkin 1995, p. 56, observa que Lucas não usa Sl 22:1 na cena da crucificação como Mc 15:34 faz).

O salmista descreve suas esperanças de libertação com confiança. Sua experiência também forma uma base para sua esperança sobre a vinda do libertador (Messias). A referência da LXX a "em esperança" substitui uma referência do TM a habitar "em segurança", mas isso simplesmente torna a imagem mais vívida, assim como a mudança de "minha glória" do TM (ou talvez "meu fígado") para "minha língua" da LXX no versículo (a LXX explica o uso de Pedro de "minha língua").

A chave para a citação de Pedro é At 2:27 e a declaração, repetida posteriormente no discurso, de que Deus não abandonará sua alma no Hades nem permitirá que o Santo veja corrupção ou decadência. Mas Jesus ou Davi estão à vista? Como um salmo, o texto trata primeiramente de um indivíduo no contexto original, mas também se estende além desse indivíduo. O que esse indivíduo experimenta é semelhante ao que outros que confiam em Deus podem esperar de Deus. É por isso que as gerações seguintes refletem sobre esse salmo na adoração. A esperança expressa por Davi opera como promessa da proteção de Deus para todos os crentes. Em particular, essa proteção se estende a qualquer ameaça que o "Santo" enfrente, e nenhuma ameaça é maior que a morte.

Em sua referência ao "Santo", Davi está apontando para fora de si mesmo, para alguém que foi "santificado" diante de Deus e experimentou a misericórdia de Deus, o "santo" (Bruce 1988a, p. 125; Johnson 1992, p. 51; Sl 50:5 [49:5 LXX]). Em At 13:35 "Santo" reaparece em outro uso desse versículo do AT, indicando que esse salmo pode muito bem ter sido uma parte da tradição da igreja explicando a ressurreição de Jesus. A passagem também aparece nos pseudepigráficos *Acts of Philip* 78 [15] (Barrett 1994, p. 146). "Santo" (gr. *hosios)* é usado 77 vezes na LXX. Pode se referir a um sacerdote (Dt 33:8), aos piedosos ou aos fiéis. Uma referência aos fiéis é o uso mais comum do termo, especialmente no Saltério (2Sm 22:26; Sl 4:3 [4:4 LXX]; 12:1 [11:2 LXX]; 18:25 [17: 26 LXX]). No Sl 16, porém, a referência é a uma pessoa específica, como mostram os singulares do salmo. É fácil ver por que os leitores podem pensar que essa pessoa específica é o salmista Davi, dado seu status real e as referências em primeira pessoa até esse ponto no salmo. O que não podemos descartar, no entanto, é que o salmo pode ser lido como sobre a proteção final de Deus ao reinado de Israel, sugerida pela presença de Davi e sua conexão com o salmo. O Messias de Israel finalmente incorpora a realeza de Israel. Essa conexão será mencionada na promessa feita a Davi em At 2:30 do Sl 132:11, que remonta a 2Sm 7 e à aliança davídica. Sua colocação no Saltério pode sugerir que essa esperança de proteção para o rei foi além do cenário original e, portanto, além do próprio Davi para o Messias. Pedro tornará esse ponto explícito mais tarde no seu discurso (At 2:34-36).

O não abandono ao Hades, a declaração de que este não verá a decadência e a ideia de a pessoa estar segura, inclusive na carne, levam Pedro a argumentar que a ressurreição, mesmo uma imediata ressurreição corporal, é afirmada no Sl 16 (At 2:30-31). As seis aparições de "decadência" no NT estão todas em At 2 e 13 (2:27, 31; 13:34, 35, 36, 37). Muitos estudiosos argumentam que o salmo original tinha em mente ser salvo de uma morte prematura e não ser ressuscitado dentre os mortos, o que é bem possível, dada a forma como o termo "decadência" é usado e como a morte era vista na época em que o salmo foi escrito. Mas excluir uma aplicação ao tema da ressurreição é ler o salmo de maneira muito restrita.

Essas observações hermenêuticas são importantes diante das afirmações de que apenas a LXX pode justificar a leitura que Pedro faz e, portanto, que o texto tem suas raízes no cristianismo helenístico (assim Haenchen 1987, p. 181-82). Essa é uma leitura muito estreita do entendimento judaico no contexto do primeiro século. O texto de Lc 23:43 mostra Jesus expressando a confiança de que sua morte o levará ao paraíso "hoje" e, portanto, aparentemente não a uma estadia intermediária no Hades.

O conceito de uma ressurreição imediata na história era uma ideia nova no judaísmo. Os judeus acreditavam em uma ressurreição corporal geral no fim dos tempos para todos os justos e ímpios juntos antes do julgamento (Is 66; Dn 12:1-2; 2Macabeus 7), mas não esperavam uma ressurreição anterior, imediata, ressurreição especial para qualquer um. A ressurreição de Jesus revelou essa nova ideia de uma ressurreição antes do fim. Neste discurso, Pedro está argumentando que a Escritura previu isso, como todos podem ver agora.

Os estudiosos discutem se o texto é estritamente profético (somente sobre Jesus) ou tipológico-profético (sobre o salmista e qualquer um como ele que antecipa a vindicação porque confia em Deus). Devemos lembrar que em textos tipológicos-proféticos, onde um padrão está sendo aplicado a Jesus, Ele frequentemente cumpre o texto em seu máximo potencial de compreensão. Esse é provavelmente o caso aqui. A vindicação do salmista espera que o Santo ultrapasse a morte para a vida infinita. Não há forma mais elevada possível de vindicação.

Recebeu do Pai o Espírito Santo prometido (2:33): O recebimento do Espírito do Pai por Jesus indica que Jesus é apenas humano ou que sua divindade está subordinada à do Pai? O recebimento do Espírito por Jesus, sentado à direita de Deus para derramá-lo a seus seguidores, é uma forma figurativa de dizer que (1) Jesus compartilha o trono e o governo de Deus Pai e (2) Jesus é o mediador do Espírito do Pai como tarefa messiânica. Ele funciona como Messias e Senhor quando o Espírito é derramado. A observação é figurativa porque Deus não tem uma mão direita! A figura é chamada de antropomorfismo, na qual Deus é descrito com atributos humanos. O ponto da figura é que Jesus compartilha plena autoridade divina e realiza tarefas de salvação com a autoridade de ser Senhor, igualmente o Senhor dos benefícios da salvação em conjunto com o Pai. Assim, a linguagem nos dá um vislumbre de como o Pai e o Filho funcionam juntos. A origem da bênção está no Pai. O mediador da bênção é o Filho. O dom da conexão com Deus é o Espírito, que é enviado para habitar naqueles que se voltam para Deus, dando-lhes um relacionamento com Deus e uma vida sem fim.

A Citação do Salmo 110 **(2:34-35):** Duas perguntas importantes que as pessoas fazem sobre o Sl 110 e seu uso no NT são: o salmo é davídico e é apropriado aplicá-lo ao Messias? Alguns intérpretes argumentam que o Sl 110 foi um salmo escrito sobre o rei Davi, não *pelo* próprio rei Davi. Com respeito às questões sobre a autoria do salmo e seu cenário original, veja o comentário sobre Lc 20:44. Davi é o orador no salmo, pelo menos, ou o ponto que Jesus argumentou em Lc 20 não faz sentido. O salmo também é um salmo real. É sobre a posição e a esperança ligadas à realeza davídica e, finalmente, a culminação da realeza davídica no Messias.

O Sl 110:1 é frequentemente usado como um texto-chave de prova no NT. Dodd (1953, p. 35) o chama de texto "fundamental" da pregação primitiva. A redação aqui corresponde à LXX (109:1), exceto pela possível exclusão do artigo *ho* antes do primeiro uso de *kyrios* (Senhor). Lucas o citou anteriormente em Lc 20:42-43, mas o ponto apresentado no salmo em At 2 difere ligeiramente daquele que é mostrado em Lc 20, onde a preocupação é levantar uma questão sobre como o Messias poderia ser chamado de filho de Davi, se Davi o chamou de Senhor. A questão era que o senhorio da figura messiânica era tão importante quanto ser filho de Davi, e que o filho não era um mero filho. Lucas deixou essa conclusão mais como uma implicação do que como uma afirmação explícita em seu Evangelho. Em Atos, Pedro deixa claro que a ressurreição indica a posição de Jesus à direita do Pai. Desse lugar de honra e glória única, Jesus é o mediador da bênção do Espírito e a salvação de acordo com a promessa do plano de Deus. Isso revela quem é Jesus. É a alta cristologia, associando Jesus à glória de Deus. Jesus senta-se com Deus no céu a convite de Deus.

O judaísmo contemporâneo entendia que a nenhuma pessoa é permitida a honra de sentar-se permanentemente na presença de Deus. Apenas dois textos consideram essa possibilidade, os textos do Filho do Homem de 1Enoque e um texto de ca. 250 a.C. em Ezequiel, o Trágico, *Exagoge,* onde Moisés tem um sonho retratando sua autoridade como "Deus para Faraó" (Êx 7:1) durante o êxodo. O Filho do Homem em 1Enoque recebe autoridade para julgar do lado de Deus. Lembre-se de que "Filho do Homem" era a autodesignação preferida de Jesus. *Exagoge* retrata Moisés de maneira figurativa e não escatológica, de modo que seu assento ao lado de Deus não é realmente relevante para nossa discussão. A constatação de que Jesus passou para o lado de Deus exige uma alta cristologia, pois sugere uma ligação íntima e até igualdade entre Jesus e o Pai. A vindicação (ressurreição e ascensão à direita de Deus) de Jesus faz mais do que mostrar que Ele vive e que outros serão ressuscitados no final. Explica quem é Jesus e como Deus mostrou que Ele é o Senhor Cristo.

Às vezes é sugerido que essa alta cristologia surgiu tarde na igreja primitiva ou que o argumento poderia ter sido feito apenas com base na LXX grega e não no TM (entre muitos outros, Jervell 1998, p. 149n257). Mas a LXX simplesmente traduziu o TM respeitando o nome único de Deus. O TM distingue claramente entre Yahweh e *o adoni* de Davi (o segundo uso de Senhor nas traduções) no Sl 110. No entanto, no judaísmo do Segundo Templo, os judeus nem sempre pronunciavam o nome pessoal de Deus, mas o substituíam por uma forma de "Senhor", seja em aramaico, hebraico ou grego, como a LXX fez. Evidências de Qumran mostram que os escribas podem ter inserido pontos ou uma abreviação para evitar pronunciar o nome sagrado (Rolo de Isaías em Qumran; Byington 1957, p. 57-58). Assim, a tradução oral do TM produziria uma leitura muito parecida com a que encontramos na LXX. Portanto, o TM apoiaria a alta cristologia tão habilmente quanto o fez a LXX. De qualquer forma, o importante aqui não é apenas o uso de "Senhor" como termo compartilhado, mas o contexto do evento no qual o texto foi visualizado. Está sendo aplicado a um assento no céu. Portanto, esse argumento sobre o desenvolvimento "tardio" não é adequado (*pace* Conzelmann 1987, p. 21; Schneider 1980, p. 276).

Tudo o que é necessário para justificar a conclusão de que Jesus é o Senhor estava em vigor como resultado da ressurreição e ascensão. Não há necessidade de propor que a alta cristologia foi um desenvolvimento posterior ou baseado em uma distorção do significado do Salmo. Nem o adocionismo está implicado. Jesus não se tornou Senhor, mas demonstrou ser o Senhor por meio da ressurreição e ascensão (Rm 1:2-4). Como os versículos 21, 36-38 sugerem, o "Senhor" a ser invocado é Jesus — e somente Deus salva (Larkin 1995, p. 57). Ele é o Senhor de todos (At 10:36; Witherington 1998, p. 147-53: "Não foi que Jesus se tornou *alguém* diferente de quem era antes, mas que Ele entrou em um novo estágio em sua carreira ou assumiu novos papéis após a ascensão" [149]).

Seja batizado [...] para remissão dos seus pecados (2:38): Pedro ensinou aqui a regeneração batismal, a ideia de que o ato do batismo leva ao renascimento espiritual? O contexto da declaração de Pedro é que ele estava respondendo à pergunta feita pela multidão no versículo 37: "Irmãos, que devemos fazer?" A essa altura, a multidão já estava convicta, aceitando como verdadeira a conclusão teológica que Pedro havia declarado no versículo 36: "Deus fez a este Jesus, a quem vós crucificastes, Senhor e Messias!" Agora, em resposta à sua pergunta e percebendo que a fé já havia despontado em seus corações, Pedro compartilha a aplicação que é seguir a crença em Cristo. O aplicativo tem três partes básicas: (1) arrepender-se, (2) ser batizado em nome de Jesus Cristo para o perdão dos pecados e (3) receber o dom do Espírito.

Apesar da controvérsia posterior sobre se alguém deve crer e ser batizado para ser salvo, o que Pedro disse aqui e em sua própria epístola posterior mostra que a chave é a resposta a Deus, não o rito em si. Essa resposta e seu efeito de limpeza são o que o rito significa, não o que o rito realiza. O ato do batismo retrata uma lavagem e significa o que a fé produz, a purificação. Pedro explica isso em 1Pe 3:21: "O batismo, que corresponde a isso, agora salva vocês (não a remoção da imundície da carne, mas o penhor de uma boa consciência para com Deus) por meio da ressurreição de Jesus Cristo".

O rito não é mágico, mas simboliza o que o arrependimento está pedindo a Deus para fazer, para dar perdão (At 5:31; 10:43; 13:38; 26:18). Comprometer-se pelo batismo é afirmar em público o que o coração fez em particular para entrar em relacionamento com Deus. "O batismo é uma parte natural da conversão muito mais importante" e uma "expressão evidente de conversão" (Schweizer, *TDNT* 6:413-414). Assim, o batismo é a representação da purificação própria da salvação.

Salvem-se desta geração corrupta! (2:40): Ao exortar seus ouvintes a "serem salvos desta geração corrupta", estaria Pedro interpretando a salvação como um movimento social destinado a reformar uma geração particularmente corrupta, e não um renascimento espiritual que deveria ser realizado por todas as gerações?

A advertência de Pedro para ser salvo "desta geração corrupta" é uma alusão à sua menção do Dia do Senhor e do julgamento que vem com o fim (v. 19-21). Assim, a geração a que ele se refere não é mais ou menos corrompida do que qualquer outra. Pelo contrário, é a geração que, mais do que qualquer outra antes dela, está perto do fim dos tempos. Diante do julgamento iminente, todas as pessoas devem buscar a salvação em Jesus.

Atos 2:41-47

Vendiam suas posses e propriedades (2:45): Esse versículo indicaria que a vida em comunidade é uma ordem cristã, ou que os primeiros cristãos acreditavam que a segunda vinda era tão iminente que a vida em comunidade era necessária?

Essa partilha de coisas materiais não era um comunalismo obrigatório, mas uma resposta voluntária e cuidadosa à necessidade, como mostra o final do versículo 45. Os verbos para "vender" (*epipraskon*) e "distribuir" (*diemerizon*) são imperfeitos iterativos. A implicação é que esse compartilhamento era repetitivo. Que uma comunidade está realmente funcionando com amor e compaixão apropriados é evidente quando as necessidades materiais estão sendo atendidas.

A repreensão de Pedro a Ananias em At 5:4 deixa claro que a doação de bens materiais e dinheiro não eram uma exigência entre os primeiros cristãos, em contraste com a exigência em Qumran entre os essênios (1QS 1.11-12; 5.1-3; 6.2-3; CD 9.1-15; 1QS 9.3-11). O fato de a igreja posterior não ter mantido a prática comunitária confirma a natureza voluntária da prática testemunhada em At 2. Possuir todas as coisas em comum era frequentemente visto como uma virtude ética na cultura antiga (Filo, *Good Person 12* §86; *Hypothetica* 11.10-13; *Abraão* 40 §235; Josefo, *Antiguidades* 18.1.5 §20 [dos essênios]). Os gregos sustentavam que amigos compartilham coisas em comum (Platão, *República* 4.424A; 5.449C; *Critias* 110C-D; Aristóteles, Ética a Nicômaco 1168B.31; Jâmblico, *Vida de Pitágoras* 30.168). O judaísmo rabínico posterior argumentou contra isso (*m. 'Abot* 5.10; Johnson 1992, p. 9).

A prática da vida comunitária em At 2 não foi impulsionada por visões escatológicas. Em vez disso, foi motivado pela presença íntima de Deus, conforme comprovado pelas "muitas maravilhas e sinais [que] estavam sendo realizados por meio dos apóstolos" (v. 43). A resposta adequada foi que cada membro da crescente comunidade mostrasse preocupação com os membros necessitados (*chreian*, necessidade; talvez como Jesus ensinou em Lc 6:30-36 ou do AT e Dt 15:4-5; Polhill 1992, p. 121). O ensinamento de Jesus sobre não acumular provisões materiais de Deus também pode fornecer um pano de fundo (Lc 12:13-21). A mesma motivação aparece em At 4:35, e o fracasso em atender a tais necessidades em 6:3 entre as viúvas helenistas leva a uma reclamação e resolução na igreja (20:34 e 28:10 completam os usos do termo "necessidade" em Atos).

Tudo isso mostra que não estamos lidando com uma ordem aqui, mas uma resposta sincera de profunda fé. Como tal, a passagem não autoriza que esse tipo de comportamento seja exigido, mas também não impede que seja utilizado em qualquer época como uma expressão de atendimento às necessidades da comunidade.

Atos 3:1

Subiam [...] ao complexo do templo (3:1): Pedro e João continuavam a viver como bons judeus, participando do templo. Isso surpreende alguns leitores, mas nada do que Jesus disse ou fez explicitamente significava que os judeus deveriam parar com suas práticas. Os desenvolvimentos que levaram à cessação das práticas judaicas só começaram a aparecer em Atos, especialmente em At 10. Mas em todo o NT há evidências de que os cristãos judeus continuaram muitas de suas práticas tradicionais. Desde que não fosse considerado necessário para a salvação, isso deveria ser aceitável. É por isso que há tanta discussão sobre não pressionar os crentes em questões como dieta e feriados em textos como Rm12—15. Em Mc 7:19 o texto pode parecer contra essa ideia quando diz que Jesus declarou toda comida limpa, mas essa é uma narrativa feita pelo evangelista. Reflete implicações que, com o tempo, passaram a ser vistas no ensinamento de Jesus. A hesitação inicial de Pedro em comer comida comum em reação à visão de At 10 mostra que, na época, muitos crentes cristãos continuavam com aspectos da prática judaica. Em parte, isso também acontecia porque o que a igreja primitiva enfatizava era que ser um bom judeu significava aceitar a Jesus como o Messias. Em outras palavras, a nova comunidade não se posicionou como algo distinto da esperança judaica, mas em continuidade com ela como sua realização.

Atos 3:11-26

Deus predisse pela boca de todos os profetas, que o seu Messias haveria de sofrer (3:18, 24): Não devemos tomar a declaração de Pedro como uma afirmação de que todos os profetas do Antigo Testamento predisseram especificamente que o Messias sofreria. Isso claramente não é o caso. Em vez disso, Pedro está apelando para toda a história da Escritura e da promessa. Os volumes de Lucas-Atos e suas citações do AT mostram que muitas passagens diferentes de inúmeros autores diferentes do AT contribuem para a história do Messias. A ideia de sofrimento é realmente explícita em alguns textos, como Is 52:13-53:12 e numerosos salmos (e.g., Sl 22; 69; 110; 118).

Profetas desde o princípio (3:21): A declaração de Pedro de que os profetas de Deus haviam falado sobre "a restauração de todas as coisas... desde o princípio" significa que a promessa de restauração estava em operação desde o início da campanha de Deus para revelar sua vontade por meio dos profetas. O começo do mundo não está à vista.

Pedro começa com uma citação da Torá e de Moisés (3:22-23) e então menciona a promessa feita a Abraão em Gn 12 (At 3:25). Em seu discurso, Pedro analisa a carreira de Jesus, tanto o que aconteceu quanto o que está por vir. Ele mostra como as observações do anjo em At 1:9-11 o impressionaram tanto que o céu reteve Jesus até que os tempos do refrigério pudessem ser completados.

***A citação de Deuteronômio 18:15, 19* (3:22–23): A** maneira como Pedro lidou com a passagem de Dt 18 levantou questões. Ele estaria correto em encontrar ali referências messiânicas? No contexto original, Moisés está transmitindo a promessa de Deus de que, quando os hebreus entrarem na terra prometida, Ele dará ao povo um profeta como Moisés para que eles "não imitem os costumes detestáveis dessas nações" fazendo coisas como recorrer a médiuns e adivinhos (Dt 18:9-14). Essa promessa teria aludido imediatamente a Josué ou outros, que pegariam o manto de Moisés.

Além do cumprimento inicial no contexto histórico original, a passagem de Dt 18 passou a ser vista pelo judaísmo do primeiro século como uma promessa tipológica referindo-se a um profeta do padrão de um

Moisés, líder-libertador, que faria parte da escatologia (Bock 1987, p. 191-94). A expectativa de que uma figura semelhante a Moisés surgiria no fim dos tempos era comum no judaísmo (1QS 1.9-11; 4Q175 1.5-8; 1Macabeus 14:41). Josefo (*Antiguidades* 20.5.1 §97) escreve sobre uma figura judaica do primeiro século, Teudas, que tentou invocar a divisão do mar de Moisés para defender que ele era um profeta que poderia liderar Israel (Witherington 1998, p. 188). Os samaritanos apontaram para Dt 18 como descrevendo uma figura restauradora conhecida como *Taheb* (*Memar Marqah* 4.3; Teeple 1957, p. 63-68, 108-9; Polhill 1992, p. 136; DeWaard 1971; Scobie 1972-73; Jeremias, *TDNT* 4:848-73). Esse padrão e conexão com a promessa mosaica são repetidos em At 7:22, 25, 30-39 e foram mencionados em Lc 9:35 (Pesch 1986, p. 157).

Atos 4:5-12

A quem vocês crucificaram (4:10): Alguns acham que Pedro está sendo antissemita aqui. Certamente ele é muito direto em sua declaração sobre a rejeição da nação ao seu Messias. Como o relato deixa claro, foi principalmente a liderança religiosa que era responsável, mais alguns cidadãos em Jerusalém. Isso não é antissemitismo. É simplesmente relatar como Jesus chegou à cruz.

A observação levanta a questão da responsabilidade pela morte de Jesus. Legal e tecnicamente, os romanos através de Pilatos foram responsáveis pela morte de Jesus, uma vez que a convicção de o crucificar veio deles. No entanto, as coisas nunca teriam chegado a esse estágio se a liderança judaica não tivesse pressionado pela execução. Temos o testemunho de Josefo de que Jesus morreu sob o comando de Pilatos a mando de algumas pessoas importantes em Israel (*Antiguidades* 18.63-64). Assim, algumas fontes judaicas atestam esse vínculo com a liderança. A passagem de At 4:27 considera Pilatos, Herodes, judeus e gentios todos responsáveis pela morte de Jesus.

Não há salvação em mais ninguém [...] nenhum outro nome sob o céu **(4:12):** Uma vez que Pedro, assim como qualquer outro entre os primeiros cristãos, não poderia saber o tamanho da Terra ou o número de grupos de pessoas e quanto tempo levaria para alcançar o mundo inteiro com o evangelho, foi sugerido que "debaixo do céu" não deve ser entendido como significando que Jesus é a única maneira pela qual as pessoas podem ser salvas. Será que Jesus é o único meio de salvação entre os judeus e os grupos de pessoas que seu ministério tocou?

Witherington (1998, p. 194) observa corretamente: "Pedro não é defensor das noções modernas de pluralismo religioso" (também Jo 14:6; 1Tm 2:5; Hb 2:3). A mensagem consistente em todo o NT é que Jesus é o único Salvador para a humanidade. A ignorância humana sobre o tamanho da massa de terra da Terra e da população humana não tem relação com os fatos centrais da necessidade da humanidade por redenção e o único meio de redenção que é fornecido.

É claro que a reivindicação de exclusividade ofende muitos leitores, e eles procuram evitá-la observando a compreensão geográfica primitiva dos tempos bíblicos. Duas considerações se opõem a tal argumento. Primeiro, o Império Romano era como uma esponja quando se tratava de religião. Os romanos aceitavam todos os tipos de deuses e ideias religiosas que vinham dos cantos mais distantes de seu vasto império. Uma viagem a Cesareia de Filipe, local onde Jesus realizou parte de seu ministério, mostra a presença e a consciência de muitos desses deuses. Portanto, Pedro e os outros apóstolos estavam bem cientes da pluralidade das religiões e entenderam que muitas delas se originaram em lugares distantes que nunca visitariam. Eles pregaram a exclusividade de Cristo dentro do contexto do caldeirão religioso que era o Império Romano e, portanto, o fato de haver outras religiões mundiais sobre as quais eles eram ignorantes não atenua suas reivindicações sobre a exclusividade de Cristo.

Em segundo lugar, e mais importante, a alegação era que Jesus atende a uma necessidade interna que todas as pessoas em todos os lugares têm. A alegação deles não era que outras pessoas não buscavam ser piedosas; eles sabiam que praticamente todas as pessoas são religiosas. Em vez disso, eles afirmavam que somente Jesus pode remediar o que há de errado conosco. Os discípulos estavam tão comprometidos com essa ideia e sua exclusividade, que se dedicaram a espalhar a palavra o mais longe possível. A alegação de não haver outro nome salvador sob o céu indica quão abrangente é a solução de Jesus na visão do apóstolo.

Atos 4:13-18

Homens incultos e inexperientes (4:13): O fato de os apóstolos serem "incultos e inexperientes" poderia sugerir que eles não eram confiáveis e eram analfabetos? Em resposta a isso, observe que os líderes da elite social fizeram essa avaliação dos apóstolos, e isso é algo que eles teriam dito sobre qualquer pessoa abaixo de sua posição. É uma observação de preconceito social. Esses discípulos poderiam não ter treinamento especializado, mas não eram totalmente analfabetos. Como comerciantes, eles teriam alguma alfabetização. A capacidade posterior dessas figuras de atuar na diáspora mostra alguma alfabetização. A reação dos líderes também reflete alguma preocupação, porque embora esses discípulos fossem pessoas comuns, os apóstolos surpreendentemente eram bastante eficazes. Iniciariam os apóstolos um movimento entre a população que ameaçaria o poder e a posição da elite? Portanto, não devemos interpretar a observação como significando que os apóstolos não eram confiáveis. Na verdade, o ponto-chave da declaração é exatamente o oposto — os apóstolos eram tão bons em expor seu ponto de vista e ganhar o consentimento entre as pessoas que as elites os temeram, mesmo com a falta de mais treinamento oficial.

Pois um sinal óbvio, evidente para todos (4:16): Aparentemente nunca foi debatido que Jesus realizou obras incomuns, assim como aqui não se pode negar que os apóstolos haviam curado aquele homem. Da mesma forma, os oponentes de Jesus nunca negaram que seu túmulo foi encontrado vazio na manhã de domingo. As explicações fornecidas pelos oponentes foram que Jesus agiu pelo poder de Satanás (Lc 11:14-20) e que o corpo de Jesus foi roubado pelos discípulos (Mt 28:11-15). Jesus refutou a ideia anterior dizendo que Satanás não trabalharia contra si mesmo. A sugestão de que o corpo foi roubado implica que os discípulos, em meio à dor e à desilusão após a execução de Jesus, formaram uma conspiração para inventar uma história de ressurreição e depois se apegaram a essa história, mesmo que isso lhes custasse desprezo social e eventualmente suas vidas. É muito improvável que eles se apegassem a uma história inventada a um custo tão alto para si mesmos. As coisas ficaram tão problemáticas para a oposição que, mais tarde em At 5, Gamaliel levantou a possibilidade de que, se os discípulos trabalhavam pelo poder de Deus, ninguém poderia detê-los.

Atos 4:23-37

Citação do Salmo 2:1-2 **(4:25-26):** Essa passagem estaria violando o contexto original do Sl 2 ao fazer aplicação a Jesus? O midrash judaico lê o salmo como descrevendo um princípio histórico de oposição em ação desde a época do faraó e Aarão até o mundo do Messias vindouro, vendo-o como tendo aplicação além da vida do rei Davi. A oposição mais significativa de todas é a oposição ao plano redentor de Deus no Messias. Além disso, como um salmo de coroação, o cumprimento final será no descendente prometido de Davi. Portanto, este presente texto é outro exemplo de Lucas apelando para a profecia padrão, mostrando que o plano de Deus está sendo executado, mesmo no sofrimento e rejeição que Jesus experimentou.

Observe que a oposição a Jesus é de todos os grupos; Herodes e Pilatos, bem como judeus e gentios. Em uma leitura original do salmo, a maioria dos judeus teria assumido que os oponentes são todos gentios, mas o ponto da oração é que se pode identificar os inimigos de Deus com base em sua oposição ao Messias, e isso incluirá tanto gentios quanto judeus. A explicação após a citação torna a aplicação explícita. Essa chave hermenêutica para ler o salmo mostra que essa não é uma leitura equivocada do salmo, uma vez que é visto em seu papel canônico dentro do Saltério (*pace* Barrett 1994, p. 246). Também importante aqui é a ênfase de todo o salmo, ou seja, que se opor ao plano de Deus é inútil.

Falem a tua mensagem com total ousadia (4:29): Considerando que as teorias céticas sustentam que os apóstolos espalharam afirmações sobre Jesus que eles sabiam ser falsas, é importante observar que, diante da oposição, sua oração não é um pedido de vingança ou julgamento contra aqueles que rejeitam Jesus, mas para que os crentes tenham coragem, e que eles falem com ousadia a mensagem de Jesus. Eles desejam ser bons representantes e mensageiros da palavra, estando prontos para falar e defender a esperança que há neles (1Pe 3:15). Essa ética é um forte argumento contra a acusação de que estavam espalhando reivindicações religiosas que eles mesmos haviam inventado. Mais adequada é a conclusão de que eles se entregaram à difusão dessa mensagem de esperança porque sabiam que ela era verdadeira.

Ninguém dizia que qualquer uma de suas posses era sua (4:32): Sobre a questão a respeito de que os primeiros cristãos praticavam um comunalismo compulsório, veja o comentário em 2:45.

Atos 5:1-11

Ananias caiu morto [...] ela caiu morta (5:5, 10): Esse julgamento instantâneo se abateu sobre Ananias e Safira não porque eles retiveram parte do produto da venda da terra, mas porque mentiram para Deus e para a igreja, alegando que haviam dado *todo* o dinheiro para a Igreja. Não havia exigência de que o casal doasse todos os rendimentos, como Pedro deixa claro com suas declarações nos versículos 3-4. Se eles tivessem dito desde o início que estavam doando apenas uma parte dos lucros, não haveria motivo para julgá-los.

Os leitores podem perguntar por que o julgamento foi tão rápido. O julgamento repentino e divinamente executado foi um caso excepcional e pode ser atribuído às circunstâncias únicas da era fundamental da igreja. Deus estava operando milagres por meio dos apóstolos, verificando seus ensinos e trazendo muitos à fé. Desrespeitar a autoridade apostólica era desrespeitar o comissionamento de Deus aos apóstolos. A morte deles também serviu como um forte lembrete de que Deus sabe tudo o que fazemos em todos os momentos e que o pecado tem consequências.

Atos 5:12-32

Pelo menos sua sombra passasse sobre alguns deles (5:15): Esse versículo indica que os primeiros cristãos seriam supersticiosos? Quando as pessoas buscavam a cura pela sombra de Pedro, isso reflete uma visão religiosa popular do poder que Pedro tinha por meio de Deus. O texto não apresenta suas crenças e práticas como normativas para a fé cristã, mas apenas descreve o que esses primeiros crentes acreditavam sobre o poder de Deus manifestado por meio do ministério de Pedro. De qualquer forma, Deus foi misericordioso e providenciou a cura nesses casos. Em Lc 8:44 e At 19:12 são apresentadas situações semelhantes.

Eles entraram no complexo do templo (5:21): Embora alguns afirmem que o texto sugere que o anjo levou os apóstolos diretamente ao templo ao libertá-los da prisão, o texto não diz isso. Somos informados de que o anjo "os tirou" da prisão (v. 19). Ele então lhes disse para "irem e ficarem no complexo do templo" (v. 20). O fato de serem instruídos a "ir" indica que eles mesmos tiveram que caminhar até lá e obedecer à ordem de pregar.

Mais importa obedecer a Deus do que aos homens (5:29): Algumas pessoas acreditam que esse versículo dá aos crentes *carta branca* para se rebelarem contra seus governos, caso afirmem fazê-lo por motivos bíblicos. Mas tenha em mente que os apóstolos estavam cumprindo uma comissão específica que receberam de Jesus em nome do plano de salvação de Deus (Lc 24:47). Assim, com essa comissão explicitamente em mãos, eles estavam obedecendo a Deus mesmo em face da oposição. Além disso, ao invés de resistirem violentamente, eles aceitaram a punição dos líderes por sua obediência a Deus. Portanto, nada no que eles estavam fazendo promoveu uma rebelião violenta. Finalmente, não temos um governo aqui, mas uma liderança religiosa.

Arrependimento (5:31): Seria a Bíblia inconsistente sobre os papéis humanos e divinos no arrependimento de um pecador? Semelhante à passagem atual, 2Tm 2:25 fala de Deus concedendo arrependimento. Por outro lado, textos como Mt 3:2 e 4:17 conclamam as pessoas a se arrependerem. Em vez de ver uma contradição entre essas testemunhas, devemos considerar uma verdade dupla: Deus move corações amortecidos pelo pecado ao arrependimento *e* somos responsáveis por responder a Deus. Tratamos como essas ideias se relacionam com a soberania divina na discussão sobre o plano de Deus em At 2:14-40.

Atos 5:33-42

Ordenou que os homens fossem levados para fora (5:34): Se todos os discípulos foram mandados para fora da sala, como eles (e eventualmente Lucas) saberiam o que Gamaliel disse ao Sinédrio? Em resposta, devemos lembrar que alguns membros da comunidade de fé tinham contatos entre a liderança judaica. Pessoas como Nicodemos ou José de Arimateia, ou mesmo alguém que perseguiu a igreja, mas se tornou crente (Saulo/Paulo; At 7:58; 8:1; 9:1-31). Além disso, as discussões entre os líderes judeus podem ter se tornado públicas por meio de rotas padronizadas, como vazamentos e divulgações públicas. Os políticos de então como os de agora tendem a falar.

Teudas *[e]* **Judas, o Galileu (5:36-37):** Lucas seria culpado de um anacronismo histórico em relação a Teudas? A dificuldade é conciliar o momento da rebelião de Teudas com a data do discurso de Gamaliel em Atos. Josefo (*Antiguidades* 20.5.1 §§97-98) menciona uma revolta de Teudas durante o governo de Fadus (44-46 d.C.), mas é tarde demais para encaixar no tempo do discurso de Gamaliel, que foi dado mais de uma década antes de Teudas de Josefo entrar em cena (Barrett 1994, p. 296, vê um erro de Lucas aqui).

Devido à popularidade do nome Teudas e a turbulência do período que levou ao censo e Judas, o Galileu, durante o início da vida de Jesus, Gamaliel pode muito bem-estar apontando para um Teudas anterior ao mencionado por Josefo (Witherington 1998, p. 238-39). Esse Teudas presumivelmente teria precedido a atividade de Judas durante o período do censo (porque Gamaliel diz "depois desse homem" no v. 37). Bruce (1990, p. 176) argumenta que esse Teudas pode remontar a insurgências que surgiram na Palestina após a morte de Herodes, o Grande, em 4 a.C., época que Josefo também menciona como um período turbulento (*Antiguidades* 17.10.4 §§269-70; 17.10.8 §285; também Polhill 1992, p. 172-73).

O segundo exemplo de Gamaliel diz respeito a Judas, o Galileu, que liderou uma rebelião durante a época do censo (ca. 6 d.C.; Josefo, *Antiguidades* 18.1.6 §23; 20.5.2 §102; *Guerra Judaica* 2.8.1 §§117-18). Bruce (1990, p. 177) vê Quirino como responsável pelo censo, mas nomeando oficiais como Copônio para supervisioná-lo na Judeia. Esse Judas também atraiu um número indeterminado de seguidores. Após sua morte, porém, seus seguidores se dispersaram e seu movimento desapareceu. Apenas Lucas menciona sua morte.

Os dois exemplos de Gamaliel se espelham. Eles mostram que se Deus não estiver no movimento, ele expirará. O versículo 39 considera a outra opção: se Deus está apoiando o movimento liderado pelos discípulos de Jesus, ninguém pode detê-lo. O livro de Atos é planejado, em parte, para argumentar que Deus está presente no novo movimento, então ele não pode e não será interrompido mesmo se houver perseguição e rejeição. No grego, Lucas apresenta retoricamente essa opção como uma condição de primeira classe (assumida como verdadeira por causa do argumento) em contraste com a opção anterior dada no final do versículo 38, que é uma condição de terceira classe (incerta de cumprimento). Isso torna a opção de que Deus está nisso mais provável do que a alternativa, algo que o livro como um todo está discutindo. Gamaliel não teria falado em grego, então esse é um movimento de tradução elaborado por Lucas, que pretende mostrar qual opção está realmente ocorrendo.

Atos 6:7-15

Um grande grupo de sacerdotes tornou-se obediente à fé (6:7): A conversão de um "grande grupo de sacerdotes" tem importante valor apologético. Os sacerdotes vieram a Jesus como oponentes anteriores, então eles devem ter avaliado as reivindicações dos apóstolos e achado convincentes. Em segundo lugar, eles teriam verificado as Escrituras cuidadosamente antes de decidir que as afirmações feitas pelos apóstolos sobre Jesus e o programa de salvação de Deus eram verdadeiros. Em terceiro lugar, eles deveriam estar cientes da dura visão que os oficiais judeus tinham de Jesus, e assim sua ousadia em vir à fé indica que sua convicção era forte o suficiente para que eles estivessem dispostos a sofrer o desprezo que sua conversão atrairia. Finalmente, ao se converterem do campo da oposição, os sacerdotes foram capazes de fornecer à comunidade de fé informações privilegiadas sobre a avaliação sacerdotal oficial de Jesus e seus seguidores. Tal informação apoia a conclusão de que o NT representa com precisão o que a liderança judaica pensava de Jesus e da igreja.

Palavras blasfemas (6:11): Os oponentes veem a mensagem de Estêvão como uma blasfêmia porque dizem que ele rebaixa o templo de Deus e a lei. A seguinte fala de Estêvão mostra que ele não é culpado de blasfêmia, mas declara que Deus é maior que o templo, portanto o templo não é tudo. Essa ruptura com as concepções populares é responsável por grande parte da animosidade que os líderes judeus demonstraram contra os primeiros cristãos.

ATOS 7:1-8

***Local do chamado de Abraão* (7:2):** O texto aqui diz que Deus "apareceu" (gr. *ōphthē*) a Abraão "quando ele estava na Mesopotâmia, antes de se estabelecer em Harã". O AT não diz especificamente que Deus falou com Abraão em uma visão. O texto simplesmente diz: "Disse o Senhor a Abrão" (Gn 12:1). Não há contradição entre o texto do AT e o uso de "visão" por Estêvão para descrever a comunicação de Deus a Abrão. Estêvão simplesmente fez uma dedução sobre os meios pelos quais Deus se comunicou com Abrão, e possivelmente "visão" é um termo vago, aplicável a comunicações verbais de Deus.

Onde Abraão estava localizado quando Deus lhe deu instruções para ir a Canaã e fez uma promessa de abençoá-lo? O local é mencionado indiretamente em Gn 11:27-12:4, e parece que Deus visitou Abraão depois que ele já havia deixado Ur e chegado a Harã com seu pai. Por que, então, Estevão coloca a aparição antes de Abraão se estabelecer em Harã (At 7:2)? Há uma tradição no judaísmo de que o chamado de Abraão veio em Ur, com base em Gn 15:7 e Ne 9:7 (veja também Filo, *Abraão 14* §62; Josefo, *Antiguidades* 1.7.1 §154). Uma leitura cuidadosa dos textos de Gn 15 e Ne 9 mostra que nenhuma afirmação explícita é feita de que o chamado de Deus a Abraão veio enquanto ele estava em Ur. Em vez disso, ambos os textos dizem que Deus é aquele que "trouxe" Abraão de Ur. Podemos estar lidando com um telescópio literário aqui: a mudança de Ur para Harã é vista como Deus providencialmente conduzindo Abraão à terra, embora a instrução explícita de Deus a Abraão possa ter ocorrido somente depois que Abraão chegou a Harã. O relato simplesmente resume a viagem em uma observação resumida. Polhill (1992, p. 189) sugere que uma chamada anterior ocorreu em Ur, e ele apela para Gn 15:7 para o seu argumento (assim como Bruce 1988a, p. 134; Larkin 1995, p. 106).

Oprimiriam por 400 anos (7:6): Enquanto esse texto diz que a escravidão durou 400 anos, Êx 12:40 diz: "O tempo que os israelitas viveram no Egito foi de 430 anos". Esses textos seriam contraditórios? A diferença provavelmente nada mais é do que arredondar o número, uma característica comum da literatura antiga. A figura inferior também é vista na exegese rabínica de Gn 15:13 como uma contagem desde o nascimento de Isaque até o êxodo (Str-B 2:668-71).

Atos 7:9-16

75 pessoas ao todo (7:14): Foram 75 ou 70 pessoas (Gn 46:27; Êx 1:5)? As tradições textuais e extrabíblicas judaicas apoiam ambas as cifras, e ambas existem há muito tempo, por isso é difícil saber qual cifra era original ou mais precisa. O número 75 reflete a LXX em Gn 46:27 e Êx 1:5, mas Dt 10:22 apresenta 70, assim como o TM de Gn 46:27 e Êx 1:5. Josefo, *Antiguidades* 2.7.4 §176 e 4QGen-Exoda 17.1—18.2 falam em 75, assim como 4QExodb 1.5. Gn 46:26 LXX tem 66 mais 9 filhos de José para fazer 75, enquanto o TM aparentemente relata apenas 2 filhos de José mais Jacó e José para fazer 70 (Barrett 1994, p. 350 e Fitzmyer 1998, p. 374). Marshall (1980, p. 138) diz que os sete restantes dos 9 filhos de José são contados junto com os 66 listados em Gn 46 para fazer o número 75. Filo (*Migration* 36 §§198-207) observa os dois números e tem uma explicação alegórica complicada para a diferença, onde 70 aponta para o intelecto e 5 para os sentidos. *Jubileus* 44:33 mostra que o número era incerto na tradição desde o início. *Jubileus* foi escrito nos séculos anteriores ao nascimento de Jesus, então as diferenças são mais antigas do que o tempo dos apóstolos. Foram cinco mortos no Egito antes de 70 chegarem com sucesso a José. Portanto, havia dois números diferentes na tradição desde o início, e podemos explicar a diferença por uma distinção entre quem partiu para o Egito e quem realmente chegou lá.

A tumba que Abraão comprou [...] dos filhos de Hamor em Siquém (7:16): O texto aqui diz que Abraão comprou a tumba dos filhos de Hamor em Siquém, enquanto Gn 33:18-19 diz: "Depois que Jacó veio de Padã-Arã, ele chegou são e salvo em Siquém, na terra de Canaã, e acamparam em frente da cidade. Ele comprou uma parte do campo onde armou sua tenda, dos filhos de Hamor pai de Siquém, por 100 *qesitahs*". A explicação para a declaração de Estêvão provavelmente se baseia em Gn 12:6-7, que diz: "Abrão passou pela terra até Siquém, junto ao carvalho de Moré. Naquela época, os cananeus estavam na terra. Então o Senhor apareceu a Abrão e disse: 'Darei esta terra à tua descendência'. Então ele construiu ali um altar ao Senhor que lhe havia aparecido". A compra da terra por Jacó é o cumprimento da promessa de Deus a seu ancestral, Abraão, e por essa razão o público judeu teria aceitado como correta a atribuição de Estêvão a Abraão.

ATOS 7:20-22

Moisés [...] era poderoso em suas palavras e ações (7:22): o próprio Moisés afirmou que "nunca fora eloquente" e que era "vagaroso e hesitante no falar" (Êx 4:10). Em Êx 4:16, Deus fala a Moisés sobre Arão e diz: "Ele falará ao povo por você. Ele será o seu porta-voz e você servirá como Deus para ele". Isso indica que Estêvão poderia estar contradizendo o testemunho do AT sobre as habilidades de Moisés? Os protestos de Moisés sobre suas habilidades de oratória são um caso de ele ser humilde ou uma tentativa de deixar de fazer o que Deus o chamou para fazer. Em um caso semelhante, o apóstolo Paulo disse: "Minha palavra e minha proclamação não foram com palavras persuasivas de sabedoria" (1Co 2:4), mas é claro que Paulo era persuasivo e sábio como orador. Sua intenção era destacar a obra do Espírito em trazer frutos de sua pregação. A designação de Arão por Deus para auxiliar Moisés não é tanto um endosso das afirmações de Moisés sobre sua capacidade de falar, mas um meio de deixar de lado suas desculpas.

O fato é que Moisés foi bastante eloquente em seus confrontos com Faraó (Êx 5-11), e assim a observação de Estêvão é claramente justificada. A autopercepção, a humildade ou a tentativa de Moisés de se esquivar do chamado de Deus devem ser vistas pelo que são, especialmente quando consideramos seu desempenho real, seu treinamento de elite e sua reputação crescendo privilegiadamente na casa do faraó.

ATOS 7:23-29

Ele presumiu que seus irmãos entenderiam que Deus os libertaria por meio dele (7:25): Essa referência se mostra surpreendente, visto que na época em que matou o egípcio, Moisés ainda não havia recebido um chamado de Deus para libertar o povo hebreu. A comissão de Deus veio mais tarde, quando Moisés estava morando em Midiã (Êx 3). Estevão seria culpado de um anacronismo histórico?

A observação de Estevão pode ser um presságio. Moisés interveio por seu povo. Ele entregou-se a si próprio, e eles não prezaram isso nem um pouco. Isso prenunciou o papel que ele veio a ter mais tarde, e eles não compreenderam que Moisés estava lutando por eles. Isso introduz um tema-chave no discurso de Estêvão: Israel frequentemente errava a vontade de Deus e trabalhava contra ela. Essa ideia não é de Estêvão. Isso se reflete em como a história de Israel é contada de Deuteronômio a Reis. Esse tema muitas vezes está ligado à teologia do Deuteronômio, que alertou o povo sobre as consequências da desobediência, com a história traçando esse registro de fracasso nos livros subsequentes (observemos como os reis são avaliados nos livros sobre a história de Israel). Estêvão estava em um bom terreno histórico judaico ao defender seu caso.

Quem nomeou você como governante e juiz sobre nós? (7:27): Essa observação (gr. *archonta kai dikastēn)* é de Êx 2:14, o único lugar que usa essa combinação na LXX. Qualquer um que lesse o resumo de Estevão saberia que Deus havia protegido e preparado Moisés para ser um mediador entre os hebreus (v. 20, 22), mas esse homem não viu isso e reagiu contra o escolhido de Deus, um padrão de resposta que Estevão aponta em vários eventos que ele narra em seu discurso. As funções de governante e juiz são paralelas àquelas que Deus teve para um líder selecionado posteriormente, Jesus. O texto em At 7:35-37 sugere essa ligação entre Moisés e Jesus, porque a mesma combinação de governante e juiz aparece ali com a menção da promessa de Moisés de levantar um profeta como ele. A promessa é uma alusão a Dt 18:15 e a Jesus (At 3:22). A combinação governante e juiz em At 7:35-37 também se refere a Êx 2:14. Portanto, Moisés é um "tipo" ou "modelo" do que Jesus deveria fazer e ser. Estêvão está traçando o que também se aplica a Jesus, assim como outras passagens em Lucas-Atos (At 3:17; 4:10-12; 13:27; Weiser 1981, p. 185).

Atos 7:35-36

***Mar Vermelho ou mar de Juncos?* (7:36):** Há uma discussão entre os estudiosos sobre a relação entre o mar Vermelho (LXX: Êx 13:18; 15:4) e o mar dos Juncos (TM: Êx 13:18; 15:4; Fitzmyer 1998, p. 379). Mais uma vez Estêvão reflete a tradição de seu contexto, falando do mar Vermelho de acordo com a LXX. É provável que o mar Vermelho e o mar de Juncos possam ter sido considerados a mesma coisa, como sugere a versão LXX. A linguagem lembra Êx 7:3 e Nm 14:33 (Sl 104:27 LXX [105:27 Eng.]; Josefo, *Antiguidades* 2.12.4 §276; *Assunção de Moisés* 3.11; *Jubileus* 48.4, 12; Filo, *Moisés* 1.14 § 77; 1.15 §§90-91).

Atos 7:42-43

A citação de Amós 5:26-27 **(7:42-43):** Estêvão teria citado Am 5:26-27 incorretamente? O texto em Amós representa o Senhor dizendo por meio de Amós: "Mas vocês tomaram Sicute, seu rei, e Quium, seu deus estelar, imagens que fizeram para si mesmos. Por isso, enviarei vocês para o exílio além de Damasco". Os pontos de diferença entre o texto hebraico de Amós e a citação de Estêvão incluem: (1) "levantou a tenda" no lugar de "levou", (2) "Moloque" no lugar de "Sicute", (3) "estrela de seu deus Renfã" no lugar de "Quium, seu deus estelar", (4) "imagens que vocês fizeram para adorar" no lugar de "imagens que vocês fizeram para si mesmos" e (5) "Babilônia" no lugar de "Damasco".

Estevão está citando a LXX de Amós em vez do TM, mas seu sentido traz à tona a força retórica do original hebraico. Ele pergunta: "Você me trouxe sacrifícios e ofertas de cereais?" A pergunta espera uma resposta negativa. O povo fazia sacrifícios a outro, não a Deus, que é como a LXX lê a citação hebraica, ou os sacrifícios foram trazidos sem um coração puro. O versículo 43 reforça esta leitura ao nomear os falsos objetos de adoração Moloque e Renfã, como na LXX. A linha de Am 5:26 olha para a idolatria futura como aquela do passado no deserto. O texto hebraico de Amós tem *Sikkût* (provavelmente Sicute assírio) e *Kiyyûn* (provavelmente Quium assírio), deuses mesopotâmicos do céu, este último referindo-se a Saturno, também conhecido como Ninibe. Moloque é o equivalente a um céu celestial e divindade solar, conforme representado por qualquer deus pagão no contexto cananeu-fenício (BDAG 657). Menos claras são as raízes de Renfã

(BDAG 903), mas poderia ser o deus sol do Egito, Repa (Bruce 1988a, p. 145n70). A referência pode ser a deserção para Baal de Peor (Nm 25:1-9; Bruce 1990, p. 205).

Há alguma dúvida se Am 5:25 no hebraico diz que os sacrifícios não eram importantes para Deus ou se a expressão é negativa: "Os sacrifícios oferecidos não eram para mim", diz a LXX. Contra a primeira leitura, que é frequentemente adotada (e.g., Haenchen 1987, p. 284; Conzelmann 1987, p. 55; Bruce 1990, p. 204), é o fato de que os sacrifícios foram ordenados no período do tabernáculo (Êx 24:4-5). Assim, algum outro significado é mais provável. O argumento era que Deus ordenara que todos os sacrifícios fossem oferecidos de coração (ou seja, você não deve apenas me trazer sacrifícios, mas também adoração), o que também implicava que qualquer deserção era uma perversão dessa expectativa, de acordo com a LXX. Sob essa luz, Amós observa que o pecado da idolatria se estendeu por gerações. Estevão cita Amós do ponto de vista de séculos depois, conhecendo também a história subsequente, e faz alusão ao pecado do deserto e à idolatria que se seguiu (agora também no passado). O pecado levou a mais pecado. Também levou ao julgamento, como visto no exílio da nação. Estevão sugere um padrão semelhante de desobediência em seu próprio tempo e possivelmente insinua julgamento. No mínimo, a capacidade de prestar contas a Deus surge nessa repreensão. Em grego, a pergunta começa com *mē*, de modo que se espera uma resposta negativa. Esses sacrifícios não foram feitos para Deus. Como Barrett (1994, p. 367) diz: "Nunca um povo foi tão privilegiado ou tão completamente negado sua vocação". Em Ez 20:25-26 há uma repreensão semelhante à apostasia na idolatria cananeia (também 2Rs 10:29).

Como o discurso de Estêvão deixa claro, a acusação é que Israel assumiu ídolos na forma de Moloque e Renfã, de modo que o julgamento divino se seguiu. Estevão atualizou a tradição do TM e da LXX referindo-se a Damasco e à Babilônia para refletir o julgamento que Deus executou em Israel (Le Cornu e Shulam 2003, p. 360). A questão é que tal idolatria é um padrão de comportamento israelita e que resulta em julgamento nacional. Na verdade, a mudança pode sugerir que o padrão e as consequências continuaram além do que Amós previu. Estevão usa o texto de forma tradicional, eficaz e apropriada.

Atos 7:44-50

Minha mão [...] fez e o uso de Isaías 66 (**7:48-50**): Estêvão não está denegrindo o templo. Seu argumento é que Deus não pode ser confinado a um local, então ninguém deve dar muita importância ao templo. No grego, a partícula negativa é movida para cima e para longe do verbo que ela qualifica para que a referência ao Altíssimo seja enfatizada (Turner 1963, p. 287). O NT usa o termo "feito com as mãos" de forma depreciativa (At 19:26; Ef 2:11) que é comum no judaísmo em geral (Lv 26:1; Is 2:8; 46:6; Sib. *Or.* 3.650-51; 4.8-12; no NT: Hb 9:11, 24; Williams 1990, p. 142). Pode-se contrastar essa postura com os seguintes textos do NT onde é feita referência a coisas "não feitas por mãos": Mc 14:58 (um novo templo levantado depois de três dias); 2Co 5:1 (corpo da ressurreição); e Cl 2:11(circuncisão espiritual; veja Bruce 1990, p. 207). O judaísmo rabínico também tinha indícios de uma visão espiritual do templo, onde Deus ou Messias é uma luz eterna (Le Cornu e Shulam 2003, p. 364-65; Tanhuma, *Tetzaveh* 8 [do Messias]; *Gen. Rabbah* 59.5 [de Deus]).

Bruce (1988a, p. 149) diz que Estevão está repreendendo o estado de espírito que tendia a surgir sobre o templo. A crítica de Estêvão deve ser colocada ao lado de declarações positivas sobre o templo em Atos (2:46; 3:11; 5:20-21; 21:26; 22:17; 24:18), mas Bruce está correto. O judaísmo supervalorizava o templo (também Gaventa 2003, p. 133).

O debate acadêmico sobre se essas observações sobre o templo são positivas ou negativas reflete, até certo ponto, esse debate mais antigo, com questões de cada lado tendo mérito, embora nenhuma das opções apresente toda a história. Stott (1990, p. 138-139) parece ter o equilíbrio certo quando diz que o argumento não é que foi errado construir o tabernáculo ou templo, mas que "eles nunca deveriam ter sido considerados em nenhum sentido literal o lar de Deus". As observações de Estêvão se encaixam no ensino do AT (veja, conceitualmente, Is 57:15 e as próprias palavras de Salomão, 1Rs 8:27 e 2Cr 6:18; Josefo, *Antiguidades* 8.4.2 §107).

A citação no versículo 49 é de Is 66:1 e é apresentada em uma forma semelhante à LXX (também usada posteriormente em *Barnabé* 16.2 e Justino Mártir, *Diálogo com Trifo* 22.11). Deus abrange o céu e a terra, com o céu como seu trono e a terra como escabelo de seus pés. O escabelo (*hupopodion)* é uma figura da soberania de Deus. A terra é o lugar onde Deus põe os pés, e o céu é o seu trono (estrado de Deus: Mt 5:34-35 [o céu é um trono e a terra é um estrado]; Lc 20:43; At 2:35; Hb 1:13; 10:13; AT: Sl 98:5 LXX [99:5 Eng.]; 109:1 LXX [110:1 Eng.]; Is 66:1; Lm 2:1). Deus supera a terra, então como pode um edifício construído nela contê-lo? Há um merisma na referência ao céu e à terra, de modo que se diz que Deus abrange toda a criação. Embora existam raízes no AT para essa ideia, Estêvão a declara tão enfaticamente quanto em qualquer outra parte das Escrituras. Ainda assim, essa é uma crítica profética de uma visão distorcida do templo, uma crítica comparável à declaração de Jesus em Lc 19:46 (Polhill 1992, p. 203-4). O argumento de Estêvão é que um lugar de habitação para Deus feito por mãos humanas não é o único lugar onde Deus habita. Em última análise, é inadequado para conter Deus e, portanto, pensar no templo como "sua casa e nenhum outro lugar" seria errado. Witherington (1998, p. 273) fala disso como uma teologia de colocar "Deus em uma caixa". Deus está presente em toda a criação, como mostra Is 66.

Atos 7:51-53

Vocês receberam a lei sob a direção de anjos (7:53): Esse versículo tem sido uma fonte de confusão, bem como um alvo para os críticos que dizem que é inconsistente com o testemunho do AT, mas os leitores devem ter em mente que tal associação foi muitas vezes feitas no judaísmo do tempo de Jesus, porque, muitas vezes, Deus era visto como agindo por meio de intermediários e não diretamente. Estêvão estava falando de acordo com essa abordagem.

A frase "através da direção dos anjos" (gr. *eis diatagas angelōn)* é um dos meios, como foi a referência a um anjo em At 7:35 (BDF §206.1). Novamente, é a tradição judaica que desenvolveu a ideia de que a entrega da lei envolveu os anjos, algo que Paulo também observa (Gl 3:19; Hb 2:2). Um midrash rabínico sobre Êxodo, Mekilta de Rabi Ishmael Baḥodesh 9) fala de anjos ministrando com Deus ao povo conforme os mandamentos eram dados (Le Cornu e Shulam 2003, p. 368-369). O termo *diatagē* refere-se a um comando ou direção vindo de alguém (BDAG 237). Portanto, a ideia é que a lei veio "por meio do comando ou direção dos anjos". As raízes da ideia podem remontar a Dt 33:2 na LXX, onde anjos acompanham Deus no Sinai (também *Jubileus* 1.27-29; Polhill 1992, p. 200; Larkin 1995, p. 120, vê uma possível circunlocução para "Deus" na referência a anjos). Talvez o conceito de que Deus não aparece para ninguém também tenha alimentado essa ideia de mediação angélica. Como Paulo sugere em Gl 3:19, Estêvão parece sugerir um envolvimento menos direto de Deus na entrega da lei. No entanto, a opinião certamente não é que Deus estava inativo ao dar a lei. No NT, a nação falhou em guardar a lei dada por Deus (At 15:10; Rm 2:13, 23, 25).

Atos 7:54-8:1a

Filho do Homem (7:56): Essa é uma das três únicas ocorrências de "Filho do Homem" fora dos quatro Evangelhos (Ap 1:13 e 14:14 são as outras; Hb 2:6 tem a expressão, mas não como um título). Esse uso em Atos é a única vez que o título exato aparece fora dos evangelhos (as passagens do Apocalipse referem-se a alguém "como um Filho do Homem", fazendo uma alusão a Dn 7:13). A quase ausência desse título fora dos evangelhos é surpreendente, pois essa era a autodesignação favorita de Jesus, e alguns críticos afirmam que isso prova que os evangelhos foram escritos muito depois das epístolas e refletem temas de desenvolvimento tardio sobre Jesus. No final de seu ministério, Jesus usou o título para se referir àquele com autoridade de julgamento da mão direita de Deus (Mt 26:64; Mc 14:62; Lc 22:69; para autenticidade, veja a discussão em Bock 1996, p. 1796-1801; Bock 1998a, p. 220-30).

A razão pela qual a igreja primitiva não usou o título de "Filho do Homem" para Jesus não é clara. Pode ter sido por respeito ao fato de Jesus ter usado o termo e infundido um significado que outros provavelmente não apreciariam. Ou pode ser que as pessoas tendessem a não compreender o significado que Jesus pretendia transmitir com o título. Em todo caso, perdeu sua utilidade como uma abreviação cristológica de quem era Jesus.

O termo por si só significa simplesmente um ser humano e, portanto, por si só, sem a compreensão do contexto canônico e do uso de Jesus, pareceria muito inócuo. Somente quando está relacionado com o uso de Jesus e Dn 7 é que seu significado de um ser humano *com autoridade celestial* se torna claro. A posição de Jesus como Filho do Homem é uma combinação única no uso do NT. Provavelmente parece Jesus como um juiz vindicante dando as boas-vindas a Estêvão no céu.

Uma última questão precisa ser tratada. Toda essa linguagem é visionária e metafórica. Deus não tem mão direita e não se senta em lugar algum como um ser físico específico. As imagens retratam a recepção de Estêvão e não devem ser lidas muito literalmente, ou então, o argumento anterior de Estêvão sobre o céu não ser capaz de conter Deus, não faz sentido (At 7:48-50).

Depuseram suas vestes aos pés de [...] Saulo (7:58): É comumente afirmado pelos cristãos que a colocação das vestes aos pés de Saulo indica que ele foi o responsável pelo apedrejamento de Estêvão, mas isso é especulativo e provavelmente falso. Não há indicação clara no texto de que Saulo/Paulo incitou ou dirigiu o apedrejamento de Estêvão, e ele não faz tal afirmação em seus discursos de defesa posteriores quando fala em perseguir a igreja. Se ele tivesse dirigido a execução de Estêvão, é difícil entender por que ele não teria citado isso como principal evidência de seus extremos como perseguidor da igreja. Além disso, em At 22:20, Paulo diz sobre o apedrejamento: "Eu estava presente e aprovando, e guardei as roupas daqueles que o mataram". Essa dificilmente é a declaração de alguém que estava no comando. Em At 26:10 ele fala de lançar seu voto contra os cristãos que enfrentam a pena de morte. A linguagem em todas as três passagens sugere que Paulo apoiou a execução de Estêvão e fez o que pôde para ajudar para que isso acontecesse. Isso está longe de indicar que ele orquestrou, ordenou ou dirigiu a execução.

Atos 8:1b-4

Todos, exceto os apóstolos (8:1): Se uma perseguição generalizada contra os seguidores de Jesus irrompeu em Jerusalém, por que os apóstolos não foram dispersos junto com todos os outros? Em primeiro lugar, o fato de os apóstolos terem ficado para trás pode ser uma evidência de que "todos...

foram espalhados" é hiperbólico. Se de fato todos ou praticamente todos, exceto os apóstolos, foram expulsos, uma explicação possível é que a perseguição pode ter sido dirigida principalmente contra os crentes helenistas, dos quais Estêvão é um exemplo (Schneider 1980, p. 479; Bruce 1988a, p. 162-63). Polhill (1992, p. 211) argumenta que a visão dos crentes helenistas de um "Deus ilimitado" era particularmente ofensiva para aqueles que eram devotados ao templo. O fato de que a próxima unidade é sobre o trabalho de Filipe fora da região, e que uma vibrante igreja judaica crente aparece mais tarde em Atos, também sugere um foco helenista da perseguição (sobre a igreja hebraica primitiva em Jerusalém, veja Eusébio, *História eclesiástica* 5.18.4; Clemente de Alexandria, *Stromata* 6.5). Os seguidores de Cristo na Judeia participavam do templo e podem ter tido uma reputação melhor entre os judeus não cristãos, ganhando-lhes maior tolerância. No entanto, não está claro que apenas os helenistas foram perseguidos. É bem possível que os cristãos hebreus sentissem maior lealdade a Jerusalém e estivessem dispostos a sofrer perseguições.

Talvez os apóstolos estivessem seguros em Jerusalém por serem bem conhecidos e, portanto, praticamente intocáveis, ou talvez não estivessem seguros, mas estavam dispostos a enfrentar o risco, sentindo que era seu dever permanecer (Bruce 1990, p. 215). Eusébio (*História eclesiástica* 3.5.2) diz que eles foram perseguidos até que finalmente partiram para se engajar em uma missão mais ampla após a morte de Tiago (At 12).

Atos 8:9-25

***Simão, o Mago* (8:9-24):** Na igreja do segundo século, Simão, o Mago, era visto como o protótipo do herege. Isso estabelece uma tensão com a leitura da passagem atual. Sempre houve discussão sobre se a fé de Simão nesses versículos é genuína ou apenas uma resposta temporária e não salvadora, movida pela curiosidade ou ganância. Barrett (1994, p. 409) diz que nada na passagem sugere que a fé de Simão seja menos sincera ou menos satisfatória do que a de qualquer outra pessoa (assim também Pesch 1986, p. 275; Fitzmyer 1998, p. 405). Ele observa que Calvino viu a resposta de Simão como algo entre a fé e o fingimento. Haenchen (1987, p. 303) diz que a fé de Simão não é a "mais sólida". Marshall (1980, p. 156) sugere que, no geral, nada sugere uma fé superficial, mas que é muito cedo na narrativa para saber onde Simão realmente se posiciona. Bruce (1988a, p. 167) chama a natureza da fé de Simão incerta, mas considera a fé sincera, superficial e inadequada, o que obviamente pode ser dito de muitos novos crentes. Em seu comentário posterior (1990, p. 220), Bruce cita a visão de Drane de que a fé de Simão é sincera, mas confusa. Stählin (1980, p. 121) argumenta que a fé ou conversão de Simão não é verdadeira e que ele continua sendo um mágico. A decisão sobre a genuinidade da fé de Simão não é estritamente uma questão lexical, nem é uma decisão fácil, mas alguns apontam que enquanto se diz que os samaritanos acreditaram especificamente na mensagem de Filipe, a crença de Simão é declarada sem objeto explícito (Witherington 1998, p. 288; veja a discussão em At 8:20, 21, 24; Marshall 1980, p. 156 sugere corretamente que esses primeiros versículos sozinhos não resolvem o assunto).

Então nos voltamos para a troca final entre Pedro e Simão, o Mago, no final da unidade (v. 18ss). Quando Simão pede para comprar a habilidade de dar o dom do Espírito, Pedro deixa claro que o pedido é completamente equivocado e errado. A paráfrase de J. B. Phillip é: "Para o inferno com você e seu dinheiro!" Alguns estudiosos consideram essa repreensão uma indicação segura de que Simão não era um crente genuíno, mas apenas se associou à comunidade de fé por motivos superficiais. Marshall (1980, p. 159) equipara a repreensão à excomunhão e a uma maldição; pelo menos é um aviso solene que Simão deve atender se quiser evitar esse destino (sobre a expressão "ser destruído", veja Dn 2:5 e 3:96 LXX, Theodotion [3:29 TM]; Johnson 1992, p. 148-49). A passagem de Pv 27:20 usa a frase com referência ao Hades. A expressão refere-se ao julgamento (também em fontes gregas, *PGM* 4.1247-48; Schille 1984, p. 206). Derrett (1982, p. 64-65) fala de uma maldição. Essa é uma repreensão muito severa porque faz uma referência explícita à destruição (*apōleian;* BAGD 103; BDAG 127 §2). Barrett (1994, p. 414) argumenta que isso não é uma maldição, mas a ameaça de uma.

Barrett parece estar no caminho certo. Observe como o efeito da observação aqui difere de Ananias e sua morte imediata em At 5, pois o optativo *eiē* expressa um desejo e é seguido por um chamado ao arrependimento. O perdão poderia então ocorrer. Esse argumento final é expresso de modo inferencial como parte de uma condição (gr. *ei ara,* se talvez) que está em dúvida, em função do que Simão deve fazer (Moule 1959, p. 158). Pedro está testando o coração de Simão com essa repreensão. A resposta de Simão indica onde ele está em relação a Deus. Pedro avisa que esse julgamento pode acontecer e coloca a responsabilidade sobre Simão, o Mago, para responder ativamente.

Estudiosos debatem o significado da resposta de Simão. Weiser (1981, p. 205) argumenta que a resposta de Simão no versículo 24 é tão sincera quanto nos versículos 12-13, e então argumenta que Lucas vê Simão respondendo ao chamado (assim também Schneider 1980, p. 495). Schille (1984, p. 207) argumenta exatamente o oposto porque Simão se recusa a agir por si mesmo e, em vez disso, pede intervenção. Bruce (1990, p. 223) diz sobre o versículo 23: "Está claro que, no julgamento de Pedro, Simão ainda não estava regenerado". (Veja também Bruce 1988a, p. 171-72: "A literatura canônica se despede de Simão com a súplica em seus lábios para que, pela intercessão do apóstolo, ele possa escapar do julgamento pronunciado em seu coração perverso".) Witherington resume dando seis razões pelas quais não devemos ver a resposta de Simão positivamente: (1) a descrição negativa nos versículos 9-11; (2) o fato de que não há objeto para sua crença no versículo 13; (3) seu tratamento separado dos samaritanos, incluindo o motivo do que o atraiu; (4) o desejo de comprar o dom nos versículos 18-19; (5) a descrição negativa no versículo 23; e (6) sua falha em orar por si mesmo como Pedro recomenda.

Como lemos o versículo 24 determina no final pensamos que Lucas está retratando Simão como responsivo. O destino de Simão parece estar ligado, em última análise, à sua resposta; o fato de sua resposta não corresponder à ordem de Pedro pode indicar que sua fé é falsa. Ainda assim, o fato de haver algum debate mostra a incerteza sobre como Lucas resolve a questão (Williams 1990, p. 158, expressa tendências negativas semelhantes sobre a resposta de Simão e cita 1Sm 24:16 com 26:21). Embora não esteja totalmente claro, parece que Simão é visto de uma forma negativa aqui. Certamente foi assim que a igreja subsequente o viu. Justino Mártir (*Primeira Apologia* 26) e Irineu o desacreditam ao não apontar sua falha moral e dizer que ele andava com uma prostituta chamada Helena. Inácio (*Philadelpians* 6) zomba dos discípulos de Simão, o Mago; Irineu (*Contra as heresias* 1.23.2) descreve Simão como alguém "de quem todos os tipos de heresias derivam sua origem"; 1.27.4 refuta a escola de Valentino, um "sucessor de Simão, o Mago"; 2.prefácio.1 denuncia a doutrina do pleroma e do demiurgo como "declarando ao mesmo tempo a doutrina de Simão, o Mago de Samaria, seu progenitor, e de todos aqueles que o sucederam". Embora a conexão dos Pais da Igreja de Simão com o gnosticismo posterior e outras heresias seja incorreta, o fato de Simão, o Mago, ser visto como o modelo do falso ensinamento mostra como ele foi visto à luz de toda a sua carreira.

A repreensão final de Pedro se encaixa nessa avaliação negativa de Simão. Ele diz que Simão "não tem parte ou porção" (gr., *ouk estin soi meris oude klēros)* nesse ministério (v. 21; 1:25-26 tem um uso positivo de "porção/parte") a menos que sua atitude mude por arrependimento (v. 22). O dativo *soi,* que abre a frase no versículo 21, é um dativo possessivo, significando que essas coisas não pertencem a Simão (Wallace 1996, p. 149). Essa é uma maneira de dizer que não há bênção para ele (Dt 12:12; 14:27; 18:1; Js 18:7; *m. Sinédrio* 10.1-4). Polhill (1992, p. 220) concorda e interpreta a observação como significando que Simão não tem parte com o povo de Deus (também Barrett 1994, p. 414). Essa combinação de palavras também sugere que a fé de Simão era deficiente no momento em que Pedro se dirigiu a ele.

***A recepção samaritana do Espírito* (8.15-17, 25):** O fato de o Espírito ser dado aos crentes samaritanos por meio do envolvimento da delegação de Jerusalém indicaria uma espécie de racismo ou elitismo espiritual?

Porque o evangelho estava se movendo para um novo grupo de pessoas, os apóstolos de Jerusalém vieram para verificar o que estava acontecendo. Deus, que é o ator principal no livro de Atos, mostra seu selo de aprovação de sua inclusão distribuindo o Espírito sobre eles enquanto os apóstolos fazem sua visita. O papel expansivo desempenhado por Pedro e os apóstolos na missão é o motivo pelo qual o Espírito é distribuído de maneira distinta da maioria dos outros ambientes. Isso acontecerá novamente quando o evangelho chegar aos gentios em At 10. A oração dos apóstolos permite que Deus mostre sua aceitação dos samaritanos para que toda a igreja possa ver isso. Bruce sugere que a controvérsia teológica e social sobre samaritanos dentro do judaísmo requer evidência especial de que Deus está dirigindo os assuntos aqui (veja Larkin 1995, p. 128). A imposição de mãos e a confirmação do Espírito são ações que indicam comunhão e identificação com esses novos crentes. O resultado é a unidade da igreja, pois todos participam da expansão para Samaria. Portanto, a ação não é racista; na verdade, é a maneira de Deus impedir que tal condição se desenvolva. Se Deus está por trás da expansão e todos veem isso, então pode-se ter certeza de que essa é a vontade de Deus.

Atos 8:26-40

A citação de Isaías 53:7b-8a e sua aplicação a Jesus **(8:32-35):** Essa citação é precisa e seria legítimo aplicá-la a Jesus? Embora essa passagem seja citada de forma semelhante à passagem da LXX, o sentido reflete com precisão o TM. Williams (1990, p. 162) sugere que é mais provável que o oficial etíope estivesse lendo a LXX em vez de a TM. As diferenças de citação entre a LXX e a TM não são cruciais porque a questão não são os detalhes, mas a identidade da figura que Isaías descreve. Na época, os judeus podem ter considerado três candidatos para o assunto do texto: (1) o profeta Isaías, (2) Israel e (3) outro indivíduo, como um Elias revivido ou um Messias, embora não um Messias sofrido (Fitzmyer 1998, p. 414; Jeremias, *TDNT* 5:684-89).

O texto de Is 53:7 fala de um servo que sofre inocentemente e em silêncio e compara a figura a um cordeiro sacrificado, morto injustamente ("a justiça lhe foi negada", v. 33). O termo "Cordeiro" (gr. *amnos)* aparece apenas quatro vezes no NT, cada uma referindo-se a Jesus (Jo 1:29, 35-36; At 8:32; 1Pe 1:17-21). Filipe compara a descrição de Isaías a Jesus (v. 35). A comparação com um cordeiro pode sugerir expiação, mas substituição é a ideia que Lucas provavelmente tem em mente (ele deixa isso mais claro na substituição com Barrabás, Lc 23:18-19; At 20:28). A morte é descrita como sendo "tirar alguém da terra" (gr. *airetai apo tēs gēs).* Também é chamado de humilhação (gr. *tapeinōsei),* um termo testemunhado quatro vezes no NT (Lc 1:46-48; At 8:33; Fp 3:20-21; Tg 1:9-10). No contexto, a passagem de Isaías se refere mais claramente à submissão e à injustiça. A morte de Jesus teria sido vista culturalmente como reflexo de atos de vergonha (Gl 3:13) e algo não digno de um Messias. Então o texto mostra que Deus previu tão vergonhoso sofrimento para seu servo. O texto também pergunta que tipo de geração pode tirar uma vida assim (v. 33), com a implicação de que apenas uma geração perversa pode fazer isso (Is 53:8-9). O verbo (gr. *airō)* em um contexto como esse significa "remover" algo ou "tirar do caminho" (BAGD 24 §4; BDAG 28-29 §3). Aqui a justiça é removida. Essa injustiça foi o elemento principal na descrição do evangelho da morte de Jesus em Lc 23, e Is 53:12 é usado também em Lc 22:37, onde Jesus é contado entre os criminosos. Bruce (1988a, p. 176) sugere que Jesus também fez alusão ao servo, como em Mc 10:45. Ele também observa que a voz no batismo apontava para Is 42, outra passagem empregada. Johnson (1992, p. 156) observa o uso de partes de Is 52:1—53:12 em Jo 12:38; 1Pe 2:21-25; e Rm 10:16.

A aplicação da passagem de Isaías a Jesus é claramente apropriada, independentemente de uma leitura pré-cristã de Isaías criar ou não expectativas de que o Messias sofreria uma morte tão injusta. Jesus morreu injustamente porque era quem afirmava ser, o prometido de Israel. Mas há uma ironia aqui: no ato da geração de tirar a vida de Jesus da terra, há também, para Jesus, a vindicação de Deus dessa morte. Isso, de fato, anulou o julgamento contra Jesus na terra. Essa combinação do sofrimento da pessoa inocente e sendo tirada da terra é provavelmente o que Filipe finalmente explica sobre Jesus, com uma elucidação do que essa morte agora significa à luz da vindicação de Deus. Essa morte trágica e injusta, que parecia significar que tudo estava perdido, na verdade resultou em tudo ganho.

O texto entre colchetes, Atos 8:37: At 8:37 ["E disse Filipe: 'Se você acredita de todo o coração, você pode'. E ele respondeu: 'Eu creio que Jesus Cristo é o Filho de Deus'"] aparece apenas no MSS da família ocidental e, portanto, é omitido desta tradução. Não está em p[45], p[74], א, A, B, C, 33, 81, 614, ou muitos textos da Vulgata. Está em E, vários minúsculos, algumas versões da Itala e alguns textos da Vulgata (Metzger 1971, p. 359-60). Parece ser um acréscimo de escriba, provavelmente motivado pelo fato de que o texto original de Atos não relata o eunuco fazendo uma confissão de fé.

O chamado para acreditar de todo o coração em uma confissão é incomum, e Barrett (1994, p. 433) argumenta que "crer" é usado de duas maneiras distintas dentro do versículo. Barrett continua dizendo que, embora o versículo não seja original, é uma das primeiras testemunhas de como a confissão ocorria na igreja. É provavelmente uma adição do segundo século que reflete a prática da época (Bruce 1988a, p. 178).

Atos 9:1-31

Senhor (9:5): O uso que Saulo fez de "Senhor" (gr. *kurie)* indicaria que ele já sabia quem estava falando com ele, ou que ele estava declarando a divindade de Jesus? A resposta a ambas as perguntas é não. O fato é que Saulo perguntou quem era que estava falando com ele. Seu uso do termo "Senhor" foi um sinal de respeito ou tratamento formal. Saulo foi respeitoso, não um adorador. Ele sentiu que estava vendo algum tipo de ser celestial na visão, já que a figura tinha uma aparência gloriosa e brilhante.

As três versões da conversão de Saulo: Esse é um evento tão importante que Lucas o conta três vezes: aqui, em At 22 e em At 26. Um quarto texto do NT faz alusão ao evento, onde Paulo diz em Gl 1:12, "Não recebi [o evangelho] de uma fonte humana e não fui ensinado, mas veio por revelação de Jesus Cristo".

Como é comum nas releituras antigas, cada versão tem alguma variação para que cada uma acrescente algo ao entendimento do leitor. Witherington (1998, p. 303-15) tem uma discussão útil sobre a relação entre esses três relatos. Ele enfatiza que todos eles são resumos e não pretendem fornecer informações abrangentes. A presente narrativa é a mais compacta das três versões.

Embora as distinções de cada relato sejam dignas de nota, também é digno de nota que todos os três compartilham os mesmos fatos básicos sobre a conversão de Saulo. Em todas as três narrativas:

- Saulo está a caminho de Damasco para reunir os cristãos.
- Ele vê uma luz intensa.
- O Senhor pergunta por que Saulo o está perseguindo.
- Saulo pergunta quem é aquele que fala.
- Jesus revela que é Ele.

As maiores diferenças nos relatos têm a ver com o fato de os homens que viajavam com Saulo verem a luz e não ouvirem nada (22:9) ou ficarem mudos, ouvindo a voz, mas não vendo ninguém (9:7). Os elementos em jogo aqui podem ser reconciliados (Witherington 1998, p. 312-13), como por exemplo da seguinte maneira: os homens ouvem um som, mas não é inteligível para eles; eles também veem uma luz, mas não o próprio Jesus. Somente Saulo vê alguém na luz e é capaz de discernir uma voz falando no som. Os companheiros de Saulo experimentam algo menos do que o evento completo, o que significa que a aparição não é uma visão totalmente privada nem um evento público totalmente revelado. É um evento público cujos detalhes são para um homem apenas, Saulo de Tarso.

Outra diferença é que Ananias não aparece no relato de At 26. Isso pode ser em parte porque o livro já o havia mencionado em detalhes duas vezes, em At 9 e 22. Lucas escolhe não ser redundante nesse detalhe, e assim ele fornece um relato simplificado.

Outra diferença fundamental entre os relatos é que Saulo não menciona seu chamado para alcançar os gentios no relato de At 9, enquanto ele compartilha esse detalhe em At 22 e 26. No entanto, Ananias observa em 9:15 que Saulo seria chamado para uma missão gentia, então provavelmente temos outro exemplo de simplificação. Outra possibilidade é que Lucas optou por não anotar esse detalhe em sua narrativa em terceira pessoa porque a missão aos gentios ainda não havia ocorrido, mas esse argumento é um tanto enfraquecido pela menção da missão a Ananias. De qualquer modo, o fato de Saulo não mencionar sua missão aos gentios em At 9 é simplesmente resultado da escolha literária de Lucas, cujo motivo exato não está claro.

Aqui estou, Senhor! (9:10): Ananias foi rápido em responder quando ouviu o Senhor o chamando em uma visão. Sua resposta parece indicar que ele simplesmente entrou na sua conversa habitual com Deus, até mesmo ousando questionar o julgamento do Senhor. Em vez disso, não esperaríamos que Ananias ficasse surpreso ou até com medo? Ele ousaria argumentar com uma voz do céu? Esses elementos da narrativa levam alguns a sugerir que Lucas está escrevendo uma ficção religiosa.

Em vez de evidência de ficção, os elementos mencionados anteriormente surgem do fato de que o relato não é uma recontagem literal e abrangente da visita do Senhor a Ananias, e sim um resumo e comentário sobre o evento. O versículo 17 fornece evidências para essa abordagem, pois Ananias diz a Saulo: “Irmão Saulo, o Senhor Jesus, que apareceu a você no caminho em que você viajava, me enviou para que você recupere a visão e seja cheio do Espírito Santo". Em nenhum lugar dos versículos 10-16 Lucas nos diz que o Senhor disse a Ananias que Jesus havia aparecido a Saulo, mas claramente isso fazia parte da mensagem dada a Ananias, pois ele pôde repetir o fato da visita de Jesus a Saulo. Portanto, temos evidências de que Lucas não relata toda a conversa entre o Senhor e Ananias.

Visões expressas com o termo *horama* aparecem aqui e ali no NT, mas prevalecem em Atos (Mt 17:9; At 7:31-32 [Moisés]; 9:10-12; 10:1-3 [Cornélio], 19 [Pedro]; 11:5 [Pedro]; 12:9 [Pedro, erroneamente pensando que teve uma visão]; 16:9-10 [Paulo]; 18:9-10 [Paulo]). Outro termo, *ekstasis,* também é usado para tais eventos (10:10 [Pedro]; 11:5 [Pedro]; 22:17 [Paulo]). Quando o Senhor se dirige a Ananias, Lucas registra que Ananias respondeu com "Eis-me aqui", uma resposta familiar na literatura e uma indicação de que Ananias está pronto para obedecer (Gn 22:1-2, 11-12; 1Sm 3: 4-14; Is 6:8; Jubileu 44.5; 2Esdras [*4Esdras*] 14:1-2; Pesch 1986, p. 305).

Um último ponto interessante é que, seguindo a visão dada a Saulo, a visão dada a Ananias forma o segundo elemento de uma visão dupla. Visões duplas significam que um evento é fixado por Deus (Gn 41:32).

Cronologia inicial da vida de Saulo após seu encontro com o Senhor: O relato atual (especialmente 9:8, 25-26) parece ter Paulo indo diretamente de Damasco para Jerusalém, sem tempo para a viagem intermediária à Arábia que Gl 1:15-18 menciona. Ao relatar os acontecimentos em Gálatas, Paulo diz que depois de sua conversão: "não fui a Jerusalém para ver aqueles que se tornaram apóstolos antes de mim; em vez disso, fui para a Arábia e voltei para Damasco" (Gl 1:17). Além disso, em 2Co 11:32-33, Paulo diz que uma ameaça de prisão do rei Aretas o levou a escapar em um cesto, enquanto At 9:23-25 culpa a fuga por uma conspiração na qual os judeus tentaram matá-lo.

Barrett não acredita que essas diferenças possam ser reconciliadas (1994, p. 460-62, 466), mas é importante notar que em Atos, Lucas não está traçando toda a carreira de Paulo. Em vez disso, ele pretende narrar as atividades que mudam o mundo em toda a extensão da igreja. É um livro focado na ação, não na meditação ou em períodos de retiro e silêncio. Lucas pode ter sabido sobre o tempo de Paulo na Arábia após sua conversão, mas sentiu que não era importante o suficiente para mencionar na grande variedade de eventos que ele está recontando. E se Paulo desapareceu da vista de Jerusalém por três anos, isso não poderia explicar por que alguns cristãos ficaram desconfiados novamente quando ele apareceu (At 9:26)? Isso se encaixa perfeitamente com a ideia de que Paulo foi a Jerusalém imediatamente após sua conversão, de modo que o tratamento de Lucas não exclui um período intermediário entre Damasco e Jerusalém.

Ou será que o ministério de Paulo em Damasco ocorreu, tal como um apoio para livros, em ambas as extremidades de sua estada de três anos na Arábia? Nesse caso, Paulo realmente foi direto de Damasco para Jerusalém, mas somente depois de ter ido de Damasco para a Arábia por alguns anos (Williams 1990, p. 175). Marshall (1980, p. 174) e Hengel e Schwemer argumentam a favor de Paulo permanecer em uma estadia de dezoito meses a dois anos em Damasco exercendo ministério em vez de entrar em um período de silêncio.

Finalmente, pode ser que o conhecimento da viagem de Paulo à Arábia não tenha entrado na tradição da igreja mais ampla na época em que Lucas escreveu Atos, o que explicaria o silêncio de Lucas sobre isso. Seu silêncio sobre a Arábia não significa que ele contradiz Gálatas e, como mostrado acima, nada do que Lucas diz exclui uma viagem à Arábia.

Quanto à causa da saída de Paulo de Damasco, se sua pregação causou agitação ali, não há razão para excluir a possibilidade de que não foram apenas os judeus locais que se opuseram a Paulo, mas que um líder regional como o rei Aretas também se oporia a ele devido à preocupação com a paz pública (Hengel e Schwemer 1997, p. 131). Algo semelhante aconteceu quando Pilatos executou Jesus devido à preocupação com a paz pública, uma preocupação que ele compartilhou com muitos judeus importantes em Jerusalém. Fitzmyer (1998, p. 434) observa que, embora Lucas em Atos e Paulo em Gálatas deem motivos diferentes para fugir de Damasco, eles não são motivos incompatíveis. Ele observa também a sugestão de Pesch (1986, p. 315) de que os judeus de Damasco denunciaram Saulo ao etnarca. Ironicamente, a sobreposição de detalhes distintos nos dá algumas referências cronológicas para o ministério de Paulo. Como Aretas morreu em 39 d.C., o início do ministério de Paulo ocorre antes dessa data. Além disso, Aretas chegou ao poder total na região após a morte de Tibério, em algum momento de 37 d.C., mas ele pode muito bem ter exercido alguma influência significativa antes disso. Portanto, um período de tempo de 36-39 d.C. se encaixa em 9:1-26.

Atos 9:43

Curtidor (9:43): Alguns argumentaram que nenhum judeu escrupuloso ficaria hospedado com um curtidor, e que esse detalhe mostra que Lucas seria ignorante sobre os principais aspectos da vida religiosa judaica. Os curtidores trabalhavam com carcaças de animais, tornando sua ocupação impura (*m. Ketubbot* 7.10; *m. Baba Batra* 2.9; Le Cornu e Shulam 2003, p. 542-43 descrevem-na como uma atividade "desprezível"). No entanto, não devemos dar muito valor a esse fato. Pedro não era um fariseu, que seria muito sensível a tais escrúpulos, mas um pescador-apóstolo acostumado a trabalhos espinhosos (Marshall 1980, p. 180). O fato de Pedro ter se abrigado em um lugar tão impuro mostra que alguns na liderança da igreja não eram muito sensíveis a todos os aspectos das leis judaicas de pureza, conforme interpretadas por outros judeus piedosos, embora isso represente questões de compatibilidade com a atitude de Pedro em At 10:9-16 (veja a seguir). Talvez Pedro fosse simplesmente inconsistente, uma característica comum entre os adeptos religiosos.

Atos 10:1-16

Centurião (10:1): Contra o estereótipo, o qual diz que romanos e judeus eram universalmente antagônicos um ao outro, essa cena indica que em alguns casos as relações entre os dois grupos eram boas. Cornélio é visto como um homem piedoso, aberto a ouvir a voz de Deus. Portanto, Deus responde à abertura de seu coração.

A história sobre Cornélio também apoia a historicidade do relato. Como centurião, Cornélio era o comandante de uma das seis unidades de 100 homens dentro de um batalhão. Um batalhão tinha cerca de 600 membros e faria parte de uma legião de cerca de 6 mil homens, que era a principal divisão do exército romano. Ele teria servido sob um tribuno (BAGD 237; BDAG 299). Atos frequentemente registra tais figuras militares (10:22; 21:32; 22:26; 24:23; 27:1, 6, 11, 43), e a conversão de soldados foi um fator chave na disseminação do cristianismo. A passagem de Lc 7:1-10 mostra um relato importante de um centurião que também é retratado positivamente. Os centuriões deveriam ser homens que fossem "bons líderes, de mente firme e prudente" (Políbio, *Histories* 6.24.8; Bruce 1990, p. 252). A unidade de Cornélio tinha um nome, Regimento Italiano, e provavelmente era uma força auxiliar, não parte do exército regular; uma inscrição encontrada na Áustria documenta sua presença na Palestina até 69 d.C. (*ILS* 9168; Polhill 1992, p. 251n69). O evento aqui em Atos provavelmente ocorre antes de 41 d.C. (Fitzmyer 1998, p. 449).

Visão (10:3): Como foi o caso de Saulo-Ananias (At 9:1-9, 10-16), temos uma visão dupla aqui (10:1-8, 9-16) para mostrar que Deus está dirigindo os eventos que levaram à inclusão dos gentios na nova comunidade de fé.

Não, Senhor! (10:14): Foram levantadas questões sobre a credibilidade desse relato, não apenas porque envolve uma visão sobrenatural, mas porque Pedro argumenta contra a voz do céu ("Não, Senhor!" v. 14) e porque pode parecer inconsistente com a disposição anterior de Pedro de ficar na casa de um curtidor (veja comentários em 9:43).

Dentro do lençol estão todos os tipos de animais impuros, répteis e pássaros. No AT, existem alguns casos em que alguém é solicitado a fazer algo ofensivo ou ilegal. Em Gn 22:1-2, Deus pede a Abraão que sacrifique Isaque; em Os 1:2-3 Deus pede a Oseias que se case com uma prostituta; em Is 20:2-3 Deus ordena a Isaías que ande nu por três anos. Em cada caso, Deus pede que a pessoa faça o que é censurável, e suas respostas diferem das de Pedro. Abraão teve certeza desde o início de que Deus providenciaria um sacrifício diferente de seu filho, e assim ele avançou em obediência inquestionável (Gn 22:8). Oseias também parece ter obedecido imediatamente à ordem de Deus (Os 1:3), assim como Isaías (Is 20:2, "e assim o fez"). A resposta inicial de Pedro não é análoga a essas situações, mas tem maior semelhança com os numerosos casos em que as pessoas argumentam contra mensagens surpreendentes trazidas a elas por mensageiros celestiais. Exemplos incluem Maria, a mãe de Jesus, que expressou confusão sobre como ela, uma virgem, poderia ter um filho (Lc 1:34), e Zacarias, que discutiu com o anjo no templo quando lhe foi dito que sua esposa idosa iria conceber e dar à luz um filho (Lc 1:18).

O comando celestial é levantar, sacrificar (gr. *thuson*) e comer (gr. *phage*) aquilo que é exibido. Barrett (1994, p. 507) argumenta que o termo "sacrifício" quase torna a ação um ato religioso. Isso pode aumentar a objeção de Pedro à instrução de comer. O uso de Lucas de dois negativos (gr. *mēdamōs* com *oudepote*) aponta para a rejeição enfática de Pedro à sugestão.

Ao rejeitar a ordem para comer, Pedro acredita estar sendo obediente a Deus. Como isso se mistura com o fato de que Pedro aparentemente percebe que está falando com Deus? A resposta de Pedro não é surpreendente, pois como judeu fiel ele sabia que comer essas coisas impuras seria uma violação das leis que Deus havia revelado anteriormente (Lv 10:10; 20:25; Ez 4:14; Dn 1:8-12; 2Macabeus 5:27; 6:18-25 [um relato vívido de um judeu se recusando a comer carne de porco]; Tobias 1:10-11; Judite 10:5; 12:2; Hauck, *TDNT* 3:790-91; Gaventa 2003, p. 166). A resistência de Pedro ao mandamento de Deus aqui pode refletir o fato de que ele percebeu uma inconsistência. O apóstolo sabia o que Deus havia dito no passado, e os judeus viveram em conformidade com essa mensagem por muitos séculos. O fato de Deus dizer algo diferente naquele momento foi um choque para Pedro, e a resistência inicial de Pedro é crível. Outra explicação possível para a resistência de Pedro é que ele pode ter tomado a ordem como um teste de sua obediência, semelhante à situação que Abraão enfrentou.

A resposta celestial deixa claro que Deus purificou a comida para que ela não seja mais comum (Rm 14:14 dá a visão de Paulo, assim como 1Tm 4:3-4; também 1Co 10:19). Que Deus tem o direito de declarar alimentos limpos é a premissa fundamental da visão, funcionando muito como um pronunciamento em uma história de pronunciamento (i.e., um relato do evangelho, como Lc 20:20-26, cujo foco é uma declaração solene de Jesus). O argumento da resposta é enfaticamente feito com um pronome acrescido de um negativo (*su me*) que combina com a recusa anterior de Pedro. O presente imperativo (gr. *koinou,* considere como comum) significa não continuar fazendo o que ele vem fazendo, isto é, chamando de comuns as coisas que Deus purificou (Bruce 1990, p. 256; Wallace 1996, p. 487). A tríplice apresentação reforça que Deus está falando e deve ser crido (Ps. Filo, *L.A.B.* 53.6; Le Cornu e Shulam 2003, p. 568), e o efeito dessa repetição deve ser levado em consideração ao tentar entender a recusa inicial de Pedro.

Quanto à questão de se hospedar com um curtidor, a questão da dieta era um grande distintivo judaico, mas trabalhar com animais mortos seria uma parte natural de certas vocações. A impureza nem sempre estava ligada ao pecado, mas podia envolver as atividades cotidianas da vida (e.g., os ciclos menstruais das mulheres faziam parte dessa preocupação, assim como a morte humana). Assim, Pedro poderia ficar com um curtidor e ser sensível para se limpar, se necessário, e ainda ser mais sensível sobre a dieta que ele poderia controlar diretamente. Veja também comentários sobre 11:8.

Atos 10:34-38

A pessoa que o teme, a justiça é aceitável para Ele (10:35): Superficialmente, esse versículo pode parecer que ensina a salvação pelas obras, mas na verdade é um resumo sobre a pessoa que teme a Deus, responde a Ele e então recebe o Espírito que infunde neles a justiça que vem da fé em Deus. Assim, Pedro destaca duas características da pessoa a quem Deus considera aceitável de qualquer nação (Lv 19:5; Is 56:7).

Primeiro, a pessoa teme a Deus, o que Pv 1:7 chama de princípio da sabedoria (Dt 10:12-13; Rm 1:21). Cornélio teme a Deus (At 10:2), e assim Deus estende a revelação a ele.

Em segundo lugar, a pessoa faz o que é certo ("pratica a justiça", *ergazomenos dikaiosunēn;* Sl 14:2 LXX [15:2 Eng.]; Hb 11:33; Tg 1:20; conceitualmente, TM 7:23; Rm 2: 10; 13:10; Gl 6:10).

No judaísmo, Filo (*On the Special Laws* 2.15 §§62-63) fala do dever para com Deus em piedade e santidade e do dever para com as pessoas demonstradas em humanidade e justiça. A ideia que Pedro apresenta é semelhante a Mq 6:8 (também Gn 4:7; Ap 22:12). Novamente, as recomendações que Cornélio possui foram apresentados em At 10:2, 4, 22. O argumento não é que Cornélio obteve a justiça como algo que lhe era devido (Rm 4:5), mas que sua receptividade leva Deus a enviar Pedro para revelar mais do caminho de Deus para ele. Cornélio e aqueles que estão com ele devem receber o perdão e a capacitação do Espírito. Esses dons lhes permitem honrar a Deus.

Testemunhas previamente designadas por Deus (10:41): A menção de testemunhas designadas repete o tema introduzido em At 1:8 e são citadas aqui e ali depois disso (2:32; 3:15; 13:31). Essas testemunhas, todas pessoas de fé (exceto para o caso de Tiago e Saulo), testificam que Jesus ressuscitou como evidência de que Deus justificou as reivindicações de Jesus e que Ele tem autoridade única para julgar.

Se o evangelho deve ser pregado a todas as pessoas, por que Deus concedeu aparições da ressurreição de Jesus apenas a pessoas selecionadas? Essa é uma pergunta que ninguém pode responder com certeza, mas o tema da seletividade se encaixa com aspectos da própria abordagem de Jesus (e.g., Mc 1:43-45; 4:11; 8:29-30). Ademais, deve ser lembrado que Jesus ensinou que mesmo que alguém aparecesse dentre os mortos e oferecesse uma mensagem de Deus, muitos não acreditariam (Lc 16:30-31). Para crer, é preciso estar aberto à palavra de Deus, e aceitar o fato de que Deus pode fazer milagres e estar disposto a aceitar os ensinamentos e reivindicações de Jesus. Sem tal franqueza, uma aparição da ressurreição não causaria impacto porque o incrédulo a explicaria com base no ceticismo. Felizmente, Cornélio e sua casa tinham olhos e corações abertos.

Em nome de Jesus Cristo (10:48): As pessoas devem ser batizadas em nome de "Jesus Cristo" ou em nome do "Pai e do Filho e do Espírito Santo" (TM 28:19)? Alguns têm visto aqui uma contradição entre Atos e Mateus. O fato de Cornélio ter sido batizado "em nome de Jesus Cristo" significa que ele foi batizado *na autoridade* de Jesus Cristo. Isso se encaixa com o que Pedro disse em At 2:38 sobre Jesus como mediador da salvação ao conceder o Espírito que vem do Pai. Assim, a expressão "em nome de Jesus Cristo" é uma abreviação para essa realidade mais ampla. Em Mt 28:19, a realidade mais ampla é explicitada no chamado para ser batizado em nome do Pai, do Filho e do Espírito. Mateus e Lucas não estão oferecendo fórmulas concorrentes. Em vez disso, um se concentra no mediador do dom, enquanto o outro é explícito sobre o envolvimento total da Trindade.

ATOS 11:6-9

Não, Senhor! (11:8): Em meio a reclamações inicialmente compreensíveis de crentes judeus de que ele havia ignorado práticas sagradas sobre comunhão com não-judeus (11:2-3), Pedro explica como Deus o levou a uma nova abordagem e como Deus endossou o novo entendimento, concedendo o Espírito Santo aos gentios. O fato de essa história ser contada mostra o quão importante ela foi para Lucas. Foi um momento decisivo em que Deus abriu o acesso a si mesmo e sinalizou aos crentes judeus que eles não precisavam se preocupar excessivamente em como se relacionar com os gentios, para quem as leis dietéticas eram irrelevantes. A recusa inicial de Pedro em obedecer à visão reflete sua atitude como judeu fiel. Isso mostra que a visão de Pedro inicialmente era a mesma daqueles que o estavam questionando.

Alguns sugerem que não deveria ser realista Pedro discutir com Deus, e que isso é uma evidência de que esta seria uma história criada. Argumentamos contra essa crítica nos comentários sobre 10:14 já mencionados. No tratamento adicional dessa questão, notamos que alguns sugerem incorretamente que o argumento de Pedro sobre sofrimento e messianidade com Jesus em Cesareia de Filipe é evidência de que Pedro havia previamente e de forma consciente discutido com Deus (Mt 16:13-20; Lc 9:20). Isso provavelmente interpreta mal a situação em Mt 16. A confissão de Pedro em Cesareia de Filipe provavelmente destaca sua compreensão de Jesus como o Messias em vez de Jesus como Deus, embora a versão de Mateus tenha Pedro chamando Jesus de "o Filho do Deus vivo". A frase "Filho de Deus" no judaísmo pode se referir ao rei sem ser entendida como uma referência à divindade (Sl 2; 2Sm 7:7-17). É provável que os discípulos não tenham entendido completamente quem era Jesus até que Deus o vindicou na ressurreição. Até que vissem o Jesus ressuscitado dentre os mortos, a morte do Salvador foi uma decepção indescritível para os discípulos; eles provavelmente tomaram isso como evidência de que estavam errados ao acreditar que Ele era o messias. Todas as versões da observação que Pedro destacou em Cesareia de Filipe mencionam Jesus como Cristo, então Jesus como o Ungido, em vez de Jesus como Deus, é o argumento dessa confissão. Os discípulos entenderam quando Pedro confessou que Jesus era o único enviado ungido no centro do programa de salvação de Deus e não apenas um profeta como a multidão acreditava (Mc 8:26-30). Em resumo, a viabilidade da argumentação de Pedro com Deus não deve ser defendida em um apelo à sua confissão em Cesareia de Filipe como pano de fundo.

Atos 11:27-30

Grande fome [...] durante o tempo de Cláudio (11:28): A menção da fome durante o tempo de Cláudio ajuda a situar historicamente o livro de Atos. Cláudio, sobrinho de Tibério César, foi César de Roma entre 41 e 54 d.C. Ele relutantemente sucedeu outro sobrinho de Tibério, Caio, após seu assassinato. No momento do assassinato de Caio, Cláudio se escondeu atrás de uma cortina porque temia sua própria morte. Cláudio provou ser um administrador capaz, mas teve que lidar com uma série de desastres naturais que se abateram sobre o império. Portanto, a previsão de fome feita por Ágabo aponta para um dos eventos marcantes no reinado de Cláudio.

A fome atingiu o primeiro, segundo, quarto, nono e décimo primeiro anos do reinado de Cláudio. Uma inscrição encontrada na Ásia Menor (*CIG* 3973.5-6) fala de uma fome que dominou o mundo inteiro. Fitzmyer (1998, p. 481-82) oferece uma extensa discussão sobre a extensão da disseminação dessas épocas de fome. Elas atingiram o Egito (no início do governo de Cláudio), a Grécia (do oitavo ao nono anos) e Roma (do nono ao décimo primeiro anos), bem como a Judeia. Temos relatos sobre essa fome a respeito de sua presença em 40-41 e 46-47 d.C. (Talbert 1997, p. 117; Josefo, *Antiguidades* 3.15.3 §§320-21; 20.2.5 §§51-53; 20.5.2 §101). Essa foi uma fome esporádica em todo o império, mas a referência final de Josefo fala de uma fome na Judeia em 44-48 d.C. (Riesner 1998, p. 132, 135, colocando a previsão de Ágabo em 39-42 d.C.).

Atos 12:1-16

É o anjo dele! (12:15): Embora alguns pensassem que Rode estava delirando devido à tristeza pela prisão de Pedro, outros levaram a sério o anúncio de Rode e sugeriram uma alternativa à sua afirmação de que Pedro estava do lado de fora do portão: eles disseram que era "seu anjo". Isso implicaria a crença em anjos da guarda? A Bíblia ensina tal possibilidade?

A base do comentário do "anjo" é provavelmente extrabíblica. O texto de Tobias 5:4-16 relata que um anjo chamado Raphael acompanhou Tobias a pedido dele, mas Tobias não sabia que Rafael era um anjo, e o texto não diz que o anjo pertencia ou representava Tobias de uma forma que se enquadra no conceito do "anjo da guarda". Ainda assim, a ideia básica de um anjo atendendo a um ser humano existe e pode ser uma base para o desenvolvimento de um conceito de anjo da guarda. Uma base mais adequada é o texto rabínico posterior *Gen. Rabbah* 78 [50a], que fornece comentários sobre Gn 33:10 e tem um anjo pessoal específico cuja aparência corresponde à da pessoa que ele protege (Str-B 2:707-8; *L.A.B.* 59.4; *T. Jac.* 1.10; na literatura cristã primitiva, Pastor de Hermas, *Mandate* 6.2.2; Johnson 1992, p. 213). A data dessa evidência mostra que essa ideia provavelmente é posterior aos escritos do Novo Testamento.

Os estudiosos têm sugerido que os companheiros de Rode podem ter presumido que Pedro já estivesse morto e que seu anjo estava presente, tendo aparecido após sua morte (Polhill 1992, p. 282n155). Polhill não cita evidências para tal visão, mas a sugestão se encaixa no fato de que os discípulos parecem ter negligenciado a ideia de que Deus pouparia Pedro com uma libertação milagrosa. Mais uma vez, Deus opera além de suas expectativas, assim como Pedro pensou que estava apenas tendo uma visão quando o Senhor inicialmente apareceu a ele para lhe conceder liberdade (At 12:9).

Para um testemunho bíblico sobre anjos, veja, entre outros textos, Gn 48:16; Gn 91:11; Dn 3:28; 6:22; Mt 18:10; Hb 1:14; e Ap 2—3, que tem um anjo associado a uma igreja.

Atos 12:19-23

***Tiro e Sidom* (12:20):** Essas cidades eram frequentemente vistas como oponentes de Israel, com tensões entre elas que remontavam a séculos. Na verdade, o profeta Ezequiel previu sua destruição (26:14, 19-21; 27:36; 28:19). Os textos em Ezequiel antecipam um julgamento final abrangente para essas cidades; o fato de que as cidades ainda existiam na época em que Atos foi escrito poderiam indicar que as profecias de Ezequiel eram falsas?

Três considerações: Primeiro, a linguagem é provavelmente um tanto hiperbólica em Ezequiel, uma característica comum aos gêneros apocalípticos e relacionados. Assim é possível que os julgamentos já haviam ocorrido em ambas as cidades, mas permitindo que elas ainda existissem. Em segundo lugar, se fosse o caso de os julgamentos preditos ainda não terem sido totalmente cumpridos, isso não significa que o cumprimento nunca iria acontecer. Terceiro, Ezequiel não é o pano de fundo mais relevante para o que Lucas está relatando em At 12. De clara relevância é o fato de que Herodes Agripa estava em uma disputa política com pessoas que viviam nas cidades contemporâneas conhecidas como Tiro e Sidom. Nessa ocasião, como antes, essas cidades estavam em tensão política com Israel; a experiência de julgamento delas não era preocupação de Lucas, sendo possível que ele soubesse de julgamentos cumpridos, porém menos abrangentes contra essa cidades, mas ele deixou de fazer qualquer menção ao fato.

Um anjo do Senhor o feriu (12:23): Esse relato da morte de Herodes Agripa seria compatível com relatos extrabíblicos? Em *Antiguidades,* Josefo relata esse mesmo evento. Ele diz que Herodes falou ao povo de seu trono "real", vestido com vestes reais feitas de prata que brilhavam ao sol (*Antiguidades* 19.8.2 §344). Esses detalhes combinam com o relato de Lucas de que Herodes se dirigiu aos tírios e sidônios enquanto "vestia-se com vestes reais e estava sentado no trono" (v. 21). Além disso, Josefo diz que a multidão saudou Herodes como sendo alguém "superior à natureza mortal", o que concorda com o relato de Lucas de que a multidão proclamou acerca de Herodes: "É a voz de um deus e não de um homem!" (v. 22). Tanto Lucas quanto Josefo veem a aceitação do louvor por Herodes como a causa de sua queda; Lucas diz que Herodes não deu glória a Deus (v. 23), e Josefo observa que Herodes não repreendeu a multidão nem rejeitou sua "bajulação ímpia".

Josefo diz que Herodes morreu cinco dias após o discurso devido a um problema estomacal, e menciona que esse destino foi sinalizado pelo presságio de uma coruja sentada em uma corda (para o relato de Josefo, consulte *Antiguidades* 18.6.7 §200; 19.8.2 §§343-50). Alguns críticos têm visto a menção por Josefo de cinco dias como contraditória ao relato em Atos porque eles assumem que Lucas quis dizer que Herodes morreu imediatamente após ser atingido pelo anjo, mas o texto não diz isso. O imediatismo estava em ser atingido pela doença, não pela morte imediata (v. 23). Além disso, espera-se que uma morte por infecção de vermes não seja imediata, então não há base legítima para dizer que o texto bíblico retrata uma morte repentina.

Lucas diz que Herodes foi "golpeado" por um anjo do Senhor ("ferido" segundo as versões KJV, RSV; "golpeado" em NASB, NIV, NLT; "derrubado" em NET). O termo *patassō* (derrubar) é ocasionalmente usado para descrever um julgamento e tem raízes no AT (Gn 8:21; Êx 9:15; 12:23; Nm 14:12; Dt 28:22; Ap 11:6; 19:15; BAGD 634 §2; BDAG 786 §2). Anjos ferem no AT frequentemente (2Sm 12:15; 2Rs 19:35; Bruce 1990, p. 289; Fitzmyer 1998, p. 491); embora o Senhor também possa derrubar (1Sm 25:38; 2Cr 13:20). O resultado é que o corpo de Herodes se tornou "infestado de vermes" (v. 23), uma doença grave que o levou à sua morte dolorosa (Judite 16:17, sobre os inimigos do Senhor como um grupo). A doença exata permanece desconhecida.

A ocasião do discurso pode ter sido durante os jogos quinquenais em Cesareia, realizados em março, ou no aniversário de Cláudio em agosto, no caso de não ser uma convocação especial. A data provável da morte de Agripa é março de 44 d.C., tornando-a uma das datas-chave pelas quais podemos determinar a cronologia dos eventos em Atos.

Atos 13:6-12

Paulo [...] olhou diretamente para o feiticeiro (13:9): Paulo aqui confronta um mágico, assim como Pedro o fizera antes (At 8:9ss). Além disso, como observa a *Apologetics Study Bible*, "os estudiosos observaram paralelos de Pedro e Paulo em Atos: cura de um coxo (3:2-8 e 14:8-10; cf. 5:15 e 19:12), exorcismo (5:16 e 16:18), sendo divinamente libertado da prisão (12:6-11 e 16:25-26), recebendo o Espírito pela imposição de mãos (8:17 e 19:6) e ressuscitando mortos (9:36-41 e 20:9-12). Esses paralelos são convincentes como uma história verdadeira ou são uma indicação de que Lucas criou elementos paralelos para causar algum efeito?

Não precisamos pensar nesses paralelos como criações literárias. Como narrador, Lucas provavelmente apresentou os relatos em estreito paralelismo pelo que escolheu incluir ou excluir, dadas as suas principais semelhanças. Ele trabalhou com paralelos existentes. O efeito dessa menção é apontar que Paulo tem os mesmos dons de Pedro e é um líder digno de levar o evangelho aos gentios porque Deus está por trás de Paulo não menos do que com Pedro. O paralelismo não é apenas entre Pedro e Paulo.

De fato, vários desses milagres refletem o que Jesus fez, mostrando que o Espírito que Jesus enviou aos apóstolos os capacitou a estender seu ministério, ao mesmo tempo em que apontou para a chegada de uma nova era (cura de um paralítico: Lc 5:18-26; exorcismo: 8:26-39; ressuscitação de um morto: 7:11-17; 8:40-56).

Uma névoa e escuridão caíram sobre ele (13:11): Qual é o significado da frase, "uma névoa e escuridão caíram sobre ele?" Isso significaria que algum espectador teria relatado que a cabeça de Elimas estava envolta em algum tipo de névoa?

Esse é um dos poucos milagres de julgamento no Novo Testamento. Ele mostra a seriedade com que Deus vê a magia e a feitiçaria como uma forma de iludir as pessoas. A feitiçaria era popular entre os gentios e, à medida que o evangelho chegava a eles e era aceito, feiticeiros como Elimas reconheceram que sua posição na sociedade estava ameaçada. A "névoa e escuridão" é uma forma retórica de dizer que Elimas ficou cego. Era como se ele estivesse envolto na névoa ou na escuridão da noite, mas isso não deve ser lido literalmente, apenas meramente como uma imagem do que aconteceu.

Atos 13:13-41

A Lei e os Profetas (13:15): A menção de "a Lei e os Profetas" nos diz que o judaísmo tinha uma coleção bem definida das Sagradas Escrituras nessa época da história. Suas divisões às vezes eram chamadas de Lei e Profetas, como aqui, ou Lei, Profetas e Salmos, conforme encontrado em Lc 24:44. Na época de Jesus, a Torá (Gênesis a Deuteronômio), a maioria dos livros históricos, os Profetas Maiores e a maioria dos Profetas Menores seriam consideradas parte dessa coleção. Alguns outros livros ainda estavam sendo discutidos quanto à sua presença no cânon (ou regra) da fé. Eles teriam incluído Ester, Rute, Eclesiastes, Cântico dos Cânticos e Lamentações. No entanto, a maior parte do que conhecemos hoje como Antigo Testamento era firmemente considerada como Escritura na época de Jesus. Essas Escrituras, primeiro uma porção da Lei e depois uma dos Profetas, costumavam ser lidas e discutidas a cada sábado na sinagoga, como estava acontecendo no presente texto.

Alusões do AT nos versículos 22-23: No versículo 22b, Paulo pretende compartilhar o testemunho de Deus sobre o rei Davi, mas o que ele apresenta é uma citação parcial de dois versículos diferentes do AT. Isso significa que Paulo teria cometido um erro de citação ou estava mantendo uma visão vaga das Escrituras, ou ainda seria aceitável que as pessoas que tinham uma visão elevada das Escrituras as citassem livremente? E em que sentido Jesus pode ser chamado de descendente de Davi se Ele nasceu de uma virgem?

A chave para responder à primeira pergunta é perceber que Paulo está fazendo alusões aos textos do AT aqui ao resumir seu conteúdo; ele não está tentando citá-los literalmente. Isso foi feito em vários lugares ao longo de Atos (e.g., o uso do Sl 132 em At 2:30) e era aceitável nos tempos antigos, em parte devido ao acesso limitado aos pergaminhos e à impraticabilidade de desenrolar os pergaminhos para procurar uma determinada passagem quando uma citação aproximada extraída da memória era suficiente para a tarefa em questão.

Paulo permanece fiel aos ensinos do AT e do NT quando chama Jesus de descendente de Davi. Deus falou de Davi como um homem segundo seu coração que cumpriria a vontade de Deus (1Sm 13:14; Sl 89:19-29, especialmente o v. 21), e prometeu que sua dinastia seria eterna, produzindo uma esperança que falava de um grande descendente nessa família (2Sm 7:6-16; Sl 89:29, 36-37; 132:11-12, 17; Is 9-11; Jr 23:5; 33:14-22; Ez 21:27; 34:23; Salmos de Salomão 17.4, 21-34). O NT deixa claro que Jesus é filho de Davi (veja Mt 1:1; Mc 12:35; Lc 1:31-35; 3:23, 31; 18:38-39; 20:41; Rm 1:3; 2Tm 2:8). Jesus cresceu em um lar de descendentes davídicos e, portanto, é filho de Davi. A Bíblia não fornece uma genealogia de Maria (embora alguns vejam uma em Lc 3:23-38), mas é comum pensar que Jesus era um descendente legal de Davi por adoção de José e provavelmente um descendente de sangue por meio de Maria, sua mãe.

Eles o tiraram da cruz (13:29): Paulo diz que "eles" tiraram Jesus da cruz e o colocaram em um túmulo. O uso de "eles" por Paulo nessa passagem foi uma referência aos "residentes de Jerusalém e seus governantes" que "não reconheceram [Jesus] nem as vozes dos profetas..." (v. 27). Além disso, ele afirmou que, "embora não encontrassem fundamento para a pena de morte, pediram a Pilatos que o matasse" (v. 28). Paulo não redefine "eles" no versículo 29, e então parece que ele tem em mente "os moradores de Jerusalém e seus governantes" quando diz: "Quando eles cumpriram tudo o que estava escrito sobre Ele, eles o levaram, tirando-o da cruz para colocá-lo em um túmulo.

Os evangelhos afirmam que os seguidores de Jesus, não os seus inimigos, tiraram seu corpo da cruz e o colocaram em uma tumba (Mt 27:57-61; Mc 15:42-47; Lc 23:50-56; Jo 19:38-42). Paulo não conheceria as tradições do evangelho sobre o sepultamento de Cristo? Ou ele conhecia a tradição e a rejeita?

Paulo está fazendo um resumo aqui e usando a linguagem em um sentido causativo. A razão pela qual Paulo retrata os judeus incrédulos como sendo aqueles que tiraram o corpo de Jesus da cruz e o sepultaram é porque foram as ações deles que levaram à sua execução. Ele está fazendo um resumo retórico, colocando a culpa onde ela é devida. A passagem de 1Co 15 indica que Paulo conhecia a tradição detalhada sobre a morte de Jesus, então sua declaração aqui não reflete ignorância ou dúvida sobre a tradição transmitida nos evangelhos. Paulo provavelmente sabia sobre o sepultamento realizado por José de Arimateia, que era proeminente o suficiente para ser mencionado em todos os quatro Evangelhos. Não é incomum que as Escrituras falem de forma resumida que não seja literalmente uma repetição de detalhes fornecidos em outro lugar. Um exemplo famoso é a filha de Jairo, que ainda não estava morta quando Jesus foi solicitado a restaurá-la em Mc 5:25-43, mas foi retratada como morta na versão de Mateus (Mt 9:18-26). Esse evangelista, que provavelmente usou o relato de Marcos como fonte, simplesmente resumiu o evento, e o ponto principal é que a filha de Jairo estava morta quando Jesus chegou lá.

Paulo falou de maneira resumida na presente passagem sobre a responsabilidade pela morte de Jesus e está apresentando um relato dos eventos que cercam o sepultamento de Jesus sob essa luz. A única razão pela qual podemos dizer isso é porque temos testemunhos em outras partes das Escrituras (os evangelhos) que fornecem dados específicos adicionais sobre os eventos envolvendo o manuseio do corpo de Jesus. Assim, optamos por não interpretar literalmente a declaração de Paulo em 13:29 porque outras passagens da Bíblia sugerem que não deveríamos fazer esse tipo de leitura. Isso levanta uma questão importante: o que dizer das muitas coisas nas Escrituras que são mencionadas apenas uma vez e não são suplementadas por um testemunho adicional e mais preciso? A tendência dos crentes é ler literalmente essas passagens isoladas, como se não precisassem do tipo de esclarecimento ou contexto que o testemunho adicional poderia fornecer. Porém, como podemos saber que as coisas mencionadas apenas uma vez são transmitidas literalmente em vez de retoricamente ou em forma de um resumo, como Paulo fez nesse caso?

Primeiro, para ler as Escrituras corretamente, devemos estar cientes da diferença entre exatidão e precisão. Às vezes, só sabemos a diferença comparando textos relacionados nas Escrituras. Precisamos estar cientes disso quando lemos qualquer texto, se é paralelo ou não. Toda a Escritura é precisa, porém isso não exclui a presença de resumos, compressão literária, retórica e outros fatores. Em segundo lugar, a distinção entre exatidão e precisão serve como uma advertência contra o literalismo indevido. Devemos levar a Bíblia com atenção séria e confiar em sua veracidade e precisão, mas evitar buscar nela uma precisão que pode não estar lá (veja Bock em Hoffmeier e Magary 2012, p. 167-382).

Deus o ressuscitou dentre os mortos (13:30): Quem ressuscitou Jesus dentre os mortos — Deus o Pai ou o próprio Jesus? A ressurreição é normalmente vista como o ato de vindicação de Deus para com Jesus. O Pai ressuscita Jesus para mostrar que Jesus é o Filho. Para saber mais sobre esse tópico, veja o comentário sobre At 2:24 mencionado anteriormente.

Citação do Salmo 2 e outras alusões do AT nos versículos 32-35: Estaria Paulo fazendo mau uso dessas passagens do AT (Sl 2:7; 16:10; Is 55:3) aplicando-as a Jesus, sua filiação e sua ressurreição? Essencialmente, essa mesma questão foi tratada com referência ao Sl 16:10 em nossos comentários sobre At 2:25-28 mencionado anteriormente. Observamos ali que o Sl 16 provavelmente estava sendo lido de maneira tipológico-profética, e isso também se aplica à presente passagem. Nem todas as profecias estabelecem uma expectativa prévia inequívoca para apenas uma pessoa que a cumpre. Alguns textos apontam para um padrão de atividade que se cumpriu repetidas vezes em várias pessoas, embora o cumprimento em Jesus possa ser único e maior do que os outros exemplos. No Sl 16, o salmista estava confiante de que Deus o livraria. A linguagem é aplicável quer a libertação seja da morte (como pode ter sido o caso do salmista) quer de uma maneira mesmo grandiosa, da morte (como no caso de Jesus). Frequentemente, no cumprimento do padrão, Jesus cumpre o modelo em maior grau. Esse é o caso aqui. Ele completa o padrão e o cumpre ao máximo, até mesmo de forma única.

Os estudiosos debatem se "ressuscitar Jesus" em At 13:33 significa ressuscitá-lo no palco da história (assim, 3:22, 26; 7:37) ou ressuscitá-lo dentre os mortos. A maioria pensa que a referência é feita à ressurreição de Jesus, uma vez que o contexto imediato faz referência à ressurreição (especialmente o v. 34). Pode-se argumentar que, uma vez que a ressurreição já fora mencionada no versículo 30, o versículo 33 é uma referência genérica a ser elevada ao cenário da história, embora isso pareça menos provável.

A ressurreição de Jesus vindicou e tornou evidente sua filiação (Rm 1:1-4). Isso não é Jesus *se tornando* Filho ou sendo adotado como Filho, mas sendo evidenciado como Filho (corretamente, Marshall 1980, p. 22, *versus* Barrett 1994, p. 646, e Schweizer, *TDNT* 8:367). Paulo usa o Sl 2 para declarar que a ressurreição mostra que Jesus é o Filho. A observação é semelhante à de Rm 1:2-4, onde Paulo fala da ressurreição "declarando" Jesus o Filho de Deus.

Paulo também apela para a promessa de Is 55:3, apresentando a ressurreição de Jesus como o meio pelo qual Deus distribuiu as bênçãos prometidas que deu a Davi para o povo.

Atos 13:45-52

***Citação de Is 49:6* (13:47):** Paulo cita e interpreta Is 49:6 corretamente? O texto de Is 49:6 define o papel do servo em Isaías (sobre o servo como luz, veja Is 42:6; 9:2). A citação de Paulo está mais próxima do TM do que da LXX, que menciona o servo sendo estabelecido como uma aliança para o povo, uma alusão à aliança para os judeus (Fitzmyer 1998, p. 521). Paulo diz que o Senhor ordenou a Barnabé e a Paulo que assumissem esse papel de guiar as nações no caminho para Deus. Essa tarefa é muito parecida com a forma como uma luz ilumina um caminho. A expressão "confins da terra" lembra At 1:8 e faz alusão à missão da igreja de levar a mensagem a todo o mundo.

Vocês a rejeitam e se consideram indignos da vida eterna (13:46): Essa e outras observações semelhantes nessa passagem (v. 46-52) são descritas como antissemitas por alguns críticos, mas as evidências sugerem o contrário. Em primeiro lugar, é uma crítica interna, não uma denúncia entre etnias. Em segundo lugar, é uma maneira de Paulo e Barnabé afirmarem que judeus incrédulos foram responsáveis por sua decisão de não seguir a Jesus. Em terceiro lugar, é uma forma de expressarem que fizeram sua parte; eles cumpriram o que foram chamados para fazer. Então Paulo e Barnabé deixaram a cidade, sacudindo a poeira de seus pés, um ato simbólico contra aqueles que se opuseram a eles e à sua mensagem (Mc 6:11 = Lc 9:5; Lc 10:10-11 = Mt 10:14). Esse costume era uma forma de sinalizar que a responsabilidade por uma ação era do povo ou da cidade (Str-B 1:571; Cadbury 1933) A cidade decidiu não responder e agora a responsabilidade pelo resultado dessa escolha passaria a ser deles. Sacudir a poeira dos pés representa deixar a impureza para trás e seguir em frente. Em outras palavras, nenhum vestígio de sua presença é deixado, mesmo dos seus pés. Jesus também ordenou essa resposta em Lc 9:5. Outros textos onde Paulo observa o julgamento por rejeição são At 18:6; 28:25-27.

Atos 14:1-4

Sinais e maravilhas (14:3): Diante de sinais e maravilhas miraculosos, como curas e ressurreições, como tantas pessoas (em Icônio e em outros lugares) poderiam ainda permanecer incrédulas? A incredulidade deles seria uma prova de que os sinais e maravilhas realmente não aconteceram?

Paulo e Barnabé continuavam a dar provas por meio de seus milagres de que Deus estava trabalhando por meio deles, endossando sua mensagem. O fato de que os sinais são comumente recebidos com incredulidade é explicado pela morte espiritual inata mais o fato de que os incrédulos sentiram que eram capazes de explicar os sinais. Por exemplo, eles os poderiam descrever como sinais enganosos. Essa explicação tem sido oferecida em inúmeras religiões como forma de proteger suas crenças contra sinais e evidências indesejáveis. A possibilidade de interpretar as coisas de outra forma atrapalha a aceitação do que esses mensageiros de Deus estão fazendo. O capítulo 14 de Atos não está sozinho em tal descrição. Em Mt 8—9, Jesus realiza muitos sinais para confirmar quem Ele é, mas muitos pensam que suas ações não mostram realmente quem é Ele (Mt 9:34 é apenas um exemplo).

Deus muitas vezes proporcionou sinais e maravilhas no livro de Atos, então por que as coisas não continuam da mesma maneira hoje, enquanto os cristãos tentam evangelizar o mundo e dar testemunho nas sociedades ocidentais seculares? A natureza intensa e consistente de sinais e prodígios no livro de Atos não é normativa, mas aponta para a chegada de uma nova era. Uma característica semelhante de milagres agrupados aconteceu em pontos anteriores da história bíblica, particularmente na época do Êxodo e na época de Elias e Eliseu. Deus fez coisas com especial intensificação nesses períodos especiais, como forma de iniciar novos movimentos ou novas épocas de sua obra. A era da igreja primitiva é o exemplo dessa abordagem. Deus, em sua soberania, pode escolher realizar milagres em qualquer hora e lugar, inclusive hoje, mas na realização de seu plano há variação na intensidade desses sinais especiais.

Atos 14:8-18

Nós também somos seres humanos (14:15): A resposta de Paulo e Barnabé à tentativa de adorá-los fornece uma janela para seu caráter e suas motivações. São missionários exemplares que rejeitam todo louvor e dão glória somente a Deus. Eles mantêm Jesus como o foco principal de sua mensagem, mesmo quando tiveram a oportunidade de ganhar fama e renome. Sua rejeição ao louvor acaba levando-os a serem rejeitados e quase mortos (v. 19). A perseguição por causa da fidelidade é um resultado comum do ministério, e a disposição de Paulo e Barnabé de suportar tal sofrimento é evidência de seu testemunho verdadeiro.

Deus vivo, que fez o céu (14:15): Agora que estão em território gentio, entre pessoas que não conhecem a história da Bíblia, Paulo e Barnabé mostram-se dispostos a começar sua mensagem em um lugar diferente. Eles começam com Deus como Criador a quem todos os humanos são responsáveis. O discurso de Paulo em Atenas em At 17 começará no mesmo lugar. Nós só respondemos a Deus se acreditarmos que Ele está lá e nos vemos como criaturas responsáveis perante um Criador. Quanto mais o mundo perde esse elo, fica mais difícil para o evangelho fazer sentido. No mundo antigo, quase todos se consideravam seres criados. O fato de que as pessoas acreditam de forma diferente hoje terá que informar nossa abordagem para compartilhar o evangelho.

Atos 15:1-21

Tudo o que Deus havia feito por intermédio deles (15:4): A direção e a atividade de Deus dirigem essa cena. Ele foi responsável pelo meio como o evangelho foi levado aos gentios e mostrou que era para lá que a missão da igreja deveria seguir. Então o Senhor estava por trás de tudo o que Paulo e Barnabé fizeram. O mesmo se aplica às ações de Pedro. Observe como Deus é o sujeito gramatical e a causa do que está acontecendo na descrição inicial de Pedro dos eventos, agora repetida em At 10—11 para mostrar sua importância. Observe também como a concessão do Espírito para habitar nas pessoas é o sinal de que a nova era chegou.

***Citação de Amós 9:12* (15:16-18):** As palavras de Tiago aqui são extraídas de mais de uma fonte do AT, um fato que é sinalizado por sua declaração introdutória: "as palavras dos profetas" (v. 15). A passagem de Jr 12:15 pode ser a fonte da frase de abertura: "Depois destas coisas voltarei", mas, por outro lado, a frase pode ser apenas uma transição para a referência de Tiago a Amós e Isaías. A maior parte da citação de Tiago é uma abreviação da versão da Septuaginta de Am 9:11-12, com o material no versículo 18 extraído de Is 45:21.

As diferenças entre o TM e a LXX em Am 9 são aparentes. A passagem de Am 9:12 no TM refere-se a Edom e considera seu julgamento, bem como sua inclusão durante o reinado da dinastia restaurada de Davi. Como

Fitzmyer (1998, p. 555) diz: "Yahweh promete ao profeta que a linhagem davídica será restaurada e o povo de Deus herdará o que resta de Edom e outras nações que serão chamadas de povo de Deus". Na LXX, por outro lado, todos os povos buscam o reino reconstruído que vem da linhagem davídica restaurada. Edom, portanto, refere-se a toda a humanidade. A principal diferença é que no TM um grupo de pessoas é conquistado e incorporado, enquanto na LXX *todas* as pessoas buscam incorporação, uma abordagem que se encaixa claramente no contexto em que Tiago está falando.

Tiago usa uma versão abreviada da LXX e segue a prática judaica comum de nem sempre citar o TM, mas fazer uso de um texto alternativo respeitado. Isso é problemático? Bauckham (1996b, p. 160-61) aceita a adoção da LXX contra Haenchen (1987, p. 448), o qual argumenta que um cristão judeu nunca usaria tal texto. Barrett (1998, p. 726-728) considera Lucas, em vez de Tiago, como a fonte da citação nesta forma por causa do desvio do TM, mas isso exagera o desvio. Bruce (1990, p. 341) observa que o TM também pode ser lido de uma forma que concorda com Tiago, uma vez que a nova comunidade pode ser vista como tendo uma reivindicação de posse sobre os gentios e, portanto, a diferença na tradução entre o TM e a LXX não é significativa, movendo-se em uma direção explicitamente positiva. Polhill (1992, p. 329) observa que a ideia-chave dos gentios "chamados pelo meu nome" está em ambas as versões da citação. Assim, o uso de Tiago se encaixa na prática judaica e não viola o texto no sentido de que a afirmação é de que os gentios serão incorporados por Deus, agora claramente de forma vitoriosa, graças à oferta da nova era em Cristo.

Outra justificativa para o uso de Tiago é encontrada no fato de que ele mostra deferência e sensibilidade no debate ao citar a versão grega do texto do AT, que os gentios reconheceriam. A passagem declara a reconstrução da dinastia de Davi, cumprida aqui na chegada messiânica de Jesus, juntamente com a atual inclusão dos gentios. Deus está agindo para realizar sua obra de restauração por meio de Jesus, tanto quanto At 3 havia declarado. Para Tiago, a tenda construída por Davi, retrata o lugar do governo e dos benefícios que vêm por meio do Messias, Jesus. A comunidade atual agora prega sobre esses benefícios aos gentios, que também podem ser incluídos entre o povo de Deus (At 2:30-36; 13:32-39). Tiago argumenta que essa inclusão dos gentios faz parte do plano de restauração davídica que Deus, por meio dos profetas, disse que faria. Os profetas afirmam o que está acontecendo agora. Assim, tanto os eventos divinos quanto as Escrituras sustentam a inclusão dos gentios pela igreja.

Abstenham de [...] comer qualquer coisa que tenha sido estrangulada e com sangue (15:20, 29): As Testemunhas de Jeová citam esse versículo como apoio para sua recusa em receber transfusões de sangue, mas isso julga mal o contexto e o significado das proibições listadas aqui. A intenção dessas recomendações é ensinar a igreja primitiva a não se envolver em práticas que ofendessem os judeus. Deixar de praticar a sensibilidade para com os escrúpulos judaicos impediria a eficácia da missão cristã, especialmente porque tantos gentios estavam chegando à fé.

A referência a coisas estranguladas é rara e está ausente da LXX. O verbo *pnigē* (estrangular) aparece em Mt 13:7; 18:28; e Mc 5:13, onde se refere a plantas sufocando outras plantas ou ao afogamento de porcos. Isso provavelmente é uma descrição do que acontecia com os sacrifícios ou refeições entre os gentios. O resultado dessa forma de morte é que o sangue não é drenado adequadamente do animal (Gaventa 2003, p. 222). Filo (*Spec. Laws* 4.23 §§122-3) descreve tal prática.

A referência ao sangue parece ser extraída de Lv 17:10-14 (Bietenhard, *TDNT* 6:457-8; também Gn 9:4; Lv 3:17; 7:26-27; 19:26; Dt 12:16, 23, 25, 27; 15:23; 1Sm 14:32-34; Ez 33:25; Sabedoria de Salomão 12:2-5). A chave aqui é a associação de vida e sangue. Levítico proíbe comer sangue ou carne que não foi devidamente drenada de sangue. Isso reflete uma preocupação judaica sobre a natureza sagrada da vida como possuída no sangue (*1Enoque* 7.5; 15.4; 98.11; *Jubileus* 6.7-16; 7.28-29; *m. Kerithot* 1.1; 5.1). O que pode ter sido particularmente ofensivo para os judeus era a prática de sacerdotes gentios pagãos provando o sangue do sacrifício (Witherington 1998, p. 464).

As admoestações em At 15 não entram em conflito com 1Co 8:8 ou 10:25, 27, onde Paulo parece ser indiferente às restrições alimentares. Fora da circunscrição judaica, Paulo está em um contexto primariamente gentio, onde as sensibilidades judaicas não se aplicam. Sua solução é que a pessoa é livre para comer o que quer que seja colocado diante dela, a menos que surjam determinadas situações, casos em que se deve abster-se. O mesmo objetivo opera tanto em Atos quanto em 1Coríntios: harmonia entre cristãos judeus e gentios.

Atos 15:36-41

João Marcos (15:37): Por causa do fracasso de João Marcos em completar a última viagem missionária, Paulo foi contra sua ida dessa vez. Incapazes de resolver a disputa e trabalhar juntos, os dois líderes decidem que é melhor engajar-se em missões separadas em vez de continuarem discordando sobre João Marcos.

Alguns estudiosos argumentam que o verdadeiro ponto de discórdia não eram avaliações divergentes de João Marcos por Paulo e Barnabé, mas que Barnabé preferia um estilo cristão judeu de missão aos gentios, como fez em Antioquia, enquanto Paulo queria um esforço livre da lei (Roloff 1988, p. 122; Jervell 1998, p. 410-11). Essa visão é improvável (Schnabel 2004, p. 1126-127). Não há indicação de que Barnabé tivesse esse ponto de vista; Paulo o desafiou não por uma falha teológica, mas por hipocrisia (Gl 2:13). Paulo ainda está se associando com Antioquia mais tarde em Atos (18:22). A passagem de At 16:3, onde Paulo circuncida Timóteo, mostra que ele está preocupado em ser cuidadoso sobre como o ministério para os judeus é direcionado, algo que você não esperaria se ele estivesse tentando promover uma missão livre da lei para os judeus.

A leitura de um permanente conflito teológico entre Paulo e Barnabé parece ser o resultado da conexão de At 15 a Gl 2, além de um resíduo da abordagem defendida na Universidade de Tubingen, que postulou uma grande tensão contínua na igreja primitiva com base na obra de F. C. Baur, que defendeu um abismo entre o cristianismo judeu e gentio. A visão persiste, apesar dos problemas apontados por J. B. Lightfoot já no final do século 19 (Kummel 1972, p. 174; Baird 2003, p. 71).

Atos 16:1-3

Ele [...] o circuncidou (16:3): Paulo aqui estaria contradizendo o que ele afirmara em Gl 5:2 ou o que ele condenou em Gl 2:3? Paulo escolheu circuncidar Timóteo para evitar que esse assunto delicado atrapalhasse sua missão para o evangelho. Esse é o mesmo princípio que vimos em ação na decisão tomada em Jerusalém em At 15 (veja comentários anteriores). Isso não contradiz as passagens de Gálatas, onde Paulo argumenta que exigir a circuncisão é assumir toda a lei. Paulo não está pedindo a circuncisão aqui como um componente da conversão de aceitação diante de Deus; ao contrário, ele está optando por dar esse passo porque é prudente na situação do momento. Isso remove um obstáculo à aceitação judaica do evangelho, algo que ele afirma em 1Co 9:19-23.

Atos 16:6-10

Eles [...] foram impedidos pelo Espírito Santo de anunciar a mensagem na Ásia (16:6): Por que o Espírito Santo impediria a pregação do evangelho na Ásia? Isso poderia contradizer a Grande Comissão de Jesus? Como a proibição em 16:6 se encaixa com a missão na Ásia, testemunhada em outros lugares em Atos (19:10, 22, 26; 20:4, 18)?

Era apenas a missão de Paulo que estava sendo impedida de ir para a Ásia naquele momento. Como tal, não há conflito com a ideia da Grande Comissão de ir para o mundo inteiro ou com a extensão da missão para a Ásia mais adiante no livro. Essa é uma questão de tempo para a missão de Paulo, e na providência de Deus havia uma boa causa (não declarada) para impedir a missão asiática.

Atos 16:11-12

Navegamos em linha reta para Samotrácia [...] Permanecemos naquela cidade (16:11-12): Essa é a primeira das quatro seções em que surge a expressão "nós" do livro (At 16:10-17; 20:5-15; 21:1-18; 27:1-28), onde é provável que Lucas estivesse presente, dada a sua inclusão como narrador (veja Introdução). Pode ser observado que todas as seções "nós" envolvem viagens marítimas, e alguns dizem que essas seções são meramente retóricas, não refletindo uma testemunha presente. No entanto, Atos não trata cada viagem marítima no itinerário de Paulo como uma expressão "nós", uma inconsistência que não se encaixa bem com a ideia de que o pronome "nós" é meramente retórico. É melhor e mais natural tomar o "nós" pelo que parece ser: uma indicação de que o autor foi uma testemunha ocular.

ATOS 16:16-40

Paulo ficou muito irritado (16:18): Por que Paulo ficou incomodado com a proclamação da moça? Afinal, ela estava falando a verdade — Paulo e Timóteo estavam anunciando o caminho da salvação, servindo ao Deus Altíssimo.

Uma provável razão pela qual Paulo ficou irritado foi a associação da garota com magia e leitura da sorte, pois isso ameaçava tornar sua missão um espetáculo público e jogar com ideias politeístas comuns entre os pagãos. O confronto mostra como Paulo estava enfrentando as forças espirituais pagãs enquanto ministrava. Por "muitos dias" a garota "gritava" (gr. *ekrazen,* tempo imperfeito, conotando ação contínua) seus pronunciamentos. Ela descrevia o grupo de Paulo como "servos [gr. *douloi]* do Deus Altíssimo". Paulo comumente considerava a si mesmo como um servo (e.g., Rm 1:1).

O fato de a jovem dizer que Paulo serve "ao Deus Altíssimo" (tou *theou tou hupsistou*) podia parecer distinto em um ambiente politeísta, mas poderia facilmente ser mal entendido porque as religiões não-judaicas também usavam a expressão para seus deuses pagãos (Barrett 1998, p. 786; Witherington 1998, p. 494; Trebilco 1989, p. 58-62; Schnabel 2004, p. 1154-55). Essa ambiguidade pode indicar uma segunda causa para a frustração de Paulo. Para os ouvidos cristãos, esse título para Deus parece destacar a singularidade de Deus ao proclamá-lo como o único Deus verdadeiro, mas poderia ter atingido os ouvidos não judeus dos filipenses como uma referência a Deus como meramente grande (como foi usado para Zeus em Ésquilo, *Eumênides* p. 28-29). Em outras palavras, a jovem poderia ter sido entendida como dizendo que o Deus de Paulo era o mais elevado entre muitos deuses, porque a expressão não é necessariamente uma referência a Yahweh, mas poderia se aplicar a um deus supremo de sua preferência. Embora o que a garota estava dizendo pudesse ser interpretado como ironicamente verdadeiro, o fato de ela representar muitos deuses tornava seu testemunho menos do que bem-vindo e, em última análise, potencialmente enganoso. O título "Deus Altíssimo" (gr. *tou theou tou hupsistou*) é raro no NT, embora Lucas use "Altíssimo" com bastante frequência (Lc 1:32, 35, 76; 6:35; 8:28; At 7:48). Apenas Hb 7:1 tem a frase completa "Deus Altíssimo" como aqui.

Finalmente, a frase *hodon sōtērias,* traduzida como "o caminho da salvação" no versículo 17, pode significar apenas "um" caminho da salvação, aumentando a confusão acerca do que ela estava dizendo e servindo como outra possível causa da irritação de Paulo.

Ao impedi-la, Paulo demonstra que tem poder divino sobre as forças da feitiçaria. Isso faz parte do significado de Paulo falar em nome de Jesus. É a autoridade de Jesus que está em ação nesse exorcismo. O Deus que Paulo proclama está especificamente ligado à obra divina por meio de Jesus. O exorcismo de Paulo não foi bem recebido por aqueles que estavam ganhando dinheiro com a atividade da mulher (At 16:19-24). A reação negativa deles foi importante para o relato do milagre porque mostra que eles não viam perigo em buscar riquezas por meio de forças espiritualmente destrutivas.

Os alicerces da prisão foram abalados (16:26): Isso teria sido um terremoto natural ou um ato de Deus? Essa é provavelmente uma pergunta equivocada. Embora pudesse ser simplesmente um ato milagroso do poder de Deus, mesmo que fosse um terremoto natural, o tempo pertence ao Deus que exerce controle providencial sobre a natureza (e.g., Jó 38-41; Sl 29:3-10; Jr 31:35). Então a resposta poderia muito bem ser que se tratou de um terremoto natural ordenado por Deus para coincidir com o momento da prisão de Paulo, resultando em sua libertação. De qualquer forma, a libertação de Paulo foi obra do Senhor.

O carcereiro [...] ia se matar (16:27): Não é exagero dizer que o soldado estava pensando em suicídio. Soldados poderiam ser executados por permitiam a fuga de prisioneiros (*Digest* 9.4.4; Chariton of Aphrodisias, *Chaereas and Callirhoe* 3.1.1; 1.5.2; 5.9.9-10; Xenofonte de Éfeso, *The Ephesians* 2.4.6), então o carcereiro pensou que já estava praticamente morto e imaginou que poderia muito bem cuidar de seu próprio destino. Quando Paulo o deteve, ele encontrou uma nova vida.

Creia no Senhor Jesus e serão salvos você e a sua casa (16:31): Contra as tentativas de multiplicar os requisitos para a salvação, esse é um breve e maravilhoso resumo da resposta que o evangelho pede às pessoas. A fé em Jesus salva.

Cidadãos romanos (16:37): Como cidadão romano, Paulo tinha certos direitos, como o direito a um julgamento, que não havia sido observado desde que ele havia sido espancado sem um processo (16:22-23). Essa violação dos direitos de Paulo deixou o comandante nervoso. Ele queria esclarecer as coisas porque Paulo poderia ter feito uma reclamação. Paulo queria uma escolta pública pois desejava deixar claro que não havia feito nada contra a lei. Paulo estava pensando na percepção pública de sua atividade ao insistir que ele fosse escoltado para longe. Ele queria deixar bem explícito que a igreja não era uma ameaça ao governo romano, nem se tratava de um grupo de pessoas que violavam a lei. Filipos era um posto militar avançado e estava cheio de soldados, portanto, tal declaração perante os representantes de Roma era importante.

Atos 17:1-15

Este Jesus [...] é o Messias (17:3): Os críticos muitas vezes classificam os primeiros cristãos como antissemitas, mas não era a intenção dos primeiros crentes cristãos se separarem do judaísmo ou degradar os judeus. Eles iam às sinagogas procurando convencer os judeus de que Jesus era o Messias, o prometido de Israel. A igreja tornou-se sociologicamente distinta quando eles foram forçados a sair das sinagogas e tiveram que formar suas próprias comunidades. Como mostram essas mensagens aos judeus no livro de Atos, o argumento na sinagoga era que, se alguém fosse um bom judeu e acreditasse nas promessas de Deus, aceitaria Jesus como o Messias prometido e se tornaria um judeu completo.

Contra os decretos de César (17:7): Como foi o caso em Lc 23:2-3, aqui a acusação é que os cristãos estão erguendo um império e um reino com um rei diferente, um concorrente de César e Roma. Atos mostrou que os primeiros cristãos entenderam que Jesus declarou um reino e que Ele é o rei, mas não no sentido que essa acusação tenta reivindicar. Os cristãos eram cidadãos cumpridores da lei, e exatamente por isso Paulo queria que as autoridades romanas o escoltassem para fora de Filipos.

Agitando (17:13): Em Bereia, os cristãos não causavam problemas. Eles apenas ofereciam esperança e promessa. Uma das coisas irônicas que a história de Lucas em Atos faz é mostrar que a causa da perturbação pública não eram os cristãos, mas aqueles que se agitaram contra a mensagem deles.

Atos 17:22-31

O Deus que fez o mundo (17:24): Aqui vemos uma maneira chave de introduzir a mensagem cristã para um público que não está familiarizado com a história da atividade de Deus conforme revelada nas Escrituras. A maioria das pessoas acredita na existência de Deus e admite que devemos prestar contas a Ele, fornecendo um ponto de partida para a proclamação cristã. A mensagem cristã concorda que todos somos responsáveis perante Deus e acrescenta que aquele por meio de quem Ele nos julga é Jesus, aquele que Deus ressuscitou dos mortos. Paulo nunca chega à segunda metade desse tema, pois é interrompido assim que menciona a ressurreição do "Homem que Ele designou" (v. 31-32).

Nele vivemos, nos movemos e existimos (17:28): Alguns têm afirmado que a declaração de Paulo aqui implica panteísmo (tudo é deus) ou panenteísmo (tudo é em deus), mas tal pensamento era estranho a Paulo, um judeu teologicamente bem treinado. O argumento de Paulo é que todos somos responsáveis perante Deus porque vivemos em seu mundo, o universo que Ele criou e governa. Todo ser humano vive na presença de Deus e por sua capacitação, quer reconheça isso ou não. Como tal, eles são e serão responsáveis perante Ele.

Pois também somos sua descendência (17:28): Os mórmons acreditam que esse versículo ensina que Deus é literalmente nosso Pai biológico e que Ele nos gerou com uma Deusa Mãe, mas tal ideia é estranha à revelação bíblica. Pelo contrário, é uma forma de dizer que somos filhos de Deus feitos à sua imagem, como ensina Gn 1. Também é uma maneira de dizer que todo filho de Deus é responsável perante o Pai por sua resposta a Ele.

Esquecido os tempos de ignorância (17:30): O que significa que Deus "esqueceu os tempos de ignorância" nesse versículo? Pode parecer que todos os que viveram antes de Cristo não foram acusados de seus pecados e, portanto, têm a garantia de entrar no céu.

Paulo não deixa seu significado claro, embora devamos assumir que seu significado se encaixará com seu ensino em outro lugar, o que exclui a ideia de que todos antes de Cristo foram automaticamente perdoados por Deus. O fato de Deus esquecer os tempos de ignorância (gr. *chronous tēs agnoias*) talvez inclua o fato de não julgar a idolatria tão severamente quanto ele poderia (Rm 3:25; At 14:16; Larkin 1995, p. 259), embora Rm 1:18-32 descreva a preço pago pela idolatria. Outro aspecto do significado de Paulo pode ser que Deus não deu as costas à humanidade pecadora, que os teria deixado sem esperança de salvação.

O verbo *huperoraō* ocorre apenas aqui no NT. Significa "esquecer", "ignorar" ou "desprezar", como costuma acontecer na LXX (Na 3:11; Ez 7:19). A expressão de Paulo "tempos de ignorância" ressalta o fato de que os gregos eram ignorantes da verdadeira divindade. Acusar os atenienses de ignorância seria uma ousadia, em face de sua impressionante história intelectual. A observação também vincula a conclusão à abertura do discurso, onde também é observada a ignorância sobre o deus desconhecido (At 17:23). Paulo deixará claro que a ignorância não é desculpa para não responder a Deus, uma vez que Ele agora ordena que todos se arrependam, como afirma o final do versículo.

Lucas frequentemente observa que o arrependimento é a resposta adequada à mensagem de Deus (Lc 3:7-9; At 2:38; 3:19-21). Nesse caso, parece que Paulo está dizendo que Deus pouco fez para remediar a direção das nações como um todo no passado (além de emitir advertências proféticas e chamar Israel para ser uma luz para as nações). A passagem de At 14:16 diz que Deus os deixou seguir seu próprio caminho. Ele os ignorou em grande parte. Agora, porém, Deus agiu em Cristo.

Deus chama todas as pessoas em todos os lugares ao arrependimento. A chamada para se arrepender combina com At 14:15 com sua chamada para abandonar os ídolos.

Atos 18:1-3

Cláudio havia ordenado que todos os judeus deixassem Roma (18:2): Existiria uma confirmação extrabíblica dessa expulsão e, se houver, ela se encaixaria na linha do tempo de Atos? Lucas diz que Priscila e Áquila deixaram Roma como resultado do edito de Cláudio. Isso provavelmente alude ao decreto de 49 d.C., expulsando os judeus que criaram distúrbios civis por instigação de Chrestus (uma referência incorreta a Cristo, uma grafia alternativa baseada na pronúncia latina ou uma referência a uma figura que de outra forma não conhecemos). O debate sobre Jesus causou tumultos na cidade, provavelmente sobre se Jesus era o Cristo (Suetônio, *Cláudio* 25). Existe também a possibilidade de que os tumultos não tenham nada a ver com Jesus, mas com alguma outra figura. Paulus Orosius, um escritor cristão do quinto século, coloca o edito no nono ano do reinado de Cláudio, dando-nos a data de 49 d.C., um ponto que a maioria dos estudiosos aceita (*Historiae adversum paganos* 7.6.15-16; Fitzmyer 1998, p. 620). Aqueles que desejam colocar este decreto em 41 d.C. com base nas observações de Dio Cassius (*Rom. Hist.* 60.6.6) falham em observar que o decreto de 41 d.C. apenas proibiu os judeus de se encontrarem para reuniões e disse explicitamente que não havia expulsão. A data de 49 d.C. se encaixa bem com o período de Atos.

Atos 18:12-17

Gálio era procônsul da Acaia (18:12): As evidências extrabíblicas concordariam que Gálio era procônsul da Acaia e o momento se encaixa em Atos? Na verdade, Gálio era um procônsul romano sobre o qual temos muitas informações. Ele era filho do orador Sêneca, o Velho (ca. 50 a.C.-ca. 40 d.C.) e o irmão mais velho do filósofo estoico Sêneca, o Jovem (4 a.C.-65 d.C.). Embora popular, ele também era conhecido por ser antissemita (Sêneca,

Natural Questions 4a. preface.11; Dio Cassius, *História romana* 61.35; Tácito, *Anais* 15.73). Witherington (1998, p. 551) cita Sêneca, o Jovem, ao descrever os judeus como uma "raça amaldiçoada" (citado por Agostinho, *City of God* 6.11; Le Cornu and Shulam 2003, p. 1010). Cícero (*Pro Flacco* 280.67-69) via os judeus como tendo uma "superstição bárbara". Portanto, Roma tendia a ser antissemita. Ele não foi procônsul por muito tempo em Corinto; uma febre o forçou a sair mais cedo (Sêneca, *Moral Letters* 104.1). Podemos datar seu tempo lá em 51-52 d.C., e assim este incidente em Atos deve ser datado durante esse período de tempo. É uma das datas mais sólidas em Atos.

Se se tratasse de um crime ou de uma maldade moral (18:14): Gálio tinha dois padrões que eram responsáveis por mantê-lo como magistrado. Ele tinha que supervisionar a aplicação da lei romana e se preocupar com o bem-estar moral da sociedade. Em sua opinião, Paulo não havia violado nenhum desses padrões e, portanto, não precisava agir. Ele não entraria em disputas religiosas entre Paulo e os judeus que o trouxeram até ele.

Esse é um ponto que Lucas queria que seus leitores percebessem. Os cristãos não eram uma ameaça para Roma, nem são uma ameaça em qualquer época para perturbar a paz pelo que fazem no culto e no exercício da fé. Eles procuram apenas viver em retidão diante de Deus e encorajar os outros a fazerem o mesmo.

Atos 18:18-21

Ele rapou a cabeça em Cencreia porque havia feito um voto (18:18): Paulo estaria voltando às suas práticas pré-cristãs ao rapar a cabeça e fazer um voto? Paulo muitas vezes se envolveu na prática religiosa judaica por uma questão de escolha, não porque ele foi compelido a fazê-lo ou sentiu que isso era exigido dele para ter uma posição correta diante de Deus (e.g., ele circuncidou Timóteo em At 16:3, apoiando a decisão do Concílio de Jerusalém).

Não é possível ter certeza de que tipo de voto Paulo fez aqui. Quatro visões são predominantes. Duas delas assumem uma origem judaica. Em primeiro lugar, e de forma bastante plausível, pode ter sido um voto de nazireu (Nm 6:1-21). Em segundo lugar, pode ser um voto de ação de graças pela preservação, como Deus prometeu a Paulo no versículo 10 (Witherington 1998, p. 557; Bruce 1988a, p. 355 opta por um voto privado). Se esse voto fosse nazireu, então Paulo se absteria de álcool e impurezas, como tocar em um cadáver. Além disso, ele precisaria cumprir esse voto oferecendo um sacrifício em Jerusalém, assumindo que estaria seguindo a lei e a tradição sobre o assunto (Jervell 1998, p. 465-66). Também é possível cortar o cabelo antes de oferecer o sacrifício para denotar o fim do voto (*m. Nazir* 3.6; 5.4; Josefo, *A Guerra dos Judeus* 2.15.1 §§309-14 relata um voto feito em Jerusalém; Marshall 1980, p. 300; Polhill 1992, p. 390; Johnson 1992, p. 330).

Uma terceira opção assume uma origem grega. Barrett (1998, p. 877-878) observa que os marinheiros às vezes se barbeavam depois de sobreviver a uma jornada difícil (citando Juvenal, *Satire* 12.81-82). Uma quarta opção defende que se trata de uma inserção lucana, rejeitando a historicidade do ato. Essa visão considera improvável que Paulo tivesse concordado com tal voto e argumenta que a prática de cortar o cabelo fora de Jerusalém para um voto de nazireu não era possível (Weiser 1985, p. 497-98; Schneider 1982, p. 255). Uma vez que, no entanto, 1Co 9:20 explica que Paulo era judeu para os judeus, tal voto, se uma prática judaica, não estava fora do caráter dele em certas circunstâncias. Além disso, a Mishná, como já observado, permite que o cabelo seja cortado antes do sacrifício ser feito. Parece mais provável que Paulo tenha agido de acordo com sua herança judaica, em vez de seguir a prática grega. Portanto, provavelmente um voto privado é mais provável do que um voto nazireu.

Atos 18:24-28

Ele conhecia apenas o batismo de João (18:25): De formas que não estão claras, Apolo tinha um entendimento incompleto do evangelho. Priscila e Áquila se adiantaram para preencher os detalhes. A cena mostra o casal trabalhando efetivamente como um par ensinando em nome de Deus em uma discussão particular. A ignorância de Apolo pode ter sido semelhante à dos discípulos mencionados em At 19:1-7.

É digno de nota que Apolo foi corrigido em seu erro, embora aparentemente fosse eficaz em ganhar discípulos. O fato de ele ser eloquente, instruído no caminho do Senhor, fervoroso de espírito e poderoso nas Escrituras, isso não era suficiente. Os professores do evangelho são chamados para um alto padrão; a disposição dos condiscípulos de corrigi-los é um meio importante de promover a saúde na igreja, e a disposição dos professores de serem corrigidos é um sinal-chave de sua aptidão para o ministério de ensino.

Atos 19:1-7

Falar em outras línguas (19:6): Essa é uma referência em grego ao dom de línguas. A atividade, com a menção da profecia, parece ser semelhante à que ocorreu em At 2.

Atos 19:8-10

Dois anos (19:10): Esse versículo, o qual afirma que Paulo ensinou por dois anos na sala de aula de Tirano, poderia contradizer At 20:31, que fala de três anos de ensino em Éfeso? Somos informados em At 19:8 que Paulo pregou na sinagoga por três meses antes de se mudar para a sala de ensino de Tirano por dois anos. Assim, Paulo ministrou em um terceiro ano em Éfeso e, portanto, estava contando inclusivamente em At 20:31, quando disse: "noite e dia, por três anos, não parei de admoestar cada um de vocês com lágrimas".

Todos os habitantes da Ásia, tanto judeus quanto gregos, ouviram a mensagem (19:10): Claramente não é o caso de literalmente "todos os habitantes da Ásia... ouviram a mensagem". Ao invés de indicar que esse versículo está errado, trata-se de um exemplo de um autor bíblico escrevendo de forma inclusiva e hiperbólica. Seu significado é: "a mensagem foi amplamente pregada na Ásia ou ouvida em toda a região".

Atos 19:11-41

Lenços de rosto e aventais de trabalho (19:12): Em vez de representar um endosso cristão da crença em magia ou superstição, esse versículo deve ser visto como um exemplo de Deus escolhendo trabalhar com referência a pontos de vista e expectativas comuns da época. A crença na magia e em objetos de poder eram elementos comuns nas religiões populares do mundo antigo. É importante notar que nos lenços ou aventais não havia um mágico, e sim Paulo, um mensageiro designado por Deus para espalhar o evangelho entre os pagãos supersticiosos. O resultado é visto no versículo 17, onde diz: "o nome do Senhor Jesus foi engrandecido", e nos versículos 18-19, onde aprendemos que muitos se converteram à fé e queimaram as ferramentas de suas artes mágicas. O confronto com o poder mágico em Éfeso foi um confronto espiritual real, e a perturbação pública (v. 23ss) que surgiu a partir dele mostrou onde as crenças estavam situadas.

Deuses feitos à mão não são deuses! (19:26): Paulo é aqui mostrado pregando contra a idolatria. Sua mensagem é tão eficaz em Éfeso que o comportamento mudou e as pessoas se distanciaram da magia e dos ídolos que eram feitos pelos artesãos locais. Isso é mudança social real, não algo imposto ao povo por cristãos como Paulo. O apóstolo não era uma figura política e não pressionou por mudanças sociais, mas apelou para uma caminhada fiel com Deus, o que inevitavelmente impactou a cena da sociedade local. É contra isso que os ourives de Éfeso reagiram, considerando que Éfeso era o local do principal templo de Ártemis e, como resultado, atraia um enorme comércio de peregrinação religiosa.

Os tribunais estão em sessão (19:38): A nota de Lucas sobre um líder cívico advertindo contra um motim em reação aos cristãos é parte de seu tema de que (1) distúrbios públicos não foram causados por cristãos, mas por aqueles que os rejeitaram, e (2) que não havia nada de ilegal no que os cristãos estavam fazendo. A oposição aos cristãos nada tinha a ver com a suposta violação das leis romanas. Os pagãos simplesmente não gostaram da mensagem cristã e se sentiram ameaçados por ela à medida que ganhava impulso.

Atos 20:4-12

Nós navegamos [...] nós os alcançamos [...] passamos (20:6): A segunda seção "nós" do livro começa aqui. Veja os comentários nas seções "nós" na introdução de Atos.

Êutico... foi recolhido morto... sua vida está nele! (20:9-10): Êutico estava "morto" (v. 9) ou ainda vivo (v. 10) quando Paulo o alcançou? Isso foi um milagre ou simplesmente o caso de um homem atordoado que voltou à consciência? Êutico estava morto por causa da queda. A observação de Paulo no versículo 19 é semelhante à que Jesus disse pouco antes de ressuscitar a filha de Jairo, mas descreveu a condição dela como um sono quando Ele falou à multidão reunida (Mc 5:39). Era uma forma de dizer que a morte não seria o desfecho final. O abraço a Êutico por Paulo relembra os atos de Elias e Eliseu em 1Rs 17:19-21 e 2Rs 4:34-35. Também é paralelo aos atos de Pedro (Dorcas em At 9:36-41) e Jesus (Lc 7:11-15: o filho da viúva de Naim; 8:49-56: a filha de Jairo; Jo 11:38-44: Lázaro).

Atos 20:17-38

Compelido em meu espírito [...] o Espírito Santo testifica para mim (20:22-23): Aqui Paulo diz "estou compelido em meu Espírito" ou ("no Espírito") a ir a Jerusalém, e ainda em 21:4 alguns discípulos "pelo Espírito" disseram a Paulo para não ir a Jerusalém. O Espírito disse uma coisa a Paulo e outra aos discípulos?

O anúncio de Paulo aqui tem um sentido sinistro: Jerusalém será o lugar para onde sua prisão o enviará em sua jornada final em Atos, a jornada para Roma. Ele reconhece que "cadeias e aflições" o aguardam enquanto continua. Sob esta luz, a menção em At 21:4 de discípulos que "pelo Espírito... disseram a Paulo para não ir a Jerusalém" pode ser visto como uma expressão de preocupação com a segurança de Paulo, em vez de uma proibição de ir à cidade santa. Isso se encaixa com At 21:10-11, onde o profeta Ágabo não proíbe a continuação da jornada de Paulo, mas fala do perigo que o espera, usando um cinto como um reforço para enfatizar sua fala. A profecia é encenada, quando Ágabo pega o cinto de

Paulo (gr. *zōnē*). Esta era uma longa faixa, enrolada na cintura, na qual o dinheiro poderia ser colocado (BAGD 341; BDAG 431). A tradução refere-se a um "cinto", que podia ser um cinto de dinheiro. É bem possível que Paulo guardasse nele parte do dinheiro da coleta de Jerusalém que estava juntando. Ágabo envolve-o em torno de suas próprias mãos e pés, e então declara que o Espírito Santo diz que dessa maneira os judeus em Jerusalém "amarrarão" (gr. *dēsousin*) o dono do cinto e o entregarão aos gentios. A referência ao envolvimento judaico na prisão aqui é "causativa" em vigor: os judeus não amarrarão Paulo fisicamente, mas serão responsáveis pela prisão dele (21:27, 30, 33; Wallace 1996, p. 412). A profecia foi cuidadosa nesse sentido e não deveria ser considerada muito literalmente.

Observe que Ágabo não disse a Paulo que não deveria ir a Jerusalém. Ele apenas declarou o que ia enfrentar lá. Gaventa (2003, p. 292-93) está certo ao defender a ideia de que Ágabo estabeleceu o que iria acontecer e aqueles ao redor estavam livres para tirar suas próprias conclusões sobre o que Paulo devia fazer. Não há disputa entre Ágabo e Paulo, por um lado, e os discípulos em 21:4 ou 21:12, por outro lado; tanto Paulo quanto Ágabo sabiam o que o esperava, e os discípulos presentes em ambas as ocasiões não queriam que Paulo fosse prejudicado.

A multidão reage à declaração de Ágabo implorando a Paulo que não vá a Jerusalém. O verbo imperfeito *parekaloumen* (estamos insistindo) torna os apelos vívidos. Essa súplica inclui lágrimas (v. 13), uma reação semelhante a 21:4. A linguagem da declaração do profeta lembra a predição sobre Jesus em Lc 18:32 (Mt 20:18-19). A reação de Paulo e dos outros deixa claro que ele tem uma escolha aqui. Stott (1990, p. 333) argumenta uma distinção entre uma previsão e uma proibição nas várias mensagens referentes a declarações por meio do Espírito neste capítulo. Ágabo previu o que irá acontecer, e os crentes cheios do Espírito exortam Paulo a não ir a Jerusalém. Ele não está, no entanto, proibido de fazê-lo. Ele irá para Jerusalém e enfrentará sua perseguição e prisão. Paulo diz a eles que está pronto para enfrentar a prisão e até a morte por causa do nome do Senhor Jesus e, portanto, eles não precisam chorar e quebrantar o coração dele. Então Paulo teve uma escolha e a fez, e não há contradição entre esses textos.

***Questões textuais de palavras envolvendo* "a igreja de Deus" (20:28):** À luz da evidência textual, há algum debate sobre se a leitura original aqui é "igreja de Deus" ou "igreja do Senhor". O último aparece em p[74], A, C*, D e, enquanto a leitura "de Deus" está em ℵ, B, 614, 1175 e 1505. Uma combinação, "do Senhor e Deus", aparece em uma terceira escrita de C, bem como no texto majoritário da família bizantina. As questões textuais aqui são uma indicação de que escribas posteriores adulteraram a leitura original em uma tentativa de reforçar sua cristologia (i.e., que a leitura "igreja do Senhor e Deus" poderia ter sugerido uma distinção ontológica entre o Senhor Jesus e Deus, de modo que Jesus era um mero homem?)

Por causa de como os nomes sagrados "Deus" e "Senhor" foram abreviados, a diferença entre as duas primeiras leituras anteriores é uma letra no texto (Θ *versus* K). A leitura mais comumente atestada, "igreja de Deus", também é a mais difícil (e, portanto, a menos provável de ter sido inserida no lugar do original) porque, como diz a última parte do versículo 28, a igreja foi obtida com "seu próprio sangue" ou "sangue próprio" (Metzger 1971, p. 480-81). Isso torna provável que "igreja de Deus" seja a leitura original, porque é difícil ver por que um escriba a teria inserido no lugar do que teria parecido a leitura mais natural, "do Senhor".

As referências ao Senhor são naturais, dada a linguagem sacrificial do versículo e, portanto, um escriba pode ter feito a alteração intencionalmente para fazer o versículo expressar as coisas da maneira mais comum e esperada. A combinação de "Senhor e Deus" (a terceira variedade textual citada acima) usa ambas as opções anteriores e foi a última a se desenvolver na sequência. A provável sequência de desenvolvimento significa ser improvável que um escriba tenha procurado reforçar a cristologia aqui, removendo um "Senhor e Deus" original para evitar uma distinção entre Jesus e Deus. Em vez disso, o que aconteceu é provavelmente uma simples leitura equivocada da abreviação mencionada anteriormente, um erro tornado ainda mais provável pelo fato de que o Senhor Jesus estava associado à expiação de sangue e à compra da igreja por meio de sua morte na cruz, ambos os quais são mencionados em 20:28.

Essa é uma das duas referências diretas à obra sacrificial de Jesus em Lucas-Atos. O texto de Lc 22:19-22 é o outro. O fato de Jesus ter comprado a igreja com seu sangue representa o custo que Deus incorreu para estabelecer a igreja. Jesus "comprou" (gr. *periepoiēsato*) com sua própria vida (lit., *haimatos*, sangue; Ef 1:7, 14; Hb 9:12; 1Pe 1:2, 19; Ap 1:5; 5:9-10).

É mais bem-aventurado dar do que receber (20:35): Deveríamos duvidar da autenticidade do dito atribuído a Jesus aqui? Afinal, a expressão não está registrada em nenhum lugar dos evangelhos. Será que ditos gráficos (ditados que circularam oralmente e por meio de escritos não canônicos como Q etc.) realmente refletem coisas que Jesus realmente disse e fez? Que dados sobre o contexto religioso judaico dariam suporte a considerar esses ditos como confiáveis?

Esse é um dos poucos lugares fora dos evangelhos em que Jesus é citado diretamente (At 1:4-5, 7-8; várias citações no livro de Apocalipse). O ditado em si não é exclusivo de Jesus, pois existem numerosos paralelos conceituais gregos (Sêneca, *Moral Ep.* 81.17; Plutarco, *Ditos de Reis e Comandantes* (= *Moralia* 173D [Artaxerxes I] e 181F [Ptolomeu Filho de Lagus]); Tucídides, *Guerra do Peloponeso* 2.97.4; Johnson 1992, p. 365). O fato de que é mais abençoado dar do que receber era uma ideia familiar na antiguidade, mas a afirmação de Jesus do princípio é o que é importante para Paulo. Os líderes devem evitar o amor ao dinheiro (1Tm 3:3, 8; 6:3-10; Tt 1:7, 11; Polhill 1992, p. 429).

O ditado parece ter sido bem conhecido na tradição da igreja desde que Paulo exortou seus ouvintes a lembrar (gr. *mnēmoneuein*) o que o Senhor disse. Estudantes judeus da religião e os judeus religiosos em geral eram conhecidos por sua proeza em memorizar os ditos de seus mestres, e por isso não é surpreendente que a igreja fosse capaz de preservar ditos autênticos de Jesus que não haviam sido registrados nos evangelhos.

Eles abraçaram Paulo e o beijaram (20:37): Alguns defensores da hermenêutica homossexual afirmam que esse versículo sugere homossexualidade entre os discípulos, mas esse é um caso de eisegese, lendo no texto um significado que não está lá. A cena envolve o que era conhecido como o beijo sagrado de saudação ou despedida (Rm 16:16; 1Co 16:20; 2Co 13:12; 1Ts 5:26), uma prática que é mantida até hoje em partes da Europa, América do Sul e Oriente Médio.

ATOS 21:1-16

Através do Espírito, eles disseram a Paulo para não ir a Jerusalém (21:4): A multidão, preocupada com a segurança de Paulo, insiste para que ele não vá por causa do que vai acontecer com ele em Jerusalém, mas a escolha é de Paulo e ele decide enfrentar o perigo. Sobre se esse versículo contradiz At 20:22-23, veja as notas lá.

Tiro (21:7): Esse é um porto importante ao norte de Israel, no mar Mediterrâneo, onde hoje é o Líbano. Veja o comentário em 12:20.

ATOS 21:17-39

***O pedido de Tiago a Paulo* (21:23-24):** Alguns comentaristas dizem que Tiago e os presbíteros de Jerusalém, incomodados com a pregação de Paulo sobre a lei, traíram Paulo intencionalmente para tirá-lo de cena. A Bíblia apoiaria essa teoria da conspiração ou foi Tiago que sentiu a pressão e em resposta a essa pressão fez uma sugestão ruim (ir ao templo e fazer um voto) que teve consequências imprevistas (motim e prisão)? Além disso, essa passagem retrata Paulo de uma forma que entra em conflito com o testemunho em suas epístolas?

Esse pedido não foi um esforço para tirar Paulo de cena nem um mau conselho. Tiago pediu a Paulo uma declaração que apoiasse o ministério em Jerusalém, e mostrar respeito pela Lei era uma maneira razoável de conseguir isso. O problema surgiu quando alguns judeus presentes presumiram erroneamente que Paulo havia trazido gentios para a área do templo proibida aos gentios.

Muitos estudiosos acham teologicamente impossível (Conzelmann 1987, p. 180) ou pelo menos improvável que Paulo, conforme retratado nas epístolas, teria agido de uma maneira que sugeria apoio à lei. Outros (Roloff 1988, p. 315) não veem as ações de Paulo em At 21 como inconsistentes com as ideias expressas em suas epístolas, especialmente 1Co 9:20, onde Paulo está disposto a se tornar como um judeu para ganhar judeus. Fitzmyer (1998, p. 692), afirmando o mesmo ponto, acrescenta 1Co 9:22

ao argumento, onde Paulo está disposto a tornar-se fraco para os fracos e, de fato, a tornar-se tudo para todas as pessoas, se isso ajudar a salvar alguns. Além disso, os leitores não devem esquecer que Paulo fez um voto anterior que provavelmente mostra alguns traços da prática judaica (At 18:18); se assim for, seu voto aqui não é sem precedentes. Roloff (1988, p. 313) também argumenta que Tiago é tático em vez de conspiratório aqui, "tentando construir uma ponte dourada em ambos os lados".

Em contraste, Barrett (1998, p. 1000) sugere que Paulo pode ter aceitado o conselho de Tiago e, mais tarde, passou a ver seu caráter como "impostor?" a partir dos resultados. Barrett também rejeita (p. 1013) o apelo acima mencionado a 1Co 9, uma vez que a alegação em Atos é que Paulo era um judeu praticante regular. A questão era mais complicada para a igreja, porém, que já havia deixado claro que certas práticas da lei não precisariam ser seguidas quando se tratava de comunhão mista com gentios. Paulo pode muito bem ter sido um judeu praticante em contextos judaicos, e foi o que ele enfrentou em Jerusalém. Afinal, por que ele estaria tão ansioso para chegar a Jerusalém no Pentecostes? É porque ele observava as festas.

Concluímos que a leitura de Barrett é muito severa com a proposta de Tiago e parece subestimar a nova realidade na igreja, ou seja, que a presença de gentios na comunidade de crentes levantava questões sobre a observância da lei. A igreja estava no processo de forjar um entendimento e estava em transição sobre a questão. Nada nos discursos de defesa de Paulo indica que ele se opôs a esse esforço de harmonia, e 1Co 9 o representa apoiando tais táticas. Paulo não tentou persuadir os crentes judeus a viverem como os gentios, mas sim a serem sensíveis às questões relacionadas a eles. Isso significa que a comunhão à mesa, as leis alimentares e as questões ligadas à pureza cerimonial poderiam ser tratadas de maneira diferente quando os gentios estavam envolvidos, mas Paulo provavelmente não viu isso como encorajamento aos crentes judeus a ignorar a lei.

Faça o que lhe dizemos [...] Purifique-se junto com eles (21:23-24): Esse episódio indicaria que Paulo cometeu um engano ao fazer esse voto? Afinal, ele foi encorajado a fazer o voto como uma forma de mostrar ao povo que "todos saberão que o que foi dito sobre [ele] não tem valor algum" (v. 24), quando na verdade o que eles tinham ouvido sobre ele era em grande parte verdade — que a visão de Paulo sobre a lei diferia do conceito da maioria entre os judeus cristãos.

A natureza exata do voto não é clara. Os estudiosos geralmente sugerem que a purificação de Paulo foi para restaurar a pureza depois que ele viajou extensivamente pelas áreas gentias; para os outros homens, pode ter sido uma afirmação de um voto de nazireu que haviam feito por pelo menos 30 dias (*m. Nazir* 6.3). Nessa visão, o pagamento de Paulo pelos sacrifícios (veja o v. 26) e a rapagem da cabeça fazem parte da observância da lei. O AT e as raízes judaicas aqui incluem o voto de nazireu (Nm 6:2-21) e a restauração da pureza em geral (Nm 6:9-10; 19:12).

O que motivou Paulo a fazer o voto? Era óbvio que os judeus incrédulos descobririam a presença de Paulo em Jerusalém, então a igreja pediu a ele que demonstrasse respeito pela lei ao fazer esse voto. Paulo já foi descrito como tendo feito um voto (18:18), e assim o pano de fundo reforça a legitimidade das ações de Paulo aqui. O apóstolo não está procurando ser artificioso nem demonstrar inconsistência ao fazer esse voto. Ele respeita os crentes judeus que mantêm suas práticas e se junta a eles aqui (Rm 14—15). Paulo só reclamou quando a igreja tornou tais atos *obrigatórios* e os viu como necessários para a salvação.

Em suma, pediu-se a Paulo que agisse com sensibilidade cultural ao contexto judaico, sem comprometer o evangelho. Ele estava disposto a fazer isso por causa da unidade que o ato poderia criar. Tal restrição às liberdades pode ser bem aconselhada, especialmente quando se está visitando outro contexto. Stott (1990, p. 342) cita uma observação de F. F. Bruce: "Um espírito verdadeiramente emancipado como o de Paulo não está sujeito à sua própria emancipação". A liberdade é ótima, mas às vezes a expressão da liberdade pode ser contraproducente. Paulo sentiu que o pedido de Tiago fazia sentido, então ele voluntariamente restringiu sua liberdade. Paulo também ensinou isso em outras áreas, como indica Rm 14—15.

Escrevemos uma carta com a nossa decisão (21:25): A declaração de Tiago no versículo 25 implica que ele acreditava que Paulo não saberia da carta anterior enviada a respeito da lei (At 15:22-35)? Afinal, a impressão mais natural é que Tiago acredita estar informando Paulo sobre novas decisões. Falando a Paulo, ele afirma: "No que diz respeito aos gentios que creram, escrevemos uma carta contendo nossa decisão de que se abstenham de alimentos sacrificados a ídolos, de sangue, de estrangulados e de imoralidade sexual".

A reafirmação de Tiago do conteúdo da carta de At 15 permite a Lucas atingir dois propósitos como autor de Atos: (1) repetir o ponto de que os gentios não estão sendo incentivados a se tornarem judeus em suas próprias práticas e (2) observar que Tiago reconhece e aceita uma espécie de contextualização cultural da prática com referência ao público a quem o evangelho é dado. Em outras palavras, Lucas não está apresentando Tiago instruindo Paulo sobre essa carta como se Paulo não a conhecesse anteriormente, mas ele apresenta Tiago reafirmando sua aceitação daquela decisão anterior, que ele vê como o presente pedido (v. 23-24) como também apropriado.

***Falsas acusações contra Paulo e cumprimento de At 21:11* (21:28):** A primeira acusação contra Paulo é que ele ensina contra "nosso povo, nossa lei e este lugar [i.e., o templo]". Essa acusação se assemelha àquela feita contra Estêvão em At 6:11-14 (Köster, *TDNT* 8:204-5). A segunda acusação é que Paulo levou gregos para a área do templo e a contaminou. Aos gentios não era permitido entrar na área principal do templo (*m. Midot* 2.3). Josefo observou que os gentios que entravam no espaço sagrado estavam sujeitos à pena de morte (*Antiguidades* 15.11.5 §417). No pátio externo que circundava o Pátio das Mulheres, foram erguidos marcos de pedra de um metro e meio de altura que anunciavam em grego e latim que os estrangeiros eram proibidos de entrar no santuário (Wikenhauser 1961, p. 242). Dois desses marcadores foram escavados. Eles dizem: "Nenhum estrangeiro pode entrar dentro da barricada que cerca o templo e o recinto. Qualquer um que for pego invadindo terá responsabilidade pessoal por sua morte subsequente" (Bruce 1988a, p. 409).

Quatro pátios internos retangulares concêntricos dos recintos do templo eram reservados para os judeus, com restrições aumentando à medida que se avançava para dentro. Os gentios tinham permissão para frequentar um pátio externo, fora do quarto pátio, o das mulheres. Os quatro pátios internos eram o pátio das mulheres, depois dos homens, depois o lugar sagrado para os sacerdotes e, finalmente, o santo dos santos, onde apenas o sumo sacerdote podia entrar uma vez por ano no Dia da Expiação (Polhill 1992, p. 452). A Mishná fala de 10 graus ascendentes de santidade dentro da terra de Israel: (1) uma cidade murada, (2) dentro dos muros de Jerusalém, (3) o monte do templo, (4) a muralha, (5) o pátio das mulheres, (6) o pátio dos israelitas, (7) o pátio dos sacerdotes, (8) a área entre o pórtico e o altar, (9) o santuário e (10) o santo dos santos (m. *Kelim* 1.6-9; Le Cornu e Shulam 2003, p, 1194-1195). O pátio interno (item 6) é o assunto da acusação contra Paulo.

A questão é racial e diz respeito à santidade do templo. A acusação também confirma aos olhos daqueles que a fazem, que Paulo não se preocupa em seguir a lei. Os acusadores erroneamente supõem que Paulo introduziu Trófimo de Éfeso (At 20:4) na área do templo. Essas são acusações falsas, uma evidência de fanatismo pela lei que levou à perseguição de Paulo que era injusta na visão de Lucas. Então, Paulo é levado sob custódia por suas supostas ações. Conforme previsto em termos gerais em 21:11, uma reação judaica levou Paulo a ser amarrado.

Você não é o egípcio? (21:38): Essa pergunta interessante ajuda a definir o contexto histórico, além de fornecer informações biográficas sobre Paulo. O pedido de permissão de Paulo para se dirigir ao comandante em grego fez com que o comandante pensasse que Paulo era um rebelde egípcio que havia liderado 4 mil homens no deserto. O uso de *ouk* indica expectativa de uma resposta positiva e, quando combinado com *ara*, indica espanto por ser esse quem pode estar presente (BDF §440.2). O grego de Paulo e o tumulto ocorrido levaram o homem a essa conclusão. O grego era amplamente falado no Egito, a *língua franca* da época, e não era desconhecido em Israel (Gaventa 2003, p. 305). A origem de Paulo em Tarso, no entanto, faria dele um falante grego desde muito jovem.

As atividades desse rebelde egípcio estão resumidas em Josefo (*A Guerra dos Judeus* 2.13.5 §§261-63 [observando que ele reuniu 30 mil no deserto]; *Antiguidades* 20.8.6 §§169-72; Barnett 1981, p. 681-83). O egípcio atraiu seguidores durante a época de Félix e disse que derrubaria os muros de Jerusalém, assim como havia sido feito em Jericó (Js 6:20). Na batalha com os romanos perto do monte das Oliveiras, o egípcio escapou e nunca mais apareceu como uma força pública, enquanto 400 de seus seguidores morreram e 200 foram capturados. Bruce coloca esse ataque cerca de três anos antes da cena atual. Isso se encaixa bem com a resposta do comandante, pois as pessoas naturalmente esperavam que o rebelde egípcio reaparecesse em cena. A descrição dos homens egípcios como *sikarion* os identifica como desordeiros políticos. Esse termo, que significa "homens da adaga", tornou-se uma referência a outros revolucionários políticos dos anos 60 em Israel, também conhecidos como assassinos, que fizeram com que Roma invadisse a nação em 70 d.C.

Paulo corrigiu o tribuno, identificando-se como judeu de Tarso (At 9:11, 30; 11:25) e pedindo para falar ao povo. A cidade natal de Paulo era conhecida como um centro cultural de helenismo, retórica e filosofia estoica (Strabo, *Geogr.* 14.4.12-15; 14.5.13-15; Witherington 1998, p. 662-63; Schnabel 2004, p. 1056-58). Tinha várias centenas de milhares de habitantes. Conhecida por sua indústria têxtil, era um centro de comércio e possuía uma tradição literária e filosófica viva (Larkin 1995, p. 316). Junto com Éfeso e Esmirna, era uma das três grandes cidades da costa sul da Ásia Menor. Não é surpresa, então, que Paulo fosse um homem culto.

Atos 21:40—22:21

***A visão repetida* (22:6-11):** Os homens que estavam com Saulo ouviram uma voz ou não? Saulo recebeu instruções detalhadas do Senhor enquanto estava na estrada (At 26:15-18) ou somente depois de chegar a Damasco (9:6-7; 22:10-11)? Em 9:18 a cegueira de Saulo foi curada quando "algo como escamas" caíram de seus olhos. Em 22:11 ele diz que sua cegueira era "por causa do brilho daquela luz". Os diferentes relatos das conversões de Saulo seriam contraditórios?

Lucas registra Paulo recontando a história aqui, como o fará novamente em At 26:12-23. A escolha literária de fazer isso detalhadamente em três momentos diferentes indica a importância do evento. Como observamos nos comentários sobre At 9:6-7, em contextos orais antigos, esses relatos repetidos geralmente vinham com uma ligeira variação de detalhes. Isso permitia que cada recontagem aumentasse a imagem geral, além de se conectar com o público específico em vista. A passagem de At 9:7 nos diz que os homens ouviram um som; o presente texto não nega essa afirmação, mas diz que eles não ouviram a voz (22:9). Talvez a voz fosse apenas um ruído indistinto para seus ouvidos. Diz-se que Paulo recebeu instruções enquanto ainda estava na estrada em At 26:15-18; as notas no presente texto (22:10-11) e em 9:6-7 afirmando que Paulo recebeu as instruções em Damasco podem representar um evento de confirmação, ou aproximação por Lucas. A luz fez com que Saulo ficasse cego por alguns dias (22:11). Não está claro como isso se relaciona com as escamas que caíram de seus olhos, mas a solução pode estar no fato de que o texto diz que algo *como* escamas caíram dos olhos de Saulo (9:18). Não devemos pressionar os detalhes muito de perto. Estes devem ser elementos complementares que dão a cada público a história central, permitindo variações.

Jesus, o Nazareno (22:8): É provável que Jesus se identificasse como "Jesus de Nazaré" ao se revelar a Saulo? Afinal, Jesus nasceu em Belém (Mt 2:1). Além disso, embora Ele tenha crescido em Nazaré, o Mestre nunca se identificou por essa frase em nenhuma outra parte do NT. Lucas usou "Nazareno(s)" e "Nazaré" mais comumente do que qualquer outro escritor do Novo Testamento (oito vezes no Evangelho de Lucas e oito vezes em Atos também). Lucas simplesmente colocou a frase nos lábios de Jesus, então? Em caso afirmativo, quais são as implicações? Isso pode sugerir que Jesus teria nascido em Nazaré e não em Belém?

Estudiosos estão fazendo uma hipercrítica ao argumentar que Jesus não teria sido conhecido como "o Nazareno" se Ele realmente tivesse nascido em Belém. Jesus viveu a maior parte de sua vida em Nazaré e, portanto, é apropriado que Ele esteja mais associado a Nazaré do que a qualquer outro local, incluindo seu local de nascimento. E não é irracional pensar que Jesus teria se identificado como "o Nazareno" para Saulo. Esse é o único lugar onde Jesus faz essa associação e, ao fazê-lo, apresenta uma observação penetrante: Jesus se identifica com o mesmo grupo que Saulo estava perseguindo, um grupo conhecido como nazarenos (At 24:5). A implicação teria sido clara para Saulo: perseguir os nazarenos é perseguir Jesus.

Atos 22:22-29

Cidadão romano (22:25-29): Os críticos costumam sugerir que Paulo não era realmente um cidadão romano. Afinal, nada fora dito sobre isso até agora. Paulo teria reivindicado a cidadania romana no calor do momento apenas porque isso poderia ajudá-lo a sair dessa situação? Lucas acabara de criar esse fato sobre Paulo por ser apropriado para o contexto daquele momento?

Não é razoável supor que Paulo ou Lucas tenham mentido sobre a cidadania romana do apóstolo. A facilidade de Paulo em ambientes greco-romanos se encaixa mais facilmente com a cidadania romana. Além disso, alegar falsamente ser um cidadão era um crime (Suetônio, *Claudius* 25.3; Barrett 1998, p. 1048), e o comandante provavelmente teria descoberto Paulo com um pequeno questionamento. Talvez Paulo carregasse seu *diploma,* um díptico de madeira que provaria seu registro como cidadão (Suetônio, *Nero* 12; Sherwin-White 1963, p. 146-149).

Por que Paulo revelaria sua cidadania romana somente agora? Witherington (1998, p. 679-84) sugere que Paulo esperou para revelar sua cidadania em um ambiente onde os judeus não estavam presentes. Afinal, o comportamento gentio de Paulo havia incomodado os judeus. Quanto mais se descobrissem que ele era romano?

Atos 23:1-8

Eu não sabia [...] que ele era o sumo sacerdote (23:5): Devido ao fato de que ele era um fariseu bem posicionado, seria surpreendente se Paulo não reconhecesse o sumo sacerdote. As explicações que foram oferecidas incluem: (1) Paulo não ouviu a ordem para que ele fosse espancado, a implicação é que ele não teria falado se tivesse percebido que o sumo sacerdote havia ordenado que ele fosse espancado. (2) Paulo ouviu a ordem, mas sua prejudicada visão o impediu de perceber que era o sumo sacerdote quem estava dando a ordem. (3) A longa ausência de Paulo de Jerusalém resultou em seu não reconhecimento do sumo sacerdote (Fitzmyer 1998, p. 717; Bruce 1988a, p. 427). (4) A observação é irônica no sentido de que Paulo estava tentando mostrar que o sumo sacerdote não era realmente o representante do povo e do caminho de Deus, mas porque o sumo sacerdote era assim percebido pelo povo, Paulo retrata suas palavras (Marshall 1980, p. 364; Williams 1990, p. 385; Culy e Parsons 2003, p. 440, observe essa visão e leia o versículo com esta força irônica: "Oh, eu não sabia que ele era o sumo sacerdote"). (5) Paulo reage sem considerar a posição do homem (Polhill 1992, p. 469n68; Larkin 1995, p. 328).

As duas primeiras opções são improváveis e não se encaixam no texto, enquanto a terceira parece improvável devido ao relacionamento anterior de Paulo com judeus de alto escalão em Jerusalém. Qualquer uma das duas últimas opções, ou talvez uma combinação delas, é mais provável — que Paulo estava sendo irônico e/ou precipitado em sua resposta. A observação é retórica e reflete a intensidade de Paulo. A observação não faz sentido como detalhe criado por Lucas; Paulo circulava tão bem nos ambientes judaicos que nenhum autor capaz pensaria em retratá-lo como possivelmente ou de fato ignorante da identidade do sumo sacerdote. Além disso, a retratação de Paulo é um detalhe nada lisonjeiro que Lucas provavelmente não inventaria.

Estou sendo julgado por causa da esperança da ressurreição dos mortos! (23:6): Paulo estaria mentindo sobre a causa de seu julgamento? Ele diz que é por causa de seus ensinamentos sobre a ressurreição de Jesus, mas At 21:28 e 24:5-6 indicam uma causa diferente para ele estar sendo julgado, dizem os críticos.

Paulo não está explicando por que ele está sendo julgado aqui do ponto de vista judaico (como aparece em At 21:28; 24:5-6), mas de seu próprio ponto de vista. Paulo vê corretamente a questão fundamental como ressurreição, pois se realmente aconteceu, como Paulo viu demonstrado na aparição de Jesus a ele enquanto viajava para Damasco, então Jesus é uma figura de grande promessa e esperança para Israel e para o mundo. Então Paulo diz que se ele é culpado de alguma coisa, é por acreditar que Deus ressuscitou Jesus dentre os mortos.

Atos 23:23-33

***O conhecimento de Lucas sobre a carta* (23:25-30):** Lucas de alguma forma teve acesso à carta enviada a Félix? Ele estaria apenas resumindo boatos sobre o que a carta dizia? Ou Paulo transmitiu o conteúdo a ele (v. 34)?

Cláudio Lísias escreveu uma carta de explicação que acompanharia Paulo em sua viagem ao governador. Essas cartas, conhecidas como *litterae dimissoriae,* eram comuns em situações como essa. Elas eram enviadas em caso de apelação (*provocatio;* Justinian, *Digest* 49.6.1; Fitzmyer 1998, p.

726), e sua abordagem geral seria a mesma em cada caso. Não há recurso oficial aqui, mas as circunstâncias são semelhantes, pois ainda não estava claro para o comandante o que havia acontecido. A natureza da acusação, perturbando a paz de forma significativa, indicava que o governador precisava lidar com o caso (Polhill 1992, p. 474).

A frase no versículo 25, "uma carta nestes termos [gr. *echousan ton tupon touton*]", pode indicar que Lucas não está citando a carta literalmente, mas sim resumindo seu conteúdo de forma típica (Marshall 1980, p. 370). Por outro lado, Bruce (1990, p. 471) sugere que a expressão poderia de fato apontar para uma cópia literal, caso em que a frase se referiria a uma carta "que foi assim" (*NewDocs* 1 no. 26; 2 no. 27; 1Macabeus 11:29; 15:2; 3Macabeus 3:30; *Carta de Aristeas* 34; Bruce 1978 [sobre o nome de Félix]; Hemer 1987). Bruce (1988a, p. 434) anteriormente preferia a visão que diz que a frase indica que Lucas apenas compartilhou a essência ou intenção da carta. Esse é possivelmente o sentido correto de "uma carta nestes termos", pois cartas como essa normalmente não eram tornadas públicas, mas naquele caso seu conteúdo básico pode ter sido revelado na audiência, dada a incerteza da situação. Uma decisão sobre o sentido e a força da frase não é clara, pois não temos informações suficientes para decidir (Witherington 1998, p. 698). Pelo menos, temos uma tradução da carta original, considerando que a carta provavelmente foi escrita em latim.

Em conclusão, não é possível saber se os versículos 26-30 representam a carta literalmente ou apenas o espírito do conteúdo da carta. Qualquer uma das visões é possível e, portanto, não há contestação à precisão de Lucas aqui.

Atos 24:1-15

Questão textual nos versículos 6-8a: Os colchetes ao redor desses versículos indicam incerteza sobre a redação do texto entre os manuscritos de Atos. Uma vertente da tradição do manuscrito, o texto ocidental, tem uma explicação adicional após a menção da captura de Paulo pelos judeus. É que os romanos tiraram Paulo à força das mãos dos judeus. A adição diz: "e queria julgá-lo de acordo com a nossa lei. Mas Lísias, o comandante, veio e o tirou de nossas mãos com grande força, ordenando que seus acusadores viessem até a tua presença". O argumento do defensor legal seria que os judeus tinham o direito de julgar o caso por si mesmos. A observação introduz o assunto de uma perspectiva judaica, visto que, do ponto de vista dos romanos, foi a perturbação envolvida na captura de Paulo que trouxe os romanos, não a intromissão dos romanos nos assuntos judaicos.

A maioria dos estudiosos questiona se a versão original de Atos acrescentou essa questão. É possível que isso seja original porque declara uma objeção à iniciativa romana, e Lucas normalmente não desafia essa perspectiva, mas a melhor evidência dos MSS é para a leitura mais curta (p^{74}, ℵ, A, B, H, L, P; Polhill 1992, p. 481; Witherington 1998, p. 709). É provável que o texto ocidental tenha acrescentado a expressão porque o copista, falhando em reconhecer a dimensão retórica da observação original, achou difícil aceitar que Tértulo elogiasse completamente o papel romano e simplesmente recomendasse que o líder examinasse Paulo.

Eu tenho uma esperança em Deus [...] que haverá uma ressurreição (24:15ss): Paulo repete sua defesa anterior de que está sendo julgado por acreditar na ressurreição. Essa ideia foi discutida em uma nota já citada em At 23:1-8. A defesa de Paulo é que se alguém havia perturbado a *Pax Romana* (a paz romana) não era ele, mas aqueles que o prenderam. Ele não fizera nada de errado.

O método de testemunho de Paulo a Félix é feito de forma instrutiva. Félix ficou nervoso quando Paulo começou a abordar as questões de "justiça, domínio próprio e o juízo vindouro" (v. 25). Paulo estava apresentando a fé em termos compreensíveis e pertinentes à situação de Félix. A questão do julgamento final seria familiar para a esposa de Félix, Drusila, já que ela era judia, mas principalmente nova para um romano como Félix (Larkin 1995, p. 343). Como Bruce (1990, p. 483) observa, justiça, autocontrole e o julgamento vindouro são "três assuntos sobre os quais Félix e Drusila certamente precisavam ouvir". Drusila nasceu em 38 d.C. e, a essa altura, ainda não tinha 20 anos, era a filha mais nova de Herodes Agripa I e irmã de Agripa II. Esse foi seu segundo casamento. Ela havia deixado o primeiro marido, com quem se casou em um casamento arranjado, aos 14 anos. Ela era a terceira esposa de Félix. Josefo (*Antiguidades* 20.7.2 §§141-44) observa que Drusila era bonita e que ela foi persuadida por Félix a deixar seu primeiro marido (também *Antiguidades* 19.9.1 §354; *A Guerra dos Judeus* 2.1.6 §220; Suetônio, *Cláudio* 28; Tácito, *Histórias* 5.9).

Atos 25:6-8

Muitas acusações sérias que eles não foram capazes de provar (25:7): Aqui está o veredito de Festo: Paulo não era culpado de nenhum delito contra a lei romana. Festo percebeu que se tratava de uma mera disputa religiosa. Na cena posterior, quando Festo está preparando Agripa para examinar Paulo, Festo novamente diz que Paulo não fez nada que merecesse a morte (v. 25).

Festo, como novo governador da Palestina, tinha uma reputação melhor de justiça do que Félix (BAGD 856; BDAG 1053). Josefo (*A Guerra dos Judeus* 2.14.1 §271) diz que procurou evitar distúrbios no país, e *as Antiguidades* 20.8.9 §182 e 20.8.10 §§185-88 o fazem lidar com os zelotes; *Antiguidades* 20.8.11 §§193-95 o faz concordar em deixar alguns judeus irem a Nero para justificar edificação de um muro que eles construíram para evitar que Agripa visse o que acontecia dentro de partes importantes do templo com relação à adoração, algo que Nero concordou em permitir. Tudo o que sabemos de Festo vem de Atos e Josefo. Esses detalhes indicam quão sensíveis eram as questões no início dos anos sessenta.

Atos 26:12-27

***A aparição na estrada de Damasco relatada pela terceira vez* (26:12-18):** Lucas mostrou que Paulo narrando seu encontro com Jesus na estrada de Damasco pela terceira vez (9:1-9 e 22:6-11). Novamente os detalhes diferem ligeiramente de um relato para outro, uma característica comum na narração e recontagem de relatos orais. Ao meio-dia, uma luz brilhante brilhou ao redor do grupo de Saulo na estrada para Damasco (9:7; 22:6, 9; uma aparição do céu, Êx 20:18; Dt 4:12; Is 60:1-3; Larkin 1995, p. 359). O presente relato é o único a observar que todos os homens caíram. Isso mostra que foi um evento real e externo, não apenas uma visão pessoal de Jesus experimentada por Saulo. Apenas Saulo, no entanto, entendeu a mensagem. Uma voz falou com Paulo em um dialeto hebraico e perguntou por que ele estava envolvido na perseguição. Saulo foi tratado por seu nome semita, *Saoul.* Em outro lugar Lucas usa a forma grega do nome, *Saulos* (At 9:1). A dupla nomeação, "Saulo, Saulo," aponta para uma teofania (Gn 22:11; 46:2; 1Sm 3:4; 2Esdras [*4Esdras*] 14:1; 2Baruque 22.2; Johnson 1992, p. 435).

Não há menção do encontro com Ananias na versão atual, um elemento que foi fundamental para as duas versões anteriores (9:10-19; 22:12-16). A ausência de Ananias nesse relato não indica tensão ou contradição. Paulo não era obrigado a compartilhar todos os detalhes possíveis em sua recontagem do evento e, nesse caso, ele condensou o relato e optou por não mencionar Ananias (Wikenhauser 1961, p. 271; Marshall 1980, p. 395). Os leitores de Atos não precisavam que seu envolvimento fosse repetido.

Messias [...] o primeiro a ressuscitar dos mortos (26:23): É correto dizer que Jesus foi o primeiro a ressuscitar dos mortos? Outros já não teriam ressuscitado dos mortos antes, como Lázaro (Jo 11), o filho da viúva de Naim (Lc 7:10-17), a filha de Jairo (8:50-56) ou mesmo aqueles a quem Elias ou Eliseu curou (1Rs 17:19-22 e 2Rs 4:34-35)?

Há uma distinção importante entre o que aconteceu com Jesus e o que houve com todas essas outras pessoas. Jesus ressuscitou para uma vida nova e sem fim e foi presenteado por Deus Pai com um corpo glorificado, algumas características que diferiam de seu corpo pré-ressurreição (e.g., Lc 24:31). A morte estava para sempre distante dele agora. Com todos os outros que voltaram da morte, sua experiência foi meramente a ressurreição da morte. Seus corpos não eram diferentes de antes, e eles estavam destinados a experimentar uma morte corporal novamente.

Isso não foi feito em qualquer lugar (26:26): A metáfora das coisas que não foram feitas em um canto se refere ao fato de que as reivindicações fundamentais do cristianismo não eram eventos ocultos escondidos em algum lugar remoto, fora da vista do público (BAGD 168; BDAG 209; Malherbe 1985-86; Epiteto, *Discourses* 2.12.17; Plutarco, *Moralia* 777B; Fitzmyer 1998, p, 764). Paulo podia falar com ousadia e dizer que esses eventos foram públicos o suficiente para que qualquer pessoa que prestasse atenção pudesse saber que eram verdadeiros. A afirmação de Paulo foi apoiada por testemunhas vivas que não apenas experimentaram Jesus, mas cujas vidas transformadas falaram muito para aqueles ao seu redor enquanto davam testemunho da obra de Deus. Essas testemunhas vivas da vida de Cristo durante a era da igreja primitiva garantiram que a pregação dos apóstolos fosse "verificada" por pessoas que pudessem detectar erros ou exageros. Lucas apresenta Paulo como uma testemunha modelo. Paulo sabia o que Jesus fez, sua vida mudou como resultado e ele testemunhou com ousadia, mas com sensibilidade, o que Deus havia feito, pedindo às pessoas que dessem uma olhada no que Deus havia feito publicamente pela humanidade em Jesus Cristo.

Atos 27:1-44

A viagem marítima inicial e a seção final "nós" (At 27): Esse relato inclui uma abundância de detalhes que oferecem uma janela para a data da viagem de Paulo, além de autenticação dadas as condições de navegação conhecidas da era antiga. Tal viagem oceânica como relatada aqui, nas melhores condições e navegando direto para Roma, levaria cerca de cinco semanas (Bruce 1990, p. 511). Era provavelmente o outono de 59 d.C. O centurião chamado Júlio (v. 1) provavelmente não é o mesmo filho da guarnição de Júlio de Agripa II, a quem Josefo se refere (*Antiguidades* 19.9.2 §§364-365). Em vez disso, ele era provavelmente um centurião do exército auxiliar da Síria e da Judeia (*OGIS* 421; *ILS* 1.2683), um grupo mais propenso a lidar com prisioneiros (Witherington 1998, p. 758) e ter sido composto principalmente por sírios, não romanos. O relato detalhado da viagem marítima de Paulo tem como objetivo mostrar a determinação de Deus em levar Paulo a Roma, não importando os obstáculos. Também pode ser a maneira de Lucas sugerir que Roma estava no caminho para o "fim da terra" em termos de distância de Jerusalém, embora esse significado seja contestado, pois alguns pensam que os antigos tomavam a Espanha como o "fim da terra". A Espanha como o "fim da terra" provavelmente se encaixava na visão romana, uma vez que consideravam Roma o centro da terra. No entanto, de uma perspectiva judaica, Jerusalém era o centro da terra e, portanto, Roma seria apropriadamente considerada o fim da terra.

A seção "nós" aparece novamente quando Paulo e seus companheiros embarcam em um navio particular de Adramítio, um porto marítimo da Mísia, oposto à ilha de Lesbos, a 180 quilômetros ao norte de Éfeso e um dia de viagem a leste de Trôade (sobre Mísia, veja Schnabel 2004, p. 1144-45; sobre Adramítio, Schnabel 2004, p. 1147; um porto próximo a minas de prata). O "nós" é proeminente no relato (v. 1a, 2, 3a, 4-8, 15-16, 18, 20c, 27a, 29a, 37; Pesch 1986b, p. 284). Eles viajariam pelos portos da Ásia assim que partissem de Cesareia. A maioria dos navios eram barcos de carga em vez de navios de passageiros. As pessoas que desejavam viajar por mar dirigiam-se ao cais para encontrar um navio que seguisse para onde desejavam ir. Os horários de navegação dependiam de ventos favoráveis e superstições religiosas sobre os mares. Dias desfavoráveis como 24 de agosto, 5 de outubro e 8 de novembro eram evitados, bem como o final do mês (Le Cornu e Shulam 2003, p. 1422-423).

A rota mais comum era por meio de Alexandria. Paulo viaja com pelo menos dois companheiros: Aristarco, um macedônio de Tessalônica (20:4), e Lucas. Aristarco é possivelmente a mesma figura observada em Cl 4:10 e Fl 24. Paulo não era visto como alguém perigoso por seus guardiões. Em um porto de escala, Sidom, Júlio permitiu que Paulo visitasse "seus amigos" (gr. *tous philous*) e recebesse cuidados. Sidom fica a 100 quilômetros ao norte de Cesareia e levaria um dia e uma noite inteiros para chegar. Era conhecida como a "cidade-mãe dos fenícios" (Aquiles Tatius, *Leucippe e Clitophon* 1.1) e tinha um porto duplo (Bruce 1990, p. 512; Schnabel 2004, p. 776). O vidro, a indústria de corantes roxos e seu porto impulsionavam seu comércio. Lucas o menciona em outro lugar (Lc 4:26; 6:17; 10:13-14). O navio provavelmente parou para descarregar ou pegar carga. Os prisioneiros seriam responsáveis por seus próprios suprimentos.

Em seguida, o navio navega a sota-vento de Chipre, o que significa que eles seguiram um curso que permitia à ilha proteger o navio dos ventos de oeste e noroeste do verão e outono (BAGD 846; BDAG 1040). Eles estariam navegando para o leste e norte da ilha. Aqui eles poderiam aproveitar as correntes ao longo da costa. Depois de passarem pela Cilícia e pela Panfília, o próximo destino era Mirra, uma cidade da Lícia, a cerca de 15 dias de viagem de navio e mais de 800 quilômetros. Seu porto, chamado Andriace, ficava cinco quilômetros a oeste e ao sul da cidade. Estava situado ao norte de Alexandria, do outro lado do Mediterrâneo. Lucian (*The Ship* 7) registra uma viagem de nove dias nesta rota. O texto ocidental é explícito em dar a duração da viagem. No extremo sul da Ásia Menor, esse porto ficava a 172 quilômetros a sudeste de Colossos.

Ali eles encontraram um navio particular de Alexandria que estava indo para Roma, então embarcaram nele. Isso provavelmente fazia parte de uma frota de grãos (v. 38). O Egito era a principal fonte de grãos para Roma (Suetônio, *Cláudio*, p. 18-19; Josefo, *A Guerra dos Judeus* 2.16.4 §§385-86; Sêneca, *Moral Letters* 77.1-2; Barrett 1998, p. 1185). Tais navios eram frequentemente usados por Roma sob sua proteção. O império também oferecia seguro em caso de danos no mar devido à importância do comércio de alimentos (Haenchen 1987, p. 699n2). Era o final da temporada de navegação, então um progresso rápido foi aconselhado. Esses navios eram grandes; estima-se que um navio escavado chamado *Isis* pesava de 1.200 a 2.900 toneladas brutas registradas (Conzelmann 1987, p. 215-16; Casson 1950). Lucian (*The Ship* 1-9, esp. 5) descreve um navio de 120 por 30 por 29 côvados, ou 180 por 45 por 43,5 pés (também Johnson 1992, p. 446; Barrett 1998, p. 1185; Eckey 2000, p. 559-60).

A viagem avança lentamente contra o vento. Eles chegam a Cnido, uma viagem de mais de 200 quilômetros (Tucídides, *Guerra do Peloponeso* 8.24.35). Essa viagem deveria ter levado apenas alguns dias, em razão da velocidade média desses navios que era de cerca de dez quilômetros por hora. Em condições adversas, a velocidade poderia ser reduzida para dois nós, ou três quilômetros por hora (Le Cornu e Sulam 2003, p. 1432). A viagem de Alexandria a Roma normalmente levava de 10 a 13 dias, mas condições adversas poderiam atrasar a viagem para até 45 dias. Cnido estava na costa sudoeste da Ásia Menor, cerca de 170 quilômetros ao sul de Éfeso.

Eles então prosseguiram sob o abrigo de Creta, perto de Salmona, no ponto nordeste da ilha. O vento os impediu de seguir a rota normal até a ilha de Citera, ao norte de Creta. A ilha de Creta está localizada no norte do mar Mediterrâneo, a cerca de 170 quilômetros a sudoeste de Cnido. Eles finalmente aportaram em Bons Portos, perto da cidade de Laseia. Esta localizava-se na costa centro-sul de Creta. Isso não é atestado em outro lugar. A rota normal teria sido Mirra, Rodes e depois para o sul e passando por Creta (Haenchen 1987, p. 699; Marshall 1980, p. 405). Esse porto pode ter sido muito pequeno para deixar o barco com segurança no atracadouro durante os três meses de inverno, castigados pelo tempo. Sua baía estava meio aberta para o mar e, portanto, não oferecia muita proteção (Bruce 1990, p. 514). Pode ser por isso que o debate gira em torno de seguir em frente com a jornada.

O tempo favorável para velejar estava passando. O tempo é indicado pela referência ao Jejum (v. 9), que estaria ligado ao Dia da Expiação (Josefo, *Antiguidades* 14.4.3 §66; 18.4.3 §94). Portanto, a época era setembro e outubro, pouco antes dos meses de inverno (v. 12), quando as viagens marítimas seriam especialmente perigosas (Suetônio, *Cláudio 18*; Plínio, o Velho, *Naturalis Historia* 2.122). As viagens marítimas normalmente não eram realizadas depois de meados de setembro e eram evitadas de 11 de novembro a meados de março (Vegetius, *On Military Affairs* 4.39). A expressão *mare clausum* (o mar está fechado) marcou esse período (Roloff 1988, p. 361). Plínio, o Velho (*Naturalis Historia* 2.122) coloca a retomada da navegação um pouco antes, mas a questão é que de novembro a meados de fevereiro eram meses a serem evitados para a navegação. Quando Lucas faz uma pausa de três meses em 28:11, ele se refere a esse período e usa linguagem esquemática em oposição a dias precisos. As visões judaicas eram ainda mais cautelosas, como *Gen. Rabbah* 6.5b aconselha evitar o mar de meados de outubro a meados de maio (Larkin 1995, p. 368). No inverno, a escassa luz do dia, as noites longas, a cobertura de nuvens, a visibilidade ruim, os ventos fortes, a chuva e a neve eram problemas. Paulo desaconselha a continuar (v. 10), mas os navegantes profissionais seguem em frente. O navio prosseguiu com o objetivo de passar o inverno em Fenice, um porto em Creta. O objetivo era ficar protegido, ao navegar o mais próximo possível de Creta (v. 13).

Fenice ficava na costa, no máximo 80 quilômetros a oeste de Bons Portos. Sua localização exata não é certa, embora alguns textos antigos a descrevam (Estrabão, *Geografia* 10.4; Ptolomeu, *Geografia* 3.17; Ogilvie 1958). A área do Cabo Mouros no sul Creta é o local comumente observado. Alguns estudiosos sugerem Lutro no lado leste, enquanto outros argumentam que a descrição "abre para o sudoeste e noroeste" (gr. *kata liba kai kata chōron*) não se encaixa bem nesse local. Um sítio alternativo é Finika, um local através da península a oeste de Lutro (Williams 1990, p. 430; Hemer 1985, p. 97-98). A topografia da área foi alterada desde o primeiro século por terremotos e assoreamento, de modo que pode ser que o primeiro local oferecesse mais proteção do que agora. No entanto, o segundo local, Finika, é um pouco mais provável como o local pretendido, em face do trabalho de Ogilvie e a evidência textual que ele cita (Hemer 1989, p. 139-40). Ainda assim, não é certo qual local se refere. Não importa muito, considerando que a localidade não é atingida. Essa viagem normalmente era bastante simples, possível de ser feita em um dia, ou até mesmo em meio dia.

O problema surge na forma de ventos tempestuosos que foram apelidados com um termo híbrido greco-latino, "o Nordeste" (*Eurakulōn*). Isso os deixa sem controle do navio. A forma substantiva do termo grego *tuphōnikos* é a origem de nossa palavra "tufão". Em grego, refere-se a uma forte tempestade de vento que agora se apodera da embarcação (v. 15), com ventos vindos do nordeste, levando o navio para o sul, afastando-se da ilha e de sua proteção. Esses ventos vêm do monte Ida, um pico de quase 2.700 metros de altitude na ilha. Eles são incapazes de virar a proa do barco contra o vento, literalmente "enfrentar o vento olho no olho" (gr. *antophthalmein tō anemō*). Eles são movidos pelo vento e não conseguem controlar o navio. Estar à mercê do mar não era incomum na navegação antiga (Homer, *Odyssey* 9.82-84; Lucian, *The Ship* 7; Heliodorus, *Aethiopica* 5.27.2; Johnson 1992, p. 448).

Temendo que encalhassem no Sirte (27:17): O Sirte refere-se a uma das duas áreas distintas de perigosos bancos de areia e baixios na costa do norte da África. Surge a pergunta: Lucas queria se referir a Sirte Maior ou a Sirte Menor? Sirte Menor deve ser identificado com o Golfo de Gabes, no mar Mediterrâneo, ao longo da costa norte-africana, perto da moderna Trípoli. Sirte Maior está muito mais perto de Creta e está localizado na costa do que hoje é a Líbia, no que também é conhecido como Golfo de Sidra. Fica a algumas centenas de milhas náuticas a sudoeste de Fenice, o destino pretendido do navio (v. 12), e está dentro do alcance semelhante de Clauda (atual Gavdo ou Ghavdo, pronunciado incorretamente como "Gozzo" por muitos), a pequena ilha cuja costa o navio diz ter rastreado em uma tentativa de abrigo (v. 16). Clauda (Gozzo) não deve ser confundida com a Ilha Gozo, localizada a noroeste de Malta, uma ilha a pouco mais de 900 quilômetros a oeste de Fenice.

***A duração da tempestade e o termo* "mar Adriático" (27:27):** Tempestades de tal duração não são normais para a área, mas tempestades violentas não são incomuns. Dois navios de guerra italianos (o *Scirocco* e *o Lanciere*) foram afundados por uma tempestade naquela área após a Segunda Batalha de Sirte em março de 1942.

A referência no versículo 27 ao mar Adriático pode confundir os leitores modernos que estão cientes de que "mar Adriático" hoje se refere a um corpo de água bem ao norte de Malta. Em referência antiga, no entanto, o Adriático se referia a uma área maior do que o que é chamado hoje de mar Adriático (Barrett 1998, p. 1202; Ptolomeu, *Geografia* 3.4.1; 3.15.1; 3.17.1 [Creta à Silícia]; Estrabão, *Geografia* 2.5.20; Pausanius, *Descrição da Grécia* 5.25.3; Josefo, *Vida* 3 §15 fala de navegar no mar de Ádria para Roma; Bruce 1990, p. 522). Incluía o que hoje é chamado de mar Jônico e o nordeste do Mediterrâneo (Polhill 1992, p. 525). Assim, a referência de Lucas estava correta para a época.

Lançaram quatro âncoras da popa (27:29): Alguns sugeriram que Lucas prova que ele não está familiarizado com a navegação e o trabalho de segurar um navio quando ele retrata os marinheiros como tendo lançado âncoras da popa, quando na verdade isso é geralmente feito a partir da proa. Essa crítica desconsidera dois pontos. Primeiro, no versículo seguinte, Lucas nos conta que alguns marinheiros tentaram escapar do navio em perigo agindo como se fossem lançar âncoras pela proa. Em segundo lugar, é inteiramente possível que a posição do navio fosse tal que lançar as âncoras primeiro pela popa fosse a tática correta.

Hoje é o décimo quarto dia que vocês estão esperando e sem comer nada (27:33): Alguns comentaram que parece improvável que a tripulação tenha passado 14 dias sem comida. Três considerações diminuem o problema. Primeiro, o violento balanço do navio nas águas turbulentas pode ter deixado todos enjoados e, portanto, desinteressados em comida. Em segundo lugar, as rotinas normais, como a preparação regular de refeições, poderiam ter sido seriam deixadas de lado durante a crise com risco de vida. Terceiro, a observação de Paulo sobre eles não terem comido não deve ser superestimada. Ele pode não ter tido a intenção de dizer que eles não tinham absolutamente nada para comer durante a tempestade, mas que fazia muito tempo que não comiam uma refeição regular (observe um tema paralelo em Aelius Aristides, *Sacred Tales* 2.68).

Jogando os grãos ao mar (27:38): Lucas diz que eles jogaram fora os grãos neste ponto, mas eles já não haviam jogado fora a carga no versículo 18? Muito provavelmente a tripulação tenha economizado uma parte dos grãos quando abandonaram a carga mais cedo. Eles ainda precisariam de algum lastro. Além disso, jogar toda a comida ao mar seria realmente a última medida em um desastre marítimo. Ora, indo para terra, eles poderiam jogar muito do que restava da comida na esperança de flutuar mais alto na água, tornando-os capazes de viajar para mais perto da costa antes de encalhar o navio.

ATOS 28:1-10

Víbora (28:3): Alguns têm acusado Lucas de imprecisão aqui, pois se diz que Malta não tem uma população de cobras venenosas. Barrett (1998, p. 1222) discute a questão, mas não chega a uma conclusão clara. Para uma discussão completa sobre as cobras maltesas, veja Le Cornu e Shulam (2003, p. 1479). Bruce (1990, p. 531), comentando sobre a possibilidade de cobras venenosas em Malta na era do Novo Testamento, cita a analogia da Irlanda, que já teve cobras venenosas, porém não tem mais. Talvez algo semelhante tenha acontecido em Malta. Plínio, o Velho, discutiu sobre cobras (*História Natural* 8.85-86) e disse que todas as cobras são venenosas e buscam vingança (veja também Luciano, *Alexandre, o Falso Profeta* 10). Johnson (1992, p. 462) afirma que tais visões supersticiosas sobre as cobras eram populares e difundidas no mundo antigo.

Públio (28:7): Não existe nenhum testemunho extrabíblico conhecido sobre esse governante. No entanto, isso não é argumento para sua inexistência. A descrição se encaixa no contexto histórico. Públio pode muito bem ter sido um procurador, ou sendo apenas o principal proprietário de terras (*IG* 14.601 confirma o uso desse termo para um governante ao falar do "chefe de Malta"; também *CIL* 10.7494; Bruce 1990, p. 532; Barrett 1998, p. 1224). O uso apenas de seu nome próprio romano é incomum (Williams 1990, p. 444).

Paulo frequentemente estabelecia um relacionamento com figuras importantes em um local (At 13:7; 16:22; 17:19; 18:12; 19:31; Johnson 1992, p. 462).

Atos 28:11-31

Depois de três meses, partimos (28:11-14): Depois de três meses, eles partiram novamente para Roma. Era fevereiro de 60 d.C. (Witherington 1998, p. 781n138) e o início da nova temporada de navegação (Plínio, o Velho, *História natural* 2.122). A parte crítica da jornada foram os quase 100 quilômetros até a Sicília em mar aberto, seguidas por uma navegação amplamente protegida ao longo da costa leste da Sicília e subindo a costa sudoeste da Itália. Foi uma viagem de 336 quilômetros até Roma, a partir de onde eles começaram em Malta.

Eles embarcaram em um navio alexandrino cuja frente estava "marcada" (*parasēmō*) com figuras de proa dos Irmãos Gêmeos (*Dioskourois*). Estes são Castor e Pollux, filhos de Zeus e Leda, os "deuses salvadores" (BAGD 199; BDAG 251; Epiteto, *Discourses* 2.18.29; Lucian, *The Ship* 5, p. 9; Dölger 1950). Muitas estátuas desses deuses ainda existem e estão em exibição em Roma. Leda era rainha de Esparta e casada com Tíndaro, o rei, mas seus filhos estavam ligados por lendas a Zeus. Eles navegaram com Jasão e os Argonautas (Le Cornu e Shulam 2003, p. 1490). Dizia-se que Castor era um excelente cavaleiro e Pollux sabia lutar boxe. Seu signo astral era Gêmeos. O par era especialmente popular no Egito (Haenchen 1987, p. 717). Eurípides (*Electra* p. 1342-1355) os via como guardando a verdade e punindo os perjúrios, e assim sua menção pode novamente enfatizar a inocência de Paulo. Eles eram vistos como protetores da boa sorte nos mares, dizendo-se que livravam os mares de piratas e bucaneiros. Essa jornada tinha um símbolo adicional de proteção para os viajantes gentios que nada tinham a ver com seus deuses: o Senhor entregaria Paulo ao seu destino.

A viagem foi bastante tranquila. Por três dias eles permaneceram em Siracusa, na costa leste da Sicília (Cícero, *In Verrem* 2.4.117-19; Estrabão, *Geografia* 6.2.4). Ficava a cerca de quase 100 quilômetros de Malta (assim, Le Cornu e Shulam 2003, p. 1492; Larkin 1995, p. 383). Durante o domínio romano, foi capital da Sicília e centro da cultura grega, parada natural numa viagem pelo Estreito de Messina. Cícero a descreve como encantadora e muito próspera devido aos seus dois portos. Estava nas mãos dos romanos desde 212 a.C. (Le Cornu e Shulam 2003, p. 1491). Eles então viajaram, aparentemente com alguma dificuldade, para Régio localizado na ponta ao sul da Itália e a 118 quilômetros de Siracusa (Estrabão, *Geografia* 6.1.6). Deixando Régio, depois de mais dois dias com vento sul favorável, eles chegaram a Putéoli (atual Pozzuoli), um porto a pouco mais de 320 quilômetros a noroeste de Régio na baía de Nápoles, 12 quilômetros a noroeste de Neápolis (Nápoles) e cerca de 208 quilômetros ao sul de Roma. Esse era o principal porto de grãos do país. Mais tarde, o porto foi ultrapassado em importância pelo recém-construído Ostia, embora muitas vezes os passageiros ainda desembarcassem aqui primeiro (Barrett 1998, p. 1229). Josefo sabia de judeus que viviam em Putéoli (*A Guerra dos Judeus* 2.7.1 §104; *Antiguidades* 17.12.1§328).

Os estudiosos às vezes discutem a viabilidade de Paulo parar no meio de uma jornada como prisioneiro. Um prisioneiro realmente teria tal privilégio? No entanto, naquele momento em que a jornada progrediu até então, Paulo havia alcançado um alto nível de respeito por aqueles que o guardavam. Além disso, a igreja já estava estabelecida na área, algo que a carta de Paulo aos Romanos, escrita anos antes dessa viagem, também mostra.

Estavam agora a cinco dias de caminhada de Roma, por meio de duas estradas bastante movimentadas, a Via da Campânia e a Via Ápia. A última rota, que entrava em Roma pelo sul próximo ao Circus Maximus, era onde muitos judeus viviam na Roma antiga (Juvenal, *Sátiras* 3.10-16). Conhecida como uma área de floresta clara, o final dessa rota tornou-se mais tarde o local das catacumbas cristãs, onde os cristãos perseguidos eram enterrados em sepulturas subterrâneas. A viagem de Malta levou três semanas. A jornada total levou mais de quatro meses. A palavra de Deus se cumpriu: Paulo chegou a Roma.

E assim chegamos a Roma [...] entramos em Roma (28:14, 16): Quantas vezes o grupo entrou em Roma? O versículo 14 diz que eles "chegaram" a Roma, enquanto o versículo 16 diz que eles "entraram" em Roma. Não há contradição ou redundância aqui. O versículo 14 simplesmente dá uma declaração resumida, significando que o objetivo da jornada foi alcançado. O versículo 16 então dá mais detalhes sobre o que aconteceu quando eles entraram em Roma: "Paulo foi autorizado a ficar sozinho com o soldado que o guardava".

Novo relato do julgamento de Cesareia **(28:17-20):** Assim como um novo relato da visão de Paulo na estrada para Damasco, essa repetição da narrativa do julgamento em Cesareia tem detalhes diferentes da exposição em 25:6-12. Uma visão geral dos dois textos é a seguinte:

Atos 25:6-12

a. Os judeus apresentaram seu caso contra Paulo e foram incapazes de estabelecer as acusações que fizeram contra o apóstolo.
b. Paulo teve então a chance de falar.
c. Festo perguntou a Paulo se ele estaria disposto a voltar a Jerusalém e ser julgado lá.
d. Paulo se recusou a ser enviado para Jerusalém e, em vez disso, apelou para César. Seu apelo foi uma tentativa de evitar voltar a Jerusalém e aparentemente não tinha conexão com uma objeção judaica aos supostos planos de Festo de libertar Paulo, nenhum dos quais é mencionado no relato do capítulo 25.
e. Festo concordou em enviar Paulo a César. Até esse ponto, nada fora dito sobre Festo considerar a possibilidade de libertar Paulo imediatamente.
f. Festo mencionou (26:31-32) o desejo de libertar Paulo somente depois que Paulo teve a chance de falar perante Agripa e Berenice, "alguns dias" após a audiência original em que Paulo apelou a César.

Atos 28:17-19

g. Paulo diz que "os romanos" queriam libertá-lo.
h. Seguiu-se uma objeção dos judeus, o que naturalmente indica que os judeus se opuseram ao desejo de Festo de libertar Paulo imediatamente.

i. Paulo diz que foi essa objeção judaica que o levou a apelar para César.

Existem duas diferenças fundamentais entre as duas narrativas. Primeiro, At 28:17-19 mostra Paulo apelando para César *depois que* Festo formou e aparentemente articulou aos judeus uma convicção da inocência de Paulo e um desejo de libertá-lo, enquanto 25:6-12 mostra Paulo apelando para César sem Festo manifestar ou expressar esses pensamentos.

Em segundo lugar, a motivação de Paulo para apelar a César parece ser diferente nos dois relatos. Em 25:9-11 Paulo apela a César porque ele rejeita a oferta de Festo de mandá-lo de volta a Jerusalém para julgamento, enquanto em 28:18-19 Paulo diz que apelou a César porque os judeus se opuseram à inclinação romana de *libertá-lo.*

O primeiro passo para entender essas diferenças é observar que At 28:17-19 é um breve resumo dos eventos que foram narrados em maior extensão em 25:6-12. Em resposta à primeira diferença, provavelmente era óbvio para os espectadores que Festo considerava Paulo inocente muito antes de ele realmente dizer isso. O relato do capítulo 25 não se preocupou em tornar isso explícito, ao passo que Paulo simplesmente escolheu trazer o fato à tona em seu relato no capítulo 28. A segunda diferença é mais desafiadora. Uma possível solução é que os judeus, sabendo que Festo considerava Paulo inocente, previram que um julgamento em Jerusalém conduzido por Festo terminaria inevitavelmente com a libertação de Paulo. Assim, tanto Paulo quanto os judeus podem ter desejado que Paulo fosse enviado a Roma em vez de ir a julgamento em Jerusalém. Sendo assim, as narrativas são compatíveis.

***Citação de Is 6:9-10* (28:26-27):** Paulo usa as palavras de Is 6:9-10 e as atribui ao Espírito Santo, que originalmente as dirigiu a uma geração anterior que Paulo chama de "seus pais" (At 3:25; 7:51-52; cf. 13:32-33; 26:6). Paulo agora se separa daqueles que rejeitam o caminho de Deus, uma vez que foram "seus" pais que foram originalmente advertidos por Isaías. Agora essa geração corre o risco de repetir o mesmo erro. Paulo aqui fala como um profeta, alertando-os sobre sua rejeição.

Surgem dúvidas sobre se Paulo citou e aplicou o texto de Isaías com precisão. A passagem citada concorda com a LXX com estas exceções: (1)

Em Atos, a frase "ao povo" está ligada a "ir", em vez de "dizer" como em Isaías. Essa diferença, no entanto, não afeta em nada o significado, considerando que o público é o mesmo em ambos os casos. (2) Além disso, Atos tem verbos infinitos em vez de imperativos para "tornar embotado", "cego" e "fechado". Apresenta a passagem como descrevendo algo que ocorreu em vez de uma previsão estrita, porque é assim que o assunto de fato aconteceu. As alterações tornam a aplicação mais clara. A passagem de Is 6:9-10 é um texto cristão tradicional, usado em Mt 13:14-15; Mc 4:12; Lc 8:10; Jo 12:39-40; e Rm 11:8 (também Justino Mártir, *Diálogo com Trypho* 12.2; 33.1; 69.4). A forma da citação corresponde à versão de Mateus.

O coração, a mente e os olhos de Israel estão fechados para a proclamação de Deus vinda de seu profeta. O problema de Israel é um coração insensível. O verbo *epachunthē* no versículo 27 significa literalmente "engordou" ou "gordo" e retrata um coração tão cheio que não responde (BAGD 638 §2; BDAG 790). Nada pode penetrá-lo em seu núcleo. Seus ouvidos também vacilam, pois a audição se tornou difícil. O termo *bareōs* (duro) é usado apenas duas vezes no NT (Mt 13:15, onde Is 6 também é citado). Os ouvidos são retratados como cansados e muito pesados para funcionar. Paulo também observa os olhos fechados. Nenhuma parte sensorial da pessoa está respondendo. A estupidez do povo impediu que respondessem e se voltassem para Deus em busca de cura. Voltando-se para Deus (*epistrepsōsin*) é a resposta que falta. Essa mudança os curaria, mas eles se recusaram a fazê-lo.

Deus estava predizendo a resposta deles por meio de Isaías. Ele disse aos pais através da figura do chamado e ministério de Isaías que eles eram teimosos, ouvindo um relato divino, mas não entendendo, vendo, mas não percebendo realmente. O par de partículas negativas (*ou mē*) aparece duas vezes no versículo 26. Elas são enfáticas em seu vigor. Paulo cita a passagem para alertar o público de que a nação de Israel está caindo no padrão nacional de não crer e de refletir a dureza de coração. Paulo é como Isaías, e a atual comunidade judaica é como a antiga nação. Essa advertência se encaixa no padrão de At 13, onde Paulo é associado ao servo de Isaías, mas não se trata de uma rejeição permanente da nação. Paulo ainda prega para qualquer um que possa ouvir (v. 30-31). Além disso, a repreensão é muito parecida com a de 13:41, que cita Hc 1:5. É um aviso profético (cf. Tannehill 1985; Moessner 1988; Moessner 1989b) que recusar-se a ouvir a palavra é correr o risco de chegar a um ponto em que nunca será ouvido (Marshall 1980, p. 425).

O resultado é expresso com um chamado solene (v. 28) para entender o que está acontecendo: "Ouçam com atenção" (At 2:14; 4:10; 13:38). A salvação vai para os gentios (Is 40:5; Sl 67:2 [66:3 LXX]; 98:3 [97:3 LXX]; At 1:8; 10:1-11:18; 13:46-47; 18:6). Eles ouvirão a mensagem e responderão. Aqui Paulo parece estar atraindo o povo de Israel com essa advertência profética na esperança de deixá-los com ciúmes (Rm 11:11-12, 25-32) ou incitando-os a não serem desobedientes a Deus.

Questão textual em Atos 28:29: Esse versículo, que está entre colchetes, não é bem atestado pelo texto original de Atos. Está faltando em p^{74}, א, A, B, E Ψ, e por isso está marcado no restante da tradução. Mostra os judeus discutindo entre si ao saírem do lugar de Paulo, afirmando: "Depois que ele disse essas coisas, os judeus partiram, enquanto travavam uma longa discussão entre si". A leitura está em Byz e no MSS Itala.

Por que Atos termina sem mencionar o destino de Paulo? O livro de Atos termina com uma nota de triunfo. É um resumo final como o encerramento das unidades anteriores (6:7; 9:31; 12:24; 16:5; 19:20). Paulo, embora preso, vive às suas próprias custas e recebe todos os que o visitam. A palavra de Deus, tendo chegado a Roma, agora está sendo pregada.

Lucas notoriamente não revela o destino de Paulo quando o livro termina. Alguns dizem que isso ocorre porque, no momento em que ele escreveu, o destino de Paulo ainda não estava decidido. Witherington (1998, p. 807-809) trata das várias visões e rejeita especificamente a ideia de que Lucas escreve por volta de 62 d.C., numa época em que o destino de Paulo ainda estava indefinido.

Se Lucas escreveu Atos em um momento posterior ao destino de Paulo ter sido revelado, seu motivo para o silêncio sobre o assunto não pode ser conhecido de forma conclusiva, mas as possibilidades de como a prisão acabou e por que Lucas terminou seu livro dessa maneira podem ser assim exploradas:

Primeiro, a ideia de que Lucas pensou em escrever um terceiro volume no qual revelaria o destino de Paulo tem muito contra isso. A passagem de Lc 21:12-19 prediz que as perseguições vêm aos primeiros crentes, uma configuração natural para a narração da história da igreja primitiva no livro de Atos. Em contraste, nada em Atos dá qualquer indicação de que Lucas pretende levar a história adiante. E, claro, há o fato de que nenhum terceiro livro existe ou foi citado.

Em segundo lugar, a ideia de que Paulo foi libertado depois de alguns anos porque seus acusadores não compareceram é improvável, pois essa visão é baseada na datação imprópria de papiros que supostamente descrevem tal situação legal. Bruce (1990, p. 541) cobre a discussão, assim como Sherwin-White (1963, p. 112-119). Fitzmyer (1998, p. 796-797) parece defender essa opção ao mencionar a estada de dois anos, citando o exemplo de Cláudio em Dio Cassius, *Rom. Hist.* 60.28.6. Os exemplos posteriores aparecem em Plínio, o Jovem, *Ep.* 10.56.4 e 10.57.2, e Filo, *Flaccus* 16 §128. Johnson (1992, p. 473) observam os mesmos textos, mas afirmam que eles não podem apoiar o argumento. O que essa opção significaria para a conclusão de Lucas ao livro de Atos? Isso significaria que a investigação morreu por falta de interesse e, portanto, Lucas não mencionou o fato. No entanto, se isso acontecesse, certamente Lucas teria um grande argumento final para a inocência de Paulo, um ponto que Atos havia tratado o tempo todo.

Terceiro, alguns dizem que Lucas sabia que Paulo foi executado durante sua prisão, mas que esse resultado era muito negativo para ele mencionar. Haenchen (1987, p. 732), por exemplo, argumenta que o final de Lucas para Atos pressupõe o martírio de Paulo, mas Lucas não queria terminar com uma nota sobre o martírio. Conzelmann (1987, p. 228) concorda com Haenchen, citando o discurso de despedida em Mileto. No entanto, evidências de *1Clemente* 5.5-7 e Eusébio (*História eclesiástica* 2.22) sugerem que Paulo não morreu como resultado dessa investigação, mas que ele sobreviveu a essa prisão e foi executado em um evento separado no final dos anos sessenta quase ao mesmo tempo que Pedro. Além disso, contra Haenchen e Conzelmann está o fato de que o relato do martírio de Estêvão em At 7 mostra que Lucas estava disposto a exaltar uma figura martirizada.

Uma quarta visão diz que Lucas escolheu terminar seu livro aqui porque seu objetivo era narrar a chegada do evangelho aos níveis mais altos de Roma, a sede do poder mundial. O final do livro permaneceu aberto no que diz respeito ao futuro da nação judaica porque a igreja ainda estava pregando a palavra para quem quiser ouvi-la (Witherington 1998, p. 809).

Esse era o ponto-chave que Lucas queria alcançar em Atos, justificando seu silêncio sobre a eventual morte de Paulo se de fato ele soubesse disso ao terminar o livro. Essa é a melhor explicação para o final de Atos e se encaixa na relação entre Atos e a datação dos evangelhos, conforme mencionado na Introdução.

O Livro de Atos em Resumo

Atos é um livro de testemunhas do Jesus ressuscitado. Deus é a testemunha principal, agindo em nome de Jesus e dando o Espírito por meio de Jesus às suas testemunhas. O livro termina com uma das principais testemunhas vivendo sua vocação, apesar de ter sofrido injustamente. Vemos a contínua natureza trágica da incredulidade judaica, mas Paulo continua a manter uma porta aberta para qualquer um que o ouça e considere sua mensagem. Paulo ama os judeus que o perseguem e os vê como irmãos que perderam o rumo. Vemos o que contribui para um bom evangelismo: (1) confiança e prontidão para compartilhar porque Deus é soberano, (2) foco em Deus e no programa do reino de Deus por meio de Jesus, (3) uma porta aberta para qualquer um que queira ouvir e (4) um reconhecimento de que evangelismo e missão são uma prioridade, mesmo o chamado fundamental da igreja no mundo (Fernando 1998, p. 628-32). Nada, incluindo prisão, perseguição ou possível morte, impediu a capacidade de Paulo de ministrar e pregar a mensagem. Devemos nos maravilhar com a forma como Deus protegeu Paulo e cumpriu sua palavra (Stott 1990, p. 402). Também podemos ver neste livro que Paulo sofreu bastante. Ele manteve a fé e continuou a servir, vivendo seu chamado.

Tudo isso é obra de um Deus ativo. Deus tem dirigido os eventos ao longo do livro. Deus estabeleceu o chamado para a missão. Deus deu o Espírito. Deus dirigiu a igreja aos gentios. Deus chamou Paulo com Barnabé e depois enviou Paulo a Jerusalém e Roma. Deus protegeu Paulo quando ele trouxe a palavra ali como testemunha fiel de Deus. Deus é confiável e seu chamado deve ser seguido. Paulo nos mostra que a combinação de ajuda divina e a fidelidade de um discípulo ao chamado de Deus é poderosa.

A premissa teológica de Atos é que Jesus é o Senhor de todos e, portanto, o evangelho pode chegar a todos. A mensagem de Lucas é esta: fique tranquilo; o progresso desimpedido da palavra de Deus sobre a salvação para todas as pessoas está ocorrendo pela direção de Deus, cumprida no Senhor Jesus Cristo, de acordo com a promessa há muito revelada das Escrituras a Israel — e apesar da oposição. A nova religião é realmente antiga, enraizada na promessa e na direção de Deus. A palavra vai ser pregada. De fato, apesar de todos os obstáculos que vemos em Atos, o livro termina com o evangelho sendo anunciado sem impedimentos, pois onde quer que seja compartilhado, é oferecida uma porta aberta para a presença de Deus, não importa quão cheia de tensão ou restrita seja a vida. Deus é o herói de Atos, e o enredo é como Ele revela sua palavra por meio de Jesus e de uma igreja fiel. Deus fará com que isso aconteça, assim como uma igreja fiel. As testemunhas fieis apoiam o herói da história e seu plano.

Bibliografia

Abel, F.-M. 1925. Deux Tombeaux à Meule à Abou Ghoch. *RB* 34:275-79.

Ahern, B. 1943. "Staff or No Staff?" *CBQ* 5:332-37.

Albright, W. F., e C. S. Mann. 1971. *Matthew*. AB 26. Garden City, NY: Doubleday.

Alexander, L. 2006. "What Is a Gospel?" p. 13-33 in *The Cambridge Companion to the Gospels*. Cambridge Companions to Religion. Cambridge: Cambridge University Press.

Alexander, P. S. 1997. "Jesus and the Golden Rule", p. 363-88 in *Hillel and Jesus: Comparisons of Two Major Religious Leaders*. Edit. por James H. Charlesworth e Loren L. Johns. Mineápolis: Fortress.

Allen, L. C. 1994. *Ezekiel 1—19*. WBC 29. Dallas: Word.

Allison, D. C. 1993. "What Was the Star that Guided the Magi?" *BRev* 9:20-24, p. 63.

Andreasen, N. C. 1999. "Understanding the Causes of Schizophrenia". *The New England Journal of Medicine* 340.8:645-47.

Arndt, W. F. 1956. *The Gospel according to St. Luke*. St. Louis: Concordia.

Avi-Yonah, M. 1964. *The World of the Bible: The New Testament*. Yonkers, NY: Educational Heritage.

Badcock, F. J. 1935. "A Note on St. John ii.20." *ExpTim* 47:40-41.

Baird, W. 2002. *History of New Testament Research: From Jonathan Edwards to Rudolf Bultmann*. Mineápolis: Augsburg/Fortress.

Ball, D. M. 1996. *"I Am" in John's Gospel: Literary Function, Background and Theological Implications*. JSNTSup p. 124. Sheffield: Sheffield Academic Press.

Barbet, P. 1953. *A Doctor at Calvary*. Nova York: Kennedy.

Barnett, P. W. 1981. "The Jewish Sign Prophets AD 40-70 — Their Intentions and Origins." *NTS* 27:679-97.

_____. 1999. *Jesus and the Rise of Early Christianity: A History of New Testament Times*. Downers Grove: InterVarsity.

Barrett, C. K. 1978. *The Gospel according to St. John*. 2ª ed. Filadélfia: Westminster.

_____. 1994. *A Critical and Exegetical Commentary on the Acts of the Apostles I: Preliminary Introduction and Commentary on Acts I-XIV*. ICC. Edinburgh: T&T Clark.

_____. 1998. *A Critical and Exegetical Commentary on the Acts of the Apostles II: Introduction and Commentary on Acts XV-XXVIII*. ICC. Edinburgh: T&T Clark.

Barrick, W. B. 1977. "The Rich Man from Arimathea (Matt 27:57-60) and 1QIsa[a]", *JBL* 96.2:235-39.

Barton, S. C., ed. 2006. *The Cambridge Companion to the Gospels*. Cambridge Companions to Religion. Cambridge: Cambridge University Press.

Bauckham, R. 1985. "The Study of Gospel Traditions Outside the Canonical Gospels: Problems and Prospects." In *The Jesus Tradition Outside the Gospels*. Gospel Perspectives 5. Edit. por David Wenham. Sheffield: JSOT.

_____. 1993. "Pápias and Polycrates on the Origin of the Fourth Gospel." *JTS* 44:24-69.

_____. 1996a. "Nicodemus and the Gurion Family." *JTS* 47:1-37.

_____. 1996b. "James and the Gentiles (Acts 15,13-21)." p. 154-84 in *History, Literature and Society in the Book of Acts*. Edit. por Ben Witherington III. Cambridge: Cambridge University Press.

_____. 1998a. *God Crucified: Monotheism and Christology in the New Testament*. Grand Rapids: Eerdmans.

_____. ed. 1998b. *The Gospels for All Christians: Rethinking the Gospel Audience*. Grand Rapids: Eerdmans.

_____. 2002. *Gospel Women: Studies of the Named Women in the Gospels*. Grand Rapids: Eerdmans/Edinburgh: T&T Clark.

_____. 2006. *Jesus and the Eyewitnesses: The Gospels as Eyewitness Testimony*. Grand Rapids: Eerdmans.

_____. 2007. *The Testimony of the Beloved Disciple: Narrative, History, and Theology in the Gospel of John*. Grand Rapids: Baker.

_____. ed. 2008. *Jesus and the God of Israel: God Crucified and Other Studies on the New Testament's Christology of Divine Identity*. Grand Rapids: Eerdmans, 2008.

Bauer, W. 1933. *Das Johannes-Evangelium*. Tübingen: J. C. B. Mohr.

Bavinck, H. 1977. *The Doctrine of God*. Trad. por William Hendrickson. Edinburgh: Banner of Truth [1951].

Bayer, H. F. 1986. *Jesus' Predictions of Vindication and Resurrection: The Provenance, Meaning and Correlation of the Synoptic Predictions*. WUNT 2/20. Tübingen: Mohr.

Beare, Francis Wright. 1981. *The Gospel according to Matthew: Translation, Introduction and Commentary*. São Francisco: Harper & Row.

Beasley-Murray, G. R. 1962. *Baptism in the New Testament*. Grand Rapids: Eerdmans.

_____. 1999. *John*. 2ª ed. WBC 36. Waco, TX: Word [1987].

Beck, D. R. 1997. *The Discipleship Paradigm: Readers and Anonymous Characters in the Fourth Gospel*. Biblical Interpretation Series 27. Leiden: Brill.

Becking, Bob. 1994. "'A Voice Was Heard in Ramah': Some Remarks on Structure and Meaning of Jeremiah 31, p.15-17." *BZ* 38:242.

Beckwith, R. T. 1985. *The Old Testament Canon of the New Testament Church and Its Background in Early Judaism*. Grand Rapids: Eerdmans/Londres: SPCK.

Betz, Hans Dieter. 1995. *The Sermon on the Mount: A Commentary on the Sermon on the Mount, including the Sermon on the Plain (Matthew 5:3-7:27 and Luke 6:20-49)*. Edit. por Adela Yarbro Collins. Hermeneia. Mineápolis: Fortress.

Bin, David. 1988. "How Long Was Jesus in the Tomb?" *Jerusalem Perspective* 8:3-4. Black, D. A., ed. 2008. *Perspectives on the Ending of Mark*. Nashville: B&H Academic Block, Daniel Isaac. 1998. *The Book of Ezekiel*. 2 vols. NICOT. Grand Rapids: Eerdmans. Blomberg, C. L. 1990a. *Interpreting the Parables*. Downers Grove: InterVarsity.

_____. 1990b. "Marriage, Divorce, Remarriage, and Celibacy: An Exegesis of Mt 19:3-12." *Trinity Journal* 11 New Series: p. 161-96.
_____. 1992. *Matthew*. NAC 22. Nashville: Broadman.
_____. 2002. *The Historical Reliability of John's Gospel*. Leicester: InterVarsity.
_____. 2007. *The Historical Reliability of the Gospels*. 2ª ed. Downers Grove: InterVarsity [1987].
_____. 2009. *Jesus and the Gospels: An Introduction and Survey*. 2ª ed. Nashville: B&H. Bock, D. L. 1987. *Proclamation from Prophecy and Pattern: Lucan Old Testament Christology*. JSNTSup 12. Sheffield: JSOT Press.
_____.1994. *Luke 1:1-9:50*. BECNT 3A. Grand Rapids: Baker.
_____. 1995. "The Words of Jesus in the Gospels: Live, Jive, or Memorex?" p. 73-100 in *Jesus Under Fire: Modern Scholarship Reinvents the Historical Jesus*. Edit. por Michael J. Wilkins e J. P. Moreland. Grand Rapids: Zondervan.
_____. 1996. *Luke 9:51-24:53*. BECNT 3B. Grand Rapids: Baker.
_____. 1998. *Blasphemy and Exaltation in Judaism and the Jewish Examination of Jesus*. WUNT 2. p. 106. Tübingen: Mohr/Siebeck.
_____. 2000. *Blasphemy and Exaltation in Judaism: The Charge Against Jesus in Mark 14:53-65*. 1998; reimp., Grand Rapids: Baker.
_____. 2002. *Jesus according to Scripture: Restoring the Portrait from the Gospels*. Grand Rapids: Baker.
_____. 2005. "The Gospel of Mark." p. 391-560 in *Matthew, Mark*. Edit. por Philip W. Comfort. Carol Stream, IL: Tyndale.
_____. 2007. *Acts*. BECNT. Grand Rapids: Baker.
Bock, D. L., e G. J. Herrick. 2005. *Jesus in Context: Background Readings for Gospel Study*. Grand Rapids: Baker Academic.
Bock, D. L., e A. J. Köstenberger. 2012. *A Theology of Luke and Acts: God's Promised Program, Realized for All Nations*. Biblical Theology of the New Testament. Grand Rapids: Zondervan.
Bock, D. L., e R. L. Webb. 2009. *Key Events in the Life of the Historical Jesus: A Collaborative Exploration of Context and Coherence*. WUNT 247. Tübingen: Mohr/Siebeck.
Böckh, A. 1828-77. *Corpus Inscriptionum Graecarum*. Berlin: Reimer.
Bockmuehl, M. 1989. "Matthew 5.32; 19.9 in the Light of Pre-Rabbinic Halakah." *NTS* 35:291-95.
Boismard, M-E., e A. Lamouille. 1984. *Le Texte Occidental des Actes des Apôtres*. Paris: Éditions recherche sur les Civilisations.
Bond, H. K. 1998. *Pontius Pilate in History Interpretation*. SNTSMS 100. Cambridge: Cambridge University Press.
Bonz, M. P. 2000. *The Past as Legacy: Luke—Acts and Ancient Epic*. Mineápolis: Fortress. Borchert, Gerard L. 1996. *John 1—11*. NAC 25A. Nashville: B&H.
_____. 2002. *John 12—21*. NAC 25B. Nashville: B&H.
Boring, M. Eugene 1995. "The Gospel of Matthew: Introduction, Commentary, and Reflections." *NIB* 8. Nashville: Abingdon.

_____. 2006, *Mark: A Commentary*. NTL. Louisville: WJK.

Bovon, F. 1989. *Das Evangelium nach Lukas: Lk 1:1-9,50*. EKKNT 3/1. Zurich: Benziger/ Neukirchen-Vluyn: Neukirchener Verlag.

Brindle, Wayne A. 2002. "To the Jew First": Rhetoric, Strategy, History, or Theology. *BSac* 159:221-33.

Broadus, John. 1886. *Matthew*. An American Commentary. Valley Forge: Judson.

Brodie, T. L. 1993. *The Gospel according to John: A Literary and Theological Commentary*. Nova York: Oxford University Press.

Brown, R. E. 1966. *The Gospel according to John I-XII*. AB 29A. Garden City, NY: Doubleday.

_____. 1970. *The Gospel according to John XIII-XXI*. AB 29B. Garden City, NY: Doubleday.

_____. 1977. *The Birth of the Messiah: A Commentary on the Infancy Narratives in Matthew and Luke*. Londres: Chapman/Garden City, NY: Doubleday.

_____. 1979. *The Community of the Beloved Disciple: The Lives, Loves, and Hates of an Individual Church in New Testament Times*. Nova York: Paulist.

_____. 1993. *The Birth of the Messiah: A Commentary on the Infancy Narratives in the Gospels of Matthew and Luke*. ABRL. 1977; nova ed., Nova York: Doubleday.

_____. 1994. *The Death of the Messiah, from Gethsemane to the Grave: A Commentary on the Passion Narratives in the Four Gospels*. 2 vols. ABRL. Nova York: Doubleday.

Brown, R. E., et al., eds. 1978. *Mary in the New Testament*. Filadélfia: Fortress.

Bruce, A. B. 1976. "The Gospel according to Matthew." *The Expositor's Greek Testament*, vol. 1. Sem data. reimp. Grand Rapids: Eerdmans.

_____. 1988. *The Training of the Twelve*. 1871; reimp., Grand Rapids: Kregel. Bruce, F. F. 1942. *The Speeches in the Acts of the Apostles*. Londres: Tyndale.

_____. 1975-76. "Is the Paul of Acts the Real Paul?" *Bulletin of John Rylands Library, Manchester* 58:282-305.

_____. 1976. *The Acts of the Apostles*. 2ª ed. Downers Grove, IL: InterVarsity.

_____. 1983. *The Gospel of John*. Grand Rapids: Eerdmans.

_____. 1988a. *The Book of Acts*. Rev. e ed. Grand Rapids: Eerdmans.

_____. 1988b. *The Canon of Scripture*. Downers Grove: InterVarsity.

_____. 1990. *The Acts of the Apostles: Greek Text with Introduction and Commentary*. 3ª rev. e edição ampliada. Grand Rapids: Eerdmans.

Bruner, Frederick Dale. 2004. *Matthew*. 2 vols. *The Christbook (Matthew 1—12)* and the *Churchbook (Matthew 13—28)*. 2ª ed. Grand Rapids: Eerdmans.

Buchanan, George Wesley. 1996. *The Gospel of Matthew*. 2 vols. The Mellen Biblical Commentary. Lewiston, NY: Mellen Biblical Press.

Bultmann, R. 1963. *The History of the Synoptic Tradition*. Trad. por J. Marsh. Nova York: Harper & Row/Oxford: Blackwell.

_____. 1971. *The Gospel of John*. Trad. por G. R. Beasley-Murray. Oxford: Blackwell. Burge, G. M. 1984. "A Specific Problem in the New Testament Text and Canon: The Woman Caught in Adultery (John 7:53-8:11)." *JETS* 27:141-48.

_____. 2000. *The Gospel of John*. NIVAC. Grand Rapids: Zondervan.
Burridge, R. 1995. *What Are the Gospels? A Comparison with Graeco-Roman Biography*. STNSMS 70. Cambridge: Cambridge University Press.
Busada, C. J. 2003. "Calendar and Theology: An Investigation into a Possible Mutable Calendric System in the Fourth Gospel." Diss. PhD., Southeastern Baptist Theological Seminary, Wake Forest.
Byington, S. T. 1957. "יהוה and אדני." *JBL* 76:58-59.
Cadbury, H. J. 1922. "Commentary on the Preface of Luke." p. 489-510 in vol. 2. of *The Beginnings of Christianity*, Part 1 edit. por F. J. Foakes Jackson e K. Lake. Londres: Macmillan.
_____. 1933. "Note XXIV: Dust and Garments." p. 269-77 in *The Acts of the Apostles*, vol. 5: *Additional Notes on the Commentary*. Edit. por F. J. Foakes Jackson e K. Lake. Londres Macmillan.
Calvin, J. 1959. *The Gospel according to St. John 1—10*. Trad. por T. H. L. Parker. Edit. por D. W. Torrance e T. F. Torrance. Edinburgh: Oliver & Boyd.
_____. 1972. *A Harmony of the Gospels Matthew, Mark and Luke*. Trad. por T. H. L. Parker. Edit. por D. W. Torrance e T. F. Torrance. Grand Rapids: Eerdmans.
Caragounis, Chrys C. 1990. *Peter and the Rock*. BZNW 58. Berlin: Walter de Gruyter. Carroll R., M. D. 2000. "Blessing the Nations: Toward a Biblical Theology of Mission from Genesis." *BBR* 10.1:17-34.
Carson, D. A. 1978. *The Sermon on the Mount: An Evangelical Exposition of Matthew 5—7*. Grand Rapids: Baker.
_____. 1981. *Divine Sovereignty and Human Responsibility: Biblical Perspectives in Tension*. Atlanta: John Knox.
_____. 1984. "Matthew." p. 1-599 in *EBC*, vol. 8., edit. por F. E. Gaebelein. Grand Rapids: Zondervan.
_____. 1991. *The Gospel according to John*. PNTC. Grand Rapids: Eerdmans.
_____. 1999. *The Difficult Doctrine of the Love of God*. Wheaton: Crossway.
_____. 2004. "Mystery and Fulfillment: Toward a More Comprehensive Paradigm of Paul's Understanding of the Old and the New." p. 393-436 in *Justification and Variegated Nomism: A Fresh Appraisal of Paul and Second Temple Judaism*. Vol. 2: *The Paradoxes of Paul*. Edit. por D. A. Carson, Peter T. O'Brien, e Mark A. Seifrid. Tübingen: Mohr Siebeck/Grand Rapids: Baker.
_____. 2010. "Matthew." p. 23-670 in *EBC*, vol. 9. Rev. e ed. por Tremper Longman III e David E. Garland. Grand Rapids: Zondervan.
Carson, D. A., e D. J. Moo. 2005. *An Introduction to the New Testament*. 2ª ed. Grand Rapids: Zondervan.
Carson, D. A., M. A. Seifrid, e P. T. O'Brien. 2004. *Justification and Variegated Nomísm: The Paradoxes of Paul*. Grand Rapids: Baker.
Carter, Warren. 2000. "Evoking Isaiah: Matthean Soteriology and an Intertextual Reading of Isaiah 7—9 and Matthew 1:23 and 4:15-16." *JBL* 119.3:503-20.
Casson, L. 1950. "The Isis and Her Voyage." *Transactions of the American Philological Association* 81:43-56.

Catchpole, D. R. 1965. "You Have Heard His Blasphemy." *TynB* 16:10-18.

_____. 1971. "The Answer of Jesus to Caiaphas (Matt. xxvi.64)." *NTS* 17.2:213-26. Charlesworth, James H. 1985. *The Old Testament Pseudepigrapha and the New Testament: Prolegomena for the Study of Christian Origins*. STNSMS 54. Cambridge: Cambridge University Press.

Cheney, E. 1997. "The Mother of the Sons of Zebedee (Mt 27:56)." *JSNT* 68:13-21. Chilton, B. 1980. "'Not to Taste Death': A Jewish, Christian, and Gnostic Usage." p. 29-36 in *Studia Biblica* 1978. Vol. 2., edit. por E. A. Livingstone. JSNTSup 3. Sheffield: JSOT.

_____. 1984. *A Galilean Rabbi and His Bible: Jesus' Use of the Interpreted Scripture of His Time*. *GNS* 8. Wilmington: Glazier.

_____. 1996. *Pure Kingdom: Jesus' Vision of God*. Studying the Historical Jesus. Grand Rapids: Eerdmans.

_____. 1997. *Jesus' Prayer and Jesus' Eucharist: His Personal Practice of Spirituality*. Valley Forge: Trinity Press International.

Chisholm, R. B., Jr. 1991. "A Theology of the Psalms." p. 257-304 in *A Biblical Theology of the Old Testament*. Edit. por R. B. Zuck, E. H. Merrill, e D. L. Bock. Chicago: Moody.

Clouse, R. G., ed. 1981. *War: Four Christian Views*. Downers Grove: InterVarsity. Conzelmann, Hans. 1987. *The Acts of the Apostles*. Hermeneia. Trad. da 2ª ed. *Die Apostlegeschichte* (1972). Filadélfia: Fortress.

Cory, C. 1997. "Wisdom's Rescue: A New Reading of the Tabernacles Discourse (John 7:1—8:59)." *JBL* 116:95-116.

Craig, W. L. 1984. "The Guard at the Tomb." *NTS* 30:273-81. Craigie, Peter C. 1983. *Psalms 1-50*. WBC 19. Waco: Word.

Cranfield, C. E. B. 1959. *The Gospel according to Saint Mark: An Introduction and Commentary*. CGTC. Cambridge: Cambridge University Press.

Creed, J. M. 1930. *The Gospel according to St. Luke*. Londres: Macmillan.

Crosby, M. H. 2002. "Matthew's Gospel: The Disciples' Call to Justice." In *The New Testament—Introducing the Way of Discipleship*. Edit. por Wes Howard-Brook and Sharon H. Ringe. Maryknoll, Nova York: Orbis.

Crossan, John Dominic. 1994. *Jesus: A Revolutionary Biography*. São Francisco: HarperSanFrancisco.

_____. 1995. *Who Killed Jesus*. São Francisco: Harper Collins.

Cullmann, Oscar. 1962. *Peter: Disciple—Apostle—Martyr. A Historical and Theological Essay*. Trad. por Floyd V. Filson. 2ª ed. Filadélfia: Westminster.

Culpepper, R. A. 1975. *The Johannine School*. Missoula, MT: Scholars Press.

Culy, M., e Parsons, M. 2003. *Acts: A Handbook on the Greek Text*. Waco: Baylor University Press.

Dahl, N. A. 1963. "The Murderer and His Father (8:44)." *NTT* 64:129-62.

Dalman, G. H. 1909. *The Words of Jesus Considered in the Light of Post-biblical Jewish Writings and the Aramaic Language*. Trad. por D. M. Kay. Edinburgh: Clark.

Danker, F. W. 1988. *Jesus and the New Age: A Commentary on St. Luke's Gospel*. Ed. rev. Filadélfia: Fortress.

Daube, D. 1956. *The New Testament and Rabbinic Judaism*. Londres: Athlone.

Davies, W. D., e Dale C. Allison Jr. 1988, 1991, 1997. *A Critical and Exegetical Commentary on the Gospel according to Saint Matthew*. 3 vols. (1—7; 8—18; 19—28). ICC. Nova ed.. Edinburgh: T&T Clark.

Decker, R. 1997. "The Use of εὐθύς ('immediately') in Mark." *Journal of Ministry and Theology* 1:90-120.

Deissmann, A. 1927. *Light from the Ancient East*. Londres: Hodder & Stoughton; Nova York: George H. Doran.

Derrett, J. D. M. 1970. *Law in the New Testament*. Londres: Darton, Longman & Todd.

_____. 1971. "Law in the New Testament: The Palm Sunday Colt." *NovT* 13:243-49.

_____. 1982. "Simon Magus (Acts 8:9-24)." *ZNW* 73:52-68.

_____. 1993. "*Ti ergaze*? (Jn 6:30): An Unrecognized Allusion to Is 45:9." *ZNW* 84:142-44.

DeWaard, J. 1971. "The Quotation from Deuteronomy in Acts 3, 22, 23 and the Palestinian Text: Additional Arguments." *Bib* 52:537-40.

Díaz, J. R. 1963. "Palestinian Targum and New Testament." *NovT* 6:75-80. Dibelius, Martin. 1956. *Studies in the Acts of the Apostles*. Londres: SCM.

Dillon, R. J. 1978. *From Eye-Witnesses to Ministers of the Word: Tradition and Composition in Luke 24*. AnBib 82. Rome: Pontifical Biblical Institute Press.

Dodd, C. H. 1936. *The Apostolic Preaching and Its Development*. Londres: Hodder & Stoughton.

_____. 1947. "The Fall of Jerusalem and the 'Abomination of Desolation.'" *JRS* 37:47-54. Reimp. in Dodd's *More New Testament Studies*, 69-83. Grand Rapids: Eerdmans/Manchester: Manchester University Press, 1968.

_____. 1953. *According to the Scriptures*. Nova York: Scribner.

Dölger, F. G. 1950. *Dioskuroi: Das Reiseschiff des Apostels Paulus und seine Schutzgötter: Kult und Kulturgeschichtliches zu Apg 28, 11*. Vol. 6 in *Realexicon für Antike und Christentum*. Edit. por T. Klauser et al. Münster: Aschendorff.

Draper, J. A. 1997. "Temple, Tabernacle and Mystical Experience in John." *Neot* 31:263-88. Dunn, J. D. 1991. "Let John Be John: A Gospel for Its Time." p. 293-322 in *The Gospel and the Gospels*. Edit. por Peter Stuhlmacher. Grand Rapids/ Cambridge: Eerdmans.

Eckey, W. 2000. *Die Apostelgeschichte: Der Weg des Evangeliums von Jerusalem nach Rom*. Neukirchen-Vluyn: Neukirchener Verlag.

Edwards, W. D., W. J. Gabel, e F. E. Hosmer. 1986. "On the Physical Death of Jesus Christ." *Journal of the American Medical Association*. 255/11:1455-63.

Ehrman, B. D. 1988. "Jesus and the Adulteress." *NTS* 34:24-44.

_____. 2003. Editor/tradutor. *The Apostolic Fathers*. 2 vols. LCL. Cambridge, MA: Harvard University Press.

_____. 2004. *The New Testament: A Historical Introduction to the Early Christian Writings*. 3ª ed. Oxford: Oxford University Press.

_____. 2008. *The New Testament: A Historical Introduction to the Early Christian Writings*. 4ª ed. Oxford: Oxford University Press.

Ellis, E. E. 1974. *The Gospel of Luke*. 2ª ed. NCB. Grand Rapids: Eerdmans/Exeter Paternoster.

Erickson, Millard J. 1983, 1984, 1985. *Christian Theology*. 3 vols. Grand Rapids: Baker. Erickson, R. J. 2000. "Joseph and the Birth of Isaac in Matthew 1." *BBR* 10.1:35-51.

Ernst, J. 1977. *Das Evangelium nach Lukas*. RNT 3. Regensburg: Pustet.

Esler, P. F. 1987. *Community and Gospel in Luke-Acts: The Social and Political Motivations of Lucan Theology*. STNSMS 57. Cambridge: Cambridge University Press.

Evans, C. A. 1991. "In What Sense 'Blasphemy'? Jesus before Caiaphas in Mark 14:61-64." p. 215-34 in *SBLSP*. Edit. por E. A. Lovering Jr. Atlanta: Scholars Press.

_____. 1992. "Predictions of the Destruction of the Herodian Temple in the Pseudepigrapha, Qumran Scrolls, and Related Texts." *JSP* 10:89-147.

_____. 1993. "Jesus and the 'Cave of Robbers': Toward a Jewish Context for the Temple Action." *BBR* 3:93-110.

_____. 1995. *Jesus and His Contemporaries: Comparative Studies*. AGJU 25. Leiden: Brill.

_____. 1997. "Aspects of Exile and Restoration in the Proclamation of Jesus and the Gospels." In *Exile: Old Testament, Jewish, and Christian Conceptions*. Edit. por J. M. Scott. Leiden: Brill.

_____. 1999. "Did Jesus Predict His Death and Resurrection?" p. 82-97 in *Resurrection*. Edit. por S. E. Porter, M. A. Hayes, e D. Tombs. JSNTSup 186; RILP 5. Sheffield: Sheffield Academic Press.

_____. 2000. *Mark 8:27-16:20*. WBC 34b. Nashville: Thomas Nelson.

_____. 2003a. *Jesus and the Ossuaries: What Jewish Burial Practices Reveal about the Beginning of Christianity*. Waco, TX: Baylor University Press.

_____. 2003b. "The Messiah in the Dead Sea Scrolls." p. 85-101 in *Israel's Messiah in the Bible and the Dead Sea Scrolls*. Edit. por R. S. Hess and M. D. Carroll. Eugene, OR: Wipf & Stock.

_____. 2008. "Abiathar." In *Encyclopedia of the Historical Jesus*. Edit. por C. A. Evans. Nova York: Routledge Press. p. 1-2.

_____. 2012a. *Jesus and His World: The Archaeological Evidence*. Louisville: WJK.

_____. 2012b. *Matthew*. New Cambridge Bible Commentary. Cambridge: Cambridge University Press.

Evans, C. A., e N. T. Wright. 2009. *Jesus, the Final Days*. Louisville: WJK.

Fee, G. D. 1987. *The First Epistle to the Corinthians*. NICNT. Grand Rapids: Eerdmans. Fernando, A. 1998. *Acts*. NIVAC. Grand Rapids: Zondervan.

Fitzmyer, J. A. 1959. "The Aramaic Qorban Inscription from Jebel Hallet Et-Turi and Mk 7:11/Mt 15:5." *JBL* 78:60-65.

_____. 1981. *The Gospel according to Luke (i-ix)*. AB 28. Garden City, NY: Doubleday.

_____. 1985. *The Gospel according to Luke (x-xxiv)*. AB 28a. Garden City, NY: Doubleday.

_____. 1989. *Luke the Theologian: Aspects of His Teaching*. Mahwah, NJ: Paulist/ Londres: Chapman.

_____. 1998. *The Acts of the Apostles*. AB 31. Garden City: Doubleday. Flusser, D., com R. S. Notley. 2001. *Jesus*. 3ª ed. Jerusalem: Magnes. Foakes-Jackson, F. J. 1931. *The Acts of the Apostles*. Londres: Macmillan.

Fornara, C. H. 1983. *The Nature of History in Ancient Greece and Rome*. Berkeley: University of California Press.

Frame, J. M. 2002. *The Doctrine of God*. Phillipsburg, NJ: P&R.

France, R. T. 1985. *The Gospel according to Matthew: An Introduction and Commentary*. TNTC. Grand Rapids: Eerdmans/Leicester: InterVarsity.

_____. 1989. *Matthew: Evangelist and Teacher*. Grand Rapids: Zondervan.

_____. 2002. *The Gospel of Mark*. NIGTC. Grand Rapids: Eerdmans.

_____. 2007. *The Gospel of Matthew*. NICNT. Grand Rapids: Eerdmans.

Freed, E. D. 1983. "Who or What Was before Abraham in John 8:58?" *JSNT* 17:52-59.

Funk, R. W., e R. W. Hoover. 1993. *The Five Gospels: The Search for the Authentic Words of Jesus*. Nova York: Macmillan.

Garland, D. E. 1979. *The Intention of Matthew 23*. NovTSup 52. Leiden: Brill.

_____. 1987. "Matthew's Understanding of the Temple Tax (Mt 17:24-7)." p. 190-209 in *SBLSP*. Atlanta: Scholars.

_____. 1995. "Mark", in *Zondervan Illustrated Bible Backgrounds Commentary* 1. Grand Rapids: Zondervan.

_____. 1996. *Mark*. The NIVAC. Grand Rapids: Zondervan.

_____. 2011. *Luke*. Zondervan Exegetical Commentary on the New Testament. Grand Rapids: Zondervan.

Garlington, D. B. 1994. "Jesus, the Unique Son of God: Tested and Faithful." *BSac* 151:284-308.

Gathercole, Simon. 2006. *The Preexistent Son: Recovering the Christologies of Matthew, Mark and Luke*. Grand Rapids: Eerdmans.

Gaventa, B. R. 2003. *Acts*. Nashville: Abingdon.

Geldenhuys, N. 1951. *Commentary on the Gospel of Luke*. NICNT. Grand Rapids: Eerdmans.

Gerhardsson, B. 1996. *The Testing of God's Son (Matt 4:1-11 & Par.)*. ConBNT 2.1. Lund: Gleerup, 1996.

_____. 1999. "The Christology of Matthew." In *Who Do You Say That I Am? Essays on Christology. In Honor of Jack Dean Kingsbury*. Edit. por Mark Allan Powell and David R. Bauer. Louisville: WJK.

Giblin, C. H. 1980. "Suggestion, Negative Response, and Positive Action in St. John's Portrayal of Jesus (John 2:1-11; 4:46-54; 7:2-14; 11:1-44)." *NTS* 26:197-211.

Gibson, S. 2009. *The Final Days of Jesus: The Archaeological Evidence*. Nova York: HarperOne.

Godet, F. 1875. *A Commentary on the Gospel of St. Luke*. 2 vols. Trad. por E. W. Shalders e M. D. Cusin. Edinburgh: Clark.

Goldin, J. 1980. "The First Pair (Yose Ben Yoezer and Yose ben Yohanan), or The Home of a Pharisee." *AJSR* 5:41-61.

Good, D. 1990. "The Verb Anachōreō, to Withdraw, in Matthew's Gospel." *NovT* 32:1-12. Goulder, M. D. 1989. *Luke: A New Paradigm*. JSNTSup 20. 2 vols. Sheffield: JSOT Press. Grández, R. M. 1989. "Las Tinieblas en la Muerte de Jesús: Historia de la Exégesis de Lc 23:44-45a (Mt 27:45; Mc 15:33)." *EstBib* 47:177-223.

Green, J. B., S. McKnight, and I. H. Marshall, eds. 1992. *DJG*. Downers Grove, IL: InterVarsity.

Grelot, P. 1967. "Aujourd'hui tu Seras avec Moi dans le Paradis (Luc, xxiii, 43)." *RB* 74:194-214.

Grintz, J. M. 1960. "Hebrew as the Spoken and Written Language in the Last Days of the Second Temple." *JBL* 79:32-47.

Grogan, Geoffrey W. 1986. "Isaiah." *EBC*, vol. 6. Grand Rapids: Zondervan. Grudem, W. 1995. *Systematic Theology*. Grand Rapids: Zondervan.

Grundmann, W. 1963. *Das Evangelium nach Lukas*. THKNT 3. Berlin: Evangelische Verlagsanstalt.

Guelich, R. 1982. *The Sermon on the Mount*. Waco: Word.

_____. 1989. *Mark 1-8:26*. WBC 34a. Dallas: Word.

Gundry, R. H. 1967. *The Use of the Old Testament in St. Matthew's Gospel, with Special Reference to the Messianic Hope*. NovTSup 18. Leiden: Brill.

_____. 1982. *Matthew: A Commentary on His Literary and Theological Art*. Grand Rapids: Eerdmans.

_____. 1990. "Jesus' Blasphemy according to Mark 14:61b-64 and Mishnah Sanhedrin 7:5." Paper presented at the annual meeting of the SBL, New Orleans.

_____. 1993. *Mark: A Commentary on His Apology for the Cross*. Grand Rapids: Eerdmans.

_____. 1994. *Matthew: A Commentary on His Handbook for a Mixed Church Under Persecution*. 1982; 2ª ed. Grand Rapids: Eerdmans.

Guthrie, D. 1981. *New Testament Theology*. Downers Grove: InterVarsity.

Haenchen, E. 1971. *The Acts of the Apostles: A Commentary*. Trad. por B. Noble, G. Shinn, H. Anderson, e R. M. Wilson. Filadélfia: Westminster/Oxford: Blackwell.

_____. 1987. *Acts of the Apostles: A Commentary*. Londres: Blackwell. Hagner, Donald. 1993, 1995. *Matthew*. WBC 33a&b. Dallas: Word.

Hahn, F. 1969. *The Titles of Jesus in Christology: Their History in Early Christianity*. Trad. por H. Knight e G. Ogg. Londres: Lutterworth.

Harrington, Daniel J. 1991. *The Gospel of Matthew*. SP 1. Collegeville, MN: Michael Glazier.

Harris, M. J. 1992. *Jesus as God*. Grand Rapids: Baker. Hartley, John E. 1992. *Leviticus*. WBC 4. Dallas: Word.

Hayles, D. J. 1973. "The Roman Census and Jesus' Birth: Was Luke Correct? Part 1: The Roman Census System." *BurH* 9:113-32.

_____. 1974. "The Roman Census and Jesus' Birth: Was Luke Correct? Part 2: Quirinius' Career and a Census in Herod's Day." *BurH* 10:16-31.

Hellerman, J. H. 2001. *The Ancient Church as Family*. Mineápolis: Fortress.

Hemer, C. J. 1989. *The Book of Acts in the Setting of Hellenistic History*. Edit. por C. H. Gempf. WUNT 49. Tübingen: Mohr Siebeck.

_____. 1985. "First Person Narrative in Acts 27—28." *TynB* 36:79-109.

Hendricksen, W. 1973. *Exposition of the Gospel according to Matthew*. Grand Rapids: Baker.

_____. 1978. *Exposition of the Gospel according to Luke*. New Testament Commentary. Grand Rapids: Baker.

Hengel, M. 1976. *The Son of God*. Londres: SCM; Filadélfia: Fortress.

_____. 1977. *Crucifixion*. Londres: SCM; Filadélfia: Fortress.

_____. 1979. *Acts and the History of Earliest Christianity*. Londres: SCM.

_____. 1985. *Studies in the Gospel of Mark*. Filadélfia: Fortress.

_____. 1990. *Between Jesus and Paul; Studies in the Earliest History of Christianity*. Mineápolis: Fortress.

_____. 1993. *Die johanneische Frage*. WUNT 67. Tübingen: Mohr-Siebeck.

_____. 1995. *Studies in Early Christology*. Edinburgh: Clark.

_____. 1999. "Das Johannesevangelium als Quelle für die Geschichte des antiken Juden-n tums." p. 293-334 in *Judaica, Hellenistica et Christiana: Kleine Schriften II*. WUNT 109. Tübingen: Mohr-Siebeck.

Hengel, M., and A. M. Schwemer. 1997. *Paul Between Damascus and Antioch: the Unknown Years*. Louisville: Westminster.

_____. 2001. "Der messianische Anspruch Jesu und die Anfänge der Christologie." *WUNT* 138.

Higgins, A. J. B. 1969. "Sidelights on Christian Beginning in the Graeco-Roman World." *EvQ* 41:197-206.

Hill, C. E. 1997. "The Identity of John's Nathanael." *JSNT* 67:45-61. Hill, David. 1972. *The Gospel of Matthew*. NCB. Londres: Oliphants.

Hoehner, H. W. 1977. *Chronological Aspects of the Life of Christ*. Grand Rapids: Zondervan.

Holmes, M. W., ed. e trad. 2007. *The Apostolic Fathers: Greek Texts and English Translations*. 3ª ed. sobre o trabalho anterior de J. B. Lightfoot e J. R. Harmer. Grand Rapids: Baker.

Hooker, M. D. 1967. *The Son of Man in Mark: A Study of the Background of the Term "Son of Man" and Its Use in St. Mark's Gospel*. Londres: SPCK.

_____. 1998. "Did the Use of Isaiah 53 to Interpret His Mission Begin with Jesus?" p. 88-103 in *Jesus and the Suffering Servant: Isaiah 53 and Christian Origins*.

Edit. por William H. Bellinger Jr. e William R. Farmer. Harrisburg, PA: Trinity Press International.

Horsley, G. H. R. 1981. *New Documents Illustrating Early Christianity: A Review of the Greek Inscriptions and Papyri*. Vol. 1. North Ryde: Macquarie.

Hoskins, P. M. 2007. *Jesus as the Fulfilment of the Temple in the Gospel of John*. Paternoster Monograph Series. Eugene, OR: Wipf & Stock.

Howard, T. L.1986. "The Use of Hosea 11:1 in Matthew 2:15: An Alternative Solution." *BSac* 143:314-28.

Hughes, David. 1979. *The Star of Bethlehem: An Astronomer's Confirmation*. Nova York, NY: Walker and Company.

Hultberg, A. 2007. "Notes on Mark." p. 1463-1505 in *The Apologetics Study Bible*. Edit. por T. Cabal. Nashville: Holman Bible Publishers.

Instone-Brewer, D. 2002. *Divorce and Remarriage in the Bible: The Social and Literary Context*. Grand Rapids: Eerdmans.

Jackson, H. M. 1999. "Ancient Self-Referential Conventions and Their Implications for the Authorship and Integrity of the Gospel of John." *JTS* 50:1-34.

Janowski, B., e P. Stuhlmacher, eds. 2004. *The Suffering Servant: Isaiah 53 in Jewish and Christian Sources*. Trad. por Daniel P. Bailey. Grand Rapids: Eerdmans.

Janzen, D. 2000. "The Meaning of *Porneia* in Matthew 5.32 and 19.9: An Approach from the Study of Ancient Near Eastern Culture." *JSNT* 80:66-80.

Jaubert, A. 1965. *The Date of the Last Supper*. Trad. por Isaac Rafferty. Staten Island, NY: Alba.

Jefford, C. N. 2005. "The Milieu of Matthew, the Didache, and Ignatius of Antioch." In *Matthew and the Didache: Two Documents from the Same Jewish-Christian Milieu*. Edit. por Huub van de Sandt. Assen/Mineápolis: Royal Van Gorcum/ Fortress. Jeremias, J. 2010. *The Parables of Jesus*. Trad. por S. H. Hooke. Rev. e ed. NTL. Filadéfia: Westminster/Londres: SCM.

Jervall, Jacob. 1972. *Luke and the People of God*. Mineápolis: Augsburg.

_____. 1998. *Die Apostlegeschichte*. Göttingen: Vandenhoeck & Ruprecht.

Johnson, Luke Timothy. 1992. *The Acts of the Apostles*. SP 5. Collegeville, MD: Liturgical Press.

Johnson S. E. 1972. *The Gospel according to St. Mark*. BNTC. Londres: A & C Black. Kaiser, W. C., Jr. 1995. *The Messiah in the Old Testament*. Grand Rapids: Zondervan. Kaiser, W. C., Jr., P. H. Davids, F. F. Bruce, e M. Brauch. 1996. *Hard Sayings of the Bible*. Downers Grove: IVP Academic.

Kalland, Earl S. 1992. "Deuteronomy." In *EBC*, vol. 3. Grand Rapids: Zondervan. Keener, C. S. 2003. *The Gospel of John*. 2 vols. Peabody, MA: Hendrickson.

_____. 2009a. *The Historical Jesus of the Gospels*. Grand Rapids: Eerdmans.

_____. 2009b. *The Gospel of Matthew: A Socio-Rhetorical Commentary*. Grand Rapids: Eerdmans.

Kelso, J. L. 1962. "House." p. 544-46 in *NBD*. Edit. por J. D. Douglas. Grand Rapids: Eerdmans.

Kidger, Mark. 1999. *The Star of Bethlehem: An Astronomer's View*. Princeton: Princeton University Press.

Kilpatrick, G. D. 1942. "A Theme of the Lucan Passion Story and Luke xxiii.47." *JTS* o.s. 43:34-36.

_____. 1965a. "The Greek New Testament Text of Today and the *Textus Receptus*." p. 189-208 in *The New Testament in Historical and Contemporary Perspective: Essays in Memory of G. H. C. Macgregor*. Edit. por H. Anderson e W. Barclay. Oxford: Blackwell.

Kistemaker, S. J. 1980. *The Parables of Jesus*. Grand Rapids: Baker.

Klein, R. W. 1983. *1 Samuel*. WBC 10. Waco, TX: Word.

Klostermann E. 1929. *Das Lukasevangelium*. HNT 5. Tübingen: Mohr. Reimp. 1975.

Knox, J. 1942. *Marcion and the New Testament: An Essay in the Early History of the Canon*. Chicago: University of Chicago Press.

Köstenberger, A. J. 1995a. "The 'Greater Works' of the Believer according to John 14:12." *Did* 6:36-45.

_____. 1995b. "The Seventh Johannine Sign: A Study in John's Christology." *BBR* 5:87-103.

_____. 1998. *The Missions of Jesus and the Disciples according to the Fourth Gospel*. Grand Rapids: Eerdmans.

_____. 1999. *Encountering John: The Gospel in Historical, Literary, and Theological Perspective*. Encountering Biblical Studies. Grand Rapids: Baker.

_____. 2001. *Studies on John and Gender: A Decade of Scholarship*. Studies in Biblical Literature 38. Nova York: Lang.

_____. 2002. "Jesus the Good Shepherd Who Will Also Bring Other Sheep (John 10:16): The Old Testament Background of a Familiar Metaphor." *BBR* 12:67-96.

_____. 2004a. *John*. Grand Rapids: Baker.

_____. 2004b. "'I Suppose' (Οἶμαι): The Conclusion of John's Gospel in Its Literary and Historical Context." p. 72-88 in *The New Testament in Its First Century Setting: Essays on Context and Background in Honour of B. W. Winter on His 65th Birthday*. Edit. por P. J. Williams, A. D. Clarke, P. M. Head, e D. Instone-Brewer. Grand Rapids: Eerdmans.

_____. ed. 2005. *Whatever Happened to Truth?* Wheaton: Crossway, 2005.

_____. 2006. "The Destruction of the Second Temple and the Composition of the Fourth Gospel." p. 69-108 in *Challenging Perspectives on the Gospel of John*. WUNT 2/219. Edit. por John Lierman. Tübingen: Mohr Siebeck.

_____. 2007. "John." p. 415-512 in *Commentary on the New Testament Use of the Old Testament*. Edit. por G. K. Beale e D. A. Carson. Grand Rapids: Baker, 2007.

_____. 2009. *Theology of John's Gospel and Letters: The Word, the Christ, the Son of God*. Grand Rapids: Zondervan.

_____. 2010. "The Glory of God in John's Gospel and Revelation." p. 107-26 in *The Glory of God*. Edit. por Christopher W. Morgan e Robert A. Peterson. Wheaton: Crossway.

_____. 2011. "Lifting up the Son of Man and God's Love for the World: John 3:16 in Its Historical, Literary, and Theological Context." p. 141-59 in *Understanding the Times: New Testament Studies in the 21st Century: Essays in Honor of D. A. Carson on the Occasion of His 65th Birthday*. Edit. por Andreas Köstenberger e Robert Yarbrough. Wheaton: Crossway.

_____. Forthcoming. "Who Were the First Disciples of Jesus? An Assessment of the Historicity of the Johannine Call Narrative (John 1:35-51)." In *John, Jesus, and History*, vol. 3. Edit. por Paul N. Anderson, Felix Just, e Tom Thatcher. Atlanta: Society of Biblical Literature.

Köstenberger, A. J., L. S. Kellum, e C. L. Quarles. 2009. *The Cradle, the Cross, and the Crown: An Introduction to the New Testament*. Nashville: B&H Academic.

Köstenberger, A. J., e M. J. Kruger. 2010. *The Heresy of Orthodoxy: How Contemporary Culture's Fascination with Diversity Has Reshaped Our Understanding of Early Christianity*. Wheaton: Crossway.

Köstenberger, A. J., e P. T. O'Brien. 2001. *Salvation to the Ends of the Earth: A Biblical Theology of Mission*. New Studies in Biblical Theology 11. Leicester: Apollos/ Downers Grove, IL: InterVarsity.

Köstenberger A. J., and S. O. Stout. 2008. "The Disciple Jesus Loved: Witness, Author, Apostle: A Response to Richard Bauckham's *Jesus and the Eyewitnesses*." *BBR* 18:209-32.

Köstenberger A. J., e S. R. Swain. 2008. *Father, Son, and Spirit: The Trinity and John's Gospel*. New Studies in Biblical Theology 24. Leicester, UK/Downers Grove, IL: InterVarsity Press.

Kovacs, J. L. 1995. "'Now Shall the Ruler of This World Be Driven Out': Jesus' Death as Cosmic Battle in John 12:20-36." *JBL* 114:227-47.

Kraus, H.-J. 1989. *Psalms 60—150: A Commentary*. Trad. por H. C. Oswald. CC. Mineápolis: Fortress.

Kruse, C. G. 2003. *John*. TNTC. Leicester, UK: InterVarsity.

Kuhn, T. S. 1970. *The Structure of Scientific Revolutions*. Chicago: University of Chicago Press.

Kümmel, W. G. 1972. *The New Testament: The History of the Investigation of Its Problems*. Nashville: Abingdon.

Ladd, G. E. 1993. *A Theology of the New Testament*. Rev. ed. Grand Rapids: Eerdmans. Lane, W. L. 1974. *The Gospel of Mark*. NICNT. Grand Rapids: Eerdmans.

Laney, J. C. 1992. *John*. Moody Gospel Commentary. Chicago: Moody. Larkin, W. 1995. *Acts*. Downers Grove IL: InterVarsity Press.

Leaney, A. R. C. 1958. *A Commentary on the Gospel according to St. Luke*. Harper's New Testament Commentaries. Nova York: Harper/BNTC. Londres: Black.

Le Cornu, H., e J. Shulam. 2003. *A Commentary on the Jewish Roots of Acts*. 2 vols. Jerusalem: Academon.

Levine, Amy-Jill. 2000. *A Feminist Companion to Matthew*. Feminist Companion to the New Testament and Early Christian Writings 1. Sheffield: Sheffield Academic Press.

Levine, L. I. 2000. *The Ancient Synagogue: The First Thousand Years*. New Haven: Yale University Press.

Liefeld, W. L. 1984. "Luke." p. 797-1059 in *EBC*, vol. 8. Edit. por F. E. Gaebelein. Grand Rapids: Zondervan.

Lincoln, A. T. 2000. *Truth on Trial: The Lawsuit Motif in the Fourth Gospel*. Peabody, MA: Hendrickson.

Lindars, B. 1972. *The Gospel of John*. NCB. Grand Rapids: Eerdmans/Londres: Marshall, Morgan & Scott.

Linnemann, E. 1966. *Jesus of the Parables: Introduction and Exposition*. Nova York: Harper & Row/*The Parables of Jesus: Introduction and Exposition*. Londres: SPCK. Trad. por J. Sturdy.

Lohmeyer, E. 1951. *Das Evangelium des Markus*. KEK 2. 11ª ed. Göttingen: Vandenhoeck & Ruprecht.

Longman, T., III, e D. G. Reid. 1995. *God Is a Warrior*. Grand Rapids: Zondervan.

Loos, H. van der. 1965. *The Miracles of Jesus*. NovTSup 9. Leiden: Brill.

Louw, J. P. 1986. "On Johannine Style." *Neot* 20:5-12.

Luce, H. K. 1933. *The Gospel according to S. Luke*. CGTSC. Cambridge: Cambridge University Press.

Luz, Ulrich. 1989. *Matthew 1—7: A Commentary*. Trad. por James E. Crouch. Hermeneia. Mineápolis: Fortress.

___. 2001. *Matthew 8—20: A Commentary*. Trad. por James E. Crouch. Hermeneia. Mineápolis: Fortress.

___. 2005. *Matthew 21—28: A Commentary*. Trad. por Wilhelm C. Linss. Hermeneia. Mineápolis: Fortress.

Maccini, R. G. 1996. *Her Testimony Is True: Women as Witnesses according to John*. JSNT- Sup 125. Sheffield: Sheffield Academic Press.

Maccoby, H. Z. 1970. "Jesus and Barabbas." *NTS* 16:55-60.

Machen, J. G. 1930. *The Virgin Birth*. Nova York: Harper. Reimp. Grand Rapids: Baker, 1965.

McDonald, J. I. H. 1995. "The So-Called *Pericope de Adultera*." *NTS* 41:415-27.

McKinsey, C. D. 1995. *The Encyclopedia of Biblical Errancy*. Amherst, NY: Prometheus Books.

_____. 2000. *Biblical Errancy: A Reference Guide*. Amherst, NY: Prometheus.

Malherbe, A. J. 1985-86. "'Not in a Corner': Early Christian Apologetic in Acts 26:26." *SecCent* 5:193-210.

Mann, C. S. 1986. *The Gospel according to Mark*. AB 27. Garden City: Doubleday.

Manson, T. W. 1949. *The Sayings of Jesus: As Recorded in the Gospels according to St. Matthew and St. Luke*. Londres: SCM.

Marcus, J. 1989. "Mark 14:61: 'Are You the Messiah-Son-of-God?'" *NovT* 31:125-41.

_____. 1992. *The Way of the Lord: Christological Exegesis of the Old Testament in the Gospel of Mark*. Louisville: WJK.

Marguerat, Daniel. 2002. *The First Christian Historian: Writing the "Acts of the Apostles."* SNTSMS 121. Cambridge: Cambridge University Press.

Marshall, I. H. 1970. *Luke: Historian and Theologian*. Grand Rapids: Zondervan/ Exeter: Paternoster.

_____. 1978. *The Gospel of Luke: A Commentary of the Greek Text*. NIGTC. Grand Rapids: Eerdmans.

_____. 1980. *The Acts of the Apostles: An Introduction and Commentary*. Grand Rapids: Eerdmans.

Martin, R. P., e P. H. Davids. 1997. *DLNT*. Downers Grove: IVP Academic.

Martyn, J. L. 1979 [orig., 1968]. *History and Theology in the Fourth Gospel*. 2ª ed. Nashville: Abingdon.

Massaux, Édouard. 1990. *The Influence of the Gospel of Saint Matthew on Christian Literature before Saint Irenaeus*. The First Ecclesiastical Writers 1. Trad. por Norman Belval e Suzanne Hecht. New Gospels Studies 5/1. Macon, GA: Mercer University Press.

Matera, F. 1985. "The Death of Jesus according to Luke: A Question of Sources." *CBQ* 47:469-85.

Meier, J. P. 1980. *Matthew*. New Testament Message 3. Wilmington, DE: Michael Glazier.

_____. 2001. *Companions and Competitors*. Vol. 3 of *A Marginal Jew: Rethinking the Historical Jesus*. ABRL. Nova York: Doubleday.

_____. 2009. *Law and Love*. Vol. 4 of *A Marginal Jew: Rethinking the Historical Jesus*. ABRL. New Haven/Londres: Yale University Press.

Menken, M. J. J. 1996. *Old Testament Quotations in the Fourth Gospel: Studies in Textual Form*. Kampen: Kok.

Merritt, Robert L. 1985. "Jesus Barabbas and the Paschal Pardon." *JBL* 104:53-68. Metzger, B. M. 1958-59. "Seventy or Seventy-two Disciples?" *NTS* 5:299-306.

_____. 1971. *A Textual Commentary on the Greek New Testament*. Nova York: United Bible Societies.

_____. 1975. *A Textual Commentary on the Greek New Testament*. Ed. corrigida. Londres: United Bible Societies.

_____. 1994. *A Textual Commentary on the Greek New Testament*. 2ª ed. Stuttgart: German Bible Society.

Michaels, J. Ramsey 1989. *John*. NIBCNT. Peabody, MA: Hendrickson.

Miller, D. L. 1971. "Empaizein: Playing the Mock Game [Lk 22:63-64]." *JBL* 90:309-13. Moessner, D. P. 1988. "The Ironic Fulfillment of Israel's Glory." In *Luke-Acts and the Jewish People: Eight Critical Perspectives*. Edit. por J. Tyson. Mineápolis: Augsburg.

_____. 1989. *Lord of the Banquet: The Literary and Theological Significance of the Lukan Travel Narrative*. Mineápolis: Fortress.

_____. 1989b. "Paul in Acts: Preacher of Eschatological Repentance in Israel." *NTS* 34:96-104.

Moloney, F. J. 1998. *The Gospel of John*. SP 4. Collegeville, MN: Liturgical Press. Moo, Douglas J. 1996. *The Epistle to the Romans*. NICNT. Grand Rapids: Eerdmans.

Moody, D. 1953. "God's Only Son: The Translation of John 3:16 in the Revised Standard Version." *JBL* 72:213-19.

Morgan, C. W., e R. A. Peterson, eds. 2007. *Hell under Fire: Modern Scholarship Reinvents Eternal Punishment*. Grand Rapids: Zondervan.

Morgenthaler, R. 1958. *Statistik des neutestamentlichen Wortschatzes*. Zürich: Gotthelf. Morris, L. 1992. *The Gospel according to Matthew*. PNTC. Grand Rapids: Eerdmans.

_____. 1995. *The Gospel according to John*. Rev. ed. NICNT. Grand Rapids: Eerdmans.

_____. 1999. *Luke: An Introduction and Commentary*. Rev. ed. TNTC 3. Grand Rapids: Eerdmans.

Motyer, J. A. 1970. "Context and Content in the Interpretation of Isaiah 7:14." *TynB* 21:118-25.

Motyer, S. 1997. *"Your Father the Devil"? A New Approach to John and "the Jews."* Carlisle: Paternoster.

Moule, C. F. D. 1959. *An Idiom Book of New Testament Greek*. 2ª ed. Cambridge: Cambridge University Press.

_____. 1966. "The Christology of Acts." p. 159-85 in *Studies in Luke—Acts: Essays Presented in Honor of Paul Schubert*. Edit. por L. E. Keck e J. L. Martyn. Nashville: Abingdon.

Mounce, R. H. 1985. *Matthew*. NIBCNT. Peabody, MA: Hendrickson.

_____. 1990. *Matthew*. Grand Rapids: Baker.

Mournet, T. C. 2005. *Oral Tradition and Literary Dependency*. WUNT II/195. Tübingen: Mohr/Siebeck.

Mowvley, H. 1984. "John 1^{14-18} in the Light of Exodus 33^{7}-34^{35}." *ExpTim* 95:135-37. Neusner, J. 1977-86. *The Tosefta*. 6 vols. Nova York: Ktav.

Neusner, J., e W. S. Green, eds. 1996. *Dictionary of Judaism in the Biblical Period*. Nova ed. Peabody, MA: Hendrickson.

Neyrey, J. H. 1985. *The Passion according to Luke: A Redaction Study of Luke's Soteriology*. Mahwah, NJ: Paulist.

_____. 1987. "Jesus the Judge: Forensic Process in John 8:21-59." *Bib* 68:509-42.

_____. 1994. "What's Wrong with This Picture? John 4, Cultural Stereotypes of Women, and Public and Private Space." *BTB* 24:77-91.

Nineham, D. E. 1963. *The Gospel of St. Mark*. PNTC. Nova York: Penguin.

Nobbs, A. 2006. "What Do Ancient Historians Make of the New Testament?" *TynB* 57:285-90.

Nolland, J. 1989. *Luke 1—9:20*. WBC 35a. Dallas: Word.

_____. 1993a. *Luke 9:21—18:34*. WBC 35b. Dallas: Word.

_____. 1993b. *Luke 18:35—24:53*. WBC 35c. Dallas: Word.

_____. 2005. *The Gospel of Matthew: A Commentary on the Greek Text*. NIGTC. Grand Rapids: Eerdmans.

O'Collins, G. 1995. *Christology: A Biblical, Historical, and Systematic Study of Jesus Christ*. Oxford: Oxford University Press.

O'Day, G. R. 1992. "John 7:53-8:11: A Study in Misreading." *JBL* 111:631-40. Odeberg, H. 1968. *The Fourth Gospel*. Amsterdam: Grüner.

O'Neill, J. C. 1961. *The Theology of Acts in Its Historical Setting*. Londres: SPCK.

_____. 1970. *The Theology of Acts in Its Historical Setting*. 2ª ed. Londres: SPCK.

_____. 1991. "The Word Did Not 'Become' Flesh." *ZNW* 82:125-27.

Osborne, G. R. 1984. *The Resurrection Narrative: A Redactional Study*. Grand Rapids: Baker.

_____. 2010. *Matthew*. Zondervan Exegetical Commentary on the New Testament. Grand Rapids: Zondervan.

Oswalt, John. 1998. *The Book of Isaiah, Chapters 40—66*. NICOT. Grand Rapids: Eerdmans. Ott, Ludwig. 1962. *Fundamentals of Catholic Dogma*. Edit. por James Canon Bastible. Trad. por Patrick Lynch. St. Louis: B. Herder.

Overman, J. Andrew. 1996. *Church and Community in Crisis: The Gospel according to Matthew*. The New Testament in Context. Edit. por Howard Clark Kee e J. Andrew Overman. Valley Forge: Trinity Press International. Page, C. R., II. 1995. *Jesus and the Land*. Nashville: Abingdon.

Pancaro, S. 1975. *The Law in the Fourth Gospel*. NovTSup 42. Leiden: Brill.

Pazdan, M. M. 1987. "Nicodemus and the Samaritan Woman: Contrasting Models of Discipleship." *BTB* 17:145-48.

Pendrick, G. 1995. "Μονογενής." *NTS* 41:587-600.

Penner, Todd. 2004. *In Praise of Christian Origins: Stephen and the Hellenists in Lukan Apologetic Historiography*. Londres: T&T Clark.

Pennington, Jonathan. 2012. *Reading the Gospels Wisely: A Narrative and Theological Introduction*. Grand Rapids: Baker Academic.

Pervo, Richard. 1987. *Profit with Delight: The Literary Genre of the Acts of the Apostles*. Filadélfia: Fortress.

Pesch, Rudolf. 1986. *Die Apostlegeschchte (Apg 1-12)*. EKKNT. Zürich/Neukirchen-Vluyn: Benzinger/Neukirchener.

Petersen, W. L. 1997. "Οὐδὲ ἐγώ σε [κατα]κρίνω: John 8:11, the *Protevangelium Iacobi*, and the History of the *Pericope Adulterae*." p. 191-221 in *Sayings of Jesus: Canonical and Non-canonical: Essays in Honour of Tjitze Baarda*. Edit. Por W. L. Petersen, J. S. Vos, e H. J. de Jonge. NovTSup 89. Leiden: Brill. Peterson, D. 1992. *Engaging with God: A Biblical Theology of Worship*. Downers Grove: InterVarsity.Pietersma, A., e B. G. Wright, eds. 2007. *A New English Translation of the Septuagint*. Oxford: Oxford University Press.

Pixner, B. 1992. *With Jesus through Galilee according to the Fifth Gospel*. Rosh Pina: Corazin.

Plummer, A. 1896. *A Critical Exegetical Commentary on the Gospel according to St. Luke*. ICC. Edinburgh: Clark/Nova York: Scribner.

_____. 1982 [orig. 1915]. *An Exegetical Commentary on the Gospel according to St. Matthew*. Reimp., Grand Rapids: Baker.

Polhill, John. 1992. *Acts*. NAC 26. Nashville: Broadman.

Pollard, T. E. 1973. “The Raising of Lazarus (John xi).” p. 434-43 in *SE* VI: *Papers Presented to the Fourth International Congress on New Testament Studies Held at Oxford, 1969*. Edit. por E. A. Livingstone. Texte und Untersuchungen 112. Berlin: Akademie.

Porter, S. E. 1992. “‘In the Vicinity of Jericho’: Luke 18:35 in the Light of Its Synoptic Parallels.” *BBR* 2:91-104.

Power, E. 1923. “The Staff of the Apostles: A Problem in Gospel Harmony.” *Bib* 4:241-66. Przybylski, B. 1980. *Righteousness in Matthew and His World of Thought*. STNSMS 41. Cambridge: Cambridge University Press.

Ramsay, W. M. 1898. *Was Christ Born at Bethlehem? A Study on the Credibility of St. Luke*. Londres: Hodder & Stoughton/Nova York: Putnam.

_____. 1920. *The Bearing of Recent Discovery on the Trustworthiness of the New Testament*. 4ª ed. Londres: Hodder & Stoughton.

Rasmussen, C. G. 2010. *Zondervan Atlas of the Bible*. Rev. ed. Grand Rapids: Zondervan. Reed, D. A. 1986. *Jehovah's Witnesses Answered Verse by Verse*. Grand Rapids: Baker.

Reed, D. A., e J. R. Farkas. 1992. *Mormons Answered Verse by Verse*. Grand Rapids: Baker.

Richardson, P. 1999 [orig. 1996]. *Herod: King of the Jews and Friend of the Romans*. Nova ed., Filadélfia: Fortress.

Ridderbos, H. 1962. *The Speeches of Peter in the Acts of the Apostles*. Londres: Tyndale.

_____. 1997. *The Gospel according to John*. Trad. por J. Vriend. Grand Rapids: Eerdmans.

Riesenfeld, H. 1970. “The Pericope *de adultera* in the Early Christian Tradition.” p. 95-110 in *The Gospel Tradition*. Trad. por E. M. Rowley e R. A. Kraft. Oxford: Blackwell.

Riesner, R. 1981. *Jesus als Lehrer: Eine Untersuchung zum Ursprung der Evangelien-über-lieferung*. WUNT 2/7. Tübingen: Mohr-Siebeck.

_____. 1987. “Bethany beyond the Jordan (John 1:28): Topography, Theology, and History in the Fourth Gospel.” *TynB* 38:29-63.

_____. 1998. *Paul's Early Period: Chronology, Mission Strategy, Theology*. Grand Rapids: Eerdmans.

Ritmeyer, L., e K. 1994. “Akeldama: Potter's Field or High Priest's Tomb?” *BAR* 20:22-35, 76-78.

Robertson, A. T. 1950. *A Harmony of the Gospels for Students of the Life of Christ*. Nova York: Harper & Row.

Roloff, J. 1988. *Apostelgeschichte*. 2ª ed. Göttingen: Vandenhoeck & Rupriecht. Ross, A. P. 1991. “Proverbs.” In *EBC*, vol. 5. Grand Rapids: Zondervan.Rousseau, J. J., e R. Arav. 1995. *Jesus and His World: An Archaeological and Cultural Dictionary*. Mineápolis: Fortress.

Ruckstuhl, E., e P. Dschulnigg. 1991. *Stilkritik und Verfasserfrage im Johannesevangelium: Die johanneischen Sprachmerkmale auf dem Hintergrund des Neuen*

Testaments und des zeitgenössischen hellenistischen Schrifttums. Göttingen: Vandenhoeck & Ruprecht.

Sailhammer, J. H. 2001. "The Messiah and the Hebrew Bible." *JETS* 44.1:5-23.

Saldarini, Anthony J. 1994. *Matthew's Christian-Jewish Community*. Chicago: University of Chicago Press.

_____. 2001. *Pharisees, Scribes and Sadducees in Palestinian Society*. Grand Rapids: Eerdmans.

Sanders, J. A. 1990. "'Nor Do I...': A Canonical Reading of the Challenge to Jesus in John 8." p. 337-47 in *The Conversation Continues: Studies in Paul and John in Honor of J. Louis Martyn*. Edit. por R. T. Fortna e B. R. Gaventa. Nashville: Abingdon.

Sandy, D. B. 1991. "John the Baptist's 'Lamb of God' Affirmation in Its Canonical and Apocalyptic Milieu." *JETS* 34:447-59.

Saucy, Mark. 1997. *The Kingdom of God in the Teaching of Jesus: In Twentieth Century Theology*. Dallas: Word, 1997.

Schaberg, J. 1989. "Mark 14:62: Early Christian Merkabah Imagery?" p. 69-94 in *Apocalyptic and the New Testament: Essays in Honor of J. Louis Martyn*. Edit. por J. Marcus e M. L. Soards. JSNTSup 24. Sheffield: JSOT Press.

Schille, G. 1984. *Die Apostelgeschichte des Lukas*. 2ª ed. Berlin: Evangelische Verlaganstalt.

Schlatter, A. 1948. *Der Evangelist Johannes*. 2ª ed. Stuttgart: Calwer.

Schmid, J. 1960. *Das Evangelium nach Lukas*. 4ª ed. RNT 3. Regensburg: Pustet. Schnabel. E. 2004. *Early Christian Mission*. 2 vols. Downers Grove, IL: InterVarsity. Schnackenburg, R. 1990. *The Gospel according to St. John*. Trad. por C. Hastings et al. 3 vols. Nova York: Crossroad.

_____. 2002. *The Gospel of Matthew*. 1985, 1987. Trad. por Robert R. Barr. Grand Rapids: Eerdmans.

Schneider, G. 1977a. *Das Evangelium nach Lukas*. 2 vols. ÖTK 3. Gütersloh: Mohn.

_____. 1980. *Die Apostelgeschichte*. Vol. 1. Freiberg im Brieisgau: Herder.

_____. 1982. *Die Apostelgeschichte*. Vol. 2. Freiberg im Brieisgau: Herder.

Schoedel, W. R. 1985. *Ignatius of Antioch: A Commentary on the Letters of Ignatius of Antioch*. Edit. por H. Koester. Hermeneia. Filadélfia: Fortress.

Scholer, D. M. 1992. "Women." p. 880-87 in *DJG*. Edit. por J. B. Green, S. McKnight, e I. H. Marshall. Downers Grove: InterVarsity.

Schreiner, T. R. 2003. *1, 2Peter, Jude*. NAC 37. Nashville: B&H.

Schürer, E. 1973-79. *The History of the Jewish People in the Age of Jesus Christ*. Rev. e ed. por G. Vermes et al. 4 vols. Edinburgh: Clark.

Schürmann, H. 1969. *Das Lukasevangelium*. Volume 1: *Kommentar zu Kap. 1,1-9,50*. HTKNT 3. Freiburg: Herder.

_____. 1973. Wie hat Jesus seinen Tod bestanden und verstanden? Eine methodenkritische Besinnung. p. 325-63 in *Orientierung an Jesus: Zur Theologie der Synoptiker: Für Josef Schmid*. Edit. por P. Hoffmann, N. Brox, e W. Pesch. Freiburg:

Herder._____. 1994. *Das Lukasevangelium*. Volume 2/1: *Kommentar zu Kap. 9:51—11:54*. HTKNT 3. Freiburg: Herder.

Schweizer, E. 1966. "Concerning the Speeches in Acts." p. 208-16 in *Studies in Luke—Acts: Essays Presented in Honor of Paul Schubert*. Edit. por L. E. Keck e J. L. Martyn. Nashville: Abingdon.

_____. 1975. *The Good News according to Matthew*. Trad. por David E. Green. Richmond: John Knox.

_____. 1984. *The Good News according to Luke*. Trad. por D. E. Green. Atlanta: John Knox.

Scobie, C. H. H. 1972-73. "The Origins and Development of Samaritan Christianity." *NTS* 19:390-414.

Senior, Donald. 1998. *Matthew*. ANTC. Nashville: Abingdon.

Shanks, H., e J. F. Strange. 1983. "Synagogue Where Jesus Preached Found at Capernaum." *BAR* 9.6:24-31.

Sherwin-White, A. N. 1963. *Roman Society and Roman Law in the New Testament*. Sarum Lectures 1960-61. Oxford: Clarendon.

Shidemantle, C. S. 2001. "Nehemiah 9 in John 7:37-39." Diss. Ph.D., Trinity Evangelical Divinity School.

Simonetti, Manlio, ed. 2001. *Matthew 1—13*. ACCS 1a. Downers Grove: InterVarsity.

_____. 2002. *Matthew 14—28*. ACCS. Downers Grove: InterVarsity.

Smith, Robert H. 1990. "Mt 27:25 - The Hardest Verse in Matthew's Gospel." *Currents in Theology and Missiology* 17.6:421.

Soards, Marion. 1994. *The Speeches in Acts: Their Content, Context and Concerns*. Louisville: WJK.

Stählin, G. 1980. *Die Apostelgeschichte*. Göttingen: Vandenhoeck & Ruprecht. Staudinger, H. 1981. *The Trustworthiness of the Gospels*. Edinburgh: T&T Clark. Stein, R. 1992. *Luke*. NAC 24. Nashville: B&H.

_____. 1996. *Jesus the Messiah: A Survey of the Life of Christ*. Downers Grove: InterVarsity.

Sterling, Gregory. 1992. *Historiography and Self-Definition: Josephus, Luke—Acts and Apologetic Historiography*. Leiden: Brill.

Stibbe, M. W. G. 1993. *John*. Readings: A New Biblical Commentary. Sheffield: JSOT. Stott, J. R. W. 1990. *The Message of Acts*. Downers Grove, IL: InterVarsity Press.

Strange, J. F., e H. Shanks. 1982. "Has the House Where Jesus Stayed in Capernaum Been Found?" *BAR* 8.6:26-37.

_____. 1983. "Synagogue Where Jesus Preached Found at Capernaum." *BAR* 9.6:24-31. Streeter, B. H. 1924. *The Four Gospels: A Study of Origins*. Londres: Macmillan.

Stuart, D. K. 2006. *Exodus*. NAC 2. Nashville: B&H.

Stuhlmacher, P. 2004. "Isaiah 53 in the Gospels and Acts." p. 147-62 in *The Suffering Servant: Isaiah 53 in Jewish and Christian Sources*. Edit. por B. Janowski e P. Stuhlmacher. Trad. por Daniel P. Bailey. Grand Rapids: Eerdmans.

Talbert, C. H. 1982. *Reading Luke: A Literary and Theological Commentary on the Third Gospel*. Nova York: Crossroad.

_____. 1997. *Reading Acts: A Literary and Theological Commentary on Acts of the Apostles*. Nova York: Crossroad.

Tannehill, R. 1985. "Israel in Luke—Acts." *JBL* 104:69-85.Tasker, R. V. G. 1961. *The Gospel according to St. Matthew: An Introduction and Commentary*. TNTC. Grand Rapids: Eerdmans.

Taylor, N. H. 2001. "The Temptation of Jesus on the Mountain: A Palestinian Christian Polemic against Agrippa I." *JSNT* 83:27-49.

Taylor, V. 1935. *The Formation of the Gospel Tradition*. Londres: Macmillan.

_____. 1952. *The Gospel according to St. Mark*. Londres: Macmillan.

Tcherikover, V. A., e A. Fuks, eds. 1957-60. *Corpus Papyrorum Judaicarum*. 2 vols. Cambridge: Harvard University Press.

Teeple, H. M. 1957. *The Mosaic Eschatological Prophet*. Filadélfia: Society of Biblical Literature.

Thielman, F. 1991. "The Style of the Fourth Gospel and Ancient Literary Critical Concepts of Religious Discourse." p. 169-83 in *Persuasive Artistry: Studies in New Testament Rhetoric in Honor of George A. Kennedy*. Edit. por D. F. Watson. JSNTSup 50. Sheffield: JSOT.

Thomas, R. L., e S. N. Gundry. 1988. *The NIV Harmony of the Gospels*. Nova York: HarperCollins.

Tidball, D. 2001. *The Message of the Cross*. The Bible Speaks Today. Downers Grove: InterVarsity.

Tiede, D. L. 1988. *Luke*. ACNT. Mineápolis: Augsburg.

Townsend, J. T. 1984. "The Date of Luke—Acts." p. 47-62 in *Luke-Acts: New Perspectives from the Society of Biblical Literature Seminar*. Edit. por C. H. Talbert. Nova York: Crossroad.

Trebilco, P. 1989. "Paul and Silas—'Servants of the Most High God.'" *JSNT* 36:51-73. Trites, A. A. 1977. *The New Testament Concept of Witness*. SNTSMS 31. Cambridge: Cambridge University Press.

Turner, D. L. 2008. *Matthew*. BECNT. Grand Rapids: Baker.

Turner, Nigel. 1963. *Syntax*. Vol. 3 in J. H. Moulton, W. F. Howard, N. Turner, *A Grammar of New Testament Greek*. Edinburgh: T&T Clark.

Twelftree, G. H. 1999. *Jesus the Miracle Worker: A Historical and Theological Study*. Downers Grove: InterVarsity.

Unnik, W. C. van. 1979. "Luke's Second Book and the Rules of Hellenistic Historiography." p. 37-60 in *Les Actes des Apôtres: Traditions, redaction, theologie*. Edit. por J. Kremer. BETL 48. Louvain: Leuven University Press.

Vielhauer, Philip. 1966. "On the 'Paulinism' of Acts." Trad. por W. C. Robinson Jr. e V. P. Furnish. p. 33-50 in *Studies in Luke-Acts: Essays Presented in Honor of Paul Schubert*. Edit. por L. E. Keck e J. L. Martyn. Nashville: Abingdon.

_____. 1966. "On the 'Paulinism' of Acts." p. 33-50 in *Studies in Luke-Acts: Essays Presented in Honor of Paul Schubert*. Edit. por L. E. Keck e J. L. Martyn. Nashville: Abingdon/Londres: SPCK.

Vermes, G. 1973. *Jesus the Jew: A Historian's Reading of the Gospels*. Nova York: Macmillan/Londres: Collins. Reprinted Filadélfia: Fortress, 1981.

_____. 1975. *The Dead Sea Scrolls in English*. 2ª ed. Nova York: Penguin. Wallace, D. B. 1990. "John 5:2 and the Date of the Fourth Gospel." *Bib* 71:177-205.

_____. 1996. *Greek Grammar beyond the Basics*. Grand Rapids: Zondervan.

Warfield, B. B. 1914. "Jesus' Alleged Confession of Sin." *Princeton Theological Review* 12:177-228. Reimp. in Warfield's *Christology and Criticism*, p. 97-145. Nova York: Oxford University Press, 1929; reimp., Grand Rapids: Baker, 1981.Watts, J. D. W. 1985. *Isaiah 1—33*. WBC 24. Waco: Word.

Watts, R. E. 1997. *Isaiah's New Exodus in Mark*. Grand Rapids: Baker.

Wegner, U. 1985. *Der Hauptmann von Kafarnaum (Mt 7:28a; 8:5-10,13 par Lk 7:1-10): Ein Beitrag zur Q-Forschung*. WUNT 2/14. Tübingen: Mohr.

Weiser, A. 1981. *Die Apostelgeschichte Kapital 1—12*. Gütersloh: Mohn.

_____. 1985. *Die Apostelgeschichte Kapital 13—28*. Gütersloh: Mohn. Wenham, D. 1989. *The Parables of Jesus*. Downers Grove: InterVarsity. Wenham, G. J. 1994. *Genesis 16—50*. WBC 2. Dallas: Word.

Wenham, J. 1992. *Easter Enigma: Are the Resurrection Accounts in Conflict?* 2ª ed. Grand Rapids: Baker.

_____. 2005. *Easter Enigma: Are the Resurrection Accounts in Conflict?* Eugene: Wipf & Stock.

Werblowsky, R., J. Zwi, and G. Wigoder, eds. 1986. *The Encyclopedia of the Jewish Religion*. Nova York: Adama Books.

Westcott, B. F. 1908. *The Gospel according to St. John: The Greek Text with Introduction and Notes*. 2 vols. Edit. por A. Westcott. Londres: Murray. Reimp. Grand Rapids: Baker, 1980.

_____. 1958. *The Gospel according to St. John*. Grand Rapids: Eerdmans.

Westcott, B. F., e F. J. A. Hort. 1881. *The New Testament in the Original Greek*. 2 vols. Londres: Macmillan/Nova York: Harper.

Whitacre, R. A. 1999. *John*. IVP New Testament Commentary 4. Downers Grove: InterVarsity.

Wiefel, W. 1988. *Das Evangelium nach Lukas*. THKNT 3. Berlin: Evangelische Verlagsanstalt.

Wikenhauser, A. 1921. *Apostlegeschichte und ihr Geschichtswert*. Münster: Aschendorffsche.

_____. 1961. *Die Apostelgeschichte*. 4ª edition. Regensburg: Pustet.

Wilckens, U. 1974. *Die Missionsreden der Apostelgeschichte: Form- und traditionsgeschichtliche Untersuchungen*. Neukirchen-Vluyn: Neukirchener Verlag.

Wilkins, Michael J. 1992. *Following the Master: A Biblical Theology of Discipleship*. Grand Rapids: Zondervan.

_____. 1995. *Discipleship in the Ancient World and Matthew's Gospel.* 2ª ed. Grand Rapids: Baker.

___. 2002. *Matthew.* Zondervan Illustrated Bible Backgrounds Commentary 1. Grand Rapids: Zondervan.

_____. 2004. *Matthew.* NIVAC. Grand Rapids: Zondervan.

_____. 2009. "Peter's Declaration of Jesus' Identity in Caesarea Philippi." p. 293-381 in *Key Events in the Life of the Historical Jesus: A Collaborative Exploration of Context and Coherence.* Edit. por Darrell L. Bock e Robert L. Webb. WUNT 247. Tübingen: Mohr Siebeck.

_____. 2012. "Isaiah 53 and the Message of Salvation in the Gospels." p. 109-31 in *The Gospel according to Isaiah 53: Encountering the Suffering Servant in Jewish and Christian Theology.* Edit. por Darrell Bock e Mitch Glaser. Grand Rapids: Kregel.

Williams, D. J. 1990. *Acts.* Peabody, MA: Hendrickson.

Winger, J. M. 1994. "When Did the Women Visit the Tomb? Sources for Some Temporal Clauses in the Synoptic Gospels." *NTS* 40:284-88.

Winter, Bruce, and Andrew Clarke. 1993. *The Book of Acts in Its Ancient Literary Setting.* 6 vols. Grand Rapids: Eerdmans.

Winter, P. 1953. "Μονογενὴς παρὰ Πατρός." *ZRGC* 5:335-65.

_____. 1974. *On the Trial of Jesus.* 2ª ed. Berlin/Nova York: de Gruyter. Witherington, B., III. 1990. *The Christology of Jesus.* Mineápolis: Fortress.

_____. 1995. *John's Wisdom.* Louisville: WJK.

_____. 1998. *The Acts of the Apostles: A Socio-Rhetorical Commentary.* Grand Rapids: Eerdmans.

_____. 2006. *Matthew.* Smyth and Helwys Bible Commentary. Macon, GA: Smyth and Helwys.

Wolters, A. 2007. "The Messiah in the Qumran Documents." p. 75-89 in *The Messiah in the Old and New Testaments.* Edit. por S. E. Porter. Grand Rapids: Eerdmans.

Wrede, W. 1971. *The Messianic Secret.* Trad. por J. C. G. Greig. Cambridge: Clarke. (Originally *Das Messiasgeheimnis in den Evangelien: Zugleich ein Beitrag zum Verständnis des Markusevangeliums.* Göttingen: Vandenhoeck & Ruprecht, 1901.)

Wright, C. J. H. 2006. *The Mission of God: Unlocking the Bible's Grand Narrative.* Downers Grove: InterVarsity.

Wright, N. T. 1986. "*Harpagmos* and the Meaning of Philippians 2:5-11." *JTS* 37:321-53.

_____. 1992. *The New Testament and the People of God.* Mineápolis: Fortress.

_____. 2003. *The Resurrection of the Son of God.* Mineápolis: Fortress. Yeivin, Z. 1987. "Ancient Chorazin Comes Back to Life." *BAR* 13.5:22-39.

Zissu, B., e Y. Goren. 2011. "The Ossuary of 'Miriam Daughter of Yeshua Son of Caiaphas, Priests [of] Ma'aziah from Beth 'Imri." *IEJ* 61:74-95.

Colaboradores

DARRELL BOCK é diretor executivo de engajamento cultural no Howard G. Hendricks Center for Christian Leadership and Cultural Engagement, bem como professor sênior de pesquisa de estudos do Novo Testamento no Dallas Theological Seminary. Ele é autor de mais de 30 livros.

CRAIG A. EVANS é professor da cátedra Payzant de Novo Testamento na Acadia Divinity College, Acadia University, em Nova Escócia, Canadá. Ele é o diretor do programa de mestrado e autor de centenas de livros e artigos.

JEREMY R. HOWARD é editor de Bíblias e livros de referência no B&H Publishing Group. Ele é editor geral da Bíblia de Estudo HCSB e autor de *Understanding Jesus*. É Ph.D. em Apologética Cristã e Estudos de Cosmovisão pelo Southern Baptist Theological Seminary.

ANDREAS KÖSTENBERGER é professor pesquisador sênior de Novo Testamento e Teologia Bíblica no Southeastern Baptist Theological Seminary em Wake Forest, Carolina do Norte. Ele também é editor do Journal of the Evangelical Theological Society e fundador da Biblical Foundations™. O Dr. Köstenberger escreveu várias obras sobre o Evangelho de João, incluindo o *Baker Exegetical Commentary on John* e *A Theology of John's Gospel and Letters* (Zondervan).

MICHAEL J. WILKINS é professor de Novo Testamento e decano do corpo docente da Talbot School of Theology, Biola University. Entre suas muitas publicações estão várias relacionadas ao Evangelho de Mateus. Ele e a esposa, Lynne, têm duas filhas e duas netas e residem em San Clemente, Califórnia, onde surfar e caminhar na praia estão entre suas atividades favoritas.

Sua opinião é importante para nós.
Por gentileza, envie-nos seus comentários pelo e-mail:

editorial@hagnos.com.br

Visite nosso site:

www.hagnos.com.br